BERNARD McGINN

DIE MYSTIK IM ABENDLAND

BERNARD McGINN

DIE MYSTIK IM ABENDLAND

BAND 4: FÜLLE
DIE MYSTIK IM MITTELALTERLICHEN
DEUTSCHLAND
(1300–1500)

AUS DEM ENGLISCHEN ÜBERSETZT
VON BERNARDIN SCHELLENBERGER

Herder
Freiburg · Basel · Wien

Titel der englischen Originalausgabe:
Bernard McGinn
The Harvest of Mysticism in Medieval Germany 1300–1500
Vol. IV of The Presence of God:
A History of Western Christian Mysticism
© Crossroad / Herder & Herder, New York 2005

Verlagskorrektur:
Maria Zachmann

© Verlag Herder GmbH, Freiburg im Breisgau 2008
Alle Rechte vorbehalten
www.herder.de
Umschlaggestaltung: Neil McBeath, Stuttgart
Satz: SatzWeise, Föhren
Herstellung: fgb · freiburger graphische betriebe
www.fgb.de
Gedruckt auf umweltfreundlichem, chlorfrei gebleichtem Papier
Printed in Germany
ISBN 978-3-451-23384-5 (Band 4)
ISBN 0-8245-2345-8 (Gesamtwerk)

*Für Dan, Gina und Maeve
in Liebe*

Inhalt

Vorwort 9
Abkürzungsverzeichnis 14
Einführung 17

Erster Teil:
Hintergrund

1 *Contemplata aliis tradere:* Mystisches Erkennen
   bei Albert dem Großen und Thomas von Aquin 30
      Albert der Große und der intellektive Dionysianismus 32
      Thomas von Aquin über die Kontemplation und die Schau Gottes   59
      Anhang: Neuplatonische Quellen der Dominikanischen Mystik   78

2 Mystik und Häresie: Das Problem der Freigeister 94
      Mystik und Magisterium in der frühen Christenheit 94
      Mystik und Häresie im Mittelalter: Ursprünge der Bewegung
      vom Freien Geist 104
      Die Verfolgung der Häresie im 14. und 15. Jahrhundert 119
      Mystische Häresie und die Unterscheidung der Geister 135

Zweiter Teil:
Meister Eckhart und seine Schüler

3 Die Mystik vom Grund 148
      Quellen und Semantik des *grunt* 152
      Einige Meister der Mystik vom Grund 161

4 Meister Eckhart: der Lehrer und Prediger der Mystik 167
      I. Der historische und intellektuelle Kontext der Mystik
      Eckharts 167
      II. Grundlagen der Mystik Eckharts 208
      III. Die Rückkehr zum Grund 268

5 Heinrich Seuses geistliche Philosophie 341
    I. Leben und Schriften 345
    II. Philosophia spiritualis 356

6 Johannes Tauler: der *lebmeister* 412
    I. Taulers Leben und Schriften 414
    II. Theologische Grundlagen 425
    III. Gemuete und Grund/Abgrund 436
    IV. Taulers mystische Praxis 452

Dritter Teil:
Mystik für die vielen
im spätmittelalterlichen Deutschland

7 Die Weitergabe der Botschaft: Die Verbreitung der Mystik
  im spätmittelalterlichen Deutschland 504
    Kunst und Mystik im spätmittelalterlichen Deutschland 506
    Gattungen der deutschen Mystik 527

8 Drei Traktate über das mystische Leben 613
    Heinrich von Friemar der Ältere 616
    Das Buch von geistlicher Armut 631
    Theologia Deutsch 652
    Das fünfzehnte Jahrhundert 670

9 Die Gottesfreunde 674
    Rulman Merswin und die Gemeinschaft von Grünenwörth . . 686

10 Nikolaus von Kues über die mystische Theologie 712
    Leben und Werk 713
    Glaube, Vernunft und Formen der Theologie 719
    Die Diskussion über die mystische Theologie 735
    Die Mystik vom Sehen Gottes 753
    Dreifaltigkeit und Christologie 774

Abbildungen 797
Literatur 806
Namenregister 837

Vorwort

Mit dem vorliegenden vierten Band der *Mystik im Abendland* ging ich lange schwanger. Sein Umfang und seine Anordnung entwickelten sich im Lauf von fünf Jahren auf Weisen, die ich nicht vorausgesehen hatte. Aber je weiter ich mit meinen Recherchen und dem Manuskript vorankam, desto klarer, ja notwendiger ergab sich die jetzige Form.

Ursprünglich hatte ich für den Band mit dem Titel „Die Fülle der Mystik" vorgesehen, darin die gesamte wichtigere mystische Literatur zwischen ca. 1300 und ca. 1500 darzustellen. Der Großteil dieser Texte liegt in den sich damals herausbildenden Volkssprachen Westeuropas vor, besonders auf Deutsch, Niederländisch, Englisch und Italienisch; aber es gibt auch noch einen signifikanten Bestand gelehrter lateinischer Texte mit mystischem Inhalt. (Manche der beliebtesten volkssprachlichen Texte wurden ins Lateinische übersetzt, um sie einer internationalen Leserschaft zugänglich zu machen.) Das 14. Jahrhundert wurde zwar zu Recht als „das Goldene Zeitalter der englischen Mystik" bezeichnet. Aber die italienische Mystik rühmt sich für diese Zeit der herausragenden Gestalt von Caterina da Siena (Katharina von Siena) und die holländische ihres Jan van Ruusbroec (ganz abgesehen von anderen wichtigen Autoren in beiden Sprachen). Trotzdem muss man sagen, dass die deutschsprachigen Länder im 14. und 15. Jahrhundert auf dem Gebiet der mystischen Literatur bei weitem am produktivsten waren und sich bei ihnen eine regelrechte Fülle findet. Diese beiden Jahrhunderte erlebten das Auftreten vieler bedeutender Mystiker, die sie mit einer wahren Flut von mystischen Texten bereicherten. Angesichts dieses Umstands erwies es sich schließlich als unmöglich, diese alle in einem einzigen Buch vorzustellen, jedenfalls nicht in einem Buch der Art, wie ich sie für die Bände dieser fortlaufenden Darstellung der Mystik im Abendland vorgesehen habe.

Mit dem Schreiben des vorliegenden Bandes begann ich Anfang 2000. Während dieses Jahres genoss ich den Umstand, Gast und wissenschaftlicher Kollege im National Humanities Center in North Carolina sein zu können. Ich fing damit an, das auszuarbeiten, wovon ich hoffte, es werde das Kapitel (oder die Kapitel) über Meister Eckhart, die zentrale Gestalt des spätmittelalterlichen Deutschland und einen der großartigsten Mystiker der christlichen Tradition. Zwar hatte ich bereits seit Jahrzehnten Eckhart gelesen, über ihn Vorlesungen gehalten, ihn übersetzt und mehrere kürzere Darstellungen seines mystischen Denkens verfasst, aber es war dann für mich trotzdem eine Offenbarung, sein gesamtes Werk noch einmal zu lesen und dazu noch die umfangreiche neuere Literatur über diesen Dominikaner, die zu einem großen Teil frühere Studien über ihn korrigiert. Daraus wurde schließlich an Stelle eines umfangreichen Kapitels oder einer Reihe von Kapiteln ein Buch für sich, das 2001 bei Crossroad-Herder unter dem Titel *The Mystical Thought of Meister Eckhart. The Man from Whom God Hid Nothing* erschien. Im Lauf des Schreibens dieses Buches trat mir ein mystisches Schlüsselthema immer deutlicher vor Augen: dasjenige vom „Grund" *(grunt)* als der „Sprengmetapher" für die Vorstellung von der Verschmelzung der Identitäten von Gott und Mensch, die mir im Herzen der mystischen Lehre Meister Eckharts zu stecken scheint. Anhand der von Eckhart geschaffenen und von seinen Nachfolgern verwendeten und umgeformten Mystik vom „Grund" lässt sich deutlich machen, was an der spätmittelalterlichen deutschen Mystik das Neue ist. Eine beträchtlich kürzere und in einigen Einzelheiten überarbeitete Version dieses Buches erscheint im vorliegenden Band als das längste Kapitel. Ihm ist als Hinführung ein kürzeres Kapitel über die Natur der Mystik vom Grund vorangestellt.

Im Jahr 2002 arbeitete ich an den beiden wichtigen Mystikern Heinrich Seuse und Johannes Tauler, die Schüler Eckharts waren, jedenfalls in einem weiteren Sinn. Seuse dürfte der meistgelesene Mystiker des Spätmittelalters sein; viele Hunderte von Manuskripten seiner Schriften sind erhalten. Tauler dagegen zeichnet sich dadurch aus, dass er bei Katholiken wie Protestanten der am beständigsten zu allen Zeiten gelesene mittelalterliche deutsche Mystiker ist, und das insbesondere dank seines Einflusses auf Luther und seiner Akzeptanz in der protestantischen Tradition. Diese beiden Dominikaner entwickelten Eckharts Mystik auf ihre je eigene Art weiter, trotz der 1329 erfolgten päpstlichen Verurteilung einiger der Ansichten des Meisters. Es wäre ein Fehler, diese bedeutenden Mystiker auf den Rang bloßer Anhänger Eckharts herabzustufen, aber es wäre schwierig, ihr Denken angemessen darzustellen, ohne dabei im Auge zu behalten, wie sie Eckharts Mystik vom Grund für ihre eigenen Versuche verwendeten, über die intime Begegnung zwischen Gott und Mensch zu schreiben, die den Kern der Mystik ausmacht.

Um den theologischen Hintergrund der von diesen drei überragenden deutschen Mystikern vorgestellten Mystik vom Grund zu verstehen, muss man sich mit ihren dominikanischen Vorgängern befassen, und insbesonre mit ihrer Art, wie die Predigerbrüder den Urquell der gesamten mystischen Theologie des Mittelalters lasen, den pseudo-apostolischen Dionysius. Von daher ergab sich die Notwendigkeit, in einem einleitenden Kapitel die mystische Theologie von Thomas von Aquin vorzustellen, des offiziellen Lehrers des Dominikanerordens, sowie diejenige seines Lehrers, des deutschen Meisters Albert des Großen, der der Gründervater einer eigenen deutschen philosophischen und theologischen Dominikanerschule war.

Eckharts Verurteilung war Symptom und Ursache in einem: Symptom insofern, als sie die im Spätmittelalter zunehmenden Verdächtigungen der Mystik als eines gefährlichen Elements spiegelte; und Ursache wegen ihrer Auswirkung, die sie weiterhin im Lauf der nächsten zweihundert Jahre und noch darüber hinaus auf die Diskussionen über die Mystik haben sollte. Von dort her kristallisierte sich mir schon bald ein weiteres einleitendes Kapitel für das Verständnis der deutschen Mystiker, ja der gesamten nachfolgenden abendländischen Mystik heraus, nämlich über das Verhältnis von Mystik und Häresie.

Diese sechs Kapitel ergaben bereits ein Buch von ansehnlichem Umfang. Gegen Ende 2003 musste ich widerstrebend wahrhaben, dass es unmöglich sein werde, in diesem Band auch noch die wichtigsten mystischen Traditionen Englands, der Niederlande und Italiens vorzustellen, wenn ich darin dem Reichtum der weiteren wichtigsten mystischen Literatur (und Kunst) im spätmittelalterlichen Deutschland gerecht werden wollte. Ich war bereits zum Schluss gekommen, dass ich ein Kapitel den mystischen Elementen im Werk des gewaltigen Denkers Nikolaus von Kues widmen müsse. Dieser Kardinal aus der Zeit der Renaissance hatte eine beträchtliche Anzahl origineller Beiträge für verschiedenste Gebiete geliefert, nicht zuletzt für dasjenige der mystischen Theologie. Aber die Quellen für die Geschichte der Mystik im spätmittelalterlichen Deutschland waren mit der Darstellung der Riesen von Eckhart bis Nikolaus von Kues noch bei weitem nicht ausgeschöpft. Eines der eindrucksvollsten Phänomene an der Mystik in den deutschsprachigen Ländern zwischen 1300 und 1500 war, dass jetzt auf breiter Front mystische Lehren unter einer viel weiteren Zuhörerschaft als jemals zuvor ausgestreut wurden. Dieses Phänomen konnte ich nicht unerörtert lassen.

Als ich im Lauf des Jahres 2004 versuchte, das noch verbleibende Material in eine zusammenhängende Form zu bringen, wurde mir das Privileg eines Forschungsstipendiums zuteil, nämlich eines „Emeritus Faculty Research Grant" von der Andrew W. Mellon Foundation. Ich bin der Mellon Foundation für ihre Großzügigkeit zu tiefer Dankbarkeit verpflichtet. Sie hat viel dazu beigetragen, dass ich diesen umfangreichen Band schließlich fertig stellen konnte. Während dieses letzten Jahres seiner Ausreifung bekam das hier vorgelegte Buch mit seinen zehn Kapiteln die endgültige Gestalt. Neben dem Kapitel über Nikolaus von Kues schrieb ich in dieser Zeit auch die Kapitel Sieben bis Neun. Damit ist das Buch hoffentlich so angelegt, dass es hilft, die Vielfalt und Originalität jener Fülle von Zeugnissen kennen und schätzen zu lernen, die uns aus dieser reichen Ernte geblieben sind.

In einem kurzen Vorwort lässt sich unmöglich das Maß an Dank zum Ausdruck bringen, den ich den vielen Freunden und Kollegen schulde, die zum Entstehen dieses Bandes beigetragen haben. Wie viel ich dem National Humanities Center und der Andrew W. Mellon Foundation verdanke, habe ich bereits erwähnt; ferner gilt mein herzlicher Dank der Divinity School der University of Chicago, meiner intellektuellen Heimat und Quelle seit über drei Jahrzehnten. Namentlich möchte ich deren derzeitigen Dekan Richard Rosengarten nennen, der mir jederzeit großzügig mit seiner Unterstützung zur Verfügung stand, wenn ich mich an ihn wandte. Die früheren Bände dieser Geschichte der Mystik habe ich meinen Studenten und Kollegen an der Divinity School gewidmet. Auch der vorliegende Band könnte selbstverständlich diese Widmung tragen. Da sich dieser Band mit deutschsprachiger Literatur befasst, bin ich aber Kollegen in Europa, besonders in Deutschland und in der Schweiz, sehr dankbar für ihre Ermutigung und Unterstützung. Von ihnen konnte ich viel lernen über alles, was mit der „deutschen Mystik" zusammenhängt. Ihre Großzügigkeit kam auf vielfältige Weise zum Ausdruck, besonders auch auf dem Weg über die Bücher und Aufsätze, die sie mir im Lauf der Jahrzehnte zukommen ließen. Damit blieb ich nicht nur mit der neuen Literatur auf dem Laufenden, sondern konnte auch mein Verständnis der Mystik in Deutschland vertiefen. Ich möchte hier ausdrücklich nennen: Werner Beierwaltes, Alois M. Haas, William J. Hoye, Hildegard Keller, Freimut Löser, Georg Steer, Loris Sturlese, Marie-Anne Vannier und Werner Williams-Krapp.

Wenn man nicht von Geburt an Deutsch spricht und nicht einmal Mittelhochdeutsch studiert hat, steht man bei seinem Versuch, in die Welt der mystischen Theologie des spätmittelalterlichen Deutschland einzudringen, vor einer Schranke, die nicht leicht zu überwinden ist. Genau wie Gedichte und ganz anders als technische oder naturwissenschaftliche Handbücher enthalten mystische Texte in ihrem ursprünglichen Wortlaut ein Mehr an Bedeutung, das sich der Übersetzung entzieht und Außenstehenden oft zum Teil ganz verborgen bleibt. Die Auswirkung dieser Schranke mag durch den Umstand gemildert sein, dass mein Ansatz genau wie in den vorausgehenden Bänden dieser Darstellung in erster Linie theologischer und nicht linguistischer Natur war. Aber es wäre ein Fehler, wollte man den Unterschied zwischen diesen beiden Ansätzen übertreiben. In vielen der Bücher und Untersuchungen, die meine Kollegen in Europa im Lauf der Jahre mit mir geteilt haben, war deutlich die Einheit von solider Philologie und origineller philosophischer und theologischer Einsicht zu spüren. So fand eine echte Vermählung zwischen Merkur und Philologie statt. Ich hoffe, ich kann meinen Beitrag zur Förderung dieser glücklichen Vereinigung leisten.

Genau wie meinen europäischen Kollegen schulde ich auch meinen Freunden in der englischen und amerikanischen akademischen Welt der germanistischen Studien und der Geschichte des mittelalterlichen Denkens großen Dank, namentlich Oliver Davies, Donald Duclow, Niklaus Largier und Kenneth Northcott. Mein ganz besonderer Dank gilt meinem alten Freund Frank Tobin, der etliche dieser Kapitel gelesen und viele hilfreiche Anregungen und Verbesserungen beigetragen hat. Und wie immer empfinde ich es als Glück, mit dem Team bei Crossroad-Herder zusammenarbeiten zu können. Es hat großes Verständnis dafür aufgebracht, dass ich für den Abschluss dieses Werkes mehr Zeit als vorgesehen brauchte, und zudem hat es sich hilfreich für die Herausgabe und Herstellung des Buchs eingesetzt. Mein besonderer Dank gilt der Verlegerin Gwendolin Herder und meinem Lektor John Jones.

Im letzten Jahr der Ausarbeitung der *Mystik im mittelalterlichen Deutschland* hat mir mein Forschungsassistent David C. Albertson tatkräftig beigestanden. Ich bin ihm dankbar für sein scharfes Auge als Korrekturleser und seine vielen Anregungen, die Ausführungen des Buchs klarer und plausibler zu formulieren. Und wie immer gilt mein abschließendes Dankeswort meiner Frau Patricia. Auch sie hat mit diesem Buch während seiner langen und zuweilen schwierigen Austragezeit gelebt. Auch sie hat es nicht nur ein-, sondern mehrmals gelesen – korrigiert, abgeändert, Vorschläge gemacht und in aller Stille unterwegs zahlreiche Verbesserungen eingebracht.

Diesen Band widme ich unserem Sohn Daniel McGinn und seiner Frau Gina Maria McGinn sowie ihrer Tochter Maeve, die während des Entstehens dieses Buches zu unserer Familie hinzugekommen ist.

Chicago, im Februar 2005   *Bernard McGinn*

Abkürzungsverzeichnis

AASS   *Acta Sanctorum*, Paris 1863 ff., 3. Auflage.
CC   *Corpus Christianorum. Series Latina*, Turnhout 1954 ff.
CCCM   *Corpus Christianorum. Continuatio Mediaevalis*, Turnhout 1970 ff.
CSEL   *Corpus scriptorum ecclesiasticorum latinorum*, Wien 1866 ff.

Das dionysische Corpus. Die Dionysius dem Areopagiten zugeschriebenen Schriften sind zugänglich in der kritischen Ausgabe von Beate Regina Suchla, Gunther Heil und Adolf Martin Ritter, *Corpus Dionysiacum*, 2 Bde., Berlin 1990–1991. Im vorliegenden Werk wird weiterhin die Standardnummerierung nach Spalten in der alten Ausgabe in PG 3 verwendet, mit der die einzelnen Werke unter den folgenden Abkürzungen zitiert werden:

CH   *De caelesti hierarchia (Die Himmlische Hierarchie)*
DN   *De divinis nominibus (Die Göttlichen Namen)*
EH   *De ecclesiastica hierarchia (Die Kirchliche Hierarchie)*
Ep   *Epistulae (Briefe)*
MT   *De mystica theologia (Die Mystische Theologie)*

DS   *Dictionnaire de spiritualité ascétique et mystique doctrine et histoire*, Paris 1937–1997, 17 Bände.

Eckhart. Die kritische Ausgabe der Schriften von Meister Eckhart ist: *Meister Eckhart: Die deutschen und lateinischen Werke, herausgegeben im Auftrag der deutschen Forschungsgemeinschaft*, Stuttgart/Berlin 1936 ff. Diese Ausgabe ist in zwei Sektionen unterteilt, nämlich *Die lateinischen Werke* (LW) und *Die deutschen Werke* (DW). Eckharts Schriften werden nach Band, Seite und wo notwendig Zeilennummern zitiert. In den lateinischen Schriften sind zudem die Abschnitte durchnummeriert (n. und nn.). Für die einzelnen Schriften werden die folgenden Abkürzungen verwendet:

Lateinische Werke:

Acta   *Acta Echardiana* (LW 5,149–520)
In Eccli.   *Sermones et Lectiones super Ecclesiastici c. 24,23–31* (LW 2,29–300)
In Ex.   *Expositio Libri Exodi* (LW 2,1–227)

In Gen.I	*Expositio Libri Genesis* (LW 1,185–444)
In Gen.II	*Liber Parabolorum Genesis* (LW 1,447–702)
In Ioh.	*Expositio sancti Evangelii secundum Iohannem* (LW 3)
In Sap.	*Expositio Libri Sapientiae* (LW 2,301–643)
Proc.Col.I	*Processus Coloniensis I* (= Acta nn. 46 und 48 in LW 5,197–226 und 275–317)
Proc.Col.II	*Processus Coloniensis II* (= Acta nn. 47 und 48 in LW 5,227–247 und 318–354)
Prol.gen.	*Prologus generalis in Opus tripartitum* (LW 1,148–165)
Prol.op.expos.	*Prologus in Opus expositionum* (LW 1,183–184)
Prol.op.prop.	*Prologus in Opus propositionum* (LW 1,166–182)
Qu.Par.	*Quaestiones Parisienses* (LW 1,27–83)
S. und SS.	*Sermones* (LW 4)

Deutsche Werke:

BgT	*Daz buoch der goetlichen troestunge* (DW 5,1–105)
Pr. und Prr.	*Predigt/Predigten* (DW 1–4)
RdU	*Die rede der underscheidunge* (DW 5,137–376)
[VdA	*Von der abegescheidenheit* (DW 5,400–434)]
VeM	*Von dem edeln menschen* (DW 5,106–136)

GCS	*Die griechischen christlichen Schriftsteller der ersten drei Jahrhunderte,* Berlin 1897 ff.
Geschichte	Kurt Ruh, *Die Geschichte der abendländische Mystik*, München 1990–1999, 4 Bde.
MGH	*Monumenta Germaniae Historica inde ab a. C. 500 usque ad a. 1500.* Hannover und Berlin 1826 ff.
mhd	mittelhochdeutsch
Ms./Mss.	Manuskript/e
PG	*Patrologiae cursus completus. Series graeca,* hg. v. J. P. Migne, Paris 1857–1866, 161 Bände.
PL	*Patrologiae cursus completus. Series latina,* hg. v. J. P. Migne, Paris 1844–1864, 221 Bände.
SC	*Sources chrétiennes,* Paris 1940 ff.
STh	Thomas von Aquin, *Summa theologiae*
Vg	*Vulgata,* lateinische Ausgabe der Bibel; vgl. *Biblia sacra iuxta Vulgatam Versionem,* Stuttgart 1983.
VL	*Die deutsche Literatur des Mittelalters, Verfasserlexikon,.* 2. Auflage, hg. v. Kurt Ruh u.a., Berlin 1978–1992 (Bde. 1–8), dann Burghard Wachinger u.a. 1995 ff. (Bde. 9 ff.)

Einführung

Es dürfte fast unvermeidlich gewesen sein, einem Buch über die Mystik zwischen 1300 und 1500 den Titel „The Harvest of Mysticism" zu geben. Die Metapher „Harvest" hat die Historiker des Spätmittelalters fasziniert, seit Johan Huizinga 1919 sein brillant-rätselhaftes Buch *Herfsttij der Middeleeuwen* veröffentlichte. Im Deutschen erschien es unter dem Titel *Herbst des Mittelalters*[1], während für die Übersetzungen in verschiedene Sprachen der Titel auch im Sinn von „Ernte", „Schwinden", „Verfall" oder „Abend des Mittelalters" wiedergegeben wurde (der niederländische Begriff bedeutet wörtlich „Herbstgezeit").[2] Huizinga selbst gab seinem Buch während der Ausarbeitung mehrere verschiedene Titel, aber inzwischen hat sich allgemein der „Herbst" durchgesetzt. Die aus der Landwirtschaft stammende Metapher „Ernte" mit ihrem herbstlichen Beiklang (das englische *harvest* ist sogar mit dem niederländischen *Herfst* und dem deutschen *Herbst* eng verwandt) verfügt über besonders reiche Anklänge. So hat Margaret Aston in einer Diskussion über Huizingas Meisterwerk darauf hingewiesen, dass „Ernte" eine Fülle unterstelle, die dem eher negativen Begriff „Schwinden" abgehe.[3]

Die Geschichte lebt von der Metapher, wenn auch nicht ausschließlich von ihr. Die besondere Anziehungskraft der Metapher „Harvest" liegt in ihrer Doppelbedeutung: Einerseits bezeichnet sie Vollendung, Reichtum und Fülle und andererseits Endpunkt, ja sogar Verfall und Tod. John Keats besingt in seinem Gedicht „To Autumn", „An den Herbst", die „Zeit der Nebelschleier und der reifen Fruchtbarkeit" und schildert, wie diese Jahres-

---

[1] Johan Huizinga, *Herbst des Mittelalters. Studien über Lebens- u. Geistesformen des 14. u. 15. Jahrhunderts in Frankreich und in den Niederlanden*, deutsch von T. Jolles Mönckeberg, München 1924.
[2] Über die Entstehungs- und Rezeptionsgeschichte von Huizingas Buch siehe den hellsichtigen Aufsatz von Edward Peters und Walter P. Simons, „The New Huizinga and the Old Middle Ages", in: *Speculum* 74 (1999), 587–620.
[3] Margaret Aston, „Huizinga's Harvest: England and the Waning of the Middle Ages", in: *Mediaevalia et Humanistica*, n.s. 9 (1979), 1–24. Auf S. 2 sagt Aston: „,Schwinden' ist ein freudloseres Wort als ‚Harvest', denn es enthält weder die herbstliche Fülle noch die Verheißung eines neuen Geistes."

zeit sich mit der Sonne verbünde, um „jede Frucht mit Reife bis ins Innerste zu füllen", bis die Bienen „meinen, der warmen Tage sei nie mehr ein Ende". Aber warme Tage haben ein Ende und höchste Reife ist das letzte Stadium der wachsenden Jahreszeit, das unvermeidlich in den Tod und neue Formen des Lebens führt.

Auf die spätmittelalterliche Mystik in Deutschland passen beide Seiten dieser Harvest-Metapher. Sogar die Daten in meiner Titelangabe haben etwas Metaphorisches an sich (darüber genauer weiter unten), aber im Zeitraum zwischen ca. 1300 und ca. 1500 war in Deutschland das Entstehen einer mystischen Literatur zu erleben, deren Originalität genauso bemerkenswert ist wie ihre Fülle. In wohl kaum einem anderen Zeitraum in der Geschichte der Christenheit dürfte eine größere Begeisterung für die Mystik an den Tag gelegt worden sein. Die Mystik blühte zwar im Spätmittelalter quer durch Westeuropa auf, aber die deutschsprachigen Länder heben sich sowohl mit der Quantität der produzierten Texte als auch mit der Kreativität der damaligen Mystiker hervor, wie die Namen von Eckhart, Seuse, Tauler und Nikolaus von Kues zeigen. Das war wahrhaftig eine Zeit der Ernte von vielem schon sehr früh oder auch später in der Geschichte der christlichen Mystik Gepflanztem.

Doch gab es auch Anzeichen wenn nicht des Endpunkts und Todes, so zumindest des Aufbrechens von Problemen, die in der weiteren Geschichte der christlichen Mystik des Abendlandes noch große Schwierigkeiten machen sollten. Das allergrößte von ihnen war die zunehmende Angst vor gefährlichen Formen des Einsseins mit Gott und die institutionelle Reaktion, die diese ab den frühen Jahren des 14. Jahrhunderts auslösen sollten. Der vorliegende Band enthält ein Kapitel, das sich eigens mit dem befasst, was gewöhnlich als die „Häresie vom Freien Geist" bezeichnet wird, aber die anderen Kapitel zeigen, dass es die meisten mystischen Autoren nach 1300 für notwendig hielten, die guten von den schlechten Formen der Mystik zu unterscheiden. Ferner ist es offenkundig, dass das 14. Jahrhundert die Zeit der größten Kreativität war, während das 15. Jahrhundert mit Ausnahme von Nikolaus von Kues eher das Zeitalter der physischen Verbreitung von Texten und Traktaten war als das von Neuansätzen.[4] Zumindest in diesem engeren Sinn hatte die Mystik in Deutschland etwas Herbstliches

---

[4] Werner Williams-Krapp schätzt, dass mindestens 80% der erhaltenen Manuskripte der Werke von Eckhart, Seuse, Tauler und von anderen mystischen Texten des 14. Jahrhunderts aus dem 15. Jahrhundert stammen. Vgl. „The Erosion of a Monopoly: German Religious Literature in the Fifteenth Century", in: *The Vernacular Spirit. Essays on Medieval Religious Literature*, hg. v. Renate Blumenfeld-Kosinski, Duncan Robertson u. Nancy Bradley Warren, New York 2002, 251–255.

und musste dann viele Jahre warten, bis neue religiöse Entwicklungen, insbesondere die Vielfalt der Reformationen des 16. Jahrhunderts, den Anstoß dazu gaben, neue Stile mystischer Traditionen zu entwerfen.

Die Metapher „Harvest" erregte noch einmal die besondere Aufmerksamkeit der geisteswissenschaftlichen und theologischen Historiker, als ein anderer großer niederländischer Gelehrter, Heiko A. Oberman, 1963 unter dem Titel *The Harvest of Late Medieval Theology* seine bahnbrechende Untersuchung über das spätmittelalterliche nominalistische Denken herausbrachte.[5] Oberman und seine Studenten standen in der vordersten Linie derer, die behaupteten, die letzten Jahrhunderte des Mittelalters seien mehr gewesen als bloß eine Zeit der Verwirrung und des Niedergangs (so die ältere katholische Ansicht) oder umgekehrt die Zeit der Vorbereitung auf die Reformation (was oft protestantische Gelehrte behaupten), sondern vielmehr ein Zeitalter, das es verdient habe, in seiner besonderen Eigenart studiert zu werden, nicht nur auf den Gebieten der Literatur und Kunst, sondern auch – und für manche vielleicht besonders überraschend – auf denen der Naturwissenschaft, Philosophie und Theologie. Diese Ansicht, die eine Zeit lang als revisionistisch galt, wurde inzwischen zunehmend akzeptiert, obwohl die verschiedenen Autoren ihre sehr unterschiedlichen Auffassungen haben.[6] Das bedeutete auch, dass das Jahr 1500, das einst als Trennlinie zwischen dem Mittelalter und der Frühmoderne galt, an Bedeutung verlor, wenn auch nicht so weit, um zu verhindern, dass es für Inkunabel-Sammler zum bedeutsamen „mythologischen Jahr" wurde.[7] In den letzten vierzig Jahren wurde die Diskussion zwischen Wilhelm Dilthey († 1911) und Ernst Troeltsch († 1923) wieder aufgegriffen, die diese im späten 19. Jahrhundert leidenschaftlich geführt hatten. Dilthey sah die Renaissance und Frühreformation als völligen Neuaufbruch in der Geschichte des

---

[5] Heiko A. Oberman, *The Harvest of Medieval Theology. Gabriel Biel and Late Medieval Nominalism*, Cambridge/USA 1963. In seiner „Introduction" sagt Oberman zum englischen Titel von Huizingas Buch: „Wir sehen uns zwar zu tiefer Dankesschuld gegenüber Johan Huizingas *The Waning of the Middle Ages* verpflichtet, aber das Bild vom Harvest in unserem Titel ist absichtlich den Begriffen für ‚Verfall' oder ‚Schwinden' entgegengesetzt, mit denen man in den französischen und englischen Titeln das niederländische ‚Herstttij' ersetzt hat, denn ‚Herstttij' bedeutet wörtlich ‚Herbstgezeit'" (5).
[6] Siehe zum Beispiel das interessante Buch von Gordon Leff, *The Dissolution of the Medieval Outlook. An Essay on Intellectual and Spiritual Change in the Fourteenth Century*, New York 1976, in dem behauptet wird, der im 14. Jahrhundert eingeleitete Zusammenbruch der anerkannten mittelalterlichen Denkart sei es gewesen, was das Entstehen der modernen Welt ermöglicht habe. Unter den neuen Denkungsarten hebt Leff die Mystik deutlich hervor (siehe 118–130); er nennt sie „die wirkkräftigste spirituelle Kraft des 14. Jahrhunderts" (121).
[7] Eine humorvolle Randbemerkung in der „Introduction" zum *Handbook of European History, 1400–1600. Late Middle Ages, Renaissance and Reformation*, hg. v. Thomas A. Brady, Jr., Heiko A. Oberman u. James D. Tracy, 2 Bde. Grand Rapids 1996, Bd. 2, XX.

Abendlandes, während Troeltsch vertrat, Luther und die frühen Reformatoren hätten lediglich die End- und Gipfelphase der langen Reformdiskussionen dargestellt, die in der Christenheit bereits ab dem 13. Jahrhundert im Gang gewesen seien. In der heutigen Diskussion stimmt man eher Troeltsch zu. Die Einteilung in Perioden durch die Historiker ist zwar immer etwas Künstliches, aber derzeit ist man sich in beträchtlichem Maß darin einig, es sei sinnvoller, bei dieser künstlichen Einteilung das Spätmittelalter und das 16. Jahrhundert zusammenzufassen, unabhängig davon, ob man diese Übergangszeit des Spätmittelalters weiter ansetzt (von ca. 1250 bis 1550) oder enger (von ca. 1400 bis 1600).[8]

Ganz ähnlich gilt das für die Epocheneinteilung der Mystik. Das Jahr 1500 bezeichnet keinerlei entscheidende Verlagerung der Entwicklung dessen, was ich als die „neue Mystik" bezeichnet habe, die in Europa ab ungefähr 1200 auftrat.[9] Das Ineinanderwirken mehrerer einander überlagernder Schichten von Formen der Mystik, zu dem es meiner Überzeugung nach kam, liefert eine Struktur zum Verständnis dieser langen und vielgestaltigen Tradition, die in der frühen Kirche mit der Mönchsmystik beginnt, auf die sich dann im 12. Jahrhundert als neue Schicht die Liebesmystik mit ihrer „Ordnung der Liebe" legt; sodann bricht die neue Mystik in ihren exzessiven und volkssprachlichen Formen auf, und schließlich erscheint die mit Eckhart und seinen Nachfolgern verbundene Mystik vom Grund, die im vorliegenden Band dargestellt werden soll, auf die bis zum Jahr 1500 keine wichtigen neuen Entwicklungen mehr folgen. In diesem Sinn ist das in meinem Titel genannte Datum 1500 eine ein Stück weit künstliche Zahl, die auf den Umstand verweist, dass gegen Ende des 15. Jahrhunderts die produktive Ära der mittelalterlichen deutschen Mystik ausgelaufen war. (Tatsächlich kam es nach ca. 1465 zu nichts Wichtigem mehr. Damals war Nikolaus von Kues bereits tot und diejenigen, die sich mit ihm auf die Diskussion über das Verhältnis von Liebe und Erkenntnis in der mystischen Theologie eingelassen hatten, waren inzwischen erschöpft.) Das Datum 1300 ist zutreffender, wenn auch nicht chronologisch exakt. Während der Jahre 1295 bis 1305 begann Eckhart mit seinen ersten mystischen Predigten. In diesem selben Jahrzehnt begann die aufsehenerregende Botschaft seiner Zeitgenossin, der Begine Marguerite Porete, die Aufmerksamkeit misstrauischer Bi-

---

[8] Die Option für 1400–1600 wird im gerade genannten *Handbook* vertreten. Oberman hatte in seinem wertvollen Aufsatzband *The Dawn of the Reformation. Essays in Late Medieval and Early Reformation Thought*, Edinburgh 1986, „willkürlich" das Spätmittelalter als „von ungefähr 1350–1550 reichend" angesetzt (20). Obermans Schüler Steven Ozment gab seinem wichtigen und einflussreichen Überblick den Titel *The Age of Reform 1250–1550. An Intellectual and Religious History of Late Medieval and Reformation Europe*, New Haven 1980.
[9] Über die Eigenart der „neuen Mystik" siehe im vorliegenden Werk Bd. III, 36–67.

schöfe und Inquisitoren auf sich zu ziehen. Obwohl man, um die Mystik Eckharts zu verstehen, ein halbes Jahrhundert zurück bis auf die Lehre von Albert dem Großen und Thomas von Aquin gehen muss (siehe 1. Kapitel), ist zumindest für Deutschland mit 1300 ein Neuanfang markiert.

Sowohl Huizinga als auch Oberman anerkennen die Bedeutung der Mystik für ihr jeweiliges Verständnis dessen, worin der Herbst des 14. und 15. Jahrhunderts bestand. Huizinga, der neben Ruusbroec, Gerson und Dionys dem Kartäuser auch Eckhart, Seuse und Tauler zitiert, macht einige markante Aussagen darüber, auf welch paradoxe Weise das, was er als die „einsamen Höhen der individuellen, form- und bildlosen Mystik" beschreibt, auch dazu beitrug, eine Bewegung zur „Würdigung des praktischen Elements hin" in Gang zu setzen, nämlich zu einer „nüchternen Mystik", wie er sie nennt.[10] Oberman wies in seinem Buch *Harvest* auf einen vernachlässigten Zusammenhang zwischen Nominalismus und Mystik in Gestalten wie Johannes Gerson und Gabriel Biel hin[11] und ging später in mehreren Essays genauer seinem Interesse für die spätmittelalterliche Mystik nach, insbesondere in einer klassischen Darstellung der Beziehung Luthers zur Mystik.[12] Was die Leser jedoch im vorliegenden Band finden werden, handelt nicht von dem, worum es Huizinga oder Oberman ging, jedoch hoffe ich, dass es auf einer tieferen Ebene bezeugt, wie stark diese beiden wichtigen Denker die Art und Weise verändert haben, wie wir vom Spätmittelalter denken.

Der spätmittelalterliche Kontext der Mystik[13]

Die in diesem Band genauer vorgestellten Gestalten waren größtenteils während der hundertfünfzig Jahre von 1300 bis 1450 aktiv. Dieser Abschnitt wird gewöhnlich als Zeit großer Bedrängnisse für die abendlän-

---

[10] Huizinga, *Herbst des Mittelalters* 309f. Vgl. auf den Seiten unmittelbar davor die ausführlichere Darlegung.
[11] Siehe Oberman, *The Harvest of Medieval Theology*, Kap. 10, „Nominalistic Mysticism" (323–360). Ich hoffe, im nächsten Band im Zusammenhang mit Johannes Gerson das Thema des Verhältnisses von Nominalismus und Mystik genauer aufgreifen zu können.
[12] Oberman, *The Dawn of Reformation*, enthält als Kapitel seinen Essay „*Simul Gemitus et Raptus: Luther and Mysticism*" (126–154), den er zuvor 1967 auf Deutsch veröffentlicht hatte. Mehr über Obermans Sicht der Mystik findet sich im 1. Kapitel der gleichen Sammlung.
[13] Die letzte umfassendere Geschichte des Spätmittelalters findet sich in *The New Cambridge Medieval History*. Bd. VI, ca. 1300-ca. 1415, hg. v. Michael Jones, Cambridge 2000 sowie Bd. VII, ca. 1415–ca. 1500, hg. v. Christopher Allmand, Cambridge 1998. Leider wird die Mystik darin nur in Band VI, 58–65 auf ziemlich verstümmelte und irreführende Weise abgehandelt.

dische Gesellschaft und die Kirche gesehen, nicht zuletzt in Deutschland. Es steht außer Frage, dass es im 14. Jahrhundert zu einer ganzen Reihe von Katastrophen kam, sowohl Naturkatastrophen wie von Menschen gemachten, und dass diese in weiten Kreisen zu Mutlosigkeit, ja Verzweiflung führten und Angstreaktionen auslösten. Aber nicht alles war schwarz, selbst nicht im 14. Jahrhundert. Diese Zeit erlebte die Gründung der ersten Universitäten im Heiligen Römischen Reich Deutscher Nation, angefangen mit derjenigen von Prag im Jahr 1348. Trotz der schwierigen Wirtschaftslage wuchsen die Städte weiter und es entwickelte sich mit ihnen die städtische Mittelschicht, die neue Formen der Frömmigkeiten förderte und sich als Leserschaft für spirituelle und mystische Literatur anbot.[14] Im 15. Jahrhundert kam es im Reich zu noch mehr wirtschaftlichen, sozialen und kulturellen Initiativen.[15]

Das 14. Jahrhundert war voller Naturkatastrophen. Ackerbaugesellschaften wie die mittelalterliche Christenheit waren immer für Hungersnöte und andere von der Natur verursachte Nöte anfällig. Es war dem mittelalterlichen Ackerbau ganz und gar nicht zuträglich, dass im 14. Jahrhundert ein starker Klimawandel in Form einer allgemeinen Abkühlung einsetzte, eine „kleine Eiszeit", die mehrere Jahrhunderte andauerte. Während dieses Jahrhunderts kam es auch zu mehreren verheerenden Erdbeben. Die größte Katastrophe war natürlich der „Schwarze Tod", die Pest. Seit 787 war das Abendland vor Pestseuchen verschont geblieben, aber eine solche kehrte mit voller Stärke zwischen 1347 und 1350 zurück und führte in vielen Gegenden zum Tod mehr als der Hälfte der Bevölkerung.[16] Die demographischen, wirtschaftlichen und sozialen Auswirkungen dieses schrecklichen Sterbens sind schwer einzuschätzen, aber sie waren offensichtlich verheerend.[17] Die Seuche kehrte bis 1503 in grob zehn- oder zwanzigjährigen Intervallen zurück.

---

[14] Über die Laienfrömmigkeit im Spätmittelalter siehe die Tagungsbeiträge in *Laienfrömmigkeit im späten Mittelalter. Formen, Funktionen, politisch-soziale Zusammenhänge*, hg. v. Klaus Schreiner, München 1992; darin besonders Klaus Schreiner, „Laienfrömmigkeit – Frömmigkeit von Eliten oder Frömmigkeit des Volkes? Zur sozialen Verfasstheit laikaler Frömmigkeitspraxis im späten Mittelalter", 1–78; und Volker Honemann, „Der Laie als Leser", 241–251.
[15] Über das mittelalterliche Deutschland während des 14. und 15. Jahrhunderts siehe *The New Cambridge Medieval History* Bd. VI, Kap. 16 (a) und (b), 515–569; und Bd. VII, Kap. 17, 337–366.
[16] Ivan Hlaváček schätzt in „The Luxemburgs and Rupert of the Palatinate, 1347–1410" in *The New Cambridge Medieval History* Bd. VI, 567, dass in der ersten Hälfte des 14. Jahrhunderts die Einwohnerzahl Deutschlands ungefähr 14 Millionen betrug und die Seuche fast die Hälfte tötete, so dass sogar noch 1470, als die Bevölkerung wieder angewachsen war, diese wohl nur 10 Millionen zählte.
[17] Wie viele andere Katastrophen in der Menschheitsgeschichte scheint auch diese Seuche

Vielleicht noch belastender für die spirituell Sensiblen waren die politischen Krisen und Auseinandersetzungen der Zeit, und vor allem diejenigen, die die Kirche beeinträchtigten. Das hohe Maß an Gewalttätigkeit, von dem das ganze Mittelalter geprägt war, scheint im 14. Jahrhundert besonders zugenommen zu haben. Zwar betraf die lange Tragödie des Hundertjährigen Kriegs zwischen Frankreich und England (1337–1453) nicht direkt Deutschland und das Reichsgebiet, doch zeigte sie, wie sehr dynastische Kämpfe die spätmittelalterliche Gesellschaft verheerten. Im großen Sammelsurium von Fürstentümern und Städten, aus denen das Heilige Römische Reich bestand, gab es ständig Spannungen und häufig offene Konflikte. Die zumindest aus religiöser Sicht schwerste politische Prüfung des 14. Jahrhunderts war der Konflikt zwischen Papst Johannes XXII. und dem Kurfürsten Ludwig dem Bayern, der Deutschland von 1324 bis 1347 spaltete. Der Papst weigerte sich, dessen Wahl zum Kaiser anzuerkennen, woraufhin ihn Ludwig der Häresie anklagte. Darauf exkommunizierte der Papst Ludwig und verhängte über die Gebiete Deutschlands, die zu ihm standen, das Interdikt (das Verbot, öffentlich die Messe zu feiern und die Sakramente zu spenden). Das war eine törichte Auseinandersetzung, die jedoch die Geduld der Gläubigen auf eine harte Probe stellte.

Spätere Kaiser vermieden derartige Konfrontationen, und sei es nur deshalb, weil das Papsttum, diese zentrale Einrichtung der mittelalterlichen Kirche, im weiteren Verlauf des Jahrhunderts ohnehin an den Rand der Selbstzerstörung geriet. Über die Nöte und Triumphe des spätmittelalterlichen Papsttums in den beiden Jahrhunderten von 1300 bis 1500 ist viel geschrieben worden. Manche der damals diskutierten Fragen, wie etwa diejenige des genauen Verhältnisses zwischen den Vollmachten eines allgemeinen Konzil und derjenigen des Papstes, werden heute noch diskutiert. Die spätmittelalterlichen Mystiker lebten mitten in schweren Krisen des Lebens der Kirche. Manche Mystiker scheinen von den Prüfungen der Zeit nicht viel mitbekommen zu haben; andere fühlten sich angetrieben, sich stark auf der einen oder anderen Seite der Diskussionen zu engagieren, wenn es um die Natur der Kirche ging und die beste Weise, ihre Reform anzupacken.[18]

In einem Punkt war man sich allgemein ziemlich einig, jedenfalls unter

---

einige positive Auswirkungen gehabt zu haben, wie sie etwa David Herlihy in seinem provozierenden posthumen Werk behauptet: *The Black Death and the Transformation of the West*, mit einer Einführung hg. v. Samuel K. Cohn, Jr., Cambridge/USA 1997.

[18] Eine gute Einführung in die spätmittelalterliche Kirche bietet Francis Oakley, *The Western Church in the Later Middle Ages*, Ithaca 1979. Die unterschiedlichen Ansichten über die spätmittelalterliche Christenheit und ihr Verhältnis zur Reform, die Oakley und andererseits Ozment in seinem *The Age of Reform* äußern, stellt einsichtsvoll Mark U. Edwards in einer ausführlichen Rezension in *Religious Studies Review* 7 (1981), 124–128 heraus.

ernsthaften Christen: dass eine Reform der Kirche „an Haupt und Gliedern", also von oben bis unten, dringend notwendig sei. Der Ruf nach Reform, nach der Reinigung der Kirche von offensichtlichen institutionellen und persönlichen Missständen, war das Leitmotiv des Spätmittelalters.[19]

Die Mystiker hat man sich oft so vorgestellt, als scheuten sie das Interesse für äußere Reform und betonten lieber die Notwendigkeit der inneren Bekehrung jedes Einzelnen, aber im Christentum kann man sich schwer das eine ohne das andere vorstellen. Bei manchen mittelalterlichen Mystikern und mystischen Autoren wie Caterina da Siena, Johannes Gerson und Nikolaus von Kues hatten es die unmittelbaren Umstände ihrer Umgebung oder ihrer Berufung ergeben, dass sie sich auf höchster Ebene energisch für Reformen einsetzten. Andere konzentrierten ihre Energien auf engere Kreise, aber ohne in Abrede zu stellen, dass in der Christenheit alle dringend der Reform und Bekehrung bedurften.

In dem im vorliegenden Buch behandelten Zeitraum spielte sich das Drama des spätmittelalterlichen Papsttums in vier Akten ab. Der erste Akt umfasst den Zeitraum, in dem die Päpste aus Rom geflohen waren und ihre Residenz in Avignon aufgeschlagen hatten (1307–1378), was oft als die „Babylonische Gefangenschaft" des Papsttums beschrieben wurde. Die päpstliche Flucht war zum Großteil eine Reaktion auf die verworrenen Verhältnisse in Italien nach der Niederlage Bonifaz' VIII. in seinem Konflikt mit Philipp dem Schönen von Frankreich. Die moderne Forschung hat das von den mittelalterlichen Papstgegnern überkommene düstere Bild der Päpste von Avignon modifiziert, jedoch nicht die grundlegenden Tatsachen in Abrede gestellt, dass die sieben hintereinander in Avignon residierenden Päpste dem französischen König gegenüber zu unterwürfig waren, zu sehr darauf aus, sich selbst und ihre Verwandten auf Kosten der Kirche zu bereichern, und zu unfähig, ernsthafte Kirchenreformen durchzusetzen, selbst wenn sie die besten Absichten dazu haben mochten. Als Gregor XI. 1378 nach Rom zurückkehrte (zumindest ein Stück weit dank der Bemühungen von Caterina da Siena), schien das einen Neuanfang zu verheißen, aber es folgten noch stärkere Krisen. Gregor starb und ein völlig gespaltenes Kardinalskollegium wählte unter dem Druck von vielen Seiten kurz hintereinander zwei Päpste: Urban VI. (1378–1389), der seinen Wohnsitz in Rom nahm, und Clemens VII. (1378–1394), der nach Avignon zurückkehrte. Damit hatte das Große Abendländische Schisma mit seinen zwei päpstlichen Linien von Rom und Avignon begonnen.

---

[19] Über die spätmittelalterlichen Rufe nach Reform siehe Gerhard Strauss, „Ideas of *Reformatio and Renovatio* from the Middle Ages to the Reformation", in: *Handbook of European History 1400–1600*, Bd. II,1–30.

EINFÜHRUNG

Das Schisma von 1378 bis 1417 dürfte für alle aufrichtig Gläubigen die schlimmste Prüfung gewesen sein. Wer war der richtige Papst? Wessen Weihen, Ernennungen und Sakramente waren gültig? Wie hatte Gott seine Kirche in eine derartige Lage geraten lassen können? Europa spaltete sich in zwei Lager. Könige und andere Herrscher spielten beide Kandidaten zu ihrem eigenen Vorteil gegeneinander aus; Kleriker und Theologen bemühten sich um Möglichkeiten, die Spaltung zu beheben; engagierte Gläubige, sogar später kanonisierte Heilige, unterstützten die eine oder die andere Seite. Es war kein Wunder, dass nach einiger Zeit der Volksglaube entstand, seit Beginn des Schismas sei niemand mehr in den Himmel gekommen.[20] Es musste etwas getan werden, denn, wie der zeitgenössischer Kirchenmann Johannes Gerson es ausdrückte, „dem Papst wurde seine Macht für den Aufbau der Kirche gegeben, nicht für deren Zerstörung."[21]

Der Skandal des gespaltenen Papsttums bewegte Kanonisten und Theologen dazu, neu das Verhältnis zwischen allgemeinen Konzilien und päpstlichem Amt zu überdenken. Wie Brian Tierney vor fünfzig Jahren aufgezeigt hat, war der Konziliarismus keine neue Bewegung, sondern er wurzelte tief in der mittelalterlichen Ekklesiologie.[22] Die Option dafür, das Schisma durch ein Konzil zu beheben, führte zunächst 1409 zu einem gescheiterten Konzil in Pisa, das alles nur noch schlimmer machte, weil es einen dritten Mann wählte, der das Papstamt für sich beanspruchte. Dank der Unterstützung des deutschen Kaisers Sigismund (1410–1437) gelang dann dem in Konstanz von 1414 bis 1418 abgehaltenen Konzil ein mäßiger Erfolg. Das Konstanzer Konzil führte zu einem Konsenspapst, Martin V. (1417–1431). Es kam nicht wirklich dazu, Reformen anzupacken, erließ jedoch zwei Dekrete, die zur Förderung dieses Anliegens hätten beitragen können. Das erste mit dem Titel „Haec sancta" (6. April 1515) bekräftigte, ein allgemeines Konzil habe „seine Vollmacht direkt von Christus und alle Personen gleich welchen Ranges oder welcher Würde, selbst ein Papst, sind gehalten, ihm in Dingen des Glaubens, der Beendigung des Schismas und der allgemeinen Reform der Kirche Gottes an Haupt und Gliedern zu gehorchen."[23] Im zweiten Dekret „Frequens" (9. Oktober 1417) wurde die

---

[20] Huizinga, *Der Herbst des Mittelalters*, 14.
[21] Johannes Gerson, *Trilogus in materia schismatis*, in: *Oeuvres Complètes*, 10 Bde., Paris 1960–73, Bd. 6,81: *Neque praeterea latet vos potestatem papalem datam esse in aedificationem Ecclesiae, non in destructionem.*
[22] Brian Tierney, *Foundations of the Conciliar Theory. The Contributions of the Medieval Canonists from Gratian to the Great Schism*, Cambridge 1955.
[23] „Haec sancta" findet sich in *Conciliorum Oecumenicorum Decreta*, hg. v. Josephus Alberigo et al., Bologna 1973, 409: ... *potestatem a Christo immediate habens, cui quilibet cuiuscumque status vel dignitatis, etiam si papalis existat, obedire tenetur in his quae pertinent*

Abhaltung regelmäßiger Konzilien zur Durchführung der nötigen Kirchenreform beschlossen.

Die genannten Dekrete leiteten den dritten Akt dieses Dramas ein, nämlich den Konflikt zwischen denen, die dem Papst die Autorität für die Reform zuschrieben und denjenigen, die dem Konzil die Autorität dazu geben wollten. Er hielt von 1417 bis 1460 an. Martin V. und sein Nachfolger Eugen IV. (1431–1447) bemühten sich nach Kräften, wieder das in Rom ansässige Papsttum stark zu machen.[24] Sie hatten keineswegs die Absicht, die vorgesehenen regelmäßigen Konzilien durchzuführen, da diese voller Parteiungen und Eigeninteressen waren. (Man darf sich die mittelalterlichen Konzilien nicht als „demokratische" Einrichtungen vorstellen, auch wenn sie ein breiteres Interessenspektrum vertraten als die päpstliche Kurie.) Zu einer stärkeren Konfrontation kam es in den 1430er Jahren, als Papst Eugen sich weigerte, ein zu Basel versammeltes Konzil anzuerkennen. Nach einem jahrelangen Konflikt führte das 1439 zu einem vollständigen Bruch, als Eugen das Konzil auflöste und sein eigenes Konzil nach Italien einberief. Die Zurückbleibenden verfielen auf das bereits abgenutzte frühere Mittel, einen Gegenpapst zu wählen. Der Konziliarismus war damit auf jeden Fall erledigt. 1451 anerkannten die wenigen noch in Basel verbliebenen Konzilsvertreter den Nachfolger von Eugen, Nikolaus V., als den wahren Papst. 1460 gab Papst Pius II., der vormals in Basel selbst den Konziliarismus vertreten hatte, die Bulle „Execrabilis" heraus, mit der er den Konziliarismus als „schrecklichen, in früheren Zeiten unerhörten Missbrauch" und dem kanonischen Recht zuwider verurteilte.

Das Wiedererstarken des Papsttums nach anderthalb Jahrhunderten des Durcheinanders kostete seinen Preis. Ganz eindeutig verengten sich ab der Rückkehr der Päpste nach Rom nach dem Konstanzer Konzil die politischen Ansprüche und Horizonte des Papsttums. In den letzten Jahrzehnten des 15. Jahrhunderts war das Entstehen einer neuen Art von Papsttum zu erleben, und das war der vierte und letzte Akt des Dramas. Die westeuropäischen Herrscher hatten die Zeit der Schwäche des Papsttums besonders während des Schismas genutzt, um im Gegenzug für die politische Unterstützung, die sie dem einen oder anderen Beansprucher des Papstamts geboten hatten, ihre Kontrolle über die Kirche in ihren eigenen Ländern zu verstärken. Solche Rechte waren schlecht rückgängig zu machen, zumal

---

ad fidem et exstirpationem dicti schismatis, ac generalem reformationem dictae ecclesiae Dei in capite et membris.
[24] Zum Überblick über die Geschichte der Kirche in diesem Zeitraum siehe John Van Engen, „The Church in the Fifteenth Century", in: *Handbook of European History 1400–1600*, Bd. 1, 305–330.

wenn sie in schriftlicher Form vorlagen. Obwohl die Päpste des späten 15. Jahrhunderts ihre rhetorischen Ansprüche auf die universale Vollmacht des Papstes nicht zurückschraubten, waren sie in der Praxis zunehmend bereit, sich um des unmittelbaren politischen Vorteils willen mit den Territorialherren auf bestimmte Vereinbarungen („Konkordate") einzulassen. Die fürstlichen Renaissancepäpste, deren Reihe mit den Humanisten Nikolaus V. (1447–1455) und Pius II. (1458–1464) begann, waren alle große Patrone der Kunst und schlaue Politiker. Einige legten sogar Lippenbekenntnisse zur Reform ab. Selbst im Vergleich mit den viel verurteilten Päpsten von Avignon konnte man sie nicht als spirituellere Menschen bezeichnen. Das Zeitalter der Renaissancepäpste sollte bis 1555 andauern, als schließlich Paul IV. als erster Papst der Gegenreformation gewählt wurde.

Wie sich diese Abfolge von Krisen auf die spätmittelalterliche Mystik auswirkte, ist schwer einzuschätzen. Man macht es sich zu leicht, wenn man die für einen Großteil der spätmittelalterlichen Mystik so zentrale Betonung der Verinnerlichung als Reaktion auf den traurigen äußeren Zustand der Kirche deutet. Für manche Historiker ist die große Verbreitung der Mystik namentlich in Deutschland ein Zeichen dafür, dass die spätmittelalterlichen Gläubigen sich in zunehmendem Maß zur Suche nach einem inneren Kontakt mit Gott hingedrängt fühlten, der an den Strukturen der korrupten institutionellen Kirche vorbeiging oder diese sogar in Frage stellte. Das Auftreten radikaler mystischer Häretiker, die als „Brüder und Schwestern vom Freien Geist" bezeichnet wurden, scheint das zu bestätigen. Aber in Wirklichkeit war die Lage viel komplexer. So sehr zum Beispiel Meister Eckhart und Johannes Tauler betonten, man finde Gott im Grund der eigenen Seele, lehrten sie doch auch, dass das Leben aus dem göttlichen Grund den Menschen befähige, die alte Trennung von aktivem und kontemplativem Leben zu durchbrechen und Maria (die kontemplative Dimension) mit Martha (der aktiven) zu verbinden. Eckhart sagte einmal, es gehe darum, „mit mannigfaltigem Wirken mit brennender Liebe in allen Kreaturen Gott zu suchen" (Pr. 86). Die Mystiker, die hier genauer vorgestellt werden, waren keine Revolutionäre und stellten nicht einmal die überkommene Ordnung der Sakramente, Gesetze und Moralregeln in Frage. Sie mögen den Lebenswandel verderbter Kleriker verurteilt haben, aber sie griffen nicht den Klerikerstand als solchen an, so sehr sie auch der Überzeugung waren, dass einfache Gläubige oft Gott näher seien als die Kleriker. Diese Mystiker lebten weiterhin innerhalb der Strukturen der spätmittelalterlichen Christenheit und sahen die *ecclesia romana* als Gottes notwendiges Heilsinstrument an. Worauf die Mystiker des mittelalterlichen Deutschland jedoch bestanden, war, dass Instrumente immer nur Instrumente seien. Man dürfe sie nicht mit dem Ziel verwechseln, das darin bestehe, Gott im Innern zu finden und aus dieser überwältigenden Entdeckung heraus zu leben.

ERSTER TEIL

HINTERGRUND

Kapitel 1

CONTEMPLATA ALIIS TRADERE:
MYSTISCHES ERKENNEN BEI ALBERT DEM GROSSEN UND THOMAS VON AQUIN

Die Dominikaner waren nie eine so starke Gruppe wie die Franziskaner, weder in ihrer etablierten noch halb-etablierten Form, jedoch spielte der *ordo praedicatorum* in der spätmittelalterlichen Spiritualität und Mystik eine nicht weniger bedeutende Rolle als diese. Von den Franziskanern hat man den Eindruck, sie seien oft vom Anliegen besessen gewesen, unbedingt mit einer für sie grundlegenden Spiritualität konform und vor allem in Harmonie mit der archetypischen Gestalt von Franziskus zu sein. Die Dominikaner dagegen neigten dazu, allen Versuchen zur Definition einer einzigen oder einzigartigen dominikanischen Spiritualität oder Mystik mit Misstrauen zu begegnen.[1] Diese unterschiedlichen Ansätze spiegeln ganz allgemein die umfassendere Problematik von Einheit und Verschiedenheit in der christlichen Spiritualität. Theologisch gesprochen glauben die Christen, dass die eine Botschaft des Evangeliums durch die Zeiten hindurch vom Heiligen Geist in vielfältigen Formen mitgeteilt werde, die jedoch alle immer nur Spielarten des spirituellen Konformseins mit Christus seien.[2] Doch diese Aussage steht dem Anliegen des Historikers nicht im Weg, die im Lauf der Jahrhunderte geradezu verwirrende Vielfalt von Spiritualitäten genauer zu studieren.

Die Rolle, die die Dominikaner bei der „Fülle der Mystik" im 14. und 15. Jahrhundert spielten, war stark und vielseitig. Verschiedene Aspekte der dominikanischen Auswirkung auf die spätmittelalterliche Mystik werden in den meisten Kapiteln dieses Bandes auftauchen. Hier kann darauf verzichtet werden, die charakteristischen Züge der dominikanischen Lebensart ausführlich darzustellen[3]; ein Wesenszug im Leben der Predigerbrüder

---

[1] Als Einführungen in die dominikanische Spiritualität siehe Simon Tugwell „Die Spiritualität der Dominikaner" in *Geschichte der christlichen Spiritualität* Bd. 2: *Hochmittelalter und Reformation*, Würzburg 1995, 35–50; und besonders *Early Dominicans. Selected Writings*, New York 1982. Eine neuere Einführung bietet Richard Woods OP, *Mysticism and Prophecy. The Dominican Tradition*, London 1998.
[2] Hans Urs von Balthasar, „Das Evangelium als Norm und Kritik aller Spiritualitäten in der Kirche", in: *Concilium* 1 (1965), 715–722.
[3] Woods nennt in *Mysticism and Prophecy* 23–26 als die vier Grundzüge des dominikanischen Charismas: Gemeinschaft, Gebet, Studium und Mission.

muss jedoch genannt werden, weil er ein besonderes Licht auf ihre Rolle in der spätmittelalterlichen Mystik wirft. An einer berühmten Stelle in seiner *Summa Theologiae* sagte Thomas von Aquin, es sei „etwas Größeres, das in der Kontemplation Erfasste an andere weiterzugeben, als sich der Kontemplation nur für sich selbst zu widmen" *(ita maius est contemplata aliis tradere quam solum contemplari,* S.Th. II–II q. 188 a. 6c). So gehörte es ganz wesentlich zur dominikanischen Lebensweise, die lehrmäßigen wie mystischen Früchte der eigenen Kontemplation weiterzugeben.

Die Leben der beiden größten dominikanischen Lehrmeister des 13. Jahrhunderts, Alberts des Großen (ca. 1200–1280) und Thomas' von Aquin (1225–1274), veranschaulichen gut die praktische Umsetzung dieses Mottos *contemplata aliis tradere*. Keiner dieser beiden Lehrer spricht von seinem eigenen Gebetsleben oder seinen inneren Zuständen; auch schrieben beide keine mystischen Traktate oder ließen sich nach Art einiger späterer Dominikaner auf das Predigen zu mystischen Themen ein. Wir müssen Albert und Thomas nicht als Mystiker im üblichen Sinn betrachten – obwohl manche sie so eingeschätzt haben[4] –, um von ihrer Bedeutung für die Geschichte der Mystik zu sprechen. Ihre Lehre wurde grundlegend für jenen mächtigen Strom der Mystik, der an der Wende zum 14. Jahrhundert in Deutschland in den Predigten und Schriften von Meister Eckhart aufbrach. Spätere Dominikanermystiker, sogar solche wie Caterina da Siena, die keine formelle theologische Ausbildung erhalten hatten, standen mehr oder weniger stark unter dem Einfluss der Synthese von Thomas, die, wie Jean-Pierre Torrell gezeigt hat, „in seiner Spiritualität genauso tiefgründig ist wie in seiner Lehre"[5]. Wenn man nicht einige zentrale Aspekte des Denkens von Albert und von Thomas kennt, kann man einen guten Teil der spätmittelalterlichen Mystiker nur recht schwer verstehen. Im Folgenden soll natürlich nicht versucht werden, eine Synthese des Denkens jedes dieser beiden Lehrmeister vorzustellen. Meine Absicht ist lediglich, einige Züge ihrer Lehre anzusprechen, die für das Verständnis der spätmittelalterlichen Mystik besonders wichtig sind.

---

[4] Über Thomas als Mystiker siehe James A. Weisheipl, „Mystic on Campus: Friar Thomas", in: *An Introduction to the Medieval Mystics of Europe*, hg. v. Paul Szarmach, Albany 1984, 135–159.
[5] Jean-Pierre Torrell, OP, *Saint Thomas Aquinas*, Bd. 2: *Spiritual Master*, Washington, DC 2003, viii.

Contemplata aliis tradere
Albert der Große und der intellektive Dionysianismus

Ein entscheidendes Datum für die Geschichte der Mystik war das Jahr 1248. Im Sommer diesen Jahres verließ der gelehrte deutsche Dominikaner Albert von Lauingen, Magister der Theologie, auf Anweisung seines Ordens Paris, um in Köln ein *studium generale*, also eine theologische Fakultät, einzurichten.[6] Unter den Ordensstudenten, die ihn dorthin begleiteten, war der junge Italiener Thomas von Aquino. Das theologische Studienzentrum, das Albert in der Stadt am Rhein gründete, war zwar technisch keine Universität, in Wirklichkeit jedoch trotzdem die erste deutsche Universität und ein Jahrhundert lang die einzige. Sie sollte bald internationale Berühmtheit erlangen. In den folgenden Jahrzehnten studierten und lehrten dort eine Reihe brillanter Geister. Das waren Theologen und Mystiker, die einer ganz eigenen deutschen dominikanischen Philosophie, Theologie und Mystik Gestalt gaben. „Daher ist das Jahr 1248 für die deutsche Geistesgeschichte von epochaler Bedeutung", schrieb Sturlese.[7]

Alberts Aufenthalt als Leiter des Kölner *studium* war relativ kurz (1248–1254 und 1258–1260), jedoch randvoll mit intellektueller Aktivität. Es war in dieser Zeit, dass er seine Kommentare zu Aristoteles begann (sechsunddreißig schrieb er schließlich insgesamt), die dadurch so einflussreich werden sollten, dass sie den Theologen das gesamte Spektrum des Werks dieses Philosophen erschlossen, und das, obwohl Aristoteles 1210 und 1215 verurteilt worden war.[8] Stark geprägt von der griechisch-arabischen Philosophie, insbesondere dem Denken von Avicenna und Averroes, schuf Albert die Anfänge einer kritischen Wechselbeziehung zwischen Philosophie und Theologie, die in der Folge, wenn auch auf etwas andere Weise, von seinem hervorragendsten Studenten, nämlich Thomas von Aquin, weiter gepflegt werden sollte. Es herrschen zwar immer noch unterschiedliche Ansichten über die Natur und innere Stimmigkeit von Alberts intellektuellem Unternehmen,[9] aber es ergibt sich zunehmend der Konsens, dass der *doctor uni-*

---

[6] Als kurze Darstellung von Leben und Werken Alberts, siehe Simon Tugwell OP, „Albert: Introduction", in: *Albert and Thomas. Selected Writings*, New York 1988, 3–129.
[7] Loris Sturlese, *Die deutsche Philosophie im Mittelalter. Von Bonifatius bis zu Albert dem Großen 748–1280*, München 1993, 326.
[8] Als kurze Einführung in Aristoteles, die Verurteilungen und die Bewegung, die zur Revision der Verurteilungen führte, siehe Fernand Van Steenberghen, *Aristotle in the West. The Origins of Latin Aristotelianism*, Louvain 1955. Und als neuere Darstellung Peter Schultheiss und Ruedi Imbach, *Die Philosophie im Mittelalter. Ein Handbuch mit einem bio-bibliographischen Repertorium*, Düsseldorf 2000, Kap. IV und V.
[9] Zum Überblick über die neuere Literatur über Albert siehe Hendryk Anzulewicz, „Neuere Forschung zu Albertus Magnus. Bestandsaufnahme und Problemstellungen", in: *Recherches de théologie ancienne et médiévale* 66 (1999), 163–206. Zwei besonders wichtige Einschät-

versalis nicht bloß eine eklektischer Materialsammler war, sondern ein origineller Denker von weitreichendem Einfluss. Im 15. Jahrhundert pries ihn der Chronikschreiber Johannes Meyer folgendermaßen: „Sie sagen von diesem heiligen, großen, hochgelehrten Albert, der so viele große Bücher in den göttlichen und natürlichen Wissenschaften geschrieben hat: ‚Wer er nit gewessen, Deutschelant wer ein eysel (Esel) blyben'."[10]

Albert war Naturwissenschaftler und Philosoph, aber auch Theologe, und obendrein ein mystischer Theologe.[11] Seine mystische Theologie, wie sie sich besonders in seinen Kommentaren zu den Schriften des Dionysius findet,[12] stammt aus seiner Zeit in Köln.[13] Albert war nicht der erste systematische Kommentator über das dionysische *Corpus*. Zwischen 1224 und 1244 hatte Thomas Gallus, ein in Paris ausgebildeter Victoriner-Kanoniker

---

zungen sind die von Sturlese in *Die deutsche Philosophie im Mittelalter*, Kapitel 12: „Der philosophische und naturwissenschaftlicher Rationalismus Alberts des Grossen" und Alain de Libera, *Albert le Grand et la philosophie*, Paris 1990. Eine Reihe hervorragender neuer Untersuchungen findet sich in *Albertus Magnus. Zum Gedenken nach 800 Jahren. Neue Zugänge, Aspekte und Perspektiven*, hg. v. Walter Senner OP, Berlin 2001.

[10] Zitiert in Loris Sturlese, „Albert der Große und die deutsche philosophische Kultur des Mittelalters", in: *Freiburger Zeitschrift für Philosophie und Theologie* 28 (1981), 147.

[11] Alberts großes *Corpus* ist in zwei Ausgaben verfügbar: (a) der alten vollständigen Ausgabe *Alberti Magni Opera Omnia*, hg. v. Augustus Borgnet, 38 Bde. Paris, 1890–1899 (im Folgenden abgekürzt mit *Op.Par.*) und (b) der im Gang befindlichen neuen kritischen Ausgabe des Kölner Albertus-Zentrums *Alberti Magni Opera Omnia*, Münster 1951 ff. (im Folgenden abgekürzt mit *Op.Col.*). Ich werde die Texte, soweit bereits verfügbar, aus der Kölner Ausgabe zitieren.

[12] Als knappe Darstellung der Mystik des Dionysius und Einführung in die Literatur über sie siehe im vorliegenden Bd. I, 233–269.

[13] Das dionysische *Corpus* umfasst vier Traktate und zehn Briefe (im Mittelalter war noch ein elfter, nicht authentischer Brief in Umlauf): in der mittelalterlichen Reihenfolge CH, EH, DN, MT und Epp. Über die Pariser glossierte Version des *Corpus* siehe H. F. Dondaine, *Le Corpus Dionysien de l'université de Paris au XIIIe siècle*, Rom 1953, insbesondere 72, wo der Inhalt des *Corpus* als aus drei Teilen bestehend aufgelistet wird:
I. Opus majus:
(a) „Compellit me", d.h. Eriugenas Übersetzung von CH zusammen mit den Scholien von Maximus dem Bekenner und Anastasius und die Kommentare von Eriugena, Hugo von St. Victor und Johannes Sarrazin;
(b) Opus alterum: Eriugenas Übersetzung von EH, DN, MT und Epp, zusammen mit den Glossen von Maximus und Anastasius, sowie Glossen von Pseudo-Maximus, die in Wirklichkeit Auszüge aus Eriugenas *Periphyseon* sind. Hier findet sich auch eine weitere Glosse (E').
II. Die neue Übersetzung von Johannes Sarrazin.
III. Die Paraphrase *Extractio* von Thomas Gallus.
Albert begann mit seiner systematischen Interpretation in seiner Pariser Zeit und hielt sich an die Reihenfolge der Bücher im Pariser *Corpus*. Er stellte das *Super CH* 1248 fertig. Das in der Reihenfolge nächste, an dem er dann in Köln arbeitete, wäre dann das *Super EH* gewesen (1249–1250); das *Super DN* wurde ca. 1250–1252 geschrieben; und schließlich fallen das *Super MT* und *Super Epp* auch ungefähr ins Jahr 1252. Eine der Kopien dieser Texte hatte Thomas von Aquin (Neapel, Biblioteca Nazionale I.B.54).

in Vercelli, zunächst eine *Extractio* (d. h. eine Paraphrase) und sodann eine lange *Explanatio* des dionysischen *Corpus* verfasst.[14] Der ursprüngliche Versuch von Gallus, die dionysischen Schriften als die theoretische oder spekulative Seite der praktischen Theologie der im Hohelied besungenen mystischen Verbindung mit Gott zu sehen, führte zu dem, was gewöhnlich als der „affektive Dionysianismus" bezeichnet wird. Dabei liest man das *Corpus* so, dass man das „wissende Nichtwissen", das für Dionysius das Ziel des mystischen Aufstiegs zum Einswerden ist, in dem Sinn interpretiert, dass er damit sagen wolle, die Erfahrung der affektiven Liebe übersteige alles Erkennen.[15]

Die mit Glossen versehene Version des *corpus dionysiacum*, die Albert als Student und Magister während der Jahre 1240–1248 in Paris zur Verfügung stand, enthielt auch die *Extractio* von Gallus, aber Albert übernahm nichts von dessen Lesart. Der Dominikaner verstand Dionysius so, dass er uns sage, „wie man sich auf dem Weg über den Intellekt mit Gott vereinen und mit der Stimme ihn preisen solle."[16] Lässt sich Gallus' Dionysianismus als affektiv bezeichnen, so kann man sagen, dass Alberts genauso eindrucksvolle und einflussreiche Lesart entschieden intellektiv ist.[17]

---

[14] Ein Teil von Thomas Gallus' *Extractio* findet sich bei Philippe Chevalier, *Dionysiaca*, 2 Bde. Paris 1937 I,673–717. Die lange *Explanatio* ist noch zum größten Teil unveröffentlicht. Erwähnenswert ist, dass sich zwischen 1238 und 1243 Robert Grosseteste in seinem Alter ebenfalls mit dem dionysischen *Corpus* beschäftigte und eine neue Übersetzung und einen Kommentar schuf. Siehe darüber James McEvoy, *The Philosophy of Robert Grosseteste*, Oxford 1982, Kap. 2.

[15] Als knappe Darstellungen des affektiven Dionysianismus von Gallus siehe im vorliegenden Werk Bd. III,152–168 und Ruh, *Geschichte* Bd. III, 59–81. Den Begriff „affektiver Dionysianismus" sollte man nicht so verstehen, als bedeute er, in Gallus' Denken spielten kognitive Zustände keine Rolle, genau wie es umgekehrt falsch wäre, in den dionysischen Schriften zu verkennen, welche wesentliche Rolle die Liebe darin spielt. Für Dionysius sind die ekstatische Liebe oder die Sehnsucht *(erôs)* fundamentale ontologische Kategorien. Sie liefern die Erklärung dafür, dass Gott das Universum erschaffen hat und sie sind die motivierende Kraft, die alles in die göttliche Quelle zurückzieht. Aber Dionysius teilt der Liebe beim mystischen Einswerden keinerlei konstitutive Rolle zu und er hat keinen Platz für derlei Dinge wie die psychologischere Kategorie des *apex affectionis/scintilla apicis affectualis*, die sich bei Gallus findet.

[16] *Super MT* 2 (Op.Col. XXXVII.2, 465,8–9): ... *quomodo scilicet oportet per intellectum uniri deo et voce laudare ipsum*. Albert spricht auch von der *unitio intellectiva* (460,74). Für weitere Texte über die intellektive Natur des Einswerdens mit Gott siehe *Super MT* 1 (460,49–50 und 462,22–25) und *Super Ep* 5 (Op.Col. XXXVII.2, 493,64–68).

[17] Es gibt keine wirklich befriedigende Darstellung der Geschichte des mittelalterlichen Dionysianismus. Die ausführlichste Abhandlung findet sich in dem von mehreren Autoren verfassten Artikel „V. Influence du Pseudo-Denys en Occident" in DS 3,318–429, worin Albert in coll. 343–349 behandelt wird. Siehe auch Walther Völker, „Abschluss: Die Auslegung von Cap. 1 der ‚Mystischen Theologie' in den Kommentaren des Mittelalters und der neueren Zeit als Beispiel für das Fortwirken und die Umformung der Areopagitischen Gedanken", in: *Kontemplation und Ekstase bei Pseudo-Dionysius Areopagita*, Wiesbaden 1958, 218–263

Alberts Verständnis der dionysischen Texte ist zentral für seine Auswirkung auf die mittelalterliche mystische Theologie, obwohl er damit nicht das volle Spektrum seines Denkens über die Mystik ausschöpft.[18] Der große Mittelalterhistoriker Martin Grabmann wies bereits vor langer Zeit auf die Bedeutung Alberts für die spätmittelalterliche Mystik hin – eine Einschätzung, die sich in den letzten Jahrzehnten immer deutlicher als richtig erweist.[19] Alberts mystisches Denken ist innerlich so tief mit seinem gesamten Programm verwoben, dass es sich nur sehr schwer auf einfache Weise charakterisieren lässt. Im Folgenden möchte ich kurz zwei ineinandergreifende wichtige Bereiche ansprechen: Alberts Metaphysik des Fließens *(fluxus)* als signifikante Grundlage für die spätere deutsche Mystik, und den intellektiven dionysischen Ansatz der mystischen Theologie des Dominikaners.

Die Metaphysik des Fließens

Für das Verständnis der Mystik von Alberts dominikanischen Schülern und Nachfolgern[20] ist es wichtig, seine innovative Metaphysik zu kennen. Aber die Diskussion darüber, wie man diese am besten charakterisieren könnte, hält an. Der *doctor universalis* wurde sehr stark von der peripatetischen Tradition beeinflusst, das heißt von Aristoteles, seinen griechischen Kommentatoren und den arabischen Philosophen, die diese verwendeten. Manche sahen in Alberts Betonung der Rolle der Vernunft einen Triumph des

---

(über Albert siehe 241–245). Neuere Beiträge finden sich in *Die Dionysius-Rezeption im Mittelalter. Internationales Kolloquium in Sofia vom 8. bis 11. April 1999*, hg. v. T. Boiadjiev, G. Kapriev u. A. Steer, Turnhout 2000, das auch einen Aufsatz von Henryk Anzulewicz über „Pseudo-Dionysius und das Strukturprinzip des Denkens von Albert des Grossen" enthält (252–295). Vgl. auch Paul Rorem, *Pseudo-Dionysius. A Commentary on the Texts and an Introduction to Their Influence*, New York 1993, Nachwort.

[18] Über Alberts Verständnis der mystischen Theologie, insbesondere das auf *Super MT* beruhende, siehe Edouard-Henri Wéber, „L'interprétation par Albert le Grand de la Théologie Mystique de Denys le Ps.-Aréopagite", in: *Albertus Magnus. Doctor Universalis 1280/1980*, hg. v. Gerbert Meyer u. Albert Zimmermann, Mainz 1980, 409–439 und William J. Hoye, „Mystische Theologie nach Albert dem Grossen", in: *Albertus Magnus. Zum Gedenken nach 800 Jahren*, 587–603. Über Alberts Kommentar zu den DN gibt es umfangreiche Literatur; besonders zu erwähnen ist Francis Ruello, *Les „Noms divins" et leur „Raisons" selon Albert le Grand commentateur du „De Divinis Nominibus"*, Paris 1963.

[19] Martin Grabmann, „Der Einfluss Alberts des Großen auf das mittelalterliches Geistesleben. Das deutsche Element in der mittelalterlichen Scholastik und Mystik", in: *Mittelalterliches Geistesleben*, 2 Bde., München 1936, Bd. II, 325–412. Vgl. die Einschätzung von Kurt Ruh in *Geschichte* Bd. III, 121: „Die Frage, ob Albertus zu den Vätern der sogenannten ‚Deutschen Mystik' gehört, ist mit einem eindeutigen Ja zu beantworten."

[20] Nämlich, „dass Albertus der Ausgangspunkt eines stark neuplatonisch orientierten Denkens ist, das zu einer neuen Metaphysik geführt hat", Ruh, *Geschichte* Bd. III, 129.

philosophischen Rationalismus[21], aber der Dominikanerlehrer wandte sich auch energisch gegen philosophische Ansichten, die in Konflikt mit seinem Glauben waren, etwa gegen Avicennas Lehre von einem separaten *intellectus agens*, und er beharrte auf der Notwendigkeit der Erleuchtung von Gott, wenn man in der *visio beatifica* das vollkommene Glück erreichen wolle. Alain de Libera sieht das wesentliche Vorhaben der von Albert initiierten rheinischen Theologie darin, eine Lehre von der Bekehrung zu entwickeln, bei der die beiden großen Ströme des christlichen Neuplatonismus miteinander versöhnt würden, nämlich Augustinus' Verständnis der *beatitudo* als Verweilen in der Schau Gottes und die dionysische Vorstellung vom universalen Kreislauf, in dem alles von dem Gott, der unbekannt und ungeschaut bleibt, ausfließt und sodann in ihn zurückkehrt.[22] Was es schwierig macht, Alberts Philosophie und Theologie zu charakterisieren, ist zum Teil der Umstand, dass so viele Strömungen in seine Schriften einflossen: die von Augustinus, Dionysius, den griechisch-arabischen Peripatetikern, Platon und vom Neuplatonismus ausgehenden.[23]

Albert sah wie die meisten mittelalterlichen Denker die Welt ganz wesentlich von ihrer Beziehung zu Gott her. Kein geschaffener Geist könne jemals Gott in seinem Gottsein (das heißt, *quid est*) erkennen, aber der Geist sei zu erkennen imstande, was Gott nicht ist und ein Stück weit erfassen, wie alles von Gott ausfließt und zu ihm zurückkehrt. In seiner späteren *Summa Theologiae* sagt Albert über die Theologie:

„Wie schon der Name ‚Theologie' sagt, ist sie nur ein Denken über Gott oder ein Sprechen von ihm. Das Sprechen von Gott muss etwas über Gott erklären, und zwar nicht nur etwas bezüglich seines Seins und seiner Substanz, sondern auch dies, dass er der Anfang und das Ende alles Seienden sei, denn sonst würde er nur unvollkommen erkannt. Er ist aber nur insofern der Anfang und das Ende, als der Ausgang der Dinge aus ihm und deren Rückführung in ihn sich auf ihn beziehen. Folglich geht es dabei um das, was sich auf das Heil des Menschen bezieht."[24]

---

[21] So z.B. Sturlese, *Die deutsche Philosophie*, 332–342.346.356f.376 usw.
[22] A. de Libera, *La mystique rhénane d'Albert le Grand à Maître Eckhart*, Paris 1994, 36.41–46.53–56.
[23] Als Überblick über Alberts Verwendung von Platon siehe Henryk Anzulewicz, „Die platonische Tradition bei Albertus Magnus. Eine Hinführung", in: *The Platonic Tradition in the Middle Ages. A Doxographical Approach*, hg. v. Stephen Gersh u. Maarten J. F. M. Hoenen, Berlin 2002, 207–277. Über Alberts Beziehung zum Neuplatonismus gibt es reichlich Literatur; siehe z.B. Maria-Rita Pagnoni-Sturlese, „A propos du néoplatonisme d'Albert de Grand", in: *Archives de philosophie* 43 (1980), 635–654.
[24] *Summa Theologiae*, Liber I, tr. 1, q. 2, ad 3 (Op.Col. XXXIV,1,9): ... *theologia nomine ipso non dicit nisi rationem vel sermonem de deo, sermo autem de deo debet esse declarativus dei, non secundum esse et substantiam tantum, sed secundum quod est principium et finis eorum*

Alberts Verweis auf das universale Paradigma des Geschaffenwerdens oder *exitus* aller Dinge aus Gott und ihren *reditus*, ihre Rückkehr in ihn, war an sich ein Gemeinplatz. Aber das Neue, das der deutsche Dominikaner darin einbrachte, war, dass er zum Entstehen einer neuen Sicht dieses kreativen Prozesses beitrug. Diese neue Sicht bezeichnete der Philosophiehistoriker Alain de Libera treffend als „métaphysique du flux", „Metaphysik des Fließens".[25]

Besonders wichtig für das Verständnis seiner Metaphysik des Fließens ist der vermutlich um 1264 bis 1267 verfasste Traktat *Über die Ursachen und den Hervorgang des Universums aus der Erstursache* in einem seiner späteren Werke.[26] Das zweite Buch dieses Werks nimmt die Form eines Kommentars zum *Buch von den Ursachen* an, einer arabischen Überarbeitung der *Elemente der Theologie* des neuplatonischen Denkers Proklos.[27] Albert, Thomas von Aquin, Meister Eckhart und viele andere maßen diesem Werk eine wichtige Bedeutung für ihr Denken zu (mehr darüber siehe im Anhang zu diesem Kapitel).

Im I. Buch des Werks *Über die Ursachen und den Hervorgang* legt Albert die Notwendigkeit eines Urprinzips dar, das als das Wesen, in dem es keinen Unterschied gebe zwischen dem was es ist *(id quod est)* und dem, woraus es ist *(id quo est/esse)*, seine Existenz aus sich selbst habe.[28] Zentral für sein Verständnis des Urprinzips ist dessen Handlungsmodus als „intellektuelles Prinzip, das wie der Intellekt universal handelt, ,wodurch es alles macht und nichts erleidet oder empfängt'." Als Vorstellungsmodell für ein derartiges universales Handeln verwendet Albert die Ausbreitung des Lichts: „Es wird allgemein einfach verstanden wie der Intellekt, der alles, was ist, ausleuchtet und nichts vor sich hat, wovon er erleuchtet wird. Denn

---

quae sunt, quia aliter imperfecte cognoscitur. Non autem est principium et finis nisi per ea quae ad exitum rerum ab ipso et et ad reductionem rerum ad ipsum pertinent. Et haec sunt quae pertinent ad salutem hominis.

[25] A. de Libera, *Albert le Grand*, Kap. 4, „La métaphysique du flux" (116–177). In 143–145 bietet de Libera eine Zusammenstellung von sieben für Alberts Metaphysik des Fließens grundlegenden Thesen. Über die Wurzeln von Alberts Metaphysik des Fließens siehe auch Kap. 5 in Edward Booth OP, *Aristotelian Aporetic Ontology in Islamic and Christian Thinkers*, Cambridge 1983.

[26] *Alberti Magni De causis et processu universitatis a Prima Causa* (im Folgenden *De causis*); das Werk findet sich in Op.Col. XVII.2. De Libera bringt in *La mystique rhénane*, 158–161 (Anm. 106) eine Zusammenfassung der Lehre des Traktats.

[27] In *De causis* II,1,1 (XVII.2,59) behauptet Albert, der *Liber de causis* sei eine Kompilation dessen, *quae ante nos David Iudaeus quidem ex dictis Aristotelis, Avicennae, Algazelis et Alfarabii congregavit, per modum theorematum ordinans ea quorum ipsemet adhibuit, sicut et Euclides in Geometricis fecisse videtur.*

[28] *De causis* I,1,8. Albert versteht die Distinktion zwischen *id quod est* und *quo est* in Boëthischer Begrifflichkeit, nicht im Sinn der von Thomas entworfenen Metaphysik des *esse*.

sein Licht ist die Ursache des Existierens für all das, was ist."²⁹ Da ein solches Prinzip reiner Intellekt und nicht von irgendetwas anderem abhängig sei, handle es nicht aus Notwendigkeit, sondern zeichne sich durch höchste Freiheit und vollkommenes Wollen aus (I,3,1–2). Es sei auch seinem Wesen nach als solches unerkennbar. Da es jenseits von Substanz und Akzidenz sei, verfüge man über kein Prädikat dieses Prinzips. „Kein Name kann es definieren" (I,3,6).

Wenn Albert genauer zu beschreiben versucht, wie ein solches intellektuelles Urprinzip handelt, bricht er mit den aristotelischen Kausalitätskategorien, indem er das Fließen *(fluxus)*, das heißt das formale Hervorfließen, vom Vorgang der Kausalität unterscheidet: „Was sich bei einer Ursache aufteilt, ist etwas ganz anderes als das, was sich bei einem fließenden Prinzip aufteilt. Denn vom Fließen kann man nur bei dem sprechen, was im Fließenden und in dem, woraus es erfließt, von ein und derselben Form ist. So ist der Bach von der gleichen Form wie die Quelle, aus der er fließt, und das Wasser ist in beiden von der gleichen Art und Form."³⁰ Die beim Fließen auftretende Beziehung gründe auf der Form, was anders sei als bei der gewöhnlichen Kausalität. „Da das Fließen seiner Natur nach nur das Hervorgehen der Form aus dem einfachen formalen Prinzip ist, ist es offensichtlich, dass Fließen nicht das gleiche wie Verursachen ist" (I,4,1). *Fluxus* sei die transzendentale Aktivität, mittels derer das Urprinzip das Universum konstituiert: „Das Fließen ist einfach das Herauskommen der Form aus dem Urquell, der die Quelle und der Ursprung aller Formen ist."³¹ Es handle sich dabei weder um eine notwendige Emanation, die im Widerspruch zur christlichen Lehre wäre, dass Gott das Universum in Freiheit geschaffen habe, noch impliziere sie irgendeine Art von Pantheismus, denn alle Dinge empfingen das göttliche Licht gemäß ihres eigenen Wahrnehmungswesens oder „Schattens" *(umbra)*, wie Albert es formuliert (I,4,5).

Der Umstand, dass der Dominikaner seine Lehre über die Metaphysik des Fließens zum Teil auf der Grundlage des *Buchs der Ursachen* mit seiner

---

²⁹ *De causis* I,2,1 (25,72–74): *Erit ergo intellectuale principium sicut intellectus universaliter agens, ‚quo est omnia facere et pati nihil vel recipere …'* (ein Zitat aus Aristoteles' *De anima* 3,5 [430a15]); und I,2,1 (26,51–54): *Sed intelligitur universaliter simpliciter sicut intellectus illustrans super omne quod est, nihil ante se habens, quo illistretur. Illius enim lumen causa est existendi omni ei quod est.*
³⁰ *De causis* I,4,1 (42,37–41): *Alia est enim divisio causae et alia divisio fluentis principii. Non enim fluit nisi id quod unius formae est in fluente et in eo a quo fit fluxus. Sicut rivus eiusdem formae est cum fonte, a quo fluit, et aqua in utroque eiusdem est speciei et formae.* Die acht Kapitel des 4. Traktats des I. Buchs handeln „De fluxu causatorum a Causa Prima et causarum ordine."
³¹ *De causis* I,4,1 (43,1–3): *Ex his patet, quod fluxus est simpliter emanatio formae a primo fonte, qui omnium formarum est fons et origo.*

monotheistischen und kreationistischen Revision des Proklischen Neuplatonismus entwickelte, zeigt, dass Albert sich um eine neue Ausdrucksweise für das Sprechen über die auf der formalen Emanation beruhende Schöpfung bemühte.[32]

Wegen „der grundsätzlichen Mitteilbarkeit des Guten" (I,4,1) fließe das Urprinzip in alle Dinge, und zwar sowohl in die mit Intellekt ausgestatteten Wesen als auch in die Körperwesen. Albert sagt: „Denn das Erste, von dem wir sprachen, durchdringt wegen seiner äußersten Einfachheit alles; und es gibt nichts irgendwo oder je Existierendes, in dem es nicht wäre."[33] Das sei besonders deutlich bei den mit Intellekt ausgestatteten Wesen der Fall. In der *Propositio* 8 des *Buchs der Ursachen* heißt es: „Denn die feste Verankerung und das Wesen jeder Intelligenz rührt von dem reinen Gutsein, das die Primärursache ist."[34]

Eine prägnante Darstellung von Alberts Metaphysik des Fließens findet sich in seiner Schrift *Über die Tiere*, Buch 20, Traktat 2, Kapitel 1, wo er „Die Kraft der Erstursache" erörtert.[35] Hier fügt Albert in seine Abhandlung über die körperlichen Naturen eine Ausführung über die allgemeinen Formprinzipien ein und fängt dabei mit „der ersten Kraft an, der des Urbewegers, der die Quelle des gesamten Universums ist." Wieder wird dabei der Urbeweger nicht als Wirkursache der Bewegung verstanden, sondern als die Quelle der formalen Emanation oder des Hervorfließens. So wie die Sonne die Quelle des Lichts ist, das von den Körpern auf unterschiedliche Weisen empfangen wird, „gilt das auch für die Quellursache des Universums, aus deren Aufwallen *(ebullitio)* die Lichter und Formen ihres Gutseins von den ihr fernen Gegenständen, die es nach ihrem jeweils unterschiedlichen Aufnahmevermögen aufnehmen, ihr unterschiedliches Sein erhalten. Und so kommt es, dass bei manchen (diese Lichter) eine ziemliche Ähnlichkeit mit der Primärursache ergeben, manche ziemlich weit von dieser entfernt bleiben und sie sich bei wiederum anderen als Verfinsterung äußern, etwa in der Materie der vermischten und tierischen Körper."[36]

---

[32] Über die kreationistische Perspektive von Alberts *De causis* siehe De Libera, *Albert le Grand*, 139.
[33] *De causis* I,4,1 (43,53–56): *Primum enim, de quo locuti sumus, propter suam nimiam simplicitatem penetrat omnia; et nihil est, cui desit ubique et semper existens.*
[34] *Liber de causis*, Prop. 8: *Omnis intelligentiae fixio et essentia est per bonitatem puram quae est causa prima.* Zum Text und den Ausgaben des *Liber de causis* siehe den Anhang zu diesem Kapitel.
[35] Albertus Magnus. *De Animalibus Libri XXVI*, hg. v. Hermann Stadler, 2 Bde., Münster 1920, Buch XX, tract. 2, cap. 1 (2,1306–1308). Geschrieben ca. 1258–1262.
[36] *De Animalibus* XX,2,1,n.64 (1307,5–10): ... *et sic est in fontali universitatis causa, a qua ebullitione procedunt bonitatum ipsius luces et formae quae in rebus distantibus receptae diversum esse accipiunt secundum diversam recipientium potestatem: et ideo quaedam sunt ac-*

Die Universalursache von allem bringe in ständigem „Überwallen" aus sich Formen hervor. Jede nachfolgende Verursachung habe an dieser transzendenten Aktivität teil, und zwar analog der Weise, wie unterschiedliche Farben Brechungen des reinen Lichts sind, die sich aus den unterschiedlichen Medien ergeben, auf die das Licht fällt. Dieses einheitliche und dennoch vielgestaltige Fließen ist Alberts Lösung für das alte Problem vom Verhältnis des Einen zum Vielen:

„Bekanntlich wird von vielen gesagt, aber von wenigen verstanden, dass die Erstform der Natur eins sei, wie das schon von alters her überliefert wurde. Sie ist nämlich im Erstbeweger eins, aber bei ihrem Herausgehen aus ihm wirkt sie in ständig sich steigernder Vielfalt, und zwar je weiter sie stufenweise von ihm hinausgeht zu dem, was sich bewegt und bewegt wird. Und daher ist diese Form von den Wesen her gesehen vielfältig, gilt jedoch in der Erstursache als eine einzige."[37]

Der Intellekt der Erstursache ist also zwar in den Dingen vielfältig, jedoch in sich selbst ganz einfach. Albert schließt daraus: „Da aber bei jedem aus dem Intellekt herausgehenden Ausgang durch den Umstand, dass eine neue Seinsform in ihm entsteht, diesem nichts Neues hinzugefügt wird, sondern ihn das Hinzugefügte eher zu einer Art von Nichtsein hinzieht, weil es ja immer ein Nicht-einfach-Sein, ein Nicht-eins-Sein, ein Nichtewig-Sein, ein Nicht-beständig-Sein usw. ist, ist offenkundig, dass das, was der wahre Anfang der Dinge ist, ein Einziges ist ..."[38]

Alberts Vorstellung vom Nicht-Sein der rein für sich genommenen Geschöpfe als der notwendigen Entsprechung des Ausfließens aller Dinge aus dem Ursprung sollte unter anderen auch von Eckhart aufgegriffen werden.

Die Metaphysik des Fließens ist ihrem Wesen nach intellektueller Natur. Gott, das Urprinzip, ist der höchste Intellekt, der universal in allen Dingen am Werk ist. Albert fügt in seine christliche Lehre, das Göttliche Wort habe die Schöpfung hervorgerufen und das Universum kehre dank des Umstands

---

cedentes ad similitudinem causae primae, quaedam autem longe distantes sunt, quaedam obscurae resultationes ipsius in materia mixtorum et animalium corporum. Über den Begriff *ebullitio* zur Charakterisierung der Schöpfung (er wird sich auch bei Eckhart finden) siehe Pagnoni-Sturlese, „A propos du néoplatonisme d'Albert le Grand", 644–648.

[37] *De Animalibus* n. 66 (1308,8–14): *Et patet iam quod a multis quidem dicitur sed a paucis intelligitur quod prima forma naturae est una sicut quidam antiquissimorum tradiderunt. Est enim in motore primo una, sed secundum processum ab ipso agitur in multitudinem plus et plus secundum quod ab ipso longius procedit per gradus eorum quae movent et moventur: et ideo haec forma comparata entibus est multa et accepta in prima causa est unica.*

[38] *De Animalibus* n. 67 (1308,22–26): *Cum autem in omni processu quo procedit ab ipso, nichil addatur sibi per quod novum esse fiat in ipsa, sed potius addita trahunt ad quoddam non esse, sicut est non esse simplex, non esse unum, non esse perpetuum, non esse stans et huiusmodi, patet quod illud quod est vere principium rerum, est unicum ...*

zu Gott heim, dass das Wort Fleisch geworden sei, viele Elemente aus der griechisch-arabischen Sicht des Universums als einer hierarchischen Anordnung von Intelligenzen ein. Jedoch ließ ihn sein Respekt vor der Philosophie jede leichtfertige Assimilation vermeiden. So hatten zum Beispiel manche Denker die von den peripatetischen Philosophen erörterten Intelligenzen mit den Engeln der christlichen Glaubensvorstellung gleichgesetzt. Albert stellt das ausdrücklich in Abrede.[39] Sein Anliegen, sowohl der Vernunft als auch der Offenbarung treu zu bleiben, zog sich durch seine gesamte denkerische Laufbahn, aber die Weisen, auf die er im Einzelnen das Verhältnis von Glaube und Vernunft herzustellen versuchte, sind nicht immer ganz klar; das macht einige der unterschiedlichen Interpretationen seines Denkens verständlich.

Die mystische Theologie

Zu Beginn seines Kommentars über die *Mystische Theologie* des Dionysius stellt Albert die in dieser Abhandlung zu findenden Wissenschaft derjenigen gegenüber, die sich im längsten Text des dionysischen *Corpus* findet, dem über die *Göttlichen Namen* (DN). Darin wird die Abwärtsbewegung aus dem Dunkel Gottes dargelegt, in der alle Dinge aus Gott herausquellen und zum geschaffenen Universum werden; in der *Mystischen Theologie* geht es um die umgekehrte Bewegung, zurück und hinauf zum verborgenen Gott. Albert vermerkt zudem den Unterschied zwischen den menschlichen Wissenschaften, die aus den Urprinzipien der Vernunft hervorgehen, und der mystischen Wissenschaft, die, wie er sagt, „eher mit einer Art von göttlichem Licht beginnt, das nicht eine Mitteilung darstellt, mit der etwas Bestimmtes ausgesagt würde, sondern etwas, das den Intellekt überzeugt, er müsse vor allem anderem ihm anhängen. Und so erhebt es den Intellekt zu etwas, was ihn übersteigt, weshalb der Intellekt in etwas bleibt, das sich nicht eindeutig wissen lässt."[40]

---

[39] Z. B. in *De causis* I,4,8 (58,19–29). Über die Wichtigkeit dieser Ablehnung siehe Sturlese, *Die deutsche Philosophie*, 355–357.
[40] *Super MT* 1 (455.15–20): ... *sed potius ex quodam lumine divino, quod non est enuntiatio, per quam aliquid affirmetur, sed res quaedam convincens intellectum, ut sibi super omnia adhaereatur. Et ideo elevat intellectum ad id quod excedit ipsum, propter quod remanet intellectus in quodam non determinate noto.* Vom übernatürlichen Charakter dieses Lichts ist auch eindeutig an einer späteren Stelle in Kap. 1 (462,36–38) die Rede: ... *super mentem cognoscens, id est supra naturam suae mentis, lumine divino desuper infuso, quo mens supra se elevatur.* (Die deutschen Übersetzungen aus Alberts *Super MT* stammen von Bernardin Schellenberger direkt aus dem lateinischen Text, unter Berücksichtigung der englischen Übersetzung, die McGinn verwendet: Tugwell, *Albert and Thomas. Selected Writings*). Angemerkt sei, dass Alberts Sicht der *theologia ut scientia* sich von derjenigen seines Schülers Thomas von Aquin

Es muss unterstrichen werden, wie sehr Albert die übernatürliche Natur der mystischen Theologie betont, und das besonders deshalb, weil er auch lehrte, es gebe eine natürliche Form der Kontemplation und des Einswerdens mit dem Ersten Prinzip, die sich als philosophische Mystik bezeichnen ließe (er selbst bezeichnet sie nicht als solche).

Das zeigt ganz klar Alberts Kommentar über die *Nikomachische Ethik* X,16 des Aristoteles. Hier erörtert der Dominikaner zunächst das Verhältnis zwischen Kontemplation und Philosophie und stellt fest, dass das Ziel alles Philosophierens die Kontemplation sei, aber nicht alle Akte des Philosophierens wirklich kontemplativ seien. Darauf aufbauend fährt er dann fort, zwischen theologischer und philosophischer Kontemplation zu unterscheiden.[41] Theologische und philosophische Kontemplation stimmten in einigen Dingen überein, namentlich darin, dass sie eine intellektuelle Einsicht *(inspectio)* in spirituelle Wirklichkeiten darstellten, die darauf hingeordnet seien, das höchste Glück des Ruhens in Gott zu finden. Aber die beiden unterschieden sich in dem Zustand, der sie aktiviere, im Ziel, auf das sie ausgerichtet seien und in der Art und Weise, auf die sie ihren Gegenstand untersuchten. Die philosophische Kontemplation beruhe auf dem erworbenen Zustand natürlicher Weisheit, die theologische Kontemplation dagegen auf einem „von Gott eingegossenen Licht". Die Kontemplation des Philosophen richte sich auf das, was man von Gott in diesem Leben sehen kann, während sich der Theologe mehr mit dem letzten Ziel der Kontemplation im Himmel abgebe. Weder der Philosoph noch der Theologe nähmen sich Gottes Substanz zum Gegenstand, aber sie unterschieden sich hinsichtlich der Weise, auf die sie sich mit dem göttlichen Geheimnis beschäftigten: „Denn der Philosoph kontempliert Gott auf die Weise, dass er sich mit ihm als dem Ergebnis eines durch Schlussfolgerung erbrachten Beweises beschäftigt, der Theologe hingegen kontempliert ihn als den, der jenseits von Vernunft und Intellekt existiert ... Der Theologe stützt sich auf die Erste Wahrheit um ihrer selbst und nicht um der Vernunft willen, auch wenn er diese anwendet, und daher gerät der Theologe ins Staunen, der Philosoph dagegen nicht."[42]

---

unterscheidet. Albert vertrat die augustinische Ansicht, die Theologie sei grundsätzlich eher affektiver als spekulativer Natur; vgl. *In I Sent.*, d. 1, a. 4 (*Op.Par.* XXV,18): ... *ista scientia proprie est affectiva;* und *Summa Theologiae* Lib. I, tr. 1, q. 2 (1,8).

[41] Über die Unterscheidung zwischen philosophischer und mystischer Kontemplation bei Albert siehe Christian Trottmann, *La vision béatifique. Des disputes scolastiques à sa définition par Benoît XII*, Rom 1995, 292–302.

[42] *Super Ethicam ad Nichomachum*, Liber X, lectio XVI (Op.Col. XIV.2,775,3-13): ... *in objecto etiam non quantum ad substantiam, sed quantum ad modum, quia philosophus contemplatur deum, secundum quod habet ipsum ut quandam conclusionem demonstrativam, sed*

Der Umstand, dass philosophische und theologische Kontemplation viele Gemeinsamkeiten haben, dürfte der Grund dafür sein, dass Albert an anderen Stellen nicht so genau auf den Unterschied zwischen beiden achtet, sondern gleichermaßen Philosophen und Theologen zitiert, wenn er vom Ziel des menschlichen Glücklichseins spricht. So sagt er zum Beispiel im Prolog zu seiner *Summa Theologiae*, das letzte Ziel der Theologie sei die Erkenntnis dessen, was das Herz des Menschen übersteige, so dass „nur diese Erkenntnis das ist, was das Herz erhebt, es beim Erhobenwerden läutert und in der ewigen Unsterblichkeit verankert." Als Autoritäten, die diese erhebende Funktion der Erkenntnis bestätigen, führt er Alfarabi an, der von der Unsterblichkeit des bis zu Gott gelangten Intellekts *(intellectus adeptus)* spricht, sowie den Verweis von Dionysius auf seinen Lehrer Hierotheus, der davon gesprochen hatte, man „erlerne die göttlichen Dinge, indem man sie erleidet *(pati divina)*".[43] In seinem *Kommentar zu Lukas* bringt Albert bei der Stelle „Selig die Augen, die sehen, was ihr seht" (Lk 10,23) zur Erklärung des biblischen Textes eine von Aristoteles abgeleitete Definition des „kontemplativen Glücks" *(beatitudo contemplativa)*, und er zitiert zur Bekräftigung Dionysius, ohne auf irgendeinen Unterschied zwischen philosophischer und theologischer Kontemplation hinzuweisen.[44] Doch in anderen Texten von ihm ist die Rede davon, dass man für die Art von theologischer Kontemplation, die Dionysius in seiner *Mystischen Theologie* lehre, ein besonderes übernatürliches Licht brauche.[45]

Das Subjekt, das imstande sei, dieses höhere Licht von Gott zu empfangen, sei das gleiche Subjekt, dessen intellektuelle Selbstaneignung zum na-

---

theologus contemplatur ipsum ut supra rationem et intellectum existentem ... sed theologus innititur primae veritatis propter se et non propter rationem, etiamsi habeat ipsam, et ideo theologus miratur, sed non philosophus.

[43] *Summa Theologiae*, Lib. I, Prologus (1,57–59): *Sola autem illa est quae cor elevat et elevatum purificat et in aeterna fundat immortalitate.* Im Prolog zitiert er weiterhin gleichermaßen Theologen wie Philosophen (Aristoteles siebenmal, und wiederum Averroes und Alfarabi).

[44] Albert der Große, *Enarrationes in Secundam Partem Evangelii Lucae* (*Op.Par.* XXIII, 46b): ... *beatitudo contemplativa, quae est secundum actum perfectum virtutis intellectualis in summo contemplationis: quae consistit in actu contemplationis mirabilissimorum, purissimorum et certissimorum: non retracta, et non impedita, retenta in contemplando delectatione non habente contrarium.* Er fährt fort, von dieser Art der Kontemplation als der *beatitudo divina* zu sprechen, die dem Intellekt bestimmt sei, insofern er Gottes Bild sei.

[45] Z.B. in *In II Sent.*, d. 35, a. 1 (*Op.Par.* XXVIII,643–46), wo er die Natur der Gabe der (übernatürlichen) Weisheit beschreibt als „quoddam lumen divinorum sub quo videntur et gustantur divina per experimentum" (645a). Die Betonung, man erfahre und verkoste die Süße Gottes dank eines Lichtgeschenks, das den Glauben übersteige, zeigt noch einmal deutlich die Bezugnahme des Dionysius auf Hierotheus (DN 2,9 [648B]).

türlichen Glücklichsein führe – zur intellektuellen Seele.[46] Albert sagt es in seiner Abhandlung *Der Intellekt und das Intelligible* so: „... weil nämlich der Mensch als solcher nur Intellekt ist."[47] Die intellektuelle Seele werde direkt von Gott als *imago Dei* erschaffen. Albert versucht mit seiner Lehre von der intellektuellen Seele eine Synthese aus aristotelischen und platonischen Elementen. Für sich selbst betrachtet, sei die intellektuelle Seele eine unabhängige Substanz, wie Platon lehre; von ihrer Beziehung zur Körperlichkeit her betrachtet, sei sie die individuelle Form des Körpers, wie Aristoteles lehre.[48] Alberts Unterscheidung von zwei Betrachtungsweisen des Intellekts – des Intellekts als Intellekt und des Intellekts als formgebendem Element eines materiellen Körpers – sollte von seinen Nachfolgern unter den deutschen Dominikanern in signifikanter Weise weiterentwickelt werden.[49]

Zur Beschreibung dessen, wie die intellektuelle Seele Vollkommenheit und endgültiges Glück erlangt, entwickelt Albert ein Stufenschema des Aufstiegs des Intellekts zur Verbindung mit dem Göttlichen und holt sich dafür seine Terminologie aus einer bunten Mischung von peripatetischen Quellen.[50] Im zweiten Buch seines *Der Intellekt und das Intelligible* stellt er es so dar, dass der Weg mit dem Einwirken des handelnden Intellekts auf den möglichen Intellekt beginne, um den formalen Intellekt (*intellectus formalis*) hervorzubringen, der über die Kenntnis der Begriffe und Prinzipien verfüge (II,1–5). Der formale Intellekt sei im Akt des tatsächlichen Erkennens der Dinge mittels der Kenntnis der Begriffe und Prinzipien der wirkende Intellekt (*intellectus in effectu*, II,6–7). Der wirkende Intellekt werde im Philosophen, der die Wissenschaften in dem Maß studiere, dass sein möglicher Intellekt völlig dem handelnden Intellekt anverwandlet und sich seiner selbst voll bewusst werde, zum Intellekt, der bis zu Gott gelange (*intellectus adeptus*, II,8). Weil der Philosoph jetzt „ein Abbild der Ersten Wahrheit" geworden sei, könne sein Intellekt nun auf die göttliche Ebene des angeglichenen Intellekts (*intellectus assimilativus*, II,9–12) aufsteigen. Nach Albert ist „der angeglichene Intellekt der, mit dem der Mensch soweit

---

[46] Zum Überblick über Alberts Lehre von der Seele siehe A. de Libera, Kap. VI in „Psychologie philosophique et théologie de l'intellect", 215–265.
[47] *De intellectu et intelligibili* (im Folgenden *De intell. et intellig.*) II.8 (*Op.Par.* IX,515b): ... *eo quod homo in quantum homo solus est intellectus.* Vgl. I,1 (478b): ... *et proprie homo scit quid proprie ipse est, cum sit solus intellectus, sicut dixit Aristoteles in X Ethicorum* ...
[48] Siehe *Summa Theologiae*, Liber II, tr. 12, q. 69, c. 2, a. 2 (*Op.Par.* XXXIII,17); und *De intell. et intellig.* I,1,6–7 (486–489).
[49] Siehe Sturlese, *Die deutsche Philosophie*, 371–277.
[50] Für die Quellen von Alberts Stufen der intellektuellen Seele siehe de Libera, *Albert le Grand*, 251–266.

möglich und geziemend proportional (d.h. gemäß seinem menschlichen Maß) zum Göttlichen Intellekt aufsteigt, der das Licht und die Ursache von allem ist."[51] Um diese Stufe zu erreichen, müsse der Intellekt vier Läuterungen durchschreiten: zunächst das Studium der Schönheit; dann den Erwerb der Erleuchtung; sodann die Trennung aus dem Fortlauf von Materie und Zeit; und schließlich, indem er sich „mit dem Licht einer höheren Ordnung verbindet" (II,10 [518a]). Albert zitiert als Zeugen für diese vergöttlichende Stufe des Intellekts Platon, Aristoteles, Alfarabi, Ptolemaios, Avicenna, Dionysius und Hermes Trismegistos: „Daher sagt Hermes Trismegistos im Buch von der *Natura Dei deorum*, dass ‚der Mensch mit Gott und der Welt verknüpft' sei: Denn mittels dieser Art von Intellekt wird er mit Gott verbunden, und der Unterbau (wörtlich: „das Stroh") dieses Intellekts sind die anderen (Arten von) Intellekte(n), von denen wir gesprochen haben."[52]

Die fünf Stufen des Aufstiegs des Intellekts zur Vergöttlichung, die Albert hier und anderswo vorstellt, wurden unterschiedlich bewertet. Loris Sturlese zum Beispiel spricht angesichts des Bezugs auf Hermes und der dem vollkommen Wissenden zugesprochenen prophetischen und sogar wundertätigen Fähigkeiten in Abrede, dass Alberts Lehre irgendetwas mit der christlichen Mystik oder auch nur mit der aristotelischen Kontemplation zu tun habe; darin werde der vergöttlichte Mensch vielmehr „als hermetischer Prophet und Magier vorgestellt."[53] Andere haben vor allem die Aussage im Blick, dass es zur Erreichung der letzten Stufe der Erleuchtung von oben bedürfe und verstehen die Schrift *Der Intellekt und das Intelligible* so, dass sie eine christliche mystische Psychologie vorstelle. Weiter oben in der Abhandlung unterscheidet Albert jedoch zwischen zwei verschiedenen Formen der von oben her dem Intellekt zuteil werdenden Erleuchtung:

---

[51] De intell. et intellig. II,9 (516a): *Est autem intellectus assimilativus, in quo homo quantum possibile et fas est proportionabiliter surgit ad intellectum divinum, qui est lumen et causa omnium.*
[52] De intell et intellig. II,9 (517b): *Et ideo dicit Hermes Trismegistus in libro de Natura Dei deorum, quod „homo nexus est Dei et mundi": quia per hujusmodi intellectum conjungitur Deo, et stramentum hujus intellectus sunt alii intellectus de quibus diximus ...* Über die Rolle der hermetischen Schriften in Alberts Denken siehe Loris Sturlese, „Saints et magiciens: Albert le Grand en face d'Hermès Trismégiste", in: *Archives de Philosophie* 43 (1980), 615–634; und „Proclo ed Ermete in Germania da Alberto Magno a Bertoldo di Moosburg. Per una prospettiva di ricerca sulla cultura filosofica tedesca nel secolo delle sue origini (1250–1350)", in: *Von Meister Dietrich zu Meister Eckhart*, hg. v. Kurt Flasch, Hamburg 1984, 22–33. Das Werk, dem Albert bei seiner Bezugnahme den Titel *Natura Dei deorum* zuschreibt, ist der hermetische Traktat *Asclepius* (das hiesige Zitat scheint eine Zusammenfassung von *Asclepius* 6a zu sein).
[53] Sturlese, *Die deutsche Philosophie*, 381–388.

dem den obersten Erkenntnisgegenständen inhärenten natürlichen Licht, das den darauf unvorbereiteten Intellekt blende und dem „Licht von anderswoher" *(lumine alieno)*, der übernatürlichen Erleuchtung, durch die wir die höheren Glaubenswahrheiten empfingen.[54] So scheint das, was uns diese Abhandlung vorstellt, eine Beschreibung der natürlichen Kontemplation zu sein, die sich vielleicht auch – zumindest im psychologischen Sinn – als Parallele zur dionysischen Darstellung der übernatürlichen Kontemplation verstehen lässt. Den genauen inneren Zusammenhang zwischen den beiden erörtert Albert nicht.[55]

Den im eigentlichen Sinn übernatürlichen Aufstieg zur Kontemplation und einigenden Gottesschau beschreibt der Dominikaner vor allem in seinem Kommentar über die *Mystische Theologie* und in geringerem Maß in seinen Kommentaren zu den anderen Traktaten des Dionysius. Diese Werke berühren auch viele traditionelle Aspekte der christlichen Mystik.

Die mystische oder verborgene Theologie unterscheidet sich von anderen Formen der Gotteserkenntnis, und zwar sowohl von den auf der Vernunft als auch von den auf dem Glauben gründenden. Der Grund dafür ist nicht nur der, dass es dazu eines göttlichen Lichts bedarf, das dennoch nicht positiv irgendetwas über Gott offenbart, wie wir oben gesehen haben, sondern auch ein weiterer: Sie ist ihrem Wesen nach eine Sache der Erfahrung und daher nur demjenigen wirklich bekannt, dem diese Erfahrung zuteil geworden ist. Als er auf die Einstellung dessen zu sprechen kommt, der diese Erkenntnis erlangen möchte, sagt Albert:

„Hier ist zu sagen, dass wir das Göttliche nicht auf dem Weg über Vernunftprinzipien empfangen, sondern durch die Erfahrung einer Art von ‚innerer Leidenschaft für es', wie Dionysius sagt, dass sie Hierotheus hatte, der die Wahrnehmung des Göttlichen gelernt habe, indem er ‚das Göttliche erlitten' habe. Wenn jedoch unsere Sehnsucht von einer ungebührlichen Liebe zu den Dingen infiziert ist, empfindet sie nicht die Süße der göttlichen Inspiration. Deshalb fehlt ihr dann die Erkenntnis, die sich auf dem Weg der Erfahrung einstellt. Dann kann man zwar logische Schlüsse for-

---

[54] *De intell. et intellig.* I,3,2 (500a): *Quaedam [intelligibilia] autem luce sua nostrum intellectum qui cum continuo et tempore est, vincentia sunt, sicut sunt manifestissima in natura quae se habent ad nostrum intellectum, sicut lumen solis vel fortissime scintillantis coloris ad oculos noctuae vel vespertilionis. Quadam autem non manifestantur nisi lumine alieno, sicut ea quae ex primis et veris accipiunt fidem.* Zum Thema der immer wieder etwas anderen Darstellung der Erleuchtung bei Albert siehe Mark Führer, „Albertus Magnus' Theory of Divine Illumination", in: *Albertus Magnus: Zum Gedenken nach 800 Jahren*, 141–155.
[55] A. de Libera sieht in *La mystique rhénane* die beiden als innerlich zusammenhängend: *La théorie avicenienne des degrés de l'intellect a ainsi pour corrélat naturel la doctrine dionysienne de la déification.*

mulieren und Theorien aufstellen, hat aber nicht das wirkliche Wissen, das ein Anteil an der Seligkeit ist."⁵⁶

Es ist wichtig, anzumerken, dass Albert zwar auf dem wesentlich intellektiven Charakter der mystischen Theologie bestand, jedoch vertrat, zur Erfahrung einer solchen Erkenntnis gehöre nicht nur, dass man affektiv zu Gott hingezogen werde, sondern auch, dass man beim Erkennen als solchem die Süße verkosten könne. In seiner Abhandlung über das Lob des Dionysius über Hierotheus in DN 2 sagt Albert: „‚Er war vervollkommet für die Einigung mit ihnen, nämlich den göttlichen Dingen‘, durch Affekt und Intellekt und ‚Glauben‘, das heißt, sicheres Erkennen der spirituellen Dinge."⁵⁷ Eine ähnliche Botschaft findet sich in seiner Erörterung des Lobliedes von Dionysius auf die Ekstase des Paulus (Gal 2,20) in DN 4,13. Allerdings hat bei Albert der Intellekt ein klares Übergewicht, „denn nichts wird geliebt, solange es nicht erkannt wird". So versuchte Albert wie alle christlichen Mystiker die Verbindung zwischen den jeweiligen Rollen des Liebens und des Erkennens auf dem Weg zur Einigung aufzuzeigen.⁵⁸ Es besteht guter Grund, Christian Trottmanns Einschätzung der kontemplativen Weisheit Alberts als „eines liebenden Erkennens" zuzustimmen.⁵⁹

Die Rolle des Glaubens in Alberts Verständnis der mystischen Theologie

---

⁵⁶ *Super MT* 1 (458,54–62): *Dicendum, quod divina non accipiuntur per principia rationis, sed quodam experimento per ‚compassionem ad ipsa‘, sicut de Hierotheo dicit Dionysius, quod didicit divina ‚patiendo divina‘. Sed affectus infectus illicito rerum amore non sentit dulcedinem divinae inspirationis, et ideo deficiente cognitione, quae est per experimentum, potest quidem formare syllogismos et dicere propositiones, sed realem scientiam non habet, quae est pars beatitudinis.* Über die Rolle des Hierotheus als Vorbild des mystischen Erkennens siehe die Ausführungen bei Wéber, „L'interprétation par Albert le Grand de la Théologie mystique", 98.

⁵⁷ *Super DN* 2 (*Op.Col.* XXXVII,1,91–92) als Kommentar zu DN 2,9 (648B). Der hier zitierte Text ist 92,20–23: *Perfectus est ad unitionem ipsorum, idest divinorum, per affectum et intellectum, et fidem, idest certam cognitionem spiritualium …* Albert fügt auch den nützlichen Hinweis hinzu, eine solche *passio* sei wirklich eine *perfectio*. Über die Rolle von *cognitio* und *affectus* siehe Wéber, „L'interprétation par Albert le Grand de la Théologie mystique", 420f. und 463f.

⁵⁸ Die Erörterung der Ekstase des Paulus findet sich in *Super DN* 4(219,31–221,60). Hier (220,40–41) schreibt Albert das Axiom *nihil diligitur nisi cognitum* Augustinus zu und denkt dabei vermutlich an dessen *De spiritu et littera* 36,64 (PL 44,423). Albert unterscheidet sich dadurch von Thomas von Aquin, dass er in Abrede stellt, man könne im strengen Sinn sagen, im Lieben könne Ekstase stecken (220,50–70), obwohl er einräumt, die Liebe könne eine für die Ekstase des Intellekts disponierende Ursache sein. Für Ausführlicheres über das Verhältnis von Lieben und Erkennen siehe die Erörterung des Gebets als des affektiven Instruments, das die Seele für den Empfang der Erleuchtung von oben prädisponiere, in *Super DN* 3 (104,61–92).

⁵⁹ Trottmann, *La vision béatifique*, 294. Siehe auch die Darstellung des Verhältnisses zwischen Lieben und Erkennen in Tugwell, „Albert: Introduction", in: *Albert and Thomas*, 72f.

ist klar.[60] Der Mystiker beginnt mit dem Glauben und braucht diesen immer, solange er in diesem Leben weilt, aber das Licht, das die Erfahrungserkenntnis der mystischen Theologie gewährt, ist eine andere und höhere Gabe.[61] Das dunkle Licht der mystischen Theologie muss als Teil eines zu Gott führenden Prozesses verstanden werden, zu dem sowohl positive wie negative Theologie gehörten sowie auch Lieben und Erkennen, wenn auch nicht in gleicher Gewichtung.

Albert bespricht in seinem Kommentar über die *Mystische Theologie* viele der traditionellen Themen der mystischen Theologie: Kontemplation, Verzückung, Einung, Vergöttlichung, Theophanie usw.[62] Zentral für seine Untersuchungen ist nach dionysischer Manier das Verhältnis zwischen kataphatischer (d. h. positiver) und apophatischer (d. h. negativer) Theologie. Gott habe zwar nach Gattung, Art oder Analogie nichts mit seinen Geschöpfen gemein, aber, so sagt Albert, kataphatische Aussagen über ihn seien möglich, denn „er hat dennoch mit ihnen etwas gemein, und auf eine gewisse Art der Analogie des Nachahmens, insofern die anderen ihn nachahmen, soweit sie können."[63] Materielle Dinge ahmten ihn nach, indem sie zu einer Idee in Gottes Geist geformt würden und daher kausal von ihm ausgesagt werden könnten, insofern er sie hervorbringe; immaterielle Vollkommenheiten wie Weisheit und Güte dagegen präexistierten in ihm und ließen sich daher von ihm sowohl kausal als auch wesentlich aussagen, wenn auch nur auf analoge Weise.[64] Das Problem ist natürlich, dass wir nicht wissen, wie all dies in Gott existiert, denn ihn ihm ist alles mit seinem unendlichen Wesen eins, während wir alles nur auf die begrenzten Weisen kennen, auf die es in den Geschöpfen verwirklicht ist. Gottes absolute Einfachheit bedeutet hier, dass man in menschlicher Sprache keine adäquaten

---

[60] Wéber, „L'interprétation par Albert le Grand de la Théologie mystique", 409–14. Hoye („Mystische Theologie nach Albert dem Großen", 595) liegt falsch, wenn er behauptet, das natürliche Licht genüge.

[61] Albert spricht allerdings davon, dass auch der Glaube eine Art von Ekstase kenne, insofern er uns außerhalb unserer gewöhnlichen Erkenntniswege führe; siehe *Super DN* 7 (364,26–40).

[62] Ich kann hier nicht auf alle diese Themen eingehen. Es findet sich zum Beispiel in *Super MT* 1 (462.46–463.33) eine interessante Erörterung des Verhältnisses zwischen *contemplatio* und *raptus*, in der Albert die Ansicht vertritt, die Verzückung sei eine höhere Dimension der Kontemplation. Siehe auch seine *Quaestio de raptu* in Op. Col. XXV,2,85–96.

[63] *Super MT* 1 (459,29–31): ... *communicat tamen quadam analogia imitationis, secundum quod alia imitantur ipsum, quantum possunt.* Im Kommentar zu Kap. 2 kommt Albert auf diese Verbindung zwischen Gott und den Geschöpfen zurück und nennt sie eine *communitas imitationis* (467,53–60).

[64] Albert beruft sich in *Super DN* 7 (348,33,37) auf die *regula Anselmi*, wie er sie nennt (vgl. Anselm von Canterbury, *Proslogion* 5): ... *sed omnia huiusmodi quae simpliciter et melius est esse quam non esse, secundum regulam Anselmi dicuntur analogice de deo et creaturis et primo inveniuntur in deo; ergo non debent de deo dici per privationem.*

Aussagen über ihn machen könne, weil diese immer ihrer Natur nach eine Unterscheidung zwischen Subjekt und Prädikat verlangten.[65] Daher seien alle positiven Aussagen über Gott nur relativ wahr, während negative Aussagen über ihn absolut wahr seien.

Zu positiver Erkenntnis Gottes erhebe Gott den Intellekt auf zwei Weisen: auf dem Weg des Entdeckens, auf dem ein göttliches Licht die Suche des Intellekts nach Gott führt; und mittels der Erfahrungszeichen, die Gott entweder der Liebeskraft *(affectus)* zukommen lässt, welche sie als wortlosen Jubel *(iubilus)* und unaussprechliche Wonne empfängt, oder dem Intellekt, dem sie als neue Vorstellungen über Gott kommen. (Diese beiden Erfahrungen entsprechen dem, was heutige Forscher oft als mystische Erfahrungen bezeichnen.)

Albert leugnet nicht die Nützlichkeit dieser beiden Weisen, aber getreu seinem dionysischen negativen Programm sagt er: „... dies alles muss man hinter sich lassen, denn nichts davon ist der Gegenstand, den wir durch Kontemplation suchen."[66]

In seinen Ausführungen über die Kapitel zwei und drei der *Mystischen Theologie* erörtert Albert die unterschiedlichen Vorgehensweisen der affirmativen und negativen Theologie genauer und betont den höheren Rang der Letzteren.[67] Auf Gott angewendet, versagten alle unsere natürlichen Verstehensweisen. Sogar wenn unser Geist das göttliche Licht empfange, das ihn über die natürlichen Erkenntnisweisen hinaus zu einer Schau Gottes erhebe (vermutlich in diesem Leben), sei das nur „ein verschwommenes und undefiniertes Erkennen, ‚dass' er ist. Daher heißt es, man sehe Gott durch Nicht-Sehen, nämlich durch Nicht-Sehen mit unserem natürlichen Sehvermögen."[68] Albert verwendet oft zur Beschreibung jenes nicht-sehenden Sehens, das dem Intellekt durch mystische Erleuchtung geschenkt wird, Begriffe wie „verschwommen" *(confuse)* und „undefiniert" *(non-determinate)*.[69] Er erklärt die mit dieser Sehensweise verbundene Negation genauer damit, dass er anmerkt, „dass dies nicht eine reine Negation ist,

---

[65] Vgl. *Super MT* 5 (474,7–28). Zu Thomas von Aquins Lehre über die absolute Einfachheit Gottes als Erhabenheit über alle Zuweisung von Prädikaten siehe S.Th. I q. 3, insbesondere a. 7.
[66] *Super MT* 1 (461,29–30): ... *et haec omnia oportet transcendere, quia nullum eorum est obiectum, quod quaerimus contemplatione.*
[67] Als Überblick über Alberts Lehre vom höheren Wert der Negation bei der Suche nach Gott siehe Edouard-Henri Wéber, „Langage et méthode négatifs chez Albert le Grand", in: *Revue des sciences philosophiques et théologiques* 65 (1981), 75–99.
[68] *Super MT* 2 (466,67–69): ... *confuse tamen et non determinate cognoscens ‚quia'. Et ideo dicitur, quod quod per non-videre videtur deus, scilicet per non-videre naturale.*
[69] Als einige Stellen, wo sie in der *MT* vorkommen, siehe z.B. 454,82, 455,20, 464,1–3, 474.85–87.

sondern verneint wird die natürliche Sehensweise und übrig bleibt die Aufnahme des übernatürlichen Lichts, das jedoch eher durch Negation wahrgenommen wird ..."[70]

Weitere Einsicht in dieses Thema lässt sich in Alberts Erörterung der Erkennbarkeit Gottes in einem seiner Spätwerke (nach 1270) finden, der *Summa Theologiae*. Wieder folgt er Dionysius (z. B. CH 2,3 und DN 1,6–8) und sagt, es gebe nur zwei Weisen, auf die man Gott erkennen könne: symbolisch durch den Vergleich körperlicher Eigenschaften mit Gott, und mystisch durch die transzendentalen Prädikate, die wirklich Gott eigneten, uns jedoch nur auf dem Weg über ihre beschränkte Manifestation in den Geschöpfen bekannt seien. „Aber das zu empfangende Unendliche steht in keinem Verhältnis zu dem empfangenden Endlichen"[71], und so führten beide Vorgehensweisen zum gleichen Ergebnis. Albert sagt es so: „Wenn wir symbolisch vorgehen, stehen wir im Unendlichen, lösen uns in ihm auf und bekommen keinerlei Begriff zu fassen", und „genauso ist es wiederum, wenn der Intellekt so vorgeht: Er steht im Unendlichen und löst sich in ihm auf."[72] Das mystische Erkennen sei seiner Natur nach das unbeschreibliche sich Auflösen des Endlichen im Unendlichen. Das bleibe sogar für die Schau Gottes wahr, derer sich die Seligen erfreuen. In seiner *Frage über die Schau Gottes im Himmel* sagt Albert: „Zwar ist er unendlich, aber man sieht ihn auf endliche Weise, weil er sich nicht begreifen lässt, erkennt jedoch, dass er unendlich ist, und damit kommt der Intellekt an sein Ende, nämlich indem er ihn als Unendlichen erkennt."[73]

Im vierten Kapitel des *Super MT* erörtert er, wie der Weg der Negation damit beginnt, dass man alle von den Sinnen bezogenen Erkenntnisse über Gott negiert. Im fünften Kapitel fasst er seine Ansicht über die Lehre des Dionysius zusammen, dass selbst die immateriellen Begriffe von Gott negiert werden müssten, da Gott letztlich jenseits sowohl der Affirmation als auch der Negation liege. Dennoch könne man aber jene Negationen auf Gott anwenden, bei denen es, wenn auch nur auf analoge Weise, um spezi-

---

[70] *Super MT* (466,78–81): *... quia non est pura negatio, sed negatur modus naturalis visionis et relinquitur susceptio supernaturalis luminis, quod tamen magis notificatur per negationem ...*
[71] *Summa Theologiae* Lib. I, tr. 3, q. 13, cap. 1 (39,21–2): *Infiniti autem accipiendi ad finitum accipiens non est proportio.* Dieses Axiom sollte später für das Denken von Nikolaus von Kues grundlegend werden.
[72] Ebd. (40,58–60 u. 77–78): *... procedendo symbolice stamus in infinito et diffundimur in illo, nullum terminum comprehendentes ... et ideo iterum intellectus sic procedens stat in infinito et diffunditur in illo.*
[73] *Quaestio de visione dei in patria* (Op.Col. XXV,2,100,63–66): *Licet sit ergo infinitus, finite videbitur, quia non comprehendetur, tamen infinitus esse intelligetur, et in hoc finietur intellectus, scilicet cognoscendo ipsum infinitum.*

fische Unterschiede gehe, die sich aus einem Gattungsbegriff ergäben *(negationes in genere)*. Diese begrenzte Form der Negation könne uns helfen, die göttliche Natur in dem Maß zu „lokalisieren", dass man wisse, was sie nicht sei.[74]

Es ist interessant, Alberts Vorstellung vom Verhältnis zwischen dem, was die mittelalterlichen Theologen als dasjenige zwischen *via negativa* (alle Aussagen über Gott zu negieren) und *via eminentiae* (etliches über Gott auszusagen, aber mit dem Zusatz, es gelte auf einer höheren, uns unfassbaren Ebene) bezeichnen, mit derjenigen seiner beiden berühmtesten Schüler Thomas von Aquin und Meister Eckhart zu vergleichen. Albert begründet seine Ansicht anfangs mit der Unterscheidung zwischen der substanziellen Bedeutung von Begriffen wie „gut" oder „wahr" für Gott (solche Begriffe müssten zuerst und vor allem für Gott gelten) und der Art und Weise *(modus)*, auf die wir diese Begriffe verwenden, die immer mit unserer Wahrnehmungsweise zusammenhänge und daher von Gott negiert werden müsse.[75] Aber Albert geht weiter, und zwar in eine Richtung, die näher zu Eckhart führt, indem er eine zweite Auffassung formuliert, die besagt, sogar die von Bezeichnungen wie „Gutsein" ausgesagte Realität lasse sich nicht rechtmäßiger Weise Gott zuschreiben, weil unser Wissen immer nur von zusammengesetzter Art sei. Somit behauptet er, in Gott selbst gebe es keinerlei Unterschied zwischen irgendwelchen Attributen; diesen Unterschied gebe es nur in unserer Art, ihn uns vorzustellen.[76]

Zu Ende seiner Ausführungen über das fünfte Kapitel erklärt Albert, in Wirklichkeit liege Gott jenseits *sowohl* der Affirmation als auch der Negation. Dieser Standpunkt stammt von Dionysius, die Begründung dafür je-

---

[74] Die Unterscheidung zwischen *negatio in genere* und reiner Negation *(negatio extra genus/ per se negatio)* war den mittelalterlichen Philosophen vertraut. Albert beschreibt in *Super DN* 13 (449,86–450,3) den Unterschied folgendermaßen: *Dicendum, quo negatio, secundum id quod est per se negationis, non certificat neque coniungit; sed accidit negationi, quae est in genere, quod certificat et coniungit nos alicui cognoscibili, in quantum restringit ipsum genus, et talis est negatio, qua negamus aliquid de deo, quia relinquit ipsum esse, et inquantum removet ipsum ab uno oppositorum, relinquet ipsum in altero, et sic quousque ab omnibus removeatur et in esse proprio relinquatur.* Vgl. auch *Super DN* 4 und 7 (195,39–52; 358,88–359,5). Über die Bedeutung dieser Unterscheidung siehe Wéber, „Langage et méthode", 92–94.
[75] *Super MT* 5 (473,49–474,6). Vgl. für eine vergleichbare Auffassung Thomas von Aquin, S.Th. I q. 13 a. 3.
[76] *Super MT* 5 (474,7–28). Thomas vertrat, unsere verschiedenen Aussagen über Gott hätten eine reale Grundlage in der Fülle des göttlichen Wesens (S.Th. I q. 13 a. 4). Eckhart stellt sich in seinem *In Ex.* n. 58 (LW 2,64) auf Alberts Seite und vertritt eine Vorstellung, die einen Abschnitt enthält, der als art. 23 in der päpstlichen Bulle „In agro dominico" verurteilt wurde. Dieser Punkt, so technisch er sein mag, spiegelt einen wichtigen Unterschied zwischen der rigorosen Apophatik der deutschen Erben Alberts und der negativen Theologie von Thomas wider.

doch von Albert. Da jede echte Negation auf einer Affirmation beruhe, und da wir über keine Gott angemessene Affirmation verfügten, könne es auch keine angemessene Negation geben. Jedoch begründet er Gottes Position außerhalb der Negationen des menschlichen Redens mit dessen unerkennbarer Transzendenz, nicht mit irgendeiner Art von Unvermögen. Albert kommt zum Schluss: „Das Überschreiten *(excessus)* dessen, der über allem ist, überschreitet jede Negation, und deshalb sagt er (Dionysius), dass die Namen, die man von ihm negiert, wegen dieses Überschreitens negiert werden und nicht wegen eines Unvermögens, wie das bei den Geschöpfen der Fall ist, und daher geht sein Überschreiten weit über jegliche Negation hinaus."[77] Die gleiche rigorose Apophatik zeigt sich auch deutlich in Alberts Anmerkungen zu den Briefen des Dionysius, wo er sagt, dass „Gott auf keine Weise geschaut werden kann, sondern gerade dann, wenn man nichts von ihm weiß, wird er geschaut."[78] Das ist ganz klar eine Form der *docta ignorantia*, auch wenn Albert diesen Begriff hier nicht verwendet.

In welchem Verhältnis steht dieses Erkennen durch Nichtwissen zur Schau Gottes im Himmel, die, wie Albert in seinem Kommentar zur *Nikomachischen Ethik* von Aristoteles gesagt hatte, das wahre Ziel der mystischen Kontemplation ist? Alberts Behandlung dieses Themas ist wichtig wegen des Kontexts, in dem er seine Kommentare zu Dionysius schrieb. 1241 und noch einmal 1244 hatte der Pariser Bischof Wilhelm von Auvergne gemeinsam mit den Autoritäten der Universität die Ansicht verurteilt, sogar im Himmel werde man Gott nie direkt schauen, sondern nur in Theophanien oder Manifestationen des Göttlichen.[79] In dieser zumindest von einigen Dominikanern vertretenen Behauptung, eine direkte *visio dei* sei unmöglich, äußerte sich eine Form des von Johannes Scotus (Eriugena) beeinflussten Dionysianismus. Johannes hatte behauptet, weder hier noch im künftigen Leben sei ein direkter Blick auf die verborgene Unbegreiflichkeit Gottes möglich. Sogar im Himmel werde es sich beim Gegenstand der seligmachenden Schau des Intellekts um „Theophanien von Theophanien"

---

[77] *Super MT* 5 (475,34–39): ... *et excessus eius qui est super omnia, excedit omnem negationem, ideo dicit, quod nomina, quae negantur ab ipso, negantur propter excessum et non propter defectum, sicut est in creaturis, et ideo excessus suus superat omnem negationem.*

[78] *Super Ep 1* (482,38–40): *Et sic patet, quod non vult, quod nullo modo videatur deus, sed quod in ipsa sui ignorantia videtur.* Vgl. *Super Ep 5* (493,61–68). Ausführlicher darüber Tugwell, „Albert: Introduction", 89–95.

[79] Dabei wurden zehn Artikel verurteilt, deren erster lautete: *Primus [error], quod divina essentia in se nec ab homine nec ab angelo videbitur. Hunc errorem reprobamus et assertores et defensores auctoritate Wilhelmi episcopi excommunicamus. Firmiter autem credimus et asserimus, quod Deus in sua essentia vel substantia videbitur ab angelis et omnibus sanctis et videbitur ab animabus glorificatis.* Siehe das *Chartularium Universitatis Parisiensis*, hg. v. Henry Denifle OP, Paris 1889, Bd. 1 art. 128.

handeln.⁸⁰ Diese Diskussion über die Natur der seligmachenden Schau war eine signifikante Station in der Evolution der mittelalterlichen Scholastik und insbesondere der Rezeption der dionysischen Theologie.⁸¹ Albert der Große arbeitete eine Lösung des Problems der seligmachenden Schau aus, die der Pariser Definition gerecht wurde und mit der er es fertigbrachte, signifikante Aspekte der dionysischen Apophatik für die künftige deutsche Mystik zu retten.

Wie alle christlichen Theologen stellte Albert die höchsten Formen der kontemplativen Verzückung, die hienieden *(„hic")* möglich sind, in Kontrast zum höchsten und beständigen Genuss, wie er sich im Himmel *(„ibi")* findet. Will man die Ähnlichkeiten und Unterschiede zwischen diesen beiden Formen des Kontakts mit Gott genauer verstehen und von daher die wahre Natur der seligmachenden Schau besser einschätzen können, so ist es nützlich, einige der Unterscheidungen festzuhalten, die Albert trifft: 1. den Unterschied zwischen Schau und Begreifen; 2. die Unterscheidung zwischen der Erkenntnis Gottes *quid est* und der Erkenntnis *quia est;* 3. die genaue Bedeutung der in der Bibel erwähnten Schau „von Angesicht zu Angesicht" (z. B. in Gen 32,31, Ex 33,11 und 1 Kor 13,12); und 4. die Rolle von vermittelnden Elementen *(media / theophaniae)* bei der Erkenntnis Gottes hier und dort.

Alberts Erörterung über „Die Möglichkeit des Erkennens Gottes von Seiten des Erkennbaren" (nämlich Gottes, *De cognoscibilitate dei ex parte cognoscibilis*) in Quaestio 13 des dritten Traktats von Buch I seiner *Summa Theologiae* ist seine letzte und vollständigste Ausführung zu diesen Themen.⁸² Zentral für sein Argumentieren ist die folgende Behauptung: „Es ist etwas anderes, mittels des Intellekts an etwas zu rühren und sich ins Erkennbare zu ergießen und etwas anderes, das Erkennbare zu erfassen und

---

⁸⁰ Zu Eriugenas Lehre genauer Dominic J. O'Meara, „Eriugena and Aquinas on the Beatific Vision", in *Eriugena Redivivus. Zur Wirkungsgeschichte seines Denkens im Mittelalter und im Übergang zur Neuzeit,* hg. v. Werner Beierwaltes, Heidelberg 1987, 224–236. Wie O'Meara aufzeigt, missverstanden sowohl Thomas als auch andere Eriugenas Behauptung insofern, als sie diese Theophanien als Medien zur Schau Gottes betrachteten. Für den irischen Denker sind Theophanien Gott, aber der manifestierte Gott.
⁸¹ Siehe Trottmann, *La vision béatifique,* Kap. II, „Du *quid* au *quomodo* de la vision béatifique: Autour des condemnations de 1241–44", 115–208. Trottmann behandelt Alberts Lösung in Kap. IV, „La solution intellectualiste d'Albert le Grand et de Thomas d'Aquin: le *lumen gloriae*" (282–302 über Albert). Siehe auch William J. Hoye, „Gotteserkenntnis per essentiam im 13. Jahrhundert", in: *Die Auseinandersetzungen an der Pariser Universität im XIII. Jahrhundert,* hg. v. Albert Zimmermann, Berlin 1976, 269–284, der Albert in 274–279 behandelt.
⁸² *Summa Theologiae* Lib. I, tr. 3, q. 13 (38–50). Zwei andere wichtige Abhandlungen darüber sind *De resurrectione ex parte bonorum tantum,* q. 1, a. 9 (*Op.Col.* XXVI, 326–29) und die *Quaestio de visione dei in patria* (*Op. Col.* XXV, 2,96–101).

zu begreifen."[83] Auf dieser Grundlage erklärt Albert konform mit der Pariser Entscheidung, der geschaffene menschliche Intellekt könne „mittels einfachen Blickens" *(per simplicem intuitum)* an das Wesen Gottes rühren, nie jedoch Gott begreifen.[84] Auch Thomas von Aquin sollte zwischen dem Erlangen der unmittelbaren Schau Gottes und der Unmöglichkeit für jeden geschaffenen Intellekt, Gottes Wesen zu begreifen, unterscheiden (z. B. in S.Th. I q. 12 a. 7). Ein Unterschied zwischen Albert und Thomas zeigt sich jedoch hinsichtlich des Verständnisses des Wissens *quid est (was* Gott ist) und des Wissens *quia est (dass* Gott ist).

Aber sowohl die *Summa Theologiae* von Thomas, als auch Alberts gleichnamiges Werk lassen kein erschöpfendes *quid est*-Wissen von Gott hier oder im Himmel zu.[85] Dieses Wissen zu erlangen hieße, Gott so zu erkennen, wie Gott sich selbst kennt. Aber wie steht es mit dem *quia est*-Wissen, dem Wissen, *dass* Gott ist? Hier unterscheidet sich Albert von seinem Schüler. Für Thomas ist das *quia est*-Wissen ein eindeutiger Begriff: der Beweis, *dass* eine Ursache existiert, ergebe sich aus der Erkenntnis ihrer Wirkung (S.Th. I q. 2 aa. 2–3). Daraus leitet der *Doctor Angelicus* fünf Wege für den Nachweis der Existenz Gottes aus seinen Auswirkungen auf die Welt ab. Im Gegensatz dazu verwirklicht sich das Wissen *quia est* auf mehrere analoge Weisen, die nicht immer klar voneinander unterschieden sind. In Abhängigkeit von Aristoteles, für den das Wissen, „dass es ist" eine Form des präzisen philosophischen Wissens ist, das auf einer entfernten Ursache oder einer Wirkung beruht, „die mit ihrer Ursache austauschbar oder proportional zu ihr ist", stellt Albert in seinem *Super MT* in Abrede, dass wir in diesem Leben ein natürliches *quia est*-Wissen von Gott haben können, weil nichts wirklich zu Gott proportional sei.[86] Aber an anderen Stellen scheint er die Möglichkeit einer unvollkommenen Form des *quia*

---

[83] *Summa Theologiae* Lib. I, tr. 3, q. 13 (40,39–41): *Aliud est contingere per intellectum et diffundi in intelligibili, et aliud est capere sive comprehendere intelligibile.*
[84] Eine ähnliche Aussage siehe in *De resurrectione* q. 1, a. 9 (328,49–74).
[85] Ein dichter Text dazu findet sich in Alberts *De resurrectione* (329,22–25): … ‚*perfecta ignorantia'* dicitur ignorantia perfecti, id est ignorantia eius quod est ‚quid est'; est enim perfectissima cognitio dei visio esse ipsius cum recognitione impotentiae attingendi ‚quid est'. Siehe auch *Super DN* 1 (10,64–66): *Dicimus, quod substantiam dei, ‚quia est', omnes beati videbunt; ‚quid' autem sit, nullus intellectus creatus videre potest.* Diese Formulierung „non quid est, sed quia est" stammt aus Eriugenas *Periphyseon* 5 (PL 122,919C). Über Alberts Behauptung, es gebe hier und auch im Himmel kein *quid est*-Wissen von Gott, siehe Trottmann, *La vision béatifique*, 193.
[86] *Super MT* 1 (463,76–464,3), in Abhängigkeit von Aristoteles, *Analytica Posteriora* 1,13 (78a22–38). Siehe auch *Super MT* 5 (475,12–17). In seinem Kommentar scheint Albert zu vertreten, dass der Glaube und die mystische Erleuchtung eine bestimmte Form des *quia est*-Wissens gewähren (z. B. 436,72–74; 456,72–74; 463,45–47; 464,1–3).

est-Wissens von Gott aufrechtzuerhalten, sogar auf der Grundlage der natürlichen Vernunft.[87] Die klarste Ausführung zu diesem Thema findet sich in der Erörterung der seligmachenden Schau in Alberts Kommentar über den fünften dionysischen Brief. Hier vertritt er, dass wir im Himmel zwar die Schau Gottes erlangten, diese jedoch nie vollkommen sein werde. Vielmehr werde „der geschaffene Intellekt ... auf eine Art verschwommener Weise mit dem Gott vereint, der sozusagen über ihn hinausgeht ..." Somit gebe es kein *quid est*-Wissen über Gott, da er keine klar umrissenen Züge habe; noch gebe es ein *propter quid*-Wissen über ihn, weil Gott keine Ursache habe. Es gebe auch kein *endgültig festes quia*-Wissen, da Gott keine von ihm abgehobene Ursache oder keine proportionale Wirkung habe. „Daher sehen wir sowohl auf dem Weg als auch in der Heimat von ihm nur ein verschwommenes ‚quia', auch wenn sich Gott je nach den verschiedenen Weisen der Schau und der Schauenden mehr oder weniger klar sehen lässt."[88] Albert der Große bleibt also bezüglich alles Wissens über Gott, sogar desjenigen im Himmel, zutiefst apophatisch.[89]

In der Bibel ist oft von der Schau „von Angesicht zu Angesicht" die Rede, sowohl in diesem Leben (z. B. Jakob und Mose) als auch im nächsten. Der Widerspruch zwischen solchen Texten und denjenigen, die in Abrede stellen, dass je ein Mensch unter irgendwelchen Umständen Gott schauen könne (z. B. Joh 1,18) ist seit dem 2. Jahrhundert Bestandteil der christlichen Mystik. Albert unternahm es im Licht der Krise der 1240er Jahre über das richtige Verständnis der seligmachenden Schau, seine eigene Antwort auf diesen scheinbaren Widerspruch auszuarbeiten.

Die ausführlichste Behandlung dieses Themas findet sich im 4. Kapitel

---

[87] Z. B. in *Super DN* 7 (357,43–44) und in der *Summa Theologiae* Lib. I, tr. 3, q. 14 (51,78–90). Zur näheren Betrachtung dieser Texte und über die Zwiespältigkeit des *quia est*-Wissens bei Albert siehe Hoye, „Mystische Theologie", 598 f.

[88] *Super Ep* 5 (495,33–43): ... *intellectus creatus ... sub quadam confusione iungitur ei quasi excedenti ... et ideo nec in via nec in patria videtur de ipso nisi ‚quia' confusum, quamvis ipse deus videatur clarius vel minus clare secundum diversos modos visionis et videntium*. Angesichts dieser verschiedenen Abhandlungen hat Albert anscheinend zumindest drei sich steigernde Weisen der *cognitio quia confusa* bezüglich Gottes unterschieden (obwohl er das nie explizit so sagt): 1. eine minimale, der natürlichen Vernunft zugängliche; 2. eine fortgeschrittene, vom Glauben verliehene Weise, die von der mystischen Erleuchtung gesteigert wird; und 3. eine gehobene Form, die im Himmel dank der direkten Schau Gottes Gottes zuteil wird. An einer Stelle in *Super DN* 1,26 (13,52–57) heißt es: ... *cognitio nostra perficietur non alia cognitione ‚quid' vel ‚propter quid', sed alio modo cognoscendi, quia videbimus ‚quia'* [korrigiert; in *Op. Col.* steht ‚quid'] *sine medio, quod nunc in aenigmate et speculo et velate vidimus*.

[89] Als gute Darstellung in diesem Sinn sowie der Nähe Alberts zu Eriugena siehe Tugwell, „Albert: Introduction", in: *Albert and Thomas*, 83–95. Über den Einfluss von Eriugena auf Albert vgl. auch Wéber, „Langage et méthode", 80–81 u. 785–787.

des Traktats über die Erkennbarkeit Gottes in Alberts *Summa Theologiae*, worin er nicht nur das Thema der Schau von Angesicht zu Angesicht aufgreift, sondern auch die Frage, ob eine solche Schau irgendeines Mediums bedürfe.[90] Wiederum geht Albert mit der Entscheidung von 1241 einig, dass im Himmel der nackte und reine Intellekt das nackte Wesen Gottes schauen werde. Um dies richtig zu verstehen, sei es jedoch notwendig, wichtige Unterscheidungen über die unterschiedlichen Verständnisweisen der Begriffe *facies dei* und *medium* zu treffen. Nach Albert lässt sich der Ausdruck „Angesicht Gottes" auf drei Weisen gebrauchen. Erstens könne man diesen Begriff so verstehen, dass er alles bezeichne, worin Gott erscheint oder worin er erkannt werden kann, das heißt, potenziell alles im geschaffenen Universum. Zweitens „wird im eigentlichen Sinn als Angesicht Gottes seine offensichtliche Gegenwart bezeichnet, die sich als zu einem bestimmten Ziel helfende Gnade oder als Schutz auswirkt ... Diese Weise unterscheidet sich von der ersten so, wie sich die Natur von der Gnade unterscheidet."[91] Und schließlich ist „im strengsten Sinn das Angesicht Gottes die wesenhafte Gegenwart Gottes, die sich ohne Medium auf die Weise zeigt und vorstellt, wie sie sich den Seligen vorstellt."[92] Diese Qualifizierungen machen es leicht, zu vertreten, dass die Schau von Angesicht zu Angesicht, wie sie im Alten Testament Gestalten wie Jakob und Mose zugeschrieben wurde, anders war als die Schau, derer sich die Seligen im Himmel erfreuen.

Um den Unterschied zwischen den von der Gnade Gottes in diesem Leben geschenkten Schauungen Gottes und der seligmachenden Schau zu verstehen, muss man auf die Weisen achten, auf die Gott vermittelnde Elemente oder Medien verwendet oder nicht. Es ist unnötig, Alberts Unterscheidungen der verschiedenen vermittelnden Elemente bis in alle Einzelheiten zu folgen, um das Wesentliche seiner Lehre zu erfassen. Bei Schauungen Gottes in diesem Leben seien immer vermittelnde Elemente oder Theophanien im Spiel, wie etwa die übernatürlichen Zuständlichkeiten und Gaben des Heiligen Geistes.[93] Im Fall der Schau Gottes von Ange-

---

[90] Auf die wichtige Bedeutung dieses Textes für das Verständnis von Alberts Lehre über das mystische Erkennen und die seligmachende Schau wies erstmals Giles Meersseman OP in „La contemplation mystique d'après le Bx. Albert est-elle immédiate?", in der *Revue Thomiste* 36 (1931), 408–421 hin.
[91] *Summa Theologiae* Lib. I, tr. 3, q. 13 (46,26–38): *Proprie dicitur facies dei praesentia evidens per effectum gratiae adiuvantis ad aliquid vel protegentis ... Et ille modus differt a primo, sicut natura differt a gratia.*
[92] Ebd. (46,46–48): *Propriissime autem dicitur facies essentialis praesentia dei sine medio demonstrata et exhibita, hoc modo quo se exhibet beatis.*
[93] Ebd. (47,19–21): *Si videt visione gratuita, oportet eum esse perfectum habitibus gratiae, sicut sunt sapientia et intellectus et gratia et fides.*

sicht zu Angesicht im strengsten Sinn, nämlich derjenigen im Himmel, sei kein Medium und kein vermittelndes Element in dem Sinn im Spiel, dass Gott ein Instrument einsetze, um sein Wesen zugänglich zu machen oder aufleuchten zu lassen *(medium differens vel reflectens)*; auch sei da kein intentionales Medium im Spiel, noch ein *medium coadiuvans*, also etwas, dessen sich das göttliche Wesen bedienen müsste, um sich selbst sichtbar zu machen, denn Gott sei in sich selbst reines Licht. Jedoch bedürfe es eines Mediums, das die Seele stärke und ihr helfe, das zu schauen, was sie unendlich übersteige. „Wenn jemand in Form der Schau der Herrlichkeit schaut", so Albert, „muss er in den Zuständlichkeiten der Herrlichkeit und der Seligkeit vollkommen sein. Aber diese vermittelnden Elemente verdecken oder entziehen oder entfernen nicht den Sehenden dem zu Sehenden, sondern stärken sein Sehvermögen und vervollkommnen ihn im Sehenkönnen. Wenn man daher auf diese Weise kraft eines Mediums sieht, steht das Medium dem direkten Sehen nicht im Weg, sondern verstärkt dieses."[94] Das Licht der Herrlichkeit sei dann also ein subjektives *medium sub quo* (das ist ein Begriff von Thomas, der aber das ausdrückt, was Albert meint). Seine Funktion bestehe darin, der intellektuellen Seele beim Empfang der Schau Gottes zu helfen; es sei kein objektives *medium in quo*, das sich zwischen Gott und die Seele schieben würde.[95]

Alberts Lehre vom *lumen gloriae* war ein entscheidender Aspekt seiner Lehre über die unmittelbare und direkte Natur der seligmachenden Schau; aber es ist wichtig, anzumerken, dass er weiterhin die Redeweise von Dionysius und Eriugena verwendet, sowohl wenn er das *lumen gloriae* selbst, als auch, wenn er die verschiedenen Formen des *lumen divinum* beschreibt, mittels derer Gott die einzelnen Seelen auf unterschiedliche Weisen stärkt, damit sie ihr ewiges Glück in der seligmachenden Schau erreichen.[96] In

---

[94] Ebd. (47,21–27): *Si videt visione gloriae, oportet eum esse perfectum habitibus gloriae et beatitudinis. Haec tamen media non tegunt vel deferunt vel distare faciunt videntem et visibile, sed visivam potentiam confortant et perficiunt ad videndum. Et ideo sic per medium videre non opponitur ad immediate videre, sed stat cum ipso.* Das ermöglicht Albert, die folgende Definition der Schau von Angesicht zu Angesicht im strengsten Sinn zu geben: ... *et ideo propriissime facie ad faciem non videt nisi nudus intellectus nudam essentiam divinam, hoc est sine medio differente vel reflectente vel intentionaliter significante et sine medio coadiuvante videntem* ... (47,51–57).
[95] Zu diesem Punkt siehe Hoye, „Mystische Theologie", 599–601; und „Gotteserkenntnis per essentiam", 274–275. Albert hebt die teilweise subjektive Natur sogar der göttlichen Lichter hervor, die wir in diesem Leben empfangen (*Super MT* 1 [461,7–11]). Sie würden uns nicht so sehr als Objekte gegeben, an denen wir hängen sollten, sondern als Hilfe, um uns auf dem Weg zu Gott zu stärken.
[96] In seiner *Summa de creaturis* tr. IV, q. 32, a. 1, „De theophania quid sit" (*Op.Par.* 34,507–10) gibt Albert die folgende Definition: *Theophania est ostensio alicujus cognitionis de Deo per illuminationem a Deo venientem: et haec potest esse dupliciter, scilicet in symbolis, et facie ad*

seiner Erläuterung der vier Arten von Theophanien in *Super CH* 4 spricht er von vier Arten von göttlichem Licht *(lumen divinum)*. Die ersten beiden gehörten zu diesem Leben: jede Anschauung eines Geschöpfs, die zu Gott führt sowie von Gott geschickte Schauungen. Die beiden anderen gehörten zum Himmel: „Auf die dritte Weise ..., wenn im göttlichen Licht, das nicht Gott ist (d. h. ein geschaffenes Licht ist), ein Gegenstand gesehen wird, der wirklich Gott ist. Dabei wird Gott nicht im Licht wie in einem Medium gesehen, so wie eine Sache in ihrem Bild gesehen wird, sondern er wird unter Anleitung eines den Intellekt stärkenden Lichts unmittelbar geschaut."[97] Die vierte und höchste Art der Theophanie ist die direkte *visio dei* selbst. Albert beschreibt diese Theophanie ebenfalls in der Sprache Eriugenas:

„So ist Gott in jedem Seligen als eine Art von Licht und lässt ihn Anteil an sich haben, indem er ihn sich ebenbildlich macht, und in dieser Ebenbildlichkeit wird die Schau Gottes Theophanie genannt. Denn so wird der gleiche Gott Licht und Gegenstand sein, aber Gegenstand wie in sich selbst, Licht hingegen, insofern an ihm die Seligen Anteil haben."[98]

Obwohl Albert der Definition von 1241 über die direkte Schau Gottes im Himmel zustimmte, gab er für seinen intellektiven Dionysianismus nicht die Redeweise des Eriugena auf, sogar nicht im Fall der seligmachenden Schau.

---

faciem sive per speciem (509). Albert spricht vom *lumen gloriae* als *theophania* zum Beispiel in *Super DN* 13 (448,31-49) und in der *Quaestio de visione dei in patria* (99,26-36). Über die verschiedenen Weisen, auf denen Gott den Seligen „entgegenkommt", das heißt, ihre individuellen Naturen stärkt, damit sie schauen können, was sie von seiner Unendlichkeit zu schauen imstande sind, siehe *Super DN* 1 (11,12-25). Vgl. die Erörterung des Verhältnisses zwischen *lumen gloriae* und *theophania* in Trottmann, *La vision béatifique*, 295-302.

[97] *Super CH* 4 (Op.Col. XXXVI,1,71,20-25): ... *tertio modo, ut est in usu loquentium, quando in lumine divino, quod non est deus* [d. h. ein geschaffenes Licht] *videtur obiectum, quod vere est deus, non in lumine sicut in medio, sicut videtur res in sua imagine, sed sub lumine confortante intellectum videtur immediate deus.* Das entspricht dem, was er an anderen Stellen als *lumen gloriae* bezeichnet. Albert kritisiert Hugo von St. Victor, dass er die Existenz dieser dritten Art nicht wahrhabe. Trottmann (*La vision béatifique* 299-302) erörtert die Zwiespältigkeit dieser dritten Art und spricht sich für die auch hier vorgetragene thomistische Lesart aus. Er vertritt (301) gemeinsam mit E. Wéber („L'interpretation par Albert le Grand de la Théologie Mystique", 438 f.), dass die dritte Art von Theophanie in irgendeiner Form manchen Mystikern in diesem Leben zuteil werden könne.

[98] *Super CH* 4(71,24-31): ... *sic deus ipse est in quolibet beato ut lumen quoddam, participatione sui faciens eum sui similitudinem, et in tali similitudine dei visio dicitur theophania; sic enim idem deus erit lumen et objectum, sed objectum prout in se, lumen vero, prout est participatus a beatis.*

Thomas von Aquin über die Kontemplation und die Schau Gottes

Im Rahmen des umfassenden Bauwerks der Theologie von Thomas von Aquin spielt die mystische Theologie eine begrenztere Rolle als bei Albert.[99] (Thomas schrieb keinen Kommentar über die *Mystische Theologie* von Dionysius und zitiert diese auch nicht oft.) Da zudem Thomas nie über sich selbst spricht, bleiben Rückschlüsse auf sein inneres Leben nicht mehr als Mutmaßungen; allerdings belegten die Zeugen bei seinem Heiligsprechungsprozess, dass er sich intensiv der Kontemplation gewidmet habe.[100] Thomas spricht ziemlich oft von der Spiritualität und versteht sie sowohl im biblischen Sinn als Leben aus der Kraft des Heiligen Geistes, die uns vom auferstandenen Christus her zuteil wird[101], als auch im neueren Sinn als das Gegenteil von Körperlichkeit. Die spirituelle Mitte der Theologie von Thomas hat Jean-Pierre Torrell deutlich herausgestellt, insbesondere die fundamentale Rolle der Dreifaltigkeit in seiner Lehre über das christliche Leben. Die Sorgfalt, mit der Thomas viele der grundlegenden Praktiken der christlichen Spiritualität wie etwa das Gebet behandelt, zeigt deutlich, wie sehr ihm sowohl an den spekulativen als auch praktischen Aspekten seiner spirituellen Lehre lag.[102]

Der dominikanische Lehrmeister beschäftigte sich intensiv mit einem Thema, das zu seiner Zeit ein Problem sowohl der Doktrin als auch der

---

[99] Die Texte der Werke von Thomas finden sich in der alten Ausgabe von Parma und in der immer noch in Arbeit befindlichen Leoninischen Ausgabe (Rom 1884 ff.) sowie in vielen einzelnen Bänden und Reihen. Ich werde ihn weithin einfach nach Werk und Abschnitt zitieren statt nach einer bestimmten Ausgabe.

[100] Wilhelm von Tocco sagte laut *Processus canonizationis S. Thomae Neapoli*, Kap. 58 aus: *Tota vita eius fuit aut orare et contemplari, aut legere, predicare et disputare, aut scribere aut dictare* (Antonio Ferrua, *Thomae Aquinatis vitae fontes praecipui* [Edizioni Dominicane, Alba 1968], 287). Die hagiographische Überlieferung schreibt Thomas eine bekannte Vision zu, die ihm am 6. Dezember 1273 zuteil geworden sein soll. Darin sei er infolge einer Gottesoffenbarung zur Überzeugung gekommen, alles, was er geschrieben habe, sei „wie Stroh", weshalb er von da an nicht mehr an seiner S.Th. weitergearbeitet habe. Dieses Ereignis und die Hingabe von Thomas an die Kontemplation werden in der jüngsten Lebensbeschreibung des *Doctor Angelicus* genauer dargestellt: Jean-Pierre Torrell OP, *Saint Thomas Aquinas. Volume 1. The Person and the Work*, Washington, DC 1996, 283–295.

[101] Nach dem *Index Thomisticus* verwendet Thomas die Begriffe *spiritualitas* rund 70mal und *vita spiritualis* rund 280mal. Er bringt den biblischen Bedeutungsinhalt von *spiritualitas* klar zum Ausdruck, wenn er sagt: *Sanctificatio gratiae pertinet ad spiritualitatem* (S.Th. III q. 34 a. 1, obj. 1). Seine Sicht ist zudem zutiefst christologisch: Weil Christus vom Augenblick seiner Inkarnation an über die *perfecta spiritualitas* verfügt habe (III q. 34 a. 1 Ad 1), fließe uns alle unsere *spiritualitas* von ihm her zu (In 1 Kor 15, lect. 7).

[102] Über Thomas' Theologie des Gebets siehe S.Th. II–II q. 83 und andere Texte, die z.B. Tugwell anführt in *Albert and Thomas*, 363–523.

Mystik darstellte: die möglichen Formen der *visio dei* in diesem Leben und im künftigen. Hinzu kam, dass noch viele weitere Aspekte notwendigerweise in sein Programm hineinspielten, die „heilige Lehre" *(sacra doctrina)* auf systematische und verständliche Weise darzustellen. Dazu gehört vor allem die Frage nach der Natur der sowohl allgemeinen als auch partikulären kontemplativen Gnaden. Als Ordensmann, der in einem oft feindlichen Klima um die Anerkennung seines Ordens kämpfen musste, hatte er insbesondere auf das Verhältnis von Aktion und Kontemplation in den verschiedenen Formen des spezialisierten Ordenslebens zu achten. Thomas von Aquin hinterließ uns keine mystischen Erzählungen und keine explizite mystische Theologie, aber der Umstand, dass er viele signifikante Themen der Mystik behandelte, gibt ihm seinen Platz in der Tradition der christlichen Mystik.

Die Schau Gottes

Um zu verstehen, welche Art von Schau Gottes Thomas für sowohl hier als auch für das künftige Leben für möglich hält, müssen wir uns zunächst die negative Theologie des *Doctor Angelicus* ansehen. In den letzten Jahrzehnten hat man wieder in verstärktem Maß die Bedeutung des apophatischen Anspruchs in der Theologie von Thomas wahrgenommen, insbesondere, seit die Fachleute genauer untersucht haben, was er dem Neuplatonismus verdankt. Thomas war nie ein reiner Aristoteliker, so sehr er auch „den Philosophen" verwendete, und alle seine kritischen Bemerkungen über die Platonisten zeigen, dass er auch kein Anhänger Platons war.[103] Thomas suchte nach der Wahrheit, nicht nach der Zugehörigkeit zu bestimmten Schulen.

Die feste Grundlage der Lehre von Thomas über Gott ist die These von der absoluten Einfachheit der göttlichen Natur, die man sich am besten als einen formalen Zug statt als ein göttliches Attribut unter anderen vorstellt (S.Th. I q. 3; *De Potentia* q. 7 a. 1).[104] Das bedeutet, dass Gott in seinem

---

[103] Die Literatur über Thomas' Verhältnis zu Aristoteles, Platon und insbesondere dem Neuplatonismus ist im letzten halben Jahrhundert exponentiell gewachsen. Eine ältere, immer noch hilfreiche Arbeit über seine Einstellung zum Platonismus ist R. J. Henle, *Saint Thomas and Platonism*, Den Haag 1956. Die derzeitige Sicht der Quellen von Thomas offenbart ihn als viel stärkeren Neuplatoniker, als man das noch vor fünfzig Jahren zugegeben hätte, ohne dass dadurch seine Abhängigkeit von Aristoteles geringer würde.

[104] Vgl. David B. Burrell, *Aquinas. God and Action*, Notre Dame 1979, 14–19; und *Knowing the Unknowable God: Ibn-Sina, Maimonides, Aquinas*, Notre Dame 1986, 38–50. Und leicht anders angelegt Mark D. Jordan, „The Names of God and the Being of Names", in: *The Existence and Nature of God*, hg. v. Alfred J. Freddoso, Notre Dame 1983, 161–190.

Gottsein für den endlichen menschlichen Geist unerkennbar ist und sich nicht in den Kategorien der menschlichen Prädikate aussagen lässt, da diese auf dem Weg der Zusammensetzung verwendet werden (d. h. einem Subjekt wird ein bestimmtes Prädikat zugesprochen). „Weil wir nicht wissen, was Gott ist, ist die Aussage (‚Gott existiert') für uns nicht selbst-evident" (S.Th. I q. 2 a. 1). Eine Fülle von Texten quer durch das Werk des Aquinaten weicht nie von diesem Grundsatz ab. Während Thomas die Auffassung von Maimonides verwarf, dass alle Rede über Gott negativ sei (S.Th. I q. 13 a. 2; De Pot. q. 7 a. 5), erklärte er sich mit dem dionysischen Programm einverstanden, im Rahmen einer sprachlichen Strategie Negationen zu verwenden, mittels derer eine Aussage wie die, dass Gott gut sei, von der Einsicht her negiert werden müsse, dass das Gutsein in Gott nicht dasjenige Gutsein sei, das wir aussagen können.[105] Beim Kommentieren von DN 1 sagt er: „Das ist das Letzte, wohin wir in der göttlichen Erkenntnis in diesem Leben gelangen können: dass Gott über all dem ist, was von uns gedacht werden kann und daher die Benennung Gottes mit dem, was ihm fern ist, die allerangemessenste ist."[106] Die Negation wird hier zum Teil eines Prozesses des hierarchischen Aufsteigens zu Gott, einer Dialektik von Anwesenheit und Abwesenheit.[107] Natürlich räumte Thomas im Anschluss an Dionysius beim Sprechen über Gott den höchsten Platz der Redeform der Eminenz ein: „Wenn wir sagen, dass Gott gut sei oder weise, sagen wir damit nicht nur aus, dass er die Ursache der Weisheit oder des Gutseins sei, sondern dass diese Dinge in ihm auf höhere Weise präexistierten" (I q. 13 a. 6c). Das Problem ist, dass wir nicht wissen, wie sie dort existieren und dies auch nicht ausdrücken können. Oder wie es Thomas in seinem Kommentar zu Boëthius' *De Trinitate* formulierte: „So können wir am Ende unseres Erkennens sagen, das wir Gott als Unerkannten kennen, denn unser Geist hat dann den Gipfelpunkt seines Erkennens erreicht, wenn er weiß, dass Gottes

---

[105] Über die Einstellung von Thomas gegenüber dem Apophatismus von Maimonides im Gegensatz zu demjenigen von Dionysius siehe Jordan, „The Names of God and the Being of Names", 165–167 und 174–175. Thomas unterschied wie fast alle Scholastiker im Anschluss an Dionyius (DN 7,3 [872A]) drei Wege der Aussagen über Gott: den Weg der Kausalität; den Weg der Eminenz und den Weg der Negation (S.Th. q. 13 a. 1c).
[106] *In Librum B. Dionysii De Divinis Nominibus Expositio* (im Folgenden: In DN), cap. 1, lect. 3, n. 83: *Hoc est enim ultimum ad quod pertingere possumus circa cognitionem divinam in hac vita, quod Deus est supra omne id quod a nobis cogitari potest et ideo nominatio Dei quae est per remotionem est maxime propria* ... Vgl. *Scriptum super Libros Sententiarum I* (In I Sent.) d. 8, q. 1, a. 1, ad 4; *Summa contra Gentiles* (SCG) I.14; *In Boethium De Trinitate* (In De Trin.) q. 6, a. 2; *De Veritate* (De Ver.) q. 8, a. 1, ad 8; und *Super Evangelium S. Johannis* (Super Io.) 1,18, lect. 11, n. 211; usw.
[107] Als Beispiel dafür, wie Thomas die dionysische Dialektik von Anwesenheit und Abwesenheit verwendet, siehe In DN cap. 7, lect. 1, nn. 701–702.

Wesen oberhalb von allem ist, was sich im Zustand dieses Lebens erfassen lässt, und wenn folglich zwar unerkannt bleibt, was er ist, aber doch erkannt wird, dass er ist."[108] Thomas gab also dem nicht-begrifflichen Wort *esse* als angemessenster Formulierung für die Rede von Gott den Vorrang (der Infinitiv lässt sich am besten als „seiend" übersetzen; I q. 3 a. 4; q. 13 a. 11), vertrat aber, Gott als *ipsum esse subsistens* („in sich selbst subsistierend seiend") sei kein Gegenstand der Erkenntnis. Wenn wir diese Formulierung gebrauchten, drücke sie das Urteil unseres Geistes bezüglich der Legitimität ihres ihm von Gott geschenkten Impetus in Richtung des letzten Geheimnisses aus.[109]

Thomas verwendet wie Albert die traditionelle Unterscheidung zwischen dem Wissen *quid est* (was etwas ist) und dem Wissen *quia est* (dass etwas ist), jedoch auf seine eigene Weise. Gemäß seiner Strategie, Aristoteles auf den Kopf zu stellen, damit er der christlichen Theologie diene, machte er sich ein Verständnis des *quia est*-Wissens zu eigen, das ihn in die Lage versetzte, die Möglichkeit des Beweises für Gottes Existenz anhand der Geschöpfe zu vertreten und zugleich dabei zu bleiben, dass das *quid est* oder umfassende Wissen von der göttlichen Existenz nie erlangt werden könne, sogar im Himmel nicht. Aber Thomas hielt auch daran fest, dass sich das Glück des Menschen nur in der Schau Gottes finden lasse (S.Th. I q. 12 a. 1; I–II, qq.1–5; SCG III,37–63). Die Schau Gottes war für die Lehre von Thomas so wichtig, dass er sie sogar als Antwort auf die klassische theologische Frage „Cur deus homo?", also „Warum ist Gott Mensch geworden?" verwendete: Gott sei Mensch geworden, damit der Mensch Gott schauen könne (SCG IV,54). Wie verknüpfte Thomas diese scheinbar unvereinbaren Behauptungen miteinander, der Mensch bedürfe zum Erreichen seines Glücks der Schau Gottes und es sei unmöglich, zu erkennen, was Gott ist? Die Antwort darauf liegt in seiner Lehre über die Formen der *Visio dei*.

Das Schauen, so sagt Thomas, gehöre an sich zu den höchsten Formen der Wahrnehmung, jedoch werde dieser Begriff infolge seiner Würde auch auf das intellektuelle Erkennen angewandt (I q. 67 a. 1). Bei seiner Erörterung in q. 12 der S.Th. I, wie Gott erkannt werde, spricht sich Thomas nachdrücklich für die Entscheidung von 1241 aus, um die Seligkeit zu er-

---

[108] In De Trin. q. 1, a. 2, ad 1: *Ad primum ergo dicendum quod secundum hoc dicimur in fine nostrae cognitionis deum tamquam ignotum cognoscere, quia tunc maxime mens in cognitione profecisse invenitur, quando cognoscit eius essentiam esse supra omne quod apprehendere potest in statu viae, et sic quamvis maneat ignotum quid est, scitur tamen quia est.*
[109] Vgl. David B. Burrell, „Aquinas on Naming God", in: *Theological Studies* 24 (1963), 183–212.

langen, sei es notwendig, dass der Mensch Gottes Wesen schaue (a. 1). Im weiteren Verlauf der Erörterung dieser Frage zählt er die Bedingungen einer solchen Schau auf und erklärt, worin sie sich von der Schau in diesem Leben unterscheide. Die physische Schau und sogar unsere natürlichen intellektuellen Kräfte könnten ihrer Definition nach den unendlichen Gott nicht erreichen (aa. 3–4). Da im Empfängnisvermögen des Intellekts für jede Art von Schau eine gewisse Ähnlichkeit oder ein Vermittelndes vorhanden sein müsse, sei es notwendig, dass Gott selbst unser intellektuelles Schauvermögen durch die übernatürliche Gabe des Glorienlichts *(lumen gloriae)* verstärke, damit wir die Seligkeit in der Schau Gottes erreichen könnten. „Dieses Licht ist nicht dazu erforderlich, um Gottes Wesen als eine Art von Ähnlichkeit zu schauen, in der man Gott schauen könnte, sondern als eine Art von Vervollkommnung des Intellekts ... Es ist kein Medium, in dem man Gott sehe kann, sondern ein Mittel, mittels dessen *(medium sub quo)* man ihn sieht" (a. 5 ad 2).

Zwei weitere in q. 12 ausgeführte Punkte sind für das Verständnis des Charakters der Lehre des Aquinaten über die Schau Gottes wichtig. Der erste lautet, infolge der Unendlichkeit Gottes bedeute Gott zu schauen nicht, ihn zu begreifen. Man werde Gott im Himmel zwar schauen, aber dennoch werde er unendlich jenseits des menschlichen Geistes bleiben (a. 7). Und schließlich vertritt Thomas, auch wenn es aus dem Alten Testament Berichte von der Schau Gottes von Angesicht zu Angesicht gebe, „kann ein bloßer Mensch (wobei Christus eine Ausnahme ist) nicht Gott in seinem Wesen schauen, ehe er nicht vom sterblichen Leben getrennt ist" (a. 11). Weder die natürliche Vernunft (a. 12) noch sogar die höheren Lichter des Glaubens und der prophetischen Visionen (a. 13) verschafften den Zugang zur Schau des göttlichen Wesens. In *De Veritate* sagte er es so: „Die Schau des Seligen unterscheidet sich also nicht dadurch von der Schau dessen, der noch auf dem Weg ist, dass die eine ein vollkommeneres und die andere ein weniger vollkommenes Schauen wäre, sondern dadurch, dass die eine ein Schauen und die andere ein Nichtschauen ist."[110]

Bei der Erörterung der Frage, weshalb nicht einmal Adam vor dem Fall sich der Schau des göttlichen Wesens erfreut habe,[111] entwirft Thomas eine

---

[110] De Ver. q. 18, a. 1: *Non igitur visio beati a visione viatoris distinguitur per hoc quod est perfectius et minus perfecte videre, sed per hoc quod est videre et non videre.* Eine ausführlichere Abhandlung darüber, warum es unmöglich sei, in diesem Leben das göttliche Wesen zu schauen, siehe in De Ver. q. 10, a. 11. Thomas behandelt die *visio dei* an vielen Stellen; vgl. z.B. SCG III,51–63 und *Quaestiones Quodlibetales* (Quod.) VIII, q. 9, aa.1–2. Die Literatur zu diesem Thema ist umfangreich; als kurze Einführung siehe Trottmann, *La vision béatifique* 302–320.

[111] Zu Thomas' Behandlungen dieser Frage siehe In II Sent. d. 23, a. 1; De Ver. q. 18, a. 1; und

Theorie der verschiedenen Weisen, Gott zu schauen und der verschiedenen dabei verwendeten Medien oder vermittelnden Elemente. Der Intellekt des gefallenen Menschen könne die Kenntnis, *dass* Gott sei, aus den von Gott geschaffenen Dingen erlangen (vgl. Röm 1,20), wobei er sich dreier vermittelnder Elemente bediene: des Mittels, mittels dessen *(sub quo)*, d. h. des natürlichen Lichts des handelnden Intellekts; des Mittels, wodurch *(quo)*, nämlich der intelligiblen Form eines geschaffenen Gegenstandes im Geist; und des Mittels, von dem *(a quo)*, d. h. des geschaffenen Gegenstands als Spiegel, von dem her wir auf den Gott schließen könnten, der es geschaffen habe. Adam im Stand der Unschuld habe nicht den Spiegel der Geschöpfe gebraucht, von dem her er auf Gott habe schließen müssen, sondern er habe ein spezielles Bild des zu sehenden Gegenstandes verwendet, das heißt, „er sah Gott durch ein in den Geist des Menschen von Gott her einströmendes spirituelles Licht, das eine Art ausdrückliches Abbild des ungeschaffenen Lichts war."[112] Im Himmel wirke das Licht der Herrlichkeit nur als *medium sub quo*, das heißt, es sei nicht ein Abbild *von* Gott, sondern eher eine dem Geist des Menschen gegebene übernatürliche Unterstützung, um ihn zu befähigen, Gott direkt zu schauen. Auch wenn wohl niemand in den Zustand zurückkehren könne, dessen sich Adam erfreute, verlegt Thomas dennoch die kontemplative Schau in einen Bereich, der dem des nicht gefallenen Menschen sehr nahe kommt:

„In der Kontemplation wird Gott durch ein Medium geschaut, welches das Licht der Weisheit ist, das den Menschen zum Wahrnehmen der göttlichen Dinge erhebt. Es ist aber nicht so, dass dabei das Wesen Gottes selbst direkt geschaut werden könnte. Und so wird vom Kontemplierenden (Gott) nach dem Zustand der Sünde geschaut, obwohl das im Zustand der Unschuld vollkommener (möglich) war."[113]

Das ist der Bereich, den wir heute als „Mystik" bezeichnen.

S.Th. I q. 94 a. 1. Zur Diskussion Lucien Roy SJ, *Lumière et Sagesse. La grace mystique dans la Théologie de saint Thomas d'Aquin*, Montréal 1948, 118–123.

[112] De Ver. q. 18, a. 1, ad 1: *Indigebat autem medio quod est quasi species rei visae; quia per aliquod spirituale lumen menti hominis influxum divinitus, quod erat quasi similitudo expressa lucis increatae, Deum videbat.*

[113] De Ver. q. 18, a. 1, ad 4: ... *in contemplatione Deus videtur per medium, quod est lumen sapientiae, mentem elevans ad cernenda divina; non autem ut ipsa divina essentia immediate videatur: et sic per gratiam videtur a contemplante post statum peccati, quamvis perfectius in statu innocentiae.*

Kontemplation und Weisheit

Die *contemplatio* hatte in der christlichen Mystik bereits eine lange Geschichte, ehe sich Thomas von Aquin in dem Teil seiner S.Th. II–II damit befasste, der von den „umsonst geschenkten Gnaden" *(gratiae gratis datae)* handelt.[114] Thomas behandelt Kontemplation, Verzückung und damit zusammenhängende spezielle Gnaden in seinen Schriften an vielen Stellen, aber seine reichhaltige und endgültige Zusammenfassung in der (gegen 1271 geschriebenen) S.Th. bedeutet, dass wir uns auf diese Darstellung konzentrieren können.[115]

Am Anfang der II/II (q. 1 a. 8) sagt Thomas: „Diejenigen Dinge gehören direkt zum Glauben, deren Schau wir im ewigen Leben genießen und durch die wir ins ewige Leben geführt werden." Dieses teleologische Prinzip führt vor Augen, wie solid der *Doctor Angelicus* die Darstellung der mystischen Gaben in seiner Lehre über die Rolle des zur Herrlichkeit führenden Glaubens verwurzelt. Was die Kontemplation selbst betrifft, definiert er sie im weiten Sinn als alles, was „zur einfachen Wahrnehmung der Wahrheit" gehöre *(contemplatio pertinet ad ipsum simplicem intuitum veritatis,* q. 180, a. 3, ad 1).[116] Diese Definition lässt genau wie Alberts Ansatz natürliche

---

[114] Siehe S.Th. II–II qq. 171–89. Die Abhandlung ist dreigeteilt: (a) die Vielfalt der umsonst geschenkten Gnaden, wobei es vor allem um die Prophetie und Verzückung geht (qq.171–178); (b) die verschiedenen Lebensformen, eine Abhandlung über das kontemplative und das aktive Leben (qq.179–182); und (c) die verschiedenen religiösen Lebensstände (qq. 183–189). Zu den ersten beiden Abschnitten gibt es einen exzellenten Kommentar von Hans Urs von Balthasar, *Thomas und die Charismatik. Kommentar zu Thomas von Aquin Summa Theologica Quaestiones II II 171–182. Besondere Gnadengaben und die zwei Wege menschlichen Lebens*, Einsiedeln 1996. Eine Übersetzung der qq.179–182 mit ausführlichen Anmerkungen gibt es von Tugwell in *Albert and Thomas*, 534–585. Obwohl Thomas die Kontemplation hier in Verbindung mit den *gratiae gratis datae* behandelt, ist die Kontemplation in gewissem Sinn auch eine Verlängerung der *gratia gratum faciens*. Diese Spannung im Denken von Thomas vermerken und erörtern sowohl Roy, *Lumière et Sagesse*, 51–54 u. 284–290, als auch von Balthasar, *Thomas und die Charismatik*, 282–284 u. 469–471. Thomas scheint beides vertreten zu wollen (z. B. in S.Th. II–II q. 45 a. 6c), ohne das Verhältnis dieser beiden Kategorien der Gnade zur *contemplatio* zu klären.

[115] Als einige andere Abhandlungen über die Kontemplation siehe z. B. In III Sent. d. 34, q. 1, a. 2 und d. 35, q. 1, a. 2; *Expositio super Isaiam* (In Is.) Kap. 1 und Kap. 6; *Expositio super Matthaeum* (In Mt.) Kap. 5, lect. 2 (Thomas' Kommentar zu Mt. 5,8: „Selig die Herzensreinen, denn sie werden Gott schauen") und In DN Kap. 4, lect. 7. Über die Lehre des heiligen Thomas über die Kontemplation siehe neben von Balthasar und Roy auch noch in Joseph Maréchal, *Études sur la psychologie des mystiques*, 2 Bde., Paris 1924 u. 1937 „Le sommet de la contemplation d'après Saint Thomas" (in Bd. II, 193–234); und Inos Biffi, *Teologia, Storia e Contemplazione in Tommaso d'Aquino*, Milano 1995. Vgl. auch die Darstellung von Thomas in Ruh, *Geschichte* Bd. III, 130–163.

[116] Das Wort *intuitus* ist hier nicht mit „Intuition" oder „Anschauung", sondern mit „Wahrnehmung" übersetzt, weil ich der Ansicht bin, dass das heutige Verständnis von Intuition

wie übernatürliche Formen der Kontemplation gleichermaßen zu. In seinem Kommentar zum 1. Kapitel von Jesaja macht Thomas explizit die Unterscheidung zwischen der Kontemplation der Philosophen, derjenigen der Heiligen in diesem Leben und derjenigen der Seligen im Himmel.[117] Obwohl das Hauptinteresse von Thomas der übernatürlichen Kontemplation gilt, lieferte ihm Aristoteles' Analyse der Kontemplation viele nützliche Einsichten in die Konstruktion seiner Lehre – die Gnade baut eben auf der Natur auf.[118] Jean Leclercq wies darauf hin, dass Thomas' Lehre über das kontemplative Leben im historischen Kontext der Diskussion über den Status der Mendikanten ihre Gestalt fand, jedoch auf der Grundlage der traditionellen patristischen und mittelalterlichen Lehre über die Kontemplation und mittels seiner Reflexionen über Aristoteles.[119]

Die Lehre des Aquinaten über die Kontemplation lässt sich charakterisieren als eschatologisch, synthetisch, nicht-diskursiv und erfahrungsmäßig, weisheitlich und vorrangig. Eschatologie ist für Thomas die christliche Umsetzung der aristotelischen Teleologie: Die Natur eines Dinges oder einer Handlung ist vom Ziel dieses Dinges oder dieser Handlung her bestimmt, christlich gesprochen von ihrer Vollendung im Himmel. Thomas' Sicht der Kontemplation in diesem Leben ist immer auf dieses Ziel hin angelegt, nämlich auf die Schau von Gottes Wesen im Himmel. In a. 4

---

dazu angetan ist, die intellektualistische Epistemologie von Thomas misszuverstehen. Erkennen findet für Thomas nicht auf dem Weg des konfrontativen Anschauens statt, sondern mittels einer Identifikation von Erkennendem und Erkanntem – Vollkommenheit, Akt, Identität. Ein *simplex intuitus* ist eine wahrnehmend erkennende Identität, die ihrer Natur nach nicht diskursiv ist. Zudem sei angemerkt, dass *intuitus* ein analoger Begriff ist, denn die vollste Form des *intuitus* findet sich in Gott: *praesens intuitus Dei fertur in totum tempus* (I q. 14 a. 9c). Mein Verständnis von Thomas' Epistemologie beruht auf Bernard J. Lonergan, *Verbum. Word and Idea in Aquinas*, Notre Dame 1967; siehe auch William E. Murnion, „St. Thomas Aquinas's Theory of the Act of Understanding", in: *The Thomist* 37 (1973), 88–118.

[117] In Is. Cap. 1: *Est enim quaedam visio ad quam sufficit lumen naturale intellectus, sicut est contemplatio inuisibilium per principia rationis; et in hac contemplatione ponebant philosophi summam felicitatem hominis. Est iterum quaedam contemplatio ad quam eleuatur homo per lumen fidei sufficienter, sicut sanctorum in uia. Est etiam quaedam beatorum in patria, ad quam eleuatur intellectus per lumen gloriae, uidens Deum per essentiam in quantum est obiectum beatitudinis ...*

[118] Thomas zitiert in S.Th. II–II (z. B. q. 180 a. 2c; a. 7 ad 3) mehrmals ausdrücklich Aristoteles' berühmten Text über das kontemplative Leben (*Nikomachische Ethik* X.7 [1177a-1178a. Vgl. Thomas' Kommentar zu dieser Stelle in seinem *In Ethicorum Aristotelis ad Nichomachum* X (In Eth.), lect. 10–11. Über das aristotelische Element in Thomas' Lehre von der Kontemplation vgl. von Balthasar, *Thomas und die Charismatik* 538 u. 571 f.; und Biffi, *Teologia, Storia e Contemplazione* 49 f., 70 u. 76.

[119] Jean Leclercq, „La vie contemplative dans S. Thomas et dans la tradition", in *Recherches de théologie ancienne et médiévale* 28 (1961), 251–66. Als Autoritäten zitiert Thomas hauptsächlich Gregor den Großen, Kassian, Augustinus, Bernhard, Dionysius und Richard von St. Victor.

der q. 180 sagt er es so: „Jetzt aber kommt uns die Kontemplation der göttlichen Wahrheit unvollkommen zu, nämlich ‚im Spiegel und Rätsel' (1 Kor 13,12), damit uns von hier aus ein Anfang der Seligkeit werde, die hier beginnt, um in der Zukunft an ihr Ziel zu kommen."[120] Zweitens ist Thomas' Sicht der Kontemplation synthetisch in dem Sinn, dass er sie nicht auf den Akt der „einfachen Wahrnehmung der (göttlichen) Wahrheit" beschränkt, sondern sie eher als etwas Analoges betrachtet, als einen Prozess mit vielen auf primäre oder sekundäre Weise damit zusammenhängenden Komponenten.[121] In a. 3 sagt Thomas, weil der Geist des Menschen mittels einer Art von Prozess *(quodam processu)* zur Erkenntnis gelange, erreiche das kontemplative Leben seine Vollendung und gewinne seine Einheit dank der nicht-diskursiven Wahrnehmung *(intuitu)* der Wahrheit selbst, komme an dieses Ziel aber nur mittels vieler Akte, die sowohl von innerhalb als auch außerhalb des kontemplativen Subjekts stammten. In a. 4 stellt er fest, dass mit der *contemplatio* zunächst einmal die Kontemplation der göttlichen Wahrheit gemeint sei, aber in zweiter Linie und als Vorbereitung darauf gehöre zu ihr auch alles darauf Hingeordnete: moralische Tugenden (siehe a. 2), andere Aktivitäten wie Gebet und Meditation (a. 3: *oratio, lectio et meditatio*) und die Kontemplation der Geschöpfe als Wirkungen Gottes.[122]

Die anderen Aspekte von Thomas' Sicht der Kontemplation bedürfen einer ausführlicheren Erörterung. Die Beschreibung der Kontemplation als nicht-diskursiv und erfahrungsmäßig trifft ins Herz der Lehre des *Doctor Angelicus* über die Rolle des Erkennens und Liebens im kontemplativen Leben. In a. 1 betont Thomas, dass das Wesen der Kontemplation als Aktivität eine Sache des Intellekts, jedoch dabei auch der Wille im Spiel sei, der den Intellekt auf das ersehnte Gut hinbewege und das erfasste Gut genieße: „Und weil jeder es genießt, wenn er das, was er liebt, erlangt hat, deshalb läuft das kontemplative Leben auf das Genießen hinaus, und das

---

[120] S.Th. II–II q. 180 a. 4c. Die gleiche Sicht zeigt sich deutlich in a. 5 und a. 6 und insbesondere in a. 8, wo Thomas die Natur der Kontemplation als *diuturna*, also bleibend erörtert, nicht nur weil es bei ihr um Unvergängliches gehe, sondern auch weil der unvergängliche Intellekt über dieses Leben hinaus andauere.
[121] Wie Thomas die Kontemplation als synthetisierenden Prozess behandelt, zeigt auch der Umstand, dass es in q. 180 um das kontemplative Leben geht, nicht um den Akt der Kontemplation an sich. Dieser Ansatz von Thomas für das Verständnis der Kontemplation entspricht dem Anliegen der vorliegenden Bände, die Mystik in einem weiten Sinn als Prozess vorzustellen.
[122] In q. 180 a. 6 führt Thomas das weiter aus, indem er Argumente für einen Text aus DN 4,7 über die dreifachen kontemplativen Antriebe der Seele anführt: Die Seele bedürfe des Antriebs nach vorne und zur Seite, um in jene Kreisbewegung *(motum circularem)* zu kommen, die das Bild der „einfachen Kontemplation der erkennbaren Wahrheit" sei *(ad simplicem contemplationem intelligibilis veritatis)*.

geschieht im (Bereich des) Affektiven: von da her ist auch die Liebe zielgerichtet."[123] Auch in seiner Besprechung des Genießens *(delectatio)* in a. 7 stellt Thomas deutlich die Rolle der Liebe heraus. Die Kontemplation sei sowohl als Tätigkeit genussvoll, da es für den Menschen natürlich sei, das Erkennen zu genießen, als auch um dessentwillen, womit sie sich befasse, nämlich des Geliebten, an den sie in der Kontemplation rühre. So kommt Thomas zu dem Schluss: „Auch wenn das kontemplative Leben im Wesentlichen im Intellekt *(in intellectu)* besteht, hat es dennoch seinen Anfang in der Sehnsucht: „… Und weil das Ende dem Anfang entspricht, kommt es, dass man auch das Ziel und den Endpunkt des kontemplativen Lebens im Bereich der Sehnsucht *(in affectu)* findet. Denn solange jemand die Schau des geliebten Gegenstandes genießt, steigert dieses Genießen des geliebten Gegenstands die Liebe."[124] Das kontemplative Leben ist auf die vollkommene Liebe zu Gott hingeordnet (q. 182, a. 4, ad 1).

Welche Art von nicht-diskursiver Erkenntnis macht das Wesen der Kontemplation aus? Und wie passen dazu die den Intellekt antreibende liebevolle Sehnsucht sowie die im kontemplativen Akt als solchem steckende Erfahrung der Liebe? Zur Beantwortung dieser Fragen müssen wir andere Texte hinzuziehen, in denen Thomas Begriffe verwendet wie *cognitio experimentalis*, *connaturalitas* und vor allem *sapientia* in ihrem etymologischen Sinn als *sapida scientia*, das heißt „Erkenntnis durch Verkosten".

An einer wichtigen Stelle in I Sent. d. 3, q. 4, a. 5 über die Anwesenheit Gottes in der Seele insofern diese das Bild Gottes ist, unterscheidet Thomas drei Arten von Erkenntnis: das Erkennen eines Gegenstands aufgrund seiner Unterschiede gegenüber anderen Gegenständen; das Erkennen mittels des diskursiven Nachdenkens über einen Gegenstand anhand seiner Eigenschaften; und schließlich das Erkennen eines Gegenstands durch den Akt des Verstehens seines Wesens. „Verstehen aber heißt nichts anderes als den einfachen Blick des Intellekts *(simplicem intuitum intellectus)* auf das gerichtet zu haben, was ihm als erkennbar gegenwärtig ist." Die Seele denke nicht immer diskursiv über Gott oder sich selbst nach, sondern, so Thomas

---

[123] Q. 180 a. 1c: *Et quia unusquisque delectatur cum adeptus fuerit id quod amat, ideo vita contemplativa terminatur ad delectationem, quae est in affectu: ex qua etiam amor intenditur*
[124] Q. 180, a. 7, ad 1: … *vita contemplativa, licet essentialiter consistat in intellectu, principium tamen habet in affectu:* … *Et quia finis respondet principio, inde est quod etiam terminus et finis contemplativae vitae habetur in affectu: dum scilicet aliquis in visione rei amatae delectatur, et ipsa delectatio rei visae amplius excitat amorem.* Vgl. den Kommentar zu diesem Artikel in von Balthasar, *Thomas und die Charismatik*, 558–561. Ein weiterer Text über die Rolle der Liebe in der Kontemplation wäre In III Sent. d. 35, q. 1, a. 2, sol. 1. L. Roy, *Lumière et Sagesse*, 280, fasst das schön zusammen: *La contemplation est intellectuelle dans sa ligne essentielle, mais affective dans le plan existentiel, sous son aspect de vie.*

weiter, „zu einer solchen Erkenntnis genügt nicht die irgendwie gegebene Anwesenheit eines Gegenstands; er muss als Gegenstand anwesend sein und es bedarf der Intention des Erkennenden (,ihn zu erkennen'). Aber insofern Erkennen nichts anderes heißt als Wahrhaben *(intuitum)*, was nichts anderes ist, als dass auf irgendeine Weise das Erkennbare dem Intellekt gegenwärtig ist, erkennt *(intelligit)* die Seele immer sich selbst und Gott, und die Folge ist eine gewisse, nicht genauer definierte Liebe."[125]

Worauf Thomas hier hinweist, ist die natürliche Präsenz Gottes in der rationalen Seele. Wir könnten dies als die präkognitive Quelle der Sehnsucht nach der Kontemplation bezeichnen, die philosophischer oder theologischer Natur sein kann.[126] Während die Struktur der in diesen beiden Formen der Kontemplation sich abspielenden Prozesse nicht unterschiedlich sein mag, unterscheidet sich die aus dem Glauben sich ergebende Kontemplation von der philosophischen Kontemplation hinsichtlich ihres Gegenstands, das heißt, sie sucht Gott als das seligmachende Ziel, das sie im Himmel erlangen möchte. Von daher ist ihre Quelle nicht die „nicht genauer definierte Liebe" *(amor indeterminatus)*, wie sie die Präsenz Gottes im handelnden Intellekt auslöst, insofern er (von Gott) geschaffen ist, sondern vielmehr die spezifische Liebe, die der in die Herzen der Gläubigen ausgegossene Heilige Geist ist (Röm 5,5).

Für den *Doctor Angelicus* gehört zur rettenden Gnade, die uns dank der Sendungen des in die Welt gesandten Sohnes und Heiligen Geistes zukommt, etwas, das er oft als *cognitio experimentalis* (oder manchmal als *quasi experimentalis*) bezeichnet. Er meint damit eine Form der direkten Erkenntnis, die mehr einer Empfindung als einer diskursiven Verstandeseinsicht gleicht und primär affektiver Natur in dem Sinn ist, dass sie im Empfänger eine stärkere Sehnsucht nach der übernatürlichen Kontemplation anstachelt.[127] So unterscheidet Thomas zum Beispiel in S.Th. I q. 64 a. 1 drei Arten von Wahrheitserkenntnis: die natürliche Erkenntnis, die von der Gnade geschenkte spekulative Erkenntnis und die von der Gnade ge-

---

[125] In I Sent. d. 3, q. 4, a. 5: *Intelligere autem dicit nihil aliud quam simplicem intuitum intellectus in id quod sibi est praesens intelligibile ... Ad talem enim cognitionem non sufficit praesentia rei quolibet modo; sed oportet ut sit ibi in ratione objecti, et exigitur intentio cognoscentis. Sed secundum quod intelligere nihil aliud dicit quam intuitum, qui nihil aliud est quam praesentia intelligibilis ad intellectum quocumque modo, sic anima semper intelligit se et Deum, et consequitur quidam amor indeterminatus.*
[126] Das ist nicht die einzige Stelle, an der Thomas von der der Seele angeborenen Präsenz Gottes in ihr spricht; siehe z.B. auch De Ver. q. 10, a. 7, ad 2. Über diese Texte vgl. Lonergan, *Verbum*, 91–93.
[127] Über die *cognitio experimentalis* siehe Torrell, *Saint Thomas, Spiritual Master*, 94–98 und die dort zitierte Literatur.

schenkte affektive Erkenntnis, „die die Liebe zu Gott hervorbringt *(producens amorem dei);* und diese gehört genau genommen zur Gabe der Weisheit." Was dieses affektive Erkennen beinhaltet, wird in q. 43 gesagt, wo Thomas von den göttlichen Sendungen spricht. Der Heilige Geist, die Höchste Liebe, werde gesandt, um uns mittels der Gabe der Liebe an Gott anzugleichen. (Im Sentenzenkommentar wird das dank dieser Verbindung *[conjunctio]* gewonnene Wissen als „gewissermaßen erfahrungshaft" bezeichnet [*Unde cognitio ista est quasi experimentalis*].)[128] Hier in der S.Th. sagt Thomas, die Sendung des Sohnes in seiner Fleischwerdung betreffe nicht nur den Intellekt, sondern den liebenden Intellekt: „Der Sohn wird nicht im Sinn irgendeiner Vervollkommnung des Intellekts gesandt, sondern im Sinn einer Unterweisung des Intellekts, infolge derer er in einen Affekt der Liebe ausbricht." Der Sohn wird gesandt, damit die Menschen ihn erkennen und wahrnehmen, „aber diese Wahrnehmung bedeutet eine Form der erfahrungsmäßigen Erkenntnis. Und diese wird im eigentlichen Sinn als *sapientia* bezeichnet, als eine Art Erkennen durch Verkosten ..."[129] In einem anderen Text in der S.Th. veranschaulicht Thomas dieses „Erkennen der göttlichen Güte oder affektive oder erfahrungsmäßige Wollen", indem er eine der berühmtesten Beschreibungen des mystischen Bewusstseins der Tradition zitiert, nämlich die Charakterisierung des Hierotheus durch Dionysius in DN 2.9. Dieser habe „die Wahrnehmung des Göttlichen gelernt, indem er ‚das Göttliche erlitten'" habe. Und Thomas schließt: „So werden wir ermahnt, den Willen Gottes zu verspüren und seine Süße zu verkosten."[130] Von diesen Ausführungen über „eine Art von erfahrungsmäßigem Erkennen" Gottes lässt sich sagen, dass sie zum einen die Quelle im Auge haben, aus der die Motivation der Sehnsucht nach der Kontemplation stammt, und zum andern auch (wie der Fall des Hierotheus

---

[128] In I Sent. d. 14, q. 2, a. 2, ad 2; vgl. auch d. 16, q. 1, a. 2, sol.
[129] S.Th. I q. 43 a. 5 Ad 2: *Non igitur secundum quamlibet perfectionem intellectus mittitur Filius: sed secundum talem instructionem intellectus, qua prorumpat in affectum amoris ... Quod Filius mittitur, cum a quoquam cognoscitur atque percipitur* (Augustinus, *De Trin.* 4.10): *perceptio enim experimentalem quandam notitiam significat. Et haec proprie dicitur sapientia, quasi sapida scientia* ... Als vergleichbare Stelle siehe In I Sent. d. 15, q. 2, ad 5.
[130] S.Th. II–II q. 97 a. 2 Ad 2: *Alia est cognitio divinae bonitatis seu voluntas affectiva seu experimentalis ... sicut de Hierotheo dicit Dionysius ... quod didicit divina ex compassione ad ipsa. Et hoc modo monemur ut probemus Dei voluntatem et gustemus eius suavitatem.* Thomas erörtert den affektiven Charakter der Vereinigung des Hierotheus mit Gott in In DN, Cap. 2, lect. 4, n. 191. Für weitere Stellen über die Erfahrung der göttlichen Süße siehe bes. Thomas' Psalmenkommentar, z.B. In Psalmos 24,7, 30,16–17 u. 33,9. Über den Hintergrund der Rolle der Erfahrung bei Thomas siehe Pierre Miquel, „La place et le rôle de l'expérience dans la théologie de saint Thomas", in: *Recherches de théologie ancienne et médiévale* 39 (1972), 63–70.

zeigt) der einfachen und direkten Erwägung entstammen, der Thomas sein Kontemplationsverständnis verdankt.[131] Thomas beschreibt nicht tatsächliche mystische Bewusstseinszustände auf die Art, wie das zum Beispiel Bernhard von Clairvaux tat. Er möchte vielmehr diese Zustände theologisch innerhalb des Prozesses verorten, der vom Glauben zur Schau Gottes im Himmel führt.

Weitere Aufklärung über die Natur eines derartigen erfahrungsmäßigen Erkennens erhält man, wenn man sich genauer ansieht, was Thomas über die Erkenntnis mittels „Konnaturalität" *(per connaturalitatem,* Gleichartigkeit von Naturen) oder die Erkenntnis durch Zuneigung zu sagen hat.[132] In einem klassischen Text in S.Th. II–II q. 45 a. 4c heißt es: „Die Weisheit, die Gabe des Heiligen Geistes, verleiht richtiges Urteilen über göttliche Dinge oder Gottes Regeln für andere Dinge kraft einer Art von Gleichartigkeit der Natur oder Vereinigung mit den göttlichen Dingen."[133] Aber was ist diese „Konnaturalität"? Etymologisch zeigt *connaturalitas* jede Neigung an, die etwas kraft seiner Natur hat, so wie ein Körper zum Beispiel kraft seiner Natur auf das Gesetz der Schwerkraft reagiert. In denkenden Subjekten „verursacht" ein Gut in der Anziehungskraft „eine Art von Neigung, Fähigkeit oder Konnaturalität zum Guten hin" (I/II q. 23 a. 4c), so dass man von der Liebe als solcher als von einer Konnaturalität sprechen kann: „Die Liebe ist eine Art von Einssein oder Konnaturalität von Liebendem und Geliebtem" (I–II q. 32 a. 3 ad. 3). Wie Inos Biffi aufgezeigt hat, spricht Thomas vom Wissen kraft Konnaturalität in drei Kontexten: im intellektuellen, wo sie bedeute, dass der Geist des Menschen sein Wissen dank dessen erlange, was ihm konnatural ist, nämlich dank seiner Sinneserkenntnis (I q. 13 a. 1 ad. 2); im moralischen, insofern jemand, der eine Tugend besitzt, wisse, wie man diese richtig in die Praxis umsetzt (II/II q. 45 a. 2c); und

---

[131] Sowohl für Albert wie für Thomas wurde die Beschreibung des Dionysius, Hierotheus habe „die göttlichen Dinge erlernt, indem er sie erlitten hat", ein klassisches Beispiel für die mystische Bewusstheit. Dionysius schrieb: ... *ou monon mathôn alla kai pathôn ta theia* (DN 2,9 [648B]) und betonte dabei, dass Hierotheus das göttliche Handeln an sich sowohl passiv als auch unmittelbar erfahren habe. Das wurde auf unterschiedliche Weise ins Lateinische übersetzt: (1) *non tantum discens sed et patiens divina* (Hilduin, Sarrazin, Grosseteste); (2) *non solum discens sed et affectus divina* (Eriugena); und (3) *sive per divinam inspirationem et divinorum experientiam* (Thomas Gallus). Als Abhandlung über diesen Text von Dionysius und Auslegung mit hilfreichen Bemerkungen über Thomas von Aquin siehe Ysabel de Andia, *„pathôn ta theia",* in: *Platonism in Late Antiquity,* hg. v. Stephen Gersh u. Charles Kannengiesser, Note Dame 1992, 239–258.
[132] Die ausführlichste Darstellung des *iudicium per connaturalitatem* oder *per modum inclinationis* findet sich bei Biffi, *Teologia, Storia e Contemplazione,* 89–127; vgl. auch Roy, *Lumière et Sagesse,* 261–263.
[133] Eine weitere Erwähnung der *connaturalitas* und des Urteilens kraft der Neigung siehe in I q. 1 a. 6.

Contemplata aliis tradere

schließlich im weisheitlichen, dank des Empfangs des Geschenks der göttlichen Gabe der Weisheit, wie wir oben gesehen haben.[134] Gelegentlich der Erörterung, wie die Gabe der Weisheit sich im Intellekt als dessen Subjekt finde (II/II q. 45 a. 2c), erklärt Thomas diese letzte Form der Konnaturalität ausführlicher:

„Die Weisheit bringt die Richtigkeit des Urteilens gemäß göttlichen Gründen mit sich. Die Richtigkeit des Urteils kann aber auf zwei Weisen zustande kommen: Die eine Weise rührt von einer gewissen Konnaturalität mit dem, worüber man urteilen muss ... So ist also das Finden eines richtigen Urteils über göttliche Dinge kraft des Nachdenkens mit dem Verstand der Weisheit als einer intellektuellen Kraft zu verdanken; das Finden eines richtigen Urteils kraft einer gewissen Konnaturalität dagegen ist der Weisheit zu verdanken, insofern sie eine Gabe des Heiligen Geistes ist."

Thomas kommt dann noch einmal auf das Beispiel des Hierotheus zurück, der die göttlichen Gaben passiv empfangen habe und verwendet jetzt die Sprache des mystischen Einswerdens:

„Ein Mitempfinden *(compassio)* oder eine Konnaturalität mit den göttlichen Dingen ergibt sich aus der Liebe, die uns mit Gott vereint, gemäß jenem Wort in 1 Kor 6,17: ‚Wer Gott anhängt, ist ein Geist (mit ihm).' So hat also die Weisheit als Gabe eine Ursache im Willen, nämlich in der Liebe; doch ihr Wesen hat sie im Intellekt, der sich in richtigem Urteilen betätigt."[135]

Das mystische Wissen als eine Form des erfahrungsmäßigen und konnaturalen Wissens, das auf dem Einssein mit Gott durch die Liebe beruht und zum Empfang der Gabe der Göttlichen Weisheit führt, ist der innerste Kern der Lehre von Thomas über die Kontemplation.

Eine volle Darstellung der komplizierten Verflechtung der hier angesprochenen Themen – Einwohnung des Heiligen Geistes, ja der gesamten Drei-

---

[134] Biffi, *Teologia, Storia e Contemplazione*, 94–98.
[135] ST.h. II/II q. 45 a. 2c: ... *sapientia importat quandam rectitudinem iudicii secundum rationes divinas. Rectitudo autem iudicii potest contingere dupliciter: uno modo, secundum perfectum usum rationis; alio modo, propter connaturalitatem quandam ad ea de quibus iam est iudicandum ... Sic igitur circa res divinas ex rationis inquisitione rectum iudicium habere pertinet ad sapientiam quae est virtus intellectualis: sed rectum iudicium habere de eis secundum quandam connaturalitatem ad ipsa pertinet ad sapientiam secundum quod donum est Spiritus Sancti ... Huiusmodi autem compassio sive connaturalitas ad res divinas fit per caritatem, quae quidem unit nos Deo: secundum illud I ad Cor. 6, 17: „Qui adhaeret Deo unus spiritus est." Sic igitur sapientia quae est donum causam quidem habet in voluntate, scilicet caritatem; sed essentiam habet in intellectu, cuius actus est recte iudicare* ... Als vergleichbaren Text siehe In III Sent. d. 35, q. 2, a. 1, sol. 3c.

faltigkeit kraft der Liebe,[136] Einssein mit Gott,[137] die jeweiligen Rollen von Liebe und Erkennen im Einssein,[138] und das Wirken der göttlichen Weisheit[139] – würde uns viel zu weit in die Landschaften der umfassenden Theologie des *Doctor Angelicus* hinausführen. Von dieser Theologie kann man zwar sagen, dass sie die Grundlagen für eine ganz eigene Sicht der Mystik liefert, aber Thomas selbst hat eine solche nicht ausdrücklich entwickelt. Jedoch könnten die vorliegenden Angaben aufzeigen helfen, wie die thomistische Lehre von der *contemplatio* ein integraler Bestandteil seiner Darstellung der *sacra doctrina* ist.

Vor Abschluss dieses Abschnitts sollten noch weitere Merkmale des kontemplativen Erkennens und Liebens genannt werden. Zunächst einmal zeigt die Betonung der Gnade, die als Geschenk von den Anfängen im Glauben bis auf die Höhen des kontemplativen Rührens an Gott im Spiel ist, dass zwar die Sehnsucht nach der Schau Gottes und die Aktivitäten, die dazu hinführen sollen (wie Gebet, Lesen und Meditation) wichtig bleiben, die übernatürliche Kontemplation jedoch ganz wesentlich ein Geschenk von Gott ist. Zweitens steht das in der Kontemplation empfangene nichtdiskursive Erkennen nicht in Konflikt mit der stark negativen Sicht, die Thomas bezüglich der Gotteserkenntnis hat, sondern verstärkt diese. Die Kontemplation ist in keiner Weise eine Erkenntnis Gottes *quid est*. Vielleicht sollte man sie als eine stärkere und überzeugendere Form der Erkenntnis *quia est* beschreiben, als Wissen, dass Gott wirklich im höchsten Sinn IST, weil dieses auf der liebenden Erfahrung beruht. Aber man kann

---

[136] Zur Liebe als der größten der theologischen Tugenden siehe S.Th. I–II q. 66 a. 6. Torrell, *Saint Thomas, Spiritual Master* Kap. XIV bietet eine gute Darstellung von Thomas' Sicht der Liebe. Über die Einwohnung der Dreifaltigkeit siehe z. B. In I Sent. d. 14, q. 2, a. 1; und d. 15, q. 4, a. 1; S.Th. I q. 43 a. 3c; und SCG IV,23. Die Einwohnung der Dreifaltigkeit ist in Torrells Buch ein Hauptthema; vgl. auch die älteren Werke von Francis L. B. Cunningham OP, *The Indwelling of the Trinity. A Historico-Doctrinal Study of the Theory of St. Thomas Aquinas*, Dubuque 1955 und Noel Molloy OP, „The Trinitarian Mysticism of St. Thomas", in: *Angelicum* 57 (1980), 373–388.

[137] Thomas spricht vom Einssein mit Gott relativ oft und zitiert zuweilen den biblischen Standard-Beweistext für das liebende Einssein im Wollen, nämlich 1 Kor 6,17. Als einige dafür repräsentative Texte in der S.Th. siehe I q. 43 a. 5 ad 2; II/II q. 82 a. 2 ad 1; III q. 6 a. 6 ad 1. Vgl. auch In DN 13,3, n. 996.

[138] Zwar besteht die Seligkeit im Wesentlichen im Intellekt, aber dem Willen und der Liebe kommt, wie wir gesehen haben, eine Schlüsselrolle zu. Das Gleiche gilt für die Kontemplation Gottes in diesem Leben. Über die Notwendigkeit der Rollen sowohl des Erkennens wie des Liebens siehe z. B. S.Th. I q. 43 a. 5 ad 2; q. 82 a. 3; II/II q. 27 a. 2 ad 2; q. 27 a. 4; q. 28 a. 1; q. 62 a. 3; q. 175 a. 2; und die oben vorgestellte Stelle q. 180 aa. 1 u. 7.

[139] Thomas erörtert die natürliche übernatürliche *sapientia* an vielen Stellen. Die wichtigste Ausführung über sie findet sich in II/II q. 45; weitere nützliche Texte finden sich in I q. 1 a. 6; II/II q. 57 a. 2; SCG II.24 und IV.12; In De Trin. q. 1, a. 2; usw. Als ausführliche Darstellung der Rolle der Weisheit siehe Roy, *Lumière et Sagesse*, 3. Teil.

sie auch vielleicht richtiger als eine besonders starke Form der Überzeugung von der Unmöglichkeit, Gott zu erkennen, ansehen. In seinem Kommentar über DN 7,4 betont Thomas genau wie Albert, dass die höchste Form des Wissens von Gott das Wissen im Nichtwissen sei,[140] fügt jedoch als unterscheidende Bemerkung hinzu, man könne dieses Nichtwissen als Teilhabe an der göttlichen Weisheit ansehen: „Und Gott in diesem Erkenntniszustand erkennend, wird man von der Tiefe der göttlichen Weisheit selbst erleuchtet, die wir nicht ergründen können."[141]

Das Kontemplationsverständnis von Thomas lässt sich auch als vorrangig bezeichnen, womit ich meine, dass er den Vorrang des kontemplativen Lebens vor dem aktiven vertrat, obwohl er mit der Tradition einräumte, die Pflichten der christlichen Liebe machten es oft notwendig und verdienstlicher, sich dem aktiven Tun zuzuwenden, statt in der Kontemplation zu verharren. *Quaestio* 181 der II/II handelt von der Natur des aktiven Lebens, während in *Quaestio* 182 die beiden Lebensformen auf eine Weise miteinander verglichen werden, dass auf der Grundlage der Lehre des Aristoteles und des Zeugnisses der christlichen Tradition und insbesondere desjenigen Gregors des Großen die traditionelle Auffassung vertreten wird, des kontemplative Leben stehe höher als das aktive. In q. 182 a. 1 nennt Thomas neun Gründe für den Vorrang des kontemplativen Lebens an sich, räumt jedoch ein, dass man unter manchen Umständen *(secundum quid)* dem aktiven den Vorzug geben müsse.

Mit seiner Betonung, dem kontemplativen Leben komme der oberste Rang zu, erweist sich Thomas sowohl als Apologet der Mendikantenorden (siehe qq. 184–189), als auch stärker der Tradition verpflichtet als seine dominikanischen Nachfolger, namentlich Meister Eckhart und dessen Schüler, die die alten Paradigmen von Aktion und Kontemplation neu überdachten.[142] Das Denken von Thomas bewegt sich hier in den Kategorien der Vergangenheit und zieht Maria (die Kontemplation) Martha (der Aktion) vor. Wenn er dafür philosophische Gründe von Aristoteles heranzieht, so geraten diese sichtlich in Konflikt mit dem Anspruch des Evangeliums, den er selbst auf die berühmte Formel *contemplata aliis tradere* brachte. Aus der Sicht der Geschichte der Mystik dürfte dies der am wenigsten überzeugen-

---

[140] In DN 7,4, n. 731: ... *et iterum cognoscitur per ignorantiam nostram, in quantum scilicet hoc ipsum est Deum conoscere, quod nos scimus nos ignorare de Deo quid sit.*
[141] In DN 7,4, n. 732: *Et sic cognoscens Deum, in tali statu cognitionis, illuminatur ab ipsa profunditate divinae Sapientiae, quam perscrutari non possumus.*
[142] Vgl. Dietmar Mieth, *Die Einheit von Vita Activa und Vita Passiva in den deutschen Predigten und Traktaten Meister Eckharts und bei Johannes Tauler*, Regensburg 1969, und die Erörterungen in den Kapiteln 4 u. 6, 190–193, 269 f. u. 294.

de Teil seines Versuchs sein, in die *sacra doctrina* eine systematische Darstellung der *contemplatio* einzufügen.

Ein letztes Thema bleibt noch zu erörtern, weil Thomas darauf beträchtliche Zeit verwendet hat. Die Schulmänner untersuchten oft die Natur der Verzückung bzw. Entrückung *(raptus / excessus / exstasis)*, und dabei insbesondere die Frage, ob manchen biblischen Gestalten wie etwa Mose und Paulus nun eigentlich wirklich die Schau des Wesens Gottes bereits in diesem Leben zuteil wurde oder nicht.[143] Diese Frage dürfte eine umfangreichere Literatur angeregt haben, als sie eigentlich verdient. Ob Mose und Paulus Gott schauten oder nicht, war für diejenigen kaum von zentraler Bedeutung, die wussten, dass sie niemals an die Heiligen der biblischen Vergangenheit heranreichen würden, mochten sie auch noch so hohe Stufen der *contemplatio* erreichen.

Thomas erörtert den *raptus* in *De Veritate* q. 185 aa. 1–6. Er geht vom Grundsatz aus, dass der Geist des Menschen in diesem Leben nicht imstande sei, das Wesen Gottes zu schauen, aber weil die Macht Gottes immer auf Körper und Geist des Menschen einwirken könne, sei es denkbar, dass Gott eine wunderbare Ausnahme mache und den Geist eines Menschen seiner gewöhnlichen, auf den Sinnen beruhenden Erkenntnisweise entreißen und ihn zur Schau eines Schimmers des göttlichen Wesens erheben könne. „Daher werden jene, denen es gegeben wird, Gott auf diese Weise wesenhaft zu sehen, ganz von den Aktivitäten ihrer Sinne abgezogen, damit sie mit ganzer Seele auf die Schau des göttlichen Wesens gesammelt sind. Deshalb heißt es auch, sie würden entrückt, denn sie werden sozusagen von der Kraft einer höheren Natur von dem abgezogen, was ihnen von Natur aus eigen ist" (De Ver. q. 10 a. 11c). Das Schlüsselbeispiel dieser ruckartigen Erhebung zu einer vorübergehenden Gottesschau (im Unterschied zur ständigen Schau im Himmel) ist die Erfahrung, von der Paulus in 2 Korinther 12,2–5 berichtet und worin er sagt, er sei „bis in den dritten Himmel entrückt" worden. Auf der Grundlage der Autorität von Augustinus[144] ver-

---

[143] Als Darstellung der Diskussionen sowohl in der Tradition als auch unter den Scholastikern siehe von Balthasar, *Thomas und die Charismatik*, 429–454 und die dort zitierte Literatur. Von Balthasar kommentiert auf den Seiten 454–499 erschöpfend die Behandlung des Themas durch Thomas in II/II q. 175. Als weitere klassische Abhandlungen siehe Joseph Maréchal, „Note d'enseignement théologique: La notion d'extase, d'après l'enseignement traditionnel des mystiques et des théologiens", in: *Nouvelle revue théologique* 63 (1937), 986–998; und dessen *Études sur la psychologie des mystiques* 2,204–208 u. 237–250. Im langen der „Extase" gewidmeten Artikel in DS 4,2045–2190 wird Thomas in 2126–2130 behandelt.
[144] Augustinus, *De Trinitate* 12,26 und 28 (PL 34,476, 478); und Ep. 147.13 (PL 33,610). In S.Th. II–II q. 175 a. 3 sagt Thomas, die Ansicht von Augustinus sei *convenientius*. In seinem In 2 Cor., Cap. 12, lect. 1–2 erörtert er auch die Entrückung des Paulus.

tritt Thomas, Paulus habe tatsächlich Gottes Wesen geschaut, und zwar auf die Weise, dass das Glorienlicht vorübergehend kurz durch seinen menschlichen Geist gezogen sei (*lumen gloriae mentem humanam sicut quaedam passio transiens*, De Ver. q. 13 aa. 2–5; II/II q. 175 aa. 3–6).[145] Auf der Grundlage von Texten wie Numeri 12,8 und wiederum unter Berufung auf Augustinus schrieb Thomas eine solche Entrückung auch Mose als für den Gesetzgeber des Alten Testaments passend zu.[146] Es fällt schwer, sich des Gedankens zu enthalten, dass sich der *Doctor Angelicus* hier von der Tradition gegen die Logik seiner Theologie zwingen ließ, diese Ausnahmen zu machen, zumal er anderen Gestalten des Alten Testaments, von denen es heißt, sie hätten Gott von Angesicht zu Angesicht gesehen, die Schau des göttlichen Wesens abspricht, genau wie auch nachfolgenden Heiligen, deren Visionen klassischen Status erlangt haben, wie etwa Benedikt.[147]

Der vielleicht originellste Aspekt von Thomas' Theorie der Entrückung findet sich in q. 175 a. 2, wo er erörtert, ob die Entrückung eher der appetitiven oder der kognitiven Kraft der Seele zuzuschreiben sei. Hier führt Thomas wichtige von Dionysius übernommene Kategorien, insbesondere den Begriff der Liebesekstase, in eine theologische Arena ein, die von der augustinischen Theologie beherrscht gewesen war. Wie üblich löst er diese Frage mit der Unterscheidung, dass man von der Entrückung auf zwei Weisen sprechen könne. Hinsichtlich ihres Ziels (nämlich, Gott zu schauen) sei die Entrückung der kognitiven Kraft zuzuordnen. Die Heftigkeit, mit der sie verbunden sei, stamme nicht vom angeborenen appetitiven Organ, sondern komme von oben. Hinsichtlich ihrer Ursache jedoch könne die Entrückung durchaus der appetitiven Kraft zugeordnet werden. Thomas sagt: „Aufgrund dessen, dass das Verlangen heftig zu etwas hingetrieben wird, kann es geschehen, dass der von dieser Heftigkeit erfasste Mensch allem anderen völlig enthoben wird. Auch wirkt es sich auf die Stärke des Verlangens aus, wenn einen etwas an dem, wozu hin man entrückt wird, besonders entzückt." (a. 2c).

Bei der Besprechung der Einwände unterscheidet Thomas zwischen Ekstase als Begriff, der nur ein Herausgehen aus sich selbst bezeichne, mittels dessen man außerhalb seiner eigenen Ordnung versetzt werde, und Ent-

---

[145] Viele Details aus der Erörterung der Entrückung des Paulus durch Thomas sind zwar sehr interessant, werden hier aber nicht aufgegriffen. Siehe z. B. die Erörterung des Verhältnisses der Schau des Wesens Gottes zur späteren Erinnerung des Apostels an dieses Ereignis in De Ver. q. 13, a. 3, ad 4.
[146] Als Abhandlung über die dem Mose gewährte Schau siehe z. B. In IV Sent. d. 49, a. 7, ad 4.
[147] In Quod. q. 1, a. 1 bestreitet Thomas, dass Benedikt in der berühmten von Gregor dem Großen (*Dialogi* 2,35) berichteten Vision Gottes Wesen geschaut habe, denn Benedikt sei nicht seinen Sinnen enthoben worden.

rückung als Begriff, der noch das zusätzliche Merkmal der Heftigkeit enthalte. Die Ekstase, so sagt Thomas, indem er Dionysius (DN 4,13) zitiert, könne der appetitiven Kraft in dem Sinn zugeordnet werden, dass die Göttliche Liebe im Verlangen des Menschen bewirke, dass es sich nach dem Höchsten Gut ausstrecke. Diese Unterscheidung beruht auf einer wichtigen Erörterung der Abhandlung des Dionysius über die Liebesekstase in S.Th. I–II q. 28 a. 3.[148] In diesem Artikel unterschied Thomas die Ekstase der apprehensiven oder kognitiven Kraft von der Ekstase der appetitiven Kraft, die stattfinde, „wenn jemandes Verlangen zu etwas Anderem derart hingezogen wird, dass er gewissermaßen aus sich selbst herausgeht." Die Liebe bereite indirekt auf die erstere Form der Ekstase vor, indem sie zur Meditation über den Geliebten hinführe, verursache jedoch die letztere Form, und zwar unmittelbar im Fall einer Liebesfreundschaft *(amor amicitiae)*, die uns dazu bewege, aus uns herauszugehen, um einem Freund Gutes zu erweisen, und indirekt im Fall einer begehrenden Liebe *(amor concupiscentiae)*, insofern das außer uns Seiende zum Gegenstand einer inneren Sehnsucht werde.

Die Erwähnung der Liebesekstase in Thomas' Abhandlung über die Entrückung wirft Licht auf einige der in seiner Abhandlung über die mystischen Gnaden steckenden Spannungen. Indem er den *raptus* zusammen mit den anderen speziellen Gnaden wie der Prophetie (II/II qq. 171–179) behandelt, möchte er dieses Phänomen ganz klar vom normalen Verlauf des zur *visio dei* führenden Gnadenlebens abheben. Dennoch setzt Thomas die Entrückung nicht im separaten, höheren Seelenvermögen der *intelligentia* an, wie das Albert und andere taten.[149] Zudem scheint uns die Erwähnung der Liebesekstase wiederum zu einer Bewusstseinsform zurückzuführen, die ganz aus der *caritas* hervorgeht, ja vielleicht sogar Ausdruck der *sapientia* ist, also der wesentlichen Gaben, die allen Gläubigen geschenkt werden, damit sie erlöst werden und so zur seligmachenden Schau Gottes gelangen. Zumindest insofern können wir unterstellen, dass der *Doctor Angelicus* der Überzeugung war, alle Christen seien dazu berufen, Kontemplative zu sein,

---

[148] Genaueres über die Liebesekstase bei Dionysius siehe im vorliegenden Werk Bd. I, 246 ff. u. 266 f. Wie Thomas in seinem Kommentar zu DN (In DN, Cap. 4, lect. 10, nn. 426–41) diesen Abschnitt behandelt, schildere ich in meinem Aufsatz „God as Eros. Metaphysical Foundations of Christian Mysticism", in: *New Perspectives on Historical Theology. Essays in Memory of John Meyendorff*, hg. v. Bradley Nassif, Grand Rapids 1996, 204–207. Ein weiterer Abschnitt über die Liebesekstase, in dem Thomas DN 4,13 zitiert, ist In III Sent. d. 32, a. 1, ad 3.
[149] Auf diese beiden Punkte weist von Balthasar in *Thomas und die Charismatik*, 455 f. u. 462 f., hin.

also Menschen, die sich wenigstens danach sehnen sollten, schon in diesem Leben in der Liebesekstase die Erfahrung zu machen, Gott zu verkosten.[150]

Die Lehre des Thomas von Aquin gehört in der Geschichte des christlichen Denkens zu den systematischsten. Als solche bietet sie einen Ausgangspunkt für jede theologische Abhandlung, mit der versucht wird, das mystische Element im Christentum in den großen Rahmen der Glaubenslehre einzubeziehen. Die neuscholastische Sicht von Thomas, die zwischen 1880 und 1960 die katholische Theologie beherrschte, ist überholt, aber die tiefgründige Lehre von Thomas, wie die *contemplatio* auf die *visio dei* hingeordnet sei, war eine wichtige Quelle für seine dominikanischen Nachfolger und bleibt ein Höhepunkt der doktrinären Reflexion über die christliche Mystik.

Anhang
Neuplatonische Quellen der Dominikanischen Mystik

Albert der Große, Thomas von Aquin, Meister Eckhart und viele andere spätmittelalterliche Denker machten nicht nur Gebrauch von traditionellen Quellen des christlichen Neuplatonismus, insbesondere Augustinus und Dionysius, sondern auch von einer neuen Reihe von neuplatonischen Texten, die im 12. und 13. Jahrhundert zugänglich wurden. Drei von ihnen sind für die Mystik im spätmittelalterlichen Deutschland von besonderer Bedeutung: das *Buch von den Ursachen (Liber de Causis)*, das *Buch der Vierundzwanzig Philosophen (Liber XXIV Philosophorum)* sowie der sogenannte *Proclus Latinus*, das heißt die lateinischen Versionen von Schriften des letzten heidnischen Neuplatonikers. Kurze Kommentare zu diesen schwierigen und faszinierenden Texten sollen den Hintergrund der Mystik von Eckhart und seinen Nachfolgern ausfüllen helfen.

Das Buch von den Ursachen
(Liber de Causis oder *Liber Aristotelis de expositione bonitatis purae)*[151]

Dieses einst außerordentlich bekannte Buch, von dem Richard Taylor sagt, es habe „bei der Ausbildung des metaphysischen Denkens im Westen eine

---

[150] Der Begriff „Mystiker" wäre Thomas natürlich fremd gewesen; er spricht die ganze S.Th. II–II q. 180 hindurch von *spiritualibus, sanctis, perfectis* und sogar von *contemplativis*.
[151] Von der lateinischen Version des *Liber de causis* gibt es zwei neuere Ausgaben zusammen mit Studien und deutschen Übersetzungen. Vgl. Alexander Fidora und Andreas Niederberger, *Von Bagdad nach Toledo. Das „Buch der Ursachen" und seine Rezeption im Mittelalter*,

grundlegende Rolle gespielt", ist heute kaum mehr bekannt. Seine Geschichte liest sich wie ein Detektivroman, und das nicht zuletzt deshalb, um noch einmal Taylor zu zitieren, weil seine „Bedeutung ... nicht in einem Wert liegt, den es an sich hätte, sondern eher daran, welches philosophische Denken es in seinen Lesern anregte, also in denjenigen, die es in die Hand bekamen und ihr eigenes Denken in Reaktion darauf formten, und zwar nicht als Liebhaber einer bestimmten Meinung, sondern als Liebhaber der Weisheit und Wahrheit."[152]

Das *Buch* (oder der *Diskurs*, wie sein ursprünglicher arabischer Name lautet) entstand vermutlich gegen Mitte des 9. Jahrhunderts bei Muslimen in Bagdad, die sich mit dem neuplatonischen Denken befassten. Das meiste Material der 31 Propositionen, aus denen dieses kurze Werk besteht, wurden aus den *Elementen der Theologie* des Proklos übernommen, dem Versuch des letzten neuplatonischen Heiden, eine deduktive Synthese des platonischen Denkens über die Wirklichkeit Gottes herzustellen.[153] Doch das *Buch von den Ursachen* ist mehr als eine bloße Übersetzung von Teilen aus den *Elementen*. Der Verfasser machte Einfügungen in den Text, nahm Streichungen vor, schrieb Stellen um und interpretierte das Emanationssystem des Proklos so, dass es in die kreationistische Philosophie seines monotheistischen islamischen Glaubens hineinpasste – eine Prozedur, die es auch Juden und Christen ansprechend erscheinen ließ. Zwei der Propositionen (nn. 8 und 21) sind ohne Quelle bei Proklos, sondern stellen Übernahmen von Material aus den Enneaden IV-VI von Plotin und deren arabischer Version dar. So handelt es sich beim *Liber de causis*, wie Dennis Brand es formuliert,

---

Mainz 2001 und *(Anonymus) Liber de causis. Das Buch von den Ursachen*, mit einer Einführung von Rolf Schönberger, Hamburg 2003. Eine englische Übersetzung des *Liber de causis* gibt es von Dennis J. Brand, *The Book of Causes (Liber de Causis)*, Milwaukee 1984. Es beruht auf der früheren Ausgabe von Adriaan Pattin, *Le liber der causis. Édition établie à l'aide de 90 manuscrits avec introduction et notes*, Leuven (Uitgave „Tijdschrift voor Filosofie") 1966. Eine Darstellung der Rolle des *Liber de causis* bei den mittelalterlichen Mystikern bietet Ruh, *Geschichte* Bd. III, 19–32.

[152] Richard C. Taylor, „A Critical Analysis of the Structure of the *Kalm f mahd al-khair (Liber de causis)*", in: *Neoplatonism and Islamic Thought*, hg. v. Parvis Morewedge, Albany 1992, 21.

[153] Das *Buch* bestand ursprünglich aus 31 Propositionen (von modernen Herausgebern in 219 Abschnitte unterteilt). Etwas verwirrend ist, dass in einer Manuskripttradition die Proposition 4 in zwei Teile auseinandergerissen wurde. Da dies die den meisten Scholastikern bekannte Version war, wird darauf in den hier verwendeten Zitaten Rücksicht genommen (z. B. Prop. 5(6),57). So war das Buch viel kürzer als der Text von Proklos, der 211 Propositionen enthielt. (Man hat errechnet, dass für den *Liber* Material von 37 der Propositionen des Proklos verwendet wurde, also rund ein Sechstel.) Vgl. *Proclus. The Elements of Theology. A Revised Text*, mit engl. Übersetzung, Einführung und Kommentar von E. R. Dodds, 2. Aufl. Oxford 1963.

„um eine Epitome des monotheistischen Neuplatonismus".[154] Doch infolge einer weiteren Wendung der Geschichte erlangte das Buch einen Großteil seiner Bedeutung dank des Umstands, dass es Aristoteles zugeschrieben wurde, und zwar als krönender Teil seiner Metaphysik. Von daher stammt sein anderer Titel *Das Buch des Aristoteles über die Darlegung des Reinen Guten*. Das Werk war einigen islamischen und jüdischen Denkern bekannt, obwohl man bislang nur drei arabische Manuskripte identifiziert hat.[155] Seinen stärksten Einfluss gewann es dank der lateinischen Version, die der tatkräftige Übersetzer Gerhard von Cremona († 1187) in Toledo anfertigte. Wie populär das Buch im Mittelalter war, kann man anhand der Tatsache einschätzen, dass es in 238 Manuskripten vorliegt und vor 1500 zum Gegenstand von nicht weniger als siebenundzwanzig Kommentaren wurde.

Die lateinische Version wurde von wenigen Autoren des späten 12. Jahrhunderts wie Alanus von Lille zitiert, jedoch erst im 13. Jahrhundert wurde das Buch selbst zum Thema. Da es in der Frühzeit unter dem Namen des Aristoteles in Umlauf war, scheint die Verbreitung dieses Werkes durch die Verurteilung des Aristoteles im Jahr 1210 gebremst worden zu sein, aber als gegen Mitte des Jahrhunderts der Philosoph an den Schulen wieder wichtig wurde, änderte sich dies. Ja, im Jahr 1255 erklärte die Universität Paris das *Buch von den Ursachen* zum Pflichttext für das Studium der Metaphysik, was erklären hilft, weshalb viele der größten Männer der Scholastik wie Roger Bacon, Albert der Große, Thomas von Aquin,[156] Aegidius von Rom, (Pseudo-) Heinrich von Gent und Siger von Brabant Kommentare dazu verfassten. Andere bedeutende Gestalten der Geschichte des mittelalterlichen Denkens wie Meister Eckhart und sogar Dante kannten es gut und verwendeten es wirkungsvoll.[157] Wie wir gesehen haben, ging Albert der Große bei seiner Paraphrase und Weiterführung dieses Buches (mit dem Titel *Buch von den Ursachen und dem Hervorgang aller Dinge aus der*

---

[154] Brand, *The Book of Causes* 7.
[155] Richard C. Taylor, „The *Kalm f mahd al-khair (Liber de causis)* in the Islamic Philosophic Milieu" in *Pseudo-Aristotle in the Middle Ages. The „Theology" and Other Texts*, hg. v. Jill Kraye, W. F. Ryan u. C. B. Schmitt, London 1986, 37–52.
[156] Thomas' 1272 geschriebener Kommentar ist für das Verständnis seines Verhältnisses zum Neuplatonismus wichtig. Vgl. die Ausgabe von Ceslaus Pera OP, *S. Thomae Aquinatis. In Librum de causis Expositio*, Turin 1955. Eine englische Übersetzung mit hilfreicher Einführung und Anmerkungen ist *St. Thomas Aquinas. Commentary on the Book of Causes*, übersetzt von Vincent A. Guagliardo OP, Charles R. Hess u. Richard C. Taylor, Washington, D.C. 1996.
[157] Die ausführlichste Darstellung der Verwendung des *Liber* durch Eckhart ist Werner Beierwaltes, „Primum est dives per se: Meister Eckhart und der ‚Liber de causis'", in: *On Proclus and his Influence in Medieval Philosophy*, hg. v. E. P. Bos u. P. A. Meijer, Leiden 1992, 141–169.

Erstursache) davon aus, dass es sich dabei um die Kompilation „peripatetischer" Ansichten handle, die der jüdische Denker Ibn David im 12. Jahrhundert in Spanien zusammengestellt habe. Als Thomas von Aquin die erste Kopie von Wilhelm von Moerbekes Übersetzung der *Elemente* des Proklos in die Hand bekam, erkannte er bald, dass darauf das *Buch von den Ursachen* beruhte. Albert wie Thomas lasen das Buch durch die Brille des dionysischen Corpus und schlachteten es ohne viel Respekt für ihre eigenen Zwecke aus.

Das *Buch von den Ursachen* wird oft als eine Form von axiomatischer Theologie beschrieben und als theologische Parallele zu Euklids *Elementen der Geometrie*, aber diese Charakterisierung ist unzureichend, da das Werk nicht so sehr Axiome voraussetzt, sondern vielmehr Propositionen vorlegt, aus denen in der Folge bestimmte Wahrheiten abgeleitet werden.[158] Obwohl Thomas von Aquin eine umfassende logische Gedankenführung für das Buch ausgearbeitet hat, haben es moderne Interpreten weniger systematisch empfunden und es besteht wenig Konsens über die Struktur der verschiedenen Propositionen.[159] Einige Anmerkungen zu den Hauptthemen des Buchs dürften für die Erklärung seiner Rolle in der spätmittelalterlichen Mystik hilfreich sein.

Das *Buch von den Ursachen* ist seinem Ansatz nach eher ontologisch als mystisch, zumindest in dem Sinn, dass hinsichtlich des proklischen Paradigmas von *monê-prohodos-epistrophê* als den drei Wesenselementen der Realität die zentrale Aufmerksamkeit nicht Gott in seinem Gottsein *(monê)* oder Gott als dem Ziel *(epistrophê)* gilt, sondern eher Gott als der Erstursache, die alle Dinge hervorbringt *(prohodos)*.[160] Im *Buch* wird die Vorstellung vertreten, der göttliche Verursacher sei monotheistisch. Der proklische Bereich der Zwischengötter (der Henaden) ist ausgeräumt, und dass die Erstursache die direkte Schöpferin von ausnahmslos allem im Universum sei, wird energisch vertreten: „Ohne Zweifel gibt das Erstwesen allen Wir-

---

[158] Zur Unterscheidung zwischen axiomatischen Abhandlungen wie Euklid und deduktiven Abhandlungen siehe Charles Lohr, „The Pseudo-Aristotelian *Liber de causis* and Latin Theories of Science in the Twelfth and Thirteenth Centuries", in: *Pseudo-Aristotle in the Middle Ages*, 53–62.
[159] Richard C. Taylor, „A Critical Analysis of the Structure", 15–17, sieht als Grundlinien des Werks die folgenden: (A) Grundprinzip (Prop. 1); (B) Wahres Sein (Props. 2–5); (C) Die Intelligenz (Props. 6–10); (D) Epistemologische Erwägungen (Props. 11–14); (E) Unendlichkeit (Props. 15–16); (F) Die Erstursache (Props. 17–23); (G) Substanzen (Props. 34–31). Als eine andere Ansicht siehe Cristina D'Ancona Costa, „Sources et Structure du *Liber de causis*" in ihren *Recherches sur le Liber de causis*, Paris 1995, 23–52.
[160] Als kurze Skizze dazu sowie über einige Grundlinien des Denkens von Proklos, das Dionysius und andere christliche Mystiker beeinflusste, siehe im vorliegenden Werk Bd. I, 96–102.

kungen ihr Sein" (Prop. 17[18],144; vgl. auch Prop. 8[9],87). Zwar wird im Text nicht der Begriff *creatio ex nihilo* verwendet, aber Leo Sweeney hat Recht, wenn er behauptet, die Erstursache des *Liber* „verursache nicht nur alles, dieses und jenes zu sein, sondern auch und primär, dass es *einfach sei*."[161]

Der genaue Status des Seins (für das sowohl *esse* als auch *ens* verwendet wird) ist nicht immer klar. In der oft zitierten Proposition 4 heißt es: „Das erste der geschaffenen Dinge ist das Sein und vor ihm ist nichts anderes geschaffen" *(Prima rerum creatarum est esse et non est ante ipsum creatum aliud)*. Aber die Universale Erstursache, die das geschaffene *esse* hervorbringt, wird auch als Sein oder Existenz in einem eminenten Sinn beschrieben, was ein weiterer Bruch mit dem Denken von Proklos ist. In Proposition 8(9),90 heißt es zum Beispiel: „Der Erstursache eignet keine *yliathim* (Zusammengesetztheit), weil sie nur Sein ist."[162] Natürlich sind das im *Liber* der Erstursache zugeschriebene Sein und sogar das Reine Gutsein *(bonitas pura*, Prop. 8[9],91) und das Eine Erste Wahre *(unum primum verum*, Prop. 31[32],217–219) positive oder kataphatische Aussagen. Einer der Gründe dafür, dass der *Liber de causis* so gut für die spätmittelalterliche Mystik passte, war seine stark apophatische Sicht Gottes. In Proposition 5(6) wird betont, dass die Erstursache über allem Reden sei *(causa prima superior est omni narratione)* und in Proposition 21(22),166 wird erklärt: „Die Erstursache ist über jedem Namen, mit dem sie benannt wird" *(causa prima est super omne nomen quo nominatur)*.

Mag das *Buch von den Ursachen* auch kreationistisch in dem Sinn sein, dass die Ersturache allem das Sein gibt, so bezeugt es dennoch ebenso, wie die Theologen des 13. Jahrhunderts in der Lage waren, Aspekte der Rede von der Emanation zu übernehmen, um damit ein Schöpfungsverständnis im Sinn einer Metaphysik des Fließens zu formulieren. Immerhin traten erstmals in Alberts oben vorgestelltem Quasi-Kommentar zu diesem Werk die Grundlagen dieser Lehre von der fließenden schöpferischen Kausalität

---

[161] Leo Sweeney SJ, „Doctrine of Creation in the *Liber de causis*", in: *An Etienne Gilson Tribute*, hg. v. Charles J. O'Neil, Milwaukee 1959, 289. Vgl. auch D'Ancona Costa, „Sources et Structure", 52.

[162] Prop. 8(9).90 (Ausg. Fidora-Niederberger 66): *Et causae quidem primae non est yliathim, quoniam ipsa est esse tantum*. Über diesen Abschnitt und den arabischen Begriff *yliathim* siehe D'Ancona Costa, „'Causae primae non est yliathim'. Liber de causis, prop. 8(9): les sources et la doctrine," in: *Recherches sur le Liber de causis*, 97–119. In einem weiteren Kapitel in diesem Werk, „La doctrine néoplatonicienne de l'être entre l'antiquité tardive et moyen âge. Le *Liber de causis* par rapport à ses sources", 121–153, vertritt D'Ancona Costa, der Umstand, dass das Buch der Erstursache das Sein zuschreibe, stamme aus der syrischen Version des dionysischen Corpus, insbesondere aus DN 5.

deutlich zutage. Proposition 1 des *Buchs der Ursachen* liefert das Leitmotiv für das ganze Werk: „Jede Primärursache wirkt mehr Einfluss *(plus est influens)* auf das von ihr Verursachte aus als eine universale Zweitursache." Ein Hauptthema des Werks ist die genauere Darstellung, wie die Primärursache notwendigerweise in jegliche ihr untergeordnete Verursachung einfließt.[163] Doch zwei Aspekte der kreationistischen *relecture* der proklischen Theologie im *Liber de causis* führten zu einer gewissen Spannung mit den scholastischen Verstehensweisen der Erschaffung aus dem Nichts und sollten ihre Kommentatoren im 13. Jahrhundert stark beschäftigen. Mehrere Texte sprechen davon, dass die Ersturache die Seele und die niedrigeren Wirklichkeiten „mittels der Intelligenz" *(mediante intelligentia:* Prop. 3,32 und Prop. 8(9),87) erschaffe.[164] Christliche Autoren hatten lange darüber diskutiert, ob Gott den Engeln eine Teilhabe am Akt der Erschaffung gewährt habe oder nicht, aber im 13. Jahrhundert war diese Vorstellung schließlich verworfen worden.[165] Kommentatoren wie Albert und Thomas behandelten diese suspekte Lehre des *Buchs der Ursachen* mit Nachsicht und fassten sie nicht als Behauptung auf, dass die Intelligenz das geschaffene Sein eines Dinges vermitteln könne (da dieses Sein nur von der Ersturache herrühren kann), sondern dass die Intelligenz an der Vermittlung verschiedener „zusätzlicher Vollkommenheiten" (z. B. des Lebens) an die geschaffenen Dinge beteiligt sei.[166]

Dionysius hatte das proklische hierarchische Universum christianisiert, indem er die Erste Triade der idealen Realitäten (Sein-Leben-Intellekt) in den trinitarischen Gott hinein verlegt hatte.[167] Das *Buch von den Ursachen* unterstützt diese Hineinverlegung nicht explizit (da es ja ein muslimisches Werk ist), aber mit seiner Konzentration auf die kreative Kraft der Erst-

---

[163] Zum Beispiel Prop. 1,17 (Ausg. Fidora-Niederberger, 38): *Quod est quia causa secunda quando facit rem, influit causa prima quae est supra eam super illam rem de virtute sua, quare adhaeret illus rei adhaerentia vehementi et servat eam.* Die Rede vom *fluxus* ist besonders häufig in den späteren Propositionen, z. B. Prop. 19(20),157; Prop. 20(21),165; Prop. 21(22),169–70; Prop, 22(23),173 u. 179.
[164] Vgl. D'Ancona Costa, „La doctrine de la création ‚mediante intelligentia' dans le *Liber de causis* et dans ses sources", in: *Recherches sur Le Liber de causis*, 73–95.
[165] Thomas von Aquin bezeichnet in In II Sent. d. 1, q. 1, a. 3 die Vorstellung des Avicenna, bei der Erschaffung hätten vermittelnde Intelligenzen mitgewirkt, als häretisch, lässt aber noch die Ansicht von Petrus Lombardus gelten, dass Gott die Welt gemeinsam mit den Engeln hätte erschaffen können (aber es nicht getan habe). Zur Zeit der Niederschrift seiner S.Th. I q. 45 a. 5 verwirft er dann sogar diese Ansicht des Lombardus.
[166] Siehe *Thomas von Aquin. Kommentar zum Buch von den Ursachen*, Prop. 3 (24) und Prop. 8(9) (69–70). Meister Eckhart vertritt in Pr. 8 (DW 1,130,9–131,5) in Abhängigkeit von Thomas die gleiche Lehre.
[167] Zur Triade bei Proklos siehe z. B. *Elemente der Theologie*, Prop. 103; zur dionysischen *relecture* siehe DN 5,1–2.

Contemplata aliis tradere

ursache neigt es dazu, die Bedeutung der neuplatonischen Triade ins Abseits zu drängen, und zwar zugunsten dessen, was man als „dyadische Sicht" des Universums bezeichnet hat, gemäß der, wie es Vincent Guagliardo formuliert hat, „,alles in allem ist', in einer absteigenden Ordnung der Formen des Gutseins oder der Vollkommenheiten, wobei jede Seinsart auf endliche Weise ihren Anteil aus den ‚Reichtümern' des Unendlichen je nach ihrer Aufnahmekapazität empfängt und die Vielzahl von der Verschiedenheit der Empfänger her erklärt wird."[168] Diese Sicht der Metaphysik des Fließens hilft zu erklären, weshalb das *Buch von den Ursachen* sowohl für Albert den Großen als auch für Meister Eckhart so wichtig war.[169]

Das Buch der Vierundzwanzig Philosophen (Liber XXIV Philosophorum)[170]

Das *Buch von den Ursachen* hat der modernen Forschung seine meisten Geheimnisse verraten. Das gleiche lässt sich vom *Buch der vierundzwanzig Philosophen* nicht sagen. Es handelt sich dabei um einen der rätselhaftesten Traktate, die oft Hermes Trismegistus zugeschrieben werden, dem Magier-Weisen der Antike, dessen pseudonymes Überleben durch die Jahrhunderte einen signifikanten und arkanen Strang in der Geschichte des abendländischen Denkens darstellt.[171] Der obskure Charakter des Werks führte in

---

[168] Vincent A. Guagliardo OP, „Introduction", in: *Thomas Aquinas. Commentary on the Book of Causes*, xix.
[169] Es gibt viele weitere Aspekte der Lehre des *Liber de causis*, die die Mystik Eckharts und seiner Nachfolger beeinflussten, so zum Beispiel das Prinzip der reziproken Omnipräsenz (Prop. 11[12],103 u. 106, Prop. 23[24],176–77); die mit der Wesenserkenntnis verbundene *reditio completa* (Prop. 14[15]); den Begriff, dass das Erste der Reichtum schlechthin sei (*primum est dives per se*: Prop. 20[21]); und die Erörterung des Verhältnisses von Zeit und Ewigkeit in Props. 29–31 (30–32).
[170] Siehe die kritische Ausgabe dieses Werks und die Kommentare dazu von Françoise Hudry, *Liber Viginti Quattuor Philosophorum*, Turnhout 1997, CCCM 143A. Eine Erörterung seiner Bedeutung und seines Einflusses bringt zusammen mit einer Ausgabe und Übersetzung ins Italienische Paolo Lucentini, *Il libro dei ventiquattro filosofi*, Milano 1999. Ruh macht in seiner *Geschichte* Bd. III, 33–44 Anmerkungen zu seiner Rolle in der spätmittelalterlichen Mystik und insbesondere zu seiner Behandlung durch Eckhart.
[171] Über die mittelalterlichen Hermetica siehe K. H. Dannenfeldt et al., „Hermetica Philosophica", *Catalogus Translationum et Commentariorum: Medieval and Renaissance Latin Translations and Commentaries*, hg. v. P. O. Kristeller et al., Washington, DC 1960, Bd. 1, 137–156. Auf die Bedeutung der hermetischen Tradition machten aufmerksam A.-J. Festugière OP, *La révélation d'Hermes Trismégiste*, 4 Bde., Paris 1950–1954 und Frances A. Yates, *Giordano Bruno and the Hermetic Tradition*, Chicago 1964. Vgl. auch Garth Fowden, *The Egyptian Hermes. A Historical Approach to the Late Pagan Mind*, Cambridge 1986 über die Ursprünge des Hermetismus; sowie über den späteren Einfluss *From Poimandres to Jacob Böhme: Gnosis. Hermetism and the Christian Tradition*, hg. v. Roelof van den Broek u. Cis van Heertum, Amsterdam 2000.

manchen Manuskripten zum alternativen Titel *Definitiones enigmaticae*, „Rätselhafte Definitionen".[172]

Françoise Hudry sagt über das *Buch der vierundzwanzig Philosophen:* „Sein Inhalt wirkt zuweilen banal und zuweilen sehr originell; seine sehr kondensierte Form macht seine Einordnung schwer, und schließlich ist es genau aus diesen Gründen bis jetzt nur sehr wenig untersucht worden.[173] Das Werk, das nur in einigen der Manuskripte Hermes zugeschrieben wird, besteht aus vierundzwanzig Definitionen Gottes, die angeblich von der gleichen Anzahl Philosophen auf die Frage „Was ist Gott?" geliefert worden sein sollen. (Die Zahl vierundzwanzig, die eine höhere Autorität andeuten soll, erinnert an die vierundzwanzig Ältesten in Offenbarung 4,4). Obwohl dieses Werk nicht so bekannt ist wie das *Buch von den Ursachen* (Hudrys Ausgabe beruht auf 26 bekannten Manuskripten; weitere 10 gingen verloren), zirkulierte es zuweilen zusammen mit diesem als autoritativer Text über die Natur der Erstursache, der die Darstellung der Hierarchie der niedrigeren Ursachen im *Buch von den Ursachen* ergänzen sollte.[174] In den Manuskripten sind die vierundzwanzig rätselhaften Definitionen oft von einem kurzen Kommentar begleitet, der ein Bestandteil des Originaltexts zu sein scheint. In der Neuausgabe ist auch ein nachfolgender größerer Superkommentar enthalten.[175] Es ist schwierig, in dieser Sammlung irgendeine eindeutige Struktur zu erkennen.[176]

Weil das *Buch der vierundzwanzig Philosophen* erstmals um 1165 von Alanus von Lille zitiert wird, war die gängige Ansicht über seine Herkunft, es sei um die Mitte des 12. Jahrhunderts in akademischen Kreisen, vielleicht denen von Chartres, geschaffen worden, in denen das Interesse an neuplatonischen und hermetischen Texten gepflegt wurde.[177] Eine Alternative laute-

---

[172] In der Manuskriptüberlieferung hat das Werk verschiedene Titel und wird verschiedenen Gestalten zugeschrieben. Der heute übliche Titel *Liber XXIV philosophorum* kommt bei Meister Eckhart vor, z. B. in In Gen.I n. 155 (LW 1,305) und In Ex. n. 91 (LW 2,94–95).
[173] Hudry, „Introduction" zum *Liber Viginti Quattuor Philosophorum* vi.
[174] Hudry, „Introduction" xxxi. Interessanterweise führt Bonaventura in seinem In I. Sent. d. 37, q. 1, a. 1, ad 3 (*Opera Omnia* 1,638–639) die beiden Texte gemeinsam an, um zu zeigen, wie die göttliche einfache Immobilität und totale Diffusion nicht unverträglich miteinander seien.
[175] Hudry vermutet in „Introduction" xlviii-l, beim Verfasser des größeren Kommentars könnte es sich um den englischen Dominikaner Nicholas Trivet handeln, und dieser hätte sich möglicherweise von Eckhart zu diesem Unternehmen anregen lassen, dem er während dessen zweiter Lehrperiode in Paris von 1311 bis 1313 begegnet sein könnte.
[176] Hudry unterteilt in „Introduction" viii-ix die 24 Definitionen in drei Abschnitte: I-VII über die Natur Gottes; VIII-XX über Gott und die Welt; und XXI-XXIV über Gott und die Seele.
[177] Das war die Ansicht des ersten Herausgebers Clemens Baeumker, „Das pseudo-hermetische ‚Buch der vierundzwanzig Meister' (Liber XXIV philosophorum)", in: *Studien und*

Contemplata aliis tradere

te, es könnte in Spanien entstanden sein, einem Zentrum für die Produktion und Übersetzung exotischer Texte. Françoise Hudry schlug jedoch eine andere Erklärung vor, nämlich dass das Werk, oder zumindest sein Kern, in die Spätantike zurückgehe, und zwar genauer in die Krise der alexandrischen Schule des 3. Jahrhunderts n. Chr. Hudry vertritt, das griechische Original, das auch in arabischen Kreisen bekannt war, sei Teil eines längeren Werkes mit dem Titel *Buch der Weisheit der Philosophen (Liber de sapientia philosophorum)* gewesen, das in einigen mittelalterlichen Katalogen bezeugt, jedoch nicht erhalten sei. Die Details der Argumentation von Hudry können hier nicht wiedergegeben werden; sie haben bislang noch keine weite Akzeptanz gefunden.[178]

Wie Giulio D'Onofrio und Paolo Lucentini aufgezeigt haben, passt das *Buch der vierundzwanzig Philosophen* gut zur Schaffung einer „axiomatischen" Theologie in der zweiten Hälfte des 12. Jahrhunderts.[179] Dieses Werk ist nicht nur ein Beispiel für diesen Ansatz des 12. Jahrhunderts, sondern auch ein tiefer Ausdruck des christlichen Neuplatonismus und seines Anliegens, die Harmonie zwischen dem antiken Denken und der Offenbarung aufzuzeigen. Die vierundzwanzig Axiome konzentrieren sich auf die dynamische Identität Gottes als Monade und Triade – eine Dialektik, die sich nicht nur im inneren Geheimnis der Koinzidenz von Eins und Drei in Gott äußert, sondern auch in der äußeren Koinzidenz von Immanenz und Transzendenz Gottes im geschaffenen Universum.[180] Das erste Axiom spricht auf so verblüffende Weise vom innergöttlichen Leben, dass es von späteren Denkern oft zitiert werden sollte: „Gott ist die die Monade zeugende Monade, in sich eine Glut spiegelnd."[181]

Charakteristiken zur Geschichte der Philosophie insbesondere des Mittelalters, Münster 1927, 194–214 und ebenso von Marie-Thérèse d'Alverny, „Un témoin muet des luttes doctrinales du XIIIe siècle", in: *Archives d'histoire doctrinale et littéraire du moyen âge* 24 (1949), 223–248.

[178] Hudrys Argumente siehe in ihrer „Introduction" ix-xxii. Zweifel gegenüber diesen Argumenten äußern Lucentini, *Il libro* 43–46; Alexander Fidora und Andreas Niederberger, *Vom Einen zum Vielen. Der neue Aufbruch der Metaphysik im 12. Jahrhundert*, Frankfurt 2002, xxxi-xxxiv; und Ruh, *Geschichte* Bd. III, 34–36.

[179] Giulio D'Onofrio, *Storia della teologia nel Medioevo. Vol. II. La grande fioritura*, Casale Monferrato 1996, 353–356; Lucentini, *Il Libro* 13–14, 43–46.

[180] Die dreifaltige Natur der höchsten *monas* kommt deutlich in den Axiomen I, IV, VII, X, XII, XV und XXII zum Ausdruck. Zwei von ihnen enthalten zudem implizite Schriftzitate (Joh 14,6 in Axiom XV und Röm 11,36 in Axiom XXII) – ein weiteres Anzeichen für einen christlichen Ursprung.

[181] *Liber Viginti Quattuor* (Ausg. Hudry 5): *Deus est monas monadem gignens, in se unum reflectens ardorem.* Die trinitarischen Implikationen sind in der Rede vom Zeugen und in der Anspielung auf die Liebesglut, die der Heilige Geist sei, eindeutig. Über den Hintergrund des Axioms und dessen späteren Einfluss siehe Lucentini, *Il libro* 21–29 und 111–24. Hudry sieht

Die ersten beiden Axiome sind bildhaft in dem Sinn, dass sie das göttliche Geheimnis in Form von Symbolen vorstellen, denn, wie Paul Ricoeur es einmal formulierte, „das Symbol gibt zu denken".[182] Das zweite Axiom liefert eines der in der Geschichte des abendländischen Denkens einflussreichsten Bilder: „Gott ist die unendliche Kugel, deren Mitte überall und deren Umfang nirgends ist." Im Kommentar dazu heißt es im Buch: „Diese Definition ist in der Form gegeben, dass man sich die Erstursache in ihrem Leben als Kontinuum vorstellen solle. Das Ende seiner Ausdehnung ist jenseits und außerhalb jedes Wo."[183] Über die Geschichte dieses Bildes wurde schon viel geschrieben. Es wurde von Autoren angeführt wie Meister Eckhart, Nikolaus von Kues, Giordano Bruno, Blaise Pascal, Rabelais und Jorge Borges, um nur einige wenige zu nennen.[184] Die Rede von der „unendlichen Sphäre" (in manchen Versionen auch „intelligible Sphäre" und sogar „unendliche intelligible Sphäre" genannt) hat Vorläufer bei früheren Denkern, aber das Bild von der „unendlichen Kugel" war die Schöpfung des unbekannten Autors. Lucentini sagt zusammenfassend: „Wenn die Tiefe und Wahrheit einer Metapher auf der vielfältigen Wahrheit der Bedeutungen beruht, die ein einziges Bild dem Geist bietet, kann man die unerschöpfliche Faszination verstehen, die das Bild von der unendlichen Kugel auf das Denken in Mittelalter und Neuzeit ausgeübt hat. Zusammen mit der Monade (Axiom I) stellt sie die kühne Schöpfung der philosophischen Vorstellungskraft dar und zielt darauf, eine Denkart zu erfassen, die christliche Offenbarung und neuplatonische Vernunft miteinander vereinen möchte."[185]

Andere Aspekte dieses rätselhaften Werks zeigen ebenfalls, warum es so gut mit dem *Buch von den Ursachen* zusammenpasst. Das *Buch der vierundzwanzig Philosophen* ist durch und durch apophatisch und besteht immer wieder darauf, dass der Versuch, zu erkennen, *quid est deus*, ein aus-

---

in ihrer „Introduction" ix-x die Verwendung von monas und anderen griechischen Begriffen als Beweis für ein griechisches Original, aber viele dieser Wörter waren in der lateinischen Tradition wohlbekannt. Über Gott als *monas* siehe z.B. Augustinus, *Confessiones* 4,5,24 und Macrobius, *Commentum in Somnium Scipionis* I,6,7-8.

[182] „Le symbole donne à penser"; Paul Ricoeur, Titel eines Beitrags in der Zeitschrift *Esprit* 27 (1959), 380-397.

[183] *Liber Viginti Quattuor* (Ausg. Hudry 7): II. *Deus est sphaera infinita cuius centrum est ubique circumferentia nusquam. Haec definitio data est per modum imaginandi ut continuum ipsam primam causam in uita sua. Terminus quidem suae extensionis est supra, ubi et extra terminans.*

[184] Die beste Darstellung bleibt Dietrich Mahnke, *Unendliche Sphäre und Allmittelpunkt. Beiträge zur Genealogie der mathematischen Mystik*, Halle 1937. Vgl. auch die Erörterung in Lucentini, *Il Libro* 30-37, 124-150.

[185] Lucentini, *Il Libro* 36 f.

Contemplata aliis tradere

sichtsloses Unternehmen sei. Axiom XVI besagt: „Gott allein ist das, was Wörter wegen seiner Überragendheit nicht bezeichnen, noch Geister wegen seiner Unähnlichkeit begreifen können"; und Axiom XXIII verkündet die Botschaft des Dionysius: „Gott ist das, was sich nur durch Nichtwissen wissen lässt."[186] Das Buch setzt auch die Metaphysik des Fließens voraus, wie etwa im Kommentar zu Axiom XXIII: „Nichts wird von der Seele erkannt, dessen Gestalt sie nicht aufnehmen und mit dem *exemplar* vergleichen kann, das in ihr selbst ist. Denn die Seele hat nur ein *exemplar* von demjenigen in sich selbst, das durch sie von der Primärursache her ins Sein geflossen ist."[187]

Der obskure Charakter der rätselhaften Definitionen des Werks bot sich für Interpretationen je nach den Vorlieben der einzelnen Autoren an. Albert der Große traute diesem Buch nicht recht; Thomas von Aquin zitierte es nur zweimal und sah es als heidnischen Text an, der vom Verhältnis Gottes zur Welt handle, aber nicht von der Dreifaltigkeit.[188] Meister Eckhart dagegen bezog sich in seinen lateinischen und deutschen Werken vierzehnmal auf die Axiome und interessierte sich zutiefst sowohl für die trinitarischen als auch die kosmologischen Aspekte des Buches.[189] Eckharts Faszination vom *Buch der vierundzwanzig Philosophen* teilten viele seiner Nachfolger. Ausgiebig schlachtete dieses Werk ein anderer Dominikaner aus, Berthold von Moosburg, der in seinem *Kommentar zu den Elementen der Theologie von Proklos* über die Hälfte des rätselhaften Textes zitiert.[190] Auch die Mystikerin Marguerite Porete zitierte eines seiner Axiome.[191]

---

[186] Ein apophatischer Zug findet sich in den Axiomen oder Kommentaren zu II, VIII, XI, XVI, XVII, XXI und XXIII.

[187] *Liber Viginti Quattuor* (Ausg. Hudry, 31): *Nihil cognoscitur ab anima nisi cuius speciem recipere potest et ad exemplar eius quod est in ipsa comparare. Nullius enim habet anima exemplar nisi illius quod per ipsam a prima causa fluxit in esse.* Das soll heißen, dass es im Geist kein *exemplar* von Gott gibt, sondern nur ein solches der Dinge, die von Gott ausfließen. Für weiteres über den *fluxus* siehe Axiom VI (12.9): *... substantia diuina est ut substantia propria quae non fluit; und Axiom XIV (21.3–6): ... sphaera diuina ... a quo per exuberantiam suae bonitatis uocauit in esse rem quae est quasi circa centrum.*

[188] Thomas zitiert Axiom I in S.Th. I q. 32 a. 1 und behauptet, diese Aussage beziehe sich nicht auf die Dreifaltigkeit, sondern auf Gottes Hervorbringen der Welt. In De Ver. q. 2, a. 3 obj. 11 zitiert er Axiom II, das er von Alanus von Lille her kenne.

[189] Über Eckharts Verwendung des *Liber XXIV* siehe Ruh, *Geschichte* Bd. III, 38–44 und Lucentini, *Il Libro* 121f. und 130–134.

[190] Loris Sturlese, „Proclo ed Ermete in Germania da Alberto Magno a Bertoldo di Moosburg", in: *Von Meister Dietrich zu Meister Eckhart*, 28.

[191] *Marguerite Porete. Le mirouer des simples ames*, hg. v. Romana Guarnieri und Paul Verdeyen, Turnhout 1986, CCCM 69, Kap. 115 (308,8–9) paraphrasiert Axiom I, um damit die Liebe zu beschreiben, die zunichte gewordene Seelen zu Gott haben: *Hee, Unité, dit l'Ame sourprinse de divine Bonté, vous engendrez unité, et unité reflecist son ardour en unité.* Ob

Heute kann man nur noch schwer nachvollziehen, welcher gewaltigen Wertschätzung ein Text wie das *Buch der vierundzwanzig Philosophen* sich im Spätmittelalter und der frühen Neuzeit erfreute. Am ehesten kann man vielleicht ein Stück weit seine Anziehungskraft erahnen, wenn man in Betracht zieht, wie gut seine rätselhaften Definitionen zu der apophatischen Theologie eines Zeitalters passen, in dem die Theologen – die mystischen und die anderen – sich in zunehmenden Maß gedrängt fühlten, ganz deutlich den unendlichen Unterschied zwischen unseren Begriffen von Gott und dem Gott jenseits aller Vorstellungskraft hervorzuheben.

Proclus Latinus

Wer sich in die Geschichte des Neuplatonismus vertieft, ist der Versuchung ausgesetzt, dem Einfluss von Plotin, dem großen Philosophen und Mystiker, der den Neuplatonismus begründete, zu großes Gewicht beizumessen.[192] Von den spätantiken Kirchenschriftstellern kannten Marius Victorinus, Ambrosius und Augustinus Plotin direkt, und er beeinflusste auch Philosophen wie Macrobius, die in den mittelalterlichen Schulen viel gelesen wurden. Dennoch waren Plotins *Enneaden* bis zur Renaissance nicht in einer Übersetzung zugänglich. Bei einer umfassenden Auswertung des mittelalterlichen Neuplatonismus entsteht der Eindruck, dass dessen Wurzeln stärker auf Proklos als auf Plotin zurückreichen und folglich eine, ein Stück weit andere, neuplatonische intellektuelle Tradition widerspiegeln, nämlich eine, die mit Iamblichos im 4. Jahrhundert begann, von Proklos auf systematisches Niveau gebracht und an den frühmittelalterlichen Westen durch die dionysischen Schriften und deren Übersetzung und Interpretation durch Johannes Scotus Eriugena weitergereicht wurde.[193]

Das 12. und 13. Jahrhundert erlebte europaweit das Eindringen einer neuen Welle der proklischen Theologie, die sich spürbar auf die Philosophie, Theologie und Mystik jener Denker (und namentlich der deutschen Dominikaner) auswirken sollte, die keinen Unterschied zwischen diesen miteinander zusammenhängenden Aspekten des menschlichen Wissens

---

Marguerite den Text direkt kannte oder auf dieses Axiom in Form eines selbstständigen Zitats aufmerksam wurde, ist schwierig herauszufinden.
[192] Als kurze Darstellung der Geschichte des mittelalterlichen Platonismus hat trotz ihres Alters diejenige von Raymond Klibansky, *The Continuity of the Platonic Tradition during the Middle Ages*, London 1939, kaum an Wert verloren.
[193] Zwei stimulierende Zugänge zu dieser intellektuellen Tradition bieten Stephen Gersh, *From Iamblichus to Eriugena. An Investigation of the Prehistory and Evolution of the Pseudo-Dionysian Tradition*, Leiden 1978 und Edward Booth OP, *Aristotelian Aporetic Ontology in Islamic and Christian Thinkers*, Cambridge 1983.

sahen.¹⁹⁴ Der über das *Buch von den Ursachen* wirkende indirekte Einfluss des Proklianismus wurde vom direkten Einfluss des Proklos auf dem Weg über eine Reihe von Übersetzungen seiner Schriften ins Lateinische durch den Dominikaner Wilhelm von Moerbeke († ca. 1286) verstärkt.¹⁹⁵ Wilhelm beendete seine Wiedergabe der *Elemente der Theologie* im Jahr 1268.¹⁹⁶ Zu einem späteren Datum fertigte er eine Übertragung von drei der kürzeren Traktate von Proklos an.¹⁹⁷ Gegen 1286 vollendete er auch eine Übersetzung eines der signifikantesten Werke von Proklos, dessen groß angelegten *Kommentar zu Platons Parmenides (Expositio Proclii in Parmenidem Platonis)*.¹⁹⁸ Paul Oskar Kristeller hat über dieses Werk gesagt: „Proklos war die Hauptautorität für die Ansicht, dass Platons Dialog seinem Inhalt nach metaphysischer und nicht bloß dialektischer Art sei und dass sich die erste Hypothese (die einzige, die in Proklos' Kommentar behandelt wird) mit dem Einen befasse, das als das oberste Prinzip jenseits von Sein und Wissen sei."¹⁹⁹ Obwohl diese Texte nur eine begrenzte Verbreitung fanden, kann man für diese Ära des *Proclus Latinus* sagen, dass sie jedenfalls für die Philosophie und Mystik der deutschen Dominikaner von ganz markanter Bedeutung wurde. Loris Sturlese drückt es so aus: „Zahlreiche Hinweise tref-

---

¹⁹⁴ Als Überblick über den Einfluss von Proklos siehe Paul Oskar Kristeller, „Proclus as a Reader of Plato and Plotinus, and his Influence in the Middle Ages and Renaissance", in: *Proclus: Lecteur et interprète des anciens*, Paris 1987, 191–211. Eine Anzahl nützlicher Untersuchungen findet sich in *On Proclus and his Influence in Medieval Philosophy* und *Proclus et son influence. Actes du Colloque de de Neuchâtel*, hg. v. G. Boss u. G. Seel, Zürich 1987.
¹⁹⁵ Über Moerbeke als Übersetzer siehe vor allem Lorenzo Minio-Paluello, „Moerbeke, William of", in: *Dictionary of Scientific Biography*, New York 1974, 9,334–40. Eine Reihe von Untersuchungen wurden der Rolle dieser Übersetzungen im spätmittelalterlichen Denken gewidmet. Siehe Ruedi Imbach, „Le (Néo-)Platonism médiévale, Proclus latin et l'école dominicaine allemande", in: *Revue de théologie et philosophie* 110 (1978), 427–448; Loris Sturlese, „Proclo ed Ermete in Germania da Alberto Magno a Bertoldo di Moosburg", in: *Von Meister Dietrich zu Meister Eckhart* 22–33; „Il dibattito sul Proclo latino nel medioevo fra l'università di Parigi e lo Studium di Colonia", in: *Proclus et son influence*, 261–285; und de Libera, *La mystique rhénane*, 30–33, 278 f.
¹⁹⁶ *Proclus. Elementatio theologica translata a Guillelmo de Moerbecca*, hg. v. Helmut Boese, Löwen 1987.
¹⁹⁷ *Procli Diadochi Tria Opuscula (De Providentia, Libertate, Malo)*, hg. v. Helmut Boese, Berlin 1960.
¹⁹⁸ *Proclus. Commentaire sur le Parménide de Platon. Traduction de Guillaume de Moerbeke*, hg. v. Carlos Steel, 2 Bde., Löwen 1982. Die Ausgabe beruht auf sieben Manuskripten, was auf eine relativ geringe Verbreitung hinweist (eines der Mss. war im Besitz von Nikolaus von Kues). Diese Ausgabe enthält auch die Fragmente von Moerbekes Übersetzung des Kommentars von Proklos über Platons *Timaios*. Eine englische Übersetzung des Proklos-Kommentars zu Platons *Parmenides*, dieses Schlüsseltexts des neuplatonischen Denkens, gibt es von Glenn R. Morrow und John M. Dillon, *Proclus' Commentary on Plato's ‚Parmenides'*, mit einer Einführung und Anmerkungen von John M. Dillon, Princeton 1987.
¹⁹⁹ Kristeller, „Proclus as a Reader", 208.

fen zusammen, die insgesamt zu dem Schluss führen, dass in Deutschland für einige Zeit Proklos der bevorzugte Diskussionspartner war."²⁰⁰

Wie wir gesehen haben, hatte Thomas von Aquin die *Elemente der Theologie* dazu verwendet, hinter die proklischen Wurzeln des *Buchs von den Ursachen* zu kommen. Auch Siger von Brabant verwendete die *Elemente*. Aber in Paris verringerte sich der Einfluss von Proklos nach den Verurteilungen von 1277 und wurde begrenzt und stereotyp. Der Dialog mit ihm verlagerte sich von da an auf Deutschland in das Studienhaus der Dominikaner in Köln. Albert der Große kannte Moerbekes Übersetzung nicht, aber seine Hochachtung für Dionysius und das *Buch von den Ursachen* bewegte ihn dazu, Proklos in seiner späten *Summa Theologiae* oft zu zitieren.²⁰¹ Dietrich von Freiberg, ein Schüler Alberts und Zeitgenosse Eckharts, machte beträchtlichen Gebrauch von Proklos, den er als „sorgfältigen Ergründer" *(diligens indagator)* philosophischer Themen pries. Dietrich zitiert in seinen Schriften Proklos rund vierzig Mal, meistens aus den *Elementen*.²⁰²

Das Verhältnis von Meister Eckhart zu Proklos wurde schon öfter erörtert. Eckhart kannte und verwendete die *Elemente* und verknüpfte sie oft mit Belegen aus dem *Buch von den Ursachen* (vielleicht unter dem Einfluss von Thomas). Er bezieht sich sogar ungefähr ein Dutzend Mal namentlich auf Proklos. Er zitiert ihn zur Unterstützung einiger Schlüsselaspekte seines mystischen Denkens, etwa über Gott als das Absolute Einssein, das Verhältnis von Einheit und Vielfalt, die Rückwendung des Intellekts auf sich selbst, den Begriff der Wesensursache, die Unterscheidung zwischen realem Sein und wissendem Sein *(ens reale / ens cognoscitivum)* und die Überlegenheit des Intellekts. Es ist umstritten, ob Eckhart Moerbekes Version der Traktate und den Kommentar über Parmenides kannte. An einer Stelle verwendet er den proklischen Ausdruck „das Seeleneine" *(unum animae)* als Alternative für seine übliche Metapher vom „Seelenfunken". Der Ausdruck *unum animae* findet sich sowohl im Traktat *Über die Vorsehung* als auch im Parmenides-Kommentar, aber Eckhart könnte diesem Begriff anderswo begegnet sein.²⁰³ Eckharts Lehre über das Eine als Negation der

---

²⁰⁰ Sturlese, „Proclo ed Ermete", 24.
²⁰¹ Sturlese unersucht in „Il dibatitto", 268–269 die rund zwanzig Verweise auf Proklos in Alberts *Summa Theologiae*.
²⁰² Über Dietrichs Verwendung von Proklos siehe Sturlese, „Proclo ed Ermete", 24–26; und „Il dibatitto", 279–281; vgl. auch Imbach, „Le (Néo-)Platonisme médiéval", 235–237.
²⁰³ Eckhart, S. XXXVI n. 364 (LW 4,313,9–10): *Et ut totum, quod est animae unum, quaerat in hac, venit Iesus* ... Das *unum animae* erscheint in *De Providentia* 8,31 (Ausg. Boese 139–140) sowie auch in der *Expositio Procli in Parmenidem* 6.1071–1072 (Ausg. Steel 2,364,53–71). Über die Bedeutung dieses Begriffs bei Proklos siehe Werner Beierwaltes, „Der Begriff des

Negation *(negatio negationis)* wurde zuweilen als Verbindungsglied zu Proklos gesehen, der diesen Ausdruck im Parmenides-Kommentar verwendet, aber dafür gibt es keinen direkten Beleg und es ist durchaus möglich, dass der Dominikaner sein Verständnis der *negatio negationis* anhand scholastischer Quellen entwickelte.[204]

Der ausgeprägteste Proklianer unter den deutschen Dominikanern war Berthold von Moosburg, ein Zeitgenosse von Johannes Tauler. Berthold kannte alle Übersetzungen von Moerbeke. In seiner irgendwann zwischen 1330 und 1360 verfassten äußerst umfangreichen Exposition zu den *Elementen der Theologie* von Proklos zitiert er die Traktate und den Parmenides-Kommentar. Dieses Werk stellt den Höhepunkt des mittelalterlichen Proklianismus dar.[205] In seinem Kommentar, so formuliert es Sturlese „wurde die *Elementatio* gewissermaßen zum Symbol eines Projekts und einer internationalen Bewegung, die eine Alternative zur Pariser Scholastik darstellte. Tatsächlich deckte das Spektrum des Einflusses von Proklus die gesamte als ‚deutsche Mystik' bekannte Bewegung ab, und aus diesem Grund spielte es eine Rolle bei der spezifischen Prägung des Kerns dominikanischer Intellektueller, die im *studium generale* des Ordens in Köln beisammen waren."[206] Berthold spielte auch bei der Weitergabe der Kenntnis des

---

‚Unum in Nobis' bei Proklos", in: *Die Metaphysik im Mittelalter. Ihr Ursprung und ihre Bedeutung*, hg. v. Paul Wilpert, Berlin 1963, 255–266.

[204] Werner Beierwaltes, *Proklus. Grundzüge seiner Metaphysik*, Frankfurt 1965, 395–398 verweist auf die Unterschiede im Verständnis der „Negation der Negation" zwischen Proklos und Eckhart, ohne die Frage des textlichen Kontakts beider zu entscheiden. Carlos Steel stellt in „Introduction," *Proclus. Commentaire sur le Parménide de Platon* I,34*–35* in Abrede, dass Eckhart den Kommentar gekannt haben könnte. Wouter Goris verficht in *Einheit als Prinzip und Ziel. Versuch über die Einheitsmetaphysik des Opus tripartitum Meister Eckharts*, Leiden 1997, 197–206 u. 215–218 die These, Eckhart habe sein Verständnis der *negatio negationis* von Heinrich von Gent her entwickelt.

[205] *Berthold von Moosburg. Expositio super Elementationem theologicam Procli*, hg. v. Maria Rita Pagnoni-Sturlese, Loris Sturlese, Burkhard Mojsisch et al., Hamburg 1984ff., Corpus Philosophorum Teutonicorum Medii Aevi, Vol. VI. Bislang sind der Kommentar über die Propos. 1–107 und 160–183 herausgegeben. Es gibt auch eine Ausgabe der Schlusspropositionen nn. 184–211 in Loris Sturlese, *Bertoldo di Moosburg. Expositio super Elementationem theologicam Procli*, Rom 1974. Über die platonischen Züge dieses Werks siehe Stephen E. Gersh, „Berthold of Moosburg and the Content and Method of Platonic Theology", in: *Nach der Verurteilung von 1277. Philosophie und Theologie an der Universität von Paris im letzten Viertel des 13. Jahrhunderts. Studien und Texte*, hg. v. Jan A. Aertsen, Kent Emery, Jr. u. Andreas Speer, Berlin 2001, 493–503. Als weitere Untersuchungen seien genannt: Kurt Flasch, „Einleitung", in: *Expositio super Elementationem* Bd. VI.1, XI-XXXVII; A. de Libera, *La mystique rhénane* Kap. 7; und Loris Sturlese, „‚Homo divinus'. Der Prokloskommentar Bertholds von Moosburg und die Probleme der nacheckhartischen Zeit", in: *Abendländische Mystik im Mittelalter*, hg. v. Kurt Ruh, Stuttgart 1986, 145–161.

[206] Sturlese, „Il dibattito", 282.

Proklos an Tauler eine Rolle, der den heidnischen Neuplatoniker in höchsten Tönen lobte, wie wir weiter unten sehen werden.

Man sollte die Auswirkung von Moerbekes Übersetzungen nicht überschätzen, aber Tatsache ist, dass diese im philosophischen Hintergrund der spätmittelalterlichen deutschen Mystik ihren Part spielten, zumindest insoweit sie die Strömungen verstärkten, die bereits in der von Albert dem Großen initiierten intellektiven Lesart des dionysischen Corpus vorhanden waren. Die Rolle des *Proclus Latinus* in den Jahrzehnten vor und nach 1300 sollte nicht andauern. Aber die Schriften dieses heidnischen Neuplatonikers sollten im 15. Jahrhundert im Denken der bedeutenden Platoniker Nikolaus von Kues und Marsilio Ficino eine Renaissance erleben.

Kapitel 2

Mystik und Häresie:
Das Problem der Freigeister

Das Zeitalter der Fülle der Mystik war auch eine Zeit, in der es auf bislang noch nie bekannte Weise zu heftigen Auseinandersetzungen über die Rechtgläubigkeit bestimmter Formen der Mystik kam. Zwar hatten bereits in der zweiten Hälfte des 13. Jahrhunderts Ängste über gefährliche Äußerungen der Mystik geschwelt, aber in Flammen brach der Konflikt zwischen manchen Mystikern und den klerikalen Hütern des korrekten Glaubens erst im ersten Jahrzehnt des 14. Jahrhunderts aus. Die Verdächtigungen wegen mystischer Tendenzen und die inquisitorischen Untersuchungen gegen manche Mystiker sollten während der nächsten vierhundert Jahre und noch darüber hinaus zu einem Wesenszug der Geschichte der abendländischen Mystik werden. Ja, man kann durchaus vertreten, dass das wachsende Bedürfnis, das zu unterdrücken, was man als mystische Häresie ansah, als entscheidender Faktor zu jenem Prozess beitrug, der schließlich im 18. Jahrhundert zum Niedergang der Mystik in der westlichen Christenheit führte.

Die Geschichte der Ebbe und Flut der Spannungen zwischen Mystik und Magisterium (d. h. der autoritativen Kirchenlehre) wird diesen ganzen Band hindurch nachgezeichnet werden, und auch noch in den folgenden Bänden dieser Reihe. Hier möchte ich in einer Art von Einleitung einige historische Vorbemerkungen machen und theologische Prinzipien vorstellen, die zu einem besseren Verständnis dieses wichtigen und zuweilen tragischen Strangs der Geschichte der christlichen Mystik verhelfen sollen.

Mystik und Magisterium in der frühen Christenheit[1]

Friedrich von Hügel hat in seinem grundlegenden Werk *The Mystical Element of Religion* (1908) vertreten, die Religion bestehe aus drei wesentlichen Elementen: dem historisch-institutionellen (der Petrus-Dimension

---

[1] Diesem Abschnitt liegt zum Teil mein Aufsatz „Evil-sounding, rash, and suspect of heresy. Tensions between Mysticism and Magisterium in the History of the Church", in: *Catholic Historical Review* 90 (2004), 193–212 zugrunde.

des Christentums), dem analytisch-spekulativen (der Paulus-Dimension) und dem auf Wollen und Handeln bezogenen intuitiv-emotionalen (der Johannes-Dimension). Diese drei Elemente, die sich als Institutionalismus, Intellektualismus und Mystizismus bezeichnen ließen, seien innerlich dialektisch aufeinander bezogen. Die Religion (jedenfalls die christliche) sei immer institutionell, intellektuell und mystisch. Versuche jedoch ein Element, die anderen zu unterdrücken oder zu schmälern, so gerate die harmonische Interaktion aller drei, die zu einer reifen spirituellen Persönlichkeit führen soll, aus dem Lot, sowohl in den einzelnen Menschen als auch in der Religion als verfasster Gruppe.[2]

Unabhängig davon, ob Hügels Modell allgemein anwendbar ist, ist es jedenfalls für das Verständnis dessen hilfreich, dass zumindest im Christentum das mystische Element in einer unabdingbaren Beziehung zur orthodoxen Lehre steht, wie sie von den sich entwickelnden institutionellen Formen – Bischöfen, Konzilien, Glaubensformeln und – im Westen – dem Papsttum und seinen verschiedenen Unterinstanzen definiert wird. Es macht auch auf die Gefahren aufmerksam, die drohen, wenn von Seiten der Institution auf ungebührliche Weise über das mystische Element Kontrolle ausgeübt wird, insbesondere, wenn man es von seinen intellektuellen Wurzeln in der kreativen Theologie abtrennt – was nach der Kontroverse um den Quietismus im 17. und 18. Jahrhundert weithin das Schicksal der katholischen Mystik war. Wenn man die dialektische Beziehung des mystischen Elements zu den institutionellen und intellektuellen Aspekten des Christentums im Auge behält, ermöglicht das auch eine bessere Einsicht in die Konflikte zwischen der mystischen Frömmigkeit und der institutionellen Autorität von ungefähr 1300 bis 1700.

Eine häufige Erklärung für die Auseinandersetzungen zwischen manchen Mystikern und der kirchlichen Autorität ließe sich als die „Unvermeidlichkeitstheorie" bezeichnen, weil ihr die Überzeugung zugrunde liegt, es müsse unweigerlich zum Konflikt kommen, insofern die Mystik auf dem Anspruch beruhe, man habe unabhängig von allen kirchlichen Strukturen und Vermittlungen eine direkte persönliche Beziehung zu Gott. Sowohl Historiker als auch Theologen haben diese Ansicht übernommen. So behauptet zum Beispiel Steven E. Ozment in seinem Buch *Mysticism and Dissent*, dass „die mittelalterliche Mystik, wenn nicht in der Alltagspraxis, so doch jedenfalls immer in der Theorie eine subtile Kampfansage an

---

[2] Von Hügel entfaltet seine Religionsphilosophie im 2. Kapitel seines Buchs *The Mystical Element of Religion as Studied in Catherine of Genoa and her Friends*. Ausführlicher darüber siehe im vorliegenden Werk Bd. I, 419–422.

den regulären, vorgeschriebenen Weg zum religiösen Heil war."[3] Der englische Theologe Don Cupitt hat in seinem Buch *Mysticism und Modernity* aufzuzeigen versucht, dass die Anziehungskraft der Mystik auf die postmoderne Mentalität auf ihrem subversiven Charakter beruhe – sie sei immer ein Protest gegen die dogmatische Theologie gewesen und habe meistens auch noch als Kritik von Frauen an einer von Männern beherrschten Religion gedient. Für Cupitt ist die Mystik das, was uns vor der Religion rettet.[4]

Die Geschichte der mittelalterlichen Häresien wie etwa der Bewegung der Freigeister, der Radikalreformer, der spanischen Alumbrados und der Quietisten scheint solche Ansichten zu bestätigen, aber die Theorie, der Konflikt zwischen dem mystischen Element und der institutionellen Religion sei unvermeidlich, bleibt fragwürdig, und sei es nur deshalb, weil viele hervorragende Mystiker in der Geschichte des Christentums zugleich auch profunde Theologen und Säulen der Institution waren – man denke nur von denen, die bereits in den vorigen Bänden dieser Geschichte dargestellt wurden, an Ambrosius, Augustinus, Gregor von Nyssa, Gregor den Großen, Bernhard von Clairvaux und Bonaventura. Daher ist es der Mühe wert, sich genauer mit alternativen Erklärungen des Verhältnisses von Mystik und Institution zu beschäftigen.

Bei einer gründlicheren Untersuchung der Beziehung des mystischen Elements zum institutionellen und intellektuellen Element im Christentum kommt man zum Schluss, es handle sich nicht um einen inhärenten Gegensatz, sondern um eine komplexe dialektische Interaktion. Hilfreich sind diesbezüglich die Schriften des großen Gelehrten der jüdischen Mystik Gershom Scholem, der Elemente einer dialektischen Theorie der Beziehung zwischen dem mystischen Kontakt mit Gott und den etablierten juristischen, theologischen und institutionellen Strukturen der Religion entworfen hat.[5] Im Gegensatz zu denen, die die Mystik als grundlegend anti-institutionelle Form ansehen, behauptete Scholem: „Jede Mystik hat zwei gegensätzliche oder komplementäre Aspekte: einen konservativen und einen revolutionären."[6]

Für Scholem entwickelt sich die Religion in drei Stufen. Die erste sei eine

---

[3] Steven E. Ozment, *Mysticism and Dissent: Religious Ideology and Social Protest in the Sixteenth Century*, New Haven 1973, 1.
[4] Don Cupitt, *Mysticism and Modernity*, Oxford 1998, Kapitel 9–10.
[5] Gershom Scholem, „Religious Authority and Mysticism", in: *On the Kabbalah and Its Symbolism*, New York 1965, 5–31; und „Mysticism and Society", in: *Diogenes* 58 (1967), 1–24. Die folgende Darstellung beruht auf meinem „Foreword" des Nachdrucks von 1996 des Buchs *On the Kabbalah and Its Symbolism* x-xiii.
[6] Scholem, „Religious Authority and Mysticism", 7.

mythische, auf der zwischen Göttern und Menschen noch keine Kluft bestehe. Auf sie folge die klassische Stufe, auf der die göttliche Offenbarung die auf der Unterscheidung zwischen der Welt der Menschen und der Welt Gottes beruhende institutionelle Religion erschaffe. Auf der dritten Stufe versuche die Mystik, verstanden als „direkter Kontakt zwischen dem Einzelnen und Gott" die ursprüngliche Einheit des mythischen Bewusstseins wiederherzustellen.[7] Was immer man von diesem Modell halten mag, so verwendete Scholem es jedenfalls dazu, eine subtile und überzeugende Sicht des Verhältnisses zwischen der zweiten und der dritten Stufe herauszuarbeiten, das heißt, zwischen der institutionellen Religion und der Mystik. Da der mystische Kontakt mit Gott unaussprechlich sei (Scholem nennt ihn „amorph"), werde Mystik zu einem historischen Phänomen, das sich nur dann untersuchen lasse, wenn der Mystiker oder die Mystikerin versuche, ihren Kontakt mit Gott der größeren religiösen Gemeinschaft mitzuteilen. Um verstanden zu werden, müsse sich der Mystiker dabei der Sprache und Symbole der Tradition bedienen. Folglich, so bemerkte Scholem, sei die Mystik in den drei westlichen monotheistischen Religionen primär eine konservative Kraft gewesen, insofern Mystiker „die Quellen der traditionellen Autorität wiederzuentdecken scheinen" und somit „versuchen, sie im strengsten Sinn zu bewahren."[8] Aber wegen der amorphen Natur ihres Gottesbewusstseins könne der ererbte Komplex von Symbolen und Ausdrücken nie voll die Erfahrung einfangen, sondern müsse im Prozess der Kommunikation ausgedehnt oder umgeformt werden. Das ist der Grund dafür, dass sich Scholem derart zur Mystik als der tiefsten Quelle für Veränderung und Entwicklung in der Religion hingezogen fühlte.

Veränderung oder Adaptation führten jedoch zur bohrenden Frage, welches Maß an Entwicklung eine religiöse Tradition zulassen kann, ohne eine wesentliche Deformation oder eine Evolution zu etwas anderem zu erleiden. Hier trete der radikale Pol des mystischen Bewusstseins zutage. Manche Mystiker, die allerdings anscheinend relativ selten gewesen seien, hätten mit dem Anspruch begonnen, ihr Kontakt mit Gott sei eine neue und höhere Offenbarung als die von der Tradition vermittelte. Der Konflikt zwischen der religiösen Autorität und solchen „angeboren radikalen" Mystikern, wie Scholem sie bezeichnete, sei tatsächlich unvermeidlich. Doch Scholem hatte den Eindruck, dass es öfter so gewesen sei, dass die religiöse Autorität Mystikern den Konflikt aufgezwungen habe. Seiner Ansicht nach „sind solche Konflikte weithin unvorhersehbar und entzünden sich im We-

---

[7] Ebd. 9–11; „Mysticism and Society", 9.15–16.
[8] Scholem, „Religious Authority and Mysticism", 7.

sentlichen nicht an der Persönlichkeit oder den Lehren des Mystikers. Sie hängen völlig von den historischen Umständen ab."[9] Als Beweis dafür bietet er die Beobachtung an, dass „Lehren, die zu bestimmten Zeiten und an bestimmten Orten mit äußerstem Nachdruck verfochten wurden, ohne zu irgendeinem Konflikt zu führen, unter anderen historischen Bedingungen gewalttätige Auseinandersetzungen auslösen konnten", und er zitiert als Beispiel den Quietismus.[10] So waren es für Scholem historische Zufälle, die zu Situationen führten, in denen Mystiker gezwungen wurden, zwischen der Wahrheit ihres eigenen Kontakts mit Gott und der Wahrheit der Tradition zu wählen.

So nützlich Scholems Theorie ist, kann man dennoch über die Kategorie des historischen Zufalls hinausgehen, indem man bestimmte inhärent explosive Tendenzen in der Interaktion von Mystik und religiöser Autorität aufzeigt, zumindest in der Geschichte des Christentums. Diese Tendenzen oder wahrgenommenen Gefahren sind relationaler Art, das heißt, sie sind nicht so sehr der Mystik selbst inhärent, sondern sind Ausdruck der Art und Weise, auf die der mystische Aspekt der Tradition von den Vertretern ihres institutionellen Lebens und Lehrens im Lauf der Geschichte aufgefasst werden kann. Es folgt jetzt der Versuch, einige der stärksten dieser Entwicklungsspannungen in der Geschichte des Christentums freizulegen, um von da her die spätmittelalterlichen Auseinandersetzungen über häretische Formen der Mystik besser verstehen zu können.

Dabei muss man offensichtlich mit der Gnosis anfangen, einem viel diskutierten Begriff, der von Anfang an für die verschiedenen Forscher etwas Unterschiedliches bedeutet hat. Angesichts der Vielfalt gnostischer Texte und der Beschreibung ihrer Glaubensvorstellungen durch ihre Gegner ist es irrig, von der Gnosis so zu sprechen, als handle es sich dabei um eine einzige Strömung mit einem einheitlichen Denksystem. Dennoch haben viele gnostische Texte aus dem 2. bis 4. Jahrhundert n. Chr. für den Historiker der Mystik einen stark mystischen Charakter und Gnosis-Experten waren bereit, diese als in gewisser Hinsicht zutiefst mystisch zu charakterisieren.[11] In den gnostischen Schriften finden wir mystische Schlüsselthemen wie das vom Fall und Aufstieg der Seele, eine negative Theologie, die Beto-

---

[9] „Religious Authority and Mysticism", 24. Vgl. die ganze Ausführung darüber in 23–25, sowie auch das in „Mysticism and Society", 8–13 dazu Gesagte.
[10] Scholem, „Religious Authority and Mysticism", 24 f.
[11] Von den Mystik-Darstellungen, die ihren mystischen Charakter hervorheben, siehe besonders Bentley Layton, *The Gnostic Scriptures. A New Translation with Annotations and Introductions*, Garden City 1987 und Robert M. Grant, „Gnostische Spiritualität", in: *Geschichte der christlichen Spiritualität Bd. I: Von den Anfängen bis zum 12. Jahrhundert*, hg. v. Bernard McGinn, John Meyendorff u. Jean Leclercq, Würzburg 1993, 71–87. Ausführlicheres über

nung der Kontemplation und der Schau Gottes und das Einswerden mit dem immanenten Gott, und diese werden alle im Rahmen eines mythischen Systems vorgestellt, in dem man die Erlösung kraft eines speziellen Wissens (*gnôsis*) erlangt, mittels dessen einige (nicht alle) Gläubige die ihnen innewohnende Göttlichkeit erkennen.

Erforscher der frühen Christenheit sind sich weiterhin darüber uneinig, welche Mechanismen und Prozesse zum Übergang von den ersten Jesus-Gemeinden zur Kirche geführt haben – zur einen, heiligen, katholischen und apostolischen Kirche. Wenige dagegen würden nicht der Aussage zustimmen, dass bei dieser Evolution die Auseinandersetzung um den wahren Sinn des Begriffes *gnôsis* ein zentrales Moment war. Im I. Band des vorliegenden Werks habe ich gesagt, dass die gnostische Krise ein maßgebliches Moment für die Entwicklung der Mystik war. Die Vorstellung einer Lehrautorität, die zumindest im Prinzip einheitlich, apostolisch und universal sei und daher auf alle Äußerungen des Glaubens anwendbar (die unter den Religionen im römischen Reich nur dem Christentum eigen war), begann im 2. Jahrhundert aufzutauchen, nämlich mitten in den Auseinandersetzungen darüber, was es genau bedeute, ein Christ zu sein; und die Auseinandersetzung über die *gnôsis* war die heftigste. Wenn das Christentum so sehr die Orthodoxie betont, dann impliziert das einen ständigen Dialog zwischen den Ansprüchen auf eine mystische Gotteserkenntnis auf der einen Seite und der öffentlichen und universalen Lehre, die man später als das „Magisterium" bezeichnen sollte, auf der anderen. Diese Art intensiven Gesprächs gibt es nicht, oder jedenfalls nicht in der gleichen Art, bei den Schwesterreligionen Judentum und Islam, die über diffusere Mechanismen zur Gewährleistung des korrekten Glaubens verfügen. Man könnte sagen, die christliche Mystik habe weithin aus dem Grund eine notwendige Beziehung zum Magisterium erhalten, weil die Behauptung der frühchristlichen Gnostiker, über ein esoterisches erlösendes Wissen zu verfügen, in dieser Religion als unzulässig erschien, deren Erfolg eng mit der Universalität ihrer Lehre und der Kohärenz und Stabilität ihrer institutionellen Struktur zusammenhing.

Viele der uns verfügbaren gnostischen Texte sowie auch die zuweilen verzerrten Darstellungen des Gnostizismus, die sich bei den Vätern der sich herausbildenden Orthodoxie finden, beleuchten bestimmte neuralgische Themen, die in der nachfolgenden Geschichte der Mystik immer wieder zum Gegenstand der Diskussion werden sollten. Zu diesen gehört die Frage, ob die Seele als ein von oben herabgefallener Funke von Natur aus gött-

---

meine Sicht des Verhältnisses der Gnosis zur Geschichte der christlichen Mystik siehe im vorliegenden Werk Bd. I, 139–152.

lich sei oder nur des Vergöttlichtwerdens fähig. Ein anderes Thema ist das Verhältnis der drei am Erlösungsprozess mitspielenden Gaben zueinander: des Glaubens *(pistis)*, der Liebe *(agapê)* und der erlösenden Erkenntnis *(gnôsis)*. Verschiedene gnostische Texte enthalten unterschiedliche Ansichten darüber, wie diese drei zusammenwirken, aber die Betonung, dass das, was man in der *gnôsis* erlange und in der *agapê* praktiziere, nicht der *pistis*, der Glaubensregel *(regula fidei)* zuwiderlaufen könne, wurde in der orthodoxen Überzeugung tief verankert, wie man bei Schriftstellern wie Irenaeus, Tertullian, Hippolyt und Origenes deutlich sehen kann. In der nachfolgenden christlichen Mystik sollte die Frage nach dem Verhältnis von Liebe und Erkenntnis zum mystischen Kontakt mit Gott ein Schlüsselthema bleiben.

Das Ausmaß, in dem manche Gnostiker behaupteten, ihre Gotteserkenntnis gehe über diejenige der gewöhnlichen Gläubigen hinaus, macht deutlich auf ein drittes Thema aufmerksam: die Rolle der Esoterik. Ein Aspekt der Frage, ob die erlösende Erkenntnis wirklich allen offen stehe, ist der Rang, den man der visionären Erfahrung und neuen Offenbarungen zuerkennt. In welchem Ausmaß gewährte beides eine höhere oder andere, nur wenigen zugängliche Gotteserkenntnis? Ein zweiter Aspekt betrifft die Schriftauslegung. Alle frühen Christen wandten die spirituelle Exegese an, aber wo waren die Grenzen des Lesens unter der Oberfläche des Textes, um tiefere Weisheiten freizulegen? Als Ergebnis der Auseinandersetzungen über den Gnostizismus schälte sich in der orthodoxen Kirche das allgemeine Prinzip heraus, dass Visionen und neue Offenbarungen in dem Maß, in dem sie den Sinn der Tradition bestätigten, akzeptabel und sogar nützlich seien, aber falls eine angebliche Vision oder Botschaft etwas mit der Tradition Unvereinbares bringe, insbesondere eine nur wenigen zugängliche Wahrheit, sei diese abzulehnen und zu verurteilen. Das gleiche Prinzip galt für die Auslegung der Bibel, die sich ebenfalls der Prüfung durch die öffentlich bekannt gemachte Orthodoxie stellen musste. In den exegetischen Handbüchern von Schriftstellern wie Origenes und Augustinus findet man das deutlich betont.[12] Was sich mit der *regula fidei* vereinbaren ließ, war erlaubt; was aussah, als bringe es eine esoterische Botschaft für solche, die innerlich für sie aufnahmefähig waren, verfiel dem Anathema. Auch wenn sich die langsam entstehende Orthodoxie noch mehrere Jahrhunderte lang nicht vollständig durchsetzen konnte, waren die Auseinandersetzungen des 2. und frühen 3. Jahrhunderts in dieser Hinsicht entscheidend.

---

[12] Über die Rolle der *regula fidei* als Norm für die Exegese siehe Origenes, *De principiis* 4,2,2 und Augustinus, *De doctrina christiana* 3,10,14.

Das Misstrauen gegen die Esoterik ist ein wichtiges Unterscheidungsmerkmal für die christliche Mystik gegenüber der Mystik des Judentums und des Islam. Es ist auffallend, wie in diesen beiden Glaubenstraditionen viele ihrer Formen der Mystik in heimlichen Zirkeln entwickelt wurden, in denen besonders erfahrene Individuen Glaubensvorstellungen äußern und Praktiken ausüben konnten, die weit über das hinausgingen, was von den gewöhnlichen Gläubigen erwartet wurde oder sogar was ihnen erlaubt war – vorausgesetzt, die Erfahrenen führten ihr öffentliches Leben gemäß den verlangten Formen der Orthopraxie. Im Judentum und Islam war die Esoterik zwar nie allgemein verbreitet, jedoch in deren Mystik feste Gewohnheit, oder sie wurde sogar erwartet, während sie im Christentum als inhärent gefährlich angesehen wurde. Soweit es in Traditionen wie dem Judentum und Islam zu Verdächtigungen und Verfolgungen eingefleischter radikaler Mystiker kam, scheint dies einer anderen Dynamik entstammt zu sein und war vielleicht eher das Produkt spezieller historischer Situationen als der Angst vor dem esoterischen Wissen als solchem. Im Rahmen der Geschichte der christlichen Mystik bildete sich infolge des Kampfs gegen den Gnostizismus ein Prinzip heraus, das sich so formulieren ließe: Soweit Mystiker offensichtlich Geheimgruppen angehören, die Formen der Erkenntnis fördern, welche in Konflikt mit der orthodoxen Tradition stehen und nicht wenigstens potenziell der größeren Glaubensgemeinschaft zugänglich sind, werden solche Mystiker zum Gegenstand der Verdächtigung, Untersuchung und oft auch Verurteilung.

Eng verknüpft mit dem Thema der esoterischen Geheimhaltung ist dasjenige der unerlaubten sexuellen Praktiken. Die Religion war immer auf Regelungen der sexuellen Praxis bedacht. Im antiken Rom wurde spätestens seit dem Verbot der Bacchanalien im Jahr 186 v. Chr. den Geheimkulten, insbesondere denjenigen aus dem Osten, von den Hütern der Sozialordnung oft vorgeworfen, sie seien sexuell ausschweifend.[13] Wie wir von den Apologeten wissen, wurden derartige Anschuldigungen ab spätestens dem 2. Jahrhundert n. Chr. auch gegen die Christen erhoben. Athenagoras, der 178 schrieb, widerlegte die heidnischen Angriffe gegen die Christen, weil sie „thyesteische Mahlzeiten" (d. h. kannibalische Mähler) und „ödi-

---

[13] Im Jahr 186 v. Chr. unternahmen die römischen Behörden eine Verfolgung heimlicher Bacchusverehrer, deren Zahl siebentausend betragen haben soll. Laut dem *senatus consultum* (Endbeschluss des Senats) wurden den Bacchanten ziemlich genau die gleichen sexuellen und menschenmörderischen Praktiken unterstellt wie später den frühen Christen und den mittelalterlichen Häretikern. Siehe Livius, *Römische Geschichte*, 39,8–19 sowie die Studie von Adrien Bruhl, *Liber Pater, origine et expansion du culte dionysiaque à Rome et dans le monde romain*, Paris 1953, 82–116.

peische Beilager", also Inzest pflegten.[14] Im 2. Jahrhundert begannen Bischöfe und andere proto-othodoxe Schriftsteller manche gnostische Gruppen wie etwa die Karpokratianer geheimer sexueller Ausschweifungen anzuklagen.[15] Der kulturelle Topos, nach dem man religiöse Geheimgruppen mit ausschweifender Sexualität gleichsetzte, war älter als das Christentum und sollte in den Auseinandersetzungen über die Mystik immer wieder auftauchen. Einzelne oder Gruppen, welche als solche wahrgenommen werden, die behaupten, über eine höhere esoterische Weisheit zu verfügen, bieten sich an, als Gesetzlose gesehen zu werden. Natürlich waren sie das auch, zumindest zu bestimmten Zeiten; aber der ererbte Topos, Geheimhaltung immer sofort mit geheimem sexuellem Treiben gleichzusetzen, macht es schwierig, Realität und Unterstellungen voneinander zu unterscheiden.

Waren die Esoterik und die damit verbundene Gefahr der sexuellen Gesetzlosigkeit (was im Grund die einzige Gesetzlosigkeit ist, die je wirklich zählte) ab dem 2. Jahrhundert als neuralgisches Thema fixiert, so offenbart das nächste Kapitel in der Geschichte der Spannungen zwischen Mystik und Magisterium eine weitere Facette dieser Geschichte. Diese betraf direkt die östliche Christenheit, sollte aber auch analoge Fälle im Westen kennen. Nach Irenée Hausherr „ist die größte spirituelle Häresie des christlichen Ostens der Mesalianismus."[16] Von den Messalianern oder Euchiten (Bezeichnungen, die „die Betenden" bedeuten, die erstere aus dem Syrischen, die andere aus dem Griechischen) ist ab der zweiten Hälfte des 4. Jahrhunderts in kirchlichen Dokumenten die Rede.[17] Sie wurden 390 vom Konzil von Side verurteilt, das Amphilochios von Ikonion einberufen hatte. Es folgten weitere Verurteilungen, darunter eine 431 in Ephesos. Kirchenhistoriker und dogmatische Schriftsteller wie Epiphanios (ca. 377), Theodoret (ca. 440–453), Timotheos von Konstantinopel (ca. 600) und Johannes von Damaskus (ca. 745) liefern uns Listen ihrer Irrtümer. Columba Stewart er-

---

[14] Athenagoras, „Bittschrift für die Christen (Apologia pro Christiana)", aus dem Lat. übers. v. P. Anselm Eberhard, *Bibliothek der Kirchenväter* 1. Reihe, Bd. 12, München 1913, Kap. 3 u. 31–34.
[15] Anklagen erlaubter sexueller Praktiken unter den Gnostikern finden sich z. B. bei Irenaeus, *Adversus haereses* 1,6,3–4 und 1,13,3–6; Klemens von Alexandrien, *Miscellaneae* 3,2,5–10, 3,4,27–28 und 3,6,54 sowie Epiphanios von Salamis, *Panarion* 26. Ausführlicher darüber Stephen Benko, *Pagan Rome and the Early Christians*, Bloomington 1986, 65–73.
[16] Irenée Hausherr, „L'erreur fondamentale et la logique du messalianisme", in: *Orientalia Christiana Periodica* 1 (1935), 328.
[17] Die jüngste Darstellung ist Daniel Caner, *Wandering, Begging Monks. Spiritual Authority and the Promotion of Monasticism in Late Antiquity*, Berkeley u. Los Angeles, 2002, Kap. 3. Vgl. auch Columba Stewart OSB, „Working the Earth of the Heart". *The Messalian Controversy in History, Texts, and Language to AD 431*, Oxford 1991 und Antoine Guillaumont, Art. „Messaliens", in: DS 10,1074–1083.

mittelte anhand eines Vergleichs aller dieser Listen zehn Schlüsselthemen der Glaubensvorstellungen und Praktiken dieser Bewegung.[18] Beim zentralen doktrinären Problem geht es um die Rolle des Gebets bezüglich der Taufe und der Eucharistie. Den Messalianern wurde vorgeworfen, sie behaupteten, im Herzen des Menschen wohne ein Dämon (Irrtum 1), der durch die Taufe nicht ausgetrieben werden könne (Irrtum 2), sondern nur durch immerwährendes Gebet (Irrtum 3), was den Menschen hindere, seine Arbeitspflichten und seine anderen christlichen Übungen zu erfüllen (Irrtümer 7 und 9). Solche Vorwürfe, überstark auf das Gebet angewiesen zu sein und daher die Sakramente und das moralische Bemühen zu vernachlässigen, könnten das früheste Auftauchen jenes Komplexes von Irrtümern anzeigen, der sich später unter dem Namen „Quietismus" herauskristallisierte. Ebenfalls wichtig war – zumindest für den späteren Gebrauch des Begriffs „Messalianismus" als schlimmen Vorwurf – die Behauptung, die Messalianer seien der Auffassung, sie könnten mittels immerwährenden Gebets die physische Schau und Erfahrung Gottes erlangen. Laut Johannes von Damaskus „sagten sie, die Kraft ihres Gebets sei so groß, dass der Heilige Geist ihnen und den von ihnen Unterwiesenen in wahrnehmbarer Gestalt erscheine."[19]

Wer genau waren die Messalianer? Einige Aspekte der Redeweise, an der die Orthodoxen Anstoß nahmen, wenn nicht sogar direkt die herausragendsten Behauptungen, finden sich im syrischen *Liber Graduum (Buch der Aufstiege)* aus dem späten 4. Jahrhundert und auch in den zeitgleichen *Fünfzig Geistlichen Homilien*, die als Pseudonym Makarios dem Großen zugeschrieben wurden. Diese Predigten wuden viel gelesen und gerühmt, nicht nur im christlichen Osten, sondern auch im Westen, insbesondere von den deutschen Pietisten und dem Engländer John Wesley.[20] Manche haben diese Werke für messalianisch gehalten, aber falls dies der Fall sein sollte, muss man einräumen, dass es den Messalianismus in vielen Variationen gab.[21] Letztlich ist die Existenz des Messalianismus als einer tatsächlich

---

[18] Stewart, „*Working the Earth of the Heart*", 52–69. Stewart bietet in seinem „Appendix 2", 244–279 auch die griechischen Texte, Übersetzungen und einen synoptischen Vergleich der Listen der Irrtümer.
[19] Johannes von Damaskus, *De haeresibus* 80,10. Zuweilen wurde die physische Präsenz Gottes mit sexuellen Begriffen beschrieben, wie etwa in 80,8: „… dass es für die Seele notwendig sei, eine Vereinigung mit dem himmlischen Bräutigam von der Art zu empfinden, wie sie eine Frau mit einem Mann empfindet." Solche anthropomorphe Ansichten finden sich auch bei den frühen Mönchen in Ägypten.
[20] Über das Verhältnis dieser beiden Texte zum Messalianismus siehe Caner, *Wandering, Begging Monks*, 107–117. Über die Mystik der Homilien des Pseudo-Makarios siehe im vorliegenden Werk Bd. I, 210–213.
[21] John Meyendorff, „Messalianism or Anti-Messalianism? A Fresh Look at the ‚Macarian'

existierenden Gruppe oder Sekte nicht greifbar. Columba Stewart bemerkt: „Die ‚Messalianer' als solche haben keine auffindbare Geschichte. Aber die mit ihnen zusammenhängenden Vorstellungen und Texte haben sehr wohl eine Geschichte, und zu bestimmten Zeitpunkten während der gesamten Kontroverse wurden immer wieder bestimmte Personen mit dem Etikett ‚messalianisch' versehen."[22] Stewart behauptet zudem, dass der Angriff auf die Messalianer in erster Linie das Ergebnis eines sprachlichen und kulturellen Missverständnisses zwischen griechischen und syrischen Formen der Spiritualität gewesen sei.[23] Wie immer es genau gewesen sein mag, wurde die Bezeichnung „Messalianismus" genau wie später diejenige des „Quietismus" jedenfalls als breiter Besen eingesetzt, um jede Vorstellung, die den Geschmack einer verdächtigen mystischen Gebetsform an sich hatte, sowie auch noch viele andere Irrtümer auszukehren. Aus unserer Sicht veranschaulicht die Erschaffung des „Messalianismus" als Kategorie mystischer Häresie einen weiteren neuralgischen Punkt in der Geschichte des Verhältnisses von Mystik und Magisterium. Sofern das mystische Gebet als in Konflikt mit dem sakramentalen Leben der Gemeinschaft und/oder den Verpflichtungen der christlichen Nächstenliebe stehend erscheint, wird es automatisch suspekt.

Mystische Häresie im Mittelalter: Ursprünge der Bewegung vom Freien Geist[24]

Die Geschichte der Mystik-Häresie im mittelalterlichen Christentum knüpft zwar nicht historisch kontinuierlich an die Streitigkeiten in der frühen Kirche an, hängt aber theologisch dennoch mit diesen zusammen, und

---

Problem", in: *KYRIAKON: Festschrift Johannes Quasten*, hg. v. Patrick Granfield u. Joseph Jungmann, 2 Bde., Münster 1970, II, 585–590 vertritt, dass, „... falls ‚Makarios' Messalianer ist, diese gesamte Tradition (nämlich der ostchristlichen Spiritualität) ebenfalls messalianisch ist", 586.

[22] Stewart, *„Working the Earth of the Heart"*, 43.

[23] Ebd., 234–240.

[24] In der Literatur über die Häresie vom Freien Geist tut sich eine Kluft auf zwischen älteren Darstellungen mit der Tendenz, den Quellen der Inquisition Vertrauen zu schenken und von daher die Freigeister als eine weitverbreitete häretische *Bewegung* anzusehen, und neueren Untersuchungen, die betonen, diese Vorstellung von der Häresie sei künstlich konstruiert und von daher in Frage stellen, ob es überhaupt jemals eine Häresie vom Freien Geist im Sinn einer tatsächlichen sozialen Gruppe gegeben habe. Das für die letztere Sicht maßgebliche Buch ist Robert E. Lerner, *The Heresy of the Free Spirit in the Later Middle Ages*, Berkeley u. Los Angeles 1972. (Lerner beschränkt seine hervorragende Untersuchung allerdings auf Nordeuropa und erörtert nicht die Freigeister in Italien.) Vertreter der älteren Historiographie finden sich bei Ernest W. McDonnell, *The Beguines and Beghards in Medieval Culture*

das nicht nur infolge des Einflusses der Schriftsteller der Patristik, sondern auch des hartnäckigen Fortlebens von Themen wie Esoterik, Gesetzlosigkeit, Antisakramentalismus und suspekte Gebetsformen.[25] Doch tauchten im Mittelalter auch neue Gefahren in Form von Themen auf, die im weitgespannten Zeitraum der Geschichte der abendländischen mystischen Häresie zwischen der Mitte des 13. und der Mitte des 18. Jahrhunderts ständig zu Verdächtigungen führten. Eine zentrale Rolle spielte unter diesen der Begriff des Zunichtewerdens der Person, und das nicht nur, weil diese Vorstellung für die mystische Tradition neu war, sondern auch, weil sie als die Wurzel vieler der anderen Gefahren anzusehen ist, die die Autoritäten bei Mystikern des Spätmittelalters und der frühen Neuzeit wahrnahmen.

Manche mittelalterliche Mystiker waren des Pantheismus bezichtigt worden. Während die Inquisitionsberichte nur wenige pantheistisch klingende Aussagen enthalten, gibt es verstreut Hinweise auf den Pantheismus im klassischen philosophischen Sinn der direkten Identifikation aller Dinge mit Gott.[26] Andere haben versucht, den Schlüsselirrtum der mittelalterlichen häretischen Mystiker damit exakter zu benennen, dass sie ihnen einen „Autotheismus" zuschrieben, das heißt, sie hätten sich in einem Maß mit Gott identifiziert, dass sie sich alle Prärogativen der göttlichen Natur zuschrieben, darunter auch die Freiheit vom Gesetz und jeglicher Regulierung

---

with special emphasis on the Belgian scene, New Brunswick 1954 und Gordon Leff, *Heresy in the Later Middle Ages*, 2 Bde., New York 1967, Bd. I, Kap. 4. Eine Menge nützlichen, allerdings unsortierten Materials findet sich in Romana Guarnieri, „Il Movimento dello del Libero Spirito dalle Origini al Secolo XVI", in: *Archivio Italiano per la Storia della Pietà* 4 (1965), 353–708. Guarnieri schrieb auch den Artikel „Frères du Libre Esprit", in: DS 5 (1964), 1241–1268. Eine wichtige Studie über die Inquisitionsprozesse wegen mystischer Häresie ist Herbert Grundmann, „Ketzerverhöre des Spätmittelalters als quellenkritisches Problem", in: *Deutsches Archiv für Erforschung des Mittelalters* 21 (1965), 519–575. Vgl. auch den Überblick von Eleanor McLaughlin, „The Heresy of the Free Spirit and Late Medieval Mysticism", in: *Mediaevalia et Humanistica* n.s. 4 (1973), 37–54. Aus jüngerer Zeit vgl. Walter Senner, „Rhineland Dominicans, Meister Eckhart and the Sect of the Free Spirit", in: *The Vocation of Service to God and Neighbour. Selected Proceedings of the International Medieval Congress, University of Leeds, 14-17 July 1997*, hg. v. Joan Greatrex, Turnhout 1998, 121–133 und Martina Wehrli-Johns, „Mystik und Inquisition. Die Dominikaner und die sogenannte Häresie des Freien Geistes", in: *Deutsche Mystik im abendländischen Zusammenhang*, hg. v. Walter Haug u. Wolfram Schneider-Lastin, Tübingen 2000, 223–252.
[25] Über die Geschichte der Häresie im Mittelalter gibt es umfangreiche Literatur. Zum Überblick siehe Alexander Patschovsky, „Was sind Ketzer? Über den geschichtlichen Ort der Häresien im Mittelalter", in: *Eine finstere und fast unglaubliche Geschichte? Mediävistische Notizen zu Umberto Ecos Mönchsroman ‚Der Name der Rose'*, hg. v. Max Kerner, Darmstadt 1988, 169–190.
[26] Dermot Moran zeigt in „Pantheism from John Scottus Eriugena to Nicholas of Cusa", in: *American Catholic Philosophical Quarterly* 64 (1990), 131–152, wie der Begriff „Pantheismus" zur Beschreibung wichtiger christlicher neuplatonischer Mystiker unzureichend ist.

– also die *libertas spiritus*.²⁷ In manchen spätmittelalterlichen mystischen Texten steckt gewiss ein autotheistisches Element, aber es dürfte hilfreicher sein, sich die Behauptungen der Mystiker, auf irgendeine Weise mit Gott identisch zu sein, genau anhand des Vokabulars anzusehen, das sie tatsächlich gebrauchten, und zuzusehen, ob ihre Sprache von der Ununterschiedenheit und vom Zunichtewerden des geschaffenen Ichs das wesentliche Problem darstellt. Mit „Ununterschiedenheit" ist gemeint, dass man einen inneren Zustand erlangen könne, in dem es zumindest auf einer bestimmten Ebene keinen Unterschied oder keine Andersheit zwischen Gott und dem Ich gebe. Dieses Einswerden der Identitäten gehe tiefer als jenes mystische Einswerden in der Liebe zweier Entitäten, die ihre separaten Substanzen wahren, als das die meisten früheren christlichen Mystiker ihre Erfahrung verstanden, etwa die Mönchsschriftsteller des 12. Jahrhunderts.²⁸ Doch die Vorstellung vom mystischen Identischwerden war der früheren christlichen Tradition nicht unbekannt, wie die Lehre des Evagrius Ponticus und des einflussreichen dionysischen Corpus deutlich zeigt.²⁹

Die Betonung des mystischen Identischwerdens, die man bei vielen spätmittelalterlichen Mystikern findet, wurzelte meiner Überzeugung nach im Begriff des Zunichtewerdens, insbesondere des Zunichtewerdens des geschaffenenen Willens. Das war eines der neueren und gefährlicheren Elemente in der neuen Mystik. Die Aussage, dass eine Läuterung und Neuausrichtung des gefallenen Willens unbedingt notwendig sei – ein wichtiger Grundsatz der augustinischen Theologie und Mystik –, genügte manchen Mystikern nicht mehr. Ihrer Auffassung nach musste der Wille genau deswegen, weil er geschaffen und daher anders als Gott war, vernichtet werden. Die Wurzel der Rede vom mystischen Identischwerden und den Gefahren, die man dabei empfand, steckte im Boden der Vorstellung vom Zunichtewerden, also des Prozesses des inneren Entkleidet- und alles geschöpflichen Beraubtwerdens, der darauf zielt, in eine Situation zu führen, in der die Seele gewissermaßen nicht länger existiert, sondern Gott selbst zum Ort wird, von dem her das göttliche Handeln in die Welt fließt, wie Marguerite Porete, Meister Eckhart und einige andere lehrten. Zwar sollte es spätere Mystiker wie Katharina von Genua, Johannes vom Kreuz, Benet Canfield

---

²⁷ Über den Autotheismus siehe Lerner, *Heresy of the Free Spirit*, 1–3, 5, 82–84, 115, 126, 178f., 194f., 203f., 218–220 usw.
²⁸ Über die beiden Formen der *unio mystica* siehe Bernard McGinn, „Mystical Union in Judaism, Christianity, and Islam", in: *The Encyclopedia of Religion*, 2. Aufl., Houndmills 2004.
²⁹ Siehe Evagrius Ponticus, *Brief an Melania* 6 und 12 und Pseudo-Dionysius, MT 1,3. Vgl. die Erörterung dieser Texte im vorliegenden Werk Bd. I, 228–231.

und Pierre de Bérulle geben, die die Rede vom Zunichtewerden gebrauchten, ohne der Zensur zu verfallen, aber in den Jahrhunderten von 1300 bis 1700 war das nur schwierig zu schaffen.

Vom hier vorgeschlagenen Modell einer wechselseitigen Beziehung für die Interaktion zwischen Mystik und Magisterium her kann man sagen, dass die Auseinandersetzungen über die Mystik, die mehr als vierhundert Jahre prägten, ihre Ursache nicht nur im Auftauchen neuer mystischer Themen im 13. Jahrhundert hatten, sondern auch in Veränderungen im institutionellen Geflecht der Kirche und ihren Weisen, auf die Gewährleistung der Orthodoxie bedacht zu sein. Ohne die Organisation der inquisitorischen Verfolgung der Häresie *(inquisitio hereticae pravitatis)* wäre diese Konfliktgeschichte ziemlich anders verlaufen.[30] Sichere Erkenntnisse sind nur schwer zu gewinnen, da schwierig herauszubringen ist, was „Häretiker", die die Inquisition in ihre Mangel nahm, tatsächlich glaubten. Viele Elemente der spätmittelalterlichen Häresieuntersuchungen waren nämlich darauf angelegt, die Angeklagten so weit zu bringen, dass sie das gestanden, was die Ankläger bei ihnen vermuteten. Dazu gehörten die Methode, Geständnisse zur Bestimmung lehrmäßiger Irrtümer zu erzwingen[31] und der Umstand, dass die Richter ihre Entscheidungen darauf gründeten, was unabhängig von der Intention des sich Verteidigenden wie Häresie *klang (pro-ut sonat)*.[32] Verdächtigte Häretiker wurden anhand von Frageformularen *(interrogatoria)* nach dem, was man für Häresie hielt, verhört, statt dass man sie daraufhin verhört hätte, was sie von sich aus selbst sagen würden.[33] In Fällen von mystischer Häresie nahm das vom Konzil von Vienne erlassene Dekret „Ad nostrum" den kanonischen Status eines Prüfsteins für den

---

[30] Als allgemeine Darstellung siehe Edward Peters, *Inquisition*, New York 1988. Nützlich ist auch H. Ansgar Kelly, „Inquisition and the Persecution of Heresy: Misconceptions and Abuses", in: *Church History* 58 (1989), 439–451. Über die Unterdrückung der mystischen Häresie vgl. Richard Kieckhefer, *Repression of Heresy in Medieval Germany*, Philadelphia 1979, Kap. 3: „The War against Beghards and Beguines". Als Zusammenfassung der Prozeduren gegen die gelehrte Häresie J. M. M. H. Thijssen, *Censure and Heresy at the University of Paris 1200–1400*, Philadelphia 1998, Kap. 1.

[31] Über die Methode, Häresien aufzuspüren, indem man Listen von Auszügen oder aus dem Kontext gerissenen Zitaten anfertigte, die zumindest bis zum Fall von Abaelard zurückreicht, siehe Josef Koch, „Philosophische und theologische Irrtumslisten von 1270–1329", in: *Kleine Schriften*, 2 Bde., Rom 1973, II, 423–50. Die Methode, Auszüge aus ihrem Kontext zu reißen, war sogar schon zur Zeit des Mittelalters eine Quelle der Unzufriedenheit, wie man bei Thijssen, *Censure and Heresy*, 25–30 nachlesen kann.

[32] Über das Prinzip *prout sonat* in akademischen Häresieverfahren siehe Thijssen, *Censure and Heresy*, 25–33. Gelehrte Angeklagte wie Meister Eckhart legten entschieden Protest gegen diese Vorgehensweise ein und bestanden darauf, es sei ganz wichtig, auf die Intention des Autors des verdächtigten Textes zu achten.

[33] Über den Gebrauch dieser Formulare siehe Kieckhefer, *Repression of Heresy*, 30–32.

Irrtum an. Daher müssen die Quellen der Inquisition, die einen Großteil der Beweise für die Häresie vom Freien Geist ausmachen, immer mit einer starken Hermeneutik des Misstrauens gelesen werden.[34]

Die Konflikte zwischen Mystik und Magisterium nach 1300 wurzelten nicht nur in zunehmend stärkeren Kontrollmechanismen in der spätmittelalterlichen Christenheit, sondern auch in sozialen Aspekten der um 1200 auftauchenden neuen Mystik.[35] Die neuen Formen der Mystik waren demokratisch, das heißt offen für alle; waren säkularisiert in dem Sinn, dass sie auf dem Marktplatz genauso zu verwirklichen waren wie im Kloster; und sie wurden zum größten Teil in der Volkssprache zum Ausdruck gebracht, oft von Frauen. Obwohl alle diese Aspekte der neuen Mystik doch offensichtlich gegen den Verdacht des Esoterischen sprachen, der im Misstrauen des Lehramts gegen die Mystik ständig mitspielte, nährten sie paradoxerweise eher noch diese Ängste, weil man empfand, sie ermöglichten gefährlicheren Vorstellungen eine weitere Verbreitung in Gesellschaftsschichten, die im Unterschied zu den Ordensmännern und -frauen in ihren Klöstern viel weniger unter tagtäglicher Überwachung standen. Solange die Mystik nämlich weithin der Bereich der klösterlichen Eliten gewesen war, hatte sie als relativ sicheres Phänomen gegolten. Als sie sich jedoch in jenen Bereich hinaus verlagerte, wo nach der Formulierung von Papst Johannes XXII. in seiner Verurteilungsbulle für Meister Eckhart die „ungebildete Menge" lebte, wurde sie in den Augen der Hüter des korrekten Glaubens automatisch gefährlicher.

Die Geschichte der Häresie des Freien Geistes ist rätselhaft und umstritten, nicht zuletzt deshalb, weil das Thema von der „Freiheit des Geistes" *(libertas spiritus)* so alt wie das Christentum ist und bis auf Paulus zurückgeht, der geschrieben hatte: „Wo der Geist des Herrn ist, da ist Freiheit" (*Ubi Spiritus Domini, ibi libertas,* 2 Kor 3,17).[36] Der Ausdruck „Freiheit des Geistes" hatte unter christlichen Mystikern bereits eine lange Geschichte.[37] Das

---

[34] Die Quellen für die Häresie vom Freien Geist bilden grob genommen drei Gruppen: Inquisitionsberichte; zeitgenössische Chroniken und andere historische Berichte wie etwa antihäretische Traktate; und von den Häretikern vom Freien Geist selbst angefertigte Texte. Marguerite Poretes *Spiegel* ist das einzige *sichere* Dokument aus der dritten Gruppe, weil es von einer Autorin stammt, die formell wegen Häresie hingerichtet wurde. Andere Texte, die aus dem Milieu der Freigeister stammen sollen, wie etwa der Traktat *Schwester Katrei* (siehe darüber Kap. 7, 5750–584), wurden nie formell verurteilt und sind oft nicht weniger orthodox als viele andere mystische Texte.
[35] Über die Eigenart der neuen Mystik siehe im vorliegenden Werk Bd. III, 36–67.
[36] Auch viele andere Texte des Neuen Testaments betonen die Freiheit, die dem Christen verliehen ist, z. B. Gal 5,18 und Jak 1,25.
[37] Als Skizze der frühen Geschichte siehe M.-A. Dimier, „Pour la fiche *spiritus libertatis*", in: *Revue du moyen age latin* 3 (1947), 56–60.

Konzil von Vienne schuf 1312 in seinem Dekret „Ad nostrum" die Häresie-Kategorie vom „Geist der Freiheit", indem es die Aussage verurteilte: „Jene, die sich in dem vorgenannten Grad der Vollkommenheit (d. h. zuinnerst sündenlos zu sein und in der Gnade keine Fortschritte mehr machen zu können, welche Vorstellung in Artikel 1 verurteilt wurde) und dem Geist der Freiheit befinden, sind nicht menschlichem Gehorsam unterworfen und an keine Gebote der Kirche mehr gebunden, denn, wie sie behaupten, ‚wo der Geist des Herrn ist, da ist Freiheit'."[38] Im 12. Jahrhundert hatte jedoch Wilhelm von St-Thierry im *Goldenen Brief* davon gesprochen, wie die Seele, wenn alle ihre Kräfte dank der Gnade wohlgeordnet seien, „rasch in die Freiheit des Geistes und des Einsseins herausbricht, so dass, wie es oft heißt, der gläubige Mensch ein Geist mit Gott wird (vgl. 1 Kor 6,17)."[39] Auf kühne Weise sprach im 13. Jahrhundert Bonaventura von der Freiheit des Geistes: „Je fester jemand in der größeren Liebe gegründet ist, desto mehr Freiheit des Geistes hat er, und je mehr Freiheit des Geistes er hat, an desto weniger Fesseln ist er gebunden."[40] Im 14. Jahrhundert drückte sich Johannes Tauler, obwohl ein energischer Gegner der *freije geiste*, sogar noch stärker aus. In einem Abschnitt in seiner 55. Predigt, worin er betont, Christus sei der einzige Weg zu Gott, sagt er: „Aber die diesen Weg gehen, über diese Leute hat der Papst keine Gewalt, denn Gott hat sie selber freigesetzt. St. Paulus spricht: ‚Die von dem Geiste Gottes getrieben oder geführt werden, die sind unter keinem Gesetz'" (vgl. Gal 5,18).[41] Nimmt man diese Aussagen aus ihrem Kontext, so ließen sie sich von einem eifrigen Inquisitor ohne weiteres den Häretikern vom Freien Geist zuschreiben.

Dennoch ist es wahr, dass die traditionelle mystische Rede von der *libertas spiritus* im späten 13. und frühen 14. Jahrhundert in neuen und fragwürdigen Kontexten aufzutauchen begann. Sowohl alte wie neue Irrtümer wur-

---

[38] Der Text von „Ad Nostrum" art. 3 findet sich in Joseph Alberigo et al., *Conciliorum Oecumenicorum Decreta*, Bologna 1973, 383: *Tertio, quod illi, qui sunt in predicto gradu perfectionis et spiritu libertatis, non sunt humanae subiecti obedientiae, nec ad aliqua praecepta ecclesiae obligantur, quia, ut asserunt, ubi spiritus Domini, ibi libertas.*
[39] Wilhelm von St-Thierry, *Epistula ad fratres de Monte Dei* n. 286, in: J.-M. Déchanet, *Guillaume de Saint-Thierry. Lettre aux Frères du Mont Dieu (Lettre d'or)*, Paris 1975 (SC 223), 372: *... erumpere festinat in libertatem spiritus et unitate, ut, sicut iam saepe dictum est, fidelis homo unus spiritus efficiatur cum Deo.*
[40] Bonaventura, *In III Sent.* d. 30, q. 3, art. unica, 3 sed contra (Opera omnia 3,661): *... quanto magis aliquis est in maiore caritate constitutus, tanto plus habet de libertate spiritus, et quanto plus habet de libertate spiritus, tanto paucioribus vinculis obligatur.*
[41] *Die Predigten Taulers*, hg. v. Ferdinand Vetter, Zürich 1968 (Reprint), Pr. 55 (258,16–18): *Mer die die disen weg gont, über die lúte enhat der babest enkeinen gewalt, wan Got hat si selber gefriget. S. Paulus spricht: „die von dem geiste Gotz getriben oder gefuert werdent, die ensint under enkeinem gesetzde."*

den sowohl bei anonymen Verdächtigen als auch in Traktaten wie Poretes *Spiegel* entdeckt. Zwar haben manche Fachleute das Netz der Häresie des Freien Geistes über einen breiten chronologischen Rahmen gespannt,[42] aber das früheste klare Zeugnis für viele der den Vertretern des Freien Geistes zugeschriebenen Irrtümer findet sich in einem von Albert dem Großen in den 1270er Jahren zusammengestellten Text namens *Compilatio de novo spiritu*, der von einer Personengruppe handelt, die man im schwäbischen Ries aufgespürt hatte.

Verschiedene zeitgenössische Chroniken und mehrere Listen der Irrtümer dieser rätselhaften Gestalten verschaffen uns eine zumindest teilweise Kenntnis dieser Gruppe.[43] Es hieß, zwei Wanderprediger „mit roten Kappen" hätten unter einer unbekannten Anzahl von Männern und Frauen gefährliche Ideen verbreitet. Zu einer bestimmten Zeit war eine Untersuchung durchgeführt worden und man hatte von einer offensichtlich größeren Anzahl von Verdächtigen 97 häretische Artikel gesammelt (später kamen noch weitere Artikel hinzu). Gegen 1270/1272 wurde dieses Material an Albert geschickt, der damals hochbetagt im Ruhestand in Köln lebte.[44] Wir haben davon Alberts Kopie der Liste und seine Anmerkungen dazu.

Die Artikel sind eine Ansammlung unzusammenhängender, oft einander widersprechender Aussagen. Manche von ihnen behaupten ein Identischsein mit Gott in ganz ähnlichen Formulierungen, wie man sie später in Inquisitionsprotokollen von Anhängern des Freien Geistes finden wird. Zum Beispiel heißt es: „Er gab zur Antwort, der Mensch könne Gott gleich sein und die Seele könne göttlich werden"; und: „Er sagt, dass der Mensch den Punkt erreichen könne, dass Gott alle Werke durch ihn wirkt"[45] (eine

---

[42] In einer Anzahl von Studien wurde versucht, die Verurteilung des Pariser Meisters Amalrich von Bena von 1210 wegen Pantheismus mit den späteren Freigeister in Verbindung zu bringen, aber es fehlen Beweise für eine eindeutige historische Verknüpfung und die betreffenden Irrtümer weisen viele Unterschiede auf.

[43] Vgl. das Kapitel „Die Ketzerei im schwäbischen Ries 1270/73", in: Herbert Grundmann, *Religiöse Bewegungen im Mittelalter* (von 1935), 2. Aufl. Hildesheim 1961, 402–438; Leff, *Heresy in the Later Middle Ages* I, 311–314 und Lerner, *Heresy of the Free Spirit*, 13–19.

[44] Die am besten zugängliche Ausgabe der *Compilatio de novo spiritu* ist diejenige von Wilhelm Preger in *Geschichte der deutschen Mystik im Mittelalter*, 3 Bde., Leipzig 1874–1898, I, 461–471. Ich werde die verbesserte Ausgabe im selten zu findenden Werk von Joseph de Guibert, *Documenta ecclesiastica christianae perfectionis studium*, Rom 1931, 116–125 verwenden.

[45] Compilatio n. 27 (De Guibert 119): *Ad idem redit dicere hominem posse fieri aequalem Deo vel animam fieri divinam;* n. 56 (De Guibert 122): *Dicere quod ad hoc perveniat homo quod deus per eum omnia operetur* ... Siehe auch z. B. nn. 7, 13, 14, 15, 23, 28, 30, 36, 37, 58, 77, 84, 96 usw. Einige wenige Texte drücken echten Pantheismus aus, z. B. n. 76 (De Guibert 123): *Dicere quod omnis creatura sit Deus, heresis Alexandri est.*

Aussage, die auf das mystische Zunichtewerden hindeutet). Eine Aussage fand Albert verwirrend, die jedoch von Mystikern wie Marguerite Porete wiederholt werden sollte; sie brachte die Notwendigkeit zum Ausdruck, Gott zu lassen: „Dass gesagt wird, der Mensch sei erst gut, wenn er Gott um Gottes willen lasse, ist ebenfalls ein Unsinn von Pelagius."[46] An anderen Stellen werden die Notwendigkeit Christi, der Kirche und ihrer Sakramente in Abrede gestellt. Wieder andere sprechen von der erotischen Vereinigung mit Christus und wagen „zu sagen, dass dem, der in die Umarmung der Gottheit zugelassen wird, die Vollmacht gegeben werde, zu tun, was er will..."[47] Viele Aussagen bringen stark die Freiheit von jedem Gesetz zum Ausdruck: „... dass nur das eine Sünde sei, was man (selbst) als Sünde ansehe"; oder: „Ein mit Gott Geeinter kann kühn die Fleischeslust in jeglicher Form erfüllen, sogar als Ordensmitglied gleich welchen Geschlechts."[48] Ein beliebter Spruch (den spätere Häresiejäger immer wieder daherbrachten) lautete: „Was Gute unterhalb des Gürtels treiben, ist keine Sünde."[49] Manche Artikel behaupten andere lehrmäßige Irrtümer, zum Beispiel, die Seele sei so ewig wie Gott (n. 95) oder Christus sei nicht von den Toten auferstanden (n. 48) oder die Hölle existiere nicht (n. 102). Deutlich zutage tritt ein tiefer Antiklerikalismus, der auf der Verachtung für Buchwissen und der Betonung der persönlichen Erfahrung beruht: „Sie sagen, sie brauchten die Gnade, die sie haben, den Büchergelehrten nicht zu offenbaren, da diese nicht wüssten, was das sei. Diese erkennen ja nur, was auf Kalbshaut (Pergament) steht, während jene das durch Erfahrung tun, mittels derer sie, wie sie sagen, von der göttlichen Süße saugen."[50] Auch dieses Thema findet oft in späteren Berichten sein Echo.

---

[46] *Compilatio* n. 19 (De Guibert 119): *Quod dicitur, quod homo non est bonus, nisi dimittat Deum propter Deum, similiter de Pelagii stultitia est.*

[47] *Compilatio* n. 72 (De Guibert 123): *Dicere quod ei qui admittitur ad amplexus divinitatis, detur potestas faciendi quod vult ...* Vgl. auch n. 90 (De Guibert 125) über die (bei mittelalterlichen Nonnen geläufige) Erfahrung, Christus zu säugen. Albert schätzt das als Torheit ein *(fatuitas)*, nicht als regelrechten Irrtum.

[48] *Compilatio* n. 61 (De Guibert 122): *Dicere quod nihil sit peccatum nisi quod reputatur peccatum ...*; n. 106 (De Guibert 126): *Item quod unitus deo audacter possit explere libidinem carnis per qualemcumque modum, etiam religiosus in utroque sexu.* Siehe auch nn. 6, 21, 41, 43, 53, 69, 74, 87, 94, 100, 113, 114, 117 usw.

[49] *Compilatio* n. 63 (De Guibert 122): *Dicere quod hoc quod fit sub cingulo a bonis non sit peccatum.* An der einzigen Stelle, an der Albert in seinen eigenen Werken die Häretiker vom Freien Geist erwähnt, spricht er ausdrücklich von ihren sexuellen Verirrungen. Siehe *Summa theologiae* II Pars, tract. xviii, q. 122, mem. 1, art. 4 (*Opera Omnia*, Hg. Borgnet 33, 399): *Quaeritur de tactibus immundis, et osculis, et amplexibus, quae quidam dicunt non esse peccatum: qui se dicunt esse de novo spiritu. Et est novella haeresis ex antiqua Pelagii haeresi orta est.*

[50] *Compilatio* n. 116 (De Guibert 126): *Item quod non debeant revelare viris litteratis gratiam*

Albert wurde gebeten, über diese Irrtümer ein Gutachten, eine *determinatio*, abzugeben. Er begann mit dem Hinweis, geheime Konventikel seien gefährlich, weil sie immer gegen den Glauben zu gehen neigten (die immer gefährliche Esoterik). Der Dominikaner geht so vor, wie man das von einem gelehrten Scholastiker erwartet, und versucht, das bunt gemischte Material in die ihm aus der Tradition geläufigen häretischen Kategorien einzusortieren. Die größte Gruppe (37) bezeichnet er als „pelagianisch" in dem Sinn, dass sie das Wirken der Gnade und den Unterschied zwischen Gott und Mensch leugne; andere qualifiziert er als Arianer, Manichäer, Jovinianer und Nestorianer. Einige wenige ordnete er als philosophische Irrtümer ein (z. B. in n. 95 als *haeresis Socratis*). Alberts ein Stück weit verblüffte Reaktion auf diese Laienhäretiker und ihre autotheistischen, antinomischen und antikirchlichen Ansichten ließen schon viel von dem ahnen, was noch kommen sollte.

In Alberts *Compilatio*, die einige der späteren Inquisitoren, die die Freigeister verfolgten, anscheinend kannten, war die Rede vom „neuen Geist" gewesen. Das erste offizielle Dokument, in dem der biblische Ausdruck *libertas spiritus* zur Charakterisierung der „häretischen Verderbtheit" auftaucht, ist ein Brief von Papst Clemens V. vom 1. April 1311 an den Bischof von Cremona. Darin trug er diesem auf, gegen die sich im Tal von Spoleto und anderswo in Italien ausbreitende Häresie aktiv zu werden. Mit rhetorisch ziemlich blumigen Wendungen sagt der Papst darin u. a.:

„Etliche Kirchenleute und Laien, unheilbringende Menschen beiderlei Geschlechts aus dem Ordens- und Weltstand, haben sich vom Schoß der Mutter Kirche entfremdet ... und eine neue Sekte und einen neuen Ritus, etwas völlig vom Weg des Heils Abweichendes und sogar den Heiden und den wie Tieren Lebenden Abscheuliches und von der apostolischen und prophetischen Lehre und der evangelischen Wahrheit Entferntes angenommen, das sie als den Geist der Freiheit bezeichnen, was heißt, dass alles, was ihnen gefällt, erlaubt sei ..."[51]

In seinem Brief liefert Papst Clemens sodann eine angemessene Exegese

---

quam habent, quia nesciant quid sit, non recognoscentes nisi per pellem vitulinam, ipsi vero per experientiam, qua sugere (im Text steht: *surgere*) *se dicunt de dulcedine divina*. Vgl. auch n. 17 (De Guibert 118).
[51] *Regestum Clementis Papae V*, Rome, 1887, Vol. 5, 424 (n. 7506): ... *nonnulli ecclesiastici et mundani, religiosi et seculares utriusque sexus viri pestiferi, qui alienati ab utero matris ecclesie ... novam sectam novumque ritum a via salutis omnino degenerem etiam ipsis paganis et animaliter omnino viventibus odiosum et ab apostolica et prophetica doctrina et evangelica veritate remotum, quem libertatis spiritum nominant, hoc est, ut quicquid eis libet, liceat, assumserunt ...*

verschiedener Schrifttexte über die Freiheit, offensichtlich in der Absicht, das zu widerlegen, was er über diese italienischen Häretiker gehört hatte.

Was Papst Clemens gehört haben könnte, gibt eine Reihe von italienischen Quellen aus dem frühen 14. Jahrhundert wieder.[52] Der Franziskanerspirituale Ubertino von Casale griff in seinem 1305 vollendeten monumentalen *Baum des gekreuzigten Lebens Jesu* einige franziskanische und andere Zeitgenossen an, weil sie „der Seuche dieses giftigen Irrtums folgten, dem Geist der Freiheit oder eher der Bosheit", indem sie quietistische und antinomische Irrtümer verbreiteten.[53] Die Art von gefährlichen Franziskanern, die Ubertino im Auge hatte, erscheint in dem für den Heiligsprechungsprozess von Klara von Montefalco gesammelten Material, einer Ekstatikerin, die nach der Augustinerregel gelebt, jedoch einigen Franziskanerspiritualen nahegestanden hatte.[54] 1304 versuchten der Franziskaner Giovannuccio da Bevagna und dann 1306 noch einmal ein Bruder namens Bentivenga da Gubbio, der der Anführer der Sekte gewesen sein soll, Klara davon zu überzeugen, sie sei „ein Mensch, der tun könne, was immer er wolle, und es gebe keine Hölle und dass die Seele ihre Sehnsucht in diesem Leben loswerden könne." Im Anliegen, die von Gott geschenkte Weisheit der Heiligen aufzuzeigen, berichten die Prozessakten ausführlich, wie Klara dies widerlegt habe. Klara argumentiert, der Mensch könne tatsächlich immer tun, was er wolle, sofern Gott ihn mit einem vollkommen geordneten Willen ausstatte, so dass „der Wille des Menschen nichts anderes als Gottes Wille ist." Das Loswerden der Sehnsucht (was anscheinend als eine Form des Zunichtewerdens des Willens verstanden wurde) erklärt sie folgendermaßen: „Die Seele verliert ihre Sehnsucht auf diese Weise: Nicht dass sie während ihres Daseins in diesem Leben nichts mehr erstrebte, aber es ist möglich und geschieht zuweilen, dass die Seele in der Glut der Kontemplation durch Verzückung oder eine andere Erhebung in Gott aufgesogen, versenkt und verwahrt wird und in einer wundersamen Verbindung im Gelieb-

---

[52] Die meisten der italienischen Äußerungen über die Häresie vom Freien Geist finden sich in dem seltenen Band von Livarius Oliger, *De secta Spiritus Libertatis in Umbria saec. XIV. Disquisitio et Documenta*, Rom 1943. Einige der frühen Erwähnungen bietet auch Guarnieri, „Il Movimento del Libero Spirito", 404–408.
[53] Dieses Zitat stammt aus dem *Arbor Vitae Crucifixae Jesu* (Reprint der Ausgabe von 1485), mit einer Einleitung und Bibliographie von Charles T. Davis, Turin 1961, Buch 4,37 (389b). Vgl. im vorliegenden Werk Bd. III, 233–237.
[54] Über Klara von Montefalco siehe David Burr, *The Spiritual Franciscans. From Protest to Persecution in the Century After Saint Francis*, Philadelphia 2001, 316–323, der die Beziehungen der Heiligen zu den Vertretern des Freien Geistes auf S. 320–322 erörtert. Ausführliche Untersuchungen über Klara finden sich in *S. Chiara da Montefalco e il suo tempo*, hg. v. Claudio Leonardi und Enrico Menestò, Perugia-Florenz 1985.

ten ruht, so dass an jenem Punkt, an dem die Seele in diesem Zustand ist, sie nichts anderes erstrebt als das, was sie hat."⁵⁵

Klara war von ihrem Gespräch mit Bentivenga derart bestürzt, dass sie den mit ihr befreundeten Kardinal Napoleone Orsini bewog, ihn verhaften zu lassen. Bentivenga und seine Anhänger wurden schließlich zu lebenslänglichem Gefängnis verurteilt. Auch Klaras Zeitgenossin Angela von Foligno († 1309) widerlegte Irrtümer der Vertreter des Freien Geistes⁵⁶ und der Franziskaner Ugo Panziera da Prato († 1330) schrieb einen volkssprachlichen *Traktat gegen die Begarden*, in dem er deren Irrtümer angriff.⁵⁷

Papst Clemens berief von seinem Exil in Avignon aus 1308 ein allgemeines Konzil ein, das von Oktober 1311 bis Mai 1312 in Vienne zusammentrat. Es musste sich mit einer ganzen Menge von Problemen befassen, die der abendländischen Kirche zu schaffen machten: mit dem Status der Templer, die von Philipp IV. von Frankreich stark angegriffen wurden, mit dem ewigen Thema „Kreuzzug", sowie mit Fragen der Kirchenreform und den Spannungen im Franziskanerorden. Die besorgniserregenden Nachrichten aus Italien und anderswoher über die *secta spiritus libertatis* half Diskussionen über die Orthodoxie unregulierter Ordensleute, insbesondere der Beginen und Begarden, anzufachen, die ab der zweiten Hälfte des 13. Jahrhunderts zunehmend zum Gegenstand von Verdächtigungen geworden waren. Die jüngste Waffe für den Angriff auf das, was als gefährliche Mystik wahrgenommen wurde, lieferte der Bericht der Pariser Inquisition (1308–1310) über den *Spiegel der einfachen Seelen* der Begine Marguerite Porete.⁵⁸ (Sechs der einundzwanzig am Prozess der Begine beteiligten Theologen waren in Vienne zugegen.)⁵⁹

---

⁵⁵ Diese Texte aus der *Legenda B. Clarae* finden sich bei Guarnieri 405–406: (a) Bentivengas Behauptung: ... *quod homo potest facere quicquid vult, et quod infernus non est et quod anima potest perdere desiderium in hac vita.* (b) Klaras Entgegnung: *Et tunc talis persona potest facere quicquid vult, quia velle ipsius aliud non est nisi quod Deus vult ... Anima vero perdit desiderium isto modo: non quod nichil appetat in hac vita existens, sed est possibile et contingit interdum quod anima in contemplationis fervore per raptum vel aliam elevationem in Deum absorpta, immersa et reposita, coniunctione mirabili in dilecto quiescit, quod in illo puncto quo anima in illo statu consistit, nil aliud appetat quam quod habet.*
⁵⁶ Eine Darstellung der Mystik Angelas siehe im vorliegenden Werk Bd. III, 264–279. Ihre Stellungnahme gegen die Vertreter des Freien Geistes wird dort auf S. 278 erwähnt.
⁵⁷ Einige Auszüge aus Ugos ca. 1319 verfasstem *Tractatus contra Begardos* siehe bei Guarnieri, „Il Movimento dello Libero Spirito", 425–427.
⁵⁸ Als Zusammenfassung der mystischen Lehre von Marguerite siehe im vorliegenden Werk Bd. III, 431–465. Marguerite Buch in der französischen und auch lateinischen Fassung wurde herausgegeben von Romana Guarnieri und Paul Verdeyen, *Marguerite Porete: Le Mirouer des Simples Ames*, Turnholt 1986 (CCCM 69). Die Materialen über ihren Prozess finden sich in Paul Verdeyen, „Le procès d'Inquisition contre Marguerite Porete et Guiard de Cressonessart (1309–1310)", in: *Revue d'histoire ecclésiastique* 81 (1986), 48–94. Dass das Buch der Begine

Es wurde behauptet, das Konzil von Vienne habe zusammen mit der unter Beginen und Begarden verbreiteten mystischen Häresie vom Freien Geist auch die gesamte Beginenbewegung verurteilt. Aber die Untersuchungen von Jacqueline Tarrant haben diese Vorstellung modifiziert, denn es erwies sich, dass es in Wirklichkeit die Veröffentlichung der Clementinischen Konstitutionen war, nämlich der Sammlung der von Papst Clemens V. vorbereiteten Canones (die jedoch erst 1317 von seinem Nachfolger Johannes XXII. veröffentlicht wurden), was die Beginen unter Verdacht brachte, und auch dann nicht rundweg alle.[60] Das Konzil selbst hatte die Beginen nur beiläufig erwähnt. Die mystische Häresie hatte es zwar verurteilt, jedoch deren Irrtümer nur den Begarden zugeschrieben, also der männlichen Entsprechung zu den Beginen. Papst Clemens war persönlich für die größeren Änderungen zwischen der Textfassung des Konzils und der kirchenrechtlichen Fassung der beiden Dekrete verantwortlich, die in der Religionsgeschichte des späteren Mittelalters eine so gewaltige Wirkung haben sollten.

Das Dekret „Cum de quibusdam mulieribus" gegen die Beginen war in erster Linie disziplinärer Natur. Es verbot einige Züge dieser bereits seit über einem Jahrhundert existierenden Bewegung, die zumindest in ihren frühen Phasen als authentische Weise, das apostolische Leben zu führen, gepriesen worden war.[61] Die Beginen hatten jedoch schon immer in Spannung mit dem Dekret des Vierten Laterankonzils von 1215 gelebt, das neue Formen des Ordenslebens verboten hatte; und dieses Verbot war 1274 auf dem Zweiten Konzil von Lyon erneuert worden. Der Verdacht scheint sich

---

die Grenzen der mittelalterlichen Orthodoxie überspannte, zumal wenn Abschnitte daraus aus dem Kontext gerissen waren, ist nicht zu bestreiten. Aber zu jedem Thema bezüglich der gefährlichen Mystik (z. B. zu Esoterik, Autotheismus, Antinomismus, Quietismus, Anti-Sakramentalismus, Anti-Kirchentum usw.) bieten Marguerites subtile Darstellungen wertvolle Differenzierungen gegenüber einer allzu vorschnellen Charakterisierung ihrer Ansichten als offensichtlich häretisch. Beim Thema des mystischen Zunichtewerdens jedoch war sie kompromisslos, aber davon überzeugt, damit in Harmonie mit der christlichen Glaubenslehre zu sein. Mir geht es hier nicht darum, wieder einmal die theoretische Frage anzureißen, ob Marguerites Ansichten häretisch waren oder nicht, sondern deutlich zu machen, dass „Häresie" eine historisch konstruierte Kategorie ist, deren Parameter immer fließend sind. Jedoch ist klar, dass Marguerites Verurteilung ein entscheidendes Moment für die Definition der „mystischen Häresie" war.
[59] Lerner, *Heresy of the Free Spirit*, 80.
[60] Jacqueline Tarrant, „The Clementine Decrees on the Beguines: Conciliar and Papal Versions", in: *Archivum Historiae Pontificiae* 12 (1974), 300–308.
[61] Die Ursprünge der Beginen sowie viele der frühen Beginenmystikerinnen werden im vorliegenden Werk Bd. III vor allem in den Kapiteln 1, 4 und 5 dargestellt. Zusätzlich zur dort zitierten Literatur siehe auch die zwei wichtigen neuen Bücher Saskia Murk-Jansen, *Brides in the Desert. The Spirituality of the Beguines*, London 1998 und Walter Simon, *Cities of Ladies. Beguine Communities in the Medieval Low Countries, 1200–1565*, Philadelphia 2001.

vor allem auf die unabhängigen Beginen und Begarden gerichtet zu haben, also diejenigen, die ein Wander- und oft auch ein Bettelleben führten. Die zunehmende Regulierung vieler Beginen in Form der Einrichtung von Beginenhöfen insbesondere in Frankreich und den Niederlanden – ein Phänomen, von dem man jetzt weiß, dass es schon ziemlich früh einsetzte –, zeigt, wie die Beginenbewegung mittels Institutionalisierung akzeptabel gemacht werden konnte, auch wenn diese eine etwas andere Form als diejenige der traditionellen Ordensgemeinschaften darstellte. Diejenigen Beginen und Begarden, die sich wie Marguerite Porete gegen die Institutionalisierung und klerikale Kontrolle sperrten, sollten zunehmend Widerständen begegnen.

„Cum de quibusdam mulieribus" spricht insbesondere von den „Frauen, die man gewöhnlich Beginen nennt, die zwar niemandem Gehorsam versprechen und weder dem Eigentum entsagen noch gemäß einer approbierten Regel leben", ein Ordenskleid tragen und sich mit Ordensleuten (gewöhnlich Mendikanten) zusammentun. Das Dekret fährt mit der Behauptung fort, dass gemäß verlässlicher Berichte „manche von ihnen, als wären sie von Verrücktheit besessen, über die höchste Dreifaltigkeit und das göttliche Wesen diskutieren und predigen und bezüglich der Glaubensartikel und Sakramente der Kirche Meinungen verbreiten, die gegen den katholischen Glauben sind." (Das könnte eine Bezugnahme auf Marguerite Porete sein.) In Anbetracht ihrer „verkehrten Meinung" *(opinione sinistra)* verurteilt das Dekret in aller Form die Lebensweise dieser schlechten Beginen und exkommuniziert alle, die sie weiterhin praktizieren sowie die Ordensleute, die sie unterstützen. Mit seiner ziemlich schwammigen Umschreibung scheint Papst Clemens sich nur gegen gefährliche Beginen gerichtet zu haben. Diese Interpretation wird von der Schlussklausel des Dokuments unterstützt, mit der „anderen gläubigen Frauen" erlaubt wird, in gemeinsamen Häusern *(hospitiis)* zu leben und die Buße so zu üben, wie Gott sie dazu inspiriere.[62] Auf jeden Fall scheint es, dass „Cum de quibusdam" entweder unklar war oder als zu weit gehend angesehen wurde. Nach seiner Promulgation durch Papst Johannes XXII. führte es zu beträchtlichen Diskussionen und Papst Johannes veröffentlichte schon bald eine Bulle, in der er sorgfältiger zwischen guten (d. h. organisierten) und schlechten Beginen unterschied und die ersteren guthieß, solange sie sich klar von der Häresie

---

[62] Für den Text von „Cum de quibusdam mulieribus" siehe Alberigo, *Conciliorum Oecumenicorum Decreta*, 374. Eine englische Übersetzung ohne diese Schlussklausel bietet McDonnell, *The Beguines and Beghards*, 524. Die Interpretation, dass mit „Cum de quibusdam mulieribus" keine Pauschalverurteilung aller Beginen beabsichtigt gewesen sei, bietet Tarrant, „Clementine Decrees", 304.

fernhielten. Aber der Papst stellte es den Autoritäten vor Ort anheim, zwischen den guten und den schlechten zu unterscheiden. Das sollte für die weitere das ganze Jahrhundert andauernde Verwirrung der Einstellung gegenüber den Beginen sorgen.

Das zweite, gegen lehrmäßige Irrtümer gerichtete Dekret von Vienne, „Ad nostrum", erwähnte ursprünglich nur Begarden, obwohl eine Anzahl seiner acht verurteilten Propositionen ziemlich nahe an Irrtümer herankommen, die man bei der Untersuchung von Marguerite Poretes *Spiegel* dingfest gemacht hatte. Trotz des vermutlichen Zusammenhangs mit Poretes Verurteilung spricht das Dekret auch ausdrücklich von Deutschland als der Quelle der in Frage stehenden Irrtümer, was ein Niederschlag der Sorgen wichtiger deutscher Bischöfe wie Johannes von Strassburg und Heinrich von Köln sein könnte, die bekannte Verfolger mystischer Häresien waren. Angesichts der Bedeutung von „Ad nostrum" in der Geschichte der mystischen Häresie lohnt sich ein genauerer Blick auf seine acht anathematisierten Propositionen.[63]

Der erste Artikel handelt vom Irrtum der Sündenlosigkeit: „Dass der Mensch im gegenwärtigen Leben einen so großen und derartigen Grad der Vollkommenheit erlangen könne, dass er völlig frei vom Sündigen sein und in der Gnade nicht noch weiter vorankommen könne ..."[64] Der zweite Artikel ist eine klassische Aussage über das Freisein von religiösen Praktiken und moralischen Pflichten: „Dass der Mensch nicht fasten und nicht beten muss, nachdem er den Grad einer derartigen Vollkommenheit erreicht hat; denn dann ist die Sinnlichkeit derart vollkommen dem Geist und der Vernunft unterworfen, dass der Mensch in Freiheit dem Körper gewähren kann, was immer ihm gefällt."[65] Der dritte Artikel, der Kernpunkt des oben

---

[63] Der Text von „Ad nostrum" ist bei Denzinger, *Enchiridion Symbolorum* 37. Auflage unter den Nummern 891–899 zu finden. Diese Ausgabe ist auch online einzusehen unter http://catho.org/9.php?d=g1.

[64] Denzinger, *Enchiridion* 891: *Primo videlicet, quod homo in vita praesenti tantum et talem perfectionis gradum potest acquirere, quod reddetur penitus impeccabilis et amplius in gratia proficere non valebit*. Wie Lerner (*Heresy of the Free Spirit* 83) anmerkt, ist dieser Artikel eng verwandt mit n. 94 von Alberts *Compilatio* (De Guibert 125): *Dicere quod homo sic proficere possit ut impeccabilis fiat -mendacium est in doctrina veritatis*. Dieser Irrtum der Sündenlosigkeit erscheint in der „Compilatio" auch anderswo, z. B. in nn. 21, 24 und 100.

[65] Denzinger, *Enchiridion* 892: *Secundo, quod ieiunare non oportet hominem nec orare, postquam gradum perfectionis huiusmodi fuerit assecutus, quia tunc sensualitas est ita perfecte spiritui et rationi subiecta, quod homo potest libere corpori concedere quidquid placet*. Die *Continuatio* der *Chronik* des Wilhelm von Nangis vermerkt, dass unter den zur Verurteilung ausgewählten Artikeln von Marguerite Porete die Aussage war: *... quod anima annihilata in amore conditoris sine reprehensione conscientiae vel remorsu potest et debet naturae quidquid appetit et desiderat (concedere) ...* (Verdeyen, „Le procès", 88). An mehreren Stellen in ihrem Buch spricht Marguerite davon, dass man „der Natur das ihr Gebührende geben" solle, ob-

übersetzten Dekrets, erwähnt ausdrücklich den *spiritus libertatis* als das Charaktermerkmal dieses verdächtigen Zustandes der Vollkommenheit. Die weiteren fünf Artikel, eine Mischung aus Irrtümern bezüglich Lehre und Moral, lassen sich als weitere praktische Anwendungen des *spiritus libertatis* betrachten. Artikel 4 enthält die Aussage, der Mensch könne in diesem Leben einen Grad der Vollkommenheit erlangen, der voll dem gleichkomme, den er im Himmel erreichen werde (eine Ansicht, die Marguerite Porete bestritt). Artikel 5 behauptet, die intellektuelle Natur der Seele selbst genüge für die seligmachende Schau, ein philosophischer Irrtum, der einen radikalen Aristotelismus spiegeln könnte. Artikel 6 kommt mit seiner Behauptung, der unvollkommene Mensch müsse Akte der Tugend üben, während der vollkommene Mensch „die Tugenden verabschieden könne" *(licentiat a se virtutes)*, Texten von Marguerite Porete nahe.[66] Der seltsame 7. Artikel ist antinomisch mit seiner Behauptung, da die Natur zum sexuellen Verkehr antreibe, sei dieser keine Sünde, während das Küssen, wozu die Natur nicht neige, eine solche sei. Der letzte Artikel ist quietistisch: Die vollkommene Seele solle ihre Kontemplation nicht damit stören, dass sie in der Messe der Hostie die Ehre erweise oder auch nur an das Sakrament der Eucharistie oder an Christi Passion denke.[67]

Als das Dekret 1317 Teil des kanonischen Rechts wurde, gewährleistete es, dass nicht nur die „abscheuliche Sekte gewisser schlechter Männer namens Begarden", sondern auch „manche glaubenslose Frauen namens Be-

---

wohl immer mit genaueren Zusätzen, die den Antinomismus vermeiden. Die Stelle, der der Artikel von „Ad nostrum" am nächsten kommt, weil darin auch gesagt wird, der Vollkommene müsse nicht fasten und beten, findet sich im *Mirouer* Kap. 9 (33,15–18): *Talis anima ... non appetit nec despicit paupertatem, tribulationem, missas, sermones, ieiunium uel orationem, et semper dat naturae quidquid petit absque omni remorsu conscientiae.* Vgl. auch die Kapitel 13 und 17 (55,24–27, 69,51). Auch in Alberts *Compilatio* findet sich die Aussage, man müsse nicht fasten und beten, z.B. in nn. 44, 50 und 110.

[66] Das entspricht ziemlich genau dem 1. Artikel des Prozesses gegen Porete (Verdeyen, „Le procès", 51): *Quod anima adnichilata dat licentiam virtutibus nec est amplius in earum servitute, quia non habet eas quoad usum, sed virtutes obediunt ad nutum.* Dass die vollkommene Seele den Abschied der Tugenden entgegennehme *(anima accepit licentiam a virtutibus: Mirouer* Kap. 21 [79,2]) ist eine durchgängige Lehre des *Spiegels*, z.B. in den Kapiteln 6–9, 21, 56, 66, 82, 88, 94, 105, 121–122, aber wiederum erklärt Porete dies immer auf eine Weise, dass sie den Antinomismus vermeidet.

[67] Dieser Artikel könnte eine Anzahl von Stellen bei Marguerite Porete reflektieren, darunter eine aus den vom Prozess bekannten Artikeln (Verdeyen, „Le procès", 51): *Quod talis anima non curet de consolationibus Dei nec de donis eius ... quia intenta est circa Deum, et sic impediretur eius intentio circa Deum.* Doch wird hier nicht die Eucharistie erwähnt. Dagegen enthält Alberts *Compilatio* mehrere Artikel, die davon handeln, dass man der Eucharistie nicht die gebührende Ehrfurcht erweisen oder nicht über die Passion nachdenken müsse (z.B. nn. 28, 42, 65, 109, 118, 120), obwohl keine von ihnen genau dem entspricht, was wir in *Ad nostrum* finden.

ginen" darin eingeschlossen waren. Papst Clemens mochte durchaus die Absicht gehabt haben, zwischen guten und schlechten Beginen zu unterscheiden, aber die Wirkung von „Ad nostrum" sollte die sein, dass sie den Zusammenhang zwischen der Häresie vom Freien Geist und der Beginenbewegung zementierte. Somit waren im 14. Jahrhundert in den Augen vieler alle Beginen und Begarden gefährliche Häretiker. Von da her bezeichnete Richard Kieckhefer den Zeitraum zwischen dem Konzil von Vienne im Jahr 1312 und dem Konzil von Konstanz im Jahr 1415 die „Zeit des hundertjährigen Kriegs gegen Begarden und Beginen".[68] Trotzdem wurde die Verknüpfung zwischen den Beginen und der Häresie nie so gesehen, als sei beides ganz identisch, nicht einmal in päpstlichen Dokumenten. Lokale Gruppen von Beginen und Begarden, vor allem die von den Bettelorden unterstützten, standen weiterhin sowohl in Deutschland als auch in den Niederlanden in Blüte. Zwar wurden viele der von den bischöflichen wie päpstlichen Inquisitoren wegen mystischer Häresie Untersuchten als Beginen und Begarden beschrieben, aber das stimmt eindeutig nicht in jedem Fall. Die verwirrende Gleichsetzung der selbst schon amorphen Beginenbewegung mit dem noch verschwommeneren Begriff des Freien Geistes lässt den Historiker in einer Situation stecken bleiben, in der vieles über Natur und Ausmaß der mystischen Häresie im 14. Jahrhundert dunkel bleibt.

Angesichts der umfangreichen neueren Forschung über die inquisitorische Verfolgung mystischer Häretiker im Spätmittelalter sowie der Untersuchungen der gegen die Häresie verfassten Traktate ist es unnötig, hier jeden Fall oder jedes Dokument knapp zusammengefasst vorzustellen. Ein kurzer Überblick über einige wenige berühmte Beispiele wird genügen, um ein Bild von der Häresie des Freien Geistes zu gewinnen, oder zumindest davon, wie sie in offiziellen Dokumenten entworfen wurde.

Die Verfolgung der Häresie im 14. und 15. Jahrhundert

Johannes I., von 1306 bis 1328 Bischof von Strassburg, war einer der glühendsten Gegner der mystischen Häresie der ersten Jahrzehnte des 14. Jahrhunderts.[69] Johannes ging besonders energisch gegen bettelnde Begarden

---

[68] Kieckhefer, *Repression of Heresy*, 19.
[69] Die Strassburger Fälle mystischer Häresie wurden Gegenstand zahlreicher Untersuchungen. Siehe insbesondere Alexander Patschovsky, „Strassburger Beginenverfolgung im 14. Jahrhundert", in: *Deutsches Archiv für Erforschung des Mittelalters* 30 (1974), 56–198, worin 92–106 Bischof Johannes' Vorgehen gegen die Beginen dargestellt und 126–161 die

und Beginen vor (Strassburg verfügte über eine große Zahl von Beginenhäusern),[70] obwohl die päpstliche Unterscheidung zwischen guten und schlechten Beginen und der Widerstand der Mendikanten gegen eine Pauschalverurteilung die Schärfe seiner Angriffe gemäßigt zu haben scheint. Im Jahr 1317 (in dem Meister Eckhart in Strassburg wohnte) führte Bischof Johannes eine Untersuchung über mystische Häretiker durch, von der eine ganze Reihe von Dokumenten erhalten ist.[71] Zwei Texte sind besonders aufschlussreich über die Irrtümer, die Johannes vorfand. Der erste ist ein Brief vom 13. August an seinen Klerus (hier ab jetzt als Dokument A bezeichnet), in dem der Bischof unter sieben Überschriften 42 Irrtümer derer aufzählt, „die die Menge ‚Bêghardos' und ‚swestriones Brot durch got' nennt, diese selbst sich aber als Sekte vom freien Geist und Kinder oder Brüder oder Schwestern von der freiwilligen Armut bezeichnen."[72] Das zweite Dokument (ab jetzt hier B genannt) ist eine zeitgenössische Liste von 24 Irrtümern unter zwei allgemeinen Überschriften, von denen sich viele mit denen des Briefs decken.[73] Die erste Gruppe der Artikel in Johannes' Brief (A,I,1–6) sowie auch der Anfang der Irrtümerliste (B,I,1–7) handeln von häretischen Aussagen über das mystische Identischsein. Dazu gehören sogar einige pantheistisch klingende Behauptungen, wie etwa, Gott sei formal alles.[74] Das mystische Identischsein wird mit der Rede vom Un-

---

diesbezüglichen Dokumente in einer kritischen Ausgabe vorgelegt werden. Vgl. dazu auch Lerner, *Heresy of the Free Spirit*, 85–95.

[70] Siehe Dayton Phillips, *Beguines in medieval Strassburg: A Study of the Social Aspect of Beguine Life*, Stanford 1941.

[71] Patschovsky unterscheidet in „Strassburger Beginenverfolgungen" im Zeitraum von 1317 bis 1319 drei Phasen der Verfolgung der mystischen Häresie durch Johannes I.

[72] Den Brief hat Patschovsky anhand von vierzehn Mss. in „Strassburger Beginenverfolgungen", 126–142 herausgegeben. Das Zitat steht darin in 134,21–23: ... *quos vulgus Bêghardos et swestriones Brot durch got nominat, ipsi vero et ipse se de secta liberi spiritus et voluntarie paupertatis pueros sive fratres vel sorores vocant* ... Dass bettelnde Beginen und Begarden mit der Formel „brot durch got" um Nahrungsmittel bettelten, wird in vielen Quellen erwähnt. Die sieben Überschriften von of A lauten: (I) 11 Irrtümer gegen die Gottheit *(divinitas)*; (II) 7 Irrtümer gegen Christus; (III) 5 Irrtümer gegen die Kirche; (IV) 6 Irrtümer gegen die Sakramente; (V) 5 Irrtümer über Himmel und Hölle; (VI) 4 Irrtümer gegen das Evangelium; und (VII) 4 Irrtümer gegen die Heiligen. Über diesen Brief siehe auch Éric Mangin, „La Lettre du 13 Août 1317 écrite par l'Évêque de Strasbourg contre les disciples du Libre Esprit", in: *Revue des sciences religieuses* 75 (2001), 522–538.

[73] Patschovsky hat diese Liste auf der Grundlage von drei Mss. herausgegeben („Strassburger Beginenverfolgungen", 144–148).

[74] A,I,1 (bei Patschovsky 135,31–32): *Dicunt enim, credunt et tenent, quod deus sit formaliter omne quod est*. Vgl. auch B,I,9 (bei Patschovsky 146): *Item, dicunt aliqui, quod deus sic est in omnibus, quod omnia sunt deus, et, quod non est deus, nichil est* ... Sogar diese beiden pantheistisch klingenden Aussagen ließen sich in einem dialektischen Sinn erklären, denn wenn man sagt, Gott sei die Realität aller Dinge, ist das nicht das gleiche, wie wenn man behauptet, alle Dinge (das Universum) erschöpften ganz die Realität Gottes.

unterschiedensein ausgedrückt: „Sie sagen auch, der Mensch könne so mit Gott vereint werden, dass sein gesamtes Können und Wollen und Handeln das gleiche ist wie dasjenige Gottes. Zudem glauben sie, sie seien ohne Unterscheidung von Natur aus Gott."[75] Solche Aussagen, dass die Vollkommenen nicht dank der Gnade, sondern von Natur Gott seien, sind gegen die traditionelle Lehre (zu der auch Eckhart steht), aber die Behauptung, ununterschieden mit Gott eins zu sein, gibt es auch bei einer ganzen Reihe spätmittelalterlicher Mystiker. Eine andere interessante Aussage, die hier anscheinend zum ersten Mal auftaucht, ist die Behauptung, dass die mit Gott Vereinten alle Dinge erschaffen hätten. Auch Meister Eckhart predigte das, und das ist ein Punkt, der helfen könnte zu erklären, warum er später von Bischof Johannes' Amtsbruder in Köln, Heinrich von Virneburg, der Häresie angeklagt wurde.[76]

Die Rede von der Freiheit des Geistes kommt in beiden Texten oft vor. Zum Beispiel heißt es: „Zudem sagen aufgrund der Vollkommenheit des Einsseins mancher mit Gott manche, dass sie zum Sündigen unfähig *(impeccabiles)* seien, weil sie bezüglich des Geistes so frei seien, dass sie bei dem, was immer sie mit dem Körper tun, niemals sündigten."[77]

Äußerungen über die antinomische Freiheit gibt es beide Listen hindurch immer wieder (z. B. A,I,7, A,III,2; B,I,10–17). Die verdächtigten Begarden und Beginen wurden auch wegen ihres Bettelns und ihrer Weigerung, zu arbeiten, wie das vor ihnen die Messalianer getan hatten, zur Rede gestellt (z. B. A,III,4, B,I,15). Die Anordnung der anderen Überschriften im Brief weist auf den Versuch einer theologischen Kohärenz, obwohl der Inhalt der jeweiligen Kategorie zuweilen einander widersprechende Behauptungen enthält, die ganz ähnlich wie diejenigen in Alberts *Compilatio* lauten; mehrere von dessen Artikeln sind denjenigen in Johannes' Brief ziemlich ähnlich. So finden sich zum Beispiel unter der zweiten Überschrift „Irrtümer gegen Christus" sowohl Behauptungen, mit Christus gleich zu sein (A,II,1) als auch Aussagen, es sei möglich, ihn zu übertreffen und daher dem Gottmenschen gegenüber nicht zu Ehrfurcht verpflichtet zu sein (A,II,5). Unter

---

[75] A,I,2–3 (135,33–35): *Item dicunt, quod homo possit sic uniri deo, quod ipsius sit idem posse et velle et operari quodcumque, quod est ipsius dei. Item credunt se esse deum per naturam sine distinctione.*

[76] A,I,5 (135,36–37): *Item dicunt se omnia creasse, et plus creasse quam deus* (siehe B,I,4). Sicher, Eckhart sprach nie davon, die Menschen erschafften *mehr* als Gott. Siehe zu den Aussagen Eckharts über die Menschen als Miterschaffer mit Gott im Grund die Erörterung von Pr. 52 weiter unten in Kap. 4, 297–298).

[77] B,I,10 (146): *Ulterius ex hac perfectione unionis aliquorum cum deo dicunt aliqui, quod sint impeccabiles, quod adeo sint liberi quoad spiritum, quod, quidquid faciunt cum corpore, numquam peccant ...*

der dritten und vierten Überschrift „Gegen die Kirche" und „Gegen die Sakramente" werden typische antikirchliche und antisakramentale Behauptungen aufgelistet, von denen einige waldensisch wirken (z. B. die, dass „jeder Laie genauso bevollmächtigt ist wie ein sündiger Priester, das Sakrament der Eucharistie zu spenden", A,IV,1). Unter „Gegen das Evangelium" steht die Ansicht, die dem Vollkommenen geschenkte innere Wahrheit stehe über jedem äußerlich Aufgeschriebenen (A,VI,2), ein Thema, das in der spätmittelalterlichen Häresie noch oft auftauchen sollte. Und schließlich steht unter der Überschrift „Gegen die Heiligen" die Behauptung, die Freigeister überträfen die Heiligen und seien derart vollkommen, dass sie an Heiligkeit weder ab- noch zunehmen könnten (A,VII,3). In beiden Texten (A,I,8 und B,I,6) findet sich die ungewöhnliche Gleichsetzung der vollkommenen Seele mit dem Reich Gottes, die auch in den Predigten Meister Eckharts zu finden ist. Der einflussreiche Brief von Bischof Johannes spiegelt bestimmt tatsächliche Untersuchungen wegen Häresie; wie weit er auch von Listen wie derjenigen Alberts und den Debatten in Vienne abhängig ist, lässt sich schwer sagen. Jedenfalls bietet er eines der vollständigsten Bilder dessen, was die Gegner der Häresie meinten, bekämpfen zu müssen.

Zwei Inquisitionsfälle aus den 1330er Jahren wurden als Zeugnisse dafür gesehen, dass zumindest einige Anhänger der *secta spiritus libertatis* gemeinschaftlich auftraten. Johannes von Brünn gestand, er sei 28 Jahre lang einen „Freigeist"-Begard gewesen. Dann schwor er seinen Irrtümern ab, wurde Dominikaner und verfasste vermutlich in den 1330er Jahren für den dominikanischen Inquisitor Gallus von Novo Castro einen schriftlichen Bericht über seine früheren Glaubensvorstellungen.[78] Der Bericht von Johannes ist ausführlich und pikant. Zwar ist er voller Redewendungen aus „Ad nostrum" (insbesondere wiederholt er ständig die *libertas spiritus* und ihre Äquivalente) und enthält auch Anklänge an Alberts *Compilatio*, aber die Geschichte hat zugleich zu viele Besonderheiten, als dass man sie als rein künstliches Machwerk abtun könnte. Laut dem Bekenntnis war Johannes ein verheirateter Laie, der wie Petrus Waldes und andere aus der Sehnsucht, ein wirklich evangelisches Leben zu führen, ein Übereinkommen mit seiner Frau traf und seinen ganzen Besitz verkaufte. Zu diesen Schritten hatte ihn ein gewisser Nikolaus überredet, der ihn in eine Begardenkommunität in Köln einführte, wo er in einer Lebensweise unterrichtet und ausgebildet wurde, die zur wahren Freiheit im Geist führen sollte.

---

[78] Johannes von Brünns Bekenntnis sowie auch dasjenige seines Bruders Albert findet sich bei Leff, *Heresy in the Later Middle Ages*, 2,709–716. Zu genaueren Untersuchungen darüber siehe Leff 1,371–377 und Lerner, *Heresy of the Free Spirit*, 108–112.

Johannes beschreibt in seinem Bericht die Rolle der Anfänger als eine seltsame Kombination aus wirklicher Askese und heuchlerischen Ausflüchten, aber aus der Zeit, als er nach zwanzig Jahren die Stufe der Fortgeschrittenen *(proficientes)* erreicht hatte, bringt er eine Bilderbuchbeschreibung des Antinomismus derjenigen, die die Freiheit des Geistes erlangt hatten. Johannes verwendet die Sprache vom Zunichtewerden, aber seine Lehre vom Zunichtewerden ist äußerlich: „Du musst dich in jenen Werken üben, die dir zuwider sind, damit dein Leben zunichte wird und sich mindert und völlig dem Geist unterworfen wird, denn deine Natur ist steril und in allen ihren Werken ein Widersacher ihrer selbst, und darum muss sie gebrochen und dem göttlichen Willen unterworfen werden ..."[79] Die Wirkung dieses Zunichtewerdens ist die antinomische Freiheit, sich auf jegliche Form sexueller Freizügigkeit einlassen und straflos stehlen, lügen, betrügen und sogar jemanden ermorden zu können. Weitere der in den Listen häretischer mystischer Irrtümer aufgeführten Themen wie das Leugnen der Existenz von Himmel und Hölle, Ablehnung des Buchwissens der Kleriker und Antisakramentalismus erscheinen, wie nicht anders zu erwarten, ebenfalls in Johannes' Bericht. An wenigen Stellen spricht Johannes vom mystischen Identischsein, ja sogar der körperlichen Umwandlung in Gott als der Quelle der Freiheit des Adepten.[80]

Das Zeugnis des Johannes von Brünn über ein häretisches Begardenhaus in Köln in den ersten Jahrzehnten des 14. Jahrhunderts findet sein Echo in einem anderen Inquisitionsdokument über die Untersuchung einer Gruppe von „Nonnen mit Kapuzen" *(moniales caputiatae)*, die 1332 der Dominikaner Johannes Schwenkenfeld in der schlesischen Stadt Schweidnitz durchgeführt hatte.[81] Auch dieser aufgrund der Aussage von sechzehn Zeuginnen verfasste Bericht enthält derart viele konkrete Einzelheiten, dass es schwer-

---

[79] Leff 711: *Item tu debes te exercere in illis operibus, que sunt tibi contraria, ad hoc quod vita tua anichiletur et diminuatur et spiritui totalier [sic] subiciatur, quia natura tua est sterilis et sibi ipsi in omnibus operibus adversatur [Ms.: anichilatur], et ideo frangi debet et subici divine voluntati ...* Auch an einer späteren Stelle ist vom Zunichtewerden die Rede: *... nam necesse est, ut natura exterior, (que) in Christo servicio est annichilata ...*
[80] Leff 713: *Item dicti fratres in spiritu viventes, cum ad perfectum statum libertatis pervenerint, ita totaliter et corporaliter transmutantur, quod unum cum Deo efficiuntur, et Deus totaliter et corporaliter est cum eis, quod angeli in speculo Trinitatis non possunt discernere inter Deum et animum, que in libertate spiritus vixerit, propter prefatam unionem ipsorum.* Diese Lehre über die körperliche Umwandlung klingt ziemlich genau wie die von Johannes Tauler abgelehnte Form des Einswerdens; vgl. Kap. 6, S. 494.
[81] Der von B. Ulanowski aus einem Ms. in Krakau herausgegebene Text findet sich abgedruckt bei Leff, *Heresy in the Later Middle Ages* 2,721–740, der auch in 1,386–395 die Gruppe genauer erörtert. Lerner verwendet für seine Darstellung in *Heresy of the Free Spirit* 112–119 das originale Ms. aus dem Vatikan. Das Haus in Schweidnitz scheint zu einem größeren Netzwerk von Beginenkommunitäten gehört zu haben, da berichtet wird, seine Oberin Heyl-

fällt, ihn nicht als tatsächliches Zeugnis für ein aus dem Geleise geratenes Haus, in dem man die apostolische Armut leben wollte, zu halten. Mit Gordon Leff gesprochen, war das Beginenhaus von Schweidnitz eine Stätte, an der „Häresie mit Frömmigkeit verschmolz, so dass der gleiche Impuls und viele der gleichen Grundsätze koexistierten, selbst wenn ihnen eine neue Richtung gegeben worden war."[82] Dennoch hinterlassen die Umstände, dass so viele der Zeuginnen Novizinnen waren, die eventuell gegen die strenge Überwachung durch die älteren Schwestern aufbegehrten[83], dass ein Großteil der Aussagen über sexuelle Unziemlichkeiten aus dem Hörensagen zitiert wird und offensichtlich Inquisitionsformulare für das Ausräuchern von Lehrirrtümern verwendet wurden, viele Zweifel bezüglich der beschriebenen Einzelheiten.

Die strengen asketischen Praktiken des Hauses und die düsteren Berichte über die antinomischen Sexualpraktiken, zu denen nahegelegene Begarden die Schwestern überredeten, damit sie bewiesen, dass sie die Freiheit des Geistes erlangt hätten, ragen in mehreren der Zeugnisse der jungen Schwestern hervor, insbesondere in demjenigen von Adelheid der *reclusa*, die seit weniger als einem Jahr in der Kommunität gewesen war.[84] Die in diesen Berichten bezeugten heuchlerischen, antikirchlichen, antiklerikalen und antisakramentalen Glaubensüberzeugungen sollten dann in vielen späteren Inquisitionsdokumenten ständig wiederkehren. Relativ selten ist hier die Rede vom ununterschiedenen Einssein mit Gott; sie wird nur von einer älteren Nonne berichtet, Gertrud von Civitate, die auch angeklagt wurde, sie habe behauptet, zusammen mit Gott die Welt erschaffen zu haben.[85] Es

---

wig von Prag habe andere Häuser visitiert (siehe Leff 2,736). Ob die anderen Häuser die gleichen Glaubensvorstellungen und Praktiken hatten, erfahren wir nicht.

[82] Leff 1,389.

[83] Die erste Gruppe von Schwestern, die am 7. September 1332 verhört wurde, bestand ganz aus Novizinnen, von denen die meisten weniger als ein Jahr in der Kommunität waren. Am 11. September wurden fünf ältere Schwestern verhört. Deren Bekenntnisse sind bemerkenswert kürzer; was sie zugeben, ist milder und nicht antinomisch.

[84] Zu Adelheids Zeugnis siehe Leff 2,723–728. Adelheid selbst gibt keinerlei Irrtum zu, sondern berichtet nur, was sie gehört habe, darunter die klassische antinomische Aussage aus „Ad nostrum": *Item dicit iurata, quod Capuciate dicunt, quod se exercere in actibus virtutis est hominis imperfecti, perfecta autem anima licenciat a se omnes virtutes* (727).

[85] Leff 2,725: *... quod audivisset de ore Gertrudis de Ciuitate ... ista verba: Quando deus omnia creauit, tunc ego concreavi sibi omnia uel creavi omnia cum eo, et sum deus cum deo, et sum Christus, et sum plus.* Gertrud selbst wurde in der zweiten Gruppe verhört und beantwortete die Anklage folgendermaßen: *... audivi predicare, sed non multum ulterius docui* (Leff 2,738). Gertrud könnte Eckhart gelesen haben, und tatsächlich scheint sie über einige theologische Kenntnis verfügt zu haben, was ihr Geständnis bezeugt, sie habe gelehrt, dass sich Christus auch dann inkarniert hätte, wenn Adam nicht gesündigt hätte (eine theologische Ansicht des Franziskaners Johannes Duns Scotus, die ihren dominikanischen Inquisitoren gegen den Strich gegangen sein muss); aber eine solche Ansicht war kaum häretisch. Auch

ist schwierig, ganz genau zu ermitteln, wie groß das Ausmaß der Irrtümer der Schweidnitzer Beginen war. Im besten Fall lässt sich die Kommunität als eine Gruppe sehen, die eine strenge Askese praktizierte, jedoch einer Hierarchie unterstand, die überheblich auf kirchliche Regeln pochte und sich darum ein Stück Antiklerikalismus gönnte. Im schlimmsten Fall waren diese Beginen ein Paradebeispiel für häretischen Antinomismus.

Aus den gleichen Jahrzehnten, in denen diese und andere Inquisitionen wegen „häretischer Verkommenheit" durchgeführt wurden, gibt es auch beträchtliche Zeugnisse für das Bemühen von Mystikern und Theologen, zwischen wahren und falschen Begriffen von Vereinigung, Zunichtewerden und Freiheit im Geist zu unterscheiden. Wir werden uns in den folgenden Kapiteln die energischen Einsprüche gegen gefährliche Mystiker näher ansehen, die Meister Eckhart, Heinrich Seuse und Johannes Tauler vorbrachten, sowie mehrere deutschsprachige Traktate. Auch andere bekannte deutsche Theologen wie etwa der Augustiner Jordan von Quedlinburg meldeten ihre schweren Vorbehalte an.[86] Die Verbreitung derartiger Zeugnisse zeigt nicht bloß die Auswirkung der von „Ad nostrum" erzeugten und von den Inquisitionsprozessen geschürten Verdächtigungen an, sondern weist zudem darauf hin, dass sich die Mystiker selbst Sorgen darüber machten, dass die wahre Natur des mystischen Einswerdens von etlichen ihrer Zeitgenossen nicht richtig verstanden wurde.

In der zweiten Hälfte des 14. Jahrhunderts erfuhr die offizielle Verfolgung der mystischen Häresie einen Aufschwung, und zwar dank einer Reihe päpstlicher Dekrete sowie der Bemühungen von Kaiser Karl IV., der Häresien besonders eifrig verfolgte. Wiederum dürfte die Vorstellung einiger bekannter Fälle genügen, um zu zeigen, wie der Irrtum oder zumindest die Angst vor dem Irrtum fortlebte. Dass das Dekret „Ad nostrum" mit seinem Inquisitionsformular immer noch im Gebrauch war, zeigt deutlich der 1367 in Erfurt geführte Prozess gegen den Begarden Johann Hoffmann.[87] Hartmann wurde angesichts des Maßes, in dem er bereit war, nicht

---

die andere starke Formulierung bezüglich des ununterschiedenen Einsseins wurde Gertrud zugeschrieben: *Sicut deus est deus, ita ipsa esset deus cum deo; et sicut Christus numquam separatus est a deo, sic nec ipsa* (Leff 2,723).

[86] Jordan von Quedlinburg (1300 – ca. 1380) schrieb einen verlorengegangenen Traktat mit dem Titel *De spiritu libertatis*. Auch in mehreren seiner erhaltenen Predigtsammlungen greift er die Irrtümer vom Freien Geist an. Auszüge daraus siehe bei Guarnieri, „Il Movimento del Libero Spiritu", 444–450.

[87] Hartmanns *processus* vor dem bekannten Inquisitor Walter Kerlinger OP fand im Dezember 1367 in Erfurt statt. Der Text ist veröffentlicht in Martin Erbstösser und Ernst Werner, *Ideologische Probleme des mittelalterlichen Plebejertums. Die freigeistige Häresie und ihre sozialen Wurzeln*, Berlin 1960, 136–150. Zu Berichten über Hartmann siehe Leff, *Heresy in the Later Middle Ages* 1,377–379 und Lerner, *Heresy of the Free Spirit*, 134–139.

nur die in den Clementinischen Konstitutionen verurteilten Irrtümer zuzugeben, sondern sie auch noch ausführlich darzulegen, als einer der radikalsten überlieferten Freigeister angesehen. Dieser Begarde macht einen äußerst selbstbewussten, ja vielleicht sogar etwas gestörten Eindruck. Angesichts seiner Weigerung, irgendetwas zu widerrufen, wird er wahrscheinlich verbrannt worden sein. Hartmanns häufige ausführliche Aussagen über die von „Ad nostrum" umrissene Szene könnte die Authentizität seines Prozessberichts bestätigen; allerdings wirken einige seiner Eingeständnisse wie das Echo früherer Prozessdokumente, etwa desjenigen gegen Johannes von Brünn, so dass wiederum nicht mit voller Sicherheit gesagt werden kann, ob darin tatsächlich alle seine persönlichen Ansichten wiedergegeben sind. Dennoch wäre der Schluss überzogen kritisch, dieser Bericht liefere uns überhaupt keine Einsichten in die merkwürdigen Vorstellungen dieses Begarden.

Der Inquisitionsprozess gegen Hartmann stellt zwei Tendenzen bei den Verdächtigungen gegen die spätmittelalterliche Mystik besonders deutlich heraus, die beide im Denken der Inquisitoren eng miteinander verquickt waren. Johannes Hartmann redet in ausgefeilten Formulierungen über das mystische Einssein mit Gott und lässt sich zugleich ausführlich über die antinomischen Praktiken derer aus, die zur Freiheit des Geistes gelangt sind. Eine Generation zuvor hatte Seuse in seinem *Büchlein der Wahrheit* das „namenlose Wilde" als fähig vorgestellt, sich der eckhartschen Sprache über das Einssein zu bedienen und keine Unterscheidung zu machen, aber er hatte diese geheimnisvolle Gestalt nicht als persönlich antinomisch dargestellt (vgl. Kap. 5, 408–409). In Hartmanns Inquisitionsbericht wird beides miteinander verbunden.

Hartmann gesteht, einen allgemeinen Antinomismus zu vertreten, also nicht nur die üblichen sexuellen Spielarten und den Ungehorsam gegenüber kirchlichen Vorschriften,[88] sondern auch die Freiheit, zu rauben, zu morden und unter Eid zu lügen.[89] Aus der Sicht der Mystik ist das verblüffendste an diesem Text das, was über das mystische Einssein gesagt wird. So war Hartmann zum Beispiel in seiner Antwort auf den 1. Artikel von „Ad nostrum" bereit, die Rede von der Ununterschiedenheit im göttlichen Abgrund anzunehmen, ein Thema, das sich bei einer ganzen Anzahl orthodoxer spätmittelalterlicher deutscher Mystiker wiederfinden wird. Im Bericht heißt es:

---

[88] Die sexuell antinomischen Aspekte in Hartmanns Bericht sind in der Textausgabe von Erbstösser und Werner, 144–148 angeführt.
[89] Über die Freiheit zum Morden und Stehlen siehe die Antwort auf Artikel 3 (ebd. 140); über das Lügen unter Eid die Antwort zu Artikel 8 (ebd. 150).

„Und so vom vorgenannten Inquisitor über den ersten Artikel in der Clementina über die Häretiker ‚Ad nostrum' über Folgendes befragt: Wenn sich der Mensch im gegenwärtigen Leben usw. in einem derartigen Zustand der Kontemplation befindet, wie vorhin gesagt wurde, nämlich auf der höchsten Stufe der Vollkommenheit, welche er im Anfang hatte, als er noch im Abgrund der Gottheit weilte – ist da noch irgendein Unterschied zwischen Gott und ihm? Er gab zur Antwort: In einer solchen Vollkommenheit und auf der höchsten Stufe sei er eins mit Gott und Gott sei eins mit ihm ohne jegliche Unterscheidung."[90]

Diese Stelle stellt es so dar, dass der Inquisitor die Formulierung vorgab, weshalb man vermuten könnte, dass dem Angeklagten bei seiner Befragung der von Meister Eckhart und seinen Anhängern entwickelte *terminus technicus* vom Einssein ohne Unterschiedenheit in den Mund gelegt worden sein könnte, dieser also nicht seinen Ursprung in dessen persönlichen Ansichten hatte.[91]

Ein weiteres zentrales Thema in Hartmanns Geständnis ist die Rolle der persönlichen Erfahrung. Gegen Ende des Berichts behauptet Hartmann, ohne die Erfahrung der Wahrheit und Erleuchtung, die ihm zuteil geworden sei, werde alles als wertlos erscheinen. Auf die Frage, ob er verrückt oder wahnsinnig sei, gab er zur Antwort, keines von beidem sei der Fall, aber „er sage solches aus seinem Grund heraus, denn so finde er es in sich selbst, und einzig der könne solches von seinem wahren Grund her zum Ausdruck bringen, der solches in sich selbst erfahren habe. Die Prediger predigten und lehrten aus den Büchern und vergäßen über dem Studium der Pergamentblätter diese Dinge, aber diejenigen, die solches in der innerlichen Tiefe des göttlichen Abgrunds wahrnähmen, die könnten ganz wahrhaftig solche Dinge sagen."[92]

---

[90] Ebd. 138: *Et sic interrogatus a predicto inquisitore de primo articulo in Clementina de haereticis „ad nostram" [sic] ... Quod homo in presenti vita etc. quando ipse stetit in tali contemplatione, de qua prius dictum est, videlicet in summo gradu perfectionis quem ipse in principio habuit, quando in abysso divinitatis fuit, an sit aliqua differentia tunc inter deum et se. Respondit, quod in tali perfectione et summo gradu unus est cum deo et deus cum eo unus absque omni distinctione ...*
[91] In der Antwort auf Artikel 4 (ebd. 142) ist es wiederum der Inquisitor, der den *terminus technicus* einführt, indem er Hartmann fragt, ob seine Weise des Einsseins ohne Dazwischen sei (*sine medio*). In Artikel 5 dagegen (ebd. 142) wird Hartmann selbst als derjenige angegeben, der eine ausgefeilte Formulierung über das mystische Einssein und dessen Verhältnis zum *lumen gloriae* bringt (*nobilitas spiritus ex effluxu divinitatis et refluxu in deitate essencialiter est unus cum deo*). Ich möchte nicht in Abrede stellen, dass Laientheologen über solche Themen spekuliert haben könnten, aber ihr Auftauchen in Inquisitionsdokumenten stellt uns dennoch vor die Frage, wie viel vom Inquisitor vorformuliert wurde und wie viel der Angeklagte tatsächlich selbst sagte.
[92] Ebd. 148–150: *... sed ex fundo suo talia dixit, quia sic in se invenit et iste solus talia expri-*

Wiederum sind wir im Ungewissen, ob uns das Inquisitionsdokument die Ansichten des Inquisitors darüber liefert, wie sich ein Häretiker wohl gegen die Objektivität des Glaubens auf seine persönlichen Erfahrungen berufen werde, oder ob man hier Hartmann erlaubt hat, etwas Eigenes zu formulieren. Es könnte sein, dass beide Perspektiven im Spiel sind, wenn auch mit unterschiedlichen Absichten.

In der zweiten Hälfte des 14. Jahrhunderts wurde wiederum Strassburg zum Zentrum einer Beginenverfolgung. Der neue Bischof Lambert von Burn, ein früherer Berater Karls IV., veröffentlichte am 19. August 1374 einen Brief gegen die Beginen und diejenigen, die sie unterstützten, die Dominikaner und Franziskaner. Ein Manuskript[93] – das einzige erhaltene Exemplar eines solchen Dokuments – enthält zudem den Fragenkatalog *(interrogatorium)*, den man beim Verhör derjenigen verwenden sollte, die vor die bischöfliche Inquisitionskommission zitiert wurden. Dieser Text ist weithin aus Stellen aus „Cum de quibusdam mulieribus" und „Ad nostrum" zusammengestückelt; aus dem letzteren werden alle acht Artikel zitiert. Was Lambert hinzufügte, war eine Reihe von Fragen bezüglich der Kleidung und Disziplin, die dazu dienten, unregulierte Ordensleute, darunter Drittordens-Franziskaner, auszumachen.[94] Doch der Schlussartikel ist neu und bezieht sich auf einen wohlbekannten volkssprachlichen Traktat: „Auch scheint es angebracht, dass jeder befragt werde, ob er das deutsche Buch mit dem Titel ‚Von den neun Felsen' habe, hatte oder jemanden wisse, der es habe, von dem es heißt, dass es vieles mit dem katholischen Glauben Unvereinbare enthalte."[95] Dieses Buch soll weiter unten im Zusammenhang mit Rulman Merswin, dem Führer der Strassburger „Gottesfreunde" noch ausführlicher vorgestellt werden.[96]

Ein weiteres Beispiel für einen Freigeist im späten 14. Jahrhundert ist die

---

mere potest ex vero fundamento qui est expertus talia in se ipso et quod predicatores predicant et docent ex libris, et studio pellium obliuiscuntur eorum, sed qui in intima profunditate diuina abyssus talia perspiciunt illi verissime talia dicere possunt ...

[93] Siehe die Auswertung und Textausgabe der beiden Dokumente in Patschovsky, „Strassburger Beginenverfolgungen", 78–92 und 171–185; vgl. auch Lerner, *Heresy of the Free Spirit*, 97–101.

[94] Interrogatorium Nr. 4 (Patschovsky 182): *Item si dicant se professas regulam tercii ordinis sancti Francisci, quaeratur ab eis, quis sit modus vivendi earum, et an et qualiter et per quem ad huiusmodi regulam sint recepte.* Natürlich protestierten die Franziskaner und Dominikaner gegen Bischof Lamberts Versuch, nicht nur approbierte Beginenhäuser, sondern auch Drittordensgruppen auszumerzen.

[95] Interrogatorium Nr. 21 (Patschovsky 184): *Item expedire videtur, ut quaeratur a qualibet, an habeat vel habuerit vel sciat habentem quendam librum theotunicum, qui intitulatur „De novem rupibus" – vulgariter dicendo dz buoch vin den nún feilsen – in quo dicuntur multa fidei katholice dissona contineri.* Siehe dazu die Ausführungen bei Patschovsky, 118–125.

[96] Siehe Kapitel 9, 699–704.

nebulöse Gestalt des Nikolaus von Basel, eines Wanderpredigers und vermutlich Begarden, der im Rheinland und darüber hinaus aktiv war.[97] Nikolaus wurde irgendwann zwischen 1393 und 1397 in Wien wegen Häresie hingerichtet. Zwar fehlen uns die Akten über ihn, aber es existieren Dokumente von einigen seiner Anhänger. So wurde zum Beispiel der Ex-Mönch Martin von Mainz 1393 in Köln wegen fünfzehn antinomischen Irrtümern verbrannt, die ganz ähnlich wie das klingen, was Johannes Hartmann gestand. Ein anderer Anhänger von Nikolaus, ein Mann namens Jakobus, lieferte nach seiner Verhaftung 1405 in Basel eine ziemlich andere Darstellung seiner Überzeugungen und bekannte sich nicht zum Antinomismus. Wiederum ist es schwierig zu bestimmen, was genau Nikolaus wohl vertrat, obwohl ihn Theologen wie Heinrich von Langenstein als gefährlichen Häretiker verfolgten. Andere bekannte Theologen und religiöse Führer des späten 14. und frühen 15. Jahrhunderts wie Gerhard Groote, der Begründer der *devotio moderna*, und Johannes Gerson blieben tief besorgt angesichts der Gefahren der mystischen Häresie.

Im Lauf des Konzils zu Konstanz (1414–1418) gab es einige Stimmen, die das Verbot aller Beginen als Häretikerinnen forderten, aber die Bewegung fand mächtige Persönlichkeiten als Fürsprecher. Zumindest die institutionalisierten Beginen waren schließlich zum akzeptierten Teil der religiösen Landschaft geworden. Auch das 15. Jahrhundert sollte zwar noch Inquisitionsfälle gegen solche erleben, die als Anhänger der *secta spiritus libertatis* angesehen wurden, aber ihre Zahl nahm ab. Ein kurzer Blick auf drei Fälle zeigt jedoch, dass Sorgen bezüglich der mystischen Häresie immer noch in einem breiten geografischen Spektrum verbreitet waren.

Zu den meistzitierten Fällen der spätmittelalterlichen mystischen Häresie gehört eine um 1400 in den Niederlanden aufgetretene Bewegung, deren Vertreter als „Männer der Intelligenz" *(homines intelligentiae)* bezeichnet wurden.[98] 1410 beauftragte der Bischof von Cambrai, der bekannte Theologe Pierre d'Ailly, den Propst der Kanoniker von Groenendael Heinrich Selle, in Brüssel eine Untersuchung gegen eine Häresie anzustellen. Am 12. Juni des folgenden Jahres fand vor dem bischöflichen Gericht zu Cambrai ein Prozess gegen den Brüsseler Karmeliten Wilhelm von Hildernissen

---

[97] Über Nikolaus von Basel siehe Lerner, *Heresy of the Free Spirit*, 151–154 sowie Guarnieri, „Il Movimento dello Libero Spirito", 461.
[98] Über die *homines intelligentiae* siehe McDonnell, *Beguines and Beghards*, 502–504; Lerner, *Heresy of the Free Spirit*, 157–163; und Leff, *Late Medieval Heresy* 1,395–399. Leffs Vermutung, dass die Gruppe mit den Aktivitäten einer gewissen Bloemardinne zusammengehängt habe, einer Frau, gegen die sechzig Jahre zuvor Ruusbroec gewandt hatte, ist ziemlich unwahrscheinlich.

statt, bei dem man sich auf drei Listen von Irrtümern stützte.[99] Die erste Liste enthielt die Irrtümer, die man einem verstorbenen Laien namens Egidius Cantor zuschrieb, dem Führer der „Männer der Intelligenz". Egidius wird als jemand beschrieben, der an eine universale Erlösung und ein quasijoachimitisches Drittes Zeitalter des Heiligen Geistes glaube, das jetzt mit ihm und seinen Anhängern begonnen habe. Es heißt, er habe behauptet, dass er mit dem Heiligen Geist identisch sei: „Dieser verführerische Laie sagte zu wiederholten Malen vor vielen Zuhörern: Ich bin der Erlöser der Menschen; und durch mich werden sie Christus sehen, so wie durch Christus den Vater."[100] Seine direkte Erleuchtung durch den Geist hatte ihn von jeglichem Gehorsam gegenüber der Kirche und den Zwängen des Moralgesetzes befreit. Der Antinomismus von Egidius und insbesondere seine sexuelle Verderbtheit werden ziemlich ausführlich beschrieben.[101] Er war zum Beispiel bezichtigt worden, eine spezielle Methode des Geschlechtsverkehrs zu praktizieren, die Adam im Paradies verwendet habe (wie sie beschaffen war, wird nicht genau beschrieben). Angesichts des Umstands, dass Egidius bereits tot war und wir über keine weiteren Namen von Zeugen für diese Irrtümer verfügen, ist es schwierig, genauer herauszufinden, was die „Männer der Intelligenz" nun wirklich glaubten und praktizierten.

Wilhelm von Hildernissen dagegen lebte noch und war geständig, dass er Egidius gekannt habe. Er bestritt aber, dass er jemals Führer der „Männer der Intelligenz" gewesen sei, sondern behauptete, dass er gegen sie gepredigt habe, nachdem er ihre Irrtümer erfahren habe. Jedoch war der Karmelit zu einer zweiten Liste von Irrtümern geständig, einer merkwürdigen Sammlung, zu der einige antiklerikale Ansichten und Lehrirrtümer gehörten, wie etwa der Glaube an eine universale Erlösung sowie die Überzeugung, es werde ein Drittes Zeitalter des Heiligen Geistes kommen, in dem „jenes Gesetz des Heiligen Geistes und der geistlichen Freiheit offenbart werde und das gegenwärtige Gesetz aufhöre".[102] Wilhelm gestand auch,

---

[99] Der notarielle Bericht dieser Inquisition wurde anhand eines Pariser Ms.s herausgegeben und findet sich als Dokument 249 in Paul Fredericq, *Corpus documentorum inquisitionis haereticae pravitatis Neerlandicae*, 2 Bde., Gent 1889 u. 1906, I,267–279. Lerner verwendet die bessere Ms.-Fassung aus Wolfenbüttel ms. Helmst. 279, ff. 264r-269v. Das bei Fredericq gebotene Dokument enthält nur die 21 Artikel der Liste I sowie 18 der Liste II, jeweils mit den Antworten von Wilhelm.
[100] Liste I, Nr. 1 (Fredericq 271): *Item dictus laicus seductor dixit pluries repetendo pluribus audientibus: Ego sum salvator hominum; et per me videbunt Christum, sicut per Christum patrem.*
[101] Siehe Liste I, Nummern 8–14 und 20.
[102] Liste II, Nr. 10 (Fredericq 274): *... et quod instabit tempus quo revelanda erit illa lex Spiritus Sancti et libertatis spiritualis et tunc praesens lex cessabit ...*

pantheistische Ausdrücke verwendet zu haben.[103] Schließlich schwor er auch noch einer dritten Liste von Irrtümern des Freien Geistes ab, die aus „Ad nostrum" und anderen Standardanklagepunkten wegen mystischer Häresie zusammengestellt war. Alles in allem scheint Wilhelm ein Kleriker mit etwas wirren Vorstellungen gewesen zu sein, der viele unvorsichtige und irrige Behauptungen gestand, sich jedoch auch so weit wie möglich von Egidius und seinen Anhängern zu distanzieren versuchte. Wilhelms Bekenntnis wurde nicht akzeptiert, aber er kam mit der relativ milden Strafe von drei Jahren Gefängnis davon, nach deren Abbüßung er anscheinend rehabilitiert wurde.

Aus den Jahrzehnten nach der Inquisition der „Männer der Intelligenz" verfügen wir über Hinweise auf Probleme mit der mystischen Häresie in Norditalien, insbesondere im Zusammenhang mit Marguerite Poretes Werk *Der Spiegel der einfachen Seelen*, das auf der italienischen Halbinsel nicht nur in der lateinischen Version, sondern auch in zwei volkssprachlichen Wiedergaben zur Verfügung stand.[104] Obwohl Poretes Name nicht bekannt war, scheint ihr Buch ziemlich weit im Umlauf gewesen zu sein. Der früheste Zeuge dafür ist der berühmte Prediger und franziskanische Reformer Bernardin von Siena. In seiner zwischen 1417 und 1429 zusammengestellten Predigtsammlung *Quadragesimale de christiana religione* sowie auch im späteren *Quadragesimale de evangelico aeterno* (1430–1437) äußerte Bernardin mehrmals Klagen über diejenigen, die durch das Lesen des *Spiegels* in die Häresie des Freien Geistes abgefallen seien. In der 6. Predigt der letzteren Sammlung brachte er den *Spiegel* mit den Verurteilungen von Vienne in Zusammenhang: „Manche sind in die verdammte Häresie des freien Geistes verfallen. Diese Lehre wird in dem Buch mit dem Titel *Über die einfache Seele* vorgestellt. Diejenigen, die es verwenden, verfallen gewöhnlich in diese Häresie. Wenn sie von dieser Unheil bringenden Krankheit angesteckt sind …, sagen sie allerdings, dieses Buch und diesen Zustand könnten seine Gegner nicht verstehen. So richten und verurteilen sie die Kirche, die diese Lehre auf dem heiligen Konzil verurteilt hat, wie das Dekret über die Häretiker im ersten Kapitel der Clementinen eindeutig zeigt."[105]

---

[103] Liste II, Nr. 13 (Fredericq 274): *Tertiam decimam, quod Deus est ubique in lapide, in membris hominis et in inferno, sicut in sacramento altaris…* Wilhelm scheint nicht in der Lage gewesen zu sein, einfache scholastische Unterscheidungen über die verschiedenen Formen der Gegenwart Gottes zu machen.
[104] Über die lateinische und die italienischen Versionen des *Spiegels* siehe Guarnieri, „Il Movimento", 504–509. Meine Darstellung beruht weithin auf Guarneris Ausführung in „Il Movimento", 466–477. In ihrem „Appendice", 645–663 veröffentlicht sie auch wichtige Dokumente über die italienischen Diskussionen über den *Spiegel*.
[105] Bernardino da Siena, *Quadragesimale de evangelio aeterno*, 6. Predigt, zitiert in Guarnie-

Mystik und Häresie

In der 56. Predigt wandte sich Bernardin gegen namentlich nicht genannte Personen, die die Gnade und das Kreuz Christi verschmähten, um „zu einem wunderbaren Zunichtewerden zu gelangen, wie wir aus der Erfahrung derer wissen, die dem Geist der Liebe folgen, dem Geist der Freiheit oder dem häretischen Buch namens *Von den einfachen Seelen*."[106]

Die Belege für die Diskussion über Marguerites *Spiegel* mehren sich in den 1430er Jahren. Eine Generalkapitel der Reformierten Benediktinerkongregation von Santa Giustina in Padua verbot im April 1433 die Lektüre des *Spiegels*. Bei den schwersten Angriffen gegen das Buch konzentrierte man sich auf einen anderen Orden, den der Jesuaten, die im Veneto und in anderen Gebieten Norditaliens tätig waren.[107] Nach Romana Guarneris Rekonstruktion der Ereignisse kam es im Sommer 1437 im ganzen Veneto zu Angriffen auf den *Spiegel*. Ein Vikar aus Padua namens Antonio Zeno stellte eine Liste von dreißig Irrtümern aus dem *Spiegel* zusammen und reichte sie bei den Theologen und Kanonisten der Universität Padua zur Überprüfung und Verurteilung ein. Diese Liste, die in einem Manuskript im Vatikan erhalten ist, bezeugt ein sorgfältiges Studium des umstrittenen Buchs von Porete.[108] Am 8. August gab Papst Eugen IV. (der Venezianer Gabriele Condulmer) dem franziskanischen Reformer und Freund Bernardins Jo-

---

ri, „Il movimento", 467: *... quidem qui lapsi sunt in damnatam haeresim de spiritu libertatis, quae doctrina ponitur in libro qui de anima simplici intitulari solet, quo qui utuntur in illam haeresim communiter prolabuntur, licet tales, quando tali pestifero morbo infecti sunt ... dicant talem librum et statum non intelligi ab impugnatoribus suis, et sic iudicant et damnant Ecclesiam, que talem doctrinam in sacro Concilio condemnavit, sicut patet Extra, De Haereticis, unico capitulo in Clementinis.*

[106] Guarnieri, „Il Movimento", 468: *... devenit in admirabilem annihilationem, sicut per experientiam patet in his qui sequuntur spiritum amoris, spiritum libertatis, aut librum haereticum qui dicitur Animarum simplicium ...*

[107] Die Jesuaten (Gesuati) oder *Pauperes Christi* waren in den 1360er Jahren von Giovanni Colombini, einem bekehrten Kauf- und Bankmann aus Siena, gegründet worden. Die ursprüngliche Gruppe von Laien-Büßern wurde bald klerikalisiert. 1668 wurde der Orden aufgehoben. Siehe Romana Guarnieri, Art. „Gesuati", in: *Dizionario degli Istituti di Perfezione*, Rom 1977, Bd. 4, 1116–1130 oder kürzer Karl Suso Frank, Art. „Jesuaten", in: *Lexikon für Theologie und Kirche*, Freiburg 2006, Bd. 5, 793–794.

[108] Die Liste, veröffentlicht von Guarnieri in „Il Movimento", 649–660, bedarf noch genauerer Auswertung. Zwar beruht sie nur auf dem ersten Teil des Spiegels, doch schält sie gekonnt die Hauptpunkte der Kontroverse heraus, z.B. (1) mystisches Einssein: Artt. 13–16, 20, 30; (2) Zunichtewerden des Willens: Artt. 6, 18, 22; (3) Indifferenz und Quietismus: Artt. 3, 7, 8, 10, 11, 26, 29; (4) starker Apophatik, die als Leugnung der seligmachenden Schau gesehen wird: Artt. 2, 9; (5) Hintersichlassen der Tugenden: Artt. 5, 28; und (6) die Vorstellung von zwei Kirchen: Art. 17. Jedem fragwürdigen Artikel werden Zitate und Argumente aus der Schrift und einem breiten Spektrum von Autoritäten entgegengestellt. Da keine Dominikaner zitiert werden, scheint das Werk einen franziskanischen und/oder augustinischen theologischen Hintergrund zu spiegeln.

hannes von Capestrano sowie dem Bischof von Venedig Lorenzo Giustiniani mit einem Schreiben den Auftrag, die venezischen Jesuaten wegen der Anklage der Häresie des Freien Geistes zu überprüfen und alle Kopien von Marguerites *Spiegel* zu beschlagnahmen. Es heißt, diese Aktion sei auf Grund der Beschwerden eines namentlich nicht genannten deutschen Mitglieds des Ordens ausgelöst worden. Auch Antonio Correr, der mit Papst Eugen verwandte Kardinal von Bologna, beteiligte sich daran, und bald hatte man bei der Untersuchung einen Kreis maßgeblicher Kirchenmänner als Verdächtige ermittelt. Am 3. September sagte Giovanni Tavelli, der Bischof von Ferrara und Freund von Capestrano aus, er sei fünfundzwanzig Jahre lang Mitglied der Jesuaten gewesen und im Orden seien „gute Männer, die den Weg des Herrn rechtschaffen nach der evangelischen und apostolischen Lehre und den Überlieferungen der Väter gehen." Tavelli konnte es kaum glauben, dass der verdächtigte *Spiegel*, den viele Diener Gottes läsen, derart offensichtliche Irrtümer enthalten könne.[109] Capestrano urteilte da anders. Nachdem er einige Kopien des *Spiegels* aufgespürt hatte, erklärte er ihn für durch und durch häretisch. Dennoch wurden die Jesuaten bei dieser Untersuchung davon freigesprochen, gefährliche Irrtümer zu vertreten; allerdings gefiel diese Entscheidung offensichtlich nicht allen.

Wir wissen nämlich, dass manchen dieses abschließende Urteil schwer zu schaffen machte. Es dürfte sich um den gleichen Personenkreis handeln, der auch bei einem der merkwürdigeren Vorfälle bei der Verfolgung der mystischen Häresie im Spätmittelalter aktiv war: nämlich bei der Anklage gegen Papst Eugen IV. auf dem Konzil von Basel 1439, er fördere den mystischen Irrtum. Die Konfrontation zwischen dem wiedererstarkten Papsttum Martins V. und seines Nachfolgers Eugen IV. mit den Kräften des Konziliarismus, die fast zwei Jahrzehnte lang brodelte, erreichte 1439 einen unumkehrbaren Höhepunkt, als die in Basel versammelten Konzilsväter Papst Eugen in aller Form absetzten. Der Konzilschronist Johannes von Segovia berichtet, am 22. Juli 1439 sei ein merkwürdiger Eremit namens Jakobus vor dem Konzil erschienen, der *magister in artibus et medicina* gewesen sei. Jakobus habe eine Liste von dreißig häretischen Artikeln vorgelegt, die er dem *Spiegel* entnommen hatte, und den Papst angeklagt, dieses Buch zu verteidigen und diejenigen, die seine Irrtümer angriffen, ins Gefängnis zu werfen. Dass in Basel eine solche Liste im Umlauf war, ist angesichts der

---

[109] Siehe Guarnieri, „Il Movimento", 473: *De libro miror valde, quod si in illo sunt errores de quibus dicitur, quod per plures servos Dei legatur, nec percipiant tam manifestos errores.* Tavelli spielte bei den Jesuaten eine wichtige Rolle; er war maßgeblich an der Abfassung der ersten Regel des Ordens beteiligt gewesen.

vatikanischen Liste wahrscheinlich, aber der Rest der Geschichte, selbst die Existenz des geheimnisvollen Eremiten, ist fragwürdig.[110]

Der letzte repräsentative Fall aus dem 15. Jahrhundert führt uns nach Deutschland zurück, und zwar nach Mainz im Jahr 1458, wo der Prozess und die Hinrichtung „eines gewissen Lollarden namens Johannes Becker" stattfand *(quidam lolhardus nomine Johannes Becker)*. Er scheint einer der extremeren mystischen Häretiker des Spätmittelalters gewesen zu sein.[111] Der Dominikaner-Inquisitor Heinrich Kalteisen arrangierte Beckers Bekenntnis nach Hauptthemen und zitierte zum Schluss fünf der acht Artikel aus „Ad nostrum" zur Bestätigung der Häresie. Becker behauptete, er habe sich ursprünglich gehorsam an die kirchlichen Regeln und Vorschriften gehalten, bis er eines Tages im Mai 1442 in einer Kirche in Mainz „von ganz oben ein Geräusch gehört habe, das auf ihn herabgekommen sei. Und mit diesem Geräusch habe er den Heiligen Geist empfangen. Und dieser Heilige Geist habe ihn derart gedrängt, dass er in seinem Inneren großen Schmerz verspürt habe. Und anschließend sei er öfter in seinem inneren Menschen verzückt worden."[112] Das Einfließen des Heiligen Geistes, so Becker, habe ihn frei von den Zwängen der Kirchen- und Moralgesetze gemacht. Sein ganzes Bekenntnis hindurch kommt er immer wieder auf seinen Status eines wahrhaft innerlichen Menschen zurück, dem das volle Einssein mit der Dreifaltigkeit zuteil geworden sei (Becker verwendete die traditionelle Formulierung, er sei von Gnaden Gott geworden).[113] Zwar verwendet er nicht den Begriff der Ununterschiedenheit, aber Beckers Lehre enthält eindeutig eine solche Form des Einsseins mit Gott. Zum Beispiel sagt er: „Weil er selbst Gott sei, sei er mit Gott geeint und in Folge des Einsseins seines inneren Menschen (mit Gott) sei er Gott geworden. So sei er mit Gott als Gott anzubeten, nicht getrennt für sich, sondern zusammen mit der seligs-

---

[110] Ich bin hier einig mit den Schlussfolgerungen von Edmund Colledge in seinem „Introductory Interpretative Essay" zu *The Mirror of Simple Souls*, Notre Dame 1999, lxii-lxiv.

[111] Der Text von Beckers Verhör und Bekenntnis wurde untersucht und herausgegeben von Grundmann, „Ketzerverhöre des Spätmittelalters", 551–561 und 566–575. Abhandlungen über Becker bieten auch Leff, *Heresy* 1,383–386 und Lerner, *Heresy of the Free Spirit*, 177–181. Lerner stellt 179–180 in Frage, ob Becker wirklich ein Begard war, denn er scheint als Handwerker gelebt zu haben.

[112] Grundmann 566: ... *audivit in summitate ecclesie sonitum, qui descendit super eum. Et in illo sonitu recepit spiritum sanctum. Et ille spiritus sanctus pressit eum adeo, quod magnum dolorem sensit interius. Et quod postea sepius raptus sit in suo interiori homine.*

[113] Grundmann 571: *Tenet inprimis, quod homo potest effici per graciam illud, quod est deus per naturam, probans per illud Johannis, ubi ait salvator: Oro, pater, ut ipsi sint unum nobiscum, sicut unum sumus (Joh 17,21)*. Es lohnt die Anmerkung, dass Eckhart zur Verteidigung seiner Lehre über das mystische Einssein den gleichen Text verwendete (siehe Kapitel 4, S. 321).

ten Dreifaltigkeit, sodass, während wir den Vater und den Sohn und den Heiligen Geist anbeten, damit zugleich auch ihn anbeten müssen."[114]

Beckers Einssein mit Gott in Form des Identischseins mit ihm hatte auch genau wie bei Porete und Eckhart ein Zunichtewerden seines eigenen Willens zur Folge. Er behauptete, der innere Mensch sei der innere Grund dafür, und diesbezüglich vertrat er, dass er kraft des Umstands, sich dem Geist gegeben zu haben, fortan keinen eigenen Willen mehr habe."[115] Beckers totale Unterwerfung unter den in ihm wirkenden Heiligen Geist war die Quelle seiner Freiheit vom Moralgesetz und dem sakramentalen Leben und den Praktiken der Kirche, sowie auch von aller weltlicher Autorität. „Von daher behauptete er, dass das, was für andere Menschen Sünden sind, für ihn keine Sünden seien, falls er sie aus diesem inneren Antrieb seines inneren Menschen und Hervorgehens seines Geistes heraus tue."[116] Obwohl Becker glaubte, niemand habe den Heiligen Geist je gewaltiger als er empfangen, unterschied er zwei Gruppen von Menschen: die der Kirche Unterworfenen und die anderen von seiner Art, die nicht mehr verpflichtet seien, die Menschheit Christi anzubeten, „sondern nur noch Gott in seiner bloßen Gottheit".[117] Er unterschied auch wie Marguerite Porete zwei Kirchen: die niedrigere Kirche der Christenheit *(christianitas)*, die „verdammt und häretisch" sei und die „wahre katholische Kirche", die nicht von dieser Welt sei und der er angehöre. Becker, der sein Bekenntnis freimütig ablegte, wurde zusammen mit einem Buch, das er geschrieben hatte (oder nach einem Bericht mit mehreren Büchern), verbrannt. Es wäre interessant gewesen, den Inhalt dieses Buchs zu kennen.

Mystische Häresie und die Unterscheidung der Geister

Die Verfolgung der mystischen Häretiker im Spätmittelalter hing eng mit wichtigen Verlagerungen im Verständnis und der Anwendung dessen zu-

---

[114] Grundmann 571: *Secundo quia ipse deus est, deo sit unitus et deus factus per unionem sui hominis interioris, quod ipse sit cum deo adorandus ut deus, non separatim, sed ipse cum beatissima trinitate, ita quod, dum adoramus patrem et filium et spiritum sanctum, debemus simul cum hoc adorare ipsum.* Vgl. auch 570: *Quarto credit, quod ipse propter unionem, qua cum deo unitus est sit sanctior Christo ea sanctitate, qua Christus sanctus est secundum humanitatem.*
[115] Grundmann 572: *Et circa hoc asserit, quod ex quo se spiritui dedit, non habet amplius propriam voluntatem.*
[116] Grundmann 570: *Ex eodem asserit, quod illa, que sunt aliis hominibus peccata, non essent sibi peccata, si faceret eadem ex instinctu interioris sui hominis et sui spiritus procedere.* Im Bericht wird Becker nicht des üblichen sexuellen Antinomismus angeklagt, jedoch wird ausdrücklich gerügt, dass er sich nicht an die kirchlichen Regeln halte.
[117] Grundmann ebd.

sammen, was in der Tradition als „Unterscheidung der Geister" bezeichnet wird. Im Kontext der Häresieprozesse selbst konnten sich die Inquisitoren an die „objektiven" Maßstäbe halten, die die *interrogatoria* boten, die aus Irrtümerlisten bestehenden Fragenkataloge. Aber wenn es darum ging, zu bestimmen, wer solchen Prozeduren unterworfen werden solle, insbesondere im Hinblick auf solche, die behaupteten, visionären Kontakt mit Gott gehabt oder andere besondere Gaben empfangen zu haben, war die Unterscheidung der Geister das wichtigste, wenn auch zwiespältige Mittel, das die Orthodoxen zu Hilfe nahmen.

Paulus nennt in 1 Korinther 12,4–11 in seiner Aufzählung charismatischer Gaben die Unterscheidung der Geister *(discretio spirituum,* Vg), und in 2 Korinther 11,14 warnt er, der Satan selbst gebe sich „das Aussehen eines Lichtengels". In 1 Joh 4,1 wird die christliche Gemeinde ermahnt: „Schenkt nicht jedem Geist Glauben, sondern prüft die Geister, ob sie aus Gott sind." Das Bewusstsein um die in diesen und anderen Bibeltexten genannte Notwendigkeit, die Geister zu unterscheiden, verwurzelte sich von frühester Zeit an tief im christlichen Leben und blieb bis heute wichtig.[118] Die Unterscheidung galt als wesentlicher Bestandteil eines echt spirituellen Lebens, obwohl die Weisen, auf die man sie verstand und anwandte, im Lauf der Jahrhunderte sehr unterschiedlich waren. Mark A. McIntosh hat brauchbar fünf Funktionen der spirituellen Unterscheidung in der christlichen Tradition ausgemacht, die man oft unabhängig voneinander sah, wobei sie jedoch auf verschiedene Weisen immer ineinanderwirkten. Es sind: 1. Unterscheidung als eine liebevolle und gläubige Beziehung zu Gott; 2. Unterscheidung als Erkennen guter und schlechter Impulse; 3. Unterscheidung als Diskretion, Mäßigung und praktischer gesunder Menschenverstand; 4. Unterscheidung als die Sehnsucht, Gottes Willen zu erfüllen; und 5. Unterscheidung als eine noetische Beziehung zu Gott, eine Form der kontemplativen Weisheit.[119] Die Bandbreite dieser Aufzählung lässt ahnen, wie stark die Unterscheidung mit der mystischen Tradition verwoben war.

Es dürfte hilfreich sein, neben der Unterscheidung in einem umfassenden Sinn, der alle von McIntosh genannten Funktionen umfassen würde, auch vom engeren Sinn der *discretio spirituum* zu sprechen, der sich im Wesent-

---

[118] Als Darstellung der historischen Entwicklung siehe den von vielen Autoren verfassten Artikel „Discernement des esprits", in: DS 4, 1222–1291. Als neuere theologische Analyse, die auch Schlüsselgestalten der Geschichte vorstellt, siehe Mark A. McIntosh, *Discernment and Truth. The Spirituality and Theology of Knowledge*, New York 2004.

[119] McIntosh, *Discernment and Truth* 5. Diese fünf Aspekte führt er in Kap. 1, 8–22 genauer aus.

lichen auf die zweite Funktion konzentriert, nämlich das Unterscheiden zwischen den guten und schlechten Impulsen, die die Menschen antreiben. Die größeren Mystiker selbst vertraten allerdings selten diese engere Sicht. Sieht man von der Behandlung der Unterscheidung in der Frühkirche und besonders in den Mönchskreisen ab,[120] so ist es eindrucksvoll, wenn man sieht, wie viele mittelalterliche Mystiker reiche und nuancierte Verständnisweisen der Unterscheidung als Bestandteil und Eigenthema ihrer Lehre entwickelten. Besonders bemerkenswert waren in dieser Hinsicht Bernhard von Clairvaux und Richard von St. Victor im 12. Jahrhundert sowie im 14. Jahrhundert Caterina da Siena und der anonyme Autor der *Wolke des Nichtwissens*, dessen zum Teil auf Bernhard beruhender *Traktat von der Unterscheidung der Geister* einem grundsätzlich monastischen Verständnis des Begriffs verpflichtet bleibt. Den theologischen Sinn der Unterscheidung brachte Caterina im 9. Kapitel ihres *Dialogs* treffend zum Ausdruck, worin Gott zu ihr sagt:

„Unterscheidung ist nichts anderes als ein wahres Erkennen, das die Seele von sich und von mir haben muss. In dieser Unterscheidung hat sie ihre Wurzeln. Sie ist ein Reis, das der Liebe aufgepfropft und mit dieser eins ist … Unterscheidung und Liebe sind zusammengepfropft und in die Erde der wahren Demut eingepflanzt, aus der die Erkenntnis seiner selbst erwächst."[121]

Der für die Geschichte der mystischen Häresie wichtige Aspekt der Unterscheidung der Geister ist jedoch von der engeren Art. Das explosionsartige Auftreten von Visionen, das um das Jahr 1200 einsetzte sowie das wachsende Misstrauen gegen mystische Behauptungen, man sei in direktem Kontakt mit Gott und befinde sich in tiefen Zuständen des Einsseins mit ihm, wie sie ungefähr ab 1300 zunahmen, führten zunehmend zur Konzentration auf die Frage, wie man die wahren von den falschen Offenbarungen unterscheiden könne und schließlich zu formalisierten Handbüchern zu diesem Thema. Derartige Handbücher brachten langfristig gesehen nicht viel, da selbst die scharfsinnigsten scholastischen Geister nicht in der Lage

---

[120] Über die Unterscheidung in der patristischen Zeit siehe Joseph T. Lienhard, „On ‚Discernment of Spirits' in the Early Church", in: *Theological Studies* 41 (1980), 505–529 und den Abriss bei McIntosh, *Discernment and Truth*, Kap. 2.

[121] S. Caterina da Siena. Il Dialogo, hg. v. Giuliana Cavallini, Rom 1968, IX (22–24): *Chè discrezione non è altro che un vero cognoscimento che l'anima debba avere di sè e di me: in questo cognoscimento tiene le sue radici. Ella è un figliuolo che è innestato e unito con la carità … [P]erchè elle sono legate ad innestate insieme, e piantate nella terra della vera umiltà, la quale esce del cognoscimento di sè.* Zu Caterinas Verständnis der Unterscheidung siehe Diana L. Villegas, „Discernment in Catherine of Siena", in: *Theological Studies* 58 (1997), 19–38 und McIntosh, *Discernment and Truth*, 54–61.

waren, ein kohärentes System von Regeln aufzustellen, um das in den Griff zu bekommen, was nun einmal ein Charisma ist. Indem die Autoren dieser Traktate die einzelnen Stränge der Unterscheidung voneinander isolierten, waren sie von vornherein mit ihrem Unternehmen zum Scheitern verurteilt. Erst als im 16. Jahrhundert das mystische Genie Ignatius von Loyola in seinen 1541 vollendeten *Geistlichen Exerzitien* die Unterscheidung wieder in ein volles spirituelles Programm integriert hatte, konnte die Unterscheidung in der christlichen Spiritualität wiederum zu einer lebendigen Kraft werden.

Das spätmittelalterliche starke Interesse für die Unterscheidung der Geister zog in jüngster Zeit beträchtliches Interesse der Wissenschaftler auf sich, so dass es nicht notwendig ist, diese gesamte Geschichte hier ausführlich zu erzählen.[122] Es wird genügen, Aspekte dieser Geschichte festzuhalten, die für das Verständnis des Kampfes gegen die mystische Häresie, wie er sich insbesondere in Deutschland abspielte, wichtig sind.

Es lässt sich mit Fug und Recht sagen, dass die neue Stufe in der Geschichte der Unterscheidung der Geister im Jahr 1199 einsetzte, als Papst Innozenz III. einen Brief an den Klerus von Mainz schickte, in dem er über die Gefahren geheimer Konventikel, falscher Predigt und Häresie sprach. In diesem Brief, der nach seinen Eröffnungsworten den Titel *Cum ex iniuncto* trägt, heißt es, jeder, der behaupte, er sei von Gott gesandt, müsse zum Beweis dieser Behauptung das Zeugnis der Schrift oder Wunder vorweisen. Es überrascht nicht, wenn Papst Innozenz anordnet, der Klerus habe die Pflicht, in solchen Dingen die Tugend vom Laster zu unterscheiden und hinzufügt: „Es bedarf nämlich größerer Unterscheidung, wenn die Laster sich unter dem Anschein von Tugenden einschleichen und der Engel Satans sich als Engel des Lichts verstellt und ausgibt" (2 Kor 11,14).[123] Papst

---

[122] Siehe insbesondere Wendy Love Anderson, „Free Spirits, Presumptuous Women, and False Prophets. Discernment of Spirits in the Late Middle Ages" (Dissertation für den PhD an der University of Chicago 2002). Nancy Caciola, *Discerning Spirits. Divine and Demonic Possession in the Middle Ages*, Ithaca 2003, ist eine Fundgrube für Informationen und interessante Einsichten; allerdings kann ich die Ansicht der Autorin nicht teilen, dass die Untersuchungen fast ausschließlich gegen Frauen gerichtet gewesen sein oder dass „die Unterscheidung der Geister in Wirklichkeit immer eine Unterscheidung der Körper war" (86). Zudem haben die Diskussionen über Jeanne d'Arc Licht auf die Unterscheidung der Geister geworfen. Siehe dazu Deborah A. Fraioli, *Joan of Arc. The Early Debate*, Woodbridge 2000 und Dyan Elliott, *Proving Women. Female Spirituality and Inquisitorial Culture in the Later Middle Ages*, Princeton 2004, Kapitel 7.

[123] „Cum ex iuncto" findet sich im *Corpus iuris canonici*, hg. v. E. Friedburg nach der 2. Leipziger Ausgabe von A. L. Richter, 2 Bde., Leipzig 1881, Lib. V. Tit. VII De Haereticis, cap. xii (784–787). Der zitierte Text steht in c. 785: *Tunc autem opus est discretione maiori, quum vitia sub specie virtutum occulte subintrat, et angelus Satanae se in angelum lucis simulat et transformat.*

Innozenz scheint die Waldenser und ihre volkssprachlichen Bibelausgaben im Sinn gehabt zu haben, aber sein Dekret wurde deshalb bedeutsam, weil es in den Abschnitt über die Häresien der *Dekretalen* von Gregor IX. aufgenommen wurde und folglich eine Gesetzesgrundlage für die Unterscheidung seitens des Klerus als maßgebliche Instanz für das Aufspüren von Häresien lieferte.[124]

Im Lauf des 13. Jahrhunderts trugen zwei umstrittene Bewegungen maßgeblich zur Konzentration der Aufmerksamkeit auf das Bedürfnis nach der Unterscheidung zwischen guten und bösen Geistern nicht nur in der Theorie, sondern vor allem auch in der Praxis bei. Die erste bestand aus der zunehmenden Zahl von Menschen und besonders Frauen, die behaupteten, vom göttlichen Geist besessen zu sein und diese Besessenheit auf höchst somatische Weisen äußerten. Wie sollte man da sicher sein, dass diese Besessenheit übernatürlicher und nicht dämonischer Art war? Viele der übersteigerten und ekstatischen Mystikerinnen des 13. und 14. Jahrhunderts regten zu Diskussionen darüber an, wie sich die Rechtmäßigkeit ihrer Behauptungen erkennen lasse.[125] Auch die charismatischeren Aspekte der franziskanischen Bewegung, insbesondere in Kreisen der Spiritualen, rissen Fragen bezüglich der Legitimität von Visionen als Quellen der Autorität auf. Das zeigt sich zum Beispiel deutlich im Leben von Petrus Johannis Olivi, dem Offenbarungen zugeschrieben wurden und der auch selbst darüber schrieb, wie man wahre von falschen Visionen unterscheide.[126] Der deutsche Franziskaner David von Augsburg vertrat in seinem sehr beliebten Handbuch der Spiritualität mit dem Titel *De exterioris et interioris hominis compositione* eine ablehnende Haltung gegenüber den ausufernden Visionen, und zwar sowohl gegen die meistens Frauen zugeschriebenen, somatischen, mystischen Visionen als auch gegen die apokalyptischen Visionen in den Traditionen der Joachimiten und Franziskanerspiritualen.[127]

---

[124] Über die Rolle von „Cum ex iniuncto" siehe Anderson, *Free Spirits, Presumptuous Women*, 63–67.
[125] Als Überblick siehe Barbara Newman, „Possessed by the Spirit: Devout Women, Demoniacs, and the Apostolic Life in the Thirteenth Century", in: *Speculum* 73 (1998), 733–770 und Caciola, *Discerning Spirits*, Kapitel 1–3. Einige dieser Frauen habe ich im vorliegenden Werk in Band III behandelt, namentlich im 4. Kapitel, sowie auch in meinem Essay „Visions and Critiques of Visions in Late Medieval Mysticism", in: *Rending the Veil. Concealment and Secrecy in the History of Religions*, hg. v. Elliot R. Wolfson, New York 1999, 87–112.
[126] Als Überblick über den Beitrag Olivis und seiner Anhänger und die Diskussionen, die sie auslösten, siehe Anderson, *Free Spirits, Presumptuous Women*, 75–102. Über Olivi als Mystiker siehe im vorliegenden Werk Bd. III, 228–231.
[127] Als Darstellung von Davids Ruf nach gründlicherer *discretio spirituum* siehe Anderson, *Free Spirits, Presumptuous Women*, 70–75. Über Davids Interesse an der Mystik siehe im vorliegenden Werk Bd. III, 214–220.

Das langsame Heranwachsen einer engeren, ausdrücklicheren und juristischen Sicht der Unterscheidung der Geister erreichte zu Beginn des 14. Jahrhunderts ein neues Stadium. Damals entstand der erste spezifische Traktat zu diesem Thema. Der deutsche Augustiner Heinrich von Friemar der Ältere (ca. 1250–1340) war ein Zeitgenosse und zeitweise sogar Nachbar von Meister Eckhart, da die Heimatklöster beider in Erfurt lagen. Heinrich lehrte im ersten Jahrzehnt des 14. Jahrhunderts wie Eckhart als *magister actu regens* in Paris. Er war auch Mitglied der theologischen Kommission, die die Schriften von Marguerite Porete untersuchte sowie Teilnehmer am Konzil von Vienne. Zudem war er ein sehr produktiver Autor; seine mystischen Schriften werden hier im 8. Kapitel vorgestellt werden.[128] Eines seiner bekanntesten Werke war der erste formelle Traktat über die Unterscheidung der Geister, ein *Traktat über die vier Instinkte (Tractatus de quattuor instinctibus)*. Die Beliebtheit dieses Werks (von dem über 150 Manuskripte erhalten sind, sowie Übersetzungen ins Mittelhochdeutsche und mehrere frühe Druckausgaben) bezeugt die zunehmend stärkere Rolle, die die Unterscheidung der Geister im Spätmittelalter spielte.[129]

Heinrich verwendet in seinem Traktat nicht den Begriff *discretio spirituum*, sondern zieht ihm den allgemeineren Begriff *discretio* der Mönchstradition vor, aber seine scholastische Systematisierung der vier Formen von Instinkten oder Antrieben zum Handeln des Menschen beeinflussten spätere Handbücher zum Thema „Unterscheidung" sowie die entsprechenden Praktiken. Seine Aufteilung in vier verschiedene Antriebe scheint originell von ihm zu stammen. „Vierfach ist der Instinkt oder innere Antrieb": Er stammt entweder von Gott, einem Engel, dem Teufel oder der Natur. „Die Ursache und der Grund, weshalb es schwierig ist, die genannten vier Instinkte voneinander zu unterscheiden, ist die Ähnlichkeit und Gleichförmigkeit des natürlichen Lichts mit dem Gnadenlicht."[130] In der ersten Hälfte seines Traktats behandelt er die ersten drei „Instinkte", indem er für jeden eine Liste von vier Anzeichen aufstellt.[131] Heinrichs Ratschläge rich-

---

[128] Als Einführung in Heinrich und seine dreißig Schriften siehe Robert G. Warnock, „Heinrich von Friemar der Ältere", in: VL 3,730–737. Heinrichs Lehre von der Unterscheidung der Geister behandeln Anderson, *Free Spirits, Presumptuous Women*, 105–115 und Caciola, *Discerning Spirits*, 215–222.

[129] Dieser Traktat wurde herausgegeben von Robert G. Warnock und Adolar Zumkeller, *Der Traktat Heinrichs von Friemar über die Unterscheidung der Geister*, Würzburg 1977. Warnock und Zumkeller glauben, dass das Werk aus dem ersten Jahrzehnt des 14. Jahrhunderts stamme, da der Verfasser *Ad nostrum* nicht zu kennen scheint.

[130] *Tractatus* (ebd. 152): ... *quadruplex est instinctus sive motio interior ... Causa vero et ratio, quare sit difficile praedictos instinctus discernere, est similitudo et conformitas naturalis luminis et luminis gratuiti*.

[131] Für die Anwendung auf die ersten drei Instinkte von Engeln bietet er vier Listen von

ten sich in erster Linie an Ordensleute, die ihre eigenen „Instinkte" überprüfen wollen, aber er spricht auch von Anzeichen im äußeren Verhalten, nach denen man andere einschätzen könne, insbesondere vom Kontrast zwischen der Gelassenheit und dem Frieden, die die guten Instinkte auszeichneten und der Erregung und Verwirrung, die mit den schlechten einhergingen. Er konzentriert sich nicht besonders stark auf Behauptungen von Visionen oder Offenbarungen, bezieht jedoch auch diese in sein Raster zur Ermittlung der Unterschiede zwischen den guten und den schlechten Eingebungen mit ein. Vieles, was er zu sagen hatte, ist aus der Tradition bekannt, aber die Art, wie er sein Material anordnete, und der Umstand, dass er dies im Kontext der zunehmenden Angst vor bösen Instinkten teuflischer oder auch bloß natürlicher Herkunft[132] tat, ließ seinen Traktat zu etwas bahnbrechend Neuem werden.

Einige Zeitgenossen von Heinrich machten sich über die Gefahr der immer stärker auftretenden Visionen größere Sorgen als er. Sein Augustiner-Mitbruder Augustinus von Ancona schickte 1310 seinen *Traktat gegen die Wahrsager und Träumer* an Papst Clemens V. Es war ein polemischer Rundumschlag gegen die Franziskanerspiritualen, verschiedene Formen des Aberglaubens und die Vorstellung, Gott wolle in diesem bösen Zeitalter neue Offenbarungen von sich geben. Augustinus bietet auch eine Reihe von negativen Anzeichen, anhand derer man wahre von falschen Visionen unterscheiden könne.[133] Eine Generation danach warnte der Dominikaner Venturino von Bergamo († 1346), dessen Werke in Deutschland zirkulierten, energisch vor der Sucht nach „Visionen, Offenbarungen oder Erfahrungen, die übernatürlich oder jenseits des allgemeinen Gesichtskreises derer sind, die Gott lieben und fürchten." Venturino schrieb sogar über sein eigenes Versagen darin, die Falschheit der Behauptung einer jungen Frau aus

---

Anzeichen: vier Anzeichen für von Gott eingegebene Instinkte; vier Anzeichen für von Engeln eingegebene Instinkte; vier Anzeichen für den Unterschied zwischen vom Teufel und von Gott eingegebenen Instinkten; und vier Anzeichen zur Unterscheidung, ob ein Instinkt vom Teufel oder von einem Engel eingegeben ist.

[132] Heinrichs Hauptanliegen war es, den Unterschied zwischen den natürlichen und den von der Gnade inspirierten Instinkten herauszufinden. Im vierten und längsten Abschnitt seines *Tractatus* behandelt er diese Fragen ausführlich. Er zeigt ein besonderes Interesse dafür, zwischen Untersuchungen zu unterscheiden, zu denen die Natur oder die Gnade anregt und stellt fest, dass der natürliche Instinkt oft zum Stolz führe, während der *instinctus gratiae* die Demut fördere (*Tractatus* 198). Beobachtungen wie diese werden dann bei späteren Mystikern wiederkehren, die den falschen Freigeistern vorwerfen werden, dass sie mehr ihrem eigenen natürlichen inneren Licht vertrauten als der göttlichen Gnade.

[133] Der Traktat von Augustinus findet sich bei Pierangela Giglioni, „Il *Tractatus contra divinitores et sompniatores* di Agostino d'Ancona: Introduzione e edizione del testo", in: *Analecta Augustiniana* 48 (1985), 24–37. Als Ausführungen über seinen Beitrag siehe Anderson, *Free Spirits, Presumptuous Women*, 94–100 und Caciola, *Discerning Spirits*, 221–222.

dem Laienstand, ihr sei eine Vision des Erzengels Gabriel zuteil geworden, erkannt zu haben.[134]

Die Gefahr, dass „sich der Satan selbst das Aussehen eines Lichtengels" gebe (2 Kor 11,14), nahm nach dem Konzil von Vienne und den immer größeren Ängsten vor den Freigeistern zu, die äußerlich ein frommes Leben zu führen schienen, innerlich aber pervers und unmoralisch waren. Selbst ehrenwerte Ordensleute waren nicht dagegen gefeit, Opfer der Verschlagenheit Satans zu werden. Papst Johannes XXII. schrieb im Vorwort zur Bulle von 1329, mit der er Meister Eckhart verurteilte: „Dieser Mann wurde vom Vater der Lügen, der sich oft das Aussehen eines Lichtengels gibt, in die Irre geführt." So wundert es kaum, dass so viele der mystischen Autoren des 14. und 15. Jahrhunderts nicht zuletzt in Deutschland sehr darauf bedacht waren, Regeln für die Unterscheidung der Geister aufzustellen, damit ihre Zuhörer sich davor hüten konnten, von falschen Mystikern an der Nase herumgeführt zu werden, die begannen, ihre natürlichen Antriebe mit denjenigen der Gnade zu verwechseln und sich deshalb für teuflische Antriebe anfällig machten.[135] In den folgenden Kapiteln werden wir viele Beispiele für solche Anweisungen kennen lernen.

Im späten 14. Jahrhundert und ersten Teil des 15. Jahrhunderts kam es zu einem weiteren Entwicklungsschritt in Richtung des engeren Verständnisses der *discretio spirituum*. Der erste Traktat, der tatsächlich diesen Titel tragen sollte, wurde 1383 vom deutschen Theologen Heinrich von Langenstein verfasst.[136] Dieses Werk wurde an der Universität von Paris gelesen, an der Heinrich zuvor gelehrt hatte, und der bekannte Meister Pierre D'Ailly verfasste zwei Traktate, die beide den Titel *Über falsche Propheten* tragen, den einen vor 1395, den anderen kurz nach 1410. D'Aillys noch berühmterer Schüler Johannes Gerson schrieb zwischen 1401 und 1323 drei Traktate über die richtige Unterscheidung von Visionen und Prophetien. Es ist klar, dass die Krise des Großen Schismas (1378–1417) die Theologen zu diesem Thema auf den Plan gerufen hatte. Denn im Zusammenhang damit waren zahlreiche Visionäre und Propheten aufgetreten, von deren Offenbarungen man glaubte, sie hätten diese Tragödie vorausgesagt oder sie wiesen einen Ausweg aus der verfahrenen Lage der Christenheit. In diesen Traktaten ist

---

[134] Zur genaueren Darstellung von Venturino und zur Quelle dieses Zitats siehe Caciola, *Discerning Spirits*, 218–221.
[135] Anderson stellt in *Free Spirits, Presumptuous Women*, Kapitel 3 einen Großteil dieser Literatur vor.
[136] Die lateinische Fassung des Traktats sowie die mittelhochdeutsche wurden veröffentlicht von Thomas Hohmann, *Heinrichs von Langenstein ‚Unterscheidung der Geister' Lateinisch und Deutsch. Texte und Untersuchungen zur Übersetzungsliteratur aus der Wiener Schule*, München 1977.

man auf größere Genauigkeit und praktische Anwendbarkeit bedacht und legt daher präzisere Regeln für die Trennung der guten von den bösen Impulsen vor. Diese waren graduell, aber nicht der Art nach verschieden von denjenigen, die bereits im frühen 14. Jahrhundert genannt worden waren. Da diese Werke in jüngster Zeit gründlich untersucht worden sind, müssen wir uns hier nicht weiter mit ihnen aufhalten.[137] Abschließend lohnt es sich noch, Mark McIntoshs Beobachtung wiederzugeben, die auf seiner Untersuchung von Gerson, dem berühmtesten der mittelalterlichen Autoren zum Thema „Unterscheidung" beruht. McIntosh sagt, dass Gersons Versuch, „Phänomene in klar getrennte Kategorien einzuordnen", zu einer unmerklichen Verlagerung führe, bei der „sich unsere Aufmerksamkeit nach und nach immer stärker auf die *Erfahrungen* konzentriert, die man bei der Unterscheidung untersucht, statt auf die *Wahrheit*, um die es bei der Unterscheidung geht ..., so dass Methode und Analyse anfangen, beherrschend im Vordergrund zu stehen und das göttliche Handeln sowie Gottes Ruf und Realität in den Hintergrund treten."[138]

Schlussfolgerungen

Die Kampagne gegen die mystische Häresie, die ernsthaft gegen 1300 ausbrach, sollte die folgenden vierhundert Jahre hindurch stärker oder schwächer andauern. Die Anklagen gegen die Häretiker vom Freien Geist, zum Teil ein Erbe von früheren Spannungen zwischen Mystik und Magisterium, jedoch auch der Reflex von Verdächtigungen gegen Aspekte der neuen Mystik des Spätmittelalters, insbesondere deren Betonung des Zunichtewerdens des Ichs und Behauptung, mystisch mit Gott eins zu sein, sollten immer wieder auftreten.[139] Die Geschichte der Konstruktion der mystischen Häresie ist eindeutig wichtig; die genaue Natur einer derartigen Hä-

---

[137] Siehe Anderson, *Free Spirits, Presumptuous Women* die Kapitel V und VI; Caciola, *Discerning Spirits*, Kapitel 6; und Elliot, *Proving Women*, Kapitel 7.
[138] McIntosh, *Discernment and Truth*, 61–62.
[139] Erforscher der Häresiegeschichte haben schon lange festgestellt, dass die Diskussionen des 14. Jahrhunderts den Standard dafür vorgaben, was in den nachfolgenden Zeiten als mystischer Irrtum gelten sollte. Es ist zwar schwer, diesen Standard auf eine kurze Liste von Anklagepunkten zu bringen, jedoch herrscht breite Übereinstimmung über die zentralen Themen. Manche von diesen wurden aus der Antike übernommen, insbesondere diejenigen der Esoterik, des Antinomismus und Quietismus (d.h. der Indifferenz gegenüber moralischer und spiritueller Praxis) und der Freiheit von der kirchlichen Kontrolle. Andere waren, wie hier dargelegt, neu, etwa diejenigen des Zunichtewerden des Ichs und des mystischen Einsseins. Als zusätzliche Darstellung dieser Problematik vgl. Kent Emerys, „Foreword", in: *Margaret Porette. The Mirror of Simple Souls* xxiv, der aus den Diskussionen des 14. Jahr-

resie und ihres Ausmaßes ist problematischer. Dennoch lassen sich einige Schlussfolgerungen ziehen.

Erstens: Es gab nie eine Sekte der Freigeister im Sinn einer weit verbreiteten Bewegung. Unzweifelhaft ist, dass es Einzelne gab, die merkwürdige und neue Behauptungen über ihr Einssein mit Gott aufstellten und durchaus der Überzeugung gewesen sein könnten, sie seien von allen Verpflichtungen gegenüber der Kirche und sogar dem Moralgesetz frei. Manche von ihnen zogen Anhänger an, wie es zum Beispiel bei den im ersten Jahrzehnt des 14. Jahrhunderts in Umbrien aktiven Franziskanern der Fall gewesen zu sein scheint, oder gegen Ende des Jahrhunderts bei Nikolaus von Basel und den „Männern der Intelligenz" in Brüssel. Es könnten auch schon früh einige Beginen- und Begardenkommunitäten von solchen Ansichten angesteckt gewesen sein, sofern wir Gestalten wie Johannes von Brünn und den Beginen von Schweidnitz Glauben schenken können. Andere Anklagen gegen Gruppen wie etwa diejenige gegen die Jesuaten in Norditalien wurden von kompetenten Richtern für nichtig erklärt. Die meisten der extremen Gestalten wie Johannes Hartmann und Johannes Becker scheinen Einzelgänger gewesen zu sein.

Die zweite Schlussfolgerung, die sich aus den hier aufgeführten Fällen ergibt, ist, dass die mystische Häresie Teil und Bestandteil der neuen Mystik war, die im 13. Jahrhundert entstand, zumindest in dem Sinn, dass die beanstandeten Kernaussagen auch von einigen Mystikern des 14. Jahrhunderts gelehrt wurden, die als orthodox akzeptiert wurden. Themen wie diejenigen des ununterschiedenen Einsseins mit Gott, der Notwendigkeit einer vollständigen Verinnerlichung, des Zunichtewerdens des geschaffenen Willens und des sekundären Ranges äußerer Frömmigkeitsübungen waren potenzielle Entzündungsherde der Kontroverse, aber man konnte ihnen auch eine orthodoxe Interpretation geben. Dennoch blieben die Gefahren. So wurde zwar Meister Eckhart nie des Antinomismus oder antikirchlicher Ansichten angeklagt, aber Aspekte seiner Lehre wurden von der höchsten Autorität in der Christenheit als häretisch verurteilt.

Marguerite Porete wurde zusammen mit ihrem *Spiegel* verbrannt. Poretes Mystik hatte zwar Züge der Esoterik an sich, die seit der Kontroverse um die Gnosis eine Quelle der Verdächtigung war, und in ihrem Buch finden sich auch antiklerikale Wendungen, aber es fällt schwer, sie des Antinomismus zu überführen, den ihre Richter im *Spiegel* zu finden meinten. So-

---

hunderts sechs Grundthemen auflistet, die später zur Überprüfung spiritueller Lehren verwendet wurden.

wohl Eckart als auch Porete wurden trotz der Verurteilungen in den folgenden Jahrhunderten weiterhin gelesen.

Das Zeugnis der Mystiker, die nach Eckhart kamen und in der Folge im vorliegenden Band vorgestellt werden, zeigt, dass die Sorge, in mystischen Irrtum zu geraten, zu ihrem täglichen Leben gehörte. Diese Lehrer und Prediger waren sich darüber im Klaren, wie leicht man auf Abwege geraten konnte, wenn man von Verinnerlichung, Zunichtewerden, Einswerden und anderen Aspekten des mystischen Weges sprach. Sie wussten auch zu unterscheiden zwischen solchen, die falsche Ansichten vertraten, sich jedoch durch Unterweisung helfen ließen, und solchen, die hartnäckig in gefährlichem Irrtum verharrten. Diese Art Unterscheidung taucht nicht oft in den Inquisitionsberichten auf, die die Schaffung der Kategorie der mystischen Häresie belegen.

ZWEITER TEIL

MEISTER ECKHART UND SEINE SCHÜLER

Kapitel 3

DIE MYSTIK VOM GRUND

Kein Gebiet des spätmittelalterlichen Europa war derart fruchtbar an Werken der mystischen Literatur wie die deutschsprachigen Länder. Einige der Beiträge deutschsprachiger Autorinnen und Autoren zur Entwicklung der Mystik im Abendland aus dem Zeitraum von 1250 bis 1350 wurden bereits im III. Band dieses Werks vorgestellt, namentlich diejenigen von Mystikerinnen wie Mechthild von Magdeburg, der Zisterziensernonnen von Helfta und der Dominikanerinnen in Süddeutschland.[1] Diese mystischen Strömungen repräsentieren jedoch nur eine Seite des deutschen Beitrags. Ein anderer, noch kräftigerer Strom mystischer Literatur trat zu Beginn des 14. Jahrhunderts in der Lehre und Predigt von Meister Eckhart zutage. Er sollte über zweihundert Jahre lang nicht mehr versiegen und bestand aus volkssprachlichen Predigten und Traktaten sowohl von bekannten Mystikern wie Johannes Tauler und Heinrich Seuse, als auch von weniger bekannten Gestalten und anonymen „Gottesfreunden" *(gotesfrünt)*. Die von Eckhart und seinen Nachfolgern vorgestellten Formen mystischer Bewusstheit unterscheiden sich von denjenigen der Mystikerinnen, stehen aber nicht unbedingt im Gegensatz zu ihnen. Wie das Beispiel von Seuse zeigt, kam es im Mittelalter und darüber hinaus zu vielfältigen Interaktionen dieser beiden Ströme. Was jedoch von Eckhart initiiert wurde, war von deutlich anderer Natur und wirkte sich maßgeblich auf das Zeitalter der „Fülle der Mystik" aus.

Es gibt viele Beschreibungen und Analysen der im Spätmittelalter in den deutschsprachigen Ländern hervorgebrachten Mystik. Verschiedene Versuche, dieses Schlüsselkapitel in der Geschichte der Mystik unter eine Gesamtüberschrift zu setzen, trugen dazu bei, den einen oder anderen Aspekt dieses eindrucksvollen Gesamtkomplexes aus Literatur und Kunst hervorzuheben. Oft wird er mit dem Begriff „die deutsche Mystik" überschrieben.[2] Es ist offensichtlich nicht inkorrekt, von der „deutschen Mystik" zu

---
[1] Siehe in Band III Mechthild von Magdeburg, 395–430, die Frauen von Helfta, 467–491 und die Dominikaner-Mystikerinnen, 507–548.
[2] Nach Alois M. Haas, „Meister Eckhart und die deutsche Sprache", in: *Geistliches Mittelalter*, Freiburg/Schweiz, 1984, 218–219 wurde der Ausdruck „die deutsche Mystik" erstmals

sprechen, aber wenn man diese Bezeichnung auf Eckhart und seine Nachfolger anwendet, hat es den Nachteil, dass man diese Form der Mystik in eine derart breite Kategorie fasst, dass ihr eigener Charakter nicht aufscheint.

Bei anderen Darstellungen hat man versucht, das Thema unter dem Gesichtspunkt der geografischen Lage, der Zugehörigkeit zu einem bestimmten Orden oder des Gegensatzes zwischen affektiver und spekulativer Mystik zu umschreiben. Ein Beispiel für den erstgenannten Ansatz ist der Begriff „rheinländische Mystik" oder „rheinische Mystik" zur Kategorisierung von Eckhart und seinen Nachfolgern und man bezog darin sogar niederländische Mystiker wie Johannes Ruusbroec mit ein.[3] Aber Meister Eckhart wurde in Thüringen geboren und hielt dort auch seine ersten volkssprachlichen Predigten, also weit weg vom Rheinland. Die Mystik, die er einleitete, breitete sich in ganz Deutschland aus. Weil Eckhart Dominikaner war und ein Großteil der von ihm beeinflussten Literatur wiederum von Mitbrüdern im Dominikanerorden verfasst wurde, verwendeten andere Fachleute dafür die Bezeichnung „Die Mystik des deutschen Predigerordens" als dafür passende Kategorie.[4] Aber nicht alle Nachfolger von Eckhart waren Dominikaner, was Texte wie die *Theologia Deutsch* zeigen, und der deutsche Zweig des Predigerordens brachte eine ganz Vielzahl von Formen der Mystik hervor, wie etwa die Schriften der Dominikanernonnen zeigen.

In Anbetracht der intellektuellen Natur von Eckharts Predigt und Lehre

---

1831 von Karl Rosenkranz verwendet. Auch Wilhelm Preger gebrauchte ihn für den Titel seines klassischen Werks *Geschichte der deutschen Mystik im Mittelalter. Nach den Quellen untersucht und dargestellt*, 3 Bde., Leipzig 1874-1893. Joseph Bernhart verwendete in seinem Buch *Die philosophische Mystik des Mittelalters von ihren antiken Ursprüngen bis zur Renaissance*, München 1922 den Begriff „Die deutsche Mystik" für sein 8. Kapitel, in dem er Eckhart und seine Nachfolger beschreibt. Als neuere Zusammenfassung unter der gleichen Überschrift vgl. Alois Maria Haas, „Deutsche Mystik", in: *Geschichte der deutschen Literatur III/2. Die deutsche Literatur im späten Mittelalter 1250-1370*, hg. v. Ingeborg Glier, München 1987, 234-305.
[3] Die Bezeichnung als „rheinische Mystik" taucht vorwiegend in der französischen Literatur auf, zum Beispiel bei Jeanne Ancelet-Hustache, *Maître Eckhart et la mystique rhénane*, Paris 1956 oder für den Sammelband *La mystique rhénane. Colloque du Strasbourg 16-19 mai 1961*, Paris 1963. Auch Alain de Libera verwandte ihn für sein Buch *Introduction à la mystique rhénane. D'Albert le Grand à Maître Eckhart*, Paris 1984, was auch in der deutschen Übersetzung (Bodenheim 1989) mit „rheinische Mystik" wiedergegeben wurde. In Deutschland ist auch der Begriff „rheinländische Mystik" gebräuchlich. Die französische Bezeichnung „mystique rhénane" wurde zuweilen auch zum ziemlich holprigen „rhéno-flamand" erweitert, etwa von Louis Cognet, *Introduction aux mystiques rhéno-flamands*, Paris 1968.
[4] Carl Greith, *Die deutsche Mystik im Prediger-Orden (von 1250-1350)*, Freiburg i. Br. 1861 und Kurt Ruh, *Geschichte der abendländischen Mystik. Band III. Die Mystik des deutschen Predigerordens und ihre Grundlegung durch die Hochscholastik*, München 1996.

wurde es beliebt, in Verbindung mit dem Dominikaner und seinen Nachfolgern als von einer „spekulativen Mystik" zu sprechen.⁵ Zweifellos waren Eckhart und die von ihm Beeinflussten spekulativ in dem Sinn, dass sie die Rolle des Intellekts bei der Rückkehr zu Gott betonten; auch stellten sie ihre Lehre oft in stark philosophischer Sprache vor. Dennoch kann diese Bezeichnung irreführend sein, insofern die spekulative Mystik oft in Gegensatz zur sogenannten affektiven Mystik (etwa von Bernhard von Clairvaux) gesetzt wird. Alle christlichen Mystiker anerkennen die Wichtigkeit sowohl der Liebe wie der Erkenntnis auf dem Weg zu Gott, auch wenn sie die je eigenen Rollen dieser beiden fundamentalen Kräfte des menschlichen Subjekts auf unterschiedliche Weisen einschätzen.⁶ Kategorien, die auf Gegensätzen zwischen Erkennen und Lieben, Wesen und Sehnsucht usw. beruhen, sagen uns letztlich wenig über die Natur bestimmter Formen der Mystik.

Angesichts der Schwierigkeit, zur Beschreibung der Mystik Eckharts und seiner Zeitgenossen und Nachfolger angemessene Begriffe zu finden, könnte es am besten sein, allgemeine Charakterisierungen ganz bleiben zu lassen. Aber der Bedarf nach einer treffenden Bezeichnung, die helfen könnte, die von Eckhart initiierte Mystik ins Gesamt der anderen Formen der Mystik richtig einzuordnen, hat die Fachleute weiterhin dazu bewegt, neue Begriffe vorzuschlagen, die helfen könnten, die Lehre dieses Dominikaners auf den Punkt zu bringen.⁷ Im vorliegenden Band werde ich zu diesem Zweck den Begriff „Mystik vom Grund" *(grunt/grund)* verwenden.

Durch alle Bände dieser Darstellung der *Mystik im Abendland* habe ich versucht, wo immer möglich zur Beschreibung der verschiedenen Formen der christlichen Mystik Formulierungen zu verwenden, die den Texten der betreffenden Mystiker selbst entstammen, statt auf moderne Begriffe und

---

⁵ Diese Charakterisierung reicht ins 19. Jahrhundert zurück. Josef Bach gab in Abhängigkeit von Franz von Baader seinem Buch über Eckhart den Titel *Meister Eckhart. Der Vater der deutschen Spekulation*, Wien 1864. Früh findet sich dieser Begriff auch verwendet von Henry Delacroix, *Essai sur le mysticisme spéculatif en Allemagne au XIVe siècle*, Paris 1899. Im 20. Jahrhundert wurde er von vielen gebraucht, etwa von Josef Quint, „Mystik und Sprache, Ihr Verhältnis zueinander, insbesondere in der spekulativen Mystik Meister Eckeharts", in: *Altdeutsche und altniederländische Mystik. Wege der Forschung XXIII*, hg. v. Kurt Ruh, Darmstadt 1964, 113–151.

⁶ Über das Verhältnis von Liebe und Erkenntnis in der abendländischen Mystik siehe Bernard McGinn, „Love, Knowledge and *Unio mystica* in the Western Christian Tradition", in: *Mystical Union in Judaism, Christianity, and Islam: An Ecumenical Dialogue*, hg. v. Moshe Idel u. Bernard McGinn, New York 1996, 59–86.

⁷ Alois M. Haas zum Beispiel schlägt den Begriff *Fundamentalmystik* vor. Siehe „Die Aktualität Meister Eckharts. Ein Klassiker der Mystik (ca. 1260–1328)", in: *Gottes Nähe. Religiöse Erfahrung in Mystik und Offenbarung. Festschrift zum 65. Geburtstag von Josef Sudbrack SJ*, hg. v. Paul Imhoff SJ, Würzburg 1990, 84.

Systematisierungen zurückzugreifen. Eckhart, seine Zeitgenossen und Nachfolger schufen für die Mystik eine markante neue Sprache und es lohnt sich, die von ihnen selbst geprägten Begriffe daraufhin abzuhorchen, worin die Eigenart ihres Denkens bestand. Das gilt auch für andere Epochen und Traditionen der Mystik. So habe ich zum Beispiel in meinem II. Band geäußert, ein Großteil der Mystik des 12. Jahrhunderts lasse sich vom Anliegen her beschreiben, eine „Ordnung der Liebe" *(ordo amoris)* zu finden. Diese Formulierung war von einer Redewendung im Hohenlied 2,4 inspiriert.[8] Damit soll nicht behauptet werden, im 12. Jahrhundert habe man dieses Thema erfunden, und auch nicht, dass alle Mystiker dieser Epoche ihm gleichermaßen ihre Aufmerksamkeit zugewandt oder es im gleichen Sinn behandelt hätten. Aber das Thema „Ordnung der Liebe" hilft, einen unterscheidenden Wesenszug eines Großteils der Mystik des 12. Jahrhunderts auszumachen. Im vorliegenden IV. Band stelle ich das Thema „Mystik vom Grund" in den Raum, weil ich der Überzeugung bin, dass es entsprechend nützlich ist, um die Botschaft Eckharts und vieler, die von ihm beeinflusst waren, besser zu verstehen. Natürlich behandeln Eckhart und seine Nachfolger viele Themen der Mystik, sowohl traditionelle als auch kreativ neue, aber das Wort vom *grunt* liefert eine nützliche Linse, um spezifische Elemente ihres mystischen Denkens in einem Brennpunkt zu sammeln.

Grunt ist ein schlichter Begriff räumlicher und taktiler Unmittelbarkeit. Doch es ist auch ein außerordentlich komplexes Wort, das das erschafft, was Josef Quint ein „mystisches Wortfeld" nannte, das heißt, eine neue Art und Weise, eine Vielfalt von Wörtern und Metaphern zu verwenden, um damit konkret zum Ausdruck zu bringen, was sich nicht in Begriffe fassen lässt.[9] Das Wort *grunt* lässt sich als „Sprengmetapher" bezeichnen[10], insbesondere wegen der Art, auf die es bisherige Kategorien des Sprechens über Mystik durchbricht, um auf neue Weise eine direkte Begegnung mit

---

[8] Siehe Band II, 233–243.
[9] Josef Quint, „Mystik und Sprache", 141–151; *grunt* behandelt er in 141–143. Quint 141 wörtlich: *Und so wächst denn, aus innerster Denk- und Sprachnot hervorgetrieben, zur adäquaten Benennung des innersten Seinsgrundes der Seele wie des göttlichen Urgrundes ein mystisches Wortfeld, das weithin durch metaphorische, bildliche Ausdrücke das sprachlich auszusagen versucht, was begrifflich nicht zu fassen ist.*
[10] Zum Begriff der *Sprengmetapher* siehe Hans Blumenberg, „Paradigmen zu einer Metaphorologie", in: *Archiv für Begriffsgeschichte* 6 (1960), 7–142; „Beobachtungen an Metaphern", in: *Archiv für Begriffsgeschichte* 15 (1971), 161–214; und „Ausblick auf eine Theorie der Unbegrifflichkeit" in: *Theorie der Metapher*, hg. v. Anselm Haverkamp, Darmstadt 1983, 438–454. Für Anwendungen auf Eckhart siehe Susanne Köbele, *Bilder der unbegriffenen Wahrheit. Zur Struktur mystischer Rede im Spannungsfeld von Latein und Volkssprache*, Tübingen u. Basel 1993, 17–18, 66–67 u. 181–191; sowie Alois M. Haas, „The Nothingness of God and its Explosive Metaphors", in: *The Eckhart Review* 8 (1999), 6–17.

Gott vorzustellen. Wenn Eckhart sagt: „Gottes Grund und der Seele Grund ist ein Grund", dann kündigt er eine neue Form der Mystik an.

Sprengmetaphern wie *grunt* können zwar den Anstoß zu tiefschürfenden philosophischen und theologischen Spekulationen geben, aber ihre Funktion ist eher praktischer, oder besser: pragmatischer Art als theoretischer. Sie sind dazu gedacht, gewöhnliche Bewusstseinsformen umzustürzen und umzuwandeln, und zwar im Verlauf eines Prozesses, bei dem man sich den inneren Sinn der Metapher in seinem Alltagsleben aneignet. *Grunt* war ein Begriff für den Prediger, der Eckhart, Tauler und anderen *lebemeistern* ein geeignetes Mittel an die Hand gab, um auf eine mystische Umwandlung zu dringen, die einfach und direkt und zugleich auch tief und in mehrfacher Hinsicht wirksam war.[11]

Der *grunt* sprengt nicht nur alles und stürzt alles um; er ordnet auch neu. Die Rückkehr zur Imaginationswelt der Metapher, der Arena der uranfänglichen Sprache, kann zu einer Neuschöpfung führen, das heißt, zu neuen Formen differenzierten und „wissenschaftlichen" Sprechens. In diesem Sinn lässt sich *grunt* als eine Meistermetapher beschreiben, denn dieses Wort bringt es auf meisterhafte Weise fertig, ein ganzes Spektrum kreativer Sprachstrategien zu konzentrieren und zu integrieren, um mit ihnen die Beziehung zwischen Gott und Mensch zu beschreiben. *Grunt* ist der Urbegriff im Zentrum der Mystik Eckharts. Er entzieht sich unserem Griff, wenn wir versuchen, ihn in irgendein definierbares Schema oder Lehrsystem zu fassen. Das Bewusstsein des Grundes, eine von allen anderen Formen der Erfahrung und Erkenntnis verschiedene Form der Wahrnehmung, ist für Eckharts Lehre zentral.[12] Dank Eckhart sollte der *grunt* in der spätmittelalterlichen Mystik eine wichtige Rolle spielen.

Quellen und Semantik des grunt

Grunt und die davon abgeleiteten Substantive *abgrunt, gruntlôsicheit* und Adjektive *grundelôs, ungruntlich* usw. tauchen in den volkssprachlichen Werken von Eckhart, Seuse und Tauler häufig auf.[13] Dieser Begriff spielt

---

[11] Über die Wichtigkeit des Umstands, dass *Grunderfahrung* die Kommunikation mit anderen erfordert, siehe Erwin Waldschütz, *Denken und Erfahren des Grundes. Zur philosophischen Deutung Meister Eckharts*, Wien-Freiburg-Basel 1989, 328 f.
[12] Darauf wies besonders nachdrücklich Waldschütz in *Denken und Erfahren des Grundes* hin, insbesondere in Teil 3, Kapitel 4, 329–349 über die *Grunderfahrung*.
[13] Die jüngste Bestandsaufnahme der Terminologie von *grunt* und der damit zusammenhängenden Wörter bei ausgewählten deutschen Mystikern findet sich bei Michael Egerding, *Die Metaphorik der spätmittelalterlichen Mystik*, 2 Bde., Paderborn 1997, II,279–309. Egerding

auch in den pseudonym Eckhart zugeschriebenen Predigten und Traktaten eine wichtige Rolle[14] sowie in vielen anderen volkssprachlichen mystischen Texten des 14. Jahrhunderts. Seine Rolle in der niederländischen Mystik, insbesondere bei Ruusbroec, zeigt deutlich die enge Verwandtschaft, aber auch die tatsächlichen Unterschiede zwischen der spätmittelalterlichen deutschen und niederländischen Mystik.

Der ausgesprochen germanische Charakter des Wortes *grunt* zeigt sich darin, dass es für diesen Begriff in den anderen volkssprachlichen Werken über Mystik oder in der lateinischen mystischen Literatur kein Äquivalent gibt. In der Mystik von Teresa von Avila und Johannes vom Kreuz zum Beispiel besagt der Begriff „Seelenmitte" *(centro del alma)* in etwa das Gleiche (er könnte auf dem Weg über lateinische Übersetzungen von Eckhart und Tauler vermittelt worden sein), aber ohne die für den Begriff *grunt* und seine Verwandten üppige Semantik und die für sie spezifischen Implikationen.[15] Bei der Suche nach dem lateinischen Hintergrund für *grunt* erhält man etliche Aufschlüsse über den Dialog oder die Diskussion zwischen dem scholastischen Latein und den sich herausbildenden volkssprachlichen Theologien des Spätmittelalters[16], erkennt aber auch deutlich, dass es zwar für *Aspekte* von *grunt* in der lateinischen Terminologie Äquivalente gibt, aber kein einzelnes lateinisches Wort genau *grunt* bedeutet. Das trügerisch einfache volkssprachliche Wort besitzt eine reichere Bandbreite von Bedeutungen, bietet subtilere Verwendungsmöglichkeiten und liefert uns einen angemesseneren Weg zum Verständnis einer neuen Form des mystischen

---

listet bei Eckhart 92mal das Vorkommen von *grunt* auf, aber eine Durchsicht von 18 der 26 Predigten, die in DW 4 erscheinen sollen, ergibt weitere 37 Stellen, was dann insgesamt 129 wären. In Anbetracht weiterer möglicherweise authentischer Werke und einigen Verwendungen, die Egerding entgangen sind, können wir davon ausgehen, dass Eckhart das Wort *grunt* und damit zusammenhängende Begriffe 140–150mal verwendet hat. Laut Egerding verwendet Seuse es 79mal und Tauler sogar nicht weniger als 414mal. Auch diese Zahlenangaben dürften insgesamt eher zu niedrig gegriffen sein.

[14] So erscheint zum Beispiel in den 32 nicht in den DW enthaltenen Predigten bei Franz Pfeiffer, *Meister Eckhart*, Leipzig 1857; Reprint Göttingen 1924 *grunt* mindestens 30mal. Besonders wichtig sind davon die Predigten LXI (194–195) mit zehn Nennungen, LXXI (224–226) mit fünf und XCIII (303–308) mit acht.

[15] Über den Begriff *centro del alma* bei den spanischen Mystikern siehe Léonce Reypens, „Âme (structure)", in: DS 1, 461–463; und insbesondere Edward Howells, *John of the Cross and Teresa of Avila. Mystical Knowing and Selfhood*, New York 2002, Kap. 2 und *passim*. Johannes vom Kreuz verwendet gelegentlich den Begriff *fondo* als Äquivalent für *centro* und spricht z. B. von „la intima sustancia del fondo del alma" (*Llama* str. 3, v. 3) und „en el centro y fondo de mi alma" (*Llama* c. 4, vv.1–2, t.2).

[16] Über die Diskussion zwischen der lateinischen scholastischen Theologie und den volkssprachlichen mystischen Theologien siehe in Band III, 48–56.

Einsseins als irgendein Wort in der gelehrten, aber weniger flexiblen Sprache der Schulen.[17]

So gut wie jeder, der über Eckhart geschrieben hat, hatte auch etwas über dessen Lehre über den *grunt* zu sagen.[18] Es gibt auch Ausführungen über den Gebrauch dieses Begriffs bei Tauler, Seuse und in anderen Texten über Mystik.[19] 1929 veröffentlichte Hermann Kunisch eine Monographie über die Verwendung von *grunt* in der deutschen Mystik des 14. und 15. Jahrhunderts.[20] Trotz dieser Erörterungen kann man mit Susanne Köbele sagen, dass man vom Großteil der Sekundärliteratur zu diesem Thema „im Stich gelassen, wenn nicht in die Irre geführt" wird.[21] Aber die jüngere Forschung hat begonnen, ein Stück der Komplexität und Tiefe dieses Begriffs freizulegen sowie auch seine zentrale Bedeutung für das Verständnis Eckharts und seiner Nachfolger aufzuzeigen.[22]

---

[17] Dieser Punkt wird von Köbele, *Bilder* 176–180 gegen die Ansicht vorhergegangener Abhandlungen über den Sinn von *grunt* hervorgehoben, die versuchten, diesen auf seine lateinischen Äquivalente zurückzuführen.

[18] Unter den älteren Ausführungen über den *grunt* bei Eckhart siehe Benno Schmoldt, *Die deutsche Begriffssprache Meister Eckharts. Studien zur philosophischen Terminologie des Mittelhochdeutschen*, Heidelberg 1954, 49–62; Bernward Dietsche, „Der Seelengrund nach den deutschen und lateinischen Predigten", in: *Meister Eckhart der Prediger*, hg. v. Udo Nix, Freiburg 1960, 200–258 und Heribert Fischer, „Fond de l'Âme: I, Chez Maître Eckhart", in: DS 5, 650–661.

[19] Eine klassische Studie über Taulers Verwendung von *grunt* ist Paul Wyser, „Taulers Terminologie vom Seelengrund" in *Altdeutsche und Altniederländische Mystik*, 324–352. Auch in mehreren neueren Werken wurde dieses Thema vom *grunt* bei Tauler angesprochen, z.B. von Louise Gnädinger, „Der Abgrund ruft dem Abgrund. Taulers Predigt Beati oculi (V 45)", in: *Das „Einig Ein." Studien zur Theorie und Sprache der deutschen Mystik*, hg. v. Alois M. Haas u. Heinrich Stirnimann, Freiburg/Schweiz 1980, 167–207 und Loris Sturlese, „Tauler im Kontext. Die philosophischen Voraussetzungen des „Seelengrundes" in der Lehre des deutschen Neoplatonikers Berthold von Moosburg", in: *Beiträge zur Geschichte der deutschen Sprache und Literatur* 109 (1987), 390–426, sowie Louise Gnädinger, *Johannes Tauler. Lebenswelt und mystische Lehre*, München 1993, 181–193.241–251.

[20] Herman Kunisch, *Das Wort „Grund" in der Sprache der deutschen Mystik des 14. und 15. Jahrhunderts*, Osnabrück 1929. Kunischs Werk bleibt wegen seiner Materialsammlung wertvoll, jedoch ist es in vielfacher Hinsicht mangelhaft, namentlich wegen seiner Überbetonung der höfischen Rede vom *grund des herzens* als Quelle für den Gebrauch in der Mystik (siehe 11–14) sowie deshalb, weil er die zentrale Rolle Eckharts übersah (z.B. 1, 15, 42–43 und 93).

[21] Köbele, *Bilder*, 173.

[22] Zu den neueren hilfreichen Untersuchungen gehören Burkhard Mojsisch, *Meister Eckhart. Analogie, Univozität und Einheit*, Hamburg 1983, 131–144; Otto Langer, „Meister Eckharts Lehre vom Seelengrund", in: *Grundfragen christliche Mystik*, hg. v. Margot Schmidt u. Dieter R. Bauer, Stuttgart-Bad Cannstatt 1987, 173–191; Waldschütz, *Denken und Erfahren des Grundes*; Burkhard Hasebrink, „Grenzverschiebung. Zu Kongruenz und Differenz von Latein und Deutsch bei Meister Eckhart", in: *Zeitschrift für deutsches Altertum und deutsche Literatur* 121 (1992), 369–398; Köbele, *Bilder*, 171–191; und Michael Egerding, *Die Metaphorik der spätmittelalterlichen Mystik* II, 279–309.

Quellen und Semantik des *grunt*

Laut den Fachleuten des Mittelhochdeutschen wird das Wort *grunt* auf vier allgemeine Weisen verwendet, nämlich auf zwei konkrete und zwei abstrakte.[23] *Grunt* kann zunächst einmal als physischer Grund verstanden werden, also als der Boden oder die Erde, worauf wir stehen. Sodann kann *grunt* auch das Unterste eines Körpers, einer Oberfläche oder Struktur bedeuten *(basis/profundum/fundamentum/fundus)*. Abstrakt wird *grunt* zur Bezeichnung des Ursprungs *(origo)*, der Ursache *(causa)*, des Anfangs *(principium)*, des Grunds *(ratio)* oder des Beweises *(argumentum)* von etwas verwendet. Und schließlich wird *grunt* für das gebraucht, was einem Wesen zuinnerst, am Angemessensten, im Verborgenen zu eigen ist *(intimum, proprium, abditum)*, was also sein Wesen *(essentia)* ausmacht. Der semantische Reichtum dieses einfachen deutschen Wortes, insbesondere sein Spektrum von sowohl konkreten wie auch abstrakten Bedeutungen machte es zum Samenkorn, das in jenem Zeitalter sprachlicher Kreativität für das Aufblühen reif war, von dem Kurt Ruh als dem *kairos* (d. h. glücklich günstigen Augenblick) der deutschen Volkssprache im 13. und frühen 14. Jahrhundert sprach.[24]

Will man aufzuzeigen versuchen, wie Eckhart und seine Nachfolger die Rede vom *grunt* gebrauchten, so ist es nützlich, einen Blick zurück zu werfen, nicht nur auf die Art und Weisen, auf die dieser Begriff von den früheren deutschen Mystikern verwendet wurde, sondern auch auf die Geschichte der damit verbundenen lateinischen Terminologie. Mechthild von Magdeburg (ca. 1250–1280) verwendete *grunt* und damit verwandte Wörter *(gruntlos/abgrunt)* etliche Male, aber nicht als Schlüsselbegriff zur genaueren Bezeichnung der Beziehung von Gott und Mensch.[25] Eine engere Parallele zum späteren deutschen Gebrauch findet sich in der Art, wie die niederländische Begine Hadewijch das mittelniederländische *gront* und *afgront* (Abgrund) zur Beschreibung der wechselseitigen Durchdringung von Gott und Mensch in der Liebeseinigung verwendet. Für Hadewijch sind Grund, Abgrund und Tiefe *(diepheit)* Begriffe, die sich sowohl auf die unerkennbare göttliche Natur als auch auf die menschliche Seele anwenden lassen, insofern diese sich nicht von ihrem urbildlichen Dasein in Gott trennen lässt. In einem Abschnitt aus Brief 18 spricht Hadewijch von der wechselseitigen Durchdringung der „Bodenlosigkeit" der Seele, „worin Gott

---

[23] Das Folgende beruht auf der Zusammenfassung, die sich bei Köbele, *Bilder*, 174–175 findet, wo die einschlägigen Wörterbücher zu den mittelhochdeutschen Werken zitiert werden.
[24] Ruhs Formulierung ist hier zitiert nach Köbele, *Bilder*, 13 und 51.
[25] Egerding, *Die Metaphorik*, 279–282 erörtert 39 Stellen mit diesen Wörtern in Mechthilds *Das fließende Licht der Gottheit*. Diese Texte finden sich bei Hans Neumann, *Mechthild von Magdeburg: Das fließende Licht der Gottheit*, 2 Bde., München 1990 u. 1993.

sich selbst genügt" und Gott selbst, der als „Weg, auf dem die Seele in ihre Freiheit herauskommt, d. h. in seinen Grund, an den nicht ohne der Seele Tiefe gerührt werden kann."[26] Dieser Text kommt nahe an Abschnitte bei Eckhart und Tauler heran, obwohl es keine Belege dafür gibt, dass sie Hadewijchs Schriften kannten, die erst gegen Mitte des 14. Jahrhunderts in Umlauf kamen.[27] Die Schaffung der Rede vom *grunt/abgrunt* war trotz Eckharts zentraler Rolle nicht das Bemühen eines Einzelnen, sondern eine Reaktion auf ein weit verbreitetes dringendes Bedürfnis, einer neuen Sicht Ausdruck zu verleihen, wie Gott mit dem Menschen eins werde: nicht mehr durch mystische Vereinigung, das heißt, ein Einswerden des Wollens von Gott und Mensch, wobei die weiterhin bestehende Unterschiedenheit dieser beiden Wesenheiten betont wurde, sondern durch ein mystisches Einswerden, bei dem Gott und Mensch wirklich ununterschieden werden, zumindest auf irgendeiner Ebene.

Sieht man sich die lateinischen Begriffe genauer an, die bestimmte Aspekte der Bedeutung des Wortes *grunt* wiedergeben, so wirft dies ein Licht darauf, wie die neue Meistermetapher frühere Themen in sich aufnahm und diese aufsprengte und umformte. Mit *grunt* wurde oft auch das „Innigste der Seele" *(innigsten der sêle)* bezeichnet, von dem Eckhart, Tauler und andere metaphorisch als „Funke", „Burg", „Adeligem", „Spitze", „Körnlein" und ähnlichem sprachen. Es wurde viel Mühe auf die Untersuchung verwandt, in welchem Verhältnis *grunt* und die damit verwandten Begriffe zu lateinischen Begriffen für die als *imago Dei* verstandene Tiefe der Seele stehen, also zu Ausdrücken wie *fundus animae, scintilla animae, apex mentis, abditum animae/mentis/cordis, principale cordis/mentis, supremum animae, semen divinum, ratio superior, synderesis, abstrusior memoriae profunditas* usw.[28] Diese Begriffe gehören zu dem, was man als „die

---

[26] Joseph Van Mierlo, *Hadewijch: Brieven*, 2 Bde., Antwerpen 1947, Brief 18,69–70 (I,154–155): *Siele is een wech vanden dore vaerne gods in sine vriheit, Dat es in sinen gront di niet gheraect en can werden, sine gherakene met hare diephheit* ... Vgl. meine ausführlichere Darstellung im vorliegenden Werk Bd. III, 378–389.
[27] Siehe Ruh, *Geschichte* II, 161–163.
[28] Siehe Martin Grabmann, „Die Lehre des hl. Thomas von Aquin von der *scintilla animae* in ihrer Bedeutung für die deutsche Mystik des Predigerordens", in: *Jahrbuch für Philosophie und spekulativen Theologie* 14 (1900), 413–427; Hieronymus Wilms, „Das Seelenfünklein in der deutschen Mystik", in: *Zeitschrift für Aszese und Mystik* 12 (1937), 157–166; André von Ivanka, „Apex mentis. Wanderung und Wandlung eines stoischen Terminus", in: *Zeitschrift für katholische Theologie* 72 (1950),129–176; und Hans Hof, *Scintilla Animae. Eine Studie zu einem Grundbegriff in Meister Eckharts Philosophie*, Lund-Bonn 1952. Eine englische Abhandlung über den Seelenfunken ist Frank Tobin, *Meister Eckhart. Thought and Language*, Philadelphia 1986, 126–140. Übersichten über die auf die Seele und ihre Struktur bezogene Terminologie finden sich in DS, namentlich Léonce Reypens, „Âme (structure)", in: DS

Mystik der Introversion" bezeichnet hat, deren große Quelle im Westen Augustinus von Hippo ist.[29] Eckhart kannte diese Begriffe und verwendete viele von ihnen in seinen lateinischen Werken.[30]

Diese lateinischen Begriffe werfen zwar Licht auf den Sinn der Formulierung „Grund der Seele" und zeigen dessen Verbindung mit der breiten Tradition der Erkundung der inneren Natur des eigenen Ichs, aber weil mit *grunt der sêle* nur ein Ausschnitt aus dem Bedeutungsspektrum von *grunt* zum Ausdruck kommt, offenbaren sie zugleich, wie begrenzt das Ergebnis der Suche nach seinen Quellen bleibt. Genau deshalb, weil diese lateinischen Begriffe einseitig nur den anthropologischen Aspekt des Einsseins von Gott und Seele bezeichnen, konnte keiner von ihnen als die Meistermetapher taugen, mit der sich die Praxis des Erlangens jenes dynamischen Einsseins hätte bezeichnen lassen, bei dem Gott und die Seele in einem einzigen *grunt* verschmelzen, also zu dem, was Eckhart, Seuse und Tauler *ein einig ein* nannten.

Die andere Dimension von *grunt* verweist auf die verborgenen Tiefen Gottes. Der lateinische Hintergrund dieser Verwendung weist gegenüber den für die Tiefen der Seele verwendeten Begriffen ein anderes semantisches Feld auf, was ein weiterer Hinweis darauf ist, dass *grunt* als Meistermetapher mehr als bloß die Übersetzung eines einzelnen lateinischen Begriffs ist. Begriffe wie *deitas*,[31] *essentia*, *fundus divinitatis*[32] und *principium* sind hilfreich, um zu erfassen, wie die Stellen, an denen vom *grunt gotes* die Rede ist, vom technischen Vokabular der scholastischen Theologie erhellt wer-

---

1,433–469 und Aimé Solignac, „nous et mens", in: DS 11, 459–469 und „Synderesis", in: DS 14, 407–412.

[29] Reypens, „Âme (structure)", in: DS I, 434: ... *le père de l'introversion et le grand théoreticien de l'image de Dieu dans l'âme, saint Augustin.*

[30] Zum Beispiel sagt Eckhart in S. XLIX.1, n. 507 (LW 4,422,12–13), dass die *imago Dei ... in supremo animae* sitze. In der gleichen Predigt spricht er vom ... *superius in anima, ubi vertex animae nectitur lumini angelico* (n. 505 [LW 4,421,10–11]). In einem Text aus In Io. n. 679 (LW 3,593,4–7) verwendet Eckhart sowohl *abditum mentis* als auch *supremum animae* und zitiert Augustinus' *De Trinitate*. An einer anderen Stelle, nämlich in In Gen.II n. 149 (LW 1,606,1) setzt er diesen „höchsten Punkt" mit dem Intellekt gleich: *Supremum autem animae in nobis intellectus est.*

[31] Vgl. Hélène Merle, „Deitas: quelques aspects de la signification de ce mot d'Augustin à Maître Eckhart", in: *Von Meister Dietrich zu Meister Eckhart*, hg. v. Kurt Flasch, Hamburg 1984, 12–21, der darlegt, dass Gilbert von Poitiers' logische Unterscheidung zwischen *deus (quod est)* und *deitas (quo est)* für das Verständnis von Eckharts Lehre über den *deus absconditus* hilfreich ist.

[32] Wyer, „Taulers Terminologie vom Seelengrund", 334 vermutete, der Gebrauch von *fundus* in den Schriften des Dionysius sei eine Quelle für die Rede vom *grunt*. Dionysius verwendet die Formulierung *puthmên pantokratikos* in DN 4 (700B) und 10 (937A). Diese Stellen wurden sehr unterschiedlich übersetzt, darunter auch mit *fundus*, aber *fundus* kommt bei Eckhart nicht vor, obwohl er Dionysius kannte.

den, aber der *grunt götlîches wesens*, von dem Eckhart und seine Nachfolger sprechen, hat eine derartige Bandbreite von Bedeutungen und Verwendungen, dass sie weit über jeden dieser lateinischen Begriffe hinausgeht. Zunächst einmal wird *grunt* auf Gott nicht im Sinn von *causa* angewandt, denn Gott als *grunt* liegt auf einer tieferen Ebene als Gott als die Wirkursache des Universums.[33] *Grunt* lässt sich natürlich mit *essentia* und *deitas/divinitas* wiedergeben, aber diesen abstrakten Begriffen geht der dynamische Charakter von *grunt* ab, den das Wort in den deutschen Predigten hat. In Eckharts Gebrauch sind die lateinischen Wörter, die dem *grunt gotes* am nächsten stehen, *principium* („Prinzip", verstanden als die Quelle der formalen Emanation) und *unum*, das heißt, Gott als Absolute Einheit, unterscheidbar ununterschieden von allen Dingen. Aber auch diese Begriffe neigen wiederum dazu, nur einen Pol der Verschmelzung zu Einem hervorzuheben, in diesem Fall eher den theologischen als den anthropologischen.[34] Ihnen fehlt die Einfachheit, Greifbarkeit und Vielseitigkeit von *grunt*.

Wenn man *grunt* als die zentrale Metapher wählt, bedeutet das nicht, dass man damit die Wichtigkeit anderer für Eckhart und seine Zeitgenossen mystischen Themen, Begriffe und Metaphern herabsetzt. Vielmehr wirft das ein neues Licht auf ihren Sinn und hilft ihren inneren Zusammenhang deutlicher zu sehen.[35] So erreichte zum Beispiel die für die apophatische Tradition so charakteristische Betonung der absoluten Unerkennbarkeit der göttlichen Natur in der deutschen Mystik des 14. Jahrhunderts einen neuen Höhepunkt und führte zur Schaffung einer ganzen Reihe von nega-

---

[33] Über das Verhältnis von *grunt* zu den lateinischen Begriffen *causa*, *principium* und *ratio* siehe Schmoldt, *Die deutsche Begriffssprache Meister Eckharts*, 49–54.

[34] In einigen Texten allerdings werden sowohl *principium* als auch *unum* ganz ähnlich wie *grunt* zur Bezeichnung des mystischen Einsseins verwendet. So wird zum Beispiel in Pr. 69 *principium* in Beziehung zu *grunt* verwendet: *Vernünfticheit ... brichet in den grunt, dâ güete und wârheit ûzbrichet, und nimet ez in principio, in dem beginne ...* (DW 3,179,2–6). Vgl. auch Pr. 18 (DW 1,302,6–7): *... und der sun treit sie (die Seele) vürbaz ûf in sînen ursprunc (= principio), daz ist in dem vater, in den grunt, in daz êrste, dâ der sun wesen ine hât ...* Als Beispiel dafür, wie bei Eckhart *unum* das Verschmolzensein zur Einheit bezeichnet, siehe z. B. die Erörterung des Verhältnisses zwischen *unum* und *intelligere* in Pr. XXIX (LW 4, 263–270), sowie auch den Abschnitt über das Einssein in Pr. IV (LW 4,28,5–8). In den Predigten wird *ein* in manchen Zusammenhängen auch in Wechselbeziehung mit *grunt* gebraucht; siehe z. B. Pr. 13 (DW 1,219,3–5).

[35] Die Literatur über das mystische Vokabular der mittelhochdeutschen Werke ist derart umfangreich, dass hier nur einige wenige klassische Werke aufgeführt werden können: Grete Lüers, *Die Sprache der deutschen Mystik des Mittelalters im Werke der Mechthild von Magdeburg*, München 1926; Curt Kirmsee, *Die Terminologie des Mystikers Johannes Tauler*, Engelsdorf-Leipzig 1930; Kurt Berger, *Die Ausdrücke der Unio mystica im Mittelhochdeutschen*, Berlin 1935; Benno Schmoldt, *Die deutsche Begriffssprache Meister Eckharts*; Kurt Ruh, „Die trinitarische Spekulation in deutscher Mystik und Scholastik", in: *Kleine Studien* II, Berlin 1984, 14–45 und Egerding, *Die Metaphorik der der spätmittelalterlichen Mystik*.

tiven und reduplikativen Begriffen, die sich auf Gottes absolutes Einssein *(einicheit)* als der Grund bezogen, wie etwa *gruntlôs grunt* und *ein einig ein*. Gott als Grund und als Absolutes Einssein ist bloß, frei, leer, lauter – allumfassend ohne Unterscheidung *(underscheit)*. Das Ununterschiedensein ist Gottes Unterscheidungsmerkmal – und von daher stammt in der Mystik vom Grund das Experimentieren mit der Rede vom Unterschiedensein und Ununterschiedensein.

Die Meistermetapher vom *grunt* wirft auch Licht auf viele andere der von den deutschen Mystikern des 14. Jahrhunderts bevorzugten Metaphern. Gott als *grunt* lässt sich nicht verstehen oder angemessen zum Ausdruck bringen, sondern nur mittels konkreter Bilder und Symbole vorstellen, die auf die grenzenlose göttliche Natur hinweisen. Manche dieser Bilder waren traditionell, wie dasjenige vom unermesslich weiten Meer *(mer)*; andere, wie das von der *einode* oder *wüeste*[36] und auch das vom *abgrúnd*,[37] wurden in den deutschsprachigen mystischen Texten auf neue Weisen entwickelt. Von der „Wüste" und vom „Abgrund" war im Hinblick auf die Verborgenheit Gottes und die Tiefe der menschlichen Seele die Rede, und so wurden diese Bilder Synonyme für den *grunt* als die Dimension, in der Gott und Mensch zur Einheit verschmelzen.

Eine andere charakteristische Redeweise im Denken der deutschen Dominikaner liefert ein zweites Spektrum, das die Mystik Meister Eckharts und seiner Zeitgenossen prägt. Es kreiste um die Ergründung Gottes als reiner Intellekt *(vernunfticheit)* und die Natur des Menschen als *bild* des göttlichen Intellekts.[38] Maßgeblich von Albert dem Großen und seinem Schüler Dietrich von Freiberg dazu angestoßen, betonten die deutschen Dominikaner den intellektiven Aspekt und verwendeten dabei sowohl die traditionelle Rede vom *intellectus agens* und den verschiedenen Formen der auf den Stufen des Erkennens möglichen Erleuchtung, als auch die dionysische Rede vom höheren Rang des Nichtwissens *(unwizzen)* bei der Rückkehr zu Gott.

Ein drittes mystisches Sprachfeld, das in einem neuen Licht erscheint, wenn man es von der Matepher vom „Grund" her betrachtet, ist das Begriffsspektrum, bei dem es um Verinnerlichung, Leerwerden und Abkehr

---

[36] Bernard McGinn, „Ocean and Desert as Symbols of Mystical Absorption in the Christian Tradition" in *Journal of Religion* 74 (1994), 155–181.
[37] Über die Entwicklung der mystischen Sinnbedeutung von *abyssus* siehe Bernard McGinn, „The Abyss of Love", in: *The Joy of Learning and the Love of God: Studies in Honor of Jean Leclercq*, hg. v. E. Rozanne Elder, Kalamazoo 1995, 95–120.
[38] Über *imago/bild* bei Eckhart siehe insbesondere Mauritius Wilde, *Das neue Bild vom Gottesbild: Bild und Theologie bei Meister Eckhart*, Freiburg/Schweiz 2000.

von der Geschöpflichkeit geht, also um die Prozeduren, mittels derer man zur Wahrnehmung seines Einsseins im *grunt* gelangt. Die Notwendigkeit, sich von der äußeren Welt der geschaffen Wesen ab- und in die innere Wirklichkeit der Seele einzukehren, war bereits lange fester Bestandteil der Mystiktradition des Abendlands, wurde aber im 14. Jahrhundert aufs Neue betont. Das Innere der Seele als des wahren Abbilds Gottes ist der Ort, wo die Menschen zur Wahrnehmung ihres Einsseins mit dem inneren Leben der Dreifaltigkeit gelangen, und insbesondere mit der ewigen Geburt des Wortes aus dem Vater. Eckhart und andere griffen das Thema von der Geburt *(gebern/geburt)* auf und entwickelten es in einem in der bisherigen christlichen Mystik noch nie da gewesenen Maß.[39]

Neuer war die Art und Weise, auf die die Mystik vom Grund Formulierungen über die Notwendigkeit der totalen Trennung von den geschaffen Dingen und dem Ich, insofern es geschaffen ist, förderte, also Begriffe wie *abescheiden, gelassen* und *durchbrechen* sowie die entsprechenden Substantive *abgescheidenheit, gelassenheit* und *durchbrech*. Diese Rede vom Leerwerden war eng verbunden mit starken Formulierungen über das mystische Zunichtewerden, wie etwa *entbilden, entwerden* und *vernichten*.[40] Nur auf dem Weg des Zunichtewerdens des geschaffenen Ichs könne man das Einssein im Grund erlangen.

Diese Begriffe spiegeln nur einen kleinen Teil des reichhaltigen Vokabulars der Mystik von Eckhart und seinen Nachfolgern, aber sie lassen ahnen, wie die Metapher vom *grunt* innere Zusammenhänge zutage fördert, die man sonst leicht übersehen könnte. Von der Semantik und vom Hinter-

---

[39] Die klassische Geschichte des Geburts-Motivs in der christlichen Mystik ist Hugo Rahner, „Die Gottesgeburt: Die Lehre der Kirchenväter von der Geburt Christi aus den Herzen der Kirche und der Gläubigen", in: *Symbole der Kirche: Die Ekklesiologie der Väter*, Salzburg 1964, 7–41.

[40] Zu den repräsentativen Untersuchungen dieser Begriffe gehören: Shizuteru Ueda, *Die Gottesgeburt in der Seele und der Durchbruch zur Gott: Die mystische Anthropologie Meister Eckharts und ihre Konfrontation mit der Mystik der Zen-Buddhismus*, Gütersloh 1965; Ludwig Völker, „,Gelassenheit'. Zur Entstehung des Wortes in der Sprache Meister Eckharts und seiner Überlieferung in der nacheckhartschen Mystik bis Jacob Böhme", in: ,*Getempert und Gemischet' für Wolfgang Mohr zum 65. Geburtstag*, hg. v. Franz Hundsnurscher u. Ulrich Müller, Göppingen 1972, 281–312; Alois M. Haas, „… ,Das Persönliche und eigene verleugnen': Mystische *vernichtigkeit und verworffenheit sein selbs* im Geiste Meister Eckharts", in: *Individualität: Poetik und Hermeneutik XIII*, hg. v. Manfred Frank u. Anselm Haverkamp, München 1988, 106–122; Wolfgang Wackernagel, *YMAGINE DENUDARI: Éthique de l'image et métaphysique de l'abstraction chez Maître Eckhart*, Paris 1991; Niklaus Largier, „Repräsentation und Negativität: Meister Eckharts Kritik als Dekonstruktion", in: *Contemplata aliis tradere: Studien zum Verhältnis von Literatur und Spiritualität*, hg. v. C. Brinker, U. Herzog et al., Frankfurt 1995, 371–390; und Denys Turner, *The Darkness of God: Negativity in Christian Mysticism*, Cambridge 1995, Kap. 7.

grund her gesehen, können wir schließen: Die Untersuchung darüber, wie sich das Wort *grunt* in den deutschen Texten zu den traditionellen lateinischen Begriffen für die Tiefen der Seele und die innere Natur Gottes verhält, kann uns tatsächlich helfen, bestimmte Aspekte dieses Begriffs zu verstehen. Jedoch kann diese Untersuchung nicht ihre Funktion als Meistermetapher erklären, die die bisherigen Formen des mystischen Diskurses sprengt und alte und neue mystische Themen und Begriffe zu neuen Konfigurationen zusammenfügt. *Grunt* ist mehr als eine Übersetzung; es ist eine Neuschöpfung, deren Bedeutung man nur ermessen kann, indem man ihre Kontexte und Sinnbedeutungen in der Welt der deutschen Mystik des 14. Jahrhunderts genauer erforscht. Als Sprengmetapher durchbricht *grunt* weiterhin alte Kategorien und lädt uns dazu ein, uns tatkräftig um unseren eigenen Durchbruch zu kümmern.

Einige Meister der Mystik vom Grund

Meister Eckhart war der hervorragendste, aber bei weitem nicht einzige Meister der Mystik vom Grund. Um eine Vorstellung von der Sprache und den Themen dieser Form der Mystik zu gewinnen und zugleich auch einige ihrer frühen Sprecher kennen zu lernen, können wir uns das Gedicht mit dem Titel „Sprüche der zwölf Meister" ansehen, das von ungefähr 1330 zu stammen scheint.[41]

Der Umstand, dass wir uns für diesen Zugang zur mystischen Lehre eines Gedichts bedienen, ist bemerkenswert.[42] Anders als im Islam, wo Mystik und Dichtkunst traditionellerweise enge Verbündete waren, erlebte im Christentum die Verwendung der Poesie die Geschichte hindurch ihre Höhen und Tiefen. In Westeuropa finden wir erst Ende des 12. und im 13. Jahrhundert einen signifikanten Bestand an mystischer Lyrik. Die „Sprüche der zwölf Meister" (die offensichtlich als Autoritäten neben die zwölf Prophe-

---

[41] Der Text findet sich in Adolf Spamer, *Texte aus der deutschen Mystik des 14. und 15. Jahrhunderts*, Jena 1912, 175–177. Als Studien darüber siehe Kurt Ruh, „Mystische Spekulation in Reimversen des 14. Jahrhunderts", in: *Kleine Schriften* II,183–211; Loris Sturlese, „Alle origini della mistica tedesca. Antichi testi su Teodorico di Freiburg", in: *Medioevo* 3 (1977), 36–44; „Sprüche der zwölf Meister", in: VL 9,197–201 und Ruth Meyer, „Meister Eckhart sprichet von wesen bloss'. Beobachtungen zur Lyrik der deutschen Mystik", in: *Zeitschrift für deutsche Philologie. Sonderheft Mystik* 113 (1994), 63–82. Wolfgang Wackernagel hat den letzteren Beitrag ins Englische übersetzt und ihm einen Kommentar beigefügt: „Some Legendary Aspects of Meister Eckhart: The Aphorisms of the Twelve Masters", in: *Eckhart Review* (Spring 1998), 30–41. Da Tauler bereits als einer der Meister genannt wird, ist es schwierig, das Gedicht auf ca. 1320 zu datieren, wie das Sturlese tun will.

[42] Ausführlicher über die mystische Dichtung siehe in Kapitel 7, 528–536).

ten und die zwölf Apostel gesetzt wurden) gehören zu einer Gruppe von über fünfzig Gedichten aus dem 14. und 15. Jahrhundert, die die Verbreitung der Mystik vom Grund bezeugen, insbesondere in Kreisen der Dominikanerinnen, in denen die meisten dieser Verse gedichtet worden sein dürften.[43] Das Gedicht ist die Zusammenfassung der Lehre eines Dutzends von mystischen Lehrern und Predigern, die mit Ausnahme eines einzigen alle Dominikaner sind.[44] Wir können vermuten, dass es von einer Dominikanernonne verfasst wurde, die Gelegenheit gehabt hatte, diese Prediger zu hören oder über sie etwas zu erfahren.

Das Gedicht beginnt mit Eckhart, dessen Botschaft so zusammengefasst ist:

Meister Eckhart spricht vom bloßen Wesen.
Er spricht ein einziges Wörtlein, das selber formlos ist.
Das hat seinen Sinn in sich selbst, ihm geht weder etwas zu noch ab.
Das ist ein guter Meister, der so sprechen kann.[45]

Der Begriff *grunt* taucht hier nicht auf, aber die Autorin verwendet eine typisch eckhartsche Sprache, wie etwa die vom „bloßen (leeren) Wesen" *(wesen blosz)* und vom „formlos" sein, die zum Vokabular der Mystik vom Grund gehört.

Der zweite zitierte Meister ist Dietrich von Freiberg († ca. 1320), der hervorragendste Philosoph unter den deutschen Dominikanern der damaligen Epoche.[46] Dietrich hatte beträchtlichen Einfluss auf Eckhart. Seine erhaltenen Werke sind spröde philosophische Traktate,[47] aber aus dieser poetischen Zusammenfassung sowie aus anderen Quellen ergibt sich ein-

---

[43] Ruh („Mystische Spekulation in Reimversen") zählt 26 Gedichte auf, die er als „mystisch-spekulativ" bezeichnet. Meyer („Maister Eghart sprichet von Wesen bloss", 66–69) bringt 51 mystische Gedichte, die er in die zwei Kategorien „mystisch-aszetisch" und „mystisch-spekulativ" unterteilt. Das ist insgesamt ein geringer Prozentsatz der Hunderte von religiösen Gedichten der damaligen Epoche, aber dennoch ein signifikanter.

[44] Die namentlich genannten Meister sind: 1. Meister Eckhart; 2. Meister Dietrich von Freiberg; 3. Heinrich von Ettlingen; 4. Johannes von Dambach; 5. ein (nicht genauer bekannter) Meister von Regensburg; 6. Binderlin von Freiburg (ansonsten unbekannt); 7. einer von Walthusen (auch unbekannt); 8. Johannes von Müntz; 9. Bruder Johannes der Jüngere, der als Zeuge bei Eckharts Prozess auftrat; 10. Johannes Tauler; 11. Ros von den Bayern (unbekannt); und „der von Talhain", bei dem es sich vermutlich um Heinrich von Talhain handelt, einen Franziskanerprovinzial in Deutschland von 1316–1326.

[45] *Maister egghart sprichet von wesen blosz./ Er sprichet ain ainiges wörtlin, das selb ist formloz./ Das ist sin selbes sin; im gat weder zow noch abe./ Es ist ain guoter maister, der da sprechen chan* (Spamer, *Texte aus der deutschen Mystik des 14. und 15. Jahrhunderts*, 175).

[46] Als Einführung zu Dietrich siehe Loris Sturlese, „Dietrich von Freiberg", in: VL 2,127–38. Zu den hilfreichen Untersuchungen über Dietrichs Denken und seine Implikationen für die Mystik gehören Sturlese, „Alle origini della mistica speculativa tedesca"; Alain de Libera, *La mystique rhénane*, Kap. V; und Ruh, *Geschichte* III, 184–212.

[47] Einer davon ist auf Englisch zugänglich: *Dietrich of Freiberg. Treatise on the Intellect and*

deutig, dass Dietrich ein bekannter Prediger über mystische Themen war. Leider sind Predigten von ihm nicht erhalten.⁴⁸ Im Gedicht heißt es: „Meister Dietrich spricht von Selbsterkenntnis. Er setzt das Bild der Seele in ihr Selbstsein. Da erkennt es Gott in seiner Ist-ich-heit *(isticheit)*."⁴⁹ Das Auftauchen des Begriffs *isticheit*, der sich auch bei Eckhart findet,⁵⁰ zeigt eine wichtige Verbindung zwischen den beiden Denkern an. Dietrich gebrauchte auch die Rede vom *grunt*, die in einem anderen mystischen Gedicht auftaucht:

Der hohe Meister Dietrich, der will uns machen froh.
Er spricht ganz lauter uns vom „in principio" (Joh 1,1).
Des Adlers Flüge will er uns machen kund,
die Seele will er versenken in den Grund ohne Grund.⁵¹

Bei den in den „Sprüchen der zwölf Meister" als drittem und viertem Meister genannten handelt es sich um zweitrangige Gestalten aus den Kreisen der Dominikaner des frühen 14. Jahrhunderts: Heinrich von Ettlingen, dem Dietrich einen seiner Traktate widmete und Johannes von Dambach († 1372), der bei dem Prozess gegen Eckhart als Zeuge zu dessen Gunsten aussagte. Beide Männer gebrauchen eine für die Mystik vom Grund typische Sprache. So sprechen sie etwa vom Hervorfließen aller Geschöpfe aus Gott und der Unbeschreiblichkeit der Seele als Bild Gottes. Einige der wei-

---

the Intelligible, translated from the Latin with an introduction and notes by M. L. Führer, Milwaukee 1992.
⁴⁸ Weil Dietrichs mystische Predigten verlorengegangen sind, wird er im vorliegenden Band nicht ausführlich behandelt. Damit soll nicht in Frage gestellt werden, dass er in jener intellektuellen Welt eine signifikante Rolle spielte, die die Mystik vom Grund entwickelte.
⁴⁹ *Maister Dietrich spricht von sinnekeit./ Er seczt das bild der sele in seines selbeshait;/ da bekennet es got in seiner isticheit* (Spamer 175). Neuere Untersuchungen haben wichtige Zusammenhänge zwischen Dietrich und Eckhart aufgezeigt, insbesondere beim Thema des formalen Hervorgehens der Seele aus Gott als reines Bild. Siehe Kurt Flasch, „Procedere ut imago: Das Hervorgehen des Intellekts aus seinem göttlichen Grund bei Meister Dietrich, Meister Eckhart und Berthold von Moosburg", in: *Abendländische Mystik im Mittelalter*, hg. v. Kurt Ruh, Stuttgart 1986, 125–134.
⁵⁰ Über *istikeit* siehe besonders Alessandra Beccarisi, „Philosophische Neologismen zwischen Latein und Volkssprache: ‚istic' und ‚isticheit' bei Meister Eckhart", in: *Recherches de théologie et philosophie médiévales* 70 (2003), 329–358. Unter den älteren Untersuchungen siehe Meinrad Morard, „Ist, istic, istikeit bei Meister Eckhart", in: *Freiburger Zeitschrift für Philosophie und Theologie* 3 (1956), 169–186. Wackernagel („The Aphorisms", 33) meint, man könnte das Wort im Englischen als „is-me-ness" *(ist-ich-heit)* wiedergeben, was hier für die deutsche Übersetzung übernommen wurde.
⁵¹ Aus dem Gedicht „Ich wil uch sagen mer", das Ruh in *Geschichte* III, 197 zitiert: *Der hohe meister diderich der wil uns machen fro./ er spricht luterlichen al in principio./ des adeles flucke wil er uns machen kunt./ dy sele wil er versenken in den grunt ane grunt*. Wie die „Sprüche" bringt auch dieses Gedicht eine Aufzählung, in diesem Fall von drei mystischen Lehrern.

teren genannten Meister sind schwer zu identifizieren. Vom fünften, demjenigen von Regensburg, heißt es, er spreche wunderbar:
> Er spricht, die göttliche Güte sei überwesentlich.
> Er hält den höchsten Grad in bloßer Einigkeit.
> Leben und Wirken setzt er in Anderheit.[52]

Albert der Große, der Vater der deutschen Denkschule der Dominikaner, war Bischof von Regensburg und Berthold von Moosburg († ca. 1361) war im Konvent zu Moosburg Lektor gewesen, aber keine der beiden Persönlichkeiten scheint mit diesem Meister identisch zu sein. Vollkommen eindeutig ist dagegen der als zehnter genannte Meister, der angesehene Prediger Johannes Tauler († 1361):
> Der Tauler von Strassburg spricht einfältiglich:
> Wer sich seiner selbst und Gottes entblöße, der sei vom Wirken frei.
> In ihm wirke Gott sich selber: Dieses Werkes ist er frei.
> Entblößt ist das Bild der Seele: Da ist kein Geschaffensein.[53]

Hier wird die Vorstellung in den Mittelpunkt gestellt, dass sich das Ich von allem entledigen müsse, um einzig Gott in der Seele wirken zu lassen, was ein wesentlicher Punkt von Taulers Predigt war.

Das Wort *grunt* taucht direkt in den Versen über zwei andere Meister auf. Von Bruder Johannes von Müntz heißt es:
> Nun haben wir vernommen, er wolle sich (alles) absprechen.
> Deswegen hat er den Grund besessen (schon) allemal.
> Leben und Wirken setzt er gleichzeitig frei.[54]

Und auch in den Zeilen über den elften Meister, den nicht näher bezeichneten „Ros von den Bayern", erscheint der *grunt*:
> Der Ros von den Bayern, der spricht lauterlich:
> alles, das da ist geschaffen, das ist zufällig.
> Der Geist steht ohne Zufall in seiner Einfältigkeit:
> Da steht er vereint in seiner Ist-ich-heit.
> Und weiter: Von Sinnen und Begehren ist er beidem frei;
> zu Grund ist er gelassen, als ob er gar nicht sei.[55]

---

[52] *Der von regenspurg spricht so wunderleich./ Er sprichet, das götlich güti sei über wesentlich./ Er halt den höchsten grad in blosser ainichait./ Leben und würcken seczt er in anderheit* (Spamer 176).

[53] *Der tauler von strasburg sprichet ainualtichlich:/ der sich sein selbes vnd gotes enblösset, der stat würckens frey./ Da würcket got sich selber; des werckes ist er frey./ Enbloset ist das bilde der sele: da ist chain geschaffenhait* (Spamer 177).

[54] *Nun haben wir vernomen, er welle sich sprechen ab./ Des hat er den grund besessen alzemal./ Leben vnd würcken seczt er zemale frey* (Spamer 176).

[55] *Der ros von den baiern, der sprichet lauterlich:/ alles, das da ist geschaffen, das ist zuouallig./ Der gaist stat sunder zwoual in seiner ainualtichait:/ da stat er verait in seiner istichait./*

Zu begreifen, dass alle geschaffenen Dinge nicht mehr als Akzidentien Gottes sind, also zufällige Beiwerke Gottes, der die einzige, wahre Wirklichkeit ist, war ein Schlüsselaspekt der Lehre von Eckhart und seinen Nachfolgern. Jedoch sei der Geist des Menschen als *imago dei* in seiner innersten Wirklichkeit mit Gott identisch, also Ist-ich-heit *(isticheit)*. Wem dies aufgegangen sei, der werde frei und erlöst und sinke in den *grunt*, und es ist, als verfüge er nicht länger über irgendeine partikuläre Existenz.

Auch mehreren der anderen unbekannten Meister wird das Verdienst zugeschrieben, ganz typisch die Mystik vom Grund gelehrt zu haben. In den Zeilen über „den von Walthusen" wird eine Eckhart sehr ähnliche Sprache verwendet, die jedoch nach dessen Verurteilung höchst umstritten war:
Er spricht vernünftiglich die Wahrheit nackt und rein.
Er hat sich aufgeschwungen in die wilde Gottheit.
Da hat er Freiheit gefunden ohne alle Unterscheidung.
Er spricht auch: Ein Licht ist in der Seele, das unberührbar ist
von allen Kreaturen; das ist seine Eigenart.
Da leuchtet gleiches Wesen in Einfältigkeit.
Da hat er Freiheit gefunden ohne alle Unterscheidung.[56]

Die „wilde Gottheit" erinnert an das oben genannte Wüstenmotiv. Das Licht in der Seele, an das keine Kreatur rühren kann, ist der eckhartsche Funke, das ungeschaffene Etwas. Die Betonung der Freiheit und der Ununterschiedenheit kommt den Missverständnissen der eckhartschen Lehre nahe, die Seuse, Tauler und andere bekämpften, wie wir in den folgenden Kapiteln sehen werden.

„Die Sprüche der zwölf Meister" sind eines aus einer ganzen Reihe von Gedichten, die von der Mystik vom Grund handeln. Die Art und Weise, auf die in diesem Gedicht die Lehre einer Gruppe mystischer Lehrer zusammengefasst wird, spiegelt das Empfinden der Zeitgenossen, dass es sich hier um eine ganz eigene Bewegung handle, auch wenn es zwischen ihren Lehrern individuelle Unterschiede geben mochte. Ein ähnlicher kollektiver Ansatz findet sich in anderer pseudo-eckhartscher Literatur, wie etwa in den als „Sprüche der zwölf Meister zu Paris"[57] zusammengetragenen Prosa-Aphorismen. Es zeigt sich auch deutlich in der als *Paradisus animae intelli-*

Ain anders: sin vnd begert, der stat er baider frey;/ zegrund ist er gelassen, als ob er nit ensey (Spamer 177).
[56] *Der von walthusen ist ain pfaffe grosz./ Er sprichet vernünfticlich die warhait also blosz./ Er hat sich uf erswungen in die wilden gothait./ Da hat er freyhait funden an allen vnderschaid./ Er sprichet och: ain liecht ist in der sele, das vnberürlich ist/ von allen creaturen; das ist sein aigen art./ Da laüchtet gleich wesen in ainualtichait./ Da hat er freyhait funden an allen vnderschaid* (Spamer 176).
[57] Siehe Volker Honemann, „Sprüche der zwölf Meister zu Paris", in: VL 9, 201–205. Eine

gentis bekannten Predigtsammlung, die im 7. Kapitel genauer vorgestellt werden soll. Zwar ist mit der Mystik vom Grund nicht der Beitrag des spätmittelalterlichen Deutschland zur Geschichte der Mystik erschöpft, aber diese stellt einen zentralen Strang dessen dar, was sich damals als neu und herausfordernd herauskristallisierte.

Übersetzung dieser Sprüche ins Englische findet sich bei Wackernagel, „Some Legendary Aspects of Meister Eckhart", 34–37.

Kapitel 4

MEISTER ECKHART:
DER LEHRER UND PREDIGER DER MYSTIK[1]

I. Der historische und intellektuelle Kontext der Mystik Eckharts

Wenige Mystiker in der Geschichte der Christenheit waren einflussreicher und umstrittener als der Dominikaner Meister Eckhart. Zu seiner Zeit war Eckhart eine hoch geachtete Persönlichkeit: Er war als *magister* in Paris, versah im Orden wichtige Leitungsämter und war ein beliebter Prediger und spiritueller Begleiter. Aber der Schock, den es auslöste, als gegen ihn ein Prozess wegen des Verdachts der Häresie veranstaltet und in der Folge 1329 von Papst Johannes XXII. Auszüge aus seinen Werken verurteilt wurden, warf einen Schatten auf sein Ansehen, der bis heute nachwirkt.[2] Trotz der päpstlichen Zensur wurden Eckharts Werke, jedenfalls die deutschen, im weiteren Verlauf des Mittelalters viel gelesen.[3] Nachdem er im Gefolge der Reformation weithin in den Hintergrund geraten war, begannen ihn im 19. Jahrhundert in Deutschland die Romantiker und Philosophen des Idealismus neu zu entdecken, und in den letzten Jahrzehnten erwachte für ihn ein bemerkenswert lebhaftes Interesse.[4] Die 1936 begonnene kritische Aus-

---

[1] Das Material zu diesem Kapitel stammt weithin aus Bernard McGinn, *The Mystical Thought of Meister Eckhart. The Man from Whom God Hid Nothing*, New York 2001. Bei den vorliegenden Seiten handelt es sich um die geraffte und an manchen Stellen überarbeitete und verbesserte Fassung dieser Darstellung.
[2] Seit 1980 bemühen sich der Dominikanerorden sowie andere interessierte Gruppen wie die Internationale Eckhart-Gesellschaft um eine offizielle päpstliche Erklärung, mit der „der exemplarische Charakter des Wirkens und der Predigt Eckharts" anerkannt werden sollte. Erst vor wenigen Jahren, im April 2004, wurde die „Meister-Eckhart-Gesellschaft" gegründet, die die Kenntnis Eckharts und seiner Schriften fördern möchte. Diese Gesellschaft unterhält die Website www.meister-eckhart-gesellschaft.de.
[3] Es sind über 300 Manuskripte mit deutschen Predigten Eckharts, authentischen und auch pseudonymen, erhalten geblieben. Manche seiner Predigten wurden seinem Nachfolger Johannes Tauler zugeschrieben, erschienen in frühen Tauler-Ausgaben im Druck und wurden viel gelesen, darunter auch von Martin Luther.
[4] Niklaus Largier zählt in seiner *Bibliographie zu Meister Eckhart*, Freiburg/Schweiz 1989 1491 Titel auf. Largier stellt auch in zwei Aufsätzen Einführungen in die derzeitige Forschung vor: „Meister Eckhart: Perspektiven der Forschung 1980–1993", in: *Zeitschrift für deutsche Philologie* 114 (1995), 29–98 und „Recent Work on Meister Eckhart: Positions, Problems,

gabe der lateinischen und deutschen Werke Eckharts steht inzwischen kurz vor ihrer Vollendung und hat der Forschung eine solide Textgrundlage geliefert, natürlich ohne damit die Konflikte um die angemessene Interpretation Eckharts zu beheben.[5] Die wachsende Flut neuer Übersetzungen und Untersuchungen Eckharts zeigen, dass der mittelalterliche Dominikaner trotz aller Kontroversen um ihn und trotz der Schwierigkeit, seine Botschaft zu verstehen, weiterhin eine wichtige Quelle für alle bleibt, denen an einem tieferen Bewusstsein der Gegenwart Gottes in ihrem Leben gelegen ist.[6]

Eckharts Leben und Werke[7]

Eckhart wurde als Kind einer niederadligen Familie nicht lange vor 1260 geboren, vermutlich in Tambach in Thüringen. Wie von vielen Persönlichkeiten des Mittelalters wissen wir kaum etwas aus seinem frühen Leben.

New Perspectives, 1990–1997", in: *Recherches de Théologie et Philosophie médiévales* 65 (1998), 147–167.

[5] *Meister Eckhart: Die deutschen und lateinischen Werke herausgegeben im Auftrag der deutschen Forschungsgemeinschaft*, Stuttgart/Berlin 1936 ff. Die lateinischen Werke (im Folgenden LW) werden am Ende sechs Bände umfassen, von denen fünf weithin vollständig sind (Band 6 wird Register enthalten). Die deutschen Werke bestehen aus fünf Bänden. Bei direkten Zitaten werden daraus die Texte mit den Angaben von Band, Seite und Zeilennummern wiedergegeben. Im Folgenden werden für hier die Texte der Übersetzung der lateinischen Werke ins Deutsche sowie der Übertragung der spätmittelhochdeutschen Werke in heutiges Deutsch aus diesen Werkausgaben übernommen, mit Ausnahme der Zitate aus den DW 4 (ab Predigt 87) und LW 5, die darin nur in der Originalsprache wiedergegeben sind. Bei ihnen ist jeweils mit (Übers. B. S.) vermerkt, dass sie vom Übersetzer des vorliegenden Buchs angefertigt wurden. Die am besten zugängliche Fassung der Predigten (in der Folge Pr., für die Mehrzahl Prr.) und Traktate Eckharts auf mittelhochdeutsch und einer Auswahl seiner lateinischen Werke findet sich in Niklaus Largier, *Meister Eckhart Werke*, 2 Bde., Frankfurt/M. 1993. Das Buch enthält moderne deutsche Übersetzungen sowie auch einen hervorragenden Kommentar und eine umfangreiche Bibliographie. Die erste moderne Ausgabe von Predigten und Traktaten Eckharts stammte von Franz Pfeiffer, *Deutsche Mystiker des vierzehnten Jahrhunderts, Bd. 2: Meister Eckhart*, Leipzig 1857, Reprint Göttingen 1924; in der Folge abgekürzt mit „Pfeiffer".

[6] Eckhart wurde auch viel ins Englische übersetzt. Besonders erwähnt seien hier *Meister Eckhart: The Essential Sermons, Commentaries, Treatises, and Defense*, übers. u. kommentiert von Edmund Colledge O.S.A. und Bernard McGinn, New York 1981 (in der Folge *Essential Eckhart*) und *Meister Eckhart: Teacher and Preacher*, hg. von Bernard McGinn in Zusammenarbeit mit Frank Tobin u. Elvira Borgstadt, New York 1986 (in der Folge *Teacher and Preacher*). Fast alle deutschen Werke Eckharts wurden übersetzt von M. O'C. Walshe, *Meister Eckhart: Sermons & Treatises*, 3 Bde., London\Dulverton 1979–1987. Eine weitere wichtige Übersetzung ist die von Oliver Davies, *Meister Eckhart. Selected Writings*, London 1994.

[7] Die Dokumente bezüglich Eckharts Leben, die „Acta Eckhardiana", wurden unlängst von Loris Sturlese in LW 5 veröffentlicht. Von den Darstellungen des Lebens und der Werke Eckharts siehe insbesondere hier Josef Koch, „Kritische Studien zum Leben Meister Eckharts", in: *Archivum Fratrum Praedicatorum* 29 (1959), 1–51 und 30 (1960), 1–52; Kurt Ruh, *Meister Eckhart. Theologe. Prediger. Mystiker*, München 1985; sowie das Kapitel XXXVI über „Meis-

Das erste bekannte Ereignis trägt das Datum des 18. April 1294. Damals hielt er im Dominikanerkonvent St. Jakob in Paris als junger Professor die Osterpredigt.[8] Eckhart dürfte mit ungefähr 18 Jahren in den Dominikanerorden eingetreten sein, also in der zweiten Hälfte der 1270er Jahre. An einer Stelle seiner Osterpredigt sagt er: „Albert pflegte oft zu sagen: ‚Das weiß ich, dass wir mit unserem Wissen alle wenig wissen'."[9] Diese Bezugnahme auf Albert den Großen lässt vermuten, dass der junge Ordensbruder einen Teil seines frühen Studiums der Philosophie und Theologie in Köln vor Alberts Tod im Jahr 1280 genoss. Zu einem bestimmten Zeitpunkt war er dann zu höheren theologischen Studien nach Paris geschickt und dort schließlich im Herbst 1293 zum *baccalaureus* promoviert worden, d.h. zum Lektor über die *Sentenzen* des Petrus Lombardus.[10]

Während Eckharts Studienzeit in Paris kam es in der Welt der mittelalterlichen Philosophie und Theologie zu etlichen Turbulenzen. Als 1277 der Pariser Bischof Étienne Tempier 219 Sätze verurteilt hatte, war nicht nur auf die Lehre von Thomas von Aquin ein dunkler Schatten gefallen,[11] sondern dies hatte auch eine lebhafte Diskussion über das Verhältnis der Philosophie zur Theologie ausgelöst. Die traditionellen Diskussionspunkte zwischen den Dominikaner- und Franziskanertheologen, wie etwa, ob in der endgültigen Seligkeit der Intellekt oder der Wille den Vorrang habe, wurden jetzt durch eine grundsätzlichere Meinungsverschiedenheit über die Legitimität des Gebrauchs der Philosophie in der Theologie verschärft. Sein ganzes Leben hindurch verfocht Eckhart den dominikanischen Standpunkt, dass Philosophie und Theologie einander nicht widersprächen und die Philosophie ein für die christliche Theologie notwendiges Werkzeug

---

ter Eckhart" in Kurt Ruh, *Geschichte* III, 216–353. Eine nützliche kurze Darstellung ist Loris Sturlese, „Meister Eckhart. Ein Porträt", in: *Eichstätter Hochschulreden* 90, Regensburg 1993.

[8] Bereits dieser *Sermo paschalis* (LW 5,136–148) zeigt Eckharts meisterhafte Beherrschung der philosophischen Quellen und seine eindrucksvolle rhetorische Fähigkeit.

[9] *Sermo paschalis* n. 15 (LW 5,145,5–6): *Et Albertus saepe dicebat:* „*hoc scio sicut scimus, nam omnes parum scimus.*" Über Eckharts Gebrauch von Albert siehe Bernhard Geyer, „Albertus Magnus und Meister Eckhart", in: *Festschrift Josef Quint anlässlich seines 65. Geburtstages überreicht*, hg. v. Hugo Moser u.a., Bonn 1964, 121–126.

[10] Eckharts kurze *Collatio in Libros Sententiarum*, ein Predigtprolog zu seinem Kommentar, findet sich in LW 5,17–26. Es wird immer noch diskutiert, ob ein in einem Brügger Manuskript gefundener anonymer Sentenzenkommentar von Eckhart stammen könnte, oder zumindest aus seinem Umfeld. Vgl. Andreas Speer und Wouter Goris, „Das Meister-Eckhart-Archiv am Thomas-Institut der Universität zu Köln. Die Kontinuität der Forschungsaufgaben", in: *Bulletin de philosophie médiévale* 37 (1995), 149–174.

[11] Ungefähr zwanzig der 219 verurteilten Sätze fanden sich in Thomas' Schriften. Als Einführung in diese Verurteilung und die Diskussion über ihren Sinn und ihre Auswirkung siehe John F. Wippel, „The Condemnations of 1270 and 1277 at Paris", in: *The Journal of Medieval and Renaissance Studies* 7 (1977), 169–201.

sei.¹² Sowohl diese historische Situation als auch seine eigenen Überzeugungen führten Eckhart jedoch über Albert und Thomas von Aquin hinaus und er behauptete, es bestehe nicht nur kein Widerspruch zwischen Philosophie und Theologie, sondern, wie er es in seinem *Johanneskommentar* formulierte: „Demgemäß wird also die Heilige Schrift sehr angemessen so erklärt, dass mit ihr übereinstimmt, was die Philosophen über die Natur der Dinge und ihre Eigenschaften geschrieben haben, zumal aus einer Quelle und einer Wurzel der Wahrheit alles hervorgeht, was wahr ist, sei es im Sein, sei es im Erkennen, in der Schrift und in der Natur ... Es ist also dasselbe, was Moses, Christus und der Philosoph lehren; es unterscheidet sich nur in der Art und Weise, nämlich wie das Glaubbare, das Annehmbare oder Wahrscheinliche und die Wahrheit."¹³ Diese Überzeugung vertritt Eckhart bereits deutlich in seinen ersten Werken als *baccalaureus theologiae*.

Im Herbst 1294 wurde Eckhart nach Thüringen zurückgerufen und zum Prior des Konvents von Erfurt ernannt. Sein frühestes deutsches Werk, *Die Reden der Unterweisung (die reden der underscheidunge)*, stammt aus dieser Zeit (ca. 1295–1298).¹⁴ Dieses beliebte Werk (von dem 51 Manuskripte bekannt sind) ist der Form nach an Cassians *Collationes* angelehnt und besteht aus einer Reihe von Vorträgen vor seinen Mitbrüdern, die vermutlich jedoch auch für ein weiteres Publikum gedacht waren. Es besteht aus drei Teilen mit insgesamt 23 Kapiteln: Die Kapitel 1–8 handeln in erster Linie von der Selbstverleugnung durch Gehorsam; die Kapitel 9–17 von verschiedenen Praktiken des christlichen Lebens; und die Kapitel 18–23 behandeln eine Reihe von Fragen und enthalten eine lange Abhandlung über die äußeren und die inneren Werke. Im Gegensatz zu früheren Ansichten, die *Reden* seien ein uninteressantes Jugendwerk, betrachteten neuere Forscher diese Sammlung als wichtigen Schlüssel zum Verständnis

---

¹² Zum Vergleich von Eckharts Ansicht über das Verhältnis von Philosophie und Theologie mit derjenigen einerseits Bonaventuras und andererseits Alberts und Thomas', siehe Bernard McGinn, „*Sapientia Judaeorum*: The Role of Jewish Philosophers in Some Scholastic Thinkers", in: *Continuity and Change: The Harvest of Late Medieval and Reformation History. Essays Presented to Heiko A. Oberman on his 70th Birthday*, hg. v. Robert J. Bast u. Andrew C. Gow, Leiden 2000, 206–228.
¹³ In Ioh. n. 185 (LW 3,154,14–155,7): *Secundum hoc ergo convenienter valde scriptura sacra sic exponitur, ut in ipsa sint consona, quae philosophi de rerum naturis et ipsarum proprietatibus scripserunt, praesertim cum ex uno fonte et una radice procedat veritatis omne quod verum est, sive essendo sive cognoscendo, in scriptura et in natura ... Idem ergo est quod docet Moyses, Christus et philosophus, solum quantum ad modum differens, scilicet ut credibile, probabile sive verisimile et veritas.*
¹⁴ Die RdU sind in DW 5,137–376 herausgegeben. Eine wichtige neue Untersuchung darüber ist Andreas Schönfeld, *Meister Eckhart. Geistliche Übungen. Meditationspraxis nach den „Reden der Unterweisung"*, Mainz 2002.

von Eckharts Entwicklung.[15] Mit seiner Betonung der metaphysischen Grundlage der christlichen ethischen Praxis schlug Eckhart darin einen Ton an, der sich durch seine gesamte nachfolgende Predigt und Lehre zieht. Zugleich führte er eines seiner charakteristischen Themen ein, als er höher als alle äußeren asketischen Praktiken die innere Selbstverleugnung durch radikalen Gehorsam stellte, die er als *abegescheidenheit*, also innere Loslösung, verstand. Und indem er den Intellekt als die Kraft bezeichnete, in welcher sich Gott in den Mensch einbilde, kündigte er bereits den zentralen Punkt seines späteren mystischen Denkens an: dass das *intelligere*, die *vernünfticheit*, der zentrale Punkt sei.

1302 wurde Eckhard wieder nach Paris berufen, um dort als *magister actu regens* den öffentlichen dominikanischen Lehrstuhl für Theologie zu besetzen. Gemäß dem Brauch war dies eine kurze Amtszeit, aber die kurzen *Pariser Fragen*, die aus diesem akademischen Jahr (1302–1303) erhalten sind, zeigen, dass ihn sein Denken über das göttliche und menschliche *intelligere* bereits auf einen Standpunkt geführt hatte, der über denjenigen von Albert, Thomas und Dietrich von Freiberg hinausging.[16] Wenn Eckhart sagt, er sei „nicht mehr der Meinung ..., dass Gott erkennt, weil er ist; sondern weil er erkennt, deshalb ist er",[17] dann hat er damit im Dienst einer anderen Art der Metaphysik den heiligen Thomas auf den Kopf gestellt.[18] Eckharts Kritik der Ontotheologie (d. h. einer Metaphysik, die sich auf das Sein oder *esse* konzentriert) stellt eine wichtige Station auf dem Weg seiner intellektuellen Entwicklung dar.[19] Seine Lehre wurzelt zumindest teilweise in seiner anders beschaffenen Analogielehre, die hier zum ersten Mal auftaucht. „Stehen Dinge zueinander in analoger Beziehung, so ist der Wesensgehalt des einen Glieds der Analogie nicht in dem andern ... Da also alles

---

[15] Sturlese, „Portrait of Meister Eckhart", 8–10; Ruh, *Geschichte* III, 258–267.
[16] Die Qu.Par. finden sich in LW 5,29–71. Sie wurden ins Englische übersetzt von Armand Maurer, *Master Eckhart. Parisian Questions and Prologues*, Toronto 1974. Zudem gibt es aus dem gleichen Jahr in Paris Eckharts *Sermo die b. Augustini Parisiis habitus* (LW 5, 89–99).
[17] Qu.Par. 1 n. 4 (LW 5,40,5–6): ... *quod non ita videtur mihi modo, ut quia sit, ideo intelligat, sed quia intelligit, ideo est* ...
[18] Über das Verhältnis von Thomas und Eckhart wurde schon viel geschrieben. Zum Thema ihres jeweiligen Verständnisses der Rolle des Intellekts siehe Ruedi Imbach, *Deus est intelligere. Das Verhältnis von Sein und Denken in seiner Bedeutung für das Gottesverständnis bei Thomas von Aquin und in den Pariser Quaestionen Meister Eckharts*, Freiburg/Schweiz 1976; und Bernard McGinn, „Sermo XXIX. ‚Deus unus est'" in: *Lectura Eckhardi II. Predigten Meister Eckharts von Fachgelehrten gelesen und gedeutet*, hg. v. Georg Steer u. Loris Sturlese, Stuttgart 2003, 205–232.
[19] Über den Kontext und die Bedeutung der Qu.Par. siehe *Maître Eckhart à Paris. Une critique médiévale de l'ontothéologie. Les Questions parisiennes no. 1 et no. 2*, Paris 1984. Zum historischen Hintergrund vgl. Eduoard Wéber, „Eckhart et l'ontothéologisme: Histoire et conditions d'une rupture", in: ebd. 13–83.

Verursachte seinem Wesen nach ein Seiendes ist, so ist Gott seinem Wesen nach kein Seiendes."[20] Da er das *esse* hier als „das erste der geschaffenen Dinge" bezeichnet, kann es als solches nicht in Gott sein. Was in Gott ist, ist die *puritas essendi*, die Eckhart mit dem *intelligere* gleichsetzt. In diesen scholastischen *quaestiones* entwickelt Eckhart jedoch noch nicht ein zentrales Thema seiner nachfolgenden Lehre und Predigt, nämlich, dass es der als „Grund" verstandene Intellekt des Menschen sei, in dem man eine die Analogie übersteigende Verbindung mit Gott finde.

Die Konsequenzen dieses Verständnisses des *intelligere* für die Beziehung zwischen Gott und Mensch entwickelte Eckhart deutlich in seinen deutschen Predigten ab dem Sommer 1303, in dem er nach Deutschland zurückgerufen worden war, um das Amt des Provinzials für die neuerrichtete Ordensprovinz Saxonia zu übernehmen, die aus 47 Konventen in Ost- und Norddeutschland und den Niederlanden bestand. Eine Anzahl Predigten aus Eckharts Amtszeit als Provinzial (1303–1311) findet sich in der Sammlung mit dem Titel *Paradies der vernünftigen Seele (Paradisus anime intelligentis)*, die vermutlich gegen 1330–1340 zusammengestellt wurde.[21] Ein Zweck dieser Sammlung von 64 Predigten war es, gelehrten Predigern ein Handbuch zur Verteidigung dominikanischer Ansichten zur Verfügung zu stellen, insbesondere derjenigen gegen die Franziskaner, dass dem Intellekt die Priorität vor dem Willen zukomme. Die 32 Predigten Eckharts, die sich darin finden, geben die Richtung für eine kühne Botschaft über die Beziehung zwischen dem Intellekt des Menschen und Gott vor. In der entscheidenden Predigt Eckharts Pr. 9 (Par. an. n. 33) sagt der Meister noch einmal ganz deutlich, dass Gott jenseits von Sein und Gutsein sei und gibt sodann die Auslegung, mit dem in Sir 50,7 genannten „Tempel Gottes" sei der Intellekt des Menschen *(vernünfticheit)* gemeint. Er sagt: „Nirgends wohnt Gott eigentlicher als in seinem Tempel, in der Vernunft, ... die da lebt im Erkennen einzig ihrer selbst, nur in sich selbst verharrend dort, wo ihn nie etwas berührt hat; denn da ist er allein in seiner Stille."[22] In Pr. 9 ist

---

[20] Qu.Par. 1 n. 11 (LW 5,46,7–10): *Item: in his quae dicuntur secundum analogiam, quod est in uno analogatorum, formaliter non est in alio ... Cum igitur omnia causata sunt entia formaliter, deus formaliter non erit ens.*

[21] Über die Sammlung *Paradisus anime intelligentis (Paradis der fornunftigen sele)* siehe ausführlicher hier in Kapitel 7, S. 538–550.

[22] Pr. 9 (DW 1,150,3–7): *Niergen wonet got eigenlîcher dan in sînem tempel, in vernünfticheit, ... diu dâ lebet in sîn aleines bekantnisse, in im selber aleine blîbende, dâ in nie niht engeruorte, wan er aleine dâ ist in sîner stilheit.* Als allgemeine Interpretation dieser Predigt und zur Literatur über sie siehe Largier, *Meister Eckhart* I, 834–855. Eine einsichtsvolle Untersuchung des Hauptthemas findet sich bei Susanne Köbele, „Bîwort sîn. ‚Absolute' Grammatik bei Meister Eckhart", in: *Zeitschrift für deutsche Philologie* 113 (1994), 190–206.

zwar nicht vom Verhältnis zwischen dem Intellekt und dem „Grund" die Rede, aber eine andere Predigt in dieser Sammlung, Pr. 98 (Par. an. n. 55) zeigt, dass Eckhart in seiner deutschen Predigt bereits den Begriff *grunt* verwendete. Als er auf die Geburt der Seele im Schoß der Dreifaltigkeit zu sprechen kommt, sagt er: „Da wird sie so lauter eins, dass sie kein anderes Wesen besitzt als das gleiche Wesen, das das seine ist, das heißt das Seelen-Wesen. Dieses Wesen ist ein Beginn jeden Werks, das Gott im Himmelreich und im Erdenreich wirkt. Es ist ein Ursprung und ein Grund aller seiner göttlichen Werke. Die Seele entsinkt ihrer Natur und ihrem Wesen und ihrem Leben und wird in der Gottheit geboren ... Sie wird derart ein (einziges) Wesen, dass da kein (anderer) Unterschied (mehr) ist, als dass er Gott bleibt und sie Seele."[23] So hatten sich also bereits in den ersten Jahren des 14. Jahrhunderts die Hauptthemen von Eckharts Predigt klar herauskristallisiert.

Es lässt sich schwer herausfinden, wie viele der von Eckhart erhaltenen deutschen Predigten aus dieser Zeit stammen. Georg Steer hat dargelegt, dass sich der Weihnachtszyklus von vier „Predigten von der ewige Geburt" in die Zeit zwischen 1298 und 1305 datieren lasse.[24] Wir wissen, dass einige der wichtigsten lateinischen Werke Meister Eckharts aus seiner Zeit als Provinzial stammen, namentlich die *Predigten und Vorlesungen über das Buch Ecclesiasticus*, die er seinen Mitbrüdern bei Kapitelversammlungen hielt.[25] Dieses Werk ist wichtig, weil es zeigt, wie er seine Metaphysik bereits damals auf dialektische Weise vorstellte. In den *Pariser Fragen* hatte er vertreten, das *esse* im Sinn von etwas Erschaffbarem lasse sich nicht auf Gott anwenden. In den *Predigten und Vorlesungen* verwendet er die gleiche Lehre der „Umkehr"-Analogie (d.h., was von Gott ausgesagt wird, kann nicht formal in den Geschöpfen sein und umgekehrt) und schreibt Gott ein transzendentes *esse* zu, um damit zum Ausdruck zu bringen, dass das geschaffe-

---

[23] Pr. 98 (DW 4, 244,38–43): *Dâ wirt si sô lûterlîchen ein, daz si kein ander wesen enhât dan daz selbe wesen, daz sîn ist, daz ist daz sêle-wesen. Diz wesen ist ein begin alles des werkes, daz got würket in himelrîche und in ertrîche. Ez ist ein urhap und ein grunt aller sîner götlîchen werke. Diu sêle engât ir natûre und irm wesene und irm lebene und wirt geborn in der gotheit ... Si wirt sô gar ein wesen, daz dâ kein underscheit ist, dan daz er got blîbet und si sêle.* (Übertragung: B. Schellenberger.) Georg Steer, der Herausgeber der DW 4, weist auf die vielen Parallelen zwischen Pr. 98 und Pr. 17 hin, einen Schlüsseltext über den *grunt*. Eckhart hatte bereits in seinen RdU zehnmal den Begriff *grund/abgrund* verwendet.
[24] Georg Steer, „Meister Eckharts Predigtzyklus von der êwigen geburt. Mutmaßungen über die Zeit seiner Entstehung", in: *Deutsche Mystik im abendländischen Zusammenhang. Neue erschlossene Texte, neue methodische Ansätze, neue theoretische Konzepte*, hg. v. Walter Haug u. Wolfram Schneider-Lastin, Tübingen 2000, 253–281.
[25] Die In Eccli. finden sich in LW 2,231–300. Zur Datierung dieses Werks siehe Acta n. 33 (LW 5,179).

ne *esse* nur „entlehnter" Art sei. Anlässlich der Stelle Ecclesiasticus 24,29 (= Jesus Sirach 24,21: „Die mich essen, hungern noch") sagt er dies so: „Also hat alles geschaffene Seiende Sein, Leben und Denken seinsmäßig und wurzelhaft von Gott und in Gott, nicht in sich selbst als geschaffenem Seiendem. Und so zehrt es immer (von Gott), insofern es hervorgebracht und geschaffen ist, hungert jedoch immer, weil es nie aus sich ist, sondern (immer) von einem andern."[26] Gegen Ende dieser Ausführung verfällt Eckhart in ausdrücklich dialektische Redeweise: „Wer hier also zehrt, hungert im Zehren, weil er vom Hunger zehrt, und wie groß seine Zehrung, so groß ist sein Hunger ... Denn im Zehren hungert er, und im Hungern zehrt er, und nach dem Hungern oder dem Hunger hungert er."[27] Es ist kein Zufall, dass sich in diesem Werk auch ein weiterer Schlüsselgedanke von Eckharts Denken findet, nämlich die Bezeichnung Gottes als der „Verneinung der Verneinung" (*negatio negationis*, n. 60).

Die ältere Ansicht, dass die erhaltenen Teile von Eckharts Versuch einer neuen Art von *summa*, die er als „Das dreiteilige Werk" *(Opus tripartitum)* bezeichnete, seiner zweiten Periode als Magister in Paris (1311–1313) angehörten, wurde jetzt auf der Grundlage der Manuskriptentdeckungen von Loris Sturlese aufgegeben.[28] Große Teile dessen, was von diesem Vorhaben erhalten ist, müssen ins erste Jahrzehnt des 14. Jahrhunderts datiert werden. Eckhart selbst beschreibt dieses Werk im „Allgemeinen Vorwort", das er als Einführung darin verfasste, folgendermaßen: „Demgemäß gliedert sich das Gesamtwerk also in drei Hauptwerke. Das erste ist das Werk der allgemeinen Thesen, das zweite das Werk der Probleme, das dritte das Werk der Auslegungen.

Weil das erste Werk aber tausend und mehr Thesen enthält, gliedert es sich nach der Zahl der Begriffe, über welche die Thesen aufgestellt werden, in vierzehn Abhandlungen ... Das zweite Werk aber, also das der Probleme, gliedert sich nach dem Gegenstand der Probleme ... Das dritte Werk, näm-

---

[26] In Eccli. n. 53 (LW 2,282,3–6): *Igitur omne ens creatum habet a deo et in deo, non in se ipso ente creato, esse, vivere, sapere positive et radicaliter. Et sic semper edit, ut productum est et creatum, semper tamen esurit, quia semper ex se non est, sed ab alio.*
[27] In Eccli. n. 58 (LW 2,287,1–4): *Qui ergo edit, edendo esurit, quia esuriem edit, et quantum edit, tantum esurit ... Edendo enim esurit et esuriendo edit et esurire sive esuriem esurit.* Über diesen Text siehe Donald F. Duclow, „The Hungers of Hadewijch and Eckhart", in: *The Journal of Religion* 80 (2000), 421–441.
[28] Loris Sturlese, „Un nuovo manoscritto delle opere latine di Eckhart e il suo significato per la ricostruzione del testo e della storia dell'Opus tripartitum", in: *Freiburger Zeitschrift für Philosophie und Theologie* 32 (1985), 145–154; „Meister Eckhart in der Bibliotheca Amploniana. Neues zur Datierung des ‚Opus tripartitum'", in: *Die Bibliotheca Amploniana: ihre Bedeutung im Spannungsfeld von Aristotelismus, Nominalismus und Humanismus*, hg. v. Andreas Speer, Berlin-New York 1995, 434–446; und „Meister Eckhart: Ein Porträt", 16–19.

lich das der Auslegungen, zerfällt in zwei Teile ... und gliedert sich ... nach Zahl und Reihenfolge der Bücher des Alten und Neuen Testaments, deren Aussprüche darin ausgelegt werden."[29]

Einiges spricht für die Wahrscheinlichkeit, dass Eckhart während seiner Amtszeit als Provinzial die folgenden Abschnitte schrieb: den „Prolog" zum *Buch der Propositionen*, worin er den Grundbegriff „Das Sein ist Gott" *(esse est deus)* behandelt,[30] den ersten oder wörtlichen *Kommentar zur Genesis*,[31] und den *Kommentar zum Buch der Weisheit*, dessen Vorliebe für dialektische Aussagen an die *Predigten und Vorlesungen über Ecclesiasticus* erinnern.[32] Schwerer lässt sich festlegen, wann er die anderen erhaltenen Teile seines *Werks der Expositiones* verfasste. Zu diesen gehören der *Kommentar zum Buch Exodus* mit seiner wichtigen Erörterung Gottes als *esse* sowie der Namen Gottes[33] und schließlich der umfangreiche *Johanneskommentar*, Eckharts längstes Werk.[34] Zu einem bestimmten Zeitpunkt wurde auch der zweite Teil des *Werks der Expositiones*, das als *Werk der Predigten* bezeichnet wird, zusammengestellt.[35] Die Absicht war dabei, la-

---

[29] Vom *Opus tripartitum* (Op.trip.) sind nur seine Prologe erhalten. Sie sind herausgegeben in LW 1: (a) Prol.gen. in LW 1, 148–165; (b) Prol.op.prop. in LW 1, 166–182; und (c) Prol.op.expos. in LW 1,183–184. Der hier zitierte Text stammt aus dem Prol.gen. nn. 3–6 (LW 1,149,3–151,12): *Distinguitur igitur secundum hoc opus ipsum totale in tria principaliter. Primum est opus generalium propositionum, secundum opus quaestionum, tertium opus expositionum. Opus autem primum, quia propositiones tenet mille et amplius, in tractatus quattuordecim distinguitur iuxta numerum terminorum, de quibus formantur propositiones ... Opus autem secundum, quaestionum scilicet, distinguitur secundum materiam quaestionum ... Opus vero tertium, scilicet expositionum ... subdividitur numero et ordine librorum veteris et novi testamenti, quorum auctoritates in ipso exponuntur.* Über das Op.trip. siehe Wouter Goris, *Einheit als Prinzip und Ziel. Versuch über die Einheitsmetaphysik des „Opus tripartitum" Meister Eckharts*, Leiden 1997, sowie Ruh, *Geschichte III*, 290–308.
[30] Die Behandlung der Proposition *esse est deus* findet sich sowohl im Prol.gen. nn. 12–22 (LW 1,156–165) als auch im Prol.op.prop. nn. 1–25 (LW 1,166–182). Eine Übersetzung dieser Texte ins Englische gibt es von Armand Maurer, *Master Eckhart. Parisian Questions and Prologues*, Toronto 1974, 77–105. Obwohl die Prologe die einzigen erhaltenen Teile des Op.prop. sind, zeigen Eckharts Verweise auf andere Traktate, z. B. *De bono, De natura superioris* usw., dass er vermutlich auch einige weitere Propositionen verfasst hatte, zumindest in vorläufiger Form.
[31] In Gen. I ist herausgegeben in LW 1,185–444.
[32] In Sap. ist herausgegeben in LW 2,303–634.
[33] In Ex. ist herausgegeben in LW 2,1–227. Der Umstand, dass Eckhart in diesem Kommentar ausgiebig Maimonides verwendet, könnte für ein Datum im zweiten Jahrzehnt des 14. Jahrhunderts sprechen, in dem er diesen jüdischen Weisen anscheinend häufiger zu nutzen begann.
[34] Das umfangreiche In Ioh. füllt den gesamten Band der LW 3.
[35] Die 56 lateinischen *sermones* (im Folgenden unter Voranstellung der lateinischen Nummerierung mit den Abkürzungen S. und SS. bezeichnet, um sie von den deutschen Prr. zu unterscheiden) sind in LW 4 herausgegeben.

teinische Modellpredigten zur Verfügung zu stellen, die jungen Ordensmitbrüdern zeigen sollten, wie man Schrifttexte zum Predigen nutzt.[36]

Eckhart erklärt: „Der Autor beabsichtigt in diesem *dreiteiligen Werk*, nach Vermögen den Wünschen eifriger Mitbrüder zu genügen, die ihn schon lange mit inständigen Bitten oftmals angehen und drängen, das, was sie von ihm in Vorlesungen und anderen Schulübungen, wie auch in Predigten und täglichen Besprechungen zu hören gewohnt waren, schriftlich niederzulegen."[37] Daher sah Eckhart dieses Werk für solche *fratres studiosi* vor, die darauf begierig und zugleich fähig waren, es sich anzueignen.[38] Er war sich durchaus bewusst, „dass einiges aus den folgenden Thesen, Problemen und Auslegungen beim ersten Anblick ungeheuerlich, zweifelhaft oder falsch erscheinen wird". Aber, so fuhr er fort, „anders ... verhält es sich, wenn man es mit Scharfsinn und größerer Hingebung durchdenkt".[39] Ferner wies er darauf hin, dass sich die folgenden Lösungen zu den behandelten Fragen und das in seinen Schriftkommentaren „Neue und Seltene" *(nova et rara)* nur auf der Grundlage der in seinem *Buch der Propositionen* dargelegten philosophischen Wahrheiten richtig verstehen lasse (n. 11).[40]

Eckhart legte dem ganzen Projekt seine Überzeugung zugrunde, dass Vernunft und Offenbarung sowie Philosophie und Theologie Hand in Hand gingen. Zu Beginn seines *Kommentars über das Johannesevangelium* formulierte er sie so: „Wie in allen seinen Werken hat der Verfasser bei der Auslegung dieses Wortes und der folgenden die Absicht, die Lehren des heiligen christlichen Glaubens und der Schrift beider Testamente mit Hilfe der natürlichen Gründe der Philosophen auszulegen."[41] Manche vertreten,

---

[36] An einer Reihe von Stellen bezieht sich Eckhart auf andere Teile des *Opus expositionum* (Op.ex.), insbesondere auf Kommentare zu den Paulusbriefen. Ruh (*Geschichte* III, 291) äußert die Vermutung, Eckhart könnte vielleicht über diese Texte Vorlesungen gehalten, jedoch nicht die Zeit gefunden haben, diese Kommentare schriftlich niederzulegen.

[37] Prol.gen. n. 2 (LW 1,148,5–9): *Auctoris intentio in hoc opere tripartito est satisfacere pro posse studiosorum fratrum quorundam desideriis, qui iam dudum precibus importunis ipsum impellunt crebro et compellunt, ut ea quae ab ipso audire consueverunt, tum in lectionibus et aliis actibus scholasticis, tum in praedicationibus, tum in cottidianis collationibus, scripto commendat...*

[38] Goris, *Einheit als Prinzip und Ziel*, 12–14 u. 46.

[39] Prol.gen. n. 7 (LW 1,152,3–5): *Advertendum est autem quod nonnulla ex sequentibus propositionibus, quaestionibus, expositionibus primo aspectu monstuosa, dubia aut falsa apparebunt, secus autem si sollerter et studiosius pertractentur.*

[40] Ruh, *Geschichte* III, 293 weist auf den engen inneren Zusammenhang der drei Teile hin, wie er mit der Parallelsetzung der ersten Proposition *(esse est deus)* mit der ersten Frage *(an deus est?)* und dem ersten Kommentar, der das *In principio creavit deus caelum et terram* (Gen 1,1) behandelt, vor Augen geführt werde.

[41] In Ioh. n. 2 (LW 3,4,4–6): *In cuius verbi expositione et aliorum quae sequuntur, intentio est auctoris, sicut et in omnibus suis editionibus, ea quae sacra asserit fides christiana et utriusque testamenti scriptura, exponere per rationes naturales philosophorum.*

Texte wie dieser zeigten, dass Eckhart kein echter Theologe, sondern Philosoph war und ganz bestimmt kein Mystiker, weil sonst seine Schriften notwendigerweise gegen das rationale Denken verstoßen müssten. Doch Eckharts Leben und Denken zeigen eindeutig, dass man durchaus Philosoph, Theologe und Mystiker in einem und zur gleichen Zeit sein kann.

Am 14. Mai 1311 wurde Eckhart vom Generalkapitel zu Neapel zu einem zweiten Vorlesungsaufenthalt als *magister* nach Paris berufen, was ein seltenes Privileg war, das bislang nur Thomas von Aquin gewährt worden war. Er verbrachte dort zwei akademische Jahre (vom Sommer 1311 bis Sommer 1313) und wohnte während dieser Zeit im selben Haus wie der Dominikanerinquisitor Wilhelm von Paris, der für die Hinrichtung der Begine Marguerite Porete am 1. Juni 1310 verantwortlich gewesen war. Der Umstand, dass Eckhart Poretes mystische Themen aufgriff, zeigt, dass er von dieser Begine eine ziemlich andere Ansicht hatte als sein Ordensmitbruder. Der Anreiz aus der Lektüre Poretes und die Begegnung mit Beginen und Dominikanernonnen in Strassburg und Köln wirkten sich zweifellos dahingehend aus, dass sich Eckhart in den letzten fünfzehn Jahren seines Lebens intensiver dem Predigen in der Volkssprache widmete, aber grundsätzlich hatte er schon immer seine Botschaft an die ganze Gemeinschaft der Christen und nicht nur an eine geistliche Elite richten wollen.[42]

Damit soll nicht gesagt sein, dass sich Eckhart unkritisch auf die mystischen Strömungen seiner Zeit, und insbesondere die von Frauen angestoßenen, eingelassen hätte.[43] Seine Einstellung gegenüber vielen der von Beginen und anderen vorgebrachten Auffassungen, insbesondere ihrer Betonung der visionären Erfahrung, dienten dazu, ihn zu einer Art von kritischer Gegensteuerung gegen einige der Übertreibungen, die er in der zeitgenössischen Mystik wahrnahm, zu veranlassen. Zudem enthalten einige seiner späten deutschen Predigten Kritiken gegen die Irrtümer der *secta libertatis spiritus*, die 1311 vom Konzil von Vienne verurteilt worden war.[44] Aber Eckhart lernte von den Mystikerinnen auch viel, insbesondere von

---

[42] Als Einführung in Eckharts Predigttätigkeit siehe Alois M. Haas, „Meister Eckharts geistliches Predigtprogramm", in: *Geistliches Mittelalter*, Freiburg/Schweiz 1984, 317–337.

[43] Über Eckharts Begegnung mit Mystikerinnen siehe Otto Langer, *Mystische Erfahrung und spirituelle Theologie: Zu Meister Eckharts Auseinandersetzung mit der Frauenfrömmigkeit seiner Zeit*, München-Zürich 1987 und die Beiträge in *Meister Eckhart and the Beguine Mystics. Hadewijch of Brabant, Mechthild of Madgeburg, and Marguerite Porete*, hg. v. Bernard McGinn, New York 1994.

[44] Siehe insbesondere die Äußerungen in Pr. 29 (DW 2,78–79), einer vermutlich ca. 1324–1326 in Köln gehaltenen Predigt. Auch eine Reihe anderer Predigten bezeugt seine Reaktion auf die Irrtümer der Freigeister, z.B. Pr. 12 (DW 1,195), Pr. 37 (DW 2,211) und Pr. 51 (DW 2,468, 471). Ausführlicheres über Eckharts Reaktion auf falsche mystische Vorstellungen siehe Walter Senner, „Rhineland Dominicans, Meister Eckhart, and the Sect of the Free Spirit",

Marguerite Porete und vermutlich auch von Mechthild von Magdeburg, der deutschen Begine, die ihre Sammlung von Visionsberichten *Das fließende Licht der Gottheit* mit Hilfe ihres dominikanischen Beichtvaters Heinrich von Halle verfasst hatte.[45] Selbst wenn Eckhart etwas ablehnte, war er ganz und gar kein Inquisitor. Ihm ging es bei seiner Predigt nicht um das Anklagen und Verurteilen anderer, sondern darum, den Gläubigen und sogar den womöglich in Irrtümern Befangenen zu zeigen, wie sie zu einer tieferen Wahrnehmung ihres Einsseins mit Gott kommen könnten.[46]

Eckhart verließ Paris im Sommer 1313. Der damals wohl schon über Fünfzigjährige kehrte nicht nach Erfurt zurück, sondern wurde nach Strassburg berufen, um dort das Amt eines speziellen Vikars des Generalmagisters der Dominikaner zu versehen.[47] Strassburg war ein Zentrum der Frauenfrömmigkeit, nicht nur infolge seiner sieben Konvente von Dominikanernonnen, sondern auch wegen der vielen Beginenhäuser in der Stadt und deren Umgebung. Es war auch ein Herd heißer Diskussionen über die Mystik, die entflammt waren, nachdem die Beginen 1311 vom Konzil von Vienne und dann noch einmal 1317 in einer modifizierten Veröffentlichung von dessen Dekret in der Kirchenrechtssammlung der *Clementinen* verurteilt worden waren.[48] Zudem war der Bischof der Stadt, Johannes I. (1306–1328), ein grimmiger Gegner der Häresie.[49]

In Strassburg widmete sich Eckhart viel ausgiebiger den Tätigkeiten der Seelsorge, Predigt und geistlichen Beratung und Führung, als er das während seiner Amtszeiten als Universitätsprofessor und Provinzial seines Ordens hatte tun können. Zwar lassen sich nur wenige Predigten Eckharts ausdrücklich mit seiner Seelsorgstätigkeit bei den Ordensfrauen (*cura monialium*) verknüpfen, aber es besteht kein Grund zum Zweifel, dass ihn die mystische Frömmigkeit, der er bei den Frauen begegnete, während seines

---

in: *The Vocation of Service to God and Neighbour*, hg. v. Joan Greatrex, Turnhout 1998, 121–133.

[45] Siehe Frank Tobin, „Mechthild of Magdeburg and Meister Eckhart: Points of Comparison", in: *Meister Eckhart and the Beguine Mystics*, 44–61. Als Einführung in diese Mystikerinnen siehe im vorliegenden Werk Bd. III, 395–465.

[46] Senner sagt es (in „Rhineland Dominicans, Meister Eckhart", 132) so: *Bei seinem Argumentieren gegenüber den Mitgliedern der Bewegung der Freigeister setzte sich Eckhart selbst dem gefährlichen Eindruck aus, er scheine bestimmte wichtige Unterscheidungen nicht zu kennen ...*

[47] Der früheste Beleg für Eckharts Anwesenheit in Strassburg findet sich in einem Dokument mit dem Datum des 14. April 1314 (Acta n. 38 [LW 5,182–184]).

[48] Jacqueline Tarrant, „The Clementine Decrees on the Beguines: Conciliar and Papal Versions", in: *Archivum Historiae Pontificiae* 12 (1974), 300–307. Zum weiteren Kontext der Häresie vom Freien Geist siehe hier Kapitel 2 und die dort zitierte Literatur.

[49] Ruh, *Meister Eckhart*, 112–114 und *Geschichte* III, 242–243.

letzten Lebensjahrzehnts in signifikanter Weise inspirierte. Belege gibt es, dass er während der Zeit seines Aufenthalts in Strassburg die Dominikanerinnenkonvente von Katharinental und Ötenbach am Oberrhein besucht hat.[50] Außerdem besuchte er auch den nahegelegenen Konvent von Unterlinden in Colmar.

Eine beträchtliche Anzahl der von Eckhart erhaltenen deutschen Predigten scheint aus seiner Strassburger Zeit und seinen letzten Jahren in Köln zu stammen. Das spiegelt nicht nur Eckharts engagierte Seelsorgetätigkeit, sondern sein bewusstes Bemühen um die Schaffung einer neuen volkssprachlichen Theologie, mittels der sich, nach der Formulierung Thomas' von Aquin, „das in der Kontemplation Erfasste an andere weitergeben" ließ *(contemplata aliis tradere)*.[51] Marie-Anne Vannier hat dargelegt, dass er auf sein zentrales Thema vom „edlen Menschen", also desjenigen, der dank der Geburt des Wortes in seiner Seele die göttliche Sohnschaft erlangt hat, in seinen Strassburger Predigten kam.[52]

In einer der Predigten, die aus dem letzten Jahrzehnt seines Lebens zu stammen scheinen, fasste Eckhart die Botschaft seiner Predigt auf vier Themen zusammen: „Wenn ich predige, so pflege ich zu sprechen von Abgeschiedenheit und dass der Mensch ledig werden soll seiner selbst und aller Dinge. Zum zweiten, dass man wieder eingebildet werden soll in das einfaltige Gut, das Gott ist. Zum dritten, dass man des großen Adels gedenken soll, den Gott in die Seele gelegt hat, auf dass der Mensch damit auf wunderbare Weise zu Gott komme. Zum vierten von der Lauterkeit göttlicher Natur – welcher Glanz in göttlicher Natur sei, das ist unaussprechlich. Gott ist ein Wort, ein unausgesprochenes Wort."[53] In einer anderen Predigt, Pr. 6 über den Text „Die Gerechten werden für immer leben" (Weisheit 5,16) fasste er seine Botschaft noch knapper zusammen: „Wer die Lehre von der Gerechtigkeit und vom Gerechten versteht, der versteht alles, was ich sa-

---

[50] Siehe Acta nn. 41–42 (LW 5, 187–188).
[51] In Pr. 104A (W 4,579,155–180.159) zitiert Eckhart Thomas (S.Th. III q. 40 a. 1 Ad 2) zum Thema *contemplata alii tradere*: *eister Thomas* spricht: *dâ sî daz würkende leben bezzer dan daz schouwende lebn, dâ man in der würklicheit ûzgiuzet von minne, daz man îngenomen hât in der schouwunge.*
[52] Marie-Anne Vannier, „L'homme noble, figure de l'oeuvre d'Eckhart à Strasbourg", in: *Revue des sciences religieuses* 70 (1996), 73–89 und „Eckhart à Strasbourg (1313–1323/24)", in: *Dominicains et Dominicaines en Alsace XIIIe-XXe S.*, hg. v. Jean-Luc Eichenlaub, Colmar 1996, 197–208.
[53] Pr. 53 (DW 2,528,5–529,2): *Swenne ich predige, sô pflige ich ze sprechenne von abegescheidenheit und daz der mensche ledic werde sîn selbes und aller dinge. Ze andern mâle, daz man wider îngebildet werde in daz einvaltige guot, daz got ist. Ze dritten mâle, daz man gedenke der grôzen edelkeit, die got an die sêle hât geleget, daz der mensche dâ mite kome in ein wunder ze gote. Ze dem vierden mâle von götlîcher natûre lûterkeit—waz klârheit an götlîcher natûre sî, daz ist unsprechelich. Got ist ein wort, ein ungesprochen wort.*

ge."⁵⁴ In seiner früheren, bereits oben vorgestellten Pr. 9 war Eckhart sogar noch sparsamer bei der Formulierung des Wesentlichen seiner Predigt gewesen. Er hatte darin vom Wörtchen *quasi* als *bî-wort* oder ad-Verb gesprochen und gesagt: „Ich richte mein Augenwerk nun auf das Wörtlein ‚quasi', das heißt ‚gleichwie'; das nennen die Kinder in der Schule ein ‚Beiwort'. Dies ist es, auf das ich's in allen meinen Predigten abgesehen habe."⁵⁵ So lässt sich sagen, dass Eckhart mit seinen Predigten im Wesentlichen sagen wollte, dass der Intellekt nichts als ein *ad-verbum* sei, das heißt, etwas, das losgelöst von seiner Zugehörigkeit zum göttlichen Wort keine eigene Existenz habe, auf die gleiche Weise wie der Gerechte *(iustus)* von der göttlichen Gerechtigkeit abhänge.

Der Umstand, dass in den Strassburger Predigten der „edle Mensch", die „Gerechtigkeit" und der „Gerechte" (also derjenige, in dem die Geburt des göttlichen Wortes vollendet ist) so sehr betont werden, legt nahe, dass Vanniers Vermutung, der *Johanneskommentar* sei in dieser Zeit des Lebens Eckharts entstanden, zutreffen könnte.⁵⁶ Zu Beginn seiner langen Abhandlung über den Prolog des Evangeliums greift Eckhart wiederum das Thema „Analogie" auf: „Hier ist aber auch dies zu bemerken: Wo eine analoge Beziehung vorliegt, stammt das Hervorgebrachte zwar vom Hervorbringenden ab, ist aber unter seinem Ursprung, nicht bei ihm. Ferner ist es ein anderes der Natur nach, und so ist es nicht der Ursprung selbst. Nichtsdestoweniger aber ist es, insofern es in ihm ist, dasselbe der Natur wie dem Selbststand (d.h. seiner individuellen Subsistenz) nach."⁵⁷ Von diesem Axiom her lässt er sich auf eine ausführliche Erörterung ein, in welcher Beziehung die ungezeugte und die gezeugte Gerechtigkeit in der Dreifaltigkeit zueinander stünden, sowie auf eine weitere Überlegung über die göttliche Gerechtigkeit und den gerechten Menschen. Formal gesprochen, das heißt aus der Sicht des gerechten oder edlen Menschen, *insofern* er in der göttlichen Gerechtigkeit existiere, kann Eckhart sagen: „Der Gerechte in der Gerechtigkeit selbst ist noch nicht geboren, er ist auch nicht die geborene Gerechtigkeit, vielmehr ist er die ungeborene Gerechtigkeit selbst",⁵⁸

---

⁵⁴ Pr. 6 (DW 1,105,1–2): *Swer underscheit verstât von gerechticheit und vom gerehtem, der verstât allez, was ich sage.* Ruh, *Meister Eckhart*, 155–157 behandelt diese Predigt als Spätwerk, ohne ein genaues Datum anzusetzen.
⁵⁵ Pr. 9 (DW 1,154,7–9): *Ich meine daz wörtelîn ‚quasi', daz heizet ‚als', daz heizent diu kint in der schuole ein bîwort. Diz ist, daz ich in allen mînen predigen meine.* Was er damit meint, führt er in 158,4–8 noch genauer aus.
⁵⁶ Vannier, „L'homme noble", 77 und 81–83.
⁵⁷ In Ioh. n. 6 (LW 3,7,12–8,1): *... licet in analogicis productum sit descendens a producente ... Item fit aliud in natura, et sic non ipsum principium, ut est in illo, non est aliud in natura, sed nec aliud in supposito.*
⁵⁸ In Ioh. n. 19 (LW 3,16,10–11): *Rursus duodecimo: iustus in ipsa iustitia iam non est genitus*

das heißt, er ist identisch mit Gott Vater. Im Lauf des Kommentars kommt Eckhart über 25mal auf die Erörterung der Beziehung zwischen der göttlichen *iustitia* und dem *iustus*, dem gerechten Menschen, zurück.[59]

Loris Sturlese hat die Vermutung aufgestellt, Eckharts Umzug nach Strassburg habe eine entscheidende Wende in seiner Laufbahn dargestellt. Als Belege stützt er sich dafür auf den neuen Prolog zum *Werk der Expositionen*, in dem Eckhart seine prabolische Theorie der Schriftauslegung entwirft sowie auf seinen zweiten Genesis-Kommentar *(Das Buch der Bildreden in der Genesis,* vermutlich während dieser Zeit verfasst)[60] und behauptet, dass Eckhart das unvollendete *Dreiteilige Werk* aufgegeben habe, um sich auf ein neues Projekt zu konzentrieren, *Das Buch der Bildreden der natürlichen Dinge.*[61] Nicht alle Fachleute sind davon überzeugt, dass Eckhart das *Dreiteilige Werk* ganz aufgegeben habe.[62] Dennoch kann man mit Niklaus Largier einer Meinung sein, dass es während des zweiten Jahrzehnts des 14. Jahrhunderts in Eckharts lateinischen Werken zu einer „hermeneutischen Kehre" kam, ab der er seine Schriftauslegung immer stärker darauf zu konzentrieren begann, die parabolischen Reichtümer des Bibeltextes herauszuarbeiten, um sie zur Grundlage seiner verstärkten volkssprachlichen Predigt zu machen.[63]

In diesem Zeitraum verfasste Eckhart auch mindestens einen Traktat auf Deutsch, das so genannte *Gesegnete Buch (Liber Benedictus),* das aus dem *Buch der göttlichen Tröstung* und einer Predigt „Vom edlen Menschen" besteht.[64] Mit seinem *Buch der göttlichen Tröstung* schöpfte er aus der reichen mittelalterlichen Tradition der Trostliteratur, die bis auf das Werk *Vom Trost der Philosophie* von Boëthius im 6. Jahrhundert zurückreicht. Laut

---

nec genita iustitia, sed est ipsa iustitia ingenita. Diese erste Erörterung über die *iustitia* und den *iustus* erstreckt sich über nn. 14–22 (LW 3, 13–19).

[59] Siehe in In Ioh. nn. 46, 85, 119, 169–172, 177, 187–192, 196, 225, 252–253, 256, 316, 340–341, 416–417, 426, 435–436, 453–455, 458, 470–471, 477, 503–504, 511, 601, 620, 640, 643–644, 659–660, 731.

[60] In Gen.II findet sich in LW 1,447–702. Der *prologus* zu diesem Werk (nn.1–7 [447–456]) lässt sich als zweiter *prologus* zum gesamten Opus expos. verstehen, denn er kündigt darin sein Vorhaben an, „einige Stellen in diesem und in andern Büchern der Heiligen Schrift durchzugehen" (447,4).

[61] Sturlese, „Meister Eckhart in der Bibliotheca Amploniana" und „Meister Eckhart. Ein Porträt", 16–19.

[62] So z. B. Ruh, *Geschichte* III, 301–303 und Goris, *Einheit als Prinzip und Ziel,* 49–51.

[63] Niklaus Largier, „*Figurata Locutio*. Philosophie und Hermeneutik bei Eckhart von Hochheim und Heinrich Seuse", in: *Meister Eckhart: Lebensstationen, Redesituationen,* hg. v. Klaus Jacobi, Berlin 1997, 328–332 und „Recent Work on Meister Eckhart", 150–151.

[64] Der *Liber Benedictus* findet sich in DW 5,1–136 mit *Daz buoch der goetlichen troestunge* (BgT) auf den Seiten 3–61 und die Predigt *Von dem edeln menschen* (VeM) auf den Seiten 109–119. Als Darstellung der mit diesem Buch verbundenen Themen siehe Ruh, *Geschichte* III, 308–323 und die dort besprochene Literatur.

einer handschriftlichen Zeugenaussage in Eckharts späterem Häresieprozess soll das Buch mit Königin Agnes von Ungarn (ca. 1280–1364) zu tun haben. Viele Fachleute betrachten es als ein Werk, das er dieser in einer Zeit der Not gesandt habe, aber es enthält nichts, was das Buch spezifisch mit Agnes verbindet. Kurt Ruh schrieb deshalb: „Eckharts Trost ist der Trost, der jedem gilt, der die Welt hinter sich lassen will."[65] Es gibt guten Grund zur Annahme, dass das Buch um 1318 geschrieben wurde. Als volkssprachliche Äußerung einiger der kühnsten Aspekte der Lehre Eckharts sollte es eine herausragende Rolle bei den Anklagen spielen, die bald gegen ihn erhoben wurden. Das *Buch der göttlichen Tröstung* ist wie die *Reden der Unterweisung* in drei Abschnitte unterteilt. Im ersten „findet man diese und jene Wahrheit, aus der und von der zu entnehmen ist, was den Menschen füglich und gänzlich trösten kann und wird in allem seinem Leid". Im langen zweiten Teil bringt er der Reihe nach „dreißig Stücke und Lehren, in deren jeglicher man recht und völlig Trost zu finden vermag", während er im dritten Teil Beispiele dafür anführt, was „weise Leute getan und gesprochen haben, als sie im Leiden waren".[66]

Dieses *Buch der göttlichen Tröstung* liefert Aufschlüsse über Eckharts Lehre und den Widerstand, den sie im damaligen von lauter Angst vor Häresien erfüllten Zeitalter zu wecken begann. Am Schluss des Buchs kommt er auf mögliche Einwände dagegen zu sprechen, dass er solch tiefe Dinge einem breiten Publikum vortrage. Zunächst einmal verteidigt er sich gegen diejenigen, die ihn bereits missverstanden und angegriffen hatten und zitiert dabei Augustinus. Er schreibt: „Mir genügt's, dass in mir und in Gott wahr sei, was ich spreche und schreibe."[67] Sodann macht er sich an die Entgegnung der Vorwürfe derjenigen, die vertraten, derart erhabene Dinge solle man nicht ganz allgemein unters Volk bringen. Seine Entgegnung enthält kurz und knapp seine Begründung dafür, weshalb eine volkssprachliche Theologie notwendig sei: „Auch wird man sagen, dass man solche Lehren nicht für Ungelehrte sprechen und schreiben solle. Dazu sage ich: Soll man nicht ungelehrte Leute lehren, so wird niemals wer gelehrt, und so kann niemand dann lehren oder schreiben. Denn darum belehrt man die Ungelehrten, dass sie aus Ungelehrten zu Gelehrten werden."[68] Eckhart sollte

---

[65] Ruh, *Meister Eckhart*, 135.
[66] BgT (DW 5,8,9–9,2).
[67] BgT I (DW 5,60,13–14): *Mir genüeget, daz in mir und in gote wâr sî, daz ich spreche und schrîbe.*
[68] BgT I (DW 5,60,27–61,1): *Ouch sol man sprechen, daz man sôgetâne lêre niht ensol sprechen noch schrîben ungelêrten. Dar zuo spriche ich: ensol man niht lêren ungelêrte liute, sô enwirt niemer nieman gelêret, sô enmac nieman lêren noch schrîben. Wan dar umbe lêret man die ungelêrten, daz sie werden von ungelêret gelêret.*

schon bald diejenigen direkt zu erfahren bekommen, die ihn missverstanden – und obendrein die Macht besaßen, gegen ihn vorzugehen.[69]

Gegen Ende 1323 verließ Eckhart Strassburg und begab sich ins Dominikanerkloster Köln mit seinem bekannten *studium generale*, der intellektuellen Heimstatt des Ordens der Predigerbrüder in Deutschland.[70] Seine Zeit in Köln war kurz, aber voller Aktivitäten und Kontroversen. Eine Anzahl seiner erhaltenen Predigten lässt sich den drei Jahren zwischen seiner Ankunft dort und dem Frühjahr 1327 zuordnen, in dem er die Stadt verließ, um sich an seine letzte Lebensstation zu begeben, den päpstlichen Hof nach Avignon.[71] Das in Köln eingeleitete Drama von Eckharts Häresieprozess ist zum Teil dank der uns noch erhaltenen Dokumentation rekonstruierbar und war immer ein Gegenstand des Interesses und der Diskussion. Die kritische Ausgabe der diese Ereignisse betreffenden *acta* hat geholfen, eine Reihe von Punkten zu klären.[72]

---

[69] Das BgT führt zur Frage nach den anderen Meister Eckhart zugeschriebenen volkssprachlichen Werken. Frühe Eckhart-Ausgaben enthielten nicht weniger als siebzehn, aber die meisten davon schieden als nicht authentisch aus, so sehr sie auch die Sprache und die Themen Eckharts an sich haben mögen. Über den kurzen Traktat *Von der Abgeschiedenheit* (*Von der abegescheidenheit*, abgekürzt VdA) dauert die Diskussion noch an. Josef Quint, der Herausgeber der deutschen Werke Eckharts, nahm diese tiefgründige Erörterung eines der mystischen Hauptthemen Eckharts zwar in DW 5,400–434 auf, aber die meisten jüngeren Forscher scheinen ihre Authentizität eher zu bezweifeln; siehe z. B. Ruh, *Meister Eckhart*, 165–167 und *Geschichte* III, 349–351 u. 355–358.

[70] Siehe Walter Senner OP, „Meister Eckhart in Köln", in: *Meister Eckhart: Lebensstationen -Redesituationen*, hg. v. Klaus Jacobi, Berlin 1997, 207–237.

[71] Joachim Theisen, *Predigt und Gottesdienst. Liturgische Strukturen in den Predigten Meister Eckharts*, Frankfurt/M. 1990, 121–122 liefert eine Liste von 15 Predigten, die er auf 1325–1326 datiert. Das sind Prr. 1, 11, 12, 13, 14, 15, 18, 19, 25, 37, 49, 51, 59 und 79. Senner, „Meister Eckhart in Köln", 226–228 zählt dazu auch noch Prr. 16, 22, 28, 29 und 80. Ruh, *Meister Eckhart*, 158 argumentiert, da Eckharts Predigt über die Armut im Geist (Pr. 52) eine seiner letzten sei, müsse auch sie in den Kölner Jahren entstanden sein. Falls alle diese Zuschreibungen stimmen, stammen also mindestens 22 der mittelhochdeutschen Predigten aus diesen drei Jahren.

[72] Die *Acta Echardiana. Secunda Pars. Processus contra Mag. Echardum* sind als nn. 46–48 in LW 5,197–354 herausgegeben. Sie bestehen aus zwei Listen von Eckhart vorgeworfenen Irrtümern und seinen Antworten darauf (Proc.Col.I und Proc.Col.II). Als theologische Einschätzung siehe Bernard McGinn, „Eckhart's Condemnation Reconsidered", in: *The Thomist* 344 (1980), 390–414. Weitere Präzisionen zu Fragen bezüglich Datierung, Kontext und Rang der Dokumente ergaben sich dank der wissenschaftlichen Untersuchungen der letzten beiden Jahrzehnte. Vgl. z. B. Ruh, *Meister Eckhart*, 168–186; Winfried Trusen, *Der Prozess gegen Meister Eckhart. Vorgeschichte, Verlauf und Folgen*, Paderborn 1988; und „Meister Eckhart vor seinen Richtern und Zensoren" in *Meister Eckhart: Lebensstationen*, 335–352. Hilfreich sind auch Oliver Davies, „Why were Eckhart's propositions condemned?" in *New Blackfriars* 71 (1990), 433–445; Jürgen Miethke, „Der Prozess gegen Meister Eckhart im Rahmen der spätmittelalterlichen Lehrzuchtverfahren gegen Dominikanertheologen" in *Meister Eckhart: Lebensstationen*, 353–375; und insbesondere die Beiträge in *Eckardus Theutonicus, homo doctus et sanctus. Nachweise und Berichte zum Prozess gegen Meister Eckhart,*

Ältere Vermutungen, Eckharts Prozess sei eine Folge von Spannungen zwischen den Dominikanern und Franziskanern gewesen, wurden längst begraben. Die Anklagen gegen Eckhart ergeben ihren Sinn im Kontext der Ängste bezüglich der Häretiker vom Freien Geist, die seit der Jahrhundertwende ständig zugenommen hatten. Der Kölner Erzbischof Heinrich II. von Virneburg (1304–1332) war ein bekannter Gegner der Häresie und ein starker Verbündeter Papst Johannes' XXII. in dessen Kampf gegen Kaiser Ludwig von Bayern.[73] Einige der Feinde Eckharts innerhalb des Dominikanerordens spielten bei den Anklagen gegen ihn eine Rolle, aber Erzbischof Heinrich hätte keinen Anschub gebraucht, um eine Häresie zu verfolgen, wo immer er sie roch.

Es scheint so, als hätten die Autoritäten im Dominikanerorden gegen den Inhalt von Eckharts Predigten bereits vorher einige Bedenken gehabt. Das 1325 in Venedig abgehaltene Generalkapitel des Ordens hatte sich bereits gegen „Brüder in der Provinz Teutonia" gewandt, „die in ihrer volkssprachlichen Predigt gemeinen und ungebildeten Leuten Dinge vortragen, die die Zuhörer leicht in den Irrtum verführen können."[74] Angesichts dieser immer stärker aufziehenden dunklen Wolken versuchten die Mitbrüder der Provinz Teutonia einem Schritt gegen Eckhart zuvorzukommen, indem sie von sich aus eine Untersuchung einleiteten (ca. 1325/1326), in deren Verlauf Eckhart zu Einwänden gegen seine Lehre Rede und Antwort stand. Das Dokument darüber ist verloren gegangen, aber seine unmittelbaren Vorgesetzten waren auf Grund seiner Antworten von seiner Orthodoxie überzeugt. Im Lauf des Jahres 1326 leitete Erzbischof Heinrich jedoch sein eigenes Verfahren ein. Irgendwann in diesem Jahr hatten zwei abtrünnige Dominikaner eine Liste von 74 Auszügen aus Eckharts lateinischen und

---

hg. v. Heinrich Stirnimann u. Ruedi Imbach, Freiburg/Schweiz 1992. Aus jüngster Zeit siehe Ruh, *Geschichte* III, 243–257; Robert E. Lerner, „New Evidence for the Condemnation of Meister Eckhart", in: *Speculum* 72 (1997), 347–366; und Susanne Köbele, „Meister Eckhart und die ‚Hunde des Herrn'. Vom Umgang der Kirche mit ihrem Ketzern", in: *Beiträge zur Geschichte der deutschen Sprache und Literatur* 124 (2002), 48–73.

[73] Als kurze Beschreibung Heinrichs II. und des Hintergrunds des Prozesses siehe Davies, „Why were Eckhart's propositions condemned?" sowie sein *Meister Eckhart. Mystical Theologian*, London 1991, 31–45. Vgl. auch Friedrich Iohn, *Die Predigt Meister Eckharts*, Heidelberg 1993, 157–168.

[74] Siehe *Monumenta Ordinis Praedicatorum Historica. Tomus IV. Acta Capitulorum Generalium (Vol. II)*, hg. v. Benedict Maria Reichert, Rom 1899, 160,25–161,5. Der entscheidende Abschnitt lautet: ... *quod in ipsa provincia [Theutonia] per fratres quosdam in praedicacione vulgari quedam personis vulgaribus ac rudibus in sermonibus proponuntur, que possint auditores faciliter deducere in errorem, idcirco damus vicariam super istis diligencius inquirendis et censura debita puniendis ac coerecendis* ... Ein ähnlicher Tadel wurde am 28. Mai 1328 vom Generalkapitel in Toulouse erlassen, als Eckharts Fall immer noch *sub judice* war (*Monumenta* IV,180,1–5).

deutschen Werken erstellt und diese dem Erzbischof eingereicht.⁷⁵ Irgendwann vor dem September 1326 wurde auch eine Liste von Stellen aus seinen deutschen Predigten verfasst.⁷⁶ Am 26. September dieses Jahres erschien dann Eckhart vor der diözesanen Inquisitionskommission, um sich gegen die Anklage der Häresie zu verteidigen.

Eckharts Verteidigung (früher als die *Verteidigungsschrift* bezeichnet) liefert uns wichtige Einsichten, nicht nur in spätmittelalterliche Häresieprozesse, sondern auch in sein Selbstverständnis.⁷⁷ Eckharts Widerlegung vom September befriedigte die Inquisitoren nicht. Etwas später in diesem Herbst wurde noch eine – uns verlorengegangene – dritte Liste von Auszügen aus seinem *Johanneskommentar* erstellt. Während der ganzen Angriffe auf seinen guten Ruf und seine Orthodoxie bestand Eckhart darauf, dass seinem Fall mehrere Prämissen zugrundelägen. Die erste sei, dass er gar kein Häretiker sein könne: „Denn zwar kann ich irren, aber ein Häretiker kann ich nicht sein. Das erstere ist nämlich eine Sache des Verstandes, das zweite eine Sache des Willens."⁷⁸ So erklärte er sich immer willens, öffentlich allem abzuschwören, was man in seinen Schriften oder seiner Predigt Irriges finde; ja, er gab sogar zu, dass einige der Artikel *erronea et falsa* seien, aber niemals *heretica*. Zweitens sagte Eckhart, die oft „ungewohnten und scharfsinnigen" Stellen in seinen Werken müsse man im Licht seiner guten Absichten und innerhalb des Kontexts der Gattung Predigt erklären. So entgegnete er zum Beispiel auf eine Reihe von Auszügen zum Thema der Geburt des Wortes in der Seele: „Alles Gesagte ist falsch und abwegig in dem Sinn, in dem die Gegner es sich vorstellen. Es ist jedoch wahr in dem Sinn, in dem es in Wahrheit verstanden werden kann."⁷⁹ Eckhart berief sich oft auf seine guten Absichten, wenn er so hyperbolisch predigte. Zur Verteidigung einer gewagten Aussage in Pr. 6 („Mein Leben ist Gottes Sein; da mein Leben Gottes Sein ist, ist Gottes Wesen mein Wesen") entgegnete er zum Beispiel: „Dazu ist zu sagen, dass es so, wie es klingt, falsch und ein Irrtum ist. Wahr und gottesfürchtig und moralisch ist

---

⁷⁵ Proc. Col. I (Acta n. 46, in LW 5,197–226).
⁷⁶ Proc. Col. II (Acta n. 47, in LW 5,226–245).
⁷⁷ Deren kritische Ausgabe durch Loris Sturlese (Acta Echardiana n. 48, in LW 5, 247–354) bietet eine wichtige Einführung und ihr folgt ein Faksimile des Mskr.s Hs. Soest, Stadtarchiv und wissenschaftliche Stadtbibliothek Cod. Nr. 33 (LW 355–509).
⁷⁸ Acta n. 48 (Proc.Col.I n. 80; LW 5,277,4–5): *Errare enim possum, hereticus esse non possum. Nam primum ad intellectum pertinet, secundum ad voluntatem.* (Übersetzung: B. Schellenberger.) Eckhart wiederholt diesen Punkt oft.
⁷⁹ Acta n. 48 (Proc.Col.II n. 99; LW 5,341,24–26): *Solutio. Totum, quod dictum est, falsum et absurdum secundum imaginationem adversantium. Verum est tamen secundum verum intellectum.* (Übersetzung: B. Schellenberger.)

es allerdings, (zu sagen), dass das gesamte Wesen des gerechten Menschen, insofern er gerecht ist, vom Wesen Gottes ist, wenn auch auf analoge Weise."[80] Entscheidend ist hier die Einschränkung „insofern er gerecht ist" *(inquantum iustus)*, sowohl, um zu verstehen, wie Eckhart sich verteidigte, als auch, um seine Predigt und Lehre richtig zu interpretieren.

Als scholastischer Theologe war sich Eckhart sehr wohl der Unterscheidung bewusst, ob man vom Verhältnis zweier Gegenstände auf einer materiellen oder aktuellen Ebene spreche (d. h. insofern es zwei verschiedene Gegenstände sind) oder auf einer formalen Ebene (d. h. insofern sie die gleiche Qualität besitzen). Die Grundlage seiner vielen Erörterungen des Verhältnisses von *iustitia* (göttlicher Gerechtigkeit oder Rechtschaffenheit) und *iustus* (dem „richtig ausgerichteten" Menschen) beruht auf diesem Sprechen in formaler Hinsicht, wie deutlich sein *Johanneskommentar* zeigt. *Insofern der Gerechte gerecht sei* (nicht jedoch in seiner totalen existenziellen Realität) müsse er alles haben, was die göttliche Gerechtigkeit besitze. Wenn Eckhart jedoch seine Lehre vom Sinn der formalen Eigenschaftsbezeichnung in der Volkssprache vortrug, waren die technischen lateinischen Qualifizierungen von *formaliter/actualiter* oft weniger klar (obwohl er durchaus in seiner deutschen Predigt von Zeit zu Zeit die Redewendung „insofern" benutzt). In seiner volkssprachlichen Theologie kümmerte sich Eckhart weniger um solche Unterscheidungen, und zwar gerade deshalb, weil er seine Rolle als Prediger so verstand, dass er die Menschen vor allem bewegen und inspirieren müsse. Stellte man ihn zur Rede, so versuchte er seinen Anklägern zu zeigen, dass die Botschaft seiner deutschen Predigten sich nicht von derjenigen unterschied, die man in seinen scholastischen Schriften finde. So nimmt es nicht Wunder, dass der erste Grundsatz, auf den sich Eckhart zu Anfang seiner Kölner Verteidigungsrede berief, derjenige der formalen Prädikatsaussage war. Er sagte es so: „Zur Erhellung des vorher Gesagten müssen drei Dinge angemerkt werden. Das erste ist, dass das ‚insofern' *(inquantum)*, also diese Verdoppelung, aus dem fraglichen Begriff alles andere, alles ihm Fremde auch für das Vernunftdenken ausschließt."[81] Wenn man den eckhartschen Vorbehalt *inquantum* nicht versteht, versteht man auch Eckhart nicht.

---

[80] Acta n. 48 (Proc.Col.II nn. 91–92; LW 5,340,1–5): ... ‚*Vivere meum est esse dei, vel vita mea est essentia dei, quidditas dei quidditas mea.*' *Dicendum quod falsum est et error, sicut sonat. Verum quidem est, devotum et morale quod hominis justi, inquantum justus, totum esse est ab esse dei, analogice tamen.* (Übersetzung: B. Schellenberger).

[81] Acta n. 48 (Proc.Col.I nn. 80–81; LW 5,277,6–8): *Ad evidentiam igitur premissorum tria notanda sunt. Primum est quod li ‚inquantum', reduplicatio scilicet, excludit omne aliud, omne alienum etiam secundum rationem a termino.* (Übersetzung: B. Schellenberger.)

Eckhart führte als Entgegnung auf seine Kritiker nicht nur intellektuelle Argumente ins Feld, sondern auch institutionelle und kirchenrechtliche. Zu Beginn des Kölner Prozesses erklärte er, „dass ich gemäß der Freiheit und den Privilegien unseres Ordens nicht verpflichtet bin, vor Euch zu erscheinen und auch nicht, auf die Vorwürfe einzugehen."[82] Die Dominikaner waren ein kirchenrechtlich exempter Orden, d. h. frei von der Kontrolle durch den Bischof und direkt dem Papst unterstellt. So behauptete Eckhart zu Recht, dass einzig der Papst oder die Universität von Paris als von ihm delegierte Instanz über die Vollmacht verfüge, gegen einen *magister theologiae* wegen Häresie zu ermitteln. An den Papst hatte er appelliert, und zum Papst sollte er gehen.

Während der schweren Monate im Spätjahr 1326 erfuhr Eckhart die Unterstützung der dominikanischen Autoritäten vor Ort. Aber die von den Generalkapiteln 1325 und 1328 ergangenen Warnungen gegen gefährliches Predigen weisen deutlich darauf hin, dass die internationale Ordensleitung sich von Eckhart distanziert hatte, ohne ihn persönlich anzugreifen.[83] Eckhart beantragte „Dimissorien" (Entlassschreiben) mit der Erlaubnis, seinen Fall an das päpstliche Gericht nach Avignon weiterzureichen. Außerdem hielt er am 13. Februar 1327 in der Dominikanerkirche in Köln eine Predigt, an deren Ende er von seinem Sekretär auf Lateinisch ein öffentliches Bekenntnis seiner Unschuld und Bereitschaft, alle eventuellen Irrtümer zu widerrufen, verlesen ließ. Eckhart selbst übersetzte den Text ins Deutsche, so dass ihn die Zuhörer, also die Gläubigen aus dem Volk, denen er so hingebungsvoll gedient hatte, verstehen konnten.[84] Das war eine wichtige Handlung. Indem Eckhart *öffentlich* bekanntgab, er sei willens, jegliche und alle Irrtümer zu widerrufen, beugte er wirksam allen Versuchen vor, ihn als Häretiker anzuklagen. Irgendwann im Frühjahr dieses Jahres begab sich Eckhart dann in Begleitung anderer hochrangiger Mitglieder der Provinz *Teutonia* auf den Weg nach Avignon.

Unsere Kenntnis des letzten Lebensjahrs von Eckhart ist fragmentarisch. Papst Johannes XXII. ernannte zur Überprüfung der Anklagen gegen den dominikanischen Magister zwei Kommissionen. Die Namen der Kommissionsmitglieder sind uns überliefert; darunter war Kardinal Wilhelm Petrus

---

[82] Acta n. 48 (Proc.Col.I n. 76; LW 5,275,12–14): ... *quod juxta libertatem et privilegia ordinis nostri coram vobis non teneor comparere nec objectis respondere.* (Übersetzung: B. Schellenberger.)
[83] Ruh, *Geschichte* III, 246–247.
[84] Acta n. 54 (in LW 5 noch nicht veröffentlicht). Die derzeitige Veröffentlichung stammt von M.-H. Laurent, „Autour de procès de Maître Eckhart", in: *Divus Thomas*, ser. III,13 (1936), 344–346.

von Godino, vermutlich ein früherer Schüler Eckharts. Wir wissen auch, dass die Kommissionen das unhandliche Konvolut von rund 150 verdächtigten Artikeln auf bescheidene 28 verkleinerten. Das als *Votum Avenionense* bekannte wichtige Dokument liefert uns in scholastischer Manier diese Artikel, die Gründe, aus denen sie als häretisch beurteilt wurden, Eckharts Verteidigung eines jeden sowie die Entgegnung der Kommissionsmitglieder. Auch wenn dies eine Zusammenfassung seines Falls und nicht sein eigenes Werk ist, erlaubt uns dieses Dokument (das vermutlich von Ende 1327 stammt) ein letztes Mal, Eckhart zu hören.

Eckharts Verteidigung in Avignon fasst viele Themen zusammen, die über drei Jahrzehnte hindurch Bestandteil seiner Predigt gewesen waren. So heißt es zum Beispiel im *Votum* zu dem Artikel, der in der nachfolgenden Verurteilungsbulle der 13. werden sollte („Was immer der göttlichen Natur eigen ist, das ist auch dem gerechten und göttlichen Menschen eigen"): „Er behauptet, dieser Artikel sei wahr, denn da Christus das Haupt und wir die Glieder seien, spreche er in uns, wenn wir sprechen. Zudem sei in Christus das Einssein des Wortes mit dem Fleisch dergestalt, dass es mit diesem seine Eigenschaften teile, so dass man sagen könne, Gott habe gelitten und der Mensch sei der Schöpfer des Himmels und es stehe Christus rechtmäßig zu, ein Gerechter genannt zu werden, insofern er gerecht sei, denn (der Begriff) ‚insofern' sei eine Verdopplung, die alles dem (verwendeten) Begriff Fremde ausschließe. In Christus aber gebe es nichts anderes Hypostatisches als dasjenige des Wortes, in anderen Menschen aber sei das nur mehr oder weniger wahr."[85]

Das *Votum* zeigt klar, dass im Fall der 28 immer noch zur Überprüfung vorgelegten Artikel die Kommission von Eckharts Erklärungen nicht überzeugt war. Jedoch bestätigt es auch, dass in Eckharts Fall eine grundsätzliche Verlagerung erfolgt war: Ihm wurde nicht mehr als Häretiker der Prozess gemacht, sondern er wurde wegen verschiedener Artikel untersucht und zensiert, die er dereinst gelehrt hatte und bezüglich derer er versprochen hatte, *falls sie als häretisch eingestuft würden*, werde er sie widerrufen.

Das nächste sichere Datum über den Prozess ist der 30. April 1328, unter

---

[85] Das *Votum*, Acta n. 57, ist in LW 5 noch nicht erschienen. Die derzeitige Ausgabe stammt von Franz Pelster, „Ein Gutachten aus dem Eckehart-Prozess in Avignon", in: *Aus der Geisteswelt des Mittelalters. Festgabe Martin Grabmann*, Münster 1935, 1099–1124. Der in Frage stehende Text behandelt den XXIIIus articulus (1120): *Istum articulum verifficat, quia Christus caput et nos membra, cum loquimur, in nobis loquitur. Item in Christo tanta fuit unio verbi cum carne, quod communicat sibi ydiomata, ut Deus dicatur passus et homo creator celi et ipsi Christo proprie competit quod dicatur iustus, inquantum iustus; li inquantum reduplicacio excludit omne alienum a termino. In Christo autem non esse aliud ypostaticum nisi verbi, in aliis autem hominibus verifficatur plus et minus.*

dem der Papst an Erzbischof Heinrich von Köln schrieb, der Angeklagte sei verstorben, jedoch werde der Prozess fortgeführt. Man glaubte lange, Eckharts Todesdatum sei verloren gegangen, aber Walter Senner entdeckte in einer Quelle aus dem Dominikanerorden aus dem 17. Jahrhundert den Vermerk, in den deutschen Konventen werde alljährlich am 28. Januar Eckharts gedacht.[86] So können wir unterstellen, dass er an diesem Tag des Jahres 1328 starb. Schließlich erließ Papst Johannes am 27. März 1329 die Bulle „In agro dominico", was ein ungewöhnlicher Schritt war, da Eckhart bereits tot war und auch nicht persönlich als Häretiker verurteilt wurde.[87] Zweifellos hatte sich der Papst von seiner Angst vor der weiter um sich greifenden mystischen Häresie und vom Druck seines Verbündeten Heinrich II. dazu bewegen lassen, den Fall zu einem endgültigen Abschluss zu bringen. Es wurde oft gesagt, Johannes XXII. habe die Verurteilung der Artikel Eckharts gedämpft, indem er das Zirkulieren der Bulle auf die Provinz Köln beschränkt habe, aber Robert E. Lerner hat gezeigt, dass dies nicht der Fall war: Eine Kopie der Bulle wurde auch nach Mainz geschickt und es gibt Belege für eine volkssprachliche Fassung von ihr in Strassburg.[88] Papst Johannes beabsichtigte offensichtlich, Eckharts Einfluss endgültig zunichte zu machen. Das zeigt die verunglimpfende Sprache, die er im Vorwort zum Text der Bulle gebrauchte.

Die Bulle ist ein Zeugnis für die Ängste des Papstes vor Eckharts volkssprachlicher Theologie, wenn sie ausdrücklich feststellt, dass seine Irrtümer „insbesondere in seinen Predigten vor der ungebildeten Menge vorgetragen wurden". Merkwürdigerweise behandelte zwar das *votum* von Avignon alle 28 Artikel als häretisch, aber „In agro dominico" wird die Liste in drei Gruppen unterteilt: Die ersten fünfzehn enthielten „den Irrtum oder Makel der Häresie sowohl aufgrund der Ausdrucksweise als auch der Abfolge ihrer Gedanken"; eine zweite Gruppe von elf wird als „schlecht klingend und sehr kühn und der Häresie verdächtig" verurteilt, „obwohl sie mit vielen Erklärungen und Hinzufügungen einen katholischen Sinn annehmen oder haben könnten"; und zwei angefügte Artikel, von denen Eckhart gesagt hatte, sie stammten nicht von ihm (obwohl sie deutlich an Stellen in seinen Werken anklingen) wurden ebenfalls als häretisch verurteilt. Wir wissen nicht, ob die verwirrende Unterscheidung zwischen den häretischen und den lediglich gefährlichen Artikeln vom Papst selbst oder in irgendeinem anderen Stadium des Prozesses von anderen eingebracht wurde.

---

[86] Senner, „Meister Eckhart in Köln", 233.
[87] Die kritische Textausgabe der päpstlichen Bulle ist in LW 5 noch nicht erschienen, aber ein Text findet sich bei Laurent, „Autour du procès", 435-446.
[88] Lerner bringt in „New Evidence", 363-366 eine Ausgabe der Mainzer Kopie.

Schließlich absolviert der Papst am Ende seiner Bulle Eckhart als Person von der Häresie und stellt auf der Grundlage eines öffentlichen Dokuments fest, dass „der besagte Eckhart ... am Ende seines Lebens den katholischen Glauben bekannt und die 26 Artikel widerrufen und auch bereut hat, von denen er gestand, sie gepredigt zu haben, ... *insofern* sie in den Köpfen der Gläubigen eine häretische oder eine irrige und dem Glauben feindliche Meinung erzeugen könnten." So wahrte Eckhart sogar noch am Ende seines Lebens seine Integrität, indem er ausdrücklich ein *inquantum* einbrachte, das der Papst entweder hatte durchgehen lassen oder gar nicht begriffen hatte.

Perspektiven für die Lektüre Eckharts

Eckharts Verurteilung ist der wichtigste, jedoch keineswegs einzige Grund, weshalb er die Jahrhunderte hindurch umstritten war. Im späten 19. Jahrhunderte verlagerte sich die wissenschaftliche Diskussion von der Frage der Häresie weg und konzentrierte sich eher darauf, wie kohärent sein philosophisches und theologisches Denken im Verhältnis zum vorherrschenden Neuthomismus des Katholizismus nach dem I. Vatikanischen Konzil sei.[89] Im Lauf des 20. Jahrhunderts kam es zu verschiedenen Einschätzungen der Kohärenz seines Denkens, oft aus ihm fremden Perspektiven. In den letzten Jahrzehnten bemühte man sich zunehmend, Eckhart von seinen eigenen Ansätzen her zu verstehen: Was versuchte er darzustellen und wie gut gelang ihm das? Der Versuch, Eckhart von innen her zu verstehen, hat jedoch keineswegs zur Übereinstimmung über die grundsätzliche Natur seiner Lehre geführt.

Die Eckhart-Forschung sieht sich immer noch von wichtigen Kontroversen gespalten, etwa von der Diskussion darüber, ob der Dominikaner als Mystiker oder als Philosoph und Theologe vorzustellen sei.[90] Im Lauf der letzten vier Jahrzehnte hat eine Reihe von Interpreten behauptet, man könne Eckhart nicht als Mystiker bezeichnen, sondern müsse ihn nur als Theologen oder Philosophen betrachten.[91] Bezüglich des Standpunkts derer, die

---

[89] Diese Phase begann mit der Veröffentlichung von Heinrich Denifle OP, „Meister Eckeharts lateinische Schriften und die Grundanschauungen seiner Lehre", in: *Archiv für Literatur- und Kirchengeschichte des Mittelalters* 2 (1886), 417–615.
[90] Als Überblicke über diese Diskussion siehe Ruh, *Geschichte* III, 227–231 und Largier, „Meister Eckhart: Perspektiven der Forschung", 52–59. Eine frühere Darstellung dieser Thematik ist Frank Tobin, *Meister Eckhart. Thought and Language*, Philadelphia 1986, 185–192.
[91] Dass man Eckhart den Status als Mystiker absprach, scheint begonnen zu haben mit Heribert Fischer, „Grundgedanken der deutschen Predigten", in: *Meister Eckhart der Prediger. Festschrift zum Eckhart-Gedenkjahr*, hg. v. Udo M. Nix u. Raphael Öchslin, Freiburg 1960,

Eckhart absprechen, ein Mystiker zu sein, gibt es zwei grundsätzliche Probleme. Das erste ist die Mentalität des Entweder-Oder, mit der aufzuspalten versucht wird, was Eckhart zusammenzuhalten versuchte; und das zweite ist ein unangemessener Mystik-Begriff. Eckhart war sowohl ein gelehrter Philosoph und Theologe als auch ein Meister des spirituellen Lebens, ein *lebmeister*. Der Begriff „Mystiker" ist zwar eine moderne Wortschöpfung,[92] aber wie er in der vorliegenden Darstellung der Mystik verwendet wird, kommt er ziemlich dem nahe, was in den deutschen Texten Eckharts als *lebmeister* bezeichnet wird. Zudem betrachten die heutigen Mystikwissenschaftler trotz aller ihrer Meinungsverschiedenheiten die Mystik nicht als private, emotionale, im Wesentlichen ekstatische und irrationale Form des religiösen Lebens, was ein unangemessenes Mystik-Verständnis wäre, das jedoch jene vertreten, die Eckhart absprechen, ein Mystiker zu sein. Wenige Denker haben die Einheit der Wahrheit stärker geschätzt als Meister Eckhart.[93] Wir tun ihm einen sehr schlechten Dienst, wenn wir aufzuteilen und das zu trennen versuchen, was er unbedingt zusammenhalten wollte. Damit wir eine angemessene Perspektive für die Lektüre Eckharts finden, müssen wir uns also zunächst genauer ansehen, wie er sich die innere Harmonie von Vernunft und Glaube, Philosophie und Theologie, Denken und Praxis vorstellte.

Alle scholastischen Theologen waren der Überzeugung, zwischen Glaube und Vernunft könne kein *Konflikt* entstehen, weil die Quelle von beidem die eine göttliche Wahrheit sei. Wie wir gesehen haben, ging Eckhart sogar

---

55–59 und „Zur Frage nach der Mystik in den Werken Meister Eckharts", in: *La mystique rhénane*, Paris 1963, 109–132. Nach Fischer wurden ähnliche Behauptungen geäußert von C. F. Kelley, *Meister Eckhart on Divine Knowledge*, New Haven 1977, 106–113; Kurt Flasch, „Die Intention Meister Eckharts", in: *Sprache und Begriff. Festschrift für Bruno Liebrucks*, hg. v. Heinz Röttges, Meisenheim am Glan 1974, 292–318, besonders 299–302; und „Meister Eckhart. Versuch, ihn aus dem mystischen Strom zu retten", in: *Gnosis und Mystik in der Geschichte der Philosophie*, hg. v. Peter Koslowski, Darmstadt 1988, 94–110. Diesen Ansichten widersprachen andere Eckhart-Forscher, so Ruh, *Geschichte* III, 227–231 und Alois M. Haas, „Aktualität und Normativität Meister Eckharts" in *Eckhardus Theutonicus, homo doctus et sanctus*, 203–268 und *Meister Eckhart als normative Gestalt geistlichen Lebens*, Einsiedeln 2. Aufl. 1995 sowie Largier, „Meister Eckhart: Perspektiven der Forschung", 52–59.
[92] Begriffe wie „Mystik" und „Mystiker/in" sind zwar moderne Begriffe, können aber trotzdem zur Darstellung wichtiger Aspekte der religiösen Welt der mittelalterlichen Christenheit nützlich sein. Ausführlicher über dieses Thema siehe Bernard McGinn, „Quo vadis? Reflections on the Current Study of Mysticism", in: *Christian Spirituality Bulletin*, Spring 1998, 13–21, insbesondere meine Entgegnung auf Simon Tugwell, 17.
[93] Eine markante Äußerung über diese Einheit findet sich in einem Abschnitt in In Ioh. n. 444 (LW 3,381,4–7): *Patet ergo, sicut frequenter in nostris expositionibus dicitur, quod ex eadem vena descendit veritas et doctrina theologiae, philosophiae naturalis, moralis, artis factibilium et spectabilium et etiam iuris positivi, secundum illud Psalmi: ‚de vultu tuo iudicium meum prodeat'.* (Hervorhebung von mir.)

noch weiter und behauptete: „Es ist also dasselbe, was Moses, Christus und der Prophet lehren; es unterscheidet sich nur in der Art und Weise" (In Ioh. n. 185).[94] Das heißt, dass kein Unterschied im *Inhalt* von Philosophie und Theologie bestehe, wenngleich es gewiss Unterschiede in der Art und Weise gebe, auf die die Philosophen und Theologen die Wahrheit ihrer jeweiligen Disziplin erfassen. Folglich beschränkt Eckhart die Philosophie als Disziplin nicht auf das, was Denker wie Thomas von Aquin als die natürlichen Wahrheiten über Gott bezeichneten (z. B. Gottes Existenz), sondern sie kann auch Lehren wie diejenigen über die Dreifaltigkeit und die Inkarnation behandeln, die er als voll und ganz rational ansah, weil der Philosoph in der natürlichen Welt Belege für sie finden könne. Für Eckhart offenbart die Schöpfung selbst, dass Gott dreifaltig und die zweite Person der Dreifaltigkeit zu unserem Heil Fleisch geworden sei.

Bedeutet Eckharts Aussage, Aristoteles und Christus lehrten „dasselbe", dass der Inhalt der heidnischen Philosophie und dessen, was der christliche Philosoph lehrt, *in allen Fällen* identisch sei? Eine Reihe von Texten bestreitet diese Ansicht. An diesen Stellen setzt Eckhart „Alle(r) heidnische(n) Meister Worte, … die nur in einem natürlichen Licht erkannten" in Gegensatz zu den „Worten der heiligen Meister, die da erkannten in einem viel höheren Licht".[95] In Pr. 101 sagt er, diejenigen, die den Adel der Seele auf der Grundlage ihrer „natürlichen Vernunft" *(natiurlîche vernunft)* bedächten, seien niemals in der Lage, in den Grund der Seele zu gelangen oder diesen zu erkennen, da er nur durch Nichtwissen erreichbar sei.[96] An diesen Stellen spricht Eckhart von der nackten Vernunft, die den Zugang zum Grund ermögliche, in dem die Seele schließlich mit dem „einigen Einen" *(dem ainigen ain)* gesättigt werde.[97] Das besagt im Hinblick auf den Kern der Lehre Eckharts, bei dem es um den Seelengrund geht, dass hier das natürliche Licht der Vernunft den Beistand einer höheren Erleuchtung brauche, eine Form des Nichtwissens *(unwizzen)* oder der gelehrten Ignoranz *(unbekante bekantnisse)*, wenn es die tiefste Wahrheit erfassen wolle. Aber andere Texte zeigen, dass Eckhart nicht alle heidnischen Meister von

---

[94] In Ioh. n. 185, wie oben zitiert. Zu diesem Punkt siehe Robert J. Dobie, „Reason and Revelation in the Thought of Meister Eckhart", in: *The Thomist* 67 (2003), 409–438.
[95] Pr. 9 (DW 1,152,2–5): *… noch sint ez allez heidenischer meister wort, diu hie vor gesprochen sint, die niht enbekanten dan in einem natiurlîchen liehte; noch enkam ich niht ze der heiligen meister worten, die dâ bekanten in einem vil hoehern liehte.* Vgl. auch Pr. 15 (DW 1,251,10–13): *Dis luter bloss wesen nemmet Aristotiles ain ‚was'. Das ist das hoechst, das Aristotiles von naturlichen kunsten ie gesprach, vnd uber das so enmag kain maister hoeher gesprechen, er sprach dann in dem hailgen gaist.*
[96] Pr. 101 (DW 4,365,195–199 und 366,207–209).
[97] Pr. 15 (DW 1,251,15).

dieser tieferen Erkenntnis ausschloss. So äußert er zum Beispiel in Pr. 28 ein bemerkenswertes Lob über „Platon, den großen Pfaffen" *(Plâtô, der groze pfaffe)*. Eckhart schreibt diesem antiken Philosophen die Erkenntnis „einer Lauterkeit, die nicht in der Welt ist", zu. „Aus ihr treibt Gott, der ewige Vater, die Fülle und den Abgrund *(abgrunt)* seiner ganzen Gottheit hervor." Der Vater gebäre dies hier (d. h. in uns), damit wir selbst zum Sohn Gottes würden, „und sein Gebären ist (zugleich) sein Innebleiben, und sein Innebleiben ist sein Ausgebären."[98] Obwohl Eckhart hier nicht den Begriff *grunt* verwendet, spricht er hier eindeutig davon, dass Platon die Einheit des Grundes wahrgenommen habe, was er in Pr. 101 anderen „heidnischen Meistern" abgesprochen hatte.

Diese Texte führen zur Frage, ob Eckhart dachte, es gebe einen von der natürlichen Philosophie abgetrennten Bereich der theologischen Wahrheit. Oder genauer: Gehört seine Lehre vom *grunt* in den Bereich der Theologie oder der Philosophie? Ich glaube, sie gehört in beide. Sowohl der Abschnitt aus Pr. 28 als auch Eckharts ganze Art, auf die er in den Schriftkommentaren argumentiert, zeigen eindeutig, dass er keinen wesentlichen Unterschied zwischen den beiden Bereichen machte. Zu Beginn seines *Kommentars zum Johannesevangelium* erklärt er zum Beispiel: „Wie in allen seinen Werken hat der Verfasser bei der Auslegung dieses Wortes und der folgenden die Absicht, die Lehren des heiligen christlichen Glaubens und der Schrift beider Testamente mit Hilfe der natürlichen Gründe der Philosophen auszulegen."[99] Im Prolog des *Buchs der Bildreden in der Genesis* klingt es ganz ähnlich, wenn er sagt, mit diesem zweiten Genesis-Kommen-

---

[98] Pr. 28 (DW 2,67,1–68,3): *Nû spricht Plâtô, der grôze pfaffe, der vaehet ane und wil sprechen von grôzen dingen. Er spricht von einer lûterkeit, diu enist in der werlt niht ... her ûz drücket in got, der êwige vater, die vüllede und den abgrunt aller sîner gotheit ... [U]nd sin gebern daz ist sîn innebliben, und sîn innebliben ist sîn ûzgebern.* In den Anmerkungen zu dieser Stelle in DW 2,67–68 erörtert Quint, an welche besondere Lehre Platons Eckhart hier wohl gedacht habe. Die Zusammenfassung, die Thomas von Aquin von Platons Abhandlung über das *ens/unum/summum bonum* in S.Th. I q. 6 a. 4 gebracht hatte, dürfte Eckhart sicher gekannt haben, aber es ist unwahrscheinlich, dass sich Eckhart hier darauf bezieht. Andere haben vermutet, Eckhart spreche hier in Wirklichkeit von Proclus statt von Platon. Hans Hof, *Scintilla animae. Eine Studie zu einem Grundbegriff in Meister Eckharts Philosophie*, Lund 1952, 213–215 meinte hier den Einfluss der Lehre vom *unum animae* in Proclus' *De providentia et fato* zu erkennen. Diese Vermutung hielt Alain de Libera in *La mystique rhénane d'Albert le Grand à Maître Eckhart*, Paris 1994, 310 n. 156 für „verführerisch". Eine ähnliche Lehre findet sich in Proclus' *Expositio in Parmenidem Platonis*, ins Lateinische übersetzt von Wilhelm von Moerbeke. Siehe Carlos Steel, *Proclus. Commentaire sur le Parménide de Platon. Traduction de Guillaume de Moerbeke*, 2 Bde., Leuven-Leiden 1982–1985; Steel, *Commentaire* 1,34*–35* bestreitet, dass Eckhart dieses Werk gekannt habe.

[99] In Ioh. n. 2 (LW 3,4,4–6): *In cuius verbi expositione et aliorum quae sequuntur, intentio est auctoris, sicut et in omnibus suis editionibus, ea quae sacra asserit fides christiana et utriusque testamenti scriptura, exponere per rationes naturales philosophorum.*

tar wolle er „zeigen, dass das, was die Wahrheit der Heiligen Schrift in Bildreden gleichsam verborgen andeutet, mit dem, was wir über Gott, das sittliche Handeln und die Natur beweisen und ausführen, übereinstimmt."[100] Eckhart glaubte, es bestehe keine Kluft oder Differenz zwischen dem, was die Heilige Schrift lehre und was die „unwissende Philosophie" beweise und erkläre. Auch müsse das göttliche Licht, das die Denker zum Erfassen der *docta ignorantia* befähige, nicht unbedingt auf die Christen beschränkt sein. Die höchste Form der Philosophie untersuche und erweise die volle Harmonie aller drei Kategorien der Wahrheit: *divina-naturalia-moralia* (d. h. die göttlichen Dinge oder Theologie einschließlich der Dreifaltigkeit; die natürliche Philosophie; und die Ethik).[101] Sie lehre auch, dass die natürliche Vernunft nicht genüge, um bis zum „Grund" zu gelangen, sondern sich dem Wirken des göttlichen Lichts aussetzen müsse.[102]

Mit seinem Verständnis der Vereinbarkeit von Bibel und Philosophie machte Eckhart die Bibel nicht zu einem Philosophiebuch (weil ihre Lehre *parabolice* vorgestellt wird, nicht *demonstrative*), aber es hieß, dass sich ein Kommentar zur Heiligen Schrift und eine Predigt über das Wort Gottes in philosophischer Form vorlegen lasse. Für Eckhart ist die Philosophie nicht die Grundlage des Glaubens, aber ihren Einsatz bei der Schriftauslegung hält er für einen wesentlichen Bestandteil dessen, wozu der Prediger berufen ist. In seinem *Johanneskommentar* sagt er: „Wie es ein Anzeichen von Anmaßung und Unbesonnenheit ist, nur glauben zu wollen, wenn man eingesehen hat, ebenso ist es ein Anzeichen von Trägheit und nachlässig, das, was man im Glauben annimmt, nicht mit Vernunftgründen und Gleichnissen zu erforschen."[103] Für Eckhart dient der Schriftkommentar

---

[100] In Gen. II n. 4 (LW 1,454,6–10): *Primum est, quod non est putandum, quasi per talia parabolica intendamus probare divina, naturalia et moralia ex parabolis; sed potius hoc ostendere intendimus, quod his, quae probamus et dicimus de divinis, moralibus et naturalibus, consonant ea quae veritas sacrae scripturae parabolice innuit quasi latenter.* Siehe auch In Ex. n. 211 (LW 2,178).

[101] Diese Dreiteilung, die oft in Eckharts Werken auftaucht, könnte Thomas von Aquin entnommen sein (*In De Anima* I, lect. 1,7). Allerdings legen sie Hieronymus vor (*Epistola* 30,1 in PL 22,441–442), sodann Avicenna und Albert der Große. Eckhart verwendet sie insbesondere im Prolog zu In Gen. II, in der Einleitung zu seinen späteren exegetischen Schriften (siehe nn. 1, 2, 4 u. 7 [LW 1,447,8; 451,3; 454,7–9 und 456,4]). Auch im Johanneskommentar taucht sie häufig auf, z. B. In Ioh. nn. 2–3, 125, 186, 441, 444, 477 und 509 (LW 3,4,108.156.378.381.410.441).

[102] Von da her gesehen ist Eckharts Ansicht analog zu derjenigen etwa von Hugo von St. Victor oder Bonaventura, die von einer speziellen Form der christlichen Philosophie über die „gefallene Philosophie" der natürlichen Vernunft hinaus und oberhalb dieser sprachen. Aber Eckhart kommt auf einem anderen Weg zu seinem Standpunkt. Er kritisiert nicht, dass die Philosophie der natürlichen Vernunft versage, sondern hebt diese in die höhere Synthese der apophatischen christlichen Philosophie des *unwizzens* hinein auf.

[103] In Ioh. n. 361 (LW 3,307,1–4): *Sicut enim praesumptionis est et temeritatis nolle credere,*

als Instrument dazu, eine philosophisch-theologische Darlegung der tiefsten Geheimnisse Gottes, der Natur und der Ethik zu entwickeln, und diese Darlegung liefert ihm wiederum das Material für eine neue Form der biblischen Predigt. Zwar hatte er einst vorgehabt, in seinem *Dreiteiligen Werk* eine systematische Darstellung seines Denkens vorzustellen, aber das Gesamt seiner uns erhaltenen Schriften deutet darauf hin, dass er zum Schluss kam, seiner Zuhörerschaft sei am besten damit gedient, dass er die Schrift auslege und predige und nicht, dass er eine systematische Lehre entwickle. Niklaus Largier hat vertreten, diese Verlagerung lasse darauf schließen, dass Eckhart zur Überzeugung gekommen sei, das Ziel, sein wahres Selbstsein, nämlich die mystische Einswerdung, zu erreichen, lasse sich am besten im Rahmen einer hermeneutischen Situation anstreben, in der der Exeget und Prediger zusammen mit dem aufmerksamen Hörer die Oberfläche des Bibelwortes „durchbreche", um zu dessen verborgenem Sinn vorzustoßen, der sowohl die gewöhnliche Vernunft als auch das geschaffene Ich radikal in Frage stelle.[104] So war Meister Eckhart genau wie die Meister der Mönchsmystik, jedoch von seinem eigenen Ansatz her der Auffassung, das mystische Bewusstsein sei grundsätzlich hermeneutischer Natur, das heißt, es erschließe sich im Akt des Hörens, Auslegens und Predigens der Bibel.

Die Bedeutung von Eckhart als Prediger wurde schon lange erkannt, aber die gründliche Untersuchung von Eckhart als Exeget hat erst unlängst begonnen.[105] Eckhart war wie viele andere Bibelausleger der patristischen und mittelalterlichen Zeit weniger darauf bedacht, eine Theorie der Schriftauslegung vorzulegen, als die Schrift tatsächlich auszulegen, aber ein kurzer

---

nisi intellexeris, sic ignaviae est et desidiosum quod fide credis, rationibus naturalibus et similitudinibus non investigare ...
[104] Niklaus Largier, „Intellekttheorie, Hermeneutik und Allegorie: Subjekt und Subjektivität bei Meister Eckhart", in: *Geschichte und Vorgeschichte der modernen Subjektivität*, hg. v. Reto Luzius Fetz, Roland Hagenbüchle u. Peter Schulz, Berlin-New York 1998, 462–464 u. 474–482.
[105] Zu den älteren Werken, die sich mit diesem Thema befassen, gehören Josef Koch, „Sinn und Struktur der Schriftauslegungen", in: *Meister Eckhart der Prediger*, 73–103 und Konrad Weiss, „Meister Eckharts biblische Hermeneutik", in: *La mystique rhénane*, 95–108. Die neuere Forschung hat diese Lücke auszufüllen begonnen mit Abhandlungen wie denen von Donald F. Duclow, „Hermeneutics and Meister Eckhart", in: *Philosophy Today* 28 (1984), 36–43 und „Meister Eckhart on the Book of Wisdom: Commentary and Sermons", in: *Traditio* 43 (1987), 215–235; Frank Tobin, „Creativity and Interpreting Scripture: Meister Eckhart in Practice", in: *Monatshefte* 74 (1982), 410–418 und *Meister Eckhart*, 23–29. Wichtige neue deutsche Arbeiten sind Susanne Köbele, „*Primo aspectu monstruosa*. Schriftauslegung bei Meister Eckhart", in: *Zeitschrift für deutsches Altertum und deutsche Literatur* 122 (1993), 62–81; Niklaus Largier, „*Figurata Locutio*. Hermeneutik und Philosophie bei Eckhart von Hochheim und Heinrich Seuse", in: *Meister Eckhart: Lebensstationen-Redesituationen*, 303–332; „Intellekttheorie, Hermeneutik und Allegorie" in *Geschichte und Vorgeschichte der modernen Subjektivität*, 460–486; und Wouter Goris, *Einheit als Prinzip und Ziel*, Kap. 1.

Blick auf einige seiner programmatischen Bemerkungen hilft dennoch, seine ganz eigene Form der biblischen Predigt deutlicher zu erkennen.

Eckharts Exegese war traditionell und zugleich innovativ. Der traditionelle Aspekt seiner Auslegung zeigt sich darin, dass er bei der spirituellen Hermeneutik bleibt, das heißt bei der Überzeugung, der buchstäbliche Sinn des Bibeltexts sei nur der Ausgangspunkt für das Erfassen des darin steckenden inneren Sinns, den Gott den Menschen erschließen wolle.[106] Der originelle Charakter von Eckharts Exegese (der am augenfälligsten in seiner Praxis wird) besteht in der kreativen Art, auf die er sich anschickte, eine spirituelle Exegese zu entwickeln, die sowohl philosophisch als auch mystisch war. Die philosophische Seite seiner Hermeneutik verdankte er zum Großteil Maimonides, dessen *Führer der Verwirrten* in seiner lateinischen Form *(Dux neutrorum)* ihm sowohl ein Modell als auch eine Quelle für viele individuelle Lesarten bot.[107] Der mystische Aspekt von Eckharts Auslegung dagegen stand unter dem tiefen Einfluss der großen Exegeten der christlichen Tradition, allen voran Augustinus. Obwohl er so vieles anderen verdankt, ist Eckharts Form der mystischen Hermeneutik weithin seine ganz eigene.[108]

Für Eckhart bedeutet die Tiefe der Bibel, ja jedes einzelnen Texts der Bibel, dass sie einen unerschöpflichen Fundus an Wahrheiten bereithält.[109] Mit einem Augustinuszitat sagt er, dass am besten der Mensch die Heilige Schrift verstehe, „der, allen Geistes entblößt, Sinn und Wahrheit der Schrift in ihr selbst, das heißt in dem Geist sucht, darin sie geschrieben und gespro-

---

[106] Eckhart wandte sich gegen das Programm von Thomas von Aquin, der zwar nicht die Bedeutung der spirituellen Auslegung leugnete, jedoch vertrat, die *sacra doctrina* solle auf dem buchstäblichen Sinn der Bibel beruhen (siehe S.Th. I q. 1 a. 10).

[107] Das jüngste Werk über das Verhältnis zwischen Eckhart und Maimonides stammt von Yossef Schwartz; siehe „*Ecce est locus apud me*'. Maimonides und Eckharts Raumvorstellung als Begriff des Göttlichen", in: *Raum und Raumvorstellungen im Mittelalter*, hg. v. Jan A. Aertsen u. Andreas Speer, Berlin 1998, 348–364 und „Metaphysische oder theologische Hermeneutik? Meister Eckhart in Spuren des Maimonides und Thomas von Aquin" (unveröffentlicht). Niklaus Largier hat in „*Figurata Locutio*", 326–332 Argumente dafür vorgebracht, dass Eckharts Denken im zweiten Jahrzehnt des 14. Jahrhunderts unter Maimonides' Einfluss eine hermeneutische Kehre vollzogen habe. Selbst wenn Eckhart sich tatsächlich zu dieser Zeit auf eine stärker parabolische Auslegungsmethode verlegt haben und Maimonides ausgiebiger verwendet haben sollte, war ihm zweifellos der *Dux neutrorum* bereits seit seiner Studentenzeit in Paris gut bekannt.

[108] Duclow gebraucht in „Hermeneutics and Meister Eckhart", 42 ganz passend den Ausdruck „mystical hermeneutics" zur Charakterisierung von Eckharts Ansatz zur Schriftauslegung.

[109] Siehe z. B. Pr. 22 (DW 1,381,3–5): „*Mich wundert,*" sprach ich, „*daz diu geschrift alsô vol ist, daz nieman daz allerminste wort ergründen enkan.*" Oder auch Pr. 89 (DW 4,38–39) und Pr. 51 (DW 2,465–466).

chen ist: in Gottes Geist."[110] Im göttlichen Geist nach der Wahrheit der Bibel zu suchen, ist das oberste Prinzip der Hermeneutik Eckharts. Die Wahrheit, die man dabei sucht, ist *die Wahrheit*, das heißt das Göttliche Wort selbst, denn für Eckhart ist der gesamte Sinn der Bibel ein christologischer. Er sagt: „Wer den Kern der Schriften, Christus, die Wahrheit, die darin verborgen ist, nicht zu finden weiß, versteht meiner Meinung nach die Schriften nicht."[111] Erst in und durch Christus lassen sich die in den *parabolae* (d. h. Geschichten und bildhaften Ausdrücken) der Schrift verborgenen Wahrheiten deutlich erkennen. Zu diesen Wahrheiten, wie sie Eckhart in seinem Prolog zum *Buch der Bildreden in der Genesis* aufzählt, gehören auch die Eigenschaften der göttlichen Natur, die in jedem natürlichen, sittlichen und künstlerischen Werk aufleuchten. Mit anderen Worten: Was die Bildreden *andeuten*, ist das, was auch in den anderen Teilen des *Dreifachen Werks* dargestellt werden muss.

Sogar wer daran gewöhnt ist, dass frühere Exegeten einzelnen Bibeltexten eine Vielzahl von Deutungen gegeben haben, wird angesichts der Überfülle von Bedeutungen, die Eckhart aus Bibelstellen wie dem ersten Vers des Johannesevangeliums oder Weisheit 8,1 herausholt, verblüfft sein.[112] Den heutigen Leser überrascht nicht nur die Anzahl der Deutungen, sondern auch der scheinbar willkürliche Charakter vieler von ihnen. Eckhart machte darauf selbst im Allgemeinen Vorwort zum *Dreifachen Werk* an einer bereits zitierten Stelle aufmerksam: „Es ist aber zu beachten, dass einiges aus den folgenden Thesen, Problemen und Auslegungen beim ersten Anblick ungeheuerlich, zweifelhaft oder falsch erscheinen wird; anders aber verhält es sich, wenn man es mit Scharfsinn und größerer Hingebung durchdenkt" (Prol. gen. n. 7). Er wählte vorsätzlich eine Vorgehensweise, die die Leser

---

[110] BgT 1 (DW 5,42,21–43,1): *Sant Augustinus sprichet, daz der allerbest die geschrift vernimet, der blôz alles geistes suochet sin und wârheit der geschrift in ir selben, daz ist: in dem geiste, dar inne si geschriben ist und gesprochen ist: in gotes geiste.* Der Text aus Augustinus stammt aus *De doctrina christiana* 3,27,38 (PL 34,80).

[111] In Gen. II n. 3 (LW 1,453,5–6): *Nec enim aliquis scripturas intelligere putandus est, qui medullam, Christum, veritatem, latitantem in ipsis nesciet invenire.* Largier, „Figurata Locutio", 318–319 weist darauf hin, dass die zentrale Bedeutung des christologischen Prinzips Eckhart ganz entscheidend von Maimonides abhebt, auch wenn er sehr viel von diesem jüdischen Weisen gelernt haben mag.

[112] Joh 1,1 *(In principio erat verbum)* gibt er zunächst in In Ioh. nn. 4–12 fünfzehn verschiedene Deutungen, sodann in nn. 4–12 weitere sieben andere sowie noch in n. 51 eine moralische (LW 3,5–12, 22–33 u. 41–43). Weish 8,1 *(Attingit a fine usque ad finem fortiter et disponit omnia suaviter)* gibt er in In. Sap. nn. 167–200 (LW 2,502–535) 22 unterschiedliche Deutungen. Über den letzten Text als Paradigma für Eckharts philosophische Mystik siehe Erwin Waldschütz, „Probleme philosophischer Mystik am Beispiel Meister Eckharts", in: *Probleme philosophischer Mystik. Festschrift für Karl Albert zum siebzigsten Geburtstag*, hg. v. Elenor Jain u. Reinhard Margreiter, Sankt Augustin 1991, 71–92.

schockieren sollte und begründete seine überschwängliche Art der Bibelauslegung mit der Absicht des Bibeltexts selbst, der seinerseits oft „überschwänglich" spreche. Am Ende seines *Kommentars zum Johannesevangelium* geht er auf die hyperbolische Behauptung von Johannes 21,25 ein, wenn man alle Zeichen, die Christus gewirkt habe, niederschreiben wollte, so könnte die ganze Welt diese Bücher nicht fassen, und sagt: „Dazu aber ist zu bemerken, dass solche Art zu reden, nämlich überschwänglich, im eigentlichen Sinn den göttlichen Schriften zukommt. Alles Göttliche nämlich ist als solches unermesslich und wird nicht nach Maß gegeben ... Auch ist es dem Göttlichen eigen, Erhabenes uns nicht unverhüllt vorzulegen, sondern unter den Gestalten der Sinnendinge zu verbergen."[113]

Wenn sich Eckhart in den lateinischen Kommentaren mit dem Vulgata-Text beschäftigt, sind die verschiedenen Auslegungen, die er gibt, weithin das Produkt eines philosophisch-theologischen Impulses, jede Bedeutung eines Wortes oder einer Stelle genau zu ergründen. Der gleiche Impuls findet sich in vielen der deutschen Predigten; aber in den deutschen Werken, für die keine festgelegte deutsche Textfassung der Bibel vorlag, greift Eckhart auch zu Erweiterungen, Versetzungen von Satzzeichen und deutenden Übersetzungen oder Umschreibungen, um den inneren Sinn der betreffenden Stellen deutlich zu machen.[114] In gewisser Hinsicht spielte Eckhart mit dem biblischen Text, insbesondere in den deutschen Predigten.[115] Er setzte diese flüssige und spielerische Hermeneutik vorsätzlich zum Gebrauch für sein Publikum ein. Im zweiten Prolog zum *Werk der Expositionen* sagt er: „Fünftens ist zu bemerken, dass die wichtigsten Schriftstellen meistens auf vielfache Weise ausgelegt werden, so dass der Leser bald diese, bald jene Auslegung, eine oder mehrere, heranziehen kann, wie er es für nützlich hält."[116] „Je mehr (d.h. je vielfältiger und überschwänglicher), desto nützli-

---

[113] In Ioh. n. 745 (LW 3,649,3–10): *Adhuc autem notandum quod talis modus loquendi, excessive scilicet, proprie competit divinis scripturis. Omne enim divinum, in quantum huiusmodi, immensum est nec ad mensuram datur ... Divinorum etiam est excellentia nobis ea non nude praeponi, sed sub figuris rerum sensibilium occultari ...*

[114] Als Beispiel für diese Art von Umformulierung mittels freier Übersetzung siehe die Anmerkungen zu Pr. 30, die vom Vaterunser handelt, bei Köbele, „*Primo Aspectu Monstruosa*", 68–79. Eckhart nahm auch in seinen lateinischen Werken zuweilen ähnliche Umformulierungen durch Zeichenversetzung und ungewöhnliche Übersetzungen vor. So las er zum Beispiel Joh 1,3 *(sine ipso factum est nihil)*, das üblicherweise mit „ohne ihn wurde nichts gemacht" übersetzt wird, mit „das ohne ihn Gemachte ist nichts", deutete also das *factum* nicht als Partizip Perfekt, sondern als Partizipalnomen (In Ioh. n. 53 [LW 3,44]).

[115] Über Eckharts Freude an biblischen wie nichtbiblischen Wortspielen überall in seinen Werken siehe Tobin, *Meister Eckhart*, 171–179.

[116] Prol.op.expos. n. 5 (LW 1,184,16–18): *Quinto notandum quod auctoritates principales plerumque multis modis exponuntur, ut qui legit, nunc istam rationem, nunc aliam, unam vel*

cher", so lässt sich ein Schlüsselprinzip von Eckharts Bibelauslegung formulieren.

Eckharts Deutungen dürften heutigen Lesern ganz besonders eigenartig vorkommen, da sie sich vor allem für die narrative Entwicklung der biblischen Geschichte und ihren historischen Sitz im Leben interessieren. Er macht genau das Gegenteil. Der Verlauf der biblischen Geschichte interessiert ihn kaum.[117] Vielmehr ent-historisiert und ent-kontextualisiert er Stellen zu Sätzen, Fragmenten oder sogar einzelnen Worten, die er hierauf mit anderen Bibelstellen zu einem dichten intertextuellen Netz verknüpft. Das System von Querverweisen, das er dabei anwendet, ist eines der Hauptmerkmale seiner Hermeneutik.[118] Auch dazu hatte er sich bewusst entschlossen. An einer Stelle sagt er, „dass bei der Auslegung des Ausspruchs, der jeweils behandelt wird, meistens sehr viele andere Bibelworte angeführt werden, und dass alle jene Worte an ihrem gehörigen Ort aus diesem, wie jetzt dieses durch jene, ausgelegt werden können."[119] Die Intertextualität dieser Art war nichts Neues, aber Eckharts ent-historisierende Form davon passt genau zu seiner „vorrangigen" Erkenntnisweise: Alles aus der Sicht Gottes zu sehen, also vom „Jetzt" *(nû/nunc)* der Ewigkeit her, in der alle Worte und Ausdrucksweisen im Ewigen Wort eins sind. Für Eckhart führt eine derartige Vielfalt nicht zur Verwirrung, weil seiner Überzeugung nach alle Bedeutungen aus ein und derselben Quelle kommen.

Eckhart vertrat im Einklang mit den Traditionen der spirituellen Exegese, dass alle Bibeltexte zwei Ebenen hätten, eine gemäß dem „flachen Sinn und der Oberfläche des Buchstabens" *(secundum planum et superficiem litterae)* und eine, die „unter der Schale verborgen ist" *(latet sub cortice)*.[120] Wenn Eckhart jedoch die Sinnbedeutungen *sub cortice* ergründet, zeigt er kein Interesse an der traditionellen Aufzählung der drei spirituellen Sinne (des allegorischen, tropologischen und anagogischen), und selbst wenn er zustimmend die Unterscheidung von Maimonides zwischen zwei Arten bib-

---

plures accipiat, prout iudicaverit expedire. Siehe auch in In Ioh. nn. 39 and 225 (LW 3,33 u.189).
[117] Natürlich gibt es auch eine Anzahl Stellen, an denen Eckhart sich an die narrative Struktur des Textes hält. So verwendet er zum Beispiel in Pr. 71 (DW 3, 219–222 u. 230) Hld 3,1–4 als Schilderung des Weges der Seele zu Gott.
[118] Über diesen Aspekt von Eckharts Hermeneutik siehe Goris, *Einheit als Prinzip und Ziel*, 37–51.
[119] Prol.op.expos. n. 1 (LW 1,183,1–184,2): *Primo quod in expositione auctoritatis, de qua tunc agitur, plurimae et plerumque adducuntur aliae auctoritates canonis, et illae omnes auctoritates possunt in locis suis exponi ex ista, sicut nunc ista per illas.* Das Gleiche sagt er in Prol.gen. n. 14 (LW 1,159,9–12).
[120] In Ioh. n. 433 (LW 3,371).

lischer *parabolae* zitiert, wendet er auch diese in seiner Praxis nicht an.[121] Es geht ihm in seiner Bibelauslegung genau wie überall sonst in seinem Denken nur um den grundsätzlichen Gegensatz zwischen dem Inneren und dem Äußeren. Typisch jedoch ist, dass bei ihm die scheinbar eindeutige Unterscheidung zwischen äußerer Schale und innerem Kern, zwischen Buchstaben und „mystischer Bedeutung" *(mystica significatio)*[122] rasch instabil und paradox wird, sowohl in der Theorie als auch in der Praxis.

In seinen Ausführungen über die Schriftauslegung im Prolog zum *Buch der Bildreden in der Genesis* greift Eckhart das Thema des Verhältnisses zwischen dem buchstäblichen und dem verborgenen Sinn der Heiligen Schrift auf. Er zitiert dabei die Erörterung von Augustinus über die Vielzahl der wahren Sinne, die der Ausleger der Schrift entnehmen könne (sogar Sinne, die deren menschlichen Verfassern nicht bekannt gewesen seien) und formuliert schließlich die Behauptung: „Da also ,der vom Urheber einer Schrift beabsichtigte Sinn' auch ,der Wortsinn ist, Gott aber', wie gesagt, ,der Urheber der Heiligen Schrift ist', so ist jeder wahre Sinn Wortsinn. Denn alles Wahre stammt ohne Zweifel von *der* Wahrheit, ist in ihr enthalten, fließt aus ihr und ist von ihr beabsichtigt."[123]

Das Wichtige an dieser Aussage ist, dass der spirituelle Sinn dabei zu einer neuen Art von unendlich verformbarem Buchstaben geworden ist. Der äußere und der innere Sinn haben ihre Plätze vertauscht oder sind sogar miteinander verschmolzen. Donald Duclow hat das so formuliert: „Wenn der Buchstabe sich derart mit seinen vielfältigen Sinnen vermischt, wird die Grenze zwischen Text und Auslegung unerkennbar."[124] Man könnte sogar sagen, mittels dieser Prozedur sei der Ausleger zum Text geworden, nämlich in dem Sinn, dass er es ist, der den als wahrhaft göttlich eingeschätzten Sinn liefert. Oder noch radikaler: Der mystische Interpret ist zusammen mit Gott, das heißt ununterscheidbar von ihm, zum Verfasser der Bibel geworden. Wenn das Hauptanliegen der Schriftauslegung Eckharts darin

---

[121] Über die beiden Arten von *parabolae* siehe In Gen. II, prol. n. 5 (LW 2,454–455) und In Ioh. nn. 174–76 (LW 3,143–45).
[122] In Gen.II, prol. n. 1 (LW 1,448,17–449,1): *Quando ergo ex his quae leguntur intellectum alicuius mysticae significationis possumus exsculpere* … Eckhart verwendet auch die Begriffe *mystice exponere* (ebd. n. 2 [452,8–9]) und *mystice consonare* (In Ex. n. 222 [LW 2,185,6]).
[123] In Gen.II, prol. n. 2 (LW 1,449,5–9): *Cum ergo „sensus" etiam „litteralis, quem auctor scripturae intendit, deus autem sit auctor sacrae scripturae," ut dictum est, omnis sensus qui verus est sensus litteralis est. Constat enim quod omne verum ab ipsa veritate est, in ipsa includitur, ab ipsa derivatur et intenditur.* Das darin eingefügte Zitat stammt von Thomas von Aquin, S.Th. I q. 1. a. 10, aber Eckhart hat seinen Begriff von der Vielzahl der wahren Sinne in Wirklichkeit von Augustinus bezogen, wie die anschließenden Zitate aus den *Confessiones* 12,31,42, 12,18,27 und 13,24,37 ganz klar zeigen (siehe PL 32, 844, 835–836 u. 861).
[124] Duclow, „Meister Eckhart on the Book of Wisdom", 234.

besteht – wie wir gesehen haben –, „die Schale" der Buchstäblichkeit „zu zerbrechen", um zu den unendlichen inneren Sinnen vorzustoßen, die zu einer Art von neuem Buchstaben werden, dann implodiert unvermeidlich die Schriftauslegung in sich selbst. Es liegt also direkt an der Natur von Eckharts Schriftauslegung und seiner biblischen Predigt, dass sie einen solchen Durchbruch ermutigt, der sowohl den Text als auch das Ich in einer göttlichen Ununterschiedenheit miteinander vermischt.

In Predigt 51 spricht Eckhart ausdrücklich von dieser sich selbst zunichte machenden Hermeneutik: „Willst du die Natur unverhüllt finden, so müssen die Gleichnisse alle zerbrechen *(so muessent die gleychnuss alle zerbrechenn).*" Das heißt, wenn der Ausleger seine Aufgabe erfülle, müssten schließlich alle Bilder und einzelnen Sinne zerbrechen. Diese Predigt enthält eine der interessantesten Erörterungen Eckharts über die Natur der biblischen Bilder und ihr Verhältnis zum „eigenen Bild" des Vaters, „das sich in ihm im Grund verbirgt." Die Natur, so sagt Eckhart, lehre uns, dass wir Bilder und Gleichnisse, also „dieses und jenes" verwenden müssten, um auf Gott weisen zu können. Aber da Gott kein „dieses oder jenes" sei, müsse man alle Bilder loslassen, wenn man zurück in die göttliche Quelle gelangen und zum einen Sohn werden wolle. Eckhard spricht von der Notwendigkeit dieses exegetischen Ikonoklasmus auf eine Weise, die die traditionelle Lehre auf den Kopf stellt, man müsse hinter die äußeren Buchstaben kommen, um zu einem inneren Sinn oder einer Form von ganz anderer Erkenntnis zu gelangen. Wie Susanne Köbele gezeigt hat, spricht Eckhart hier statt von nur einer einzigen Bewegung vom Buchstaben hin zum Geist in Wirklichkeit von zwei Stufen einer Bewegung in Richtung jenseits der Oberfläche: „Ich habe schon öfter gesagt: Die Schale muss zerbrechen, und das, was darin ist, muss herauskommen; denn willst du den Kern haben, so musst du die Schale zerbrechen. Und demnach: Willst du die Natur unverhüllt finden, so müssen die Gleichnisse alle zerbrechen, und je weiter man eindringt, umso näher ist man dem Sein. Wenn sie (die Seele) das Eine findet, in dem alles eins ist, da verharrt sie in diesem einzigen Einen."[125]

Das „Durchbrechen" und „Eintreten in die Ununterschiedenheit des einzigen Einen" sind die grundlegenden Motive der mystischen Predigt Eck-

---

[125] Pr. 51 (DW 2,473,5–9): *Ich han gesprochenn etwan me* (vermutlicher Bezug auf DW 1,212,3–6): *die schal muoz zerbrechen, vnnd muoz sa, dass darinn ist, herauss kommen; Wann, wiltu den kernen haben, so muostu die schalen brechen. Vnd also: wiltu die natur bloss finden, so muessent die gleychnuss alle zerbrechenn, vnnd ye das me darin trittet, ye es dem wesen naeher ist. So wenn das sy dass ein findet, da es alles eyn ist, da bleibet sy ⟨in⟩ dem einigen ⟨ein⟩.* Siehe die Analyse von Köbele, *„Primo Aspectu Monstruosa"*, 64–67; vgl. Duclow, „Meister Eckhart on the Book of Wisdom", 40–41 und Largier, *„Figurata Locutio"*, 323–326.

harts und auch das Wesen seiner Hermeneutik. Eckhart ist im Wesentlichen ein apophatischer Exeget.[126]

Eckhart der Exeget und Eckhart der Prediger sind untrennbar in dem Sinn, dass er mit seiner Predigt immer von einem aus der Liturgie aufgegriffenen biblischen Text ausging und daher innerhalb dieses biblisch-liturgischen Kontexts verstanden werden muss. Die Dominikanerkonvente in Erfurt, Paris, Strassburg und Köln waren keine abgekapselten Mönchsklöster, sondern städtische Häuser für mit der *cura animarum* beauftragte Prediger. In ihren geräumigen gotischen Kirchen, wie sie in Erfurt und Köln noch erhalten sind, waren Dominikaner wie Eckhart für die städtische Bevölkerung Nordeuropas da, und das war ein Zeitalter, in dem die Liturgie in der Gesellschaft eine heutzutage kaum mehr vorstellbare Rolle spielte.

In den letzten Jahren hat die Eckhart-Wissenschaft von mehreren wichtigen Untersuchungen über den Kontext, Inhalt und die Dynamik der dominikanischen Predigtweise profitiert.[127] Genau wie Bernhard von Clairvaux' Mystik ihren Gipfel in seinen *Predigten über das Hohelied* erreichte, ist Meister Eckharts Platz in der Geschichte der Mystik an die Predigten geknüpft, die er vor Ordensleuten und Laien hielt. Kurt Ruh sagt es so: „Eckharts deutsches Predigtwerk steht zweifellos in der Mitte seines Schaffens. Er hat sich auch selbst mehr als Prediger denn als Professor und Gelehrter verstanden."[128] Prediger zu sein war nicht nur eine wesentliche Aufgabe des Ordens, dem er angehörte, sondern das war auch Eckharts persönliche Berufung, und für ihn bedeutete das, eine ganz besondere Beziehung zu Christus zu haben: „So soll der Prediger des Wortes Gottes, das

---

[126] Mit dem apophatischen Charakter seiner Exegese besteht Eckhart den Vergleich mit Johannes Scotus Eriugena. Über Eriugenas Exegese siehe Bernard McGinn, „The Originality of Eriugena's Spiritual Exegesis", in: *Iohannes Scottus Eriugena. The Bible and Hermeneutics*, hg. v. Gerd Van Riel, Carlos Steel u. James McEvoy, Löwen 1996, 55–80.

[127] Über Eckhart den Prediger siehe Joachim Theisen, *Predigt und Gottesdienst*; Burkhard Hasebrink, *Formen inzitativer Rede bei Meister Eckhart. Untersuchungen zur literarische Konzeption der deutschen Predigt*, Tübingen 1992; Friedrich Iohn, *Die Predigt Meister Eckharts. Seelsorge und Häresie*, Heidelberg 1993; Bruce Milem, *The Unspoken Word. Negative Theology in Meister Eckhart's German Sermons*, Washington, DC 2002. Siehe auch die Behandlung einzelner Predigten in *Lectura Eckhardi I. Predigten Meister Eckharts von Fachgelehrten gelesen und gedeutet*, hg. v. Georg Steer u. Loris Sturlese, Stuttgart 1998; und *Lectura Eckhardi II*, ebenfalls hg. v. Steer u. Sturlese, Stuttgart 2003. Obwohl Eckharts Predigten nicht als *corpora* oder in Gruppen erhalten sind, deuten mehrere Bezugnahmen auf „mein Buch" (*mîn buoch*: z. B. in Pr. 28 [DW 2,62,3]) darauf hin, dass er seine Predigten ursprünglich in einer Sammlung so anlegte, dass sie vermutlich dem liturgischen Jahr folgten, sowohl *de tempore* (nach Sonntagen und Hauptfesten) als auch *de sanctis* (nach Heiligenfesten). Diese Vermutung hat Loris Sturlese entwickelt und ich danke ihm für diese Information.

[128] Ruh, *Geschichte* III, 324.

‚Gottes Kraft und Gottes Weisheit' ist (1 Kor 1,24), nicht für sich sein oder leben, sondern für Christus (vgl. 2 Kor 5,15), den er predigt."[129]

Eckharts Predigten waren liturgische Handlungen für Gottesdienstgemeinden, in engem Zusammenhang mit den Texten der Feste des kirchlichen Kalenders und vor allem mit dem grundlegenden Zweck der Messfeier selbst: Christus und die Gläubigen als seinen Leib kraft der Gegenwärtigsetzung des erlösenden Todes und der Auferstehung Christi miteinander eins werden zu lassen. Joachim Theisen, der in seinem Buch *Predigt und Gottesdienst* zeigt, wie die liturgischen Lesungen des Dominikaner-Messbuchs die uns erhaltenen Predigten Eckharts erhellen, fasst Eckharts Predigtprogramm folgendermaßen zusammen: „Die Intention seiner Predigt ist es grundsätzlich, die Aktualität des gefeierten Geheimnisses aufzuzeigen und die Gemeinde in diese Aktualität einzubeziehen."[130] Das hilft erklären, weshalb Eckhart in seinen Predigten wenig Interesse für die historische Realität der Ereignisse des Lebens Jesu an den Tag legte. Worum es ihm ging, war die Gegenwart des Fleisch gewordenen Wortes *hier und jetzt*.

Genau wie das im Vater präsente verborgene und schweigende göttliche Geheimnis sich zum Ausdruck brachte, indem es das ewige Wort sprach, so sieht es auch der Prediger als seine Aufgabe an, das in den biblischen Texten der Liturgie präsente Wort der Wahrheit „neu zu sprechen", damit die Gemeinde das Wort hören und ihm folgen kann, zurück in „den einfaltigen Grund, in die stille Wüste, in die nie Unterschiedenheit hineinlugte" (Pr. 48). Reiner Schürmann sprach vom „ontologischen Sinn" der Predigt Eckharts: Es sei der Akt des Predigens als Erschaffung des Wortes, das andere hören sollen, um zur Quelle, in der das Wort geformt wird, zu finden, was den „Ereigrischarakter" von Eckharts metaphysischer Sicht der Beziehung Gott-Welt spiegle.[131] Bruce Milem hat gezeigt, wie Eckhart nicht so sehr eine Lehre predigt als vielmehr versucht, seine Zuhörer in eine komplexe Auslegungsübung mit hineinzuziehen, bei der „die selbst-referentielle Qualität der Predigten die Tür zum Nachdenken über die Predigten und die göttlichen Wahrheiten, die sie formulieren, öffnet."[132]

---

[129] Eckhart kommt in seinem In Eccli. nn. 2–5 (LW 2,231–234) auf drei wesentliche Charaktermerkmale des Predigers zu sprechen: *vitae puritas, intentionis sinceritas, opinionis aut famae odoriferae suavitas* („Reinheit des Lebens, Lauterkeit der Absicht, Lieblichkeit des duftspendenden Rufes", 231,11–12). Die hier zitierte Stelle stammt aus n. 4 (233,3–4): *Sic praedicator verbi dei, quod est ‚dei virtus et dei sapientia', non debet sibi esse aut vivere, sed Christo quem praedicat ...*
[130] Theisen, *Predigt und Gottesdienst*, 550.
[131] Reiner Schürmann, *Meister Eckhart Mystic and Philosopher*, Bloomington 1978, 89 u. 106–107. Auf das Gleiche weist hin Duclow, „Hermeneutics and Meister Eckhart", 38–39. Siehe auch Hasebrink, *Formen inzitativer Rede*, 57–58.
[132] Milem, *Unspoken Word*, 4.

Der Prediger kann jedoch nicht die hinter allen Wörtern und sogar jenseits des in den Tiefen der Gottheit ruhenden Göttlichen Worts selbst verborgene Botschaft vermitteln, solange er nicht an diesem inneren Sprechen teilgenommen hat, das heißt, solange er nicht „aus dem Grund" Gottes spricht.[133] In seinen *Predigten und Vorlesungen über Ecclesiasticus* verdeutlicht Eckhart das, indem er seine eigene Worterklärung für die Aufforderung des Paulus an Timotheus gibt: „Predige das Wort" (2 Tim 4,2). „*Praedica* heißt sozusagen *praedic*, das heißt ‚sage es zuerst', nämlich im Innern, oder *praedica* könnte auch *prodic* oder *produc extra* bedeuten, also ‚sage für' oder ‚führe von innen heraus', ‚damit es vor den Menschen leuchte' (Mt 5,16)."[134] Eckhart lädt seine Zuhörer dazu ein, das zu hören, was er gehört hat und mit ihm im Grund eins zu werden. Einmal sagt er: „Könntet ihr mit meinem Herzen erkennen, so verstündet ihr wohl, was ich sage; denn es ist wahr, und die Wahrheit sagt es selbst."[135] Das ist für einen Prediger ein kühner Anspruch, aber Eckhart erhebt ihn nicht unter Berufung auf seine persönliche Autorität oder Bildung, sondern von der Einheit der göttlichen Wahrheit her.[136] An einer der wenigen Stellen, wo er von seiner eigenen Gottesbewusstheit spricht, sagt Eckhart ganz klar, dass er sein eigenes Einssein mit Gott als Gnade betrachte, die für alle gegeben sei: „Ich will euch sagen, wie ich der (einzelnen) Menschen gedenke (d.h. wie ich mich um sie kümmere): Ich befleißige mich, mich selbst und alle Menschen zu vergessen, und füge mich für sie (alle) in die (vorher definierte) Einheit. Dass wir in (dieser) Einheit bleiben, dazu verhelfe uns Gott."[137]

Eckharts volkssprachliche Predigt wurde als eines der interessantesten

---

[133] Ruh, *Geschichte* III, 352–353 äußert, Eckhart setzte auf einzigartige Weise voraus, dass Prediger und Hörer bereits eine gewisse Erfahrung von der Einheit im Grund miteinander teilten.

[134] In Eccli. n. 69 (LW 299,2–3): ‚*Praedica*' *quasi praedic, id est prius intus dic; vel ‚praedica', id est prodic vel produc extra, ut ‚luceat coram hominibus'* (Übersetzung von B. Schellenberger). Eine vergleichbare Auslegung findet sich in Pr. 30 (DW 2,93–94 u. 97–98).

[135] Pr. 2 (DW 1,41,5–7): *Möhtet ir gemerken mit mînem herzen, ir verstüendet wol, waz ich spriche, wan ez ist wâr und diu wârheit sprichet ez selbe.*

[136] Eckhart erhebt an einer ganzen Reihe von Stellen den Anspruch, aus der göttlichen Wahrheit heraus oder in ihrem Namen zu sprechen. So sagt er zum Beispiel in Pr. 48 (DW 2,415,4–5): *Ich spriche ez bî guoter wârheit und bî êwigen wârheit und bî iemerwerdender wârheit ...* (wiederholt in 420,5–6). Solche Formulierungen sind besonders deutlich in Pr. 52 (DW 2,487,5–7, 490,6, 491,9 und 506,1–3). An einer Stelle in Pr. 66 (DW 3,113–14) lädt er seine Zuhörer ein, jede/r von ihnen solle die göttliche Wahrheit in sich selbst wahrnehmen.

[137] Pr. 64 (DW 3,90,4–7): *Ich wil üch sagen, wie ich der läute gedenck: ich fleiss mich des, das ich mein selbs vnd aller menschen vergesse, vnd füge mich für sy in ainicheit. das wir in ainicheit beleiben, des helf vns got. Amen.* Alois M. Haas, „Schulen der spätmittelalterlichen Mystik" in: *Geschichte der christlichen Spiritualität* Bd. 2, hg. v. Jill Rait u. a., Würzburg 1995, sagt es treffend so: *Der Sprecher [Eckhart] versteht sich als Zeuge der Einheit, zu der er andere hinführt* (147).

Beispiele dafür studiert, wie die mystische Sprache die gewöhnlichen Redeweisen ausreizt und oft sprengt. Über Eckharts Gebrauch der Sprache wurden viele einsichtsvolle Untersuchungen geschrieben.[138] Einige Überlegungen über Eckharts Strategien des mystischen Diskurses sind wichtig, damit man die angemessene Perspektive für das Lesen seiner Texte einnehmen kann. Allerdings lässt sich die Vielfalt der Sprachformen, die Meister Eckhart in seiner volkssprachlichen Predigt verwendet, unmöglich in einer kurzen Zusammenfassung darstellen. Die Kreativität, mit der er die Sprache dazu verwendet, die Sprache zu überwinden und sie in den göttlichen Grund zurückzuführen, lässt sich am besten einschätzen, indem man sich einzelne Predigten als ganze vornimmt und sie sorgfältig literarisch und theologisch analysiert.[139] Es gab auch eine Reihe von Versuchen, Eckharts grundsätzlichste sprachliche Techniken aufzuzählen. Alois M. Haas zum Beispiel nannte als solche das Paradox, das Oxymoron und die Negation als allgemeine *modi loquendi* der mystischen Rede und untersuchte auch, welche partikulären Formen diese in dem annehmen, was er als Eckharts „Logosmystik" bezeichnete.[140] Ausgehend von der Untersuchung von drei repräsentativen Predigten analysierte Burkhard Hasebrink Eckharts „inzitative Rede", also die Art und Weise, auf die Eckhart mit seinen Predigten seine Zuhörer sowohl auffordert, mit der Botschaft eins zu werden, als auch darauf aus ist, den formalen Sinn durch mystische *gelassenheit* zu vernich-

---

[138] Erich Auerbach widmete Eckharts Sprache einige Seiten in seinem *Literary Language & Its Public in Late Latin Antiquity and the Middle Ages*, Princeton 1965, 330–332. Zu den wichtigsten Beiträgen der 1980er Jahre gehören zwei Essays von Alois M. Haas in seinem *Geistliches Mittelalter*, Freiburg/Schweiz 1984: „Meister Eckhart und die Sprache. Sprachgeschichtliche und sprachtheologische Aspekte seines Werkes" (193–214) und „Meister Eckhart und die deutsche Sprache" (215–237). Siehe auch Walter Haug, „Das Wort und die Sprache bei Meister Eckhart", in: *Zur deutschen Literatur und Sprache des 14. Jahrhunderts. Dubliner Colloquium 1981*, hg. v. Walter Haug, Timothy R. Jackson, Johannes Janota, Heidelberg 1983, 25–44. Auf Englisch fasst Frank Tobin in seinem *Meister Eckhart* in den Kapiteln 3 und 5 seine früheren Aufsätze zu dieser Thematik zusammen und erweitert sie. Die Literatur aus den 1990er Jahren wird weiter unten genannt.
[139] Ein älteres Beispiel für solche Analysen ganzer Predigten findet sich bei Schürmann, *Meister Eckhart*, der die Prr. 2, 17, 26, 16b, 71, 76, 30 und 52 untersucht. Als jüngere Beispiele siehe Hasebrink, *Formen inzitativer Rede* (Prr. 12, 30 und 49); Iohn, *Die Predigt* (Prr. 1 und 6); und Milem, *The Unspoken Word* (Prr. 52, 2, 16b und 6). Susanne Köbele vergleicht in ihrem Buch *Bilder der unbegriffenen Wahrheit. Zur Struktur mystischer Rede im Spannungsfeld von Latein und Volkssprache*, Tübingen u. Basel 1993 die parallelen deutschen und lateinischen Predigten Pr. 21 und SS. XXXVII und XXXVIII sowie Pr. 20a und S. VIII. Siehe auch Ruh, *Geschichte* III (der die Prr. 22, 2, 39, 6 und 52 behandelt); sowie die in *Lectura Eckhardi I* (Prr. 4, 12, 16b, 17, 18, 19, 48, 52, 63, 71, 101 und S. IV) und *Lectura Eckhardi II* (Prr. 1, 6, 10, 37, 72, 86 und SS. XXV und XXIX) vorgestellten und kommentierten Predigten.
[140] Alois M. Haas, „Mystische Erfahrung und Sprache", in: *Sermo mysticus*, 18–36. Siehe auch Haas, „Das mystische Paradox", in: *Das Paradox. Eine Herausforderung des abendländische Denkens*, hg. v. Paul Geyer u. Roland Hagenbüchle, Tübingen 1992, 273–289.

ten.[141] Michael A. Sells untersuchte in seinem *Mystical Languages of Unsaying*[142] Eckharts apophatisches Nichtsprechen von einer „substantialist deity" und einem „gender essentialism".

Auch die Details oder Mikro-Techniken von Eckharts Umgang mit der Sprache waren Gegenstand gründlicher Untersuchungen. Frank Tobin hat viele der partikulären Strategien beleuchtet, die Eckharts Predigt für seine ursprüngliche Zuhörerschaft so faszinierend machte und sogar heute noch, und sogar in der Übersetzung, seine Lektüre zur bestrickenden Erfahrung werden lässt.[143] Hier können nur einige wenige Strategien Eckharts erwähnt und kurz veranschaulicht werden. Zum Beispiel gibt er oft ein und demselben Wort (z. B. *eigenschaft, berüeren*) unterschiedliche oder gegensätzliche Bedeutungen.[144] Manche dieser Bedeutungen gab es im mittelhochdeutschen Vokabular bereits; zuweilen jedoch überdehnte Eckhart die Hülle und schuf neue Sinnfelder, wie im Fall des Begriffs *grunt;* oder er schuf Neologismen wie etwa *isticheit*, um mystische Themen in der Volkssprache vortragen zu können. Eckharts unerbittlicher apophatischer Diskurs findet sich nicht nur in den größeren semantischen Strukturen seiner Ausführung, sondern auch in seiner Wortbildung, bei der er häufig Partikel und Präpositionen mit negativer Bedeutung verwendet (z. B. *un-, ab-, ent-, über-, -los, âne, sunder*). Tobin bezeichnet solche Prozeduren, die Eckhart häufig anwendet, als „Akkumulation, Antithese, Parallelismus und Hyperbole".[145] Eine weitere häufige Form ist der Chiasmus (d. h. die Verwendung zweier oder mehrerer Wörter oder Sätze, die man dann in umgekehrter Reihenfolge wiederholt), der zuweilen besonders nützlich dafür ist, um seine dialektische Sicht der Beziehung von Gott und Welt zum Ausdruck zu bringen.[146]

Ein letztes Thema bezüglich Eckharts Umgang mit der Sprache wurde

---

[141] Über die „appellative Textfunktion", die den Hörer auffordert, sich selbst als das Subjekt des in der Predigt thematisierten göttlichen Wissens zu verstehen, siehe Hasebrink, *Formen*, 36–48; und *Lectura Eckhardi I*, 240. Über die Art und Weise, auf die Eckharts Predigten ihre eigene Transzendenz oder Selbstvernichtung bewirken, siehe *Formen*, 134–136 und 265–268.

[142] Michael A. Sells, *Mystical Languages of Unsaying*, Chicago & London 1994, Kapitel 6 u. 7.

[143] Tobin, *Meister Eckhart*, besonders Kapitel 5. V. Tobin sagt zusammenfassend: *Beim Lesen seines Werks empfinden wir, wie zutreffend die Redewendung ist, man könne dadurch, dass man die Grenzen der Sprache und des menschlichen Denkens anerkenne, diese in gewisser Hinsicht übersteigen* (87; vgl. vii, 89, 158–59). Siehe auch die Überlegungen von Haug, „Das Wort und die Sprache bei Meister Eckhart", 34–35.

[144] Siehe Frank Tobin, „Eckhart's Mystical Use of Language: The Contexts of *eigenschaft*", in: *Seminar* 8 (1972), 160–168.

[145] Tobin, *Meister Eckhart*, 158–167.

[146] Siehe Tobin, *Meister Eckhart*, 167–171. Als Beispiel für einen chiastischen Text in den deutschen Werken siehe Pr. 30 (DW 2,94,6–7): *Got ist in allen dingen. Ie mê er ist in den dingen, ie mê er ist ûz den dinge: ie mê inne, ie mê ûze, ie mê ûze, ie mê inne.*

viel diskutiert, nämlich, in welchem Verhältnis die lateinischen und deutschen Aspekte seines mystischen Diskurses zueinander stehen.[147] Die Diskussion über das Verhältnis zwischen dem lateinischen Eckhart und dem deutschen Eckhart macht keine Anzeichen, voranzukommen, obwohl sie in den letzten Jahren nuancierter geworden ist.[148] Ältere Vorstellungen, die den lateinischen Scholastiker dem deutschen Mystiker gegenüberstellen oder Eckharts lateinische „ontologische" Schriften gegen seine deutschen „ethisch-mystischen" Schriften abheben, sind nicht mehr haltbar; aber damit sind die Meinungsverschiedenheiten nicht beigelegt. Einerseits gibt es diejenigen, die die Unterschiede zwischen den deutschen und lateinischen Werken verkleinern.[149] Andererseits vertreten viele Germanisten, Eckharts deutsche Predigten hätten einen besonderen „Eigenwert". So spricht Kurt Ruh vom „spirituellen Mehrwert" der volkssprachlichen Texte;[150] und Susanne Köbele stellt fest: „Das inhaltlich Neue der mystischen Aussage (im 13. Jahrhundert) ist an das Medium der Volkssprache eng gebunden."[151] Burkhart Hasebrink spricht sich indes dafür aus, die enge innere Beziehung zwischen dem Latein und Deutsch in Eckharts Schriften, die er als „Grenzverschiebung" charakterisiert, präziser auszuloten.[152] Wir sollten uns zudem an die kluge Aussage von Alois M. Haas erinnern: „Eckhart hat eine Theologie des Wortes, nicht eine Theologie der deutschen Sprache."[153]

Wenn man die lateinische und die deutsche Seite Eckharts zueinander in Beziehung setzt, ist es wichtig, einen Kurs zwischen Skylla und Charybdis zu steuern. Einerseits muss man jede krasse Gegeneinanderstellung der Kreativität des deutschen Predigers und des eher traditionellen, in scholas-

---

[147] Über das Verhältnis zwischen dem Latein und den Volkssprachen in der spätmittelalterlichen Mystik ganz allgemein siehe im vorliegenden Werk Band III, 47–56.
[148] Zwei wichtige neuere Diskussionsbeiträge zum Verhältnis der deutschen und lateinischen Werke Eckharts sind Burkhard Hasebrink, „Grenzverschiebung. Zur Kongruenz und Differenz von Latein und Deutsch bei Meister Eckhart", in: *Zeitschrift für deutsches Altertum und deutsche Literatur*, 121 (1992), 369–398 und Köbele, *Bilder der unbegriffenen Wahrheit*, Kapitel 2.
[149] Zum Beispiel W. Haug, „Das Wort und die Sprache", 39: *... im Prinzip könnte man sich seine Predigten genausogut lateinisch wie deutsch denken ...*
[150] Ruh, *Meister Eckhart* 45: *Es ist, um es auf eine Formel zu bringen, der spirituelle Mehrwert der Volkssprache, der Eckhart deren Gebrauch in den ‚Reden der Unterweisung' aufdrängte.* Siehe auch S. 192–195.
[151] Köbele, *Bilder*, 10.
[152] Hasebrink, „Grenzverschiebungen", 379–398. Er illustriert das mit einer Analyse paralleler deutscher und lateinischer Predigten (Pr. 25–27 und S. VI.1; Pr. 18 und S. XXXVI; und Pr. 17 und S. LV,4). Der wechselseitige Austausch zwischen dem Lateinischen und Deutschen, der sowohl innerhalb Eckharts Werk als auch in den späteren lateinischen Übersetzungen deutscher Predigten und deutscher Fassungen lateinischer Werke deutlich zutage tritt, belegt diesen Grenzenvertausch.
[153] Haas, „Meister Eckhart und die deutsche Sprache", 168.

tischer technischer Begrifflichkeit sich äußernden Denkers vermeiden, und das schon deshalb, weil Eckharts Mystik sowohl im Lateinischen wie im Deutschen kühn war. (Es ist ein undiskutierbares Faktum, dass Eckhart bei den Verfahren in Köln und Avignon sowohl für seine lateinischen wie für seine volkssprachlichen Werke zur Rechenschaft gezogen wurde.) Andererseits können wir nicht die einmalige Möglichkeit leugnen, die sich Eckhart dank dessen bot, was Kurt Ruh den *kairos* oder „entscheidenden Augenblick" nannte,[154] an der Wende zum 14. Jahrhundert in dieser Form auf Deutsch predigen zu können. Vor allem aber müssen wir versuchen, das Gespräch zwischen dem Lateinischen und Deutschen in Eckhart selbst mitzuhören, um die Fülle seines Denkens nachvollziehen zu können. Was oft übersehen wird, ist die überraschende Tatsache, dass Meister Eckhart in der Geschichte der christlichen Mystik die *einzige* Hauptgestalt ist, bei der man die volle Dynamik des Ineinanderspiels von lateinischer Mystik (die zur Zeit, als er schrieb, fast schon ein Jahrtausend alt war) und neuer volkssprachlicher Theologie (die immer noch erst im Werden war, trotz der Leistungen des 13. Jahrhunderts) beobachten kann.

II. Grundlagen der Mystik Eckharts

Der Grund als verschmolzene Identität[1]

Wie im 3. Kapitel dargelegt wurde, liefert die Meistermetapher vom *grunt* einen Ausgangspunkt, um die spezifische Eigenart der Mystik Eckharts und ihren Einfluss auf viele Mystiker nach ihm in Augenschein zu nehmen. Auch wenn der Begriff *grunt* bereits von einigen volkssprachlichen Mystikern vor ihm verwendet wurde, war es Eckhart, der ihn als Erster dazu verwendete, ein neues Verständnis der mystischen Identität zur Sprache zu bringen. Aber wie verwendete er nun die Rede vom Grund in seinen deutschen Werken tatsächlich? Eine genauere Untersuchung der Kontexte und Sinnbedeutungen von Eckharts Rede vom Grund ist unerlässlich, wenn man verstehen will, wie dieses einfache Wort das Herz seiner Mystik ausmacht.

Am Schluss von Pr. 42 spricht Eckhart seine Zuhörer mit den folgenden Worten an: „Wisset nun: Alle unsere Vollkommenheit und alle unsere Selig-

---

[154] Köbele verwendet diesen Begriff in *Bilder*, 13, 51 und bedankt sich bei Ruh, ihn ihr vorgeschlagen zu haben.
[1] Ein Großteil dieses ersten Abschnitts ist dem 3. Kapitel meines Buchs *The Mystical Thought of Meister Eckhart* entnommen.

keit hängt daran, dass der Mensch durchschreite und hinausschreite über alle Geschaffenheit und alle Zeitlichkeit und eingehe in den Grund, der grundlos ist. Wir bitten Gott, unsern lieben Herrn, dass wir *Eines* werden und *inne*wohnen. Dazu helfe uns Gott. Amen."[2] Man beachte an dieser Stelle, dass Eckhart den *gruntlôsen grunt* nicht als entweder Gott oder der Seele zugehörig qualifiziert. Er gehöre im univoken Sinn in verschmolzener Identität sowohl Gott als auch dem Menschen. Deshalb betont er anderswo: „Denn wer kommen will in Gottes Grund, in dessen Innerstes, der muss zuvor in seinen *eigenen* Grund, in *sein* Innerstes kommen, denn niemand kann Gott erkennen, der nicht zuvor sich selbst erkennen müsse."[3]

Diese verschmolzene Identität hilft uns sehen, warum es vorzuziehen ist, von der „Mystik vom Grund" statt von der „Mystik vom Seelengrund" zu sprechen, obwohl Eckhart oft vom *grunt der sêle* spricht.[4] Das Wesentliche ist, wie Eckhart es ausdrückte, dass „Gottes Grund und der Seele Grund *ein* Grund sind."[5] Nicht deshalb, weil *entweder* die Seele in ihrer Wesenswirklichkeit gründet *oder* Gott in der seinigen, sondern weil sie beide *im gleichen Grund gründen,* fanden Eckhart und seine Nachfolger die Rede vom Grund so nützlich.[6] Er sagte es in Pr. 5b so: „Hier ist Gottes Grund mein Grund und mein Grund Gottes Grund. Hier lebe ich aus meinem Eigenen, wie Gott aus seinem Eigenen lebt."[7] Es stimmt, dass Eckhart oft davon

---

[2] Pr. 42 (DW 2,309,3–7): *Nû wizzet: alliu unser volkomenheit und alliu unser saelicheit liget dar ane, daz der mensche durchgange und übergange alle geschaffenheit und alle zîtlicheit und allez wesen und gange in den grunt, der gruntlôs ist. Wir biten des unsern lieben herren got, daz wir ein werden und innewonen, und ze dem selben grunde helfe uns got. Âmen.* Eckhart betont oft, dass nur die Kraft der „Vernunft" *(vernünfticheit/bekantnisse)* in den Grund vordringen könne; vgl. z. B. Pr. 7 (DW 1,122,10–123,5) und Pr. 66 (DW 3,113,1–3).
[3] Pr. 54b (DW 2,565,13–566,2): *Wan swer komen wil in gotes grunt, in sîn innerstez, der muoz ê komen in sînen eigenen grunt, in sîn innerstez, wan nieman enmac got erkennen, er enmüeze ê sich selben erkennen.* Vgl. die Parallele in Pr. 54a (DW 2,550,4–551,2): *Suln wir iemer komen in den grunt gotes und in sîn innerstez, sô müezen wir ze dem êrsten komen in unsern eigenen grunt und in unser innerstez in lûterer dêmüeticheit.* Das Verhältnis von Demut und *grunt* muss man ontologisch verstehen, wie Erwin Waldschütz, *Denken und Erfahren des Grundes: Zur philosophischen Deutung Meister Eckharts*, Freiburg/Wien 1989,184–185 aufgezeigt hat.
[4] Über den *grunt der sêle*, siehe z. B. Pr. 17 (DW 1,281–293) und Pr. 101 (DW 4,344,45–346,55).
[5] Z. B. Pr. 15 (DW 1:253.5–6): *... da gottes grund vnd der sele grund ain grund ist.* Interessanterweise konnte Eckhart mit der gleichen Formulierung die ewige Seligkeit bezeichnen; siehe z. B. Pr. 39 (DW 2,257,2–3): *... wan des gerehten saelicheit und gotes saelicheit ist éin saelicheit, wan dâ ist der gerehte saelic, dâ got saelic ist.* Zu mehr über die Beziehung zwischen *grunt* und *saelicheit* bei Eckhart siehe Pr. 45 (DW 2,363,3–7 und 373,4–7).
[6] Von einer solchen verschmolzenen Identität sprachen natürlich auch andere Mystiker; siehe z. B. Michael Sells über Plotin in *Mystical Languages of Unsaying*, 22–27.
[7] Pr. 5b (DW 1,90,8–9): *Hie ist gotes grunt mîn grunt und mîn grunt gotes grunt. Hie lebe ich ûzer mînem eigen, als got lebet ûzer sînem eigen.* In den deutschen Predigten finden sich etliche weitere solche Formulierungen über die verschmolzene Identität, z. B. in Pr. 28 (DW

spricht, dass Gott in den Seelengrund „eindringe" und „in ihm sei" und auf diese Weise andeutet, dass es zwischen diesen beiden Wirklichkeiten auf einer bestimmten Ebene eine analoge Beziehung gebe.[8] Aber wie Otto Langer gezeigt hat, weisen Texte wie die zitierten darauf hin, dass es auf der tiefsten Ebene, derjenigen der verschmolzenen Identität, nur einen einzigen univoken *grunt* gebe.[9]

Wenn man den *grunt* univok versteht, hilft das, diese Meistermetapher mit anderen signifikanten Themen in Eckharts volkssprachlicher Predigt in Beziehung zu setzen. So ist es zum Beispiel im Gesamtrahmen von Eckharts Denken klar, dass die Rede vom *grunt* eine andere Weise ist, vom „ungeschaffenen Etwas *in* der Seele" (nicht *der* Seele) zu sprechen, also von einem Begriff, der oft mit Metaphern wie derjenigen vom „Fünklein" *(vunkelîn)* oder „Bürglein" *(burgelîn)* umschrieben wird.[10] So zentral diese Metaphern auch für das Verständnis der Lehre Eckharts über die Seele sein mögen, verwendet er sie doch *nicht* für die göttliche Natur, und so fehlt ihnen die Kraft des *grunt* und es lässt sich mit ihnen nicht die verschmolzene Identität von Gott und Mensch bezeichnen.

Es gibt ferner wichtige Zusammenhänge zwischen *grunt* und *geburt/gebern*, also dem Geburtsmotiv, das in Eckharts Predigt über die Geburt des Wortes in der Seele so oft verwendet wird. Die Geburts-Mystik war bei Eckhart nichts Neues; sie war in der Christenheit bereits tief verwurzelt.[11] Eckhart führte das Geburtsthema jedoch auf neue Höhen der Subtilität und Kühnheit. Da die Geburt des Sohnes nur im *grunt* und aus diesem heraus stattfinden könne, sind diese beiden Aspekte der Mystik Eckharts untrennbar miteinander verbunden. Dennoch sind sie nicht das Gleiche. Für Eckhart erschöpft die Geburt des Sohnes nicht das, was im Grund stattfindet.

2,67,1–69,4), wo er sowohl die Begriffe *grunt* als auch *einicheit* verwendet; Pr. 48 (DW 2,415,4–9); Pr. 80 (DW 3,378,2–5); Pr. 98 (DW 4,243,35–244,44) usw. In den von Pfeiffer herausgegebenen siehe insbesondere LXI (194–195) und LXXI (225,34–226,13).

[8] Diese Form der Beziehung zwischen Gott und der Seele findet sich insbesondere in denjenigen lateinischen Texten, in denen das Wort *illabor* zur Bezeichnung der Hineinbewegung Gottes in die Tiefe der Seele verwendet wird (z. B. in S. IX, n. 98 [LW 4,93,6]). Aber ähnliche Formulierungen lassen sich auch in deutschen Predigten finden, z. B. in Pr. 10 (DW 1,162,4–6) und Pr. 76 (DW 3,252,1–6).

[9] Siehe Langer, „Eckharts Lehre von Seelengrund", 183–90, wo er gegen die Ansicht von B. Mojsisch argumentiert.

[10] Eine klassische Darstellung des *vunkelîn* oder ungeschaffenen Etwas bleibt diejenige von Hans Hof, *Scintilla Animae*.

[11] Siehe Hugo Rahner, „Die Gottesgeburt: Die Lehre der Kirchenväter von der Geburt Christi aus den Herzen der Kirche und der Gläubigen", in: *Symbole der Kirche. Die Ekklesiologie der Väter*, Salzburg 1964, 7–41. Als allgemeine Analyse siehe Dietmar Mieth, „Gottesschau und Gottesgeburt: Zwei Typen christlicher Gotteserfahrung in der Tradition", in: *Freiburger Zeitschrift für Theologie und Philosophie* 27(1980), 204–223.

So spricht er zum Beispiel in Pr. 48 vom „ungeschaffenen Licht", das Gott ohne ein Medium erfasse, und dieses Erfassen sei „ein Aufnehmen im Vollzuge der Eingebärung". Aber dieses „Fünklein in der Seele" begnüge sich nicht nur mit den Geschöpfen: „Ihm genügt's weder am Vater noch am Sohne noch am Heiligen Geist ..., sofern eine jede (Person) in ihrer Eigenheit besteht." Er begnüge sich nicht einmal mit „dem einfaltigen, stillestehenden göttlichen Sein". Nein, „er will in den einfaltigen Grund, in die stille Wüste, in die nie Unterschiedenheit hineinlugte, weder Vater noch Sohn noch Heiliger Geist; ... denn dieser Grund ist eine einfaltige Stille, die in sich selbst und unbeweglich ist; von dieser Unbeweglichkeit aber werden alle Dinge bewegt und werden alle diejenigen Leben (= Plural von ‚das Leben') empfangen, die vernunfterhellt in sich selbst leben."[12] Zwar gibt es in Eckharts Predigten Stellen, die den *grunt* mit der göttlichen Vaterschaft gleichsetzen,[13] aber in radikaleren Texten ist die Rede davon, dass man in den *grunt* gehe, der tiefer als die Dreifaltigkeit und jenseits der Geburt des Wortes liege,[14] und das verweist auf einen der schwierigsten Aspekte seiner Predigt und zugleich auf etwas für Eckhart ganz Spezifisches.

Einer dieser Abschnitte findet sich in Pr. 109, die erstmals von Franz Pfeiffer herausgegeben wurde (Pfeiffer LVI). Nach anfänglichen Zweifeln ist sie jetzt als echt akzeptiert.[15] Diese Predigt gründet auf der verblüffenden Rede davon, dass „Gott wird und entwird" *(got wirt und entwirt)*. Der Prediger trifft hier eine in den deutschen Predigten oft angewandte Unterscheidung zwischen Gott und der Gottheit und sagt, solange er „in dem Grund, in dem Boden, in dem Fluss und in dem Quellen der Gottheit" geweilt habe, habe ihn niemand etwas gefragt, denn zwar handle Gott, die Gottheit jedoch handle nicht. Die Gottheit *werde* im Ausfließen der Kreaturen Gott;[16] und Gott *entwerde*, wenn der Mystiker sich nicht damit be-

---

[12] Pr. 48 (DW 2,420,7–421,3): *... ez wil in den einvaltigen grunt, in die stillen wüeste, dâ nie underscheit îngeluogete weder vater noch sun noch heiliger geist ... wan dirre grunt ist ein einvaltic stille, diu in ir selben unbeweglich ist, und von dirre unbewegelicheit werdent beweget alle dinc und werdent enpfangen alliu leben, diu vernunftlicliche in in selben sint.* Vgl. zu dieser Predigt den Kommentar von Burkhard Mojsisch in *Lectura Eckhardi I*, 156–162.
[13] Z. B. Pr. 51 (DW 2,470,3–6).
[14] Z. B. in Pr. 69 (DW 3,178,2–180,2). In Pr. 52, insbesondere im dritten Abschnitt (DW 2,499,9–505,9) wird eine ähnliche Sprache für das *durchbrechen* verwendet, obwohl hier nicht der Begriff *grunt* auftaucht. Eine weitere kühne Aussage über das ununterschiedene Einssein jenseits der Personen der Dreifaltigkeit ohne die Rede vom *grunt* findet sich in Pr. 83 (DW 3,448).
[15] Pr. 109 (DW 4,748–774). Ursprünglich von Josef Quint für die Aufnahme in die DW abgelehnt, wurde diese Homilie später in Quints eigenem Buch *Meister Eckehart. Deutsche Predigten und Traktate*, München 1963, 271–273 in der Übertragung wiedergegeben.
[16] Pr. 109 (DW 4,771,56–772,59): *Dô ich stuont in dem grunde, in dem boden, in dem rivier*

gnüge, zu dem Gott zurückzukehren, der handle, sondern ein „Durchbrechen" *(durchbrechen)* zur schweigenden reglosen Gottheit vollziehe, das alle Kreaturen mittels ihres Einsseins im dekonstruierten Intellekt in die verborgene Quelle zurückführe. Eckhart sagt: „Als ich in dem Grund, in dem Boden, in dem Fluss und in dem Quellen der Gottheit stand, da befragte mich niemand, was ich wolle oder was ich täte. Da war niemand, der mich fragte. Als ich ausfloss, da sprachen alle Kreaturen Gott."[17] Von solchen Texten her kann man sagen, dass der Begriff *grunt* die Mystik der Gottesgeburt beinhaltet, zugleich aber zumindest in einem gewissen Sinn darüber hinausgeht.[18]

Solche Formulierungen zeigen, wie Eckharts Mystik vom Grund traditionelle christliche Verständnisweisen des Einsseins mit Gott in Frage stellte, bei denen man im Allgemeinen der Rede vom mystischen „Einswerden" den Vorzug gab, das heißt Beschreibungen einer intentionalen Liebesvereinigung zwischen Gott und Mensch, bei der betont wurde, dass die beiden Wesenheiten weiterhin unterschieden blieben.[19] Die Mönchstradition der abendländischen Mystik, wie sie insbesondere die Zisterzienser und Victoriner vertraten, verstand das Einssein mit Gott als *unitas spiritus:* als liebendes Einssein zweier geistiger Wesen. (Ein beliebter Belegtext dafür war 1 Korinther 6,17: „Wer Gott anhängt, ist *ein* Geist mit ihm.") Der hervorragendste Mönchsmystiker Bernhard von Clairvaux war kein Metaphysi-

---

und in dem quellenne der gotheit, dô envrâgete mich nieman, war ich wôlte oder waz ich taete. Dô enwas nieman, der mich vrâgete. Dô ich ûzflôz, dô sprâchen alle crêatûren got. (Übers.: B. S.). Wie Burkhard Mojsisch in seinem „,Ce moi': La conception du moi de Maître Eckhart", in: *Revue des sciences religieuses* 70 (1996), 27–28 gezeigt hat, ist der Begriff *got*, so ihn Eckhart verwendet, ein relationaler, auf den Schöpfer angewandter Begriff und daher kein adäquater Name für die verborgene Gottheit. Von daher muss man *got* hinter sich lassen (siehe z. B. Pr. 52) in einem Loslassen, das manche als Eckharts „mystischen Atheismus" bezeichnet haben. Über diesen „mystischen Atheismus" siehe Schürmann, *Meister Eckhart*, 213.

[17] Pr. 109 (DW 4,773,66–68): *Swenne ich kume in den grunt, in den boden, in den rivier und in daz quellen der gotheit, sô envrâget mich nieman, wannen ich kume oder wâ ich sî gewesen. Dâ envermiste mîn nieman. Dâ entwirt got.*

[18] Eckharts Denken ist derart dialektisch, dass man von unterschiedlichen Blickwinkeln her jedem der Hauptthemen seines Denkens eine gewisse Priorität zuerkennen kann. So hat Waldschütz, *Denken und Erfahren des Grundes*, 351 nicht Unrecht, wenn er behauptet: *Gottesgeburt ist höchster und letzter Vollzug der Grunderfahrung*, ohne dass er damit unbedingt im Gegensatz zu meiner Behauptung stehen muss, aus anderer Sicht gehe die Identität im *grunt* tiefer als die *gottesgeburt*.

[19] Als kurzen Abriss christlicher Verständnisweisen des Einswerdens siehe Bernard McGinn, „Love, Knowledge, and *Unio mystica* in the Western Christian Tradition", besonders 71–80 über Eckhart und seine Zeitgenossen und Nachfolger. Zur Unterscheidung zwischen *mystischem Einswerden* und *mystischer Identität* siehe Bernard McGinn, „Mystical Union in Judaism, Christianity, and Islam", in: *The Encyclopedia of Religion*, Woodbridge/Connecticut ²2005.

ker, betonte aber: „Die Substanz (des Menschen) bleibt" *(manebit quidem substantia).*[20] Eckhart kannte Bernhard gut, hatte jedoch ganz klar ein unterschiedliches Verständnis vom Einssein.[21]

Meister Eckhart dürfte der eindeutigste Vertreter dessen sein, was man als mystische Identität bezeichnen kann, das heißt als ein Einssein, bei dem zumindest auf einer bestimmten Ebene alle Dualität vergeht. Für ihn und einige Verfasser der unter seinem Einfluss geschriebenen anonymen mystischen Predigten und Traktate war das Ziel des christlichen Lebens die *unitas indistinctionis*, in der es überhaupt keinen Unterschied mehr zwischen Gott und Mensch gibt: „Gottes Grund und der Seele Grund ist *ein* Grund." Eckhart war nicht der erste Mystiker, der behaupten sollte, der Mensch sei fähig, zur Ununterschiedenheit mit Gott zu gelangen. Beim heidnischen Neuplatonismus, besonders bei Plotin, gibt es entsprechende Formulierungen. In der christlichen Antike findet sich die Rede von der mystischen Identität bei Evagrius Ponticus und im dionysischen Corpus.[22] Aber in der Christenheit kam das Thema des mystischen Identischseins erst im 13. Jahrhundert offen zur Sprache. Die frühesten Vertreterinnen sind Mystikerinnen wie Hadewijch und Mechthild von Magdeburg; Maguerite Porete entwickelte die Vorstellung vom ununterschiedenen Einssein in ihrem *Spiegel der einfachen Seelen*.[23] Eckhart kannte Poretes Buch,[24] aber die Vorstellung wäre falsch, dass er seine Form der *unitas indistinctionis* in Abhängigkeit von ihr entwickelt hätte. Das gleiche gilt für den Umstand, dass Eckhart und seine Nachfolger zwar die neuplatonische Redeweise vom Einssein von christlichen Autoren wie Dionysius und sogar von Heiden wie Proklos[25] übernahmen, aber das, was gegen 1300 in Deutschland entstand, nicht bloß die Wiederbelebung früherer Vorstellungen war. Der Neuplatonismus lieferte hilfreiche philosophische Kategorien für das Artikulieren einer Vorstellung des Einsseins, die zu weit verbreitet war, als dass man sie

---

[20] Bernhard von Clairvaux, *De diligendo Deo* 10,28 (*S. Bernardi Opera*, 8 Bde., Rom 1957–1977, III,143,15–24); PL 182, 991 B.
[21] Über Eckharts Gebrauch von Bernard siehe Bernard McGinn, „St. Bernard and Meister Eckhart", in: *Citeaux* 31 (1980), 373–386.
[22] Siehe im vorliegenden Werk Bd. I, 228–230 (Evagrius) und 262–266 (Dionysius).
[23] Als Darstellung Poretes und ihrer Lehre vom Einssein siehe im vorliegenden Werk Band III, 431–465 sowie in Sells, *Mystical Languages of Unsaying* die Kapitel 5 u. 7.
[24] Über die historischen Kontakte siehe Edmund Colledge und J. C. Marler, „‚Poverty of Will': Ruusbroec, Eckhart and the Mirror of Simple Souls", in: *Jan van Ruusbroec, the Sources, Content, and Sequels of His Mysticism*, hg. v. Paul Mommaers u. N. de Paepe, Löwen 1984, 14–47; sowie die Beiträge von Maria Lichtmann, Amy Hollywood und Michael Sells in *Meister Eckhart and the Beguine Mystics*, 65–146.
[25] Über die Rolle von Proklos im deutschen mittelalterlichen Denken siehe hier Kap. 1, 89–93.

sich nur als ein literarisches Phänomen in gebildeten Kreisen vorstellen dürfte. Was wir in Eckharts Mystik vom Grund vorfinden, ist eine Neuschöpfung, die zum Zweck entstand, die Bedürfnisse eines spätmittelalterlichen Publikums zum Ausdruck zu bringen, das auf eine totale Umwandlung in Gott aus war.

Wenn die Mystik vom *grunt* eine Möglichkeit zum Verständnis der besonderen Eigenart der Lehre Eckharts bietet, dann ist es wichtig, genau zuzusehen, wie er die Rede vom Grund tatsächlich verwendete, um einigermaßen nachempfinden zu können, über welche Sprengkraft diese Metapher verfügte. Eckhart verwendete den Begriff *grunt* auf höchst vielfältige Weisen, aber die grundsätzliche Intention des semantischen Felds der Rede vom Grund richtet sich immer auf ein und dasselbe Ziel: in dem, was Eckhart als „ein einfaltiges Eins" *(einvaltigez ein/ein einic ein)* bezeichnet, zur ununterschiedenen Identität von Gott und Mensch zu gelangen.[26] Susanne Köbele erinnert uns daran, dass „*grunt*, ... wenn es denn Konkretes ‚bedeuten' soll, keine andere Bedeutung als die der Identität des göttlichen Grundes mit dem Grund der Seele (hat). Diese Identität ist eine dynamische Identität."[27] Daher ist *grunt* kein Zustand oder eine Verfassung, sondern eher ein „Gründen", also das Ereignis, sich in einer Verschmelzungs-Beziehung zu befinden.[28]

Das Verhältnis der Meistermetapher vom *grunt* zu anderen Bildern für die mystische Identität wie etwa denjenigen vom endlosen Meer, bodenlosen Abgrund und der Wüste, von denen im 3. Kapitel die Rede war, wird im vorliegenden Kapitel später noch genauer erörtert. Die verschmolzene Identität als der wesentliche Sinn des Begriffs *grunt* bringt bei Eckhart ein

---

[26] Z.B. in Pr. 5b (DW 1,93,7–8): ... *ein einvaltigez ein* (vgl. die Anmerkung zu diesem Text bei Largier, *Meister Eckhart* I,803–807); Pr. 25 (DW 2,11,1): ... *ein einic ein*. Diese dreifach wiederholte Formulierung für das absolute Einssein *(ein-ein-ein)* gehört zu Eckharts charakteristischen Weisen, von der verschmolzenen Identität von Gott und Mensch zu sprechen. Wie Burkhard Hasebrink gezeigt hat, wurden diese aus in der weltlichen und mystischen mittelalterlichen Liebesliteratur gebräuchlichen Metaphern entwickelt. Siehe sein *„Ein einic ein. Zur Darstellung der Liebeseinheit in mittelhochdeutscher Literatur"*, in: *Beiträge zur Geschichte der deutschen Literatur und Sprache*, 124 (2002), 442–465.

[27] Köbele, *Bilder*, 187. Wenn man behauptet, *grunt* eigne sich ganz besonders gut zur Bezeichnung von Eckharts ununterschiedenem Einssein, so ist damit nicht in Abrede gestellt, dass er dafür in vergleichbarer Weise auch oft andere Begriffe verwendet, wie etwa *wesen* und *isticheit* (z.B. in Prr. 6, 52, 77, 83 [DW 1,106,1–3; DW 2,492,3–7 u. 504,2; DW 3,340,8–10 u. 447,5 ff.]). Es kommen auch Identitätsformulierungen unter Verwendung des Bilds vom Gebären vor, z.B. in Prr. 4, 22, 38 (DW 1,72,8–73,1; DW 1,382,3–383,1; DW 2,228,1–3).

[28] Mojsisch spricht von dieser verschmolzenen Identität als von einem „univok-transzendentalen Korrelationsverhältnis" (*Meister Eckhart*, 135). Waldschütz setzt Grund-Sein mit In-Beziehung-Sein gleich (*Denken und Erfahren des Grundes*, 173, 201, 215 und insbesondere 342–348) und betont die Ereignis-Identität des *grunt* (z.B. 139–140, 164–166). Siehe auch Bernhard Welte, *Meister Eckhart. Gedanken zu seinem Gedanken*, Freiburg 1979, 110–126.

derart breites Spektrum von Folgen mit sich, dass davon hier nur einige wenige genannt werden können. So haben zum Beispiel viele Mystiker betont, dass Gott letztlich unerkennbar sei und daher nicht bei einem Namen genannt werden könne, so dass also, wenn die Seele in ihrem Grund absolut eins mit Gott ist, auch sie namenlos und unerkennbar sein müsse. In Pr. 17, einer der ausführlichsten Stellen über den Seelengrund, sagt Eckhart das so: „Wer da von beweglichen Dingen schreibt, der rührt nicht an die Natur noch an den Grund der Seele. Wer die Seele nach der Einfaltigkeit und Lauterkeit und Bloßheit, wie sie in sich selbst ist, benennen soll, der kann keinen Namen für sie finden."[29] So lehrte Eckhart wie Johannes Scottus Eriugena eine Form der negativen mystischen Anthropologie, in der Gott und die Seele letztlich eins und daher beide radikal unerkennbar sind.[30]

Identität ohne Unterschiedenheit ist ein paradoxer Begriff, und wenn Eckhart vom Grund spricht, macht es ihm Freude, Paradoxa, Widersprüche, Oxymora und andere Formen von Wortspielen zu erschaffen. Solche gibt es bereits in seinem ersten volkssprachlichen Werk, den *Reden der Unterweisung*, in denen die Rede vom Grund zehnmal vorkommt.[31] Hier und in seinen nachfolgenden Werken bieten ihm Ausdrücke wie der vom „grundlosen Grund" *(gruntlôs grunt)*, der „grundlosen Gottheit" *(gruntlôsen gotheit)* sowie verschiedene Formen des Gebrauchs von *abgrunt* die Möglichkeit zu Wortspielen, die spielerisch und zugleich ernst gemeint sind, insofern sie Teil des Unternehmens der Dekonstruktion des Ichs sind und dieses von allem freimachen sollen, was zur geschaffenen Welt gehört. Die Identität im Grund ist eine wandernde, spielerische Identität, bei der wir oft im Ungewissen bleiben, ob die verwendete Sprache dazu gedacht ist,

---

[29] Pr. 17 (DW 1,281,12–282,3): ... *swer dâ schrîbet von beweglîchen dingen, der enrüeret die natûre noch den grunt der sêle niht. Swer nâch der einvalticheit und lûterkeit und blôzheit die sêle, als si in ir selber ist, nennen sol, der enkan ir enkeinen namen vinden.* Vgl. Pr. 17 (DW 1, 284,5); Pr. 77 (DW 3,337–338); Pr. 83 (DW 3,440,5–6); und Pr. 98 (DW 4,236,11–237,13). Pr. 17 entspricht S. LV,4 (LW 4,458–465), in der der gleiche Vers zu Joh 12,25 besprochen wird. Zur genaueren Untersuchung dieser beiden Homilien siehe Hasebrink, „Grenzverschiebung", 393–397; und Loris Sturlese, „Predigt 17: ,Qui odit animam suam'", in: *Lectura Eckhardi I*, 75–96. In mehreren Predigten sagt Eckhart, in ihrem Wesen habe die Seele genau wie Gott keinen Namen, z.B. in Prr. 3, 7 (DW 1,53–56.123–124) und Pr. 38 (DW 2,237). Siehe auch die Ausführung über den namenlosen Grund der Seele als Wüste in Pr. 28 (DW 2,66,2–7).
[30] Über die negative Anthropologie von Eriugena siehe im vorliegenden Werk Bd. II, 169–171.
[31] Siehe z.B. RdU 23 (DW 5,293,5–7): ... *sunder diu hoehste hoehe der hôchheit liget in dem tiefen grunde der dêmüeticheit. Wan ie der grunt tiefer ist und nidern, ie ouch diu erhoeunge und die hoeher und unmaeziger ist ...* In den RdU ist vom *abgrunde gotes* (238,4–5) und vom *grunde der sêle* (219,8; 255,8; 256,7) die Rede, aber Formulierungen über die verschmolzene Identität sind noch nicht verwendet.

sich auf Gott zu beziehen oder auf die Seele oder auf beides – oder vielleicht auch auf nichts von alledem, zumindest in dem Sinn, in dem wir es gewöhnlich verstehen. Daher sollte der Kommentator oder Übersetzer sich streng enthalten, dem Wort *grunt* qualifizierende Attribute wie „göttlich" oder „menschlich" beizugeben, wenn Eckharts Text sie nicht enthält.[32] Die Rede vom Grund ist dazu gedacht, zu verwirren, um zu erleuchten.

Obwohl im Grund nichts geschieht, insofern er jenseits aller Bewegung und Unterscheidung, wie wir sie kennen, ist (und sogar jenseits des dynamischen Hervorgehens der Personen der Dreifaltigkeit), ist der Grund transzendental real als „reine Möglichkeit", um Niklaus Largiers Formulierung zu verwenden.[33] Als unbewegliche Quelle aller Bewegung ist der Grund der „Ort", von dem her der Mystiker zu leben, zu handeln und zu wissen lernen muss. Im Grund kann es keine Unterscheidung zwischen Wissen und Handeln oder Theorie und Praxis geben. Da aber die eigenen Handlungen aus dem Grund heraus in die Welt der Unterscheidung kommen, müssen sie in einer dieser Welt angemessenen Sprache ausgedrückt werden. Deshalb sagt Eckhart bezüglich des Wissens: „Je mehr man die Wurzel und den Kern und den Grund der Gottheit als ‚Eines' erkennt, um so mehr erkennt man alles."[34] Und bei der Erörterung der Beziehung zwischen Leben und Handeln gibt er gleichermaßen die Anweisung: „Und darum geh in deinen eigenen Grund und wirke dort; die Werke aber, die du dort wirkst, die sind alle lebendig."[35] Genauso schließt Pr. 16b, eine Homilie über die Seele als *imago dei*, mit dem Rat an den Hörer: „Du sollst alle Tugenden durch- und überschreiten und sollst die Tugend nur in jenem Urgrunde nehmen, wo sie eins ist mit der göttlichen Natur."[36] Das Handeln aus

---

[32] Damit übernehme ich die Anweisung von Sells in *Mystical Languages of Unsaying*, 187–190 für Übersetzungen von Pr. 52.

[33] Largier, „Negativität, Möglichkeit, Freiheit", 158–162.

[34] Pr. 54a (DW 2,560,6-7): *Ie man die wurzel und den kernen und den grunt der gotheit mê erkennet ein, ie man mê erkennet alliu dinc.*

[35] Pr. 39 (DW 2,256,3-4): *Und dar umber ganc in dînen eignen grunt, und dâ würke, und din werk, diu dû würkest, dui sint alliu lebendic.* Vgl. auch Pr. 5b (DW 1,90,6-12). Über das Wirken „aus dem Grund" siehe Waldschütz, *Denken und Erfahren des Grundes*, 140–142 u. 173–185.

[36] Pr. 16b (DW 1,276,3-5): *Dû solt alle tugende durchgân und übergân und solt aleine die tugent nemen in dem grunde, dâ si ein ist mit götlîcher natûre.* Über diese Predigt siehe S. Köbele, „Predigt 16b: ‚Quasi vas auri solidum'", in: *Lectura Eckhardi I*, 43–74 und Mauritius Wilde, *Das neue Bild vom Gottesbild. Bild und Theologie bei Meister Eckhart*, Freiburg/Schweiz 2000, 298–309. Die gleiche Betonung, man müsse die Tugend „im Grund" schöpfen, findet sich in RdU 21 (DW 5,282,4). Der *grunt* hat eine besondere Beziehung zur Tugend der Demut. So sagt Eckhart zum Beispiel in Pr. 55: *Ie mê der mensche in den grunt rehter dêmuot gesenket wirt, ie mê er gesenket wirt in den grunt götlîches wesens* (DW 2,582,3-4). Über Eckharts Lehre von der Beziehung der Tugenden zum *grunt* siehe Dietmar Mieth, „Die theo-

dem „wohlgeübten Grund" *(wol geübte grunt)*, so heißt es in Pr. 86 im Hinblick auf Martha in Lukas 10,[37] bedeute „ohne Warum" *(sunder/âne warumbe)* zu leben und zu handeln – das ist der Kern der eckhartschen Ethik.

Ein weiterer zentraler Aspekt des *grunt* muss in Augenschein genommen werden, wenn man erfassen will, warum die Mystik vom Grund einen hilfreichen Einstieg in die Mystik Eckharts bietet: seine Beziehung zu Christus. Eckhart behauptete, der einzige Weg zur Erlangung der Verwirklichung der ununterschiedenen Identität mit Gott gehe durch das Handeln des Mensch gewordenen Wortes. In der Inkarnation sei die zweite Person der Dreifaltigkeit nicht nur Mensch geworden, sondern habe die Menschennatur dergestalt angenommen (oder genauer: sie „nehme" sie unablässig „an"), dass alle, die die Menschennatur besäßen, in Christus absolut eins seien. Wir seien mit Christus *insofern* identisch, als auch wir Gottes Sprösslinge seien. Eckharts funktionale Christologie (die weiter unten ausgeführt werden soll) impliziert, dass der eine Grund, in dem wir die Identität mit Gott erlangen, im Einssein von Christi eigenem Grund wurzelt. Diese Lehre führt er in Pr. 67 aus, einer seiner schwierigsten Predigten (in der der Begriff *grunt* nicht weniger als zehnmal vorkommt).[38]

Eckharts Thema in Pr. 67 ist, wie Gott in der Seele lebe: zunächst durch die Liebe; sodann durch sein Bild, durch das wir Anteil am Leben der Dreifaltigkeit erhielten. Sodann erklärt er, der Ort dieses Kontakts sei „die wesenhafte (seiende) Vernunft Gottes, die die lautere, reine Kraft *intellectus* ist, die die Meister ein ‚Empfängliches' nennen" (d.h. das Erkenntnisvermögen). Sodann kommt er auf eine höhere Form des Einsseins zu sprechen: „Erst oberhalb dessen (was ich bisher zu kennzeichnen gesucht habe) erfasst sie (die Seele) die reine ‚Absolutheit' des *freien* (= reinen) Seins, das ohne ‚Da' (= Ort) ist, wo es weder empfängt noch gibt: Es ist vielmehr die reine Seinsheit, die allen Seins und aller Seinsheit beraubt ist. Dort erfasst sie Gott rein dem (göttlichen) *Grunde* nach, wo er über alles Sein hinaus ist. Gäbe es da noch Sein, so nähme sie (dieses) Sein im (absoluten) Sein; dort *ist* nichts als *ein* (absoluter) *Grund*."[39]

---

logische Transposition der Tugendethik bei Meister Eckhart", in: *Abendländische Mystik im Mittelalter*, hg. v. Kurt Ruh, Stuttgart 1986, 63–69.
[37] Pr. 86 (DW 3,481,11). Siehe die weitere Ausführung darüber weiter unten.
[38] In Pr. 67 stellt Eckhart den Zusammenhang zwischen dem *grunt* und Christus ausdrücklicher als in jeder anderen Predigt her. Allerdings führt er in Pr. 24 eine Erörterung des Einsseins der Seele im Grund der Dreifaltigkeit so fort, dass er zu einer Abhandlung darüber übergeht, wie Christus durch die Inkarnation die gesamte Menschheit angenommen habe (DW 1,419–420).
[39] Pr. 67 (DW 3,133,2–8): *Ez ist diu wesenlich vernünfticheit gotes, der diu lûter blôz kraft ist intellectus, daz die meister heizent ein enpfenclîchez ... Dar obe nimet si êrste die lûter ab-*

Eckhart sagt, dieser Zustand sei derjenige der höchsten spirituellen Vollkommenheit, der sich in diesem Leben erlangen lasse; aber hierauf kommt er auf eine künftige noch höhere Vollkommenheit im Himmel zu sprechen, die in und durch Christus erlangt werden könne, da dieser im Grund existiere. In diesen schwierigen folgenden Zeilen scheint Eckhart von einem Einssein zu sprechen, das in unserem jetzigen Einssein mit Christus bereits irgendwie vorhanden sei, jedoch noch nicht voll verwirklicht werden könne, weil in diesem Leben unvermeidlich noch eine Spannung zwischen dem „äußeren Menschen" *(ûzerster mensche)* und dem „inneren Menschen" *(inner mensche)* bestehe. Vom Grund her gesehen sei es jedoch so, dass genau wie Menschheit und Gottheit in Christus „*ein* personhaftes Sein sind" *(éin persônlich wesen)*, auch uns der Verlust unserer Selbstwahrnehmung schon jetzt ein Stück weit den Zugang zu diesem inneren Einssein ermögliche, „so dass ich in eben demselben das Gehaltenwerden (= die Stütze) des personhaften Seins so besitze, dass ich das personhafte Sein völlig selbst sei unter Verleugnung meines Selbstverständnisses, nach dem ich in *geistiger* Weise meinem (Seelen-)Grunde nach ebenso eins bin, wie der (göttliche) Grund *ein* Grund ist."[40] Das Aufgeben der Selbstwahrnehmung ist natürlich nichts anderes als die eckhartsche innere Loslösung, die wahre Armut im Geist und die Dekonstruktion (das *entbilden*) aller Bilder und alltäglichen Formen der Bewusstheit.[41]

Eckhart schließt an diese Erörterung der höchsten Form der Vollkommenheit einen dichten Abschnitt an, der vom Verhältnis zwischen dem „inneren" und dem „äußeren Menschen" handelt. Im Wesentlichen legt er dem „äußeren Menschen" ans Herz, sich nicht in das zu verlieben, was wir als „mystische Erfahrungen" bezeichnen würden. „Auf sich selbst gestellt empfängt (der Mensch) wohl von dem personhaften Sein auf mancherlei Weise Süße, Trost und Innigkeit, was gut ist; es ist aber das Beste nicht." Wenn er nämlich so bliebe, würde er zwar „aus Gnade und unter Mitwirkung der Gnade Trost" empfangen, aber es würde „der *innere* Mensch sich

---

solûcio des vrîen wesens, daz dâ sunder dâ, dâ ez ennimet noch engibet; ez ist diu blôze isticheit, diu dâ beroubet ist alles wesens und aller istichteit. Dâ nimet si got blôz nâch dem grunde dâ, dâ er ist über allez wesen. Waere dâ noch wesen, sô naeme si wesen in wesene; dâ enist niht wan éin grunt.

[40] Pr. 67 (DW 3,134,5–8): *... daz ich in dem selben understantnisse habe des persônlîche wesens, daz ich daz persônlîch wesen selber sî, alzemâle lougenlîche mîn selbes verstantnisses alsô, als ich nâch geistes art éin bin nâch dem grunde alsô, als der grunt selbe ein grunt ist.* Ein Teil der Schwierigkeit dieser Predigt ergibt sich daraus, dass man verstehen muss, was Eckhart unter den technischen Begriffen genau versteht, die hier angeführt sind: *persônlîche wesen* (12mal), *understantnisse* (5mal), *persônlîcheit* (2mal) und *understôz* (3mal).

[41] Über die Wichtigkeit des *entbildens* siehe Wolfgang Wackernagel, *Ymagine Denudari. Éthique de l'image et métaphysique de l'abstraction chez Maître Eckhart*, Paris 1991.

aus dem Grunde, in dem er (mit dem göttlichen Grunde) eins ist, auf *geistige* Weise herausbiegen *(herûzbiegen ûzer dem grunde in dem er ein ist)* und müsste sich nach dem *gnadenhaften* Sein verhalten, von dem er gnadenhaft getragen (= gehalten) ist." Denn „so wie der *innere* Mensch auf *geistige* Weise seinem *eigenen* Sein entfällt, wenn er mit dem (göttlichen) Grunde *ein* Grund ist, so müsste auch der *äußere* (körperliche) Mensch seines eigenen Gehaltenseins beraubt werden und ganz das Gehaltensein (= die Substanz) des ewigen Seins erhalten, das dieses nämliche personhafte Sein ist." Daraus schließt Eckhart, dass es in Christus „zweierlei Sein" gebe: „Das eine Sein ist der Gottheit nach das reine *Substanz-Sein* (substanzielle Sein Christi), das andere ist das *personhafte* Sein (Christi), und ist doch (beides) *eine* (und dieselbe) *Substanz* (*understôz* = Personhaftigkeit)." Und nun kommt Eckharts entscheidender Punkt: „Da nun dieselbe Substanz der Personhaftigkeit Christi als Trägerin der ewigen Menschheit Christi auch der Seele Substanz ist und da *ein* Christus in seinsmäßiger und in personhafter Substanz ist, so müssen auch *wir* derselbe Christus sein, ihm nachfolgend in den Werken, wie er im Sein *ein* Christus ist in Menschenart." Da wir die Menschennatur besäßen (also die gleiche Natur, die das Wort mit sich vereint habe), seien wir jetzt „von Gnaden in dem personhaften Sein (Christ) eins (mit Christus) und auch das personhafte Sein (selbst)." Das bedeutet, dass der *grunt* als Identität oder Verschmelzung von Gott und Mensch nichts anderes sei als Christi Grund. Eckhart bringt diesen Punkt auf die folgende verwickelte Weise zum Ausdruck: „Da nun Gott (= Christus) im Grunde des Vaters ewig innebleibend ist und ich in ihm (als) *ein* Grund und als derselbe Christus, (als) ein Träger meiner Menschheit, so ist sie sowohl die meine wie die seine in *einer* Substanz des ewigen Seins, so dass beider Sein, des Leibes *und* der Seele, in *einem* Christus vollendet werden als *ein* Gott, *ein* Sohn."[42]

Obwohl sich diese vollkommene Identität wohl erst voll und ganz nach der Auferstehung des Leibes erlangen lässt, legt Eckharts abschließendes Gebet den Gedanken nahe, dass er daran glaubte, die entsprechende Umwandlung müsse bereits in diesem Leben anfangen. Wenn „Gott Mensch wurde, damit der Mensch Gott werde", dann muss die Lehre Eckharts über den *grunt* als im Kern christologisch gesehen werden.

---

[42] Pr. 67 (DW 3,135,11–15): *Wan denne got* [= Christus, in den deutschen Predigten oft dafür verwendet] *in dem grunde des vaters êwiclîche inneblîbende ist und ich in im, ein grunt und der selbe Kristus, ein understandicheit mîner menscheit, sô ist si als wol mîn als sîn an einer understandicheit des êwigen wesens, daz beidiu wesen lîbes und sêle volbrâht werden in einem Kristô, ein got, ein sun.*

Die Komplexität des eckhartschen Denkens sperrt sich gegen jede Zusammenfassung. Die ständig sich wiederholenden Themen seiner Predigt wie etwa die Loslösung, die Rolle des Intellekts bei der Geburt des Sohnes in der Seele und der Durchbruch zum verborgenen Gott wurden lange als für das Verständnis seiner Botschaft entscheidend angesehen. In den letzten Jahrzehnten hat uns die besondere Aufmerksamkeit auf derart grundlegende metaphysische Motive wie die Lehre von der Analogie, die Dialektik des *unum* als Unterschiedenheit-Ununterschiedenheit und die Rolle der formalen Prädikation (z. B. bezüglich des Gerechten, *insoweit* er gerecht ist) geholfen, andere Aspekte seiner Lehre besser zu erfassen. Neue Untersuchungen über Eckhart den Prediger, insbesondere seinen Gebrauch der Metapher, seine „appellative" Redeweise und seine dekonstruktiven Techniken haben uns tiefere Einsichten darin ermöglicht, wie in Eckharts Fall tatsächlich das Medium die Botschaft ist. Als Ausgangspunkt für das Eingehen auf diese vielen Perspektiven Meister Eckharts schlage ich den Begriff *grunt* vor. Er ist einfach und tief zugleich und ermöglicht uns eine neue Wertschätzung der inneren Kohärenz des Denkens eines der bemerkenswertesten christlichen Mystiker.

Eckharts Metaphysik des Fließens

Eckhart liefert uns nicht nur eine mystische Lehre, sondern auch ein metaphysisches und theologisches Gerüst zur Unterstützung seiner Botschaft. Es wäre ein Fehler, einen Denker wie Eckhard in irgendein starres System zu zwängen, aber zumindest in seinem geplanten *Werk der Propositionen* hatte er den Versuch unternommen, eine Art Systematik zu schaffen. Wenn uns auch kein eckhartsches System überliefert ist, so gibt es immerhin eine systematische Ausrichtung seines gesamten Denkens.[43]

Eine gute Möglichkeit, sich an Eckharts implizite Systematik anzunähern, bietet die von ihm beschriebene Wechselseitigkeit zwischen dem „Ausfließen" *(exitus-emanatio/ûzganc-uzfliessen)* aller Dinge aus dem verborgenen Grund Gottes und dem „Eingehen" *(reditus-restoratio/inganc-durchbrechen)* des Universums in die Identität in der göttlichen Quelle. Aus dieser Sicht kann man Eckharts Metaphysik als eine Form der „Metaphysik des Fließens" bezeichnen.[44] Einmal hatte er zusammenfassend geäußert: „Ich habe es euch schon öfters gesagt: Gottes Ausgang ist sein Ein-

---

[43] Siehe diesbezüglich Jan Aertsen, „Der ‚Systematiker' Eckhart", in: *Meister Eckhart in Erfurt*, hg. v. A. Speer u. L. Wegener (*Miscellanea Mediaevalia* Bd. 32), Berlin-New York 2005, 189–230.
[44] Siehe oben Kapitel 1, 35–41.

gang" *(Ich han ez ouch mê gesprochen: gotes ûzganc ist sîn inganc).*[45] Hier kann nur ein Überblick über die Hauptlinien dieser spekulativen Lehre gegeben werden, sozusagen das Skelett, das Eckhart in seinen mystischen Predigten mit Fleisch und Blut umkleidete. Die Darstellung soll unter fünf Überschriften erfolgen, deren erste Eckharts Schilderung der dynamischen Aktivität im Herzen alles Ausfließens aus dem göttlichen Grund zum Thema hat.

Bullitio-Ebullitio

Eine Stelle in Eckharts lateinischer Predigt S. XLIX, die von der Natur des „Bilds" *(imago/bild)* handelt, bietet einen guten Einstieg darin, wie er sich den *exitus* vorstellte. Darin sagt Eckhart: „Das Bild ist im eigentlichen Sinn ein einfaches Ausfließen der Form nach, durch das die ganze, lautere, bloße Wesenheit mitgeteilt wird ... Das Bild ist also ein Ausfließen aus dem Innersten, wobei alles Äußere schweigt und ausgeschlossen ist. Es ist ein Leben, das man sich so vorstellen kann, als ob ein Wesen aus sich selbst und in sich selbst anschwillt und aufwallt, wobei das Überwallen noch nicht mitgedacht ist." Davon ausgehend unterscheidet er drei Stufen des *exitus*, des „Hervorbringens zum Sein": „(Erstens) bringt etwas von sich und aus sich und in sich selbst (etwas) hervor, indem es die bloße Natur in der Art eines formbildenden Prozesses ergießt, ohne dass der Wille mitwirkt; er ist hier vielmehr nur Begleiter. Es ist die Weise, in der das Gute sich mitteilt ... Die zweite Stufe ist gleichsam ein Überwallen nach Art der Wirkursächlichkeit und in Hinordnung auf ein Ziel. Auf diese Weise bringt ein Wesen etwas zwar von sich selbst, aber nicht aus sich selbst hervor.[46] Also entweder aus irgendetwas anderem – das möge Machen heißen – oder aus dem Nichts, und dann haben wir die dritte Stufe des Hervorbringens, das Erschaffen *(creatio).*"[47]

---

[45] Pr. 53 (DW 2,530,3-4).

[46] Zur *ebullitio* gehört eine Formal- oder Exemplarursache zusammen mit einer Wirk- und Zielursache; die *bullitio* ist nichts rein Formales.

[47] Sermo XLIX,3, n. 511 (LW 4,425,14-426,12): *IMAGO. Nota quod imago proprie est emanatio simplex, formalis transfusiva totius essentiae purae nudae ... Est ergo emanatio ab intimis in silentio et exclusione omnis forinseci, vita quaedam, ac si imagineris rem ex ipsa et in se ipsa intumescere et bullire in se ipsa necdum cointellecta ebullitione ... Primus ... quo quid producitur a se et de se ipso et in se ipso naturam nudam ... eo siquidem modo quo bonum est diffusivum sui ... Secundus gradus est quasi ebullitio sub ratione efficientis et in ordine finis, quo modo producit quid a se ipso, sed non de se ipso. Aut ergo de alio quolibet, et dicatur factio; aut de nihilo, et est tertius gradus productionis, qui dicitur creatio.* Die ausführlichste Untersuchung über Eckharts Bildtheologie ist Wilde, *Das neue Bild vom Gottesbild*. Über diese Predigt siehe Donald F. Duclow, „,Whose Image is This?' in Eckhart's *Sermones*", in: *Mystics*

Andere Texte im lateinischen Werk zeigen, wie wichtig Eckhart die Emanation in dem Sinn ist, dass sie sowohl die *bullitio* als auch die *ebullitio* umfasst.[48] Bei seiner Auslegung der göttlichen Selbstbezeichnung „Ich bin der ich bin" (Ex 3,14) vermerkt Eckhart, die in dieser Formulierung enthaltene Wiederholung „*ich bin, der ich bin*" zeige „die Lauterkeit der Bejahung unter Ausschluss jeder Verneinung von Gott an. Wiederum auch eine Art Rückwendung des Seins zu sich und auf sich selbst und ein Verharren oder Feststehen in sich[49], ferner aber gleichsam ein Aufwallen oder Sichselbstgebären – (das Sein ist) in sich brausend und in sich und auf sich fließend und wallend Licht, das in Licht und zu (neuem) Licht (erstrahlt), das sich selbst ganz durchdringt, das von allen Seiten ganz auf sich selbst zurückfließt und -strahlt."[50]

So ist Gottes innere *bullitio* die Quelle und das Vorbild des Überquellens *(ebullitio)*, das die Schöpfung ist: Die Emanation der göttlichen Personen in der Dreifaltigkeit ist der vorausliegende Grund *(ratio est et praevia)* von allem, was existiert.

Eckhart kommt auch in S. XXV, einer Erörterung über die Gnade, auf das Sprudeln und Übersprudeln zu sprechen. Darin legt er sein eigenes Verständnis der traditionellen scholastischen Kategorien der „frei geschenkten Gnade" *(gratia gratis data)* und der „erlösenden Gnade" *(gratia gratum faciens)* vor und setzt die erstere mit dem Geschenk des geschaffenen Seins gleich, das alle Geschöpfe von der Güte des göttlichen Wesens empfangen. Er sagt: „Die zweite Gnade geht von Gott unter dem Gesichtspunkt und der Eigentümlichkeit eines personbildenden Merkmals aus. Deswegen ist

---

Quarterly 15 (1989), 29–40; und Bernard McGinn, „Sermo XLIX. ‚Cuius est imago haec et superscriptio?'", in: *Lectura Eckhardi III* (in Vorbereitung).

[48] Über die Wichtigkeit der *bullitio-ebullitio* bei Eckhart siehe Vladimir Lossky, *Théologie négative et connaissance de Dieu chez Maître Eckhart*, Paris 1960, 116–120; und Lyndon P. Reynolds, „Bullitio and the God beyond God: Meister Eckhart's Trinitarian Theology", in: *New Blackfriars* 70 (1989),169–181.235–244.

[49] Die *reditio completa* der göttlichen Natur in sich selbst war für Eckharts dynamische Sicht der *emanatio* innerhalb Gottes (d.h. der *bullitio*) zentral. Sie kommt an vielen Stellen seiner lateinischen Werke vor, z.B. hier in Ex. nn. 16–17 (LW 2,22–23) und auch in In Ex. n. 74; In Eccli. n. 10; In Sap. n. 5 (LW 2,77, 239, 326–327; In Ioh. n. 222 (LW 3,186); und S. XLIX,2 und S. LII (LW 4,425 u. 438). Eckhart zitierte oft die *auctoritas* des *Liber de causis* 15: *Omnis sciens qui scit essentiam suam* [d.h. die substantia divina] *est rediens ad essentiam suam reditione completa*. Letztlich geht diese Vorstellung auf Proklos' Elemente der Theologie prop. 83 zurück (siehe *Proclus. The Elements of Theology*, hg. v. E. R. Dodds, Oxford, 2. Aufl. 1963, 76–79).

[50] In Ex. n. 16 (LW 2,21,7–22,1): ... *puritatem affirmationis excluso omni negativo ab ipso deo indicat; rursus ipsius esse quandam in se ipsum et super se ipsum reflexivam conversionem et in se ipso mansionem sive fixionem; adhuc autem quandam bullitionem sive parturitionem sui in se fervens et in se ipso et in se ipsum liquescens et bulliens, lux in luce et in lucem se toto se totum penetrans, et se toto super se totum conversum et reflexum undique.*

nur ein der Vernunfterkenntnis fähiges Wesen für sie empfänglich." Diese beiden Arten der Gnade bringen den Unterschied zwischen *bullitio* und *ebullitio* zum Ausdruck: „Gott, insofern er gut ist, ist der Ursprung des Übersprudelns nach außen, insofern ihm aber die (personbildenden) Merkmale zukommen, ist er der Ursprung des Sprudelns in sich selbst, das sich nach Art der urbildlichen Ursache zum Übersprudeln verhält." Eckhart weist zudem deutlich darauf hin, welche Konsequenzen das Gnadenverständnis im Sinne der *bullitio-ebullitio* für unsere Rückkehr zu Gott mit sich bringe: „Weiter besteht die erste Gnade in einer Art Ausfluss, Ausgang von Gott; die zweite besteht in einer Art Rückfluss oder Rückkehr in Gott."[51] Mit anderen Worten: Der *exitus* komme infolge des Überquellens Gottes *außerhalb* der göttlichen Natur zustande, während der *reditus* oder die Vergöttlichung mittels des Wirkens einer im dreifaltigen Quellen selbst gründenden Gnade stattfinde. Wir könnten unser Ziel nur dadurch erreichen, dass wir Anteil an der inneren Aktivität der drei göttlichen Personen erhielten.

Eckhart verwendet in seinen Predigten für *bullitio* zuweilen das ausdrucksstarke Wort „Ausbruch" *(ûzbruch)*: „Der erste Ausbruch und das erste Ausschmelzen, worin Gott ausschmilzt, darin schmilzt er in seinen Sohn, und da schmilzt er zurück in den Vater."[52] Wo immer man die Rede vom „Ausbruch" oder dessen Äquivalenten in den deutschsprachigen Werken findet, sollte man Eckharts Lehre von der *bullitio* und den zwei Formen der *ebullitio* (d. h. des Erschaffens und Machens) vor Augen haben.[53]

Eckharts dynamische Vorstellung von der *bullitio-ebullitio* spiegelt früheres dominikanisches Denken wider, erweitert dieses jedoch. Wie im

---

[51] S. XXV,1, nn. 258–259 (LW 4,236,2–237,2): *Secunda gratia procedit a deo sub ratione et proprietate personalis notionis ... Rursus deus sub ratione boni est principium ebullitionis ad extra, sub ratione vero notionis est principium bullitionis in se ipso, quae se habet causaliter et exemplariter ad ebullitionem ... Adhuc prima gratia consistit in quodam effluxu, egressu a deo. Secunda consistit in quodam refluxu sive regressu in ipsum deum.* Über diese Predigt siehe Niklaus Largier, „Sermo XXV: ‚Gratia dei sum id quod sum'", in: *Lectura Eckhardi II*, 177–203.
[52] Pr. 35 (DW 2,180,5–7): *Der êrste ûzbruch und das êrste ûzsmelzen, dâ got ûzsmilzet, dâ smilzet in sînen sun, und dâ smilzet er wider in den vater.* Vergleichbare Stellen sind etwa Prr. 3 und 7 (DW 1,54 u. 1,123).
[53] Als weitere Stellen, an denen *bullitio-ebullitio* vorkommt, siehe z. B. S. XXV n. 263 (LW 4,239–240) und In Sap. n. 283 (LW 2,615–616). Als Einführung in Eckharts Terminologie bezüglich der Dreifaltigkeit als der Quelle aller Emanation in den deutschen Predigten siehe Kurt Ruh, „Die trinitarische Spekulation in deutscher Mystik", in: *Kleine Schriften. Band II. Scholastik und Mystik im Spätmittelalter*, hg. v. Volker Mertens, Berlin 1984, 33–36. Eckhartsche Schlüsselbegriffe behandelt auch Michael Egerding, *Die Metaphorik der spätmittelalterlichen Mystik*, 2 Bde., Paderborn 1997, Bd. II, besonders unter *brechen* (129–133), *brunne* (139–142), *smelzen* (524–525) und *vliessen* (633–643).

1. Kapitel gezeigt wurde, hatte Albert der Große als erster die Metaphysik des Fließens entwickelt, als er den Begriff *ebullitio* zur Bezeichnung dafür verwendet hatte, wie der Erste Beweger in alle Dinge ausfließt.[54] Dietrich von Freiberg hatte *ebullitio* für das ursächliche Handeln getrennter Intelligenzen verwendet,[55] und *ebullitio* findet sich auch in Berthold von Moosburgs *Kommentar über die theologische Elementarlehre des Proklos*.[56] Auch nichtdeutsche Autoren gebrauchten die Rede vom Sprudeln und Übersprudeln. So sprach etwa Thomas von Aquin, als er eine Stelle in Dionysius' CH 7 paraphrasierte, davon, wie die Liebe zur Ekstase führe, „weil sie glüht, über sich hinaussprudelt und ausatmet."[57] Ähnlich beschrieb Marguerite Porete das „Übersprudeln der Liebe", wodurch die Seelen, die den „Tod des Geistes" gestorben seien, vollkommen mit Gott geeint würden und „die Blume der Liebe der Gottheit" empfingen.[58] Keiner dieser Autoren entwickelte jedoch die Vorstellung von der Beziehung zwischen der trinitarischen *bullitio* und der kreativen *ebullitio* auf die Weise, wie Eckhart das tat.

Gott als Prinzip *(principium)* und als Trinität

Die Vorbedingung für die formale Emanation oder *bullitio* in der Dreifaltigkeit ist nichts anderes als der *grunt;* aber die aktive Quelle oder der Ursprung des emanativen inneren Sprudelns ist das, was in den lateinischen Schriften meistens als *principium* bezeichnet wird.[59] Das Verhältnis zwischen *principium* und *bullitio* klärt Eckhart an einer Stelle im *Johanneskommentar* genauer: „Wenn aber das eine als Ursprung wirkt und Sein gibt und

---

[54] Siehe Kapitel 1, 37–41.
[55] Über Dietrich von Freibergs Verwendung von *ebullitio* siehe de Libera, *La mystique rhénane*, 196–197. Beispieltexte finden sich in dessen *De intellectu et intelligibili* 1,5,2 und 1,8,2. Siehe *Dietrich von Freiberg. Opera Omnia*, hg. v. Burkhard Mojsisch u.a., Hamburg 1977ff., Bd. I, 139 u. 142.
[56] Siehe Berthold, *Expositio super Elementationem theologicam Procli*, hg. v. Loris Sturlese, Maria Rita Pagnoni-Sturlese u. Burkhard Mojsisch, Hamburg 1984ff., Prop. 18B (47,123–128), mit Bezug auf Honorius Augustodunensis. *Clavis physicae*, hg. v. Paolo Lucentini, Rom 1974, 126–127. Mehr über Bertholds Verwendung des Begriffs *ebullitio* findet sich bei de Libera, *La mystique rhénane*, 353–356, 362–364 und 384.
[57] Siehe Thomas von Aquin, *In III Sent.* d. 27, q. 1, a. 1, ad 4: ... *dicitur amor extasim facere et fervere, quia fervet, extra se ebullit, et exhalet;* er kommentiert damit DN 4,13 (PG 3,711A) und CH 7,1 (205C).
[58] Marguerite Porete, *Le Mirouer des simples ames*, hg. v. Romana Guarnieri u. Paul Verdeyen, Turnhoult 1986, CCCM 69, Kap. 64 (186–187): *Haec sola dongeria amoris, dicit Amor, dant sibi profundationem et cumulationem et attingentiam bullitionis amoris* [französisch: boillon de amour], *iuxta testimonium ipsiusmet amoris*.
[59] Als Abhandlungen über das *principium* und die Rolle des „prinzipiellen Erkennens" (d.h. des Sehens aller Dinge aus der göttlichen Perspektive), siehe C. F. Kelley, *Meister Eckhart on Divine Knowledge* und Erwin Waldschütz, *Denken und Erfahren des Grundes*, Teil II.

Ursprung ist, so geschieht das seiner Natur nach im Innern. Deswegen zeugt es im eigentlichen Sinne nicht etwas Ähnliches, sondern sich selbst als ein und dasselbe ... Daher kommt es, dass das Ausfließen bei den göttlichen Personen eine Art Übersprudeln der Form nach ist, und deswegen sind die drei Personen schlechthin und ohne Einschränkung eins."[60]

Eckhart fühlte sich zweifellos deshalb zum Begriff *principium* für die Bezeichnung des Prozesses der Emanation hingezogen, weil dieser in zwei der wichtigsten Texte der Bibel eine Rolle spielt, nämlich in Genesis 1,1: *In principio creavit Deus caelum et terram* und in Johannes 1,1: *In principio erat Verbum*. Das Wort *principium* ist besonders hilfreich, weil es sowohl den *Anfang* von etwas Andauerndem als auch im Kontext der Metaphysik des Fließens den *Ursprung* und die *Hinordnung* auf ihn impliziert.[61]

Zunächst einmal bezieht sich *principium* auf den Vater als den Ursprung und die Quelle des Sohnes und des Heiligen Geistes. In einem Abschnitt, worin Eckhart sieben Gründe für das Senden des Heiligen Geistes darlegt, fasst er seine Lehre über die beiden Hervorgänge im Rahmen der trinitarischen Emanation zusammen, den Akt der Erzeugung (*generare*), mittels dessen der Vater den Sohn hervorbringt und das Atmen (*spirare*), mittels dessen Vater und Sohn den Heiligen Geist entstehen lassen. Der Sohn sei nur dank seiner Abhängigkeit vom Vater zum Handeln als *principium* fähig: „Der Sohn ist Ursprung vom Ursprung, der Vater Ursprung ohne Ursprung; also muss der Sohn zum Vater gehen, der die Quelle der gesamten Gottheit ist, damit er dort empfängt, um zu fließen, gemäß jenem Wort: Zu dem Ort, von dem die Ströme ausgehen, kehren sie zurück, um wiederum zu fließen (Koh 1,7)."[62]

Die Quelleigenschaft des Vaters in der Dreifaltigkeit ist eines der vorherrschenden Themen in der Eckhardschen Trinitätslehre.[63]

Mit *principium* wird auch der dreieine Gott als die Quelle der *ebullitio*

---

[60] In Ioh. n. 342 (LW 3,291,4–8): *Unum autem per se principiat et dat esse et principium est intra. Et propter hoc proprie non producit simile, sed unum et idem se ipsum ... Hinc est quod in divinis personis emanatio est formalis quaedam ebullitio [sic], et propter hoc tres personae sunt simpliciter unum et absolute.* Dass hier *ebullitio* verwendet wird, geht gegen alle anderen Formulierungen Eckharts, weshalb ich das für einen Abschreibfehler halte und es lieber als *bullitio* lese.
[61] In Eccli. n. 12 (LW 2,241–242).
[62] In Ioh. n. 656 (LW 3,570,13–571,2): *Item secundo: filius est principium de principio, pater ‚principium sine principio'; oportet ergo filium adire patrem qui fons est totius deitatis, ut ibi accipiat quod fluat, secundum illud Eccl. 1: ‚ad locum unde exeunt flumina, revertuntur, ut iterum fluant'.* Die Bezeichnung des Vaters als *principium sine principio* und des Sohns als *principium de principio* stammt von Augustinus, *Contra Maximinum* 2,17,4 (PL 42,784).
[63] Eckhart erörtert dies sehr ausführlich in seinem Kommentar zu Johannes 18,8 („Herr, zeig uns den Vater; das genügt uns"). Siehe In Ioh. nn. 546–576 (LW 3,477–506).

bezeichnet. Eckharts beide Genesis-Kommentare bieten reichhaltiges Material für die genauere Untersuchung dieses Aspekts seiner Metaphysik des Fließens. Im ersten *Kommentar zum Buch Genesis*, dem buchstäblichen, stellt Eckhart drei Verständnisweisen des *in principio* vor.[64] „Prinzip" bedeute zunächst einmal den „idealen Verstand", das heißt den *Logos*, Verstand oder Sohn als „das Bild oder den idealen Verstand" innerhalb Gottes, in welchem das Wesen aller Dinge auf eine höhere Weise als Möglichkeit vorausenthalten sei. Zweitens bezeichne „Prinzip" den Intellekt und weise darauf hin, dass Gott nicht aus Naturnotwendigkeit erschaffe, wie Avicenna vertrat, sondern aus seinem eigenen Verstehensakt und freien Willen heraus.[65] Eckharts dritte Interpretation des *principium* der Genesis beleuchtet den Aspekt der Dauer, einen der stärksten Kritikpunkte an seiner Lehre vom *exitus*. Weil die *bullitio* und die *ebullitio* nur *eine* Quelle hätten, müsse ihre Dauer eine simultane sein. *Principium*, so sagt Eckhart, „ist ... genau dasselbe Jetzt, in dem Gott von Ewigkeit her ist und in dem auch das Ausfließen der göttlichen Personen ewig ist, war und sein wird". Und er folgert daraus: „In demselben und einen (Jetzt) ..., in dem Gott war und in dem er den ihm gleich ewigen, den durchaus gottgleichen Sohn zeugte, schuf er auch die Welt."[66] Dieser Aspekt der *ebullitio* führte dazu, dass in der päpstlichen Bulle drei Stellen bezüglich der Ewigkeit der Schöpfung verurteilt wurden, von denen zwei aus diesem Kommentar zum *in principio* von Genesis 1,1 stammten.[67]

Augustinus, Thomas von Aquin und andere hatten in allen geschaffenen Dingen Spuren der Dreifaltigkeit gefunden.[68] Aus Eckharts Ansicht, dass es nur eine einzige Quelle gebe und beide Formen des Ausfließens aus dem Prinzip gleich ewig seien, ergab sich, dass er alle Tätigkeit als ihrem Wesen nach trinitarisch sah. Wenn die *ebullitio* ihre Wurzel in der *bullitio* hat, mittels derer der Vater den Sohn gebiert und die beiden die Liebe ausströmen, die der Heilige Geist ist, dann sind die *creatio* und sogar jede *factio*,

---

[64] In Gen. I nn. 3–7 (LW 1,186–191). Eckhart analysiert diesen Vers auch im Prol.gen. nn. 14–22 (LW 1,159–165).
[65] Eckhart stimmt hier mit der Lehre von Thomas von Aquin über die Schöpfung überein, wie diese sich z. B. in S.Th. I q. 46 a. 1 und darin besonders in ad 6 und ad 9 findet.
[66] In Gen. I n. 7 (LW 1,190,1–12): *Rursus tertio principium, in quo deus creavit caelum et terram, est primum nunc simplex aeternitatis, ipsum, inquam, idem nunc penitus, in quo deus est ab aeterno, in quo etiam est, fuit et erit aeternaliter personarum divinarum emanatio ... Simul enim et semel quo deus fit, quo filium sibi coaeternum per omnia coaequalem deum genuit, etiam mundum creavit.*
[67] „In agro dominico" artt. 1 u. 3, beide aus In Gen.I n. 7 (LW 1,190–191) genommen. Der zweite Artikel stammte aus In Ioh. n. 216 (LW 3,187) und handelte ebenfalls von der Ewigkeit des Universums.
[68] Augustinus z. B. in *De Trinitate* 6,10,12 (PL 42,932) und Thomas in der S.Th. I q. 46 a. 7.

also jedes Machen, Ausdruck einer trinitarischen Handlungsweise. Das ist die Grundlage für Eckharts „a-priori"-Sicht der Dreifaltigkeit, das heißt, dass die Dreifaltigkeit Gottes nicht nur eine dem Glauben zugängliche Wahrheit sei, sondern auch auf dem Weg der metaphysischen Analyse der Formen der *productio* erschlossen werden könne.[69]

Angesichts von Eckharts Überzeugung, dass die Dreifaltigkeit Gottes eine Wahrheit sei, die man mittels a-priori-Argumenten aufzeigen könne, ist seine Trinitätsvorstellung ein Beispiel für das, was Werner Beierwaltes das „ernsthafte Spiel" des Dialogs zwischen Philosophie und Theologie genannt hat, als welches die klassische christliche Spekulation über Gott als den Dreieinen geführt wurde.[70] In seinem *Kommentar zum Buch der Weisheit* fasst Eckhart dies so zusammen: „So ist also jedes Wirken im Bereich der Natur, des sittlichen Lebens und der Kunst erst dann in sich abgeschlossen, wenn es dreierlei umfasst, das Erzeugende, das Erzeugte und die Liebe des Erzeugenden zum Gezeugten und die des Erzeugten zum Erzeugenden."[71] Daher enthält also jede natürliche Tätigkeit ein Bild der Dreifaltigkeit. Die besondere Eigenart der Natur des Menschen bestehe darin, dass sie die Fähigkeit zum Denken habe und folglich das trinitarische Bild in den Dingen auf bewusste Weise hervorbringen könne (Eckhart gebraucht oft das aristotelische Beispiel vom Schreiner, der eine Truhe oder Kiste anfertigt). Eine derartige Aneignung der innergöttlichen Hervorgänge des Worts und der Liebe machten die menschliche Natur zur *imago Dei* (Gen 1,26) im vollen und eigentlichen Sinn des Bildes als formaler Emanation (mehr darüber weiter unten).

Im *Buch der Bildreden der Genesis*[72] legt Eckhart seine Auffassung vom *principium* sehr ausführlich dar, und dann insbesondere auch noch in seinen langen Ausführungen über den zweiten biblischen Text mit dem *in princi-*

---

[69] Über den a-priori-Aspekt von Eckharts Trinitätsvorstellung siehe Reynolds, „*Bullitio* and the God beyond God", 170–171 u. 240–241. Vgl. auch Dobie, „Reason and Revelation in Meister Eckhart", 423–434.
[70] Werner Beierwaltes, „Unity and Trinity East and West", in: *Eriugena East and West*, hg. v. Bernard McGinn u. Willemien Otten, Notre Dame 1995, 211.
[71] In Sap. n. 28 (LW 2,348,9–11): *Sic ergo omnis actio naturae, moris et artis habet de sui integritate tria, puta generans, genitum et amorem gignentis ad genitum et geniti ad gignentem* ... Eine ausführlichere Entwicklung findet sich in In Ioh. nn. 361–367 (LW 3,306–312).
[72] Eckhart kommt in seinem In Gen.II nn. 8–40 (LW 1,479–507) wieder auf Gen 1,1 zu sprechen und behandelt hier drei Themen: 1. „productio sive emanatio filii et spiritus sancti a patre aeternaliter"; 2. „item productio sive creatio generalis totius universi ab uno deo temporaliter"; und 3. „et plura quantum ad proprietates tam creatoris quam creaturarum" (n.8 [LW 1,479,4–7]). Als weitere Texte, die sich in diesem Werk mit dem *principium* beschäftigen, siehe In Gen.II nn. 49–50 und 111–112 (LW 1,517–518. 576–578).

pio, nämlich Joh 1,1.⁷³ Nach Eckharts Ansicht muss die Natur Gottes als *principium* immer als der trinitarische Gott mit Vater, Sohn und Heiligem Geist verstanden werden. Eckharts Mystik ist genau wie diejenige von Wilhelm von Saint-Thierry im 12. und Bonaventura im 13. Jahrhundert durch und durch trinitarisch.⁷⁴ Wie das Wirken des dreieinen Gottes im weiteren Kontext seiner Botschaft über das Erlangen des ununterschiedenen Einsseins mit Gott beschaffen sei, das ist genau ein zentrales Thema im Denken Eckharts.

Weil Eckharts Sicht der mystischen Identität traditionelle Verständnisweisen über die Grenzen des Einswerdens mit Gott in Frage stellte, sind seine Ausführungen darüber, wie wir mit dem Vater, Sohn und Heiligen Geist eins werden können, ebenfalls umstritten. Eckharts Mystik scheint sowohl trinitarisch zu sein als auch supra-trinitarisch in dem Sinn, dass er zwar immer auf der notwendigen Rolle der Dreifaltigkeit besteht, jedoch in einigen seiner Predigten die Letztgültigkeit der dreieinen Gottesvorstellung in Frage stellt, indem er die Gläubigen auffordert, zum „Gott jenseits von Gott" weiterzugehen, das heißt „in den einfaltigen Grund, in die stille Wüste, in die nie Unterschiedenheit hineinlugte, weder Vater noch Sohn noch Heiliger Geist" (Pr. 48).⁷⁵ Man kann sich fragen, ob Eckharts Lehre über das Einssein von *bullitio* und *ebullitio*, wodurch er Gottes trinitarisches Leben zur inneren Realität jedes Modus des Hervorbringens machte, zu einer Reaktion führte, die das starke Bedürfnis nach einem unabhängigen Bereich für Gott weckte, der dann jenseits desjenigen der traditionellen apophatischen Theologie liegen musste.

Eckharts Trinitätslehre zieht sich durch alle seine Werke, aber einige wenige lateinische Ausführungen, wie etwa drei Kurztraktate im Johanneskommentar und ein Abschnitt in S. IV⁷⁶ liefern eine gute Darstellung seiner

---

⁷³ Der Kommentar zu Joh 1,1 setzt in In Ioh. nn. 4–51 (LW 3,5–43) ein. Die Schlüsselstellen sind nn. 4–14, 19–21 und 28–51. Als Kommentar dazu mit Verweisen auf Sekundärliteratur siehe Largier, *Meister Eckhart* II,835–867.

⁷⁴ Über Eckharts Sicht der Trinität siehe Bernard McGinn, „A Prolegomenon to the Role of the Trinity in Meister Eckhart's Mysticism", in: *Eckhart Review* (Frühjahr 1997), 51–61 sowie die längere deutsche Version „Sermo IV", in: *Lectura Eckhardi I*, 289–316. Siehe auch R.-L. Oechslin, „Eckhart et la mystique trinitaire", in: *Lumière et vie* 30 (1956), 99–120 und „Der Eine und Dreieinige in den deutschen Predigten", in: *Meister Eckhart der Prediger*, 149–166; ferner Reynolds, „*Bullitio* and the God beyond God"; Alain de Libera, „L'Un ou la Trinité", in: *Revue des sciences religieuses* 70 (1996), 31–47 und Rainer Haucke, *Trinität und Denken. Die Unterscheidung der Einheit von Gott und Mensch bei Eckhart*, Frankfurt/M. 1986.

⁷⁵ Bernard McGinn, „The God beyond God: Theology and Mysticism in the Thought of Meister Eckhart", in: *Journal of Religion* 61 (1981), 1–19.

⁷⁶ Die drei Traktate über die Dreifaltigkeit finden sich in In Ioh. nn. 358–367, 511–518 u. 546–576 (LW 3,303–312, 442–448 u. 477–506); S. IV siehe in LW 4,22–32. In den lateinischen Werken gibt es viele weitere für Eckharts trinitarisch ausgerichtetes Denken wichtige Stellen,

in seinen deutschen Predigten und volkssprachlichen Abhandlungen steckenden Grundgedanken.[77] Einige seiner tiefsten Einsichten äußerte er jedoch oft in den deutschen Predigten. So offenbart zum Beispiel eine kurze und schwierige Stelle in Pr. 10, wie er das Verhältnis von Dreifaltigkeit und Einheit in Gott versteht: „Ich predigte einst in lateinischer Sprache, und das war am Tage der Dreifaltigkeit, da sagte ich: Die Unterschiedenheit kommt aus der Einheit, (ich meine) die Unterschiedenheit *ist* die Einheit. Je größer die Unterschiedenheit ist, umso größer ist die Einheit, denn das (eben) ist die Unterschiedenheit ohne Unterschied. Wären da tausend Personen, so wäre da doch nichts als Einheit."[78] Was meint Eckhart mit dieser rätselhaften Aussage? Es scheint dabei um das Folgende zu gehen. Erstens sei in unserer Erfahrung Verschiedenheit („dieses *ist nicht* jenes") immer mit Aufzählung verbunden, während die Nichtverschiedenheit („dieses *ist* jenes") die Möglichkeit einer Aufzählung impliziere, weil man ja grundsätzlich von mehreren spreche (nämlich von einem, das „dieses" ist und einem, das „jenes" ist). Aber zweitens gebe es in Gott nicht irgendwelche Zahl. So heißt es zum Beispiel in S. XI: „Gott aber ist von jeder Zahl im eigentlichen Sinne ausgenommen. Er ist nämlich einer ohne Einheit, dreifaltig ohne Dreiheit, wie er gut ohne Eigenschaft ist."[79] Gottes Unterschiedenheit (die ihn von allen anderen Dingen absetzt) müsse absolut ohne Aufzählung und ohne

---

und zwar nicht nur im Johanneskommentar (darin z. B. nn. 4–27, 32–36, 40–50, 56–60, 82, 160–166, 187–198, 411–414, 422–425, 437–438, 468–469, 641, 656), sondern auch in Eckharts anderen Bibelauslegungen und Predigten (z. B. in In Gen.II nn. 9–20, 44, 48–51, 179–180, 214–217; In Ex. nn. 16, 28, 56, 62–65, 70–72; In Eccli. nn. 11–12, 23; In Sap. nn. 27–29, 64–67, 89, 192; sowie in SS. II nn. 3–18, XXXV nn. 357–363, XXXVI nn. 366–367 u. XLIX n. 512).

[77] Mindestens 34 der deutschen Predigten enthalten Ausführungen über die Dreifaltigkeit. Zu den wichtigsten davon gehören Pr. 10 (DW 1,173); Prr. 35, 47, 49 (DW 2,180–181, 394–396, 433–435); Prr. 67, 83 (DW 3,132–134 u. 446–448) sowie BgT 1,1 (DW 5,30–34.41–42).

[78] Pr. 10 (DW 1,173,1–5): *Ich predigete einest in latîne, und daz was an dem tage der drîvaltichiet, dô sprach ich: der underscheit kumet von der einicheit, der underscheit in der drîvaltichiet. Diu einicheit ist der underscheit, und der underscheit ist diu einicheit. Ie der underscheit mêr ist, ie diu einicheit mêr ist, wan daz ist underscheit âne underscheit. Waeren dâ tûsent persônen, sô enwaere doch dâ niht dan einicheit.* Quint äußert in seiner Anmerkung zu dieser Stelle, Eckhart beziehe sich dabei auf S. II n. 14, aber die gleiche Lehre findet sich auch in S. IV.

[79] S. XI n. 118 (LW 4,112,5–6): *Deus autem ab omni numero proprie eximitur. Est enim unus sine unitate, trinus sine trinitate, sicut bonus sine qualitate.* In den lateinischen Texten gibt es dazu viele Parallelen, sowie auch in den deutschen Predigten, z. B. in Pr. 38 (DW 2,234). Gottes Freiheit von jeder Zahl sei Teil seines Ansichseins, das ihn frei von Ort *(locus)* und Zeit *(tempus)* sein lasse. Weil Gott *illocalis* sei (z. B. In Sap. n. 133 [LW 2,471]), lasse er sich als der *locus omnium* bezeichnen (z. B. In Ioh. nn. 199–205 [LW 3,168–173]; S.V n. 51 [LW 4,48]). Eckharts Gedanke über Gott als dem *locus* aller Dinge gestattet interessante Vergleiche mit dem Denken von Maimonides; siehe Schwartz, „*Ecce est locus apud me*'. Maimonides und Eckharts Raumvorstellung als Begriff des Göttlichen".

irgendwelche Unterschiedenheit sein – das heißt: einzig er sei ununterschieden. Drittens, was immer Gott sei (d. h. die Dreifaltigkeit der Personen), müsse schon allein deshalb mit der göttlichen Ununterschiedenheit identisch sein: „Es ist (eben) Unterschiedenheit ohne Unterscheiden." Eckharts Aussage, dass dies sogar dann wahr sein würde, falls in Gott hundert oder gar tausend göttliche Personen wären (!), wurde bereits zitiert; allerdings wüssten wir, dass es nur drei sind.[80] Die Formulierung in Pr. 10 zeigt, dass Eckhart glaubte, das für seine Mystik zentrale dialektische Verhältnis von Gott und Schöpfung gründe in der unterschiedenen Ununterschiedenheit in der Dreifaltigkeit selbst.

Wie kann in Gott (d. h. dem Ununterschiedenen) sowohl absolutes Einssein und dennoch eine klare Unterschiedenheit von drei Personen sein? Die beste Möglichkeit der Annäherung an dieses Rätsel bietet sich vom Gesichtspunkt des dialektischen Charakters des Denkens Eckharts her. Das heißt: Die Wahrheit der gegensätzlichen Thesen fange nur dann an, Sinn zu machen, wenn sie von der Behauptung ausgehe: Je unterschiedener die Dreifaltigkeit der Personen ist, desto ununterschiedener oder absolut eins sind die drei Personen in ihrer reinen Potentialität zur Emanation. Diese ununterschiedene Unterschiedenheit sei sowohl von der Dreifaltigkeit wahr, als auch von der Seele, soweit sie ihre Unverschiedenheit in der Dreifaltigkeit wahrnehme. Eckhart sagt es in Pr. 24, wo er von der Seele spricht, so: „Denn im Grunde göttlichen Seins, wo die drei Personen *ein* Sein sind, da ist sie (die Seele) eins (mit Gott) nach diesem Grunde."[81]

Die Lösung liegt in Eckharts Sicht des *grunts gotes*, das heißt, des unverschieden nicht-relativen „Aspekts" Gottes, der *absolut* eins ist, gerade weil er drei ist und umgekehrt. In den meisten der radikalen deutschen Texte, in denen Eckhart davon spricht, man müsse „Gott" lassen oder jenseits der Dreifaltigkeit der Personen gehen, verwendet er auch die Rede vom Eindringen in den *grunt*.[82] Der Umstand, dass Eckhart in seinen lateinischen

---

[80] In Pr. 38 (DW 2,234) sagt er, die Gottheit habe Verschiedenheit ohne Zahl oder Menge, selbst falls in ihr hundert Personen wären. Siehe auch In Sap. n. 38 (LW 2,360,1–3): *Hinc est quod tres personae in divinis, quamvis sint plures, non tamen multa, sed unum, etiam si essent personae mille*; vgl. In Sap. n. 112 (LW 2,449).

[81] Pr. 24 (DW 1,419,4–5): *... wan in dem grunde götliches wesens, dâ die drîe persônen ein wesen sint, dâ ist si ein nâch dem grunde.*

[82] In Pr. 2 z. B. gebraucht Eckhart die Rede vom „Hineinlugen in das *einic ein*" jenseits der drei Personen (DW 1,43–44). In Pr. 48 spricht er explizit vom „einfaltigen Grund", in den „nie Unterschiedenheit (des Menschen) hineinlugte" (DW 2,420–421). In Pr. 69 (DW 3,178–180) und Pr. 109 (DW 4,772–773) sagt er, man müsse „Gott" loswerden, indem man in den Grund durchbreche. Nur zwei Predigten enthalten radikale Formulierungen über das Durchbrechen, ohne das dabei explizit vom *grunt* die Rede ist: Pr. 52 (DW 2,499–505) und Pr. 83 (DW 3,447–448).

Schriften die Meistermetapher vom *grunt* nicht zur Verfügung stand, und er deshalb auf einer Reihe fachtheologischer lateinischer Begriffe zurückgreifen musste (z. B. auf *essentia, deitas, divinitas*), die nur Einzelaspekte des *grunts* wiedergeben konnten, hilft erklären, weshalb die scholastischen Werke etwas anders klingen, auch wenn sie, wie ich behaupten möchte, keine andere Lehre bieten.

Vom Standpunkt der aristotelischen Logik aus lösen derartige dialektische Aussagen nicht die Widersprüche, die in den verschiedenen Formen der Rede über Gott stecken, und das wusste Eckhart recht gut. Seine Absicht war es, den Hörer bzw. Leser zur Anerkenntnis zu nötigen, dass jedes Sprechen auf seine Grenzen stößt, wenn es sich mit Gott beschäftigt, und ihm deutlich zu machen, dass er sich unbedingt daran begeben müsse, alle Formen seines Wissens und Seins abzubauen, um in jenes Nichtwissen und Nichtsein vorzustoßen, das den Zugang zum *grunt* ermöglicht. Eckhart vertrat ganz leidenschaftlich, dass eine derartige Dekonstruktion notwendig sei. In der bereits erwähnten Pr. 109 sagt er, soweit die Gottheit ein „einfältiger Grund" *(einvaltige grunt)* und eine „stille Wüste" *(stille wüeste)* sei, handle sie nicht. „Gott handelt. Die Gottheit handelt nicht." In der Gottheit „entwird" *(entwirt)* Gott. Von daher wird der *grunt* am besten als reine Möglichkeit beschrieben, als die unbewegte Vor-Bedingung alles Handelns, sogar desjenigen der *bullitio*.[83] Laut dieser Predigt gelangen wir erst dann auf die Ebene, auf der „Gott wird" *(got wirt)*, wenn wir das innere Sprudeln erreichen, mittels dessen die drei Personen in den Hervorgängen herausfließen, die von gegenseitigen Beziehungen charakterisiert werden.

Die komplexen Umstände des Verhältnisses zwischen dem Gott, der wird und dem Gott, der entwird, zeigen sich deutlich in der Art und Weise, auf die Eckhart die transzendentalen Prädikate auf die Dreifaltigkeit anwendet, insbesondere diejenigen des Seins *(esse – wesen)*, des Einsseins *(unum/unitas – ein/einicheit)*, der Wahrheit *(verum/intellectus – wârheit/ bekantnisse)* und des Guten *(bonum – güete)*. Er hält sich an die Tradition und schreibt diese Eigenheiten den Personen zu, und folglich sind sie auch Gemeingut des göttlichen Wesens als solchem. Dennoch stellt er dann in seiner apophatischen Gotteslehre in Abrede, dass es irgendeinen echten Unterschied zwischen angeeigneten und eigenen Eigenheiten gebe. Alle Begriffe seien wesentlich angeeignet; transzendentale Prädikate ließen sich so-

---

[83] Eckharts Begriff Gottes als „reiner Möglichkeit", die er in Pr. 48 beschreibt als „eine einfaltige Stille, die in sich selbst unbeweglich ist; von dieser Unbeweglichkeit aber werden alle Dinge bewegt" (DW 2,421), ist anders als Thomas von Aquins Begriff der göttlichen Natur als reiner Akt, *ipsum esse subsistens*.

wohl für die Personen der Dreifaltigkeit als auch auf die göttliche Natur anwenden, wie wir weiter unten sehen werden.

Eckhart geht bei seiner Anwendung transzendentaler Begriffe auf die Dreifaltigkeit nach zwei Mustern vor. In zwei der drei Traktate im *Johanneskommentar* setzt er das ununterschiedene Sein *(esse)* mit dem göttlichen Wesen gleich und das Eine oder Einssein *(unum)* mit dem Vater, das Wahre *(verum)* mit dem Sohn und das Gute *(bonum)* mit dem Heiligen Geist. Die klassische Vorstellung dieses Modells der Dreifaltigkeit steht im Kommentar zu Joh 14,8,[84] aber dieses Verständnis des *esse-unum-verum-bonum* taucht in Eckharts Schriften oft auf.[85] Aber im ersten der Traktate über die Dreifaltigkeit im *Johanneskommentar* stellt er das Verhältnis dieser Transzendentalien zu den Personen der Dreifaltigkeit auf andere Weise dar. Hier schreibt er: „Ungeteilt sind die Werke dieser drei in den Geschöpfen, deren *einer* Ursprung sie sind. Deshalb sind das Seiende *(ens)*, das dem Vater entspricht[86], das Wahre, das dem Sohn entspricht, und das Gute, das dem Heiligen Geist entsprechend zugeordnet wird, in den Geschöpfen miteinander vertauschbar und sind eins, nur dem Begriff nach unterschieden, wie Vater und Sohn und Heiliger Geist eins sind, nur der Beziehung nach unterschieden."[87] In diesem Traktat schreibt Eckhart das, was er den „Begriff Eines"

---

[84] In Ioh. nn. 546–576 (LW 3,477–506). Dass man *unitas/unum* dem Vater zuschreibe, so merkt Eckhart an (nn. 546, 556–57, 562), hätten die Heiligen und Lehrer gebilligt, insbesondere Augustinus, der als erster von der trinitarischen Triade *unitas-aequalitas-connectio/nexus* sprach (*De doctrina christiana* 1,5,5 [PL 34,21]). Eckhart beruft sich oft auf diese Form des Sprechens von der Dreifaltigkeit, bei dem man die *unitas* dem Vater zuschreibt, z. B. in In Gen. II nn. 12 u. 215 (LW 1,483;691); In Ioh. nn. 360, 513, 668 (LW 3,305–306, 444, 581). Zur Geschichte der Entwicklung der Triade siehe Bernard McGinn, „Does the Trinity Add Up? Transcendental Mathematics and Trinitarian Speculation in the Twelfth and Thirteenth Centuries", in: *Praise No Less Than Charity. Studies in Honor of M. Chrysogonus Waddell*, Kalamazoo 2002, 237–264.

[85] Siehe z. B. in In Ioh. nn. 512–513 (LW 3,443–445); In Gen. II nn. 12–15 u. 215 (LW 1,483–486, 690–691); BgT 1 (DW 5,30).

[86] Dass er dem Vater das *ens* zuschreibt, taucht auch im dritten trinitarischen Traktat im Johanneskommentar auf (In Ioh. n. 568 [LW 3,496]). Das ist ein Anzeichen dafür, dass Eckhart keinen besonders großen Wert darauf legte, die Transzendentalien ganz konsequent immer genau gleich auf die drei Personen anzuwenden.

[87] In Ioh. n. 360 (LW 3,304,14–305,4): ... *quod indivisa sunt opera horum trium in creaturis, quarum sunt unum principium. Propter quod in creaturis ens respondens patri, verum respondens filio, bonum respondens appropriate spiritui sancto convertuntur et unum sunt, distincta sola ratione, sicut pater et filius et spiritus sanctus sunt unum, distincta sola relatione.* Was Eckhart hier anscheinend sagen will, ist, dass *insofern* er die Wirkursache sei, Gott *ein* Prinzip sei, so dass die unterschiedlichen Begriffe *ens-verum-bonum* nur vom Verstand *(sola ratione)* in den Geschöpfen unterschieden werden, das heißt, dass sie in der konkreten Kreatur eins seien und nur mittels unterschiedlicher Begriffe im Kopf des Denkenden voneinander unterschieden würden. Es gebe eine (unvollkommene) Parallele zwischen dieser Unterscheidung und derjenigen zwischen den drei göttlichen Personen, die in Wirklichkeit im göttlichen We-

(li unum) nennt, nicht einer bestimmten Person in der Dreifaltigkeit zu, sondern bezeichnet damit die göttliche Substanz bzw. das göttliche Wesen.[88] Eckhart klärt nicht, in welchem Verhältnis diese verschiedenen Modelle des Trinitätsverständnisses zueinander stehen, aber dieser Umstand beeinträchtigt nicht wirklich das, was in seiner Botschaft zentral ist: die unvermeidlich trinitarische Natur des mystischen Identischseins.

Wenn man im *grunt* die Identität mit Gott erlangt, indem man auf diesen *grunt* geht oder zu ihm „durchbricht", kehrt man damit den Prozess um, durch den alle Dinge aus dem verborgenen Vater herausquellen, wenn dieser in der wechselseitigen Liebe, die der Heilige Geist ist, sein Wort spricht. Genau wie der Vater die Quelle des *ûzgangs* aller Dinge innerhalb und außerhalb der Trinität ist, so ist er auch das Ziel, das „genügt", wie in Joh 14,8 gesagt wird („Herr, zeig uns den Vater; das genügt uns").

Bei der Erörterung der ersten Person der Dreifaltigkeit war Eckhart klar, dass die Quelle der *bullitio* jenseits aller geschlechtsspezifischer Sprache liege, so dass man den Begriff „Vater" ergänzen müsse, indem man sich Gott auch als „Mutter" vorstelle. So sagt er in Pr. 75, Gott sei mit seinen Geschöpfen „von Ewigkeit her schwanger" gewesen. In der gleichen Predigt sagt er auch, dass der Vater bei der Zeugung sowohl seines Einzig-Gezeugten Sohns als auch jeder Seele „im Kindbett liegt wie eine Frau, die geboren hat".[89] In Pr. 40 kehrt er beim Sprechen von der Weisheit, die traditionellerweise dem Sohn zugeschrieben wird, das Bild um, gibt ihr „einen mütterlichen Namen" *(ein müeterlich name)* und behauptet, sowohl das Aktive (der Vater, der gebiert) als auch das Passive (der Sohn, der geboren wird) lasse sich Gott zuschreiben.[90] In einer anderen Predigt (sofern diese wirklich von ihm stammt) geht Eckhart noch weiter und spricht von der Not-

---

sen eins seien, jedoch zugleich einzig durch ihre Beziehung zueinander *(sola relatione)* wirklich unterschieden seien, insofern sie verschiedene Personen seien.

[88] In Ioh. n. 360 (LW 3,305,9–306,2): *Nec obstat quod ab Augustino unitas patri appropriatur ratione quidem prioritatis sive fontalis diffusionis et originis, quia has rationes positivas, scilicet prioritatis et huiusmodi, non significat li unum.* (Dem steht nicht entgegen, dass von Augustinus die Einheit dem Vater auf Grund des Früherseins oder des quellhaften Ausfließens und des Ursprungs zugeeignet wird, weil der Ausdruck ‚eins' diese positiven Gesichtspunkte, nämlich Frühersein und dergleichen, nicht bezeichnet.) Hier scheint Eckhart zwischen zwei Arten von Einssein zu unterscheiden: (a) *li unum*, oder „der absolute und total unbestimmte Begriff Eines", der ohne Beziehung zu einer positiven Prädikation oder irgendeiner Weise des Hervorbringens ist und sich deshalb für das göttliche Wesen verwenden lässt; und (b) das anfängliche, produktive und implizit bestimmte Einssein *(unitas)*, an das Augustinus dachte, als er in seiner *Doctrina Christiana* diesen Begriff dem Vater zuschrieb.

[89] Pr. 75 (DW 3,293,5–294,2 u. 299,3): *... und alsô liget er kindes als ein vrouwe, diu geborn hât ...* In Pr. 29 (DW 2,86,4–5) verwendet er eine ähnliche Sprache.

[90] Pr. 40 (DW 2;278).

wendigkeit, sich Gott als Mutter vorzustellen.[91] Diese Texte, in denen er nahelegt, von Gott nicht nur in männlichen, sondern genauso in weiblichen Begriffen zu sprechen, erhellen eine Stelle in Pr. 71, an der Eckhart seine Metapher vom verschmolzenen Grund ins Bild bringt, man werde mit Gott schwanger wie in einem „Wachtraum": „Es deuchte (einmal) einem Menschen wie im Traume – es war ein Wachtraum –, er würde schwanger vom Nichts wie eine Frau mit einem Kinde, und in diesem Nichts ward Gott geboren; *der* war die Frucht des Nichts."[92]

Der Vater als die Urfülle – die ultimative aktive Quelle und daher auch in einer Hinsicht das Ziel der Rückkehr – ist für Eckhart derart wichtig, dass er den Vater zuweilen mit dem überpersönlichen und potenziellen *grunt* gleichsetzt. Das „Durchbrechen" verwendet er gewöhnlich im Zusammenhang mit dem Grund, aber in Pr. 26 bezieht es sich darauf, dass der Seele „oberste Kraft, die da Vernunft heißt", nicht mit den Personen des Sohnes oder des Heiligen Geistes gesättigt werden könne. „Sie will auch Gott nicht, sofern er Gott ist. Warum? Weil er da (als solcher noch) einen Namen hat. Und gäbe es tausend Götter, sie bricht immerfort hindurch, sie will ihn dort, wo er *keinen* Namen hat: Sie will etwas Edleres, etwas Besseres … Was will sie denn? Sie will ihn, wie er *Vater* ist", wozu Eckhart wiederum Joh 14,8 zitiert.[93] Noch ungewöhnlicher ist eine Stelle in Pr. 51, wo Eckhart die Uranfänglichkeit des Vaters hinsichtlich der Emanation und auch der Rückkehr betont. Um den Sohn zu zeigen, so sagt er, müsse der Vater ihn „als ihn ihm selbst im Grunde bleibend gebären. Das Bild, wie es ewiglich in ihm *(forme illius)* gewesen, das ist seine in ihm selbst bleibende Form."[94] Vielleicht wiederum in Anlehnung an Joh 14,8 behauptet Eckhart: „… und so lässt sich der Vater nicht daran genügen, vielmehr verzieht er sich wieder in den Ursprung, in das Innerste, in den Grund und in den Kern des Vaterseins, wo er ewiglich innen gewesen ist in sich selbst in der Vaterschaft und

---

[91] Das ist die Predigt bei Pfeiffer CIII (in seiner Ausgabe 335–337), wo Eckhart (?) erörtert, wie die Vaterschaft einen mütterlichen Namen *(muoterlîchen namen)* haben könne (336,22–29).
[92] Pr. 71 (DW 3,224,5–7): *Ez dûhte einen menschen als in einem troume – ez was ein wachender troume – wie ez swanger würde von niht als ein vrouwe mit einem kinde, und in dem nihte wart got geborn; dér was diu vruht des nihtes.*
[93] Pr. 26 (DW 2,31,3–8): *Si [die oberste teile der sêle] enwil nit got, als er der heilige geist ist und als er der sun ist, und vliuhet den sun. Si enwil ouch nit got, als er got ist. War umbe? Dâ hât er namen, und waerent tûsent göte, si brichet iemermê durch, si wil in dâ, dâ er niht namen enhât: si wil etwaz edelers, etwaz bezzers dan got, als er namen hât. Waz wil si denne? Si enweiz: si wil in, als er vater ist.*
[94] Pr. 51 (DW 2,469,9–10): *… so muoss er geberen sin bild bleibende in im selber grund, das bilde, also als es ewigklich ist gewesen in im (forme illius), daz ist sein form bleybend in im selber.*

wo er sich selbst genießt, der Vater als Vater sich selbst im einzigen Einen." In diesem Text scheint kein Unterschied zwischen der Person des Vaters und dem *grunt* zu sein, so dass Eckhart nicht nur in seiner Beschreibung fortfahren kann, wie ihn der Vater-Grund „vernarrt" habe *(ich han mich darinn vertoeret)*, sondern auch noch hinzufügen kann: „Alles, was die Natur aufzubringen vermag, das schießt sie dazu, das stürzt in die Vaterschaft, auf dass sie (= die Natur) Eines sei und *ein* Sohn sei und allem andern entwachse und ganz Eines in der Vaterschaft sei."[95] Solche Stellen helfen verstehen, was Eckhart meinte, wenn er die Verheißung von Paulus, dass „wir Gott erkennen werden, wie wir erkannt sind" (1 Kor 12,13) so erklärte, dass dies das Wissen bezeichne, das Gott als Vater von sich selbst habe: „Ich aber sage: ,Wir werden ihn erkennen recht so, wie er sich selbst erkennt' in dem Abbild, das einzig Bild Gottes und der Gottheit ist, der Gottheit indessen nur, insoweit sie der Vater ist."[96]

Die zweite Person der Dreifaltigkeit, der Einzig-Gezeugte Sohn, das vollkommene Bild des Vaters, dessen ewige Geburt auch die unsrige ist, wurde immer als wesentlich für Eckharts Mystik angesehen. Die Geburt des Wortes in der Seele wird weiter unten ausführlicher behandelt werden, aber hier seien bereits einige Anmerkungen über den Hervorgang des Wortes aus dem Vater gemacht. Das kann helfen, die Rolle des Sohnes in der Metaphysik des Fließens – in der *bullitio* und auch in der *ebullitio* – zu erfassen.

Eckhard hing der üblichen augustinischen und thomistischen Vorstellung vom Hervorgang des Wortes aus dem Vater als Zeugung an, die man nach dem Modell eines intellektuellen Hervorgangs innerhalb Gottes selbst verstand.[97] Daher muss die Lehre Eckharts über die Natur des Intellekts letztlich auf ihre Quelle im Hervorgang des Wortes aus dem Vater „reduziert"

---

[95] Pr. 51 (DW 2,470,3–10): ... *vnd doran benueget den vater nit, er ziehe wider in die erstekeit, in das innestes, in den grund vnnd in den kernen der vetterlicheit, da er ewigklich ist inne gewesen in im selber in der vatterschaft vnnd da er gebruachet sein selbs in dem, der vatter als der vatter sein selbs in dem einigen ein ... Diss ist das aller best, vnd ich han mich darinn vertoeret. Darumb: alles, das die natur geleisten mag, das schlüsset sy darzuo, daz stürtzet in die vatterschaft, daz sy ein sey vnd ein sun sey vnd entwachse allem dem andern vnd al ein sey in der vaterschafft ...*
[96] Pr. 70 (DW 3,197,4–6): *Nû spriche ich: ,wir suln in bekennen rehte, als er sich selben bekennet' in dem widerbilde, daz aleine bilde gotes ist und der gotheit, niht der gotheit dan als vil, als si der vater ist.* Über diese Stelle siehe die Ausführungen in Largier, *Meister Eckhart* II,680–681.
[97] So z.B. in S. II n. 8 (LW 4,9,9–10): ... *quia processus ille est ad intra, tum quia intellectualis, tum quia nihil est deo extra* ... Zur Lehre von Thomas über die *emanatio intelligibilis* in Gott siehe S.Th. I q. 27 a. 1. Der Unterschied zwischen *generatio* und allen Formen der *alteratio* oder Veränderung ist für Eckhart wichtig (siehe In Ioh. n. 409 [LW 3,348]).

(das heißt ja wörtlich „zurückgeführt") werden.[98] Ein Aspekt dieses Hervorgangs ist wesentlich für das Verständnis des inneren Sprudelns als dem paradigmatischen Modell und der Quelle des kreativen Übersprudelns: die Art, wie Eckhart das „Aussprechen des Worts" seitens des Vaters als den Totalausdruck seines eigenen verborgenen göttlichen Schweigens versteht. Das Verhältnis zwischen Schweigen und Sprechen war für Eckhart eines der zentralen Geheimnisse, sowohl in seinen lateinischen als auch in seinen deutschen Werken.[99]

Als er Joh 8,47 kommentiert („Wer aus Gott ist, hört die Worte Gottes"), liefert Eckhart eine Übersicht darüber, *wann, wo, was* und *wie* Gott spricht. Während in der traditionellen Lehre betont wurde, die seligmachende *Schau* sei die Erfüllung aller menschlichen Sehnsucht, behauptet Eckhart, dass im Himmel „Sehen und Hören eins sind" (In Ioh. n. 487). Wenn man folglich also den Gott, der *spricht, sehen* wolle, müsse man wissen, *wann* er spreche. Das aber sei (mit dem Zitat Weish 18,14), „während tiefes Schweigen alles umfing und die Nacht in ihrem schnellen Lauf bis zur Mitte vorgerückt war, da sprang dein allmächtiges Wort, o Gott, vom Himmel herab."[100] Zudem müsse man wissen, *wo* Gott spreche, nämlich, so sagt Eckhart, in der Wüste, wozu er einen weiteren beliebten Text zitiert: „Ich will sie in die Wüste führen und dort zu ihrem Herzen sprechen" (Hos 2,16 [Vg 2,14]). *Was* Gott spreche, sei „Frieden seinem Volk und allen seinen Frommen, allen, die von Herzen sich zu ihm bekehren" (Ps 85,9 [Vg 84,9]). Und schließlich beantwortet er noch die Frage, *wie* Gott spreche, mit einem Text aus Ijob: „Einmal spricht Gott, und ein zweites Mal wiederholt er es nicht" (Ijob 33,14, Vg).[101] Das heißt also, man erlange den vollkommenen Frieden nur, indem man sich in die schweigende Finsternis der Wüste begebe, wo der Vater das Wort ein für alle Mal spreche. (Diese Themen erscheinen auch in Pr. 101.)

Dieses ultimative Sprechen hat natürlich kein Wort zum Inhalt, das wie die Worte wäre, die wir im Alltagsgespräch hören, sondern „das Wort, das in der Stille des väterlichen Geistes lebt, das Wort ohne Wort, oder vielmehr

---

[98] Über Eckharts Lehre über den Hervorgang des *verbum* wurde schon viel geschrieben. Siehe insbesondere Émilie Zum Brunn and Alain de Libera, *Métaphysique du Verbe et théologie négative*, Paris 1984.
[99] Eckharts Lehre über das Schweigen spielt eine starke Rolle in seinem Predigtzyklus über die ewige Geburt (Prr. 101–104). Ein wichtiger Abschnitt über das Schweigen findet sich auch in Pr. 95 (DW 4,192–195).
[100] In Ioh. n. 488 (LW 3,420,11–421,3). Eckhart zitiert auch Ijob 33,15–16 und Augustinus, *Confessiones* 9,10,24 zur Bestätigung, dass Gott mitten in Finsternis und Schweigen spreche. Als ähnliche Verwendung von Weish 18,14 in den deutschen Predigten siehe Pr. 73 (DW 3,266).
[101] In Ioh. n. 488 (LW 3,421,3–8).

das über jedes Wort erhabene Wort."[102] Einzig in diesem Wort und durch dieses werden alle Dinge gesprochen – das heißt, einzig durch dieses Wort kommt das Universum ins Sein.[103] „Denn die Wirkung (d. h. die Welt) ist in ihrer analogen Ursache verhüllt und verborgen, sie schweigt und spricht nicht und ist auch nicht zu hören, es sei denn, sie werde durch ein im Innern gezeugtes und empfangenes oder ein nach außen getragenes Wort ausgesprochen und hervorgebracht."[104] Solche lateinischen Ausführungen über das *Verbum* als die einzige Mitteilung des Vaters bilden die Grundlage für Eckharts Predigt über die für den Durchbruch zum Grund notwendige Vermittlung zwischen Schweigen und Sprechen.[105]

Eckharts Lehre über den Hervorgang des ewigen Worts aus dem Vater in den deutschen Predigten wird von einem Abschnitt in Pr. 9 erhellt, wo er zwischen drei Arten von *wort* unterscheidet: „Es gibt ein hervorgebrachtes Wort: Das ist der Engel und der Mensch und alle Kreaturen. Es gibt ein anderes Wort, das da sowohl unvorgebracht wie ungedacht ist, das niemals austritt: vielmehr bleibt es ewig in dem, der es spricht. Es ist im Vater, der es spricht, immerfort im Empfangenwerden und innebleibend."[106]

Das Wort, das „ewig in dem bleibt, der es spricht", ist natürlich die zweite Person der Dreifaltigkeit.[107] Obwohl es schweigt, ist dieses Wort nicht

---

[102] In Gen. I n. 77 (LW 1:239): ... *verbum, quod est in silentio paterni intellectus, verbum sine verbo aut potius super omne verbum.*
[103] Siehe den Kommentar zu *dixitque deus* (Gen 1,3) in In Gen.II nn. 48–51 (LW 1,516–520), wo Eckhart zeigt, dass Gottes kreatives Sprechen im Licht von Joh 1,1 verstanden werden muss. Die gleiche Lehre findet sich in den mittelhochdeutschen Werken, z. B. in Pr. 53 (DW 2,535,1–2): *Alle crêatûren sint ein sprechen gotes.*
[104] In Gen. II n. 49 (LW 1,519,11–13): *Effectus enim in sua causa analoga latet, absonditur, tacet, non loquitur nec auditur, nisi dicatur et producatur verbo intus generato et concepto vel extra prolato.*
[105] Zu Eckharts Lehre über das Schweigen siehe Karl Albert, „Meister Eckhart über das Schweigen", in: *Festschrift für Lauri Seppänen zum 60. Geburtstag*, Tampere (Finnland) 1984, 301–309; Marco Vannini, „Praedica Verbum. La *generazione* della parola dal silenzio in Meister Eckhart", in: *Il Silenzio e La Parola da Eckhart à Jabès*, hg. v. Massimo Baldini u. Silvano Zucal, Trient 1987, 17–31; Kurt Ruh, „Das mystische Schweigen und die mystische Rede", in: *Festschrift für Ingo Reiffenstein zum 60. Geburtstag*, Göppingen 1988, 463–472; und Andreas Schönfeld, *Meister Eckhart. Geistliche Übungen*, Mainz 2002, 18–22, 44–46 und besonders 96–116.
[106] Pr. 9 (DW 1,157,3–8): *Ez ist ein vürbrâht wort, daz ist der engel und der mensche und alle crêatûren. Ez ist ein ander wort, bedâht und unvürbrâht [nicht vürbrâht wie bei Quint], dâ bî mac ez komen, daz ich mich bilde. Noch ist ein ander wort, daz dâ ist unvürbrâht und unbedâht, daz nimer ûzkumet, mêr ez ist êweclich in dem, der ez sprichet; ez ist iermermê in einem enpfâhenne in dem vater, der ez sprichet, und innebliben de.* Sowohl Tobin (*Teacher and Preacher*, 261 n. 23) als auch Walshe (2,156 n. 13) sprechen sich für das hier wiedergegebene „unvûrbrâht" als die richtigere Lesart aus, weil hier die Natur des menschlichen *verbum interius* als Gegensatz zum göttlichen *verbum interius* vorgestellt wird.
[107] Das Wort, das ewig im Innern bleibt, ist gleichbedeutend mit dem, wovon Eckart in Pr. 69

völlig unzugänglich. Ja, der Zweck der Unterscheidung ist, deutlich die Grundbotschaft dieser Predigt herauszuheben, nämlich, dass die Seele ihre Natur als „Ad-verb", „Beiwort" *(bîwort)* erkennen muss, das ganz und gar vom Wort abhängig ist und daher „mit Gott *ein* Werk wirken" soll, „um in dem in sich selbst schwebenden Erkennen ihre Seligkeit zu schöpfen: in demselben, wo Gott selig ist."[108] In Pr. 53 zitiert Eckhart die Bemerkung von Augustinus, wie widersprüchlich es sei, von Gott als dem Unaussprüchlichen oder Unaussprechbaren zu sprechen *(De doctrina christiana* 1,6), um daran die Erörterung zu knüpfen, wie die göttliche Natur gleichzeitig unaussprechbar und dennoch ausgesprochen sei. Er sagt: „Gott *ist* ein Wort, das sich selbst spricht ... Gott ist gesprochen und ungesprochen. Der Vater ist ein sprechendes Werk, und der Sohn ist ein wirkender Spruch."[109] Daher laufe die Geburt des Sohnes in der Seele darauf hinaus, dass das Wort gleichzeitig im Inneren (d. h. im ewigen Schweigen) und im Äußeren (d. h. im Erschaffen und Erhalten aller Dinge) spreche.[110]

Die Häufigkeit, mit der Eckhart auf die Geburt des Wortes in der Seele zu sprechen kommt sowie seine Ausführungen über das ungesprochene und gesprochene Wort haben viel Aufmerksamkeit auf sich gezogen. Weniger Beachtung hat seine Lehre vom Hervorgehen des Heiligen Geistes aus dem Vater und dem Sohn gefunden, der die Quelle der Schöpfung und die Liebe sei, in der alles für Gott wiederhergestellt wird.[111] Obwohl er vom

---

spricht: „Das ewige Wort *ist* das Vermittelnde und das Bild selbst, das da ohne Vermittelndes und ohne Bild ist" *(daz êwic wort ist daz mittel und daz bilde selber, daz dâ ist âne mittel und âne bilde* [DW 3,168,8–10]). Zur weiteren Diskussion siehe Zum Brunn und de Libera, *Métaphysique du Verbe*, 172–194.

[108] Pr. 9 (DW 1,158,5–7): *Dâ sol diu sêle sîn ein bîwort und mit gote würken ein werk, in dem înswebenden bekantnisse ze nemenne ir saelicheit in dem selben, dâ got saelic ist.*

[109] Pr. 53 (DW 2,529,6–530,1): *Got ist ein wort, daz sich selber sprach ... Got ist gesprochen und ungesprochen. Der vater ist ein sprechende werk, und der sun ist ein spruch würkende.* Eckharts Lehre über den Vater, der das *wort* spricht und das Verhältnis zwischen Wort und Schweigen findet sich durch alle seine Predigten hindurch; siehe z. B. Prr. 1 und 19 (DW 1,15–17, 312); Prr. 30, 36a u. 49 (DW 2,97–98, 189–191, 433–438); und Pfeiffer CIII (in der Ausgabe 335–336).

[110] Darauf aufbauend kann Eckhart von der Seele des Menschen als Mitschöpferin mit Gott sprechen; siehe Pr. 52 (DW 2,502–504). Robert Forman, *Meister Eckhart*, 166 hat zu Recht von der „Dynamisierung des Schweigens" als entscheidendem Aspekt der Mystik Eckharts gesprochen; allerdings sollten wir uns erinnern, dass diese Dynamisierung nicht von uns ausgeht, sondern ganz wesentlich Gottes Angelegenheit ist.

[111] Die Ausführungen über den Heiligen Geist in den lateinischen Werken sind zu zahlreich, als dass sie hier aufgelistet werden könnten, aber es ist aufschlussreich, festzustellen, wie oft von der Rolle des Heiligen Geistes auch in den volkssprachlichen Predigten die Rede ist (z. B. in Prr. 1, 10, 11, *15*, 18, 20b, *23*, 27, 29, 37, 41, 53, 65, 69, 76, 81, 82, 85, 92; die wichtigeren Abhandlungen sind hier kursiv gesetzt). A. de Libera hebt in *La mystique rhénane*, 287–295 hervor, welche große Bedeutung Eckharts Lehre vom Heiligen Geist hat.

Heiligen Geist seltener als vom Wort spricht, ist für Eckhart die Pneumatologie nicht weniger wichtig als die Christologie. Wenn er das Hervorgehen des Heiligen Geistes in der Trinität erörtert, übernimmt er das übliche lateinische Verständnis dieses Heraustritts als einer Emanation gemäß der Liebe; aber wie vielem anderem gibt er auch dieser Lehre seinen ganz eigenen Akzent.

S. IV liefert eine Zusammenfassung von Eckharts Trinitätslehre sowie eine Untersuchung darüber, wie das Existieren *im* Heiligen Geist als *nexus* oder Band zwischen Vater und Sohn der Grund für unsere Rückkehr zur göttlichen Quelle sei.[112]

Nach Eckharts Lesart von Römer 11,36 ist „alles von ihm (dem Vater) durch ihn (den Sohn) und in ihm (dem Heiligen Geist)". Dabei versteht er das „sein ... in" des Heiligen Geistes als ein spezifisches Wesensattribut, das auch in seiner Umkehrung oder dialektischen Anwendung gelte: „Zu ‚in ihm' bemerke, dass in dem Heiligen Geist alle Dinge so sind, dass das, was nicht in ihm ist, notwendigerweise nichts ist ... Zweitens bemerke: ‚so ist in ihm alles', dass der Heilige Geist, falls etwas nicht im Heiligen Geist selbst sein sollte, nicht Gott wäre."[113] So behandelt er den Heiligen Geist als die Person der Dreifaltigkeit, die die Wurzel von Gottes ununterschiedener Unterschiedenheit bezüglich der Schöpfung ist. „Wenn wir sagen, das alles in Gott ist, so (heißt das:) wie er selbst ununterschieden in seiner Natur und trotzdem vor allen Dingen schlechthin unterschieden ist, so ist in ihm alles zugleich in größter Unterschiedenheit und ununterschieden."[114] Die Wurzel dieser ununterschiedenen Präsenz aller Dinge im Heiligen Geist ist seine persönliche Eigenschaft als das Band zwischen dem Vater und dem Sohn. Eckhart sagt: „‚So ist in ihm alles', dass weder der Vater im Sohn noch der Sohn im Vater ist, wenn der Vater nicht ein und dasselbe mit dem Heiligen Geiste oder der Sohn dasselbe wie der Heilige Geist ist."[115] In einem Ab-

---

[112] Über S. IV und den Heiligen Geist siehe McGinn, „A Prolegomenon to the Role of the Trinity", 57–58 und die längere Fassung „Sermo IV: ‚Ex ipso, per ipsum et in ipso sunt omnia'", in: *Lectura Eckhardi I*, 289–316.
[113] S. IV nn. 22–23 (LW 4,24,5–11): ... *nota primo quod in ipso spiritu sancto sic sunt omnia, ut quod in ipso non est, necesse sit esse nihil ... Secundo nota quod sic in ipso sunt omnia, ut si aliquid sit non in ipso spiritu sancto, spiritus sanctus non est deus.* Im ersten Satz nimmt Eckhart Joh 1,3 *(sine ipso factum est nihil)* so, als beziehe es sich auf den Geist und nicht auf das Wort.
[114] S. IV n. 28 (LW 4,27,10–28,1): *Ubi notandum quod cum dicimus omnia esse in deo, sicut ipse est indistinctus in sui natura et tamen distinctissimus ab omnibus, sic in ipso sunt omnia distinctissime simul et indistincta.*
[115] S. IV n. 24 (LW 4,25,3–5): *Tertio, quod sic in ipso sunt omnia, ut pater in filio non sit nec in patre filius, si pater non sit unum, id ipsum cum spiritu sancto, aut filius id ipsum quod sit spiritus sanctus.*

schnitt im *Johanneskommentar* erläutert Eckhart die traditionelle Beschreibung des Heiligen Geistes als des Bandes *(nexus)* zwischen Vater und Sohn damit, dass er seine spezielle Redeweise vom *in quantum* einsetzt, also sein Prinzip der formalen Verdoppelung. Er sagt: „Das Wort ‚insofern' bedeutet aber Verdoppelung *(reduplicatio)*. Verdoppelung drückt aber, wie das Wort im Lateinischen besagt, Verknüpfung und Zuordnung zweier aus, nämlich das Zusammenfalten *(replicatio)* von zweien, Faltung *(plica)* und Verknüpfung von zweien. So ist der Geist, die dritte Person in der Dreifaltigkeit, die Verknüpfung zweier, nämlich des Vaters und des Sohnes."[116]

Dieses Band ist die gegenseitige Liebe von Vater und Sohn, die Eckhard als die einigende „Liebe der gegenseitigen Zuneigung" *(amor complacentiae/amor concomitans)* bezeichnet, welche begrifflich verschieden, in der Realität aber identisch sei mit der „Liebe in Beziehung" *(amor notionalis/amor spiratus)*, das heißt dem Heiligen Geist, als vom Vater und vom Sohn ausgehend verstanden.[117] Aus diesem Grund sei die gleiche Liebe, mit der der Vater den Sohn liebt und der Sohn den Vater liebt, die Liebe, mit der wir Gott lieben.[118] Das wird deutlich in einem Abschnitt des *Johanneskommentars*, wo Eckhart seine in den deutschen Predigten verwendete Rede von der Verschmelzung („Das Auge, in dem ich Gott sehe, das ist dasselbe Auge, darin mich Gott sieht") auch auf die Rolle anwendet, die die Ungeschaffene Liebe, also der Geist, spiele. Er sagt: „Weil das Angesicht und das Bild, in dem Gott uns sieht und wir ihn sehen, eins ist, gemäß dem Wort: ‚In deinem Licht werden wir das Licht sehen' (Ps 35,10), ist ... auch dieselbe Liebe der Heilige Geist, womit der Vater den Sohn liebt und der Sohn den Vater, womit Gott uns liebt und wir Gott lieben."[119] Daher seien wir mit Gott vereint, weil wir der Heilige Geist *seien*, das Band des dreieinen Gottes selbst.

Eckharts Abhandlungen über die Dreifaltigkeit gehören zu den schwierigsten Aspekten seines Denkens. Wie alle christlichen Theologen hielt er die Dreifaltigkeit für ein Mysterium. Aber während manche Theologen da-

---

[116] In Ioh. n. 438 (LW 3,376,2–5): *Li inquantum autem reduplicatio est; reduplicatio vero, sicut ipsum vocabulum testatur, dicit nexum et ordinem duorum; dicitur enim reduplicatio duorum replicatio, plica et nexus duorum. Sic spiritus, tertia in trinitate persona, nexus est duorum, patris et filii.*
[117] Die Unterscheidung zwischen *amor concomitans* und *amor spiratus* erörtert Eckhart an mehreren Stellen, z. B. in In Ioh. nn. 165–166 und 364 (LW 3,136–137 u. 308–310) und In Sap. n. 28 (LW 2,348–349).
[118] Siehe z. B. S. IV n. 25 (LW 4,26); In Ioh. n. 506 (LW 3,437–438); Pr. 41 (DW 2,287,7–8); usw.
[119] In Ioh. n. 506 (LW 3,437,12–438,2): *... eo quod una sit facies et imago in qua deus nos videt et nos ipsum, secundum illud: ‚in lumine tuo videbimus lumen'. Sic enim et idem amor est spiritus sanctus quo pater filium diligit et filius patrem, quo deus nos diligit et nos deum.*

raus schlossen, die beste Weise, dieses Mysterium vorzustellen, bestehe darin, sich auf die anerkannten Glaubensbekenntnisse und Konzilien zu berufen und auf die ehrfürchtigen Auslegungen der darin steckenden dogmatischen Logik zurückzugreifen, war Eckharts Trinitätslehre ehrfürchtig und zugleich experimentell. Er bemühte sich um angemessenere Ausdrucksmöglichkeiten dafür, wie Gottes inneres Leben als *communio* von drei Personen sowohl die Quelle von allem Seienden ist als auch der Weg, auf dem wir zu ihm heim finden.

Das Sprechen über Gott

Eckhart war von der Frage fasziniert, was wir zu tun meinen, wenn wir versuchen, über Gott zu sprechen. In gewisser Hinsicht sind seine ganzen uns überkommenen Schriften eine Erkundung dieser Frage. Warum ist das Reden notwendig, wenn doch Schweigen passender ist? Welche Arten der Rede von Gott sind angemessen? Seine Sprachexperimente und Reflexionen über diese Experimente finden sich über seine ganzen Schriften verstreut.

Will man genauer untersuchen, wie Eckhart den Gebrauch der Sprache bezüglich Gottes auffasst, wird die beste Art und Weise die sein, zu unterscheiden zwischen (1) Prädikation, (2) Analogie und (3) Dialektik. Eckhart war wie alle Scholastiker in der Logik geschult, und so müssen wir auf der Ebene der Logik der Prädikation anfangen.[120] In seinen Prologen zum *Dreiteiligen Werk* und anderswo hält er sich an die traditionelle logische Distinktion zwischen „zweibegrifflichen Aussagen" *(secundum adiacens)* und „dreibegrifflichen Aussagen" *(tertium adiacens)*. Eine zweibegriffliche Aussage (z.B. „Sokrates ist") ist eine Aussage, in der das Tätigkeitswort als zweiter Begriff steht und anzeigt, dass die Tätigkeit tatsächlich stattfindet (das existenzielle „sein"). In einer dreibegrifflichen Aussage dagegen (z.B. „Sokrates ist ein Mensch") steht das Tätigkeitswort als Bindeglied zwischen zwei Begriffen und zeigt an, dass sie logisch kompatibel sind, ohne direkt zu behaupten, dass sie tatsächlich „seien" (das „ist" wirkt also nur als Verknüpfung im Sinn von „angenommen, Sokrates existiert, dann ist er ein Mensch").[121] Thomas von Aquin und andere Scholastiker hatten diese Dis-

---

[120] Zum Folgenden vgl. McGinn, „Meister Eckhart on God as Absolute Unity", 130–135; und Alain de Libera, „À propos de quelques théories logiques de Maître Eckhart: Existe-t-il une tradition médiévale de la logique néo-platonicienne?", in: *Revue de théologie et de philosophie* 113 (1981), 1–24.
[121] Eckharts ausführlichste Erörterung der Prädikationen *secundum adiacens* und *tertium adiacens* findet sich im Prol.op.prop. nn. 1–8 u. 25 (LW 1,166–170.181). Siehe auch in In Ex.

tinktion angewandt,[122] aber Eckhart verwendet sie auf seine eigene Art. Für ihn stellen zweibegriffliche Aussagen substanzielle Aussagen dar, dreibegriffliche Aussagen dagegen akzidentelle Aussagen. Zweibegriffliche Aussagen unterstellten den unbegrenzten Besitz des Prädikats, also seine absolute Fülle. Daher könne man im Fall der Transzendentalien zweibegriffliche Aussagen wie etwa „X ist" im strengen Sinn nur von Gott machen: „Das erste ist: Gott allein ist und heißt im eigentlichen Sinn seiend, eins, wahr oder gut" (das heißt formal gesprochen, „Gott ist-Sein", „Gott ist-gut" usw.). Dreibegriffliche Aussagen dagegen bezeichneten ein partikuläres Sein („X ist dieses") und bezögen sich auf die Geschöpfe, denn „alles, was seiend, eins, wahr oder gut ist, hat dies nicht von sich selbst, sondern von Gott und von ihm allein."[123]

Dieses Verständnis der Aussage liefert die Grundlage für Eckharts Analogielehre. Diese seine Analogielehre gilt seit der Zeit von Vladimir Lossky als zentral für das richtige Erfassen der besonderen Form der Lehre Eckharts über die Redeweise, mit der man das Verhältnis von Gott und Welt zum Ausdruck bringt.[124] Auch hier beruft sich Eckhart zwar zuweilen auf Thomas von Aquin, aber für ihn ist Analogie etwas anderes als für den *Doctor Angelicus*. Ein Schlüsseltext aus den *Predigten und Vorlesungen über Ecclesiasticus* erklärt, warum: „Was zu einem andern in analogem Verhältnis steht, hat in sich seinsmäßig und wurzelhaft keinen Ansatz zu der Form, auf der dieses Verhältnis beruht. Nun steht aber alles geschaffene Seiende und Sein, Wahrheit und Gutheit in analogem Verhältnis zu Gott. Also hat alles geschaffene Seiende Sein, Leben und Denken seinsmäßig und wurzelhaft von Gott und in Gott, nicht in sich selbst als geschaffenem Seienden."[125] Daher bezeichne die Analogie nicht eine Art von Teilhabe Got-

---

n. 15 (LW 2,20); In Sap. n. 20 (LW 2,341–342); In Ioh. nn. 97, 377 (LW 3,83–84, 321). Als Geschichte der Distinktion, in der allerdings Eckhart nicht erwähnt wird, siehe Gabriel Nuchelmans, *Secundum/tertium adiacens. Vicissitudes of a logical distinction*, Amsterdam 1992.
[122] Thomas z. B. in S.Th. I q. 13 a. 5 und in *In Perihermeneias* l.2, cap. 10, lect. 2, nn. 2–5.
[123] Tabula prologorum in op.trip. n. 4 (LW 1,132,4–6): *Primum est quod solus deus proprie est et dicitur ens, unum, verum et bonum. Secundum est quod omne quod est ens, unum, verum aut bonum, non habet hoc a se ipso, sed a deo est et ab ipso solo.*
[124] Unter den Abhandlungen über Eckharts Analogieverständnis siehe Lossky, *Théologie négative et connaissance de Dieu*, „Index des thèmes", 426; Josef Koch, „Zur Analogielehre Meister Eckharts", in: *Mélanges offerts à Etienne Gilson*, Paris 1959, 327–350; Fernand Brunner, „L'analogie chez Maître Eckhart", in: *Freiburger Zeitschrift für Philosophie und Theologie* 16 (1969), 333–349; Alain de Libera, *Le problème de l'être chez Maître Eckhart. Logique et métaphysique de l'analogie*, Genf 1980 (Cahiers de la Revue de théologie et de philosophie); B. Mojsisch, *Meister Eckhart* Kap. 3; und Reiner Manstetten, *Esse est Deus: Meister Eckharts christologische Versöhnung von Philosophie und Religion und ihre Ursprünge in der Tradition des Abendlandes*, München 1993, 284–302.
[125] In Eccli. n. 53 (LW 2,282,1–5): ... *analogata nihil in se habent positive radicatum formae*

tes und des Geschöpfs an einem bestimmten Prädikat (z. B. dem *esse*), sondern weise auf die Tatsache hin, dass einzig Gott wirklich dieses Attribut besitze. Dietmar Mieth drückt es so aus: „Analogie ist also nicht wie bei Thomas ein Bezugsverhältnis, sondern ein Abhängigkeitsverhältnis; Analogie erklärt nicht, was ist, sondern wodurch es ist."[126] Die Realität der Geschöpfe ist von Eckharts Analogieverständnis her die Realität eines auf Gott verweisenden Zeichens.[127]

Ein weiteres Charakteristikum für Eckharts Gebrauch der Analogie weist über die Analogie in Richtung der dritten und wichtigsten Ebene der Rede über Gott hinaus, nämlich derjenigen der Dialektik.[128] So wie Eckhart die Analogie verwendet, ist sie umkehrbar: Wenn etwas von Gott ausgesagt wird, muss es den Geschöpfen abgesprochen werden, und umgekehrt muss alles, was von den Geschöpfen ausgesagt wird, Gott abgesprochen werden. Darin gründet die Art von Formulierungen, an denen die Dominikaner-Inquisitoren Anstoß nahmen. In der Bulle „In agro dominico" werden Beispiele für beide Arten von Aussagen, die auf der Umkehrung der Analogie beruhen, als anstößig angeführt. So wird zum Beispiel in Artikel 26 die Behauptung verurteilt: „Alle Kreaturen sind ein reines Nichts. Ich sage nicht, dass sie geringwertig oder überhaupt etwas seien: sie sind ein reines Nichts."[129] Dieser Text beruht auf der Aussage, dass Gott *sei* und dem Umkehrschluss, dass folglich die Kreaturen *nicht* sein könnten. Im zweiten der Bulle angehängten Artikel wird eine Stelle aus Pr. 9 zitiert, in der Eckhart implizit von den drei Güteaussagen über die Geschöpfe ausgeht und dann im Umkehrschluss kühn behauptet: „Gott ist nicht gut noch besser noch allerbest. Wer da sagt, Gott sei gut, der täte ihm ebenso unrecht, wie wenn er die Sonne schwarz nennen würde."[130] Eckharts Analogielehre ist also

---

secundum quam analogantur. Sed omne ens creatum analogatur deo in esse, veritate et bonitate. Igitur omne ens creatum habet a deo et in deo, non in se ipso ente creato, esse, vivere, sapere positive et radicaliter. Von den weiteren Ausführungen Eckharts über die Analogie siehe In Gen.I n. 128 (LW 1,282–283); In Ex. n. 54 (LW 2,58–60); In Sap. n. 44 (LW 2,367); In Ioh. nn. 5–6, 86, 97, 182–83, 492 (LW 3,7.74.84.150–152.405); und Qu.Par. 1, n. 11 (LW 5,46–47). In den deutschen Werken wird die Analogie oft angewandt, aber selten formal reflektiert.

[126] Dietmar Mieth, *Die Einheit von Vita Activa und Vita Passiva in den deutschen Predigten und Traktaten Meister Eckharts und bei Johannes Tauler*, Regensburg 1969, 136.
[127] Tobin, *Meister Eckhart* 64 und de Libera, „À propos de quelques théories", 15.
[128] Der bahnbrechende Charakter von Losskys *Théologie négative* zeigt sich nirgends deutlicher als in seiner Anerkennung der Bedeutung von Eckharts Dialektik (siehe „Index des thèmes" unter „Dialectique" auf S. 431). Genauso wichtig waren der frühe Aufsatz von Maurice de Gandillac, „La ‚dialectique' du Maître Eckhart", in: *La mystique rhénane*, 59–94 und die Reflexionen in Schürmann, *Meister Eckhart*, 176–192.
[129] „In agro dominico" art. 26, einer Stelle in Pr. 4 (DW 1,69–70) entnommen.
[130] „In agro dominico" angehängter art. 2, aus Pr. 9 (DW 1,148) entnommen.

eine Lehre vom formalen Gegensatz und hat nicht den normalen scholastischen Sinn der Attribution (d. h.: ein Wesen besitzt eine Eigenschaft, die auch von einem anderen ausgesagt werden kann) oder der Proportionalität (d. h. die Art, auf die ein Wesen eine Eigenschaft hat, steht in einer gewissen Proportion zu der Art, auf die ein anderes Wesen sie hat).

Die Besonderheit von Eckharts sich selbst umkehrender Analogie führt direkt zu Stellen in seinen Schriften, an denen er die Redeweise des dialektischen Neuplatonismus verwendet, die von Heiden wie Plotin und Proklos geschaffen und bei den Griechen von Dionysius und im Westen von Johannes Scottus Eriugena für den christlichen Gebrauch umgeformt wurde.[131] Mit dialektischer Redeweise meine ich: (a) Eigenschaften zusprechen („Gott ist anders"); (b) gleichzeitig gegensätzliche Eigenschaften zusprechen („Gott ist anders und Gott ist nicht anders") und (c) gegensätzlichen Aussagen eine notwendige wechselseitige Beziehung zusprechen („Gott ist umso anders, je mehr er nicht anders ist").[132] Das dialektische Reden in dieser Art war die sprachliche Strategie, die es Eckhart gestattete, wechselseitig gegensätzliche Formen analoger Aussagen zum Einssein auf einer höheren Ebene oder in ein tieferes „Nichtwissen" *(unwizzen)* zu führen.[133] Obwohl Eckhart mit Dionysius gut vertraut war sowie auch Texte von Proklos kannte und zumindest etwas Kontakt mit dem Denken Eriugenas hatte,[134] lässt sich seine Form eines dialektischen christlichen Neuplatonismus nicht auf seine Quellen reduzieren, sondern sie stellte eine neue Wiedergabe eines alten Themas dar, die einer veränderten Situation gerecht werden sollte.

---

[131] Letztlich beruht die dialektische Redeweise auf Platons *Parmenides*, aber für die Geschichte der Mystik beginnt die Geschichte mit neuplatonischen Weiterentwicklungen von Platons Ansatz. Als Ausführungen über diese Komponente der Geschichte der abendländischen Mystik siehe im vorliegenden Werk Bd. I, 77–102 (über Plotin und Proklos) und 233–269 (über Dionysius), sowie in Bd. II, 131–188 über Eriugena.

[132] Zu diesem Begriff der dialektischen Rede siehe Hans-Georg Gadamer, „Hegel and the Dialectic of the Ancient Philosophers", in: *Hegel's Dialectic. Five Hermeneutical Studies*, New Haven 1976, 20–27.

[133] Für einige weitere Überlegungen über Eckharts Platz in der Geschichte der platonischen Dialektik siehe McGinn, „Meister Eckhart on God as Absolute Unity", 136–139.

[134] Über Eckharts Gebrauch dieser und anderer Denker siehe den „Appendix: Eckhart's Sources", in: *The Mystical Thought of Meister Eckhart*, 162–182. Vgl. auch Ruh, *Geschichte* III,17–56 u. 280–290, der darin auf seine früheren Untersuchungen aufbaut: „Dionysius Areopagita im deutschen Predigtwerk Meister Eckharts, Perspektiven der Philosophie", in: *Neues Jahrbuch* 13 (1987), 207–223; und „Neuplatonische Quellen Meister Eckharts", in: *Contemplata aliis tradere: Studien zum Verhältnis von Literatur und Spiritualität*, hg. v. Claudia Brinker, Urs Herzog, Niklaus Largier u. Paul Michel, Frankfurt/M. 1995, 317–352. Über Eckharts Verhältnis zu Proklos ist die beste Darstellung Werner Beierwaltes, „Primum est dives per se. Meister Eckhart und der ‚Liber de causis'", in: *On Proclus and his Influence in Medieval Philosophy*, hg. v. E. P. Bos u. P. A. Meijer, Leiden 1992, 141–169.

Eckharts Gebrauch der dialektischen Rede über Gott als den Drei-und-Einen sowie über das Verhältnis Gott-Welt findet sich quer durch seine lateinischen und deutschen Werke, aber in unterschiedlicher Registrierung. Am liebsten formuliert er seine dialektische Redeweise in Begriffen der Unterschiedenheit und Ununterschiedenheit, aber es finden sich auch andere Formen der Dialektik (z. B. Ähnlichkeit/Unähnlichkeit,[135] essen/hungern,[136] Höhe/Tiefe,[137] innen/außen,[138] beweglich/unbeweglich,[139] mein/nicht mein[140] usw.). Seine scholastischen Schriften enthalten eine Anzahl ausführlicher Untersuchungen der Dialektik;[141] in seinen deutschen Predigten und Traktaten taucht die Dialektik in kürzerer Form auf, wenn sie für seine Zwecke als Prediger nützlich ist.[142] Die Dialektik ist ein entscheidendes Werkzeug für die Interpretation Eckharts.[143]

Die ausführlichsten formellen Ausführungen Eckharts über den dialektischen Charakter der Anwendung von Aussagebegriffen auf Gott finden sich in seinem Kommentar zum transzendentalen Attribut *unum* in Weisheit 7,27 („Und da die Weisheit eine ist, kann sie alles tun").[144] Sie können hier nicht vollständig besprochen werden, aber wichtig ist es, sich genauer anzusehen, wie Eckhart mit seinem Verständnis des *unum* als Ununterschiedenheit die positive und die negative Aussage in eine höhere Verständ-

---

[135] Z.B. in In Ex. nn. 112–119 (LW 2,110–117). Wenn er von Ähnlichkeit/Unähnlichkeit spricht, kommt Eckhart Dionysius am nächsten, der in DN 9,6-7 (PG 3,913C-916A) die gleiche Redeweise verwendet.
[136] In Eccli. n. 58 (LW 2,286–287).
[137] Pr. 14 (DW 1,237); RdU 23 (DW 5,293–294).
[138] In Eccli. n. 54 (LW 2,283); In Ioh. n. 12 (LW 3,11); Pr. 30 (DW 2,94).
[139] In Sap. n. 132 (LW 2,469–470).
[140] In Ioh. n. 425 (LW 3,360–361).
[141] Die drei wichtigsten sind: (1) In Ex. nn. 113–119 (LW 2,110–117), (2) In Eccli. nn. 42–61 (LW 2,270–290) und (3) In Sap. nn. 144–157 (LW 2,481–494). Weitere Stellen sind etwa In Gen.I n. 173 (LW 1,318); In Ex. nn. 40, 102, 104–107 (LW 2,45,104.106–107); In Sap. nn. 38–39, 52, 60, 282 (LW 2,359–360.379.388.614–615); In Ioh. nn. 99, 103, 197, 562, 634 (LW 3,85,88–89.166–167.489.551–552). Die Rede von der Verschiedenheit und Nichtverschiedenheit taucht auch in Eckharts lateinischen Predigten auf, z.B. in SS. II, IV, X, XXIX, XXX, XXXIV, XXXVII, XLIV (LW 4,9, 27–28 u. 31, 98–100.265.278.299.320–321.368).
[142] Siehe Prr. 10, 13b, 14 (DW 1,173.225.237); Prr. 28, 30, 36a, 50 (DW 2,67–68.94.189.459–460); Prr. 63, 77 (DW 3,82, 338 u. 340); VeM und RdU 23 (DW 5,115 und 293–294).
[143] Viele, die sich mit Eckhart beschäftigt haben, erkannten die Wichtigkeit dieses Aspekts des eckhartschen Denkens; allerdings haben ihn nicht alle mit dem gleichen Namen bezeichnet. Hof bevorzugte in *Scintilla animae*, 155–158 den Begriff „Analektik" (d. h. „aufwärts führende" Rede; Mojsisch spricht in *Meister Eckhart*, 86–87 von Eckharts „objektiver Paradoxtheorie."
[144] In Sap. nn. 144–157 (LW 2,481–494). Über diesen Text siehe McGinn, „Meister Eckhart on God as Absolute Unity", 132–134 und Goris, *Einheit als Prinzip und Ziel*, 209–228. Als weitere Ausführungen dazu seien genannt Lossky, *Théologie négative*, 261–265, Mojsisch, *Meister Eckhart*, 86–95 und Manstetten, *Esse est Deus*, 218–224.

nisweise hinein verschmilzt. Er sagt: „Man muss also nunmehr wissen, dass das Begriffswort ‚das Eine' zunächst dem Klang nach verneinend, der Sache nach aber bejahend ist. Ferner ist es die Verneinung der Verneinung, das ist die reinste Bejahung und der bejahte Begriff im Vollsinn" (n. 147). Die Negation der Negation ist Eckharts dialektische Weise, die aristotelische (sowohl logische wie ontologische) Unterscheidung zwischen dem, „was ist" und dem, „was nicht ist" auszuhebeln. Gott „negiere" alles, wovon wir wissen, dass es „ist"; aber die Negation *aller* partikulären Seinsformen eröffnet einen Bereich, in welchem unsere Unterscheidungen, was „ist" und was „nicht ist" nicht länger gelten. Gott als *negatio negationis* ist totale Leere und äußerste Fülle zugleich.

Eckhart untersucht das Verhältnis des göttlichen Einen zum geschaffenen Vielen auf der Grundlage seines Verständnisses des *unum* als Negation der Negation. Er fährt fort: „Es *(unum)* bezeichnet die Reinheit, das Mark oder den Gipfel des Seins selbst, und das besagt das Wort ‚Sein' an sich noch nicht. Das ‚Eine' bezeichnet nämlich überdies das Sein selbst in sich selbst mit der Verneinung und dem Ausschluss jedes Nichts, des Nichts sage ich, das jede Verneinung verspüren lässt ... Die Verneinung der Verneinung, die das ‚Eine' besagt, weist also darauf hin, dass der bezeichnete Begriff alles umfasst, was zu diesem Begriff gehört, und alles ausschließt, was zu dem entgegengesetzten Begriff gehört" (n. 148).

Schließlich ist Eckhart in der Lage, die beiden Pole – den positiven und den negativen – des Verständnisses von *unum* zusammenzuführen und zu zeigen, dass sie in einem dialektischen Zusammenfall von Gegensätzen unauflösbar miteinander verknüpft sind. Er beginnt mit dem Unterscheiden: Wenn wir uns die Geschöpfe als zählbar vorstellten, dann müsse Gott, da er jenseits aller Zahl sei, von allen Dingen unendlich unterschieden sein (n. 154). Aber diese Negation oder Unterscheidung gründe auf der Aussage von Gottes Ununterschiedenheit und impliziere diese. Was Gott unendlich unterschieden oder anders als alles andere sein lasse, sei, dass einzig er vollkommen eins oder ununterschieden von allem sei. In der verschmolzenen Wechselseitigkeit der dialektischen Aussage heißt das: „Alles, was sich durch seine Ununterschiedenheit unterscheidet, ist um so mehr unterschieden, je mehr es ununterschieden ist; es unterscheidet sich ja gerade durch seine Ununterschiedenheit. Und umgekehrt: Je mehr etwas unterschieden ist, um so mehr ist es ununterschieden, da es durch seine Unterschiedenheit vom Ununterschiedenen ununterschieden ist.[145] Je mehr es also unterschie-

---

[145] In der Ausgabe der LW lautet dieser Schlüsselsatz so: *Et e converso, quanto distinctius, tanto indistinctius, quia distinctione sua distinguitur ab indistincto* (In Sap. n. 154 [LW

den ist, um so mehr ist es ununterschieden. Gott aber ist ein Ununterschiedenes, das sich durch seine Ununterschiedenheit unterscheidet, wie Thomas (in der Summe der Theologie) Teil I Frage 7 Artikel 1 am Schluss sagt" (n. 154).

Die gleiche Argumentationsweise wiederholt Eckhart dann von der Seite der Ununterschiedenheit her (n. 155). Er dürfte seine Freude an der spielerischen Qualität der Dialektik des *unum* gehabt haben, aber seine Botschaft war ernsthaft: Dass die transzendentalen Begriffe, insbesondere *unum* und *esse*, schon von ihrem Charakter als Wörter her offenbaren, dass Gott in seiner Immanenz transzendent sei und in seiner Transzendenz immanent, er sei die „Verneinung der Verneinung".[146] Die *negatio negationis* taucht in Eckharts lateinischen Werken häufig auf, in seinen deutschen Predigten dagegen selten.[147] Von den deutschen Werken kann man sagen, darin habe der Begriff *grunt* ihre Funktion übernommen. Hier wurde diese Meistermetapher jedoch auf eine pastorale und mystische Weise verwendet, um die Un-

---

2,490,5–6]). Aber, wie Goris überzeugend argumentiert hat (*Einheit als Prinzip und Ziel*, 224–228), müsste, wenn das Subjekt Gott ist, wie das hier der Fall zu sein scheint, das Verb *indistinguitur* lauten. In diesem Sinn ist auch die Übersetzung der deutschen Werkausgabe hier geändert.

[146] In In Ex. n. 73 (LW 2,75–76) sagt er: *Die Wahrheit eines bejahenden Satzes besteht allgemein in der Identität (= Ununterschiedenheit) der Begriffsworte, die Wahrheit eines verneinenden Satzes in der Andersheit und Unterschiedenheit der Begriffsworte.* Die *negatio negationis* verschmelze beide Aussageformen zu einer und werde „lauterste und vollste Bejahung", nämlich zum formal negativen Ausdruck für eine positive Fülle. *Auf Gott trifft also keine Verneinung, nichts Verneinendes zu außer der Verneinung, die das eine Verneinung einschließende Eine ausdrückt* (In Ex. n. 74). Eckhart bekräftigt das in In Eccli. n. 63 (LW 2,293,1–2): ... *unum transcendens in voce quidem negatio est sed in significato, cum sit negatio negationis, est mera affirmatio* (... *das transzendentale Eine [ist] dem Wort nach eine Verneinung, seinem Bedeutungsgehalt nach aber ist es als Verneinung der Verneinung reine Bejahung.*).

[147] Über die *negatio negationis* siehe Prol.op.prop. nn. 6, 12, 15 (LW 1,169,172.175); In Gen.I n. 158 (LW 1,306, hier in der Form *privatio privationis*); In Ex. nn. 16, 74 (LW 2,21.76–78); In Eccli. nn. 60, 63 (LW 2,289.293); In Sap. n. 147 (LW 2,485–486); In Ioh. nn. 207–208, 556, 611, 692 (LW 3,175–176.485.533. 608); SS. X n. 111, XXXVII n. 375 (LW 4,104. 320). In den deutschen Predigten taucht sie explizit auf in Pr. 21 (DW 1,361,10 und 363,1–7) und implizit in Pr. 44 (DW 2,348,1–2). In welchem Maß sich Eckhart dessen bewusst war, dass Proklos die Formulierung *negatio negationis* verwendete, ist umstritten. Auch Thomas von Aquin (z. B. in *Quodlibet* X, q. 1, a. 1, ratio 3) und Dietrich von Freiberg gebrauchten diesen Ausdruck, aber nur zur Bezeichnung eines Vernunftwesens, nicht der inneren Natur Gottes. Goris beschreibt in *Einheit als Prinzip und Ziel* korrekt die *negatio negationis* als den „Operator" der Transzendentalien in Eckharts Denken: ... *kann die negatio negationis hier als Operator der Gottesattribute auftreten: Sie negiert jene Dimension der Vielheit und legt die perfectiones in ihrer göttlichen Reinheit frei* (376). Siehe seine Ausführungen in 197–206 und 215–218, in denen er vertritt, Eckhart habe sein metaphysisches Verständnis dieses Begriffes aus Heinrich von Gents *Summa quaestionum ordinarium* a. 25, q. 1, and a. 73, q. 11, ad 2 bezogen.

terschieden-Ununterschiedenheit der Identität Gottes mit allen Dingen, insbesondere der Seele, aufzuzeigen.

Das dialektische Denken bietet eine hilfreiche Möglichkeit des Zugangs zur umstrittenen Frage darüber, dass Eckhart die transzendentalen Attribute *esse, unum, verum/intelligere* und *bonum* immer wieder etwas anders behandelt.[148] Anders als Thomas von Aquin, der dem *esse* oder *ipsum esse subsistens* beim Sprechen über Gott immer die Priorität gab, sagt Eckhart an verschiedenen Stellen Verschiedenes. In seinen Prologen zum *Dreiteiligen Werk* stellt er das *esse* als den grundlegenden transzendentalen Begriff auf eine Weise vor, die fast genauso wie bei Thomas von Aquin klingt (obwohl es wichtig ist, festzuhalten, dass Eckhart mit seiner Formulierung *esse est deus* Thomas auf den Kopf stellt).[149] Aber im *Kommentar zum Buch der Weisheit* und anderswo scheint er dem *unum* den obersten Rang zu geben: „Es (das *unum*) bezeichnet die Reinheit, das Mark oder den Gipfel des Seins selbst, und das besagt das Wort *esse* an sich noch nicht" (n. 148). Eine Vielzahl von Texten sowohl in Eckharts scholastischen Werken[150] als auch in seinen volkssprachlichen Predigten[151] zeigen ganz klar, dass das *unum* oder die Absolute Einheit eine besondere Rolle im Sprechen Eckharts über Gott spielt.

Das Verhältnis zwischen *esse* und *unum* wird noch komplizierter durch die Tatsache, dass Eckhart in den *Pariser Fragen* sowie auch in S. XXIX

---

[148] Die Rolle der Transzendentalien in Eckharts Denken wurde schon oft diskutiert. Als kurze Analyse siehe Werner Beierwaltes, *Platonismus und Idealismus*, Frankfurt 1972, 37–67. Ausführlichere Erwägungen finden sich bei Lossky, *Théologie négative* und insbesondere Goris, *Einheit als Ziel und Prinzip* und Manstetten, *Esse est Deus*.

[149] Eckhart gibt neben dem Prol. op. prop. auch in anderen Texten dem *esse* als Prädikat Gottes die Priorität. Seine Lehre über das *esse* war schon der Gegenstand ausführlicher Untersuchungen; siehe insbesondere Karl Albert, *Meister Eckharts These vom Sein*, Saarbrücken 1976 und Manstetten, *Esse est Deus*.

[150] Ohne versuchen zu wollen, eine erschöpfende Liste der anderen Ausführungen über Gott als *unum* in den lateinischen Werken zu bieten, seien hier wenigstens angezeigt: (1) In Gen.I nn. 10–13, 84, 158 (LW 1,193–197.243–244.306); (2) In Gen.II nn. 10–12, 73–74, 179, 215 (LW 1,481–483.538–540.649.690–691); (3) In Ex. nn. 57–61, 74, 91, 101, 134, 138 (LW 2,62–66.77–78.94.103.123.126); (4) In Eccli. nn. 60, 63 (LW 2,289.293); (5) In Sap. nn. 38, 99, 107, 110, 219, 287, 293 (LW 2,359–360.434–435.443.446–447.553–554.620–621.628–629); (6) In Ioh. nn. 24, 67, 114, 195, 207–208, 320, 329, 342, 360, 513–518, 526, 546–565, 692 (LW 3,20.55–56.99–100.164.175–176.268.278–279.291.305.444–448.456–457.477–493.608); (7) SS. X n. 103–107, XXIX, XXXVII n. 377, XLIV nn. 438–439, XLVIII n. 503 (LW 4,98–101.263–270.322–323.367–369.419).

[151] Als einige der Predigten, in denen Eckhart über die göttliche *einicheit* und sein *einig ein* spricht, seien genannt: Prr. 13, 15, 19, 21, 23 (DW 1,219.245.314.361–368.401–402); Prr. 28, 29, 51 (DW 2,63.76–77 u. 88, 472–473); Prr. 64, 67, 71, 83 (DW 3,88–90.130.221–224.442 u. 447–448). Es gibt dazu auch wichtige Stellen im BgT (DW 5,30–31.34.46–47) und in VeM (DW 5,114–115 u. 119).

ausdrücklich bestreitet, dass das *esse* der fundamentale transzendentale Begriff sei. An einer bereits zitierten Stelle sagt er: „Mir scheint nicht nur, dass Gott deshalb erkennt, weil er ist, sondern dass er ist, weil er erkennt, und zwar deshalb, weil Gott Erkenntnis und Erkenntnisakt ist und dieser Erkenntnisakt der Grund seines Seins ist."[152] In welchem Verhältnis steht dann Gott als *intelligere* zu Gott als *esse* und *unum*?

Eckhart bietet zur Klärung dieser Frage im Verlauf der *Pariser Fragen* einige Hilfe, besonders wenn er die vierte These des *Buchs der Ursachen* zitiert *(prima rerum creaturarum est esse,* bei den geschaffenen Dingen ist das Sein das Erste). Das zeigt an, dass er in den *Fragen* das *esse* nicht als etwas ununterschieden Seiendes *(esse indistinctum)* verwendet, sondern vielmehr als das Sein der Geschöpfe *(ens hoc et hoc)*. Zudem räumt er bei der weiteren Entwicklung seiner Erörterung ein, dass es ein „Sein" in Gott zwar nicht gebe, aber Exodus 1,14 zeige, dass man ihm eine „Reinheit des Seins" *(puritas essendi:* q. 1 n. 9) zuschreiben könne. Später, in der zweiten der *Pariser Fragen,* liefert er einen Grund dafür, weshalb man *intellectus/ puritas essendi* als primären Namen für Gott verwenden könne: „Die Erkenntnis als Erkenntnis ist nichts von dem, was sie erkennt ... Wenn daher die Erkenntnis als Erkenntnis nichts ist, dann hat folglich auch der Erkenntnisakt keinerlei Sein."[153] Im zweiten Schlüsseltext, S. XXIX, setzt Eckhart ebenfalls das *intelligere* höher als das *esse* an und rückt es nahe an das *unum* heran. Genau wie für Thomas muss man sich das Erkennen in Begriffen des Identischseins vorstellen und nicht der Konfrontation von Erkennendem und Erkanntem: Verstehen heißt, mit dem eins werden, das man versteht. Von daher sagt Eckhart: „Einzig dem Intellekt scheint es eigen zu sein, Einheit oder das Eine zu sein, und das ist seine Eigenart ... denn Gott ist die eine Erkenntnis und die Erkenntnis ist der eine Gott."[154] Auch hier scheint

---

[152] Qu.Par.1 n. 4 (LW 5,4-7): *Tertio ostendo quod non ita videtur mihi modo, ut quia sit, ideo intelligat, sed quia intelligit, ideo est, ita quod deus est intellectus et intelligere et est ipsum intelligere fundamentum ipsius esse.* (Übers.: B. S.) Über das *esse* und *intelligere* bei Eckhart und sein Verständnis dieser Begriffe im Vergleich mit demjenigen von Thomas von Aquin siehe neben Imbach, *Deus est intelligere* und McGinn, „Sermo XXIX: ‚Deus unus est'", in: *Lectura Eckhardi II*, 205–232, auch John Caputo, „The Nothingness of the Intellect in Meister Eckhart's ‚Parisian Questions'", in: *The Thomist* 39 (1975), 85–115 und Emile Zum Brunn, „Dieu n'est pas être", in: *Maître Eckhart à Paris*, 84–108.

[153] Qu.Par. 2 n. 2 (LW 5,50,1-5): *Prima est, quia intellectus, in quantum intellectus, nihil est eorum quae intelligit ... Si igitur intellectus, in quantum intellectus, nihil est, et per consequens nec intelligere est aliquod esse.* (Übers.: B. S.) Die Logik dieses Arguments wäre: (a) *esse* ist das erste der Geschöpfe; Gott aber kann kein Geschöpf sein; (b) aber der *intellectus* / das *intelligere* ist keines der Geschöpfe, das er / es erkennt; (c) daher lässt sich von Gott sagen, er sei *intellectus.*

[154] S. XXIX nn. 300 und 304 (LW 4,266,11-12 u. 270,1-2): *Ubi nota quod unitas sive unum videtur proprium et proprietas intellectus solius ... Deus enim unus est intellectus, et intellectus*

Eckhart das *esse* im Sinn des Erschaffenen zu nehmen und von daher zu sagen, dass dem *unum-intelligere* die Priorität zustehe.

Wenn man auf diese Weise die angemessenen Unterscheidungen und Qualifikationen vornimmt, sieht es folglich so aus, als sage Eckhart, dass alle drei Begriffe: *esse*, *unum* und *intelligere*, in gewisser Hinsicht für das Sprechen über Gott gebraucht werden könnten. Das hilft zu erklären, weshalb er in seinen späten deutschen Predigten oft das, was er in seinen lateinischen Werken *esse indistinctum* nennt, als „reines Sein" *(lûter wesen)* und legitime Form der Rede von Gott bezeichnet.[155] In Pr. 91 sagt er es so: „Gott ist nichts als ein lauteres Wesen und die Kreatur ist von nichts und hat auch ein Wesen von demselben Wesen."[156] Die Stellen, an denen Eckhart sagt, man müsse sich Gott als „jenseits des Seins" oder als „seinsloses Sein" vorstellen,[157] lassen sich mit den Formulierungen über das *esse/wesen* vereinbaren, *sofern* man die frühere Reihe von Texten so versteht, dass sie sich auf die *puritas essendi* beziehen, und die spätere, dass mit ihnen gesagt werden soll, das *esse* sei das erste der geschaffenen Dinge, von dem im *Buch der Ursachen* die Rede ist. Das mag vielleicht so aussehen, als wolle man damit Eckhart präziser machen, als er selbst sein wollte, aber immerhin versuchte ja auch er selbst, sein verbales „Fließen" in exaktere Bahnen zu lenken, als er von den Inquisitoren zur Rede gestellt wurde.

Eckhart wurde zwar angeklagt, er verwirre in seiner Lehre die göttlichen Attribute, aber das scheint nicht wirklich der Fall gewesen zu sein. Wie

---

est deus unus. (Übers.: B. S.) Ein weiterer wichtiger Text über das Verhältnis von *esse* und *intelligere* ist S. XI (LW 4,105–115); über diesen siehe Zum Brunn, „Dieu n'est pas être", 105–108.

[155] Die Unterscheidung zwischen Gott als dem *esse*, das *indistinctum/absolutum/simpliciter* ist und den Geschöpfen als *esse hoc et hoc* ist bei Eckhart eines der häufigsten Themen. Karl Albert hat allein im Verlauf des Op. trip. 65 Nennungen gezählt; siehe sein „Der philosophische Grundgedanke Meister Eckharts", in: *Tijdschrift voor Philosophie* 27 (1965), 321 n. 5. Thomas von Aquin sprach vom Unterschied zwischen dem *esse universale* Gottes und dem *esse hoc vel tale* der Geschöpfe (z. B. in S.Th. I q. 45 a. 5c). Diese Stelle könnte Eckhart als Quelle gedient haben.

[156] Pr. 91 (DW 4,92,7–9): *Got enist niht wan ein lûter wesen, und diu creatûre ist von nihte und hat ouch ein wesen von den selben wesene.* (Übers.: B. Schellenberger.) Als einige weitere Stellen mit dieser Formulierung siehe Prr. 3, 7, 8, 23 (DW 1,55–57.122.131.397); Prr. 37, 39, 45, 54a (DW 2,216. 262. 372. 553–554); Prr. 67, 77, 86 (DW 3,135.339–341.488) und BgT (DW 5,28–29).

[157] Hier seien nur einige wenige Beispiele aus Eckharts Predigten ausgewählt. Die Aussage, Gott sei jenseits des Seins, findet sich z. B. in den lateinischen Predigten SS. XI, XXIV und XXIX (LW 4,112. 226.270). In den deutschen entsprechende Formulierungen in Pr. 9 (DW 1,146,1–2): *Ich spraeche als unrehte, als ich got hieze ein wesen, als ob ich die sunnen hieze bleich oder swarz.* In Pr. 71 nennt er Gott ein *wesen âne wesen* (DW 3,231,1–3), in Pr. 82 ein *wesen weselôs* (DW 3,431,3–4) und in Pr. 83 *ein vber swebende wesen und ein vber wesende nitheit* (DW 3,442,1–2).

mehrere jüngere Ausleger seines Werks dargelegt haben, besteht bei Eckhart kein wesentlicher Widerspruch zwischen „Ontologie" und „Henologie".[158] In gewisser Hinsicht sind *esse* und *unum* sowie auch *intelligere* Begriffe, die man angemessen zur Rede über Gott verwenden kann, zumindest in dem Maß, in dem man sie dialektisch versteht. Von einem anderen Gesichtspunkt aus ist jegliche Rede unzureichend. Im Kontext seiner radikalen Apophatik, das heißt der Anerkenntnis, dass kein menschliches Wort *wirklich* für die Rede über Gott tauglich sei, vertritt Eckhart die Auffassung, im Spiel mit der Sprache, die man mittels der Therapie der Predigt erprobe sowie mit der nachfolgenden Reflexion über das Benennen Gottes könne man allmählich begreifen lernen, was die Sprache leisten kann und wo ihre Grenzen liegen.[159]

Beim Lesen Eckharts bleibt man ständig stecken, weil der apophatische Horizont alle Formen des Erkennens und Sprechens über Gott einschränkt. Gott überschreitet derart das Maß unseres Intellekts, dass es kein wirkliches Wissen über ihn geben kann. Unser Intellekt arbeitet so, dass er ein Ding mit einem anderen *(ens hoc et hoc)* vergleicht; aber für den Vergleich mit Gott steht nichts zur Verfügung, weil in Wirklichkeit nichts von ihm verschieden ist.[160] Beim Sprechen von Gegenständen müssen wir Gattung und Art benennen, aber Gott hat keine Gattung und Art. Folglich verwenden wir diese Kategorien nur gemäß unserer Denkweise, was nicht „dem widerspricht ..., dass Gott in keiner Gattung ist und dass man bei ihm weder Gattung noch Art unterscheiden kann", weil er ununterschieden Eins ist.[161] Gott, so wird Eckhart nie müde zu sagen, sei im strengen Sinn gesprochen „uns unnennbar ... wegen der Unbegrenztheit alles Seins in ihm", aber paradoxerweise könnten wir auch sagen, er sei „mit allen Namen benennbar, *omninominabilis*".[162] Von daher versieht Eckhart die Nennung jegli-

---

[158] So z.B. Goris, *Einheit als Prinzip und Ziel*, 52–53 u. 376–378. J. A. Aertsen stimmt dem in „Ontology and Henology in Medieval Philosophy (Thomas Aquinas, Meister Eckhart and Berthold of Moosburg)", in: *On Proclus and his Influence in Medieval Philosophy*, 132–139 zu und vertritt, Eckhart vereine die aristotelische Vorstellung der „Transzendentaliät des Ersten" mit dem platonischen Begifff der „Transzendenz des Ersten".
[159] A. de Libera hat das in *La mystique rhénane*, 286 treffend so formuliert: *Si aucune présence ne nous livre Dieu, l'entrée dans l'unique-Un nous délivre de la présence.*
[160] In Ex. nn. 39–40 (LW 2,44–46).
[161] In Gen.I n. 270 (LW 1,409).
[162] S. VIII n. 84 (LW 4,80): *Nota primo quod dicit homo quidam [Lk 14,16] sine nomine, quia deus est nobis innominablis propter infinitatem omnis esse in ipso.* Die Charakterisierung Gottes als *innominabilis* geht auf Dionysius (DN 1,6 [PG 3,596]) zurück, eine Stelle, die Eriugena übersetzte mit *mirabile nomen, quod est super omne nomen, quod est innominabile* (PL 122,1117). Die Aussage, dass es für Gott keinen Namen gebe *(innominabilis-indicibilis/namelôs-âne name)*, findet sich in Eckharts Predigt oft, z.B. in SS. IV n. 30, IX n. 96, LV n. 547 (LW 4,31.92.458); Prr. 7, 16, 17, 20a (DW 1,122.253.284.328–330); Prr. 26, 36a, 38

chen Namens für Gott, sogar *esse indistinctum, intelligere* und *unum* häufig mit deutlichen Aussagen, dass Gott in Wirklichkeit „ein nichtes Nicht" sei oder ein „Nichts und ein Etwas"; oder „eine ungewordene Seinsheit und unnennbare Nichtigkeit".[163]

In Eckharts Predigt kollidiert die überwältigende Kraft seines Wunsches, seinen Zuhörern „Gott zuzusprechen", „als ob die ewige Weisheit mit der Seele Zwiesprache hielte" (Pr. 60), mit der undurchdringlichen „Unerkanntheit der verborgenen Gottheit" (Pr 15 [DW 1,253,1]) und bringt dabei viele seiner verblüffendsten und denkwürdigsten Formulierungen hervor. Er widmet ganze Predigten, zum Beispiel Prr. 22, 52, 71, 80 und 83 dem Anliegen, in einer Art von intellektueller Askese alle Vorstellungen und Sprechweisen abzustreifen, um auf diese Weise auf das Nichtwissen vorzubereiten, das einzig Gott uns präsent machen kann. Dabei wendet er oft eine Art von homiletischer Schocktherapie an und macht atemberaubende Aussagen, die vordergründig verstanden geradezu blasphemisch wirken können, etwa im Traktat über das Sprechen über Gott, der erst unlängst als Pr. 95b herausgegeben wurde: „Je mehr man ihn verleugnet, desto mehr lobt man ihn. Je mehr man ihm Ungleiches zuspricht, desto näher kommt man seiner Erkenntnis. (Das ist besser,) als wenn ich einen Vergleich aussprechen würde." Er zielt damit darauf ab, alle Vorstellungen radikal abzubauen, was zum schweigenden Einssein führen kann. „Je mehr der Seele die Erkenntnis aufgeht, dass Gott allen Naturen ungleich ist, kommt sie in einen Zustand des Staunens und wird weiter vorangetrieben und gerät in ein Schweigen. Mit der Stille senkt sich Gott in die Seele, und sie wird mit der Gnade überschüttet."[164] Das Nichtwissen, in das man in einem solchen Zu-

---

(DW 2,31.188–189.237); Prr. 71, 77, 80, 82, 83 (DW 3,221–222.337.380–383.431.441); Pr. 95 (DW 4,189–191). Umgekehrt verwendete Eckhart auch einen Begriff aus dem hermetischen Traktat *Asclepius* III,20a und sprach von Gott als *omninominabilis*, z. B. in In Gen. I n. 84 (LW 1,243–244), In Ex. n. 35 (LW 2,41–42), S. VIII n. 88 (LW 4,84) und Pr. 71 (DW 3,222). Als Untersuchung über diesen Aspekt von Eckharts Gott-Rede siehe Lossky, *Théologie négative*, 17–26.60–64.

[163] Pr. 23 (DW 1,402,2): *Er ist nihtes niht*; Pr. 71 (DW 3,223,1–2): *Got ist ein niht, und got ist ein iht*; und insbesondere Pr. 83 (DW 3,443,7): *... got ist vngewordene istikeit vnd sin vngenanten nitheit ...* Über Eckharts Neologismus *isticheit* siehe insbesondere die sorgfältige Analyse von Alessandra Beccarisi, „Philosophische Neologismen zwischen Latein und Volkssprache: ‚istic' und ‚isticheit' bei Meister Eckhart", in: *Recherches de Théologie et Philosophie médiévales* 70 (2003), 329–358, die zeigt, dass er im Gegensatz zu bisherigen Auffassungen, nach denen *isticheit* als *esse existentiae* verstanden wurde, diesen Begriff aus *istic* entwickelt habe und deshalb die Selbst-Identität oder *reditio completa* des Intellekts bedeute. Meinrad Morard listet in „Ist, istic, istikeit bei Meister Eckhart" in der *Freiburger Zeitschrift für Philosophie und Theologie* 3 (1956),169–186 vierzehn Verwendungen von *istikeit* auf, drei von *ist* und sieben von *istic*.

[164] (Übertr. beider Zitate: B. S.) Der Traktat über die Benennung Gottes findet sich im Kom-

stand gelange, sei total. „Was ist das letzte Endziel?", fragt Eckhart in Pr. 22. „Es ist das verborgene Dunkel der ewigen Gottheit und ist unerkannt und ward nie erkannt und wird nie erkannt werden. Gott bleibt dort in sich selbst unerkannt."[165]

Schöpfung als Übersprudeln

Der *exitus/ûzganc* ist ein Ereignis sowohl in dem Gott, der im Inneren als Dreifaltigkeit sprudelt, als auch in dem Gott, der in das geschaffene Universum hinein übersprudelt. („Alles ist der übersprudelnde Gott", las ich einmal in der Arbeit eines Studenten.) Eckharts Schöpfungslehre hilft uns zu erfassen, wie in seiner Mystik der absoluten Loslösung von allen geschaffenen Dingen die einzige Möglichkeit besteht, sich dieser wirklich zu erfreuen. Ein kurzer Blick auf Eckharts Sicht der Schöpfung unter zwei Überschriften kann uns das klären helfen: (1) der Begriff der Schöpfung selbst, insbesondere der Schöpfung als fortlaufend *(creatio continua)*; und (2) das *esse* oder die Existenzweise des geschaffenen Seins.[166]

Eckhart definiert Schöpfung auf mehrere Weisen. Am einfachsten ist Schöpfung das „Verleihen von Sein" *(collatio esse)*, oder in einer ausführlicheren, auf Avicenna beruhenden Formulierung: „Schöpfung ist das Verleihen von Sein nach dem Nichtsein."[167] Eckhart verwendete auch die For-

---

mentar zum Wort *aperuit* im Text „Os suum aperuit" (Sprichw 31,26), der der Pr. 95b (DW 4,185,106–198,290) zugrundeliegt. Dieser Traktat ist um die drei Fragen aufgebaut: (1) Weißt du, was Gott ist?; (2) Warum gibt die Heilige Schrift Gott so viele Namen?; und (3) Sollten wir Gott preisen oder lieber Schweigen wahren? Die zitierte Stelle stammt aus der Antwort auf die dritte Frage (193,220–224): *Ie man sîn mê luogent, ie man in mê lobet. Ie man im mê unglîches zuoleget, ie man sînem bekantnisse naeher kumet, als ich ein glîchnisse sagen wil.* Siehe auch 194,237–195,242: *Als diu sêle in daz bekantnisse kumet, daz got alsô unglîch ist allen natûren, sô kumet si in ein wunder und wirt wider getriben und kumet in ein swigen. Mit der stille senket sich got in die sêle, und mit der gnâde wirt si begozzen ...*
[165] Pr. 22 (DW 1,389,6–8): *Waz ist daz leste ende? Ez ist diu verborgen vinsternisse der êwigen gotheit und ist unbekant und wart nie bekant und enwirt niemer bekant. Got blîbet dâ in im selber unbekant ...*
[166] Eckharts wichtigste Erörterungen der Schöpfung sind: (1) Prol.gen. nn. 12–22 (LW 1,156–165); (2) In Gen.I nn. 1–28 (LW 1,185–206); (3) In Gen.II nn. 8–40 (LW 1,479–507); und (4) In Sap. nn. 19–40 (LW 2,339–362). Als Analysen von Eckharts Schöpfungslehre siehe Bernard McGinn, „Do Christian Platonists Really Believe in Creation?", in: *God and Creation. An Ecumenical Symposium*, hg. v. David B. Burrell u. Bernard McGinn, Notre Dame 1990, 197–223 und Alois M. Haas, „Seinsspekulation und Geschöpflichkeit in der Mystik Meister Eckharts,", in: *Sein und Nichts in der abendländischen Mystik*, hg. v. Walter Strolz, Freiburg 1984, 33–58.
[167] So z.B. in Prol.gen. n. 16 (LW 1,160); In Gen.I n. 14 (LW 1,197); In Sap. n. 19 (LW 2,340). Vgl. Avicenna, *Metaphysica* VI,2.

mulierung: „Schöpfung ist das Hervorbringen von etwas aus nichts."[168] Wann immer er von Gott als „fließend in alle Kreaturen" spricht, meint Eckhart die Schöpfung: Die Schöpfung sei die ständige Aktivität von Gottes Einfließen in die Geschöpfe, um ihnen Dasein zu geben, das heißt, sie ist eine *creatio continua*.[169] Aus diesem Grund konzentriert sich Eckharts Schöpfungsverständnis auf das *esse* als sowohl den „Grund dafür, dass etwas erschaffbar ist" (In Sap. n. 24) als auch den Zweck oder die Zielursache von Gottes Handeln: „Er erschuf alles, *dass es sei*" (Weish 1,14).[170]

Die Funktion des *esse* beim Hervorbringen aller Dinge aus Gott muss im Licht von Eckharts Lehre über das Verhältnis von *esse* und *unum* sowie von Gott als *principium* verstanden werden. An einer Stelle im *Johanneskommentar* heißt es, dass „das Sein *(esse)* unter der Rücksicht oder Eigentümlichkeit des Einen Ursprung ist und ... von ihm das All und die Gesamtheit alles geschaffenen Seienden hervorgeht."[171] Das bedeutet, dass Gott als Schöpfer im Sinn der einen Formalursache zu verstehen sei, das heißt des „idealen Beweggrunds" aller Dinge, wie Eckhart in seinem *Kommentar zu Genesis* schreibt: „(Man muss wissen), dass der Anfang, in welchem Gott Himmel und Erde schuf, die Idee ist. Das besagen die Worte: ‚Im Anfang war das Wort' – der griechische Text hat Logos, was Idee heißt."[172] Nach Eckhart beweist der Metaphysiker die Dinge nicht mit Hilfe von Wirk- und Zielursachen, denn diese sind äußerlich, sondern nur mittels der formalen Ursächlichkeit.[173] Im Gegensatz zu Thomas von Aquin, dessen Sicht der Schöpfung auf Gott als der Wirkursache beruhte, betont Eckhart Gottes kreative Formalursächlichkeit.

---

[168] So z.B. in Prol.gen. n. 12 (LW 1,157); In Gen.II n. 9 (LW 1,480); In Sap. n. 25 (LW 2,345); In Ioh. n. 56 (LW 3,47). Diese Definition findet sich auch bei Thomas von Aquin.

[169] Um nur ein Beispiel zu zitieren, Pr. 71 (DW 3,217,6-7): *Got vluizet in alle crêatûren, und blîbet er doch unberüeret von in allen.*

[170] In Sap. nn. 25-26 (LW 2,345-346). Eckhart sagt oft, das Verleihen von *esse* sei der Zweck der Schöpfung, aber da das *esse* alle anderen Qualifikationen enthält, konnte er auch andere Formulierung für die Bezeichnung der Absicht Gottes verwenden. So beschreibt er zum Beispiel in In Sap. n. 197 (LW 2,531) als Gottes Absicht die Einheit des Universums, während er in Pr. 60 (DW 3,11-12) sagt, Gott habe alle Dinge erschaffen, damit sie eine endgültige Ruhe *(ruowe)* finden könnten.

[171] In Ioh. n. 514 (LW 3,445,3-4): *Restat ergo videre quomodo esse sub ratione sive proprietatis unius principium est et ab ipso procedit universitas et integritas totius entis creati.* Die Verknüpfung von *esse* und *unum* für das Verständnis der Schöpfung zeigt sich auch deutlich in In Ex. n. 97 (LW 2,100,13-14), wo Eckhart Maimonides für die beiden Grundüberzeugungen *(duae principalitates)* über „das Dasein und die Einheit des Schöpfers" zitiert: *scilicet quod creator est et quod unus est.*

[172] In Gen.I n. 3 (LW 1,186,12-187,1): *De primo sciendum est quod principium, in quo creavit deus caelum et terram, est ratio idealis. Et hoc est quod Ioh. 1 dicitur: ‚in principio erat verbum' – graecus habet logos, id est ratio.*

[173] In Gen.I n. 4 (LW 1,187-188).

Eckharts Sicht Gottes als Formalursache des Universums zeigt sich deutlich in seinem Gebrauch der Kategorie *causa* essentialis. Dieser Begriff hatte Wurzeln bei Proklos und Dionysius und war von Albert dem Großen und Dietrich von Freiberg entwickelt worden.[174] Eine Wesensursache, wie Eckhart sie definiert, ist ein „Wirkendes, nämlich ein Ursprung, in dem der Logos ist, die Idee, (und) ist ein wesenhaft Wirkendes, das auf edlere Weise seine Wirkung vorher in sich hat, und sein Wirkbereich erstreckt sich über die ganze Art."[175] Eine Wesensursache muss intellektueller Natur sein, „weil alles wahre und wesenhaft Wirkende immer Geist und Leben ist."[176] Zudem ist sie ein universal Handelndes und gehört nicht dem Genus an, das sie verursacht, noch der Ursache einer spezifischen Wirkung.[177] Eckhart leugnete nie, dass Gott die Wirkursache des Universums sei, aber da er die Wirkursächlichkeit als äußerlich definierte (und Gott nicht wirklich äußerlich sein könne),[178] ist ihm der Begriff *Wesenursache* kongenialer als die aristotelische Kategorie der Wirkursache.

Die Verästelungen von Eckharts Sicht der Kausalität Gottes in der Schöpfung reichen sehr weit. Zwei zeigen sich recht deutlich in den Irrtümern bezüglich der Schöpfung, auf die Eckhart in seiner Erörterung der Hervorbringung des Universums in S. XXIII ausdrücklich hinweist. Der erste lautet, dass Gott außerhalb seiner selbst erschaffe, oder neben sich selbst, im Nichts. Nein, sagt Eckhart, „man darf sich ... nicht einbilden, Gott habe Himmel und Erde außer sich und gewissermaßen neben sich in einem Nichts geschaffen. Denn alles, was im Nichts geschieht, wird sicherlich nichts ... Sondern umgekehrt ruft er durch sein Schaffen alles aus dem Nichts und von dem Nichts zum Sein."[179] Da er dies „*im principium*" tue,

---

[174] Über die *causa essentialis* siehe Burkhard Mojsisch, „,Causa essentialis' bei Dietrich von Freiburg und Meister Eckhart", in: *Von Meister Eckhart zu Meister Dietrich*, hg. v. Kurt Flasch, Hamburg 1984, 106–114 und *Meister Eckhart*, 24–29.
[175] In Ioh. n. 31 (LW 3,25,8–10): *Et tale agens, principium scilicet in quo est logos, ratio, est agens essentiale nobiliori modo praehabens suum effectum, et est habens causalitatem super totam speciem sui effectus*. Eckhart kommt in diesem Kommentar oft auf die *causa essentialis* zurück; siehe z. B. nn. 38, 45, 139, 195, 239 (LW 3,32–33.37–38.117.163.200). Vgl. auch in In Gen. II n. 47 (LW 1,515); In Sap. nn. 21, 71, 132 (LW 2,342.400–401.470).
[176] In Gen. II n. 45 (LW 1,512,13–14): *... quia omne verum agens essentiale semper est spiritus et vita*.
[177] In S. II n. 6 (LW 4,8,4–9) unterscheidet Eckhart zwei Arten von *causae essentiales*: die „allerersten *(primo-primae)* Ursachen", treffender bezeichnet mit dem Begriff *principium* (d. h. von der Art, wie der Vater das Prinzip des Sohnes ist); und die „zweitersten *(secundo-primae)* wesentlichen Ursachen", die den Bereich des Geschaffenen betreffen.
[178] In Sap. n. 170 (LW 2,505,10–11): *... agens enim sive efficiens secundum genus causarum est causa extrinsica, forma vero est causa rei intrinseca*.
[179] S. XXIII n. 223 (LW 4,208,5–11): *Non est ergo imaginandum quod deus creavit extra se et quasi iuxta se caelum et terram in quodam nihilo. Omne enim quod fit in nihilo, utique fit nihil ... Sed e converso creando vocat cuncta ex nihilo et a nihilo ad esse*.

tue er es in sich selbst. Im *Kommentar zum Buch der Weisheit* sagt er es so: „Man darf es sich nämlich nicht so vorstellen, als hätte Gott von sich, aber außer sich, nicht in sich alles geschaffen oder hervorgebracht; vielmehr hat er alles von sich und in sich geschaffen."[180] Nichts könne außerhalb des *esse indistinctum* sein, das Gott ist, oder verschieden von ihm. Der zweite Irrtum, von dem er in der Predigt spricht und den er anderswo ausführlicher behandelt, ist die Vorstellung, „dass er (erst) schuf und (dann) vom Schaffen ausruhte, nach der Weise anderer Künstler, wie auch der oberflächliche buchstäbliche Sinn der Stelle lautet: ‚Gott ruhte am siebenten Tage von allem Werk' (Gen 2,2)."[181] Eckhart weist diese Ansicht zurück mit der Behauptung: „Er ruft nämlich ... das, was wirklich ist, (noch) immer wie ‚im Anfang', ... denn er ruft entweder immer oder nie" (209,2–8). Wenn es für Gott in der gleichzeitigen Gegenwart seiner Ewigkeit gegenüber allen Formen der sukzessiven Dauer kein Davor und Danach gebe, dann müsse es sich bei der Schöpfung um ein unablässiges Tun handeln, um eine *creatio continua*. In Pr. 30 drückt Eckhart das so aus: „Dass alle Kreaturen ausfließen und doch drinnen bleiben, das ist gar wunderlich ... Je mehr er *in* den Dingen ist, umso mehr ist er außerhalb der Dinge; je mehr er *drinnen*, um so mehr draußen, und je mehr draußen, um so mehr drinnen. Ich habe schon manchmal gesagt, Gott erschaffe diese ganze Welt voll und ganz in diesem Nun. Alles, was Gott je vor sechstausend und mehr Jahren erschuf, als er die Welt machte, das erschafft Gott jetzt allzumal."[182]

Gottes unablässiger Akt des Erschaffens bedeute, dass die Schöpfung ewig ist, so lehrte Eckhart in seinem *Kommentar zu Genesis* und in allen seinen Werken. An eine Zeit *vor* der Schöpfung zu denken, sei genauso ein kategorialer Denkfehler wie die Vorstellung, Gott habe geruht, *nachdem* er sein Werk vollendet hatte.[183] Trotz der Angriffe gegen diese seine Ansichten

---
[180] In Sap. n. 122 (LW 2,459,1–2): *Non enim imaginandum, sicut plurimi autumnant, quasi deus extra se et a se, non in se creaverit aut produxerit omnia, sed a se et in se creavit.* Vgl. Prol.gen. n. 17 (LW 1,160,13–162,12); In Eccli. n. 49 (LW 2,207,11–208,11).
[181] S. XXIII n. 222 (LW 4,208,1–2): *... secundo quod creavit et quievit a creando ad modum aliorum artificum, secundum planum litterae quae dicit: ‚requievit deus die septimo ab universo opere'* (Gen 2,2).
[182] Pr. 30 (DW 2,94,3–9): *... daz alle crêatûren ûzvliezent und doch inneblîbent, daz ist gar wunderlich ... Ie mê er ist in den dingen, ie mê er ist ûz den dingern: ie mê inne, ie mê ûze, und ie mê ûze, ie mê ine. Ich hân ez etwenne mê gesprochen, daz got alle dise werlt schepfet nû alzemâle. Allez, daz got ie geschuof sehs tûsent jâren und mê, dô got die werlt machete, die schepfet got nû alzemâle.* Von der *creatio continua* spricht er in den deutschen Werken oft, z.B. in Pr. 38 (DW 2,231–232) und BgT (DW 5,44) und auch in den lateinischen, z.B. in Prol.gen. nn. 18 u. 21 (LW 1,162–163.165); In Gen. I n. 20 (LW 1,201); In Sap. nn. 33 u. 292 (LW 2,354.627); In Ioh. nn. 411–412 u. 582 (LW 3,349-350.510).
[183] Siehe insbesondere In Ioh. nn. 213–219 (LW 3,180–184), wo er zur Widerlegung dieses Irrtums auf Augustinus, *Confessiones* 11,10–13 zurückgreift.

schwankte Eckhart nie in seiner Überzeugung, dass die Ewigkeit der Schöpfung eine notwendige Implikation des christlichen Glaubens sei, die bereits Augustinus und andere Autoritäten gelehrt hätten.[184] Natürlich bedeutete das nicht, Eckhart habe geleugnet, dass das Universum zeitlich sei, das heißt, etwas in der Zeit Geschaffenes. Einmal sagte er das so: „Denn die äußere Schöpfung unterliegt der Zeit, die altern lässt."[185]

Wie brachte er nun diese beiden offensichtlich gegensätzlichen Aussagen auf einen Nenner: das Universum sei ewig und das Universum sei zeitlich? Um dies nachvollziehen zu können, müssen wir uns seine Lehre über die beiden Aspekte des geschaffenen Seins vergegenwärtigen: das virtuelle Sein *(esse virtuale)* und das formale Sein *(esse formale)*.[186] Im *Kommentar zum Buch der Weisheit* sagt Eckhart: „Alles ist aber in Gott als der Erstursache nach Weise des Denkens; ebenso im Geist des Künstlers. (Alles) erhält also erst dann sein entsprechendes formales Sein, wenn es von seiner Ursache in die Wirklichkeit gesetzt und hervorgebracht wird, dass es sei."[187] Jedes Geschöpf verfüge daher in seiner Wesensursache über ein virtuelles Sein und zugleich in der Naturwelt über ein formales Sein.[188] Oder anderes gesagt, das *esse* der Geschöpfe sei sowohl „von einem Anderen", insofern es virtuell in seiner Ursache verborgen sei, und dennoch sich selbst „eigen", insofern es in der Welt existiere.[189] Anders als Thomas von Aquin, für den das formale Sein wesentlich dafür war, dass die Geschöpfe von sich aus real seien, konzentriert Eckhart seine Aufmerksamkeit auf das virtuelle, wahre, das heißt „prinzipielle" Sein der Dinge in Gott. Das kann man gut an der Art sehen, wie er in Pr. 52 das neuplatonische Symbol vom Spiegel zur Beschreibung der Natur des *esse formale* verwendet.[190] Eckhart sagt, ein Gesicht sei immer ein Gesicht, unabhängig davon, ob ein Spiegel da ist oder

---

[184] Neben den Stellen aus *Conf.* 11 zitierte Eckhart im Kölner Prozess auch *Conf.* 1,6,3 (PL 32,665). Diese Stelle zitiert er auch in In Ioh. nn. 580, 638 (LW 3,508.554).
[185] In Ioh. n. 323 (LW 3,271): *Adhuc autem, quia creatio exterior subiacet tempori quod facit vetus...* (Übertr.: B. S.). Siehe auch in In Gen.II n. 62 (LW 1,529); In Ex. n. 85 (LW 2,88); und S. XV n. 155 (LW 4,147–148).
[186] Als kurze Zusammenfassung des Themas *esse virtuale/esse formale* siehe Tobin, *Meister Eckhart*, 59–62.
[187] In Sap. n. 21 (LW 2,342,9–12): *Omnia autem sunt in deo tamquam in causa prima intellectualiter et in mente artificis. Igitur non habent esse suum aliquod formale, nisi causaliter educantur et producantur extra, ut sint.*
[188] Eckhart verweist in seinen lateinischen Schrift oft auf diese Unterscheidung zwischen *esse virtuale* und *esse formale;* siehe In Gen.I nn. 77, 83 (LW 1,238–239.242); In Gen.II nn. 35, 45, 52, 62 (LW 1,503.512.520.528–530); In Ex. n. 175 (LW 2,151); In Sap. nn. 22, 32, 127 (LW 2;343.352–353.465); In Ioh. nn. 37–38, 45, 342 (LW 3,31–33.37.290–291); SS. VIII nn. 89–90, IX n. 102 (LW 4,84–91.96–97); Qu.Par. 1 nn. 8–11 (LW 5,45–47).
[189] Siehe z. B. In Gen.I nn. 2 und 14 (LW 1,186.197–198).
[190] Pr. 57 (DW 2,600–602). Über die Geschichte des Spiegels als mystisches Bild siehe Margot

nicht. Das Bild eines Gesichts in einem Spiegel sei vom realen Gesicht abhängig, habe unabhängig von diesem kein Sein und bewirke im Gesicht selbst keinerlei Veränderung. Wenn man den Spiegel wegnehme, habe man eine Analogie dafür, wie das *esse formale* der Geschöpfe sich zum *esse virtuale* der geschaffenen Dinge im Geist Gottes verhalte.

Das Verständnis der Geschöpfe aus der Sicht ihres *esse formale* hilft auch Eckharts Aussagen zu erklären, dass die Geschöpfe *allein für sich genommen nichts seien*.[191] „Jedes geschaffene Ding ist aus sich selbst nichts", wiederholte Eckhart oft sowohl in seinen scholastischen Schriften als auch in seinen Predigten. Eine diesbezügliche Stelle aus Pr. 4 wurde, wie bereits vermerkt, als häretisch verurteilt. Bei seiner Verteidigung in Köln und Avignon erregte sich Eckhart: „Zu sagen, die Welt sei in sich und aus sich nicht nichts, sondern ein bisschen etwas, ist eine offene Blasphemie!"[192] Er hätte sich dabei auf Thomas von Aquin berufen können, der geschrieben hatte: „Jegliches geschaffene Ding hat sein Sein nur von einem Anderen und muss in sich als Nichts erachtet werden."[193] Wenn man sagt, dass die Geschöpfe nichts seien, bedeutet das für Eckhart zugleich, dass das Sein, das sie haben, ein rein empfangenes Sein sei.[194] Der Mensch sieht sich also in die Schwebe zwischen zwei Formen des Nichtseins gesetzt: zwischen das *nihil*, als das Gott in der „eminenten" Redeweise der negativen Theologie bezeichnet wird, und das *nihil*, das alle Geschöpfe allein für sich genommen sind, und Eckharts mystische Botschaft lautet, seine Seele sei eingeladen, das Nichtsein ihres geschaffenen Ichs aufzugeben, um mit dem göttlichen Nichts, das zugleich alles sei, eins zu werden.[195]

Schmidt, „Miroir", in: DS 10,1290–1303. Über die Verwendung des Vergleichs mit dem Spiegel bei Eckhart siehe Wilde, *Das neue Bild vom Gottesbild*, Kap. 3.
[191] Siehe Prol.op.prop. n. 22 (LW 1,178); In Ex. nn. 29, 40, 135 (LW 2,34.45.124); In Sap. n. 34 (LW 2,354); In Ioh. nn. 215, 308 (LW 3,181.256); S. XXXI n. 323 (LW 4,283). In seinen Predigten verwendet Eckhart gelegentlich Neologismen, um auszudrücken, dass das geschaffen Sein nichts sei, etwa *nulleitas* (S. XV n. 158 [LW 4,150,5]) und *nihileitas* (S. XXXVII n. 375 [LW 4,321,1]).
[192] Proc.Col.II n. 153 (Acta n. 48, LW 5,354,8–9): *Praeterea, dicere mundum non esse nihil in se et ex se, sed esse quid modicum, manifesta blasphemia est.* (Übersetzung: B. Schellenberger.) Siehe auch Proc.Col.I n. 150 (LW 5,304,4–10).
[193] Thomas von Aquin, S.Th. I–II q. 109 a. 2 Ad 2: *Unaquaeque autem res creata, sicut esse non habet nisi ab alio, et in se considerata est nihil.*
[194] Siehe In Gen.I n. 146 (LW 1,299). In Tobins einsichtsvoller Formulierung: *creatures ... exist at the non-dimensional intersection of nothingness and infinity* (*Meister Eckhart*, 188: *Die Geschöpfe ... existieren an der nichtdimensionalen Überschneidung von Nichtsein und Unendlichkeit*, übers. v. B. Schellenberger).
[195] Siehe Annick Charles-Saget, „Non-être et Néant chez Maître Eckhart", in: *Voici Maître Eckhart*, hg. v. Emilie Zum Brunn, Grenoble 1994, 301–318. Über Eckharts unterschiedlichen Gebrauch von *nihil/niht* wäre Beverly Lanzetta, „Three Categories of Nothingness in Meister Eckhart", in: *Journal of Religion* 72 (1992), 248–268 zu konsultieren; sowie Burkhard

Das Menschsein als Bild Gottes

Das Menschsein als *imago/bild* nimmt in Eckharts Lehre vom Ausfließen aller Dinge aus Gott einen besonderen Platz ein. Obwohl das Universum eins und auf den Einen hin angelegt sei, sei es auch vielfältig, nämlich gemäß den drei Stufen von Sein, Leben und Intelligenz hierarchisch geordnet. Jede dieser Eigentümlichkeiten sei grundsätzlich auch der ihr unmittelbar übergeordneten eigen, so dass etwa im lebenden Wesen das bloße Sein sich als Leben äußere, und das lebende Sein im Intellekt als intellektuelles Sein.[196] Der spezielle Status des intellektuellen Seins, das Menschen und Engel umfasse,[197] bestehe darin, dass es in seinem *principium* göttlich sei, also *imago Dei* im vollen Sinn. Der Mensch sei dazu bestimmt, Gottes Anrede in der Schöpfung zu hören und auf sie Antwort zu geben und auf diese Weise wie das *principium* im geschaffenen Universum alle Dinge zu ihrer letzten Quelle mit heimzunehmen. An einer Stelle sagt er: „So – nämlich in gleich vollkommener Weise – spricht Gott zu allen Wesen. Er spricht, sage ich, zu allen und alles. Aber die einen hören ihn und antworten ihm nach der Eigentümlichkeit des Seins, das heißt sofern Gott das Sein ist und von ihm das Sein aller Dinge stammt. Andere hingegen hören Gott und nehmen sein Wort auf, sofern er das erste und wahre Leben ist; das sind alle Lebewesen. Die obersten Wesen endlich hören ihn als Gott nicht nur vermittels des Seins und im Sein oder vermittels des Lebens und im Leben, sondern vermittels der (rein geistigen) Erkenntnis und in ihr. Denn die rein geistige Erkenntnis ist in diesem Bereich mit dem Sprechen identisch."[198]

Eckhart führt seine Lehre über das Menschsein als intellektuelles Bild durch alle seine lateinischen und deutschen Werke hindurch aus.[199] Das

---

Mojsisch, „*Nichts* und *Negation*. Meister Eckhart und Nikolaus von Kues", in: *Historia philosophiae medii aevi. Studien zur Geschichte der Philosophie des Mittelalters*, hg. v. Burkhard Mojsisch, Amsterdam 1991, Bd. II, 675–693.

[196] Über die drei Stufen des erschaffenen Seins siehe In Ioh. nn. 63–64, 83, 89 (LW 3,144–145.153.155–156).

[197] Eckhart sprach oft von den Engeln, besonders in seinen deutschen Predigten; siehe Frank Tobin, „Meister Eckhart and the Angels", in: *In hôhem prîse. A Festschrift in Honor of Ernst S. Dick*, hg. v. Winder McConnell, Göppingen 1989, 379–393 und Thomas Renna, „Angels and Spirituality: The Augustinian Tradition to Eckhardt", in: *Augustinian Studies* 16 (1985), 29–37.

[198] In Gen.II n. 151 (LW 1,621,5–11): *... sic eodem modo per omnia deus loquitur omnibus quae sunt. Loquitur, inquam, omnibus et omnia. Sed alia ipsum audiunt, ipsi respondent sub proprietate esse, qua scilicet deus est esse et ab ipso esse omnium. Alia vero ipsum audiunt et suscipiunt verbum dei, ut est vita prima et vera; et ista sunt viventia omnia. Suprema vero in entibus ipsum audiunt deum non solum per esse et in esse, aut per vivere et in vivere, sed per intelligere et in ipso intelligere. Intellectio enim et locutio illic idem.*

[199] Zwei zentrale Darlegungen von Eckharts Anthropologie sind: (1) seine Auslegung des

meiste davon ist die auf Augustinus beruhende übliche mittelalterliche Anthropologie.[200] So unterscheidet er zum Beispiel in Pr. 83 drei niedere Seelenkräfte (die Unterscheidungskraft der Sinne und die Kräfte der Reizbarkeit und des Appetitiven) und drei höhere Kräfte, nämlich die augustinische Trias von Erinnern, Verstehen und Wollen. Wie alle mittelalterlichen Theologen fand auch Eckhart den Schlüssel für sein Verständnis des Menschen in Genesis 1,26, wo Gott spricht: „Lasst uns den Menschen erschaffen zu unserem Bild und Gleichnis." Nach Eckhart wurde dies „vom Menschen als Verstandeswesen im Blick auf die obere Vernunft gesagt, durch die (der Verstand) das ‚Haupt' der Seele und (der Mensch) ‚Gottes Ebenbild' ist (1 Kor 11,3.7)."[201] An einer anderen Stelle sagt er: „Es ist zu bemerken, dass der Mensch das, was er ist, durch den Verstand ist."[202] Obwohl es in der lateinischen Theologie üblich war, die *imago Dei* mit dem Intellekt des Menschen gleichzusetzen, ist Eckharts Verständnis von *imago/bild* und *intellectus/vernünfticheit* ein etwas anderes. Bild und Intellekt sind wesentliche Themen seiner Predigt.[203]

Eckharts Bemerkungen zu Genesis 1,16 in seinem *Kommentar zu Gene-*

Berichts vom Sündenfall in Gen 3,1 (In Gen.II nn. 135–165 [LW 1,601–635]) und (2) Pr. 83 (DW 3,437–448).

[200] Als kurzen Abriss der abendländischen mittelalterlichen Lehre vom Menschsein als *imago Dei* siehe Bernard McGinn, „Der Mensch als Abbild Gottes – Die westliche Christenheit", in: *Geschichte der christlichen Spiritualität Erster Band: Von den Anfängen bis zum 12. Jahrhundert*, hg. v. Bernard McGinn, John Meyendorff u. Jean Leclercq, Würzburg 1993, 317–334.

[201] In Gen. II n. 153 (LW 1,623,11–12): *Hoc dictum est de homine ratione intellectus quantum ad rationem superiorem, qua est ‚caput' animae et ‚imago dei'.*

[202] In Gen.II n. 113 (LW 1,579,6): *Notandum quod homo id quod est per intellectum est.*

[203] Nicht einmal die „Geburt des Wortes in der Seele" taucht in Eckharts Predigten häufiger auf als *bild* und *vernunft*. (A) *Bild* wird erörtert in Prr. 1, 2, 3, 5b, 6, 9, 10, 16a, 16b, 17, 20a, 20b, 22, 23, 24, 30, 32, 40, 43, 44, 45, 50, 51, 57, 67, 69, 70, 72, 77, 78, 83, 89, 101, 102 (die wichtigeren Abhandlungen sind hier unterstrichen). Ferner enthält Pfeiffer LXXVII (249–251) einen wichtigen Kommentar zu Gen 1,26. (B) *Vernunft* wird noch öfter behandelt; siehe Prr. 1, 3, 4, 6, 8, 9, 10, 13, 15, 16b, 17, 18, 19, 20b, 21, 22, 23, 26, 32, 34, 36a, 36b, 37, 38, 42, 43, 45, 52, 53, 54a, 59, 61, 66, 67, 68, 69, 70, 71, 72, 73, 75, 76, 80, 83, 90, 101–104. Beide Motive haben sehr viel Literatur angeregt. Siehe neben Wilde, *Das neue Bild vom Gottesbild* auch Alois M. Haas, „Meister Eckhart. Mystische Bildlehre", in: *Sermo mysticus*, 209–237; Loris Sturlese, „Mysticism and Theology in Meister Eckhart's Theory of the Image", in: *Eckhart Review* (März 1993), 18–31; und Wackernagel, *Ymagine Denudari*, Kap. VI-X. Eckharts Lehre über das Verhältnis von Intellekt und *imago* wurde zum Gegenstand mehrerer wichtiger Traktate; genannt seien vor allem Kurt Flasch, „Procedere ut imago. Das Hervorgehen des Intellekts aus seinem göttlichen Grund bei Meister Dietrich, Meister Eckhart und Berthold von Moosburg" und Burkhard Mojsisch, „‚Dynamik' der Vernunft bei Dietrich von Freiberg und Meister Eckhart" (beide in *Abendländische Mystik*, 116–144). Siehe ferner Mojsisch, *Meister Eckhart*, 74–81; A. de Libera, *La mystique rhénane*, 250–277; und N. Largier, „‚Intellectus in deum ascensus'. Intellekttheoretische Auseinandersetzungen in Texten der deutschen Mystik".

sis zeigen, wie er die Eigenart des Menschen als *imago Dei* versteht:[204] „Für jetzt muss man aber wissen, worin die vernünftigen oder geistigen Geschöpfe sich von allen unter ihnen stehenden unterscheiden. Letztere sind nach dem Gleichnis von etwas, was in Gott ist, hervorgebracht worden, und haben ihre eigenen Ideen in Gott ... Der Vorzug der geistigen Natur besteht darin, dass sie Gott selbst zum Gleichnis hat, nicht etwas, was in ihm in der Art einer Idee ist. Der Grund ist der: ‚der Verstand ist als solcher das Vermögen, (in der Erkenntnis) alles zu werden', nicht nur dies oder das auf eine eingeschränkte Art."[205]

Der springende Punkt ist, dass, wie wir oben anlässlich Eckharts Deutung der *imago* in S. XLIX gesehen haben, „es ... zum Wesen des Ebenbildes (gehört), dass es das, dessen Ebenbild es ist, nicht nur mit einer seiner Bestimmungen, sondern ganz und vollkommen zum Ausdruck bringt."[206] Daher ist für Eckhart der Intellekt hinsichtlich seines Verhältnisses zu Gott das Bild der Gottheit *insgesamt*, während er hinsichtlich seiner Beziehung zu den Geschöpfen nichts abbilde, da er auf nichts fest ausgerichtet sei. In den *Pariser Fragen* sagte Eckhart das so: „Der Verstand ist, insofern er Verstand ist, nichts von dem, was er erkennt ... Wenn also der Verstand, insofern er Verstand ist, nichts ist, dann ist auch das Verstehen nicht irgendeine Form von Sein."[207] Der Intellekt sei also kein *ens hoc et hoc*.

Weil der Intellekt beim Erkenntnisakt zum Einssein mit allem fähig sei, handle es sich bei ihm um mehr als nur das formale Sein irgendeiner Idee Gottes in der Welt; vielmehr sei er die Anwesenheit Gottes als des ununterschieden Einen in seiner Schöpfung. Im *Johanneskommentar* treibt Eckhart

---

[204] Die Schlüsseltexte über *imago* in den lateinischen Werken sind (1) In Gen.I nn. 115–120 (LW 1,270–276), worin er Gen 1,26 auslegt, *faciamus hominem ad imaginem et similitudinem nostram*; (2) In Sap. n. 143 (LW 2,480–481) über Weish 7,26, *imago bonitatis illius*; (3) In Ioh. nn. 23–26 (LW 3,19–21) über Kol 1,15, *imago dei invisibilis*; (4) S. XLIX nn. 505–512 (LW 4,421–428) über Mt 22,30, *Cuius est imago haec et superscriptio*?

[205] In Gen.I n. 115 (LW 1,270,4–13): *Quantum ad nunc autem sciendum quod creatura rationalis sive intellectualis differt ab omni creatura quae citra est, quod ea quae citra sunt producta sunt ad similitudinem eius quod in deo est et habent ideas sibi proprias in deo ... natura vero intellectualis ut sic potius habet ipsum deum similitudinem quam aliquid quod in deo sit ideale.* Ratio huius est quod „*intellectus ut sic est, quo est omnia fieri,*" non hoc et hoc determinatum ad speciem. Das Zitat stammt aus Aristoteles, *De anima* 3,18 (430 a 14). Über diese Stelle siehe Goris, *Einheit als Prinzip und Ziel*, 245–251.

[206] In Gen.I n. 115 (LW 1,272,1–2): *De ratione enim imaginis est quod sit expressiva totius eius plene, cuius imago est, non expressiva alicuius determinati in illo.* Vgl. S. XLIX nn. 505, 509–512 (LW 4,421. 424–428).

[207] Qu.Par. 2 n. 2 (LW 5,50,1–5): *Prima est, quia intellectus, in quantum intellectus, nihil est eorum quae intelligit ... Si igitur intellectus, in quantum intellectus, nihil est, et per consequens nec intelligere aliquod esse.* (Übers.: B. Schellenberger). Das gleiche sagt er in den deutschen Predigten, z. B. in Pr. 69 (DW 3,171,1–2).

diese Sicht sogar noch weiter, wenn er sagt: „Der Mensch aber ist geschaffen zum Bild des ganzen Wesens Gottes und somit nicht zu etwas Ähnlichem, sondern zu dem Einen ... (So) genügt nicht die Rückkehr zum Ähnlichen, sondern er kehrt zum Einen zurück, wovon er ausgegangen ist, und nur so genügt es ihm."[208] So ist der Intellekt des Menschen wesentlich sowohl für den *exitus* als auch für den *reditus*, was die Dynamik von Eckharts Metaphysik des Fließens ausmacht.

Eckhart kannte und zitierte die Paulustexte (z.B. 2 Kor 4,4 und Kol 1,15), in denen der Einziggezeugte Sohn als die wahre *Imago Dei* bezeichnet wird. Von daher überrascht es nicht, dass er die Rede sowohl von der *imago* als auch vom *ad imaginem* auf den Intellekt des Menschen anwandte und die *imago* dazu verwendete, die Ununterschiedenheit von göttlichem und menschlichem Intellekt zu betonen, das *ad imaginem* dagegen als Ausdruck der Unterschiedenheit unseres Intellekts von seiner göttlichen Quelle insofern er ein *esse formale* in dieser Welt besitze. Weil Gottes Grund und der Seele Grund *ein* Grund seien, sei der Intellekt des Menschen nichts anderes als das Einziggezeugte Bild in der Dreifaltigkeit; aber dennoch bleibe es immer eine geschaffene, oder wie Eckhart zuweilen sagt, eine „mitgeschaffene" Realität. In Pr. 40 macht er ganz bewusst auf die beiden verschiedenen Sichtweisen aufmerksam: „Und darum: Wenn man sagt, dass der Mensch mit Gott eins und nach dieser Einheit Gott sei, so fasst man ihn nach dem Teile des Bildes, nach dem er Gott gleicht, nicht aber danach, dass er geschaffen ist."[209]

Was auf den Sohn in der Dreifaltigkeit zutrifft, wird auch in der Seele verwirklicht, *insofern* sie *imago Dei* ist. In Pr. 16b sagt Eckhart: „Ihr sollt wissen, dass das einfältige göttliche Bild, das der Seele eingedrückt ist im Innersten der Natur, unvermittelt empfangen wird; und das Innerlichste und das Edelste (der göttlichen Natur) erbildet sich ganz eigentlich in das Bild der Seele."[210] Da es zwischen Gott und der Seele kein Medium gebe, sei ihr Verhältnis dasjenige der formalen Emanation, nicht der Schöpfung. In

---

[208] In Ioh. n. 549 (LW 3,479,3–480,1): *Homo autem creatus est ad imaginem totius substantiae dei, et sic non ad simile, sed ad unum ... Non sufficit recursus ad simile, sed recurrit ad unum unde exivit, et sic solum sibi sufficit.*

[209] Pr. 40 (DW 2,277,7–10): *Und dar umbe: als man sprichet, daz der mensche mit gote ein sî und nâch der einicheit got sî, sô nimet man in nâch dem teile des bildes, an dem er gote glîch ist, und niht nâch dem, und er geschaffen ist.*

[210] Pr. 16b (DW 1,268,3–6): *Ir sult wizzen, daz daz einvaltic götliche bilde, daz in die sêle gedrücket ist in dem inigsten der natûre, âne mittel sich nemende ist; und daz innigste und daz edelste, daz in der natûre ist, daz erbildet sich aller eigenlîchest in daz bilde der sêle ...* Die zum Fest des heiligen Augustinus gehaltene Pr. 16 existiert in zwei Fassungen, 16a und 16b (DW 1,257–276). Da sie eine der wichtigsten Abhandlungen Eckharts über das *bild* enthält, wurde sie schon oft kommentiert; siehe insbesondere Susanne Köbele, „Predigt 16b: ‚Quasi

der Predigt heißt es weiter: „Hier nimmt das Bild Gott nicht, wie er Schöpfer ist, sondern es nimmt ihn, wie er ein vernünftiges Sein ist, und das Edelste (der göttlichen Natur) erbildet sich ganz eigentlich in das Bild."[211] Wenn das Bild auf diese Weise verstanden wird, ist es total von seinem Exemplar abhängig: „Ein Bild ist nicht aus sich selbst noch ist es für sich selbst." Eckhart zählt vier Konsequenzen daraus auf: (1) Ein Bild stammt völlig von seinem Exemplar und gehört diesem total; (2) es gehört nichts anderem; (3) es nimmt sein Sein direkt von seinem Exemplar; und (4) „es hat *ein* Sein mit ihm und ist dasselbe Sein" *(und hât éin wesen mit im und ist daz selbe wesen:* 270,6). Diese Aussage über die vollständige Identität der Seele mit Gott – die Eckhart ausdrücklich nicht nur für den Vorlesungssaal verteidigt, sondern auch für die Kanzel „zur Belehrung" *(ze einer lêre)* – wurde später von den Kölner Inquisitoren als Anklagepunkt herausgegriffen.

Die praktischen Anwendungen von Eckharts Lehre über das Bild Gottes werden im zweiten Teil von Pr. 16b deutlich. Hier fordert der Prediger seine Zuhörer auf, gemäß dem inneren Bild zu leben, das heißt: „Du sollst aus Gott sein und sollst für ihn sein und sollst nicht aus dir sein und sollst nicht für dich sein und sollst niemand zugehören" (271,2–4). Wenn man Gott aus Frömmigkeit oder nur zum eigenen Trost liebe, mache man ihn zu etwas, das man für den eigenen Zweck nutze, wie eine Kuh um ihrer Milch willen, so sagt er. Die Liebe zu Gott sollte ihren Lohn in sich selbst tragen. In seiner Redeweise von der Gerechtigkeit und dem Gerechten fährt er fort: „Darum ist einzig der nur ein gerechter Mensch, der alle geschaffenen Dinge zunichte gemacht hat und geradlinig ohne alles Auslugen auf das ewige Wort hin gerichtet steht und darin eingebildet und wiedergebildet in der Gerechtigkeit. Ein solcher Mensch empfängt dort, wo der Sohn empfängt, und ist der Sohn selbst. Eine Schrift sagt: ‚Niemand erkennt den Vater als der Sohn' (Mt 11,27)[212], und deshalb: Wollt ihr Gott erkennen, so müsst ihr dem Sohne nicht allein gleich sein, sondern ihr müsst der Sohn selber sein."[213]

---

vas auri solidum"', in: *Lectura Eckhardi I*, 43–74; Wilde, *Das neue Bild vom Gottesbild*, 298–309; und Milem, *The Unspoken Word*, Kap. 4.

[211] Pr. 16b (DW 1,268,9–11): *Hie ennimet daz bilde niht got, als er ein schepfer ist, sunder ez nimet in, als er ein vernünftic wesen ist, und daz edelste der natûre erbildet sich aller eigenlîchest in daz bilde.*

[212] Eckhart verwendete dieses Schriftzitat oft; im Johanneskommentar zitiert er es 17mal und nach den bislang veröffentlichten Registern in den LW und DW weitere 8mal.

[213] Pr. 16b (DW 1,272,11–273,6): *Her umbe ist daz aleine ein gereht mensche, der alliu geschaffeniu dinc vernihtet hât und ane einer glîchen linien âne allez ûzluogen in daz êwige wort gerihtet stât und dar în gebildet und widerbildet in der gerehticheit. Der mensche nimet, dâ der sun nimet und ist der sun selber. Ein geschrift sprichet: „nieman bekennet den vater dan der sun," und dâ von, wellet ir got bekennen, sô sult ir niht aleine glîch sîn dem sune, sunder ir sult der sun selber sîn.* Ähnliche Aussagen über die Identität mit dem Sohn als *imago Dei*

In drei eng miteinander verbundenen Predigten (Prr. 69, 70 und 72) erörtert Eckhart die verschiedenen Arten von Bildern *(bilde)*, um den Unterschied zu klären, der zwischen dem Erkennen von Dingen mittels ihrer geschaffenen Bilder und dem Erkennen Gottes jenseits aller Bilder in der wahren *imago Dei*, nämlich dem Sohn Gottes, bestehe. In Prr. 70 und 72 erläutert er, wie bei drei Erkenntnisarten Bilder verwendet werden und er zählt diese in Pr. 72 auf: (1) das leibhaftige Erkennen, bei dem das Auge körperliche Bilder sehe; (2) das mentale Erkennen mittels der Bilder leibhaftiger Dinge; und (3) die dritte Erkenntnis, die „ist innerlich im Geiste, die erkennt ohne ‚Bilder' und Gleichnisse, und *diese* Erkenntnis gleicht den Engeln."[214] Pr. 70 hilft, diese Unterteilung zu erklären, indem darin gesagt wird, die dritte Form des Erkennens sei das Erkennen, das Engel und Seelen von sich selbst hätten, nicht von anderen Dingen. Es sei ein Erkennen ohne Bild, Ähnlichkeit oder Medium irgendwelcher Art (Pr. 70 [DW 3,194]). Das sei die Selbst-Präsenz intellektueller Wesen, etwas, das für Eckhart nicht von irgendeinem Bild vermittelt wird. Eine derartige Selbst-Präsenz liefere einen Hinweis darauf, wie wir Gott ohne Bild und Medium erkennen könnten: „Soll ich Gott unmittelbar und ohne ‚Bild' und ohne Gleichnis erkennen, so muss Gott geradezu ich werden und ich geradezu er, so völlig eins."[215] Bei einem solchen Einswerden in Ununterschiedenheit vermöchten wir Gott zu erkennen, wie er sich selbst erkennt. Eckhart sagt das folgendermaßen: „Es ist Gottes Eigenart, dass er sich selbst erkennt ohne ‚Kleines' (Joh 16,16) und ohne dies und das. So erkennt der Engel Gott, wie der sich selbst erkennt … Ich aber sage: ‚Wir werden ihn erkennen recht so, wie er sich selbst erkennt', in dem Abbild, das einzig Bild Gottes und der Gottheit ist, der Gottheit indessen nur, insoweit sie der Vater ist. Recht, soweit wir *diesem* ‚Bild' (d. h. dem Sohn als ‚Bild' des Vaters), in welchem ‚Bilde' alle ‚Bilder' ausgeflossen und herausgelassen sind, gleichen und in diesem ‚Bilde' widergebildet und gleich in das ‚Bild' des Vaters eingetragen sind, soweit er (= Gott) *das* in uns erkennt, so weit erkennen wir ihn so, wie er sich selbst erkennt."[216]

---

finden sich auch anderswo; siehe z. B. Pr. 44 (DW 2,328–344 u. 349), Pr. 51 (DW 2,472) und Pr. 70 (DW 3,197–198).
[214] Pr. 72 (DW 3,243,1–2): *Daz dritte ist inwendic in dem geiste, daz bekennet sunder bilde und glîchnisse, und diz bekantnisse glîchet sich den engeln.* Als Kommentar zu dieser Predigt siehe Walter Haug, „Predigt 72: ‚Videns Iesus turbas'", in: *Lectura Eckhardi II*, 111–137.
[215] Pr. 70 (DW 3,194,13–195,2): *Sol ich got bekennen âne mittel und âne glîchnisse, sô muoz got vil nâhe ich werden und ich vil nâhe got, alsô gar ein.*
[216] Pr. 70 (DW 3,197,2–198,2): *Gotes eigenschaft ist, daz er sich selben bekennet sunder ‚kleine' und sunder diz und daz. Alsô bekennet der engel got, als er sich selben bekennet … Nû spriche ich: ‚wir suln in bekennen rehte, als er sich selben bekennet'* [vgl. 1 Kor 13,12] *in dem*

Auch Pr. 69 war eine Predigt über Joh 16,16 (bei Eckhart heißt diese Stelle: „Über ein kleines oder ein weniges, und alsbald werdet ihr mich nicht sehen").[217] Hier reichert Eckhart seine Lehre über das Bild damit an, dass er es in Beziehung zur Natur des Intellekts als Intellekt setzt. Mit dem „Kleinen oder Wenigen", das der Schau Gottes im Weg steht, seien jegliche geschöpfliche Wesen sowie alles Vermittelnde gleich welcher Art gemeint. Beim physischen Sehen, so erläutert er, sähen wir nicht den Stein selbst, sondern ein Bild des Steins. Jedoch müsse man nicht unendlich weit zurückgehen, das heißt, wir brauchten kein Bild, um das Bild zu sehen; das Bild selbst sei das Medium. Diese Analogie weitet Eckhart nun aus und erklärt, beim Erkennen spiritueller Dinge wirke das ewige Wort als das bildlose Bild und ermögliche es der Seele, Gott direkt in diesem Wort zu erkennen (DW 3,168). Aber einzig das intellektuelle Geschöpf verfüge über diese Beziehung zum Wort. Er erläutert: „Es ist eine Kraft in der Seele, das ist die Vernunft. Die hat von Anbeginn an, sobald sie Gottes gewahr wird und ‚schmeckt', fünf Eigenschaften an sich. Zum ersten, dass sie ablöst vom Hier und vom Nun. Zum zweiten, dass sie nichts gleicht. Zum dritten, dass sie lauter und unvermengt ist. Zum vierten, dass sie in sich selber wirkend oder suchend ist. Zum fünften, dass sie ein ‚Bild' ist."[218]

Die genauere Untersuchung des Sinns dieser fünf Eigenschaften zeigt klar, dass, was den Intellekt *als* Intellekt betrifft, kein Unterschied zwischen dem göttlichen Intellekt und dieser Kraft in der Seele ist. Der Grund dafür ist, dass der Intellekt *inquantum intellectus* ein echtes Bild im Sinn einer formalen Emanation ist. Eckhart sagt: „Die ganze Predigt habt ihr darin (beschlossen): Bild und (Ur-)Bild ist so völlig eins und miteinander, dass

---

widerbilde, daz aleine bilde ist gotes und der gotheit, niht der gotheit dan als vil, als si der vater ist. Rehte als vil wir dem bilde glîch sîn, in dem bilde alliu bilde ûzgevlozzen und gelâzen sint, und in dem bilde widerbildet sîn und glîche îngetragen sîn in daz bilde des vaters, als verre als er daz in uns bekennet, als verre bekennen wir in, als er sich selben bekennet. Eine ähnliche Lehre findet sich in Pr. 72, worin Eckhart ebenfalls von der Notwendigkeit spricht, über alle Bilder von diesem und jenem hinauszugehen zum „Sohn", der „ein überbildliches ‚Bild' Gottes" sei, „ein ‚Bild' seiner verborgenen Gott*heit*" (DW 3, 244,4-245,1). Von der vollkommenen Wechselseitigkeit des Erkennens zwischen Gott und der Seele spricht er in Pr. 10 (DW 1,162,2-4): *Daz selbe bekantnisse, dâ sich got selben inne bekennet, daz ist eines ieglîchen abegescheidenen geistes bekantnisse und kein anderz.*
[217] Pr. 69 (DW 3,159-180; hier 160,2): *... ein kleine oder ein wênic, und alzehant ensehet ir mich niht!* Zu Literatur über die Predigt und als Kommentar siehe Largier, *Meister Eckhart* II, 666-675.
[218] Pr. 69 (DW 3,169,1-5): *Ein kraft ist in der sêle, daz ist vernünfticheit. Von êrste, sô diu gotes gewar wirt und gesmecket, sô hât si vünf eigenschefte an ir. Daz êrste ist, daz si abescheidet von hie und von nû. Daz ander, daz si nihte glîch enist. Daz dritte, daz si lûter und unvermenget ist. Daz vierde, daz si in ir selber würkende oder suochende ist. Daz vünfte, daz si ein bilde ist.*

man da keinerlei Unterschied erkennen kann ... Mehr noch sage ich: Gott mit seiner Allmächtigkeit vermag da keinerlei Unterschied zu erkennen, denn es wird miteinander geboren und stirbt auch miteinander."[219] Zudem sei es einzig der Intellekt, der den Zugang zum Grund ermögliche, wie Eckhart zum Abschluss der Predigt sagt: „Vernunft blickt hinein und durchbricht alle Winkel der Gottheit und nimmt den Sohn im Herzen des Vaters und im (göttlichen) Grunde und setzt ihn in ihren Grund. Vernunft dringt (in den Grund der Gottheit), ihr genügt's nicht an Gutheit noch an Weisheit noch an Wahrheit noch an Gott selber ... Sie ruht nimmer, sie bricht ein in den (göttlichen) Grund, wo Gutheit und Wahrheit ausbrechen, und nimmt es (= das göttliche Sein) *in principio*, im Beginn, wo Gutheit und Wahrheit ihren Ausgang nehmen, noch ehe es irgendeinen Namen gewinnt, ehe es ausbricht."[220]

Diese Sicht des Intellekts bildete den innersten Kern eines der umstrittensten Aspekte der Lehre und Predigt Eckharts, nämlich seiner Behauptung, es gebe in der Seele ein „ungeschaffenes Etwas". Diese seine Lehre vom „ungeschaffenen Etwas" war der Gegenstand der Verurteilung im ersten der zwei an die Bulle „In agro dominico" angehängten Artikel: „Es ist Etwas in der Seele, das ist ungeschaffen und unerschaffbar. Wäre die Seele ganz so, so wäre sie ungeschaffen und unerschaffbar, und das ist die Vernunft." In seiner Verteidigungsrede leugnete Eckhart, genau dies gesagt zu haben (Proc.Col. I n. 137), obwohl dieser Artikel ziemlich genau an eine Stelle in Pr. 13 herankommt.[221] Bei der Erläuterung dessen, was er damit

---

[219] Pr. 69 (DW 3,176,4–177,5): ... *in dem hât ir die predige alzemâle: bilde und bilde ist sô gar ein und mit einander, daz man keinen underscheit dâ verstân enmac... Ich spriche mê: got mit sîner almehticheit enmac keinen underscheit dâ verstân, wan ez wirt mit einander geborn und stirbet mit einander.*

[220] Pr. 69 (DW 3,178,3–179,7): *Vernünfticheit diu blicket în und durchbrichet alle die winkel der gotheit und nimet den sun in dem herzen des vaters und in dem grunde und setzet in in irn grunt. Vernünfticheit diu dringet în; ir engenüeget niht an güete noch an wîsheit noch an wârheit noch an gote selber ... Si engeruowet niemer; si brichet in den grunt, dâ güete und wârheit ûzbrichet, und nimet ez in principio, im beginne, dû güete und wârheit ûzgânde ist, ê ez dâ deheinen namen gewinne, ê ez ûzbreche.*

[221] Siehe Pr. 13 (DW 1,220,4–8): *Ein kraft ist in der sêle, von der ich mêr gesprochen hân – und waere diu sêle alliu alsô, sô waere si ungeschaffen und ungeschepflich. Nû enist des niht. An dem andern teile sô hât si ein zuosehen und ein zuohangen ze der zît, und dâ rüeret si geschaffenheit und ist geschaffen – vernünfticheit: dirre kraft enist niht verre noch ûzer.* Zu beachten ist, dass die Qualifikationen, die Eckhart in der Predigt hinzusetzte, in den verurteilten Artikel nicht aufgenommen wurden. In den Kölner Prozessprotokollen findet sich der Text in Proc.Col.I n. 59 (LW 5,218). Viele weitere Texte in den deutschen Predigten enthalten ähnliche Formulierungen über ein ungeschaffenes Etwas oder eine ungeschaffene Kraft in der Seele; vgl. z.B. Prr. 2, 7, 10, 11, 12, 22, 24 (DW 1,32–35 u. 39–45.123–124.171–173.182–184.197–198.380–381.417–418); Prr. 26, 27, 28, 29, 30, 40, 42, 46, 48, 50 (DW 2,30 u. 34.52–53.66.88.95–97.277.306–308.382.418–420.459–460); Prr. 68, 76, 84 (DW 3,141.315–516.462);

meinte, wies Eckhart wiederum auf den Unterschied zwischen dem reinen Intellekt Gottes hin, das heißt dem Wort, das „ungeschaffen ist und nichts mit irgendetwas anderem gemein hat", und dem „geschaffenen Sein des Menschen, das Gott zu seinem Bild machte und nicht zum Bild selbst; und er bekleidete es nicht mit sich selbst, sondern (nur) entsprechend seiner selbst."[222]

Dieses „ungeschaffene Etwas" in der Seele ist der *Intellekt insofern er Intellekt ist.* Wie gezeigt wurde, charakterisierte Eckhart ihn auf viele Weisen: als Fünklein, Bürglein, edles Wesen, Samen, göttliches Licht, Höhe, Wächter, Tempel usw.[223] In Pr. 2 beschreibt er ihn als „Einfaltiges Ein" (*einvaltic ein:* DW 1,43). In S. XXXVI verwendet er dafür eine lateinische Ausdrucksweise, die von Proklos stammt, nämlich *unum animae:* „Um nun darin das Ganze, nämlich das Eine in der Seele, aufzusuchen, kommt Jesus."[224] Will man erfassen, was Eckhart mit diesen Bezeichnungen genau meinte, muss man wieder – wie immer – auf den formalen Charakter der Aussagen *inquantum* achten. Das „ungeschaffene Etwas" ist der *Intellekt als Intellekt,* das heißt als virtuelles Sein, nicht als formales Sein in der Welt. Es ist etwas *in* der Seele (in Wirklichkeit ist die Seele in ihm); es ist nicht *von* der Seele, das heißt, es gehört nicht zur *ad imaginem* geschaffenen Natur der Seele.[225] Das „ungeschaffene Etwas" ist nicht Teil von irgen*detwas* und kann es nicht sein. Es ist ein anderer Begriff für *grunt.*

Pr. 95 (DW 4,186). Die gleiche Lehre legt Eckhart auch in den lateinischen Werken vor; vgl. In Sap. n. 24 (LW 2, 344,6–345,1): *Si quid esset vivens aut intelligens, non habens esse aliquod praeter et extra vivere et intelligere, ipsum esset ut sic increabile.* Dazu auch In Gen.I n. 112 (LW 1,267), In Sap. nn. 32, 94 (LW 2,353.428); S. XXIX nn. 301 u.304 (LW 4,267–268.269–270).
[222] Eckharts Entgegnung findet sich in Proc.Col.I n. 137 (Acta n. 48, LW 5,298,13–299,4): *Falsum est et error. Nam, sicut dicit alius articulus, supremae potentiae animae ,sunt creatae in anima et cum anima'* ... *Filium quidem suum unigenitum quem generat, qui est imago, vestivit se ipso, non secundum se ipsum, ut esset increatus, immensus, qualis et pater; hominem autem, utpote creatum, fecit ad imaginem, non imaginem, et ,vestivit' non se ipso, sed ,secundum se' ipsum.* (Übersetzung: B. Schellenberger.) In der Predigt, die Eckhart am 13. Februar 1327 zu seiner Verteidigung in Köln hielt, brachte er ein ähnliches Argument und bediente sich zur Beschreibung der Seele als *ad imaginem* des Begriffs *concreatum.* Über diesen Text siehe Tobin, *Meister Eckhart,* 133.
[223] Auf die meisten dieser Begriffe geht Tobin in *Meister Eckhart,* 126–140 ein. Als weitere Untersuchungen wären unter anderen zu nennen: Hof, *Scintilla Animae* sowie Klaus Kremer, „Das Seelenfünklein bei Meister Eckhart", in: *Trierer theologische Zeitschrift* 97 (1988), 8–38.
[224] S. XXXVI n. 364 (LW 4,313,9–10): *Et ut totum, quod est animae unum, quaerat in hac, venit Jesus.* Über die Rolle des *unum animae* in Eckharts Predigt und seine Verbindung mit Proklos siehe A. de Libera, *La mystique rhénane,* 278–284.
[225] Mojsisch, *Meister Eckhart,* 131–132; and Wackernagel, *Ymagine Denudari,* 45–48 u. 131–132.

III. Die Rückkehr zum Grund

Eckharts Lehre vom Ausfließen aller Dinge aus Gott stellt eine bemerkenswerte intellektuelle Leistung dar. Aber es war nicht die Absicht des Predigers, dass sich seine Zuhörer mit einem bloßen akademischen Erfassen der Dynamik von *bullitio/ebullitio* zufrieden gäben. Vielmehr wollte er ihnen mit seiner Botschaft einen neuen Bewusstseinszustand erschließen, der sie in den göttlichen Grund zurückführen sollte. Wollte man in den Werken Eckharts *exitus* und *reditus* auseinanderreißen, so bliebe das immer künstlich. Aber natürlich konnte er in seinen Predigten diese beiden Aspekte des göttlichen Geheimnisses nicht immer gleichzeitig entfalten. Genauso will auch ich in diesem Abschnitt die Hauptthemen von Eckharts Verständnis der Rückkehr zu Gott um der Klarheit willen systematisch darlegen, möchte jedoch ausdrücklich betonen, dass man sich Eckharts „Weg" zu Gott nicht als Abfolge einer bestimmten Reihe von Schritten oder Stufen vorstellen darf. Man muss „gehen ohne Weg" *(genk âne weg)*, wie es im Eckartschen Gedicht namens „Granum sinapis" heißt (über dieses Gedicht siehe Kap. 7, 530–534). Oder in Pr 5b sagt Eckhart: „Wer immer Gott auf Wegen sucht, findet Wege und verliert Gott, der auf Wegen verborgen ist."

Wir werden mit Christus beginnen, denn Eckharts Verständnis der Rückkehr konzentriert sich auf die Rolle des Gottmenschen. Genau wie die Schöpfung ein ewiger fortlaufender Prozess *(creatio continua)* ist, so ist auch der Umstand, dass das Wort Fleisch annimmt, nicht bloß ein Ereignis in der Vergangenheit. Um Erlösung zu erlangen, genügt es nicht, bloß darauf zurückzublicken, denn gemeint ist damit eine allzeit gegenwärtige Menschwerdung Gottes und Vergöttlichung des Menschen und des gesamten Universums: eine *incarnatio continua*.

Der universale Christus[1]

Eckharts Sicht Christi hat wenig mit den neuen christologischen Strömungen zu tun, die das Spätmittelalter prägten. Es genügt, Namen wie Anselm

---

[1] Über Eckharts Christologie siehe Bardo Weiss, *Die Heilsgeschichte bei Meister Eckhart*, Mainz 1965, Kapp. 2–4; Richard Schneider, „The Functional Christology of Meister Eckhart", in: *Recherches de théologie médiévale* 35 (1968), 291–332; Dietmar Mieth, *Christus – Das Soziale im Menschen*, Düsseldorf 1972; Alois M. Haas, „Jesus Christus – Inbegriff des Heils und verwirklichte Transzendenz im Geist der deutschen Mystik", in: *Epiphanie des Heils. Zur Heilsgegenwart in indischer und christlicher Religion*, Wien, Institut für Indologie der Universität Wien 1983, 193–216 sowie sein *Meister Eckhart als normative Gestalt geistlichen Lebens*, Einsiedeln 1979, Neuausgabe Freiburg 1995, besonders Kap. 4; und A. de Libera, *La mystique rhénane*, 250–259. Speziell über Eckharts Soteriologie siehe Irmgard

von Canterbury, Bernhard von Clairvaux und Franz von Assisi zu nennen, um deutlich zu machen, was für wichtige innovative Formen der Verehrung der Menschheit Christi damals aufkamen.² Bernhards „Liebe zum Fleisch gewordenen Christus" *(amor carnalis Christi)* und die Stigmata von Franziskus als Form der leibhaftigen Nachahmung der Passion Christi führten zu einer Revolution in der Frömmigkeit.³ Die neuen Frömmigkeitsformen gingen in der Schultheologie einher mit dem Bemühen um ein besseres Verstehen der Person und des Werkes Christi. Mit einem „Glauben, der zu verstehen suchte", bemühte man sich um angemessenere Umschreibungen des Geheimnisses, wie in Christus Gott und Mensch wirklich eins sind. Seit dem frühen 12. Jahrhundert hatten die Theologen zudem nach neuen Möglichkeiten gesucht, die Erlösung denkerisch zu erfassen. Wie hatte Christus uns erlöst? Wie erreichen die Auswirkungen seines Sterbens und Auferstehens den gläubigen Menschen? Im 13. Jahrhundert verwandten die meisten Scholastiker große Mühe darauf, die Natur der hypostatischen Union zu erhellen sowie den Sinn der erlösenden Satisfaktion zu ergründen.

Meister Eckharts Schriften erwähnen fast nichts von alledem. Bei ihm gibt es keine Bilder vom Jesuskind in der Krippe oder Betrachtungen über den am Kreuz verblutenden Jesus. Die historischen Ereignisse des Lebens Christi finden bei ihm kaum Erwähnung. Eckhart erörtert auch nicht die verschiedenen Theorien über die hypostatische Union oder die Satisfaktion, die uns erlöst hat. Nur in einer einzigen deutschen Predigt geht er auf eines der heiß umstrittenen Themen der spekulativen Christologie ein, nämlich auf die Frage, auf welche Weisen Christus über sein göttliches und menschliches Wissen verfügt habe.⁴ Eckharts Predigt und Lehre stellt also im Rahmen eines Großteils der spätmittelalterlichen Christologie ganz klar eine Ausnahme dar.

Aber heißt das, dass für Eckhart Christus unwichtig ist? Weist er mit seiner Betonung der Geburt des Göttlichen Wortes in der Seele den historischen Ereignissen des Lebens Christi einen untergeordneten Rang zu? Falls

---

Kampmann, „*Ihr sollt der Sohn selber sein,*" *Eine fundamentaltheologische Studie zur Soteriologie Meister Eckharts*, Frankfurt 1996.
² Siehe Ewert Cousins, „Die menschliche Natur Christi und seine Passion", in: Jill Raitt u. a. (Hg.), *Geschichte der christlichen Spiritualität* Bd. 2, *Hochmittelalter und Reformation*, Würzburg 1995, 383–399.
³ Als Übersicht über die Geschichte der *imitatio Christi* siehe Giles Constable, *Three Studies in Medieval Religious and Social Thought*, Cambridge 1995, Teil II.
⁴ Pr. 90 (DW 4,43–71). In DW 4,66–70 übernimmt Eckhart die Lehre des Thomas von Aquin über die vier Erkenntnisweisen Christi (siehe S.Th. III qq. 9–10) als Ausgangspunkt einer Abhandlung darüber, was Christus uns mittels unserer Teilhabe an diesen Erkenntnisweisen lehre.

man davon ausgeht, dass die neue Spiritualität des *amor carnalis Christi* und der buchstäblichen *imitatio Christi* die einzige Form der spätmittelalterlichen Christusfrömmigkeit sei, muss man dies mit Ja beantworten. Das gleiche gilt, falls man die Analyse der hypostatischen Union als für die Christologie wesentlich ansieht: auch dafür hat Eckhart wenig zu bieten.

Aber trotzdem sind die Ansichten Eckharts über Christus sowie seine Erlösungstheologie für das Verständnis seiner Mystik sowohl originell als auch ganz wesentlich. Lässt man die Rolle außer Acht, die bei ihm Christus spielt, so kann man Eckharts Botschaft unmöglich verstehen oder in die Praxis umsetzen.[5]

Eckharts Christologie war praktischer Natur; das heißt, er bot eine „funktionale Christologie".[6] Das Geheimnis des Gottmenschen sollte nicht für Denkübungen anhand scholastischer Distinktionen herhalten, sondern zum Lernen anspornen, wie man sich das Leben des Fleisch gewordenen Wortes persönlich zu eigen machen könne. Diese Betonung des praktischen Ertrags gibt der *imitatio Christi* Raum, wenn auch auf eine etwas andere Art, als man ihr gewöhnlich im Spätmittelalter begegnet.

Die beste Stelle, an der man in Eckharts Christologie einsteigt, findet sich in seinem Kommentar zum Johannesprolog.[7] Seine Ausführungen zu den Versen 1–10 über das Verhältnis des Gerechten zur Gerechtigkeit liefern die theologische Grundlage für seine Predigt über die Geburt des Ewigen Wortes in der Seele. Wenn Eckhart jedoch zu V. 11 gelangt („Er kam in sein Eigentum"), liest er den Text sowohl als Beschreibung der Aufnahme des Göttlichen Wortes in der gesamten Wirklichkeit, als auch als Hinweis darauf, wie das Wort die Menschennatur mit ihrer ganzen Leidensfähigkeit und Sterblichkeit angenommen habe. Das führt ihn zu einer Interpretation von V. 12b („Er gab ihnen die Macht, Söhne Gottes zu werden"), womit er zum Kern seiner Christologie kommt, nämlich seiner Betonung des *Zwecks* der Inkarnation. Gott habe bei der Sendung seines Sohnes die Absicht verfolgt, dass „der Mensch durch die Gnade der Kindschaft das sei, was jener von Natur ist" (n. 106). Diese Version des alten patristischen Spruchs („Gott wurde Mensch, damit der Mensch Gott werde") wiederholte Eck-

---

[5] In den deutschen Predigten finden sich viele christologische Ausführungen, zum Beispiel (die wichtigsten Texte sind unterstrichen): Prr. 1, 5a, 5b, 20a, 20b, 22, 23, 24, 25, 29, 30, 40, 41, 47, 49, 55, 59, 67, 78, 86, 87, 90. In den deutschen Traktaten siehe BgT (DW 5,48–49); RdU (DW 5,246–249, 253–254, 259, 270–272). Auch in den lateinischen Werken ist die Christologie ein häufiges Thema, insbesondere – wie wir noch sehen werden – im Johanneskommentar.
[6] Siehe Schneider, „The Functional Christology of Meister Eckhart" und Haas, „Jesus Christus".
[7] Siehe den Kommentar zu Joh 1,1–18 in In Ioh. nn. 4–198 (LW 3,5–167).

hart oft.⁸ In Pr. 29 stellte er rhetorisch die Frage: „Warum ist Gott Mensch geworden?" und gab die Antwort: „Darum, dass ich als derselbe Gott geboren würde."⁹

Die Unterscheidung zwischen „Sohn von Natur aus" und „Söhne durch die Gnade der Kindschaft", die Eckhart bei der Auslegung von Johannes 1,12 traf, wurzelt in der Heiligen Schrift, insbesondere den Paulusbriefen und lässt sich schon recht früh bei Augustinus finden.¹⁰ Eckhart gebraucht diese Unterscheidung in seinen lateinischen und deutschen Werken an einer ganzen Reihe von Stellen.¹¹ Als bei den Prozessen in Köln und Avignon seine Christologie kritisch überprüft wurde, wundert es nicht, dass Eckhart auf sie zurückgriff, um darzulegen, wie seine Aussagen sich mit der traditionellen Lehre deckten.¹² So heißt es zum Beispiel in seiner Verteidigung des letzten Artikels der aus seinen deutschen Predigten angefertigten Liste von Auszügen: „Man soll also nicht denken, es sei ein anderer Sohn, als der Christus sein Sohn ist und ein anderer, als der wir uns Söhne Gottes nennen

---

⁸ Die früheste Stelle, an der das Axiom „Gott wurde Mensch, damit der Mensch Gott werde" findet sich bei Irenaeus, *Adversus haereses* 3,19,1 (PG 7,939 AB), jedoch dann bei vielen Kirchenvätern, z. B. bei Athanasius, *De incarnatione* 8 (PG 25,110). Eckhart könnte es über Texte bei Augustinus gekannt haben (z. B. aus dessen Sermo 13 [PL 39,216]). Die entsprechende hier verwendete Formulierung *(homo est per gratiam quod Deus est per naturam)* beruht auf einer Stelle bei Maximus Confessor, *Ambigua* (PG 91,1088 C), die Eriugena in *Periphyseon* 5 (PL 122,880 A) paraphrasiert: *Animadverte, quod ait* [i. e., Maximus], *totus homo manens secundum animam et corpus per naturam, et totus factus Deus secundum animam et corpus per gratiam.*

⁹ Pr. 29 (DW 2,84,1-2): *Warumbe ist got mensche worden? Dar umbe, daz ich got geborn würde der selbe.* Siehe auch Prr. 25, 30, 46 (DW 2,14-16, 98, 378-383); Pr. 67 (DW 3,134-135).

¹⁰ Die Formulierung *filius per naturam/filius per gratiam* findet sich in Augustinus' *Tractatus in Ioannem* 75,1 (PL 35,1829): *Quamvis ergo nos Filius Dei suo Patri adoptaverit filios, et eundem Patrem nos voluerit habere per gratiam, qui ejus Pater est per naturam* ... Als ausführlichere Darlegung dieser Unterscheidung im Kommentar zum Prolog siehe n. 123 (LW 3,107). Ähnliche Verweise auf die Unterscheidung dieser beiden Formen der Sohnschaft finden sich in In Ioh. nn. 117, 368 und 455 (LW 3,101-102, 312-313 u. 389).

¹¹ So z. B. in BgT 1 (DW 5,37-38) und in Prr. 40 (DW 2,277) und 59 (DW 2,378). In den lateinischen Schriften siehe die SS. XLII n. 422, LII n. 523 (LW 4,355, 437-438). Das gleiche Thema ist impliziert, wenn Eckhart erörtert, wie wir Miterben mit Christus sind in In Eccli. n. 41 (LW 2,269-270) sowie in S. XII n. 126 und S. LV n. 556 (LW 4,120 und 465).

¹² So z. B. in Proc.Col. I n. 61 (LW 5,219) und Eckharts Erwiderung in Proc.Col.I n. 139 (LW 5, 299-300). Eckhart verteidigt seine Christologie und seine Aussage von der Geburt des Sohnes in der Seele oft in seinen Erwiderungen auf die zweite Irrtümer-Liste; siehe Proc.Col.II, besonders die lange Entgegnung auf Artikel 27 in nn. 59-74 (LW 5,330-337); ferner auch nn. 15-16, 31-32, 55-58, 98-99, 126, 134-136 u. 139-145 (LW 5,321, 325, 329-330, 341-342, 348, 349-350 u. 351-352). Dazu auch das Votum Theologicum aus Avignon art. XVII-XVIII und XXI-XXIII (Ausg. Pelster 1117, 1119-1121). Über diese Texte vgl. Karl G. Kertz SJ, „Meister Eckhart's Teaching on the Birth of the Divine Word in the Soul", in: *Traditio* 15 (1959), 339-363; Kertz verkennt allerdings die Tragweite der Unterscheidung der beiden Formen der Sohnschaft, weil er nicht sieht, dass sie nur einen Pol des dialektischen Denkens von Eckhart über unsere Beziehung zu Christus darstellen.

und es sind, sondern es ist der gleiche und dieser selbst, welcher der auf natürliche Weise als Sohn geborene Christus ist, und wir sind auf analoge Weise Söhne Gottes, dem wir anhangen, weil wir nämlich mit ihm als Erben verbunden und seine Miterben sind."[13]

Bei seinem Kommentar zu Johannes 1,12 erklärt Eckhart Gottes Absicht beim Annehmen der Menschennatur damit, dass er einen seiner beliebtesten christologischen Texte zitiert, 2 Korinther 3,18: „Wir alle aber, die wir wie im Spiegel, doch mit unverhülltem Angesicht, die Herrlichkeit des Herrn sehen, werden *in das gleiche Bild* verwandelt von Herrlichkeit zu Herrlichkeit." Betont die Unterscheidung der beiden Arten der Sohnschaft die traditionelle Seite von Eckharts Inkarnationstheologie, so stellt die Betonung der Verwandlung in das *gleiche*, das heißt identische Bild, deren kühnere Aspekte dar.[14] Zum Schluss seiner Besprechung von Johannes 1,12 kommt Eckhart auf die erste Hälfte des Verses zurück und stellt die Frage, wer „alle, die ihn aufnahmen" und dadurch die Sohnschaft erlangt hätten, seien. Hier führt er sodann ein drittes wesentliches Motiv seiner Christologie ein, indem er sagt, das seien alle diejenigen, „die da bloß sind von aller Form, die von einem Geschöpf erzeugt und eingeprägt wäre" (n. 110). Totale Reinheit, Leere, Loslösung – das Aufgeben des *hoc et hoc* des geschaffenen Seins – sei die Bedingung dafür, das „gleiche Bild" zu empfangen, das Christus als Gott und Mensch ist.

Diese drei Motive entfaltet Eckhart in seinen Ausführungen zu V. 14a („Das Wort ist Fleisch geworden und hat unter uns gewohnt"). Er sagt darin: „Wenig bedeutete es mir, dass das Wort für die Menschen Fleisch wurde in Christus, jener von mir verschiedenen Person, wenn er nicht auch in mir persönlich (Fleisch annähme), damit auch ich Gottes Sohn wäre."[15] Heißt das, dass wir selbst zur zweiten Person der Dreifaltigkeit würden? Nach Eckhart lautet die Antwort Ja und Nein.

Ja in dem Sinn, dass es nur eine einzige Sohnschaft gebe, die keine andere sei als diejenige der Person des Wortes; Nein in dem Sinn, dass wir *durch*

---

[13] Acta n. 48 (Proc. Col.II n. 145, LW 5,352,21–24): *Non est ergo putandum quod alius sit filius, quo Christus ejus filius est, et alius, quo nos nominamur et sumus filii dei, sed id ipsum et is ipse, qui Christus filius est naturaliter genitus, nos filii dei sumus analogice cui cohaerendo, utpote haerenti, coheredes sumus.* (Übers.: B. Schellenberger.)

[14] Den Text aus 2 Korinther verwendet er noch dreimal im Kommentar zu V. 14 (In Ioh. nn. 119–120 [LW 3,103–105]). Auch an anderen Stellen zitiert er ihn häufig: z. B. in In Gen.I n. 301 (LW 1,440); In Gen.II nn. 130, 141, 219 (LW 1,596, 609–610, 697–698); In Sap. n. 45 (LW 2,368); In Ioh. nn. 155, 505, 575 (LW 3, 128, 436, 504); S. XLIX nn. 507–508 (LW 4,423); Prr. 6 und 23 (DW 1,110, 397–398); Pr. 41 (DW 2,296); BgT 1 (DW 5,32) und RdU 20 (DW 5,266).

[15] In Ioh. n. 117 (LW 3,101,14–102,2): *Parum enim mihi esset verbum caro factum pro homine in Christo, supposito illo a me distincto, nisi et in me personaliter, ut et ego essem filius dei.*

Adoption geborene Söhne Gottes seien. Bei seiner Verteidigung in Köln und Avignon pflegte Eckhart sich für seine Ausdrucksweise auf das Prinzip des *inquantum* zu berufen: *Insofern als* es nur *einen* wahren Sohn Gottes gebe, seien wir, falls wir Söhne seien (wie es in der Schrift ausdrücklich heiße), tatsächlich mit diesem gleichen Sohn identisch, *insofern* wir univok gesprochen Söhne seien. Aus der Sicht unserer Existenz als geschaffene Wesen allerdings seien wir, analog gesprochen, Söhne durch Adoption und Partizipation.[16]

Eckhart interpretiert die beiden Teile von V. 14 als Ausdruck der unauflöslichen Verbindung zwischen der Menschwerdung Gottes und der Vergöttlichung des Menschen: „Er sagt also: das Wort ist Fleisch geworden in Christus, und hat in uns gewohnt, wenn in einem jeden von uns Gottes Sohn Mensch wird, und eines Menschen Sohn Gottes Sohn wird."[17] Anlässlich von V. 14b („wir haben seine Herrlichkeit gesehen") bringt er die kosmologischen Implikationen der Sohnschaft zur Sprache. Eckhart weist auf die Aussage von Augustinus in *Confessiones* 7,9,13 hin, er habe „in den Büchern der Platoniker" zwar alles gefunden, was Johannes über die ewige Zeugung des Wortes geschrieben habe, nicht jedoch irgendeinen Hinweis auf die Inkarnation. Aber „mit einer gewissen Berechtigung könnte man sagen, dass der ganze Text ‚voll der Gnade und Wahrheit' einschließlich die Eigentümlichkeiten der Dinge in der Natur, im geistlichen Leben und in der Kunst enthält und lehrt. Dabei ist die Wahrheit des geschichtlichen Vorganges immer vorausgesetzt. Es ist also Folgendes zu bemerken: Ganz allgemein und naturgemäß wird das Wort in allen Werken der Natur und Kunst Fleisch und wohnt in dem, was da wird, oder worin das Wort Fleisch wird."[18] Jedes Mal, wenn in der natürlichen Welt eine Form geschaffen werde und ihre Vollkommenheit erlange, und sogar in der künstlichen Welt des menschlichen Erschaffens, könnten wir einen Blick auf die Herrlichkeit des Einziggezeugten des Vaters erhaschen, der darin Fleisch annehme.

---

[16] Eckhart gebrauchte dieses Prinzip des *inquantum* nicht nur häufig in den Dokumenten zu seiner Verteidigung, sondern auch in Predigten, worin er Christi und unsere Sohnschaft erörterte; z. B. in Pr. 22 (DW 1,381–382) und Pr. 40 (DW 2,272–281).
[17] In Ioh. n. 118 (LW 3,103,12–14): *Ait ergo: verbum caro factum est in Christo, et habitavit in nobis, quando in quolibet nostrum filius dei fit homo et filius hominis fit filius dei.* Eckhart betonte die Notwendigkeit der Verknüpfung beider Sohnschaften miteinander unter Verweis auf Joh 16,2 („Ich werde euch *wieder* sehen") und erläuterte, mit dem ersten „Sehen" sei die Inkarnation gemeint, mit dem zweiten das Einwohnen des Sohnes in uns (siehe nn. 117 u. 119).
[18] In Ioh. n. 125 (LW 3,108,9–13): *... plenum gratiae et veritatis inclusive, supposita veritate semper historiae, continere et docere rerum naturalium, moralium et artificialium proprietates. Notandum ergo quod universaliter et naturaliter in omni opere naturae et artis verbum caro fit et habitat in illis quae fiunt sive in quibus verbum caro fit.*

Die Erklärung für diese Behauptung liefert er erst im Kommentar zu V. 17 („Das Gesetz wurde durch Mose gegeben, die Gnade und Wahrheit aber wurden durch Jesus Christus geschaffen"). Bei der Gegenüberstellung Moses und des Alten Testaments mit Christus und dem Neuen Testament spricht Eckhart wiederum ontologisch und vergleicht das Alte Gesetz mit der Unvollkommenheit aller sich wandelnden, werdenden und vervielfältigenden Formen, während die Gnade und Wahrheit Christi „Sein, Zeugung, Unveränderlichkeit, Ewigkeit, Geist, Einfachheit, Unverderblichkeit, Unendlichkeit, das Eine oder Einheit" bedeute (n. 186). Der Grund dafür sei, dass die Inkarnation das notwendige Verbindungsglied zwischen der ewigen Emanation innerhalb der Dreifaltigkeit und der geschaffenen Wirklichkeit darstelle. Er sagt es so: „Wiederum ist zu bemerken: weil ‚das Wort Fleisch geworden ist', damit es in uns wohne (Joh 1,14), wie oben ausgelegt wurde, deshalb fügt sich hier folgende Ergänzung passend ein: Gottes Weisheit hat sich herabgelassen, also Fleisch zu werden, dass die Fleischwerdung gewissermaßen zwischen dem Ausgang der göttlichen Personen und der Hervorbringung der Geschöpfe steht und an beider Natur Anteil hat, so dass die Fleischwerdung das Abbild des ewigen Ausfließens und das Vorbild der ganzen niederen Natur ist."[19] Dieser Abschnitt ist Ausdruck einer pan-christlichen Ontologie, bei der die Inkarnation, die Menschwerdung Gottes, als der Zweck und die innere Realität der Schöpfung selbst gesehen wird.[20] Eckhart beschreibt die Heilsökonomie in S. XXV genauso: „‚Ich ging vom Vater aus und kam in die Welt' (Joh 16,28) durch die Schöpfung, nicht nur durch die Menschwerdung."[21]

So kümmerte sich Eckhart bei seiner funktionalen Christologie nicht um die genauere Erörterung der Art und Weise des Einsseins von Gott und

---

[19] In Ioh. n. 185 (LW 3,154,8–14): *Rursus notandum quod, quia ‚verbum caro factum est', ut habitaret in nobis, ut supra expositum est ... congrue subiciendum videtur quod dei sapientia sic caro fieri dedignata est, ut ipsa incarnatio quasi media inter divinarum personarum processionem et creaturarum productionem utriusque naturam sapiat, ita ut incarnatio ipsa sit exemplata quidem ab aeterna emanatione et exemplar totius naturae inferioris.*

[20] Als Skizze der Geschichte der kosmischen Christologien unter Konzentration auf Nikolaus von Kues siehe Bernard McGinn, „*Maximum Contractum et Absolutum*: The Motive for the Incarnation in Nicholas of Cusa and Some of His Predecessors", in: *Nicholas of Cusa and His Age: Intellect and Spirituality*, hg. v. Thomas M. Izbicki u. Christopher M. Bellitto, Leiden 2002, 149–175. Siehe auch Haas, *Meister Eckhart als normative Gestalt*, 94–96.

[21] S. XXV n. 253 (LW 4,232,2–3): ... Ioh. 16: ‚*exivi a patre et veni in mundum*' *per creationem, non tantum per incarnationem.* Diese später als „absolute Prädestination Christi" bezeichnete Vorstellung findet sich auch in Pfeiffer LXXVII (in der Ausgabe 250,22–26): *Ez stêt in dem buoche Moysi geschriben, daz Âdam wêre der êrste mensche, den got ie geschuof. Und ich spriche, daz Kristus wêre der êrste mensche, den ie got geschuof. Alse wie? Ez sprichet ein meister: daz êrste in der meinunge ist daz beste von den werken.*

Mensch in der Inkarnation. Stattdessen konzentrierte er sich auf die erlösende Bedeutung der Fleischwerdung des Wortes. Die gleiche Botschaft vermittelt er in seinen volkssprachlichen Predigten. Eine Analyse von zwei Predigten über Christus sowie einiger Abschnitte im *Buch der Tröstung* sollen zeigen, wie er die Inkarnation einer Zuhörerschaft von Laien vorstellte.

Pr. 46 ist relativ kurz, aber typisch eckhartisch.[22] Der Prediger legt Joh 17,3 aus („Das ist das ewige Leben ...") und hebt drei entscheidende Punkte mit Ausdrücken wie *Nû merket* hervor. Der erste ist, dass wir, um Gott zu erkennen und seinen Segen zu erlangen, „*ein* Sohn sein, nicht viele Söhne, sondern *ein* Sohn" werden müssten, da in Gott „nichts als *ein* naturhafter Ursprung" sei (*niht wan ein natiurlîcher ursprunc*, DW 2,379,1–2), nämlich derjenige des Ewigen Wortes. Der zweite Punkt betrifft die Erklärung, wie das möglich sei. Es entspricht Eckharts Unterscheidung zwischen dem *ens hoc et hoc*, dem *diz und daz* der erschaffenen Wirklichkeit und dem reinen *esse indistinctum* Gottes, wenn er erklärt, auch die Ökonomie der Erlösung erfordere, dass das Wort nicht *diese oder jene* menschliche Person angenommen habe, sondern das reine, ungeformte Menschsein als solches. Dieses Menschsein ohne Bild und Partikuläres habe der Sohn angenommen. Weil auch wir dieses Menschsein besäßen, werde seine Form oder sein Bild (d. h. direkt das Bild, das er ewig vom Vater beziehe) zum Bild der Menschheit. „Denn so wahr es ist, dass Gott Mensch geworden ist, so wahr ist es, dass der Mensch Gott geworden ist. Und so denn ist die *menschliche Natur* darin überbildet, dass sie das *göttliche Bild* geworden ist, welches das Bild des Vaters ist."[23]

Um diese Verwandlung zu erreichen, müssten wir uns von allem „Nichts", das heißt von allem Akzidentellen in uns, befreien. Was akzidentell sei, verursache Unterscheidung, und Unterscheidung trenne uns von Gott. Wir ließen jeden „Zufall der Natur" (*zuoval der natûre*) hinter uns, indem wir an jene Kraft in der Seele rührten, die „von nichts getrennt ist" (d. h. ununterschieden ist). Wenn wir zu dieser Kraft gelangten, wo Gott „nackt aufscheint", könnten wir den Status, der *eine* Sohn zu sein, wahrnehmen. Seien wir so weit gekommen, so hätten wir „Bewegung, Tätigsein und alles andere" nicht länger aus unserem individuellen Ich, sondern aus dem inneren Sein und Wesen, das der Sohn vom Vater bezieht. Wir seien dann eins in der Einheit des Vaters und des Sohnes, so dass „unsere" Werke

---

[22] Pr. 46 (DW 2,378–386). Als Kommentar dazu siehe Largier, *Meister Eckhart* I, 1031–1033.
[23] Pr. 46 (DW 2,380,5–381,2): *Wan als daz wâr ist, daz got mensche worden ist, als wâr ist daz, daz der mensche got worden ist. Und alsô ist diu menschlîche natûre überbildet in dem, daz si worden ist daz götlîche bilde, daz dâ bilde ist des vaters.*

(die in Wirklichkeit jetzt „seine" seien) von innen kämen, nicht von außen, und daher mit göttlichem Leben erfüllt seien.[24]

Wie können wir es aber anstellen, um uns selbst von dem Nichts zu befreien, das die Unterscheidung verursacht, also von unserem menschlichen Personsein, das als „Zufall der Natur" erachtet wird? Spielt dabei das historische Leben Jesu irgendeine Rolle, oder beruht dieser Prozess einzig auf der Einsicht in den transzendenten Sinn der Inkarnation? Ein kurzer Blick in eine schwierige Predigt, Pr. 49 über den Text „Selig der Schoß, der dich geboren und die Brüste, die dich genährt haben" (Lk 11,27), kann zur Beantwortung dieser Fragen helfen.[25] Diese Predigt zeigt neben einer Anzahl weiterer Texte von Eckhart, dass es in seiner Lehre eindeutig Platz für eine *imitatio Christi*, ja sogar eine *imitatio passionis*, gibt.

Die Predigt beginnt mit einer Erörterung des Zusammenhangs zwischen der Geburt des Erlösers aus der Jungfrau Maria und der Geburt des Wortes in der Seele jedes Christen.[26] Eckhart betont, Maria habe es dadurch verdient, zur leibhaftigen Mutter Gottes zu werden, dass sie als erste dem Wort Gottes gegenüber vollkommen aufmerksam und gehorsam gewesen sei (vgl. Lk 11,28). Im ersten Teil seiner Predigt verwendet er Gregors des Großen Aufzählung der vier notwendigen Dinge, um Gottes Wort hören und befolgen und sich damit auf den Weg in Richtung der einen Sohnschaft machen zu können.[27] Mit ihnen ist eine vollständige Nachahmung Christi beschrieben, „der bei allen seinen Gaben, die er uns freigiebig gegeben hat, ledig und arm" geblieben sei (Pr. 49). Aber ein solches Geben ist äußerlich, und Eckhart möchte immer zum inneren Sinn der Wirklichkeit vordringen. Folglich erörtert er im zweiten Teil der Predigt den inneren Sinn des Hörens und Befolgens des Wortes Gottes.

Hier kehrt der Prediger seine Darlegung in der oben zitierten Pr. 46 über die Gegenseitigkeit von Vater und Sohn um und setzt dieses Mal nicht dabei an, wie der Sohn alles vom Vater *habe*, sondern vielmehr wie der Vater den Sohn als seinen vollkommenen Ausdruck *brauche*: „Seht, darum spricht der Vater dieses Wort willig, aber nicht willentlich (d.h. aus Willensantrieb), und naturgemäß, aber nicht naturhaft (d.h. aus seiner

---

[24] Die Predigt schließt (DW 3,384–386) mit einem vierten Punkt, mit dem die Verwandlung mittels einer genaueren Beschreibung des Verhältnisses zwischen dem Gerechten und der Gerechtigkeit veranschaulicht wird.
[25] Pr. 49 (DW 2,427–451). Ein ausführlicher Kommentar zu dieser Predigt findet sich bei Hasebrink, *Formen inzitativer Rede*, 196–258.
[26] Weitere Abhandlungen über das Verhältnis zwischen der Geburt aus Maria und der Geburt in uns finden sich z.B. in Prr. 22, 23, 78 usw.
[27] Die vier Bedingungen, die Eckhart nennt (DW 2,429–431), beruhen auf Gregors *Homilia in Evangelia* I,18,1 (PL 76,1150 B).

Natur heraus)."²⁸ Ähnlich wie in der vorhin zitierten Predigt behauptet Eckhart: „In diesem (selben) Wort spricht der Vater meinen Geist und deinen Geist und eines jeglichen Menschen Geist demselben Worte gleich."²⁹ Er entwickelt dieses Thema unter Verwendung seiner Lehre darüber, wie die Seele in ihrem Grund über die göttliche Kraft verfüge, im ewigen Jetzt sowohl das Wort als auch sich selbst zu erzeugen. Doch im Folgenden gibt Eckharts diesem Thema einen christologischen Zug, indem er Johannes 12,24 einführt, worin vom Weizenkorn die Rede ist, das in die Erde fallen müsse, um hundertfache Frucht bringen zu können. Dieses Weizenkorn sei die Seele Jesu, die in die „hochgelobte Menschheit Jesu Christi" falle *(hôchgelobete menschheit Jêsû Kristi;* 439,1). Eckharts schwierige Erklärung, wie das stattfinde, ist nicht so wichtig wie der Grund, aus dem er an erster Stelle das Motiv vom Sterben der Saat ins Spiel bringt: Weil Christi Fruchtbarkeit aus seinem Leiden und Sterben stamme, müssten wir seinem Beispiel folgen, wenn auch wir fruchtbar sein wollten.

In seiner Erörterung von Christi Leiden und Tod in dieser Predigt³⁰ sagt Eckhart, Christi Leiden habe nur seine äußere Person betroffen: „Das ist wahrhaftig so; denn, als der Leib qualvoll am Kreuze starb, da *lebte* sein edler Geist in solcher Gegenwart (der Anschauung des höchsten Gutes)."³¹ Mit dieser Unterscheidung zwischen dem äußeren Leiden Jesu und seiner fortbestehenden inneren Verankerung in Gott stellte Eckhart seine Version einer mittelalterlichen Sichtweise vor, die in heutigen Christologien oft als problematisch empfunden wird: die Behauptung, selbst während seines Leidens habe Christus irgendwie nie die Freude der seligmachenden Schau verloren. Eckhart kam auf dieses Thema in seinen deutschen Werken etliche Male zurück.³² Aber in dieser Predigt ist vor allem dafür wichtig, wie Eckhart das Verhältnis zwischen Christi Leiden und dem zentralen Thema sei-

---

[28] Pr. 49 (DW 2,435,6–8): *Sehet, her umbe sprichet der vater diz wort willicliche und niht von willen, und natiurliche und niht von nature.*
[29] Pr.49 (DW 2:435.8–9): *In disem worte sprichet der vater mînen geist und dînen geist und eines ieglîchen menschen geist glîch dem selben worte.*
[30] Über das Leiden bei Eckhart siehe Donald F. Duclow, „‚My Suffering is God': Meister Eckhart's *Book of Divine Consolation*", in: *Theological Studies* 44 (1983), 570–586 und Alois M. Haas, „‚Trage Leiden geduldiglich'. Die Einstellung der deutschen Mystik zum Leiden", in: *Zeitwende* 57,3 (1986), 154–175.
[31] Pr. 49 (DW 2,440,10–11): *Daz ist in der wârheit; wan dô der lîchame von pîne an dem kriuze starp, dô lebete sîn edel geist in dirre gegenwerticheit.*
[32] Eine weitere Erörterung des äußeren Leidens Christi findet sich in RdU 20 (DW 5,270–272). Im pseudo-eckhartschen VdA (DW 5,411–422) findet sich die hilfreiche Analogie der sich bewegenden Tür (= äußere Kräfte) und der unbeweglichen Angel (= innerer Grund), um erklären zu helfen, warum Christus im Innern nicht litt (DW 5,421–422).

ner Christologie vorstellt: Gott wurde Mensch, damit der Mensch Gott werden könne.

Das Weizenkorn, das Christi menschliche Seele bedeutet, sei im Leib des Gottmenschen in zweifacher Hinsicht gestorben. Zunächst einmal habe Christi menschliche Seele über eine intellektuelle Schau der göttlichen Natur verfügt, derer sie sich in ihrem ontologischen Grund weiterhin erfreut habe, zu seinen Lebzeiten jedoch nicht in der Bewusstheit ihrer niedrigen Kräfte. (Das sei der erste oder geistliche Tod.) Und zweitens habe Christi Seele seinem menschlichen Leib sein Leben gegeben, und zwar mit allem, was dieser erlitt, bis er ihn sterbend am Kreuz hingegeben habe (das sei der zweite, physische Tod). Beide Weisen des Sterbens seien bedeutsam. Der geistliche Tod bedeutete, dass er sich nicht von Gott abgewandt habe, ganz gleich, was der Leib zu erleiden hatte; der physische Tod dagegen, bei dem er alle seine Leiden zur Verherrlichung seines himmlischen Vaters aufgeopfert habe, „wurde fruchtbar ... zum Lobe seiner selbst und zur Beseligung der menschlichen Natur" (444,5–6). Folglich müsse jeder, der in der Nachahmung von Christi Beispiel seine Seele als Weizenkorn ins Feld der heiligen Menschheit Jesu werfen wolle, ebenfalls sowohl auf physische als auch auf geistliche Weise sterben.[33] Das physische Sterben bestehe darin, dass der Mensch bereitwillig alles Leiden annehme, das Gott ihm schicke, „und sein ganzes Leiden soll ihm so klein dünken wie ein Tropfen Wassers gegenüber dem wilden Meer. So gering sollst du dein ganzes Leiden schätzen gegenüber dem großen Leiden Jesu Christi."[34] Das geistliche Leiden dagegen sei innerlich und bestehe aus nicht weniger als der absoluten Auslieferung an Gottes Willen, sogar falls dieser ein völliges Zunichtewerden oder die Verdammung in die Hölle verfügen würde: Er solle „Gott mit sich machen lassen, was er will und als ob du gar nicht existiertest: solche Gewalt soll Gott haben über alles, was du bist, wie über seine eigene ungeschaffene Natur."[35] Nach Eckhart ist Christus das beste Vorbild für ein solches inne-

---

[33] Eckhart stellt oft Christi Leiden und Sterben als Beispiel für die Christen vor und verwendet dabei Mt 10,37 und Mt 16,24 („Wer mir nachfolgen will, der verleugne sich selbst, nehme sein Kreuz auf sich und folge mir nach") sowie auch entsprechende Texte aus Lk 9,23 und 14,27. Die ausführlichste Abhandlung findet sich in S. XLV nn. 459–468 (LW 4,380–387), aber vgl. auch S. LV nn. 545–546 (LW 4,456–457). Als einige Stellen in den deutschen Werken seien z. B. genannt: Prr. 10, 15 (DW 1,170, 224); Pr. 59 (DW 2,628, 630); Pr. 76 (DW 3,326) und BgT (DW 5,45). Es gibt weitere Texte, wo Christi Leiden als Vorbild hingestellt wird, jedoch ohne dass diese spezifischen Bibelverse zitiert werden, z. B. S. XIII n. 149 (LW 4,140).

[34] Pr. 49 (DW 2,445,7–9): ... *und alles sînes lîdennes sol in dünken als kleine, rehte als ein tropfe wazzers gegen dem wilden mer. Als kleine solt dû ahten alles dînes lîdennes gegen dem grôzen lîdenne Jêsû Kristi.*

[35] (DW 2,446,5–7): ... *sunder er sol got lâzen mit im würken allez, daz er wil, oder als dû niht ensîst: alsô gewaltic sol got sîn in allem dem, daz dû bist, als in sîner eigenen ungeschaffenen*

res Leerwerden: „Christus, unser Herr, *der* ist allein unser Ziel, dem wir nachfolgen sollen, und unser Maß, unter dem wir bleiben und mit dem wir vereinigt werden sollen, ihm gleich in aller seiner Ehre, so wie uns solche Vereinigung zugehört."[36]

Aus dieser Predigt ergibt sich eindeutig, dass Eckhart eine *imitatio passionis* durchaus vertrat, allerdings, wie zu erwarten, wenig Interesse an äußeren Praktiken hatte, wie etwa der intensiven Versenkung ins Bild des blutüberströmten Jesus am Kreuz und erst recht nicht an Versuchen, sich selbst körperliche Schmerzen zuzufügen. Eckhart versteht die *imitatio passionis* so, dass einem im Lauf seines Lebens ohnehin genügend Leiden beschert werde, das es einem ermögliche, das Beispiel Jesu nachzuahmen und dadurch über seinen Eigenwillen hinauszukommen. Man müsse das Leiden nicht suchen, sondern vielmehr seine Art, das Leiden zu sehen, verwandeln. Das Leiden sei kein spezieller Weg zu Gott, jedoch eine Möglichkeit, zu entdecken, dass man Gott nicht auf Wegen finde.

Die Rolle des Leidens als Nachahmung Jesu wird im *Buch der göttlichen Tröstung* behandelt. Eckhart setzt das Leiden ins Herz seines dialektischen Verständnisses unserer Beziehung zu Gott.[37] Das *Buch der göttlichen Tröstung* ist eine eindrucksvolle Meditation über die letzte der Seligpreisungen, „Selig, die um der Gerechtigkeit willen Verfolgung erleiden" (Mt 5,10). Eckhart fängt mit allgemein üblichen Aussagen an, wie man sie in der gängigen Trostliteratur findet, um dann auf zwei weitere Ebenen zu führen. Auf der ersten legt er dar, wie Leiden tatsächlich zum Trost werden könne, sofern man es als Gottes Willen anzusehen vermöge. Die zweite ist typisch eckhartisch und beruht auf der Identität des Grunds der Seele mit dem Grund Gottes, woraus er folgert, wenn man das Leiden auf diese Weise annehme, müsse man sagen, dass auch Gott leide: „Ist mein Leiden in Gott und leidet Gott mit, wie kann mir dann das Leiden ein Leid sein, wenn das

---

natûre. Das Motiv der äußersten Auslieferung an Gott, selbst wenn er einen verdammen sollte (*resignatio ad infernum*) beruht auf Röm 9,3 und war bei den spätmittelalterlichen Mystikern beliebt. Eckhart verwendete es oft: In Ex. n. 270 (LW 2,217); In Ioh. n. 79 (LW 3,67); S. VI n. 67 (LW 4,65); Prr. 4, 6, 12 (DW 1,63–64, 100 u. 103, 195–197); Pr. 25 (DW 2,10–11); RdU 10 (DW 5,223); und insbesondere in BgT 1 (DW 5,14–15, 21, 25 u. 40).

[36] Pr. 49 (DW 3,449,3–5): *Kristus, unser herre, der ist aleine unser ende, dem wir nâchvolgen suln, und unser zil, under dem wir blîben suln und mit dem wir vereinet werden suln glich aller sîner êre, als und diu einunge zuogehoeret.*

[37] Über das BgT siehe Duclow, „My Suffering is God", besonders 575–582. Das Leiden ist ein wichtiges Thema in Eckharts Predigten; siehe z.B. Prr. 2, 4, 6, 8, 11, 12, 13 (DW 1,36–38, 61–64, 103, 127–128, 188, 200–201, 214); Prr. 30, 49, 51, 59 (DW 2,106, 430–447, 476, 630–631); Prr. 62, 68 (DW 3,63, 145); Pr. 94 (DW 4,142–145). Auch in RdU (DW 5,225, 229, 257–258, 271–272) finden sich wichtige Überlegungen dazu.

Leiden das Leid verliert und mein Leid in Gott und mein Leid Gott ist?"[38] Diese Behauptung zeigt, dass Eckhart das göttliche Leiden nicht als etwas von uns, d. h. von unten her auf Gott Projiziertes ansieht, sondern vielmehr als Realität von oben her: Gottes Wunsch, zu leiden, sei ein integraler Aspekt seines Willens bezüglich des Wortes, dass es Mensch werde, ja sogar der göttlichen Entscheidung, die Welt zu erschaffen. An einer anderen Stelle in diesem Traktat drückt Eckhart es paradox so aus: „Gottes Sohn von Natur wollte aus Gnade Mensch werden, auf dass er um deinetwillen leiden könnte, und du willst Gottes Sohn werden und nicht Mensch, damit du nicht leiden mögest noch brauchst um Gottes noch um deiner selbst willen."[39] Eckharts Sicht des Geheimnisses des Leidens ist genauso herausfordernd wie andere Aspekte seiner Lehre.

Seine Deutung des Zwecks der Inkarnation – Gott sei Mensch geworden, damit der Mensch Gott werde – war nicht besonders neu. Dennoch hebt sich Eckhart insofern von seinen Zeitgenossen ab, als er dieses alte theologische Thema ganz stark betont und es auf eine Vielzahl von Weisen vorstellt.[40] Besonders eindrucksvoll ist das *exemplum*, das Eckhart in Pr. 22 gebrauchte, um die Liebe zu veranschaulichen, die das Wort dazu gebracht habe, um unseretwillen herabzusteigen und die Menschennatur anzunehmen. Da erzählt er eine Geschichte von einem reichen Mann und seiner Frau, der das Unglück widerfuhr, ein Auge zu verlieren. Um ihr zu beweisen, dass er sie weiterhin genauso liebe wie bisher, habe sich der Mann auch selbst ein Auge ausgestochen. Und er fasst die Absicht Gottes/des reichen Mannes folgendermaßen zusammen: „Frau, damit Ihr nun glaubt, dass ich Euch lieb habe, habe ich mich Euch gleich gemacht; ich habe nun auch nur mehr ein Auge."[41]

In dieser funktionalen Christologie ist Eckharts ungewöhnliche Lehre impliziert, das Wort habe die universale Menschennatur angenommen. Zwar war es seit der Verurteilung von Nestorius im 5. Jahrhundert die allgemeine Lehre gewesen, dass Christus nicht die Gestalt eines bestimmten

---

[38] BgT (DW 5,54,3): ... *mîn leit in gote ist und mîn leit got ist.*
[39] BgT (DW 5,49,6–8): *Gotes sun von natûre wolte von gnaden, daz er durch lîden möhte, und du wilt gotes sun werden und niht mensche, daz du niht enmügest noch endürfest lîden durch got noch durch selben.* Eine ähnliche Stelle gibt es in DW 5,48,5–8.
[40] In Eckharts Predigten findet man häufig die Erörterung des Zwecks der Inkarnation; siehe z. B. Prr. 5a, 25, 29, 30, 38; S. XII; Pfeiffer LXXV usw.
[41] Pr. 22 (DW 1,377,12–379,1): *Vrouwe, daz ir nû gloubet, daz ich iuch liep hên, sô hân ich mich iu glîch gemachet; ich enhân ouch niht dan ein ouge. Diz ist der mensche, der kunde gar kûme glouben, daz in got sô lip hâte, biz als lanc daz got im selber ein ouge ûz stach und an sich name menschlîche natûre.* Eckhart erzählt diese gleiche Geschichte auch in In Ioh. n. 683 (LW 3,598–599).

Menschen, sondern die Menschennatur als solche angenommen habe. Jedoch gab Eckhart dieser Lehre seine eigene Deutung.[42] Weil das Wort die undifferenzierte Menschennatur angenommen habe, sei uns die göttliche Sohnschaft nicht nur ausschließlich in und durch Christus offen, sondern, so behauptete Eckhart, wir müssten deshalb auf *genau* die gleiche Weise Söhne werden wie er.[43] Diese Vostellung war die Quelle der Aussagen über die *eine* Sohnschaft, die Eckhart bei seinen Prozessen zum Vorwurf gemacht wurden. Mehrere diesbezügliche Zitate standen schließlich in der Verurteilungsbulle, namentlich in den Artikeln 11 und 12. In Artikel 11 stehen die Sätze aus Pr. 5a: „Er sagt auch, dass der Vater es in allem dem, was er seinem Sohn Jesus Christus je in der menschlichen Natur verlieh, eher auf mich abgesehen und mich mehr geliebt hat als ihn und es mir eher verlieh als ihm."[44]

Aus Eckharts funktionaler Christologie ergeben sich viele weitere Themen. Zu den für seine mystische Lehre wichtigsten gehört seine Auffassung vom Verhältnis zwischen Zeit und Ewigkeit, die ein Feld für einige seiner besonders kontroversen Spekulationen darstellt. Paulus hatte in Galater 4,4 geschrieben: „In der Fülle der Zeit *(plenitudo temporis)* sandte Gott seinen Sohn." Eckhart las diese Stelle nicht wie üblich als Aussage darüber, wie der Sohn in die sich in der Zeit abspielende Geschichte gekommen sei, sondern verstand unter der „Fülle der Zeit" das „Jetzt" der Ewigkeit, das in jeden Augenblick der Menschenzeit hereinbreche. Die *plenitudo temporis* des Paulus lasse sich so verstehen, dass damit der Tag „voll", d. h. an sein Ende gelangt sei, denn „wäre es ... so, dass die Zeit die Seele berühren könnte, so könnte Gott nimmermehr in ihr geboren werden, und sie könnte nimmermehr in Gott geboren werden." Stattdessen könne man unter der „Fülle der Zeit" auch verstehen, dass dies die Zusammenfassung der gesamten sechstausend Jahre der Geschichte sei, nämlich zum „Nun der Ewigkeit, in dem die Seele alle Dinge in Gott neu und frisch und gegenwärtig erkennt und in der (gleichen) Lust, wie (ich diejenigen Dinge erkenne,) die ich im Augen-

---

[42] Als Ausführungen darüber, dass Christus die allgemeine Menschennatur und nicht nur die Gestalt eines bestimmten Menschen angenommen habe, vgl. neben dem oben verwendeten Text auch z. B. Prr. 5b, 24 und 41. In den lateinischen Schriften siehe Prol.op.prop. n. 19 (LW 1,177); In Ioh. nn. 288–291 (LW 3,241); und SS. XX n. 199, XXV n. 263 u. LII n. 523 (LW 4;184, 240 u. 437).

[43] Siehe Pr. 2 und die anderen im Folgenden zitierten deutschen Predigten. Das Thema kommt auch in den lateinischen Predigten oft vor, z. B. in SS. XX, XXII, XLII, XLIV,1 und LII.

[44] „In agro dominico" art. 11, aus Pr. 5a (DW 1,77,10–13). Artikel 12 enthält ein Zitat aus Pr. 24 (DW 1,421–422). Eine Reihe weiterer Artikel, besonders 13 und 20–22 behandeln die damit zusammenhängende Frage der Identität von Ewigem Wort und gerechtem Menschen; allerdings wird darin nicht explizit der inkarnierte Gottmensch genannt.

blick jetzt gegenwärtig vor mir habe."[45] Das in Eckharts Christologie steckende präsentische Moment kommt in diesen beiden Lesarten des Paulus gut zum Ausdruck. Das ist eine neue Weise, die Inkarnation als den Treffpunkt von Zeit und Ewigkeit vorzustellen.

Zwei praktische Schlussfolgerungen aus Eckharts funktionaler Christologie verstärken noch die Wichtigkeit des Gottmenschen für seine Predigt. Die erste wurde bereits oben erwähnt: die *imitatio Christi*. Wenn Eckhart zur Nachfolge Christi anleitet, geht es ihm nicht um Einzelheiten moralischen Verhaltens, sondern um Absichten, und zwar nur um ganz wesentliche. Bei der Analyse von Pr. 49 wurde bereits vermerkt, dass die Nachahmung des Leidens Christi für Eckhart wichtig war, er jedoch bei seinen Ausführungen über die Passion nicht die Geschichte vom Sterben Jesu nacherzählte und gewöhnlich auch seine Leser nicht zu intensiven Betrachtungen über Christus am Kreuz aufforderte. Stattdessen hob er den inneren Sinn von Matthäus 16,24 hervor: „Wenn jemand mir nachfolgen will, so nehme er sein Kreuz auf sich und folge mir nach." Für Eckhart war die Nachahmung Christi am Kreuz nicht mehr und nicht weniger als die totale Selbstverleugnung.[46]

In seinem Traktat *Reden der Unterweisung* betonte er zum Beispiel, Jesus nachzuahmen, heiße nicht, zu versuchen, Einzelheiten von dessen Leben nachzumachen, wie etwa sein vierzigtägiges Fasten in der Wüste, sondern, sich genau wie er total dem Vater auszuliefern.[47] Seine Vorstellung von Selbstverleugnung, wie er sie etwa in seiner Interpretation der Armut in Pr. 52 ausführte, war radikal im etymologischen Sinn des Wortes: Sie ging an die Wurzeln. Das Wesentliche sei, sich die innere Haltung Jesu anzueignen, die dieser in seinem Leiden und Sterben an den Tag gelegt habe: völlig auf Gott ausgerichtet zu sein, ganz gleich, in welchen äußeren Umständen man sich befinde.[48] Wie bereits oben gesagt, sei Leiden als solches kein *Weg* zu Gott, könne jedoch zum Anlass werden, uns Gott auszuliefern, der sei-

---

[45] Pr. 38 (DW 2,231,3–232,1): *Waere aber, daz zît diu sêle berüeren möhte, sô enmöhte got niemer in ir geborn werden, und si enmühte niemer in gote geborn werden ... Daz ist daz nû der êwichkeit, dâ diu sêle in gote alliu dinc niuwe und vrisch und gegenwertic bekennet und in der lust, als diu ich iezuo gegenwertic hân.* Die gleiche Interpretation von Gal 4,4 findet sich in Prr. 4, 11 u. 24 (DW 1,74, 177–78, 422–423). Vgl. auch In Ioh. n. 293 (LW 3,245).

[46] Siehe z.B. Prr. 1, 49 und 86 sowie RdU 16–18. In den lateinischen Werken ist S. LV,3 wichtig.

[47] RdU 17 (DW 5,253–255).

[48] Während das Wesentliche an der *imitatio passionis* in der vollständigen Selbstverleugnung und dem Abstreifen aller geschaffenen Wirklichkeit besteht, wird in der ausführlichsten Abhandlung über Mt 16,24, die sich in S. XLV (LW 4,374–387) auch viel darüber gesagt, wie „das fromme Andenken an das Leiden unseres Herrn" uns in konkretem und praktischem Sinn zur Annäherung an dieses Ziel verhelfen kann.

nerseits sich uns ausgeliefert habe, indem er Fleisch annahm, denn „um sich mir nun ganz zu schenken, nahm er mich ganz an."⁴⁹

Diese Vorstellung des Leidens als Anlass zur inneren Loslösung und zum Leerwerden findet sich über die ganzen Schriften Eckharts verstreut. Auch falls der Traktat *Von dem edeln Menschen* in Wirklichkeit nicht von Eckhart stammen sollte, gibt er jedenfalls ganz dessen Geist wieder, wenn es darin heißt: „Das schnellste Tier, das euch zu dieser Vollkommenheit trägt, ist das Leiden; denn es genießt niemand mehr ewige Süßigkeit als die, die mit Christus in der größten Bitterkeit stehen."⁵⁰ Reißt man diesen Satz aus dem Zusammenhang, so könnte er wirken, als ermutige er zu physischen Formen der Passionsfrömmigkeit, aber wer immer ihn formulierte, schrieb ihn im Licht der bereits zitierten Erklärung im *Buch der göttlichen Tröstung*, dass „mein Leiden in Gott ist und Gott mitleidet und mein Leid Gott ist", und es daher nicht *meines* ist. Solange man irgendetwas, und sei es sogar das Leiden, in der Kategorie dessen ansieht, was „mein" ist, bleibt man weiterhin in der Unterscheidung befangen und damit fern von Gott. Erfasst man dagegen mitten im Leiden, dass dieses Leiden das seine ist (wozu er es in seiner Passion gemacht hat), dann ist man auf dem Weg dazu, die eine göttliche Sohnschaft wahrzunehmen.

Die Gnade und die Heilsmittel

Eckharts Christologie ist mit seiner Lehre über die Gnade verknüpft. Wie wir gesehen haben, definierte er im *Johanneskommentar* den Zweck der Inkarnation damit, dass der Mensch „durch Annahme an Sohnes statt vermittels der Gnade werde, was der Sohn von Natur aus ist" (n. 106). In S. LII führt er darüber weiter aus: „Gott nahm unser Kleid an, damit er wahrhaft, eigentlich und wesenhaft Mensch sei und der Mensch in Christus Gott. Die (von Gott) angenommene Natur ist aber allen Menschen ohne Unterschied gemeinsam. Daher ist es auch jedem Menschen gegeben, Sohn Gottes zu werden, wesenhaft in ihm, in sich selbst, aber durch Annahme an Sohnes statt vermittels der Gnade."⁵¹ Diese Texte betonen die notwendige Verbindung zwischen der Inkarnation und der Gnade beim Prozess der Rückkehr.⁵²

---

⁴⁹ S. XLVII n. 485 (LW 4,400,14): *Unde ut daret [Deus] totum se, assumpsit totum me.*
⁵⁰ VdA (DW 5,433,1–3): *Daz snelleste tier, iuch treget ze dirre volkomenheit, daz is lîden, wan ez niuzet nieman mê êwiger süezicheit, dan die mit Kristô stânt in der groesten bitterkeit.*
⁵¹ S. LII n. 523 (LW 4,437,7–11): *Deus assumpsit vestem nostram, ut vere, proprie et per substantiam sit homo et homo deus in Christo. Natura autem assumpta communis est omni homini sine magis et minus. Ergo datum est omni homini filium dei fieri, per substantiam quidem in ipso, in se autem adoptive per gratiam.*
⁵² Über die Gnade bei Eckhart siehe Edouard-Henri Wéber, „La théologie de la grâce chez

Obwohl die Gnade für das Verständnis Eckharts wichtig ist, kann man gar nicht so leicht sagen, was er darunter genau versteht. Er neigt dazu, den Begriff oft recht allgemein zu verwenden; traditionelle Formulierungen tauchen Seite an Seite mit deutlich anderen, ungewöhnlichen und sogar extremen Ausdrucksweisen auf.[53] Zwar zitiert Eckhart bei seinen Erörterungen der Gnade Thomas von Aquin, aber seine Lehre ist in ihren Grundlagen anders als die seine.[54] Was war also für Meister Eckhart die Gnade?

Wie wir bereits bei der Erörterung der Schöpfung gesehen haben, betrachtet Eckhart auf der allgemeinsten Ebene die Gnade als jede Gabe, die wir von Gott erhalten, angefangen von der ersten Gnade unseres geschaffenen Seins *(gratia gratis data)* bis zum Geschenk unserer Rückkehr zu Gott auf dem Weg des Intellekts *(gratia gratum faciens)*.[55] Eckhart greift diese Unterscheidung von Formen der Gnade in einem Abschnitt im *Kommentar zum Buch der Weisheit* auf, der eine gute Einführung in seine Lehre bietet.[56] Er zitiert darin das 20. Axiom aus dem *Buch der Ursachen* und sagt, alle Dinge seien ein umsonst gegebenes Geschenk *(gratia gratis data)* des Ersten, das „in sich selbst reich" sei. Wichtiger für seine Predigt ist jedoch die *gratia gratum faciens*, die er als eine „göttliche Seinsform" *(esse divinum)* beschreibt. Sie werde dem Wesen der Seele geschenkt, so dass diese im Sinne Gottes und auf geistliche Weise tätig sein könne. Diese Gnade, „die auch übernatürliche Gnade genannt wird, ist nur im intellektiven Teil (der Seele), aber auch darin nicht, insofern diese etwas Naturhaftes ist, sondern sie ist darin, insofern er Intellekt ist und insofern er die göttliche Natur verspüren lässt."[57] Das stimme für den Intellekt, „insofern er das Bild Gottes oder

---

Maître Eckhart", in: *Revue des sciences religieuses* 70 (1996), 48–72; Lossky, *Théologie négative*, 175–197; Tobin, *Meister Eckhart*, 105–115; Goris, *Einheit als Prinzip und Ziel*, 249–251 u. Kap. 8 *passim;* sowie Niklaus Largier, „Sermo XXV: ‚Gratia dei sum id quod sum'", in: *Lectura Eckhardi II*, 177–203.

[53] Abhandlungen über die Gnade gibt es bei Eckhart an vielen Stellen. *I. in den lateinischen Werken:* In Gen. II n. 145 (LW 1,613); In Ex. nn. 13, 275 (LW 2,19, 222); In Sap. nn. 214, 272–274 (LW 2,550, 602–604); In Ioh. nn. 179, 326, 500–501, 521, 544, 592–594, 709 (LW 3,147–148, 274, 431–432, 449–450, 474–475, 516–517, 621); SS. II nn. 15–8, IX nn. 96–102, XV n. 159, XVII n. 179, XX n. 200, XXV, XXXII n. 328, XLIV n. 437, XLIX n. 508, LII n. 523 (LW 4,16–20, 92–97, 151–152, 167–168, 185, 230–244, 286–287, 367, 423, 437). *II. in den deutschen Werken:* Prr. 7, 11, 21, 24 (DW 1,124, 177, 366–367, 419); Prr. 33, 38, 43, 44, 52 (DW 2,151, 241–245, 325–327, 346–347, 501–502); Prr. 66, 67, 70, 73, 75, 76, 80, 81, 82, 86 (DW 3,109–110 u. 118, 134, 196, 262–263 u. 267, 297–298, 318–320, 381, 398–404, 428–430, 490); Prr. 96, 103 (DW 4,213–219 u. 485–486). Siehe auch RdU (DW 5,265, 272, 307–308).
[54] Siehe Tobin, *Meister Eckhart*, 107–108 u. 111.
[55] S. XXV n. 258 (LW 4,237–238).
[56] In Sap. nn. 272–274 (LW 2,602–604).
[57] In Sap. n. 273 (LW 2,603,7–9): ... *quod gratia gratum faciens, quae et supernaturalis dicitur, est in solo intellectivo, sed nec in illo, ut res est et natura, sed est in ipso ut intellectus et ut naturam sapit divinam* ... Über die Übernatürlichkeit der Gnade siehe auch S. XXV nn. 264

zum Bild Gottes gemacht ist" (n. 274). So sei also tatsächlich die „übernatürliche" Gnade für den Prozess der Rückkehr wesentlich und zuinnerst mit dem Intellekt verknüpft. Aber auf welche Weise?

An dieser Stelle wird Eckharts Gnadenlehre ungewöhnlich. Eckhart stimmt mit Augustinus und Thomas von Aquin darin überein, dass die Gnade für die Rückkehr der Seele zu Gott wesentlich sei. Er vertritt auch mit der Tradition, dass die erlösende Gnade die uns in Christus erschlossene Gnade sei. Der christologische Charakter der Gnade zeigt sich deutlich sowohl in der kreativen Gnade des *exitus* als auch in der Gnade der Neuerschaffung oder Rückkehr: „So ist also in Gott allein, der Weisheit Gottes, dem Sohn, alle Gnade, weil alle seine Gaben, und seine allein, ohne Verdienst sind."[58] Aber Eckharts Gnadenlehre weicht zumindest auf zwei Weisen von Thomas ab. Zunächst einmal hat die Gnade für Eckhart einen intellektuelleren Grundzug als für Thomas, denn für Eckhart wirkt die Gnade in erster Linie dadurch erlösend, dass sie den Intellekt dazu aktiviert, sich seiner selbst als *imago dei* bewusst zu werden.[59] Bei Thomas dagegen richtet die erlösende Gnade *(gratia gratum faciens)* in erster Linie den gefallenen Willen auf und befähigt ihn auf übernatürliche Weise, Gott einzig um Gottes willen zu lieben.[60] Zweitens ist das Verhältnis zwischen Gnade und Einssein bei Thomas klar, während es bei Eckhart unklar bleibt. Für Thomas von Aquin findet das Einswerden mit Gott in diesem Leben nur im Handeln der übernatürlichen Gnade und durch sie statt. Eckhart dagegen sagt zwar zuweilen, dass uns die Gnade mit Gott vereine, aber bei anderen Gelegenheiten spricht er von der Gnade eher als von einem Mittel als von einem Ziel: Sie sei notwendig, um das ununterschiedene Einssein mit Gott zu erreichen, sei aber für das Einssein selbst nicht konstitutiv. Diesen allem

---

u. 268. In seinen deutschen Werken sagt Eckhart ebenfalls ausdrücklich, dass die Gnade nur dem Wesen der Seele geschenkt werde; vgl. z. B. Pr. 11 (DW 1,177,4–8). Den übernatürlichen, aber dennoch immer noch geschaffenen Status der Gnade betont er in Pr. 81 (DW 3,400,12–13).

[58] S. II n. 18 (LW 4,20,6–7): *Sic ergo in solo deo, sapientia dei, filio, est omnis gratia, quia sine merito sunt eius dona omnia et sui solius.* Im gesamten S. II.2 nn. 16–18 ist von der doppelten Geschenkhaftigkeit der Gnade die Rede, insofern sie sowohl die Gnade des Erschaffenseins *(gratia gratis data)* als auch die Gnade des Neugeschaffenwerdens *(gratia gratum faciens)* ist.

[59] In S. XXV n. 266 (LW 4,241–242) sagt er, die Seele könne die Gnade nur insofern empfangen, als sie eine auf Gott hingeordnete *imago* sei, nicht jedoch in ihrem geschaffenen Zustand als *ens hoc et hoc*. Aber obwohl er sagt, die Gnade werde im Wesen der Seele als Intellekt empfangen, räumt er in Pr. 33 (DW 2,152–154) und anderswo doch ein, dass diese Gnade überfließe, um in allen Kräften zu wirken, im Willen, in der Vernunft und im Begehren.

[60] Siehe S.Th. I–II q. 109 aa. 2–8; q. 111 aa. 2–3. In q. 109 a. 1 handelt Thomas natürlich auch von der Notwendigkeit der Gnade, um den Geist zur Erkenntnis übernatürlicher Wahrheiten zu erheben. Über Thomas von Aquins Gnadenlehre siehe Bernard J. F. Lonergan SJ, *Grace and Freedom. Operative Grace in the Thought of St. Thomas Aquinas*, New York 1971.

Anschein nach einander widersprechenden Aussagen entsprechen jeweils Stellen, die vom „Werk" der Gnade sprechen und andere, in denen es heißt, „Gnade wirkt kein Werk, sie ist zu sublim (wörtlich: „zart") dazu; Wirken liegt ihr so fern, wie der Himmel von der Erde ist."[61]

Sowohl in den lateinischen als auch den deutschen Werken wird erklärt, die Gnade sei ein unerlässliches Mittel, um zu Gott zu gelangen. So heißt es zum Beispiel in Pr. 96, jegliches Werk *(ieglich werk)* erfließe aus einem bestimmten Wesen *(wesen)*, wie etwa die Wärme aus dem Feuer. Ohne die Gnade, die die Seele Gott gleich und „gottesfarbig" *(gotvar)* mache, sei kein erlösendes Werk möglich.[62] Eckhart vergleicht die Gnade mit einer Axt, die dazu befähige, die Arbeit des Spaltens zu verrichten, und schließt mit der Aussage: „So führt die Gnade die Seele in Gott hinein. Sie führt die Seele über sich selbst hinaus und über alles das, was Kreatur ist, und vereint die Seele mit Gott."[63] In dieser Predigt erscheint die Gnade sowohl als aktiv als auch als vereinigend. In S. XXV wird das Gleiche gesagt. Darin heißt es von der Gnade, sie sei „eine Art Übersprudeln der Zeugung des Sohnes ... und (hat) ihre Wurzel im innersten Herzen des Vaters." Als das höchste Gut sei diese Gnade „für den, der sie empfängt ... eine Festigung, eine Gleichgestaltung der Seele mit Gott, oder vielmehr deren Ungestaltung in Gott."[64] Aber anderswo sagt Eckhart ganz eindeutig, die Gnade sei nicht das vereinigende Element. „Die Gnade vereinigt die Seele nicht mit Gott, sie ist vielmehr (nur) ein volles Zubringen; dies ist ihr Werk, dass sie die Seele zurück zu Gott bringt."[65] Und an anderen Stellen, etwa in Pr. 82, unterscheidet er ganz klar zwei Ebenen der Vereinigung mit Gott: Auf der einen werde die Seele von der Gnade erhoben und auf vorläufige Weise mit Gott vereint; und auf der anderen müsse die Gnade weichen, da sie etwas Geschaffenes sei, damit

---

[61] Pr. 38 (DW 2,244,6-8): *Gnâde enwürket kein werk, si ist ze zart dar zuo; werk ist ir als verre, als der himel ist von der erden.*

[62] *die sêle und machet sie gotvar, daz si sich den den tiuveln erbiutet vür einen got, daz ist von der edelkeit der gnâde.* Das Adjektiv *gotvar* ist auch in Prr. 43, 54b (DW 2,328-329, 568) und Prr. 81, 82 (DW 3,400, 429) verwendet.

[63] Pr. 96 (DW 4,218,51-52): *Alsô bringet diu gnâde die sêle in got und bringet die sêle über sich selber und beroubet sie ir selbes und alles des, daz crêatûre ist, und vereinet die sêle mit gote.* (Übertr. B. S.). Das Beispiel von der Axt (DW 4,217-218) ist abgewandelt übernommen aus Aristoteles, *De anima* II,1 (412b).

[64] S. XXV n. 263 (LW 4,239,10-240,4): *Nota primo quod gratia est ebullitio quaedam parturitionis filii, radicem habens in ipso patris pectore intimo ... Item respectu suscipientis gratiam gratia est confirmatio, configuratio sive potius transfiguratio animae in deum et cum deo. Secundo dat esse unum cum deo, quod plus est assimilatione.*

[65] Pr. 21 (DW 1,367,3-5): *Ich spriche: gnâde eneiniget niht die sêle mit gote, si ist ein volbringen; daz ist ir werk, daz si die sêle wider ze gote bringet.* Siehe auch Pr. 52 (DW 2,501-502) wo Eckhart von Paulus sagt, er gehe über das Wirken der Gnade hinaus.

die Seele nicht länger dank der Gnade wirke, sondern in Gott auf göttliche Weise, und diese „Weise ist *ohne* Weise."⁶⁶

Ein Schlüssel zum Verständnis seiner Aussagen, dass die Gnade wirke und doch nicht wirke, vereinige und doch nicht vereinige, findet sich in Eckharts Lehre über den Unterschied zwischen der virtuellen und der formalen Daseinsweise. In seinem S. IX, in dem er über den Ausdruck „der Gott aller Gnade" (1 Petr 5,10) predigt, äußert er staunend: „Wenn (schon) die Gnade eines einzigen Menschen ein so großes Gut ist, wie groß muss dann das Gut aller Menschen, aller Engel so vieler Arten sein, wie groß das Gut, dort zu leben, nämlich im Gott aller Gnade selbst, wo die Gnade nicht mehr Gnade ihrer Form, sondern ihrer Kraft nach ist – wie die Hitze im Himmel –, wo es weder Gutes noch Süßes noch Sein gibt, sondern darüber hinaus, im Land und Reich der unbegrenzten Unähnlichkeit."⁶⁷

Von da her gesehen lässt sich verstehen, was er in Pr. 43 sagt: Die Gnade in ihrer virtuellen Form „hat noch nie ein gutes Werk verrichtet", aber formal gesehen „fließt sie in der Übung einer Tugend aus."⁶⁸

Das Vereinigtwerden mit Gott, das die formelle Gnade bewirkt, führe aus der Sicht der *ratio gratiae*, das heißt der „Gnade jenseits der Gnade", die in ihrer virtuellen Realität mit der göttlichen Natur identisch sei, zu keinem ununterschiedenen Einswerden. Das lässt sich in Pr. 70 sehen, worin Eckhart über drei Formen der fortschreitenden Erleuchtung spricht, die die Seele zu Gott zurückführten. Das natürliche Licht der Vernunft sei größer als das Licht der Sonne und könne auf gewisse Weise bis an Gott reichen; „die Vernunft wieder ist klein gegenüber dem Licht der Gnade", das alles Geschaffene transzendiere. „Und doch, wie groß das Licht der Gnade auch sein mag, es ist doch klein gegenüber dem göttlichen Lichte." Solange die Gnade noch in uns wachse, handle es sich dabei noch um Gnade im formalen Sinn, die folglich noch von Gott unterschieden sei. „Wenn aber die Gnade aufs Höchste vollendet wird, so ist es nicht mehr *Gnade*; es ist ein *göttliches Licht*, worin man Gott sieht ... Dorthin ist kein Zugang, dorthin gibt es (nur) ein Hingelangen."⁶⁹ In Pr. 75 erscheint ein ähnliches Erklä-

---

⁶⁶ Pr. 82 (DW 3,427–431).
⁶⁷ S. IX n. 102 (LW 4,96,8–97,2): *Nota, si tantum bonum est gratia unius hominis, quantum bonum omnis hominis, omnium angelorum tot specierum, quantum bonum ibi vivere, immo in ipso deo omnis gratiae, ubi iam gratia non gratia formaliter, sed virtualiter sicut calor in caelo, ubi iam nec bonum nec suave nec esse, sed supra „in regione et regno dissimilitudinis" infinitae.* Verblüffend ist, wie Eckhart hier die berühmte platonisch-augustinische Rede von der *regio dissimilitudinis* (*Confessiones* 7,10,16 [PL 32,742]) ganz anders verwendet, denn mit ihr war immer der sündige Bereich der gefallenen Menschheit bezeichnet worden.
⁶⁸ Pr. 43 (DW 2,326,1–2): *Gnâde engewôrhte nie dehein guot werk, daz ist: si engewôrhte nie dehein werk; si vliuzet wol ûz an üebunge einer tugent.*
⁶⁹ Pr. 70 (DW 3,196,2–12): *Daz lieht der sunnen ist kleine wider dem liehte der vernünfticheit,*

rungsmuster. Darin stellt Eckhart das Licht des Intellekts dem stärkeren Licht der Gnade gegenüber, das den Menschen in sich hineinziehe. Noch höher sei das Licht, das der im Herzen des Vaters geborene Gottessohn sei. Eckhart sagt: „Sollen wir da hineinkommen, so müssen wir vom naturhaften Licht in das Licht der Gnade emporsteigen und darin wachsen in das Licht, das der Sohn selbst ist. Dort werden wir geliebt in dem Sohne von dem Vater mit der Liebe, die der Heilige Geist ist."[70] So scheint also trotz mancher zweideutiger Aussagen die Gnadentheologie Eckharts innerlich kohärent zu sein, auch wenn er zuweilen ganz gegensätzliche Formulierungen bringt.[71]

Man könnte natürlich die Gnadenlehre vieler spätmittelalterlicher Mystiker untersuchen und auf diesem Weg ihre Vorstellung davon erhellen, wie Christi Gnade der Gemeinde auf dem Weg über die Heilsmittel, das heißt das sakramentale Leben der Kirche, vermittelt wird. Auch hier scheint Eckharts Mystik wiederum aus dem Rahmen zu fallen, wenn nicht sogar subversiv zu sein. Zumindest oberflächlich gesehen kommen bei ihm die Kirche, die Sakramente und die spirituellen Übungen recht wenig vor, auch wenn er in seinem frühesten deutschen Werk, den *Reden der Unterweisung*, einiges über die notwendigen Tugenden wie Gehorsam und Eifer sagt sowie über wesentliche Übungen wie Gebet, Reue, Selbsthingabe und innere Loslösung. In diesem Traktat unterweist er seine Zuhörer auch über die Rolle der Messe und des Bußsakraments.[72] Aber wie Andreas Schönfeld gezeigt hat, kritisiert Eckhart sogar in diesem Werk das übliche zielorientierte Verständnis des Gebets und der geistlichen Übungen und betont, ohne innere Empfänglichkeit und die richtige Einstellung helfe die äußere Übung gar nichts. „Das Neue an Eckharts Lehre", so Schönfeld, „liegt darin, dass er die Gottunmittelbarkeit nicht als Endpunkt einer inneren Entwicklung denkt, sondern als das Prinzip des geistlichen Lebens überhaupt."[73] Diese

---

und diu vernünfticheit ist kleine wider dem liehte der gnâde ... Daz lieht der gnâde, swie groz ez ist, ez ist doch kleine wider dem götlîchen liehte ... Wenne aber diu gnâde wirt volbrâht ûf daz hoehste, sô enist ez niht gnâde, ez ist ein götlich lieht, dar inne man got sihet ... Dâ enist kein zuoganc, dâ ist ein dar komen. Ausführlicheres über die Überlegenheit des Lichts der Gnade über das Licht des natürlichen Intellekts siehe in Pr. 73 (DW 3,262–263).

[70] Pr. 75 (DW 3,299,9–300,3): *Suln wir dar în komen, sô müezen wir klimmen von natiulîchem liehte in daz lieht der gnâde und dar inne wahsen in daz lieht, daz der sun selber ist. Dâ werden wir geminnet in dem sune von dem vater mit der minne, diu der heilige geist ist ...*

[71] Eckhart gebraucht nicht die Rede von der geschaffenen und der ungeschaffenen Gnade, weshalb ich sie auch in meiner Darstellung vermieden habe. Was er jedoch als virtuelle Existenz der Gnade in Gott bezeichnet, ist dem nicht unähnlich, was andere Scholastiker als ungeschaffene Gnade bezeichneten. Siehe Wéber, „La théologie de la grace", 57–60.

[72] Über die Messe siehe RdU 20 (DW 5,262–274); über die Beichte RdU 21 (DW 5,274–275).

[73] Schönfeld, *Meister Eckhart, Geistliche Übungen*, 37.

Botschaft sollte in seinen späteren deutschen Predigten noch ausdrücklicher werden. Zwar waren diese fest im liturgischen Leben der Gottesdienstgemeinschaft verankert, aber sein kompromissloses Bestehen darauf, dass man sich die heilbringenden Geheimnisse persönlich aneignen müsse, ließ nicht viel Raum für die Erörterung der Sakramente und bestimmter Frömmigkeitsübungen.[74]

Diejenige Übung des christlichen geistlichen Lebens, auf die Eckhart ziemlich häufig zu sprechen kommt, ist das Gebet.[75] Auch hier ist seine Lehre anders als das, was wir bei den meisten seiner Zeitgenossen finden. Eckharts Aussagen über das Gebet waren derart unkonventionell, dass zwei von ihnen als häretisch in „In agro dominico" aufgenommen wurden. Die erste davon stammt aus dem *Johanneskommentar* und bringt den Kern des eckhartschen Gebetsbegriffs zum Ausdruck: „Ebenso (sagt er,) dass, wer um dies oder das bitte, um etwas Schlechtes und auf schlechte Weise bitte, weil er um die Verneinung des Guten und um die Verneinung Gottes bitte und Gott bitte, sich zu verneinen."[76] Für Eckhart sollte das Gebet nicht das Erbitten von irgend*etwas* von Gott sein, denn das sei das Tun derer, die er als „Esel" oder geistliche „Krämer" bezeichnet.[77] Es gehe vielmehr um das fortwährende Gespräch *(confabulatio)* der losgelösten Seele einzig mit Gott, das ein Gebet ohne *eigenschaften* (d.h. persönliche Anhänglichkeiten und Anliegen) darstelle und ein Gebet zum Göttlichen

---

[74] Allerdings verhielt sich Eckhart bezüglich der Sakramente nicht völlig schweigsam. Vgl. z.B. die Ausführungen über die Messe in Prr. 20a und 20b (DW 1,326–345) sowie SS. V und XL n. 402 (LW 4,33–49, 343). (S. V ist weithin eine Zusammenfassung der Messtheologie von Thomas von Aquin). Eckhart predigte zuweilen auch über bestimmte Frömmigkeitsübungen; siehe z.B. die *collatio* über das Tragen des Kreuzes in S. XLV nn. 464–468 (LW 4,384–387). Mieth, *Die Einheit von Vita Activa und Vita Contemplativa*, 159–164, 173 u. 178 meint, dass sowohl die Stärke als auch ein wenig die Schwäche der Spiritualität Eckharts auf seinem Mangel an Aufmerksamkeit für die konkreten Formen der Frömmigkeit beruhe.

[75] Über Eckharts Lehre über das Gebet siehe Freimut Löser, „Oratio est cum deo confabulatio. Meister Eckharts Auffassung vom Beten und seine Gebetspraxis", in: *Deutsche Mystik im abendländischen Zusammenhang*, 283–316 und Schönfeld, *Meister Eckhart, Geistliche Übungen*, Kapp. III-V u. VII. Auf Englisch gibt es dazu Anmerkungen bei Ian Almond, „How *Not* to Deconstruct a Dominican: Derrida on God and ,Hypertruth'", in: *Journal of the American Academy of Religion* 68 (2000), 338–340. Almond kommt zum Schluss: „Eckharts Gebete ,richten nicht aus', sie *entgrenzen*; sie ,setzen nicht fest', sondern *machen leer*. Sie tun alles andere, als an eine Gottesvorstellung zu appellieren, die Eckhart für abergläubisch hielt, vielmehr initiieren seine Gebete in den Durchbruch in das namenlose, schweigende Dunkel der Gottheit" (340).

[76] „In agro dominico" art. 7: *Item quod petens hoc aut hoc, malum petit et male, quia negationem boni et negationem Dei petit, et orat deum sibi negari.* (Übers.: B. S.) Das ist eine leichte Umformulierung von In Ioh. n. 611 (LW 3,534,2–4). Der andere verurteilte Artikel bezüglich des Gebets handelt davon, dass man nichts von Gott nehmen oder erbitten solle. Siehe den aus Pr. 6 (DW 1,112,6–9) gezogenen Art. 9.

[77] Über „Esel" siehe z.B. Pr. 52 (DW 2,489); über „Krämer" z.B. Pr. 16b (DW 1,272–274).

Nichts hin und für dieses sei.[78] Sowohl die Gebete, mit denen Eckhart als Prediger seine Predigten abschließt, als auch die vier ihm in Manuskriptquellen zugeschriebenen Gebete führen deutlich seine Ansicht vom Gebet der Loslösung vor Augen.[79]

Es ist wichtig, Eckharts Einstellung zu den Frömmigkeitsübungen korrekt zu erfassen. Trotz seiner provozierenden Aussagen über Nutzlosigkeit des Versuchs, Gott auf „Wegen" zu finden, stellte er nie die Wirksamkeit der Kirche als Vermittlerin der erlösenden Gnade Christi in Frage, und er wandte sich auch nicht gegen die Sakramente und die anderen gewöhnlichen Mittel, über die die Heilsgnade den Gläubigen zuteil wird. Sogar seine verurteilten Aussagen über das Bittgebet muss man im Kontext seines hyperbolischen Stils, in dem er *rara et subtilia* predigte, sehen. Eckhart war kein Rebell. Vielmehr war er ganz auf das Ziel fixiert, nämlich auf Gott in seinem Gottsein, statt auf Mittel. Man kann sich nicht des Eindrucks erwehren, dass er, indem er diesen Standpunkt einnahm, implizit einen Großteil des Predigens und des Frömmigkeitsstils kritisierte, den er im frühen 14. Jahrhundert in seiner Umgebung erlebte.

Abscheiden/Gebären/Durchbrechen

Auf die eine oder andere Weise ist das gesamte Predigen Eckharts auf sein alles übergreifendes Anliegen ausgerichtet, seinen Zuhörern zur Rückkehr in den Grund zu verhelfen, in dem Gott und Mensch vollkommen eins *(ein einic ein)* sind. Bei der genaueren Untersuchung seiner Vorstellung vom *grunt* haben wir bereits einige der Hauptmotive dieser Rückkehr gestreift. Nun soll eine kurze Darstellung des Prozesses der *reditus* folgen, indem wir uns die drei zentralen Tätigkeiten gründlicher ansehen, die Eckhart zur Beschreibung der Rückkehr der Seele zu Gott verwendet: das sich Loslösen *(abescheiden)*, Gebären *(gebern)* und Durchbrechen *(durchbrechen)*.

Bei Eckharts Begriff der Rückkehr handelt es sich nicht um eine Beschreibung des mystischen Wegs im üblichen Sinn; es geht, wie bereits oben erwähnt, um das Erlangen einer neuen Bewusstseinsform. Ich habe durch

---

[78] Ausführungen über das Gebet finden sich sowohl in den lateinischen als auch in den deutschen Werken. Siehe etwa SS. XIII nn. 147–150, XXIV nn. 231–233 u. XLVII n. 409 (LW 4,138–141, 215–217 u. 404–405), sowie Prr. 53 und 59 (DW 2,543, 624–626); Prr. 62, 63, 65, 67 u. 68 (DW 3,60–61, 81,102, 131 u.145); und RdU (DW 5,188,190–191). Eckhart schrieb auch einen Kommentar zum „Vaterunser", vermutlich ein Frühwerk, das sich in LW 5,109–129 findet. Zudem gibt es eine ausführliche Erörterung darüber in der zweifelhaft authentischen Pr. Vab (DW 5,414–416 u. 426–427). Als vollständigere Liste und Besprechung der Texte siehe Löser, *„Oratio est cum deo confabulatio"*.

[79] Über diese vier Gebete siehe Löser, *„Oratio est cum deo confabulatio"*, 302–309.

alle bisherigen Bände meiner *Mystik im Abendland* hindurch dargelegt, dass das Bewusstsein von Gottes unmittelbarer Gegenwart einen flexiblen und nützlichen Rahmen dafür bietet, um die unterschiedlichen Lehren der Mystiker zu verstehen, die oft unter der Überschrift des „Einswerdens" versammelt werden. Das Bewusstsein der Gegenwart Gottes und sogar die umgekehrte Wahrnehmung, die sich aus dem Gefühl ergibt, Gott sei abwesend, ist der gemeinsame formale Zug der verschiedenen Typen mystischen Redens vom Einssein, der kontemplativen Schau, der endlosen Suche, der Geburt aus Gott, der Vergöttlichung, des radikalen Gehorsams und so weiter.

Eckhart verwendet die Rede von der Gegenwart in seinen Predigten ziemlich oft, auch wenn bei ihm genau wie bei vielen apophatischen Mystikern der Gott, der gegenwärtig wird, paradoxerweise oft der „Nicht-Gott, der Nicht-Geist, die Nicht-Person, das Nicht-Bild" ist und im Schweigen und Dunkel gefunden wird (Pr. 83). In seinen lateinischen Werken kommt Eckhart auf scholastische Diskussionen über die Weisen, auf die Gott allem gegenwärtig sei, zu sprechen, insbesondere auf seine unmittelbare Präsenz als *esse indistinctum*.[80] Die gleiche Lehre findet sich in den deutschen Predigten, zum Beispiel, wenn er sagt: „Alle Kreaturen haben kein Sein, denn ihr Sein hängt an der Gegenwart Gottes."[81] Es ist nicht die abstrakte Wahrheit, dass Gott in allen Dingen gegenwärtig ist, die Eckhart seinen Zuhörern zu erfassen helfen möchte, sondern das, was es heißt, aus dem Bewusstsein dieser Wirklichkeit zu leben.[82] Diese Botschaft findet sich quer durch seine ganze Lehre und Predigt. So spricht er zum Beispiel in der sechsten seiner *Reden der Unterweisung* davon, wie man Gott in allen Dingen finde: „Wer Gott so (d. h. im Sein) hat, der nimmt Gott göttlich, und dem leuchtet er in allen Dingen, denn alle Dinge schmecken ihm nach Gott und Gottes Bild wird ihm aus allen Dingen sichtbar. In ihm glänzt Gott allzeit, in ihm vollzieht sich eine loslösende Abkehr und eine Einprägung seines geliebten, gegenwärtigen Gottes."[83] Der Aufruf: „So auch soll der Mensch von gött-

---

[80] Über Gottes Gegenwart als *esse* siehe z. B. In Ex. n. 163 (LW 2,143) und In Ioh. n. 97 (LW 3,84).
[81] Pr. 4 (DW 1,70,2–3): *Alle crêatûren hânt kein wesen, wan ir wesen swebet an der gegenwerticheit gotes.*
[82] Tobin sagt es in *Meister Eckhart*, 144 so: *Wer dies alles lediglich intellektuell erfasst, ist noch weit von der Wahrheit entfernt. Man muss wie diese Wahrheit sein, um sie zu verstehen ... Paradoxerweise verstehen wir die Wahrheit erst dadurch, indem wir so leben, dass wir die Wahrheit werden.*
[83] RdU 6 (DW 5,205,10–211,1): *Der got alsô in wesenne hât, der nimet got götlîchen, und dem liuhtet er in allen dinge ... In im blicket got alle zît, in im ist ein abegescheiden abekêren und ein înbilden sînes geminneten gegenwertigen gotes.*

licher Gegenwart durchdrungen *(mit götlîcher gegenwerticheit durchgangen)* und mit der Form seines geliebten Gottes durchformt und in ihm verwesentlicht sein" (208,11), findet sich in diesem Frühwerk oft, dessen Lehre in der Tatsache wurzelt, dass „Gott ein Gott der Gegenwart" ist, nicht der Vergangenheit.[84] Die Rede vom Gegenwärtigsein des göttlichen *nû*, weil „Gott ... über allen Dingen ein ,Einstehen' in sich selbst (ist), und sein Insich-selbst-Stehen ... alle Kreaturen (erhält)",[85] findet sich auch in den späteren deutschen Predigten. Eine wichtige Abhandlung bietet Pr. 9, eine der stärksten Aussagen Eckharts über die negative Mystik. Er gebraucht darin das Bild vom Planeten Venus, der immer wie ein Beiwort zum göttlichen Wort in der Nähe der Sonne stehe. Das sei ein Bild dafür, „dass ein Mensch, der hierzu kommen will, Gott allezeit nahe und gegenwärtig sein soll, so dass ihn nichts von Gott entfernen kann".[86] Dass man ständig auf die *gegenwerticheit gotes* Acht haben solle, ist ein wesentlicher Bestandteil der Botschaft Eckharts.

Wie kann man zu diesem Wahrnehmen der Gegenwart Gottes im Grund der Seele gelangen? Eckharts Versuche, seine Zuhörerschaft zu diesem Bewusstsein hinzuführen, sperren sich gegen eine einfache Charakterisierung, jedoch können wir seine Strategie einigermaßen erfassen, indem wir uns die drei wesentlichen Prozesse des sich Loslösens oder Abschneidens, des Gebärens und des Durchbrechens genauer ansehen.[87] Obwohl Eckhart von diesen Tätigkeitswörtern abgeleitete Hauptwörter verwendete, ist es wichtig, zu betonen, dass er von Tätigkeiten spricht und nicht von statischen Zuständen.

Eckharts Mystik wurde oft als eine Mystik der Loslösung oder, buchstäblicher, des „Ab- und Wegschneidens" beschrieben.[88] Es gibt nur wenige

---

[84] RdU 12 (DW 5,234,5–7): *Got ist ein got der gegenwerticheit. Wie er dich vindet, alsô nimet er und enpfaehet dich, niht, waz dû gewesen sîst, sunder waz dû iezunt bist.* Ausführliches über die Gegenwart siehe in RdU 7 und 21 (DW 5,210–212, 276).

[85] Pr. 13a (DW 1,224,12–13): *Got ist vber ellu ding ein instan in sich selber vnd sin instan enthaltet alle creaturen.* Vgl. Pr. 3 (DW 1,56).

[86] Pr. 9 (DW 1,155,9–10): *... meinet einen menschen, der hie zuo komen wil, der sol got alle zît bî und gegenwertic sîn ...* Siehe in der gleichen Predigt auch 156,11–157,7. Viele weitere Predigten handeln vom Thema „Gegenwart", z. B. Prr. 5b, 24 (DW 1,93, 418–419 u. 423); Prr. 42, 49, 56 (DW 2, 301, 437, 589); Pr. 68 (DW 3,142); und Pr. 97 (DW 4,228).

[87] Über Eckharts Gebrauch dieser drei Begriffe siehe das von Egerding in *Die Metaphorik der spätmittelalterlichen Mystik*, Bd. 2 zusammengetragene Material, insbesondere zum *abescheiden* (24–28), *brechen* (129–133) und *gebern* (219–229).

[88] Von den vielen Darstellungen der Loslösung bei Eckhart siehe insbesondere Denys Turner, *The Darkness of God. Negativity in Christian Mysticism*, Cambridge 1995, Kap. 7. Hilfreich sind auch Alois M. Haas, „... Das persönliche und das eigene Verleugnen'. Mystische *vernichtigkeit und verworffenheit sein selbs* im Geiste Meister Eckharts", in: *Individualität. Poetik und Hermeneutik XIII*, hg. v. Manfred Frank u. Anselm Haverkamp, München 1988,

Motive, auf die er in seinen deutschen Predigten häufiger zu sprechen gekommen wäre.[89] Die Weisen, auf die der Prediger von der Notwendigkeit sprach, sich von allen irdischen Anhänglichkeiten zu lösen, um zu jener Freiheit zu gelangen, mit der man Gott finde, sind zu vielfältig, als dass sie sich auf einen einzigen Begriff bringen ließen; so verwendete Eckhart zur genaueren Erläuterung seiner Strategie zum Ausschalten des Besitzstrebens ein ganzes Spektrum von Tätigkeitswörtern. Dazu gehören: Loslösen oder abscheiden *(abescheiden);* lassen, loslassen, gelassen sein *(lâzen/gelâzen);* formlos werden oder ent-bilden *(entbilden);*[90] ent-werden *(entwerden).* Aus diesen Tätigkeitswörtern bildete Eckhart eine Reihe von Hauptwörtern, mit denen er den Prozess der Dekonstruktion umschrieb, insbesondere *abegescheidenheit* und das (zumindest von ihm selbst) selten verwendete *gelâzenheit.*[91] Eine Reihe von Adjektiven zur Beschreibung der Freiheit, Leere und Nacktheit der entäußerten Seele, wie etwa *ledic, vri, lûter, blôz,* schufen ein weiteres semantisches Spektrum zum Verkünden der gleichen Botschaft.[92]

Der eckhartsche Prozess der Loslösung betrifft die metaphysische, ethische und mystische Ebene zugleich. Die metaphysische Seite legt er aus-

---

106–122; Niklaus Largier, „Repräsentation und Negativität. Meister Eckharts Kritik als Dekonstruktion", in: *Contemplata aliis tradere: Studien zum Verhältnis von Literatur und Spiritualität,* hg. v. C. Brinker, U. Herzog et al., Frankfurt 1995, 371–390; „Penser la finitude. Création, détachement et les limites de la philosophie dans la pensée de maître Eckhart", in: *Revue des sciences religieuses* 71 (1997), 458–473; Marie-Anne Vannier, „Déconstruction de l'individualité ou assomption de la personne chez Eckhart?", in: *Individuum und Individualität im Mittelalter,* hg. v. Jan A. Aertsen u. Andreas Speer, Berlin 1996, 622–641; und Robert Dobie, „Meister Eckhart's Metaphysics of Detachment", in: *The Modern Schoolman* 80 (2002), 35–54.

[89] Loslösung oder Abscheiden *(abescheiden)* kommt in vielen deutschen Predigten vor; siehe z.B. Prr. 2, 7, 10, 11, 12, 15, 21, 23, 27, 28, 29, 30, 38, 42, 43, 44, 46, 48, 52, 53, 54a, 57, 60, 61, 67, 68, 69, 73, 74, 75, 77, 103, 104 (die wichtigeren Stellen sind unterstrichen). Auch die RdU und das BgT bieten Abhandlungen darüber (z.B. DW 5,28–29, 114, 194–198, 200, 205–206, 224–231, 244–245, 275–276, 280–284, 290–309). Hinzu kommt noch der in DW 5,377–437 edierte pseudo-eckhartsche Traktat *Von der abegescheidenheit* (VdA). Selbst wenn dieses Werk nicht direkt von Eckhart stammen sollte, steht es zumindest in weiten Teilen seiner Lehre sehr nahe. Die Parallelen in Eckharts lateinischen Werken finden sich nicht im Begrifflichen, sondern im Inhaltlichen: die oft wiederholte Botschaft von der Notwendigkeit der *abnegatio sui* in der Nachfolge des Vorbilds Christi. Siehe z.B. In Ioh. n. 290 (LW 3,242,4–6): ... *volens filius dei fieri, verbum caro factum in se habitare debet diligere proximum tamquam se ipsum, hoc est tantum quantum se ipsum, abnegare personale, abnegare proprium.*
[90] Über die Wichtigkeit des *entbildens* siehe Wackernagel, *Ymagine Denudari.*
[91] Diese Begriffe *abegescheidenheit* und *gelâzenheit* erscheinen in RdU 21 (DW 5,283,8) als Synonyme. In RdU 2 (DW 5,194,3–9) gebraucht Eckhart die Verbform *sich lâzen: Er sol sich selber lâzen ze dem êrsten, sô hât er alliu dinc gelâzen.* Solche Verbformen sind in seiner Predigten häufiger.
[92] Mieth sagt in *Die Einheit von Vita Activa und Vita Contemplativa: So ist die Abgeschiedenheitslehre nichts anderes als eine Lehre von der Freiheit ...* (152).

führlich in seinen lateinischen Werken dar, und in seinen ganzen volkssprachlichen Traktaten und Predigten spielt er vorwiegend die ethischen und mystischen Register durch. Immer und immer wieder beruft sich Eckhart auf den Grundsatz, dass eine empfängliche Kraft erst dann eine Form empfangen könne, wenn sie von anderen Formen leer und frei sei: Das Auge könne nur deshalb Farben sehen, weil es keine eigene Farbe habe. Auf einer höheren Ebene könne der Intellekt alle Dinge verstehen, weil er in sich selbst kein Ding sei, sondern vielmehr die Kapazität, alles zu erkennen. Folglich müsse der Intellekt leer und frei von allen geschaffenen Formen und jeglicher Anhänglichkeit an Formen sein, um Gott aufnehmen zu können. Im Traktat *Von der abegescheidenheit*, der zwar nicht direkt von Eckhart stammen dürfte, wird seine Auffassung prägnant so formuliert: „Und das sollst du wissen: Leer sein aller Kreatur ist Gottes voll sein, und voll sein aller Kreatur ist Gottes leer sein."[93] Das totale Loslassen im Sinn der paradoxen christlichen Botschaft „Wer seine Seele retten will, muss sie verlieren" (vgl. Mt 16,25) sei der Weg dahin, alles in dem Gott zu gewinnen, der das Sein von allem sei. Oder, wie Eckhart im *Johanneskommentar* schreibt: „Je mehr einer verlässt und je ärmer er ist, um so mehr findet er; und was er verlassen hat, findet er in edlerer und reinerer Weise wieder."[94]

Es ist unmöglich, hier einen Überblick über alle Weisen zu geben, auf die Eckhart diese Botschaft von der Loslösung und Dekonstruktion predigte,[95] jedoch dürfte die genauere Vorstellung einiger weniger zentraler Texte zur Schilderung von Eckharts Botschaft genügen. Wie man aus den *Reden der Unterweisung* ersehen kann, war das Thema „Loslösung" von Anfang an ein zentraler Teil der Botschaft Eckharts. Darin führte er in drei Kapiteln viele der Aspekte des Loslösungsprozesses ein, über die er im nachfolgenden Vierteljahrhundert immer wieder predigen sollte. In Kapitel 3 spricht

---

[93] VdA (DW 5,413,3–4): *Und dû solt wizzen: laere sîn aller crêatûre ist gotes vol sîn, und vol sîn aller crêatûre ist gotes laere sîn.*

[94] In Ioh. n. 397 (LW 3,338,10–11): *Secundo patet quod quanto quid reliquerit plura et est pauperior, tanto invenit plura; et quod reliquerit, invenit nobilius et purius.* Vgl. S. XXXVII n. 375 (LW 4,320–321).

[95] Das Verhältnis von Eckharts „Dekonstruktion" zu heutigen Philosophien der Dekonstruktion, insbesondere derjenigen von Jacques Derrida, hat seit einigen Jahren Aufmerksamkeit gefunden. Siehe John D. Caputo, „Mysticism and Transgression: Derrida and Meister Eckhart", in: *Derrida and Deconstruction*, hg. v. Hugh J. Silverman, London 1989, 24–39; Largier, „Repräsentation und Negativität"; Marius Buning, „Negativity Then and Now: an Exploration of Meister Eckhart, Angelus Silesius and Jacques Derrida", in: *The Eckhart Review* (Spring 1995), 19–35; und in etwas jüngerer Zeit Ian Almond, „How *Not* to Deconstruct a Dominican: Derrida on God and ‚Hypertruth'", in: *Journal of the American Academy of Religion* 68 (2000), 329–344.

er „von ungelassenen Leuten, die voller Eigenwillen sind."[96] Und er führt aus, die geistliche Ruhelosigkeit komme nicht aus den Dingen oder Umständen, sondern aus unserem Eigenwillen: „Darum fang zuerst bei dir selbst an und lass dich!"[97] Wer es lerne, sich selbst loszulassen, lasse in Wirklichkeit auch alles andere los. Hier zitiert Eckhart zwei seiner Lieblingsstellen aus der Bibel, die er so deutet, dass man zunächst sich selbst verleugnen müsse, um dann alles andere aufgeben zu können (Mt 5,3 und 16,24). Eine derartige Selbstverleugnung müsse als die echteste Form der Selbsterkenntnis verstanden werden: „Richte dein Augenmerk auf dich selbst, und wo du *dich* findest, da lass von dir ab; das ist das Allerbeste."[98] Wie Alois Haas in seiner Untersuchung über die Selbsterkenntnis bei Eckhart gezeigt hat, könne der Mensch sich selbst nur dank der Gnade Christi, der die gesamte Menschennatur angenommen habe, direkt und wesentlich erkennen.[99] In der vollkommenen Selbstauslieferung werde Gottes Selbsterkenntnis zur Erkenntnis unserer selbst; oder besser gesagt, weil es in dem einen Grund keine Unterschiedenheit gebe, gebe es auch nur eine einzige wesentliche Selbsterkenntnis. Den Hintergrund für diese Behauptung lieferte Eckhart erst später mit seiner Lehre über den Intellekt und den Grund; aber der entsprechende ethisch-mystische Imperativ ist bereits in seinem ersten volkssprachlichen Werk ausgesprochen.

In der sechsten Rede („Von der Abgeschiedenheit und vom Besitzen Gottes", DW 5,200–209) verknüpft Eckhart, wie bereits oben gesagt, das Loslassen mit der Wahrnehmung der Gegenwart Gottes. In diesem Abschnitt sagt er noch einmal, dass es uns nur der innere Zustand des „Achthabens auf Gott" ermögliche, uns Gott immer gegenwärtig zu halten. „Dieses wahrhafte Haben Gottes liegt am Gemüt und an einem innigen, geistigen Sich-Hinwenden und Streben zu Gott, nicht (dagegen) an einem beständigen, gleichmäßigen Darandenken; denn das wäre der Natur unmöglich zu erstreben und sehr schwer und zudem nicht das Allerbeste."[100] Gott sei jenseits der Bilder und Begriffe, und darum müsse der Mensch es „lernen, die

---

[96] RdU 3 (DW 5,191–196).
[97] DW 5,193,3: *Dar umbe hebe an dir selber an ze dem êrsten und lâz dich.*
[98] DW 5,196,4: *Nim dîn selbes war, und swâ dû dich vindest, dâ lâz dich; daz ist daz aller beste.*
[99] Alois M. Haas, *Nim Din Selbes War. Studien zur Lehre von der Selbsterkenntnis bei Meister Eckhart, Johannes Tauler und Heinrich Seuse*, Freiburg (Schweiz) 1971, Kap. I, besonders 20–75. Haas zeigt, wie Eckharts Ansicht in Konflikt mit derjenigen von Thomas von Aquin kommt, der abgestritten hat, dass die Seele sich selbst *per essentiam* erkennen könne (S.Th. I q. 87 a. 1 und *De veritate* q. 10, a. 8).
[100] DW 5,205,2–4: *Diz waerlîche haben gotes liget an dem gemüete und an einem innichlîchen vernünftigen zuokêrene und meinnene gotes, niht an einem staeten anegedenkene in einer glîchen wîse, wan daz waere unmügelich der natûre ...*

Dinge zu durchbrechen" *(Er muoz lernen diu dinc durchbrechen,* 207,8), um in die „innere Wüste" zu gelangen, in der man ihn finde. Der Lehrer vergleicht dieses Achthaben auf Gott mit einem beständigen Durst oder auch mit einer Fertigkeit, die man wie das Schreiben erlerne: Zunächst bereite es Mühe, aber mit einiger Übung werde es einem zur zweiten Natur.

Die längste Erörterung der Loslösung in den *Reden der Unterweisung* findet sich in Kapitel 21 (DW 5,274–284). Zum Erlernen des „Freiseins von Werken", damit einem Gott allzeit gegenwärtig sein könne, gehöre „flinker Fleiß" *(behender vlîz)* darin, sich von äußeren und auch inneren Bildern frei zu halten. Die Art, wie Eckhart hier von dieser Inwendigkeit handelt, erinnert an seine Lehre im Predigtzyklus über die Ewige Geburt (Prr. 101–104). Wolle man einen derartigen Zustand erreichen, so müsse man Intellekt und Willen sorgfältig und ständig üben: „Es gibt kein Stehenbleiben bei irgendeiner Weise in diesem Leben und gab es nie für einen Menschen, wie weit er auch je gedieh."[101] Wenn der Wille, den Eckhart als entschlossen und wesentlich bezeichnet, eine beständige „wohlgeübte Abgeschiedenheit" *(wolgeübete abegescheidenheit)* erlangt habe, könne der Mensch anfangen, von Gott Gaben zu empfangen. Genau wie in der wahren Selbst-Wahrnehmung, die Gott sei, das individuelle Bewusstsein schwinde, so werde auch der geschaffene Wille selbst zunichte. „Gott gab sich nie noch gibt er sich je in irgendeinen fremden Willen; nur in seinen eigenen Willen gibt er sich. Wo aber Gott seinen Willen findet, da gibt er und lässt er sich in ihn hinein mit allem dem, was er ist."[102] Folglich, so fährt Eckhart fort, „so lange lerne man sich lassen, bis man nichts Eigenes mehr behält … Man soll sich selbst mit allem dem Seinen in lauterem Entwerden des Wollens und Begehrens in den guten und liebsten Willen Gottes legen mit allem dem, was man wollen und begehren mag in den Dingen."[103] Hier ist die Vorstellung vom Ent-formen und Ent-werden des geschaffenen Willens, die Eckhart in seiner späteren Predigt energisch als Programm ausrufen wird, bereits ganz vorhanden.

Die berühmteste Predigt über die Notwendigkeit, den geschaffenen Willen zunichte werden zu lassen, ist Pr. 52, in der Eckhart die drei Formen

---

[101] DW 5,279,7–8: *Ze keiner wîse enist unsers stânnes in disem lebene, noch nie menschen enwart, swie verre er ouch ie kam.*
[102] DW 5,281,5–8: *Got gegap sich nie noch engibet sich niemer in deheinen vremden willen. Niht engibet er sich dan in sîn selbes willen. Swâ got sînen willen vindet, dâ gibet er sich în und laezet sich in den mit allem dem, waz er ist.*
[103] DW 5,282,11–283,4: *Als lange lerne man sich lâzen, biz daz man niht eigens enbeheltet … Man sol sich selber und mit allem dem sînen in einem lûtern entwerdenne willen und begerennes legen in den guoten und liebesten willen gotes mit allem dem, daz man wellen und begern mac in allen dingen.*

jener Armut erläutert, die in der Seligpreisung „Selig die Armen im Geiste, denn ihrer ist das Himmelreich" (Mt 5,3) nahegelegt werde. Zwar gebraucht er in dieser Predigt nicht die Begriffe „Loslösung" und „loslösen", aber der Umstand, dass er fünfzehnmal das Adjektiv „frei" *(vri)* und dreimal „leer" *(ledic)* gebraucht, und zwar sowohl bezüglich Gottes als auch der Seele, zeigt, dass sie den wichtigsten Texten Eckharts über die Notwendigkeit einer radikalen Dekonstruktion des geschaffenen Selbst zugeordnet werden muss. Edmund Colledge und andere haben gezeigt, wie diese Predigt deutliche Anklänge an die Lehre vom Zunichtewerden des geschaffenen Willens bei Marguerite Porete enthält.[104] Diese Tatsache bezeugt die Hochachtung Eckharts vor dieser tiefen Mystikerin, jedoch ist klar, dass Eckhart bereits erkannt hatte, dass man ohne Ablegen sowohl des Intellekts als auch des Willens kein wahres Gottesbewusstsein erlangen könne.

Die Armutspredigt wurde schon oft analysiert.[105] Hier möchte ich nur herausstellen, wie Eckharts drei Formen der Verwirklichung der Armut im Geist – nichts wollen, nichts wissen, nichts haben – die absolute Freiheit darstellen, die die Voraussetzung dafür ist, um wirklich den Gott jenseits Gottes wahrzunehmen. Nach Eckhart muss man jede Form der Anhänglichkeit, sogar an unsere guten Werke oder unseren Willen, Gott zu folgen, aufgeben. Man muss versuchen, von seinem geschaffenen Willen so frei zu werden, wie man vor seiner Erschaffung war: zum „leeren Sein" *(ledic sîn)* werden, in dem Gott als Schöpfer nicht mehr von Belang ist.[106] Zum Freiwerden vom Willen gehört für Eckhart das Loslassen des Wollens, vom Willen frei zu werden. Es gehe um das Aufgeben jeglichen menschlichen Wirkens. Wie Michael Sells gezeigt hat, bedeutet das nicht eine Form des Quietismus oder das völlige Aufhören der Produktivität: „Das Ablehnen des ‚menschlichen' Wirkens ist kein Ablehnen der Tätigkeit, sondern der Identifikation des Tätigen mit dem Ego ... Der wahre Handelnde ist das in der Seele tätige Göttliche."[107] Der Prozess der Rückkehr mache uns von Gott als Schöpfer frei und führe uns in einen Zustand des Glücks und Se-

---

[104] Über den Einfluss von Porete auf Eckharts Pr. 52 siehe Colledge und Marler, „‚Poverty of Will': Ruusbroec, Eckhart, and *The Mirror of Simple Souls*"; Ruh, *Meister Eckhart*, 99–104; Sells, *Mystical Languages of Unsaying*, Kap. 7; Hollywood, *The Soul as Virgin Wife*, Kap. 7; sowie die Beiträge von Lichtmann, Hollywood und Sells in *Meister Eckhart and the Beguine Mystics*.
[105] Der Text von Pr. 52 findet sich in DW 2,486–506. Als Kommentar und zur Bibliographie siehe Largier, *Meister Eckhart* 1,1050–1060. Die jüngsten Kommentare sind diejenigen von Kurt Flasch, „Predigt 52: ‚Beati pauperes spiritu'", in: *Lectura Eckhardi I*, 163–199 und Milem, *The Unspoken Word*, Kap. 2.
[106] Zur Vorstellung des Freiwerdens der Seele von Gott vergleiche man Pr. 52 (DW 2,492,7 und 493,8) mit Porete's *Mirouer* Kap. 92 (in der Ausg. 258–260).
[107] Sells, *Mystical Languages of Unsaying*, 193.

gens jenseits des Liebens und Erkennens zurück, in dem „Gott ledig aller Dinge und darum alle Dinge *ist*." Es ist jedoch interessant, zu vermerken, wie sich Eckhart angesichts dieser radikalen Darstellung des Sinns der Freiheit und Loslösung vor einer Zuhörerschaft von Laien durchaus bewusst ist, dass viele diese Botschaft nicht richtig verstehen könnten: „Wer diese Rede nicht versteht, der bekümmere sein Herz nicht damit ... denn dies ist eine unverhüllte Wahrheit, die da gekommen ist aus dem Herzen Gottes unmittelbar."[108]

Eine der Fragen bezüglich Eckharts Sicht der Loslösung von allem Geschaffenen und allem Begehren lautet, wie sich dieser Prozess zu den anderen Tugenden verhalte.[109] Für Eckhart ist die Loslösung nicht einfach eine Tugend unter anderen, genau wie sie nicht einfach nur eine andere Art von Erfahrung ist. Denys Turner drückt es so aus: „Loslösung und Innerlichkeit sind für Eckhart nicht so sehr die Bezeichnungen von Erfahrungen, sondern von *Praktiken zur Transformation der Erfahrung* ... ,Loslösung' ist, kurz gesagt, die asketische Praxis des Apophatischen."[110] Folglich müssen wir uns vor einem vorschnellen Rückverlegen heutiger psychologischer Kategorien in die eckhartsche Loslösung hüten. Selbst wenn der Traktat *Von der Abgeschiedenheit* nicht von Eckhart selbst stammt, ist er zum Verständnis dafür hilfreich, wie sich die Loslösung als vollkommenes Aufgeben jeglicher Besitzhaltung als formaler Zug aller Tugenden verstehen lässt, statt nur als ein zusätzliches Beispiel für die Gattung „Tugend".

Der Traktat beginnt damit, dass kühn behauptet wird, die Loslösung stehe höher als die Demut, die traditionellerweise als Grundlage aller Tugenden galt, und sie sei sogar noch wichtiger als die Liebe, die der Gipfel des christlichen Lebens ist. Der Grund für diesen ihren höheren Rang sei, dass die Loslösung, hier definiert als Haltung, mit der „der Geist so unbeweglich stehe gegenüber allem anfallenden Lieb und Leid, Ehren, Schanden und Schmähung, wie ein bleierner Berg unbeweglich ist gegenüber einem schwachen Winde", tatsächlich ein grundlegender Charakterzug der göttlichen Natur sei: „Denn dass Gott Gott ist, das hat er von seiner unbeweglichen Abgeschiedenheit, und von der Abgeschiedenheit hat er seine Lauterkeit und seine Einfaltigkeit und seine Unwandelbarkeit."[111] Im weiteren

---

[108] Pr. 52 (DW 2,506,1–3): *Wer dise rede niht enverstât, der enbekümber sîn herze niht dâ mite. Wan als lange der mensche niht glîch enist dirre wârheit, als lange ensol er dise rede niht verstân: wan diz ist ein unbedâhtiu wârheit, diu dâ komen ist ûz dem herzen gotes âne mittel.*
[109] Als Darstellung der Tugenden bei Eckhart siehe Dietmar Mieth, „Die theologische Transposition der Tugendethik bei Meister Eckhart", in: *Abendländische Mystik im Mittelalter*, 63–79.
[110] Turner, *The Darkness of God*, 179.
[111] VdA (DW 5,411,12–412,6): *Hie solt dû wizzen, daz rehtiu abegescheidenheit niht anders*

Verlauf des Traktats wird allerdings klar, dass es ohne vollkommene Demut keine wahre Loslösung geben könne und dass es sich bei der Liebe, die die Loslösung überragt, um die niedrigere Form der interessierten Liebe handle, mit der wir Gott als *unser* höchstes Gut lieben.

Die höhere und reinere Form der losgelösten Liebe wird in Pr. 27 erörtert, die vom Schriftwort ausgeht: „Das ist mein Gebot, dass ihr einander liebt, wie ich euch geliebt habe" (Joh 15,12). In dieser Predigt sagt Eckhart, wie die Liebe beschaffen sei, um die es gehe: „Die Liebe, mit der wir lieben, die soll so lauter, so entblößt, so abgelöst sein, dass sie weder auf dich noch auf mich noch auf meinen Freund noch auf (irgend etwas) neben sich geneigt sei."[112] Diese Liebe sei nichts anderes als der Heilige Geist. Eine derartige losgelöste göttliche Liebe habe kein anderes Ziel als Gott und die Güte. Weil sie mit der Liebe Gottes eins sei, seien ihr alle Tugenden und tugendhaften Taten eigen. „Und es ist so, dass deine Liebe so lauter, so losgelöst, so in sich selber rein ist, dass du nichts anderes liebst als die Gutheit und Gott, so ist es eine sichere Wahrheit, dass alle Tugenden, die alle Menschen je wirkten, so vollkommen dir zugehören, als wenn du sie selbst gewirkt hättest."[113] Eine derartige von Liebe erfüllte Loslösung sei also das Herz aller echten Tugend.

Viele Aspekte von Eckharts Sicht der Loslösung zogen die Aufmerksamkeit seiner Gegner auf sich; allerdings wird der Begriff in der Bulle „In agro dominico" nicht explizit verurteilt.[114] Überraschend ist, dass eine der radikalsten Schlussfolgerungen aus der Apophase des Besitzstrebens keine große Kontroverse auslöste: nämlich die Aussage, die sich im Traktat *Von der Abgeschiedenheit* und auch verschiedentlich in Eckharts Predigten und anderen Schriften findet, die wahre Loslösung „zwinge" *(twinget)* Gott, in

---

enist, wan der geist alsô unbeweglich stande gegen allen zuovellen liebes und leides, êren, schanden und lasters ... Wan daz got ist got, daz hât er von sîner unbeweglîchen abegescheidenheit, und von der abegescheidenheit hât er sîne lûterkeit und sîne einvaltîcheit und sîne unwandelbaerkeit.

[112] Pr. 27 (DW 2,43,6–44,1): *... daz diu minne, mit der wir minnen, diu sol sîn alsô lûter, alsô blôz, alsô abegescheiden, daz si niht ensol geneiget sîn weder ûf mich noch ûf mînen vriunt noch neben sich.* Die Dreierformel *lûter-blôz-abegescheiden* kommt in dieser Predigt achtmal vor.

[113] Pr. 27 (DW 2,45,10–46,2): *Und ist, daz dîn minne alsô lûter, alsô abegescheiden, alsô blôz ist in ir selber, daz dû niht anders enminnest dan güete und got, sô ist daz ein sicher wârheit, daz alle tugende, die alle menschen ie geworhten, die sint dîn alsô volkomenlîche, als ob dû sie selber geworht haetest ...*

[114] Von drei der verurteilten Artikel (Nrn. 7, 8 und 9) lässt sich sagen, dass sie Schlussfolgerungen aus der Vorstellung von der vollkommenen Loslösung sind, insofern sie davon handeln, dass der losgelöste Mensch nicht mehr begehren oder um irgendwelche Belohnung beten könne.

uns zu wirken.[115] Im Traktat steht zu lesen, die Loslösung übertreffe die Liebe, denn die Liebe zwinge mich, Gott zu lieben, während die Loslösung Gott zwinge, mich zu lieben. Pr. 48 enthält eine starke Formulierung dieser Vorstellung, wie das absolute Leerwerden von sich selbst Gott zwinge, das in der Seele entstehende Vakuum zu füllen, weil es in Wirklichkeit nichts anderes sei als seine eigene Leere. Eckhart sagt hier: „Ebenso sage ich von dem Menschen, der sich selbst zunichte gemacht hat in sich selbst, in Gott und in allen Kreaturen: Dieser Mensch hat die unterste Stätte bezogen, und in diesen Menschen *muss* sich Gott ganz und gar ergießen oder – er ist nicht Gott."[116] Um diese Redeweise zu verstehen, sollten wir uns an die Identität im *einen* Grund erinnern, zu der die Loslösung und das Zunichtewerden führen, oder vielleicht noch genauer – mit einem Begriff von Simone Weil gesprochen – die die Loslösung und das Zunichtewerden „de-kreieren". In diesem Grund *muss* Gott Gott sein und daher in das einfließen, was in ihm gründet.

Der Prozess der Loslösung der Seele von allen Dingen, insbesondere vom geschaffenen Selbst, führt zur Frage nach dem Status des „Ich" und ganz allgemein zur Rolle des Subjekts in Eckharts Mystik. Dieses Thema führte zur Meinungsverschiedenheit zwischen denjenigen, die Eckharts Denken als den Einstieg in eine Denkbewegung sehen möchten, die zu den heutigen Theorien von der transzendentalen Subjektivität führte, und anderen, die vertreten, seine Vorstellung von der Aufhebung des geschaffenen Selbst müsse man primär im Kontext der mittelalterlichen Askese und Mystik sehen.[117] Sowohl in seinen lateinischen als auch deutschen Werken behauptete Eckhart, das Pronomen „Ich" gebühre rechtmäßiger Weise nur Gott. So sagt er zum Beispiel in Pr. 28: „‚Ego', das Wort ‚Ich', ist niemandem eigen als Gott allein in seiner Einheit."[118] Gottes absolute Selbst-Präsenz gestatte es ihm zu Recht, seinen Namen mit „Ich bin der ich bin" anzuge-

---

[115] Über das „Zwingen Gottes" in den deutschen Predigten siehe z. B. Prr. 14, 20a (DW 1,235, 328); Prr. 25, 26, 40, 41, 43, 51 (DW 2,8–9, 29 u. 34–35, 280–281, 296–297, 319, 476); Prr. 63, 65, 73 (DW 3,81–82, 97–98, 269); Prr. 93 u. 103 (DW 4,132, 484).

[116] Pr. 48 (DW 2,415,1–3): *Ze glîcher wîs alsô spriche ich von dem menschen, der sich selben vernihtet hât in im selben und in gote und in allen crêatûren: der mensche hât die niderste stat besezzen, und in den menschen muoz sich got alzemâle ergiezen, oder er enist niht got.*

[117] Über das „Ich" bei Eckhart siehe Mojsisch, *Meister Eckhart*, 118–120 und „,Ce moi': La conception du moi de Maître Eckhart. Une contribution aux ,Luminaries' du Moyen-Age", in: *Revue des sciences religieuses* 70 (1996), 18–30; Haas, „… Das persönliche und eigene Verleugnen'. Mystische *vernichtigkeit und verworffenheit sein selbs* im Geiste Meister Eckharts"; Largier, „Intellekttheorie, Hermeneutik, Allegorie. Subjekt und Subjektivität bei Eckhart von Hochheim" und Marie-Anne Vannier, „Déconstruction de l'individualité ou assomption de la personne chez Eckhart?", in: *Individuum und Individualität im Mittelalter* hg. v. Jan A. Aertsen u. Andreas Speer, Berlin u. New York 1996, 622–641.

[118] Pr. 28 (DW 2,68,4–5): *,Ego', daz wort ,ich' enist nieman eigen dan got aleine in sîner*

ben (Ex 3,14). Aber an anderen Stellen in seinen Predigten spricht Eckhart selbst auch als „Ich". Ein gutes Beispiel dafür findet sich in Pr. 52, wo sich gegen Schluss die bemerkenswerten Sätze finden: „In meiner ewigen Geburt wurden alle Dinge geboren, und ich war Ursache meiner selbst und aller Dinge; und hätte ich gewollt, so wäre weder ich noch wären alle Dinge; wäre aber ich nicht, so wäre auch ‚Gott' nicht: dass Gott ‚Gott' ist, dafür bin ich die Ursache."[119] Aber hier spricht Eckhart in der Rolle des ewigen ungeborenen Selbst, nicht des geschaffenen, vergänglichen Selbst. Das *Ego* unseres formalen Seins sei ein falsches Selbst, ein „Pseudo-Ich". Nur indem die Menschen dieses Selbst dekonstruieren – Eckhart bezeichnet diesen Prozess mit den Tätigkeitswörtern *entbilden* und *entwerden* –, könnten sie das wahre Selbst finden, das „transzendente Ich", das virtuell in Gott existiere. So heißt es im *Buch der göttlichen Tröstung*: Alle „müssen sie ihrer selbst *entbildet* und in Gott allein *überbildet* und aus Gott geboren werden."[120] Das *entbilden*, den Prozess der Ent-formung der geschaffenen Form der Seele, bezeichnet Eckhart anderswo als *entwerden*. Gott selbst werde und entwerde *(wirt und entwirt)*, heißt es in Pr. 109.

Im Kapitel 21 der *Reden der Unterweisung*, das auf den oben zitierten Abschnitt über die Verleugnung des geschaffenen Willens folgt, sagt Eckhart: „Und je mehr wir dem Unsern *entwerden*, so wahrhaftiger *werden* wir in diesem (d. h. dem göttlichen Willen)."[121] Dieser Prozess der Dekonstruktion der geschaffenen Subjektivität und gewöhnlichen Bewusstseinsformen, wie er insbesondere mit den Verben *entbilden* und *entwerden* ausgedrückt wird, ist, wie Wolfgang Wackernagel gezeigt hat, eine der vorherrschenden Metaphern in Eckharts Mystik; er kommt im *Buch der göttlichen Tröstung* sowie auch in einigen der radikaleren Predigten des Meisters vor (z. B. in

---

einicheit. Siehe auch Pr. 77 (DW 3,341); In Ex. nn. 14 u. 264 (LW 2,20 u. 213); und S. XXII n. 213 (LW 4,197–199).

[119] Pr. 52 (DW 2,503,6–504,3): *In mîner geburt, dâ wurden alliu dinc geborn, und ich was sache mîn selbes und aller dinge; und haete ich gewolt, ich enwaere niht, noch alliu dinc enwaeren niht; und enwaere ich niht, sô enwaere ouch got niht. Daz got got ist, des bin ich ein sache* ... Milem, *The Unspoken Word*, 23–48 bietet tiefgründige Reflexionen über die Zwiespältigkeit des „Ich" in dieser Predigt. Als vergleichbaren Texte siehe Pr. 83 (DW 3,44,4–8). In der gleichen Pr. 28, in der Eckhart sagt, das *ich* gehöre einzig Gott, fährt er dann fort mit der Aussage: ‚*Vos*', *daz wort sprichet als vil als ‚ir', daz ist ir ein sît in der einicheit, daz ist: daz wort ‚ego' und ‚vos', ‚ich' und ‚ir', daz meinet die einicheit* (68,5–69,2). Ausführlicheres über das transzendentale „Ich" findet sich in dieser Predigt in 63,3–7.

[120] BgT 1 (DW 5,11,12–14): *... sô müezen sie ir selbes entbildet werden und in got aleine überbildet und in gote und ûz gote geborn werden*. Weitere Stellen, an denen im BgT vom *entbilden* die Rede ist, sind DW 5,12,22, 21,8, 27,6, 112,19 u. 116,16. Vgl. Wackernagel, *Ymagine Denudari*, 66–78.

[121] RdU 21 (DW 5,281,8–9): *Und ie wir mêr des unsern entwerden, ie mêr in disem gewaerlîcher werden*. Eckhart verwendet auch in 283,3 *entwerden*.

Prr. 28, 52 und 77). Wackernagel charakterisiert dies als „eine Vision, die bar des reflexiven Bewusstseins ist und im Grund der Gottheit eine Art Nichtwissen der Seele selbst eröffnet."[122] Wie die obige Stelle aus dem *Buch der göttlichen Tröstung* zeigt, findet die Geburt des Wortes in der Seele im Lauf dieser Dekonstruktion des Selbst im Ablösen, Loslassen, Aufgeben und Entwerden statt. Daher sollte man die Loslösung und das Gebären nicht als aufeinanderfolgende Stufen auf einem mystischen Weg sehen, sondern als zwei Seiten der gleichen Medaille.

Das Thema von der göttlichen Geburt ist in Eckharts Predigt eines der häufigsten; es taucht auch von Zeit zu Zeit in den lateinischen Kommentaren auf.[123] Georg Steer hat aufgezeigt, dass vier Predigten (Prr. 101–104) über die liturgischen Feiern der Weihnachtszeit einen Zyklus über die Geburt des Wortes darstellen.[124] Dieser Zyklus ist die einzige derartige Predigtreihe Eckharts. Er dürfte sie höchstwahrscheinlich in seiner Frühzeit als Provinzial (ca. 1303–1305) vor seinen dominikanischen Mitbrüdern gehalten haben.[125] Weil die ewige Geburt in der verschmolzenen Identität des *grunt* stattfindet, enthalten diese Predigten eine der ausführlichsten Erörterungen der Rede vom „Grund" (dieser Begriff und die davon abgeleiteten Begriffe tauchen 33mal auf). Zudem kommen darin so viele andere Haupt-

---

[122] Wackernagel, *Ymagine denudari*, 78.
[123] In vielen der deutschen Predigten Eckharts ist von der Geburt des Wortes die Rede, und in nicht wenigen ist das sogar das Hauptthema. Behandelt wird es unter anderem insbesondere in Prr. 2, 3, 4, 5a, 5b, 6, 10, 11, 12, 13, 14, 16b, 18, 19, 22, 24, 25, 26, 28, 29, 30, 31, 37, 38, 39, 40, 41, 42, 43, 44, 46, 49, 50, 54b, 59, 75, 76, 84, 86, 87, 91, 98, 91 u. 101–104 (die wichtigsten Stellen sind unterstrichen). Zudem enthält das BgT eine Anzahl wichtiger Überlegungen dazu (z. B. DW 5,9–11, 26, 33, 35, 41–46, 114–115). Das Motiv vom Gebären kommt in den lateinischen Werken nicht so häufig vor, findet sich aber dennoch an Stellen wie In Gen.II nn. 180, 191 (LW 1,650, 663); In Sap. nn. 55, 67, 279–288 (LW 2,383, 395, 611–622); In Ioh. nn. 118–119, 341, 573 (LW 3,103–104, 290, 500); SS. VI nn. 57–59, XL n. 405, XLII nn. 422–423, XLIV n. 441, LI n. 518, LV n. 544 (LW 4,56–59, 344–345, 355–356, 43, 455–456). Die Literatur über diesen Aspekt der Mystik Eckharts ist zu umfangreich, um hier aufgelistet werden zu können. Eine immer noch hilfreiche ältere Untersuchung ist Shizuteru Ueda, *Die Gottesgeburt in der Seele und der Durchbruch zur Gott. Die mystische Anthropologie Meister Eckharts und ihre Konfrontation mit der Mystik der Zen-Buddhismus*, Gütersloh 1965.
[124] Prr. 101–104 (DW 4,279–610). Diese Predigten veröffentlichte zuerst Pfeiffer als Nrr. I–IV seiner Ausgabe (*Meister Eckhart*, 3–30). Steer bringt eine Analyse dieses Zyklus in „Meister Eckharts Predigtzyklus *von der êwigen geburt*. Mutmaßungen über die Zeit seiner Entstehung", in: *Deutsche Mystik im abendländische Zusammenhang*, 253–281. Siehe auch Steer, „Predigt 101: ‚Dum medium silentium tenerent omnia'", in: *Lectura Eckhardi I*, 247–288. Im Folgenden bringe ich eine gekürzte Version meiner Analyse dieses Zyklus in Kap. 4 meines Buchs *The Mystical Thought of Meister Eckhart*.
[125] Im Verlauf dieser Predigten erwähnt Eckhart mehrmals, dass er zu einer gebildeten, frommen Zuhörerschaft spreche (z. B. in Pr. 101 u. Pr. 104A [DW 4, 336–337 u. 354–355; 607]). Die Ähnlichkeiten dieser Predigten mit den RdU und dem Kommentar zum Buch der Weisheit sprechen für ein frühes Datum.

themen der Predigt Eckharts vor, dass man diesen Predigtzyklus als eine volkssprachliche *summa* seiner Mystik bezeichnen kann.

Hier ist es nicht möglich, eine ausführliche Analyse dieser vier Predigten zu bieten, aber ein Blick auf einige Schlüsseltexte in Pr. 101 kann vor Augen führen, wie das Thema vom „Gebären" mit anderen Themen der Predigt Eckharts zusammenhängt. Predigt 101 beginnt mit einem Zitat aus Weisheit 18,14-15, dem Text des Introitus-Gesangs der Messe innerhalb der Weihnachtsoktav. Statt das traditionelle Thema von den drei Geburten Christi aufzugreifen (in der Ewigkeit aus dem Vater, in der Zeit aus Maria, heute in den Herzen der Gläubigen), das in zahlreichen Weihnachtspredigten vorkommt, sprengt Eckhart diese Unterscheidung der Geburten mit seiner Behauptung, die ewige Geburt des Wortes aus dem Vater finde in Wirklichkeit *jetzt* statt: Es werde jetzt in der Zeit, in der Menschennatur geboren. Er begründet diese Behauptung damit, dass er dem lateinischen Introitus-Text einen anderen Sinn gibt, indem er an ihn eine Formulierung aus Ijob 4,12 anhängt, die in der Liturgie nicht vorkommt. Das Ganze übersetzt er dann so, dass dieser Text ihm die Vorlage für die drei Themen seiner Botschaft über die Geburt liefert: „Da alle Dinge in der *Mitte* in einem *Schweigen* waren, da kam von oben, von dem königlichen Stuhl, in mich *ein verborgenes Wort* hernieder."[126] Um es zu paraphrasieren: „Das Schweigen der Mitte, des Mittleren und Mediums zwischen Gott und der Seele, ermöglicht die Geburt des verborgenen Worts im Grund." Eckharts Lesart dieser Stelle aus dem Weisheitsbuch veranschaulicht einen typischen Zug seiner Predigt, auf den Joachim Theisen aufmerksam gemacht hat: „Das Ereignis" – hier die Herabkunft Gottes beim Exodus als Typus der Geburt Christi – „wird in der liturgischen Feier nicht nur erinnert, sondern gegenwärtig gesetzt, das heißt: es ist in all seinen Dimensionen präsent und damit erfahrbar."[127]

Damit die Zuhörer der Entwicklung des übrigen Zyklus folgen können, stellt der Prediger als Hilfe in der Einleitung zu Pr. 101 die drei Themen vor, die er in dieser ersten Predigt behandeln möchte, bevor er diese dann in den folgenden Predigten weiter entfaltet. Das erste handle davon, „wo in der Seele Gott der Vater sein Wort spreche und wo diese Geburt stattfinde und wo sie für dieses Werk empfänglich sei."[128] Beim zweiten gehe es um

---

[126] Der Introitus aus der altlateinischen Fassung der Bibel lautet: „Dum medium silentium tenerent omnia et nox in suo cursu medium iter haberet, omnipotens sermo tuus, Domine, de caelis a regalibus sedibus venit." Eckhart fügte stillschweigend Ijob 4,12 hinzu: „Porro ad me dictum est verbum absconditum." Das übersetzte er dann in seiner deutschen Predigt so: ... ,dô alliu dinc wâren enmitten in einem swîgenne, dô kam von oben her nider von dem küniclîchen stuole', ,in mich ein verborgen wort' (Pr. 101 in DW 4,338,11-12; Übertr.: B. S.).
[127] Theisen, *Predigt und Gottesdienst*, 551-552.
[128] Pr. 101,15-16 (DW 4,338,15-339,16): *Daz êrste ist, wâ got der vater spreche sîn wort in der*

das Verhalten des Menschen im Hinblick auf die Geburt und insbesondere darum, ob es besser sei, mit Gottes Handeln mitzuwirken oder „dass man sich löse und frei mache von allen Gedanken und von allen Worten und Werken ... und dass man sich vor allem in einer reinen Empfänglichkeit für Gott halte."[129] Beim dritten Thema geht es schließlich um den Gewinn, den uns die Geburt verschaffe.[130]

Eckharts Wunsch, seine aus Mitbrüdern des Dominikanerordens bestehende Zuhörerschaft zu unterweisen, äußert sich deutlich in der dialogischen Form, die er anwendet, als sich an die Behandlung der ersten Frage macht. Ein imaginärer Zwischenredner fragt: „Ach Herr, wo ist das Schweigen und wo ist diese Stätte, worin dieses Schweigen hineingesprochen wird?" Seine Antwort besteht darin, dass er vom *grunt* spricht. Die Geburt finde statt „in dem Lautersten, das die Seele zu bieten hat, in dem Edelsten, in dem Grund, ja im Wesen der Seele, das heißt in dem Verborgensten der Seele", in ihrer „schweigenden Mitte", in welche weder Bild noch Form noch Tätigsein von außen eindringen könnten. Nach Eckhart ist dieser Grund „von Natur aus für nichts (anderes) empfänglich, als einzig für das göttliche Wesen ohne jedes Vermittelnde. Gott geht hier in die Seele mit seinem Allem, nicht (nur) mit einem Teil. Gott geht hier in den Grund der Seele."[131] Eckhart erklärt sodann, das Wirken Gottes sei ganz und gar ganz anders als die Aktivitäten der Seelenkräfte (Gedächtnis, Vernunft, Wille), die so funktionierten, dass sie auf dem Weg über die Sinne Bilder der äußeren Dinge aufnähmen: „Gott wirkt in der Seele ohne alles Vermittelnde, ohne Bilder oder Vergleiche, nämlich in dem Grund, in den außer er selber mit seinem eigenen Wesen nie ein Bild hineinkam."[132] Gottes „vollkom-

---

sêle und wâ dirre geburt stat sî und wâ si dises werkes enpfenchlic sî. (Übertr.: B. S.) Dieser Teil wird in Pr. 101 (DW 4,343,36–353,106) ausgeführt und dann in Pr. 102 vertieft.

[129] Pr. 101,28–30 (DW 4,340,28–341,30): *... oder daz man sich entziehe und ledic mache von allen gedenken und von allen worten und werken ... und daz man sich zemâle halte in einem lûtern gotlîdenne.* (Übertr.: B. S.) Dieses Thema wird in Pr. 101 (DW 4,354,107–366,202) behandelt, und noch einmal ausführlicher in Prr. 103 und 104.

[130] Dieses dritte Thema nimmt den geringsten Raum ein; siehe Pr. 101 (DW 4,366,203–367,224) und Pr. 103 (DW 4,478,39–486,106). Es wird aber auch an anderen Stellen des Zyklus gestreift.

[131] Pr. 101 (DW 4,343,37–346,54): *Ach, herre, wâ ist daz swîgen und wâ ist diu stat, dâ diz wort îngesprochen wirt? ... Ez ist in dem lûtersten, daz diu sêle geleisten mac, in dem edelesten, in dem grunde, jâ, in dem wesene der sêle, daz ist in dem verborgensten der sêle ... Wan daz enist von natûre nihtes enpfenlich dan aleine des götlîchen wesens âne allez mittel. Got gat hie in die sêle mit sînen allen, niht mit sînem teile. Got gât hie in den grunt der sêle.* (Übertr.: B. S.)

[132] Pr. 101 (DW 4,350,82–84): *Got würket in der sêle âne alle mittel, bilde oder glîchnisse, jâ in dem grunde, dâ nie bilde înkam dan er selber mit sînem eigenen wesene.* (B. S.) Weil die Seele Bilder von Dingen außerhalb ihrer haben könne, aber kein Bild von sich selbst, bringt Eckhart

mene Einsicht in sich selbst", die ohne jedes Bild zustande komme,[133] sei die Quelle der Geburt des Sohnes in der Ewigkeit und auch im Grund und Wesen der Seele. „Und in dieser wahren Einung liegt ihre ganze Seligkeit."[134] Nur im Schweigen und in der Stille des Grundes könne Gott die Seele mit seinem eigenen Wesen und ohne Bilder berühren.

Das Motiv der Innerlichkeit und Stille liefert den Schlüssel für das zweite zu behandelnde Thema: den Zusammenhang zwischen unseren Handlungen und der Vollendung der göttlichen Geburt.[135] Eckhart besteht auf der Wichtigkeit der äußersten Passivität als der einzig möglichen Vorbereitung, warnt jedoch, dass diese Botschaft „allein guten und vollkommenen Menschen" zugehöre, die sich im Wesentlichen die Tugenden angeeignet hätten und sich an das Leben und die Lehren „unseres Herrn Jesus Christus" hielten.[136] Dieser zweite Teil enthält auch eine Erörterung spezieller Bewusstseinszustände, nämlich dessen, was oft als „mystische Erfahrungen" bezeichnet wird. Hier und anderswo gebraucht Eckhart deutsche Begriffe wie *geziehen* („hochgezogen, herausgezogen werden")[137], um damit den inneren Rückzug zu beschreiben, von dem er behauptet, er sei eine notwendige, wenn auch nicht genügende Vorbedingung für das Wahrnehmen der Geburt des Wortes im Grund der Seele. Er zitiert auch zwei biblische Beispiele für ein solches totales sich selbst Vergessen, nämlich den Aufstieg von Paulus bis in den dritten Himmel (2 Kor 12,2) und das vierzigtägige Fasten von Mose auf dem Sinai (Ex 24,18). Robert Forman hat dargelegt, wie Eckharts Gebrauch von *geziehen/gezücket* zur Beschreibung eines Zustands des Entrücktseins von allen sinnenhaften Wahrnehmungen (d.h. einer Form der inhaltslosen reinen Bewusstheit) darauf hinweisen könnte, dass

---

in diesem Kontext auch deutlich seine negative Anthropologie zum Ausdruck: *Und dar umbe sô ist der sêle kein dinc als unbekant als ir selber* (Pr. 101 [DW 4,348,65]).

[133] Steer weist (in „Pr. 101", 275–276) ausdrücklich darauf hin, dass Eckhart hier deutlich von Thomas von Aquin abweicht, indem er jegliche Form von *species intelligibilis* im Hervorgehen des Sohnes aus dem Vater in Abrede stellt (vgl. dagegen z.B. S.Th. I q. 14 a. 2).

[134] Pr. 101 (DW 4,352,92): *Und in der wâren einunge liget alliu iriu saelicheit.*

[135] Eckhart leitet mittels eines zweiten Einschubs dazu über, nämlich eines Einwands, den ein Fragesteller unter Bezug auf Avicenna (siehe *Metaphysica* 9,7) bringt: Es gebe doch nichts in der Seele als die Bilder, die sie dazu befähigten, ein(e) *saeculum intellectuale/vernünftigiu werlt* zu werden. Eckhart weist dies entschieden zurück, weil dies die wahre Seligkeit, d. h. das Einssein mit Gott, unmöglich machen würde. Vgl. dazu auch In Gen.I n. 115 (LW 1,270,13–271,1), Pr. 17 (DW 1,289,1–8) und die Erörterung in Steer, „Pr. 101", 276–277.

[136] Pr. 101 (DW 4,354,112–355,117). Eckharts ausdrückliche Beschränkung, insbesondere auf die Voraussetzung, dass man sich *aller tugenden wesen* angeeignet habe, erinnert an Marguerite Poretes Lehre, man solle den Tugenden „Lebewohl" sagen, jedoch ihren inneren Sinn bewahren (siehe in Bd. III, 448 des vorliegenden Werks).

[137] Pr. 101 (DW 4,355,118–121): *Als dâ alle die kreft sint abegezogen ... sô dû alle dîne krefte ie mê maht geziehen in ein vergezzen aller dinge und ir bilde ...*

er nicht abgeneigt war, einen Zusammenhang zwischen solchen Zuständen und dem Weg zum Wahrnehmen der *êwigen geburt* zu sehen.[138] Diese Stellen bestätigen, dass Eckhart nicht nur die Existenz von Zuständen ekstatischen Entrückseins anerkannte (die er angesichts der Zeugnisse der Heiligen Schrift kaum hätte in Abrede stellen können), sondern auch der Ansicht war, sie könnten nützlich sein, *falls* man sie richtig verstehe. Dennoch betonte er, dass alle Formen des Entrücktwerdens Gottes Werk seien, nicht das unsrige, auch wenn wir uns sehr darum bemühen sollten, uns für sie zu bereiten. Forman selbst vermerkt Eckharts ständigen Widerstand dagegen, auf „Wege" zum Finden Gottes zu verfallen,[139] was anzeige, dass es notwendigerweise einen Zusammenhang zwischen Ekstase und mystischer Einung gebe.

Im Lauf seiner Erörterung unseres Verhaltens bezüglich der Geburt wendet sich Eckhart dem dritten in seinem bibel-liturgischen Ausgangstext enthaltenen Schlüsselbegriff zu, dem „verborgenen Wort" *(verborgen wort)*. Der Begriff der „Verborgenheit" des Wortes veranlasst ihn zu einer Darlegung seiner negativen Theologie. Zunächst paraphrasiert er Texte aus Dionysius (DN 9,6) über Gott als bar aller Bilder und göttliches „verborgenes schweigendes Dunkel" (Pr. 101, Zeilen 137–150). Sodann legt er wieder rhetorisch seinen Zuhörern eine Aufforderung in den Mund: „Sprich doch jetzt davon, was Gott ohne Bild im Grund und im Wesen wirkt!"[140] Seine Antwort lautet, dass er darauf keine Antwort geben könne. Alles, was wir auf dem Weg über unser gewöhnliches Bewusstsein wüssten, komme auf dem Weg über Bilder *(bilde)* zu uns, aber dies sei nicht die Art und Weise, auf die man Gott erreiche. Die Gotteserkenntnis – oder genauer: das Streben nach Gotteserkenntnis – sei ein ständiges Suchen nach dem, was seiner Definition nach unerreichbar sei. Er sagt es so: „Dieses Nichtwissen bewirkt in ihr ein Staunen und lässt sie diesem nachjagen, denn sie empfindet zwar, ‚dass es ist', weiß aber nicht, ‚wie' oder ‚was' es ist. Wenn der Mensch die Ursache von etwas kennt, so wird er alsbald dieser Dinge müde und versucht etwas Neues zu entdecken und zu wissen. Er plagt und beschwert sich nur desto mehr, um (neues) Wissen zu finden und kann dabei doch nicht bleiben. Darum enthält sich dieses nichterkennende Erkennen *(unbe-*

---

[138] Robert K. C. Forman, *Meister Eckhart. Mystic as Theologian*, Rockport 1991, Kap. 5. Forman bespricht neun Abschnitte aus den deutschen Werken und zwei aus den lateinischen, darunter auch diese Texte aus Pr. 101 (siehe 98–101).
[139] Forman, *Meister Eckhart*, 115–125.
[140] Pr. 101 (DW 4,360,151): *Nû möhtest dû sprechen: swaz got würket âne bilde in dem grunde und in dem wesene.*

kante bekantnisse) dieses Bleibens und jagt diesem (Nichtwissen weiter) nach."[141]

Dieser Verweis auf den mystischen Topos der *epektasis*, der besagt, der einzige Weg, zu Gott zu gelangen, sei der, unablässig zu diesem Ziel hin unterwegs zu bleiben, geht einher mit der Art, auf die Eckhart in den *Predigten und Vorlesungen über Ecclesiasticus* das Thema entwickelt, bezüglich Gottes bleibe man für immer gleichzeitig am Essen und am Hungern. (Das ist ein weiteres Argument dafür, diese Predigten in die ersten Jahre des 14. Jahrhunderts anzusetzen.) Die Erwähnung der *epektasis* führt zur Untersuchung eines weiteren mystischen Paradoxes: wie das Wort sowohl ausgesprochen als auch verborgen bleiben könne, ein Thema, auf das Eckhart in anderen Predigten zu sprechen kommt.[142] Seine Darlegung ist hier genau wie anderswo dialektisch, das heißt, er zeigt, wie es in der Natur des Göttlichen Wortes selbst liege, dass es in seiner Offenbarung verborgen und in seiner Verborgenheit offenbar sei. Diese beiden Seiten der Medaille seien untrennbar.

Den Übergang zum dritten und abschließenden Teil seiner Einführungspredigt markiert Eckhart noch einmal damit, dass er einen Einwand vorbringt, der dieses Mal von einer naturalistischen Vorstellung von der Seele ausgeht: „Ach ja, Herr, Ihr wollt den natürlichen Lauf der Seele umkehren und gegen ihre Natur handeln. Ihre Natur ist, dass sie (alles) durch die Sinne (auf)nimmt und (sich) ein-bildet. Wollt Ihr diese Ordnung umkehren?" Eckharts Antwort ist scharf: „Nein! Was weißt denn du, welchen Adel Gott in die Natur gelegt hat? Der ist noch nie ganz beschrieben worden, ja mehr noch: Er ist noch verborgen!"[143] Hier greift er diejenigen an, die über die Seele auf der Grundlage einzig der „natürlichen Intelligenz" geschrieben haben und betont, das göttliche Licht scheine in der Finsternis und werde

---

[141] Pr. 101 (DW 4,361,155–160): *Daz unwizzen ziuhet sie in ein wunder und tuot sie disem nâchjagen, wan si bevindet wol, daz es ist und enweiz aber niht, wie noch waz ez ist. Wenne der mensche weiz der dinge sache, alzehant, sô ist er der dinge müede und suochet aber ein anderz ze ervane und ze wizzene und quilet und jâmert iemer mê also nâch wizzene und enhât doch kein bîblîben. Dar umber, diz unbekante bekantnisse daz enthaltet sie bî disem blîbende und tuot sie disem nâchjagen.* (Übertr.: B. S.) Das könnte die erste Stelle sein, an der in der Volkssprache die *docta ignorantia* auftaucht, ein auf Augustinus zurückgehender Begriff (Ep.130,14,28 [PL 33,505]). Das wichtige Thema vom Nichterkennbaren/Unerkennbaren zieht sich als Konstante durch alle Werke Eckharts; siehe z. B. Pr. 52 (DW 2,494–297) und Pr. 83 (DW 3,448).
[142] Siehe z. B. Pr. 9 (DW 1,157–158) über die drei Arten des *worts;* sowie die Ausführungen in Pr. 53 (DW 3,528–531).
[143] Pr. 101 (DW 4,364,192–365,196): *... Eyâ, herre, ir wellet der sêle irn natiurlîchen louf umbekêren und wider ir natûre tuon. Ir natûre ist, daz si durch die sinne neme und in bilden. Wellet ir den orden umbekêren? Nein! Waz weist dû, waz adels got geleget habe in die natûre, diu noch niht alliu geschriben ensint, mêr: noch verborgen?* (B. S.)

nur von seinesgleichen empfangen. Mit dieser Kritik des anthropologischen Naturalismus kommt Eckhart wiederum zum Hauptthema zurück, der *êwigen geburt*. „Der Nutzen und die Frucht dieses geheimes Wortes und der Finsternis", so sagt er, bestehe darin, dass wir in der gleichen göttlichen Finsternis geboren seien wie Christus, nämlich als „Kind des gleichen himmlischen Vaters." Und er bekräftigt ganz entschieden die absolute Priorität des dunklen Weges zu Gott, wie ihn Bibel und Tradition lehren: „Das mag zwar ein Nichtwissen heißen und ein Nichterkennen, aber doch birgt es in sich mehr Wissen und Erkennen als alles ihm Äußere. Denn dieses Nichtwissen lockt und zieht dich von allen gewussten Dingen weg, und auch von dir selber."[144] Eckhart beschließt die Predigt, indem er sich auf Christi Lehre beruft, man müsse alles verlassen (Mt 10,37), die die Notwendigkeit bestätige, alles Äußere aufzugeben und sich in den inneren Grund zurückzuziehen, in den Gott ohne Bild in absoluter Stille eintrete.[145]

Wie die anschließenden Predigten zeigen, begnügte sich Eckhart in diesem Predigtzyklus nicht damit, die wesentlichen Parameter für seine Lehre von der „ewigen Geburt" zu liefern. Zwar verfügte die Lehre über die Geburt des Wortes in den Herzen der Gläubigen in der christlichen Mystik bereits über tiefe Wurzeln,[146] aber Eckhart muss sich dessen bewusst gewesen sein, dass seine Form der Gebärens-Mystik und insbesondere ihre Verknüpfung mit seiner neuen Lehre über den *grunt* etwas noch nie da Gewesenes und Umstrittenes war. In den folgenden drei Predigten des Weihnachtszyklus geht er den Implikationen seiner radikalen Lehre nach, und zwar, indem er eine Frage-und-Antwort-Technik anwendet, die die Zuhörer dazu einlädt, sich voll auf die Aufgabe, in den Grund zu gelangen, mit einzulassen.

Der innere Zusammenhang zwischen Loslösung und Gebären sowie Gebären und Grund wurde im Weihnachtszyklus klar dargelegt, aber weitere Aspekte seiner Lehre über die Geburt des Wortes behandelt Eckhart in einer anderen bekannten Predigt, nämlich Pr. 2, einer Predigt über die Seele als Jungfrau und Weib.[147] In der früheren Mystik war es angesichts des

---

[144] Pr. 101 (DW 4,366,209–212): *Swie daz ez doch ein unwizzen heize und ein unbekantheit, sô hât ez doch mê inne dan allez wizzen und bekennen ûzwendic disem. Wan diz unwizzen daz reizet und ziuhet dich von allem wizzenden dinge und ouch von dir selber.*(B. S.)

[145] Pr. 101 (DW 4,367,212–220). Ziemlich kühn behauptet Eckhart, ein Mensch, der diese Form des „Einstands" erreicht habe *(der hie inner rehte stüende)*, könne nie mehr von Gott getrennt werden, weder durch eine Todsünde noch ein lässliche Sünde.

[146] Rahner, „Die Gottesgeburt". Zum Gebrauch dieses Themas im 12. Jahrhundert siehe im vorliegenden Werk Band II, 430–432.

[147] Pr. 2 findet sich in DW 1,21–47. Über diese Predigt wurde schon viel geschrieben; siehe z. B. Schürmann, *Meister Eckhart*, 3–47; Ruh, *Meister Eckhart*, 143–149; Sells, „The Pseudo-

weiblichen Geschlechts der Hauptwörter zur Bezeichnung der Seele *(anima/sêle)* bei männlichen Mystikern üblich, sich bei der Beschreibung ihrer Begegnungen mit Gott in die Rolle einer Frau zu versetzen. Die Kombination von physischer Jungfräulichkeit mit spiritueller Erotik war durch den Großteil der Geschichte der christlichen Mystik hindurch ein besonders starkes Motiv.[148] Eckhart macht selten von der erotischen Sprache des Hohenlieds Gebrauch, und erst recht nicht von den neuen Ausdrucksformen der Erotik, wie sie die zeitgenössischen Mystikerinnen mit Vorliebe pflegten.[149] Aber er war von den Bildern des Gebärens und zur Welt Bringens fasziniert, und insbesondere vom Paradox der Jungfrau, die zugleich Mutter ist, das er in Pr. 2 erörtert.[150] Er möchte seine Zuhörer anleiten, durch die Praxis der radikalen Loslösung den Zustand fruchtbarer Mutterschaft zu erreichen.

Laut Lukas 10,38 „kam Jesus in ein Dorf und eine Frau namens Martha nahm ihn in ihr Haus auf." Eckhart gibt diesen Satz in seiner deutschen Predigt so wieder, dass er dabei bereits die lateinische Fassung interpretiert und damit eine neue Botschaft bringt: „Unser Herr Jesus Christus *ging hinauf in ein Burgstädtchen* und *ward empfangen von einer Jungfrau, die ein Weib war.*" (Die von mir hervorgehobenen Wörter zeigen die für Eckharts Lehre wichtigen Abänderungen an).[151] Im ersten Teil der Predigt behandelt Eckhart das Paradox der Jungfrau-Mutter. Er sagt: „Jungfrau besagt soviel wie ein Mensch, der von allen fremden Bildern ledig ist, so ledig, wie

---

Woman and the Meister", in: *Meister Eckhart and the Beguine Mystics*, 136–140; Hollywood, *The Soul as Virgin Wife*, Kap. 6; und in jüngerer Zeit Milem, *The Unspoken Word*, Kap. 3. Siehe auch die Ausführungen und Angaben über die weitere Literatur in Largier, *Meister Eckhart* I,759–772.

[148] B. McGinn, „The Language of Love in Jewish and Christian Mysticism", in: *Mysticism and Language*, hg. v. Steven T. Katz, New York 1992, 202–235.

[149] Eine Ausnahme ist Pr. 22, worin Eckhart vom Vordringen des Sohnes in die verborgene Kammer der Vaterschaft spricht und dabei die Sprache des Hohenlieds verwendet (DW 1,387–388).

[150] Eckhart war nicht der Erste, der seine Aufmerksamkeit der Jungfrau-Mutter zuwandte. Dieses Thema findet sich schon ganz früh bei Origenes (siehe im vorliegenden Werk Band I, 187).

[151] Pr. 2 (DW 1,24,4–6): … ‚unser herre Jêsus Kristus der gienc ûf in ein bürgelîn und wart enpfangen von einer juncvrouwen, diu ein wîp was.' Eckhart lässt hier den Namen Martha weg, obwohl diese genau wie in Pr. 86 auch hier als Typus des Menschen dient, der Aktion und Kontemplation miteinander verbunden hat, wodurch sie ihrer rein kontemplativen Schwester Maria überlegen ist. Ähnlich wird auch die Jungfrau Maria nicht namentlich genannt, obwohl sie das Vorbild für das Motiv der fruchtbaren Jungfrau ist und Eckhart diese Predigt am Fest der Aufnahme Marias in den Himmel hielt. Wenn Eckhart die beiden Namen wegließ, wollte er damit vielleicht zum Ausdruck bringen, dass jeder seiner Zuhörer sowohl Martha als auch eine Jungfrau Maria werden solle.

er war, da er noch nicht war."¹⁵² So bedeutet die Jungfrau den vollständig losgelösten Menschen. Einem imaginären Fragesteller, der einwendet, wie es denn möglich sein könne, überhaupt ganz ohne Bilder zu sein, gibt Eckhart zur Antwort, das sei eine Sache der Anhänglichkeit oder des Festhaltens *(eigenschaft)*: Wenn man sich an keines der zahllosen Bilder im Geist hänge und auch nicht an eines seiner eigenen Werke, könne man „so leer und frei und jungfräulich" *(ledic und vrî ... und megentlich)* wie Jesus selbst und daher mit ihm vereint sein. Aber eine Jungfrau zu sein, genüge nicht. Eckhart fährt fort: „Nun gebt acht und seht genau! Wenn nun der Mensch immerfort Jungfrau wäre, so käme keine Frucht von ihm. Soll er fruchtbar werden, so ist es notwendig, dass er *Weib* sei. ‚Weib' ist der edelste Name, den man der Seele zulegen kann, und ist viel edler als ‚Jungfrau'. Dass der Mensch Gott in sich *empfängt*, das ist gut, und in dieser Empfänglichkeit ist er Jungfrau. Dass aber Gott fruchtbar in ihm werde, das ist besser; denn Fruchtbarwerden der Gabe, das allein ist Dankbarkeit für die Gabe, und da ist der Geist Weib in der wiedergebärenden Dankbarkeit, wo er Jesum wiedergebiert in Gottes väterliches Herz."¹⁵³

In diesem Abschnitt lässt Eckhart das Paradox der jungfräulichen Reinheit und mütterlichen Fruchtbarkeit miteinander verschmelzen, und zwar insbesondere dank der Doppelbedeutung von „empfangen" *(enphâhen)*, das sowohl „entgegennehmen" als auch „schwanger werden" bedeutet, sowie der Wechselseitigkeit von Dankbarkeit und Fruchtbarkeit, die das Einssein von Gott und Mensch in der ewigen Geburt des Wortes spiegelt. Da diese Fruchtbarkeit nichts anderes sei als Gottes Fruchtbarkeit, kann die Jungfrau-Mutter anders als gewöhnliche Gattinnen (d.h. diejenigen, die an ihren Werken und Praktiken hängen) täglich hundert- oder tausendmal Frucht bringen, nämlich „aus dem allerdelsten Grunde; noch besser gesagt: fürwahr, aus demselben Grunde, daraus der Vater sein ewiges Wort gebiert, aus dem wird sie fruchtbar mitgebärend."¹⁵⁴

Im zweiten Teil der Predigt¹⁵⁵ wendet sich Eckhart dem „Burgstädtchen"

---

¹⁵² Pr. 2 (DW 1,24,8–25,2): *Juncvrouwe ist alsô vil gesprochen als ein mensche, der von allen vremden bilden ledic ist, alsô ledic, als er was, dô er niht enwas.*

¹⁵³ Pr. 2 (DW 1,27,1–9): *Nû merket und sehet mit vlîze! Daz nû der mensche iemer mê juncvrouwe waere, sô enkaeme keine vruht von im. Sol er vruhtbaere werden, sô muoz daz von nôt sîn, daz er ein wîp sî. Wîp ist daz edleste wort, daz man der sêle zuo gesprechen mac, und ist vil edeler dan juncvrouwe. Daz der mensche got enpfaehet in im, daz ist guot, und in der enpfenclicheit ist er maget. Daz aber got vruhtbaerlich in im werde, daz ist bezzer; wan vruhtbaerkeit der gâbe daz ist aleine dankbaerkeit der gâbe, und dâ ist der geist ein wîp in der widerbernden dankbaerkeit, dâ er gote widergebirt Jêsum in daz veterlîche herze.*

¹⁵⁴ Pr. 2 (DW 1,31,2–4): *... ûz dem aller edelsten grunde; noch baz gesprochen: jâ, ûz dem selben grunde, dâ der vater ûz gebernde sîn êwic wort, dar ûz wirt si vruhtbaere mitgebernde.*

¹⁵⁵ Zum zweiten Teil der Predigt siehe die Analyse von Milem, *The Unspoken Word*, 71–85.

(bürgelîn) zu, das heißt der tiefsten „Kraft" in der Seele. Was Eckhart darüber sagt, ist für die richtige Einschätzung seiner Lehre von der Geburt des Wortes in der Seele wichtig. Zunächst einmal handelt er von jener Kraft in der Seele, die von der Zeit unberührt ist, da sie in Kontakt mit dem ewigen Jetzt ist. Er gibt ihr zwar hier keinen Namen, aber bei dieser Kraft handelt es sich offensichtlich um den Intellekt. „Denn", so sagt er weiter, „der ewige Vater gebiert seinen ewigen Sohn in dieser Kraft ohne Unterlass so, dass diese Kraft den Sohn des Vaters mitgebiert."[156] Hier sehen wir die Identität der Sohnschaft, die Eckharts Inquisitoren solche Probleme machte. Eckhart erörtert hierauf kurz die zweite spirituelle Kraft der Seele, den Willen. Und schließlich wendet er sich dem *bürgelîn* selbst zu.

Er erinnert zunächst daran, dass er bereits oft von „der einen Kraft in der Seele, die als einzige frei ist", gesprochen und ihr viele Namen gegeben habe. Jetzt weigert er sich, ihr einen Namen zu geben: „Es ist weder dies noch das; trotzdem ist es ein Etwas, das ist erhabener über dies und das als der Himmel über der Erde ... Es ist von allen Namen frei und aller Formen bloß, ganz ledig und frei, wie Gott ledig und frei ist in sich selbst."[157] Sie sei so eins und einfältig *(ein und einvaltic)* wie Gott sei. Sodann kehrt er kurz „zur gleichen Kraft, von der ich gesprochen habe" (d. h. dem Intellekt) zurück, in der die Geburt stattfinde, um hierauf den radikalsten Teil seiner Botschaft zu bringen, nämlich, dass diese namenlose Kraft jenseits aller Kräfte und sogar jenseits der Personen in der Dreifaltigkeit liege.[158] Weder Intellekt noch Wille könnten in dieses *bürgelîn* hineinsehen. Nicht einmal Gott könne für einen Augenblick in es hineinschauen, „insofern er sich selbst nach Weisen und Eigenheiten" besitze. Was den *grunt* angehe (von dem Eckhart hier spricht, ohne das Wort zu verwenden), könne Gott darin nur insofern eindringen, als er „ein einfaltiges Eins ist, ohne alle Wesen und Eigenheit", das heißt, insofern „er weder Vater noch Sohn noch Heiliger Geist in diesem Sinne" sei und „ein Etwas, das weder dies noch das ist."[159] Gottes Grund und der Seele Grund seien ein und derselbe Grund und gin-

---

[156] Pr. 2 (DW 1:32.6–9): *Wan der êwige vater gebirt sînen êwigen sun in dirre kraft âne underlâz, alsô daz disiu kraft mitgebernde ist den sun des vaters und sich selber den selben sun in der einiger kraft des vaters.*

[157] Pr. 2 (DW 1,39,4–40,3): *... ez enist weder diz noch daz; nochdenne ist ez ein waz, daz ist hoeher boben diz und daz dan der himel ob der erde ... Ez ist von allen namen vrî und von allen formen blôz, ledic und vrî zemâle, als got ledic und vrî ist in im selber.*

[158] *Diu selbe kraft dar abe ich gesprochen hân*, nämlich in 40,4–41,7 muss also der Intellekt sein und nicht die namenlose Kraft, wie die sprachlichen Parallelen zur vorherigen Erörterung des Intellekts zeigen.

[159] Pr. 2 (DW 1,43,9–44,2): *Sunder als er ist einvaltic ein, âne alle wîse und eigenschaft: dâ enist er vater noch sun noch heiliger geist in disem sinne und ist doch ein waz, daz enist noch diz noch daz.* Dieser Abschnitt fand sich in die Kölner Liste exzerpiert; siehe Proc. Col.I n. 69

gen sogar gewissermaßen tiefer als die Geburt des Sohnes in der Seele. Bruce Wilem hat gezeigt, dass Eckhart im ersten Teil der Predigt das Bild von der Jungfrau-Mutter verwendet, um eine Sicht des trinitarischen Einsseins mit Gott im Intellekt vorzustellen, aber dann mit seiner Erläuterung des „Bürgleins" im zweiten Teil dies untergräbt, indem er aufzeigt, dass „die wahre Identität der Seele mit Gott innerhalb dieser transzendentalen Besonderheit liegt, die dieses Bürglein darstellt."[160] Eine solche sich selbst aufhebende Redeweise ist typisch für den dialektischen Charakter von Eckharts Mystik und sein Vermeiden jeglicher Systematisierung.[161] Bevor wir uns dem dritten wesentlichen Aspekt der Rückkehr zuwenden, dem Durchbruch in den Grund, können wir nach dem historischen Kontext von Eckharts Lehre über die Geburt des Wortes in der Seele fragen. Angesichts der Häufigkeit, mit der er von der *geburt* predigte, lohnt sich die genauere Erkundung, weshalb er sie derart in die Mitte seiner Botschaft stellte. Das Thema von der sakramentalen und mystischen Geburt Gottes in uns gab es in der christlichen Tradition seit Alters her. Es wurzelt in der Heiligen Schrift und wurde bereits von Origenes vorgetragen. Manche lateinischen Mystik-Autoren nahmen es zwar auf, namentlich Eriugena und Zisterzienser wie Guerric von Igny, aber es gab wenige Vorläufer dafür, die so wie Eckhart die *geburt* zum Brennpunkt ihrer Predigt gemacht hätten. Hans Urs von Balthasar hat es so ausgedrückt: Eckhart konnte „mit allen Ausdrucksformen frei schalten: die Philosophie aller Denker einschmelzen in das theologische Zentralmysterium der Gottgeburt."[162] Die Motivation für diesen Einschmelzungsprozess entzieht sich unserer Kenntnis, jedoch gibt es einige Belege für ihre Rezeption. Wie wir in Kapitel 8 sehen werden, schrieb ein Zeitgenosse Eckharts, der Augustiner Heinrich von Friemar, zwei Traktate, in denen er ebenfalls die Bedeutung der Geburt des Wortes hervorhob und zugleich vor den gefährlichen Schlussfolgerungen warnte, die manche aus dieser Lehre zögen.[163] Sollte Eckhart bereits gegen 1300 über dieses Thema gepredigt haben, so könnte es sein, dass Heinrich dabei auf ihn abgezielt hatte. Die Kölner Verfahren zeigen ganz deutlich, dass Eckharts Lehre über die Geburt eines der Themen war, das ihm seine Gegner zum Vorwurf machten. Aber das alles erklärt nicht, aus welchem Grund er der

---

(LW 5,223–224) und Eckharts Erwiderung in Proc.Col.I n. 147 (LW 5,303). Vgl. auch Proc.Col.II n. 121 (LW 5,346–347).
[160] Milem, 78.
[161] Milem, 79–85.
[162] Hans Urs Von Balthasar, *Herrlichkeit. Eine theologische Ästhetik*, 3. Band, 1. Teil, Einsiedeln 1965, 393–394.
[163] Siehe die Darstellung in Kap. 8, 617–630.

geburt eine derart zentrale Bedeutung zumaß. Man könnte die Vermutung anstellen, das Geburtsmotiv sei Eckharts Entgegnung auf die im Spätmittelalter stark verbreitete Verehrung des Jesuskindes in der Krippe gewesen und er habe also die Aufmerksamkeit seiner Zuhörer von peripheren Dingen auf den wesentlichen Sinn der Fleischwerdung des Wortes hinlenken wollen.

Meister Eckharts dritte dynamische Metapher für die Rückkehr zu Gott ist das „Durchbrechen" *(durchbrechen)* aller Gottesvorstellungen „hinein in die stille Wüste, in die das Unterscheiden niemals lugte."[164] Kein Aspekt von Eckharts Mystik ist radikaler. Betrachtet man diese Redeweise im Licht dessen, was wir bereits von seiner Lehre über die Dreifaltigkeit und den *grunt* gesehen haben, so wird klar, dass das Durchbrechen zwar sehr anspruchsvoll, jedoch integraler Bestandteil seiner Lehre ist.

Wir könnten mit der Frage nach dem Verhältnis zwischen Durchbrechen und Gebären ansetzen. Viele von Eckharts Formulierungen stellen das Durchbrechen als etwas derartig Unerlässliches dar, wie es nicht einmal die Geburt des Wortes in der Seele ist, wie etwa im Abschnitt am Schluss von Pr. 2 über das *bürgelîn*. Aber es ist wichtig, sich die drei Grundaktivitäten der Rückkehr so vorzustellen, dass sie wechselseitig und dialektisch aufeinander bezogen sind: Alle spielen sich im *nû* der Ewigkeit ab und alle sind zugleich gegenseitig voneinander abhängig.[165] Auf der einen Seite gibt es kein Durchbrechen ohne Loslösung von allem Besitzstreben und ohne die Verwirklichung der Geburt; und andererseits bringen die Geburt des Wortes in der Seele und das Führen eines vollkommen losgelösten Lebens zum Ausdruck, dass der Durchbruch gelungen und die Identität im Grund erreicht sind. Das Verhältnis zwischen Gebären und Durchbrechen entspricht dem dialektischen Verhältnis zwischen dem verborgenen Grund und der „sprudelnden" Dreifaltigkeit.

---

[164] Eckhart verwendet das Verb *durchbrechen*, während seine Nachfolger wie Johannes Tauler oft das Hauptwort *durchbruch* gebrauchen. In den deutschen Predigten ist die Rede vom Durchbrechen weniger häufig als die Motive vom Loslösen und Gebären (ich habe 16 Predigten gezählt, in denen es vorkommt). Die wesentlichen Abhandlungen darüber, einschließlich derer, in denen das Verb nicht vorkommt, sind Pr. 2 (DW 1,43–44), Pr. 7 (DW 1,122), Pr. 12 (DW 1,196–197, darüber, dass der Mensch „Gott um Gottes willen lasse" [daz er got durch got lâze]), Pr. 22 (DW 1,388, über das „Eintreten in die geheime Kammer"), Pr. 26 (DW 2,31–32), Pr. 29 (DW 2,76–77), Pr. 31 (DW 2,121,144), Pr. 48 (DW 2,420–421, über das Gehen in die Wüste), Pr. 49 (DW 2,448–450), Pr. 51 (DW 2,473), Pr. 52 (DW 2,504–505), Pr. 60 (DW 3,60), Pr. 69 (DW 3,178–180), Pr. 81 (DW 3,401) und Pr. 109 (DW 4,773). Eine wichtige Ausführung über das Durchbrechen findet sich auch in einer Predigt, die viele Fachleute als echten Eckhart-Text betrachten, in der Predigt Jostes 82 (Franz Jostes, *Meister Eckhart und seine Jünger: Ungedruckte Texte zur Geschichte der deutschen Mystik*, Freiburg/Schweiz 1895, 94.
[165] John D. Caputo, „Fundamental Themes of Eckhart's Mysticism", in: *The Thomist* 42 (1978), 224.

Wie wir in mehreren oben vorgestellten Texten gesehen haben, gebraucht Eckhart oft *durchbrechen* und seine Äquivalente (z. B. in Pr. 51 [DW 2,473,5–9] *zerbrechen*) zum Ausdruck dafür, dass es notwendig sei, jenseits der Vorstellung von Gott als Schöpfer und Träger vieler Attribute zu gelangen, sogar derjenigen der drei Personen der Dreifaltigkeit. In Pr. 52 sagt er: „In dem Durchbrechen aber, wo ich ledig stehe meines eigenen Willens und des Willens Gottes und aller seiner Werke und Gottes selber, da bin ich über allen Kreaturen und bin weder ‚Gott' noch Kreatur, bin vielmehr, was ich war und was ich bleiben werde jetzt und immerfort."[166] Die Kraft in der Seele, die diesen Durchbruch zustande bringe, sei der Intellekt: „Vernunft dringt (in den Grund der Gottheit, ihr genügt's nicht an Gutheit noch an Weisheit, noch an Wahrheit noch an Gott selber ... Sie bricht ein in den Grund, wo Gutheit und Wahrheit ausbrechen und nimmt es in principio, im Beginn ... Die Vernunft aber, die scheidet dies alles ab und dringt ein und bricht durch in die Wurzel."[167] In anderen Texten ist vom *gegenseitigen* Durchbrechen Gottes und des Menschen die Rede. So heißt es zum Beispiel in Pr. 26, der Geist müsse jede Zahl und Vielfalt übersteigen, damit Gott ihn durchbreche: „Dieser Geist muss alle Zahl überschreiten und alle Vielheit durchbrechen, und er wird (dann) von Gott durchbrochen; ebenso aber, wie er mich durchbricht, so wieder durchbreche ich ihn. Gott leitet diesen Geist in die Wüste und in die Einheit seiner selbst, wo er ein lauteres Eines ist und (nur noch) in sich selbst quillt."[168] Mit der Erwähnung der Wüste *(einöde/ wüestunge)* führt Eckhart eine weitere seiner Lieblingsmetaphern ein, mit der er die Leere des verschmolzenen Grundes zum Ausdruck bringt.

Eine biblische Grundlage für das Wüsten-Thema in der christlichen Mystik liefert die Begegnung von Mose mit Gott in der Wüste Sinai.[169] Zwar identifiziert Dionysius nie explizit Gott mit der Wüste, aber die Art und

---

[166] Pr. 52 (DW 2,504,6–505,1): *Mêr: in dem durchbrechen, dâ ich ledic stân mîn selbes willen und des willen gotes und aller sîner werke und gotes selben, sô bin ich ob allen crêatûren und enbin weder got noch crêatûre, mêr: ich bin, daz ich was und daz ich blîben sol nû und iemermê.* Ähnliche Stellen finden sich in Prr. 2, 22, 49 usw. Eine ziemlich andere Formulierung wurde oben vermerkt, diejenige im Abschnitt in Pr. 26 (DW 2,31–32), wo Eckhart vom Durchbrechen in den Vater, *insofern* er der Grund ist, spricht.

[167] Pr. 69 (DW 3,179,2–180,1): *Vernünfticheit diu dringet în; ir engenüeget niht an güete noch an wîsheit noch an wârheit noch an gote selber ... Si brichet in den grunt, dâ güete und wârheit ûzbrichet, und nimet ez in principio ... Aber vernünfticheit diu scheidet diz allez abe und gât în und durchbrichet in die wurzeln ...*

[168] Pr. 29 (DW 2,76,2–77,2): *Dirre geist muoz übertreten alle zal und alle menige durchbrechen, und er wirt von gote durchbrochen; und alsô, als er mich durchbrichet, alsô durchbriche ich in wider. Got leitet disen geist in die wüestunge und in die einicheit sîn selbes, dâ er ein lûter ein ist und in im selben quellende ist.*

[169] Siehe Bernard McGinn, „Ocean and Desert as Symbols of Mystical Absorption in the Christian Tradition", in: *The Journal of Religion* 74 (1994), 155–181. Hilfreich sind auch

Weise, auf die er in seiner *Mystischen Theologie* den Weg des Mose durch die Wüste bis zum Sinai mit der apophatischen Mystik verknüpft, legte die Grundlage für diese Identifikation, die zum ersten Mal bei Eriugena auftaucht.[170] Im 12. Jahrhundert gebrauchten die Zisterzienser das Wüsten-Motiv zur Bezeichnung der inneren Einsamkeit des von allem entblößten und für Gott empfänglichen Herzens und auch zum Verweis auf den verborgenen Gott. Im 13. Jahrhundert setzte Thomas Gallus, der Victorinische Kommentator des Dionysius und des Hohenlieds, die Wüste von Hohelied 3,6 und Exodus 5,3 mit jener „unzugänglichen und einzigartigen übersubstanziellen Einsamkeit der ewigen Dreifaltigkeit" gleich, die Dionysius in seinen *Göttlichen Namen* und seiner *Mystischen Theologie* beschrieben hatte.[171] Da Eckhart Dionysius gut kannte, muss er nicht unbedingt Gallus gekannt haben, um von sich aus diese Identifikation vorzunehmen. Er verwendet das Wüsten-Motiv über ein Dutzend Mal, um damit sowohl das ungeschaffene Etwas in der Seele als auch den inneren Grund Gottes zu bezeichnen.[172] Eckhart zitiert oft Hosea 2,16 (Vg: 2,14), worin Gott ankündigt, er werde das widerspenstige Israel in die Wüste führen, um es dort neu zu umwerben. Zum Schluss der Predigt „Vom edlen Menschen" fasst er zum Beispiel zusammen, wie der Durchbruch als Bestandteil des Wegs durch die Wüste zur ununterschiedenen Einung führe: „Wer ist denn nun edler, als der einerseits vom Höchsten und Besten, was die Kreatur besitzt, geboren ist und zum andern aus dem innersten Grunde göttlicher Natur und dessen Einöde? ‚Ich', spricht unser Herr im Propheten Hosea, ‚will die edle Seele führen in eine Einöde, und ich will dort sprechen in ihr Herz.' Eines mit Einem, Eines von Einem, Eines in Einem und in Einem Eines ewiglich. Amen."[173]

Eine der markantesten Stellen mit der Rede vom Durchbruch findet sich

---

Belden C. Lane, *The Solace of Fierce Landscapes. Exploring Desert and Mountain Spirituality*, New York-Oxford 1998 und Andrew Louth, *The Wilderness of God*, Nashville 1991.
[170] Vgl. dessen Text über Gott als Wüste in *Jean Scot: Commentaire sur l'évangile de Jean*, hg. v. Édouard Jeauneau, Paris 1972 (SC 180), 140.
[171] *Thomas Gallus: Commentaires du Cantique des Cantiques*, hg. v. Jeanne Barbet, Paris 1967, 67: Desertum est invia et singularis eterne Trinitatis supersubstantialis solitudo, de quo Exo. 5: Deus Hebraeorum vocavit nos ut eamus viam trium dierum in desertum; De div. nom. 13f.
[172] Siehe in „Ocean and Desert", 167–172, insbesondere über die Predigtreihe „Granum sinapis," die in Kap. 7,530–534 ausführlicher behandelt wird.
[173] VeM (DW 5,119,2-7): *Wer ist danne edeler wan der einhalp geborn ist von dem hoehsten und von dem besten, daz crêatûren hât, und anderhalp von dem innigsten grunde götlîcher natûre und des einoede? Ich, spricht unser herre in dem wîssagen Osee, wil die edeln sêle vüeren in ein einoede, und ich wil dâ sprechen in ir herze ein mit einem, ein von einem, ein in einem und in einem ein êwiclîche. Amen.* Als vergleichbare Stelle in den lateinischen Werken siehe In Gen.II n. 149 (LW 1,618,12–619,1).

in einer deutschen Predigt über drei Formen des Sterbens der Seele, die als erster Franz Jostes herausgegeben hat und die zuweilen unter dem Titel „Wie die Seele ihren eigenen Weg ging und sich verlor" zitiert wird,[174] obwohl man sie genauso gut als „die Predigt vom Reich Gottes" bezeichnen könnte.[175] Eckhartforscher wie Alain de Libera und Oliver Davies akzeptierten diese Predigt als authentisch. Diese Annahme wird von der Art und Weise bestärkt, auf die sie anderen Stellen über das Thema der *mors mystica* bei Eckhart entspricht.[176] Diese Predigt zeigt, dass zum Durchbruch in den Gott jenseits von Gott eine Form der transzendentalen Subjektivität gehört.

Nach einer Entfaltung der trinitarischen Theologie im ersten Teil der Predigt wendet sich der Prediger dem Verhältnis zwischen dem Adel des Bildes Gottes in der Seele und dessen göttlicher Quelle zu. Dieser Abschnitt ist wie Pr. 52 nach einem Dreierschema angelegt: Darin werden drei Formen des Ausgehens aus dem Wesen *(wesen)* der Seele behandelt: als geschaffenes Sein, als Sein im Wort und als Besessenwerden „in der im Vater aktiven überfließenden Natur". Das Ausgehen aus dem geschaffenen Sein erlange man durch die Selbsthingabe, indem man Christi Gebot erfülle, das Kreuz auf sich zu nehmen, sich selbst zu verleugnen und ihm nachzufolgen. Diese Stufe beginne mit der Praxis der Tugenden, die als Ausdrucksweisen der Liebe gesehen werden, welche uns in Gott umwandle. In dieser Predigt wird genau wie bei Marguerite Porete die Behauptung aufgestellt, die Vollkommenheit in der Tugend bestehe darin, „frei von Tugend sei" *(Daz ist volkumenheit der tugent, daz der mensche ledik ste der tugent,* 92,31–32). Das heißt nicht, dass die Tugenden vernichtet oder aufgegeben würden, sondern vielmehr, dass man sie auf höhere Weise besitze. Das geistliche Sterben für unser geschaffenes Sein bestehe in der totalen Aufgabe des

---

[174] Hier werde ich nur auf den zweiten Teil dieser Predigt bei Jostes Nr. 82 (dort S. 91–98) eingehen. Diese Predigt enthält wie Pr. 52 eine Reihe von Anklängen an Marguerite Poretes *Spiegel*, darunter das Motiv der drei Tode der Seele (vgl. *Spiegel*, Kap. 54, 60–64, 73, 87, 131; dazu die Ausführungen in Band III, 454–457 des vorliegenden Werks.) Eine Übersetzung und einen Kommentar zu dieser Predigt bietet Curzio Cavicchioli, „Meister Eckhart e la morte dello spirito: Un sermone apocrifo", in: *Rivista di Ascetica e Mistica* 21 (1996), 181–206.
[175] Mehrere andere Predigten Eckharts handeln ebenfalls vom Reich Gottes, namentlich Pr. 68 (DW 3,138–152, darin besonders 143,1–144,3 u. 151,1–3) über Lk 21,31 (Scitote, quia prope est regnum dei) und S. XXXIV,3–4 (LW 4,302–307) über Lk 17,21 (Quaerite ergo primum regnum dei). Siehe auch Pr. 38 (DW 2,233,3–4).
[176] A. de Libera, *La mystique rhénane*, 242–248. Über die mors mystica siehe Alois M. Haas, „Mors Mystica. Ein mystologisches Motiv", in: *Sermo mysticus*, 392–480, worin er Eckhart in 449–458 behandelt (allerdings ohne diese Predigt zu erwähnen). Als weitere Stellen über die *mors mystica* bei Eckhart siehe Prr. 49 und 56 (DW 2,445–446, 589); Pr. 84 (DW 3,462–465); Prr. 95 und 97 (DW 4,195–196, 234–236).

Selbst und aller Dinge, sogar Gottes (dazu wird Joh 12,24 zitiert): „Hier verlässt die Seele alle Dinge, Gott und alle Kreaturen."[177] Eckhart sagt, wenn man derart vom Aufgeben Gottes spreche, sei das keine Übertreibung: „Solange die Seele Gott hat und Gott kennt und Gott weiß, ist sie fern von Gott ...", und folglich bestehe „die größte Ehre, die die Seele Gott antut, darin, dass sie Gott sich selbst überlasse und seiner ledig stehe."[178] Aber ein solcher „mystischer Atheismus" ist erst der Anfang.

Als nächstes kommt der Prediger auf die Notwendigkeit zu sprechen, dass die Seele aus dem Sein, das sie im ewigen Bild in Gott habe, ausziehen müsse, denn „darin leuchtet ihr das ungeschaffene Bild, in dem sich die Seele nach ihrer Ungeschaffenheit findet."[179] Dieser „göttliche Tod" *(gotlich tot)* sei deshalb notwendig, weil sie sogar dann, wenn sie zu ihrem ungeschaffenen Zustand im Wort als Bild des Vaters zurückgekehrt sei, sich immer noch in der Unterschiedenheit der Personen in der Dreifaltigkeit vorfinde. „Und so durchbricht die Seele ihr ewiges Bild, dass sie dahin komme, wo Gott reich an Einssein ist. Darum spricht ein Meister, dass der Seele Durchbruch edler sei als ihr Ausfließen ... Dieses Durchbrechen ist der zweite Tod des Geistes, und der ist viel größer als der erste."[180] Dieses „Wunder über alle Wunder" bedeutet den Tod Gottes, zumindest Gottes, insofern er der Sohn ist. Wenn der Sohn in das göttliche Einssein zurückkehre, verliere er sich selbst, und wenn folglich die Seele „durchbricht und sich verliert in ihrem ewigen Bild, ist dies das Sterben, dass die Seele in Gott (hinein) stirbt."[181] Hier geht die Seele über die Identität hinaus, die sie mit Gott im ewigen Bild hat. Damit gibt es keinerlei Art von Bildhaftigkeit mehr; sogar diejenige Identität, zu der gehört, dass zwei unterschiedene Dinge eins werden, hört auf. Es gibt nur noch das Nichtsein.

Man kann sich schwer vorstellen, welche Art von Sterben auch dann

---

[177] Jostes 82 (93,15): *Hie verlust die sele all dink, got und all creaturen.* (Übertragung dieser Stelle und auch der folgenden Zitate aus Jostes 82: B. S.)
[178] Jostes 82 (93,20–26): *... wann als lang als di sele got hat und got bekent und got weiz, so ist si verne von got ... Und daz ist die meist ere, di die sele got tut, daz ist, daz si got ym selbe lazze und ste (si) sein ledik.*
[179] Jostes 82 (94,2–3): *... so leuhtet ir daz ungeschaffen bild, in dem sich di sele vindet noch ir ungeschaffenheit ...*
[180] Jostes 82 (94,13–18): *... so durchbricht di sele ir ewigen bild, uf daz si kum, da got ist reich in einikeit. Dar um spricht ein meister, daz der sele durchbruch edeler sei denn ir ausfluz ... Diz durchbrechen daz ist der ander tot dez geistes, der ist vil mer denn der erst.* Die Berufung auf „ein meister" (Eckhart selbst?) findet sich auch in Pr. 52 (DW 2,504,4), wo allerdings die gebräuchlichere Verbform verwendet wird: *Ein grôz meister sprichet, daz sîn durchbrechen edeler sî dan sîn ûzvliezen ...*
[181] Jostes 82 (94,28–30): *Als di sele durchbricht und sich verleust in irm ewigen bild, daz ist daz sterben, daz die sele stirbet in got.*

noch anstehen könnte, aber der Prediger bringt es fertig, noch ein weiteres vorzustellen. Bei diesem geht es darum, dass alles Wirken und Tätigsein aufhöre, sogar in Gott. Damit ist das erreicht, was man als Einssein jenseits der Identität bezeichnen könnte, das paradoxerweise auch eine transzendentale Selbst-Entdeckung ist. Zu dieser letzten Nicht-Stufe gehört die Selbstwahrnehmung des Vaters „vor dem Hervorsprudeln", bei der er sich als die potenzielle Quelle des Sohnes und des Heiligen Geistes erfährt.[182] Wenn die Seele die „göttliche Einung auf höchster Ebene" *(gotlich einung ... in der hohst)* erreichen will, muss sie folglich alles „göttliche Wirken" *(gotlicher wirkung)*, das zum Vater als Vater gehört, aufgeben. Der Prediger beschreibt sodann das, was als Nächstes geschieht, mit Begriffen, die über alles hinausgehen, was sich sonst anderswo explizit in Eckharts Predigten findet; allerdings handelt es sich um weitere Ausfaltungen von Aspekten seiner Predigt. Grundsätzlich besteht der dritte Tod darin, alle Potenzialität zum Tätigsein inner- und außerhalb Gottes, die im Vater wurzelt, abzulegen. In dieser Predigt wird der höchste Zustand als das im Evangelium genannte „Reich Gottes" *(daz reich gots)* identifiziert; dieser Ausdruck kommt im genannten Stück zwanzigmal vor. Die genauere Erläuterung dieses endgültigen Sterbens ist sehr wortreich, jedoch werden auf diesen Seiten (95,5–98,8) derart viele Themen angesprochen, die auch anderswo bei Eckhart auftauchen, dass sie ein gutes Argument dafür liefern, dass dieser Text tatsächlich von ihm stammt. Was in der Schlussfolgerung dieser Predigt neu ist, ist die Vorstellung, dass der endgültige Tod eine transzendentale Selbst-Wahrnehmung sei.

Die vorgestellte Predigt beschreibt das dritte Sterben als die notwendige Folge des zweiten. Wenn die Seele nach dem zweiten Tod erkenne, dass sie nicht von sich aus in das Reich Gottes gelangen könne, müsse sie bereit sein, noch mehr aufzugeben. Aber was ist ihr geblieben, das sie noch aufgeben könnte? In der Predigt folgt dazu die schwer verständliche Aussage: „So nimmt die Seele sich selbst wahr und geht ihren eigenen Weg und sucht Gott nicht mehr. Und hier stirbt sie ihren höchsten Tod. In diesem Tod verliert die Seele alles Begehren und jegliches Bild und Verstehen und alle Form und wird ihres ganzen Wesens beraubt ... Wenn dann dieser Geist tot und in der Gottheit begraben ist, dann lebt die Gottheit als niemand anders als sie selbst."[183]

---

[182] So jedenfalls lese ich die rätselhafte Stelle (Jostes 95,5–12), an der es scheint, dass der Begriff *natur* als die persönliche Eigenschaft des Vaters verstanden werden sollte, während *wesen* die göttliche Natur oder Gottheit bezeichnet.
[183] Jostes 82 (95,28–36): ... *so enphint di sele ir selbs und get ir eygen weg und ensucht got nimmer; und allhie so stirbet si iren hohsten tot. In disem tot verleuset di sele alle begerung und*

Damit befindet sich die Seele „im grundlosen Meer der Gottheit" *(in diesem grundlosen mere der gotheit*, 95,38–39), und hier, wo „sich die Seele derart in jeder Weise verliert ... findet sie, dass sie das selbe ist, das sie (immer) gesucht hatte, ohne den Zugang dazu zu finden."[184] Paradoxerweise sagt Eckhart, dass dies eine *neue* Art von Bild sei, das „höchste Bild, in dem Gott wesenhaft mit seiner ganzen Gottheit anwest, weil er in seinem eigenen Reich ist" (96,6–7). Die Verschmelzung der Subjektivität bleibt jedoch christologisch. Eckhart fährt fort: „Gott ist deshalb ein zweites Ich geworden, damit ich ein zweiter Er werde. Daher spricht der heilige Augustinus: Gott ist Mensch geworden, damit der Mensch Gott werde."[185] Die Predigt schließt mit dem ausdrücklichen Hinweis, dass man die drei Tode nur dank des Wirkens der Gnade sterben könne. Ferner wird noch gesagt, alle Werke, die man aus dem Leben in Gottes Reich heraus wirke, würden zu einem einzigen lebendigen Werk, dem man sich ohne Zerstreuung oder Eigeninteresse widme, also zu jener Art von Handeln „ohne Warum", die für Eckharts Mystik so wichtig ist. Letzteres wird unten anhand von Pr. 86 noch weiter ausgeführt werden. Sowohl die hier vorgestellte „Predigt vom Reich Gottes" als auch Pr. 86, die Predigt über „Martha und Maria", überziehen die Länge der Predigten, die allgemein als authentische Werke Eckharts akzeptiert sind, zumindest in Einzelheiten. Aber falls sie nicht von Eckhart stammen sollten, wer hätte sie dann gehalten? Gab es einen Mystik-Prediger, der eckhartischer war als Eckhart selbst?

Mystische Identität

Ein Überblick über die drei wesentlichen Tätigkeiten beim *reditus* ermöglicht es uns, Eckharts Sicht des mystischen Einswerdens zusammenzufassen, von dem er einmal schrieb „Alles Sehnen aber und dessen Befriedigung besteht darin, mit Gott vereinigt zu werden."[186] Bei allem, was Eckhart sowohl über die Schöpfung als auch die Rückkehr zu sagen hat, geht es um das Ziel des Einswerdens mit Gott. Eckhart vertrat, es gebe zwei Formen des Einsseins: das präexistente wesentliche Einssein, das in Gottes Ununterschiedenheit von allen Dingen als ihrer wahren Realität bestehe (die

---

alle bild und alle verstentnuzz und alle form und wirt beraubt aller wesen ... Wann diser geist ist tot und ist begraben in der gotheit, wann di gotheit enlebt nieman anders dann ir selber.
[184] Jostes 82 (96,4–5): *Als nu di sele also sich verleuset in aller weis, als hie gesagt ist, so vindet di sele daz, daz si daz sel ist, daz si gesucht hat sunder zuganke.*
[185] Jostes 82 (97,4–6): *Got ist dorum worden ein ander ich, uf daz ich wurd ein ander er.* Also spricht sant Augustinus: *Got ist mensch worden, uf daz der mensch got wurd.* Davies gibt an, dass das Augustinus-Zitat vermutlich aus Ep. 342 (PL 39,1534) stamme.
[186] In Ioh. n. 547 (LW 3,477,10–11): *... omne autem desiderium et eius quies est uniri deo ...*

Schöpfungsidentität); und das Einssein, das es zu erlangen gelte, indem wir uns mittels Nichtwissens jener ununterschiedenen Präsenz durch Loslösung, Gebären und Durchbrechen bewusst würden (die Neuschöpfungsidentität).[187]

In einer Predigt beschreibt Eckhart das letztere Einssein folgendermaßen: „Du sollst ganz deinem ‚Deinsein' entsinken und in sein ‚Seinsein' zerfließen, und es soll dein ‚Dein' und sein ‚Sein' so gänzlich ein ‚Mein' werden, dass du mit ihm ewig erkennest seine ungewordene ‚Seinsheit' und seine unnennbare ‚Nichtigkeit'."[188] In derartigen Formulierungen formt er die Sprache zu seinem eigenen Zweck um, um ein Einssein in der Ununterschiedenheit zum Ausdruck zu bringen. An anderen Stellen spricht er einfacher und direkter von der mystischen Identität: „Zwischen jenem Menschen und Gott jedoch gibt es nicht nur keinen Unterschied, sondern da gibt es auch keine Menge, da gibt es nichts als Eines."[189] Eckhart vertrat kompromisslos, dass es sich beim wahren Einssein mit Gott um absolute Identität handle, ohne Medium irgendwelcher Art.[190]

In der Geschichte der christlichen Mystik lassen sich, wie bereits früher erwähnt, zwei Vorstellungsweisen des Einsseins dank des Einswerdens mit Gott durch Neuschöpfung unterscheiden: das mystische Einssein, das heißt die vollkommene Einung der Willen des göttlichen und des menschlichen Liebhabers, also die in 1 Korinther 6,17 genannte *unitas spiritus;* und die mystische Identität, also die Ununterschiedenheit von Gott und Mensch, wie sie in Eckharts Formel vom *ein einic ein* („ein einziges Eines") zum Ausdruck kommt. Für Eckhart war das Einssein von Willen nicht genug. Wie wir in Pr. 52 gesehen haben, vertrat er, um zum wahren Einssein zu gelangen, müsse der geschaffene Wille derart zunichte werden, dass nichts übrigbliebe als der in sich selbst wirkende göttliche Wille. In Pr. 25 sagte er das so: „Wenn der Wille so (mit Gottes Willen) eins wird, dass ein einziges

---

[187] In den meisten Abhandlungen über Eckhart wird seine Vorstellung vom mystischen Einssein erörtert, jedoch nehmen nur wenige Untersuchungen dies zum zentralen Ausgangspunkt. Siehe jedoch Richard Kieckhefer, „Meister Eckhart's Conception of Union with God", in: *Harvard Theological Review* 71 (1978), 203–225.

[188] Pr. 83 (DW 3,443,5–7): *Dv solt alzemal entzinken diner dinisheit vnd solt zer fliesen in sine sinesheit vnd sol din din vnd sin sin éin min werden als genzlich, das dv mit ime verstandest ewiklich sin vngewordene istikeit vnd sin vngenanten nitheit.* Über diesen Text siehe Morard, „Ist, istic, istikeit bei Meister Eckhart", 172–175.

[189] Pr. 40 (DW 2,274,10–12): *Aber zwischen dem menschen vnd gote enist niht aleine niht underscheit, sunder dâ enist ouch kein menige; dâ enist niht wan ein.* Solche Stellen gibt es bei Eckhart viele; siehe z. B. Pr. 9 (DW 1,106,1–3); Prr. 58, 59 (DW 2,614–616, 631–632).

[190] Eckhart wiederholt ständig, das Einssein müsse *sine medio/âne mittel* sein. Einige typische Formulierungen finden sich in In Gen.II n. 146 (LW 1,615); In Sap. nn. 282–284 (LW 2,614–616); Prr. 62, 76, 81 (DW 3,64, 323–324, 400–401).

Eins daraus wird, dann gebiert der Vater vom Himmelreich seinen eingeborenen Sohn in sich (zugleich) in mich. Warum in sich (zugleich) in mich? Weil ich ja eins mit ihm bin, er *kann* mich nicht ausschließen, und in diesem Werk empfängt der Heilige Geist sein Sein und sein Werden von mir ebenso wie von Gott. Warum? Weil ich bin in Gott."[191] Eckhart erfand nicht die Vorstellung von der mystischen Identität, aber in der Geschichte des Christentums machte sich kein Mystiker kühner daran, genauer zu erkunden, wie das echte Einssein mit Gott über das Vereinigtwerden zweier Substanzen, die ontologisch unterschieden bleiben, hinausgehen müsse, um totale Ununterschiedenheit zu erreichen, also das, was er zuweilen als „wesentliche" Identität bezeichnete.[192] Oder, wie er einmal schrieb, „Gott aber ist ununterschieden, und auch die Seele liebt ununterschieden zu sein, das heißt, eins zu sein und eins zu werden mit Gott."[193]

Eckhart wurde des Pantheismus bezichtigt. Aber wenn Pantheismus die totale Identität von Gott und Welt und der Welt mit Gott bedeutet, ist Eckhart weit davon entfernt. Gott mag tatsächlich die Realität aller Dinge sein, aber Gott geht auch unendlich über alle Dinge hinaus. Gott ist immer unterschieden und ununterschieden zugleich. Zudem handelt es sich bei der verschmolzenen Identität des *grunt*, von der Eckhart spricht, überhaupt nicht um die Realität unter ihrem geschaffenen Aspekt. Auch wenn Eckhart klar war, dass sein Verständnis des Einsseins mit Gott über das bisher Übliche hinausging, unternahm er es doch, nachzuweisen, dass seine Lehre in der Schrift und Tradition gründe. So berief er sich zum Beispiel oft auf Bibeltexte wie Johannes 17,21, wo Christus zu seinem Vater für alle betet, die an ihn glauben werden: „Alle sollen eins sein, wie du, Vater in mir bist und ich in dir, damit auch sie in uns eins sind."[194] Dass er diesen Text buchstäblich verstand, zeigt sich eindeutig in S. XXX, wo er sagt: „Alle Heiligen

---

[191] Pr. 25 (DW 2,11,1–4): *Swenne der wille alsô vereinet wirt, daz ez wirt ein einic ein, sô gebirt der vater von himelrîche sînen eingebornen sun in sich in mich. War umbe in sich in mich? Dâ bin ich ein mit im, er enmac mich ûzgesliezen niht, und in dem werke dâ enpfaehet der heilige geist sîn wesen und sîn werden von mir als von gote. War umbe? Dâ bin ich in gote.*

[192] Obwohl die Ununterschiedenheit über die gewöhnliche Ontologie hinausgeht, spricht Eckhart zuweilen vom Einssein als „substanziell" oder „wesentlich" (*weselîch* usw.); siehe z.B. Pr. 76 (DW 3,320,5–6): ... *âne allen underscheit werden wir daz selbe wesen und substancie und natûre, diu er [got] selber ist*; und Pr. 76 (DW 3,327,3–4): *Und ich bin wol übergesast in daz götlich wesen, sô wirt got mîn und swaz er hât.*

[193] In Sap. n. 282 (LW 2,614,13–615,1): *Deus autem indistinctus est, et anima amat indistingui, id est unum esse et fieri cum deo.*

[194] Eckhart verwendet Joh 17,21 als Grundlage seiner Lehre über das ununterschiedene Einssein in In Sap. n. 44 (LW 2,366); In Ioh. nn. 130, 383, 548 (LW 3,112, 326, 478); Pr. 46 (DW 2,383, 388); Prr. 64, 65 (DW 3,88–90, 100–101); BgT 1 (DW 5,33).

sind aber in Gott eines, nicht einer."¹⁹⁵ Und schließlich müssen wir uns daran erinnern, dass Eckharts Begriff des ununterschiedenen Einsseins zutiefst dialektischer Natur ist, das heißt, unser Einssein mit Gott ist im Grund tatsächlich ununterschieden, aber in unserem formalen Sein als *ens hoc et hoc* bleibt uns immer die Unterschiedenheit von Gott. Eckhart betont, dass diese Unterschiedenheit sogar im letzten Einssein im Himmel bleiben werde.¹⁹⁶

Der Implikationen von Eckharts Sicht des ununterschiedenen Einsseins sind viele. Der Versuch dürfte der Mühe wert sein, die Grundlinien seiner Position noch einmal zu umreißen. Das ununterschiedene Einssein lässt sich als ein ständiger Zustand der nicht-absorbierenden und umwandelnden Wahrnehmung der Identität des *grunt* beschreiben. Eckharts Sicht des Einsseins ist nicht-absorbierend, weil ekstatische Zustände bestenfalls eine vorbereitende und unwesentliche Rolle spielen. Zudem handelt es sich beim Einssein um eine Form der Vergöttlichung oder Umwandlung, die in letzter Analyse über das Erkennen und Lieben hinausreicht, zumindest in den Formen, die wir in unseren gewöhnlichen Bewusstseinszuständen erfahren.

Das oben erörterte, in Pr. 26 beschriebene zweifache Durchbrechen zeigt, dass Eckhart genau wie die Begine Hadewijch das ununterschiedene Einssein als gegenseitiges Ereignis verstand. Natürlich kann aus der Sicht des *geschaffenen* Seins der Seele von Gegenseitigkeit keine Rede sein: Das reine Dasein hat mit dem geschaffenen Nichtsein nichts gemein; aber aus der Sicht des *grunts der sêle* verwendet Eckhart oft die Rede von der Gegenseitigkeit. In Pr. 5b sagt er zum Beispiel: „Geh' völlig aus dir selbst heraus um Gottes willen, so geht Gott völlig aus sich selbst heraus um deinetwillen. Wenn diese beiden herausgehen, so ist das, was da bleibt, ein einfaltiges Eins. In diesem Einen gebiert der Vater seinen Sohn im innersten Quell. Dort blüht aus der Heilige Geist."¹⁹⁷ Texte wie diese sowie Abschnitte aus Pr. 52 sprechen auch angesichts der absoluten Identität von den Grenzen

---

¹⁹⁵ S. XXX n. 314 (LW 4,276,7–8): *Unum autem, non unus, omnes sancti in deo.* Siehe S. XLIV n. 441 (LW 4,369,12–13): *… omnes tamen ‚in eandem imaginem' transformantur et in ipso filio deo unum sunt.*

¹⁹⁶ Zuweilen unterscheidet Eckhart zwischen dem vollkommenen Einssein, das im Himmel komme und demjenigen Einssein, das in diesem Leben erreichbar sei (z. B. in Pr. 86 [DW 3,486.3–9]). Über das künftige Einssein im Himmel siehe Pr. 7 (DW 1,118) und Pr. 39 (DW 2,265–266). Tobin sagt es (in *Meister Eckhart*, 114) beim Kommentieren des letzteren Textes so: … *sogar im Himmel existiert der Geist des Menschen in einem Zustand, der sowohl die Geburt als Zustand äußersten Einsseins mit der göttlichen Existenz einschließt, als auch die Geburt als unvollkommenen und fortlaufenden Prozess.*

¹⁹⁷ Pr. 5b (DW 1,93,6–94,1): *Ganc dîn selbes alzemâle ûz durch got, sô gât got alzemâle sîn selbes ûz durch dich. Dâ disiu zwei ûzgânt, swaz dâ blîbet, daz ist ein einvaltigez ein. In disem ein gebirt der vater sînen sun in dem innersten gequelle. Dâ blüejet ûz der heilige geist …*

der Gegenseitigkeit. Was anfangs im Bild der gegenseitige Durchdringung von Gott und Mensch ausgedrückt wird, ist nur die erste Stufe in einem Prozess des Nichtwissens und Entwerdens, der auf eine Identität abzielt, in der es keine Gegenseitigkeit mehr geben kann, weil alles eins ist: *ein einvaltigez ein.*

Eine der Weisen, auf die Eckhart von der Gegenseitigkeit sprach, die im Grund zur Identität von Gott und Mensch werde, bestand darin, dass er die Metapher vom Blick eines einzelnen Auges auf sich selbst in Form einer Spiegel-Identität verwendete: „Das Auge, in dem ich Gott sehe, das ist dasselbe Auge, darin mich Gott sieht; mein Auge und Gottes Auge, das ist *ein* Auge und *ein* Sehen und *ein* Erkennen und *ein* Lieben."[198] Oder, wie es in einer anderen Predigt heißt: „Man soll wissen, dass Gott zu erkennen und von Gott erkannt zu werden der Sache nach eines ist. Darin erkennen wir Gott und sehen, dass er uns sehen und erkennen macht."[199] Im *Johanneskommentar* liefert eine lange Abhandlung über die Identität von Erkennendem und Erkanntem im Akt des Erkennens die metaphysischen Grundlagen für diese Lehre und die Erörterung, wie „das Angesicht und Bild, in dem Gott uns sieht und wir ihn sehen, eins ist."[200]

Nach Eckhart ist unser Einssein mit Gott ein ständiger Zustand, zumindest in gewisser Weise. Das gilt sicher für die metaphysische Ununterschiedenheit, die das Bewusstsein der Identität untermauert, aber aus dem über Loslösung, Gebären und Durchbrechen Gesagten sollte klar sein, dass dies alles so gemeint ist, es solle ununterbrochen verwirklicht werden, selbst wenn man sein Tagesbewusstsein nicht immer auf diese Ebene gerichtet halten kann. Eckhart sagt dies an Stellen wie in Pr. 86, die unten noch behandelt werden soll, sowie auch in dem oben zitierten Abschnitt aus der

---

[198] Pr. 12 (DW 1,201,5–8): *Daz ouge, dâ inne ich got sihe, daz ist daz selbe ouge, dâ ine mich got sihet; mîn ouge und gotes ouge daz ist éin ouge und éin gesiht und éin bekennen und éin minnen.* Siehe auch Pr. 69 (DW 3,175,5). In Pr. 10 wendet er die gleiche Formulierung auf das Erkennen (DW 1,162,2–4) und das Lieben (168,4–7) an. Eine Grundlage für diese Formulierung lieferte die aristotelische Theorie vom Sehen, die in den lateinischen Werken oft erwähnt wird, etwa in In Gen.II n. 33 (LW 1,501); In Ex. n. 125 (LW 2,116–117); In Ioh. nn. 107, 505 (LW 3,91–92, 436). Über das Sprechen vom Auge in Eckharts Werken siehe Gudrun Schleusener-Eichholz, *Das Auge im Mittelalter*, 2 Bde., München 1985, I,116–128; und Jeffrey F. Hamburger, *St. John the Divine. The Deified Evangelist in Medieval Art and Theology*, Berkeley 2002, 192–195.
[199] Pr. 76 (DW 3,310,3–4): *Ez ist ze wizzenne, daz daz ein ist nâch dingen: got bekennen und von gote bekant ze sîne und got sehen und von gote gesehen ze sînne.*
[200] In Ioh. n. 506 (LW 3,437,12–13): ... *eo quod una sit facies et imago in qua deus nos videt et nos ipsum* ... Siehe den ganzen Abschnitt in nn. 506–509 (LW 3,437–441) und die dort angegebenen Paralleltexte.

sechsten der *Reden der Unterweisung:* „Das wahre Gott-Haben ist am Gemüte gelegen und an einer innigen und bewussten Hinwendung und Strebung zu Gott, nicht etwa an einem gleichmäßigen stetigen Denken an Gott; denn das wäre auch gar schwer und nicht einmal das Allerbeste."[201]

Für Eckhart ist das ständige Einssein mit Gott keine „Erfahrung" in irgendeinem gewöhnlichen Sinn dieses Begriffs; sie ist das, was geschieht, wenn jemand versucht, alles, was er oder sie tut, in Beziehung zur verschmolzenen Identität des *grunts* zu setzen. Es ist eine neue *Weise* des Erkennen und Handelns, nicht irgendeine *partikuläre* Erfahrung oder ein Akt des Erkennens von *etwas*.[202] Wie wir gesehen haben, wird es durch Nichtwissen *(unwizzen)* erreicht, nicht durch Wissen, wie wir es uns vorstellen. Dieses Nichtwissen erreicht man durch die Praxis der Innerlichkeit und Loslösung, wie Eckhart durchweg in seinen Predigten betont, und das hänge nicht von unserem Tätigsein ab; es komme von Gott, so erklärt er immer und immer wieder.

Eckhart betont in seinen späteren Predigten, dass grundsätzlich alle Gläubigen über die Fähigkeit, „nichtwissend" des *grunts* gewahr zu werden, verfügten und dies mit einem Leben voller Tätigsein und Dienen voll verträglich sei. Die Verallgemeinerung der Berufung zum mystischen Einssein war ein wichtiger Aspekt der neuen Mystik des 13. Jahrhunderts; sie äußert sich ganz besonders stark in Eckharts Predigten.[203] In Pr. 66 findet sich diesbezüglich eine sehr klare Aussage. Eckhart predigt über Matthäus 25,23 („Wohlan, du guter und getreuer Knecht, gehe ein in die Freude deines Herrn") und lädt seine Zuhörer ein, zu „guten und getreuen Knechten" zu werden, indem sie ganz von sich selbst frei werden und sich Gott hingeben. Der gute und getreue Knecht sei einer, der „in kleinen Dingen" treu sei, und bei diesem „Kleinen" handle es sich um die ganze Schöpfung. Jemandem, der auf diese Weise treu sei, müsse Gott notwendigerweise seine innere Freude schenken. Und dann gerät Eckhart geradezu ins Schwärmen: „Ich sage aber noch mehr – erschrecket nicht, denn diese Freude ist *euch* nahe und ist in *euch!* – Es ist keiner von euch so grobsinnig noch so klein an Fassungskraft noch so (weit davon) entfernt, dass er diese Freude nicht mit Freude und Erkenntnis so, wie sie wahrheitsgemäß ist, in sich finden könnte, noch ehe ihr heute aus dieser Kirche kommt, ja, noch ehe ich heute

---

[201] RdU 6 (DW 5,205,2–5).
[202] Siehe Mieth, *Die Einheit von Vita Activa und Vita Contemplativa*, 215; Turner, *The Darkness of God*, 171–172; Tobin, *Meister Eckhart*, 186–192; und Kieckhefer, „Meister Eckhart's Conception of Union", 211–214.
[203] Vgl. im vorliegenden Werk Band III,37–40.

meine Predigt beendige; er kann's ebenso gewiss in sich finden, erleben und haben, wie Gott Gott ist und ich Mensch bin!"[204]

Die Überzeugung, dass alle zum Einssein mit Gott berufen seien, hilft Eckharts Einstellung zu Zuständen mystischer Absorption, Entrückung, Ekstase und dergleichen erklären. Er räumt ein, dass es diese Formen speziellen Bewusstseins gebe und sie, sofern richtig verstanden, nützlich sein könnten. Aber sie gehörten nicht zum Wesen des Einsseins und könnten schädlich sein, falls man sie entweder als notwendigen Weg zum Ziel auffasse oder womöglich sogar mit dem Ziel verwechsle. Eckhart verwendet die in 2 Korinther 12 beschriebene Entrückung des Paulus in den Himmel als Beispiel für die Art von verzückter Wahrnehmung des unbekannten Gottes, die mit dem mystischen Einssein nicht unvereinbar sei.[205] Wie wir gesehen haben, verwendet Eckhart in den deutschen Predigten zur Beschreibung derartiger absorbierender Bewusstseinszustände die Verben *gezücket* und *entzücket*.[206] Er räumte auch ein, dass Erfahrungen des „Genießens Gottes" *(gebrûchenne)* ihren Platz hätten.[207] Die Gefahr bei derlei Zuständen bestehe jedoch darin, dass man sich an sie hänge und es aus diesem Grund an der nötigen Praxis fehlen lasse, dem Selbst vollständig abzusterben, indem man alles Irdische und alle Wünsche „abschneide", um sich einzig auf Gott zu konzentrieren. In Pr. 41 tadelt Eckhart diejenigen, die „Gottes Willen verschmecken" möchten, als seien sie bereits im Himmel. „Sie lieben Gott um irgend etwas anderes willen, was Gott nicht ist. Und wenn ihnen dann etwas zuteil wird, was sie lieben, so kümmern sie

---

[204] Pr. 66 (DW 3,113,8–114,2): *Ich spriche aber mê – erschricket niht, wan disiu vröude diu ist iu nâhe, und si ist in iu – ez enist iuwer keinez sô grop noch sô kleine von verstantnisse noch sô verre, er enmüge dise vröude in im vinden in der wârheit, als si ist, mit vröude und mit verstânne, ê daz ir tâlanc ûz dirre kirchen komet, jâ, ê daz ich tâlanc geprediget; er mac ezals waerlîchen in im vinden und leben und haben, als daz got got ist und ich mensche bin!* Eckhart wiederholt dies in dieser Predigt später fast Wort für Wort (118,13–119,6).
[205] Die Entrückung von Paulus, beschrieben als *exstasis mentis*, erwähnt Eckhart in einem seiner frühesten Werke, z.B. im Sermo in die B. Augustini n. 6 (LW 5,94–95). Er erörtert sie ausführlich in S. XXII nn. 213–216 (LW 4,197–203) und zitiert dabei Thomas von Aquin. In den deutschen Predigten kommt er etliche Male auf diese Entrückung zu sprechen: Pr. 23 (DW 1,404–407); Prr. 61, 80, 86 (DW 3,36–40, 381, 483 u. 486–487); Prr. 101, 102 u. 104 (DW 4,362–363, 412–413 u. 573–576). Zudem spricht er in Pr. 73 (DW 3,259) über die Entrückung des heiligen Benedikt.
[206] Über die Verwendung der Begriffe *gezücket/enzücket* siehe die 15 Stellen, die Forman, *Meister Eckhart*, 95–125 untersucht hat. Weitere Stellen, an denen sie auftreten, lassen sich jetzt hinzufügen, z.B. Pr. 87 (DW 4,22,22). Ein vergleichbarer Begriff ist *gerucket/ergerucket*, der z.B. in Pr. 75 (DW 3,297–298) verwendet wird.
[207] Der Begriff *gebrûchenne/gebrûchunge* taucht etliche Male auf, z.B. in Prr. 49, 52, 59 (DW 2,447, 492 u. 493 und 497, 626); Prr. 84, 86 (DW 3,465, 487); Pr. 90 (DW 4,62); ferner auch in RdU 20 (DW 5,270).

sich um Gott nicht mehr. Es sei Andacht oder Lust oder was immer dir willkommen wäre: nichts von alledem, was geschaffen ist, ist Gott."[208]

Trotz des Schweigens und der Stille, die für die höchste Form des Einsseins charakteristisch sind, ist dieses Einssein nicht nur konstant, sondern verwirklicht sich auch im Tätigsein, das heißt im transzendentalen Aufquellen oder der *bullitio* des Lebens innerhalb der Dreifaltigkeit. Das kommt deutlich in Pr. 6 über den Text „Der Gerechte wird für immer leben" (Weish 5,16) zum Ausdruck. Diese Predigt ist in den deutschen Werken Eckharts eine seiner ausführlichsten Darlegungen über das Verhältnis zwischen der Gerechtigkeit und dem gerechten Menschen.[209] Darin liefert er einige seiner riskantesten Formulierungen über die Geburt des Wortes in der Seele und das Einssein in der Ununterschiedenheit.[210] Gegen Ende dieser Predigt erörtert er das Tätigsein des Vaters beim Gebären des Sohnes und betont dabei, dass das bei der Geburt in der Seele erlangte Einssein ein gegenseitig verschmolzenes „Wirken" *(würken)* und „Werden" *(werden)* sei, bei dem Gott und Ich eins seien: „Gott und ich, wir sind *eins*. Durch das Erkennen nehme ich Gott in mich hinein; durch die Liebe hingegen gehe ich in Gott ein ... Das Wirken und das Werden aber ist eins ... Gott und ich, wir sind in einem solchen Wirken; er wirkt, und ich werde."[211]

---

[208] Pr. 41 (DW 2,291,9–292,1): *Sie minent got umbe iht anders, daz got niht enist. Und eht in wirt, daz sie dâ minnent, sô enruochent sie umbe got niht. Ez sî andâht oder lust oder swaz dir wol kaeme; ez enist allez got niht, swaz dâ geschaffen ist.*

[209] Pr. 6 (DW 1,99–115). Diese Predigt zeichnet sich dadurch aus, dass ihr für die Kölner Verfahren die größte Anzahl von beanstandeten Artikeln entnommen wurde. Als neuere Kommentare dazu siehe Kurt Flasch, „Predigt 6: ‚Iusti vivent in aeternum'", in: *Lectura Eckhardi II*, 29–51; und Milem, *The Unspoken Word*, Kap. 5. Das Thema *justitia* kommt in den deutschen Texten weniger oft vor als in den lateinischen; aber siehe Prr. 10, 16b, 24 (DW 1,161 u. 174, 272–273, 421–422); Prr. 28, 29, 39, 41, 46 (DW 2,62–63, 82, 251–263, 288–289, 384–385); und BgT 1 (DW 5,9–13, 18).

[210] Die als häretisch verurteilten Artikel 8, 9 und 10 von „In agro dominico" sind der Pr. 6 entnommen (DW 1,100,4–6, 112,6–9 und 110,8–111,6). Zudem stammt der als unbesonnen usw. bezeichnete Art. 22 aus 109,7–110,2: *Der vater gebirt sînen sun âne underlâz, und ich sprich mêr: er gebirt mich sînen sun und den selben sun. Ich spriche mêr: er gebirt mich niht aleine sînen sun; mêr: er gebirt mich sich und sich mich und mich sîn wesen und sîn natûre. In dem innersten quelle dâ quille ich ûz in dem heiligen geiste, dâ ist éin leben und éin wesen und éin werk. Allez waz got würket, daz ist ein; dar umbe gebirt er mich sînen sun âne allen underscheit.*

[211] Pr. 6 (DW 1,113,7–114,5): *Got und ich, wir sint ein. Mit bekennenne nime ich got in mich, mit minnenne gân ich in got ... Got und ich wir sint ein in disem gewürke; er würket, und ich gewerde.* Zu mehr über das Einssein als Tätigkeit, bei der Gott wirkt und die Seele das Wirken passiv annimmt, siehe Pr. 48 (DW 2,416–417) und Pr. 83 (DW 3,447). Eckhart fasst das Wesen der *beatitudo*, die bei der Geburt des Sohnes in der Seele wahrgenommen wird, in S. IX n. 100 (LW 4,95,3–4) so zusammen: *Quae gloria sive beatitudo consistit in uno eodem active in deo, passive in anima.* In Pr. 21 scheint Eckhart der Vorstellung zu widersprechen, dass das Einswerden eine Tätigkeit sei, wenn er sagt, die Liebe vereinige uns nicht wirklich mit Gott, weil

Die Erwähnung von Erkennen und Lieben in dieser Stelle führt zu einer weiteren wichtigen Frage für das Verständnis des Einsseins bei Eckhart: derjenigen nach den jeweiligen Rollen von Intellekt und Willen. Es ist offensichtlich, dass Eckhart vertrat, das Einssein mit Gott finde in der Seele statt, insofern sie intellektiv ist. Diesen Standpunkt teilt er mit Maimonides: „Verbinde beides: in dem Wesen (der Seele), insofern es geistig ist, ist sie – nach Rabbi Moses – in ihrem obersten Teil mit Gott verbunden, und so ist sie ‚von Gottes Geschlecht' (Apg 17,29)."[212] In S. XXIX sagt er es so: „Denn der eine Gott ist Intellekt, und der Intellekt ist der eine Gott. Daher ist Gott niemals und nirgends Gott außer im Intellekt ... Zum Intellekt aufsteigen und sich ihm unterwerfen bedeutet also mit Gott vereinigt werden."[213] Was hier bereits früher anhand lateinischer Texte wie der *Pariser Fragen* qq.1–2 und des S. XXIX über die Rolle des Intellekts bei Eckhart vorgestellt wurde, sowie die zahlreichen Abhandlungen über den Intellekt in Eckharts deutschen Werken, in denen die *vernünfticheit* als zum Erlangen des Einsseins notwendig erklärt wird,[214] lässt alles eindeutig den stark intellektualistischen Zug von Eckharts Vorstellung vom Einswerden erkennen. Aber trotzdem liegen die Dinge bei Eckhart nie so einfach.

Zunächst einmal müssen wir uns daran erinnern, dass zu Eckharts Vorstellung vom intellektuellen Akt, der uns mit Gott vereinigt, eine unvermittelte und direkte Schau Gottes und der Seele als eins mit Gott gehört. Das ist nicht die Art von reflexivem Verstehensakt, bei dem man etwas erkennt und dann in der Lage ist, über das zu reflektieren, was man erkennt. Die ausführlichste Erörterung dieses Punktes kommt am Schluss der Predigt „Vom edlen Menschen", wo Eckhart denen widerspricht, die die endgültige Seligkeit des Himmels (und als Ausweitung davon unsere direkte

---

sie uns im Wirken, jedoch nicht im Sein mit ihm vereinige (*minne eneiniget niht; si einiget wol an einem werke, niht an einem wesene*: DW 1,360,3–4). Der Widerspruch behebt sich, wenn man annimmt, dass Eckhart hier vom Wirken des Menschen spricht, nicht vom Wirken Gottes in uns, wenn wir mit dem Gott vereinigt werden, in dem es keine Unterscheidung zwischen *wesen* und *werke* gibt.

[212] S. XI n. 115 (LW 4,109,1–2): *... in essentia, ut intellectiva, sic copulatur sui supremo deo, secundum Rabbi Moysen, sic est ‚genus dei'*. Er bezieht sich hier auf die Stelle 3,53 im *Führer* von Maimonides. Über Intellekt und Einssein siehe auch In Ioh. nn. 673, 697 (LW 3,587–588, 612).

[213] S. XXIX n. 304 (LW 4,270,1–5): *Deus enim unus est intellectus, et intellectus est deus unus ... Ascendere igitur ad intellectum, subdi ipsi, est uniri deo.*

[214] Darüber, dass eher das Erkennen als die Liebe uns mit Gott vereinigten, siehe Prr. 7, 9 und 21 ((DW 1,122–123, 152–153, 360–363). In S. VI n. 64 (LW 4:62–63) untersucht Eckhart das Verhältnis zwischen *voluntas/caritas* und *intellectus/beatitudo* als dasjenige zwischen einer *dispositio* und einer *forma substantialis* und sagt: *Iterum per ipsam solam [caritatem] boni sumus, intellectu autem nudo et supernudo non boni, sed beati sumus* (62,4–5). Vgl. In Ioh. n. 697 (LW 3,612).

Gotteserkenntnis in diesem Leben) in einem reflexiven Erkenntnisakt sehen, in dem wir erkennen, dass wir Gott erkennen.[215] Er vertritt, ein solcher reflexiver Akt *folge* auf das direkte, unvermittelte Erkennen, aber „das erste, worin die Seligkeit besteht, ist dies, dass die Seele Gott unverhüllt schaut." Und er fährt fort: „Darin empfängt sie ihr ganzes Sein und ihr Leben und schöpft alles, was sie ist, aus dem Grunde Gottes und weiß nichts vom Wissen noch von Liebe noch von irgend etwas überhaupt. Sie wird ganz still und ausschließlich im Sein Gottes. Sie weiß dort nichts als das Sein und Gott."[216] Gott selbst, nicht mein Erkennen Gottes, sei die wahre Seligkeit; jedoch räumt Eckhart ein, dass die Seele wie der Mann von edler Abkunft im Predigttext (Lk 19,12) nicht nur „in ein fernes Land reisen und sich ein Reich erwerben" (das heißt Gott im wahren Glück schauen), sondern auch „zurückkommen" müsse, „das heißt: wissen und erkennen, *dass* man Gott erkennt und weiß."[217] Die Rückkehr zur Bewusstheit sei jedoch eine Wirkung der *beatitudo*, kein Bestandteil von dieser.

Ein zweites Problem, das sich einem simplen intellektualistischen Verständnis der Seligkeit des Einsseins sowohl hier als auch dereinst in den Weg stellt, ist der Umstand, dass es bei Eckhart Stellen gibt, die (im Gegensatz zu seiner üblichen Praxis) betonen, es sei die Liebe, was uns zum Einswerden mit Gott bringe. So übernimmt er zum Beispiel in Pr. 60, einer Predigt über das Thema vom kosmischen Eros, das viele Ähnlichkeiten mit Dionysius aufweist, ohne dass dieser tatsächlich zitiert würde, die traditionelle Gleichsetzung der Cherubim mit der Erkenntnis *(bekantnisse)*, „die Gott in die Seele trägt und die Seele zu Gott leitet. *In* Gott aber vermag sie sie nicht zu bringen." Aber die höchste Kraft, die Liebe, mit der die Seraphim gleichgesetzt werden, „bricht in Gott ein und führt die Seele mit der Erkenntnis und mit allen ihren Kräften in Gott hinein und vereinigt sie mit Gott; und dort wirkt Gott oberhalb der Kraft der Seele, nicht als in der Seele, sondern als göttlich in Gott ..."[218] Man könnte diese Stelle als Ano-

---

[215] Zu Eckharts Gegnern, die die wahre *beatitudo* ins reflexive Erkennen verlegten, scheinen John Quidort und Durandus von St. Pourçain gehört zu haben. Siehe Alain de Libera, „On Some Philosophical Aspects of Meister Eckhart's Teaching", in: *Freiburger Zeitschrift für Philosophie und Theologie* 45 (1998), 160–163 und Largier, *Meister Eckhart* II,786–788.
[216] VeM (DW 5,116,28–117,2): *... wan daz êrste, dâ saelicheit ane geliget, daz ist, sô diu sêle schouwet got blôz. Dâ nimet si allez ir wesen und ir leben und schepfet allez, daz si ist, von dem grunde gotes und enweiz von wizzenne niht noch von minne noch vin nihte alzemâle. Si gestillet ganze und aleine in dem wesen gotes, si enweiz niht dan wesen dâ und got.*
[217] VeM (DW 5,118,23–24): *... und herwider komen daz ist wizzen und bekennen, daz man got bekennet und weiz.* Eckhart beharrte ebenso auf der Unvermitteltheit der Schau der Glückseligkeit in In Ioh. nn. 108, 678–679 (LW 3,93, 594).
[218] Pr. 60 (DW 3,22,2–23,1): *Cherubîn bezeichent die wîsheit, daz ist die bekantnisse; diu treget got in die sêle und leitet die sêle an got. Aber in got enmac si sie nicht bringen ... Sô tritet*

malie abtun; dennoch lässt sie vermuten, dass Eckharts Vorstellungen vom Einssein komplexer sind als man oft denkt. Sowohl das Erkennen als auch das Lieben vereinigen auf ihre Weise, aber gewöhnlich gibt Eckhart dem Intellekt den Vorzug; aber aus anderer Sicht vereinigt *keines von beiden* im endgültigen Sinn, *insofern* beide als Seelenkräfte vorgestellt werden.[219]

In manchen Predigten sagt Eckhart ganz klar, dass man sowohl die Liebe als auch das Erkennen hinter sich lassen müsse, wenn man die mystische Identität erlangen wolle. Aber sogar solange man noch im Bereich des Intellekts bleibt, ist es wichtig, zu vermerken, dass Eckhart sagt, es sei nicht der aktive Intellekt, sondern der passive, der den Zugang zu Gott eröffne. Das ersieht man aus dem Predigtzyklus über die Ewige Geburt und auch anderswo. So heißt es zum Beispiel in Pr. 71: „Über dieser Vernunft aber, die (noch) sucht, ist noch eine andere Vernunft, die da nicht (mehr) sucht, die da in ihrem lauteren, einfaltigen Sein steht, das in jenem Lichte umfangen ist."[220] In anderen Predigten geht Eckhart noch weiter, wenn er die Grenzen aller Formen des Intellekts betont.[221] Der vielsagendste Text dürfte in Pr. 7 stehen, wo Eckhart zunächst seiner üblichen Linie folgt und behauptet, der Intellekt stehe höher als die Liebe, weil er über die Wahrheit und Güte hinausstoße, um Gott als reines Sein zu nehmen. Aber dann schwenkt er um: „Ich aber sage: Weder das Erkennen noch die Liebe einigen ... Die Liebe nimmt Gott unter einem Fell, einem Kleide (d. h. als Gutsein). Das tut die Vernunft nicht; die Vernunft nimmt Gott so, wie er in ihr erkannt wird; sie kann ihn aber niemals erfassen im Meer seiner Unergründlichkeit."[222] Hier bezeichnet er ziemlich überraschend die einigende Kraft, die höher als Erkenntnis und Liebe stehe, als „Barmherzigkeit" (*barmherzicheit*), aber durch die ganze Predigt hindurch scheint das, wovon er in Wirklichkeit spricht, nichts anderes als der *grunt* zu sein, denn er

---

diu oberste kraft her vür – daz ist diu minne – und brichet in got und leitet die sêle mit der bekantnisse und mit allen irn kreften in got und vereinet si mit gote; und dâ würket got obe der sêle kraft, niht als in der sêle, sunder als in gote götlich. Eine vergleichbare Stelle findet sich in S. VI n. 52 (LW 4,51).

[219] A. de Libera, *La mystique rhénane*, 278–279 und 312 n. 176, vertritt, bei Eckhart fänden sich zwei Konzeptionen des Einswerdens, nämlich eine frühere intellektualistische Sicht und eine spätere „proklische", bei der er sich auf den Einen konzentriere. Aber es lässt sich nicht eindeutig aufzeigen, dass diese beiden unterschiedlichen Konzeptionen chronologisch hintereinander auftreten.

[220] Pr. 71 (DW 3,215,9–11): *... ein ander vernünfticheit, diu dâ niht ensuochet, diu dâ stât in irm lûtern einvaltigen wesene, daz dâ begriffen ist in dem liehte.*

[221] Prr. 39, 43 (DW 2,265,1–266,3, 329,3–330,3); Pr. 52 (DW 2,495,6–496,5); und Pr. 83 (DW 3,448,1–9).

[222] Pr. 7 (DW 1,122,8–123,3): *Ich spriche: noch bekantnisse noch minne eneiniget niht ... Minne nimet got under einem velle ... Des entuot vernünfticheit niht; vernünfticheit nimet got, als er in ir bekant ist; dâ enkan si in niemer begriffen in dem mer sîner gruntlôsicheit.*

setzt die Barmherzigkeit mit dem gleich, was Gott „im ergründlichen Meer" wirke (121,12) und auch mit dem (in der Seele), was „gar heimlich und verborgen ist und weit oberhalb dessen, wo die Kräfte Vernunft und Wille ausbrechen" (123,6–8). „Was *diu sêle in irm grunde* sei", dem letzten Ort der Ununterschiedenheit jenseits alles Erkennens und Liebens, „davon weiß niemand etwas", aber „dort wirkt Gottes Barmherzigkeit" (124,4–6). Das ist ein Echo der Aussage in Pr. 42: „Wo das Erkennen und das Begehren enden, da ist es finster, da (aber) *leuchtet Gott*."[223]

Und schließlich ist Eckharts Verständnis des Einswerdens transformativ, das heißt vergöttlichend: Gott wurde Mensch, damit der Mensch Gott werde. Er gebraucht nicht die Begriffe *divinicatio/deificatio*, sondern zieht ihnen *transformatio* (vgl. 1 Kor 13,12), *transfiguratio* und andere biblische Ausdrücke vor.[224] In einem Abschnitt in einer seiner lateinischen Predigten beschreibt er die Verwandlung als Vergöttlichung. Er verwebt dabei ein reiches Spektrum von Begriffen, um zu schildern, wie die Seele zur Schau und zum Einswerden geführt wird. Dabei spricht er auch von dem Prozess, in dessen Verlauf wir mit dem inneren Auge identisch werden, mit dem Gott uns auf die gleiche Weise sehe wie wir ihn sehen. Eckhart sagt: „So muss die Seele, um Gott schauen zu können, ihm erstens durch Verklärung gleichgestaltet werden ... Zweitens muss sie erhöht und geläutert, drittens von allem Unvollkommenen befreit werden ... Ferner muss die Seele aus sich herausgehen und sich selbst übersteigen, insofern sie Natur ist ... Endlich muss sie sich vom Leib und vom Stoff frei machen, um sich zurückzuwenden und Gott in ihrem Innern finden zu können."[225]

Leben ohne Warum

Wie lebt jemand, der das ununterschiedene Einssein im *grunt* erlangt hat, nun eigentlich ganz praktisch? Wie verhält er oder sie sich in der Alltagswelt? Die Antwort, die Eckhart darauf gibt, dreht sich um seine Lehre über

---

[223] Pr. 42 (DW 2,304,1–2): *Dâ diu verstantnisse und diu begerunge endet, dâ ist ez vinster, dâ liuhtet got.*

[224] Eckhart verwendete als Modell für diesen Prozess das Beispiel der Umwandlung von Brot und Wein in den eucharistischen Leib und das Blut Christi. Siehe Pr. 6 (DW 1,110,8–111,7), eine in Art. 10 von „in agro dominico" als häretisch verurteilte Stelle. Vgl. auch RdU (DW 5,265–266, 268–269).

[225] S. LIV n. 532 (LW 4,448,3–8): *Sic anima, ut deum videat, debet primo deo configurari per transfigurationem ... Secundo debet exaltari et depurari. Tertio eximi ab omni imperfecto ... Item debet eximi et transcendere se ipsam, ut natura est ... Item eximi a corpore et materia, ut possit super se redire et deum intus in se ipsa invenire.* Siehe auch In Sap. n. 64 (LW 2,392). Auch in den deutschen Predigten wird das Thema „Vergöttlichung" behandelt, z. B. in Prr. 6, 40, 44 usw.

das „Leben ohne Warum" *(âne warumbe/sunder warumbe/sine cur aut quare).* Beginnen wir mit einem Beispiel aus den lateinischen Werken. In seinem *Kommentar zum Exodus* schreibt er: „Es ist Gott eigentümlich, außer und neben sich kein Warum zu haben. Folglich ist jedes Werk, das ein Warum hat, als solches weder göttlich noch geschieht es für Gott … Ein Werk also, das jemand nicht um Gottes willen wirkt, kann kein göttliches Werk sein; denn es hat ein Warum. Das aber ist Gott fremd und fern von Gott, ist nicht Gott und nicht göttlich."[226] Eckhart predigte über seine Botschaft vom Leben ohne Warum öfter, als er sie in seinen scholastischen Schriften begründete, und er verknüpfte diese rätselhafte Formulierung gern mit den üblichen Themen seiner Predigt wie etwa der Geburt des Wortes aus der Seele: „Nur so wird der Sohn in uns geboren: wenn wir kein Warum kennen und wiedergeboren werden im Sohne."[227]

Was bedeutet es, „ohne Warum" zu leben? Woher stammte diese Formulierung? Die Vorstellung vom rein spontanen, fraglosen Leben spiegelt vielleicht Anweisungen im Evangelium, wie ein Kind zu leben (z. B. Mt 18,1–5). Bernhard von Clairvaux hatte von der echten Liebe zwischen Braut und Bräutigam gesagt, sie sei vollkommen spontan. Der Ausdruck „Leben ohne Warum" war jedoch eine Schöpfung der Mystiker des 13. Jahrhunderts. Sein frühester Gebrauch dürfte sich vermutlich bei Beatrijs van Nazareth finden, die ihre Schrift über die *Sieben Arten des Liebens* zwischen 1215 und 1235 verfasste.[228] Bei der Darlegung der zweiten „Art" beschreibt Beatrijs eine Form desinteressierter Liebe und bemerkt, in diesem Zustand handle die Seele „einzig aus Liebe, ohne irgendein Warum *(sonder enich waeromme),* ohne jeden Lohn der Gnade oder Glorie."[229] Der Ausdruck „ohne Warum" *(sans nul pourquoy/sine propter quid)* kommt auch in Marguerite Poretes *Spiegel* vor, einem Text, den Eckhart kannte.[230] Das muss nicht heißen, dass Eckhart dieses Motiv einfach von Porete und anderen übernommen hätte. Sein „Leben ohne Warum" ist eine notwendige Impli-

---

[226] In Ex. n. 247 (LW 2,201,7–11): *Adhuc autem secundo proprium est deo, ut non habeat quare extra se aut praeter se. Igitur omne opus habens quare ipsum ut sic non est divinum nec fit deo … Qui ergo operatur quippiam non propter deum, non erit opus divinum, utpote habens quare, quod alienum est deo et a deo, non deus nec divinum.* Als vergleichbare Stellen siehe S. IV n. 21 (LW 4,22–23) und In Ioh. n. 50 (LW 3,139).
[227] Pr. 41 (DW 2,293,1–2): *Alsus sô wirt der sun in uns geborn: daz wir sî sunder warumbe und werden wider îngeborn in dem sune.*
[228] Über Beatrijs siehe im vorliegenden Werk Band III, 303–316.
[229] *Beatrijs van Nazareth. Seven Manieren van Minne,* „Dander maniere der minnen" (7,4–6): *… allene met minnen, sonder enich waeromme ende sonder eneghen loen van gratien van glorien …* (Übers. B. Schellenberger.)
[230] Marguerite Porete, *Spiegel,* Kapp. 81, 93, 134 und 135 (in der Ausg. 232–233, 260, 394, 397); vgl. dazu auch im vorliegenden Werk Band III, 452 u. 463.

kation seines dialektischen apophatischen Denkens. Eine Mystik, die auf einer „weiselosen Weise" der (Nicht-)Beziehung zu einem unbekannten Gott von absoluter Freiheit beruht, kann nur in einem „ohne Warum" Frucht tragen, das auf solche, die von ihr keine Ahnung haben, entweder sinnlos oder potenziell gefährlich wirken muss.

Nichts könnte für die diejenigen, die wahre Loslösung erlangt haben, einfacher sein als ein Leben *âne warumbe;* und nichts wird solchen, die immer noch in die Mühsale der Anhänglichkeit verstrickt sind, seltsamer vorkommen. Eckhart tut nichts, um dieses Paradox zu mildern, wie ein Überblick über die Stellen zeigt, an denen er diese Rede verwendet.[231] Wenn Eckhart vom Leben ohne Warum spricht, kann er mit konkreten Analogien bestechen, etwa wenn er sagt, Gott und davon abgeleitet der Mensch, der ohne Warum lebe, sei, „wie wenn einer ein Ross laufen lässt auf einer grünen Heide: ... des Rosses Natur wäre es, dass es sich im Springen auf der Heide mit aller seiner Kraft gänzlich ausgösse".[232] Aber wenn das Leben ohne Warum der Kern der antiteleologischen Ethik Eckharts ist, können wir dennoch genauer nachfragen, was es nun eigentlich heißt, auf derart spontane Weise zu leben.[233]

Ein guter Ansatz zum Verständnis der Bedeutung von Eckharts „ohne Warum" besteht darin, es als seine Version eines Themas zu sehen, das in der christlichen Mystik eine lange Geschichte hat: der großen Bedeutung der desinteressierten Liebe. In Pr. 28 sagt er es so: „Wer nun wohnt in der Güte seiner Natur, der wohnt in Gottes Liebe; die Liebe aber hat kein Warum."[234] Und an einer Stelle, die von Bernhard von Clairvaux stammen könnte, heißt es: „Der Liebende als solcher nämlich sucht nicht, geliebt zu werden. Ihm ist alles fremd, was nicht lieben ist. Das allein kennt er, das allein ist frei und um seiner selbst willen ... Er liebt, um zu lieben, er liebt

---

[231] Die Rede vom *âne warumbe* und verwandten Ausdrücken wird öfter in den deutschen Werken gebraucht, findet sich aber auch in den lateinischen: (I) deutsch: Prr. 1, 5a, 5b, 6, 12 (DW 1, 9, 80–81, 90 u. 92, 113 u. 115, 199–200); Prr. 26, 27, 28, 29, 39, 41, 59 (DW 2,26–27, 45–46, 59, 77 u. 80, 253–254 u. 266, 289 u. 293, 625–626); Pr. 62 (DW 3,66–67); BgT 1 (DW 5,43–44); RdU 21 (DW 5,282); (II) lateinisch: In Ex. n. 247 (LW 2,201); In Eccli. n. 59 (LW 2,287–288); In Sap. n. 187 (LW 2,523); In Ioh. n. 50 (LW 3,41); SS. IV n. 21, VI n. 59 (LW 4,22–23, 58). Über diesen Aspekt von Eckharts Denken siehe John D. Caputo, *The Mystical Element in Heidegger's Thought*, Athens (Ohio, USA) 1978, Kap. III, „The Rose is Without a Why".
[232] Pr. 12 (DW 1,199–200). Vgl. In Eccli. n. 59 (LW 2,287,12–13): *Exemplum posset poni, si dicatur aliquis currere propter currere.*
[233] Es gibt eine unveröffentlichte Analyse des Lebens ohne Warum als anti-teleologischer Ethik von John M. Connolly: *Teleology as the (frustrated) Pursuit of Happiness: Meister Eckhart on ‚living without a why'*. Ich bedanke mich beim Autor, mir das Manuskript zur Verfügung gestellt zu haben.
[234] Pr. 28 (DW 2,59,6–7): *Wer nû wonet in der güete sîner natûre, der wonet in gotes minne, und diu mine enhât kein warumbe.*

die Liebe."²³⁵ Eckhart zitierte Bernhard oft, und keinen Text des Abtes häufiger als dessen berühmten Ausspruch: „Der Grund, Gott zu lieben, ist Gott, und das Maß, ihn zu lieben, ist die Maßlosigkeit" *(sine modo)*.²³⁶ Jeder Mensch hat eine Vorstellung davon, was es heißt, spontan zu sein. Was Eckharts Betonung des Lebens *âne warumbe* so ungewöhnlich macht, ist, dass er die Latte wesentlich höher anlegt und seine Zuhörer und Leser auffordert, nach *totaler* Spontaneität und Freiheit im *nû* der Ewigkeit, die alle Augenblicke gleichzeitig umfasse, zu trachten.

Freiheit und Spontaneität überrollen nicht die Intention, zumindest nicht die innere Intention, die Anhänglichkeit an das Selbst und die geschöpflichen Dinge aufzugeben und den Geist vollständig auf Gott auszurichten. Eckhart behauptete durchweg unerschütterlich: „Das sittliche Gutsein als solches besteht aber ursprünglich und förmlich im inneren Akt", nicht in irgendeiner äußeren Handlung.²³⁷ Andere Theologen stimmten zu, dass bei dem Menschen, den Eckhart als „eine gottliebende Seele" bezeichnete (*ein gottminnendiu sêle*, Pr. 20b; DW 1,345,9), die innere Intention die primäre Motivation allen Handelns sein sollte, aber Eckhart ging damit einen Schritt weiter in die gefährlichen Wasser, indem er das Innerliche derart betonte, dass er das äußere Tätigsein jeder Art als „nicht eigentlich von Gott befohlen", „nicht eigentlich gut oder göttlich", „schwer und niederdrückend" und „nicht von Gott sprechend und ihn preisend" bezeichnete, wie das beim inneren Akt der Fall sei.²³⁸ Als Eckhart bei den Verfahren in Köln und Avignon wegen dieser Lehre angeklagt wurde, verteidigte er sich da-

---

235 In Ioh. n. 734 (LW 3,641,3–7): *Amans enim ut sic non quaerit amari. Alienum est ipsi omne quod non est amare. Hoc solum novit, liberum est, sui gratia est ... Amat, ut amet, amorem amat*. Das erinnert stark an Bernhards *Super Cantica* 84,4 (Opera II,300,5–6): *Amo, quia amo; amo, ut amem*. Vgl. auch S. VI n. 75 (LW 4,71,9–10): *Amans vere et verus amor nisi amare nescit*.
236 Bernhard, *De diligendo Deo* 1,1 (Opera III,119,19): *Causa diligendi Deum, Deus est; modus, sine modo diligere*. Eckhart zitiert das fünfmal: In Ioh. nn. 369, 414 (LW 3,314,351); Pr. 9 (DW 1,144); Pr. 82 (DW 3,430–431) und in Proc.Col.II n. 84 (LW 5,339). Über den Einfluss Bernhard auf Eckhart siehe Bernard McGinn, „St. Bernard and Meister Eckhart" insbesondere 382–384; und Georg Steer, „Bernhard von Clairvaux als theologische Autorität für Meister Eckhart, Johannes Tauler und Heinrich Seuse", in: *Bernhard von Clairvaux. Rezeption und Wirkung im Mittelalter und in der Neuzeit*, hg. v. Kaspar Elm, Wiesbaden 1994, 249–259.
237 In Ioh. n. 307 (LW 3,255,2–3): *Bonitas autem principaliter et formaliter ut moralis consistit in actu interiori ...* Vgl. In Gen.II n. 131,165–166 (LW 1,596, 634–636); In Eccli. n. 26 (LW 2,253); In Sap. nn. 117, 224 (LW 2,453–454, 559); In Ioh. nn. 380, 583–586 (LW 3,323–324, 510–513). Die gleiche Lehre findet sich in BgT 1 (DW 5,38–40) und RdU 16 (DW 5,247–248).
238 Das sind die vier Schlussfolgerungen, zu denen Eckhart in seiner längsten Abhandlung über das Verhältnis von innerem und äußerem Akt in In Gen.II n. 165–166 (LW 1,634–666) kommt. Diesem Text wurden zwei der vier verurteilten Artikel über das Verhältnis von innerem und äußeren Wirken entnommen: die Artikel 16 und 17 von „In agro dominico".

333

mit, dass er Thomas von Aquin zitierte; aber die Lehre von Thomas beinhaltete in Wirklichkeit nicht das, was Eckhart in sie hineinlegte.[239]

Um zu sehen, wie sich Eckhart ein Leben ohne Warum vorstellte und um zu verstehen, wie sich seine Mystik als Mystik des Alltagslebens beschreiben lässt, obwohl er derart die Innerlichkeit betonte und sogar den Rückzug von der Materialität und vom Körper, ist es hilfreich, sich eine der schwierigsten ihm zugeschriebenen Predigten etwas genauer anzusehen, eine Predigt zum Fest der heilige Maria Magdalena (Pr. 86). In dieser Predigt durchbrach er die traditionelle Unterscheidung zwischen dem in Martha und Maria verkörperten aktiven und kontemplativen Leben und schuf ein neues Modell der Heiligkeit: „aus einem wohlgeübten Grund leben." Diese Predigt, die er vermutlich spät in seiner Laufbahn hielt, stellte keine Abweichung von seiner sonstigen Überzeugung dar. In der letzten der Predigten über die Ewige Geburt (Pr. 104) hatte er bereits in ähnlicher Weise auf Martha und Maria verwiesen und erklärt, in der vollkommenen Seele sollten Kontemplation und Aktion miteinander verschmolzen sein: „Das ist alles eines, denn man gelangt nirgends anderswohin als in genau diesen Grund der (kontemplativen) Schau und lässt diesen fruchtbar werden im Handeln ... So weilt man also bei diesem Tätigsein in nichts anderem als im Zustand der Beschauung Gottes: das eine ruht im anderen und eines vollbringt das andere."[240]

Die Komplexität der Aussagen und die Probleme von Pr. 86 sind wohlbekannt. Sie wurde bereits wiederholt ausführlich analysiert, besonders von Dietmar Mieth.[241] Hier wollen wir mit einigen Überlegungen darüber schließen, wie uns diese Predigt sehen helfen kann, auf welche Weise Eckhart mit seiner Mystik lehrte, dass sich die wahre Kontemplation Gottes in fruchtbarem Handeln verwirkliche, das heißt, dass der einzige Weg zu an-

---

[239] In Proc.Col.I n. 124 (LW 5,292) zitiert Eckhart unpassenderweise S.Th. I–II q. 20 a. 4, das die gleiche Vorstellung äußere, die er vertrete.
[240] Pr. 104A,159–173 (DW 4,580,159–581,173): *Dâ enist niht dan einez, wan man engrîfet niergen dan in dem selben grunde der schouwunge und maht daz vruhtbaere in der würkunge; und dâ wirt diu meinunge der schouwunge volbrâht ... Alsô in dirre würklicheit enhât man anders niht dan eine schouwelicheit in gote: daz eine ruowet in dem andern unde volbringet daz ander.* (Übertr.: B. S.)
[241] Mieth, *Die Einheit von Vita Activa und Vita Contemplativa* und jüngst wieder „Predigt 86: ‚Intravit Iesus in quoddam castellum'", in: *Lectura Eckhardi II*, 139–177. Siehe auch Largier, *Meister Eckhart* II,739–747 sowie Alois M. Haas, „Die Beurteilung der Vita contemplativa und vita activa in der Dominikanermystik des 14. Jahrhunderts", in: *Gott leiden – Gott lieben*, 97–108. Auf Englisch siehe Blake R. Heffner, „Meister Eckhart and a Millennium with Mary and Martha", in: *Biblical Hermeneutics in Historical Perspective*, hg. v. Mark S. Burrows u. Paul Rorem, Grand Rapids 1991, 117–130.

gemessenem Engagement in der Welt des Zeitlichen darin bestehe, innerlich vollkommen losgelöst zu sein.

Die Gegenüberstellung von aktivem und kontemplativem Leben gehört zum Erbe des Christentums aus der klassischen Antike.[242] Seit der Zeit von Origenes wurde eine Reihe von biblischen Paaren als Typen für den Unterschied zwischen dem kontemplativen, der Liebe zu Gott geweihten Leben und dem aktiven, der Nächstenliebe geweihten Leben verwendet: in erster Linie die Schwestern Maria und Martha in Lukas 11, aber auch Rachel und Lea (Gen 29–30) und Petrus und Johannes (Joh 20,1–10). Beide Lebensformen hielt man zur Vollkommenheit für notwendig; aber in der mystischen Tradition, angefangen von Augustinus über Gregor den Großen bis zu Bernhard von Clairvaux betonte man den Vorrang der *vita contemplativa*. Man entwickelte verschiedene Theorien über das Verhältnis beider zueinander, aber im Allgemeinen lehrten die Mystiker, in dieser gefallenen Welt bestehe unvermeidlich eine Spannung zwischen Aktion und Kontemplation.

Eckhart brach mit diesem Modell nirgends deutlicher als in Pr. 86. Dietmar Mieth schrieb: „Die irdische Vollkommenheit besteht ... nicht in der Einheit der Schau, sondern in der Einheit des Wirkens", so dass „hier zum erstenmal eine Spiritualität des aktiven Lebens sichtbar wird."[243] In dieser Predigt über Martha und Maria sowie auch an einer Reihe weiterer Stellen[244] gab Eckhart nicht nur das spannungsvolle Hin und Her zwischen Aktion und Kontemplation auf, sondern behauptete zugleich, dass eine neue Art von Tätigsein aus „einem wohlgeübten Grund" heraus höher als die Kontemplation stehe, zumindest als diese, wie man sie gewöhnlich verstand. Hier zeigt sich also, dass, wie Reiner Schürmann es formulierte, „Eckharts ‚this-worldliness' in klarem Gegensatz zur ‚other-worldliness'" vieler vorheriger christlicher Mystiker steht.[245] Eckhart spricht zwar oft von der Notwendigkeit, sich von Zeit, Vielfalt und Körperlichkeit als Hindernissen von Gott zu trennen, aber dieser Prozess der Loslösung vom *ens hoc et hoc* ist erforderlich, weil das die einzige Möglichkeit ist, die selbst-

---

[242] Über Aspekte der frühen Entwicklung siehe Bernard McGinn, „Asceticism and Mysticism in Late Antiquity and the Middle Ages", in: *Asceticism*, hg. v. Vincent L. Wimbush u. Richard Valantasis, New York 1995, 58–74.

[243] *Die Einheit* 190 u. 201. Über die Art und Weisen, auf die Eckhart mit dem brach, was Mieth als „Kontemplationsmystik" bezeichnet, siehe 154–164, 171–184, 191–198. Über Eckharts Modell als Integrationsmodell 207–218.

[244] Zu den weiteren wichtigen Texten über das Verhältnis von Aktion und Kontemplation gehören vor allem RdU 23 (DW 5,290–309, bes. 291), Pr. 75 (DW 3,302) und Pr. 104A (DW 4,579–581).

[245] Schürmann, *Meister Eckhart* 47: *Eckhart's ‚this-worldliness' clearly contrasts with the ‚other-worldliness'* ...

süchtige Anhänglichkeit an die Dinge zu überwinden, und dies wiederum ist notwendig, um ein neues, nicht-selbstsüchtiges, freies Verhältnis zur gesamten Schöpfung zu finden.[246]

Pr. 86 ist lang und streckenweise schwer verständlich.[247] Hier konzentriere ich mich darauf, was in der Predigt darüber gesagt wird, wie wertvoll es sei, ohne ein Warum zu leben (allerdings kommt diese Formulierung darin nie vor). In einem kurzen Abschnitt werden die beiden Protagonistinnen vorgestellt: Maria als von „unaussprechlichem Verlangen" und „süßem Trost und Beglückung" erfüllt (traditionellen Kennzeichen der Kontemplation) und Martha als im Besitz eines „bis ins Alleräußerste durchgeübten (Seins-)Grunds" *(wol geüebeter grunt)* und „weisen Verständnisses" *(wisiu verstantnisse)*. Nach einem kurzen Exkurs über sinnliche und intellektuelle Befriedigung werden in den zwei Hauptteilen der Predigt die Wurzeln von Marthas Vollkommenheit erörtert, sowie der Wert der Werke, die sie in der Zeit vollbringt. Martha fordere Maria auf, aufzustehen und ihr zu helfen (Lk 10,40), und zwar nicht aus einem Geist der Kritik, sondern der liebevollen Sorge um sie. Martha glaube nämlich, dass Maria Gefahr laufe, von ihrer Sehnsucht überwältigt zu werden. Eckhart sagt: „Martha kannte Maria besser als Maria Martha, denn *sie* hatte (schon) lange und recht gelebt; denn das Leben gibt das edelste Erkennen. Das Leben erkennt besser als Lust oder Licht (es vermögen), alles, was man in diesem Leben unterhalb Gottes (= abgesehen von Gott) erlangen kann, und in gewisser Weise reiner, als es das Licht der Ewigkeit zu verleihen vermag."[248] Mit dieser Erläuterung führt er das Grundthema der Predigt ein: dass das Leben (d.h. die konkrete Praxis) zu einem höheren Erkennen führe als sogar das Licht der kontemplativen Ekstase, das in keinem Bezug zum konkreten Leben stehe (als Beispiel nennt er die in 2 Kor 12 beschriebene Ekstase von Paulus).[249] Die erste Hälfte von Teil I schließt Eckhart damit ab, dass er betont, Martha habe sich Sorgen gemacht, Maria könne irregeführt werden und im Genuss der Kontemplation stecken bleiben.

---

[246] Mieth formuliert das treffend so (*Die Einheit*, 131): *Kreatur ist kein Weg zu Gott; sie ist zugleich der einzige Weg zu Gott.*
[247] Pr. 86 findet sich in DW 3,481–492. Mieth, *Die Einheit*, 188 n. 224, bietet einen hilfreichen Überblick. Siehe auch den Überblick in McGinn, *The Mystical Thought of Meister Eckhart*, 264-265, n. 239.
[248] Pr. 86 (DW 3,482,17–483,1): *Marthâ bekante baz Mariên dan Marîa Marthen, wan si lange und wol gelebet hâte; wan leben gibet daz edelste bekennen. Leben bekennet baz dan lust oder lieht allez, daz man in disem libe under gote enpfâhen mac, und etliche wîs bekennet leben lûterer, dan êwic lieht gegeben müge.*
[249] Zusätzlich zu Paulus nennt Eckhart auch noch *heidenische meister* (483,4), die das bewiesen.

Nach einer zweiten Abschweifung kommt Eckhart auf den dritten und wichtigsten Grund zu sprechen, aus dem Martha höher als Maria stehe und verweist darauf, dass Jesus sie nicht nur einmal, sondern zweimal beim Namen nenne. Sein „Martha, Martha" weise darauf hin, „dass Martha alles, was es an zeitlichem und ewigem Gut gäbe und eine Kreatur besitzen sollte, vollends besaß" (484,14–15). Martha sei einer der Menschen, „die *bei* den Dingen stehen und nicht *in* den Dingen. Sie stehen ganz nahe (bei den Dingen) und haben (doch) deswegen nicht weniger, als wenn sie dort oben am ‚Umkreis der Ewigkeit' stünden."[250] In diesem Abschnitt findet sich etliches schwer Verständliche, aber die Botschaft lautet im Wesentlichen, dass Martha guten Gebrauch von den zwei Arten von „Mitteln" *(mittel)* mache. Deren erstes sei „Werk und Wirken in der Zeitlichkeit" *(werk und gewerbe in der zît,* 485,8–9), was, so betont Eckhart, das ewige Glück nicht mindere. Es sei sogar erforderlich, um zu Gott zu gelangen.[251] „Das zweite Mittel ist: uns von jenem (ersteren Mittel) frei zu machen" *(daz ander mittel daz ist: blôz sîn des selben,* 485,11), das heißt, die Freiheit der inneren Loslösung zu erlangen.

Eckhart betont hierauf den inneren Zusammenhang zwischen diesen beiden Mitteln: Tätigsein und Leersein seien gleichermaßen notwendig. Er sagt: „Denn dazu sind wir in die Zeit gestellt, dass wir durch vernunfterhelltes Wirken in der Zeit *Gott* näher kommen und ähnlicher werden."[252] Wenn Paulus sage, wir sollten „die Zeit loskaufen" (Eph 5,16), so bedeute das, wir müssten uns unablässig zu Gott erheben, „nicht in Unterschiedlichkeit ‚bildhafter' Vorstellungen, sondern in vernunftgemäßer, lebensvoller Wahrheit" (485,13–15). Das Abstreifen aller Bilder, um die reine intellektuelle Wahrheit des Nichtwissens zu finden, führe uns vorwärts bis ins ewige Licht Gottes. Martha sei dort noch nicht, denn in ihrer Gottesschau sei noch etwas Vermittelndes. Aber sie werde dafür gelobt, dass sie schon kurz davor stehe, vom ewigen Licht umfangen zu werden, „am Umkreis der Ewigkeit" *(umberinge der êwicheit,* 486,5–6).

Der Begriff des Paulus vom „Loskaufen der Zeit" ist für Eckharts „innerweltliche" Mystik bezeichnend. Alois Haas und Niklaus Largier haben gezeigt, wie bei Eckhart das Verhältnis von Zeit und Ewigkeit nicht einfach

---

[250] Pr. 86 (DW 3:485.5–7): *... und die liute stânt bî den dingen und niht in den dingen. Sie stânt vil nâhe und enhânt es nit minner, dan ob sie stüenden dort oben an dem umberinge der êwicheit.*
[251] Eckhart erklärt, *werk* bedeute die äußere Praxis der Tugenden, *gewerbe* dagegen deren innere rationale Beobachtung (485,9–11).
[252] Pr. 86 (DW 3,485,11–13): *Wan der umber sîn wir gesetzet in die zît, daz wir von zîtlîchem vernünftigem gewerbe gote naeher und glîcher werden.*

eines der Negation ist, wie das einige Texte, wenn man sie aus dem Zusammenhang reißt, andeuten könnten.[253] Vielmehr sei die Ewigkeit als Fülle der Zeit zu verstehen. Die zwischen Zeit und Ewigkeit gesetzte Seele müsse es mittels ihres „vernünftigen Wirkens in der Zeit" lernen, die Zeiten zu erlösen.[254] Largier schreibt: „Die Ewigkeit ist ... das, was das Zeitliche einbindet in einen Horizont von Ursprung und Ende einerseits, in eine umfassende Präsenz andererseits, die gründet im metaphysischen Modell der Entfaltung des Seienden."[255] In Pr. 91 sagt Eckhart, durch die Inkarnation habe „Gott sich selber erneuert", nämlich dadurch, „dass er die Ewigkeit in die Zeit gebracht hat und mit sich selbst die Zeit in die Ewigkeit gebracht hat. Das ist geschehen an dem Sohn, denn als sich der Sohn in die Ewigkeit ausgoss, da wurden alle Kreaturen mit ausgegossen."[256] Eckharts Christologie erfordert es, dass Menschen wie Martha, die aus „einem wohlgeübten Grund" handeln, sowohl oberhalb der Zeit in der Ewigkeit wirken,[257] aber auch in der Zeit durch *werk* und *gewerbe*.[258]

Im dritten Teil von Pr. 86 erklärt Eckhart, wie Martha und „alle Gottesfreunde" „mit Sorge", aber „ohne Sorge" leben könnten, das heißt, auf welche Weise sie mit den Sorgen und Schwierigkeiten des Alltagsdaseins umgingen. Er sagt wiederum, dass ein in der Zeit getanes Werk so edel sei wie jede Kommunion mit Gott, ausgenommen die höchste unvermittelte Schau. Ein fruchtbares Werk verfüge über drei Merkmale: es sei „ordentlich, einsichtsvoll und besonnen" (*ordenlîche, redelîcher, wizzentlîche*). Das zuletzt genannte Merkmal sei verwirklicht, wenn man „in guten Werken die lebensvolle Wahrheit mit (ihrer) beglückenden Gegenwart" verspüre (488,17–18). Eckhart wendet sich sodann der Frage zu, wie ein Mensch, der diesen Zustand erreicht habe (d.h. eine „Martha") mitten in den Sorgen der Welt unabgelenkt tätig sein könne – also etwas, wovon die früheren Mystiker

---

[253] Alois M. Haas, „Meister Eckharts Auffassung von Zeit und Ewigkeit", in: *Geistliches Mittelalter*, 339–355 (363–369 über die *plenitudo temporum*); Niklaus Largier, *Zeit, Zeitlichkeit, Ewigkeit. Ein Aufriss des Zeitproblems bei Dietrich von Freiberg and Meister Eckhart*, Frankfurt 1989.
[254] Darüber, dass die Seele „gewissermaßen auf der Scheide zwischen Zeit und Ewigkeit" geschaffen sei, siehe Pr. 23 (DW 1,404–405); Prr. 32, 47 (DW 2,133–134, 404–405); und Pr. 95 (DW 4,180).
[255] Largier, *Zeit, Zeitlichkeit, Ewigkeit*, 123–124.
[256] Pr. 91 (DW 4,96,102–105): Dar zuo hât got einen heimlichen rât vunden und hât sich selber verniuwet dâ mite, daz er êwicheit hât brâht in die zît und mit sich hât brâht die zît in die êwicheit. Daz ist geschehen an dem sune, wan dô sich der sun entgôz in die êwicheit, dô wurden alle crêatûren mite entgozzen. (Übertr.: B. S.)
[257] Siehe z. B. Pr. 39 (DW 2,261–262); Pr. 77 (DW 3,335–336).
[258] Über den Wert der in der Zeit getanen Werke siehe auch Pr. 5b (DW 1,91–92 u. 94–95). Über den christologischen Charakter von Eckharts Sicht des Verhältnisses zwischen Zeit und Ewigkeit siehe Haas, „Meister Eckharts Auffassung", 355–356.

traditionellerweise gesagt hatten, das sei unmöglich, weil sie das Tätigsein immer als eine Ablenkung von der Kontemplation verstanden hatten und nicht als deren Erfüllung.

Weil Martha ein „freies (= unbekümmertes) Gemüt" *(vrîen gemüete)* erlangt habe und aus „einem gereiften Seelengrund" *(ein hêrlîcher grunt)* lebe, habe sie das „eine Notwendige" (Lk 10,42) gefunden, das heißt Gott. Daher hoffe sie, dass Maria ihre Kontemplation und Süße lasse und werde, was sie sei. In zwei Abschweifungen erklärt Eckhart, was dies bedeute. Die erste ist eine Unterweisung über die Tugend. Er zeigt, das deren höchste Stufe dann erreicht sei, wenn Gott dem Grund der Seele seinen ewigen Willen eingebe und dieser „mit dem liebevollen Gebot des Heiligen Geistes" gleichförmig sei (490,3–4). Im zweiten Exkurs erläutert er, dass dies nicht bedeute, dass der Mensch dabei vom Wohlgefühl oder Leiden absolut unberührt bleibe. Sogar Christus sei bis zum Tod betrübt gewesen (Mt 26,37). Aber „was immer dann (einen solchen Menschen) überfällt, das behindert nicht die ewige Seligkeit, solange es nicht den obersten Wipfel des Geistes befällt" (491,2–4).[259] Daher „war Martha so wesenhaft, dass ihr Wirken sie nicht bekümmerte; ihr Werk und Wirken führten sie zur ewigen Seligkeit hin."[260] Während Maria zu Füßen Jesu sitze, sei sie nicht die wahre Maria, das heißt die Maria, die eines Tages den gleichen Zustand wie Martha erreiche, wenn sie „das Leben so erlerne, dass sie es wesentlich besitze" *(daz si lernete leben, daz sie ez weselîch besaeze,* 491,14).

Zum Abschluss von Pr. 86 korrigiert Eckhart zwei falsche Verständnisweisen dessen, was es bedeute, eine Martha-Maria oder ein vollkommener Christ zu sein. Zuerst einmal sollten wir nicht danach trachten, entkörperte Geister zuwerden, so dass unsere Sinnesorgane gegen alles Angenehme oder Unangenehme immun wären. Es sei nur der innerliche, im Verstehen auf Gott hin geformte Wille, der Schmerz und Schwierigkeiten in Freude und fruchtbares Wirken verwandeln könne. Zweitens sollten wir uns nie vorstellen, dass wir in diesem Leben das Freisein von (der Pflicht zu) äußeren Werken erreichen könnten. „Maria saß zu Füßen unseres Herrn und hörte seine Worte und lernte, denn sie war erst in die Schule genommen und lernte leben. Aber späterhin, als sie gelernt hatte und Christus gen Himmel gefahren war und sie den Heiligen Geist empfangen hatte, da erst

---

[259] In diesem Abschnitt spricht Eckhart von einem der Ketzerei angeklagten Menschen *(der kaeme und spraeche, er waere ein ketzer,* 490,18), welcher derart ein Überströmtwerden von Gnade erfahre, dass ihn dies gegenüber Freude wie Leid gleichermaßen gleichgültig lasse. Das könnte Eckharts Situation in Köln im Spätjahr 1326 und danach spiegeln.
[260] Pr. 86 (DW 3,491,6–7): *Marthâ was sô weselich, daz si ir gewerp niht enhinderte; werk und gewerp leitte sie ze êwiger saelde.*

fing sie an zu dienen und fuhr übers Meer und predigte und lehrte und ward eine Dienerin und eine Wäscherin der Jünger" (492,6–11). Und auch Christus selbst sei ein Vorbild für die Notwendigkeit ständigen Tätigseins ohne Warum. Zeit seines Lebens „war kein Glied an seinem Leibe, das nicht besondere Tugend geübt hätte" (492,16).

Zum Abschluss

Eckharts Ideal eines Lebens *sunder warumbe* ist nicht so praxisfern oder inhaltsleer, wie es zunächst scheinen könnte. Die Lektüre von Pr. 86 hilft genauer zu verstehen, was seine Botschaft alles beinhaltet. So kühn, tief und zuweilen schwer verständlich seine Ausführungen über die *rara et subtilia* in solchen Predigten auch sein mochten, lud Eckhart im Grunde genommen seine Zuhörerschaft, einfache Laien genauso wie fromme Klosterfrauen und gebildete Kleriker, dazu ein, das zu tun, was Martha getan hatte, nämlich derart hingebungsvoll den Willen Gottes zu erfüllen und derart unbesorgt um das eigene Ich zu sein, dass jede Handlung aus dem „wohlgeübten Grund" kommen könne, in dem Gott und Mensch eins seien, in dem das Wort unablässig in der Seele geboren werde und in dem „Gottes Grund mein Grund ist und mein Grund Gottes Grund."

Eckhart schloss seine Predigten oft mit einem Aufruf, diese wesentliche Wahrheit deutlich zu sehen. An den Schluss des *Buchs der göttlichen Tröstung* setzte er ein besonders eindrucksvolles Gebet, dass auch an den Schluss dieses langen Kapitels passt:

„Der liebreiche, barmherzige Gott, die Wahrheit selbst,
gebe mir und allen denen, die dies Buch lesen werden,
dass wir die Wahrheit in uns finden
und ihrer gewahr werden. Amen."[261]

---

[261] BgT 1 (DW 5,61,10–12): *Der minneclîche, milte got, diu wârheit, gebe mir und allen den, die diz buoch suln lesen, daz wir die wârheit in uns vinden und gewar werden. Âmen.*

Kapitel 5

HEINRICH SEUSES GEISTLICHE PHILOSOPHIE

Heinrich Seuse (latinisiert Suso) gehört zu den einflussreichsten, jedoch schwer zu fassenden spätmittelalterlichen Mystikern.[1] Angesichts der Tatsache, dass es über fünfhundert Manuskripte seiner Werke gibt, kann man mit Sicherheit sagen, dass kein Mystiker des 14. Jahrhunderts mehr gelesen wurde und keiner repräsentativer für die vielen Strömungen der Mystik dieses Jahrhunderts war als dieser Dominikaner. Gegen Ende seines Lebens stellte Seuse aus Sorge um seine Botschaft eine endgültige Ausgabe seiner deutschen Werke zusammen, der er den Titel *Das Exemplar* gab.[2] Mit

---

[1] Als Einführungen in Seuse siehe Alois M. Haas, „Heinrich Seuse", in: *Geschichte der deutschen Literatur. Die deutsche Literatur im späten Mittelalter, 1250–1370*, hg. v. Ingeborg Glier, München 1987, 275–291; Alois M. Haas/K. Ruh, „Seuse, Heinrich OP", in: VL 8,1109–1129; Kurt Ruh, *Geschichte* III,415–475; und J.-A. Bizet, „Henri Suso", in: DS 7,234–257. Siehe auch Bizets posthum erschienenes „Le Mysticisme de Henri Suso. Texte inédit de Jean Baruzi", in: *Revue d'Histoire de la Spiritualité* 51 (1975), 209–266. Wichtige Studien finden sich in den beiden Sammlungen *Heinrich Seuse. Studien zum 600 Todestag, 1366–1966*, hg. v. Ephrem M. Filthaut, Köln 1966 (im Folgenden zitiert als HS) und *Heinrich Seuses Philosophia spiritualis. Quellen, Konzept, Formen und Rezeption*, hg. v. Rüdiger Blumrich u. Philipp Kaiser, Wiesbaden 1994. Wertvoll sind auch die gesammelten Aufsätze von Alois M. Haas, *Kunst rechter Gelassenheit. Themen und Schwerpunkte von Heinrich Seuses Mystik*, Bern 1995. Ich möchte mich bei Prof. Frank Tobin für eine Reihe hilfreicher Anregungen zu diesem Kapitel bedanken.

[2] Das in sieben vollständigen und acht teilweisen Mss. erhaltene *Exemplar* wurde herausgegeben von Karl Bihlmeyer, *Heinrich Seuse. Deutsche Schriften*, Stuttgart 1907; fotomechanischer Nachdruck Frankfurt 1961. Es enthält vier Werke:
1. *Seuses Leben* oder *Vita*, hier abgekürzt als *Leben* und zitiert nach Kapitel- und Seitenzahl und, wo angebracht, mit Zeilenangabe;
2. *Büchlein der Ewigen Weisheit*, hier abgekürzt als *BdeW* und zitiert nach Kapitel- und Seitenzahl und, wo angebracht, mit Zeilenangabe;
3. *Büchlein der Wahrheit*, hier abgekürzt als *BdW* und zitiert nach Kapitel, Seite und Zeilen;
4. *Briefbüchlein*, hier abgekürzt als *Brief(e)* und zitiert nach Kapitel, Seite und Zeilen.
Die Ausgabe von Bihlmeyer enthält zudem noch:
1. *Das große Briefbuch;*
2. Vier Predigten, von denen zwei allgemein als authetisch angesehen werden;
3. *Das Minnebüchlein*, das vermutlich nicht von Seuse stammt.
Die beste englische Fassung des *Exemplars* ist diejenige von Frank Tobin, *Henry Suso. The Exemplar with Two German Sermons*, New York 1989.
Seuses einziges lateinisches Werk, das *Horologium Sapientiae*, war ungemein beliebt. Es wurde herausgegeben von Pius Künzle OP, *Heinrich Seuses Horologium Sapientiae*, Freiburg

Exemplar gibt er nicht nur den Titel an, sondern auch den Inhalt und Gegenstand der vier Texte dieser Sammlung. Mit anderen Worten, Seuse behauptet, dieses vierteilige Werk sei „*das* Exemplar" oder Vorbild der mystischen Verwandlung. Jeffrey Hamburger hat das so umschrieben: „*Das Exemplar* ... bietet dem Leser ein Modell des religiösen Lebens in Form einer ausführlichen Meditation über das Verhältnis zwischen Vorbildern und Erfahrungen, die, absolut gesprochen, als Verhältnis zwischen dem Logos und dem Ich konstruiert sind."[3]

In welchem Ausmaß Seuse sich selbst als Vorbild stilisiert hat, ist immer noch umstritten. Angesichts des Umstands, dass das erste und längste Werk der Sammlung, das *Leben*, oft als autobiographischer, ja „autohagiographischer" Text gelesen wurde, haben viele geurteilt, wie es Michael Egerding ausdrückte, dass Seuse sich darin als lebendige Metapher oder „echtes Vorbild" *(war bilde)* der Erlöserliebe Jesu vorstelle.[4] Zwar hatte es in der gegen 1200 einsetzenden Neuen Mystik die Betonung der Person und der persönlichen Erfahrung durchaus schon gegeben,[5] aber vor Seuse war sie viel stärker bei den Frauen als bei den Männern verbreitet gewesen. Jedoch weist Werner Williams-Krapp darauf hin, dass Seuse sich im *Leben* nie mit Namen nennt. Der Protagonist ist *ein diener der ewigen wisheit* (7,4), der einige biographische Gemeinsamkeiten mit dem hat, was wir vom historischen Seuse wissen, sich aber durchaus nicht einfach vollständig mit diesem gleichsetzen lässt.[6] Ein Teil der Faszination Seuses und seines *Exemplars* ergibt sich aus dieser gelehrten Zweideutigkeit.

Der mystische Schriftsteller Seuse ist exemplarisch darin, wie er eine An-

---

(Schweiz) 1977. Es wird zitiert als Hor mit Teil, Kapitel, Seite und, wo angebracht, Zeilen (z. B. Hor I,5 [407,3–15]). Der deutsche Text der hier folgenden Zitate stammt aus *Heinrich Seuse. Stundenbuch der Weisheit: Das ‚Horologium Sapientiae'* übersetzt von Sandra Fenten; mit einem Vorwort von Alois M. Haas, Würzburg 2007. Die Übertragung der Texte aus den deutschen Schriften Seuses in heutiges Deutsch wird in der Folge durchweg entnommen aus Heinrich Seuse, *Deutsche mystische Schriften*, übertragen u. hg. v. Georg Hofmann, Zürich-Düsseldorf 1999 (1. Aufl. war 1966).
[3] Jeffrey F. Hamburger, „Medieval Self-Fashioning: Authorship, Authority and Autobiography in Seuse's Exemplar," in: *Christ among the Medieval Dominicans*, hg. v. Kent Emery, Jr. u. Joseph P. Wawrykow, Notre Dame 1998, 430. Hamburger bezeichnet es im Folgenden als „einen Diskurs über die Natur der Nachahmung, verstanden als das richtige Verhältnis zwischen Originalmustern und ihren Kopien" (431). Sieh auch 448 f. die abschließenden Bemerkungen.
[4] Michael Egerding, *Die Metaphorik der spätmittelalterlichen Mystik*, 2 Bde., Paderborn 1997), I,154–158 („Die Person ‚Seuse' als existentielle Metapher").
[5] Siehe im vorliegenden Werk Band III, 49–50 und 57–65.
[6] Werner Williams-Krapp, „Henry Suso's *Vita* between Mystagogy and Hagiography", in: *Seeing and Knowing. Women and Learning in Medieval Europe 1200–1500*, hg. v. Anneke B. Mulder-Baker, Turnhout 2004, 35–47.

zahl wichtiger Aspekte der spätmittelalterlichen deutschen Mystik zur Synthese bringt (oder zumindest zu bringen versucht): die „geistliche Philosophie" *(philosophia spiritualis)* der von den Mönchen und dann den Mendikanten weitergereichten Wüstenväter; die *imitatio Passionis,* meistens verstanden als buchstäbliche Nachahmung der Leiden Christi; Motive aus der höfischen Literatur zu Schilderung der Liebe der Seele zu Gott; und schließlich die von Eckhart geschaffene Mystik vom Grund. Alle diese Elemente spielen in Seuses Denken ihre Rolle, auch wenn sich nicht immer leicht erkennen lässt, wie sie miteinander zusammenhängen.[7]

Seuse ist auch als Stilist im Deutschen wie im Lateinischen exemplarisch. Sein deutscher Stil wurde von Germanisten zu Recht gelobt. Alois M. Haas schreibt: „Seuse ist unter den (deutschen) Mystikern sicher der literarisch offenste – sowohl in den Gattungen, die er benützt, als auch in seiner stilistischen Versatilität."[8] Genauso eindrucksvoll ist er im Lateinischen: Sein überschwängliches *Horologium Sapientiae* ist kunstvoll genug, um einen Vergleich mit Bernhard von Clairvaux auszuhalten, dem Meister der mittelalterlichen Mystik-Literatur.[9] Aber Seuse war sich auch der Grenzen der Sprache bewusst, insbesondere der noch im Fluss befindlichen deutschen Sprache. Im Vorwort zu seinem *Büchlein der ewigen Weisheit* schreibt er: „Wenig gleichen die Worte, die, in lauterer Gnade aufgenommen, aus einem Erlebnis des Herzens durch einen lebendigen Mund fließen, *denen,* die auf totem Pergament geschrieben sind; und das besonders in deutscher Sprache."[10] Außerdem weist Seuse ausdrücklich darauf hin, dass der Leser über ein Herz voller Liebe verfügen müsse, um *durch* die Worte auf der Buchseite *hindurch* lesen und dahinter die göttliche Quelle der Liebe finden zu können, die das Herz des Verfassers bewegt habe.

Andere Aspekte der Mystik Seuses offenbaren weitere Dimensionen seiner Beispielhaftigkeit.

Darunter ragt besonders hervor, wie er die Kunst als Vehikel dafür verwendet, mystische Themen zum Ausdruck zu bringen, ein Trend, der sich seit dem 13. Jahrhundert verstärkt hatte. Die Verschränkung von verbaler

---

[7] Ruh, Geschichte III,420: *Seuse ist nicht auf eine Formel zu bringen.*
[8] Haas, „Heinrich Seuse", 290. Über Seuses deutschen Stil siehe auch Ruh, *Geschichte* III,472–475.
[9] Über Seuses lateinischen Stil siehe Benedikt K. Vollmann, „Stil und Anspruch des ‚Horologium Sapientiae'", in: *Heinrich Seuses Philosophia spiritualis,* 83–93, der auch wichtige Ähnlichkeiten mit Boethius vermerkt.
[10] Bdew Prol. (199,16–19): *... als unglich sint dú wort, dú in den lutren gnade werdent enpfangen und usser einem lebenden herzen dur einen lebenden munt us fliezent gegen den selben worten, so sú an daz tout bermit koment, und sunderliche in tútscher zungen ...* Über die Wichtigkeit dieser Ausführung siehe Egerding, *Die Metaphorik* I, 151–154.

und visueller Kommunikation der mystischen Verwandlung findet in Seuse einen ihrer Hauptvertreter. Er lieferte nicht nur originelle Überlegungen über die Nützlichkeit und die Grenzen von Bildern *(bilde)* beim Bemühen, den Gläubigen zur Begegnung mit Gott zu führen, sondern wurde auch sein eigener mystischer Ikonograph.[11]

Seuse war eine bemerkenswerte Gestalt; aber er bleibt schwieriger einzuordnen und seine Wertschätzung fällt schwerer als diejenige vieler anderer Mystiker des 14. Jahrhunderts. Obwohl er ein großartiger Stilist war, bleibt seine Rhetorik doch derart seiner Zeit verbunden, dass seine Werke heutzutage schwerer zugänglich sind als die einfacher formulierten Schriften einiger seiner Zeitgenossen, insbesonders dort, wo er mit Wiederholungen und gesteigerter Rhetorik arbeitet (also im *genus dicendi sublime* schreibt)[12]. Einige Aspekte des Stils von Seuse, die Doppelbödigkeit seiner Darstellung im *Leben* sowie die Schwierigkeit, die oben genannten verschiedenen Stränge seiner Mystik miteinander zu verknüpfen, machen es schwierig, seine Gestalt (zumindest heutigen Menschen) auf angemessene Weise zu vermitteln. Ich stimme zwar Kurt Ruh zu, dass sich Seuse nicht auf eine Formel bringen lasse, aber im vorliegenden Kapitel will ich zu zeigen versuchen, wie uns das, was er als seine *philosophia spiritualis* bezeichnete, helfen kann, die Eigenart seiner mystischen Lehre und die Bedeutung seines Beitrags zu erfassen.

---

[11] Als Untersuchungen über Seuses Verwendung von Bildern seien genannt Edmund Colledge O.S.A. und J. C. Marler, „,Mystical' Pictures in the Suso ,Exemplar' Ms *Strasbourg 2929*", in: *Archivum Fratrum Praedicatorum* 54 (1984), 293–354; Jeffrey F. Hamburger, „The Use of Images in the Pastoral Care of Nuns: The Case of Heinrich Suso and the Dominicans", in: *The Art Bulletin* 71 (1988), 20–46; und „Medieval Self-Fashioning: Authorship, Authority, and Autobiography in Seuse's *Exemplar*", in: *Christ among the Medieval Dominicans*, 430–461; Niklaus Largier, „Der Körper der Schrift. Bild und Text am Beispiel einer Seuse-Handschrift des 15. Jahrhunderts", in: *Mittelalter. Neue Wege durch einen alten Kontinent*, hg. v. Jan-Dirk Müller u. Horst Wenzel, Stuttgart/Leipzig 1999, 241–271; Stephanie Altrock und Hans-Joachim Ziegeler, „Vom *diener der ewigen weisheit* zum Autor Heinrich Seuse. Autorschaft und Medienwandel in den illustrierten Handschriften und Drucken von Heinrich Seuses ,Exemplar'", in: *Text und Kultur. Mittelalterliche Literatur, 1150–1450*, hg. v. Ursula Peters, Stuttgart 2001, 150–188; und Bernard McGinn, „Theologians as Trinitarian Iconographers", in: *The Mind's Eye: Art and Theological Argument in the Medieval West*, hg. v. Jeffrey F. Hamburger u. Anne-Marie Bouché, Princeton 2005, 186–207.
[12] Vollmann merkt in „Stil und Anspruch", 84–87 ganz richtig an, dass der vorherrschende Stil des Hor das *genus medium* sei, er aber dennoch immer wieder auch in das *genus sublime* verfalle.

I. Leben und Schriften[13]

Paradoxerweise lässt sich Seuses Leben sowohl leicht als auch schwer genau rekonstruieren. Leicht fällt das Rekonstruieren in dem Sinn, dass wir viele wesentliche Fakten kennen; schwierig, weil das *Leben des Dieners* die Wasser oft trübt, wenn man versucht, die Historizität und den Sinn vieler Ereignisse genau zu klären.

Heinrich Seuse wurde zwischen 1295 und 1297 in der Stadt Konstanz geboren. Er nahm den Namen seiner frommen Mutter an; zu seinem wohlhabenden Vater scheint er kein gutes Verhältnis gehabt zu haben. Er trat bereits im kanonisch unerlaubten Alter von dreizehn Jahren in den Dominikanerkonvent seiner Geburtsstadt ein. Später vermutete er, dieser frühe Eintritt sei ihm durch Simonie ermöglicht worden, das heißt mittels einer Schenkung seiner Eltern an die Gemeinschaft. Er neigte immer zu Skrupeln, weshalb ihm dieser Umstand lange Zeit zu schaffen machte, bis ihm Meister Eckhart seine diesbezüglichen Sorgen nahm. Im Vorwort zu seinem *Leben* berichtet Seuse, nach ungefähr fünf Jahren im Konvent habe der Diener dank des Eingreifens der Göttlichen Weisheit die Bekehrung zu einer tieferen Form des Ordenslebens erfahren. Das könnte seine eigene Erfahrung widerspiegeln.

Nach einer ersten Ausbildung im Konvent seiner Heimatstadt wurde Seuse zum weiteren Philosophie- und Theologiestudium fortgeschickt, vermutlich zunächst in den Strassburger Dominikanerkonvent (ca. 1319–1321) und dann ans *studium generale* nach Köln, das Zentrum des intellektuellen Lebens der deutschen Dominikaner (ca. 1323–1327). In beiden Häusern dürfte er in Kontakt mit Eckhart gekommen sein. Er ist für ihn *der heilige meister Egghart* (63,4), der dem Diener nach seinem Tod im Traum erschien.[14] Es ist keine Frage, dass Eckhart Seuses Leben und Lehre tief beeinflusste, aber Einzelheiten über Seuses historische Beziehung zu diesem großen Lehrer und Prediger fehlen.

Nach der Rückkehr in seinen Heimatkonvent (ca. 1327) versah Seuse das

---

[13] Grundlegende Studien über Seuses Leben sind diejenigen von Bihlmeyer, *Deutsche Schriften*, 63*–163* und Künzle, *Horologium Sapientiae*, 1–6. Auf Englisch gibt es eine Darstellung von Tobin, *Henry Suso*, 19–26. Siehe auch Walter Senner OP, „Heinrich Seuse und der Dominikanerorden", in: *Heinrich Seuses Philosophia spiritualis*, 3–31.

[14] Zur Rolle Eckharts beim Befreien des Dieners von seinen Skrupeln siehe *Leben* 21 (62–63); über den Traum des Dieners von Eckhart in Gottes Herrlichkeit siehe *Leben* 6 (22–23). Es wurde die Frage erhoben, ob es sich bei dem Eckhart, der dem Diener erschien, um seinen „geliebten Meister" oder einen anderen Dominikaner namens Eckhart gehandelt habe; aber ich sehe keinen ernsthaften Grund dafür, zu bezweifeln, dass die Seele des Verherrlichten tatsächlich diejenige von Meister Eckhart war.

Amt des Lektors, aber seine Lehre weckte Kritik. Das hing in der damaligen Zeit, nämlich unmittelbar nach den Prozessen und der Verurteilung Eckharts (1327–1329) höchstwahrscheinlich mit seiner Verbindung mit Eckhart zusammen. Seuses *Büchlein der Wahrheit*, eine kurze Verteidigung der Lehre Eckharts, scheint gegen 1329 erschienen zu sein, also in der Hochphase der Diskussion um Eckhart. 1330 wurde dieser Traktat und ein weiterer (höchstwahrscheinlich das *Büchlein der ewigen Weisheit* oder eine Vorform davon) von Gegnern im Orden als häretisch denunziert. Seuse reiste 1330 zum Generalkapitel der Dominikaner in Maastricht, um sich dort zu verteidigen. Vermutlich um diese Zeit wurde er seines Amts als Lektor enthoben, allerdings nicht persönlich verurteilt.[15]

Wir wissen, dass Seuse einige Zeit später, am wahrscheinlichsten zwischen 1330 und 1334, im Konstanzer Konvent Prior war. Sollte er sich jemals tatsächlich selbst auf so grausame Praktiken der *imitatio passionis* eingelassen haben, wie er sie im *Leben* vom Diener wenn auch wohl in Übertreibung schildert, dann hätte er diese Mitte der 1330er Jahre aufgegeben, um sich lieber um die innere Selbstverleugnung im Sinn echter Loslösung zu bemühen.[16] Seuse schildert diese wichtige Umstellung im geistlichen Leben in einem eindrucksvollen Abschnitt. Er erzählt in Kapitel 20 des *Lebens*, als der Diener eines Tages in seiner Zelle gesessen habe, sei er von einer inneren Stimme aufgefordert worden: „‚Tu auf das Fenster, schau und lerne!' Er öffnete es und blickte hinaus: Das sah er einen Hund, mitten im Kreuzgang, der hatte ein verschlissen Fußtuch im Maul und spielte damit auf seltsame Weise: Er warf es in die Höhe und wieder zu Boden und zerrte Löcher hinein. Er blickte auf, seufzte von Herzen, und ihm erklang die Stimme in seinem Innern: ‚Solch ein Spielzeug wirst du in deiner Brüder Gerede werden.' Da gedachte er bei sich selbst: Da es doch nicht anders sein kann, so gib dich darein und schau nur, wie sich das Fußtuch schweigend so übel behandeln lässt: Das tu auch!"[17]

---

[15] Seuse spricht von dieser Krise und seiner Entfernung aus dem Amt des Lektors in allegorischer Form in Hor I,13 (480–481). Das Kapitel 23 (68–69) des *Lebens* enthält einen etwas unklaren Bericht über einen Angriff auf den Diener, der dieses Ereignis zu reflektieren scheint.
[16] In *Leben* 18 (52–53) gibt Seuse an, der Diener habe die äußeren Bußübungen ungefähr von seinem achtzehnten bis zu seinem vierzigsten Lebensjahr gepflegt.
[17] *Leben* 20 (58,5–13): ... „*tuo uf den celle venster, und luog und lern*" ... *und ward in ime gesprochen:* „*reht also wirst du in diner bruoder munde.*" *Er gedaht in im selb:* „*sid es anders nút mag gesin, so gib dich dar in, und luog eben, wie sich daz fuosstuoch swigende übel lat handlen; daz tuo och du!*" Die Analogie zu Augustinus' bekannter Erzählung über seine Bekehrung im Garten in Mailand (*tolle, lege* in *Confessiones* 8,12) ist unverkennbar. Es wurde vermerkt, dass das Bild für den absoluten Gehorsam, sich wie ein Tuch widerstandslos be-

Wahrscheinlich war es auch, wie Pius Künzle vermutet hat,[18] in den Jahren 1330–1340, dass Seuse eine mystische Vermählung mit der Göttlichen Weisheit erlebte. Die Auswirkungen dieses Ereignisses zeigen sich deutlich in den Unterschieden zwischen dem frühen deutschen *Büchlein der ewigen Weisheit* (ca. 1328–1330) und seiner Umformung zu einem ausgeweiteten und angereicherten *Horologium Sapientae* (wörtlich „Sonnenuhr der Weisheit"; gewöhnlich „Stundenbuch der Weisheit" genannt, ca. 1334–1337). Seuse widmete dieses Buch dem neuen Generalmagister der Dominikaner Hugo von Vaucemain, der ihn anscheinend förderte.

Während der ereignisreichen Jahre zwischen 1327 bis 1334 gab Seuse schließlich alle Hoffnung auf die Art von Laufbahn auf, deren sich Eckhart erfreut hatte. Er wandte sich von ganzem Herzen dem inneren Leben zu und widmete sich der geistlichen Führung anderer, insbesondere von Frauen, was den Rest seines Lebens prägte.[19]

Seine Kritik, bei der Ausbildung in den verschiedenen Wissenschaften und auch der meisten Theologiestudenten komme das geistliche Leben viel zu kurz, findet sich quer durch seine Werke und spiegelt damit ein Thema, das unter den Mystikern des 14. Jahrhunderts fast allgemein war.[20] Seuse bezeugt damit eine wachsende Kluft zwischen Theologie und Mystik, die sich bereits im 13. Jahrhundert aufgetan hatte und im 14. epidemische Ausmaße annahm. Eckhart war einer der wenigen Mystiker gewesen, die sich aus dem Streit darüber herausgehalten hatten. Er war fest davon überzeugt gewesen, dass *gute* Theologie, korrekte Philosophie und ernsthafte Gottsuche Hand in Hand gehen könnten.

Gegen Mitte der 1330er Jahre lernte Seuse bei seinen Besuchen in Häusern dominikanischer Nonnen und Beginen Elsbeth Stagel kennen, eine junge Frau aristokratischer Herkunft, die in den Konvent von Töss eingetreten war.[21] Elsbeth war am Schreiben des Tösser *Nonnenbuchs* beteiligt, Lebensbeschreibungen von Schwestern des Klosters, und ragte aus Seuses hingebungsvollen Schülern und Schülerinnen besonders hervor. Bei diesen handelte es sich um eine Gruppe von Männern und Frauen, insbesondere

---

handeln zu lassen, schon in den Erzählungen der Wüstenväter vorkommt, die Seuse sehr schätzte; siehe z. B. *De vitis patrum* VII,9 (PL 73,1032–1033).
[18] Künzle, *Heinrich Seuses Horologium Sapientiae*, 50–53.
[19] Über Seuses pastorale Anliegen siehe Ephrem Filthaut, „Heinrich Seuse in dominikanisch-priesterlich-seelsorgerlicher Sicht", in: HS, 267–304; und Hamburger, „The Use of Images in the Pastoral Care of Nuns".
[20] Seuses Kritik an der Schultheologie zeigt sich am deutlichsten in seiner allegorischen Vision von der „goldenen Kugel" in Hor II,1 (519–526), findet sich aber auch an anderen Stellen in seinen Schriften.
[21] Über Stagel siehe Haas, *Kunst rechter Gelassenheit*, 25–29.

solchen, die Beziehungen zur Bewegung der „Gottesfreunde" *(gotesfrúnde)* am Oberrhein hatten.[22] Die geistliche Freundschaft zwischen beiden ist ein Beleg für die zunehmende Zusammenarbeit zwischen Männern und Frauen, was ein ganz besonders markantes Merkmal der spätmittelalterlichen Mystik war. Irgendwann in diesen Jahrzehnten der Freundschaft begann Elsbeth das Material zu sammeln, aus dem Seuse dann sein *Leben des Dieners* zusammenstellte.

Die letzten dreißig Lebensjahre Seuses spielten sich mitten in den dramatischen Krisen der Mitte des 14. Jahrhunderts ab: der Korruption in der Kirche und im Dominikanerorden; dem Konflikt zwischen Papst Johannes XXII. und dem neu gewählten Kaiser Ludwig von Bayern; dem Schwarzen Tod; der zunehmenden Judenverfolgung – um nur einige zu nennen. Aspekte dieser Tragödien tauchen in Seuses Schriften auf, insbesondere in Form seiner Sorgen um den Zustand der Kirche und seines Ordens, die sich in der „Pilgervision" im *Büchlein der ewigen Weisheit* 6 und im *Horologium* I,5 spiegeln.[23] Seine Botschaft konzentriert sich jedoch immer auf die innere Verwandlung, die er in den frühen 1330er Jahren erfahren hatte und in der er während der letzten Jahrzehnte seines Lebens die Gottesfreunde inner- wie außerhalb des Ordens mit seiner Predigt und Lehre unterwies.

Während der heißesten Jahre der Auseinandersetzung zwischen Papst und Kaiser zwischen 1339 und 1346 teilte Seuse mit seinem Konstanzer Dominikanerkonvent das Schicksal, ins Exil gehen zu müssen.[24] Wir wissen, dass er später, gegen 1348, in den Konvent von Ulm versetzt wurde. Hier lebte er noch fast zwei Jahrzehnte und starb dann am 25. Januar 1366. In seinen letzten Jahren, vermutlich gegen 1361–1363, gab er mit dem *Exemplar* seine vier wichtigsten deutschen Werke heraus. Der ungewöhnliche Charakter dieses Unternehmens verdient besondere Erwähnung. Seuse war offensichtlich auf eine Art um die Verbreitung seiner Schriften nach seinem Tod besorgt, wie sie Eckhart fremd gewesen wäre, und auch seinem Zeitgenossen Tauler, der immerhin gestattete, dass man in manchen Nonnenkonventen Sammlungen seiner Predigten abschrieb. Seuse gab nicht nur

---

[22] Über Seuse und die Gottesfreunde siehe weiter unter und auch in Kap. 9, 678–679.

[23] BdeW 6 (217–222); Hor I,5 (404–412). Über Seuses Reformvorstellungen siehe Haas, „Civitatis Ruinae – Heinrich Seuses Kirchenkritik", in: *Kunst rechter Gelassenheit*, 67–92.

[24] Viele Franziskaner hielten zu Ludwig dem Bayern, aber die Dominikaner waren gewöhnlich auf seiten des Papstes. Das Interdikt (d.h. das Verbot, Gottesdienst zu halten und die Sakramente zu spenden), das Johannes XXII. über die Gebiete unter Ludwigs Herrschaft verhängte, führte zu großen Leiden. Viele Städte, und so auch Konstanz, stellten die Dominikaner vor die Wahl: „singen oder us der stadt springen", also „Gottesdienst halten oder raus aus der Stadt!" (Siehe Senner, „Heinrich Seuse und der Dominikanerorden", 11).

seine Texte selbst heraus, sondern bemühte sich für dieses Vorgehen auch um eine offizielle Billigung. Er erbat sich vom Provinzial der Dominikaner, dem Theologen Bartholomäus von Bolsenheim, die Approbation seines Werkes. Bartholomäus verstarb 1362, erschien Seuse jedoch praktischerweise in einer Vision und ermutigte ihn, das *Exemplar* fertig zu stellen: Er „ließ ihn wissen, es sei Gottes Wille, dass sein – des Dieners – Buch allen Menschen guten Herzens mitgeteilt werde, die in rechter Gesinnung und leidvollem Verlangen es kennen lernen wollten."[25] Bartholomäus erwies sich als guter Prophet. Neben fünfzehn Manuskripten, die das vollständige *Exemplar* oder Teile davon enthalten, blieben nicht weniger als 232 Manuskripte des BdW und 43 des *Lebens* erhalten.[26]

Seuses Frühwerk, das *Büchlein der Wahrheit* (BdW) besteht aus sieben Kapiteln und wurde gegen 1329 verfasst, allerdings sicher für das *Exemplar* noch einmal überarbeitet.[27] Es besteht ein Konsens darüber, dass Seuse das Buch verfasste, um Eckharts Lehre gegen dessen Verleumder zu verteidigen. Bei dieser Verteidigung seines Lehrers scheint er sogar die Kenntnis der Bulle „In agro dominico" zu reflektieren.[28] Wie in mehreren seiner anderen Schriften wählte Seuse die Form des boethischen philosophischen Dialogs, in welchem der Jünger (d.h. Seuse) die Göttliche Weisheit über das genaue Verständnis von Innerlichkeit, Loslösung, Durchbruch zum Einswerden mit Gott und der daraus erfließenden Freiheit befragt. In Kapitel 6 findet sich ein bemerkenswertes Gespräch zwischen dem Jünger und dem „namenlosen Wilden" *(daz namelos wilde)*, einer Gestalt, die den Standpunkt der häretischen Freigeister vertritt, die Eckharts Denken missverstanden und missbrauchten. Die Art, wie Seuse Eckhart modifizierte, wird weiter unten erörtert werden, aber hier muss angemerkt werden, dass

---

[25] Prol. (6,7–10): ... *und der vorgenand maister der erschain im vor in ainer liehtricher gesiht und tet im kund, daz es gotes guoter wille were, daz es fürbaz würdi gemainsamet allen guotherzigen menschen, dú mit rehter meinung und jamrigen belangen sin hetin ein begeren.*

[26] Rüdiger Blumrich, „Die Überlieferung der deutschen Schriften Seuses. Ein Forschungsbericht", in: *Heinrich Seuses Philosophia spiritualis*, 189–201 nennt 331 Mss., die Seuses deutsche Werke enthalten.

[27] Neben der Ausgabe von Bihlmeyer gibt es eine neuere Fassung: *Heinrich Seuse. Das Buch der Wahrheit. Daz buechli der warheit*, hg. v. Loris Sturlese u. Rüdiger Blumrich, Hamburg 1993. Im Unterschied zu Seuses anderen Werken fand dieses BdW außerhalb des *Exemplar* nur wenig Verbreitung (nur 6 Manuskripte sind erhalten).

[28] In Bdw 6 verteidigt er Eckharts Ansichten über eine Reihe von Punkten, die in der päpstlichen Bulle verurteilt wurden (z.B. die Artikel 23–24, 13 und 11). Man kann sich schwer vorstellen, dass Seuse diese Punkte auswählte, ohne den Text der Verurteilung zu kennen. Über das Verhältnis des BdW zu Eckhart gibt es die ausführliche Untersuchung von Herma Piesch, „Seuses ‚Büchlein der Wahrheit' und Meister Eckhart", in: HS, 91–133. Piesch sieht das BdW als Seuses Versuch, Eckharts VeM zu überarbeiten.

seine eckhartsche Lehre in diesem Traktat zuweilen dunkel und schwer nachzuvollziehen ist (siehe insbesondere BdW 5).

In der neueren Forschung ist eine Diskussion über das Verhältnis von Philosophie und Mystik im BdW entstanden.[29] Handelt es sich bei diesem Traktat um eine philosophische Darlegung auf der Grundlage der eckhartschen Metaphysik oder um einen mystischen Appell zur geistlichen Verwandlung? Oder – um das in den Raum zu stellen, was ich für eine ausgewogenere Ansicht halte – ist er grundsätzlich eckhartisch in seiner Weigerung, zu trennen zwischen philosophisch-theologischer Spekulation und Einsichten über die Umwandlung in Gott, die die Ebene der Vernunft übersteigen? Loris Sturlese hat darin Recht, dass er auf Seuses philosophischen Scharfsinn in diesem Werk aufmerksam macht, aber die im BdW angestellte Spekulation ist nicht als bloße akademische Übung gedacht, die einzig auf dem aristotelischen Vernunftdenken beruhen würde. Das BdW ist zutiefst „philosophisch", nämlich im buchstäblichen Sinn des Wortes: Es ist Ausdruck der „Liebe zur Weisheit", und der Verfasser bemüht sich um diese mit einer inneren Geisteshaltung, die unsere heutigen Unterscheidungen zwischen Philosophie, Theologie und dem, was wir Mystik nennen, durchbricht, um zur fundamentalen Wahrheit über das Sein und Leben vorzustoßen. Bei einer derartigen Philosophie besteht die höchste Leistung des Verstandes darin, seine eigenen Grenzen anzuerkennen.[30]

Das *Büchlein der ewigen Weisheit* (BdeW), das fast gleichzeitig mit dem *Büchlein der Wahrheit* geschrieben zu sein scheint, nämlich ca. 1329–1330, ist ein ehrgeizigeres Werk und weniger spekulativer Natur. In seinem Vorwort erzählt Seuse vom Anlass zu diesem Werk. Der Diener habe eines Tages vor einem Kruzifix gestanden und sich ganz unfähig zum Betrachten gefühlt. Da habe ihn plötzlich eine innere Erleuchtung mit hundert Betrachtungen über Christi Leiden überkommen, die seine Stumpfheit in eine „liebevolle Süßigkeit" *(ein minneklich suozikeit,* 197,5) verwandelt habe. Hierauf habe er beschlossen, den Sinn dieser Betrachtungen mittels einer erklärenden Parabel oder Allegorie *(usgeleitú bischaft [figurata locutio]* 197,23) darzulegen, nämlich in Form vertrauter Gespräche zwischen dem

---

[29] Loris Sturlese hat in seinem Artikel *Heinrich Seuses Philosophia spiritualis*, 32–48 und in seiner Einführung zu seiner Ausgabe dieses Werks auf S. IX-LXIX eine anti-mystische Lesart verfochten. Haas stellt diese Ansicht in *Kunst rechter Gelassenheit*, 50–66 in Frage. Diese Diskussion ist ein Echo der Debatten darüber, ob man Eckhart als Philosophen und/oder Mystiker betrachten sollte.

[30] Als Anmerkungen zu Seuses Philosophieverständnis siehe Niklaus Largier, „*Figurata Locutio. Hermeneutik und Philosophie bei Eckhart von Hochheim und Heinrich Seuse*", in: *Meister Eckhart: Lebensstationen – Redesituationen*, hg. v. Klaus Jacobi, Berlin 1997, 303–315.

Diener und der Ewigen Weisheit, der zweiten Person der Dreifaltigkeit, die er zuweilen als weibliche und zuweilen als männliche Gestalt vorstellte.

Das Werk ist in drei Teile gegliedert. Teil I besteht aus zwanzig Kapiteln, in denen die Ereignisse der Passion als die großartigste Manifestation der Liebe der Weisheit zur Welt betrachtet werden. Teil II hat vier Kapitel, in denen die für das praktische Leben wesentlichen Übungen behandelt werden: das Sterben lernen;[31] innerlich leben lernen; lernen, wie man die Kommunion richtig empfängt; und lernen, wie man Gott allezeit lobpreist. In Teil III werden schließlich die hundert Betrachtungen sowie die Art, sie auszuüben, aufgeführt. (Dieser Abschnitt könnte vielleicht als erster verfasst worden und einige Zeit für sich in Umlauf gewesen sein.)

Offensichtlich wenige Jahre danach nahm Seuse dieses deutsche Werk in sein lateinisches *Horologium Sapientiae (Stundenbuch der Weisheit)* auf. Auch wenn Seuse heute in erster Linie als wichtiger Vertreter der volkssprachlichen Mystik des Spätmittelalters gelesen wird, war seine Wirkung durch sein lateinisches Werk sogar noch größer. Die Anzahl der Manuskripte, Übersetzungen und frühen Drucke des *Horologium Sapientiae* übertrifft sogar diejenige des BdeW, seines beliebtesten deutschen Werks. Das *Horologium* wurde zudem in acht Volkssprachen übersetzt. Mit über vierhundert Manuskripten auf Lateinisch und über zweihundert in Übersetzungen und genauso vielen Frühdrucken nahm das *Horologium* hinter der *Nachfolge Christi* gleich den zweiten Rang der Beliebtheit von geistlichen Schriften des Spätmittelalters ein.[32]

Auch wenn viel Material aus dem BdeW im *Horologium* auftaucht, ist diese lateinische Version keine eigentliche Übersetzung, sondern eher ein neues Werk, denn es ist gegenüber dem deutschen Traktat neu angeordnet, erweitert und umformuliert. Besonders wichtig darin sind die neuen autobiographischen Materialien, neuen Visionen, das deutlicher ausgeprägte pastorale Anliegen und die stärkere Betonung der mystischen Vermählung mit der Weisheit.[33]

---

[31] BdeW (278–287) mit dem Titel „Wie man sol lernen sterben, und wie ein unbereiter tovt geschaffen ist" ist vielleicht der früheste ausdrückliche Traktat über die *ars moriendi* und ein weiterer Beweis dafür, wie stark Seuse zur spätmittelalterlichen Frömmigkeit beigetragen hat. Siehe Haas, „Heinrich Seuses Sterbekunst", in: *Kunst rechter Gelassenheit*, 223–245.
[32] Künzle, *Horologium Sapientiae*, 105–249 nennt 233 erhaltene Mss., 88 verlorene Mss. und 144 Mss. mit Auszügen, also insgesamt 465 Zeugen für das ganze Buch oder Teile daraus! Hinzu kommt, dass das Hor in Übersetzungen ins Mittelfranzösische (70 Mss.), Mittelniederländische (93 Mss.), Italienische (28 Mss.), Mittelenglische (14 Mss.), Tschechische (8 Mss.) und Schwedische, Dänische und Ungarische, also insgesamt in rund weiteren 220 Mss. erhalten ist. So war es im Mittelalter eindeutig ein Bestseller.
[33] Zu den Unterschieden zwischen BdeW und Hor siehe Künzle, *Horologium Sapientiae*, 53–54 und Colledge, *Wisdom's Watch*, 14–15 u. 17–30. Bemerkungen zum unterschiedlichen Stil

Die in der Einleitung beschriebene Vision von der mit Rosen verzierten Uhr kündigt das Thema und die Grundstruktur des Werkes an: Vierundzwanzig Stunden lang soll nach der Weisheit gestrebt werden. Das *Horologium* ist – ist im Unterschied zum dreiteiligen deutschen Werk – zweigeteilt, in einen ersten Teil mit siebzehn und einen zweiten mit acht Kapiteln. Ist das BdeW ein schönes Beispiel für Seuses deutschen Stil, so beruht der Erfolg des *Horologiums* zum Teil auf dem Reichtum von Seuses flüssigem Latein, das derart üppig ist, dass es dem heutigen Leser zuweilen eher überladen vorkommt.[34] Da das *Horologium* in der Sprache verfasst wurde, die damals immer noch diejenige der internationalen geistlichen Unterweisung war, konnte es als Grundlage für kreative Adaptationen in neuen Sprachgebieten dienen, wie die vielen Übersetzungen und Adaptationen zeigen.

Obwohl das *Horologium* derart beliebt war, ist heute das meistgelesene Werk Seuses das *Leben des Dieners* (*Leben* oder Vita), ein Text, der in gewisser Hinsicht das Gemeinschaftswerk von Seuse und Elsbeth Stagel ist, seiner innigen geistlichen Freundin. Seuse erzählt uns, dass Elsbeth ohne sein Wissen angefangen habe, Berichte über seine geistlichen Prüfungen aufzuschreiben, von denen er ihr erzählt hatte. Als er dahintergekommen sei, habe er einiges davon vernichtet, sei jedoch dann durch eine Botschaft Gottes daran gehindert worden. Wie viel vom endgültigen Text aus Elsbeths Feder stammt, ist unmöglich zu ermitteln, aber aus der Art, wie Seuse seine Werke für das *Exemplar* zurichtete, ist klar zu erkennen, dass er als der Hauptverfasser angesehen werden wollte.[35] Wenn es auch schwierig sein mag, sich Elsbeth als Mitautorin vorzustellen, so lässt sie sich zumindest als zweite Hauptperson bezeichnen, denn die Rolle, die der geistlichen Tochter des Dieners im Buch zugeteilt wird, ist für seine Lehre wesentlich."[36] Vo daher bleibt dieser Text eines der wichtigeren Zeugnisse für den

---

der beiden Werke liefert Claire Champollion, „Zum intellektuellen Wortschatz Heinrich Seuses OP", in: HS, 77–89.

[34] Colledge charakterisierte Seuses Latein passend als „mellifluous, emotional, hortatory" (*Wisdom's Watch*, 21).

[35] Über die Frage nach der Verfasserschaft wurde viel diskutiert. Eine klassische Abhandlung ist die von Julius Schwietering, „Zur Autorschaft von Seuses Vita", in: *Mystik und höfische Dichtung im Hochmittelalter*, Tübingen 1960, 107–122. Als ausgewogene neuere Zusammenfassung siehe Frank Tobin, „Henry Suso and Elsbeth Stagel. Was the *Vita* a Cooperative Effort?", in: *Gendered Voices. Medieval Saints and Their Interpreters*, hg. v. Catherine M. Mooney, Philadelphia 1999, 118–135.

[36] In meinem englischen Originaltext habe ich ihr die Bezeichnung „co-protagonist" gegeben. Ich habe diese von Paul Lachance übernommen, der damit die Zusammenarbeit von Angela von Folignos franziskanischem Schreiber mit dieser Mystikerin charakterisiert. Siehe *Angela of Foligno. The Complete Works*, New York 1993, 51.

Austausch zwischen Männern und Frauen, der der neuen Mystik des Spätmittelalters einen so vitalen Impuls gab.[37]

Die literarische Gattung des *Lebens* entzündete viel Diskussion. Wie bereits oben erwähnt, wurde es als eine Art von Autobiographie angesehen und in klassischen Darstellungen dieser Gattung wurde es auch als solche behandelt.[38] In einigen Manuskripten lautet der Titel des ersten Teils: „Hier fängt an der erste Teil dieses Buches, das da heißt der Seuse."[39] Aber das ist ein Zusatz der Schreiber; Seuse selbst spricht nur vom „Diener", gebraucht also die dritte, nicht die erste Person. Im *Leben* ist autobiographisches Material verwendet, aber es ist kaum eine Autobiographie. Richard Kieckhefer verwandte zur Charakterisierung dieses und anderer spätmittelalterlicher Werke den Begriff „Autohagiographie", weil darin zur Vorstellung einer exemplarischen Lebensgeschichte etliche Muster des hagiographischen Schreibens verwendet werden.[40] Werner Williams-Krapp weist jedoch darauf hin, dass im *Leben* Seuse selbst nicht als Gegenstand der Heiligenverehrung vorgestellt wird. Seiner Auffassung nach ist das *Leben* „der geschickte Entwurf einer exemplarischen Spiritualität, der in erster Linie für Frauen gedacht ist und innerhalb einer Rahmenhandlung erzählt wird, die aus den beispielhaften Leben der Wüstenväter und -mütter schöpft,"[41] das heißt aus den von den Dominikanern viel gelesenen und von Seuse hochgeschätzten *Vitaspatrum*.[42]

In Seuses *Leben* ist ein derart reiches Spektrum von Gattungen, Materialien und Sichtweisen ineinander gearbeitet, dass es sich jeder einfachen Charakterisierung entzieht.[43] Im vorliegenden Zusammenhang möchte ich nur einige wenige Aspekte seiner komplexen Struktur erwähnen. Zu diesen gehört der Umstand, dass im Buch Themen aus der höfischen Romanzen-

---

[37] Über dieses Thema des Austauschs siehe im vorliegenden Werk Band III, 40–47.
[38] Georg Misch, *Geschichte der Autobiographie*, Bd. IV, 1, Frankfurt 1967, 113–310; und Karl Joachim Weintraub, *The Value of the Individual. Self and Circumstance in Autobiography*, Chicago 1978, 197–209.
[39] *Leben* Prol. (7,1): *Hie vahet an daz erste tail dizz buoches, daz da haisset der Súse.*
[40] Richard Kieckhefer, *Unquiet Souls. Fourteenth-Century Saints in Their Religious Milieu*, Chicago 1984, 6.
[41] Williams-Krapp, „Henry Suso's Vita", besonders 38 u. 45 (daraus das Zitat).
[42] Über die Rolle der *Vitaspatrum* im *Leben* siehe auch Werner Williams-Krapp, „'Nucleus totius perfectionis'. Die Altväterspiritualität in der *Vita* Heinrich Seuses", in: *Festschrift für Walter Haug und Burkhart Wachinger* 2 Bde., Tübingen 1992, I,405–421. Dieses alte Werk der monastischen Spiritualität lag in der Volkssprache vor; siehe die Ausgabe von Ulla Williams, *Die Alemannischen 'Vitaspatrum'. Untersuchungen und Edition*, Tübingen 1996.
[43] Hilfreich für das Verständnis des literarischen Reichtums des Textes ist Walter Blank, „Heinrich Seuses 'Vita'. Literarische Gestaltung und pastorale Funktion seines Schrifttums", in: *Zeitschrift für deutsches Altertum und deutsche Literatur* 122 (1993), 285–311.

literatur aufgegriffen werden,[44] obwohl es gewiss nicht nur eine höfische Erzählung ist. Ferner ist in Folge der Vertrautheit Seuses mit Augustinus der Einfluss von dessen *Confessiones* als Vorbild für den Erzählentwurf einer Lebensgeschichte ganz offensichtlich. Ein besonderes Problem bezüglich des *Lebens* stellt die Frage dar, bis zu welchem Grad konkrete Einzelheiten der Erzählung, wie etwa diejenigen über die strengen asketischen Übungen des Dieners (Kap. 13–19) oder einige der Geschichten über seine Prüfungen (z. B. Kap. 38, er sei angeklagt worden, Vater eines Kindes zu sein) in seiner historischen Biographie eine Grundlage haben. Könnte sich der junge Ordensbruder auf harte asketische Praktiken eingelassen haben? Zweifellos. Könnte der ältere Wanderprediger Opfer einer lügnerischen Anklage sexuellen Fehlverhaltens gewesen sein? Natürlich. Aber fanden diese Dinge auf die beschriebene Weise statt? Das erscheint unwahrscheinlich, ja zum Teil unmöglich. Bei Seuses Mystagogie kommt es auf die exemplarische Natur der Geschichten an, nicht auf ihre Historizität.

Nach Alois M. Haas stellt das *Leben* ein raffiniertes Ineinanderspiel des angeblichen empirischen „Ich", des kunstvoll geschaffenen literarischen „Ich" und schließlich noch des mystischen und vergehenden „Ich" dar.[45] Die Schwierigkeit, diese verschiedenen Stimmen auseinander zu halten, wird dazu noch von Seuses Darstellungsweise verstärkt, die er im Vorwort zum *Exemplar* als „bildgebende Weise" (*bildgebender wise*, 3,3) bezeichnet. Bei der „bildgebenden Weise" (*figurata locutio*) als mystagogischer Strategie differenziert man kaum zwischen dem Ereignis und seiner literarischen Verarbeitung; alles ist auf die Strategie konzentriert, die grundlegende spirituelle Botschaft herüberzubringen. Frank Tobin sagt es so: „Die Fiktion ist in der *Vita* nicht das Gegenteil des Faktums, sondern hat mit diesem eher ein symbiotisches Verhältnis …"[46] Die Komplexität dieser Symbiose zwischen dem, was wir als Faktum und Fiktion bezeichnen, sowie die Vieldeutigkeit des vorgestellten „Ich" gehören zur bleibenden Faszination und Schwierigkeit, die man beim Lesen des *Lebens* erlebt.

Das *Leben* besteht aus zwei Teilen. Im ersten (Kap. 1–32) wird der geistliche Fortschritt des Dieners erzählt. Nach sechs Einführungskapiteln wird in drei Abschnitten die zunehmende Gleichförmigkeit des Dieners mit der Göttlichen Weisheit geschildert. Im ersten dieser Abschnitte (Kap. 7–12)

---

[44] Siehe zum Beispiel *Leben* 3, 20, 36, 41 u. 44.
[45] Siehe Alois M. Haas, *Nim Dîn Selbes War. Studien zur Lehre der Selbsterkenntnis bei Meister Eckhart, Johannes Tauler und Heinrich Seuse*, Freiburg (Schweiz) 1971, 154–155, 168–169, 192–195, 206–208.
[46] Tobin, „Henry Suso and Elsbeth Stagel", 133. Siehe auch Haas, *Kunst rechter Gelassenheit*, 65–66.

werden die Übungen *(uebunge)* des Dieners beschrieben, das heißt sein ritualisiertes Nachverfolgen der Etappen des Lebens Christi im Lauf des liturgischen Jahres. In Kap. 13–18 werden seine selbstauferlegten Martern vorgestellt, diese äußere *imitatio passionis*, die im Kap. 16 einen Höhepunkt erfährt, wo er sich buchstäblich selbst als den nackten, blutenden Christus sieht. Im Schlussabschnitt wird jedoch die äußere Nachahmung der Passion überschritten und betont, höher stehe die innere Leidenspraxis der eckhartschen Loslösung. Diese innere Übung gipfelt in einer ekstatischen innerlichen Passionserfahrung, in welcher der Diener zum Miterlöser mit Christus wird (Kap. 31). Dieser Übergang von der äußeren zur innerlichen Passionsfrömmigkeit zeigt, dass Seuse gegen die viel buchstäblicheren Formen der *imitatio passionis* war, wie sie von manchen damaligen Dominikanernonnen geübt wurden. Wie Eckhart und zum Teil in Abhängigkeit von ihm war Seuse im Gespräch mit mystischen Frauen engagiert, das auch eine korrigierende Kritik zum Inhalt hatte.[47] In Kapitel 32 schließt Seuse dann diesen eckhartschen Teil ab, indem er noch vom Durchbruch *(durchpruch)* zu Gott spricht.

Im zweiten Teil des *Lebens* (Kap. 33–53) wird die Aufmerksamkeit auf das Meister-Schülerin-Verhältnis zwischen Seuse und Elsbeth Stagel verlagert, um zu zeigen, dass der Diener sowohl das *Bild* des wahren Wegs zu Gott sei als auch der *Lehrer* darüber, wie man diesen Weg beschreite und zum Ziel finde. In der Einführung (Kap. 33–35) schildert Seuse Elisabeths vergebliche Versuche, die Lehre Eckharts zu praktizieren, bis dann der Diener auftritt und ihre geistliche Erziehung mit für Anfänger geeigneteren Praktiken in die Hand nimmt. Die Kapitel 36–45 enthalten eine etwas zufällig aufgereihte Anzahl von Vignetten, in denen der Diener seine Praktiken und Leiden als Vorbild für Elsbeth und seine anderen geistlichen Töchter schildert. Schließlich finden wir in einem dritten Abschnitt (Kap. 46–53), von dem Seuse schreibt, er habe ihn nach Elsbeths Tod (ca. 1360) fertiggestellt, eine Zusammenfassung der höheren Unterweisung, wie man sich „in die Höhe des beschaulichen Adels eines seligen vollkommenen Lebens" aufschwinge (Kap. 46; 56,5–6). Dieser „hohe, durch die Urteilskraft bezeichnete Weg" beginnt negativ damit, dass der Diener seine Schülerin unterweist, wie man wahre von falscher Mystik unterscheide, was ja ein großes Anliegen im 14. Jahrhundert war (Kap. 46–49). In den Kapiteln 50–53, dem positiven Teil, werden die „hohen Fragen" erörtert, die die Tochter ihrem geistlichen Vater gestellt hatte. Das ist eine tiefgründige Zusammenfassung von Seuses reifem, wenn auch abgewandeltem Eckhart-

---

[47] Siehe die Bemerkungen bei Williams-Krapp, „Henry Suso's *Vita*", 41–47.

Verständnis. Diese Kapitel führen vor Augen, dass der betagte Seuse zwar viele Formen der Mystik erkundete, die sich bei seinem Lehrer nicht finden, aber nie die Mystik vom Grund aufgab, weil er der Überzeugung war, sie sei für die höchste Form des Gottesbewusstseins wesentlich.[48]

Es sind auch noch mehrere kürzere Werke Seuses erhalten. Elsbeth Stagel sammelte achtundzwanzig seiner Briefe in einer als *Großes Briefbuch* (GrBfb) bekannten Kompilation. Elf dieser Briefe fasste Seuse selbst im *Kleinen Briefbuch* (KlBfb) zusammen und nahm dieses ins *Exemplar* auf. Diese sorgfältig komponierten Episteln bilden eine praktische Einführung ins geistliche Leben von der Bekehrung bis zur christologisch verstandenen Einung. Dem KlBfb sind noch einige Geschichten, Gebete und Gedichte beigefügt, darunter der beliebte „Morgengruß" oder das „Morgengebet."[49] Seuse werden auch eine Anzahl deutscher Predigten zugeschrieben, aber nur zwei davon scheinen authentisch zu sein. Schließlich wird ihm zuweilen noch ein als das *Minnebüchlein* bekannter Traktat zugeschrieben, was vermutlich falsch sein dürfte.[50] Es handelt sich dabei um eine Sammlung vermischter Texte zur Passionsfrömmigkeit.

II. Philosophia spiritualis

An mehreren Stellen im *Horologium* bezeichnet Seuse die Lehre, die die Weisheit biete, als *philosophia spiritualis*. So stellt die Weisheit zum Beispiel im 9. Kapitel des I. Teils diejenigen, die nur sichtbare Dinge studieren, dem Diener gegenüber, der eine höhere Schule besucht: „Anders aber du: du bist in unserer geistlichen Philosophie ausgebildet. Erhebe dich, um im Geiste über alles Sichtbare hinwegzuschreiten! Denn was man sieht, gehört der Endlichkeit an; was man nicht sieht, ist ewig ... Öffne deine geistigen Augen und erkenne, was du bist, wo du bist und wohin du strebst. Dann bist du imstande, den Grund von alledem zu sehen."[51] Die Wurzeln dieses Be-

---

[48] Kap. 52 weist Parallelen mit einem anonymen mystischen Gedicht „Vom Überschall" und dem deutschen Kommentar dazu auf. Ausführlicheres über dieses Werk siehe in Kapitel 7, 534–536.
[49] Der „Morgengruß" findet sich in deutscher und auch lateinischer Form bei Bihlmeyer, 395–396. Dieser Text weist Verwandtschaften mit dem Gebet im BdeW 24 (313–314) und Hor II,5 (583–584) auf. Über den „Morgengruß" siehe Heinrich Stirnimann, „Seuses Morgengruß", in: *Homo Medietas. Aufsätze zu Religiosität, Literatur und Denkformen des Menschen vom Mittelalter bis in die Neuzeit. Festschrift für Alois Maria Haas zum 65. Geburtstag*, hg. v. Claudia Brinker-von der Heyde u. Niklaus Largier, Bern 1999, 317–321.
[50] Das *Minnebüchlein* ist bei Bihlmeyer, 536–554 herausgegeben.
[51] Hor I,9 (453,5–10): *Tu autem in nostra spirituali philosophia aliter instituta consurge, cuncta visibilia mente supergradiendo; quae enim videntur, temporalia sunt, quae autem non*

griffs der *philosophia spiritualis* reichen weit in die Tradition zurück. Mit einem Zitat aus Bernhard von Clairvaux, der seinerseits Paulus (1 Kor 2,2) zitiert, schreibt er in *Hor* I,14: „Einstweilen ist das für mich die erhabenere Philosophie: Jesus zu kennen, und diesen als Gekreuzigten."⁵² In II,3 schildert er in einem autobiographischen Bericht die Vision, die ihn vom weltlichen Lernen abgekehrt habe. Es sei ihm ein Jüngling erschienen, der ihm einen alten Einsiedler und ein altes kleines Buch gezeigt habe, in dem er die Worte gelesen habe: „Quelle und Ursprung alles Guten für den geistlichen Menschen ist es, fortwährend in seiner Zelle zu bleiben."⁵³ Der Verfasser dieser Lehre, der alte Einsiedler, sei „der höchste Philosoph Arsenius" gewesen und beim Buch handle es sich um die vernachlässigten *Leben der Väter (Vitae Patrum)*. Dieses Buch über das Leben der heiligen Väter und ihre Gespräche, so schließt Seuse, werde „von den meisten als ein altes und außer Gebrauch geratenes wenig beachtet, auch wenn man aus sicherer Erfahrung weiß, dass es den Kern aller Vollkommenheit und die wahre Wissenschaft christlicher Philosophie in sich birgt."⁵⁴ Für Seuse sind wie für die Wüstenväter das Gebetsleben und die Buße und die wahre Philosophie eines. Daher formulierte er in einer der Lesungen für das Offizium *(Cursus de aeterna Sapientia)*, die er zur Begleitung des *Horologium* verfasste, die Gebetsbitte an die gekreuzigte Weisheit: „Mach, dass meine Philosophie deine Wunden seien, deine Wundmale meine Weisheit, dass ich fortan in dir Fortschritte mache, dem einzigen Buch der Liebe, und dank deines Todes."⁵⁵

Wenn ein heutiger Leser mitten in einem Werk voller Visionen, ausführlicher Schilderungen ekstatischer Zustände und Betrachtungen über das

---

videntur, aeterna sunt ... Aperi oculos mentales, et vide quid sis, ubi sis, et quo tendas; tunc profecto horum omnium rationem habere valeas. In der Parallelstelle im BdeW 10 (236,28–237,6) wird dieser Ausdruck nicht verwendet. *Philosophia spiritualis* taucht dann noch einmal in 547,2 auf. Seuse verwendet auch noch eine Anzahl äquivalenter Begriffe: *nostra philosophia* (447,25), *vera et summa philosophia* (520,2, 526,11); *sublimior philosophia* (493,21); *utilissima scientia* (526,12) und *vera scientia christianae philosophiae* (547,14).

⁵² Hor I,14 (493,21–22): *Haec mea interim sublimior philosophia, scire Iesum, et hunc crucifixum.* Diese Stelle stammt aus Bernhards *Sermo super Cantica*, 43,4 (*Sancti Bernardi Opera* II, 43,21–22).

⁵³ Hor II,3 (546,2–3): *Fons et origo omnium bonorum homini spirituali est in cella sua iugiter commorari.* Dieser Spruch spiegelt die bei Cassian, *Conlationes* VI,15 dem Abba Theodor zugeschriebene Lehre sowie die Nr. 11 der Sprüche des Arsenius in den alphabetischen *Apophthegmata Patrum* (PG 65, 90C); allerdings steht er in beiden Texten nicht in dieser Formulierung.

⁵⁴ Hor II,3 (547,11–15): *... vitae sanctorum patrum et eorum collationes, qui liber a plerisque tamquam antiquus et abolitus parum curatur, licet nucleus totius perfectionis, et vera scientia christianae philosophiae in ipso esse certissima experientia cognoscatur.*

⁵⁵ „Cursus de aeterna Sapientia" (608,3–5): *Pone meam in tuis vulneribus philosophiam, in tuis stigmatibus sapientiam, ut ulterius in te, solo caritatis libro, et morte tua proficiam.* (Übers.: B. Schellenberger.)

Leiden Christi und das Mitleiden Marias auf eine solche Formulierung stößt, mag er sich verwundert fragen, wie man diese emotional geladenen Darstellungen denn als „Philosophie" bezeichnen könne. Dennoch liefert der Ausdruck *philosophia spiritualis* einen Schlüssel zum Verständnis dafür, wie Seuse in seinen Schriften an eine seit langem bestehenden mönchische Sicht der Philosophie anknüpfte, was in einer Anzahl neuerer Untersuchungen aufgezeigt worden ist.[56] Was beabsichtigte Seuse damit, dass er seine Lehre als „geistliche Philosophie" beschrieb?

Die Geschichte des Begriffs „Philosophie" (wörtlich: „Liebe zur Weisheit") zeigt, welche unterschiedlichen Vorstellungen davon, was Weisheit sei, einen Großteil der abendländischen Tradition geprägt haben. Die frühen christlichen Mönche bauten auf dem antiken Verständnis der Philosophie auf, dass sie Kontemplation und auch Aktion umfasse, das heißt eine Art von Lebensstil sei, mit dem man sich dem Bemühen um Weisheit widme,[57] und sie eigneten sich den Begriff *philosophia* kühn zur Bezeichnung der Weisheit der Wüste und ganz allgemein des mönchischen Lebens an.[58] Als guter Dominikaner war Seuse von den Erzählungen und Sprüchen der Wüstenmönche, den Schriften Cassians und den Predigten und Traktaten Bernhards von Clairvaux geprägt.[59] Er setzte wie die Wüstenväter *philosophia spiritualis* mit *sapientia* gleich, d. h. *sapida scientia* („Wissen durch Verkosten"). Es ist ein Wissen fürs Leben, eine „praktische Lebensphilosophie" wie Philipp Kaiser schrieb,[60] aber ihr Ziel, heilsames Wissen zu erlangen, schließt ein spekulatives Element nicht aus. Seuses Bemühen, falsche Verständnisweisen des mystischen Wegs zu korrigieren, ist ein wichtiger Teil seiner Betonung des praktischen Lebens. *Philosophia spiritualis* ist ein mystisches Wissen, das Praxis und Spekulation, Aktion und Kontemplation zu einem nahtlosen Ganzen verschmelzen lässt.[61]

---

[56] Hierzu sind einige der Beiträge in *Heinrich Seuses Philosophia spiritualis* hilfreich, besonders diejenigen von Rüdiger Blumrich, Philipp Kaiser, Peter Ulrich und Markus Enders. Siehe auch Peter Ulrich, *Imitatio et configuratio. Die philosophia spiritualis Heinrich Seuses als Theologie der Nachfolge des Christus passus*, Regensburg 1995.
[57] Pierre Hadot, *Philosophie als Lebensform. Geistige Übungen in der Antike*, mit einer Einführung hg. v. Arnold I. Davidson, Frankfurt/M. 2002 sowie ders., *Wege zur Weisheit oder Was lehrt uns die antike Philosophie?*, Frankfurt/M. 1999.
[58] Siehe Jean Leclercq, „Chap. II. Philosophia", in: *Études sur le vocabulaire monastique du moyen age*, Rom 1961, 39–79.
[59] Rüdiger Blumrich, „Die *gemeinú ler* des ‚Büchleins der ewigen Weisheit'. Quellen und Konzept", in: *Heinrich Seuses Philosophia spiritualis*, 49–70 erörtert Seuses Gebrauch der Mönchstradition, bringt eine Liste der im BdeW zitierten Quellen und zeigt, dass er mit 18mal Bernhard mehr als alle anderen zitiert.
[60] P. Kaiser, „Die Christozentrik der *philosophia spiritualis* Heinrich Seuses", in: *Heinrich Seuses Philosophia spiritualis*, 109–123, besonders die Erörterung 109–112.
[61] Siehe M. Enders, „Das mystische Wissen Seuses. Ein Beitrag zu seiner theologischen Rele-

Philosophia spiritualis

Strategien beim Vorstellen der geistlichen Philosophie

Wie komplex Seuses Selbstdarstellung nicht nur in seinem *Leben*, sondern auch quer durch alle seine anderen Werke ist, wurde bereits vermerkt. Seuse war obendrein einer der wenigen spätmittelalterlichen Mystiker, die nicht nur auf die Rolle der Bilder auf dem Weg zu Gott achteten, sondern sogar Illustrationen für ihre Manuskripte in Auftrag gaben, die ihre Botschaft verdeutlichen helfen sollten. Diese beiden Aspekte seiner Lehre sind zu reichhaltig, als dass sie sich in einer kurzen Darstellung erschöpfend behandeln ließen; aber sie sind zu wichtig, um ganz übergangen zu werden.

Zwei Dimensionen von Seuses literarischer Vorstellung des Diener-„Ichs" verdienen es, hier ausdrücklich erwähnt zu werden: sein höfischer Zug und sein Vermischen der Geschlechter. Das Vorhandensein von höfischen Elementen in Seuses Werk wurde schon lange vermerkt und von manchen Literaturwissenschaftlern vielleicht sogar übertrieben.[62] Dennoch verraten sowohl die Struktur des *Lebens* mit ihrer bunten Mischung aus Berichten über Leiden und Kämpfe und Szenen freudiger Verzückung sowie viele andere Themen, die dieses Buch enthält, den bewussten Versuch, die spätmittelalterlichen höfischen Motive in den Dienst der geistlichen Philosophie zu stellen. Höfische Sprache und Bilder zeigen sich am deutlichsten in der Schilderung des Dieners als eines ritterlichen Abenteurers (*aventúrer*, 149,11) im treuen Dienst seiner geliebten Dame, der Ewigen Weisheit. Indem er diese Rolle annimmt, kann Seuse vorführen, wie der geistliche Ritter genau wie der weltliche darum bemüht ist, die Treue seiner Bindung an seine Dame damit unter Beweis zu stellen, dass er ihr zu Ehren gern Leiden auf sich nimmt (d.h. sich Mühe gibt, durch Buße, Loslösung und tugendhaftes Leben Jesus nachzuahmen). Vor allem in Kapitel 44 finden wir den Diener (nicht so sehr Seuses eigenes Ich, sondern eher das literarische Ich der Erzählung) in der Rolle des Ritters, der auf geistlicher Abenteuerfahrt unterwegs ist.[63] Aber der Umstand, dass das höfische Ich

---

vanz", in: *Heinrich Seuses Philosophia spiritualis*, 139–172. Es handelt sich um die Zusammenfassung der veröffentlichten Dissertation des Autors mit dem Titel *Das mystische Wissen bei Heinrich Seuse*, Paderborn 1993. Enders' Darstellung der Mystik Seuses ist gründlich und eindrucksvoll. Mit seiner Tendenz, anhand der einzelnen Werke Seuses die spekulative Seite von der praktischen zu trennen, wird er allerdings dem ständigen Zusammenspiel beider Seiten in der Lehre Seuses nicht ganz gerecht.

[62] Siehe z.B. Schwietering, „Zur Autorschaft von Seuses Vita" und Maria Bindschedler, „Seuses Begriff von Ritterschaft", in: HS, 233–240. Als Zusammenfassung siehe Tobin, „Introduction", 43–44.

[63] *Leben* 44 (149–153). Einige weitere wichtige Stellen sind BdeW 7 und Hor I,6 u. 13.

auch in *Leben* 20 deutlich hervortritt, dem Kapitel, das die Verlagerung von der äußeren Nachahmung der Passion auf die tiefere Nachahmung in Form der *gelassenheit* markiert,[64] zeigt, dass das geistliche Höfischsein ein wichtiges Element in Seuses Mystik ist.

Der Umstand, dass Seuse bei seiner Vorstellung des mystischen Ichs dieses zuweilen männlich und zuweilen weiblich vorstellt, wurde erst in jüngster Zeit als für ihn signifikantes Element vermerkt.[65] Genau wie mystische Bewusstseinszustände die gewöhnlichen Weisen der Erkenntnis und Liebe durchbrechen, um neue Wahrheiten über Gott und den Menschen zu offenbaren, lässt der Grenzcharakter des mystischen Zustands auch das Experimentieren mit der Geschlechter-Identität zu, wie es im normalen Leben nicht möglich wäre. Gott ist im Gottsein jenseits der Geschlechterrollen. Im Christentum werden die beiden ersten Personen der Dreifaltigkeit gewöhnlich als Männer, nämlich als Vater und Sohn angesprochen. Dadurch werden die Männer angeregt, zur Beschreibung ihrer erotischen Sehnsucht nach Gott eine weibliche *persona* anzunehmen (gemäß dem femininen Charakter der *anima*, der Seele). Aber die Weisheitsliteratur des Alten Testaments (z. B. Weish 8,22) enthält Beschreibungen der weiblichen göttlichen *Sophia/Sapientia*, die eine alternative Möglichkeit eröffnen: Hier kann der Mystiker als Mann bei seinem Geschlecht bleiben und sich auf eine Liebesbeziehung zu einer weiblichen Gottheit einlassen. Das Hin und Her zwischen den Geschlechtern wird noch einmal dadurch verstärkt, dass die weibliche göttliche Weisheit im männlichen Menschen Jesus von Nazareth Fleisch annimmt.

Viele frühere christliche männliche Mystiker begnügten sich damit, sich in die weibliche Rolle zu versetzen, jedenfalls bei literarischen Projektionen ihres Ichs in ihren Kommentaren über das Hohelied. Aber von den frühesten Jahrhunderten an versuchten sich auch manche von ihnen mit Beschreibungen ihrer Liebe als Mann zur weiblichen Göttlichen Weisheit. Augustinus von Hippo zum Beispiel formulierte seine leidenschaftliche Sehnsucht nach der Weisheit und wunderte sich darüber, wie oft sie sich ihren vielen Liebhabern darbiete, ohne die heftige Eifersucht anderer Männer zu erre-

---

[64] *Leben* 20 (55–57). Das ritterliche Ideal des Kämpfens für Christus knüpft natürlich an das alte Motiv vom *athleta Christi* an, wie hier das Zitat aus Ijob 7,1 zeigt: „Militia est vita hominis". Dennoch zeigen bestimmte Aspekte von Seuses Vorstellung, wie etwa hier, wenn er großen Wert auf die angemessene ritterliche Ausrüstung legt, dass es sich bei ihm um eine spezifisch spätmittelalterliche Ausprägung dieses Themas handelt.
[65] Siehe Vollmann, „Stil und Anspruch", 91–92; Hamburger, „Medieval Self-Fashioning", 435–437; Williams-Krapp, „Henry Suso's *Vita*", 41; und insbesondere Barbara Newman, „Henry Suso and Medieval Devotion to Christ the Goddess", in: *Spiritus. A Journal of Christian Spirituality* 2 (2002), 1–14.

gen.⁶⁶ Zuweilen gebrauchte er für seine Liebe zur Weisheit sogar erotische Bilder und schrieb etwa von seiner Sehnsucht danach, sie in ihrer nackten Schönheit sehen und umarmen zu können.⁶⁷ Ungewöhnlich bei Seuse ist, dass er vorsätzlich zwischen männlicher und weiblicher Rolle für sich und sein geliebtes göttliches Gegenüber hin- und herspringt. In der Vorrede zum *Horologium* sagt er in der dritten Person von sich: „Und so wechselt auch der Stil gemäß der Materie. Bald führt er den Gottessohn als einen Bräutigam der andächtigen Seele ein; dann führt er denselben als die dem gerechten Manne vermählte Ewige Weisheit vor."⁶⁸ Dieses Hin und Her zwischen den Geschlechterrollen zeigt sich besonders deutlich im Anfangsteil des Buches. Kapitel 1 beginnt mit der Beschreibung der leidenschaftlichen Liebe von *Frater Amandus* (einem weiteren vieldeutigen Platzhalter für Seuse) zur überaus schönen Dame Weisheit. Mitten in der Beschreibung der Dame Weisheit schreibt Seuse: „Als der Jüngling nun glaubte, eine zarte Jungfrau vor sich zu haben, fand er plötzlich einen wunderschönen Jüngling vor."⁶⁹ Die Vertauschung der Geschlechterrollen, die Seuse und seine Leserschaft nicht gestört zu haben scheint, erreicht ihren Höhepunkt in Kapitel 4. Dieses Kapitel beginnt mit der Stimme einer Frau, mit der die Seele beklagt, wie sehr sie ihren göttlichen Liebhaber betrogen habe; sodann schlüpft sie in die männliche persona und spricht als junger christlicher Mann davon, er sei von einer falschen Frau betrogen worden (nämlich der *frau wërlt*, Frau Welt); und dann schlüpft dieser wieder in die Rolle der weiblichen Seele, die verkündet, wie sehr sie auf ihre Unschuld an Geist und Körper geachtet habe. An diesem Punkt tritt die Weisheit auf den Plan und der wiederum männliche Jünger lässt sich auf eine erotische Zwiesprache mit der *Sapientia* ein, die jedoch paradoxerweise als „Bruder und Bräutigam" bezeichnet wird (400,17). Im Verlauf dieses letzten Teils des Gesprächs gebraucht Seuse starke erotische Bilder, etwa wenn er erklärt, er klammere sich dem „Sohn des Ewigen Königs ... zwischen seine ausgebreiteten nackten Arme, die voller Blut sind" (402,14–18). Barbara Newman

---

[66] Augustinus, *De libero arbitrio* II,14,37 (PL 32,1261).
[67] Augustinus, *Soliloquia* 1,13,22 (PL 32,881). Die Verwendung der Sprache der erotischen Liebe bezüglich der weiblichen *Sapientia* findet sich nicht nur beim frühen Augustinus, sondern auch in seinen späteren Texten, etwa den *Enarrationes in Psalmos* 32,II,7, 33,II,6 u. 35,5 (PL 38,282, 310–311 u. 344).
[68] Hor Prol (366,16–19): *Et sic diversimode stilum vertit secundum quod tunc materiae congruit. Nunc etiam Dei Filium ut devotae animae sponsum inducit; postea eundem tamquam aeternam sapientiam viro iusto desponsatam introducit.* Es sei angemerkt, dass im BdeW die Weisheit zwar weiblich ist, Seuse aber hier kaum mit den beiden Geschlechterrollen experimentiert.
[69] Hor I,1 (379,26–380,1): *Cum iam putabatur haberi velut delicata iuvencula, subito ut iuvenis pulcherrimus inveniebatur.*

hat gut zusammengefasst, worum es bei diesem verwirrenden Hin und Her gehe: Für Seuse „ist es die Frau Weisheit, die die himmlische Glorie bedeutet, und der Mann Jesus, der das leidende Fleisch verkörpert."[70] Vo da her ist Seuse eher in der männlichen Rolle, wenn er um die Himmlische Weisheit wirbt, und eher in der weiblichen, wenn er den blutigen Erlöser umarmt und küsst.[71]

Ein ähnliches Hin und Her zwischen den Geschlechterrollen findet sich im *Leben*. In Kapitel 3, worin Seuse erzählt, wie er sich nach dem Vorbild des Weisheitsbuchs im Alten Testament mit der Ewigen Weisheit geistlich vermählt habe, schreibt er von seinem Staunen darüber, wie die Weisheit ihre Identität zu wechseln vermöge. Dieser blumige Abschnitt wirkt wie eine Neufassung des berühmten Bildes der Dame Philosophie zu Beginn des *Trosts der Philosophie* von Boethius: „‚Sie muss mein Lieb und ich ihr Diener werden!' Und er dachte: Ach Gott, könnte ich mein Lieb nur einmal sehen und das Wort an sie richten … Ist es Gott oder Mensch, Frau oder Mann, Erleuchtung oder Wissenschaft oder was sonst? … Sie war fern und doch nahe, hoch und niedrig, gegenwärtig und doch verborgen … Glaubte er, ein schönes Edelfräulein vor sich zu sehen, geschwind erblickte er einen stolzen Junker; ihr Gebaren war jetzt das einer weisen Meisterin, dann eines schönen Liebs. Gar gütig neigte sie sich zu ihm hernieder, grüßte ihn gar freundlich und sprach liebreich zu ihm: ‚*Prebe, fili, cor tuum mihi!* Mein Kind, gib mir dein Herz!'"[72]

Für Seuse macht das immer wieder wechselnde Geschlecht der Dame Weisheit deren besonderen Charme und ihre Anziehungskraft aus.

Seuse lebte in einer Welt voller religiöser Bilder und Statuen, die er ganz in seine eigene Frömmigkeit einbezog, wie viele Stellen in seinen Schriften zeigen.[73] Zudem fällt bereits dem flüchtigen Leser der stark bildhafte Cha-

---

[70] Newman, „Henry Suso and the Medieval Devotion to Christ the Goddess", 7.
[71] Die ausdrucksstärksten Darstellungen Seuses als des männlich höfischen Liebhabers, der offenbart, wie sehr die Dame Weisheit sein Herz verwundet habe, findet sich in den in Hor I,6 (417–433) beschriebenen Liebesszenen. Über das *vulnus amoris* siehe insbesondere Hor I,6 (426,10–13) und BdeW 7 (226,15–18).
[72] *Leben* 3 (14,3–23): … „*gewerlich, ez muos recht sin, si muos reht min liep sin, ich wil ir diener sin.*" Und gedahte: „*ach got, wan moehti ich die lieban núwan einest gesehen … weder ist es got ald mensch, frow oder man, kunst ald list, oder waz mag ez sin? … si waz verr und nahe, hoh und nieder, si waz gegenwúrtig und doch verborgen … So er iez wande haben ein schoen jungfrowen, geswind vand er einen stolzen jungherren. Si gebaret etwen als ein wisú meisterin, etwen hielt si sich als ein vil weidenlichú minnerin. Sie bot sich zuo im minneklich und gruozte in vil lechelich und sprach zuo ime gútlich: „Prebe, fili, cor tuum mihi! Gib mir din hertz, kind mins!*"
[73] So z. B. *Leben* 8, 20, 23, 34 (26, 60, 66–67, 103); BdeW 18 (273–274); BdW 5 (342); *Brief*, 11 (391–393).

rakter seines Stils in die Augen. Seuse liebt es, die Szenen anschaulich auszumalen und mit Worten verblüffende Bilder zu schaffen. Er gefällt sich mit seiner Mystik darin, konkrete Symbole immer wieder anders vorzustellen.[74] Aber er begnügte sich nicht nur mit verbalen Bildern. Seuse ist unter den mittelalterlichen Mystikern ungewöhnlich, wenn auch nicht einmalig darin, dass er so stark darauf aus war, sein eigener mystischer Ikonograph zu werden. In Kapitel 35 (103) seines *Lebens* erzählt er uns, der Diener habe als junger Mann ein auf ein Stück Pergament gemaltes Bild der Ewigen Weisheit während seiner Studienjahre immer bei sich getragen und es dann schließlich in der Dominikanerkirche in Konstanz aufgehängt. Später habe der Diener einen Maler beauftragt, die Kirche mit einer Reihe von Wandgemälden mit den Wüstenvätern und anderen Anregungen zur Frömmigkeit zu verzieren; Kopien dieser Bilder habe er an Elsbeth Stagel geschickt.[75] Ein anderes Mal habe Elsbeth ihm dabei geholfen, ein heiliges Bild anzufertigen. Der Diener/Seuse beschreibt bis in die Einzelheiten, wie er sich früh in seinem Ordensleben den Namen Jesu in Form eines Monogramms (IHS) ins Fleisch über seinem Herzen geritzt habe (*Leben*, 4; *Hor* II,7; *Brief* 11).[76] Seine Verehrung dieses Bildes inspirierte Elsbeth dazu, das Monogramm mit roter Seide auf ein Stück Tuch zu sticken, das sie tragen konnte, um ihn nachzuahmen. Sie fertigte Kopien dieses Monogramms an, die er auf sein lebendiges Bild drücken und dann an seine Anhänger wie Reliquien austeilen sollte (siehe Abbildung 1).[77]

Wenn man weiß, wie Seuse zeitlebens Bilder verwendet hat, überrascht es einen nicht, dass er gegen Ende seines Lebens eine Reihe von zwölf Illustrationen für das *Exemplar* in Auftrag gab. Wie Jeffrey Hamburger nachgewiesen hat, bezogen sich diese Bilder auf die Wandmalereien in der Kirche und waren folglich dazu gedacht, die Leser zur Nachahmung des Dieners anzuregen; sie sollten bei ihren geistlichen Übungen sowohl diese Texte als auch die Bilder ebenfalls verwenden. Hamburger drückt es so aus:

---

[74] Über Seuses Verwendung von Symbolen siehe Jean Baruzi, „Le Mysticisme de Henri Suso", 212–220.

[75] *Leben* 20 u. 35 (60, 103–107). Über diese Bilder siehe Hamburger, „The Use of Images in the Pastoral Care of Nuns", 29–42.

[76] Über die Bedeutung dieser Szene in *Leben* 4 für eine Einschätzung von Seuses visueller Imagination siehe Hildegard Elisabeth Keller, „Kolophon im Herzen. Von beschrifteten Mönchen an den Rändern der Paläographie", in: *Das Mittelalter* 7 (2002), 157–182. Keller zeigt, wie diese Begebenheit als lebendiges „Kolophon" auf dem Herzen als Medium der Bindung des Dieners an Jesus dient. Siehe auch Bettina Spoerri, „Schrift des Herzens. Zum vierten Kapitel der ‚Vita' Heinrich Seuses", in: *Homo Medietas*, 299–315.

[77] *Leben* 45 (153–155) mit dem beigegeben Bild. Siehe auch *Brief* 11, (391–393). Hamburger kommentiert in „Medieval Self-Fashioning", 443–446 diese Verbreitung von Bildern. Siehe auch Keller, „Kolophon im Herzen".

„Zum Umstand, dass die Bilder zu nicht weniger legitimen Vehikeln für den mystischen Aufstieg erklärt wurden als die Texte, mit denen sie verbunden waren, kam hinzu, dass diese Zeichnungen besagten, das Betrachten und Herstellen von Bildern sei ein Vorbild für den Prozess der Nachahmung, der für das geistliche Leben an sich ganz zentral ist."[78] Von daher war die Verwendung von Bildern für Seuse nichts Peripheres oder Sekundäres, sondern integraler Bestandteil des Strebens nach mystischer Bewusstheit. Niklaus Largier schrieb, die Bilder, die Seuse für das *Exemplar* habe anfertigen lassen, hätten vielfache Funktionen gehabt, sowohl als Verständnishilfen für den Text, als auch zu dessen Infragestellung, da sie die zeitliche und lineare Abfolge der Erzählung unterbrochen hätten.[79] Seuses Mystik ist verbal und bildhaft zugleich.

Seuse gebrauchte die Bilder nicht nur in der Praxis, sondern bedachte auch theoretisch die unbedingte Unmöglichkeit, auf dem Weg zu Gott Bilder zu verwenden. Mit einer Formulierung, die die dionysische und eckhartsche Seite seiner Mystik spiegelt, lässt sich sagen, dass das Bild immer eine *dissimilis similitudo* Gottes ist.[80] Zwar ist das Bild als Vergleich *(similitudo)* notwendig, aber als tatsächliche Darstellung ist es unmöglich. Daher ist die Unähnlichkeit *(dissimilitudo)* mit Gott, die es hat, immer größer als die Ähnlichkeit mit ihm *(similitudo)*. So sind also Bilder zwar für die zu Gott führende Praxis ganz wichtig, aber Bilder versagen genau wie Worte unvermeidlich immer darin, die verborgene Gottheit wirklich zu fassen. Diese ihre paradoxe Rolle hat ihren Grund im Gottsein selbst. Gott ist insbesondere in der Person des Wortes die Quelle der Ideen/Bilder *(bilde)* aller geschaffenen Dinge (so z.B. in *Leben*, 52 [187,1–5]), aber dennoch bleibt Gott als *die bildlose gotheit* (*Leben*, 50 [174,8]) immer jenseits aller Bilder und Ideen.[81]

Seuse spricht im Vorwort zum *Exemplar* vom Einsatz der „bildgebenden Weise" *(bildgebender wise)* und rechtfertigt die zwölf Bilder, die er für diese Sammlung in Auftrag gegeben habe, damit, dass sie notwendig seien, um

---

[78] Hamburger, „Medieval Self-Fashioning", 432; vgl. 440 über den Zusammenhang zwischen den Bildern im Oratorium Seuses mit denjenigen im *Exemplar*.
[79] Largier, „Der Körper der Schrift", besonders 266–271.
[80] Darüber, dass das Symbol/Bild immer *similis* und *dissimilis* zugleich sei, siehe Pseudo-Dionysius, DN 9,7 (PG 3,916A), CH 2,2–3 (PG 3,137D–141C) u. 15,8 (337B).
[81] Als Analyse von Seuse Gebrauch des *bild* und damit verwandter Begriffe siehe Heinrich Stirnimann, „Mystik und Metaphorik. Zu Seuses Dialog", in: *Das „einig Ein". Studien zu Theorie und Sprache der deutschen Mystik*, hg. v. Alois M. Haas u. Heinrich Stirnimann, Freiburg (Schweiz) 1980, 230–243. Seuse zeigt überraschend wenig Interesse für die traditionelle Spekulation über den Menschen als *imago dei/trinitatis;* er erwähnt dieses Thema nur selten in den beiden Zwillingstexten BdeW 6, 10, u.19 (219,28–30, 237,7–8, 277,10–12) und Hor I,9 (453,10–14).

Philosophia spiritualis

den fromm gesinnten Menschen von der Welt wegzuziehen.[82] Wichtige Erörterungen über die Rolle der Bilder finden sich auch im *Horologium* und im *Briefbüchlein*. Im Vorwort zum *Horologium* sagt Seuse, die in diesem Werk beschriebenen Visionen seien nicht alle wörtlich zu nehmen, obwohl er viele von ihnen so wahrgenommen habe. Man solle sie eher als eine Art *figurata locutio* ansehen, also ein „Sprechen in Bildern", wie man das auch in den biblischen Gleichnissen finde. Er fährt fort: „Ein aufmerksamer Leser wird die verborgenen Geheimnisse dieser übertragenen Rede leicht aufdecken, wenn er sich bemüht, kluge Sorgfalt darauf zu verwenden",[83] das heißt, wenn er sowohl die Notwendigkeit als auch die Grenzen der Bilder in der mystischen Praxis kenne. Die Rolle der Bilder, so heißt es einige Kapitel weiter, ergebe sich sowohl aus der Schwierigkeit, die Wahrheit der höchsten Dinge" anders als „durch Bilder und gewohnte Gleichnisse" vorzustellen,[84] als auch aus der Notwendigkeit, dem schwachen Gedächtnis des Menschen mit äußeren Zeichen nachzuhelfen.[85] Seuse legt diese Notwendigkeit in ähnlicher Weise in Brief 9 dar.[86]

Die scharfsinnigste Erörterung der Notwendigkeit, Bilder zu verwenden und zugleich der Grenzen aller visuellen und verbalen Bilder findet sich in *Leben*, 53.[87] In diesem Kapitel, das den Höhepunkt des Werks darstellt, erbittet Elsbeth Stagel vom Diener eine Zusammenfassung seiner tiefsten Lehre über die Dreifaltigkeit mit „bildhaften Vergleichen" *(bildgebender glichnus)* und „kurzer bildlicher rede" (191,1–4). Seuse entspricht dieser Bitte nicht nur mit sprachlichen Bildern, sondern auch mit seinem berühmtesten mystischen Bild, einer synoptischen Darstellung des Prozesses des *exitus* aus dem verborgenen Grund der Gottheit und des *reditus* oder der Rückkehr in diesen. Zudem erläutert er ausführlich, was Bilder *(bilde)*, seien sie verbal oder visuell, leisten könnten. Bekannt ist daraus die Stelle:

---

[82] *Exemplar*, Prol. (3,2–9, 4,24–28). Siehe auch *Leben* 46 (155,15–20).
[83] *Hor* Prol. (367,12–14): *Porro huius figuratae locutionis occulta mysteria diligens lector faciliter poterit advertere, si tamen sollertem curam studerit adhibere.* Über die Wichtigkeit der *figurata locutio* bei Seuse siehe Largier, „*Figurata Locutio*".
[84] *Hor* I,6 (422,23–26): *SAPIENTIA: Rerum altissimarum veritates in sua simplicitate acceptas intellectus humanus capere non potest; et ideo necesse est eas tradere per imagines et consuetas similitudines.* Siehe auch die folgenden Ausführungen über den *prudens pictor* (423,10–424,13).
[85] *Hor* II,7 (597,18–598,3). Als Überlegungen über die Bilder im BdeW siehe die Kap. 9 u. 18 (235,14–20, 273,18–20).
[86] *Brief* 9 (387,7–16).
[87] Es gibt in Seuses Schriften eine Anzahl weiterer Stellen, an denen die Grenzen der Bilder bedacht werden. Siehe z.B. *Leben* 33 (97,13, 98,15–16), 47 (158,23–27), 49 (164,12–16); und BdeW 22 (288,12–13). In *Leben* 51 (183,3–30) bringt Seuse auch eine interessante Ausführung über die Unterscheidung der Geister, das heißt, wie man echte von falschen Visionen unterscheide.

„Wie kann man Bildloses auf bildhafte Weise ausdrücken und Weiseloses aufweisen, das jenseits aller Sinne und aller menschlichen Vernunft liegt? Denn welchen Vergleich man auch auswählt, er ist noch tausendmal ungleicher als gleich. Aber doch, um Bilder durch Bilder auszutreiben, will ich dir hier mit gleichnishaften Worten bildlich zeigen, soweit es denn möglich ist, wie das von denselben unbildlichen Gedanken in Wahrheit zu verstehen ist."[88]

Zur Veranschaulichung dieser Erläuterung gab Seuse ein ganzseitiges Bild in Auftrag, das das innere Hervorgehen der Dreifaltigkeit aus dem *grunt* darstellte, ihr Erzeugen geistlicher Wesen und die Stufen von deren Rückkehr in die verborgene Quelle (Abbildung 2).[89] Bezeichnenderweise kommt das Bild vor der langen verbalen Darlegung der Stufen der Emanation und Rückkehr. Hamburger drückte es so aus: „Das Bild erinnert uns daran, dass Seuse zuerst sah und dann las."[90] Dieses Bild mit seiner beigefügten didaktischen Beschriftung ist eine Zusammenfassung von Seuses mystischem Denken und stellt Zeit und Ewigkeit in einem Blick dar. Es beginnt oben links, wo man drei Ringe sieht, die laut Beschriftung „der Gottheit weiseloser Abgrund (sind), der weder Anfang noch Ende hat" *(der ewigen gotheit wisloses abgrunde daz weder annuang hat noch kein ende)*. Der Abgrund fließt durch ein Bild, das vielleicht die Bundeslade zeigt, zu einer Abbildung der drei Personen der Dreifaltigkeit hin aus und sodann abwärts durch Gestalten, die Engel und Menschen darstellen. Den Tod und die sündigen Menschen sieht man unten rechts, während die Abbildungen einer Nonne, die betet, über die Passion betrachtet und gemeinsam mit Christus leidet, den Weg der Rückkehr einschlägt, der in den weiselosen Abgrund zurückführt. Die Kontinuität des göttlichen Ausfließens und Zurückkehrens wird von der roten Linie angedeutet, die alle Bilder verbindet, sowie von der Präsenz des göttlichen Abgrunds als *imago dei* in den Geschöpfen, auf die in Form kleiner Kreise auf der Brust der Engel und Menschen aufmerksam gemacht wird (diesen letzteren Punkt erwähnt Seuse im Text nicht). Bestimmte Grenzen dieser Abbildung mag man dem Künstler zuschreiben, aber aus der Sicht des Dieners ist es so, dass die Unzulänglichkeiten zwischen Bild und Text auf den apophatischen Aspekt aufmerksam

---

[88] *Leben* 53 (191,6–11): ... *wie kan man bildlos gebilden unde wiselos bewisen, daz über alle sinne und über menschlich vernunft ist? Wan waz man glichnust dem git, so ist es noh tusentvalt ungelicher, denn es glich sie. Aber doch, daz man bild mit bilden us tribe, so wil ich dir hie biltlich zoegen mit glichnusgebender rede, als verr es denn müglich ist, von den selben bildlosen sinnen ...*
[89] Ausführlicher über dieses Bild und die Literatur darüber siehe in McGinn, „Theologians as Trinitarian Iconographers", 200–201.
[90] Hamburger, „Medieval Self-Fashioning", 441.

machen sollen, der von vornherein erwarten lässt, dass Bilder und Worte gleichermaßen unzureichend bleiben. Je mehr Bilder wir haben, die doch nichts angemessen darstellen können, desto deutlicher könnte uns werden, wie ein Bild das andere austreibt und wie sich auch Worte wieder selbst aufheben müssen, je näher sie dem Geheimnis Gottes kommen.

Gegen Ende des Kapitels betont Seuse, in der höchsten Form der Ekstase seien überhaupt keine Bilder möglich. „Die Entrückung nimmt ihm Bild, Form und alle zerstreuende Vielheit ab; er gelangt in eine Unwissenheit seines Selbst und aller Dinge."[91] Solange man den Anfang und das Ende aller Dinge *(exitus/reditus)* als getrennt voneinander denke, könne man sie sich vorstellen und in Bilder fassen; aber wenn die Seele „in das bildlose Eine über(ge)setzt" werde *(in daz bildlos ein übersezet,* 193,29–30), seien Anfang und Ende eins und daher strikt un-bildhaft. Seuse schließt mit einer eckhartschen Bemerkung: „Frau Tochter, nun merke ebenso, dass alle diese Bilder und Erklärungen der bildlosen Wahrheit ebenso fern und ungleich sind wie ein schwarzer Mohr der schönen Sonne; und das kommt von der formlosen, unerkennbaren Einfachheit ebendieser Wahrheit."[92]

Die Rolle der Bilder hängt mit der zentralen Stellung Christi in Seuses Mystik zusammen. Einer der sechsundneunzig Grundsätze in Kapitel 49 des *Lebens* lautet: „Ein gelassener Mensch muss dem Geschöpflichen entbildet, in Christus gebildet, in der Gottheit überbildet werden."[93] In einem Abschnitt in Brief 10 spricht Seuse die christologische Dimension seiner Lehre vom visuellen wie sprachlichen *bild* ausdrücklich an. Er schreibt darin: „Und hieraus entspringt wahre Vollkommenheit, die auf der Vereinigung der höchsten Seelenkräfte mit dem Ursprunge der Wesenheit in hoher Beschauung beruht … Da aber die Seele durch des beschwerlichen Leibes Schwäche dem lauteren Gut in unbildlicher Weise nicht unvermischt anzuhängen vermag, muss sie etwas Bildhaftes *(etwas biltlichs)* haben, das sie wieder dorthin zurückführt. Und das Beste dazu ist nach meinem Verständnis die liebliche Gestalt Jesu Christi." Da Christus Gott und Mensch zu-

---

[91] *Leben* 53 (193,18–20): *Der inschlag entschleht im bild und form und alle menigvaltikeit, und kunt in sin selbs und aller dingen warnemenden unwüssentheit …*
[92] *Leben* 53 (193,31–194,2): *Fro tohter, nu merk eben, daz disiú ellú entworfnú bild und disiú usgeleiten verbildetú wort sind der bildlosen warheit als verr und als ungelich, als ein swarzer mor der schoenen sunnen, und kunt daz von der selben warheit formlosen, unbekanten einvaltekeit.* Dieser Vergleich erinnert an Eckharts Aussage, wenn man Gott gut nenne, sei das so falsch, wie wenn man die Sonne schwarz nenne (Pr. 9 in DW 1,148,6–7). Eine ähnliche Ausführung über die Unmöglichkeit, sich Gott vorzustellen, findet sich im BdW 5 (342,23–343,8). Über *Leben* 53 siehe Stirnimann, „Mystik und Metaphorik", 241–243.
[93] *Leben* 49 (168,9–10): *Ein gelassener mensch muoss entbildet werden von der creatur, gebildet werden mit Cristo, und überbildet in der gotheit.*

gleich sei, sei er der Weg (das physische Bild) und auch das Ziel (das bildlose Bild). Und in Anlehnung an Paulus (2 Kor 3,18) fährt Seuse fort: „Wenn ein Mensch gemäß diesem selben Vorbilde gestaltet wird, wird er dann durch Gottes Geist in des himmlischen Herrn göttliche Klarheit umgestaltet von Klarheit zu Klarheit."[94] An einer anderen Stelle bezeichnet er diesen Zustand als „ein christusförmiges Ich" werden *(ein kristfoermig ich*, 335,26).

Der Inhalt der geistlichen Philosophie

Imitatio Passionis

Nachdem wir einige der Weisen betrachtet haben, auf die Seuse seine *philosophia spiritualis* versteht und vorstellt, können wir uns jetzt ihrem Inhalt zuwenden. An mehreren Stellen in seinen Schriften gebraucht er eine Formulierung, die seine Lehre gut zusammenfasst. So tadelt ihn zum Beispiel im Kapitel 13 des *Lebens* die Stimme Christi mit den Worten: „Weißt du nicht, dass ich das Tor bin, das alle wahren Gottesfreunde durchschreiten müssen, die zu wahrer Seligkeit kommen sollen? Du musst durch meine leidende Menschheit hindurch, sollst du wirklich zu meiner lauteren Gottheit gelangen."[95] Das Wesen der Mystik Seuses lässt sich so ausdrücken: durch Christi leidendes Menschsein durchbrechen zum Sein des Sohnes in der lauteren dreifaltigen Gottheit (das heißt: von den Formen der Geschöp-

---

[94] Brief 10 (390,24–391,10): *Und in dem entspringet warú volkomenheit, dú da lit an der vereinunge der hoehsten kreften der sele in den ursprung der wesentheit in hohem schowene … Wan aber dú sele von dez sweren libes krankheit dem lutern guot in entbiltlicher wise nit mag blosseklich alle zit an gehaftet, so muesse si etwas biltlichs haben, daz si wider in leite. Und daz beste dar zuo, daz ich verstan, daz ist daz minneklich bilde Jesu Cristi … Und so er in daz selb bilde wirt gebildet, so wirt er denne als von gotes geist in die goetlichen guenlichi dez himelschen herren überbildet von klarheit zu klarheit (2 Cor. 3:18), von klarheit siner zarten menschheit zuo der klarheit siner gotheit.* Über diesen Abschnitt und den christologischen Charakter der Lehre Seuses vom *bild* siehe Stirnimann, „Mystik und Metaphorik," 249–253 und Egerding, *Die Metaphorik*, I,200–207.

[95] *Leben* 13 (34,9–12): *… weist du nit, daz ich daz tor bin [Mt. 7,13–14], dur daz alle die waren gotesfrúnd muessent in dringen, die zuo rechter selikeit son komen? Du muost den durpruch nemen dur min geliten menscheit, solt du warlich komen zuo miner blossen gotheit.* Ähnliche Formulierungen siehe in *Leben* 52 (184,11–19); BdeW 1 u. 2 (203,7–10, 205,1–11); Hor I,2 u. 3 (384,1–9 u. 388,19–21). Im BdeW 14 (254,11–16) und Hor I,14 (492,24–493,5) nennt er als Vorbild dafür Paulus, weil dieser nicht nur in Gott entrückt worden sei (2 Kor 12,2), sondern auch sein Leben auf den gekreuzigten Christus gegründet habe (1 Kor 2,2). Diese Stellen bringen Seuses Verständnis eines in der abendländischen Spiritualität traditionellen Themas zum Ausdruck, das mindestens bis zu Augustinus zurückreicht: „Per Christum hominem ad Christum Deum …" (z.B. *Tractatus in Joannis Evangelium* 13,4 [PL 35,1494]).

fe befreit werden, in Christus neu geformt werden und in die Gottheit umgeformt werden).

Im Mittelalter verfügte jeder Wissenszweig über sein Textbuch. Die geistliche Philosophie machte davon keine Ausnahme. Das Grundlagenwerk für die *spiritualis philosophia* war die Heilige Schrift. Seuse zitiert die Bibel in seinen Schriften rund 1200mal, aber seine Mystik ist nicht exegetischer Natur in dem Sinn, dass sie an die narrative Auslegung des Bibeltextes geknüpft wäre.[96] So spielt dabei auch seine Lieblingsliteratur aus der mystischen Tradition ihre Rolle. Das sind insbesondere die Sprüche und Geschichten der Wüstenväter sowie die Werke von Cassian, Augustinus und Bernhard von Clairvaux. Aber das wahre Textbuch der geistlichen Philosophie ist für ihn nichts anderes als das Kreuz. Bereits früh im *Horologium* beschließt die Weisheit eine Unterweisung über das Mitleiden mit den Worten: „Dies sind, mein Sohn, dies sind, sage ich, die ersten Anfänge, welche die Ewige Weisheit dir und ihren übrigen Geliebten anempfiehlt und welche in diesem offenen Buche, das heißt in meinem gekreuzigten Körper, so wie du ihn siehst, eingeschrieben sind."[97] Die *philosophia spiritualis* ist also im Wesentlichen nichts anderes als die Kunst, sich in Christi Passion zu vertiefen und diese mitzuleben.[98]

Seuse stellte sich wie Eckhart und die anderen deutschen Dominikaner die Wirklichkeit nach dem grundlegenden Paradigma vom Ausfluss *(exitus/ usfluz)* und Rückfluss *(reditus/widerfluz)* aller Dinge aus ihre Quelle in Gott vor. Aber, mit Philipp Kaiser gesprochen, „bei Seuse ist dieser Ausgang und Aufstieg konkretisiert und personalisiert im Mensch gewordenen Sohn Gottes."[99] Das kommt in einem Schlüsseltext im BdeW klar zum Aus-

---

[96] Zu Seuses Schriftverständnis siehe den Prol. zum *Exemplar*, (4,10–16 u. 5,20–23), worin er die Übereinstimmung dieser Sammlung mit der biblischen Botschaft betont, sowie BdeW Prol. u. Kap. 9 (197,12–21 u. 231,7–11). In Hor II,1 (525,27–526,11) kommt Seuse kurz auf drei Weisen des Bibellesens zu sprechen. Als Untersuchung seiner Schriftauslegung siehe Paul Michel, „Heinrich Seuse als Diener des göttlichen Wortes. Persuasive Strategien bei der Verwendung von Bibelzitaten im Dienste seiner pastoralen Aufgaben", in: *Das „einig Ein"*, 281–367.

[97] *Hor* I,3 (393,26–29): *Haec sunt fili mi, haec sunt, inquam, prima principia, quae tibi ceterisque amatoribus suis tradit aeterna sapientia, quae in hoc libro aperto, videlicet corpore meo crucifixo, sicut vides, sunt exarata.* Nach BdeW 14 (393,15–23) macht die Versenkung in die Betrachtung des Leidens Christi den Menschen zum gelehrten Meister, denn diese „ist doch ein lebendiges Buch, in dem man alles findet" (*es ist doch ein lebendes buoch, da man ellú ding an vindet*). Vgl. die Parallele in *Hor* I,14 (494,10–15). Das Bild vom *librum crucis Christi* war von Bonaventura in der *Legenda major* 4,3 (*Opera omnia* 8,513) benutzt worden. Über das Verhältnis von *philosophia spiritualis* und *imitatio passionis* siehe Ulrich, *Imitatio et configuratio*, 119–189.

[98] Aussagen über die *imitatio passionis* gibt es bei Seuse viele. Als gute Zusammenfassung siehe Haas, *Kunst rechter Gelassenheit*, 125–177.

[99] P. Kaiser, „Die Christozentrik der *philosophia spiritualis* Heinrich Seuses", in: *Heinrich*

druck, worin die Ewige Weisheit sagt: „Nach der Ordnung der Natur strömt der höchste Ausfluss aller Wesen aus ihrem ersten Ursprung über die herrlichsten Wesen zu den niedersten herab; den Rückfluss zum Ursprung hin nimmt man von den untersten zu den höchsten. Willst du mich darum schauen in meiner ungeschaffenen Gottheit, so sollst du mich hier kennenlernen und lieben in meiner Menschheit, die gelitten hat."[100]

Seuse wie Eckhart vertraten ausdrücklich eine funktionale Christologie, die sich auf den alten Grundsatz konzentrierte: „Gott wurde Mensch, damit der Mensch Gott werde." Bei Seuse konzentriert sich dieser Funktionalismus allerdings auf eine tief emotionale *imitatio passionis (mitlidunge)*, das heißt ein Mitleiden mit Jesus. Seuse (oder jedenfalls der exemplarische Diener) praktizierte die *compassio* zunächst in der Form, dass er sich selbst buchstäblich die Leiden zufügte, die Jesus erlitten hatte; später kam er zu einem besseren Verständnis: Echtes Mitleiden bestehe im inneren Konformwerden mit Jesus, indem man alle Widerwärtigkeiten in echter innerer Loslösung annehme. Im *Horologium* heißt es: „Wer für Gott gerne Unglück erduldet, wird Christus, der gelitten hat, angeglichen und daher von ihm wie von einem Gleichartigen mit dem Band der Liebe umfangen."[101]

Ein anderer Gegensatz zwischen Eckhart und Seuse betrifft das Ergebnis des Mitleidens. Der mitleidende Blick des Dieners auf die „entstellte Schönheit" *(deformis formositas)* des Gekreuzigten und sein Annehmen des Leidens in Nachahmung seiner führt zur explizit erotischen Vereinigung der mystischen Vermählung, einer Form der Mystik, die bei Eckhart und Tauler nur am Rand vorkommt.[102] Im 13. Kapitel des ersten Teils des *Horologiums* (das ganz vom Thema des „kostbarsten Leidens Christ" handelt, 371,18), hört sich der Jünger an, was ihm seine Seele über all das Leiden erzählt, das ihr ihre grausame Braut, die Heilige Weisheit, zugefügt hat. Aber dann wandelt sich die Traurigkeit in Freude. „Als der Jünger dies gehört hatte,

---

Seuses Philosophia spiritualis, 113. Kaisers Darstellung ist eine hilfreiche Zusammenfassung von Seuses Christologie.
[100] BdeW 1 (203,4–9): *Den hoehsten usfluz aller wesen von ir ersten ursprunge nimet man nach natúrlicher ordenunge durch dú edelsten wesen in dú nidersten; aben den widerfluz zuo dem ursprunge nimt man durch dú nidersten in dú hoehsten. Dar umb, wilt du mich schowen in miner ungewordenen gotheit, so solt du mich hie lernen erkennen und minnen in miner gelitnen menschiet...* Vgl. die Parallele in *Hor* I,2 (384,1–9).
[101] Hor I,13 (488,18–20): *Qui adversa libenter pro Deo patitur, Christo passo assimilatur, et ideo ab eo tamquam a consimili nexu dilectionis praecipuo constringitur.*
[102] Hor I,2 (386,11–22) enthält eine Ausführung über die *deformis formositas* des gekreuzigten Christus. Über den Gebrauch dieses Themas bei Seuse siehe Paul Michel, „*Formosa deformitas'. Bewältigungsformen des Hässlichen in mittelalterlichen Literatur*, Bonn 1976, 177–243. Über die Unterschiede zwischen den Christologien Eckharts und Seuses siehe Alois M. Haas, *Nim dîn selbes war*, 166–171.

Philosophia spiritualis

erfasste er, dass es sich hier um ein Geheimnis der Brautschaft der Ewigen Weisheit handelte, die ihre Liebhaber mit zeitlichen Leiden zu prüfen und sie, wenn sie sich bewährten, in Freundschaft an sich zu binden pflegte."[103]

Zum Lesen im Buch des gekreuzigten Leibes Christi gehört wie zu jeder Form guter Schriftauslegung der Übergang vom buchstäblichen zum geistlichen Verständnis. Im Vorwort zum *Exemplar* stellt Seuse das *Leben* als bildhaftes Beispiel für den Fortschritt „vom anfangenden Leben" über das des „zunehmenden Menschen" bis „zu der lauteren Wahrheit eines seligen, vollkommenen Lebens" vor.[104] Der Dreistufigkeit des geistlichen Wegs liegt, wenn auch nicht ausdrücklich, das zugrunde, was für die mystische Lehre Seuses im *Leben des Dieners* wesentlich ist: die Überzeugung, dass man von der äußeren buchstäblichen Nachahmung der Passion zu einer inneren geistlichen Aneignung ihrer Bedeutung übergehen müsse, die den Durchbruch zum Einswerden mit dem göttlichen Grund ermögliche.

Im ersten Teil des *Lebens* (Kap. 1–32) verfolgen wir diesen Prozess anhand einer Darstellung, die zum Teil ergreifend, zum Teil verwirrend und zuweilen sogar abstoßend ist (jedenfalls für den heutigen Leser). Es lohnt sich, festzuhalten, dass sich die mystischen Gaben – Visionen, Verzückungen, einigenden Momente und dergleichen – nicht erst am Ende des Übergangs vom Anfänger zum Vollkommenen einstellen, sondern den gesamten Prozess begleiten. So enthält zum Beispiel *Leben* 2 einen der ausführlicheren Berichte Seuses über ein „übernatürliches Entrücktwerden" *(übernatürlichen abzug,* 10,10), das ihm zu Beginn seiner Bekehrung widerfuhr. In Kapitel 5 beschreibt er neun verschiedene Arten göttlicher Tröstungen, die er empfangen habe, als er noch Anfänger war. Seuse erkannte, dass Gott oft derlei mystische Gaben Anfängern zukommen lässt, um sie auf den mühsamen Weg der Vollkommenheit zu locken. Trotz der Beschreibung einer Fülle solcher Phänomene im *Leben* und anderswo scheint Seuse sich mit Eckhart darin einig gewesen zu sein, dass sie nicht wesentlich seien. Worauf es einzig ankommt, ist das immer weiter fortschreitende Ähnlichwerden mit Christus.

Die im *Leben* geschilderte äußere *imitatio Christi* beginnt mit einer Ritualisierung der Zeit und des täglichen Verhaltens, die dem Zweck dient,

---

[103] Hor I,13 (481,18–20): *Haec cum discipulus audisset, intellexit mysterium esse desponsationis aeternae sapientiae, quae suos amatores temporalibus consuevit tribulationibus probare, et probatos sibi in amicitia copulare* ... Die mystische Hochzeit wird besonders in *Hor* II,7 (590–595) und in *Leben* 41 (139–140) beschrieben.
[104] Prol. (3,3–18): ... *von eim anvahenden lebene* ... *von aim zuonemenden menschen* ... *zuo der blossen warheit eins seligen volkomen lebens* ... Seuse verwendet das Motiv vom dreistufigen Weg auch in Kap. 36 (113) und in *Brief* 10 (390–391) und Predigt 4 (529).

sich unablässig das Leben und Heilshandeln Christi vor Augen zu halten. Die Kapitel 7–12 liefern Beispiele dieser geistlichen Übungen *(geistliche uebunge*, 30,14) wie etwa die Essgewohnheiten des Dieners (Kap. 7) und wie er bestimmte Feste feierte. Kapitel 13 markiert eine Wegbewegung von den Tröstungen, mit denen Gott ihn „verdorben" habe und die Anfänge seiner direkten Nachahmung der Passion, die er „hart und bitter" fand. Seuse beschreibt, wie der Diener sich eine eigene Kreuzwegandacht schafft, in dem er eine Paraliturgie entwirft, bei der er jede Nacht nach der Matutin durch den Kreuzgang geht und sich darin an bestimmten Stellen betrachtend in die einzelnen Ereignisse der Passion versenkt.

Angesichts der Versuchungen seiner „lebhaften Natur in seiner Jugend" suchte der Diener gemäß der altehrwürdigen Tradition der ernsthaften Asketen „nach mancherlei Kunstgriffen und viel Bußübung, um seinen Leib dem Geist zu unterwerfen."[105] Die Schilderung dieser selbstauferlegten Qualen in den Kapiteln 15–18 gehören zu den klassischen Berichten darüber, wie man den Körper des Menschen mittels strenger asketischer Akte zum Ort der Identität mit Christus machte (unabhängig davon, ob man diese Schilderung wörtlich nehmen soll oder nicht). Als ein Beispiel sei nur angeführt, dass sich der Diener ein Kreuz anfertigte, das er mit dreißig spitzen Eisennägeln versah und sich acht Jahre lang auf die nackte Haut band. Schließlich habe ihn der Mut verlassen und er habe die Nägel etwas umgebogen, um seine Schmerzen zu mildern. Dann heißt es im Bericht weiter: „Aber bald gereute ihn diese unmännliche Verzagtheit; er feilte die Nägel wieder spitz und scharf und spannte sich das Kreuz wieder auf. Es riss ihm den Rücken auf, da wo die Knochen lagen, und machte ihn blutig und wund: Wo er saß oder stand, war ihm, als ob ein Igelfell auf ihm läge."[106] Die Grenzen dieser sich selbst zugefügten Torturen werden in Kapitel 16 deutlich, worin Seuse erzählt, er habe seine Kleider abgelegt und sich grausam gegeißelt, bis die Geißel zerbrochen sei. Als er sich ansah, wie er so blutüberströmt dastand, habe ihn dies an Christi Leiden erinnert, aber ach, auch an die seinen: „Er begann vor Erbarmen *über sich selbst* (Hervorhebung von mir) recht herzlich zu weinen."[107]

Unabhängig davon, in welchem Maß real oder imaginiert diese Berichte

---

[105] *Leben* 15 (39,3–6): *Er hate gar ein leblich natur in siner jugende ... Er suochte mengen list und gross buossen, wie er den lip macheti undertenig dem geiste.*
[106] *Leben* 16 (41,20–24): *Dú unmanlich zagheit gerow in balde, und machet sú alle andrest wider spizzig und scharpf mit einer viln, und nam es wider auf sich. Es riflet im uf dem ruggen, da es beinoht was, und machet in bluotig und verseret. Wa er sass oder stuond, da waz ime, wie ein igelhut uf ime lege.*
[107] *Leben* 16 (43,25–26): *Er ward von erbermde über sich selb als reht herzlich weinende ...*

Philosophia spiritualis

sind, besteht jedenfalls kaum ein Zweifel, dass sich Seuse und andere spätmittelalterliche Mystiker auf Praktiken einließen, die allen Diagnostikern abnormaler psychologischer Phänomene und postmodernen Körpertheoretikern reiches Material liefern. Ohne die mögliche Nützlichkeit derartiger Ansätze in Frage zu stellen, ist es jedoch aus der Sicht der Mystikgeschichte wichtig, zu vermerken, dass im *Leben* die bluttriefenden Selbstquälereien in Form einer buchstäblichen *imitatio passionis* als Vorstufe, ja sogar als fragwürdige, geschildert werden, die eher Bewunderung als Nachahmung verdiene.

Seuse Leidenspraktiken waren eine Form der *com-passio*, was auf deutsch als *ein cristfoermig mitliden* bezeichnet wird, also als eine Einübung ins Leiden mit und für Christus.[108] Am Schluss von Kapitel 28 erzählt er uns, dass er von diesen Übungen abgelassen habe, denn „Gott ließ ihn wissen, dass solche Strenge und all diese Formen nichts anderes gewesen seien als ein guter Anfang ... Er müsse noch weiterhin auf andere Weise heimgesucht werden, solle ihm jemals das, was für ihn richtig sei, zuteil werden."[109] Später im *Leben* (Kap. 35, 107–108) warnt er Elsbeth davor, sich auf solche Praktiken einzulassen und äußert, für Frauen seien sie besonders schädlich.

Eine wichtigere Form der *compassio* stellt Seuse in *Leben*, 19–32 vor. Hier schildert er, wie er es nach und nach gelernt habe, Prüfungen und Anfechtungen im Geist „vollkommener Gelassenheit seiner selbst" *(volkomnú gelassenheit sin selbs,* 54,2–3) zu ertragen. Der Diener wird wie der in Gethsemane betende Christus[110] zum Vorbild dessen, der in allen Umständen Gottes Willen annimmt, insbesondere, wenn sich ungerechtfertigte Angriffe und Vorwürfe gegen ihn richten. Schließlich beschreibt Seuse in

---

[108] Bei Seuse finden sich viele Ausführungen über die *compassio*, insbesondere im *Hor;* siehe z.B. I,3 (388–390, 392–393), I,4 (403), I,14 (494–495, 498) u. I,15 (499–506). Der deutsche Ausdruck *ein cristfoermig mitliden* stammt aus *Leben* 13 (34,17). Weitere Stellen mit *mitliden* in den deutschen Werken sind z.B. 41,4, 142,25, 206,3, 258,27, 260,22–23. In *Leben* 40 (134,5–7) heißt es: *Aber daz edelst und daz best liden, daz ist ein cristfoermig liden, ich mein daz liden, daz der himelsch vater sinem einbornen sun und noh sinen lieben fründen git.* Über die Rolle der *compassio* bei Seuse siehe Markus Enders, „Das mystische Wissen Seuses. Ein Beitrag zu seiner theologischen Relevanz", in: *Heinrich Seuses Philosophia spiritualis,* 162–165 u. 170. Über die Entwicklung des Begriffs der *compassio* in der mittelalterlichen Spiritualität bis zum 12. Jahrhundert siehe Rachel Fulton, *From Judgment to Passion. Devotion to Christ and the Virgin Mary, 800–1200,* New York 2002.
[109] *Leben* 18 (52,10–53,4): *... und ward ime von got gezoeget, daz dú strenkkeit und die wisen alle sament nit anders weri gewesen, denn ein guoter anvang ..., er muesti noch fúrbaz gedrungen werden in einer anderley wise, solti im iemer reht beschehen.*
[110] Als Parallelen zu Christi Hingabe in Gethsemane siehe *Leben* 20 und 23 (57–58, 69). In diesen Kapiteln gibt es viele weitere Anspielungen auf die wachsende Identifikation des Dieners mit Christus, etwa mit der Art, wie er in den Kapiteln 25 und 30 (78, 87) den Leidenspsalm 22 auf sich selbst anwendet.

Kap. 30 eine Erfahrung, die wir heute als ein Nahtod-Erlebnis des Dieners deuten würden, in Nachahmung von Christi Hingabe seines Lebens am Kreuz. Das führt zum lyrischen Kapitel 31, in dem der in der Ekstase entrückte Diener alle Leiden der Welt als Miterlöser auf sich nimmt und sie Christus darbietet, unserem Vorbild im Leiden. Er spricht: „Selbst wenn Leiden keinen anderen Nutzen hätte, nichts Gutes sonst, als dass wir dem schönen hellen Spiegel Christus so viel ähnlicher werden, so wäre es gut angelegt ... denn Liebe gleicht sich an und macht sich geneigt der Liebe, wo sie kann und vermag."[111] Die gleiche Botschaft findet sich in *Hor* I,4 zusammengefasst, wo der Jünger die Weisheit bittet: „Lehre mich ... wie ich deine süßen und liebreichen Stigmata an meinem Körper tragen ... soll." Die Antwort der Weisheit besteht darin, dass sie die Eigenart der wahren Nachahmung der Passion erläutert. Indem wir uns vor aller Übertreibung und sogar vor dem Erlaubten hüteten, nagelten wir unsere Hände wie diejenigen Christi ans Kreuz; indem wir das Leiden standhaft ertrügen, nagelten wir unsere Füße an; und indem wir „vernünftige Abtötung" übten, legten wir unseren Rücken auf das Kreuz. Und die Weisheit schließt: „Halte dein Herz bereit, jedes Unglück in meinem Namen zu ertragen: so bist du wie ein treuer Jünger, der geistig mit seinem Herrn gekreuzigt wurde und mit dem Blute des Mitleidens besprizt ist, mir gleich und liebenswert."[112]

Eine weitere Einsicht in die Bedeutung der inneren *compassio/mitliden* liefert Kapitel 14 des *Büchleins der ewigen Weisheit*. Darin stellt Seuse Paulus und Bernhard als Vorbilder dafür vor, wie man sich unbedingt in die Betrachtung des Leidens Christi vertiefen müsse, um einen Geschmack von der nackten Gottheit zu bekommen, und er erzählt von seiner eigenen Erfahrung als Anfänger, als er in *ungeordneter swermuetikeit* (256,25) versunken sei, einem Zustand, der den Beiklang sowohl des mönchischen Lasters der *acedia* (geistlichen Niedergeschlagenheit und Lustlosigkeit) als auch des klassischen Begriffs der *melancholia* hat.[113] Schließlich habe ihn eine göttliche Stimme angesprochen: „Warum sitzest du hier? Steh auf und

---

[111] *Leben* 31 (92,1–7): *Wan weri nit anders nuzzes noch guotes an lidene, wan allein, daz wir dem schoenen klaren spiegel Cristus so vil dest glicher werden, es weri wol angeleit ... wan lieb glichet und huldet sich liebe, wa es kan ald mag.*
[112] *Hor* I,4 (403,7–31): *... o aeterna sapientia, doce me, obsecro, qualiter tua stigmata dulcissima et suavissima in corpore meo deferam ... Cor promptum tibi sit ad sustinenda omnia adversa pro nomine meo: et sic tamquam fidelis discipulus cum domino suo spiritualiter crucifixus et quodam modo sanguine compassionis respersus, mihi similis amabilisque efficieris.*
[113] BdeW 14 (254–256; vgl. die Parallelstelle in *Hor* I,14 [495,25–496,8]). In *Leben* 21 (62,1–5) erscheint die gleiche Versuchung als *ungeordnetú trurkeit*. Als genauere Untersuchung des Begriffs *swermuetikeit*, dem in der späteren Mystik-Diskussion eine lange Geschichte beschieden sein sollte, siehe Haas, *Kunst rechter Gelassenheit*, 93–123.

Philosophia spiritualis

versenke dich in mein Leiden, so überwindest du das deinige!"[114] Indem sich Seuse also auf das Leiden Christi konzentrierte, gelang es ihn, aus seinem Versunkensein in seine eigenen Schwierigkeiten herauszukommen. Er sollte nie mehr die Erfahrung einer derartigen Verzagtheit machen. Die lange Rede, die die Weisheit hier über die richtige Art und Weise hält, sich in der Betrachtung ganz auf die Passion einzulassen, offenbart auch, dass das Mitleiden das Maß der Sühne sei: Denn es „zieht jeder Mensch nur so viel dieser Gutmachung an sich, wie er sich durch Mitleiden mir angleicht."[115] Ein derartiges Mitleiden mit Christus sei eine Frage der inneren Einstellung, nicht der physischen Marter. In Kapitel 15 des BdeW sagt dies die Weisheit so: „Wenn du dann in jeder Widerwärtigkeit, die von dem Nächsten an dich herankommt, aus Liebe zu mir unterliegst, wenn du aller Menschen ungestümen Zorn, von wo und wie rasch er kommt – du habest Recht oder Unrecht –, so sanft über dich ergehen lässt wie ein schweigendes Lamm ... so wird das wahre Bild meines Todes in dir gestaltet. Wahrlich, wo ich solche Gleichheit finde, was bereitet das Lust und Wohlgefallen, mir selbst und meinem himmlischen Vater! Trage meinen bitteren Tod in deinem Herzensgrunde, in deinem Gebete, in der Erzeigung deiner Werke."[116]

Von der großen Bedeutung der *com-passio* her fällt auch Licht auf Seuses Marienverehrung. Maria spielte natürlich bei den meisten mittelalterlichen Mystikern, Frauen wie Männern, eine wichtige Rolle. Seuses Verehrung Marias, die auf zwei der elf Illustrationen des *Lebens* auftaucht, hat viele Facetten. Vor allem in den Zwillingstexten im BdeW (I,16–17 und 20) und im *Hor* (I,16) legt der Jünger großen Wert darauf, während der Passion mit Maria mitzuleiden und es zu lernen, sich mittels der Nachahmung Marias in die *com-passio* einzuüben. Wiederum ist dabei der visuelle Charakter der mystischen Frömmigkeit Seuses augenfällig. Maria spricht den Jünger folgendermaßen an: „O wenn du den Jammer der mit ihrem Sohn leidenden Mutter und den Schmerz des mit seiner Mutter leidenden Sohnes zu jener

---

[114] BdeW 14 (256,33–257,2): „... *wes sitzest du hie? Stant uf und vergang dich in min liden, so überwindest du din liden!*"
[115] BdeW 14 (258,25–27): ... *und doch so zühet ieder mensch der besserunge als vil zuo im, als vil er sich mir mit mitlidenne gelichet.* Über die Bedeutung dieses Kapitels siehe Haas, *Kunst rechter Gelassenheit*, 128–135, 152–159.
[116] BdeW 15 (261,26–262,5): *Swenne du denne in aller widerwertikeit, dú dich von dem nechsten an gat, von minne durch mich siglos wirst, und du aller menschen ungestuemen zorn, wannen er wejet ... als senfmuetklich enphasest als ein swigentes lembli ... so wirt daz war bilde mins tovdes in dir us gewürket. Eya, da ich dis gelicheit vinde, waz hab ich da in dem lusts und wolgevallens mir selber und minem himelschen vatter! Trage minen bittern toud in dem grunde dins herzen und in dinem gebette und in erzoeigunge der werke.* Vgl. auch BdeW 18 (273,28–274,28) darüber, dass wir alle unsere Leiden dem Leiden Christi gleichförmig machen sollten.

beklagenswerten Stunde gesehen hättest!" Der imaginäre Blick soll dazu führen, sich innerlich die Schmerzen Marias zueigen zu machen. Der Jünger erwidert auf diese (im Text viel ausführlichere Schilderung): „Nicht ohne Seufzen und Weinen konnten wir das anhören, und unser heftiges Mitleiden – das an Tränen reich ist, durch welche wir mit dir, o liebe Jungfrau, aus dem Innersten unseres Herzens mitleiden – zwingt uns, deine Rede zu unterbrechen, jungfräuliche Mutter. O wie verhärtet ist das Herz, das nicht aus dem Innersten mit dir mitleidet!"[117] Im *Büchlein der ewigen Weisheit* geht die Parallelsetzung der Rolle Marias mit derjenigen Christi sogar noch weiter. Indem sie Jesus auf die Welt gebracht und mit ihm zusammen zu unserer Erlösung gelitten hat und weil sie jetzt die Himmelskönigin ist, nimmt Maria einen derart wichtigen Platz in der gesamten Schöpfungs- und Erlösungsökonomie ein, dass der Jünger sie mit universalen kosmologischen Titeln preisen kann: *Du bist der anvang und daz mittel, du solt ouch daz ende sin. Ach, zartú reinú muoter!* (278,6–8).

Seuses Programm der mystischen Verwandlung ist eindeutig Passionszentriert, aber auf eine Weise, die die Verinnerlichung des Sinns des Kreuzes stärker betont als die blutige äußere *imitatio*, für die er oft zitiert wird. Genau wie bei seinem Lehrer Meister Eckhart sind auch für ihn Bekehrung und Innerlichkeit, Schweigen und Selbsterkenntnis, Loslösung und Loslassen die wesentlichen Praktiken beim Versuch, Gott zu finden. Sicher ist richtig, dass Seuse sich in vielem von Eckhart unterscheidet: Er gebraucht Bilder, pflegt eine starke Marienverehrung, verwendet höfische Motive, sein Stil ist blumig süß (er hat eine Vorliebe für Blumen, besonders die rote Rose als Emblem der Passion)[118] – und dies alles ist für seine Zeit typisch. Aber Seuse setzt diese äußeren Bilder und Praktiken dazu ein, eine Verinnerlichung zu fördern, die in die Mystik vom Grund führt.[119]

---

[117] Hor I,16 (516,1–2, 23–27): *O si vidisses in hora illa lamentabili miseriam matris Filio compatientis, dolorem Filii matri condolentis ... Porro nos, qui haec non sine gemitu et fletu audire potuimus, interrumpere sermonem tuum, virgo mater, cogit compassionis nostrae vehementia et exuberantia tantarum lacrimarum, quibus tibi, o virgo pia, compatimur ex intimis visceribus cordium nostrorum. O quam induratum est cor, quod tibi ex intimis non compatimur.*
[118] Die Rolle von Rosen und anderen Blumen in Seuses Mystik ist verblüffend. Vgl. die Anmerkungen dazu von Jeffrey F. Hamburger, *Nuns as Artists. The Visual Culture of a Medieval Convent*, Berkeley 1997, 64–66; und besonders Hildegard Elisabeth Keller, „Rosen-Metamorphosen. Von unfesten Zeichen in der spätmittelalterlichen Mystik. Heinrich Seuses ‚Exemplar' und das Mirakel ‚Mariens Rosenkranz'", in: *Der Rosenkranz. Andacht – Geschichte – Kunst*, Bern 2003, 48–67. Rosen kommen besonders häufig im *Hor* vor (z.B. 389,11–12, 396,25–397,2, 398,16–19, 400,19–21, 418,14–419,4, 427,12–17, 433,14–15, 490,8–10, 491,4–6, 492,11–15, 498,12–16, 517,22–24, 557,25–28, 558,22–23, 604,19–25 usw.).
[119] Als Untersuchung, in welchem Verhältnis Seuses Sicht des Leidens zu den eckhartschen Aspekten seiner Mystik steht, siehe P. Ulrich, „Zur Bedeutung des Leidens", in: *Heinrich Seuses Philosophia spiritualis*, 133–135.

Gelassenheit

Das Wort *ker* („Kehre") kann entweder die Abkehr von etwas oder die Hinkehr zu etwas (d. h. die „Bekehrung") bedeuten; es kommt bei Seuse häufig vor. Zu Beginn des *Lebens* schildert er, wie die göttliche Gnade beim Diener, als er achtzehn Jahre alt war, eine plötzliche Bekehrung *(geswinde kere)* und Abkehr von den Dingen der Welt auslöste.[120] Die *abker* von der Welt[121] hat den Sinn, zur Wendung nach innen, zur *inker* zu führen. Im BdeW spricht die Weisheit zur Seele: „Hör, meine Tochter, schau, leihe mir dein Ohr (Ps 45,11 [Vg: 44,11]), kehr dich entschlossen zu dir selbst, vergiss dich und alle Dinge."[122] Dass die angemessene Art der inneren Einkehr unbedingt notwendig sei, betont Seuse in allen seinen Werken. Das *Büchlein der Wahrheit* beginnt autobiographisch mit dem Bild des jungen Seuse, der in den Werken des äußeren Menschen geübt war; „sein innerer Mensch blieb aber ungeübt in der höchsten Gelassenheit seines Selbst. Und als er das lange Zeit und viele Jahre so getrieben hatte, ward ihm einst eine Versenkung *(ein inker)* in Gott zuteil: Darin ward er auf sein eigenes Selbst verwiesen, und er hörte zu sich sprechen: ‚Du sollst wissen, dass innere Gelassenheit den Menschen zur höchsten Wahrheit führt.'"[123] Das 4. Kapitel des Werks ist eine ausführliche Darlegung der „wahren Einkehr, die ein gelassener Mensch durch den eingeborenen Sohn Gottes nehmen soll." (333,2–3). Auch im BdeW bringt Seuse ein ganzes Kapitel, in dem er ausführlich beschreibt, „wie man ein innerliches Leben führen soll", das die Weisheit mit dem lapidaren Befehl abschließt: „Liebes Kind, halte dich innerlich, lauter, losgelöst, deinen Sinn nach oben gerichtet!"[124] Im *Leben* findet sich der gleiche Nachdruck auf der Innerlichkeit, zum Beispiel in der Vision, in der Meister Eckhart den Diener in der richtigen Loslösung unterweist *(Leben, 6,23,1–12)*. Sie wird auch unter den sechsundneunzig Grundsätzen im Kapitel 49 aufgezählt.[125] In mehreren dieser knappen Aus-

---

[120] *Leben* Prol.u. 1 (8,8–17, 9,23–25).
[121] *Leben* 9 (29,2–4): *Den ruoft ich und mir selb uf ein getürstiges wagen unser selbs mit einem ganzen abker von uns und von allen creaturen.*
[122] BdeW 7 (223,20–22): *Nu hoer, min tohter, und sihe, neige ze mir dinú oren, tuo einen kreftigen inker und vergiss di selbes und aller dinge.* Als weitere Stellen, wo *inker* und *inkeren* gebraucht wird, siehe 168,15; 169,35; 289,20; 309,12; 326,11; 335,6; 431,14; 435,14 u. 470,4. Über die Bedeutung der *inker* bei Seuse siehe Haas, Kunst rechter Gelassenheit, 50–63.
[123] BdW Prol. (326,11–14): *... do wart im eins males ein inker, in deme er wart getriben zuo im selben, und ward in im gesprochen also: du solt wissen, daz inrlichú gelazenheit bringet den menschen zuo der nehsten warheit.*
[124] BdeW 22 (288–290); vgl. die Parallele in *Hor* II,3 (542–545). Das Zitat ist aus 290,1–2: *Min kint, halte dich inrlich, luterlich, lediklich und ufgezogenlich.*
[125] *Leben* 49 (163–170). 18 dieser Grundsätze handeln von der rechten *gelassenheit* und nicht

sagen ist die Betonung der Innerlichkeit zusammengefasst, die Seuse mit Eckhart teilt. So lesen wir zum Beispiel:
„Bleib bei dir selbst; Antrieb zu anderen Dingen stellt sich als Notdurft dar; das ist aber nur ein Vorwand.
Halte dich innerlich und erzeige dich dem (göttlichen) Nichts gleich: andernfalls wirst du zu leiden haben.
Kehre in dich zurück, wende dich wieder und wieder in deine innere Einmütigkeit und erfreue dich an Gott."[126]

Wahre Innerlichkeit sowie das Schweigen, das mit ihr einhergehen sollte,[127] sind notwendige Vorbedingungen für die Loslösung *(abgescheidenheit)* und *gelassenheit*, von denen Seuse im Anschluss an Eckhart betonte, dass sie die grundlegenden asketisch-mystischen Praktiken seien. Seuses *kunst rechter gelassenheit*[128] ließe sich insofern als post-eckhartisch bezeichnen, als deren wesentliche Botschaft vieles mit Eckhart gemeinsam hat; aber weil Eckharts Mystik angegriffen wurde, war sein Schüler darauf bedacht, zwischen den richtigen und falschen Formen der Gelassenheit zu unterscheiden, was sich bei seinem Lehrer nicht findet.

Seuse spricht eher von *gelassenheit* (dieser Begriff und das Verb *gelassen* kommen über fünfzigmal vor) als von *abgescheidenheit/abgescheiden* (was rund zwanzigmal vorkommt). Aber angesichts der Art, auf die er diese Worte gebrauchte, scheint kein großer Unterschied zwischen beiden zu bestehen.[129] Meister Eckharts Lehre über die Loslösung bezog sich simultan auf den metaphysischen, ethischen und mystischen Bereich. Seuses Lehre von der Gelassenheit umfasst die gleichen drei Aspekte. Er betrachtet wie

---

weniger als 22 betreffen die Innerlichkeit: die Nummern 8, 13, 25, 26, 33, 34, 35, 42, 46, 50, 55, 59, 61, 70, 75, 85, 86, 90, 91, 92, 94 u. 95.

[126] *Leben* 49 (166,15–16; 156,5–6; 170,17–18): *Blib in dir selb; ursach ander dingen zoeget sich als ein noturft, es ist aber ein behelfen./ Hab dich inne und erzoeg dich dem nút glich, anders du wirst lidende./ Gang wider in, ker aber und och wider in in din ainmuot, und gebruche gotes.*

[127] Seuses Lehre über das Schweigen findet sich quer durch alle seine Werke. Als einige besonders wichtige Abhandlungen siehe z. B. *Leben* 14 (37–38), 49 (170,1–2) und besonders 52 (186,22–25; 187,7–8; 190,9–16). Siehe auch BdeW 12 (245,16–20) und Brief, 2 (366,15–17).

[128] Dieser Ausdruck steht im Titel von *Leben* 19 (53,6–7). Der von Eckhart im Anschluss an Mt 19,29 geprägte Begriff der *Gelassenheit* sollte eine lange Geschichte haben, nicht nur bei Seuse und Eckhart, sondern bis zu Heidegger und darüber hinaus. Vgl. zwei Untersuchungen darüber: Haas, *Kunst rechter Gelassenheit*, 247–269 (262–267 über Seuse); und Ludwig Völker, „Gelassenheit'. Zur Entstehung des Wortes in der Sprache Meister Eckharts und seine Überlieferung in der nacheckhartschen Mystik bis Jacob Böhme", in: ‚*Getempert und Gemischt' für Wolfgang Mohr zum 65. Geburtstag*, hg. v. Franz Hundsnurscher u. Ulrich Müller, Göppingen 1972, 281–312 (285–288 über Seuse).

[129] Als Liste der Stellen und Besprechung von *abgescheidenheit/abgescheiden* bei Seuse siehe Egerding, *Die Metaphorik*, II,30–32.

Philosophia spiritualis

Eckhart die Innerlichkeit und Gelassenheit als die für die Verwandlung der Erfahrung grundlegenden apophatischen Übungen.[130] Seine ständige Betonung, man müsse die rechte von der falschen Gelassenheit unterscheiden, ist ein Reflex auf die Tätigkeit der Mystiker vom Freien Geist, die Eckharts Lehre missverstanden hatten und denen Seuse vorwarf, sie seien an den Angriffen gegen seinen Lehrer schuld.

Die früheste ausführliche Abhandlung über die *gelassenheit* taucht im 4. Kapitel des *Büchleins der ewigen Weisheit* auf.[131] Die Vorstellung seiner Lehre über den gelassenen Menschen beginnt Seuse damit, dass er auf signifikante Weise von Eckharts Christologie abweicht. Eckhart hatte gelehrt, weil Christus nicht nur die Person eines Menschen angenommen habe, sondern die allen Menschen gemeinsame Natur, gelte: „Was immer die Heilige Schrift von Christus sagt, das gilt auch von jedem guten und göttlichen Menschen."[132] Seuse vermeidet jede solche Rede und erklärt, dass die „menschliche Natur, an sich selbst betrachtet, nicht das Recht (hat), dass jeder Mensch in derselben Weise wie Christus Gott und Mensch zugleich sein solle."[133] Weil Christi Weise des Einsseins diejenige aller anderen übertreffe, erfordere das angemessene Verständnis der Gelassenheit, die wir erlangen könnten, rechte Unterscheidung *(rehtem underscheide)*, welches „Ich" man lassen müsse, denn man könne dieses Wort mit Bezug auf den Menschen in fünferlei Weise anwenden, so dass also der Mensch „fünferlei Ich" habe. Das Ich, das er aufgeben müsse, sei nicht das „Sein", das der Mensch mit dem Stein gemeinsame habe, nicht das „Wachsen", das er mit den Pflanzen und nicht das „Empfinden", das er mit den Tieren gemeinsam habe, und auch nicht seine allgemeine menschliche Natur, sondern das sei sein „persönlicher Mensch" im Sinn des kontingenten *ego*, mit dem „sich der Mensch, von Gott kommend, zu sich selbst kehrt, während er doch in Gott zurückkehren sollte; er stiftet sich sein eigenes Ich."[134] Mit anderen Worten: Was wir loslassen müssten, sei das falsche Ich, das an den Dingen der Welt und ihren eigenen Freuden hänge.

Seuse sagt, um dieses falsche Selbst loslassen zu können, brauche man

---

[130] So formulierte es Denys Turner, *The Darkness of God. Negativity in Christian Mysticism*, Cambridge 1995, 179.
[131] Es gibt im BdeW eine ganze Reihe weiterer Ausführungen darüber. Siehe z.B. Prol. (326,6–14) und die Kapitel 5, 6 u. 7 (339,13–24, 353,7–9 u. 358–359).
[132] Das ist Artikel 12 von „In agro dominico", der Pr. 24 (DW 1,421–422) entnommen ist.
[133] BdW 4, (333,17–21): *Unde dar umbe so hat menschlichú nature an ir selben genomen kein solich recht, – wan si Cristus hatte an genomen und nit persone, – daz ieder mensche dar umbe súl und múg in der selben wise got und mensch sin.*
[134] BdW 4 (335,5–7): *... da der mensch den usker nimet von gotte uf sich selb, da er wider in solte keren, und im selb nach dem zuoval ein eigen sich stiftet ...*

drei Einsichten. Die erste davon ist eckhartisch: Man müsse einsehen, dass dieses Ich und auch das Ich aller anderen Dinge im Vergleich mit Gott „ein Nichts" sei. Die zweite Einsicht liefert die Art von genauerer Bestimmung der Loslösung/Gelassenheit, die Eckhart gemieden hatte, bis er von seinen Gegnern zur Rechenschaft gezogen worden war. Sogar im Zustand der „höchsten Gelassenheit" *(nehsten gelesze)* bleibe das geschaffene Ich, obwohl es sich dann seiner selbst gar nicht mehr bewusst sei, dennoch weiterhin seinem eigenen wirkenden Ichsein *(isticheit)* nach gleich, das heißt, es bleibe im ersten der vier Sinne von Ich ein Ich und werde „nicht ganz und gar vernichtet".[135] Die dritte Einsicht, die sich ergibt, wenn man sich von der „unfreien Vielfalt" seiner Geschöpflichkeit befreit, ist das wachsende Bewusstsein, mit Christus eins zu werden. „Ein auf solche Art gelassenes Ich wird ein christförmiges Ich, von dem die Schrift bei Paulus sagt: ‚Ich lebe, nicht mehr ich, sondern Christus lebt in mir' (Gal 2,20). Und das nenne ich ein wohlabgewogenes Ich."[136] Wiederum zeigt sich deutlich der christozentrische Charakter von Seuses Mystik.

Gegen Ende des 4. Kapitels merkt man an Seuses Ausführungen über den Sinn des Verbs *lazsen* ebenfalls seinen Wunsch, Eckharts Ansichten zu verdeutlichen. Er betont, „zu lassen" bedeute, sich auszuliefern oder selbst gering zu achten, jedoch nicht, auf die Weise zunichte zu werden, dass das Selbst absolut nichts werde, wie Eckhart und Marguerite Porete erklärt hatten. Als der Jünger fragt, ob „(von) einem gelassenen Menschen irgend etwas übrig" bleibe, gibt die Wahrheit in einer langen Abhandlung eine Antwort, in der sich die biblische Rede vom Einswerden mit Gott und der Verwandlung in Gott sowohl hier als auch im Jenseits (vg. 1 Kor 6,17 und 15,28) mit der Aussage, die Unterscheidung zwischen Gott und Mensch bleibe auch dann noch, die Waage hält. Seuse ist willens, Bilder zu verwenden, die ein vollständiges Aufgehen suggerieren, wie dasjenige vom Wassertropfen, den man in ein Fass Wein schüttet (336,11–18), weil er anerkennt, dass der gelassene Mensch ähnlich wie ein Betrunkener keine Selbstbewusstheit mehr habe. Er ist sogar bereit, zur Beschreibung dieses Prozesses das starke Verb *entmenschen* (337,22) zu gebrauchen.[137] Aber die Präzi-

---

[135] Das ist meine Lesart einer zugegeben schwierigen Stelle (335,14–18): *Der ander inblik ist, daz da nit übersehen werde, daz in dem selben nehsten gelesze iedoch sin selbs sich alwegent blibet uf siner eigen gezoewlicher istikeit nach dem usschlage, und da nút male vernihtet wirt.*
[136] BdW 4 (335,25–26): *Und dis gelassen sich wirt ein kristfoermig ich, vom dem dú schrift seit von Paulo, der da sprichet: ‚ich leb, nit me ich, Cristus lebt in mir.' Und daz heiss ich ein wolgewegen sich.*
[137] Seuse gebraucht eine ganze Reihe der von Eckhart eingeführten Verben für das Zunichtewerden, besonders in den letzten Kapiteln des *Lebens*, wie etwa *entwerden* (z.B. 164,10–11, 166,6), *entbilden* (z.B. 160,28, 168,9), *entgeisten* (z.B. 182,14, 183,1, 189,21) und *entgoetet*

sierungen, die er bei seiner Darstellung vornimmt, zeigen, dass er zumindest in diesem Abschnitt der Lehre Bernhard von Clairvaux' näher steht als derjenigen Eckharts. Die Wahrheit erklärt: „Sein Wesen bleibt ihm wohl, aber in anderer Form, in anderer Herrlichkeit und in einer anderen Kraft. Und das kommt alles von der gleichen grundlosen Gelassenheit."[138]

Im Schlusskapitel des BdW kommt Seuse auf die praktische Seite der *gelassenheit* zu sprechen und erörtert, wie der gelassene Mensch handle. Er betont wie Eckhart, dass gelassen sein nicht heiße, seine gewöhnlichen Übungen aufzugeben, sondern vielmehr, diese mit einer anderen Gesinnung zu verrichten. Der gelassene Mensch „lebt im gegenwärtigen Augenblick ohne selbstsüchtigen Vorsatz und nimmt sein Höchstes wahr, sei es im Gewöhnlichen oder im Erhabenen."[139] Paradoxerweise stelle die Passivität des gelassenen Menschen die höchste Form der Aktivität dar: „Eines wirklich gelassenen Menschen Tun ist sein Lassen, sein Werk, sein Müßigbleiben; denn in seiner Tätigkeit bewahrt er die Ruhe und während des Wirkens seine Muße."[140]

Später, im Kapitel 48 des *Lebens* („Deutliche Unterscheidung zwischen wahrer und falscher Gelassenheit"), kommt Seuse auf die Notwendigkeit zurück, die Gelassenheit im richtigen Sinn zu üben. Zunächst unterscheidet er drei Arten von „vergehen" *(vergangenheit)*: die *ganzú vergangenheit*, also das vollständige Aufhören, zu existieren; die *halbe vergangenheit*, das zeitweise Entrücktsein, wie es Paulus genoss (2 Kor 12,2); und die *entlehentiu vergangenheit*, „wenn der Mensch sich unter Drangabe seines freien Willens Gott überlässt ... als ob er um sich selbst nicht wisse und Gott allein der Herr sei". Er bezeichnet das auch als *kranke(n) gelassenheit*, das heißt, ein noch unvollkommenes Vergehen. Hierauf unterscheidet er zwei Weisen der Gelassenheit, nämlich die „vorausgehende Gelassenheit" *(vor-*

(„entgottet") (z.B. 181,28, 182,9). So radikal diese Begriffe auch sind, müssen sie doch im Licht der Modifikationen gelesen werden, die Seuse an Eckharts Lehre vornahm. Als Übersicht über die Unterschiede zwischen der den Vorstellungen von Eckhart und Seuse über die mystische Verwandlung siehe Egerding, *Die Metaphorik*, I,91–95.

[138] BdW 4 (336,21–24): *Da blibet wol sin wesen, aber in einer anderú forme, in einer anderú glorie und in eime andern vermugenne. Und daz kumet alles von ir selbs grundlosen gelazsenheit.* Das weitere Thema, über das die Wahrheit in diesem Abschnitt spricht, ist das Verhältnis der in diesem Leben möglichen teilweisen Verwandlung zu deren Vollzustand im Himmel. In diesem Abschnitt macht Seuse ausgiebigen Gebrauch von Bernhards *De diligendo deo*, 10 und 15 (*Sancti Bernardi Opera* III,142–144, 152–154); ferner bezieht er sich auf Thomas von Aquin, S.Th. I–II q. 61 a. 5.

[139] BdW 7 (357,19–20): *Er stat in einem gegenwúrtigen nu ane behangnen fúrsaz, und nimt sin nehstes in dem minsten als in dem meisten.*

[140] BdW 7 (358,22–24): *Eines wolgelazsenen menschen tuon ist sin laszen, und sin werk ist sin muessig bliben, wan sines tuonnes blibet er ruwig und sins werkes blibet er muezsige.*

gendú gelassenheit), mittels derer man sich vom Bösen löst, bevor es geschieht (d. h., indem man die Sünde meidet) und die „nachgehenden Gelassenheit" *(nagend gelassenheit),* mittels derer man eine begangene Sünde bereut und sich mit der Schwäche des Menschen, wie er verfasst ist, abfindet. Der Zweck dieser Unterscheidung wird bei der nachfolgenden Ausführung deutlich. Seuse wendet sich energisch gegen die „törichten Menschen", die behaupten, „dass man durch alle Gebrechen hindurchwaten müsse, wolle man zu vollkommener Gelassenheit gelangen", um gegenüber dem Bösen indifferent zu werden.[141] Der echte Gottesfreund *(allr frümsten gotesfrünt,* 161,32) halte sich streng an die vorausgehende Gelassenheit und übe die nachgehende Gelassenheit, „die den Menschen wieder schnell auf den früheren Weg zurückbringt, das heißt, da der Mensch sich noch als Mensch findet, füge er sich Gott zum Lobe darein". Und schließlich betont Seuse noch einmal: „Die ‚Vernichtung des Geistes', sein Eingehen in die einfache Gottheit, und aller Adel und Vollkommenheit ist nicht zu verstehen als Verwandlung seines geschaffenen Wesens derart, dass dasselbe, was es ist, Gott (geworden) sei."[142] Nein, Gott und Mensch blieben unterschieden, auch wenn der Geist in der Entrückung *(entnomenheit)* vergehe, sich selbst vergesse und alle Dinge in Gott sehe (162,31–163,8).

Eckhart und Marguerite Porete hatten das mystische Zunichtewerden als metaphysisches Einswerden in Ununterschiedenheit vorgestellt; jedoch war Eckhart dank seiner dialektischen Denkungsart in der Lage, besonders dann, wenn er von seinen Gegnern zur Rechenschaft gezogen wurde, einzuräumen, dass aus gewisser Sicht der ontologische Unterschied zwischen Gott und Mensch immer bestehen bleibe. Seuse setzt etwas anders an: Für ihn steht die metaphysische Unterschiedenheit fest; das mystische Einssein betrachtet er als mentalen Zustand des Mystikers.

Auch im *Büchlein der ewigen Weisheit* greift Seuse das Thema Gelassenheit auf, besonders in dessen 9. Kapitel,[143] einer Betrachtung über das *minne spil,* das Liebesspiel, das Gott mit der Seele spiele, indem er auf Augenblicke köstlicher Gegenwart Zeiten schmerzlicher Abwesenheit folgen lasse.[144] Als bemerkenswert lohnt hier festgehalten zu werden, dass Seuse

---

[141] *Leben* 48 (161,28–29): ... *als etlichú torohtú menschen sprechent, daz man dur alle gebresten muess waten, der zuo volkomenr gelassenheit wil komen.*
[142] *Leben* 48 (162,26–28): ... *wan dez geistes vernihtkeit, sin vergangenheit in die ainvaltign gotheit und aller* ... *ist ze nemene nút na verwandlung sin selbes geschafenheit in daz, also daz daz selb, daz er ist, got sie.*
[143] Das BdW enthält weitere Ausführungen sowohl über die *abgescheidenheit* (z. B. 218,6, 219,11, 232,26, 245,9–10, 296,26–28) als auch die *gelazsenheit* (z. B. 246,7–9, 250,3–4).
[144] Das Liebesspiel ist bei vielen der Seuse bekannten Autoren ein Thema, besonders bei Bernhard von Clairvaux; siehe z. B. dessen *Sermo super Cantica,* 32,2 *(Sancti Bernard Opera*

Philosophia spiritualis

dieses traditionelle mystische Thema mit dem rechten Verständnis der Gelassenheit verknüpft. Der Diener beschwert sich zunächst bei der Weisheit, das sie ihm „das süße Liebkosen deiner süßen Gegenwärtigkeit" *(dem suezen minnekosen diner suezen gegenwúrtikeit,* 330,27) entziehe. Die Weisheit entgegnet, sie sei allezeit in den Geschöpfen und in den Worten der Heiligen Schrift gegenwärtig und stellt ihm dann ihrerseits eine Frage: „Was sagt unter allen Dingen dem höchsten der geschaffenen Geister am meisten zu?" (232,4–5). Diese Frage ist dem Diener zu schwer. Da gibt die Weisheit selbst die Antwort: „Dem obersten Engel gefällt nichts so sehr, als meinen Willen in allem zu tun." Die Lektion, die der Diener daraus lernen soll, lautet, dass wahre Gelassenheit bedeute, frei vom Wunsch nach Trost zu sein, sogar nach dem Trost der Gegenwart Gottes. Das Zwiegespräch geht dann so weiter:

Der Diener: „Ach Herr ... du willst doch damit sagen, dass ich mich (innerlich) frei und gelassen halten soll, auch ohne Freude, und nur nach deinem Lob verlange in betrübten wie in angenehmen Stunden."

Die Ewige Weisheit: „Die höchste Stufe der Gelassenheit ist Gottergebenheit in Verlassenheit."[145]

Diese dichte Tautologie wird in späteren Texten zur Mystik immer wieder zitiert. Sie erinnert an einen der Aussprüche von Eckhart in seiner Predigt über die Gelassenheit (Pr. 12): „Das Höchste und das Äußerste, was der Mensch lassen kann, das ist, dass er Gott um Gottes willen lasse."[146] Im Rest des Kapitels wird gezeigt, dass der Mensch nur dann zur Ruhe komme, wenn er sich nicht mehr von glücklichen und schweren Erfahrungen hin

---

I,227–229). Von der in BdeW 9 thematisierten Gegenwart und Abwesenheit ist auch in *Hor* I,8 (436–448) ausführlich die Rede.

[145] BdeW 9 (232,13–17): *Der diener: Ach herre, ... Wan du meinest, daz ich mich halte ledklich und gelazenlich an luste, und din lob allein suoche in hertikeit als in suezikeit. Entwúrt der Ewigen Weisheit: Ein gelazenheit ob aller gelazenheit ist gelazen sin in gelazenheit.* Über diesen Text siehe Haas, *Kunst rechter Gelassenheit,* 265–266. Die Parallele in *Hor* I,8 (441,29–442,2) ist schwächer: *Tanta deberet esse absolutio affectus probati discipuli, ut non solum corporalibus delectationibus non esset alligatus, sed neque pro spiritualibus tantum inhiaret, ut eas carius quam ipsum summum bonum in seipso acceptum quaerendo appeteret.*

[146] Eckhart, Pr. 12 (DW 1,196,6–7): *Daz hoehste und daz naehste, daz der mensche gelâzen mac, daz ist, daz er got durch got lâze.* In dieser Predigt, einer seiner kühnsten, kommt Eckhart auch in 193,5–8 und 201,9–203,5 ausführlicher auf die Gelassenheit zu sprechen. Da die gleiche Predigt auch eine Abhandlung über den vollkommenen Wunsch der Engel, Gottes Willen in allem zu erfüllen, enthält, was dem entspricht, was wir oben im BdeW gesehen haben, ist es wahrscheinlich, dass Seuse auf diese Predigt Bezug nimmt. Eine parallele Stelle findet sich in *Leben* 6, worin Seuse berichtet, ihm sei in einer Vision der verstorbene Bruder Johannes „der Fuoterer" erschienen und habe ihm gesagt, die schmerzlichste und verdienstvollste Übung sei, dass „der Mensch in Gelassenheit vor Gott in Geduld den eigenen Willen aufgebe und so sich Gott um Gottes willen überlasse" *(... denn da der mensch in gelassenheit von got im selber gedulteklich us giengi und also got dur got liessi,* 23,18–20).

und her reißen lasse: „Du sollst in guten Tagen daran denken, dass böse kommen könnten, und in bösen Tagen dich der guten erinnern; dann kann dir weder ungestüme Freude, wenn ich dir gegenwärtig bin, noch Schwermut, wenn du verlassen bist, schaden."[147]

Im *Leben* erwähnt Seuse Gelassenheit und Abgeschiedenheit oft,[148] bringt aber zu dem im BdW Ausgeführten nichts Neues an Lehre mehr hinzu. Seuse geht es vielmehr darum, diese zentrale mystische Übung ins umfassendere Porträt des Dieners einzufügen, der als Vorbild des Gottsuchers dient. Ein Schlüsseltext dafür ist Kapitel 19 mit dem Titel „Wie er auf den geistigen Weg verwiesen wurde, der zur Kunst wahrer Gelassenheit führt", weil er darin den Übergang zum höheren Leben vorbereitet, von dem dann ab Kapitel 20 die Rede ist. Hier empfängt der Diener eine Vision, in der ihn ein Jüngling in „die höchste Schule führt, die es hienieden gibt". Er führt ihn in ein Haus zum „obersten Meister", der zu ihm sagt, er könne wohl „ein wackerer Meister unserer hohen Kunst werden, will er sich geduldig der engen Einschränkung unterwerfen, in der er sich bewähren muss". Was damit gemeint sei, erklärt der Jüngling dem Jünger so: „Die hohe Schule und ihre Kunst, die man hier lernt, ist ein gänzliches, völliges Lassen seiner selbst, derart, dass der Mensch so zunichte wird, wie Gott sich auch gegen ihn erzeige oder durch seine Geschöpfe sich ihm gegenüber verhalte in Lieb oder Leid; er soll sich darum bemühen, allzeit gleich zu bleiben in völliger Preisgabe des Seinen, soweit es menschliche Schwachheit vermag, nur auf Gottes Lob und Ehre sehen, so wie der liebe Heiland es seinem himmlischen Vater gegenüber tat."[149] Der Diener erklärt, er sei jetzt dazu bereit, aber der Jüngling verneint ihm dies und spricht: „Diese Kunst bedarf gänzlichen, vollkommenen Aufgebens seiner selbst; je weniger man hier Geschäftigkeit entfaltet, um so mehr hat man getan."[150]

Hierauf erkennt der Diener, dass er trotz seiner äußeren Bußübungen immer noch so viel Ich in sich trage, dass er sich nicht Gott gegenüber gefügt habe, „wenn es galt, von anderen kommende Widerwärtigkeiten auf

---

[147] BdeW 9 (235,3–4): *... so enkan dir weder übermuetikeit in der gegenwúrtikeit, noch swarmuetikeit in gelazenheit geschaden.*

[148] Als einige Stelle mit *abgescheidenheit* siehe z. B. 15,6, 59,29–31, 138,18–19, 183,11, 185,31, 192,18. Sowohl *abgescheidenheit* als auch *gelassenheit* kommen auch in den anderen Werken vor, z. B. in *Brief* 2 (364,2, 365,2), *Brief* 3 (367,11–14), *Brief* 9 (388,22–26) und *Predigt* 4 (530–536 passim).

[149] *Leben* 19 (54,1–8): „*Dú hohe schuol und ir kunst, die man hie liset, daz ist nit anders denn ein genzú, volkomnú gelassenheit sin selbs, also daz ein mensch stand in soelicher entwordenheit ... saz er alle zit stand glich in einem usgene des sinen ... und allein gotes lob und ere sie ansehende, als sich der lieb Cristus bewiste gen sinem himelschen vatter.*"

[150] *Leben* 19 (54,12–14): *... „disú kunst wil haben ein ledig muessikeit: so man ie minr hie tuot, so man in der warheit ie me hat getan ..."*

Philosophia spiritualis

dich zu nehmen." Das, was der Diener in den folgenden Kapiteln lernen wird, ist die Erfüllung der Botschaft, die ihm in dieser Vision zuteil geworden ist. Gegen Ende des Werks, besonders in den Kapiteln 47–48, worin Seuse diese seine höhere Lehre für Elsbeth zusammenfasst, kommt er noch einmal auf den Unterschied zwischen wahrer und falscher Gelassenheit zurück.[151] Einige der mystischen Grundsätze des Dieners sind treffende knappe Zusammenfassungen seiner Vorstellung von Gelassenheit. Er stellt die Frage: „Was ist eines wahrhaft gelassenen Menschen Ziel in allen Dingen?", und die Antwort lautet: „Ein Entwerden seiner selbst und mit ihm die Loslösung von allen Dingen." Im inneren Licht einer solchen Gelassenheit werde der Mensch dann „die Gegenwart des ganzen göttlichen Seins in sich wahrnehmen und dass er nur dessen Werkzeug ist."[152]

Gesiht und Entzogenheit: Vision und Entrückung

Wie wir gesehen haben, spielen bei Eckhart Phänomene, die oft als mystische Erfahrungen bezeichnet werden, besonders Visionen und Entrückungen, kaum eine Rolle. Bei Seuse ist das anders: Er ist bekannt für die Häufigkeit seiner geistlichen (d. h. imaginativen) Visionen[153] und auch für die vielen Stellen, an denen er Erfahrungen der Ekstase und Entrückung beschreibt.[154]

Seuse arbeitet keine neue Lehre über die Visionen aus, sondern begnügt sich mit der dreifachen Unterscheidung von Augustinus zwischen leibhaf-

---

[151] Siehe *Leben* 47 (160,1–10) und besonders 48 (160–163), wie oben besprochen. In Kap. 49 (163–170) beziehen sich 19 der Grundsätze auf die *gelassenheit* (Nummern 12, 27, 29, 45, 63, 67, 70, 71, 73, 74, 75, 77, 83, 84, 85, 89, 90, 91, 93). Siehe auch die Abhandlung über die Gelassenheit in Kap. 38 (127,5–20).
[152] *Leben* 49 (168,21–22 u. 169,3–5): *Waz ist eins reht gelassen menschen gegenwurf in allen dingen? Daz ist ein entsinken im selb, unt mit ime entsinkend im ellü ding ... Und sol denn in dem lieht merken die gegenwúrtikeit dez allichen goetlichen wesens in ime, und daz er dez selben allein ist ein gezoew.*
[153] Seuse gebrauchet den Ausdruck *gaisliche gesiht* in *Leben* 37 (116,8). Bihlmeyer listet in seinem „Glossar" 13 Stellen mit dem Wort *gesiht* auf und merkt an, es gebe viele weitere. Das gleichbedeutende aus dem Lateinischen übernommene deutsche Wort *vision* wird dreimal vermerkt, kommt aber auch öfter vor. Seuses Lehre über die Visionen wurde untersucht von Alois Haas, „Seuses Visionen – Begriff der Vision", in: *Kunst rechter Gelassenheit*, 179–220; und Ernst Arbman, *Ecstasy or Religious Trance*, 2 Bde., Uppsala 1963, I,58–75, der eine psychoanalytische Deutung vornimmt. Zum weiteren Hintergrund der mittelalterlichen Visionen mit einigen Bezugnahmen auf Seuse siehe Peter Dinzelbacher, *Vision und Visionsliteratur im Mittelalter*, Stuttgart 1981, sowie Barbara Newman, „What Dit It Mean to Say ‚I Saw'? The Clash between Theory and Practice in Medieval Visionary Culture", in: *Speculum* 80 (2005), 1–43.
[154] Zur Geschichte der Ekstase in der Mystik siehe den von vielen Autoren verfassten Artikel „Extase", in: DS 4,2045–2189, worin 2134 kurz Seuse behandelt wird.

tigen, geistlichen und intellektuellen Visionen. Dennoch bietet eine längere Erörterung in Kapitel 51 des *Lebens* aufschlussreiche Einsichten in seine Verwendung dieses traditionellen Paradigmas. In diesem Kapitel gibt Elsbeth die Einwände der Mystiker vom Freien Geist gegen Seuses Eckhartismus wieder: Sie behaupteten, „wer zum höchsten Gipfel aufsteigen wolle, dem sei Gott ein schadenbringendes Hindernis; er müsse entgottet und entgeistet werden und alle Gesichte abweisen" (*und alle vision zu ruggen stossen*, 181,28–29). Seuse geht auf jeden Irrtum der Reihe nach ein und greift bei seiner Beantwortung des dritten Einwands die Visionstheorie von Augustinus auf. Die dritte Art von Vision, das heißt die bildlose oder intellektuelle, sei zwar edler, aber die Heilige Schrift und die Erfahrung besagten, dass „bildreiche Visionen" (*bildrich vision*, 183,27), ganz gleich, ob im Schlaf- oder Wachzustand empfangen, in diesem Leben notwendig blieben. Derartige Formen der „prophetischen Vision" seien Anleitungen zum richtigen künftigen Handeln. Seuse gesteht ein, dass es schwierig sei, zwischen bloßen Träumen und echten imaginativen Visionen zu unterscheiden. Daher beruft er sich auf die Gnade der Unterscheidung der Geister, von der Augustinus berichtet, seine Mutter Monica habe sie besessen, und er schließt: „Und wem Gott diese Gabe schenkt, der kann sich hierin umso besser helfen. Es kann es niemand den anderen mit Worten sagen; (nur) *der* versteht es, der es empfunden hat."[155]

Die Art, wie Seuse sonst die Tatsächlichkeit von Visionen einschätzt, dieses im spätmittelalterlichen Frömmigkeitsleben zunehmend wichtige Thema,[156] zeigt, dass er über die persönliche Gnade des Unterscheidungsvermögens hinaus auch noch andere Kriterien hatte. Im Vorwort zum *Exemplar* legt er großen Wert darauf, dass seine Textsammlung mit den in der Heiligen Schrift dargelegten Wahrheiten konform sei. Nachdem Meister Bartholomäus die schwierigsten Teile des Buches durchgelesen habe, so berichtet Seuse, habe er das *Exemplar* gelobt: Es sei „allen wohlgesinnten Menschen wie ein verborgener süßer Kern aus der Heiligen Schrift" (5,21–22). Mit anderen Worten, der Wahrheitstest für Visionen sei ihre Konformität mit der Bibel und der Lehre der Kirche.

Die im *Exemplar* enthaltenen Visionen dienen zur Authentifizierung des exemplarischen Status' des Dieners sowie auch als didaktische Mittel zur Vorstellung seiner Lehre. Alois Haas sagt es so: „Die Berichte von Visionen,

---

[155] *Leben* 51 (183,28–30): *Und welem menschen got die selben gabe git, der kan sich dest bas hier inne berihten. Es kan nieman dem andern wol mit worten geben, denn der merkt es, der es enpfunden hat.* Die unmittelbar davor stehende Erwähnung von Monica bezieht sich auf *Confessiones* 4,13.
[156] Über die Unterscheidung der Geister siehe hier die Ausführungen in Kapitel 2, 135–143.

Philosophia spiritualis

die er gibt, sind keine reinen Erfahrungsnotizen, sondern literarisch stilisierte Niederschriften seelischer Ereignisse, die einem bestimmten didaktischen Ziel dienen."[157] Seuses Visionen bewegen sich zwischen zwei Polen: zwischen der Behauptung, es seien tatsächlich geschenkte Visionen/Visualisierungen zur Bestätigung des Vorbild-Status des Dieners für den Weg zur Vollkommenheit gewesen, und dem Bedarf des Lehrers, exemplarische visionäre Bilder *(bilde)* zur Verfügung zu haben, um seine geistlichen Anhänger wirksam über den richtigen Weg zu Gott unterweisen zu können.

Der doppeldeutige Charakter des Visionen-Programms im *Leben* hilft das komplizierte Spektrum seiner bildhaften Veranschaulichungen zu erklären: Es gibt Traumvisionen und Wacherfahrungen; auf Erden geschenkte Visionen und Entrückungen, die beschrieben werden, als spielten sie im Himmel; Schauungen, die als direktes Geschenk Gottes vorgestellt werden und Visualisierungen geistlicher Wahrheiten, die eher ein literarisches Kunstprodukt zu sein scheinen. Zur Deutung dieser verwirrenden Fülle ist es wichtig, im Gedächtnis zu behalten, was Seuse im *Horologium* über Visionen sagt: „Die im folgenden enthaltenen Visionen sind nicht alle buchstäblich zu nehmen, auch wenn vieles sich buchstäblich so ereignete." Seuse kümmert kaum die moderne Frage nach der „Realität" von Visionen, denn für ihn dienen alle visionären Schilderungen dem gleichen Zweck, unabhängig davon, ob sie auf einem Bild beruhen, das als von Gott kommend erfahren wurde oder ob sie eine literarische Konstruktion sind: Sie sollen der *figurata locutio* dienen, also bildhafte Weisen sein, mit der sich die göttliche Wahrheit nahe bringen lässt.

Welch leichten Zugang der Diener zur himmlischen Welt und ihren Bewohnern hat, zeigt sich deutlich im ganzen *Leben*, worin fast die Hälfte der Kapitel Visionen Gottes, Marias, der Engel und Heiligen und Verstorbener (mancher im Himmel, mancher im Fegfeuer oder in der Hölle) enthält. Der Diener wird als Grenzgänger zwischen Himmel und Erde beschrieben, als Vermittler, der seinen Anhängern die Botschaft Gottes bringt und für sie bei Gott Fürbitte einlegen kann. Doch die Kraft der Visionen, seine geistliche Autorität zu bestätigen, ist nicht auf den Diener selbst beschränkt. Der Kreis der Gottesfreunde hat daran auf eine Weise Anteil, die den Status des Dieners noch einmal erhöht. Das lässt sich daraus ersehen, auf welche Weise er im gesamten Text die Visionen vorstellt, die anderen zuteil wurden. Viele dieser Schauungen wurden Elsbeth Stagel gewährt oder der heiligmäßigen Laienfrau Anna; andere sind namentlich nicht genannt. Seuse selbst er-

---

[157] Haas, *Kunst rechter Gelassenheit*, 218. Siehe auch Haas' Ausführungen über den „didaktischen Wert" von Seuses Visionen (204–205).

scheint seine verstorbene Mutter in einer Vision.[158] Um nur ein Beispiel anzuführen: Am Schluss des 5. Kapitels schaut eine mit Namen nicht genannte „fromme Ordensfrau" (vermutlich Elsbeth) den Diener, der gerade die Messe beginnen will, „in einer Vision" *(in einr gesiht,* 22,3): „Sie sah, wie die göttliche Gnade herniedertaute in seine Seele, und er eins mit Gott ward."[159] Sodann sieht sie, wie ihn viele liebreizende Kinder umarmen. Auf die Frage, wer diese seien, gibt sie zur Antwort, das seien ihre verstorbenen Mitschwestern im Orden, die sie beschützten und den Diener verehrten. Sie erklären ihr: „Er ist uns so herzlich lieb, dass wir viel unseres Tuns mit ihm haben; wisse, dass Gott unsagbare Wunder in seiner Seele wirkt und ihm das nimmer abschlagen kann, worum er ihn wahrhaft zu bitten hat."[160]

Ein Blick auf einige wenige der Visionen im *Leben* helfen einige der Weisen herauszuarbeiten, auf die Seuse Visionsberichte dazu verwendet, den Status des Dieners zu erhöhen und seine Botschaft zu vermitteln. So findet sich zum Beispiel im 2. Kapitel, gleich zu Beginn seiner Bekehrung, die Beschreibung einer Erfahrung totaler Entrückung und einer intellektuellen Vision der göttlichen Natur mit eindeutigen Anklängen an den berühmten Bericht von Paulus in 2 Korinther 12: „Und wie er da so stand ... da ward seine Seele entrückt, ob im Leib, ob außer ihm, das wusste er nicht. Was er da sah und hörte, lässt sich nicht in Worte fassen (2 Kor 12,2–4). Es hatte weder Form noch bestimmte Art und hatte doch aller Formen und Arten freudenreiche Lust in sich."[161] „Diese übermächtige Entrückung" *(dise überswenke zug,* 10,28–29) dauerte eine ganze oder halbe Stunde und hinterließ den Körper des Dieners schwach und von Schmerzen zerrüttet, aber „himmlischer Glanz kam und ging im tiefsten Grunde seiner Seele ... Die Kräfte seiner Seele waren von lieblichem, himmlischem Duft erfüllt." Mit einer derartigen Erfahrung wurde gewöhnlich eine sehr hohe Form der Vision und Entrückung beschrieben, die sich gegen Ende des mühsamen We-

---

[158] Beispiele solcher Bestätigungsvisionen durch Dritte finden sich im *Leben* in elf Kapiteln: In Kap. 5 (22), 16 (44), 18 (50–51, 51–52), 20 (59), 22 (63–65), 23 (70), 34 (101), 37 (117), 42 (142–144, darunter, wie Seuse „in einem Gesichte" seine verstorbenen Mutter erschien), 44 (150), 45 (152). In den anderen Werken kommen sie seltener vor, z. B. in *Briefe* 8 (384) und *Hor* Prol. (371).

[159] *Leben* 5 (22,5–6): *... und sah, daz dú goetlich gnade her ab towete in sin sele, und daz er ward eins mit gote.*

[160] *Leben* 5 (22,15–18): *... „do ist er uns als herzeklich liep, daz wir vil tuenes mit im haben, und wüssist, daz got unsaglichú wunder würket in siner sele, und waz er got ernschlich hat ze bitene, dez wil im got niemer versage."*

[161] *Leben* 2 (10,15–19): *Und so er also stat ..., do ward sin sel verzuket in dem libe neiss uss dem libe. Da sah er und horte, daz allen zungen unsprechlich ist: es waz formlos und wiselos und hate doch aller formen und wisen froedenlich lust in ime.* Die gleiche Entrückung beschreibt er in ausführlicherer theologischer Redeweise in *Hor* I,1 (380,22–381,18).

Philosophia spiritualis

ges zur Vollkommenheit einstellt. Warum setzt Seuse sie hier an den Anfang? Vermutlich, um den geistlichen Status des Dieners zu verstärken; möglicherweise aber auch, um anzuzeigen, dass solche Erfahrungen kein Ende in und für sich selbst seien. Es könnte auch sein, dass Seuse damit andeuten will, dass geistliche oder imaginative Visionen (d. h. das meiste, was kommen wird) zwar in sich selbst von niedrigerem Rang sein mögen, sich jedoch besser für die Unterweisung eignen.

Die Grenzen und Bedingungen des legitimen Gebrauchs von Visionen und Entrückungen zeigen sich auch in einem Bericht gegen Ende des *Lebens* in Kapitel 50. Hier erzählt der Diener, wie er einmal im Kapitelsaal in einem Zustand „göttlicher jubilierender Freude" (*goetlicher jubilierende froeden*, 174,30) gewesen sei, in jenem inneren *jubilus*, den viele spätmittelalterliche Mystiker, besonders Frauen, erfuhren. Da sei der Pfortenbruder gekommen und habe ihm gemeldet, eine Frau wolle bei ihm beichten und er habe ihm entgegnet, sie solle dafür einen anderen Bruder suchen. Daraufhin habe ihm Gott die Gnade des Jubels entzogen und zu ihm gesagt: „Schau, ebenso wie du die arme Frau mit einem beschwerten Herzen ungetröstet von dir wiesest, habe ich meinen göttlichen Trost von dir genommen."[162] Hierauf sei der Diener geeilt, um die Beichte der Frau doch noch entgegenzunehmen und Gott habe ihm seinen Trost wieder gewährt. Diese Geschichte ist die bildhafte Darstellung eines Schlüsselthemas der abendländischen Mystik: dass man von der Kontemplation zugunsten der Aktion ablassen müsse, wenn es um das Heil des Nächsten gehe.

Seuse ist wie sein Zeitgenosse Richard Rolle einer der ersten männlichen Mystiker, die Erfahrungen himmlischer Süße, göttlichen Dufts, himmlischer Gesänge und mystischer Tänze sowie des physischen Warmwerdens im Herzen beschreiben. Ein Beispiel für diese Art oft stark von Sinneseindrücken geprägter Visionen findet sich in Kapitel 41. Darin wird geschildert, wie der Diener, nachdem er mit seinen geistlichen Kindern gesprochen hatte, in der Kontemplation dasaß und im Herzen voller lodernden Feuers war. Im Bericht heißt es weiter: „Und als ihm bei der Betrachtung die Sinne irgendwie entsanken, schien es ihm in einem Gesichte, er werde auf eine schöne grüne Heide geführt, neben ihm schritt ein stattlicher himmlischer Jüngling; der führte ihn an der Hand. Da hub derselbe in des Bruders Seele ein Lied an zu singen, das klang so fröhlich, dass es ihm von der Übermacht des lieblichen Schalles alle seine Sinne außer sich brachte."[163] Seuses Herz

---

[162] *Leben* 50 (175,9–11): ... „*luog, als du die armen frowen mit einem geladen herzen hast von dir getriben ungetroestet, also han ic minem goetlichen trost von dir gezuket.*"
[163] *Leben* 41 (139,24–29): *Und do im in der betrahtunge die sinne neiswi entsunken, do duht in in einer gesiht, er wurdi gefueret uf ein schoen, gruenen heide, und gie ein stolzer himelscher*

ist nahe am Bersten, so dass er die Hand darauf legt, um es zusammenzuhalten. Aus seinen Augen quellen Tränen. Als das Lied zu Ende ist, wird ihm ein Bild überreicht, damit er sich daran erinnern kann. Es zeigt die Muttergottes mit dem Christuskind, die ewige Weisheit, über deren Kopf das Anfangswort des Lieds geschrieben steht. Die Schrift ist geheim, aber der Diener kann sie leicht lesen; es heißt: *herzentrut*, „Herzenstraut". Der Diener blickt zum jungen engelhaften Führer auf, drückt das himmlische Kind „tief in den Grund seines Herzens" und singt „mit dem Jüngling das Lied weiter und zu Ende". Bei dieser Vision fehlt zwar das Element des Tanzes, aber mit ihrer Kombination von Christus, Maria und einem Engel sowie seiner Erwähnung des Lieds und der Wärme zeigt es die affektiven und sinnenhaften Elemente in Seuses Darstellung geistlicher Schauungen.[164]

Viele der Visionen, von denen Seuse berichtet, konzentrieren sich wie zu erwarten darauf, dass er Ereignisse der Passion schaut, namentlich Christus am Kreuz. Mit ihrem blutigen Realismus sind sie oft erschütternd; dennoch bleibt der didaktische Charakter selbst der ausführlichsten physischen Einzelheiten solcher Schauungen immer offensichtlich. Das kann man zum Beispiel an den in Kapitel 31 des *Lebens* beschriebenen Visionen oder den Betrachtungen der Passion in den Kapiteln 14–21 des BdeW deutlich sehen. Der im gesamten *Leben* offensichtliche Unterweisungscharakter von Seuses imaginativen Visionen[165] tritt noch deutlicher in den Unterredungen mit der ewigen Weisheit und in vielen allegorischen Schauungen im *Büchlein der ewigen Weisheit* und im *Horologium* zutage. Die *figurata locutio*, verstanden als Herüberbringen einer heilsamen Botschaft mittels einer denkwürdigen visionären Erzählung, ist ein ganz wesentliches Element der Mystik Seuses.

Meister Eckhart hatte gelten lassen, dass es reale ekstatische Zustände gebe, war jedoch der Auffassung, dass sie oft gefährlich und trügerisch sei-

---

jungling bi ime und fuorte in an siner hand. Also erhuob der selb jungling in dez bruoder sele ein lied, und daz erschal als froelich, daz es im alle sin sinne verflogte von überkraft des sussen gedoenes.
[164] Als weitere Stelle über das Warmwerden im Herzen siehe *Hor* I,1 (383,1–4); und als einige Texte mit Beschreibungen, wie der Diener am himmlischen Singen und Tanzen teilnimmt, siehe z. B. *Leben* 5 (20–22), 11 (31), 23 (69), 35 (109) und 36 (111–112 u. 114). Vgl. auch *Briefe*, 8 (385–386) und die Vision vom Jüngling mit der Zither in *Hor* I,13 (478–479).
[165] Eine der interessantesten der besonders stark didaktischen Visionen der Passion im *Leben* wird in Kap. 43 (144–145) geschildert. Darin wird dem Diener in Nachahmung von Franz von Assisi eine Vision des Gekreuzigten in Form eines Seraphs gewährt. Im Bericht finden sich keine Ausführungen über irgendwelche möglichen physischen Auswirkungen auf den Betrachter, sondern er begnügt sich damit, die Inschriften zu zitieren, die auf den drei Flügelpaaren erscheinen: „Nimm das Leiden willig an"; „Trage das Leiden geduldig"; und „Lerne leiden, wie Christus das tat."

Philosophia spiritualis

en. Seuse geht mit seinem Lehrer damit einig, dass das Ziel des mystischen Weges nicht die Ekstase selbst sei, sondern das Einswerden mit Gott im Grund, äußert aber keinerlei Misstrauen gegen die Bedeutung außerordentlicher Zustände des (Un-)Bewusstseins und/oder des (Über-)Bewussten. Das *Leben*, das *Büchlein der ewigen Weisheit* und das *Horologium* sind voller Schilderungen der Entrückungen des Dieners und enthalten zudem Berichte über ekstatische Erfahrungen im Kreis seiner Gottesfreunde.

Seuse ist nicht daran interessiert, die Stufen der Kontemplation und die Arten von Entrückungen zu klassifizieren, wie das im 12. Jahrhundert die Victoriner getan hatten. Entrückungen haben wie die Visionen, die oft mit ihnen einhergehen, im *Exemplar* die Funktion, die mystische Autorität des Dieners zu beweisen und Vorbilder dafür zu liefern, was sich seine Leser mit Gottes Gnade erhoffen können. Seuse ist jedoch wegen seines sprachlichen Reichtums bei der Schilderung ekstatischer Zustände wichtig. Das Vokabular bezüglich der Ekstase war in lateinischen Mystik-Texten relativ stabil und spiegelte seine biblische Grundlage in Begriffen wie *extasis* (Ps 30,1; Apg 3,10), *excessus/excessus mentis* (z. B. Ps 30,23, Ps 67,28, Apg 10,10 und 11,5) und *raptus* (2 Kor 12,2–4). Diese Begriffe und ihre Erweiterungen und Erläuterungen finden sich von Zeit zu Zeit im *Horologium*, wie man das von einem gut gebildeten Dominikaner auch erwarten darf.[166] Seuse ist an einer Stelle sogar innovativ und prägt den Begriff *raptica contemplatio* zur Beschreibung des Einsseins mit Christus, das man beim Empfang der Kommunion erlangen könne.[167]

Seuses eigentlicher Beitrag zum Vokabular der Ekstase findet sich in seinen deutschen Werken, denn im 14. Jahrhundert war im Deutschen die Sprache zur Beschreibung des Aussetzens der gewöhnlichen Sinneserfahrung und Versetzung in höhere Bewusstseinszustände noch in der Entwicklung. Es verwundert nicht, dass Seuse angesichts seiner sprachlichen und stilistischen Begabung bei seinen volkssprachlichen Beschreibungen der Entrückung große Kreativität an den Tag legt.

Die meisten seiner Beschreibungen der Ekstase finden sich im *Leben* und im 5. Kapitel des BdW, einem Angriff auf die falsche Mystik der Freigeister. Vereinfachend lässt sich sagen, dass Seuses Vokabular aus zwei Grundtypen besteht: negativen Begriffen zur Beschreibung des Aussetzens und zuweilen gewalttätigen Entzugs gewöhnlicher Bewusstseinszustände; und positiven Wörtern, Metaphern und Bezeichnungen, mit denen er versucht, die

---

[166] Siehe das Register in Künzles Ausgabe, besonders unter *excessus, exstasis* und *rapere*.
[167] *Hor* II,4 (558,8).

gewöhnliche Sprache auf einen höheren Bereich des Empfindens und Erkennens zu transponieren. Auf dem ersteren, dem Feld der negativen Sprache, verwendet er ein breites Spektrum von Begriffen. Manche davon sind im deutschen mystischen Vokabular bereits üblich, andere offensichtlich Seuses Neuschöpfung.[168] Zusammengesetzte Wörter mit den Vorsilben *ver-* und *ent-* überwiegen, sowohl in verbaler wie substantivischer Form. Zu den beliebtesten Verben gehört *verzuken* („verzücken" im Sinn von außer/über sich versetzt oder wegversetzt werden), etwa wenn Seuse von seiner Schülerin Anna sagt, sie sei *eins males in ir andaht verzuket* worden (63,14–15).[169] Noch häufiger ist die Verwendung von *vergangen in got* („in Gott aus- oder übergegangen") und das Hauptwort *vergangenheit* (im Sinn von „Vergehen"), oft als *vergangenheit der sinnen*, wie zum Beispiel, wenn es vom Diener heißt, er sei *komen in ein vergangenheit der ussren sinnen* (64,21).[170] Seuse gebraucht auch Begriffe mit „(weg-)sinken", etwa das Verb *versinken* und das Hauptwort *entsunkenheit*.[171] Das Wort *entgangenheit* („Herausgegangensein", nämlich aus den Sinnen) kommt relativ oft vor,[172] wie auch das Verb *entwurket* („befreit" oder „wegversetzt").[173] Damit zusammenhängende Begriffe zur Bezeichnung des Herausgerissenwerdens über die normale Sinneserfahrung hinaus tauchen seltener auf.[174]

Die positive Seite von Seuses Beschreibung der Ekstase ist schwieriger zusammenzufassen. Zwar ist es nicht schwer, die Liste der nicht-negativen Hauptwörter aufzustellen, die er zur Beschreibung der Entrückung verwendet, also Wörter wie „ziehen" oder „versetzen" (*zug*, 10,29) oder Begriffe, die eine Bewegung in Richtung Verinnerlichung anzeigen, wie *inker* (z. B. 168,15) und *inschlag* (z. B. 184,22), oder weitere Wörter, die die Bewegung über die gewöhnliche Welt hinaus bezeichnen (z. B. *überflug*, 184,2; *überschal*, 112,4; *übervart*, 193,11); wesentlich schwieriger ist es jedoch die

---

[168] Über Seuses Beitrag zum deutschen Vokabular siehe Ruh, *Geschichte* III,473–475. Ruhs Urteil lohnt, zitiert zu werden: *Wenn mich nicht der Eindruck täuscht, so ist der Wortschatz Seuses der reichste und differenzierteste von allen Mystikern.*
[169] Als weitere Stellen mit *verzuken* siehe 10,16, 20,22, 64,3, 90,18, 102,6, 115,14, 160,27 u. 174,15. Dieser Begriff findet sich auch bei Eckhart; siehe Kap. 4, 325.
[170] Als weitere Stellen mit *vergangenheit* siehe 90,23, 101,8, 152,11, 159,16, *Leben* 48 (160,16f., oben besprochen), 188,5, 189,12, 193,26 u. 338,18. Zu *vergangen in got* und damit zusammenhängende Verwendungen siehe 94,12 u. 28–29, 95,1, 160,29, 161,6, 185,2, 189,2, 193,13, 194,27, 335,22, 336,12, 344,13 u. 345,12.
[171] Zu *versinken* siehe 173,20 u. 336,18; zu *entsunkenheit* 90,19, 93,6–8, 109,15, 139,25, 182,26, 187,24 u. 192,3. Über diese Begriffe siehe Egerding, *Die Metaphorik*, II,490–492.
[172] Zu *entgangenheit* siehe 94,27, 113,13, 162,31, 168,16 u. 19, 189,16–17 u. 344,12.
[173] Zu *entwurket* siehe 160,29, 165,20, 168,18, 189,21, 192,31 und besonders 341,18–23.
[174] Zum Beispiel *entzogenheit* (127,34), *entnomenheit* (163,1, 349,28), *ufgezogenheit* (196,7, 290,2) und das Verb *erzogen* (112,7).

Philosophia spiritualis

Bestimmung, was genau Seuse mit diesen Bezeichnungen meint. Ein genauerer Blick auf zwei repräsentative Texte muss genügen, um etwas von der Reichhaltigkeit seines Beitrags zur Beschreibung der Entrückung ahnen zu lassen. Im fünften Kapitel des *Lebens* zählt der Diener neun verschiedene Erfahrungen des „göttlichen Trostes" auf, mit dem Gott Anfänger anziehe. Damit bietet er ein gutes Beispiel für seine Schilderungen der Ekstase.[175] Es ist interessant zu sehen, wie er seine Vielzahl von Tröstungen, von denen nicht alle ekstatischer Natur sind, miteinander vermischt. Die erste ist einfach ein tief im Herzen verspürter Augenblick echten Gebets (17,15–24), während die zweite von einem inneren Singen begleitet ist: „Dies Lied erklang in ihm in so übernatürlicher Weise, dass sein Gemüt ganz und gar mitgerissen ward ... (da) fühlte er sich in unsagbarer Weise umarmt."[176] Die dritte und vierte Tröstung haben seine Begrüßungen Gottes und eine weitere Erfahrung innerer Musik zum Inhalt. Der fünfte Trost besteht darin, dass er eines Morgens dasitzt und es ist ihm, „wie im Traume, er sei in ein anderes unbekanntes Land entrückt. Zu seiner rechten Hand glaubte er seinen Engel mit gütigem Antlitz zu erkennen. Er fuhr auf, umfasste den geliebten Engel, umarmte ihn und drückte ihn, so liebevoll er nur konnte" (19,1–20,10). Das scheint also buchstäblich eine Vision zu sein.

Der sechste Trost ist visionär, ekstatisch und zudem von einer bildhaften Vorstellung begleitet (20,10–23). Der Diener ist in dieser Vision von Engeln umgeben und bittet diese, ihm zu zeigen, „wie Gottes verborgene Wohnung in seiner Seele aussehe ... Geschwind blickte er in sein Inneres und sah den Leib über seinem Herzen klar wie ein Kristall; in seinem Herzen erblickte er die ewige Weisheit in liebenswerter ruhevoller Gestalt, und dabei saß des Dieners Seele voll himmlischen Verlangens. Die war hingebend zur Seite des Herrn geneigt, von seinen Armen umfangen und an sein göttliches Herz gedrückt, entrückt und versunken in des geliebten Gottes Armen liegend"[177] (Abbildung 3). Bei der siebten Erfahrung handelt es sich um eine weitere Audition himmlischer Musik (20,24–25,5), während er in der achten sowohl am himmlischen Musizieren als auch am himmlischen Tanzen

---

[175] *Leben* 5 (17–22). Der in der Überschrift verwendete Begriff *goetlich troste* ist hier äquivalent mit dem, was er anderswo *goetliche gebruchunge* (334,2) nennt. Beide Begriffe haben eine reiche Geschichte.
[176] *Leben* 5 (17,25–18,9). Der zitierte Abschnitt ist eindeutig ekstatisch: *Dis gesang erhal als übernatürlich wol in ime, daz im alles si gemuet verfloeget ward ... Do ward im ein unsaglicher umbvang ...*
[177] *Leben* 5 (20,16–23): *Geswind sah er dar und sah, daz der lip ob sinem herzen ward als luter als ein kristalle, und sah enmiten in dem herzen ruhelich sizen die ewigen wisheit ..., und bi dem sass des dieners sele in himelscher senung ... und lag also verzogen und versofet von minnen under dez geminten gotes armen.*

(himelschlich tanzen) teilnimmt, das wenig Ähnlichkeit mit dem Tanzen auf Erden hat und den Diener in die Tiefen Gottes führt: „Es war ein himmlisches Ausströmen und ein Rückfluss in den unbekannten Abgrund göttlicher Verborgenheit."[178] Und schließlich, typisch für Seuse, ist die neunte Erfahrung (22,3–18) nicht die seinige, sondern die oben beschriebene Vision Elsbeths, wie er eins ist mit Gott.

Auch ein ausführlicher Bericht in *Leben* 50 führt vor Augen, wie Seuse zur Schilderung der unbeschreiblichen Natur der mystischen Entrückung meisterhaft die Sprache formte. Als er seine geistliche Tochter über den Unterschied zwischen der Gotteserkenntnis, die man dank dessen sich Spiegeln oder *speculieren* in der Natur gewinnt und der direkteren Gotteserkenntnis durch *jubilieren* unterrichtet,[179] heißt es, der Diener habe als junger Ordensbruder zehn Jahre lang zweimal täglich besondere mystische Gnaden empfangen. Jede dieser Entrückungen habe die beträchtliche Zeit von zwei Vigilien gedauert. Zu ihrer Beschreibung verwendet Seuse alte wie neue Themen des mystischen Vokabulars: „Er versank für diese Zeit so gänzlich in Gott, die Ewige Weisheit, dass er davon nichts aussagen konnte. Währenddessen richtete er liebevolle Worte an Gott, seufzte dann tief, brach in ein sehnliches Weinen aus oder lächelte in wortlosem Schweigen. Ihm war oft, als schwebe er in der Luft und schwämme zwischen Zeit und Ewigkeit in der tiefen Woge von Gottes unergründlichen Wundern."[180] Im weiteren Bericht hebt er den erotischen Aspekt der Entrückung hervor, tönt die Erzählung jedoch mit Anklängen an das apophatische Reden, was an Eckhart erinnert. Der Diener erzählt, dass er eines Tages erfuhr, wie sein Herz mit dem Herzen des Vaters, der ewigen Weisheit, ausgetauscht wurde und er diesen im geistlichen Jubel so ansprach: „Nun denn, du Liebe voll der Freude, so öffne ich dir mein Herz und in der schlichten Unverhülltheit

---

[178] *Leben* 5 (21,28–29): *... ez waz neiswi ein himelsche uswal und ein widerinwal in daz wild abgründ der goetlichen togenheit.*

[179] Über die Rolle der Erkenntnis durch solches *speculieren*, das heißt die Erkenntnis Gottes, wie er sich im Spiegel der Natur offenbart (Röm 1,20), siehe Jeffrey F. Hamburger, „Speculations on Speculation. Vision and Perception in the Theory and Practice of Mystical Devotion", in: *Deutsche Mystik im abendländische Zusammenhang*, hg. v. Walter Haug u. Wolfram Schneider-Lastin, Tübingen 2000, 353–368. Hamburger schreibt: *Mit Spekulation wird das Vorgehen bezeichnet, bei dem man die eine Form der Wahrnehmung mit der anderen verbindet, mit anderen Worten also der Prozess, mittels dessen die Wahrnehmung des Natürlichen zur Wahrnehmung des Übernatürlichen führt* (364).

[180] *Leben* 50 (173,20–25): *Er versank die wil als gar in gote die ewigen wisheit, daz er nút konde dur von gesprechen. Underwilent hat er ein minneklich einreden mit gote, denn ein jamriges suefzen, denn ein senliches weinen, etwen ein stillswigendes lachen. Im waz dik, als ob er in dem luft swepti, und enzwischen zit und ewikit in dem tiefen wage gotes grundlosen wundern swummi.*

Philosophia spiritualis

alles Geschaffenen umfasse ich deine Gottheit ohne Bild und Form ... Du aber, alles Liebens unergründliche Fülle, du verfließest in das Herz des Liebenden, gießest dich aus in der Seele Wesen, du unverhülltes All im All, derart, dass auch kein einziger Teil des Geliebten draußen bleibt und nicht liebevoll mit dem Lieb vereinigt würde."[181]

So stark dieser Text ist, möchte Seuse dennoch nicht missverstanden werden. Als Elsbeth ihn fragt, ob dieses Jubilieren das vollkommene Entrücktwerden in Gott bedeute, gibt er zur Antwort: „Nein, es ist nur ein lockendes Vorspiel, um in eine wesenhafte Vereinigung *(weslich ingenomenheit)* mit Gott zu kommen" (174,17–18), also das im Himmel bevorstehende Einssein zu erlangen.

Durpruch-Grunt-Vereinung

Wie wir gesehen haben, ist die Voraussetzung für den Durchbruch zum Grund der Dreifaltigkeit das Gleichförmigwerden mit dem leidenden Christus. Dieses Einswerden, das nicht die Rolle des (mit der Dreifaltigkeit einen) gekreuzigten Gottmenschen übertrifft oder negiert, ist das Ziel der Mystik Seuses. Es ist der Aspekt seines Denkens, der auf der Lehre von Meister Eckhart beruht. Manche Stellen sind so zutiefst eckhartisch, dass sie aus der Feder des Meisters selbst stammen könnten. Trotzdem gilt es genauer zuzusehen. Seuse gebraucht viele der zentralsten Themen und sprachlichen Wendungen Eckharts, modifiziert jedoch zugleich die Mystik seines Lehrers, und zwar zuweilen auf Weisen, die konform mit dem gehen, was Eckhart selbst zu seiner Verteidigung anführte, als er unter Anklage stand, und zuweilen auf Weisen, die zu einer ziemlich anderen Lehre führen. Nirgendwo ist Seuse schwieriger zu interpretieren; nirgendwo zeigt er überzeugender, dass er zwar das akademische Leben aufgab, aber dennoch über einen subtilen und tiefgründigen Geist verfügte.

Die grundlegenden Texte für diesen Teil der Mystik Seuses sind das *Büchlein der Wahrheit* und die Kapitel 50–53 im *Leben*, also der Kurztraktat, mit dem das Buch schließt. Diese komplexen Seiten würden eine ausgiebige Exegese lohnen; hier kann ich jedoch nur versuchen, ihre Lehre zusammenzufassen, sowie diejenige einiger damit zusammenhängender

---

[181] *Leben* 50 (174,6–13): ... *„nu dar, min liepliches liep, so enbloez ich min herz, und in der einvaltigen blossheit aller geschafenheit umbvah ich din bildlosen gotheit. Owe, du übertrefendes liep alles liebes! ... du, alles liebes grundlosú vollheit, du zerflüsset in liebes herzen, du zergússet dich in der sel wesen, du bloss al in al, daz liebes ein einig teil nit uss blibet, den daz es lieplich mit lieb vereinet wirt."*

Stellen, die vor Augen führen, wie Seuse Eckharts Lehre übernahm und abwandelte.

Wie Eckhart spricht Seuse oft vom *grunt* als den unaussprechlichen Tiefen der göttlichen Natur, die zumindest in einem Sinn jenseits der Dreifaltigkeit der Personen sind, wenn auch nichts anderes als diese.[182] Im 2. Kapitel des BdW stellt der Jünger der Wahrheit die Frage, wie absolute Einfachheit mit der Dreifaltigkeit koexistieren könne. In der Antwort wird auf den Grund verwiesen. Die Wahrheit sagt: „Diese Vielfalt ist mit dem Grund und in dem Boden eine einfache Einheit ... Ich nenne Grund den Quell und Ursprung, aus dem die Ausflüsse entspringen ... Das ist die Natur und das Wesen der Gottheit; und in diesem grundlosen Abgrund sinkt die Dreiheit der Personen in ihre Einheit, und jede Mannigfaltigkeit geht da ihrer selbst in gewisser Weise verlustig. Da findet, wenn man es so versteht, nicht fremdes Wirken statt, sondern es ist eine stille, in sich ruhende Dunkelheit."[183]

Der *grunt/abgrunt*, der die Gottheit ist, sei ohne Unterschiedenheit oder Tätigsein. Das göttliche Wirken beginne mit dem Vater, den er als die „vermögende Kraft" *(vermugendú kraft,* 330,18) charakterisiert, die Quelle der Uraktion des Gebärens. „Da, nämlich im selben Augenblick, ist sie schwanger des Fruchtbringens und des Wirkens, denn da hat sich, so wie wir das mit unserer Vernunft verstehen, die Gottheit in Gott hineingeschwungen."[184] Seuse betont wie Eckhart, dass der Unterschied zwischen Gottheit/Grund und Gott nur begrifflicher Natur sei, was für uns in Folge der Beschaffenheit unseres beschränkten Geistes unumgänglich sei.

Diese Lehre über das Verhältnis des *grunt* zur Dreifaltigkeit ist rein eckhartisch, aber in BdW 5, worin der Begriff *grunt* ein Dutzend Mal vorkommt, beginnen Unterschiede zu Eckhart aufzutauchen. In einem wichtigen Abschnitt dieses langen Kapitels schildert Seuse, wie der Diener zehn Wochen lang in einem Zustand bewusster Entrückung verharrt und danach die Wahrheit gefragt habe, wie weit der gelassene Mensch im Verstehen des

---

[182] Seuse gebraucht die Begriffe *grunt/abgrunt/grundelos* etwas über zweihundertmal, also sogar öfter als Eckhart. Als hilfreichen Überblick siehe Egerding, *Die Metaphorik*, II, 302–308.
[183] BdW 2 (330,3–14): *Disú menigheit ellú ist mit dem grunde und in dem bodme ein einveltigú einikeit ... Ich heisse den grund den usqual und den ursprung, us dem die usflüsse entspringent ... Daz ist dú natur und daz wesen der gotheit; und in disem grundelosen abgründe siget dú driheit der personen in ire einikeit, und ellú mengi wirt da ir selbs entsetzet in etlicher wise. Da ist ovch nach diser wise ze nemenne nút froemdes werkes, denne ein stillú inswebende dünsterheit.*
[184] BdW 2 (330,20–23): *... und da in dem selben ougeblicke ist es swanger berhaftikeit und werkes, wan also hat sich in der nemunge únserre vernunft gotheit ze gotte geswungen.*

Philosophia spiritualis

göttlichen Geheimnisses gelangen könne. Die Wahrheit gibt zur Antwort, mancher könne bereits in diesem Leben so weit kommen, „dass er sich als eins begreift mit dem, das da ist ein Nicht aller Dinge, die man verstehen oder in Worten aussprechen kann. Und dieses Nicht nennt man nach allgemeiner Übereinstimmung Gott, und das ist an sich selber ein allerwesenhaftes Sein. Und hier begreift sich der Mensch als eins mit diesem Nicht, und dieses Nicht erkennt sich selbst ohne Erkenntnistätigkeit. Aber das Geheimnisvolle reicht hier noch weiter hinein (es ist *verborgen neiswaz noch inbaz*, 342,10–11)". Dieses Land „weiter im Innern" (hier sei an Poretes „Fernnahen" erinnert[185]) ist der Bereich jenseits von Sprache, Form und Bildern. „Was man auch hiervon spricht, so wird doch das Nicht, in dem, was es ist, damit ganz und gar nicht geklärt, und gäbe es noch so viel Lehren und Bücher" (342,23–343,8). Die Wahrheit sagt: „Verstehst du nicht, dass die kräftigende entäußernde Entrückung in das Nicht im Grunde von aller Unterscheidung befreit, nicht dem Wesen nach, sondern so wie wir das auffassen?"[186] In der anschließenden Erörterung versucht die Wahrheit klarzumachen, wie man sich ein derartiges Entrücktwerden dialektisch vorstellen müsse: als einen Zustand, in dem der Mensch zwar bleibe, was er ist (ein unterschiedenes Wesen), aber dennoch ununterschieden werde, nämlich im „Grund, der in dem ... Nicht verborgen liegt." Und die Wahrheit fährt fort: „Da weiß man nichts vom Nicht, da ist kein Nicht, da ist auch kein Da."[187] Insofern der Mensch im Grund sei, gebe es dort kein mit der ewigen Geburt zusammenhängendes Wirken (349,12–16), auch kein Erkennen und kein Wollen (349,26–33). Zwar sei der Mensch dann „so sehr mit Gott vereinigt, dass Gott des Menschen Grund ist" (350,19–20), aber dennoch besteht die Wahrheit paradoxerweise darauf, dass die persönliche Unterschiedenheit bleibe. Die Ununterschiedenheit im Grund beziehe sich auf die Art und Weise der *Wahrnehmung* der Dinge, wenn man in der Gelassenheit ganz seiner selbst entledigt sei (350,21–28); es handle sich dabei nicht um ein ontologisches oder überontologisches Identischwerden mit Gott. Das heißt, in derlei Zuständen nehme man keine Unterschiedenheit mehr wahr, aber in Wirklichkeit gebe es immer die Unterschiedenheit unseres geschaffenen Selbst vom namenlosen Grund. Trotz der eckhartschen Sprache besteht hier also ein signifikanter Unterschied zwischen Meister und Schüler. Für Eckhart ist die *unitas indistinctionis* mehr als nur ein mentaler Zustand,

---

[185] Über Poretes Begriff des *Loingprés* siehe im vorliegenden Werk Band III, 451–452.
[186] BdW 5 (343,18–19): ... *daz der kreftiger entwordenliche inschalg in daz niht schlecht in dem grunde allen underscheid, nút nach wesunge, mer nach nemunge únser halb.*
[187] BdW 5 (346,2–4): *Sol er dar komen, so muoz er sin in dem grunde, der verborgen lit in dem vor genemten nihte. Da weis man nút von núte, da ist nit, da ist ouch kein da.*

so sehr er auch betont, dass beides, Unterschiedenheit und Ununterschiedenheit, dialektisch notwendig sei.[188]

Mehrere wichtige Stellen aus Seuses anderen Werken tragen weitere Dimensionen zu seiner Form der Mystik vom Grund bei. Im Traktat über Gott am Schluss des *Lebens* kommt er in Kapitel 52 in einer Erörterung darüber, wie der Geist mit Gott eins werde, wenn er seiner selbst völlig unbewusst sei, auf den Grund zu sprechen. Seuse räumt zwar ein, dass der Geist bestimmte Qualitäten der Gottheit und der Dreifaltigkeit der Personen annehme, aber er präzisiert das wiederum unter Rückgriff auf die traditionelle Formel, dass die Seele durch Gnade, nicht von Natur aus Gott werde (188,1–4). Diese psychologische Verwandlung finde so statt, dass „der Geist durch des göttlichen überschwänglichen Wesens Kraft über sein natürliches Vermögen hinausgezogen wird in die unverhüllte Ungewordenheit des Nichts *(die blossen ungewordenheit der nihtekeit*", 188,19). Im Text heißt es weiter mit einem Wortspiel über den grundlosen Grund: „In diesem wilden Gebirge des übergöttlichen Wo findet im (göttlichen) Abgrund ein für alle lauteren Geister empfindbares Spiel statt, und da kommt der Geist in die geheimnisvolle Unnennbarkeit (Gottes) und in unheimliche Entfremdung. Und das ist allen Geschöpfen ein unergründlich tiefer Abgrund, (nur) sich selbst ergründbar."[189] Der einzige Weg zu diesem „Wo" jenseits von Gott, sagt Seuse, führe durch Gelassenheit und mystisches Sterben (189,4–11).

Drei Stellen aus anderen Texten zeigen, wie wichtig in Seuses Denken die Metapher vom *grunt/abgrunt* ist. Im 12. Kapitel des *Büchleins der ewigen Weisheit* bespricht er den Unterschied zwischen dem akzidentellen und dem essentiellen Lohn der Seele. Der letztere sei nichts anderes als die „schauende Vereinigung der Seele mit der lauteren Gottheit" (245,5). Der Weg zu diesem Einssein mit dem göttlichen Abgrund sei die Loslösung („Abgeschiedenheit"): „Je losgelöster, je freier der Ausgang ist, umso kürzer ist ihr Weg in die wilde Wüste und den tiefen Abgrund der weiselosen

---

[188] Seuses ausführlichste Erörterung der Ununterschiedenheit findet sich in BdW 6 (354,5–355,4), wo er sich auf Eckharts Abschnitt über das Eine als unterschiedene Unterschiedenheit bezieht (*In Sap.* nn. 144–157 [LW 2,481–494]). Aber Seuses Übersetzung des *indistinctus* bei Eckhart in das deutsche *inniges* (355,3) sowie auch seine Behauptung, „diese Unterscheidung sei im eigentlichen Sinne nicht *in* Gott, sondern vielmehr *von* Gott" (355,1–2), zeigen, dass seine Lehre nicht die gleiche wie diejenige Eckharts ist.

[189] *Leben* 52 (188,20–189,3): *In disem wilden gebirge des über goetlichen wa ist ein enpfintlichú vorspilendú allen reinen geisten abgrúntlichkeit, und da kunt si in die togenlichen ungenantheit und in daz wild enpfroemdekeit. Und daz ist daz grundlos tiefes abgründ allen creaturen und im selber grüntlich.* Während Eckhart den Begriff *abgrund* nur sechsmal gebraucht, verwendet Seuse ihn und Ableitungen davon 29mal.

Philosophia spiritualis

Gottheit, in die die Seelen versenkt, mit der sie verschmolzen und vereint werden."¹⁹⁰ Und wiederum erklärt Seuse, das geschehe dank der Gnade, nicht von Natur aus.

Der Grund ist das Ziel alles Gottsuchens und die Loslösung der Weg dorthin. Seuse sagt auch klar, dass die in seiner Frömmigkeit so prominente Liebe zur ewigen Weisheit erforderlich sei, um die in irdische Liebe Verstrickten zum göttlichen Liebhaber hinzukehren, der letztlich mit dem Grund/Abgrund eins sei. Ein Abschnitt aus Brief 5 ist typisch für Seuses leidenschaftliche Verbindung der erotischen Sprache mit der Rede vom Abgrund: „Ach, ewige Weisheit, geliebter Herr, sähen dich doch alle Herzen, wie das meinige dich sieht: Alle vergängliche Liebe verschwände aus ihnen! Herr, mich kann (heute) nicht mehr verwundern – wie unbegreiflich es mir auch zuvor war –, das irgendein im tiefsten Inneren liebendes Herz in irgend etwas anderem als in dir, du tiefe Flut, du unergründbares Meer, du unauslotbar tiefer Grund, zum Ziele kommen kann."¹⁹¹

Zwar dürften nur zwei der Seuse zugeschriebenen Predigten authentisch sein, aber es ist interessant, anzumerken, dass in einer dieser beiden ausgiebig die Rede vom Grund verwendet wird. In Predigt 4 beginnt er damit, seinen Zuhörern zu versichern, dass alles Bemühen Jesu darauf gerichtet gewesen sei, „seine geliebten Freunde zu lehren und sie nach innen in den lauteren Grund (*in den luteren grund*, 529,5) zu führen". Im weiteren Verlauf der Predigt stellt er drei Menschengruppen vor, die für die drei Stufen des geistlichen Lebens stehen, und legt dabei besonderen Nachdruck auf die Notwendigkeit völliger Loslösung. Zum Schluss der Predigt kommt seine Botschaft über das Loslassen nahe an Eckharts Aufruf heran, unseren

---

¹⁹⁰ BdeW 12 (245,9–12): *... und ie abgescheidner lediger usgang, ie vrier ufgang, und ie vrier ufgang, ie neher ingang in die wilden wuesti und in daz tief abgründe der wiselosen gotheit, in die sú versenket, verswemmet und vereinet werden.* Während es für *grunt* keinen wirklich äquivalenten lateinischen Begriff gibt, hat der Begriff *abyssus* (= *abgrund*) in der abendländischen Mystik eine lange Geschichte. Seuse verwendet ihn im *Horologium* 19mal. Die interessanteste Stelle ist *Hor* I,6 (432,20–21), wo er die Formulierung aus Psalm 41,8 zur Beschreibung des Verhältnisses von Gott und Mensch verwendet: *Ecce nunc abyssus abyssum reperit. Abyssus desideriorum abyssum introivit omnium gratiarum et perfectionum.* Über dieses mystische Thema siehe Bernard McGinn, „The Abyss of Love: The Language of Mystical Union among Medieval Women", in: *The Joy of Learning and the Love of God. Essays in Honor of Jean Leclercq*, hg. v. E. Rozanne Elder, Kalamazoo 1995, 95–120. Im *Hor* verwendet Seuse auch zuweilen als lateinisches Analogon zu *grund* den Begriff *fontale principium* (z. B. 380,29, 462,2, 554,30 u. 579,9).

¹⁹¹ Brief 5 (377,4–9): *Ach, ewigú wisheit, minnekliches lieb, wan sehin dich ellú soelichú herzen, als dich min herze siht, so zerstube in in ellú zerganglichú liebi! Herr, mich kan niemer verwundern, swie froemd es mir och hie vor waz, daz kein grundlos minnendes herz in úte denn in dir, tiefer wag, grundloses mer, tiefes abgründ aller minneklicher dingen gelenden mag.*

Grund in den göttlichen Grund zu senken. Er weist die Zuhörer an: „Du musst ein grundloses Lassen haben. Wie grundlos? Wäre da ein Stein und fiele er in ein grundloses Wasser, so müsste der für immer fallen, denn nie hielte ihn ein Grund. So sollte auch der Mensch in den grundlosen Gott versinken und hineinfallen und in ihm gegründet sein, ganz gleich, welches Schweres ihn befiele ... Dies alles sollte den Menschen nur desto tiefer in Gott einsenken und er sollte es in seinem Grund gar nicht gewahr werden, noch daran rühren noch sich darüber betrüben."[192]

Eckhart hatte den Begriff *grunt* sowohl auf die Tiefe der Seele als auch auf die göttliche Tiefe angewandt: Beide sind in der verschmolzenen Identität eins. Seuse behält ihn hauptsächlich für den göttlichen *grunt/abgrunt* vor, kann jedoch gelegentlich auch darin verfallen, vom ineinander Aufgehen der beiden Gründe zu sprechen, wie der Text aus Predigt 4 zeigt. Er gebraucht häufig die traditionelle Rede vom „Grund des Herzens"[193] und spricht auch von des Menschen eigenem Grund[194], aber es ist bezeichnend, dass er im Allgemeinen die Rede vom „Grund der Seele" vermeidet,[195] vermutlich weil er fand, solches Reden könne die falschen Ansichten der Freigeister unterstützen.

Laut diesen Schlusskapiteln des *Lebens* liegt der göttliche Grund bzw. die Gottheit jenseits aller Beschreibung und Rede; auf ihn lässt sich nur mittels Metaphern und paradoxem Nichtreden verweisen. Der Gott des christlichen Glaubens, der sowohl Einheit als auch Dreiheit ist, bleibe zugleich „jenseits aller Sinne und aller Vernunfterkenntnis" (171,8), und doch lasse sich dieser Gott zumindest ein Stück weit von sorgfältigen Suchern erkennen und zur Sprache bringen, und zwar sowohl von Philosophen wie Aristoteles als auch christlichen Gläubigen. Folglich ist Seuse in den Schlusskapiteln des *Lebens* willens, auf Elsbeth Stagels Bitte: „Sagt mir, was ist Gott? Wo ist Gott? Ich meine, wie er einfach und doch dreifaltig sei." (171,3–5) eine Antwort zu geben.

---

[192] Predigt 4 (534,7–15): *Duo muost haben eyn grundelois lazen. Wie grundelois? Were eyn stein und viel in eyn grundeloiz wazzer, der muoste ummer vallen, wan he inhielte niet grundes. Also sulde der mensche haben eyn grundeloiz versinken und vervallen in den grundelosen got und in in gegrundet sin, wie swere eynich dink uf in vile ... Dir sulde allez den menschen ye difer in got senken, und insulde sines grundes nummer da an gewar werden noch ruren noch bedruben.*

[193] Der Begriff *grunt des herzens* kommt rund 18mal vor.

[194] Begriffe wie *menschegrund* und *eigen grund* kommen rund 10mal vor.

[195] Die einzige Stelle, wo *grund siner sele* vorkommt, ist im *Exemplar* in *Leben* 38 (124,24–25). In 214,26 und 294, 17 findet sich die Formulierung *grund mines herzen und miner sele*, und in einem der beiden Seuse zugeschriebenen Gedichte wird zweimal *der sele grund* verwendet (400,10 u. 21). Dieser spärliche Gebrauch steht deutlich im Gegensatz zu den rund 20mal, wo Eckhart vom *grunt der sele* spricht.

Philosophia spiritualis

Seine Antwort in Kapitel 50 auf die Frage, „was Gott ist", beginnt er mit einer philosophischen Darlegung, dem „spekulierenden Wissen" von Gott: Dieser sei „ein selbstständiges Wesen, ewig, ohne Zuvor und Nachher, einfach, unwandelbar, ein körperloser, wesenhafter Geist" (171,17–24).[196] Dann geht er jedoch bald über zu Berichten über „jubilierendes Wissen", das man im mystischen Bewusstsein erlange. Die Unterweisung darüber, „wo Gott ist" in Kapitel 51 (176,5–178,17) handelt genauer vom „namenlosen göttlichen Wesen … das jedes getrennte Sein mit seiner Gegenwart stützt" (177,4–6). Dieses Sein „leugnet alles Nicht-Sein", das heißt, es ist die absolute Reinheit des Seins; aber für die „wunderliche Blindheit menschlicher Vernunft" ist es eine „göttliche Finsternis", „ein einziges Eins in einfacher Unverhülltheit *(ein einiges ein in ainvaltiger blossheit, 177,27)*" – und das ist alles ein von Eckhart bezogenes Reden.[197]

Der ausgefeilteste Teil dieser Abhandlung über die göttliche Natur ist die Antwort darauf, „wie Gott ist", das heißt wie Gott in seinem äußersten Einssein zugleich drei ist. Seuse arbeitet dies in den Kapiteln 51 und 52 in drei Abschnitten heraus. Zuerst einmal erörtert er die Hervorgänge in Gott (278,18–181,23); darauf folgt die Antwort des Dieners auf die drei Irrtümer der Freigeister, die Elsbeth vorgelegt hatte (181,24–183,30); und hierauf folgt eine weitere Untersuchung über das Verhältnis zwischen dem göttlichen Abgrund und der Dreifaltigkeit (184,2–190,20).

Seuses Lehre über die Dreifaltigkeit ist eine Synthese aus traditionellen Elementen, die er dem Dionysianismus von Richard von Sankt Victor und Bonaventura entnimmt und mit dem Denken von Meister Eckhart kombiniert. Ein Großteil davon ist natürlich die übliche Trinitätstheologie, und so beruft sich Seuse auch auf Augustinus und Thomas von Aquin. Er geht von zwei grundlegenden Axiomen aus: erstens der dionysischen Lehre, dass die göttliche Güte ihrer Natur nach überfließen müsse, und zwar vollkommen in eine Dreiheit von Personen und sodann in Fülle in die Schöpfung; und zweitens betont er mit Eckhart: „Wie das Ausströmen der (göttlichen) Personen ein Vorbild des Ursprungs der Geschöpfe (aus Gott) sei, so auch ein Vorspiel des Wiedereinfließens der Geschöpfe in Gott."[198]

---

[196] Die bei den deutschen Dominikanern so stark gepflegte Erörterung Gottes als Intellekt spielt bei Seuse ihre Rolle, aber gewiss nicht in dem bei Eckhart und anderen festzustellenden Maß. Als weitere Stellen über Gott als *vernunftikeit* siehe z. B. 160,21–22, 192,2, 329,9–17.
[197] Das „Leugnen alles Nicht-Seins" (176,12–13) ist ein Hauptthema von Eckhart (siehe Kap. 4, 246–247). Den dionysischen Ausdruck „Göttliche Finsternis" *(goetlichen vinsterheit, 177,19)* verwendet Seuse 15mal (siehe das „Glossar" bei Bihlmeyer, 619). Der eckhartsche Ausdruck *ein einig ein* (177,27) kommt auch vor in 93,20, 106,35, 159,6, 164,3, 225,16, 294,23–24, 313,1, 330,1 u. 477,18.
[198] *Leben* 51 (179,9–11): *… wan als daz usfliessen der personen usser got ist ein foermliches*

Seine Erörterung des ersten Punktes, des Hervorgehens des Wortes als des Abbilds des Vaters und des Ausfließens des Heiligen Geistes gemäß der Liebe ist eine dichte Zusammenfassung der Lehre über die Identität von Einssein und Dreisein in Gott und erinnert an Bonaventuras *Itinerarium mentis in Deum* (179,31–180,4).[199] Seine Lehre lässt Elsbeth entzückt ausrufen: „Wahrlich, ich schwebe in der Gottheit wie ein Adler in der Luft!" (180,5–6).

Die Besprechung des zweiten Punkts nimmt das ganze 53. Kapitel ein. Wie bereits oben gesagt, dürfte dies Seuses tiefgründigste Abhandlung über das ekstatische Sinken in den göttlichen Grund sein; sie stellt auch einen seiner anspruchsvollsten Versuche dar, alles Redenkönnen über Gott in Abrede zu stellen. Um zum „,Wo' der lauteren, göttlichen Sohnschaft" (184,20) zu gelangen, müsse der geschaffene Geist alles Eigene ablegen und ihm „entschwindet sein eigenes Sein" (185,3–4). Die Identität von Einheit und Dreiheit in „Wo" sei jenseits aller Worte. In diesem intellektuellen Bereich existiere der ent-schaffene Geist, seiner selbst unbewusst, in der weiselosen Dreifaltigkeit und habe an ihr Anteil, und diese lasse sich als „das seinshafte namenlose Nichts" *(die istigen namlosen nihtekeit*, 187,10–11) beschreiben, denn wir könnten nichts darüber sagen, was oder wie es sei.[200] Das sei „das Schweigen, das über allem Sein ist und über aller Lehrmeister Wissen" (190,10–11), und, wie Seuse seiner geistlichen Tochter versichert, „in diesem weiselosen Wo liegt die höchste Seligkeit" (190,1–2).

Wie können wir dieses allerhöchste Glück erreichen? Will man Seuses Lehre über den Weg zum Einswerden richtig erfassen, muss man sich genauer ansehen, wie er den dynamischen Prozess des Hervorgehens und Zurückkehrens verstand. Seuses Theologie vom Ausfließen aller Dinge aus Gott ist weniger entwickelt als diejenige Eckharts und weniger anspruchsvoll. Er betont wie Eckhart, dass alle Dinge ewig existierten, das heißt virtuell in Gott. Aber anders als Eckhart vertritt er: „Die Geschöpflichkeit jedes Geschöpfes ist für dieses edler und nützlicher als das Wesen, das es in

---

bilde des ursprunges der creatur, also ist es och ein vorspil des widerfliessens der creatur in got.

[199] Über Bonaventuras *Itinerarium mentis in deum* siehe im vorliegenden Werk Band III, 179–182 u. 199–209.

[200] Seuse erörtert das göttliche Nichtsein in einer Reihe von Stellen; siehe z. B. *Leben* 49 u. 52 (167,5–6, 184,20–26); BdW 1 u. 6 (329,6, 342,23–343,11 u. 347,7–12). Das göttliche Nichtsein ist namenlos, aber dennoch fruchtbar (... *daz geberlich niht, daz man got nemmet* [343,9–10]). Über Seuses Lehre vom Nichtsein siehe Minoru Nambara, „Die Idee des absoluten Nichts in der deutschen Mystik und seine Entsprechungen im Buddhismus", in: *Archiv für Begriffsgeschichte* 6 (1960), 201–208.

Philosophia spiritualis

Gott besitzt."²⁰¹ Der Unterschied zwischen den beiden wird besonders deutlich in *Leben* 46, wo Seuse bei der Erörterung der Unterscheidung zwischen wahrem und falschem Intellekt Eckharts Rede vom „Gerechten, insofern er gerecht ist" einführt. Er beginnt damit, dass er eine Aussage Eckharts zitiert, die auch die Häretiker vom Freien Geist gebrauchten: „Der Gerechte braucht kein Hindernis (d. h. keine Sünden) zu scheuen" (157,8–9). Sodann macht er sich daran, den wahren Sinn von Eckharts Formulierung zu erklären. Während der gerechte Mensch, insofern er und alle Dinge im Intellekt Gottes dasselbe und folglich formal nicht anders als dieser seien, und während er in diesem „einfachen, überwesentlichen Grund" weile, gebe es keinerlei Körperlichkeit und kein Hindernis; aber dennoch empfinde jeder Mensch, dass er außerhalb dieses „Gottesgrundes" ein sterblicher, individueller Mensch sei: „Und da steckt er jetzt in seiner Mangelhaftigkeit und hat durchaus nötig, alle schädlichen Hindernisse zu meiden." Und er schließt: Zu denken, der Mensch könne in diesem Leben seine materiellen Werke so wirken, als wirke sie Gott, und müsse folglich durchaus nicht mehr auf der Hut vor möglichen Sünden sein, sei „ein Fehler über alle Fehler."²⁰²

Seuses emotionale Empfänglichkeit und tiefe Sensibilität, wie sie ein Großteil seiner Schriften offenbart, ist die Quelle seiner aufmerksamen Wertschätzung der Schöpfung als Manifestation Gottes und zugleich Inspiration für das wachsende Gespür der Seele für die Gegenwart Gottes. Im *Exemplar* finden sich Stellen mit einer Art von Naturmystik, die an den „Sonnengesang" des heiligen Franziskus erinnern. Das ist eine Form der Mystik, die bei Meister Eckhart fehlt. So gibt es zum Beispiel im 24. Kapitel des *Büchleins der ewigen Weisheit* einige wunderschöne Seiten des Lobpreises Gottes in seiner ganzen Schöpfung (304–307). Dieses Thema entfaltet er auch ausführlich im *Horologium*.²⁰³ Die gleiche Naturmystik bieten das *Leben*, 50 (172–173) und der „Morgengruß", dieses Seuse zugeschriebene Gebet.

Seuses metaphysischer Ansatz beruhte wie bei den anderen deutschen Dominikanern auf dem christlich neuplatonischen Paradigma von Emanation und Rückkehr. Wendet man sich, nachdem man das Herausfließen so-

---

[201] BdW 3 (332,17–18): ... *aber die kreaturlicheit einer ieklicher kreature ist ir edeler und gebruchlicher, denne daz wesen, daz si in gotte hat.* Das virtuelle Existieren wird auch im lateinischen *Hor* I,1 erwähnt (382,1–4).
[202] *Leben* 46 (157,26–158,5): *Aber ein ieklicher mensch bevindet, daz er dise ald der mensch ist ussrent dem selben grunde ... da ist er iez in siner gebresthaftigen geschafenheit, da er wol bedarf ellú schedlichú mitel ze miden ... daz weri gebrest ob allen gebresten.*
[203] Siehe *Hor* II,5 (572–579); vgl. auch I,6 (423–424). Über Seuses Wertschätzung der Natur siehe Hamburger, „Speculations on Speculation", 360–365.

wohl der Dreifaltigkeit als auch der Schöpfung aus dem Grund bedacht hat, dem Prozess der Rückkehr in den Grund zu, so lässt sich noch deutlicher erkennen, wie Seuse zwar ein getreuer Schüler Eckharts war, sich aber auch nicht scheute, dessen Botschaft zu modifizieren und darin Neues einzubringen. Da die Aktivitäten des Gebärens, Loslösens und Durchbrechens für die Art und Weise zentral waren, auf die Eckhart sich die Rückkehr des Menschen in den Grund vorstellte,[204] wird es nützlich sein, sich genauer anzusehen, wie Seuse diese mystischen Prozesse verstand. Das Thema vom Gebären scheint in Seuses frühen Schriften eine größere Rolle gespielt zu haben, insbesondere im *Büchlein der Wahrheit*, in welchem er sowohl die ewige Geburt des Sohnes erörtert als auch die Frage, wie unsere Wiedergeburt *(widergeburt)* in der Zeit genauer zu verstehen sei.[205] In den späteren Werken tritt an die Stelle von Eckharts Geburt des Wortes in der Seele die erotische Zuneigung zur ewigen Weisheit als die vorherrschende Art, unsere Beziehung zur zweiten Person der Dreifaltigkeit zu beschreiben.[206] Der bei Eckhart zweite große, für die Rückkehr in den Grund wesentliche Prozess ist das Loslassen, die „Abgeschiedenheit", wofür Seuse gewöhnlich die Rede von der „Gelassenheit" gebrauchte. Oben habe ich im Abschnitt mit der Überschrift *Gelassenheit* zu zeigen versucht, dass Seuses Vorstellung von der Gelassenheit von Eckhart abhängig war, sich jedoch auch von diesem unterschied, insofern er vertrat, die dank der Gelassenheit erlangte Ununterschiedenheit sei keine ontologische Kategorie, sondern eine mentale.

Ein ähnliches Verhältnis zeigt sich in der Art, wie Seuse Eckharts Begriff des Durchbruchs verwendete. Der Ausdruck *durchbruch/durchbrechen* taucht in Seuses Schriften in einer Vielzahl von Zusammenhängen auf, meistens im *Leben* und im BdW.[207] Anders als Eckhart gebrauchte Seuse die Rede vom Durchbrechen zur Bezeichnung unserer Identifikation mit der

---

[204] Siehe oben Kapitel 4.
[205] BdW 2 (330,25–26), 5 (340,19–29, 347,25–349,11) u. 6 (355,5–356,5). Siehe auch BdeW 21 (279,3–8). Eine gründlichere Untersuchung dieser Stellen würde Seuses Absicht zeigen, einige der kühneren Aspekte von Eckharts Lehre über die Geburt des Wortes in der Seele zu modifizieren. Siehe H. Piesch, „Seuses ‚Büchlein der Wahrheit' und Meister Eckhart", 131, der vermerkt, dass Seuse den Begriff *widergeburt* Eckharts *gotesgeburt* vorzieht, genau wie er viel öfter *gelassenheit* verwendet statt *abgescheidenheit*.
[206] An den wichtigsten Stellen, die im *Leben* vom Thema *geburt* handeln, geht es um die ewige Geburt des Sohnes aus dem Vater; siehe *Leben* 51 (179,13–22, 181,11–13) u. 53 (191,21–29). Allerdings verwendet Seuse an zwei Stellen die Geburts-Metapher auch für unser Einssein in Gott: in *Leben* 48 (162,9–10) und *Leben* 52 (186,13–16).
[207] Zuweilen gebraucht Seuse „Durchbrechen" in einem asketischen Sinn als „Durchbrechen der eigenen nicht abgetöteten Natur" (3,11–12, 53,2, 333,28–29, 497,2–3). Über Seuses Gebrauch der verschiedenen vom Verb *brechen* abgeleiteten Begriffe siehe Egerding, *Die Metaphorik*, II, 134–136.

Philosophia spiritualis

Menschennatur des leidenden Christus als notwendiger Vorbereitung dafür, ins göttliche Geheimnis vorzudringen. So sagt der Jünger zum Beispiel zu Beginn des 4. Kapitels des BdW: „Gern hörte ich jetzt etwas von dem Durchbruch, durch den der Mensch über Christus wieder in Gott kommen und seine Seligkeit erlangen soll."[208] An einigen Stellen geht Seuse weiter und nähert sich stärker Eckharts Vorstellung vom Durchbruch in die Gottheit jenseits des erschaffenden Gottes. In diesen Texten verbindet er das Durchbrechen mit der absoluten Gelassenheit und dem Verlust des Bewusstseins des Selbst. In Kapitel 32 des *Lebens* unterweist die Weisheit den Diener von innen her über den „Menschen, dem ein rechter Durchbruch zuteil wird und den ein Mensch hinnehmen muss mit einer Loslösung von seinem eigenen Selbst und von allen Dingen."[209] Seuse sagt, solche Menschen hätten sogar das Gefühl, als habe Gott ihnen alles übergeben, so dass ihnen Himmel und Erde dienten und sie keine Traurigkeit und kein Leiden mehr verspüren könnten. So gebraucht Seuse also die Rede vom Durchbrechen, aber weder so häufig noch so kühn wie Eckhart.

Das Durchbrechen in den Grund sowie auch vieles von dem, was im vorausgehenden Abschnitt über die Ekstase ausgeführt wurde, verweist auf das, was heutige Religionswissenschaftler gewöhnlich als mystisches Einswerden bezeichnen (ein Begriff, den Seuse nicht verwendete). Wie sah Seuses Lehre über das Einswerden mit Gott aus?[210] Hier wird eine summarische Darstellung genügen, da viele der Schlüsselstellen bezüglich der *unio mystica* im Lauf dieses Kapitels bereits zitiert wurden. Erstens hält sich Seuse an die Tradition, indem er festhält, dass immer ein signifikanter Unterschied zwischen den Weisen des Einsseins bestehe, die uns bereits in diesem Leben geschenkt werden können, und der Fülle des Einsseins und der Schau im Himmel.[211] Zweitens stellt Seuse im Unterschied zu Eckhart in Abrede, dass irgendeine andere Person die gleiche Art von substanziel-

---

[208] BdW 4 (333,5–7): *Ich horti nu gerne von dem durchbruche, wie der mensche durch Cristum sol wider in komen und sin selikeit erlangen.* Siehe auch 34,11–12.
[209] *Leben* 32 (94,9–14): *... luog, dien menschen, dien reht beschiht in dem durpruch, den ein mensch voran hin muoss nemen mit einem entsinkene im selben und allen dingen, dero doch nit vil ist, dero sin und muot sind als gar vergangen in got, daz sú neiswi umb sich selber nút wússen, denn sich und ellú ding ze nemene in ire ersten ursprunge.* Siehe auch *Leben* 33 (97,8–9), wo er den Ausdruck *durpruch zuo gote* verwendet; und Brief 28 im *Großen Briefbuch* (474,7–18).
[210] Eine detaillierte Darstellung von Seuses Verständnis des Einswerdens findet sich bei Egerding, *Die Metaphorik*, I,197–207, der die Unterschiede zwischen Eckhart und Seuse hervorhebt.
[211] Als summarischen Text darüber, wie das in diesem Leben begonnene Einssein im Himmel vollendet werde, siehe BdeW 12 (245,4–15). Vgl. auch Hor II,3 (543,19–544,6) u. II,4 (563,5–13).

lem und persönlichem Einssein mit Gott erlangen könne wie Christus (BdW 4,333,26–334,13). Drittens vermengt Seuse vorsätzlich die traditionelle Rede von der *unitas spiritus*, dem liebenden Einssein der Willen des menschlichen und göttlichen Subjekts, von dem er oft mit erotischen Ausdrücken spricht, mit der neuen Rede von der *unitas indistinctionis*, der bei Eckhart vorhandenen Einheit in verschmolzener Identität. Wie wir jedoch gesehen haben, spricht Seuse vom ununterschiedenen Einssein nicht wie Eckhart in metaphysischer Hinsicht, sondern versteht dieses als mentalen Zustand des Mystikers und als Beschreibung seiner weiselosen Wahrnehmung des Einsseins mit Gott.

Der ganze Zweck des *Exemplars* besteht darin, die Leser zu dem hinzuführen, was Seuse die „liebende Vereinigung mit der ewigen Weisheit" *(minneklicher vereinung mit der ewigen wisheit*, 11,23) nennt. Wenn Seuse dieses Einssein beschreibt, wie er das unzählige Male tut, finden wir ein breites Spektrum sprachlicher Wendungen. Bei der *gotfoermigen vereinunge* (356,11) geht es sowohl darum, mittels der Liebe ein Geist mit Gott zu werden (vgl. 1 Kor 6,17), als auch, sich mit dem Grund Gottes zu vereinen, in dem es keine Unterschiedenheit gibt. Wir haben bereits etliche starke Formulierungen im Sinn dieses eckhartschen Einswerdens gefunden, wie zum Beispiel im BdW 6, wo Seuse sagt, der Mensch könne seinen Willen in Gott in einem derartigen Maß verlieren oder zunichte werden lassen, dass er „so sehr mit Gott vereinigt (werde), dass Gott des Menschen Grund ist" (350,19–20). Auch in *Leben* 32 verwendet Seuse bei seiner Beschreibung der drei Freuden, die Gott denen schenke, die um seinetwillen leiden, Eckharts Rede vom *ein einigen ein*. Gott verspricht da: „Ich will sie so innig durchdringen und so liebevoll umfassen, dass ich sie und sie ich seien, und wir beide eine einzige Einheit in alle Ewigkeit bleiben werden."[212] In späteren Kapiteln im *Leben*, besonders in 48, 50 und 52 sowie im BdW 5, verwendet er eine ähnliche Sprache.

Wie wir gesehen haben, modifiziert er diese Aussagen über die *unitas indistinctionis* jedoch auf wichtige Weisen. Zunächst einmal betont er wie Eckhart, dass alles Einssein ein Geschenk der Gnade sei und die Seele dies nicht kraft ihrer eigenen inneren göttlichen Natur erlange.[213] Die Seele sei nicht von Natur aus göttlich, sondern werde „vergottet" *(vergoetet*, 23,3).

---

[212] *Leben* 32 (93,18–20): *Daz drit ist: ich wil sú als inneklich durkússen und als minneklich umbvahen, daz ich sú und sú ich, und wir zei ein einziges ein iemer me eweklich súlin bliben.*
[213] Diese Lehre findet sich in vielen Texten, z.B. in *Hor* I,11 (465,17–20): *Et quanto plus se actibus mancipaverit spiritualibus, tanto illic felicius absorbebitur in abyssum divinissimae claritatis, et unus cum eo spiritus efficietur, ita ut hoc, quod Deus est per naturam, ipsa fiet per gratiam.* Vgl. BdeW 12 (245,1–15) u. *Leben* 50 (188,1–7).

Philosophia spiritualis

Was Seuse Neues bringt (obwohl seine Lehre verblüffend ähnlich dem ist, was einige der großen Sufi-Mystiker äußerten, die er aber nicht gekannt haben kann)[214], ist, dass er betont, bei der Ununterschiedenheit handle es sich im Wesentlichen um die Leerheit des Geistes bei denen, die zu Gott hin durchgebrochen seien. Er wiederholt immer und immer wieder die Botschaft, die sich im 5. Kapitel des BdW findet, „dass die kräftigende entäußernde Entrückung in das Nicht im Grunde von aller Unterscheidung befreit, nicht dem Wesen nach, sondern so, wie wir das wahrnehmen."[215]

Gotesvrúnde contra *Geister und Geisterin*

Die Mystik von Heinrich Seuse ist nicht nur exemplarischer und didaktischer Natur, sondern auch polemisch ausgerichtet. Zwar versuchte auch Seuses hochverehrter Lehrer Meister Eckhart mystische Irrtümer zu korrigieren, aber er war viel irenischer eingestellt. Seuse war dieser Luxus nicht vergönnt, zum großen Teil deshalb, weil die wachsenden Ängste vor gefährlichen Formen der Mystik und die Missbilligung von Eckharts Lehre eine lebhafte Diskussion darüber ausgelöst hatten, wie man sich legitimerweise das Einssein mit Gott vorstellen könne. Diese Auseinandersetzungen sollten bis in die folgenden Jahrhunderte fortdauern. In Seuse Fall lässt sich die Diskussion über die wahre Mystik am Gegensatz zwischen den guten „Gottesfreunden" *(gotesvrúnde)* und den falschen Mystikern deutlich erkennen, die er *die geister und die geisterin(nen)* nennt (83,14–15).

Die auf Joh 15,14–15 beruhende Bezeichnung „Gottesfreunde" war im 13. Jahrhundert zur Beschreibung von Menschen – Klerikern wie Laien – aufgekommen, die sich dem Bemühen um einen innerlichen Kontakt mit Gott verschrieben hatten (siehe Kapitel 9). Im 14. Jahrhundert nahm der Begriff *gotesfründe* auch eine stärker soziologische Bedeutung an. Bei den Gottesfreunden handelte es sich inzwischen um lose Kreise frommer Menschen aus dem Kleriker- und Laienstand, die zusammenkamen, gemeinsam beteten und lasen und sich bei ihrem Bemühen um mystische Verwandlung dazu noch auf andere Formen gegenseitiger Unterstützung einließen. Seuses *Leben*, so sehr es auch ein Kunstgebilde sein mag, wurzelt in dieser Art

---

[214] Sufi-Mystiker wie al-Ghazali versuchten die autotheistischen Aussagen von Gestalten wie al-Hallaj so auszulegen, dass es bei diesen Aussagen darum gehe, den Verlust des Bewusstseins, ein eigenes Selbst zu sein, im mystischen *fana* zu beschreiben und damit nicht die ontologische Auflösung der geschaffenen Person gemeint sei. Siehe al-Ghazzalis *Die Nische der Lichter*, Kap. 6, Hamburg 1987; vgl. Annemarie Schimmel, *Mystische Dimensionen des Islam*, Köln 1985, 207–213.
[215] BdW 5 (343,17–19); siehe im gleichen Kapitel 345,20–24, 350,23–28. Vgl. BdW 6 (353,34–354,15, 356,18–23).

von außer-institutioneller religiöser Bewegung. (Seuse gebraucht den Begriff *gotesfründe* über zwanzig Mal zur Bezeichnung seiner Vertrauten und geistlichen Schülerinnen und Schüler.)[216] Die Stellung des Dieners der Weisheit in diesen Gruppen ist einmalig: Er wird als der „besondere Freund aller Gottesfreunde" *(aller gotesfründen sunder fründ,* 85,5–6) beschrieben.

Seuse stellt den Gottesfreunden, die sich mit Unterscheidungsgabe, Demut und Treue zur Lehre der Kirche um die mystische Verwandlung bemühen, jene fehlgeleiteten und üblen Leute gegenüber, die sich *ungeordneter friheit* (327,28) hingeben. Seine Lehre über die Irrtümer der Freigeister ist wichtig für das Verständnis der Diskussionen über die Mystik im Gefolge der Verurteilung Eckharts und der wachsenden Angst vor der mystischen Häresie, wie sie im Dekret „Ad nostrum" des Konzils von Vienne zum Ausdruck kam (siehe Kapitel 2, 116–128). Die Belege, die Seuse und viele der anderen Mystiker des 14. Jahrhunderts liefern, offenbaren eine Situation, in der die Ängste bezüglich gefährlicher mystischer Vorstellungen zunahmen.[217] Sie zeigen zudem, dass die Häresie vom Freien Geist zumindest zum Teil der Niederschlag der Auseinandersetzung über das Erbe Eckharts und seiner Mystik vom Grund war. Seuse gehörte der Gruppe von Dominikanern an, die mutig versuchten, trotz der päpstlichen Verurteilung Eckharts Lehre zu verteidigen und zu erläutern.[218]

Im ganzen BdW geht es Seuse um die Unterscheidung zwischen wahrer und falscher Mystik. In der Einleitung schreibt er, er habe die ewige Wahrheit gebeten, „sie möge ihm, soweit möglich, gut unterscheiden helfen zwischen den Menschen, die nach wirklicher Einfalt strebten, und solchen, die, wie man sagt, einer ungeordneten Freiheit nachgehen."[219] Seuses Argumentation erreicht ihren Höhepunkt in Kapitel 6, worin er eine Diskussion zwischen dem Jünger und dem „namenlosen Wilden" *(namelos wilde,*

---

[216] Über die Verwendungsweisen dieses Begriffs siehe Bihlmeyers „Glossar", 581. Das deutsche *gottesvründe* und seine Entsprechungen taucht in den anderen Werken seltener auf; siehe z. B. BdeW 7 (227,25) und *Briefe* 9 u. 11 (388,13, 391,20) sowie einige Texte im *Großen Briefbuch* (421,2, 429,5, 431,21 u. 469,17).
[217] Über das Verhältnis zwischen Seuse und den Freigeistern siehe insbesonders Georg Hofman, „Die Brüder und Schwestern des freien Geistes zur Zeit Heinrich Seuses", in: HS, 9–32; und Robert E. Lerner, *The Heresy of the Free Spirit in the Later Middle Ages,* Berkeley 1972, 186–188.
[218] Über die Verteidigung Eckhart seitens der Dominikaner siehe Loris Sturlese, „Die Kölner Eckhartisten. Das Studium generale der deutschen Dominikaner und die Verurteilung der Thesen Meister Eckharts", in: *Die Kölner Universität im Mittelalter,* hg. v. Albert Zimmermann, Berlin 1989, 192–211, worin Seuse auf S. 208 dieser Gruppe zugezählt wird.
[219] BdW Prol. (32,25–28): ... *daz sú im guoten underscheid gebi, als verre es muglich were, enzwúschent dien menschen, die da zilent uf ordenlicher einvalikeit, und etlichen, die da zilent, als man siet, uf ungeordneter friheit* ...

352,19–20) bietet, einem Vertreter derjenigen klugen Leute, die in Folge ihres Mangels an Demut und ihrer Unerfahrenheit im geistlichen Leben Eckharts Lehre missbrauchten.

„Das namenlose Wilde" wird als Wesen charakterisiert, das sich derart dem Nichtsein verschrieben hat, dass es die zum Leben in der Schöpfungswirklichkeit erforderlichen Unterscheidungen verloren hat. Seuse unterweist es zunächst einmal im Unterschied zwischen der zügellosen Freiheit und der wahren Freiheit (352,24–353,9) und sodann darüber, was die Ordnung von der Unordnung unterscheide (353,10–354,4). Er ist sich mit ihm darin einig, dass Gott „das ewige Nichtsein" *(daz ewig niht,* 353,19) sei, versucht jedoch den Fehler seines Gegenübers zu korrigieren, das denkt, es könne die absolute Ununterschiedenheit im Nichtsein des Grunds erlangen. „Der Mensch wird in diesem Nicht niemals völlig vernichtet: Seinen Sinnen bleibt dennoch der Unterschied ihres eigenen Ursprungs und seiner Vernunft ihre eigene Wahl, wenn dies auch im tiefsten Grunde nicht beachtet wird."[220] Seuse kommt wiederum auf den Unterschied zwischen der ontologischen Unterschiedenheit der Naturen und unserer Wahrnehmung dieser Unterschiedenheit in Erfahrungen des Durchbruchs zum Grund zu sprechen (354,2–4). Die letztere könne vergehen, die erstere jedoch nie.

Im Rest des BdW geht es um das richtige Verständnis bestimmter Aspekte der Botschaft Eckharts, wobei das Namenlose fünf Lehrsätze eines „hohen Meisters" zugunsten seiner Vorstellung von grenzenloser Freiheit anführt. Der erste davon (354,5–355,4) hat Eckharts Lehre zum Inhalt, in Gott gebe es keinerlei Unterschiedenheiten, und solche gebe es auch nicht zwischen Gott und Mensch (verurteilt in den Artikeln 10, 22 und 23 von „In agro dominico"). Seuse entgegnet darauf, in Wirklichkeit sei Gott sowohl ununterschiedener Grund als auch eine unterschiedene Dreiheit von Personen, und (im Gegensatz zu Eckhart) das Aufhören der Unterschiedenheit beim Einswerden beziehe sich „nur auf die Auffassung (d.h. unsere Wahrnehmung), nicht auf das Sein." (354,13–15). Bei der zweiten, dritten und vierten Widerlegung (355,5–256,14) geht es um christologische Themen, die in den Artikeln 12, 13 und 11 der päpstlichen Bulle verurteilte Ansichten Eckharts spiegeln. Seuse versucht Eckharts Lehre klarzustellen, indem er den Unterschied zwischen unserer Sohnschaft und derjenigen

---

[220] BdW 6 (353,27–31): *Der mensch wirt niemer so gar vereinet in disem nihte, sinen sinnen blibe dennoch underscheit ir eigenes uspringes und der vernunft dez selben ir eigen kiesen, wie daz alles in sinem ersten grunde unangesehen blibet.* Über BdW 6 siehe Wolfgang Wackernagel, „Maître Eckhart et le discernement mystique. A propos de la rencontre de Suso avec ,la (chose) sauvage sans nom'", in: *Revue de Théologie et de Philosophie* 129 (1997), 113–126.

Christi aufzeigt und dazu Argumente anführt, die tatsächlich auf Eckharts Schriften beruhen. In der fünften Widerlegung (356,15–26) geht es schließlich noch einmal um Eckharts Lehre über das reine Einssein ohne Unterschiedenheit oder Ähnlichkeit. Seuse sagt, sein Gegner sei unfähig, wahrzunehmen, dass immer eine gewisse Unterschiedenheit bleibt, weil er nur im Licht der Natur vorgehe und noch nicht wie Eckhart vom „wesentlichen Licht" *(weslich lieht,* 356,21–22) erleuchtet sei. Aber die Diskussion endet mit einer positiven Wendung, denn Seuses Gegner bittet um weitere Unterweisung über diese „nützliche Unterscheidung", womit angedeutet wird, dass für das namenlose Wilde durchaus noch Hoffnung bestehe.

Dieser offene Ansatz entspricht ganz dem Vorwort zum *Exemplar*, worin Seuse sagt, er schreibe für „Menschen, die in Denken und Wollen das Allernächste und -beste zu erreichen bemüht sind, während es ihnen aber doch an Unterscheidungsfähigkeit gebricht."[221] So scheint Seuse zwischen solchen unterschieden zu haben, die gutwillig, aber verwirrt waren, und anderen, die ernsthaft und vorsätzlich im Irrtum verharrten. Im 28. Kapitel des *Lebens* zeigt er, dass in der Praxis die feine Trennungslinie zwischen dem richtigen Verständnis der Mystik vom Grund und verzerrten Vorstellungen davon oft schwer zu erkennen war. Er erzählt hier die Geschichte von einem Burgherrn, der den Diener umzubringen drohte, weil man ihm gesagt hatte, er habe „seine Tochter und noch viele andere Menschen zu einer abgesonderten Lebensweise veranlasst, die man den ‚Geist' nennt, und die in gleicher Weise leben, die nennt man ‚die Geister', und das sei, wie man ihm erklärt, das verkehrteste Volk auf Erden."[222] So hatten also manche den Eindruck, auch der Diener gehöre zu den Freigeistern!

Seuse setzte im *Leben* seinen Feldzug gegen die „Männer und Frauen vom Geist" fort. Diese Schrift ist voller Stellen, die die im Gang befindliche Diskussion spiegeln, besonders in den Kapiteln 46, 47, 48 und 51.[223] Der Diener greift die im BdW besprochenen Themen auf und verstärkt sogar seine Angriffe auf bestimmte Einstellungen der Gegner wie etwa deren angebliche Unmoral. Für dieses Stadium der Diskussion liefern weiterhin seine bereits vorgetragenen Grundgedanken die Ausgangsbasis, etwa seine Mahnung, dass man klug unterscheiden müsse sowie seine stillschweigenden Modifikationen von Eckharts Ansichten im BdW. Wie weit Seuses Charakterisierung der Freigeister tatsächlich die Ansichten derer spiegelt,

---

[221] Prol. (3,13–15): *Wan ouch etlichú menschen sind, dero sin und muot na dem aller nehsten und besten ze erfolgen ringet und in aber underschaides gebristet ...* ; siehe auch 4,9–17.
[222] Leben 28 (83,12–16): *... ir habent im sin tohter als och vil ander menschen verkeret in ein sunder leben daz heisset der geist ... daz daz sie daz verkertest volg, daz uf ertrich lebt.*
[223] Siehe *Leben* 46 (156–158), 47 (158–160), 48 (160–163) u. 51 (181–183).

die er persönlich kennen gelernt und mit denen er gesprochen hat, ist schwer zu sagen. Klar ist aber, dass das *Exemplar* als Ganzes ein wertvolles Zeugnis für die im 14. Jahrhundert geführte Diskussion über das Erbe Eckharts ist.

Zum Abschluss

Heinrich Seuse war zu seiner Zeit der meistgelesene Mystiker des Spätmittelalters. Schon allein angesichts dieser Tatsache verdient er in jeder Darstellung der mittelalterlichen Mystik eine ausführliche Behandlung. Wir müssen herauszufinden versuchen, was es in seiner Lehre war, das eine derart breite Leserschaft anregte sowie auch, worin sein bleibender Beitrag zur abendländischen Mystik besteht. Ich hoffe, mit meiner vorliegenden Darstellung habe ich vor Augen führen können, dass Seuse trotz aller Besonderheiten seiner Schriften und seiner Selbstdarstellung und trotz eines gewissen Mangels an innerem Zusammenhang bei seinem Versuch, so viele verschiedene mystische Strömungen zusammenzubringen, mehr als nur der emotionale Nachfolger von Meister Eckhart war, als den ihn manche behandelt haben. Er verdient es vielmehr, in den Rang eines der größten Mystiker des Mittelalters erhoben zu werden. Seine *philosophia spiritualis* wurzelt tief in der Mönchsmystik sowie in Eckharts Mystik vom Grund, ist aber letztlich die Frucht seiner Persönlichkeit und seines ganz eigenen Ansatzes.

Kapitel 6

Johannes Tauler: der *lebmeister*

Meine Lieben! Die großen Gotteslehrer und die Lesemeister streiten sich über die Frage, ob Erkenntnis oder Liebe (für die Heiligung des Menschen) wichtiger und edler sei. Wir aber wollen hier jetzt sprechen von den Lebemeistern. Wenn wir in den Himmel kommen, werden wir gewiss aller Dinge Wahrheit schauen. Unser Herr sagte: „Eines ist not!" Welches ist nun dieses eine? Dieses *eine* besteht darin dass du erkennest dein Nichts, das dein eigen ist, erkennest, was du bist und wer du aus dir selber bist.[1]

Das ist die Stimme von Johannes Tauler (ca. 1300–1361), dem Prediger, Lehrer, Moralisten und Mystiker. Obgleich Tauler persönlich ein Mann von großer Bescheidenheit und Demut war (einmal sagte er, als Schuhmacher wäre er genauso glücklich gewesen wie als Prediger, V 42 [177,23–25];

---

[1] H 51: II,389. Als Übertragung ins heutige Deutsch wird hier diejenige von Georg Hofmann wiedergegeben, die erstmals 1961 bei Herder/Freiburg erschien und inzwischen in der 4. Auflage als *Johannes Tauler, Predigten*, 2 Bde., Einsiedeln 2007 zur Verfügung steht. Angegeben werden die Stellen in letzterer Ausgabe mit H (= Hofmann), Predigtnummer, Band und Seitenzahl. Eventuell sinnvolle Modifikationen durch den Übersetzer (B. S.) des vorliegenden Werks werden vermerkt. Der originale Wortlaut der Predigten ist zitiert nach der Ausgabe von Ferdinand Vetter, *Die Predigten Taulers*, Berlin 1910; fotomechanischer Nachdruck Dublin-Zürich 1968, Stellenangaben mit V (= Vetter) samt Predigtnummer, Seitenzahl und Zeilennummern. Die Predigten haben bei Vetter und Hofmann eine unterschiedliche Reihenfolge und folglich Nummerierung. Eine Konkordanz bietet Hofmann II, 632–634. Wo hier im Text Predigtnummern aus Vetter aufgezählt werden, können ihnen nicht immer die entsprechenden Nummern aus Hofmann beigegeben werden, da sonst die Angaben zu langatmig und im Lesefluss störend würden. Anhand der Konkordanz lassen sie sich leicht selbst auffinden. (Die Predigten 25 bis 34 haben bei V und H die gleiche Nummer. In der Spalte V der Konkordanz sind leider verwirrende Druckfehler.) Der hier zitierte Abschnitt steht in V 45 (196,28–197,2): *Lieben kinder, die grossen pfaffen und die lesmeister die tsipitieren weder bekentnisse merre und edeler si oder die minne. Aber wir wellen nu al hie sagen von den lebmeistern. Als wire dar komen, denne süllen wir aller dinge worheit wol sehen. Unser herre sprach: ‚eins ist not'. Weles ist nu das eine des als not ist? Das eine das ist das du bekennest din nivht, das din eigen ist, was du bist und wer du bist von dir selber.* Ältere Übertragungen ins Deutsche sind: *Die Predigten Taulers, in jetzige Schriftsprache gefasst*, hg. v. Senator Thomas u. G. F. Kloss, Frankfurt/M. 1826, 2. Aufl. hg. v. Hamberger 1864 u. 1872; *Taulers* Predigten, übertragen von W. Lehmann, 2 Bde., Jena 1913; *Johann Taulers Predigten, in Auswahl* übersetzt v. L. Naumann, Leipzig 1923.

H 47: II,361), besteht kein Zweifel, dass er einer der berühmtesten *lebmeister* des Spätmittelalters war.²

David Blamires schrieb: „Tauler erfreut sich der Auszeichnung, der einzige mittelalterliche deutsche Mystiker zu sein, dessen Werk sowohl in Manuskript- wie Druckform in praktisch ununterbrochener Abfolge von seinen Lebzeiten bis heute gekannt und geschätzt wurde."³ Er war wie Seuse ein Schüler Meister Eckharts, zumindest in dem weiteren Sinn, dass er Eckhart kannte und schätzte und von dessen Denken beeinflusst war. Seine Mystik lässt sich wie diejenige Seuses nur im Kontext von Eckharts innovativem und anspruchsvollem Denken verstehen. Und ebenso wie Seuse modifizierte auch Tauler eine Anzahl der Lehren, um derentwillen Eckhart verurteilt worden war. Jedoch wäre es ganz falsch, Tauler nur als einen vereinfachten Eckhart oder als zweitrangige Gestalt anzusehen.⁴ Die deutschen Dominikaner brachten also im frühen 14. Jahrhundert drei eng miteinander verbundene und doch unterschiedliche geniale mystische Autoren hervor – wahrhaftig eine eindrucksvolle Fülle der Mystik.

---

² Die beste neuere Darstellung Taulers ist Louise Gnädinger, Johannes Tauler, *Lebenswelt und mystische Lehre*, München 1993. Siehe auch Ruh, *Geschichte* III,476–526. Eine wichtige Aufsatzsammlung ist *Johannes Tauler. Ein deutsche Mystiker. Gedenkschrift zum 600. Todestag*, hg. v. Ephrem Filthaut OP, Essen 1961. Als nützliche Monographien seien genannt: Ignaz Weilner, *Johannes Taulers Bekehrungsweg. Die Erfahrungsgrundlagen seiner Mystik*, Regensburg 1961; Christine Pleuser, *Die Benennungen und der Begriff des Leides bei J. Tauler*, Berlin 1967; Gösta Wrede, *Unio Mystica. Probleme der Erfahrung bei Johannes Tauler*, Uppsala 1974; Stefan Zekorn, *Gelassenheit und Einkehr. Zu Grundlage und Gestalt geistlichen Lebens bei Johannes Tauler*, Würzburg 1993; und Thomas Gandlau, *Trinität und Kreuz. Die Nachfolge Christi in der Mystagogie Johannes Taulers*, Freiburg 1993. Zwei wichtige Studien zum Vergleich von Tauler und Eckhart sind Dietmar Mieth, *Die Einheit von Vita activa und Vita contemplativa in den deutschen Predigten und Traktaten Meister Eckharts und bei Johannes Tauler*, Regensburg 1969; und Alois M. Haas, *Nim din selbes war. Studien zur Lehre von der Selbsterkenntnis bei Meister Eckhart, Johannes Tauler und Heinrich Seuse*, Freiburg (Schweiz) 1971. Zum 700. Jahrestag der Geburt Taulers erschienen zwei Sammelbände mit Essays: Marie-Anne Vannier, Hg., *700e Anniversaire de la naissance de Jean Tauler* (*Revue des sciences religieuses* 75,4 [2001]); und *Cheminer avec Jean Tauler. Pour le 7e centenaire de sa naissance* (*La vie spirituelle* 155 [März 2001]).
³ David Blamires, „Introduction", in: *The Book of the Perfect Life*, Walnut Creek 2003,14.
⁴ Mieth, *Die Einheit* weist deutlich auf Taulers Originalität hin, besonders bezüglich der Ekklesiologie, Christologie und Sozialethik (z. B. 275–281 u. 279–280). Zekorn, *Gelassenheit und Einkehr*, 195–208 u. 227–234 spricht ebenfalls von Taulers Originalität bezüglich Eckharts. Taulers breiter und anhaltender Einfluss zeugt für seine Bedeutung. Eine Reihe von Aufsätzen über seine Nachwirkung enthält *Johannes Tauler. Ein deutsche Mystiker*, 341–434. Siehe auch Maarten J. F. M. Hoenen, „Johannes Tauler (gest. 1361) in den Niederlanden. Grundzüge eines philosophie- und rezeptionsgeschichtlichen Forschungsprogramms", in: *Freiburger Zeitschrift für Philosophie und Theologie* 41 (1994), 389–444; Marco Vannini, „La posterité de Tauler: La théologie allemande, Luther et les autres", in: *Cheminer avec Jean Tauler*, 115–132; und Gérard Pfister, „La posterité de Jean Tauler", in: *700e anniversaire de la naissance de Jean Tauler*, 465–478.

JOHANNES TAULER: DER *lebmeister*

I. Taulers Leben und Schriften

Leben[5]

Tauler sprach kaum von sich selbst. Die äußere Dokumentation über sein Leben ist ebenfalls spärlich. Er wurde gegen 1300 in einer wohlhabenden Strassburger Familie geboren und trat vermutlich ungefähr im Alter von fünfzehn Jahren bei den Dominikanern ein. Im Orden erfuhr er die normale theologische Ausbildung zum Prediger, die ungefähr acht Jahre gedauert haben dürfte, jedoch betrieb er keine höheren Studien. In dieser Hinsicht unterscheidet er sich von Meister Eckhart, der die höchsten akademischen Grade erwarb, und sogar von Seuse, der nach diesen trachtete, jedoch an seiner akademischen Laufbahn gehindert wurde. Tauler war typisch für das breite Spektrum von Dominikanern, die eine ausgezeichnete theologische Ausbildung erhielten, aber nie auf den Status von *lesmeistern* aus waren, das heißt von akademischen Theologen. Ja, Tauler hatte keine besonders gute Meinung von den Theologieprofessoren, was jedoch nicht heißt, dass er ein anspruchsloser Denker gewesen wäre.

Tauler kam höchstwahrscheinlich in seiner Zeit als junger Ordensbruder mit Eckhart in Kontakt, der ca. 1313 bis 1326 in Strassburg tätig war. Allerdings haben wir keinerlei Angaben über ihre persönlichen Beziehungen. Es ist schwierig zu sagen, in welchem Außmaß Tauler die Spannungen unter den deutschen Dominikanern im frühen 14. Jahrhundert mitbekam. Die umfassenderen Krisen dieser Zeit bekam sicher auch er zu spüren. Männer wie Seuse und Tauler duchlebten ja eine der krisenreichsten Perioden des Mittelalters: in dieser Zeit ging der Schwarze Tod um, die Wirtschaft stagnierte, Kriege waren ständig an der Tagesordnung. Im 14. Jahrhundert kam die Vorherrschaft des Papstes über die abendländische Kirche, die im 13. Jahrhundert so gesichert schien, ins Wanken, da die in Avignon weilenden Päpste mit ihrem Ehrgeiz und ihrer Habgier sich die Abneigung ganz Europas zuzogen. Von Zeit zu Zeit klingen in Taulers Predigten diese Krisen an, aber im Wesentlichen ist seine Botschaft nicht sozialer oder politischer Natur.

Gegen 1330 begann Tauler in Strassburg seine Laufbahn als Prediger. In der Stadt gab es damals acht Konvente von Dominikanerinnen und vermutlich bis zu siebzig kleinere Kommunitäten von Beginen.[6] Tauler predigte

---

[5] Die vollständigste Darstellung des Lebens von Tauler bietet Gnädinger, Johannes Tauler, 9–103. Auf Englisch siehe Oliver Davies, *God Within. The Mystical Tradition of Northern Europe*, London 1988, 71–78.

[6] Über die Dominikaner in Strassburg siehe Heribert Christian Scheeben, „Der Konvent der

genau wie Eckhart und Seuse vorwiegend vor Klosterfrauen, denn die *cura monialium* war seit der Mitte des 13. Jahrhunderts ein wichtiger Teil der pastoralen Aufgaben der Dominikaner.[7] Tauler predigte zweifellos auch vor gemischten Gruppen von Laien, aber die meisten seiner fast achtzig erhaltenen Predigten lassen spüren, dass sie in die Situation eines klösterlichen Konvents hinein gehalten wurden. Das war zudem der Kontext, in dem derartige Predigten am ehesten aufgeschrieben und verwahrt wurden, um immer wieder einmal gelesen zu werden.

Das größte kirchenpolitische Ereignis in Taulers Predigtzeit war der Konflikt zwischen Papst Johannes XXII. und Ludwig von Bayern. Der Anspruch des Papstes auf seine alten Rechte zur Überprüfung und Weihe des Kaisers (die bereits im 13. Jahrhundert überholt gewesen waren) führte zu einer Pattsituation, die der Kirche in Deutschland und anderswo sehr zum Schaden gereichte. Papst Johannes verhängte 1324 über alle Gebiete, die zu Ludwig hielten, das Interdikt. Der Dominikanerorden blieb dem Papst treu. So kam es, dass Tauler und seine Kommunität 1338 oder 1339 ins Exil geschickt wurden, weil Strassburg sich auf die Seite des Kaisers geschlagen hatte. Tauler verbrachte sein Exil weiter abwärts des Rheins in Basel (ca. 1339–1343), wo er mit den frommen Kleriker- und Laienkreisen Bekanntschaft machte, die als die „Gottesfreunde" *(gotesfrúnt)* bekannt wurden.[8]

Tauler erwähnt die Gottesfreunde in seinen Predigten oft. Belege für seine Verbindungen mit diesen frommen Mystikerkreisen finden sich in den Briefen, die sich der Weltpriester Heinrich von Nördlingen und seine geistliche Freundin, die Dominikanernonne Margaretha Ebner († 1353), schrieben.[9] Über Heinrich lernte Tauler auch das Meisterwerk der deutschen Mystik aus dem 13. Jahrhundert kennen, Mechthild von Magdeburgs *Fließendes Licht der Gottheit*. Tauler begegnete in Strassburg später auch einem weiteren Gottesfreund und wurde dessen Berater, dem frommen Kaufmann

---

Predigerbrüder in Strassburg – Die religiöse Heimat Taulers", in: *Johannes Tauler. Ein deutscher Mystiker*, 37–74; und Francis Rapp, „Le couvent des dominicains de Strasbourg à l'époque de Tauler", in: *Cheminer avec Jean Tauler*, 59–74.
[7] Über die Beziehungen Taulers zu Klosterfrauen siehe den Abschnitt „Tauler und die Nonnenmystik" bei Zekorn, *Gelassenheit und Einkehr*, 203–218.
[8] Über Taulers Beziehungen zu den Gottesfreunden siehe in Kap. 9, 679–684.
[9] Der Briefwechsel von Margaretha und Heinrich wurde herausgegeben von Philipp Strauch, *Margaretha Ebner und Heinrich von Nördlingen. Ein Beitrag zur Geschichte der deutschen Mystik*, Freiburg 1882; Reprint 1966. In dieser Sammlung befindet sich auch Taulers einziger erhaltener Brief, eine kurze Mitteilung an die Priorin des Konvents von Maria Medingen, Elisabeth Scheppach und Margaretha Ebner kurz vor der Fastenzeit 1346, zusammen mit einem Geschenk von Käsen (siehe Brief LVII, bei Strauch, 270–271). Über Bezugnahmen auf Tauler in anderen Briefen siehe Gnädinger, *Johannes Tauler*, 34–43. Ausführlicheres über Heinrich und Margaretha Ebner siehe in Kap. 9.

Rulman Merswin (1307–1382), der in der Folge eine geistliche Stiftung leitete. Tauler erkannte auf seiner Suche nach einem Sinn inmitten der ihn umgebenden Wirren der damals schwierigen Zeiten die große Bedeutung der Gottesfreunde für die Kirche. Den Strassburger Gottesfreunden ist ein Traktat zu verdanken, der für Taulers späteren Ruf wichtig wurde, das *Meisterbuch* oder *Bericht von der Bekehrung Taulers*, von dem die moderne Wissenschaft allerdings erwiesen hat, dass er weder von Tauler stammt noch von ihm handelt.[10]

Ludwig von Bayern starb 1347, aber Tauler war bereits gegen 1343 nach Strassburg zurückgekehrt. Die späten 1340er Jahre waren Jahren voller Katastrophen; eine Krise folgte auf die andere. Strassburg erlebte 1346 ein verheerendes Erdbeben und eine Feuersbrunst. Vom Spätjahr 1347 bis 1349 starben dort wie in einem Großteil Europas massenhaft Menschen am Schwarzen Tod. Scharen von Flagellanten, umherwandernde Büßer, die Gottes Zorn zu besänftigen suchten, indem sie sich rituell bis aufs Blut geißelten, begannen ab Juni 1348 die Stadt zu besuchen. Einige wenige Stellen in Taulers Predigten (z. B. V 41 [170,16–25] u. V 68 [374,20–24]) enthalten Hinweise darauf, dass Tauler diese Ereignisse als Hinweise auf die Vergänglichkeit der Welt sah, möglicherweise sogar als Anzeichen ihres bevorstehenden Endes, obwohl er kein durchgängig apokalyptischer Denker ist.[11]

In Strassburg kam es zu noch schrecklicheren Dingen. Im Gefolge der Pestseuche wurden oft die Juden angeklagt, diese ausgelöst zu haben. Eines der schlimmsten Pogrome des Mittelalters ereignete sich dort im Februar 1349. Die gesamte, rund zweitausend Menschen zählende jüdische Bevölkerung wurde vor die Stadtmauern hinausgeführt und vor die Wahl gestellt, sich zu bekehren oder den Feuertod zu sterben. Die meisten wurden verbrannt. Tauler schweigt von diesem Pogrom und es gibt keinen Hinweis darauf, dass er die Juden zu schützen versuchte (was ihn eventuell das Leben gekostet hätte). Dennoch vertrat er in einer seiner Predigten, dass es sowohl gute als auch schlechte Juden gebe, genau wie gute und schlechte Christen (V 13 [62,18–30]).[12] Das ist ein Hinweis darauf, dass er gegen die

---

[10] Carl Schmidt, *Nicolaus von Basel. Bericht von der Bekehrung Taulers*, Strassburg 1875; fotomechanischer Nachdruck Frankfurt 1981. Über das *Meisterbuch* und seine gemeinsamen Züge mit Taulers Lehre siehe in Kap. 9, 694–698.
[11] Über Taulers Sicht des nahenden Endes siehe Gnädinger, Johannes Tauler, 46–49; und Ruh, *Geschichte* III, 481 u. 485.
[12] Tauler spricht oft abfällig von den Pharisäern als Vertretern einer rein äußerlichen Religion (z. B. in V 9 [41,6–22 u. 42,17–22]; V 10 [47,35–48,10]; V 54 [246,12–27]), aber es ist klar, dass für ihn der Pharisäer ein Grundtyp ist, der sich nicht auf Juden beschränkt. In V 13 (62,34–63,1) sagt er, heutige Christen, die die Gottesfreunde verfolgten, seien als *boese juden* anzuse-

im Mittelalter vorherrschende Auffassung von der Kollektivschuld der Juden war.

Tauler war in seinen letzten zweieinhalb Lebensjahrzehnten ziemlich viel unterwegs und reiste dabei auch mehrmals nach Köln. Eine Anzahl seiner Predigten hielt er dort, was dadurch bezeugt ist, dass sie im „ripuarischen" (d. h. Kölner) Dialekt des Deutschen überliefert sind. Es gibt eine zwar nicht sichere, aber glaubhafte Überlieferung, dass er irgendwann in den 1350er Jahren Jan van Ruusbroec in seiner Klause in Groenendael besucht haben soll. Die Übersetzung von Ruusbroecs *Geistlicher Hochzeit* ins Deutsche könnte den Kontakt zwischen diesen beiden wichtigen Persönlichkeiten der spätmittelalterlichen Mystik bezeugen. Schließlich sollen Tauler und sein Freund Johannes von Dambach auch irgendwann gegen 1350 den Dominikanerkonvent von Paris besucht haben. Taulers abschätzige Äußerungen über die Schultheologen zeigen, dass er nicht viel von dem hielt, was man in Paris trieb.

Aus einigen Hinweisen in seinen Predigten lässt sich schließen, dass Johannes Tauler über keine robuste Gesundheit verfügte. Laut der Tradition zog er sich eine tödliche Krankheit zu, wurde von seiner Schwester Gertrud gepflegt, die Dominikanernonne war, und starb in Strassburg am 16. Juni 1361. Er wurde in der Dominikanerkirche der Stadt beigesetzt. Sein verziertes Steingrabmal mit Inschrift ist bis heute erhalten. Es stellt den ziemlich abgemagerten Ordensmann dar, der in seiner Linken das Lamm Gottes trägt, während über seiner rechten Hand der Buchstabe T (das Zeichen Tau für das Kreuz) und das Monogramm IHC („Jesus") und darüber die Krone des Lebens (vgl. Offb 2,10) abgebildet sind. Weiter rechts steht eine Säule mit dem Anfang der Inschrift IN CHRISTO IESU. Das dürfte sich wahrscheinlich auf die Ansicht Taulers beziehen, dass die wahren Gottesfreunde die Säulen der Kirche seien. Dieses Grabmal passt zu diesem Menschen und seiner Botschaft.

Predigten

Tauler unterscheidet sich von Eckhart und Seuse darin, dass er keine lateinischen Predigten und auch weder in der Sprache der Schulen noch auf Deutsch irgendwelche formalen Traktate hinterlassen hat.[13] Er war schlicht

---

hen. In zwei Predigten (V 42 [177,1–3]; V 75 [405,39–406,9]) sagt Tauler, Juden und Heiden hätten oft größeren Glauben und führten ein besseres Leben als viele Christen. Über Taulers Sicht der Juden siehe Gnädinger, Johannes Tauler, 56–60.

[13] Auf die „Tauleriana", die Tauler zugeschriebenen pseudonymen Werke, soll hier nicht weiter eingegangen werden. Die wichtigsten davon, *Das Buch von geistlicher Armut* und das

und einfach nur Prediger. Damit soll nicht gesagt sein, dass er von Philosophie und Theologie und sogar Aspekten des von der Kölner Dominikanerschule geförderten Neuplatonismus nichts verstanden hätte.[14] Seine lobenden Worte über Proklos und seine Fertigkeit, mit der er aus diesem neuplatonischen *meister* zitiert, sind ein Beweis gegen solche, die in ihm nicht mehr als einen frommen Prediger und moralischen Führer sehen möchten. Dennoch sei damit nicht in Abrede gestellt, dass Tauler im Schulsinn weniger theologisch ist als Eckhart oder Seuse.

Mit der Sammlung von Taulers Predigten wurde bereits zu seinen Lebzeiten begonnen, besonders nach seiner Rückkehr aus dem Basler Exil nach Strassburg. Aus dieser Zeit stammen drei Manuskripte, die aus dem 14. Jahrhundert erhalten sind, wovon eines (ms. Engelberg 124) eigenhändige Korrekturen Taulers enthalten könnte. Die vielen späteren Manuskripte, die erhalten geblieben sind, bezeugen, wie beliebt dieser begnadete Prediger war.[15] Dennoch stehen heutige Tauler-Forscher vor etlichen Problemen, vor allem demjenigen, dass es noch keine kritische Ausgabe mit dem entsprechenden wissenschaftlichen Apparat gibt.[16] Im Englischen ist

---

Meisterbuch, werden weiter unten in Kap. 8, 631–652 bzw. Kap. 9, 694–698 eigens behandelt. Tauler wurde auch eine Reihe von Liedern zugeschrieben. Zur Diskussion darüber siehe Gnädinger, Johannes Tauler, 426–431; und Ruh, *Geschichte* III, 515–526.

[14] Über Taulers Verhältnis zu den Dominikanern seiner Zeit siehe Ephrem Filthaut, „Johannes Tauler und die deutsche Dominikanerscholastik des XIII./XIV. Jahrhunderts", in: *Johannes Tauler. Ein deutscher Mystiker*, 94–121.

[15] Über die Tauler-Manuskripte siehe Johannes Gottfried Mayer, *Die 'Vulgata'-Fassung der Predigten Johannes Taulers*, Würzburg 1999.

[16] Die Ausgabe von Vetter beruht nur auf einigen wenigen Manuskripten und hält sich nicht an die richtige liturgische Reihenfolge der Predigten. Sie listet Varianten der Lesart auf und verfügt über einen nützlichen Wörter-Index, aber ihr fehlt jeder Quellenapparat. Mehrere der Predigten sind nicht authentisch (V/H 1 [= Eckhart], V 59 [= H 82], V 79 [= H 84, von Ruusbroec], V 80 [= H 79]). Eine auf zwei Wiener Manuskripten beruhende Ausgabe gibt es von A. L. Corin, *Sermons de Jean Tauler et autres écrits mystiques. I. Le Codex Vindobonensis 2744. II. Le Codex Vindobonensis 2739*, Liége-Paris 1924–1929. In dieser seltenen Ausgabe ist die richtige Reihenfolge der Predigten hergestellt und sie enthält viele verbesserte Lesarten, jedoch ist sie kein voll kritischer Text. Georg Hofmann hat seiner Übersetzung in heutiges Deutsch *Johannes Tauler. Predigten*, Freiburg 1961; Reprint Einsiedeln 1979, Lesarten sowohl von Vetter wie von Corin zugrunde gelegt und bietet damit eine gute heutige Übersetzung, aber keine kritische. Nützlich ist auch die vollständige Übersetzung ins Französische von É. Hugueny, G. Théry u. A.-L. Corin, *Sermons de Tauler. Traduction faite sur les plus anciens mss. allemands*, 3 Bde., Paris 1927–1935, im Folgenden abgekürzt mit C und Bandbezeichnung mit römischer Zahl sowie bei Zitaten mit Seite und Zeile. Zuweilen werde ich im Folgenden diese Fassung verwenden, weil sie eine wichtige Einleitung, viele verbesserte Lesarten und nützliche Fußnoten enthält. In diese Übersetzung sind auch drei weitere Predigten als authentisch aufgenommen: zwei aus Strassburg, ms. 3885, hg. v. Dick Helander, *Johann Tauler als Prediger. Studien*, Lund 1923, 346–361 (= C LX u. LXXI); und eine Predigt zum Dritten Adventssonntag (= C LXXXIII), die Karl Bihlmeyer Seuse zuschreibt und in seinem *Seuse. Deutsche Schriften*, 509–518 bringt.

der Leser noch schlechter bestellt, weil es keine vollständige und genaue Übersetzung der rund achtzig Predigten des Strassburger *lebmeisters* gibt.[17] Im Deutschen gibt es ausgezeichnete wissenschaftliche Diskussionen über Tauler, während die entsprechende englische Literatur spärlich ist.[18]

Tauler hält sich mit seinen Predigten an die Reihenfolge des liturgischen Jahres und sie haben die Besonderheit, dass sie seine Rolle als mystischer Moralist spiegeln.[19] Im Allgemeinen wurden die Rhetorik und der Stil dieser Homilien noch nicht derart gründlich untersucht, wie das bei Eckharts Predigten schon unternommen wurde.[20] Taulers Predigtweise ist gegenüber derjenigen Eckharts viel einfacher; er ist auch kein so kreativer Stilist wie Seuse. In seinen Predigten kombiniert er oft die Homilie als Form eines Kommentars über die Schriftlesungen des betreffenden Festtags mit einem thematischen Ansatz, der eher für die wissenschaftlichere scholastische Predigt typisch ist. Bei seiner Verwendung der Heiligen Schrift neigt er dazu, sich stärker auf die moralische und mystische Anwendung des Textes auf das Leben seiner Zuhörer zu konzentrieren und weniger auf lehrhafte Aussagen.[21]

---

[17] Ältere englische Tauler-Übersetzungen enthalten auch nicht authentische Stücke und wurden oft anhand der lateinischen Übersetzung des Laurentius Surius angefertigt. Es gibt zwei neuere Teilübersetzungen. Die eine stammt von Eric Colledge und Sister Mary Jane OP, *Spiritual Conferences by Johann Tauler, O.P. (1300–1361)*, New York 1961; Reprint 1978. Für diese ziemlich freie Übersetzung von Predigten und Auszügen aus Predigten anhand der Ausgabe von Vetter wurde die französische Übersetzung zu Rate gezogen und sie enthält einige hilfreiche Anmerkungen. Ihr Nachteil ist, dass darin die Textauszüge nach theologischen Themen angeordnet sind, statt dass die Reihenfolge der Predigten eingehalten wurde. Die zweite stammt von der Übersetzerin Maria Shrady, *Johannes Tauler. Sermons*, New York 1985. Sie hat 23 Predigten übersetzt, aber aus dem heutigen Deutsch von Hofmann. Angesichts dieses Umstands sowie etlicher Weglassungen, Irrtümer und des Fehlens von Anmerkungen oder eines Apparats ist sie recht mangelhaft.

[18] Auf Englisch gibt es drei allgemeine Darstellungen: James M. Clark, *The Great German Mystics. Eckhart, Tauler and Suso*, Oxford 1949, 36–54; O. Davies, *God Within*, 73–98; und Josef Schmidt, „Introduction", in: *Johannes Tauler. Sermons*, 1–34. Einige hilfreiche Aufsätze werden in der Folge genannt.

[19] Wie die Predigten Eckharts muss man auch diejenigen Taulers immer im Kontext des Kirchenjahres und der liturgischen Lesungen seiner Festtage sehen. Siehe darüber Joachim Theisen, „Tauler und die Liturgie", in: *Deutsche Mystik im abendländischen Zusammenhang*, hg. v. Walter Haug u. Wolfram Schneider-Lastin, Tübingen 2000, 409–423.

[20] Eine Ausnahme ist die vergleichende Untersuchung von Gabriele von Siegroth-Nellessen, *Versuch einer exakten Stiluntersuchung für Meister Eckhart, Johannes Tauler und Heinrich Seuse*, München 1979. Die Autorin findet Tauler freier und spontaner als die beiden anderen. Als kurze Bemerkungen zu Taulers Predigtstil und zu weiterer Literatur siehe Gnädinger, Johannes Tauler, 104–109; und Schmidt, „Introduction", in: *Johannes Tauler. Sermons*, 9–22.

[21] Taulers Exegese wurde noch keine große Aufmerksamkeit gewidmet. Siehe jedoch Helander, *Johann Tauler als Prediger*, 310–327; und Raymond Alexis, „Die Bibelzitate in Werken des Strassburger Prediger Johannes Tauler. Ein Beitrag zum Problem der vorlutherischen Bibelverdeutschung", in: *Revue des langues vivantes* 20 (1954), 397–411.

Tauler strukturiert seine Predigten im Allgemeinen lose, wobei er oft mittels einer Anrede an seine Zuhörer zum nächsten Abschnitt überleitet, etwa mit *liebes kint, kinder* oder *vil lieben schwesteren*. Die Einleitung *(exordium)* neigt er kurz zu halten. Er zitiert den Text, worüber er sprechen will, lateinisch und übersetzt oder paraphrasiert ihn dann auf Deutsch. Nachdem er das Hauptthema angekündigt hat, konstruiert er den Mittelteil der Predigt *(tractatio)* ziemlich frei und entwickelt darin die aszetischen und moralischen Aspekte seiner Lehre als Grundlage für die Bewegung der Seele nach innen und zu jener Loslösung und Selbstverleugnung, die zum mystischen Rühren an Gott führt. Der Prediger mischt in seine Ausführungen direkte Anreden an seine Zuhörerschaft, Kritik und Warnungen und oft starke Appelle und Ermahnungen. Den zusammenfassenden Schlussteil *(conclusio)* hält er typischerweise wieder ziemlich kurz. Während Tauler in den meisten seiner Predigten eine ganze Reihe von Themen anspricht, gibt es auch einige straffer auf die Entwicklung eines einzigen Themas hin konstruierte Predigten (z. B. V 5, 11, 26, 29, 37, 40, 47, 54, 55, 60, 76), oder Predigten, die die ausführliche allegorische Auslegung eines Textes aus der Liturgie zum Inhalt haben (z. B. V 8, 36, 41, 62, 75).

Quellen und Einfluss[22]

Tauler war vielseitig in den traditionellen Klassikern der lateinischen Mystik belesen. Nach den Zahlen, die Louise Gnädinger ermittelte, zitiert er Augustinus rund vierzigmal, Gregor den Großen zwanzigmal und Dionysius rund fünfzehnmal. Er verwendet wichtige Aspekte der Mystik des „liebenden Bernhard" *(der minnende Bernhardus*, V 43 [188,8]) sowie von Hugo von Sankt Victor und Richard von Sankt Victor. Tauler pries auch wie alle Dominikaner, für die die *Leben der Väter (Vitaspatrum)* und *Sprüche der Wüstenväter (Verba Seniorum)* zur täglichen Lesung gehörten, die Wüstenväter und flocht Sprüche und Anekdoten von ihnen in seine Predigten ein.[23] Dies alles war zu erwarten.

Ebenso verfügte Tauler über ein gutes Arbeitswissen über die Theologie des Predigerordens. Seit 1309 galt Thomas von Aquin als der offizielle

---

[22] Die ausführlichsten Untersuchungen der Quellen Taulers sind die von Gnädinger in *Johannes Tauler*, 370–410 und „Das Altväterzitat im Predigtwerk Johannes Taulers", in: *Unterwegs zur Einheit. Festschrift für Heinrich Stirnimann*, hg. v. Johannes Brantschen u. Pietro Selvatico, Freiburg (Schweiz) 1980, 253–267.
[23] Predigten, die solche Geschichten enthalten, sind etwa V 6 (27,3–10), V 29 (302,29–32), V 41 (174,8–14), V 67 (370,32), V 74 (399,3–6) u. V 80 (425,17–29). Als Besprechung dieser Quellen siehe Gnädinger, Johannes Tauler, 403–410.

Theologe des Ordens und Tauler zitiert ihn neunmal namentlich. Aber er scheut sich auch nicht, Meinungsverschiedenheiten mit Thomas zu äußern, wie wir weiter unten sehen werden. Auch Thomas' Lehrer Albert den Großen zitiert er an einer Reihe von Stellen. Mit dem Sammelbegriff *die meister*, den er von Zeit zu Zeit verwendet, meint er ein breites Spektrum dominikanischer Philosophen und Theologen, die den deutschen Zweig des Predigerordens zwischen ca. 1250 und 1350 besonders auszeichneten.[24]

Die interessanteste Frage bezüglich der Quellen Taulers ist, in welchem Verhältnis er zur Lehre von Meister Eckhart und der neuplatonischen Tradition stand, die Albert, Dietrich von Freiberg, Eckhart und andere neu belebt hatten.[25] Ein kurzer Blick auf zwei Predigten, die vom Grund der Seele handeln, liefert Informationen über diesen Aspekt von Taulers Hintergrund.

In einer Predigt zum 2. Sonntag nach Dreifaltigkeit (V 29/H 29) erörtert Tauler, wie das Bild der Dreifaltigkeit in der Seele wohne: „Gott ist in diesem Bild, und (er selbst) ist dieses Bild auf eine alle Sinnenkraft übersteigende Weise" (H 29: I,200). Der Prediger unterscheidet hier drei Sichtweisen der *imago Trinitatis* in aufsteigender Reihenfolge der Angemessenheit. Zunächst zitiert er „die Lehrmeister": sie sagten alle, das Bild sei in den oberen Kräften" der Seele angesiedelt, nämlich in der augustinischen Dreiheit von Gedächtnis, Verstand und Willen; aber er weist darauf hin, dass dies der niedrigste Grad des Geheimnisses sei, nämlich der zur Naturordnung gehörige. Die zweite Sichtweise ist die von Thomas von Aquin, der „sagt, dieses Bild sei vollkommen nur in seiner Wirksamkeit, in der Übung der Kräfte, also in dem wirkenden Gedächtnis, dem wirkenden Erkenntnisvermögen und der wirkenden Liebe. Und bei dieser Betrachtung lässt er es bewenden."[26] Nach Taulers Ansicht ist die Vorstellung von Thomas

---

[24] Über Taulers Gebrauch scholastischer Autoren siehe Gunther Müller, „Scholastikerzitate bei Tauler". *Deutsche Vierteljahresschrift für Literaturwissenschaft und Geistesgeschichte* 1 (1923), 400–418.
[25] Neben Filthaut, „Johannes Tauler und die deutsche Dominikanerscholastik des XIII./XIV. Jahrhunderts", in: *Johannnes Tauler*, 94–121 wurde die Frage nach Taulers Gebrauch des Neuplatonismus, besonders auf dem Weg über Dietrich von Freiberg und Berthold von Moosburg, untersucht von Loris Sturlese, „Tauler im Kontext. Die philosophischen Voraussetzungen des ‚Seelengrundes' in der Lehre des deutschen Neuplatonikers Berthold von Moosburg", in: *Beiträge zur Geschichte der deutschen Sprache und Literatur* 109 (1987), 390–426. Die ausführlichste Untersuchung über Taulers Verhältnis zu Eckhart bietet Zekorn in *Gelassenheit und Einkehr*, 194–203 u. 233, der zusammenfassend den Ansatz von Tauler als „eine Art ‚Meister Eckhart für die Praxis'" bezeichnet (203).
[26] H 29: I,200–201/V 29 (300,14–17): *Meister Thomas sprach daz vollekomenheit dis bildes lige an der würglicheit dis bildes, an der uebunge der krefte, also an gehugnisse gegenwürklich und würklich verstentnisse und an minnen würklich; do lat er das ligen in disem sinne.* Die Ansicht von Thomas steht in S.Th. I q. 93 a. 7.

zwar richtig, genügt aber nicht. Er fährt fort: „Aber andere Lehrer sagen – und das ist sehr und unsagbar mehr von Bedeutung –, dass das Bild der Heiligen Dreifaltigkeit in dem innersten, allerverborgensten, tiefsten Grunde der Seele ruhe, wo sie Gott dem Sein nach, wirkend und aus sich selbst seiend besitze; da wirke und sei Gott und genieße sich selbst, und man könne Gott sowenig davon trennen, wie man ihn von sich selber zu trennen vermöge."[27]

Dieser Bruch mit der Vorstellung von Augustinus und Thomas über das Bild Gottes beruht auf der Lehre von Dietrich von Freiberg und besonders derjenigen von Meister Eckhart, dem *ander meister*, der in diesem Text genannt wird. Noch überraschender ist, was als Nächstes kommt, wenn Tauler seine eigene Ansicht erklärt und dazu keine christliche Autorität ins Feld führt, sondern eine heidnische, nämlich Proklos. In dem langen Abschnitt, den Tauler aus dem Traktat *Über die Vorsehung* dieses heidnischen Philosophen zitiert, erklärt er, man müsse notwendigerweise alle Bilder, alle Vielfalt und alle Vernunftmethoden aufgeben, um seine Aufmerksamkeit vollkommen nach innen zu richten und so „eins mit dem Einen zu werden" (*unde wirt eins mit dem einen* [300,35]).[28] Es scheint, Tauler beruft sich aus dem Grund besonders auf Proklos, weil dieser ein Wissen vom Einen bezeuge, das nur wenige Christen erlangt hätten: „Und er (Proklos) nennt das Eine eine göttliche Finsternis, still, schweigend, schlafend, übersinnlich. Ach, ihr Lieben, dass ein Heide das verstanden hat und darauf kam, wir aber dem so ferne stehen und so wenig gleich sind, das bedeutet für uns einen Schimpf und eine große Schande. Unser Herr bezeugt dieselbe Wahrheit mit den Worten: ‚Das Reich Gottes ist in uns' (Lk 17,21). Das bedeutet: nur im Inneren, im Grunde, über aller Wirkung der Kräfte."[29] Die Frage, in

---

[27] H 29: I,201/V 29 (300,17–22): *Aber nu sprechent ander meister, und daz ist unzellichen vil und verre harúber, und sprechent das es lige in dem allerinnigsten, in dem allerverborgensten tieffesten grunde der selen, do sú daz in dem grunde hat Got wesentlichen und wúrklich und istelich, in dem wurket und weset Got und gebruchet sin selbes in dem, und man moehte Got also sú wenig dannan abe gescheiden also von ime selber.*

[28] Drei Traktate von Proklos, darunter *De providentia*, wurden von Wilhelm von Moerbeke ins Lateinische übersetzt. Der Abschnitt, den Tauler zusammenfasst, stammt aus *De providentia* 8,31–32, zu finden in *Procli Tria opuscula (De providentia, libertate, malo)*, hg. v. Helmut Boese, Berlin 1960, 139–140. Loris Sturlese hat vertreten, Taulers Gebrauch von Proklos sei ihm von seinem Zeitgenossen Berthold von Moosburg vermittelt, dem am stärksten Proklos verhafteten aller deutschen Dominikaner; siehe „Tauler im Kontext" besonders 399–409 über die vorliegende Predigt.

[29] H 29: I,201/V 29 (300,35–301,5): *... und er nemmet dis eine alsus: ‚eine stille swigende sloffende goetteliche unsinnige dünsternisse.' Kinder, das ein heiden dis verstunt und darzuo kam, das wir dem also verre und also ungelich sint, das ist uns laster und grosse schande. Dis bezúgete unser herre do er sprach: ‚das rich Gottes ist in úch'. Das wurt alleine indewendig in dem grunde obe allen werken der krefte.*

welchem das Ausmaß, in dem Proklos den Einen erreicht hatte, demjenigen Einssein gleicht oder nicht gleicht, das Tauler seiner christlichen Zuhörerschaft predigte, wird später behandelt werden. Es ist auf jeden Fall bemerkenswert, hier einen heidnischen Autor zitiert zu finden, der die Lehre Christi in einem Maß bestätigen soll, das Augustinus und Thomas von Aquin übertrifft.

Taulers Hochachtung vor der heidnischen neuplatonischen Lehre vom Grund zeigt sich auch in V 64 (H 53), einer Predigt zum 13. Sonntag nach Pfingsten, in der sich auch die einzige Stelle mit der namentlichen Nennung Eckharts findet. In dieser Predigt behandelt Tauler wesentliche Themen seines Denkens, wie etwa das der Beziehung der Seele zu Gott im *grunt* und dasjenige der Natur des *gemuete*, worunter sich die wesentliche Neigung der Seele verstehen lässt (darüber ausführlicher später). In der Einleitung zu seiner Erörterung des *grunt* sagt Tauler: „Von diesem inneren Adel, der im Grunde verborgen liegt, haben viele Lehrmeister gesprochen, alte und neue: Bischof Albrecht, Meister Dietrich, Meister Eckhart. Der eine (Eckhart) nennt ihn ein ‚Seelenfünklein', der andere einen ‚Grund' oder einen ‚Wipfel', einer einen ‚Ursprung' und Bischof Albrecht ein ‚Bild', auf dem die heilige Dreifaltigkeit zu sehen ist und worin sie wohnt."[30] Es überrascht nicht, dass Tauler hier zur Unterstützung seiner Vorstellung vom Grund die drei wichtigsten spekulativen Stimmen der deutschen Dominikaner anführt; aber noch einmal geht er weiter und bringt das Zeugnis heidnischer Philosophen ins Spiel: „Die Lehrmeister, die hiervon sprachen, haben diese Kenntnis dank ihrer Lebensführung und ihrer Denkkraft erlangt. Sie haben sie erfahren und empfangen von den großen Heiligen und Lehrern der heiligen Kirche; und auch vor Gottes Geburt (auf Erden) haben viele Meister davon gesprochen: Platon, Aristoteles und Proklos. Und so wie dies die Guten stark reizt und sie eine rasche Umkehr tun und sich diesem hohen Adel, (der) in naher Verwandtschaft (mit Gott besteht), zuwenden, so fügen sich die Treulosen damit ewigen Schaden zu."[31] Die Tat-

---

[30] H 53: II,407/V 64 (347,9–14): *Von disem inwendigen adel der in dem grunde lit verborgen, hant vil meister gesprochen beide alte und núwe: bischof Albrecht, meister Dietrich, meister Eghart. Der eine heisset es eine funke der selen, der ander einen boden oder ein tolden, einer ein erstekeit, und bischof Albrecht nemmet es ein bilde in dem die heilige drivaltikeit gebildet ist und do inne gelegen ist.* Diese wichtige Predigt ist durchsetzt von der Lehre der deutschen dominikanischen Meister. Es wird ein langer Abschnitt aus Alberts Lukaskommentar zitiert (349,17–36), und ein weiteres langes Zitat folgt in 351,14–29. Bei dem in 350,13 ff. als *ein meister* Zitierten dürfte es sich um Eckhart handeln.
[31] H 53: II,407–408/V 64 (347,17–24): *Dise meister die hannan ab gesprochen hant, die hant es mit lebende und mit vernunft ervolget, und si hant es nu in der worheit befunden, und dise hant es genomen us den grossen heiligen und lerern der heiligen kilchen die hinnan ab gesprochen hant, und vor Gotz gebúrte vil meister die hinnan ab sprachen: Plato und Aristotiles und*

sache, dass Tauler auf drei Gruppen von Menschen Bezug nimmt, die sich bemühen, auf den Grund der Seele zu kommen, ist bezeichnend. Die ersten sind die besten christlichen Lehrer, die er lobt. Die zweiten sind die guten Philosophen, die viele Christen beschämen und die er, das sei ausdrücklich vermerkt, nicht kritisiert. Die dritten, die „Treulosen", sind die Häretiker vom Freien Geist, die er auch an vielen anderen Stellen angreift. Das deutet darauf hin, dass für ihn das Suchen nach dem Grund Teil des natürlichen Vermögens der Natur des Menschen ist, also etwas, das er für gute oder schlechte Zwecke verwenden kann.

Predigt V 64 (H 53) enthält die einzige Stelle, an der Tauler Eckhart mit Namen nennt, aber es ist außer Frage, dass er ihn oft verwendet, entweder ohne ausdrücklich darauf hinzuweisen, oder indem er von ihm unter dem allgemein üblichen Sammelnamen *ein meister* spricht. Zwei Texte sind dafür besonders aufschlussreich. In einer Predigt zum Vorabend des Palmsonntags (V 15/H 15a/b) behandelt Tauler das innere Gebet der Vereinigung, bei dem der ungeschaffene Geist und der geschaffene Geist ineinander verschmelzen, und krönt seine Ausführung mit einer Verteidigung Eckharts: „So lehrt es und sagt euch hiervon ein liebenswerter Meister, aber das versteht ihr nicht. Er sprach aus dem Blickwinkel der Ewigkeit, ihr aber fasst es der Zeitlichkeit nach auf."[32] Das zeigt, wie Tauler erfasst hatte, dass es zum richtigen Verständnis der Botschaft Eckharts darauf ankommt, die göttliche Perspektive – oder die Urperspektive, wie sie genannt wurde – mitzuvollziehen. In V 56 (H 70) sehen wir Tauler wieder in einer umstrittenen Frage mit Thomas brechen und Eckhart zustimmen. Auch hier geht es in erster Linie um den *grund*, das Wesen der Lehre Eckharts, die, wie Tauler erkannte, zu Implikationen führte, welche sich in der thomistischen Theologie nicht finden. Tauler vermerkt, dass die Theologen sich darüber uneins seien, ob eine Seele, die eine Todsünde begangen und ihre erworbenen Tugenden

---

Proculus. Und also als dis die guoten groeslich reisset und tuont einen swinden in ker und zuo ker von disen hohen adel in der naher sibschaft: also tuont die valschen iren ewigen schaden hie mitte. Tauler beruft sich wieder namentlich auf Proklos und zitiert ihn später in der Predigt direkt (350,20–22). Wenn er von Aristoteles sagt, dieser habe ein Lehre vom Grund der Seele vertreten, so lässt sich das womöglich daher erklären, dass viele mittelalterliche Denker Aristoteles für den Autor des Buches *De causis* hielten, dessen Lehre von der *intelligentia* und Erkenntnisweise zutiefst proklisch waren. (Siehe *Le Liber de Causis* Prop. VI–XII.) L. Sturlese meint jedoch, Tauler sei hier von Berthold von Moosburg beeinflusst, der das *unum animae* von Proklos mit dem *abditum mentis* von Augustinus und dem *intellectus agens* von Aristoteles gleichsetzte („Tauler im Kontext", 415–416 u. 422–426). Was Platon betrifft, lässt sich vermerken, dass auch Meister Eckhart Platon, „diesen großen Kleriker", wegen seiner Lehre über den *grunt* pries (Pr. 28 [DW 2,67,1–68,3]).

[32] H 15a: I,103/V 15 (69,26–28): *Usser diseme lert úch und seit úch ein minnenclich meister, und das enverstont ir nút; er sprach uss der ewikeit, und ir vernement es noch der zeit.*

und Verdienste verloren habe, nach ihrer Rückkehr in den Gnadenstand wieder von Null an neu anfangen müsse. Thomas und der Hauptstrang der Tradition vertraten die rigoristische Sicht: die Seele müsse ganz neu anfangen. Tauler widerspricht und vertritt mit Eckhart: „Aber ein großer und edler Lehrmeister sagt: Sobald der Mensch mit seinem Gemüt und vollem Willen umkehrt und jenseits aller Zeit seinen Geist in den Geist Gottes hineinträgt, so wird zugleich alles zurückerstattet, was verloren war."[33]

Diese Texte können die vielen Verästelungen der Beziehung Taulers zu Meister Eckhart nur andeuten. Vieles, was sie miteinander verbindet, wird im Folgenden noch genannt werden. Jedoch verdienen gleich hier die Predigten, in denen Tauler das Zeugnis von Eckhart, Dietrich und Albert mit demjenigen der heidnischen Neuplatoniker, insbesondere des Proklos, verbindet, eine weitere Anmerkung. Tauler war weder ein akademischer Theologe noch ein geschulter Philosoph, wie das Dietrich von Freiberg und Berthold von Moosburg waren. Dennoch war er stärker vom Neuplatonismus der deutschen Dominikanerschule beeinflusst, als man das bislang wahrgenommen hatte. Taulers Interesse am Neuplatonismus galt jedoch nicht diesem als solchem, sondern deswegen, weil er einige wesentliche Züge seiner Predigt bestätigte. Das gilt insbesondere im Hinblick auf seine Lehre vom *grunt*. Er fand für sie in der Lehre von Proklos über das *unum animae* (das Eine der Seele) einen starken Beleg für seine eigene, stärker pastoral ausgerichtete Version der eckhartschen Mystik vom Grund.[34] Dieser kurze Überblick über die Quellen, aus denen Tauler schöpfte, verändert das Bild vom *lebmeister* nicht, zeigt jedoch, dass sogar Lebemeister nicht ohne tiefes und sorgfältiges Denken auskommen.

II. Theologische Grundlagen

Der Versuch wäre nicht hilfreich, ein Taulersches theologisches System zu rekonstruieren; vermutlich hätte er selbst das weit von sich gewiesen.[35] Er

---

[33] H 70: II,539; statt „Gemüt" hat H hier „Grunde", korrigiert von B. S.; V 56 (263,1–4): *Aber ein gros edel meister sprach: ‚also schiere als sich der mensche wider kert mit sinem gemuete und mit gantzem willen, und sinen geist in treit in Gotz geiste über die zit, so wirt alles das wider bracht in dem ougenblicke das ie verloren wart'*. Der Abschnitt bei Eckhart, den Tauler hier zusammenfasst, steht in Pr. 5b (DW 1,94,8–95,3), die gegenteilige Ansicht von Thomas in S.Th. III q. 89 a. 6.

[34] Neben den oben erwähnten Stellen aus V 29 und V 64 zitiert Tauler Proklos auch in V 61 (332,21–26) und V 65 (358,14–16). Eine Stelle aus dem Neuplatoniker Porphyrios (den er als *ein heidensch kúnig* anführt) zitiert er in V 69 (378,33–36).

[35] Den Versuch, eine Taulersche (merkwürdigerweise „philosophisch" genannte) Systematik

verstand sich als bescheidener Zeuge des christlichen Glaubens, der weitergebe, was er selbst empfangen habe. Sein Anliegen war es nicht, zum Gebiet der Theorie etwas beizusteuern, sondern er wollte vor allem zur praktischen Anwendung der Botschaft und insbesondere ihrer anspruchsvolleren Aspekte anleiten, wie etwa zur Umsetzung der Lehre des Evangeliums über das völlige Leerwerden von sich selbst (das heißt, er wollte zeigen, wie man gemäß Mt 5,3 „arm im Geist" werden könne). Tauler war wie Eckhart der festen Überzeugung, dass eine derartige Armut unerlässlich sei, um zum inneren Grund von Gott und Mensch vorzustoßen, von dem Christus spreche, wenn er sage: „Das Reich Gottes ist in euch" (Lk 17,21). Obwohl er theologische Systematisierungen vermied, offenbaren seine Predigten wichtige ihnen zugrundeliegende Annahmen über das Verhältnis zwischen Gott und der Person des Menschen, die seine moralisch-mystische Botschaft klarer sehen helfen.

Es ist wichtig, den praktischen Charakter der Predigt Taulers zu betonen. Er hatte sogar noch stärker als Seuse seine Schwierigkeiten mit der akademischen Theologie seiner Zeit.[36] Die wachsende Kluft zwischen scholastischer Theologie und mystischer Frömmigkeit hatte zur Folge, dass im 14. Jahrhundert einer der Charakterzüge der Mystik das zunehmende Misstrauen gegen die Theologie der Schulen, ja deren völlige Ablehnung war. Diese Kluft wirkte sich allem Anschein nach nicht nur auf Mystiker aus dem Laienstand aus, sondern auch auf Mystiker im Klerus wie Seuse, Tauler und den Autor der *Wolke des Nichtwissens*. Die scholastische Theologie war im Lauf des 14. Jahrhunderts immer stärker professionalisiert worden und man hatte sich zunehmend in technische Diskussionen bezüglich Epistemologie und Sprache verbissen. Gläubige, die mehr suchten als nur theoretische Abhandlungen über Gott, hatten das zunehmend als völlig unbrauchbar für ihre Anliegen empfunden. Einer der Gründe, weshalb Tauler ein so erfolgreicher Prediger war, lag darin, dass seine Zuhörerschaft dankbar zu schätzen wusste, dass seine Botschaft nicht nur tief im christlichen Glauben verwurzelt war, sondern auch direkt und lebensnah ihre praktischen Anliegen ansprach. In V 29 (H 29) sagte er es so: „Hierüber könnte man erstaunlich viele Worte machen und hätte doch nichts gesagt,

---

zu skizzieren, unternahm Dietrich M. Schlütter, „Philosophische Grundlagen der Lehren Johannes Tauler", in: *Johannes Tauler. Ein deutsche Mystiker*, 122–161. Er sammelte viel Information, aber seine starre Form taugt kaum dazu, die Grundzüge von Taulers Denken anschaulich vorzustellen.

[36] Als kritische Äußerungen Taulers über die akademische Theologie siehe z. B. V 18 (287,32–288,14), V 19 (77,23–27), V 29 (299,18–34), V 45 (196,28–30) u. V 78 (420,35–421,9). Als genauere Erörterung darüber siehe Maurice De Gandillac, *Valeur du temps dans la pédagogie spirituelle de Jean Tauler*, Paris/Montréal 1956, 12–17.83–87.

wodurch wir verstehen könnten, wie die überragende, überschwängliche Einheit sich zur Mannigfaltigkeit entfaltet. Das zu erfahren ist besser, als darüber zu sprechen."[37]

Taulers Predigt wurzelte in zwei grundlegenden Bereichen der christlichen Theologie: in der Gotteslehre und der theologischen Anthropologie. Er liefert uns keine ausgearbeitete Abhandlung über die Natur Gottes oder eine ausführliche Überlegung über das Problem, von Gott zu sprechen, wie das Eckhart tut. Aber der Strassburger Prediger kommt durchaus auf Themen zu sprechen wie die göttlichen Attribute, die Emanationen aus der Dreifaltigkeit und die absolute Einfachheit der göttlichen Natur als *ein einig ein*, „ein Einziges Eines".[38]

Ein kurzer Text, der sich in nur wenigen Manuskripten findet und den Titel trägt: „Dis ist ein guote lere" („Dies ist eine gute Lehre") stellt eine Art Anomalie unter Taulers Predigten dar, wenn er denn überhaupt eine Predigt ist.[39] Er knüpft an Deuteronomium 6,4 an („Höre, Israel, dein Gott ist Einer") und ist in Wirklichkeit ein kurzer Traktat oder eine Betrachtung über die allgemeinen *eigenschaften* Gottes. Dieser Text ist wichtig, um aufzuzeigen, wie sehr Tauler den Apophatismus Eckharts teilte. Er beginnt mit einer Behandlung der positiven Namen: Gott als lauteres Sein *(luter wesen)* und Sein des Guten *(wesen der guoten)*. Wenn sich der Mensch in ihn versenke „mit all seinen Kräften, in wirkender, fühlender, schauender Weise", werde er „von seinem Nichts ganz durchdrungen", bis er „Sein empfange in dem göttlichen Sein". „Dann betrachte der Mensch die Eigenschaften der so einfachen Einheit (Gottes), denn Gott ist der letzte Inbegriff aller Einfachheit" *(sehe der mensch an die eigenschaft der einiger einikeit des wesens*, 277,14–15).

Die drei letzten im Text besprochenen Eigenschaften Gottes sind alle negativ. Die ersten beiden sind eckhartisch. „Wahrlich, du bist ein verborgener Gott" (Jes 45,15) war eine biblische Lieblingsstelle von Eckhart.[40] Tauler verwendet sie hier, um auf Gottes tiefste Verborgenheit hinzuweisen:

---

[37] H199/V 29 (299,18): *Hinnan ab ist besser ze bevindende wan ze sprechende.*
[38] In seiner Zusammenfassung von Taulers Gotteslehre versucht Alfons Hufnagel, „Taulers Gottesbild und Thomas von Aquin", in: *Johannes Tauler. Ein deutsche Mystiker*, 162–177, aus Tauler viel stärker einen Thomisten zu machen, als er das tatsächlich war.
[39] H 83 / V 60 (276–278). Dieser Text wurde erst wenig untersucht. Es dürfte sich lohnen, ihn ausführlich mit Eckhart und Seuse und auch mit Dionysius zu vergleichen.
[40] Eckhart verwendet Jes 45,15 achtmal. Was er in Pr. 15 (DW 1,252.1–253,6) darüber ausführt, kommt diesem Text von Tauler sehr nahe. Als Geschichte einiger Verwendungen dieser Stelle Jes 45,15 siehe Bernard McGinn, „Vere tu es Deus absconditus: The hidden God in Luther and some mystics", in: *Silence and the Word. Negative Theology and Incarnation*, hg. v. Oliver Davies u. Denys Turner, Cambridge 2002, 94–114, besonders 103–104 über Eckhart.

"Er ist allen Dingen weit verborgener, als irgendein Ding im Seelengrunde (eines Menschen) sich selbst verborgen ist, verborgen allen Sinnen und ganz unerkannt innen im Grunde" (277,23–24). Hierauf bringt er die eckhartsche Vorstellung von der göttlichen Wüste („Dann soll der Mensch betrachten die Eigenschaft der Einsamkeit Gottes in der stillen Leere", 277,31–32) und zitiert Eckharts bezeichnendsten Text für das Wüstenmotiv, Hosea 2,14: „Ich will die Meinen in die Einsamkeit führen und da zu ihrem Herzen sprechen."[41] Tauler schließt mit einer Betrachtung über die dionysischen Attribute der göttlichen Finsternis und verwendet seinen ihm eigenen Begriff *abgrunt* für die Unbegreiflichkeit Gottes. Aber anders als für Dionysius ist für Tauler der Abgrund gegenseitig. Er sagt es so: „Dem entgegen trage *deine* unergründliche Finsternis, die allen wahren Lichtes beraubt, allen Lichtes entbehrt, und lass den Abgrund der göttlichen Finsternis, sich selbst allein bekannt und allen (geschaffenen) Dingen unbekannt, (dich erleuchten). Dieser selige Abgrund, unbekannt und ungenannt, wird mehr geliebt und ziehet mehr Seelen an sich als alles, was sie erkennen können an dem göttlichen Sein in der ewigen Seligkeit."[42] Dieser kurze Text führt Taulers Fähigkeit als apophatischer Prediger vor Augen.

Ein weiterer theologischer Begriff Eckharts, den Tauler verwendet, ist *das einig ein*, diese Zweifachformulierung, die Eckhart zur Bezeichnung der absoluten Einfachheit Gottes benutzte. Als Tauler zum Beispiel in einer Predigt zum 5. Sonntag nach Dreifaltigkeit (V 39/H 40) über das reine innere Gebet spricht, sagt er, auf den höchsten Stufen sei es möglich, das innere und das äußere Gebet auf die Weise miteinander zu verbinden, wie in Gott Tätigsein und Ruhe eins seien: „Das ist das allerhöchste Wirken und das allerlauterste Genießen, eine einzige Einheit *(ein einig ein)* ohne (wechselseitiges) Hindern, und jedes im allerhöchsten Maße, ohne dem anderen im Wege zu stehen. Das Wirken liegt in den (drei göttlichen) Personen, das Genießen in dem einfachen Seienden."[43]

In zwei Texten verwendet Tauler *das einig ein* in Verbindung mit einem Text aus Psalm 41,8 („der Abgrund ruft dem Abgrund zu"), um auf das

---

[41] Über Eckharts Gebrauch des Wüsten-Motivs und Hosea 2,24 siehe Kap. 4, 314–315.
[42] H 83: II,623/V 60 (278,14–19): *Dar engegen trag din abgründig vinsternisse beroubet von allem woren liechte und darbende alles liechtes und la das abgründe des goetlichen vinsternisses im selber allein bekant und allen dingen unbekant. Das abgründe, das unbekant und ungenant, das selig, ist me gemint und reisset me die selen denne alles das si bekennen mügen in der ewigen selikeit, an dem goetliche wesende.*
[43] H 40: I,298–299/V 39 (156,19–22): *Do ist das aller oberste würken und das aller luterste gebruchen ein einig ein ane hinderen und ein ieklichs in dem aller hoechsten, und das ieklichs ane des anderen hinderen. Das würken ist in den personen, das gebruchen git man dem einvaltigen wesende.*

absolute Einssein hinzuweisen, das für das ineinander Aufgehen von göttlichem Abgrund und menschlichem Abgrund im intensivsten Stadium des Einsseins charakteristisch ist.[44] Tauler bietet zwar nichts, was Eckharts ausführlichen Erörterungen über das *unum/einig ein* entsprechen würde, aber die Tatsache, dass er diesen Begriff verwendet, zeigt, wie stark seine Gotteslehre von Eckhart beeinflusst war.

An mehreren Stellen warnt er vor jeder verstandesmäßigen Diskussion über das göttliche Geheimnis als solchem: „Wenn ihr zusammenkommt, sollt ihr von Gott reden und vom tugendhaften Leben und nicht disputieren über die Gottheit nach den Sätzen der Vernunft."[45] Aber mit dieser Warnung stellt er nicht die Notwendigkeit des *übernatürlichen* Betrachtens über das Geheimnis Gottes als des Einen und Dreifaltigen in Abrede.[46] Mehrere Predigten enthalten kurze Zusammenfassungen der Lehre von den trinitarischen Hervorgängen (z. B. V 13 [62,35–64,7], V 29 [299,3–14], V 39 [156,23–29] und V 76 [412,12–14]). Eine von Taulers längeren Abhandlungen über die Dreifaltigkeit ist typischerweise praktisch und pastoral ausgerichtet. In V 27 (110–114) deutet er das Gleichnis vom Guten Hirten und dem Schafstall (Joh 10,1–18) allegorisch als Lehre über unsere Rückkehr in die Dreifaltigkeit: Der Hirte sei das Ewige Wort, die Tür Christi Menschheit, der Türhüter der Heilige Geist; die Hürde sei das Herz des Vaters. Diebe (d. h. unsere Neigungen zum Besitzenwollen) und Mörder (unsere harten Urteile über unsere Nächsten) hielten uns davon ab, in die endgültige Freude einzutreten. Aber wenn man den Dieb und den Mörder in sich sterben lasse, höre alles Richten auf und folglich kehre dann Frieden in den Menschen ein. Ein Mensch, der so weit käme, wäre selig. „Ihm öffnete der Türhüter und ließ ihn ganz hinein in den väterlichen Abgrund ... Er versänke mit unaussprechlichem Genießen in die Tiefe der Gottheit und ginge voller Liebe aus in die heilige, (durch Christus) vergöttlichte, liebevolle Menschheit, voller Freude und Wonne."[47]

---

[44] V 41 (176,6–11) und V 45 (201,1–7). Als weitere Verwendung von *ein einig ein* siehe V 53 (245,17). An mehreren Stellen verwendet Tauler Formulierungen, die dem *ein einig ein* äquivalent sind; z. B. in V 54 (249,9: *ein einvaltig luter einikeit*); V 60 (277,16–17: *in dem einigen ein wesende*); V 64 (347,12: *einer ein erstekeit*); und V 67 (366,22: *in einer einvelteger einvaltiket*).
[45] H 25: I,175/V 25 (309,5–7): ... *daz ist wenne ir zuo ennander kummt, so süllent ir reden von Gotte und von tugentlich leben und nút disputieren von der gotheit in ander wise noch der vernunft* ...
[46] Die Begriffe „übernatürlich" und „überwesentlich" (*übernatürlich* und *überweselich*) kommen bei Tauler oft vor. Er spricht sogar von „Überwesentlichkeit" (*überweselicheit*; siehe 143,6, 238,36, 411,16).
[47] H 27: I,190/V 27 (113,30–34): ... *und dem tete der torwerter uf und liesse in rehte in in daz vetterliche abgrund, und ... er versünke mit unsprechlicher weide in der gotheit und gienge*

Der Bereich der Theologie, für den Tauler die meiste Zeit verwendet, ist derjenige der Anthropologie.[48] Das ist kaum anders zu erwarten, liefert doch das richtige Verständnis des Menschen als *imago Trinitatis* für seine Mystik eine entscheidende Grundlage. So ist ihm ein Überblick über die *termini technici* für die Seele und ihre Kräfte ganz wichtig. Er vertritt im Wesentlichen eine paulinische Sicht der menschlichen Natur. (Es sei daran erinnert, dass sich das 14. Jahrhundert durch eine intensive Beschäftigung mit Paulus auszeichnete, sowohl bei den Mystikern als auch bei den scholastischen Theologen.) Paulus hatte vom Gegensatz zwischen dem inneren und dem äußeren Menschen gesprochen (2 Kor 4,16; Eph 3,16) und von der Natur des Menschen gesagt, sie bestehe aus den drei Teilen Geist, Seele und Leib (1 Thess 5,23). Beide Schemata wurden in der Geschichte der christlichen Anthropologie unter ausgiebiger Verwendung des platonischen Denkens reich entwickelt und sind für Tauler grundlegend.

Liest man Taulers Anthropologie oberflächlich, so könnte sie einem dualistisch vorkommen. Daher ist es gleich von Anfang an wichtig, zu sehen, dass er die Unterscheidung zwischen dem inneren und dem äußeren Menschen nicht mit derjenigen zwischen Seele und Leib gleichsetzt. Mit dem äußeren Menschen bezeichnet er vielmehr die Einstellung, die wir gegenüber der uns umgebenden Welt einnehmen, während es beim inneren Menschen um unsere Beziehung zu Gott und der Seele gehe.[49] Für unserer jetzigen Situation als Gefallene charakterisiert er den Gegensatz zwischen dem inneren und dem äußeren Menschen oft in Begriffen der Spannung und Gegnerschaft. So legt er zum Beispiel in V 6 den Ausspruch Jesu: „Mein Joch ist sanft und meine Bürde ist leicht" (Mt 11,30) so aus: Mit dem „Joch" sei der „inwendige edle Mensch" gemeint, „der aus dem edlen Grund der Gottheit gekommen" sei (V 6: 25,19–20), die „Bürde" bezeichne den äußeren, alten irdischen Menschen, der von vielfältigen Lasten be-

---

mit minnen us an die heilige vergoettete minnenkliche menscheit in voller weiden und wunnen...

[48] Über Taulers Anthropologie gibt es eine Reihe von Untersuchungen. Siehe z. B. E. Hugueny, „La doctrine de Tauler", in: *Sermons de Tauler* I,74–89; Steven E. Ozment, *Homo spiritualis. A Comparative Study of the Anthropology of Johannes Tauler, Jean Gerson and Martin Luther (1509–1516) in the Context of their Theological Thought*, Leiden 1969, 15–46; Wrede, *Unio Mystica* Teil II. Mensch (93–202); Zekorn, *Gelassenheit und Einkehr*, Erster Teil. Gott und Mensch (32–74); Gnädinger, *Johannes Tauler*, 129–136 u. 241–251. Wichtige Studien über Taulers Anthropologie finden sich bei Mieth, *Die Einheit*, 235–331; und Haas, *Nim din selbes war*, 76–153. Michael Egerdings Aufsatz „Johannes Taulers Auffassung vom Menschen", in: *Freiburger Zeitschrift für Philosophie und Theologie* 39 (1992), 105–129 handelt nicht so sehr von Taulers Vorstellung von der Seele und ihren Kräften, als von der Auffassung des Predigers von der Bestimmung des Menschen.

[49] Siehe Mieth, *Die Einheit*, 254–257.

drückt werde.⁵⁰ Diese Spannung sei jedoch das Ergebnis der Sünde Adams. Das Ziel des geistlichen Lebens bestehe darin, bereits in diesem Leben die verlorene Harmonie zwischen dem inneren und dem äußeren Menschen soweit wie möglich wieder herzustellen. Gegen Ende einer Predigt zum 16. Sonntag nach Dreifaltigkeit (V 67/H 63) sagt Tauler: „Deinen inneren Menschen sollst du niemandem unterwerfen außer Gott; aber deinen äußeren Menschen, den unterstelle in aller Demut unter alle Geschöpfe ... Der äußere Mensch soll innerlich warten, was ihm der innere gebietet, um dem auf jede Weise mit jeder Arbeit genugzutun."⁵¹

Die Rede vom inneren und äußeren Menschen baut bei Tauler auf einem dreifachen Verständnis des Menschseins auf. In einer Predigt zum 13. Sonntag nach Dreifaltigkeit (V 64/H 53) erklärt er dieses folgendermaßen: „Der Mensch verhält sich, als ob er drei Menschen wäre und ist doch (nur) einer. Der erste ist der äußere, tierische, sinnliche Mensch; der zweite der geistige mit seiner Erkenntniskraft; der dritte Mensch ist das Gemüt *(gemuete)*, der oberste Teil der Seele, das Gemüt *(gemuete)*. Alles zusammen macht nur einen Menschen aus. So sind auch verschiedene Arten des Willens in dem Menschen, jede nach ihrer Weise."⁵² In der vorhin zitierten Predigt zum 16. Sonntag spricht Tauler ausführlicher darüber, in welchem Verhältnis diese drei Ebenen des Menschseins zueinander stünden. Der äußere Mensch solle in einen Zustand der *gelassenheit* gebracht werden, damit er nach innen gezogen werde und unter die Herrschaft des vernünftigen Menschen komme. Wenn sodann der vernünftige Mensch jene Gelassenheit erlange, mit der er sich in seinem lauteren Nichts halte, Gott den Herrn sein lasse und sich ihm unterwerfe, „dann wird der dritte Mensch (in diesem Menschen) zu seiner ganzen Größe aufgerichtet, er bleibt ungehindert, kann sich in seinen Ursprung kehren und in den Zustand seiner Ungeschaffenheit, worin er ewig gewesen ist, und steht da ohne Bilder und Formen in rechter Entsagung (eigenen Tuns)." Dieser Zustand verschaffe allen drei

---

⁵⁰ Über den Konflikt zwischen dem inneren und dem äußeren Menschen siehe auch V 9 (42,28–43,5) und V 57 (266,5–19).
⁵¹ H 63: II,492/V 67 (370,22–28): *Dinen innewendigen menschen den ensolt du under nieman legen denne under Got; sunder dinen uswendigen menschen den leg in wore demuetikeit under alle creaturen ... Also sol der usser mensche innewendig warten was im der inwendig mensche gebiete, das er dem in allen wisen und werken genuog si.* Als weitere Texte über die Notwendigkeit der Harmonie und Zusammenarbeit von innerem und äußerem Menschen siehe z. B. V 11 (56,12–23), V 15 (71,14–17) u. V 24 (98,3–9).
⁵² H 53: II,409 (H etwas modifiziert, B. S.)/V 64 (348,22–26): *... wan der mensche ist rechte als ob er drú menschen si und doch ein mensche. Das eine das ist der uswendig vihelich sinneliche mensche; der ander das ist der vernünftige mensche mit sinem vernünftigen kreften; der dritte mensche das ist das gemuete, das oberste teil der selen. Dis alles ist ein mensche. Als ist och maniger kúnne wille in den menschen, ieklichs nach siner wise.*

Menschen und ihren Kräften Genuss: „Da gibt ihm denn Gott nach dem ‚Reichtum seiner Herrlichkeit' (Eph 3,16). So reichlich geschieht das, dass davon die niederen, mittleren und oberen Kräfte beschenkt und gestärkt werden in empfindender und verkostender Weise."[53] Tauler bezieht sich oft auf diese dreiteilige Anthropologie, die ihre Wurzeln bei Paulus hat und von einer Reihe früherer christlicher Mystiker weiterentwickelt wurde, namentlich von Wilhelm von St. Thierry, aus dessen Denken Tauler direkt zu schöpfen scheint.[54]

Der äußere und der innere Mensch, so Tauler, verfügten über unterschiedliche Fähigkeiten, die dem mystischen Weg sowohl Gefahren als auch Möglichkeiten bereiteten (der höchste Aspekt der Seele, also der dritte Mensch, sei dagegen jenseits aller Fähigkeiten). Davon spricht er in der 2. Predigt zum Fest der Geburt Johannes des Täufers (V 61/H 44). Damit wir so wie Johannes zu Zeugen des göttlichen Lichts Christi werden könnten, müssten wir unsere niederen und höheren Kräfte von allem Weltlichen lösen.[55] Die zwei niederen Kräfte gehörten dem äußeren Menschen an: die Kraft des Begehrens *(begirliche kraft)*, die uns nach Befriedigung suchen lasse, und die Kraft des Zürnens *(zürnende kraft)*, die sich gegen alles Schädliche wende. Die erstere müsse die sinnliche Lust ablegen, die letztere müsse anders ausgerichtet werden, um uns die Stärke und Beharrlichkeit für ein Leben in Loslösung zu verleihen (V 61: 329,33–330,21). Die drei höheren Kräfte des inneren Menschen – Vernunft, Wille und Liebe *(vernunft/wille/minne)* – müssten ebenfalls das Zeugnis empfangen. Die Vernunft sei ein Prophet, das heißt jemand, der weit sehe. Aber sie müsse einsehen, dass sie nicht in den Grund zu blicken vermöge, den *grundelos abgrund* (331,4), der jenseits aller Fähigkeiten liege. An dieser Stelle schweift Tauler ab und

---

[53] H 63: II,486/V 67 (366,4–9): ... *und mag sich keren in sinen ursprung und in sin ungeschaffenheit, do er ewiklich gewesen ist, und stet do sunder bilde und forme in rechter ledikeit [nach der Lesart von Corin]; do git im Got nach dem richtuom sinre ere. Also groeslichen wirt er do begabet das von der richeit alle die nidersten und die mittelsten und die obersten krefte werdent begabet und gesterket in bevintlicher wise und gebruchlichen.*

[54] Tauler dürfte Wilhelms *Epistola aurea* gekannt haben, die im Sinn dieser dreifachen Anthropologie aufgebaut ist; jedoch war diese Schrift zu seiner Zeit unter dem Namen von Bernhard von Clairvaux in Umlauf. Über Wilhelms Anthropologie siehe im vorliegenden Werk Band II, 349–357. Als weitere Texte, in denen Tauler das Dreifachschema anwendet, siehe z.B. V 65 (357,15–358,10, eine allegorische Darstellung anhand der Erzählung von der Opferung Isaaks), V 68 (373,9–12; 376,18–22) u. V 70 (382,4–26). Tauler legt seine dreiteilige Anthropologie auch mit der Rede von drei Arten von Kräften dar: den Sinneskräften, die Bilder empfangen; den Verstandeskräften; und dem verborgenen *grund*, der Gott ohne Bilder direkt empfängt; siehe V 10 (50,15), V 15 (68,1–2), V 23 (92,20–26), V 24 (101,1–4) und V 66 (363,7–11).

[55] Die Gattungsunterscheidung zwischen den höheren und niederen Kräften taucht in einer ganzen Reihe von Predigten auf; z.B. in V 11 (54,20–28) und V 21 (88,7–15).

kommt auf die Rolle des *grunds* zu sprechen (331,1–333,6). Dieser Abschnitt zeigt die grundsätzliche Kluft zwischen Taulers im *grund* und *gemuete* verwurzelter Anthropologie und der traditionellen augustinisch-thomistischen Lehre vom Menschen. Hier zeigen sich wichtige Unterschiede, zum Beispiel in der Art, wie Tauler genau wie Eckhart die vor-geschöpfliche oder virtuelle Existenz des Grundes der Seele in Gott betont, und wie er (im Gegensatz zu Thomas) bereit ist, antiken Philosophen wie Platon und Proklos bereits ein Wissen um die Dreifaltigkeit zuzuschreiben, weil sie bis zum *grund* vorgestoßen seien, der seinem Wesen nach die *imago Trinitatis* in der Natur des Menschen sei.[56]

Nach dieser Abschweifung zum Thema „Grund" kommt Tauler auf die Seelenkräfte zurück, besonders auf „die Kraft des Liebens, des Wollens" (333,7–8), die Zeugnis für das Licht Christi gebe. Er zählt hier die vier Grade der gewalttätigen Liebe auf, von denen Richard von Sankt Victor sprach, um zu zeigen, wie die vereinten Kräfte des Wollens und Liebens über sich selbst hinaus in den Grund führten, das heißt in den Bereich des innersten ungeschaffenen *mensche*. Die verwundende Liebe *(wundende minne)* treibe uns in den Grund und die gefangene Liebe *(gevangene minne)* halte uns dort vollständig gefangen: „Da hast du nicht mehr Gewalt über dich selbst; du hast in dir weder einen Gedanken noch eine Übung der Kräfte, auch kein Werk der Tugend."[57] Die quälende Liebe *(qwelende minne)* und die rasende Liebe *(rasende minne;* Hofmann übersetzt: „entrückte Liebe") sind Tätigkeiten innerhalb des Grundes, nämlich jene Liebesverrücktheit, die den Mystikerinnen des Mittelalters wohlbekannt war und offensichtlich auch Tauler und seinen Zuhörern nicht merkwürdig vorkam. Das ist die Liebe, die einem „Mark und Blut verzehrt" (334,3). Wer *in disem sturme der minne* (335,5) wirbelt, solle alle Praktiken und Frömmigkeitsübungen aufgeben und auch alle Gedanken an seine Sünden und sein Versagen. Tauler sagt: „Begehre nach dieser Liebe stets eifrig, habe ein ganz festes Vertrauern zu ihr, halte dich an ihr fest, und du wirst ebenso stark und ebensoviel empfinden, als je ein Mensch in dieser Zeitlichkeit empfand."[58]

Ähnliche Beschreibungen von vier oder fünf Fähigkeiten tauchen auch in

---

[56] V 61 (332,19–27). Über diesen Gegensatz siehe Sturlese, „Tauler im Kontext", 407–409. In S.Th. I q. 32 a. 1 bestreitet Thomas, es gebe außerhalb der Offenbarung irgendeine Kenntnis der Dreifaltigkeit.

[57] H 44: II,340/V 61 (333,8–20): ... *do bist du in ungewalt din selbes: do ist weder gedanke noch uebunge der krefte noch werk der tugende.* Hier sei angemerkt, dass der letzte Satz über das Verlieren der Werke der Tugend genau jene Aussage ist, die, aus ihrem Kontext gerissen, einer der Punkte war, die Marguerite Porete vorgeworfen wurden (siehe im vorliegenden Werk Band III, 433 f., 435 (Anm. 249) u. 448.

[58] H 44: II,342/V 61 (335,14–16): ... *und hab stete emzeklich begerunge und ein gantz sicher*

einer Reihe anderer Predigten auf, zuweilen in Verbindung mit dem Thema der *imitatio passionis*, das Tauler und seinen Zeitgenossen so sehr am Herzen lag.[59] In der 52. Predigt erörtert Tauler das Verhältnis zwischen vier Fähigkeiten und vier Fehlern, die die Seele an der Rückkehr in den inneren Grund hinderten (236,24–237,28). Die Fähigkeit zum Begehren, also der Zug zu Befriedigung und Vergnügen, sei vorwiegend auf das Genießen äußerer Dinge aus, während man die an sich gute Fähigkeit zum Zürnen oft dadurch falsch einsetze, dass man sich dabei vom Geist der Wut oder der Verurteilung leiten lasse. Die Vernunftkraft führe den Menschen vom Weg ab, indem sie ihn in der Annahme wiege, er besitze bereits etliche Wahrheit und Tugend; dagegen zeige ihm die Demut das Gegenteil. Und schließlich könne sogar die innere Freude, die man am Geist habe, zur Gefahr werden, wenn man diese Freude für Gott selbst halte. Tauler warnt: „Wisset: wo man Gott nicht im Sinn hat, erreicht man kein göttliches Ziel und empfängt keinen göttlichen Lohn."[60] Diese Predigt zeigt, dass Taulers Interesse an der Anthropologie zwar spekulativ ansetzte, aber immer auf ein praktisches Ziel angelegt war.

Eine der am besten strukturierten Predigten Taulers handelt von der Seele und den Bezeichnungen für ihre unterschiedlichen Funktionen. Der am betreffenden 19. Sonntag nach Dreifaltigkeit (V 56/H 70) vorgegebene Text *„renovamini ... spiritu mentis vestrae"* („Erneuert euch im Geist eures Denkens!", Eph 4,23) regte zweifellos zu diesem Kurztraktat in Anthropologie an. Tauler übersetzt den Vulgata-Begriff *mens* mit *gemuete*, einem der wichtigsten Begriffe seines Vokabulars (in etwa zu übersetzen mit „wesentliche Neigung/ Grundausrichtung").[61] Die Predigt fängt er ganz praktisch an: Erneuerung im *gemuete* heiße, Lügen, Zorn und Stehlen zu ver-

---

getrüwen, und halt dich hert zuo der minne, und du solt als gros und als vil bevinden als ie mensche in der zit bevant.

[59] In V 51 (233,32–234,19), der 3. Predigt zum Fest der Kreuzerhöhung, spricht er davon, dass man vier Kräfte seiner Seele mit Christus kreuzigen lassen solle, um neugeboren zu werden: die höheren Kräfte von *vernunft* und *willen* und die niederen Kräfte der *uswendunge gelusticheit* und *zürnende kraft*. In V 71 (388,6–25) ordnet er diese fünf Kräfte den fünf Wunden Christi zu: die *begirliche kraft* der linken Fußwunde, die *zornliche kraft* der rechten Fußwunde; den *eigenwillen* der linken Handwunde; die *vernunft* der rechten Handwunde; und die *minnende kraft* der Herzwunde.

[60] H 57: II,443/V 52 (237,23–24): *Wissent: wo Got nút gemeint enwirt, des sol er och kein ende noch kein lon sin.*

[61] Mit seiner Übersetzung von *mens* als *gemuete* folgt Tauler Eckhart, der seine Predigt zum 19. Sonntag nach Dreifaltigkeit auch so anfing: *Renovamini spiritu. ‚Ir svnt ernüwet werden an vwerme geiste, der do mens heiset', das ist ein gemüte* (Pr. 83 [DW 3,437,1–3]). Hofmann, dessen Übertragung hier verwendet wird, übersetzt *gemuete* mit „Geist", womit er laut Alois M. Haas „im Prinzip ... im Sinn eines kontextuellen Übersetzens" recht habe, was aber dennoch nicht ganz glücklich sei (vgl. in der *Einführung* zu den *Predigten* I,XIV, Anm. 41).

meiden: Diese einzelnen Punkte deutet er dann nicht als einzelne schlechte Taten, sondern als die schlechten Neigungen, die uns den Weg zu Gott versperren (V 56, 259,15–161,28). Im zweiten, stärker theoretischen Teil der Predigt (261,29–262,28) behandelt er die verschiedenen Namen, die man dem Geist des Menschen je nach seinen Handlungen und unterschiedlichen Gesichtspunkten gebe *(Der geist des menschen hat manigen namen, das ist nach der wúrklicheit und nach dem wider gesichte*, 261,30–31). Er werde *sele* genannt, insofern er dem Leib Leben schenke und *geist*, um damit seine engen Verwandtschaft mit Gott zum Ausdruck zu bringen. Da sowohl Gott als auch die Seele *geist* seien, habe die Seele „ein ewiges Sichhinneigen und Hinblicken in den Grund ihres Ursprungs." Diese enge Gleichheit *(gelicheit)*, die die Seele ständig zu ihrer göttlichen Quelle hinziehe, was sich nie ganz ausrotten lasse, selbst bei den Verdammten nicht, trage den Namen *gemuete* (und bedeutet also „Wesensneigung"[62]). Tauler beschreibt sie folgendermaßen: „Die Seele wird auch *gemuete* genannt; das ist ein köstlich Ding: in ihm sind alle Kräfte vereinigt, Vernunft, Wille, aber es selbst steht über diesen, und es besitzt mehr als diese. *Über* der Wirksamkeit der Kräfte gibt es (noch) ein inneres und wesentliches Ding; und wenn das *gemuete* geordnet und gut (auf Gott) ausgerichtet ist, so geht auch alles andere gut: und ist das *gemuete* (von Gott) abgewandt, so ist alles abgewandt, ob man sich dessen bewusst ist oder nicht. Schließlich heißt die Seele auch *mens*. Das, liebe Schwestern, ist der *grunt*, in dem das wahre Bild der heiligen Dreifaltigkeit verborgen liegt. Und dieser Grund ist so edel, dass man ihm keinen eigenen Namen zu geben vermag."[63] Diese wichtige Textstelle führt deutlich vor Augen, dass *gemuete/grunt* in Taulers theologischer Anthropologie, ja in seiner mystischen Botschaft insgesamt, die zentrale Realität ist.

Daher werden entsprechende Stellen hier zuweilen vom Übersetzer modifiziert (und mit B. S. gekennzeichnet).
[62] Anm. d. Ü.: „Wesensneigung" wirkt gegenüber *vúrwurf*, dem deutschen Begriff, mit dem Tauler das *gemuete* erklärt, allerdings ziemlich statisch. „Vorwurf" enthält den ausgesprochen kinetischen Aspekt des „Geworfenseins"; modern (und noch stärker) ausgedrückt: der Mensch wäre grundsätzlich auf eine Laufbahn zu Gott hin geschossen. Der Autor wurde für seinen englischen Text auf diesen Sinn von Prof. Hildegard Keller hingewiesen und bedankt sich hier dafür bei ihr.
[63] H 70: II,538/V 56 (262,4–13): *Das gemuete das ist ein wunneklich ding; in dem sint alle die krefte versament: vernunft, wille; aber es ist an im selber dar über* [gemäß C LXX in III,160] *und hat me dar zuo. Es hat einen innigen weselichen fürwurf über die würklicheit der krefte, und wanne dem gemuete recht ist und es wol zuo gekert ist, so ist allem dem andern recht, und wo das ab gekert ist, so ist alles ab gekert, man wisse oder enwisse nút. Nu heisset si och ein mens* [C LXX in III,160]. *Kinder, das ist der grunt do dis wore bilde der heiligen drivaltikeit inne lit verborgen, und das ist so edel das man dem enkeinen eigenem namen enmag gegeben.*

JOHANNES TAULER: DER *lebmeister*

III. Gemuete und *Grund/Abgrund*

Meister Eckhart war der Schöpfer der Mystik vom Grund, einer neuen Art von Lehre, die auf der Vorstellung von der Verschmelzung der Identität von Gott und Mensch beruhte. Eckhart gebrauchte den Begriff *grunt* und Ableitungen davon rund 140mal, seine Schüler Seuse und Tauler verwendeten ihn noch viel öfter; Tauler mehr als vierhundertmal![64] Auch wenn es unter diesen drei Dominikanern signifikante Unterschiede gibt, zeigt doch der Umstand, welche Rolle sie dem Erreichen des inneren Grundes als des „Ortes" jenseits von Zeit, Unterscheidung und Schein zuweisen, wie eng sie im Grundentwurf ihrer Botschaft von der mystischen Verwandlung miteinander verbunden sind. Wenn Taulers Mystik genau wie diejenige Eckharts eine Form der Mystik vom Grund ist, heißt das nicht, dass der Strassburger Prediger sich mit seiner Botschaft darüber, wie Gott und Mensch eins werden, einfach an Eckhart gehalten hätte. Vergleicht man Taulers Vorstellung vom *grunt* mit derjenigen Eckharts, so entdeckt man Weiterentwicklungen, Adaptationen und zuweilen auch Modifikationen dessen, was man beim Meister findet.[65] Die Weiterentwicklung zeigt sich zunächst einmal im Verhältnis zwischen den Begriffen *gemuete* und *grund*, wie man es in V 56 und vielen anderen Texten sieht. Das ist ein Zug, den es bei Eckhart nicht gibt.[66] Über diese Schlüsselbegriffe von Taulers Lehre wurde schon viel geschrieben;[67] die Zahl

---

[64] Unter Taulers authentischen Predigten kann ich nur zwei finden, worin der *grund* nicht erwähnt wird: V 4 und V 78 (wo der *grund* durch eine Abhandlung über den inneren *tempel Gotz* ersetzt ist). Als einige größere Abhandlungen siehe z. B. V 5, 9, 20, 24, 29, 35, 38, 43, 54, 60, 61, 67, 70 u. 71.
[65] Über das Verhältnis von Eckhart und Tauler und besonders Taulers „kritische Umformulierung" Eckharts siehe Walter Haug, „Johannes Taulers Via negationis", in: *Die Passion Christi in Literatur und Kunst des Spätmittelalters*, hg. v. Walter Haug u. Burghart Wachinger, Tübingen 1993, 76–93.
[66] Eckhart gebrauchte das Wort *gemuete* zwar gelegentlich, und verwendete wie Tauler als deutsches Äquivalent für mens; aber er ging nicht auf dessen Verhältnis zum *grunt* ein. Mieth vermutet in *Die Einheit*, 251–252, dass bei Eckhart der Begriff *intellectus*, d. h. *vernunfticheit*, weithin die Funktion hat, die Tauler dem *gemuete* zuschreibt.
[67] Als Untersuchungen von *gemuete* und *grunt* bei Tauler seien nur genannt: Hugueny, „La doctrine de Tauler", in: *Sermons de Tauler*, I,75–82; Kurt Kirmsee, *Die Terminologie des Mystikers Johannes Tauler*, Leipzig 1930, besonders 32–38 *(grunt)* und 54–57 *(gemuete)*; A. Walz, „‚Grund' und ‚Gemüt' bei Tauler", in: *Angelicum* 40 (1963), 328–698; Paul Wyser, „Taulers Terminologie vom Seelengrund", in: *Altdeutsche und Altniederländische Mystik*, hg. v. Kurt Ruh, Darmstadt 1964, 324–352; Claire Champollion, „La place des termes ‚gemuete' und ‚grunt' dans le vocabulaire de Tauler", in: *La mystique rhénane*, Paris 1963, 179–192; Haas, *Nim din selbes war*, 140–145; S. Ozment, *Homo spiritualis*, 15–20; Wrede, *Unio Mystica*, 153–159 u. 191–202; Sturlese, „Tauler im Kontext", 422–426; Gnädinger, *Johannes Tauler*, 125–126 u. 241–251; Zekorn, *Gelassenheit und Einkehr*, 43–61; Michael Egerding, *Die Metaphorik der spätmittelalterlichen Mystik* II,289–302; und Markus Enders, „Selbsterfahrung als Gotteserfahrung. Zum Individualitätsbewusstsein bei Johannes Tauler", in: *Indivi-*

Gemuete UND Grund/Abgrund

der Stellen, an denen sie vorkommen, ist sehr groß.[68] Hier können unmöglich alle diese Stellen behandelt werden, aber eine Gesamtschau von Taulers Vorstellung von *gemuete* und *grund* ist für das Verständnis seiner Mystik grundlegend.

Gemuete war bei den deutschen Mystikern des Mittelalters ein geläufiger Begriff mit einem breiten Spektrum von Bedeutungen. Die einzelnen Autoren verfügten über ziemlich große Freiheit darin, ihn in ihrem Sinn zu verwenden. Tauler zum Beispiel unterscheidet das *gemuete* sowohl vom *herze* (dem Herzen als der Fähigkeit zur affektiven Sensibilität)[69] und vom *wille* (der inneren Fähigkeit zu partikulären Akten des Wollens und Liebens). Wie wir in V 56/H 70 gesehen haben, verwendet er *gemuete* als deutsches Äquivalent für das lateinische *mens*, einen Begriff, der seinerseits über eine reiche Geschichte verfügt, jedoch in seiner Verwendung bei Augustinus das bezeichnete, was für ihn in der Seele das Oberste war: die Quelle der Fähigkeiten des Erkennens und Liebens.[70] Wenn der Prediger die bekannte Definition des Gebets als *ascensus mentis in Deum* übersetzte, formulierte er folglich: *ufgang des gemuetes in Gotte*.[71] Aber Tauler geht noch weiter. Augustinus hatte vom *abditum mentis* gesprochen, dem verborgenen Kern des Geistes, den er mit der *memoria* gleichsetzte, der Selbstpräsenz der Seele als der Quelle aller Akte des Erkennens und Liebens.[72] Tauler übersetzte das als *das verborgen des geistes* und setzte es sowohl mit dem „inwendigen Grund" (*indewenigen grunt*, V 24: 101,4) und in einer anderen Predigt mit der „verborgenen Grundneigung" (*verborgen gemuete*)

---

duum und Individualität im Mittelalter hg. v. Jan A. Aertsen u. Andreas Speer, Berlin 1996, 642–664, besonders 653–660.

[68] Nach Champollion, „Le vocabulaire", 183, gebraucht Tauler *gemuete* 132mal und *grunt* gar 427mal (*vernunft* taucht 84mal auf). Egerding, *Die Metaphorik* II, 289–291 zählt 414mal den Gebrauch von *grund* auf, 55mal den von *abgrund* und 44mal *grundelos/ungruntlich*.

[69] Siehe z.B. V 38 (150,17–18): *... und die widerwertigen gebresten die du wieder din gemuete und herze liden muost dich pingende...* Vgl. auch V 54 (246,9–10).

[70] In *De Trinitate* 15,7,11 (PL 42,1065) sagt Augustinus: *Non igitur anima, sed quod excellit in anima, mens vocatur.* Ein nützlicher Überblick über die Geschichte von *mens* und anderen Begriffen für die Seele und ihre Fähigkeiten findet sich bei Léonce Reypens, „Âme (son fond, ses puissances, et sa structure d'après les mystiques)", in: DS I, 433–469, der Augustinus in 436–441 behandelt und Tauler in 452–453. Siehe auch Aimé Solignac, „'Nous' et 'Mens'", in: DS II, 459–469.

[71] Siehe V 3 (20,6–7): Die Definition wird wiederholt in V 24 (101,13–14), V 39 (154,16–17) u. V 78 (421,20). Es ist bezeichnend für einen typischen Unterschied zwischen Eckhart und Tauler, dass Ersterer für diese Standarddefinition des Gebets von Johannes Damascenus den Begriff „Vernunft" gebrauchte, nicht *gemuete*. Eckhart übersetzt „oratio est ascensus mentis in Deum" (*De fide orthodoxa* 3,24) mit „ein vernünftic ûfklimmen in got, daz ist gebet" (Pr. 19 [DW 318,12–319,1]) und „intellectus in deum ascensus" (S. XXIV, n. 247 [LW 4,225,13–14]).

[72] Über *abditum mentis/abstrusior profunditas memoriae* siehe z.B. Augustinus, *De trinitate* 14,7,9 u. 15,21,40 (PL 42,1043 u. 1088).

gleich.⁷³ Das bedeutet nicht nur einen Bruch mit Augustinus, sondern auch mit Dietrich von Freiberg, der das augustinische *abditum mentis* mit dem *intellectus agens* von Aristoteles gleichgesetzt hatte.⁷⁴

Die bereits oben erwähnte 3. Predigt zum 13. Sonntag nach Dreifaltigkeit (V 64/H 53) offenbart noch mehr über das Verhältnis des deutschen *gemuete* zum lateinischen *mens* sowie die Gegenseitigkeit von *gemuete* und *grund*. Zunächst erörtert Tauler die adelige Beziehung der Seele zu Gott im Grund (346–348), um sich dann im zweiten Teil der Predigt (349–353) der Frage zuzuwenden, wie wir nach dem Gebot des Evangeliums Gott aus ganzem Herzen, ganzer Seele, mit allen Fähigkeit und unserem ganzen Gemüt lieben (Mt 22,37) können. Er zitiert Richard von St. Victor und Albert den Großen mit ihrer Lehre eben darüber; aber da das *gemuete* alle anderen Seelenkräfte enthalte, bedürfe es einer eigenen, ausführlicheren Darstellung. Tauler beginnt mit der üblichen etymologischen Erklärung, *mens (gemuete)* sei vom lateinischen *mensura* (Maß) abgeleitet: „Es wird ein Maß genannt, denn es misst alles übrige. Es gibt ihm Form, Schwere und Gewicht; es entscheidet alles rigsum: *habitus mentis*, Gewohnheit des Geistes."⁷⁵ Man könnte dies als Verbeugung Taulers vor der Tradition betrachten, als Bereitschaft, mit dem *gemuete* das zu umreißen, was Augustinus der *mens* zugeschrieben hatte. Was dann folgt, ist aber seine eigene Lehre, die über Augustinus hinausgeht, wie bereits die neue Einleitungsformel anzudeuten scheint. Tauler sagt: „Nun müssen wir hier bedenken, was dieses *gemuete* ist. Es steht bei weitem höher und innerlicher als die Kräfte; diese haben all ihr Vermögen von ihm und sind darin und von da heraus geflossen; und es ist in allem doch über jeglichem Maß. Es ist gar einfach, wesent-

---

⁷³ V 65 (357,27–30): ... *den uswendigen menschen ze ziehende in den innewendigen menschen und von den bildelichen dingen und gesichtlichen in die ungesichtlichen: das ist in dem grunde das S. Augustinus nemt: ‚abditum mentis'*. Oder auch 358,6–8: *Gib do dich al zemole uf und ging do in und verbirg din verborgen gemuete, das S. Augustinus also nemt, in die verborgenheit des goetlichen abgrundes* ... Über diese Texte siehe Wyser, „Taulers Terminologie vom Seelengrund", 337–341.
⁷⁴ Zu Dietrichs Lehre siehe sein *De visione beatifica*, in: Dietrich von Freiberg Opera omnia I,14,45–46. Über die Bedeutung dieses Bruchs siehe Sturlese, „Tauler im Kontext", 405 u. 422–424. Eckhart bevorzugte gegenüber *abditum mentis* den Ausdruck *abditum animae* und verwendete ihn in ziemlich breitem Sinn bezüglich des Wesens der Seele. Siehe Bernard McGinn, *Meister Eckhart's Mystical Thought*, New York 2002, 204 n. 38.
⁷⁵ H 53: II,411/V 64 (350,2–4): *Es wirt genant ein mosse, wan es misset das ander alles. Es git im sine forme, sine swere, sin gewicht. Es teilet al umbe und umbe. Habitus mentis*. In diesem Abschnitt wird dann im Folgenden Augustinus über die Natur des *habitus* (normalerweise mit „Gewohnheit" übersetzt) zitiert. In welchem Sinn *habitus* hier verwendet wird, ist schwer zu klären. Haas, *Nim din selbes war*, 142–143 versteht ihn als das habituelle Wissen der Seele um sich selbst *per essentiam*, ein Wissen, das bei der Vergöttlichung im *grund* aktuell werde. Sturlese, „Tauler im Kontext", 424–425, versteht ihn in einem allgemeineren Sinn.

Gemuete UND *Grund/Abgrund*

lich und förmlich [d. h. reine Form wie Gott]. Ein Lehrmeister spricht davon und mehr noch (als die anderen). Die Meister sagen, dieses *gemuete* der Seele sei so edel, stets wirkend, der Mensch schlafe oder wache, er wisse darum oder nicht, es habe ein gottförmiges, ständiges, ewiges Rückblicken auf Gott." Der „eine Lehrmeister" könnte Eckhart sein. Zu den anderen „Meistern" wird vermutlich Dietrich von Freiberg gehören. Tauler fasst zusammen: „Andere sagen, es schaue allerwege und liebe und genieße Gott ohne Unterlass. Wie es sich damit verhält, das übergehen wir jetzt; aber es erkennt sich als Gott in Gott, und dennoch ist es geschaffen."[76]

Hier nimmt *gemuete* in etwa die Natur dessen an, was die Scholastiker die *synderesis* nannten; Thomas von Aquin hatte diese als einen natürlichen Habitus unserer obersten Handlungsprinzipien noch vor allen konkreten Handlungen definiert (vgl. S.th. I q. 79 a. 12), aber es ist mehr als dies.[77] Das *gemuete* als wesentliche Neigung des Menschen blickt nach außen, und zwar in dem Sinn, dass es alle Handlungen der Kräfte des Menschen motiviert und kontrolliert. Aber es kann diese Kontrollfunktion nur ausüben, weil es immerdar auf seine Quelle in Gott zurückschaut (ein *ewig wider kaffen in Got* übt). Bei dieser Tätigkeit sieht es sich selbst als Gott, das heißt, es beschaut sein virtuelles Dasein in Gott, obwohl es in seiner aktuellen Existenz etwas Geschaffenes bleibt.

Von daher betrachtet sieht das *gemuete* genauso aus wie der *grunt der sele*, der in seiner tiefsten Realität mit dem göttlichen Grund eins ist. Was Tauler im Folgenden sagt, scheint dies zu bestätigen. Wiederum führt er wie in V 29 überraschend die Autorität eines heidnischen Autors an, nicht eines christlichen Lehrers. „Proklos, ein heidnischer Lehrmeister, nennt es einen Schlaf, eine Stille, ein göttlich Rasten und sagt: ‚Wir suchen auf verborgene Weise das Eine, das weit über Vernunft und Erkenntnis steht.'"[78] Wenn die

---

[76] H 53: II,411/V 64 (350,9–19): *Nu süllen wir alhie merken was dis gemuete si. Das ist verre hoher und innerlicher wan die krefte; wan die krefte nement al ir vermügen dannan us und sint do inne und dannan us geflossen und ist in allen doch ob sunder mosse. Es ist gar einvaltig und weselich und formelich. Ein meister sprichet von disem und och me denne die meister. Die meister sprechent das dis gemuete der selen das so als edel, es si alwegent würkent, der mensche slaffe oder wache, er wisse es oder enwisse es nüt, es hat ein gotformig unzellich ewig wider kaffen in Got. Aber dise sprechent, es schouwe alwegen und minne und gebruche Gottes ane underlos. Wie das si, das lossen wir nu ligen; mer dis bekent sich Got in Gotte, und noch denne ist es geschaffen.*
[77] Über die *synderesis* siehe Heinrich Appel, „Die Syntheresis in der mittelalterlichen Mystik", in: *Zeitschrift für Kirchengeschichte* 13 (1892), 535–544; und Aimé Solignac, „Syndérésis", in: DS 14,1407–1412.
[78] H 53: II,411–412/V 64 (350,20–22): *Proculus, ein heidenscher meister, nent es ein slaf und ein stille und ein goetliche rasten* [C LIII in II,361] *und sprichet: ‚uns ist ein verborgen suochen des einen, das ist verre über die vernunft und verstentnisse'*. Über den Gebrauch von Proklos

Seele sich diesem inneren Geheimnis zuwende, werde sie göttlich; wenn sie sich nach außen kehre, könne sie nicht einmal glauben, dass diese innere Realität existiere. Hierauf setzt Tauler die wesentliche Neigung und den Grund gleich: „Das *gemuete*, der *grunt*, ist wie eingepflanzt in die Seele, so dass sie ein ewiges Streben und Ziehen in sich selbst hinein hat; und das *gemuete*, der *grunt*, hat ein ewiges Neigen, ein Grundneigen wieder nach dem Ursprung."[79] Abschließend sagt er, dies könne nie verloren gehen, nicht einmal in der Hölle, wo es als die größte Strafe der Verdammten weiterbestehe.[80]

Bei diesem Text und ähnlichen anderen[81] nennt Tauler das *gemuete* und den *grunt* derart in einem Atemzug, dass manche Fachleute überhaupt keinen Unterschied zwischen beiden gesehen haben. Paul Wyser schreibt: „Das *Gemüt* ist der Grund der Seele selbst."[82] Gewiss lassen sich *gemuete* und *grunt* nicht trennen: In gewisser Hinsicht sind sie zwei Aspekte ein und derselben Wirklichkeit. Aber aus anderer Sicht sind es zwei getrennte Aspekte, das heißt, der *grunt* ist nicht das Gleiche wie das *gemuete*. Das zeigen zwei wesentliche Unterschiede in der Art, wie Tauler diese beiden Begriffe verwendet. Zunächst ist *grunt* ein Begriff, der sich nicht nur auf das anwenden lässt, was das Tiefste im Menschen ist, sondern auch auf die Tiefen Gottes: *der edel grunt der gotheit*.[83] *Gemuete* dagegen wendet er nie auf Gott an. Zweitens, so hat C. Champollion bemerkt, ist *gemuete* ein Wort, das in erster Linie mit Verben des Handelns in Verbindung steht, während *grunt* meistens als Begriff für eine Handlung erscheint.[84] Drittens spricht Tauler davon, dass das *gemuete* nicht nur im Hinblick auf die Seelenkräfte und die göttliche Natur tätig werde, sondern auch im Hinblick auf den *grunt* selbst. In einer Predigt zum 1. Sonntag nach Allerheiligen sagte er

---

in dieser Predigt siehe Sturlese, „Tauler im Kontext", 409–415, der eine Analyse der Parallelen mit Proklos' *De providentia* und *De decem dubitationibus* bietet.

[79] H 53: II,412 (H leicht modifiziert von B. S.)/V 64 (350,26-28): *Dis gemuet, diser grunt das ist als in pflanzet das die pflanze hat ein ewig reissen und ziehen nach ir, und das gemuete, der grunt hat ein ewig neigen, ein grunt neigen wider in den ursprung.*

[80] Als einige wichtige weitere Abhandlungen über das *gemuete* siehe z. B. V 23 (96,8-29), V 25 (310,1-5), V 52 (239,16-34), V 57 (270,23-271,7), V 70 (382,16-18) u. V 77 (414,32-415,16 u. 416,1-5).

[81] So z. B. V 39 (155,5), V 52 (238,10) u. V 56 (262,4-13).

[82] Wyser, „Taulers Terminologie vom Seelengrund", 346. Die gleiche Ansicht findet sich bei Zekorn, *Gelassenheit und Einkehr*, 43-50.

[83] Siehe V 6 (25,20). Zwar bevorzugt Tauler für die Charakterisierung der inneren Wirklichkeit Gottes und der Gottheit den Begriff *abgrunt*; aber er verwendet dafür auch an etlichen Stellen *grunt*; siehe z. B. V 27 (113,27), V 38 (149,34) u. V 52 (235,9). Hinzu kommt, dass es eine Reihe von Texten gibt, wo es offensichtlich ist, dass der *grunt*, von dem die Rede ist, nicht der *grunt der sele* sein kann, sondern der göttliche Grund, z. B. V 56 (261,34-262,1).

[84] Champollion, „Le vocabulaire de Tauler", 188-189.

Gemuete UND *Grund/Abgrund*

über den wahren Weg zum Glück: „Diese Lebensweise, in der der Mensch in allen Lagen, Arbeiten und an allen Orten volle Freude und vertrauensvollen Frieden findet, wird nur gelernt und gefunden in der Innerlichkeit, in der Zugekehrtheit des *gemuetes* zum *grunt;* und dazu ist vor allem nötig Ledigkeit (von eigenem Tun), Muße, (geeignete) Zeit und (günstiger) Ort."[85] Das *gemuete* wirkt, für sich selbst gesehen, sowohl nach außen auf das Tätigsein der Kräfte ein, als auch selbst-reflexiv nach innen auf den Grund, wo die Seele mit Gott eins ist.[86] Beim *grunt* an sich, als „Ort", an dem sich die *imago Trinitatis* findet, geht es dagegen eher um Präsenz und Potenzialität. In den Texten, in denen Tauler *grunt* und *gemuete* miteinander verbindet (z.B. in V 56/H 70 und V 64/H 53), beschreibt er deren gemeinsames Tun als „Suchen" (350,21) und „ewiges Streben und Ziehen in sich selbst hinein" (350,28). Auch wenn bei Tauler *grunt* und *gemuete* untrennbar sind, gibt es also zwischen diesen beiden Aspekten der tiefsten Wirklichkeit des Menschen doch signifikante Unterschiede.

Wenn wir genauer zusehen, wie Tauler den Begriff *grunt* an sich verwendet, so stellen wir fest, dass viele Grundzüge seiner Vorstellung davon dem entsprechen, was wir bei Eckhart kennengelernt haben. Wie der Meister verwendet er *grunt* als Meistermetapher und Begriff, der sich vielseitig gebrauchen und auch mit anderen Metaphern verknüpfen lässt, wenn man von der innersten Wirklichkeit des Menschen als Bild Gottes sprechen will. So spricht Tauler etwa vom göttlichen Funken *(gotvar fúnckelin)* der Seele[87] oder vom *boden* oder der „Dolde" *(tolden,* „Krone") der Seele;[88] allerdings sind diese Begriffe für seine Predigt nicht zentral. Wenn er das Bild vom Tempel verwendet, das in der christlichen Mystik eine reiche Tradition hat, spricht er zuweilen vom Weg nach innen, um Gott im Grund der Seele als Eingang in Gottes Haus und das Allerheiligste zu finden.[89] Tauler vertritt

---

[85] H 72: II,559 (H von B. S. leicht modifiziert)/V 77 (416,1–5): *Dise wisen in den der mensche alle truwe, froeude und fride vindet in allen wisen, wercken und stetten, daz wurt alleine gelert und funden in indewendigkeit, in zuogekerheit des gemuetes in den grunt, und daz bedarf in dem ersten lidekeit und muessekeit, zit und statte.* Siehe auch V 56 (262,20–21) u. V 74 (402,8–9). Über die reflexive Tätigkeit des *gemuetes* siehe Haas, *Nim din selbes war,* 140–145.
[86] Wyser, „Taulers Terminologie vom Seelengrund", 345 sagt treffend: „Dieses Neigen des Gemütes in sich selbst hinein ist also nichts anderes als das Streben zum Göttlichen in uns."
[87] Nach Egerding, *Die Metaphorik* II,680–683 spricht Tauler neunmal vom Funken, meistens bezüglich der *sele* oder des *mensche* (z.B. 46,20, 74,28, 80,13, 137,1–3, 322,14, 347,11–15), aber in einem ungewöhnlichen Text verwendet er den Begriff auch für den göttlichen Abgrund: V 28 (117,17–18): *... so kummet das goettliche abgrunde und lat do sine funken stieben in den geist ...* Über das Verhältnis von *grunt* und *funke* siehe Wyser, „Taulers Terminologie vom Seelengrund", 346–348. Wrede vermerkt in *Unio Mystica,* 169–172 u.184, dass Tauler anders als Eckhart den Funken nicht mit dem Intellekt gleichsetzt.
[88] V 56 (262,13–14) u. V 64 (347,10–12). Siehe Wyser, „Taulers Terminologie", 349–351.
[89] Über die Seele als Tempel oder Haus (Gottes) siehe z.B. V 13 (61,3–27), V 37 (144,8–32) u.

auch wie Eckhart, dass der *grunt* im grundlegendsten Sinne die Quelle und das Ziel aller Dinge sei. In einer Predigt zu Himmelfahrt (V 21/H 21) fordert er seine Zuhörer auf: „Trage alles recht wieder in den Grund, von dem es ausgeflossen ist, halte dich bei nichts (Geschaffenem) auf, sondern fließe du selbst mit allen Dingen da hinein. Da wird das wahre Gotteslob geboren und bringet in Wahrheit Frucht in dem Grunde."[90] Der *grunt* als Quelle und Ziel steht natürlich für nichts anderes als für Gott. Dieses Verständnis wird in den oben erwähnten Texten, die vom *grunt Gottes* handeln, ausdrücklich erklärt.

In der Mehrzahl der Stellen, an denen Tauler die Rede vom Grund verwendet, geht es jedoch um den *grunt* als Kern des Menschen, die *imago Dei*: *grunt der sele* (29mal), *grunt des herze* (9mal) und *grunt des mensche* (143mal), und so auch dort, wo er ohne genauere Beifügung einfach vom *grunt* spricht (193mal) und es sich meistens um eine anthropologische Konnotation handelt.[91] Tauler ist wie Eckhart besonders daran interessiert, den Grund der Seele und den Grund Gottes miteinander zu verknüpfen, drückt das jedoch lieber in seiner eigenen Redeweise vom *abgrunt* aus.

Wie Eckhart lehrt auch Tauler, nur wenn man in reiner Demut in seinen eigenen Grund gelange, werde es möglich, dass man an Gottes Grund rühre (z.B. V 38 [149,33–36]; H 38: I,282). Und ebenfalls übereinstimmend mit Eckhart vertritt er, der Grund des Menschen sei wie der Grund Gottes mit keinem Namen zu benennen und unerkennbar: „Das ist der Grund, in dem das wahre Bild der heiligen Dreifaltigkeit verborgen liegt. Und dieser Grund ist so edel, dass man ihm keinen eigenen Namen zu geben vermag."[92] Das impliziert eine apophatische Anthropologie, die Tauler in dieser Predigt nicht im Einzelnen entwickelt. Aber er sagt, wenn der Grund namenlos sei, heiße das auch ganz klar, dass er jenseits der Bereichs der Zeit sei, jenseits von Bewegung und Ruhe, wie wir dies in der Zeit erfahren, und sogar jenseits des Seins, lässt sich jedoch nicht auf weitere metaphysische Erörterungen ein. Markus Enders schreibt: Daher „muss der ‚Grund' der Seele reine Empfänglichkeit und Bestimmbarkeit und deshalb frei von jeder

---

V 78 (418–421). Über diese Metapher siehe Gnädinger, *Johannes Tauler*, 143–146; und Zekorn, *Gelassenheit und Einkehr*, 51–53.

[90] H 21: I,147/V 21 (87,14–17): *Trage es rehte wieder in den grunt do es usgeflossen ist, und merre du niht uf nichte, sunder flús selbe mit in mit allen dingen. Do wurt der wore lop Gottes geborn und bringet in der worheit fruht in deme grunde* ... Andere Texte sagen ganz Ähnliches; z.B. V 8 (37,15–16), V 20 (81,10–14, ein christologischer Text) u. V 33 (127,35–36).

[91] Diese Zahlenangaben stammen aus Egerding, *Die Metaphorik* II,289–290.

[92] H 70: II,538/V 56 (262,11–13): ... *das ist der grunt do dis wore bilde der heiligen drivaltikeit inne lit verborgen, und das ist so edel das man dem enkeinen namen enmag gegeben* ... (siehe auch 262,16–18).

Gemuete UND Grund/Abgrund

eigenen Bestimmtheit und Wirksamkeit, muss er ein Nichts im Sinne des selbst Formlosen sein."[93]

Tauler verwendet zur Veranschaulichung der *Sprengmetapher* vom Grund auch weitere Formen der eckhartschen Sprache, besonders die Gleichsetzung des Grunds mit der Wüste. Eckhart hatte an einem guten Dutzend Stellen vom göttlichen wie menschlichen *grunt* als der Wüste oder wüsten Wildnis gesprochen. Tauler gebraucht die gleiche Rede rund zehnmal. Oben ist uns bereits der Gebrauch der Rede von der Wüste begegnet, als in V 60 (277,35–278,8) ausführlich von Gott gehandelt wurde. In diesem Text verwendet Tauler wie Eckhart das Bild von der Wüste für die göttliche Leere und den „leeren wüsten Grund" *(italen wuesten grunt*, 278,6) der Seele.[94] Dies zeigt, wie zutiefst eckhartisch seine Mystik war, wie das auch viele andere Aspekte von Taulers unablässiger Einladung, in den eigenen Grund zu gehen, um Gottes Grund zu finden, tun.

Aber in der Art, wie Tauler die Metapher vom *grunt* verwendet, gibt es auch andere Aspekte, an denen man deutliche Unterschiede zu Eckhart erkennt. Wenn er vom Grund der Seele spricht, distanziert er sich vom Meister, indem er zuweilen sagt, der Grund sei geschaffen, und das gleiche sagt er auch vom *abgrunt*.[95] Tauler spricht auch vom „Wirken" und einem Erfahren des Grundes auf eine Weise, die Eckhart fremd ist, denn für ihn liegt der *grunt* jenseits von allem, was man sich als Erfahrung vorstellen könnte. In V 24/H 24 zum Beispiel vergleicht er die Tätigkeit des Bauern, der im Frühjahr die Erde bearbeitet, mit der Seele, die Gott sucht und sagt: „Ebenso soll der Mensch mit gar großem Fleiß sich selbst umgraben, in seinen Grund blicken und den verkehrten Grund gründlich umkehren."[96] In anderen Predigten bezeichnet Tauler dieses Tätigsein als das Offenbaren dessen, was wir wahrhaft lieben und wünschen. In V 77/H 72 lesen wir: „Darum blicke jeder täglich und oft in seinen Grund, wessen die Überschrift sei [Anspielung auf die Aufschrift der Münze in Mt 22,20], was von

---

[93] Enders, „Selbsterfahrung als Gotteserfahrung", 657.
[94] Als weitere Stellen, wo Tauler das Bild von Wüste verwendet, siehe V 11 (54,29, 55,4), V 15 (68,13), V 29 (302,33–35), V 32 (121,9–10), V 61 (330,7, 331,21–22) u. V 75 (406,12–13). Über die gegenseitige Wüste bei Eckhart siehe dessen Pr. 28 und 29 (DW 2,66,6–8 u. 76,2–77,4) und dazu die Erörterung in Bernard McGinn, „Ocean and Desert as Symbols of Mystical Absorption in the Christian Tradition", in: *Journal of Religion* 74 (1994), 167–172. Wie Eckhart verwendet auch Tauler selten das Bild vom Meer, spricht jedoch einmal vom „Sturm der Gottheit" als einem *mer das grundelos ist* (V 18,291,10–12).
[95] Bei Tauler sind *geist* und *sele* immer geschaffen, und das gleiche sagt er zuweilen auch vom *grunt*; z. B. in V 29 (300,20–25), V 61 (334,13–18, ein Zitat aus Dionysius) u. V 65 (358,10–14). Über *abgrunt* siehe unten.
[96] H 24: I,162/V 24 (97,23–24): ... *also sol der mensche mit vil grossem flisse sich selber umbegraben und sehen in sinen grunt und keren rechte den wercken den grunt* ...

ihm am meisten geliebt, verlangt und gesucht sei, was ihn am allermeisten zu trösten, erfreuen, bewegen vermag ..."[97] Es sei vermerkt, dass in diesen Stellen von der Liebe und vom Suchen die Rede ist, nicht vom Intellekt, der für Eckhart diejenige Fähigkeit darstellt, die als einzige Zugang zum Grund schenkt.[98]

Ein anderer Unterschied spiegelt vielleicht die Situation nach Eckharts Verurteilung: dass Tauler den *grunt* als die *imago Trinitatis* betont und die Formulierungen Eckharts vermeidet, die auf einen Grund jenseits der Personen der Dreifaltigkeit hinweisen. Bei Tauler taucht nirgends das Motiv vom „Gott jenseits von Gott" auf, das ein so rätselhafter Aspekt von Eckharts Denken bleibt. Ein vierter nicht-eckhartscher Aspekt ist schließlich noch, dass Tauler auf ganz eigenständige Weise die wechselseitige Identität im Grund betont, und zwar mit seiner Lehre vom Abgrund Gottes und Abgrund des Menschen. Eckhart sprach selten vom *abgrunt;* bei Tauler ist der Begriff zentral.

Die Art, auf die der Strassburger Prediger der Mystik vom Grund sein ganz eigenes Gepräge gab, lässt sich am besten erkennen, wenn man sich einige seiner Predigten etwas genauer ansieht. Zwei Homilien sind besonders hilfreich, um zu sehen, wie er seine Zuhörerschaft anleitete, den Weg zum Wahrnehmen des Grundes zu finden: die 3. Predigt zu Epiphanie (V 5/ H 5) und eine Predigt zum Montag vor Pfingsten (V 24/H 24).[99]

Der Text der Epistel-Lesung zum Fest Epiphanie: „Erhebe dich, Jerusalem, und werde licht" (Jes 60,1) dient als Einstieg in Taulers zentrale Botschaft im ersten Abschnitt, es bedürfe unserer aktiven Zustimmung dazu, uns von allem Weltlichen frei zu machen, damit Gott „diesen lieblichen Grund erleuchten und darin wirken könne" (22,12–13). Und er fährt fort: „Von diesem Aufstehen entsteht im Grund ein ungestümes Begehren nach Entblößung und Befreiung von allem, was den Menschen von Gott fernhält, und je mehr das abgelegt wird, um so mehr wächst jenes Begehren, geht über sich selbst hinaus und dringt gar oft bei Berührung des bloßen

---

[97] H 72: II,561/V 77 (417,19–21): *Und des sehe ein ieglliches in sinen grunt tegeliche und dicke waz sin überschrift si, was von ime allermeist geminnent und gemeinet und gesuochet si, was in allermeist troesten, erfrovwen, bewegen múge* ... Andere Stellen in diesem Sinn sind etwa V 12 (59,7–9) u. V 13 (62,19–28).
[98] Diesen Punkt hebt Wrede, *Unio Mystica*, 192–202 u. 222–225 hervor.
[99] Haug, „Johannes Taulers Via negationis", 79–86, sieht in Taulers Betonung des ethischen Prozesses als geraden Wegs zum Grund einen wichtigen Unterschied zu Eckharts Begriff absoluter „Weglosigkeit". Er sagt zusammenfassend: „Die spekulative Weglosigkeit Eckharts ist von Tauler also ebenso dezidiert wie vehement in den Bereich der sittlichen Erfahrung übertragen worden. Et hat die Negation des Weges in einen Weg der Negativierung verwandelt" (86).

Gemuete UND *Grund/Abgrund*

Grundes durch Fleisch und Blut und Mark."[100] Tauler unterscheidet zwei Arten von Reaktionen auf diese Berührung: Manche Menschen ließen sich auf sie mit der natürlichen Vernunft ein und versuchten von sich aus herauszufinden, was da vorgehe. Dieser Ansatz führe in die Katastrophe. Aber die *edeln menschen* „lassen Gott ihren Grund bereiten und überlassen sich ganz Gott" (23,9–10). Diese Loslösung ermögliche es ihnen, mit Versuchungen und der Erfahrung von Finsternis und Verlassenheit zurecht zu kommen. „Sie überlassen sich ganz Gott und entledigen sich des Ihren in allen Dingen." Das seien „liebliche Leute, übernatürliche, göttliche Menschen ..., sie tragen die ganze Welt und sind deren edle Säulen." (24,2–4). „Der Mensch vermag niemals zur Vollkommenheit zu gelangen, er wolle (denn) allerwegen sein *gemuete* zu Gott erheben und seinen inwendigen Grund freimachen" (24,20–21; man beachte wieder die Unterscheidung zwischen den beiden). Tauler schließt damit, dass er betont, eine derartige direkte Erfahrung Gottes im Grund sei unaussprechlich: Was Gott in solchen Menschen wirke, indem er unmittelbar ihren Grund berühre, „davon kann niemand sprechen, noch vermag ein Mensch dem andern davon zu sagen, sondern wer es weiß, hat es allein wahrgenommen, aber auch er vermag dir nicht davon zu sprechen, wenn Gott diesen Grund in Wahrheit in Besitz genommen hat."[101]

Die Predigt zum Montag vor Pfingsten (V 24/H 24) ist ein schönes Beispiel für die ansprechende Art von Taulers Predigtstil. Für den Aufbau des ersten Teils der Predigt (97,19–98,24) verwendet er das Beispiel vom Bauern, der seinen Grund zum Bepflanzen herrichtet. Genauso müssten wir uns auf Gottes Wirken in unserem Grund vorbereiten, indem wir unseren inneren und äußeren Menschen reinigten. Und wie die Sonne den irdischen Grund bescheine, um die Ernte hervorzubringen, „kommt die milde göttliche Sonne und beginnt hell in den Grund ... zu scheinen ... Da lässt der liebevolle ewige Gott den Geist grünen und blühen und allerherrlichste Frucht bringen ... solche Wonne entsteht in dem Geist" (98,6–12). Aber mit dieser vom Heiligen Geist geschenkten Süße könne man auf verkehrte Weise umgehen, entweder indem man sie allzu sehr genieße oder indem man in ihr eine „unrechte Freiheit" suche, das heißt diejenige der gefähr-

---

[100] H 5: I,35–36/V 5 (22,15–20): ... *und vom disem ufstonde so wurt diser grunt berueret mit einem swinden begerungen und in der inblostikeit und inblosende aller ungelicheit, und so die ie me ist abegelacht* [Lesart C 5; I,199], *so die begerunge ie me wehsset und hoeher über sich selber gat, und gat dicke an dem beruerende des blossen grundes durch fleisch und bluot und durch das marg.*

[101] H 5: I,39/V 5 (24,29–32): ... *dovon enkan nieman gesprechen noch kein mensche enmag dem andern dovon gesagen, sunder der es weis, hat dis befunden alleine, aber er enkan dir selber nút darabe gesagen, wanne das Got disen grunt in der worheit besessen hat ...*

lichen Freigeister, die Tauler und Seuse bekämpften. Der Mittelteil der Predigt (99,2–101,6) besteht aus praktischen Anweisungen, wie man mit mystischen Tröstungen umgehen solle, ohne ihnen in die Falle zu geraten. Grundlegend sei dabei – und darin sind sich Tauler und Eckhart einig –, dass man alle Anhänglichkeit hinter sich lassen müsse. Man solle Gottes Gaben „mit großem Dank entgegennehmen und Gott in Demut wieder darbringen" (100,11–12). Im Schlussteil der Predigt (101,7–102,29) geht es um das Verhältnis zwischen dem Gebet und dem Grund. Das Lesen und das mündliche Gebet sollten uns helfen, zum wahren Gebet zu gelangen, das Tauler als ein Erheben des Geistes und der Wesensneigung zu Gott ohne Vermittelndes definiert (101,17–19). Diese himmlische Form des Gebets sei „ein wahrhaftiger Aufstieg zu Gott, es hebt den Geist (des Menschen) (zu Gott) empor, so dass Gott in Wahrheit und Wirklichkeit in den lautersten, innigsten, edelsten Teil (des Menschen) eingehen kann, in den innersten Grund, wo allein wahre Einheit ist." Der heilige Augustinus habe davon als von „einem verborgenen Abgrund *(ein verborgen appetgrunde)*" gesprochen, „der mit der Zeitlichkeit und dieser ganzen Welt nichts zu tun habe und weit erhaben sei über den Teil (des Menschen), der dem Leibe Leben und Bewegung gibt."[102]

Tauler schließt mit einigen bemerkenswerten Überlegungen über das Beten derjenigen, die in „diesen edeln, wonniglichen Abgrund *(edeln wunneclichen abgrunde)*" gelangt seien. Die Seele werde schweigsam, „wesentlich" *(wesenlich*, 102,2), losgelöst, *gelossen in allen dingen*. Wenn der Geist auf diese Weise ein göttliches Leben erlangt habe, verschmelze er „gänzlich (mit Gott) und enzündet sich selbst in allen Dingen und wird hineingezogen in das heiße Liebesfeuer, das Gott dem Wesen und der Natur nach selbst ist." Von diesem göttlichen Standpunkt aus könnten solche Menschen die Nöte aller sehen, so dass ihr Gebet auf einfache und weise Art die gesamte Christenheit umfasse. Tauler schließt: „So wie ich euch alle hier vor mir sitzen sehe (und) mit *einem* Blick (umfasse), ebenso ziehen sie alles mit sich hinein in denselben Abgrund, in beschauender Weise in dasselbe Liebesfeuer. Dann blicken sie wiederum (selbst) hinein, verweilen da und tauchen erneut hinein und wenden sich wiederum (hernieder) zu allen

---

[102] H 24: I,167/V 24 (101,26–32): ... *das ein worer ufgang ist in Gotte, das treit rechte das gemuete zuomole uf, also das Got in der worheit müge eigentliche ingon in daz luterste, in das innigste, in daz edelste, in den innerlichesten grunt, do wore einikeit alleine ist, von dem sancte Augustinus sprichet das die sele habe in ir ein verborgen appetgrunde, daz enhabe mit der zit noch mit aller diser welte nút zuo tuonde, und es ist verre überhaben über das teil das dem licham leben und bewegunge git.*

Gemuete UND *Grund/Abgrund*

Leidtragenden in der heiligen Christenheit und von neuem in das liebevolle, dunkle, stille Rasten in dem Abgrund."[103]

Für Tauler ist wie für Meister Eckhart der *grunt* und nicht sonst irgendeine Kraft der Seele der Sitz der *imago Trinitatis*. Das wird besonders deutlich in der Predigt zum 2. Sonntag nach Dreifaltigkeit (V 29/H 29), einem zentralen Text, der bereits oben behandelt wurde. Wir können jetzt noch einmal auf diese Predigt zurückkommen, nicht nur, weil sie eine der ausführlichsten Abhandlungen Taulers über den *grunt* darstellt, sondern auch, weil sie zeigt, wie er darum bemüht war, die eckhartsche Rede vom Grund als einer in gewissem Sinn jenseits der Dreifaltigkeit befindlichen Wirklichkeit zu vermeiden. Tauler begrüßt das Dreifaltigkeitsfest als Vollendung des kirchlichen Kalenders. Auf seine kurze Zusammenfassung der Theologie der trinitarischen Hervorgänge (299,3–17) folgt die Aussage, wir sollten lieber auf die Erfahrung der Dreifaltigkeit aus sein, als über sie nachzudenken: „Seht zu, dass (sie) in euch geboren werde, in eurem Grunde, nicht nach Art der Vernunft, sondern in wesenhafter Weise, in der Wahrheit, nicht im Reden, sondern im Sein."[104] Auf diesen einleitenden Abschnitt folgt eine Abhandlung über das *goetliche bilde*, das nicht in den Fähigkeiten liege, wie Augustinus und Thomas gelehrt hätten, sondern gemäß den „anderen Lehrern", darunter Proklos, im innersten Grund jenseits des Tätigseins der Fähigkeiten der Seele (300,1–301,17; siehe die Darstellung oben).

Im Schlussteil der Predigt (301,17–303,29) kehrt Tauler zum Kern seiner Botschaft zurück: man müsse persönlich Zeugnis vom *grunt* geben. Wenn Christus sagt, er gebe Zeugnis von dem, was er gesehen habe (Joh 3,11), so liest Tauler dies als Zeugnis „im bildlosen Grund" (*in dem grunde unbiltlichen*, 301,19), in dem der Vater ewig und augenblicklich immer den Sohn gebäre. „Wer das erfahren will, kehre sich ins Innere, weit über alle Tätigkeit seiner äußeren und inneren Kräfte und Bilder und über alles, was jemals von außen hineingetragen wurde, und versinke und verschmelze mit dem Grunde" (301,20–25). Und Tauler fährt fort: „Dann kommt die Kraft des Vaters

---

[103] H 24: I,168/V 24 (102,15–22): *... also ich úch all hie vor mir sehe sitzen mit eime angesicht, also zúhent sú als mit in in, in daz selbe abgrunde, in den selben minnengluot und in ein anschovwelichen wisen und widersehet aber wider in der minnen abgrunde, in der minnen gluot und rastet do; und denne aber so dovwent sú in daz minnekliche heisse fúr, und aber hernider uf alle die in noeten sint in der heiligen cristenheit, und aber wider in das minnenkliche dunster stille rasten in dem abgrunde. Alsus gont sú uz und in, und blibent doch allewegent inne in dem minnenklichen stillen abgrunde ...* Das ist bei Tauler das einzige Mal, dass er den Begriff *minnen abgrunde* verwendet; allerdings verwendet er in 17,26 und 350,8 *grunt der mine*.

[104] H 29: I,200/V 29 (299,32–34): *Aber sehent das es in úch geborn werde in dem grunde, nút in vernúnftiger wise, sunder in weselicher wise, in der worheit, nút in redende, sunder in wesende.*

und ruft den Menschen in sich durch seinen eingeborenen Sohn, und wie der Sohn geboren wird aus dem Vater und zurückfließt in den Vater, so wird der Mensch in dem Sohn von dem Vater geboren und fließt mit dem Sohn zurück in den Vater und wird eins mit ihm."[105] Dies alles könnte genauso gut aus einer der Predigten Eckharts über die Geburt des Sohnes in der Seele stammen. Eckhartisch ist auch die Aufmerksamkeit, die der Prediger der Rolle des Heiligen Geistes schenkt, der, wie er sagt, sich selbst mit Liebe und Freude ausgieße, und er „durchströmt und durchfließt den Grund des Menschen mit seinen lieblichen Gaben" (301,31–34). Die drei, die in der Seele, welche wahrhaft ein Kind Gottes ist, Zeugnis gäben, seien die Personen der Dreifaltigkeit, die dem Menschen in seinen Grund leuchteten (302,14–16). Im Schlussteil der Predigt setzt Tauler wieder den für ihn so appellativischen Stil fort, lädt die Seele ein, in den Grund zu kommen und gibt solide Ratschläge, auf welche Weise sie sich darauf vorbereiten könne (303,5–27). Er betont, auch wenn man noch so viel über den *grunt* sage, bleibe er ein Geheimnis: „(Dieser Grund) ist eine einfache, verborgene Einsamkeit, über alles Wesen erhaben, und eine (dem freien Willen unzugängliche) Finsternis. Das kann auf dem Weg der Sinne nicht gefunden werden."[106] Diese Predigt zeigt, dass Tauler zwar mit Eckhart eine profunde Lehre über den *grunt* als den Ort teilt, an dem wir zur Teilhabe am inneren Leben der Dreifaltigkeit (Eckharts *bullitio*) gelangen, er jedoch alle Rede meidet, die auf einen Grund jenseits der Dreiheit der Personen hindeuten könnte.

Wie wir gesehen haben, hatte Eckhart behauptet, dass auf der tiefsten Ebene der Grund der Seele und der Grund Gottes ein und derselbe seien. Diese Behauptung hatten einige seiner Zeitgenossen so missverstanden, als wolle er damit eine totale Gleichheit mit Gott behaupten. Solche eckhartschen Formulierungen fehlen bei Tauler, aber er verfügt über seine eigene Art, auf eine unaussprechliche Identität zwischen Gott und Mensch zu verweisen, nämlich mit der Metapher von der Verschmelzung von göttlichem und menschlichem Abgrund. Der lateinische Begriff *abyssus* (vom griechischen *a-byssos*, d.h. „ohne Boden") kommt in der Vulgata als Bezeichnung der Tiefen der Unterwelt, des Meeres oder der Urteile Gottes vor. Ein besonders bedeutsamer Text findet sich in Psalm 41,8: *Abyssus abyssum*

---

[105] H 29: I,202/V 29 (301,25–29): *Denne kummet die vetterliche kraft und ruoffet den menschen in sich durch sinen eingebornen sun, und also der sun wirt geborn uz dem vatter und widerflüsset in den vatter, also wurt dis mensche in dem sune von dem vatter geborn und flüsset wider in den vatter mit deme sune und wurt eine mit ime.*

[106] H 29: I,204/V 29 (302,32–34): *Dis ist ein einveltig überwesenliche verborgen wueste und frie dúnsternisse; daz wil mit sinnelicher wisen nút funden werden.*

invocat in voce cataractarum tuarum („Abgrund ruft dem Abgrund zu mit der Stimme deiner herabstürzenden Wasser").[107] Im 12. Jahrhundert hatten einige Zisterziensermystiker wie Bernhard und Wilhelm von St. Thierry angefangen, diesen Text als Beschreibung des Verhältnisses zwischen der Fülle des göttlichen Abgrunds oder Geheimnisses und dem Abgrund der Bedürftigkeit des menschlichen Geistes zu deuten. Im 13. Jahrhundert verlagerte sich infolge der Betonung der unstillbaren Sehnsucht der Seele nach Gott, wie man sie besonders bei Mystikerinnen wie Beatrijs von Nazareth, Hadewijch und Angela von Foligno findet, die Konnotation des menschlichen Abgrunds von einer negativen zu einer positiven Valenz, und zur gleichen Zeit sah man den göttlichen Abgrund immer mehr als den Abgrund der Liebe. Die Begine Hadewijch scheint die erste gewesen zu sein, die von der Gegenseitigkeit der Abgründe oder Bodenlosigkeiten Gottes und der Seele in der mystischen Einung sprach.[108]

Meister Eckhart gebrauchte *abgrunt* selten und nicht dazu, die Identität von Gott und Mensch auszusagen. Tauler dagegen gebrauchte *abgrunt* oft und mit Konnotationen, die über das hinausgehen, was sich bei Eckhart findet.[109] In vielen Texten verwendet er *grunt* und *abgrunt* als Synonyme (z. B. in V 15 [67,28–68,2], V 22 [92,23–25], V 26 [109,15–20]), aber an anderen Stellen scheint er mit *abgrunt* eine tiefere Region völliger Unbegreiflichkeit zu bezeichnen. So schildert Tauler zum Beispiel in V 9/H 9 über die kanaanitische Frau, wie diese durch die Zurückweisung ihrer Bitte durch Jesus noch tiefer in ihre leidvolle Demut gestoßen wurde und sie dadurch auf eine tiefere Ebene der Einung gelangen konnte. Er stellt die Frage: „Wie hätte er sie mehr prüfen und versuchen können, sie empfindlicher jagen und treiben können? Wie begegnete sie all diesem Jagen? Sie ließ sich jagen und jagte sich selber noch tiefer, als er zu tun vermochte; sie ging mit dem Jagen hin auf den Grund, drang noch tiefer hinein in den Abgrund."[110] Später in der Predigt fordert Tauler seine Zuhörer auf, das Beispiel einer zeitgenössi-

---

[107] Über die Geschichte des *abyssus*-Motivs und Ps. 41,8 in der christlichen Mystik siehe Bernard McGinn, „The Abyss of Love", in: *The Joy of Learning and the Love of God: Studies in Honor of Jean Leclercq*, hg. v. E. Rozanne Elder, Kalamazoo 1995, 95–120.
[108] Über Hadewijchs Lehre siehe McGinn, „The Abyss of Love", 106–108; und im vorliegenden Werk Band III, 378–387.
[109] Über den Gebrauch von *abgrunt* bei Tauler siehe Wrede, *Unio Mystica*, 64–67; Louise Gnädinger, „Der Abgrund ruft dem Abgrund. Taulers Predigt *Beati oculi* (V 45)", in: *Das ‚einig Ein'*, 167–207; Egerding, *Die Metaphorik* II,296–301; McGinn, „The Abyss of Love", 97–99; und Haas, *Nim din selbes war*, 150–152.
[110] H 9: I,65/V 9 (44,15–18): *Wie moehte er sú me versuochet und bekort han, und sú naher gejaget und getriben haben? Waz tet sú zuo allem disem jagen? Sú lies sich jagen und jagete sich selber noch tieffer dan er sú gejagen moehte, sú ging mit dem jagen in den grunt, noch naher trang sú hinin in daz abgrunde…*

schen, noch lebenden „kanaanäischen Frau" nachzuahmen, die vor vier Jahren in einer Erfahrung höllengleichen Leidens entrückt worden war und sich dabei von Christus, Maria und den Heiligen verworfen gefühlt habe. Ihre totale Auslieferung in Gottes Willen sogar in einem derartigen Leiden habe ihr die Belohnung abgrundtiefen Aufgehens eingebracht: „Sie ließ sich in den Grund niedersinken für alle Ewigkeit. Kaum aber hatte sie sich gelassen, da wurde sie weit über alle Hindernisse emporgehoben und sogleich in den Abgrund Gottes gezogen: sie wurde geradezu von der Wunderbarlichen Gottheit verschlungen. O welch ein wonniglicher Abgrund ist das!"[111]

Taulers Erkundung der dynamischen Qualitäten von *abgrunde* und *grunde* zeigen, dass er den ersteren Begriff für seine wiederholten Verweise auf die Unsagbarkeit bevorzugt hat, die für seine Version der apophatischen Mystik typisch sind. Wenn er zum Beispiel in V 67/H 63 auf die Tiefe Gottes (Eph 3,18) zu sprechen kommt, so sagt er: „Dieser Tiefe (Gottes) sollen die Menschen in der Weise nachgehen, dass sie ihr mit (ihrer eigenen) Tiefe beggenen, das heißt der bodenlosen Tiefe unergründlicher Selbstzunichtewerdung."[112] Diese Stelle offenbart den besonders interessanten Aspekt von Taulers Rede vom Abgrund, nämlich ihren Status als Lieblingsmetapher zur Bezeichnung des Geheimnisses der Identität von Gott und Mensch.

In seiner vollen Lehre über das mystische Einssein war Tauler sorgfältig darauf bedacht, auf die bleibenden Unterschiede zwischen Gott und dem Menschen in der Einung hinzuweisen, aber solche Qualifizierungen finden sich bei ihm neben Ausdrücken absoluter Identität, die er oft mit der Vorstellung vom ineinander Verschmelzen von göttlichem und menschlichem Abgrund verbindet. Dreimal beruft er sich ausdrücklich auf Psalm 41,8 mit seinem Bild vom Abgrund, der den Abgrund ruft. So sagt er zum Beispiel in einer Predigt zum 5. Sonntag nach Dreifaltigkeit, dass hier das Wort des Propheten im Psalter wahr werde: „Abyssus abyssum invocat – Ein Abgrund ruft den anderen in sich hinein.' Der geschaffene Abgrund ruft den ungeschaffenen in sich hinein, und beide werden eins: ein lauteres göttliches

---

[111] H 9: I,66–67/V 9 (45,33–46,4): *Und aldo lie sú sich zuo grunde in ein ewikeit; sú wurde do alzuohant gezogen verre über alle mittel und wart alzuomole in das abgrunde Gottes gezogen, sú wart rehte von der wunderlichen gotheit ingeslunden, O wie ein wunneclich slunt ist diz!* Hier gebrauchte Tauler zum einzigen Mal den ausdrucksvollen Begriff *slunt* als Äquivalent für *abgrunde*.
[112] H 63: II,489 (H von B. S. modifiziert)/V 67 (367,32–368,1): *Diser tieffi sol der mensche volgen in diser wise und begegen mit der tieffi, das ist ein grundelos abgründe eins vernichtendes irs selbes sunder grunt* ... Ein weiteres Beispiel findet sich in V 61 (331,4–5): *... denne es ist ein grundelos abgründe swebende in im selber sunder grunt.* In vielen Texten charakterisiert er den *abgründe* als *grundelos*; z. B. in 228,15; 331,4; 407,3.

Wesen, und da hat sich der Geist (des Menschen) im Geiste Gottes verloren, ist untergetaucht, gleichsam ertrunken in dem Meer ohne Grund."[113] Eine genauso aussagestarke Stelle in ähnlicher Sprache findet sich am Schluss von V 45/H 51, wo Tauler eine Erörterung darüber, wie uns das Selbstzunichtewerden in den „göttlichen inneren Abgrund" *(goetlich innerlich abgründe)* führe, mit der Aussage krönt: „Da verliert man sich in völliger und wahrer Verlorenheit seines Selbst." Wieder ist es so, dass der geschaffene Abgrund infolge seines totalen Zunichtewerdens den göttlichen Abgrund einlädt, ja zwingt, vollständig über ihn zu kommen: „Der geschaffene Abgrund zieht seiner Tiefe wegen an. Seine Tiefe und sein erkanntes Nichts ziehen den ungeschaffenen offenen Abgrund in sich; der eine fließt in den anderen, und es entsteht ein einziges Eins, *ein* Nichts in dem anderen."[114] Tauler schließt damit, dass er die Autorität von Dionysius über das Nichtssein Gottes zitiert.

Tauler war darin originell, dass er Psalm 41 mit seinem „Abgrund, der den Abgrund ruft" als biblische Grundlage für seine Lehre vom verschmolzenen Abgrund verwendete. Die gleiche Lehre über das Einssein in Ununterschiedenheit stellt er auch an anderen Stellen in seinen Predigten vor, ohne diesen Schriftbezug herzustellen, und er verwendet dabei oft sowohl *grunt* als auch *abgrunt*. In der 4. Predigt zu Himmelfahrt (V 21/H 21) zum Beispiel deutet er die drei Ortsbezeichnungen Judäa, Jerusalem und Samaria allegorisch als Stationen auf dem Hinweg der Seele zu Gott, wobei Samaria „Einssein mit Gott" bedeute (87,19–21). Sodann beschreibt er zwei Formen des Einsseins: Die erste sei ein Zustand, in dem die höheren und die niederen Kräfte der Seele in die Glückseligkeit erhoben würden; die zweite ein Erhobenwerden in einen höheren Himmel, in dem die Seele „sich gänzlich selber verliert und (ins *goetteliche wesen*) versinkt" (87,30–33). Der

---

[113] H 41: II,315/V 41 (176,6–11): *Hie wirt das wort wor das in dem salter der prophete sprach: ‚abyssus abyssum invocat, das abgründe das inleitet das abgründe.' Das abgründe das geschaffen ist, das inleit in sich das ungeschaffen abgründe, und werdent die zwei abgründe ein einig ein, ein luter goetlich wesen, und do hat sich der geist verlorn in Gotz geiste; in dem grundelosen mere ist er ertrunken.* Als weiteren Text, in dem er die Metaphern vom Abgrund und vom Meer miteinander verbindet, siehe V 38 (152,35–153,2): *Do tuot der geist einen überswank in das goetlich abgründe. Er güsset sich us und blibet doch vol; als der ein klein krusen stiesse in das grundelose mer; das würde bald vol und gienge über und blibe doch vol.*

[114] H 51: II,394–395/V 45 (201,2–7): *Kinder, da verliessent si sich al ze mole in rechter worer verlornheit ir selbs. ‚Abyssus abyssum invocat, das abgründe das in leitet das abgründe'. Das geschaffen abgründe das in leitet von siner tieffe wegen. Sin tieffe und sin bekant nicht das zühet das ungeschaffen offen abgründe in sich, und do flüsset das ein abgründe in das ander abgründe und wirt do ein einig ein, ein nicht in das ander nicht.* Die dritte Stelle, an der sich Tauler auf Ps 41,8 beruft, ist in V 61 (331,1–31). Bezeichnend ist, dass er sowohl in diesem Text als auch dem gerade aus V 41 zitierten ausdrücklich sagt, der menschliche *abgründe* sei geschaffen.

Geist, der auf diese Weise mit Gott eins geworden sei, „ist so verschmolzen in den göttlichen Abgrund, dass er nichts weiß, fühlt, empfindet als den einfachen lauteren unverhüllten einigen Gott."[115]

Es ist nützlich, sich daran zu erinnern, dass das ineinander Aufgehen der beiden Abgründe, von dem hier und an anderen Stellen die Rede ist, zwar so wirken mag, als handle es sich dabei um eine Aktivität des Abgrunds in der Seele, es aber richtiger als Tun des göttlichen Abgrunds verstanden werden muss, der *in* der völlig zunichte gewordenen Seele die Empfänglichkeit für sich selbst herstellt. In einer Pfingstpredigt sagt Tauler, um in der Seele empfangen werden zu können, müsse der Heilige Geist „selbst die Stätte bereiten und die Empfänglichkeit selbst zustande bringen und auch sich selbst empfangen. Der unaussprechliche Abgrund Gottes muss seine eigene Wohnstatt sein und Stätte der Empfänglichkeit und nicht der Wohnort der Geschöpfe."[116]

Mit seinem Gebrauch der Rede vom *grunt/abgrunt* schafft Tauler ein Feld von Metaphern, das sich flexibel dafür verwenden lässt, seine Zuhörerschaft anzuleiten, die in diesem Leben höchstmögliche Form des Einswerdens mit Gott zu erlangen. Obwohl er offensichtlich von Eckhart inspiriert ist und ihm auch seine Kenntnis neuplatonischer Quellen wie Proklos hilfreich ist, verfügt seine Predigt über den Grund und Abgrund doch über ihre eigenen Originalität und Kraft sowie auch über Qualitäten, die sich bei Eckhart nicht finden.

IV. Taulers mystische Praxis

Taulers Mystik ist auf Erfahrung angelegt und praktischer Natur.[117] Auf Erfahrung angelegt ist sie nicht im modernen Sinn, in dem der Schwerpunkt auf der psychologischen Analyse innerer Zustände liegt, sondern im bernhardschen Sinn, dass er seine Zuhörer aufruft, sich in den Tiefen ihrer Seele die objektive Wahrheit der in der Heiligen Schrift offenbarten und von der Kirche gelehrten Beziehung zwischen Gott und Mensch persönlich anzu-

---

[115] H 21: I,148/V 21 (88,1–4): *Der geist enweis es selber nút, wanne er ist also versmoltzen in das goetteliche abgrúnde das er nút enweis, enfuelet noch ensmacket dan einen einigen lutern blossen einvaltigen Got.* Siehe auch V 26 (109,22–23) und V 32 (120,17–24); usw.

[116] H 26: I,178/V 26 (103,21–25): ... *wo der heilige geist enpfangen sol werden, do muos er selber die stat bereiten unde die enpfenglicheit selber machen mit ime selber und enpfahen ouch sich selber. Das unsprechenliche abegrunde Gottes das muos sins selbes stat und der enfenglicheit sin und niht* [C XXVI; 2,39] *der creaturen.*

[117] Zekorn, *Gelassenheit und Einkehr*, 161–64 spricht bei der Untersuchung von V 42 von Taulers „Spiritualität des Tätigseins", also einer Spiritualität für den Alltag.

eignen. Praktisch ist sie in dem Sinn, dass der Strassburger Prediger seine Lehre in einen Bezug zum Alltagsleben seiner Zuhörer bringt, wie sich das so zum Beispiel bei Meister Eckhart nicht findet.

In Taulers Vokabular ist das deutsche Verb *bevinden* (empfinden, erfahrend wahrnehmen, kennen lernen) ein Schlüsselwort.[118] In V 13/H 13 kommt Tauler auf die Notwendigkeit zu sprechen, in den inneren Tempel oder Grund vorzustoßen und sagt: „Das findet statt, wenn der Mensch mit allen seinen Kräften und auch mit seiner Seele in diesen Tempel eingeht und einkehrt, in dem er Gott in Wahrheit wohnend und wirkend findet. Und er findet ihn hier in empfindender Weise *(in bevindender wisen)*, nicht nach Art der Sinne noch der Vernunft, nicht so, wie man (etwas) hört oder liest oder durch die Sinne aufnimmt, sondern in erfahrender, kostender Weise *(in bevindender smackender wisen)*, wie es aus dem Grund quillt, gleichwie aus eigenem Brunnen und eigener Quelle."[119] Ein ähnliches Sprechen von der Notwendigkeit, zu erfahren, zu verkosten, gewahr zu werden, statt nur mit den Sinnen zu empfinden oder mit dem Verstand zu wissen, würzt Taulers gesamte Predigten.[120] Aber was ist die Natur dieser Grund-Erfahrung, von der Tauler ständig spricht? Dieses Thema ist problematisch, denn an einer bekannten Stelle streitet Tauler ab, er selbst sei in den Genuss einer solchen Erfahrung gekommen, während er zugleich sein Recht verteidigt, über sie zu predigen. In V 41/H 41 sagt er mitten in einer Überlegung über die gottförmige Seele, die selbst zum Himmel geworden sei, in dem Gott wohne und durch den er das Universum lenke: „Glaubt nicht, dass ich in eigenem Erleben bis dahin gelangt sei. Gewiss sollte kein Lehrer von Dingen sprechen, die er nicht selbst erlebt hat. Doch zur Not genügt, dass er liebe und das im Sinn habe, wovon er spricht, und ihm kein Hindernis bereite."[121] Ist

---

[118] Siehe Kirmsee, *Die Terminologie*, 78–81 als Überblick über den Gebrauch von *bevinden*.
[119] H 13: I,90/V 13 (61,10–16): ... *wenne der mensche mit allen sinem kreften und ouch mit sinre selen inkert und inget in disen tempel, do er Got in der worheit inne vindet wonende und würkende, und er me hie vindet in bevindender wisen, nút in sinnelichen wisen noch in vernúnftiger wisen, obe* [C XIII; 1,279] *also man gohoert oder gelesen* [C XIII; 1,279] *het oder durch die sinne ist inkummen, sunder in bevindender smackender wisen, also us dem grunde heruz ist quellende also us sime eigenen burnen und us der fonténien ...* In einer anderen Predigt, V 34 (317,30–318,1), spricht er von der „smeklichen bevintheit des grundes ..." Und in V 29 (299,18) vertritt er: *Hinnan ab ist besser ze bevindende wan ze sprechende*.
[120] Hier seien nur einige wenige weitere Texte über das *bevinden* genannt: V 3 (19,8–9), V 13 (62,19–25), V 24 (99,2–6), V 29 (301,22–25), V 38 (151,17–21), V 54 (248,16–19 u. 251,24–25; letzterer beruht auf Bernhard von Clairvaux, SC 85,14 [*Bernardi Opera* II,316,15]); u. V 78 (421,30–31).
[121] H 41: II,313/V 41 (175,4–7): *Nút wenent das ich mich dis út anneme das ich út her zuo komen si, allein enkein lerer nút ensülle leren das er selber von lebende nút enhabe. Doch ist ez ze noeten genuog das er es minne und meine und nút do wider entuo.* An einer weiteren Stelle, in V 50 (226,6–9), äußert er eine ähnliche Ansicht, ohne ganz so autobiographisch zu werden.

also Tauler ein Mystiker oder nicht? Sollte man sich ihn am besten einfach als einen Prediger über die Mystik vorstellen?

Ich habe durch diese ganze Darstellung der Geschichte der Mystik hindurch vertreten, dass die Alternative zwischen Mystiker und Mystik-Prediger irreführend sei. Wenn man die Mystik als ein durchlaufendes Element innerhalb der breiteren christlichen Tradition nimmt, ist die entscheidende Frage, ob ein Prediger wie Tauler einen signifikanten Beitrag zu dieser Tradition über den verwandelnden Kontakt mit Gott geleistet hat, und nicht die, worin genau seine persönliche „Erfahrung" bestanden haben könnte. Er legt wie so viele andere den Schwerpunkt nicht auf sich selbst, sondern auf seine Botschaft. Wie weit Tauler selbst auf dem Weg zum Einswerden mit Gott im Grund kam (man beachte, dass er hier von den größten Mystikern spricht, den verborgenen „Säulen des Universums"), war für ihn nicht das Wesentliche, und vermutlich auch nicht für seine Zuhörer. Die wesentlichen Kriterien waren vielmehr seine Fähigkeit, die korrekte Lehre über den Weg dorthin zu vermitteln und seine Ernsthaftigkeit, mit der er diesen liebte und sich um ihn bemühte.

Forscher wie Alois M. Haas, Josef Schmidt und Michael Egerding haben vertreten, wenn Tauler eingestehe, dass es ihm ein Stück weit an Erfahrung mangle, lasse sich dies paradoxerweise als signifikanter Aspekt seiner Erfahrungstheologie betrachten. Tauler hatte doch immer behauptet, der einzige Weg, auf dem man Gott in seine Seele einlassen könne, sei die vollkommen demütige Anerkenntnis des eigenen Nichtseins. So sagt er in V 67/H 63: „Der Mensch soll all sein *Können* vor Gott beugen ... und soll von Grund aus sein natürliches und sein gebrechliches Nichts erkennen. Das natürliche Nichts, das ist, dass wir von Natur aus nichts sind; das gebrechliche Nichts ist unsere Sünde, die uns zu einem Nichts gemacht hat."[122] Zu einer derartigen Selbst-Verleugnung, die Haas als „*Erfahrung der apophatischen Selbsterkenntnis*"[123] bezeichnet, gehört die Indifferenz gegenüber jeglichem, was man als „mein eigen" bezeichnen könnte, ja dessen Ablehnung. Nur wenn man dieses Nicht-Besitzen ganz zulässt, ermöglicht man damit Gottes Gabe.[124] Dem Prediger ist es ganz wichtig, als die

---

[122] H 63: II,485/V 67 (365,18–22): ... *also sol der mensche alles sin vermügen búgen für Got ... und sol gruntlich bekennen sin natúrlich nicht und sin gebrestlich nicht. Das natúrlich nicht das ist das wir von naturen nicht ensint, und das gebrestlich nicht das ist das uns ze nichte gemacht hat.* Siehe auch V 35 (322,23–30) usw. Die Anerkenntnis dieses doppelten Nichtseins ist der wesentliche Ausgangspunkt für Taulers Lehre über die Selbsterkenntnis; siehe Haas, *Nim din selbes war*, 121–130; Zekorn, *Gelassenheit und Einkehr*, 76–79 u. 92; und Gnädinger, *Johannes Tauler*, 121–129.

[123] Haas, *Nim din selbes war*, 79.

[124] M. Egerding, „Johannes Taulers Auffassung vom Menschen", 126 formuliert diesen sprin-

Quelle seiner Botschaft den lebendigen Glauben der Kirche deutlich zu machen, es gebe die Möglichkeit, im Abgrund Verwandlung zu erfahren, sei es hier oder nach diesem Leben. Er versteht sich als Diener der Botschaft, nicht seiner selbst. Josef Schmidt drückte es so aus: „Nichterfahrung wird folglich als mystischer Glaube thematisiert, der sich in der gläubigen Predigt äußert."[125] Die Mystik-Predigt stellt daher nicht die Lehre dar, die ein Meister seinen Novizen zu bieten sich herablässt, sondern vielmehr eine Einladung zu der Erfahrung, die sowohl der Prediger als auch seine Zuhörer empfangen könnten, *sofern* sie wirklich ihr eigenes Nichtssein wahrhaben.

Wesentliche Haltungen

Zunächst einmal dürfte es hilfreich sein, zwischen den wesentlichen Haltungen oder zugrundeliegenden Geisteshaltungen zu unterscheiden, die für alle Formen mystischer Praxis gelten, und den spezifischen tagtäglichen Tätigkeiten, in denen diese konkrete Gestalt annehmen.[126] Als die drei wesentlichen Haltungen, die Tauler ständig predigte, lassen sich aufzählen: umkehren, loslassen und empfangen. Man sollte sie sich nicht als getrennte oder unterschiedliche Tugenden vorstellen, und auch nicht als Stationen auf einem Weg, sondern als ständige, mit-präsente Aspekte des mystischen Wegs. Sprachlich erscheinen sie zwar meistens als Substantive *(inker-gelossenheit-lidikeit)*, aber am besten versteht man diese Hauptwörter als maßgebliche Prozesse, deren Entwicklungen und Nuancen sich nicht voll und ganz in Begriffe oder Definitionen fassen lassen.

Wie wichtig es ist, umzukehren, und vor allem, sich nach innen zu kehren, zeigt sich darin, wie häufig der Strassburger Prediger den deutschen Begriff *ker* gebraucht.[127] Er sagt: „Wer aber diesen Grund verkosten will, der muss Herz und Sinn von allem (ab)gekehrt haben, was nicht lauter Gott

---

genden Punkt gut so: *Für Tauler bedeutet das Bekenntnis seiner mangelnden Erfahrungskompetenz, dass er in Hinblick auf seiner Rolle als Prediger nachvollzieht, was er generell vom jedem Menschen fordert: dass er sich als ein Nichts erkennt und damit umgeht.*

[125] Schmidt, „Introduction", in: *Johannes Tauler. Sermons*, 31. Schmidt verweist auf die längeren Ausführungen von Alois M. Haas, „Johannes Tauler", in: *Sermo mysticus. Studien zu Theologie und Sprache der deutschen Mystik*, Freiburg (Schweiz) 1979, 278–282; und „Sprache und mystische Erfahrung nach Tauler und Seuse", in: *Geistliches Mittelalter*, Freiburg (Schweiz) 1984, 240–242.

[126] Als leicht andere Form, Taulers Grundhaltungen vorzustellen, siehe den „Zweiten Teil" in Zekorn, *Gelassenheit und Einkehr*, 75–93; er stellt genauer vor: *vernüten sin selbes, lidikeit* und *gelassenheit* sowie *liden* und *demuete*.

[127] In über der Hälfte der Predigten Taulers ist ausdrücklich von der Notwendigkeit dieser *ker* im Leben des Christen die Rede. Es gibt eine Reihe von Untersuchungen über Taulers

ist oder dessen wahre Ursache Gott nicht ist."[128] Das Leben der Buße, so predigte Tauler vor einer Kommunität von Dominikanernonnen, sei „nichts anderes als eine völlige, wahre Abkehr von allem Tun, das nicht Gottes ist, und eine völlige wahre Hinkehr zu dem lauteren wahren Gute, das Gott ist und heißt."[129] Und in V 33/H 33 lehrt Tauler, je kräftiger die Umkehr sei, desto wirksamer tilge sie die Sünde (125,23–29). Die Umkehr sei der Schlüssel zum Anfang des geistlichen Lebens: „Ja, wir müssen männlich handeln und eine kräftige (Ab)kehr (von den Geschöpfen) vollziehen, sonst wird nichts aus uns."[130]

Zwar spricht Tauler beim Thema *ker* zunächst einmal von der Notwendigkeit der *abker* von der Welt, aber noch stärker betont er die *inker*, die Wendung nach innen, die zu dem führe, was er die *weseliche ker* nennt: die wesentliche Kehre in den *grunt/abgrunt*. Mit der Kehre nach innen hängt eng die Notwendigkeit der Selbsterkenntnis zusammen, die, wie Alois Haas gezeigt hat, für Tauler sowohl eine aszetische Praxis als auch eine Form der mystischen Einsicht ist.[131] *Kerent úch in úch selber mit bekentnisse úwer selbes* (V 58: 275,1:): „Kehrt euch in euch selber mit dem Erkennen eurer selbst."[132] Diese Wende nach innen, die Tauler in V 71 anhand einer speziellen Meditationspraxis beschreibt, fördere das Verweilen im Innern, in dem man sich seines Nichtsseins und seiner völligen Abhängigkeit von Gott bewusst werde, und das sei die Vorbedingung für die „wesentliche Kehr" (*weselich ker*).[133] Diese tiefste Form der Einkehr sei vom mystischen Einssein gar nicht zu unterscheiden. Tauler setzt sie zum Beispiel in V 39/H 40 mit der dritten und vierten Stufe der mystischen Bewusstheit gleich: „Der dritte Grad ist der Übergang in ein gottförmiges Leben in Einigung des geschaffenen Geistes mit dem aus sich selbst seienden Geist Gottes. Das

---

Verwendung dieses Begriffs; siehe Gnädinger, *Johannes Tauler*, 136–147; und Weilner, *Johannes Taulers Bekehrungsweg*, besonders Kap. 6–7.

[128] H 34: I,246–247 (H von B. S. leicht modifiziert)/V 34 (318,9–10): *Aber wer disent grunt smacken sol, der muos von not sin herze und sine minne gekert haben von allem dem das nút luter Got enist noch got ein wore sache enist.*

[129] H 12: I,87/V 12 (59,30–33): *Was ist daz leben der penitencien in dem wesende und in der worheit? Daz enist anders nút denne ein gantz wor abeker von allem dem* [über diese Lesart siehe Gnädinger, *Johannes Tauler*, 138] *daz Got nút enist, und ein gantz wor zuokeren zuo dem luteren woren guote daz Got ist und heisset.* Ähnliche Formulierungen gibt es in vielen Predigten, z. B. in 36,12–14, 104,4–12, 128,27–37, 216,24–27, 235,8–11, 325,27.

[130] H 33: I,243/V 33 (130,11–12): *Kinder, wir muessent man werden und tuon einen kreftigen ker, oder do enwurt nút usser uns.*

[131] Haas, *Nim din selbes war*, 83–153.

[132] H 81: II,617. Wörtlichere Übertragung von B. S. Als einige weitere Beispiele siehe V 53 (243,11–12), V 71 (384,31) u. V 77 (415,1–2). Eine wichtige Predigt über die Selbsterkenntnis ist V 35 (322–327).

[133] V 71 (386,14–20). Als praktischere Anleitung zur *inker* siehe V 63 (342,5–8).

kann man eine wahre Umkehr nennen."¹³⁴ In der 1. Predigt zur Geburt Johannes des Täufers beschreibt Tauler zwei Formen der wesentlichen Einkehr des mystischen Einsseins. Die erste finde sich in der inneren Erfahrung der Finsternis und Verlassenheit, die man im Geist der *gelossenheit* ertrage. Tauler erklärt: „Dass nennt man eine wesentliche (Um)kehr: ihr entspricht der allerwesenhafteste Lohn. Anderen Arten der (Um)kehr folgt nur zufallender Lohn."¹³⁵ (Er zitiert sodann als Autoritäten dafür Thomas von Aquin und Dionysius.) Aber Tauler räumt ein, man könne sogar von der äußeren Bekehrung als in gewisser Hinsicht wesentlicher Bekehrung sprechen. Das ist ein wichtiger Aufschluss über die Art, auf die er mit seiner ganzheitlichen Anthropologie das Unterscheiden zwischen Innerem und Äußerem überwindet. „Eine andere Umkehr kann wohl auch in gewöhnlicher äußerer Weise eine wesenhafte Kehr genannt werden: dann nämlich, wenn der Mensch nur Gott in Lauterkeit im Sinn hat, nichts sonst, kein Warum als nur Gott durch sich selbst und in sich selbst."¹³⁶

Zur Kehre nach innen gehört das Loslassen/Loslösen, das Ablegen des Wünschens und Besitzenwollens, was für die Mystik vom Grund ganz wesentlich ist. Tauler sprach wie Eckhart und Seuse unablässig von der Notwendigkeit, alles „Unsrige" loszulassen, wenn man Gott gewinnen wolle. Er sprach lieber von der *gelossenheit* (dem „alles gelassen Haben") als von der *abgescheidenheit* (dem „Losgelöstsein"), jedoch scheint es in der Weise, wie er diese beiden Begriffe verwendet, kaum einen Unterschied zu geben.¹³⁷ Taulers Begriff der Gelassenheit hat nach Walter Haug¹³⁸ einen stärker prozesshaften Zug an sich als bei Meister Eckhart, aber beide Dominikaner würden der Zusammenfassung von Louise Gnädinger zustimmen, dass Gelassenheit „Loslösung und Freiwerden von den zu kleinen Ichwün-

---

¹³⁴ H 40: I,303/V 39 (160,3–5): *Das dritte das ist ein übervart in ein gotformig wesen in einikeit des geschaffenen geist in den istigen geist Gotz, das man einen weselichen ker mag heissen.*
¹³⁵ H 43: II,331/V 40 (169,3–4): *Das heissent weseliche kere, den aller weselich lon antwürtet. Andern keren den antwürtet zuo vallender lon.* Diese ker beschreibt er ferner in 169,16–19 damit, dass er von der *unitas indistinctionis* spricht. Für weiteres über die *weselich ker* siehe 117,20–30, 174,14–18, 263,1–4 u. 25–26, 344,7–8 u. 406,10–13.
¹³⁶ H 43: II,332/V 40 (169,12–15): *Ein ander ker mag och wol in einer gemeiner usserliche wise weselich heissen, das ist in allen den keren do der mensche Got luterlichen und bloeslichen meint und nút anders, noch enkein warumbe, denne Got durch sich selber und in im selber.* Das ist die einzige Stelle, an der bei Tauler die Formulierung „ohne Warum" *(noch enkein warumbe)* auftaucht, die Eckhart und die Mystikerinnen des 13. Jahrhunderts so gern gebrauchten.
¹³⁷ Nach meiner eigenen groben Zählung kommt *gelossenheit* in 42 Predigten vor und *abgescheidenheit* in 16. Zu dem Predigten, in denen die *gelossenheit* ausführlicher dargelegt wird, gehören besonders V 6, 13, 19, 25, 26, 31, 36, 37, 47, 55, 63, 67, 73, 81 u. 83.
¹³⁸ Haug, „Johannes Taulers Via negationis", 85.

schen, Ichansprüchen und Ichbedürfnissen" bedeute.[139] Zwar hat die nähere Betrachtung der Vorstellungen vom Leerwerden und Loslassen bei Eckhart und Seuse in den Kapiteln 4 und 5 bereits viele Dimensionen dieser Begriffe an den Tag gebracht, aber es wird trotzdem nützlich sein, sich noch genauer anzusehen, wie Tauler in zwei repräsentativen Predigten den Begriff *gelossenheit* verwendete.

Tauler wählte sich für seine 1. Predigt zum Pfingstfest (V 25/H 25) das Thema, welche Bedeutung das Leerwerden vom Selbst habe, um den Heiligen Geist empfangen zu können. Zunächst vergleicht er die Ausgießung des Geistes mit einem Hochwasser im Rhein, das alles auf seinem Weg ertränke. Der Geist wirke „zweierlei im Menschen; das eine: er entleert ihn; das andere: er füllt das Leere, soweit und soviel er es leer findet." Damit will er sagen, dass der Prozess des Leerwerdens genauso das Werk des Geistes, das heißt der Gnade sei wie das Füllen. Tauler sagt es so: „Denn ganz so weit und ebensoviel der Mensch entleert ist, so viel mehr wird er auch fähig ... zu empfangen ... Soll Göttliches (in den Menschen) hinein, so muss notwendigerweise das Geschöpfliche (zuerst) den Menschen verlassen."[140] Er verstärkt dann seine Aussage vom Loslassen und sagt, man müsse die Geschöpfe loslassen, sogar die belebende Seele, und so müsse „der Mensch sich fassen lassen, sich leeren und vorbereiten lassen. Er muss alles lassen, dieses Lassens selbst noch ledig werden und es lassen."[141] Erst dann könne er zu seinem eigenen „reinen Nichts" *(sin luter nicht)* gelangen. Dann gehöre er zu den wahren Armen im Geiste *(woren armen des geistes,* 306,18), von denen in der Bergpredigt die Rede sei. Wenn man es zulasse, dass man vom Heiligen Geist bereitet werde und sich in Gottes Wirken nicht einmische, sei dies das Wesen jenes Leerwerdens, das man als die „wahre Gelassenheit" *(rechte gelossenheit,* 308,7) bezeichne. Gegen Ende der Predigt macht Tauler die wichtige Aussage, es genüge nicht, sich einfach hinzusetzen und darauf zu warten, dass der Heilige Geist handle. Man müsse vielmehr weiter allen seinen Aufgaben *in fridelicher gelossenheit* (309,32) nachgehen und dabei nichts tun, was den Geist hindere. Nicht das Tätigsein an sich, sondern nur das ungeordnete Tätigsein *(unordenunge in den wercken,* 309,33) hindere den Geist daran, die Seele zu überfluten.

---

[139] Gnädinger, *Johannes Tauler,* 231. Ausführlicher über *gelossenheit* bei Tauler siehe Gnädinger, *Johannes Tauler,* 275–286; und Zekorn, *Gelassenheit und Einkehr,* 83–88.
[140] H 25: I,171/V 25 (305,22–30): *Das ein ist: er itelt. Das ander: das er füllet das ital als verre und als vil als er ital vindet ... Wan recht als verre und als vil der mensche geitelt ist, als vil und vil me ist er enphengklich ... Sol Got in, so muos von not die creature us.*
[141] H 25: I,171/V 25 (306.1–3): *Also muos sich der mensche lossen vahen und italen und bereiten und al lossen und des selben lossendes also gar und ze mole us gon ...*

Die folgende 2. Predigt zum Pfingstfest (V 26/H 26) handelt von dem, was der Heilige Geist in die Seele gießt: von den sieben Gaben. Tauler verknüpft die fünfte Gabe, die des Rates *(der rat)* mit dem Annehmen inneren Leidens und sogar des Empfindens, von Gott verlassen zu sein. Wenn Gott einen so weit sinken lasse, dass man alles Wissen über ihn vergesse und keinerlei Trost mehr empfinde, sei richtiger Rat notwendig. „Der Mensch ist dann seiner selbst entblößt in völliger und wahrer Gelassenheit, ganz tief sinkt er in den Grund des göttlichen Willens und bleibt in diesem Zustand der Armut und Entblößung nicht bloß eine Woche oder einen Monat, sondern, falls Gott will, tausend Jahre oder ewig ... Kinder, das wäre (wahre) Gelassenheit!"[142] Tauler beschreibt diese Gabe als den Anfang unseres göttlichen Lebens: eine Gelassenheit, mit der man einen Fuß in den Himmel setze (108,34–109,7).

In V 23/H 23, einer Predigt zum Sonntag nach Himmelfahrt, gebraucht Tauler den damit zusammenhängenden Begriff *abgescheidenheit* und verknüpft ihn mit der dritten der inneren Haltungen, der *lidikeit*, also der leeren Empfänglichkeit. In dieser thematischen Predigt erklärt er: „Am nächsten und wahresten könnten Abgeschiedenheit und Ledigkeit, Innigkeit und Einsamkeit den Empfang des lieblichen Heiligen Geistes vorbereiten; durch sie könnte der Heilige Geist unmittelbar in edler Weise aufgenommen werden." Hierauf definiert er die wahre „Abgeschiedenheit": Sie bedeute, „dass der Mensch sich von allem abkehre und trenne, was nicht rein und lauter Gott ist; dass er mit dem Licht seiner Vernunft alle seine Werke, Worte und Gedanken betrachte, verständigen Geistes, ob da im Grunde nicht irgend etwas sei, das nicht ausschließlich Gott sei."[143] Tauler sagt, eine derartige Loslösung sei notwendig, wenn man den Heiligen Geist empfangen wolle, aber die verschiedenen Menschen verwirklichten sie auf verschiedene Weisen (92,16–93,3). Später in der Predigt kommt er wieder auf die Erfahrung der Angst und Entfremdung zu sprechen und gibt den gleichen Rat wie in V 26: „Kommt dann diese Versuchung, so soll er ihr wahrlich ausweichen,

---

[142] H 26: I,183 (H von B. S. stark modifiziert)/V 26 (108,12–17): *Do wurt der mensche berovbet sin selbes in rechter worer gelossenheit und versincket in den grunt des goetlichen willen, nút in diseme armuote und blosheit zuo stande ein wochen oder ein manot, mere, obe Got wil, tusent jor oder eweklichen ... kinder, dis were gelossenheit.*
[143] H 23: I,154/V 23 (92,1–9): *... daz ist wore abgescheidenheit und lidikeit und innigkeit und einikeit; dis ist die allernehste und die woreste bereitunge, und wer dis het und me an diseme zuonimmet, der ist allermeist und aller enpfenglichest der enpfenglicheit des heiligen geistes. Was ist nu wore abgescheidenheit ... ? Das ist daz sich der mensche abekere und abescheide von allem dem das nút Got luter und blos enist, und mit dem liehte siner bescheidenheit alle sine werg, wort und gedenke durchsehe mit eime versaistme [C XXIII; 2,5] gemuete, obe út do si in dem grunde das Got nút luterlich ensi ...*

bis er wieder ruhig ist, sich in Gelassenheit bewahren und in geduldiger Gelassenheit Gottes harren in der Bedrängnis."[144] Nach einer Ausführung über die Nachfolge Christi, des Vorbilds der Armut, Loslösung und Geduld, kommt Tauler gegen Ende der Homilie noch einmal auf die Botschaft zurück, man müsse alles aus der Hand Gottes annehmen, Angenehmes genauso wie Schmerzliches, „in wahrer Abgeschiedenheit und Innerlichkeit" (96,23).

In V 23 definiert Tauler die *lidikeit* nicht, jedoch ist es bezeichnend, dass er sie in enger Verbindung mit *abgescheidenheit* und *gelossenheit* verwendet. Es findet sich nirgends eine ausführlichere Definition dieses Wortes, das eine Neuschöpfung Taulers zu sein scheint und sowohl über die Konnotation von *ledic* (ledig, frei, leer) verfügt, als auch über diejenige von *lidec* (empfänglich, oder passiv, im Sinn der aristotelischen Unterscheidung zwischen den aktiven und passiven Aspekten der Bewegung). Alois M. Haas vertritt, die deutsche Übersetzung Hofmanns mit „Selbstentsagung" treffe den Sinn von *lidikeit* recht gut.[145] In einer Predigt zu Fronleichnam (V 31/ H 31) beruft sich Tauler auf die aristotelische Lehre, dass zwei Wesen oder Formen, wie etwa Hitze und Kälte, nicht in einem einzigen Wesen koexistieren könnten: „Soll Gott wahrhaftig in dir wirken, so musst du in einem Zustand reiner Ledigkeit *(lidekeit)* sein; all deine Kräfte müssen so ganz ihres Wirkens und ihrer Selbstbehauptung entäußert sein, in einem reinen Verleugnen ihres Selbst sich halten."[146] Weil Gott wesentlich Tätigsein *(würcken)* sei, müsse unsere ontologische Beziehung zu ihm immer diejenige der leeren Empfänglichkeit oder Passivität *(liden)* sein, ob wir das wahrhätten oder nicht. Von daher betont Tauler in dieser Predigt und an anderen Stellen: *wan es ist besser liden denne würcken* (315,30–31).

Anderswo spricht Tauler jedoch auch von der Notwendigkeit des Tätigseins, zumindest im Sinn des „Wirkens" bei der Vorbereitung. So nennt er zum Beispiel in der gleichen oben erwähnten Predigt V 25/H 25 zwei kleine Punkte, an die man sich immer erinnern solle, wenn man an Heiligkeit

---

[144] H 23: I,156/V 23 (93,30–32): *Wenne denne dise bekorunge kummet, so sol er also werlich entwichen bitz er vil wol besast wurt, und sol sich liden in gelossenheit und in lidiger gelossenheit und warte Gottes in dem getrenge.*

[145] Siehe Haas, *Nim din selbes war*, 133 Fn.146. Das deutsche Verb *liden*, hat wie das lateinische *pati* sowohl den Sinn, Schmerz zu haben als auch den allgemeineren Sinn des Empfangens, das heißt der Passivität gegenüber irgendeiner Handlung. Zekorn, *Gelassenheit und Einkehr*, 80–83 sagt, es handle sich eher um ein „Leerseins" als um ein „Empfänglichsein", aber mir erscheint es schwierig, die beiden zu trennen.

[146] H 31: I,220/V 31 (314,12–15): *... sol Got eigentliche in dir würken, so muostu sin in einer lutern lidekeit und muessent alle dine krefte also gar entsast sin aller ir würklicheit und angenomenheit und ston in einem lutern verlouckenen ir selbes ...*

wachsen wolle. Der erste sei, dass wir uns von allen geschaffenen Dingen „leer und ledig machen" *(italent und lidig machent,* 308,22) und in allem die rechte Ordnung einhalten sollten, um nicht das Wirken des Heiligen Geistes zu hindern. Der zweite sei, dass wir alles annehmen sollten, was auf uns zukomme, Gutes und Schlechtes, als etwas, das uns direkt von Gott komme (V 25,308,20–29). In V 5/H 5, der 3. Predigt zu Epiphanie, sagt Tauler, für „edle Seelen" seien äußere Werke ohne Wert, jedoch bedenkt er dann die Aufforderung *surge* des Jesaja: „Nun lautet doch dieses Wort ‚surge' und heißt sie aufstehen, das ist doch immer ein Werk. Ja, *ein* Werk gehört ihnen zu, und das sollen sie allerwege tun ohne Unterlass, solange sie leben." Sodann beschreibt er dieses eine Werk und seine Merkmale folgendermaßen: „Der Mensch vermag niemals zur Vollkommenheit zu gelangen, es sei denn, er wolle allerwegen aufstehen, sein Gemüt auf Gott hin ausrichten und seinen inwendigen Grund frei machen ... Gibt Gott ihnen ein, sich empfänglich zu verhalten, so empfangen sie, lässt er sie wirken, so wirken sie, lässt er sie schauen oder genießen, so genießen sie. Der Grund gibt davon in ihnen selbst Zeugnis, dass Gott ihn bereitet und geläutert hat.[147]

Taulers Lehre über die Passivität im Sinn der reinen Empfänglichkeit ist komplex, subtil und konsistent, wie Richard Kieckhefer gezeigt hat.[148] Ontologisch beruht sie auf der theologischen Ansicht, die unser gesamtes Sein und auch heilswirksames Handeln Gott zuschreibt. Aber Tauler räumt auch ein, dass diese Wahrheit auf zwei Weisen in der Lebensart des Gläubigen lebendig werden müsse. Erstens müsse er die Grundhaltung der *lidikeit* einnehmen, also völlig für Gott offen sein, ihn an sich handeln lassen und unsere vollständige Abhängigkeit von ihm anerkennen. Diese Grundhaltung schließe jedoch nicht die aktive Vorbereitung und sogar das Tätigsein aus, sofern dies Gottes Wille sei. Was sie ausschließe, sei jegliches Bauen auf

---

[147] H 5: I,38–39/V 5 (24,16–26): *Nu spricht doch dis wort surge und heisset sú daz sú ufstont, daz ist iemer ein werg; ja ein werg gehoert in zuo, daz súllent sú allewegent tuon on underlos die wile sú iemer gelebent, das der mensche niemer zuo der volkomenheit enmag kummen, er ensúlle allewegent ufston und ein ufrihtunge des gemuetes in Got und in ein entlidigen des innewendigen grundes... Git in Got in lidender wise, so lident sú, git er in in wúrckender wise, so wúrckent sú, in schowen oder in gebruche wise, so gebruchent sú. Diser grunt git des selber gezúgnis in in selber daz in Got bereit und gelutert hat ...*
[148] Richard Kieckhefer, „The Notion of Passivity in the Sermons of Tauler", in: *Recherches de théologie ancienne er médiévale* 48 (1981),198–211. Kieckhefers Zusammenfassung in drei Punkten (210) lohnt es, zitiert zu werden: *Erstens, dass die Heiligkeit, die eine Seele besitzt, auf jeder Stufe de facto Gottes Werk ist und nicht das Ergebnis des Bemühens des Menschen; zweitens, dass die Heiligung durch vorsätzliche Einmischung verhindert werden könnte; und drittens, dass die Heiligung tatsächlich vereitelt wird durch diejenigen verschiedenen Formen des Handelns, die (gleich, ob frei gewählt oder nicht) das richtigen Stehen vor Gott und die Unterwerfung unter ihn verhindern.*

sich selbst, was immer im Stolz wurzle. Das Einzige, was in Wirklichkeit in unserer Macht stehe, sei unser Vermögen, Gott ins Handwerk zu pfuschen, und dazu seien wir immer versucht, besonders dann, wenn wir uns darauf konzentrierten, *unsere* guten Werke zu tun.

Mit seinem Appell, ganz das Empfangen in den Mittelpunkt zu stellen, stützte sich Tauler auf tief in der Heiligen Schrift und in der mystischen Tradition verankerte Wahrheiten. Im Hebräerbrief ist die Rede davon, Jesus habe den Gehorsam gelernt „durch das, was er erlitten hat" *(quae passus est)*, und Dionysius hatte seinen Lehrer Hierotheus gepriesen, der „das Göttliche nicht nur erlernte, sondern es auch erlitt"[149] (d. h. sich von ihm empfänglich treffen ließ). Für Tauler besteht das gesamte mystische Leben in der immer tieferen Verwirklichung jener inneren Kehre zu Gott hin, bei der man alles Geschaffene loslässt und auf diese Weise fähig wird, Gott im Grund zu empfangen.

Die Nachfolge Christi

Diese wesentlichen Haltungen könnten ziemlich spekulativ und abstrakt wirken. Aber sie sind an den Umstand gebunden, dass Tauler sie immer im Hinblick auf ein konkretes Vorbild vorstellt, nämlich Christus, dem man nachfolgen solle. Die Rolle Christi als des Ewigen Wortes und ganz besonders des inkarnierten Gottmenschen, durchzieht Taulers gesamte Predigt.[150] Wenige christliche Mystiker waren derart christozentrisch, jedoch war die Lehre des Strassburger Predigers über die Rolle Christi bei der Rückkehr zu Gott umstritten und zuweilen wurde sie missverstanden. Manche haben vertreten, Tauler halte Christus zwar als Vorbereitung für die mystische Einung für notwendig, aber seine Mystik habe wenig Platz für die historische Christologie und bewege sich schließlich mit ihrer Betonung des Einsseins im Grund über Christus hinaus.[151] Jedoch wurde in viel neuerer Literatur erwiesen, dass die Nachahmung Christi für alle Stufen von Taulers Vorstellung unseres Fortschreitens bis zum Einswerden mit Gott ganz wesentlich ist, auch wenn sie auf unterschiedliche Weisen reali-

---

[149] DN 2,9 (448B): ... *ou monon mathôn, alla kai pathôn ta theia* [lateinische Übersetzung von Eriugena: ... *non solum discens, sed et affectus divina;* PL 122,1124C].
[150] Tauler nennt Christus in fast allen seinen Predigten. Hier eine teilweise Liste; die hierzu besonders wichtigen Predigten sind unterstrichen: V 6, 7, 8, 9, 10, 11, 13, 15, 17, 20, 21, 23, 25, 27, 28, 30, 31, 35, 36, 37, 39, 40, 41, 45, 46, 47, 48, 50, 51, 52, 53, 54, 55, 57, 65, 66, 67, 69, 70, 71, 72, 73, 75, 76, 77; und C LX (hg. v. Helander) u. C LXXXIII (hg. v. Bihlmeyer).
[151] Diese Ansicht fand sich in der älteren protestantischen Forschung über Tauler und wird immer noch, wenn auch in qualifizierterer Weise, vertreten von Ozment, *Homo spiritualis,* z. B. 30 u. 45.

siert wird.¹⁵² Tauler selbst sagte es so: „Nein, über das Vorbild unseres Herrn Jesus Christus vermag niemand hinauszukommen" (V 15,71,7–8).¹⁵³

Taulers Christologie ist wie diejenige Eckharts grundsätzlich funktional, das heißt er zeigt kein Interesse für scholastische Diskussionen über die Natur des Einsseins von Gott und Mensch in Christus und auch nicht für so kontroverse Themen wie das Wissen Christi. Auch er zitiert die traditionelle Formel „Denn er ist Mensch geworden, damit der Mensch Gott werde" (V 30: 293,33–34: *Wan dar umb wart er mensche, das der mensche Got würde*). Taulers Interesse richtet sich auf Christus als Erlöser: Christus als Licht der Welt (V 10/H 10), Christus als Tür zum Herzen des Vaters (V 17/H 17), Christus als den guten Hirten (V 36/H 36) und insbesondere Christus am Kreuz, der alle an sich zieht (V 51/H 58). (Tauler konzentrierte sich bei seiner *imitatio Christi* wie viele seiner Zeitgenossen auf die *imitatio passionis*.)¹⁵⁴ Zwar spricht Tauler in seinen Predigten zu den Evangelien des liturgischen Jahres über die Ereignisse aus dem Leben Christi, aber ihm geht es nicht um die Vergangenheit, sondern um die Gegenwärtigsetzung des erlösenden Wirkens Jesu sowohl als Wirkursache der Erlösung als auch als Vorbild, das seine Zuhörer auf ihrem Weg zu Gott nachahmen sollten.¹⁵⁵

Taulers Predigt zum Fest des heiligen Matthäus (V 55/H 64) über den Text „Folge mir! Und er verließ alles und folgte ihm" (Lk 5,27–28) liefert einen deutlichen Beleg dafür, wie entscheidend für ihn die Nachfolge Christi für den Weg zum Einswerden mit Gott ist. Er beginnt sie mit dem Hinweis, wie wichtig es sei, dass man wie der Sünder Matthäus alles aufgebe, um Christus nachzufolgen. Sodann zählt er im Einzelnen sechs Tugenden

---

¹⁵² Auf Englisch siehe den Aufsatz von Richard Kieckhefer, „The Role of Christ in Tauler's Spirituality", in: *The Downside Review* 96 (1978), 176–191. Genauso wird das in neueren deutschen Untersuchungen vorgestellt, namentlich von Gandlau, *Trinität und Kreuz*; Gnädinger, *Johannes Tauler*, 286–297; Alois M. Haas, „Jesus Christus – Inbegriff des Heils und verwirklichte Tranzendenz im Geist der deutschen Mystik", in: *Epiphanie des Heils*, hg. v. Gerhard Oberhammer, Wien 1982, 209–212; und M. Egerding, „Johannes Taulers Auffassung vom Menschen", 120–129. Als Überblick über Taulers Texte über Christus siehe Adolf Hoffmann, „Die Christusgestalt bei Tauler", in: *Johannes Tauler. Ein deutsche Mystiker*, 208–231.
¹⁵³ Als weitere Stellen zu diesem Thema seien genannt: V 21 (88,16–17), V 47 (210,19–22) u. V 53 (243,23–29).
¹⁵⁴ Taulers Passionsfrömmigkeit zeigt sich besonders deutlich in den fünf Predigten, die er zum Fest der Kreuzerhöhung (am 14. September) hielt. Die richtige Reihenfolge dieser Predigten ist V 50, 52, 51, 65 und die bei Helander 346–351 befindliche Predigt „Von dem heiligen crúze". Auf zwei spezifische Aspekte von Taulers Passionsfrömmigkeit kann hier nicht weiter eingegangen werden: (1) die Rolle der Betrachtung über die fünf Wunden Christi (siehe z. B. V 8 [35–37], V 46 [206] u. V 71 [387–88]); und (2) die Gleichsetzung der vier Dimensionen der Liebe Gottes (siehe Eph 3,18) mit den vier Armen des Kreuzes (z. B. in V 52 [238–239] u. C LX [hg. v. Helander 348–350]).
¹⁵⁵ Haas sagt in *Sermo mysticus*, 264: *Die Heilsgeschichte einst hat (für Tauler) nur Sinn, wenn sie zur Heilsgeschichte jetzt wird.*

auf, die für die Nachfolge notwendig seien: Demut, Sanftmut und Geduld in den niederen Fähigkeiten, und Glaube, Hoffnung und Liebe in den höheren (254,12–16). Diese Tugenden verwirkliche man, indem man sich „dem liebreichen Vorbild unseres Herrn" *(dem minneklichen bilde unsers herren*, 254,18) angleiche. Aber es gebe noch einen direkteren Weg zu diesem Ziel: „in einem inneren, ganz gelassenen, stillen Schweigen, in einem nach innen gekehrten Seelengrund und einem lauteren Erwarten Gottes, auf das hin, was er in einem Menschen wirken wolle."[156] Hier sehen wir wiederum, wie stark Tauler die Gelassenheit und das Empfangen betont, aber man kann sich fragen, wie weit dieser direktere Weg etwas mit dem Vorbild Christi zu tun hat.

Was die äußeren Werke angeht, so fährt Tauler fort, müssten wir immer versuchen, aus der natürlichen Genugtuung, die wir beim Leisten guter Werke empfänden (etwas, das sich nicht vermeiden lasse), keine Selbstzufriedenheit darüber entstehen zu lassen. Die Freude daran müsse immer einzig auf Gott ausgerichtet sein (254,23–255,3). Er betont, den Aufruf Christi „Folge mir!" solle man sowohl bezüglich des äußeren Menschen verstehen, der sich mit den Übungen der Tugend und der Liebe zu allen abgebe, als auch des inneren Menschen, der zu wahrer und völliger Gelassenheit finden müsse (255,4–9). Tauler verstärkt das mit einer seiner seltenen Aussagen über sich selbst und erklärt, er persönlich wäre sogar bereit, seinen Status als Priester und Prediger aufzugeben, falls dies Gottes Wille wäre, den ihm die kirchliche Autorität mitteile. (Diese Stelle könnte seine Erfahrung mit dem päpstlichen Interdikt in Deutschland spiegeln.) Sodann verstärkt er seine Botschaft mit dem Argument, da wir ja alles von Gott empfangen hätten, sollten wir umgekehrt bereitwillig alles „ihm in rechter Gelassenheit überlassen", räumt jedoch ein, die volle Verwirklichung dieses Ideals werde wohl nur „jene(n) besonderen Menschen, die finstere Wege gehen und die durch enge Pfade hindurchschlüpfen" (255,35–36), gelingen. Aber auch wenn wir mit unseren eigenen Kräften Handlungen ausführten, solle „man die Dinge bewahren, doch ohne allen Eigenwillen" *(sunder alle eigenschaften*, 256,3), also ohne Anhänglichkeit an sie.

Der Mittelteil dieser Predigt scheint von einer der bekanntesten Homilien Eckharts beeinflusst zu sein, Pr. 52 über den Sinn der Armut im Geist: Sie bestehe darin, nichts zu wollen, nichts zu wissen und nichts zu haben.[157] Tauler verwendet diese Dreierformel zur Darstellung dafür, wie im Prozess

---

[156] H 64: II,496/V 55 (254,20–22): ... *ein inwendige gantz gelossen stilles swigen in einem in gekerten gemuete und Got luterlichen ze wartende was er in im würken welle* ...
[157] Eckharts Pr. 52 steht in DW 2,486–506; siehe ihre Behandlung hier in Kap. 4, 296 f. u. 314.

der Gelassenheit die niedrigen und höheren Fähigkeiten vergehen. „Es liegt indes in der Natur des Menschen, zu haben, zu wissen und zu wollen; darin besteht die Tätigkeit der Kräfte."[158] Hier kommen nun die gerade genannten sechs Tugenden als die Kräfte ins Spiel, die es den niedrigen und höheren Fähigkeiten ermöglichen, sich ihrer eigenen Handlungen zu entledigen. Tauler beschreibt, wie diese Stilllegung von oben her beginnt, indem zunächst der Glaube die Vernunft ihrer Art des Erkennens beraubt und sie blind werden lässt. Sodann nimmt uns die Hoffnung unser Gefühl der Selbstsicherheit und unser Habenwollen, und die Liebe bringt den Willen um seinen Egoismus (256,11–15). Genauso wichtig ist jedoch das Einwirken der anderen drei Tugenden auf die äußeren Fähigkeiten: Die Demut versenkt uns in den Abgrund; die Milde nimmt das Habenwollen und sinkt dann zusammen mit der Tugend der Geduld in die Namenlosigkeit (256,16–24). Das wirkt sich so aus, dass „du noch tiefer in dein Nichts versinkst" und Tauler fährt fort: „Daran liegt alles: in einem abgründigen Entsinken in ein unergründliches Nichts."[159] Zur Erläuterung dieses geheimnisvollen Nichtsseins unternimmt Tauler eine seiner anspruchsvollsten Untersuchungen des dunklen Wegs der Entfremdung und des Leidens, der zu Gott führt (256,36–258,6). Er verweist in Abhängigkeit von Gregor dem Großen (darüber unten mehr) auf die Gestalten von Ijob und Elija als Vorbilder aus dem Alten Testament und erklärt: „Du sollst immer weiter voranschreiten, dich umso höher erheben, je tiefer du in den unbekannten und unbenannten Abgrund versinkst. Sich selber verlieren, sich ganz und gar entbilden jenseits aller Weisen, Bilder und Formen, jenseits aller Kräfte: in dieser Verlorenheit bleibt (dann) nichts als ein Grund, der wesentlich auf sich selber steht, ein Sein, ein Leben ein Über-alles-(Hinaussein)."[160]

Auf dieser Stufe scheint V 55 (H 64) den historischen Christus weit hinter sich gelassen zu haben, womit die Verdächtigungen von Taulers Kritikern bestätigt wären. Aber mit dem Eröffnungssatz des letzten Teils der Predigt beugt er dieser Unterstellung vor: „Der Weg, der zu diesem Ziel bringt, muss über das anbetungswürdige Leben und das Leiden unseres Herrn Jesus Christus führen, denn er ist der Weg, und diesen Weg muss man einschlagen. Er ist die Wahrheit, die diesen Weg erleuchten muss; und

---

[158] H 64: II,498/V 55 (256,5–6): *Nu ist aller menschen nature geneiget uf das si haben und das si wissen und wellen. Dis sint die werk der krefte.*
[159] H 64: II,499/V 55 (256,27–31): *... das du noch tieffer versinkest in din nicht ... Hie lit es alles an, an einem grundelosen entsinkende in ein grundelos nút.* Diese Redeweise reflektiert Eckhart.
[160] H 64: II,500–501/V 55 (257,32–35): *... ie tieffer versinken in das unbekante und ungenante abgründe über alle wise, bilde und formen ... so enblibt nút in diser velornheit denne ein grunt der weselichen uf im selber stot, ein wesen, ein leben ein über al.*

er ist das Leben zu dem man gelangen soll."[161] Mittels Christus als der Tür (siehe V 17), so Tauler, durchbrechen wir unsere Natur mit Werken der Demut, Milde und Geduld; ohne ihn würden wir in die Irre gehen und in Blindheit verfallen (258,10–15). Wer diesem inneren Weg folge, so fährt er kühn fort, sei sogar jenseits der Vollmacht des Papstes, weil Gott selbst ihn freigesetzt habe. Ein solcher Mensch sei im höheren Teil seines Wesens bereits jenseits der Zeit; und im niederen Teil sei er in den „wesentlichen Frieden" *(weselichen friden,* 258,24) hinein befreit und sei gelassen.

Diese Predigt über die Nachfolge Christi zeigt uns, dass Tauler Wert auf die Aussage legte, dass der Weg zur tiefsten Vereinigung mit Gott immer der Weg Christi sei; jedoch erklärt er nicht, wie er das sei. Andere Predigten werfen jedoch mehr Licht auf die Rolle der *imitatio Christi* in der Lehre Taulers. Der Schlüssel zum Verständnis der konstanten, jedoch sich entwickelnden Rolle Christi auf dem Weg zu Gott findet sich, wenn man den Unterschied zwischen der Betrachtung der Ereignisse des Lebens Christi im Sinn eines äußeren Vorbilds und der Verinnerlichung der wesentlichen Absicht Christi selbst erfasst. Dann sieht man, dass es darum geht, Christus zu *werden,* sowohl im Erleiden seiner Gottferne, die er in Gethsemane und am Kreuz durchgemacht habe,[162] als auch in seiner Teilhabe am inneren Leben der dreifaltigen Hervorgänge, deren er als inkarnierter Sohn Gottes sich allezeit erfreue.

Die Vorstellung vom Übergang von der „fleischlichen" Liebe zur „geistlichen" Liebe zu Christus hatte in der abendländischen Mystik bereits Tradition. Sie war ein zentrales Motiv bei einer von Taulers Lieblingsautoritäten, Bernhard von Clairvaux. Tauler verstand wie Bernhard die Ankündigung Jesu an die Apostel, er müsse dem Leibe nach von ihnen gehen, damit der Geist auf sie herabkommen könne (Joh 16,7) als Erklärung, dass es notwendig sei, von der fleischlichen zur geistlichen Freude über seine Gegenwart überzugehen.[163] In vielen Stellen in seinen Predigten spricht er von der Notwendigkeit, von der Betrachtung über die Menschheit Christi, so notwendig sie sei, so einer höheren Wahrnehmung seiner Gottheit und vollen Gleichheit mit dem Vater weiterzuschreiten.[164] So unterscheidet er zum Beispiel in seiner Predigt zum 22. Sonntag nach Dreifaltigkeit (V 76/H 76)

---

[161] H 64: II,501/V 55 (258,6–9): *Dise weg zuo disem ende ze komende, das muos sin durch das hoch wurdige leben und liden unsers herren Jhesu Christi, wan er ist der weg und er ist durch den man gon sol. Und er ist die worheit die in disem wege lúchten sol. Und er ist das leben zuo dem man komen sol.*

[162] Als besonders starke Stelle darüber siehe V 67 (371,12-26).

[163] So z. B. in V 24 (100,24–101,6) und V 38 (152,17–25, wo er Phil 3,14 verwendet).

[164] Eine Anzahl von ihnen wird besprochen von Kieckhefer in „The Role of Christ in Tauler's Spirituality", 180.

zwischen zwei Formen der Liebe: der geistlichen Süße, die die Apostel erfahren hätten, als Jesus noch bei ihnen gewesen sei, und der höheren Liebe, die er ihnen bei der Himmelfahrt für die Zeit nach seinem Weggehen versprochen habe. „In *dieser* Liebe gibt es nur ein Verleugnen des eigenen Selbst, kein Bejahen; sie besteht nicht in einem Besitzen, wie die Jünger es zuerst hatten, sondern in einem Darben." Und er fährt fort: „In *dieser* Liebe herrscht ein Nichtwissen, ein Fehlen der Erkenntnis; sie steht weit über unserer Verstandeskraft, jenseits alles Wesens und aller Weisen." Diese Liebe tue der „armen Menschennatur" sehr weh, weil sie „allen Gegenständen sterben" müsse, „die sie im ersten Grad der Liebe besessen hat, denn Gott liebt sich hier selbst und ist sich hier sein eigener Gegenstand."[165] Tauler setzt diese Liebe mit der dionysischen *verborgen goettelische vinsternisse* (411,26) gleich; dennoch sei sie zugleich auch „der Tag Jesu Christi, von dem Sankt Paulus sprach" (Phil 1,6), der Tag, an dem wir die volle Erlösung empfingen. Die Früchte der Passion Christi würden hier in uns „reiner und erhabener empfangen, nicht in sinnen- und bildhafter Weise, wie die Sinne uns das zeigen oder wie wir es in der Einbildungskraft besitzen, sondern innerlich und edel, göttlich und geheimnisvoll und nicht mehr wie zuvor auf der ersten Stufe der Liebe."[166] Tauler schließt mit einem Verweis auf das Beispiel von Maria Magdalena, die Christi Füße vor seinem Tod auf leibhaftige Weise gewaschen habe, ihn aber nach seiner Auferstehung nur noch geistlich habe berühren können (412,4–14).

Die Botschaft ist klar: Christus und seine Passion geraten nicht aus dem Blick, aber die Betrachtung der leibhaftigen Aspekte des Lebens und Sterbens des Erlösers wird in höhere Ebenen hinein überschritten. Dass weiterhin beide Formen der Teilhabe an Christus notwendig sind, wird deutlich in V 23 gesagt. Darin greift Tauler das Wort Jesu auf, die Christen sollten beim Bemühen um die Erlösung klug wie eine Schlange sein (Mt 10,16). Er legt dies so aus, dass er sagt, sie sollten es machen wie die Schlange, die ihre alte Haut abstreift, indem sie sich zwischen zwei Steinen durch-

---

[165] H 76: II,588/V 76 (411,12–25): ... *in der minne enist nút denne ein verloeucken, nút ein verjehen, es enist nút in eime habende also di jungern zuo vorderste hattent, sunder sú ist in eime darbende; in diseme ist ein unwissen, ein unbekentnisse, und ist verre über redelicheit in ein überwesenlichaeit und überwislicheit ... [W]an Got minnet sich selber hie und ist hie sin selbes fürwurf*. Als Untersuchung der in dieser Predigt entwickelten Lehre von der Liebe siehe Markus Enders, „La compréhension mystique de l'amour humain chez Jean Tauler", in: *700e anniversaire de la naissance de Jean Tauler*, 438–443.
[166] H 76: II,589/V 76 (411,39–412,4): ... *mer in uns, das wir sú hie luterlicher und edellicher nemen, nút in sinnelicher wisen und biltlichen, also es durch die sinne ist ingetragen, also man es hat in der fantasien, nút also, sunder innerlichen und edellichen und goetlichen und verborgenlichen, nút also hie vor in der ersten wisen*.

zwängt. Diese beiden Steine seien die ewige Wahrheit von der Gottheit Christi und die anbetungswürdige Menschheit des Gottmenschen, und der Weg zwischen ihnen hindurch sei der wesentliche Weg zu Gott (95,1–16). Die gleiche Lehre darüber, dass Christus als Mensch weiterhin wichtig bleibe, besonders in seinem Leiden und Sterben, findet sich, wenn auch immer wieder anders ausgedrückt, auch in einer ganzen Anzahl weiterer Predigten, wie Richard Kieckhefer gezeigt hat.[167]

Tauler sagt durchweg in seinen Predigten ausdrücklich, dass man über die *imitatio passionis* nie hinauskomme; allerdings mache die Art, *wie* man Christi Leiden und Sterben nachahme, einen Prozess ständiger Intensivierung und Verinnerlichung durch. Als er in V 31 (H 31) über den würdigen Empfang der Kommunion predigt, zitiert er den Auftrag von Paulus, den Tod des Herrn zu verkünden, bis er wiederkomme (1 Kor 11,26) und erklärt dazu: „Diese Verkündigung geschieht nicht mit Worten, nicht mit Gedanken, sondern sterbend, dich entäußernd, in der Kraft seines Todes."[168] Das erinnert an die Worte eines der großen Bewunderer von Tauler, Martin Luthers, der einmal sagte: „Indem ihr lebt, und noch mehr, indem ihr sterbt und verurteilt werdet, werdet ihr Theologe, nicht indem ihr versteht, lest und spekuliert."[169] In V 40 (H 43) findet sich eine ausdrückliche Entgegnung auf den Einwand, die Innerlichkeit, die er predige, führe dazu, das Leiden Christi zu vergessen. Er sagt: „Nein, meine Lieben! Wendet euch zum Grunde: Da allein wird Gnade wahrhaft geboren. Und mit ihrer Hilfe blickt Leiden und Leben unseres Herrn in dich hinein in völliger Liebe und Einfalt mit *einem* Blick der Einfachheit."[170] Ein solches synthe-

---

[167] Kieckhefer, „The Role of Christ", 180–187, untersucht V 15 (69–71), V 47 (207–214), V 53 (240–246), und V 54 (246–253) und etliche weitere Texte. Seine Schlussfolgerungen (187–191) sind eine hilfreiche Darstellung der Nuancen von Taulers Vorstellung über die Rolle der *imitatio Christi*. Er sagt es so: *Auf der höchsten Ebene konzentriert sich die Verehrung der Menschheit Christi auf das Gesamt seines Lebens, das auf einmal in den Blick genommen wird* (190).

[168] H 31: I,221/V 31 (314,36–315,2): *Das kúnden ist nút mit worten noch mit gedenckende, sunder ez ist mit sterbende unde entwerdende in der kraft sines todes.* Als weitere Stellen darüber, das Kreuz auf sich zu nehmen und Christus nachzufolgen sowie allgemein über die *imitatio passionis* siehe V 21 (85,12–14), V 38 (149,17–24), V 45 (199,8–28), V 47 (210,19–22), V 50 (229,19–28), V 51 (230,24–232,7), V 52 (237,29–34), V 54 (251,33–252,3), V 65 (353–357), V 67 (371,12–26), V 73 (296,3–10) u. C LX (Helander 346–351). Gelegentlich empfiehlt Tauler auch verschiedene Formen physischer Praktiken der *imitatio passionis*, z.B. in V 47 (211,11–24).

[169] Luther, Operationes in Psalmos (Weimarer Ausgabe V,163,26–29).

[170] H 43: II,327/V 40 (166,8–11): *Nein, lieber kinder, ir súllent úch in keren in den grunt do die gnade allein geborn wirt in der worheit, und mit der blicket dir das liden und das leben unsers herren in in einer gevoellicher minne und einvaltikeit und in einem einvaltigen angesicht …*

tisches Blicken auf Christus insgesamt und die Identifikation mit dem leidenden und doch bereits verherrlichten Herrn, zu dem es führt, ist das Herz von Taulers christologischer Mystik.

Kirchliche Mystik

Obwohl Tauler der scholastischen Theologie seiner Zeit kritisch gegenüberstand, den Verfall der Moral um sich herum beklagte und vielleicht sogar Unzufriedenheit mit dem überpolitisierten Papsttum des 14. Jahrhunderts andeutete, brachte ihn das nie dazu, die Rolle der Kirche als Leib Christi und notwendiges Heilsinstrument in Frage zu stellen.[171] Taulers Predigt hatte immer eine tief kirchliche Dimension, besonders in der Art, wie er seine Botschaft an das Leben und die Praxis seiner Zuhörerschaft anknüpfte, bei der es sich meistens um Nonnen und andere Ordensleute handelte, deren Tageslauf tagtäglich von der dominikanischen Observanz bestimmt war. Dennoch waren Taulers Anleitungen nicht nur für Ordensleute bestimmt, sondern für alle Christen, die sich um eine tiefere Frömmigkeit und die Gottsuche im Grund bemühten. Seine Verbindung mit den Gottesfreunden zeigte ihm, dass das Maß für den Fortschritt darin der Grad an Gelassenheit und Selbstverleugnung war, den man erreicht hatte. In einer Predigt sagt er, beim heiligsten Menschen, den er je kannte, habe es sich um einen einfachen Mann gehandelt, der sein Leben lang nicht mehr als fünf Predigten gehört habe (V 73: 396,24–27).[172]

Die Tugenden und Frömmigkeitsübungen, von denen Tauler predigte, waren in der mittelalterlichen Predigt oft das Thema, aber wenige Prediger waren in der Art, wie sie darüber sprachen, einsichtsvoller und origineller als er. Besonders wichtig war ihm, die Tugenden einzuschärfen, und zwar vor allem Demut, Unterscheidung,[173] Geduld, Gehorsam, Armut im Geist und allumfassende Liebe. In mehreren Predigten zählt er wesentliche Tu-

---

[171] Siehe Mieth, *Die Einheit*, der Taulers Ekklesiologie in 266–270 behandelt. Mieth betont die Behandlung der Kirche als Leib Christi, wie sie sich in Predigten wie V 21 (85), V 39 (158–159) und besonders V 42 (176–181) findet. Siehe auch Adolf Hoffmann, „Taulers Lehre von der Kirche", in: *Johannes Tauler. Ein deutscher Mystiker*, 232–240.

[172] Darüber, dass die Heiligkeit Christen in allen Lebensständen möglich sei, siehe Mieth, *Die Einheit*, 293–294; und Zekorn, *Gelassenheit und Einkehr*, 169–172. Zekorn weist darauf hin, dass die Jungfräulichkeit, die im Mönchtum oft als notwendig für den mystischen Kontakt gesehen wurde, bei Tauler keine solche Rolle spielt.

[173] Aus Platzgründen kann die Unterscheidung *(bescheidenheit)* hier nicht ausführlicher behandelt werden. Siehe die Untersuchung von Zekorn, *Gelassenheit und Einkehr*, 227–234, der ganz treffend sagt: *Obwohl sie von Tauler nur selten namentlich genannt wird, sind seine Predigten grundlegend von dieser discretio geprägt.*

genden auf und spricht dann ausführlich über sie.[174] Tauler preist vor allem die Demut, weil sie die für die Selbstverleugnung nötigste Tugend sei.[175] Genau wie die Erde als das niedrigste Element die Kräfte des Himmels in sich herabziehe und dadurch fruchtbar werde, so werde auch der demütige Mensch von Gott erfüllt (V 45: 200,26–34).[176] Die Demut hängt eng mit dem Sinken in den Grund zusammen, ja ist dafür unbedingt notwendig. In V 57 (H 48) sagt Tauler über beider Verhältnis zueinander: „So muss sich denn der Mensch vor allem in sein Nichts hineinversetzen. Kommt der Mensch auf den Gipfel aller Vollkommenheit, so hat er es nötiger denn je, niederzusinken in den allertiefsten Grund und zu den Wurzeln der Demut. Denn wie die Höhe eines Baumes von der Tiefe der Wurzeln herrührt, so die Erhöhung des (menschlichen) Lebens vom Grund der Demut."[177]

Eng verbunden mit der Demut ist die Armut im Geist, von der Jesus in der Bergpredigt sprach (Mt 5,3) und der Eckhart viel Aufmerksamkeit zugewendet hatte. In seiner Predigt zum ersten Freitag in der Fastenzeit (V 8/ H 8) deutet Tauler allegorisch die Erzählung, wie Jesus den Lahmen am Teich Betesda heilte, welcher die Menschheit darstelle. Der Teich selbst bedeute „die liebreiche Person unseres Herrn Jesus Christus", und das wallende Wasser bezeichne das Fließen seines kostbaren Bluts, durch das wir erlöst seien. Die fünf Säulenhallen seien Christi fünf Wunden oder auch die fünf Tugenden, die wir üben müssten. Die erste sei die Demut; die zweite „ein fleißiges Drinbleiben im Grund" *(ein flissig bibliben bei dem grunde, 35,32)*. Die dritte sei die wahre Reue und die vierte die freiwillige Armut, und zwar nicht die äußere Armut, die eine Sache der Schicksalsfügung sei,

---

[174] Einige Beispiele: in V 35 (321–323) behandelt er die Demut *(demuetikeit)*, Gottesliebe *(wore goetteliche minne)* und Unterscheidung *(bescheidenheit)*; in V 47 (212) bespricht er Glauben, Hoffnung, Gelassenheit und Demut; in C LX (Helander 347–450) deutet er die vier Kreuzesarme als Gottesliebe, tiefe Demut, innere Reinheit und vollkommen Gehorsam; in V 67 (365–366) spricht er über die drei notwendigen Dispositionen oder Schwestertugenden Gelassenheit, Empfänglichkeit und Verzicht darauf, sich selbst zu suchen *(unannemlichkeit)*; und in V 55 (254–256) geht es, wie bereits geschildert, um sechs Tugenden, die die inneren und äußeren Kräfte läutern.
[175] Über die Demut siehe Gnädinger, *Johannes Tauler*, „Mystik des Sinkens: Demut", 251–261, die vermerkt, dass Tauler seine Lehre über die Demut besonders in seinen Pfingstpredigten V 25, 26 und 27 entwickelt. Als weitere Texte über die Notwendigkeit der Demut siehe z. B. V 35 (323,16–324,13), V 38 (149,33–36), V 40 (164,14–24) u. V 65 (347,25–29).
[176] Als weitere Ausführungen über die Demut siehe z. B. V 38 (148,30–36) u. V 40 (164,14–24).
[177] H 48: II,375–376 (H von B. S. leicht modifiziert)/V 57 (274,9–13): *Alsus sol der mensche vor allen dingen sich setzen in sin nút. Wenne der mensche kumet uf den tolden aller volkomenheit, so enwart er nie so not nider ze sinkende in den aller tiefsten grunt und an die wurzele der demuetikeit. Wan also als des bovms hoehi kumet von den tiefsten der wurzelen, also kumet alle hoehin dis lebens von dem grunde der demuetikeit.*

sondern die innere, für alle wesentliche Armut. Sie bedeute, so Tauler, „dass Gott unseren Grund allein besitze und wir von keinem anderen Dinge besessen sind und dass wir alle Dinge so besitzen, wie Gott sie von uns besessen haben will, (nämlich) in Armut unseres Geistes."[178] Die fünfte Tugend schließlich bestehe darin, dass man alles, was man von Gott empfangen habe, „in lauterer Weise wiederum in den Ursprung, den Grund, von dem es ausgeflossen, zurückbringt." Tauler kehrt oft zum Thema Armut im Geist zurück, besonders in seiner Predigt zum Allerheiligenfest, die Dick Helander herausgegeben hat und die heute als authentisch betrachtet wird.

Diese Allerheiligenpredigt beginnt Tauler mit einer Beschreibung der Arten von Heiligen. Sodann liefert er einen Kommentar zu den acht Seligpreisungen, in dem er vier Arten der Armut im Geist unterscheidet, dieser Tugend, die „das Haupt und der Beginn aller Vollkommenheit" *(ein houbet und ein begin aller vollekomenheit*, Helander 354) sei. Diese Formen der Armut sind in aufsteigender Reihenfolge: unfreiwillige Armut; die Armut im Ordensleben, die ein Auskommen mit dem Lebensnotwendigen gewährleiste, ohne dass man sich um seinen Unterhalt sorgen müsse; die innere Armut, mit der der Mensch Gott so sehr liebe, dass ihm nichts Äußeres ein Hindernis sei; und schließlich der vierte und höchste Grad, der die innere und äußere Armut verbinde. Tauler beschreibt sie folgendermaßen: „Die vierte Weise der Armut besteht darin, aus Liebe im Äußeren und im Inneren arm zu sein, (und zwar) aus Liebe zu dem liebreichen (Vor)bild unseres Herrn Jesus Christus; seiner lauteren bloßen Armut aus rechter, wahrer Liebe nachzufolgen; im Inneren und Äußeren unbesorgt zu sein und an nichts zu hängen; sondern einzig (darauf gerichtet zu sein), dass das Gemüt unablässig bloß, lauter und unvermittelt in seinen Ursprung und seinen Anfang zurückfließe und zurückgehe."[179]

Dieser Abschnitt zeigt, dass für die Tauler die Armut im Geist eine andere Art ist, von der ständigen Notwendigkeit der Nachahmung Christi in den Tiefen des Grundes zu sprechen. Armut im Geist, Demut und Liebe gehen für ihn Hand in Hand. Am Schluss von V 29 (H 29) sagt er, selbst

---

[178] H 8: I,55/V 8 (36,26–28): ... *das ist das Got uns alleine besitze unsern grunt und daz wir von keinen dingen besessen anders ensint und das wir alle ding also haltent also sú Got in uns wil gehalten haben in armuete unsers geistes* ...

[179] C LXXI (Ausg. Helander 355): *Die vierde wise die lutern armütes daz ist von minnen arm sin ussewendig und innenwendig, von minnen umb das minnencliche bilde unsers herren ihu xri, sime lutern blossen, armüte nochzuofolgende von rehter worer minnen, und unbekümbert und unbehangen sin inwendig und ussewendig, denne alleine ein blos luter unmittelich widerflus und widergang des gemütes on onderlos in sinen ursprung und in sinen begin.* (Übertragung: B. S.) Als einige weitere Stellen über die Armut im Geist siehe V 25 (306,18–24), V 48 (215,8–15), V 56 (264,24–265,32) u. V 63 (345,4–10).

wenn man alles Gesagte vergessen würde, genügte es, sich an zwei kleine Punkte, *zwei púntelin*, zu erinnern: erstens, man müsse innen und außen demütig sein; und zweitens, man müsse gewährleisten, dass die eigene Gottesliebe rein sei und nicht nur in den Gefühlen, sondern in der ganzen Ausrichtung unseres *gemuetes* da sei, so wie ein Bogenschütze auf sein Ziel gerichtet sei (303,18–27).

Tauler betonte wie andere christliche Mystiker, ohne das Wirken der drei übernatürlichen Tugenden Glaube, Hoffnung und Liebe *(minne)* in den Tiefen der Seele könne es keine Erlösung geben; ganz besonders wichtig sei die Liebe, die laut Paulus (1 Kor 13,13) „die größte von allen" sei. In V 64 (H 53) spricht er von der Nächstenliebe in fast scholastischer Manier und definiert ihre Form, ihren Gegenstand und ihr Ziel: „Gegenstand der Liebe ist unser Herz, unsere Seele, sind unsere Kräfte. Ihre Form ist die Liebe (selbst), denn ihre Wirksamkeit besteht aus aller Kraft zu lieben. Ziel und Zweck ist unmittelbar Gott. Der Liebe Wesen ist Liebe; denn sie liebt, um zu lieben."[180]

Die Liebe habe ihren Ursprung in Gott: Sie sei Gott (1 Joh 4,14). Tauler sagt, alles, was Gott uns schicke, sei es Glück oder Leiden, komme „aus dem Grunde seiner unaussprechlichen Liebe" (H 3: I,30; V 3: 17,26). Unsere Antwort darauf müsse eine brennende Liebe zu Gott und eine allumfassende Liebe zu allen unseren Nächsten sein, die „wirkende Liebe" *(würkliche minne)*, von der er oft sprach.[181] In einer Fronleichnamspredigt (V 34/ H 34) sagt Tauler, das Festmahl, zu dem Gott uns einlade, finde im Grund der Seele statt und Gott lasse uns daran in dem Maß teilhaben, das unsere Liebe habe (318,8–9). Wenn die Liebe das Maß aller Dinge sei (siehe auch V 62: 338–339) bedeutet dies, dass wir alles in Liebe tun sollten (V 24: 309,29–32). Unten werden wir genauer auf Taulers Darstellung der verschiedenen Stufen beim Anwachsen der Liebe zurückkommen, denn diese sind Teil seiner Lehre über das Einswerden; aber in jeder Darstellung seiner Botschaft muss betont werden, wie eng für ihn Demut und Liebe zusammenhängen.

Eine wichtige praktische Nutzanwendung von Taulers Vorstellung über die Demut und die Notwendigkeit allumfassender Liebe ist, dass er ener-

---

[180] H 53: II,410/V 64 (349,8–11): *Der minne materie das ist unser herze, sele, krefte. Ir forme das ist minne. Ir wirklichkeit das ist das man minne von al. Ir ende und ir fürwurf das ist Got sunder mittel; minne wesen ist minne; wan minne minnet umbe minne.* Der letzte Satz klingt an eine Stelle in Bernhards *Sermo super Cantica* 83,4 an (*Sancti Bernardi Opera* II,300,24–26). Über Taulers Liebeslehre siehe Wrede, *Unio Mystica*, 144–152 u. 222–225.
[181] Über die *würkliche minne* und ihren allumfassenden Charakter siehe z. B. V 44 (193,11–18) und V 57 (273,1–7).

gisch gegen alles Verurteilen anderer ist. Der Strassburger Prediger wendet sich scharf gegen zeitgenössische Schriftgelehrte und Pharisäer, das heißt solche, die eine äußerliche, hochmütige und selbstgefällige Form des Ordenslebens pflegen (siehe z. B. V 9, 10, 19, 54 und C LXXXIII). Die frommen Praktiken dieser Pharisäer scheinen nicht anders als diejenigen der Gottesfreunde zu sein, aber „ein äußerer Unterschied trennt sie von den wahren Gottesfreunden: sie sind voll des Urteils über andere Leute und die Freunde Gottes; sich selbst aber beurteilen sie nicht; die wahren Gottesfreunde aber sprechen über niemanden das Urteil außer über sich selbst."[182] Taulers Überzeugung, wer den Weg zu Gott einschlagen wolle, müsse unbedingt mit der Verurteilung seiner selbst anfangen, impliziert unvermeidlich, dass solche, die lieber andere verurteilen, sich in die falsche Richtung auf den Weg machen, so heilig sie auch zu sein scheinen.

Taulers Lehre macht klar, dass man nur durch die Nachahmung von Christi Armut, Keuschheit und Gehorsam für das Wirken der drei göttlichen Tugenden Glaube, Hoffnung und Liebe und die sieben Gaben des Heiligen Geistes (V 23: 96,1–8) offen wird. Seit der Zeit Gregors des Großen wurden diese zehn Charismen als für die Rückkehr zu Gott wesentlich betrachtet.[183] Taulers Interesse galt besonders dem Wirken der sieben Geistesgaben (nach Jes 11,2) und bespricht in drei Predigten deren jeweilige Rolle beim Fortschritt des Gläubigen. Die wichtigste Abhandlung darüber bietet seine bereits oben vorgestellte 2. Predigt zum Pfingstfest (V 26/ H 26), in der er erklärt, wie die ersten drei Gaben (Furcht des Herrn, Güte und Erkenntnis) die Seele auf die Vollkommenheit vorbereiten, während sie mit den vier anderen (göttliche Stärke, Rat, Weisheit und Einsicht) „zum höchsten, lautersten, verklärtesten Ziele wahrer Vollkommenheit geführt werde (106,3–4; H 29: I,181)."[184]

Tauler sagt in seinen Predigten auch viel über die Rolle der Sakramente im Frömmigkeitsleben.[185] Alle Sakramente seien uns dazu gegeben, um uns

---

[182] H 10: I,71/V 10 (46,7–10): *Aber ein underscheit hant sú von den woren fründen Gottes ussewendig; dise sint vol urteiles ander lúten und der Gottes frúnt und urteilent sich selber nút, aber die waren Gottes frúnt enurteilent nieman danne sich selber.* Als weitere Stellen gegen das Verurteilen anderer siehe V 16 (74,12–13), V 18 (287,22–25), V 27 (112,22–31), V 38 (147,24–25, 148,31–32), V 57 (268,5–6), V 62 (336,8–12 u. 339,25–27), V 75 (405,3–8) u. V 76 (408,32–409,39).
[183] Siehe im vorliegenden Werk Band II, 93–95.
[184] Die gesamte Abhandlung über die sieben Gaben in V 26 reicht von 105,32 bis 110,3. Die anderen Abhandlungen sind kürzer; siehe V 29 (301,35–302,5) und V 44 (194,1–21). Über die Rolle der sieben Gaben bei Tauler siehe Gnädinger, *Johannes Tauler*, 302–307.
[185] Zu Tauler über die Sakramente siehe Adolf Hoffmann, „Sakramentale Heilswege bei Tauler", in: *Johannes Tauler. Ein deutscher Mystiker*, 247–267; Gnädinger, *Johannes Tauler*, 336–347; und Zekorn, *Gelassenheit und Einkehr*, 149–160.

die Hindernisse, vor denen wir in unserer Situation als Gefallene stehen, überwinden zu helfen (V 10: 49,29–50,2). Aber natürlich konzentriert sich der Prediger auf die in der mittelalterlichen Praxis wichtigsten Sakramente. Dem richtigen Gebrauch des Bußsakraments widmet er mehrere Predigten (siehe V 46, 57, 58), aber am meisten liegt ihm an der Messe. Die fünf Predigten Taulers zum Fronleichnamsfest (V 30–34) gehören zu seinen wichtigsten, und das nicht nur, weil er darin ausführlich die Rolle der Kommunion im mystischen Leben behandelt. Es ist hier nicht möglich, Taulers Lehre über die Messfeier ausführlich wiederzugeben, aber eine kurze Zusammenfassung dürfte hilfreich sein.

Immer wieder preist Tauler die Größe des Sakraments als des Orts, an dem wir Gott auf unvermittelte Weise begegnen (V 32: 118) und als unserer täglichen Quelle der heilbringenden Früchte des Todes Christi (V 34: 318). Es ist Gottes Demut, die ihn zu uns herabführt, dass er unser Bruder und unsere Nahrung sei (V 30: 293). Tauler baut auf eine von Augustinus begonnene und von Bernhard von Clairvaux[186] entfaltete Tradition auf, mit der zur Erläuterung der Wirkung des Sakraments an uns das Bild von der Verdauung verwendet wurde, aber er kehrt dieses Bild um: Wenn wir die Kommunion empfangen, seien nicht vor allem wir es, die Gott äßen, sondern Gott esse uns und verwandle uns in sich. Dieser Prozess beginne dann, wenn wir es zulassen, dass unser Gewissen an uns nage und unsere Sünden bekennen, damit wir das Sakrament würdig empfangen können (V 30: 294–295). Und noch wichtiger sei, dass uns die Kommunion helfe, den Abbau oder das „Entwerden" unseres alten Ichs zu betreiben (*entwerden* kommt in V 30: 295–296 sechsmal vor).[187]

Tauler erläutert die Bedingungen für den würdigen Empfang der Kommunion (z. B. in V 31 [311]) sowie die Hindernisse, nämlich unsere „täglichen Sünden" (V 33 [126–129], V 34 [319–320]), die deren fruchtbarem Empfang im Wege stünden. Vor allem liegt ihm sehr daran, die häufige, ja tägliche Kommunion nahezulegen, sofern man die richtige innere Einstellung dazu habe (V 30 [297], V 32 [122–123], V 51 [232–233] und V 57 [267–272]). Seine hohe Wertschätzung der Kommunion veranlasst den Prediger natürlich auch, deutlich auf die Gefahren der unwürdigen Kommunion

---

[186] In V 30 (294,18–24) zitiert Tauler zuerst eine Stelle aus Augustinus, *Conf.* 7,10,16, in welcher Gott zu ihm sagt: *Nec tu me in te mutabis, sicut cibum carnis tuae; sed tu mutaberis in me* (PL 32,742). Daran schließt er die Paraphrase eines Textes von Bernard von Clairvaux aus dessen *Sermo super Cantica* 71,5 an (*Sancti Bernardi Opera* II,217,15–17): *Nolite mirari hoc: et manducat nos, et manducatur a nobis, quo arctius illi adstringamur*. Siehe auch V 32 (121,6–8) und V 33 (125,20–21).
[187] Tauler spricht vom Abbau des alten Ichs auch in V 31 (314) und V 32 (121).

hinzuweisen (z. B. in V 30 [297–298] und V 31 [313]). Eine Besonderheit der Kommunionlehre Taulers ist, dass er eine bestimmte Ausnahme von der Praxis des häufigen Empfangs macht: Er rät nämlich dann von ihr ab, wenn jemand derzeit die Qualen innerer Verlassenheit von Gott (*getrenge;* siehe V 31 [315]) erfahre. Außerdem empfiehlt Tauler die häufige geistliche Kommunion (z. B. V 33 [125–126 und 129]), eine Praxis, die im Spätmittelalter stark zunahm.

Was die anderen Praktiken des Frömmigkeitslebens angeht, betont Tauler ganz besonders die Rolle des Gebets. Seine Lehre beruht nicht nur auf der bereits oben zitierten Definition des Gebets als „Aufstieg des *gemuetes* zu Gott", sondern auch auf der Unterscheidung zwischen dem äußeren oder mündlichen Gebet und dem inneren Gebet der Vereinigung.[188] In V 50 (224,17–225,8) verurteilt er zwei gegensätzliche Irrtümer über das Gebet. Da gebe es einerseits diejenigen, die sagten, man brauche nie zu beten, sondern könne alles Gott überlassen, und andererseits solche, die Gott ständig mit Bitten bestürmten, aber nur um das, was sie selbst wollten und begehrten. Tauler hat für die ersteren Verständnis, sagt aber, dass sie sich irrten, da die Kirche und Christus selbst mit dem Vaterunser uns anwiesen, wie man in rechter Weise bitten solle; die letzteren dagegen müssten es lernen, im Geist wahrer Gelassenheit zu beten. Er legt seinen Zuhörern, besonders den Ordensleuten, zudem ans Herz, treu ihrer Pflicht zu allen täglichen Stundengebeten nachzukommen, merkt jedoch an, es gebe Zeiten, in denen jemand derart ins innere Gebet vertieft sei, dass das äußere Gebet, soweit es sich nicht um das obligatorische Stundengebet handle, eine gefährliche Unterbrechung dafür wäre und daher unterlassen werden könne.[189] Er erregt sich über solche, die Seelen, welche sich um das innere Gebet bemühen, „in ihre grobe Art äußerer Übungen herüberziehen" wollten und sagt, sie legten „deren Fortschritt mehr Hindernisse in den Weg, als es je Heiden und Juden taten" (V 29: 303,1–6). Nur drei Dinge seien notwendig: seine Aufmerksamkeit einzig auf Gott konzentriert zu halten; sorgfältig auf seine äußeren Handlungen zu achten und sich seines „abgrundtiefen Nichts" bewusst zu sein; und zu ignorieren, was um einen herum vorgehe (303,6–12).[190] Weiter unten wird noch mehr über das innere Gebet gesagt werden, weil es eng mit der mystischen Einung zusammenhängt.

Schließlich sei noch vermerkt, wie sehr Tauler auf das Alltagsleben der Männer und Frauen im Kloster bedacht ist. So handelt zum Beispiel V 57

---

[188] Siehe z. B. V 17 (278–283), V 24 (101–102), V 28 (115) u. V 29 (302).
[189] Siehe V 15 (68,8–28).
[190] Früher in dieser Predigt (302,8–11) sagt Tauler, ein Gebet für unsere Freunde, das man im Grund verrichte, sei mehr wert, als wenn man hunderttausendmal den Psalter rezitiere!

(266–274; H 48) vom Gemeinschaftsleben insbesondere von der Einhaltung der Regel, der Beichte, der Kommunion und der Übung der Nächstenliebe. In (V 12/H 12) erörtert er den wesentlichen Zweck der Lebensweise der Nonnen. In andere Predigten schiebt er immer wieder konkrete Ratschläge ein: wie man nach der Matutin die Betrachtung über den Grund üben solle (V 70: 382/H 66); welche körperlichen Übungen zum Gedächtnis des Leidens Christi nützlich seien (V 47: 211/H 61); dass es fruchtbar sei, täglich mindestens eine Stunde mit geistlichen Übungen zu verbringen (V 42: 179/ H 47); und er gibt seinen Rat, was man tun solle, wenn man im Zweifel sei, welche von zwei Wahlmöglichkeiten mehr dem Willen Gottes entspreche: „So müsst ihr euch zuerst selbst prüfen, und dann ist das sicherste, *das* zu tun, was eurer Natur am meisten zuwider ist" (V 33: 130,23–24/H 33: I,243–244). Tauler war offensichtlich ein begabter geistlicher Ratgeber.

Einssein mit Gott

Wie die meisten christlichen Mystiker (allerdings anders als Eckhart) sah Tauler den Weg zum Einswerden mit Gott im Grund als Prozess, der sich in Form einer Beschreibung des mystischen Weges vorstellen ließ. Derartige Wegbeschreibungen sind in erster Linie pädagogisch angelegt, das heißt, sie liefern eine Anzahl Landkarten oder Reiseführer, die den Verlauf eines Weges verstehen helfen sollen, den jede Seele auf ihre ganz eigene Art beschreitet. Dessen verschiedene Stationen lassen sich als unterschiedliche Modalitäten der Gegenwart Gottes verstehen, die auf vielfältige Weise offenbar wird oder verborgen bleibt.

Die Fähigkeit, Gottes Gegenwart in den gewöhnlichen Praktiken des geistlichen Lebens und noch tiefer im Grund der Seele zu erkennen, ist grundlegend dafür, wie Tauler den Weg zum Einswerden sieht. In einer Predigt vor Dominikanernonnen (V 12/H 12) sagt er, in ihrem Gemeinschaftsleben gehe es darum, Gottes Gegenwart in jedem Augenblick zu suchen. „Das ist die Zeit, die stets unser ist, dass wir Gott suchen und seine Gegenwart im Sinn haben in all unseren Werken, unserem Leben, unserem Wollen und Lieben. Und so sollen wir uns erheben über uns selber und über alles, was nicht Gott ist, indem wir nur ihn wollen, nur ihn lieben und nichts anderes; diese Zeit ist jederzeit."[191] Er räumt ein, dass wir oft die

---

[191] H 12: I,83 (H von B. S. leicht modifiziert)/V 12 (57,7–11): ... *das ist die zit die unser allewegent ist, das wir Got suochent und sine gegenwertikeit meinent in allen unsern werken und lebende, willen und minnen; und alsus süllent wir ufgon über uns selber und über allez das Got nút enist, in alleine wellende und minnende luterlichen und anders nút; dise zit ist alle zit.* In dieser Predigt spricht er ein Dutzendmal von Gottes Gegenwart.

göttliche Gegenwart nicht wahrnähmen, aber wir sollten „darum kein Werk weniger eifrig tun, denn Gott ist dabei doch gegenwärtig; aber wenn wir es auch nicht fühlen, er kam doch heimlich zum Fest" (H 12: I,84/V 12: 57,22–24). Wo Tauler in anderen Predigten vom Wahrnehmen der Gegenwart Gottes handelt, sagt er zuweilen, man solle bewusst sein inneres „Antlitz" *(antlit)*, oder manchmal auch, sein *gemuete*, also seine Wesensneigung, auf Gottes Gesicht ausgerichtet halten. In V 71 (H 80) bedient er sich dazu der Sprache der Psalmen. „Wende deinen Grund zu ihm; sprich mit dem Propheten: ‚Mein Blick sucht dein Antlitz; wende nicht dein Gesicht von mir.' So kehre deine Augen, deinen befreiten Grund Gott zu."[192] Und 1 Petrus 3,8 kommentierend erklärt er: „Wenn Sankt Peter sagt, das Gebet solle eines Sinnes sein, so bedeutet das, dass des (betenden Menschen) Geist ganz und allein an Gott hafte, dass der Mensch den Blick seines Grundes und seines Geistes ganz gegenwärtig zu Gott gewandt habe." Man könne auch mitten im gemeinschaftlichen Gebet ganz konzentriert aufs innere Gebet ausgerichtet bleiben, indem man sich mit seiner höchsten Neigung und allen Kräften in den inneren Grund zurückziehe, „mit einer inneren Anschauung der Gegenwart Gottes und einem inneren Verlangen nach dem liebsten Willen Gottes vor allen anderen Dingen."[193]

Die immer stärkere Wahrnehmung von Gottes Gegenwart in allem verlaufe grob gesprochen über drei Stufen, nämlich die der Anfänger, Fortgeschrittenen und Vollkommenen. Diese Dreiteilung wurde von Origenes vorgenommen und war in der christlichen Mystik seit der Zeit von Dionysius beliebt. Tauler erwähnt dieses Grundmuster in mehreren Predigten. So spricht er zum Beispiel in V 11 (H 11) vom Wirken des Heiligen Geistes in der Seele und sagt, dieser rufe die Sehnsucht nach Gott hervor, die sich „dreifach in dreierlei Leuten" äußere: „Die erste Art findet sich in begin-

---

[192] H 80: II,613/V 71 (386,17–21): *Kere dinen grunt in zuo ime; sprich mit dem propheten: ‚Exquisivit te facies mea; faciem tuam requiram, herre, min antlit suochet din antlit; nút enkere din antlit von mir'; also bloeslichen kere din antlit, dinen grunt engegen dem goetlichen antlit.* Die Verwendung des biblischen „Antlitzes" zur Bezeichnung der göttlichen Gegenwart findet sich bei einer Anzahl früherer Mystiker wie Wilhelm von Saint-Thierry und Hadewijch.
[193] H 40: I,297 u. 298/V 39 (155,3–6 u. 25–29): *Das S. Peter heisset das es einmuetig sülle sin, das ist das dis gemuete an Gotte alzemole und alleine klebe und das der mensche das antlit sines grundes und gemuetes alzemole an Got gegenwertlichen gekert habe ... Er sol sich sammenen zuo im selber und in sinen inwendigen grunt keren mit uferhabenem gemuete und ufgetenten kreften, mit einem innerlichen angesicht der gegenwürtikeit Gotz und mit inwendiger begerunge vor allen dingen des aller liebsten willen Gotz ...* In dieser Predigt ist von der Gegenwart Gottes auch die Rede in 158,6–7 und 159,31–35. Als weitere Predigten über die Gegenwart Gottes siehe z. B. V 24 (98,12–15, 100,24–26 u.102,4–5), V 52 (239,16–20), V 53 (244,28–245,3), V 54 (251,9–17), V 56 (264,13–15), V 61 (331,7–12), V 77 (413,22–24 u. 414,3–6) u. V 78 (421,13–15).

nenden Menschen, die andere in zunehmenden, die dritte bei denen, die vollkommen genannt werden, soweit das in diesem Leben möglich ist."[194] Er verwendet den mystischen Psalm 41, in dem von der Sehnsucht des Hirsches nach Wasserquellen die Rede ist und schließt sich früheren Mystikern wie Augustinus darin an, den Hirsch auf die sich nach Gott sehnende Seele zu deuten. Die Anfänger seien die Seelen, die sich von der Welt abgewandt hätten, aber immer noch von den Versuchungen der Welt so verfolgt würden, wie der Hirsch von Hunden gejagt wird (V 11: 51,14–37/H 11: I,76). Im weiteren Verlauf dieser wichtigen Predigt – einer der reichhaltigsten Darlegungen des Wegs zum mystischen Einswerden – erklärt er nicht genau, was die Anfänger von den Fortgeschrittenen unterscheidet oder diese von den Vollkommenen. Das weist darauf hin, dass es ihm mit seiner Lehre nicht besonders um dieses an sich nützliche Schema ging.[195]

Die Häufigkeit und Länge anderer Abhandlungen zeigt, dass Tauler bei seiner Vorstellung des mystischen Weges zwei andere Wegbeschreibungen wichtiger waren: erstens die verschiedenen Stufen beim Fortschritt in der Liebe, wofür er Elemente von Bernhard von Clairvaux und Richard von St. Victor übernahm, ihnen jedoch einen neuen Inhalt gab; und zweitens eine ganz eigene mystische Wegbeschreibung zur Schilderung der höheren Stufen der Gegenwart Gottes: den Fortschritt von der ekstatischen Freude *(iubilieren)* über Fremdwerden und innere Verlassenheit *(getrenge/arbeit der nacht)* bis zum Ziel der Vereinigung ohne alle Unterscheidung *(heimliche einekeit sunder alle underscheit;* V 7: 33.28).

Spätmittelalterliche Mystiker diskutierten oft über die jeweilige Rolle der Liebe und der Erkenntnis auf dem Weg zu Gott. Tauler zeigt seinen praktisch veranlagten Sinn und seine Verachtung scholastischer Querelen, indem er diese Frage vorsätzlich übergeht.[196] Auf seine Lehre über die Not-

---

[194] H 11: I,76/V 11 (51,11–14): *Dise begerunge ist drier leige in drier leige lúten und sint vil ungelich. Die erste ist in anhebenden lúten, die ander ist in zuonemenden lúten, die dritte in den die volkommen lúte heissent, also hie múgelich ist in diesme lebende.*

[195] Die ausführlichste Abhandlung über dieses Drei-Schritte-Schema findet sich in V 15 (69,33–71,24), wo Tauler es anhand von drei Arten veranschaulicht, auf die Christus den Lieblingsjünger Johannes an sich zog. Das Schema wird auch V 54 (234–235) und V 53 (241) erwähnt, dient aber wiederum nicht als Grundlage für die Schilderung des Weges. Als genauere Untersuchung über dieses Schema bei Tauler siehe M. Engratis Kihm, „Die Drei-Weg-Lehre bei Tauler", in: *Johannes Tauler. Ein deutscher Mystiker* 268–300; und Gnädinger, *Johannes Tauler,* 147–160.

[196] Wie wir bereits gesehen haben, sagt Tauler in V 45 (196,28–32), das sei eine Frage für *die grossen pfaffen und die lebmeister.* In V 64 (349,1–6) äußert er, dass er in diese Diskussion nicht eintreten wolle, aber im diesem Leben zweifellos die Liebe verdienstlicher und nützlicher als die Erkenntnis *(bekentnisse)* sei, denn die „Liebe geht da hinein, wo die Erkenntnis draußen bleiben muss" *(Wan die minne die get do in do das bekentnisse muos husse bliben).* Tauler betont ferner, es bedürfe keiner subtilen Erkenntnis, sondern nur des schlichten Glaubens.

wendigkeit der Liebe haben wir bereits einen Blick geworfen. Auf die Rolle der Liebe als dynamischer Kraft und die Stufen der Liebe auf dem Weg zum mystischen Einswerden kommt Tauler in vielen seiner Predigten zu sprechen.[197] Besonders deutlich tut er das in V 76 (H 76), einer Predigt zum 22. Sonntag nach Dreifaltigkeit, die seine leidenschaftlichsten Ausführungen über die Notwendigkeit der Liebe enthält. Er beginnt damit, dass er feststellt: „Das edelste und köstlichste Ding, von dem man sprechen kann, ist die Liebe; man kann nichts Nützlicheres lernen."[198] Juden und Heiden legten große Geistesgaben an den Tag, aber allein die Liebe erlöse. Die Liebe verleihe allen frommen Übungen ihren Wert; sie trenne die Guten von den Bösen.

Taulers Lehre über die Liebe baut auf der Unterscheidung zwischen innerer Liebe zu Gott und äußerer Liebe zum Nächsten auf, die er gleich zu Anfang macht. Beide seien notwendig. Mit der Tradition vertritt er: „Die wahre göttliche Liebe, die sollst du in deinem Inneren haben, die sollst du erkennen und wahrnehmen an der Liebe, die du nach außen zu deinem Nächsten hast" (408,20–21; H 76: II,583). Praktisch hieße das, man solle soviel wie möglich mit anderen teilen, ihnen gegenüber gütig sein, ihre Schwächen ertragen und sich davon enthalten, sie zu verurteilen. Die Beschaffenheit unserer brüderlichen Liebe zeige, ob unsere innere Liebe richtig auf Gott ausgerichtet sei, genau wie die in der inneren Liebe vorhandene *kunst* diese befähige, die richtige Ordnung zwischen der inneren und der äußeren Liebe herzustellen (408,32–409,19). Die Qualität der inneren Liebe, so Tauler, lasse sich an unserer Reaktion auf Leiden messen. Wer sich mitten im Leiden befinde und dann zu Gott um Erbarmen flehe und darum bete, endlich davon erlöst zu werden, reagiere zwar richtig, „aber wer die wahre Liebe besäße, der senkte sich voll Liebe mit all seinem Urteil und all seinen Fehlern in Gott, in seinen wohlgefälligen, guten Willen, unter wahrhaftem Verzicht auf jeglichen Eigenwillen; denn wahre Liebe zu Gott lässt den Menschen sich selbst verleugnen und sich jedes Eigenwillens entschlagen."[199] Die innere Liebe sei eine wirklich absolute Gelassenheit.

Der Liebe, die uns in die Begegnungen mit dem Geliebten sinken lässt,

---

Hier liegt Taulers Distanz von Eckharts Betonung der Rolle des Intellekts wiederum deutlich auf der Hand.
[197] Zu Taulers Lehre über die Liebe siehe Markus Enders, „La compréhension mystique de l'amour humain chez Jean Tauler", in: *700e anniversaire de la naissance de Jean Tauler*, 429–443.
[198] H 76: II,583/V 76 (407,33–34): *Das edelste und daz wunneclichste do man abe gesprechen mag, das ist minne, man enmag nit nützers geleren.*
[199] H 76: II,585/V 76 (409,29–32): ... *aber der wore minne hette, der viele mit sime urteile und mit allen sinen gebresten in ein minnencliche insinckende in Got in sinen wolgevellichen*

begegneten laut Tauler in diesem Prozess zwei Dinge: erstens Hindernisse für sie in Form von Sünde und der Versuchung, die zu ihr führe; und zweitens die Freude und Wonne, die wir an Gott hätten. Weil Tauler so sehr die Selbstverleugnung betont, führt ihn das dazu, dass er das Umgekehrte von dem sagt, was wir hier erwarten würden. Zwar nicht über die Sünde selbst, aber über die Versuchung sollten wir uns aus Liebe zu Gott freuen, denn das Leiden, das wir in der Gleichförmigkeit mit Gottes Willen aushielten, sei für unsere Läuterung wichtig. Wenn Gott beschließe, uns seine Wonne zu entziehen, sollten wir dies in vollkommener Loslösung annehmen und uns über diese Entbehrung freuen (410,10–411,9). Im Schlussteil von V 76 sagt Tauler, es gebe „noch eine andere Liebe, die ebenso hoch über dieser ersten steht wie der Himmel über der Erde" (411,10–11). Das ist eine Form vollkommen apophatischer Liebe, die an die zunichte machende Liebe von Marguerite Porete erinnert oder an das, was Eckhart über die „ungeistliche Liebe" sagt (siehe Pr. 83). Diesen Schlussteil der Predigt haben wir uns bereits oben gründlicher angesehen. Hier genügt es, die Tatsache hervorzuheben, dass in diesem Abschnitt (411,9–412,26) gezeigt wird, wie die Liebe von ihrer positiven äußeren Form bis zu ihrer innerlichsten, zunichte gewordenen, nicht-existenten Form als Leere, Nichtwissen und göttliche Finsternis die Dynamik ist, die den gesamten Prozess des Sinkens in das ununterschiedene Einssein im Grund antreibt.

In einer Reihe von Predigten verwendet Tauler einige der von den Mystikern des 12. Jahrhunderts geschaffenen Wegbeschreibungen der Liebe, um die Vorstufen in Richtung der dunklen Liebe der Einung deutlicher herauszuarbeiten. Richard von St. Victor hatte in seinem Traktat *De quatuor gradibus violentae caritatis* einen Weg mit vier Stufen vorgezeichnet: der verwundenden Liebe *(amor vulnerans)*, der fesselnden Liebe *(amor ligans)*, der krank machenden Liebe *(amor languens)* und der vergehen lassenden Liebe *(amor deficiens)*.[200] Tauler übernimmt dieses Schema in mehreren Predigten, namentlich in V 61 (H 44), der 2. Predigt zur Geburt Johannes des Täufers. (Diese Predigt wurde oben wegen ihrer Lehre über den Grund und den gegenseitigen Abgrund ausführlich vorgestellt.) Bei der Erörterung, wie wir in der Fähigkeit, die uns das Lieben und Wollen ermögliche, für das Licht Christi Zeugnis geben könnten, begibt sich Tauler an eine ausführliche Besprechung von Richards vier Arten der gewalttätigen Liebe

---

guoten willen, in eime woren usgange alles eigens willen; wanne wore goetliche minne die tuot den menschen verloeuckende sin selbes und alles eigens willen …
[200] Gervais Dumeige, Hg., *Ives, Épître à Séverin sur la Charité. Richard de Saint-Victor. Les quatre degrés de la violente charité*, Paris 1955, 129–145. Als Untersuchung darüber siehe im vorliegenden Werk Band II, 634–638.

(333,7–335,31). „Da ist die verwundende Liebe *(wundende minne)*, die dich in diesen Grund führen wird ... Kommst du aber in diesem verborgenen Abgrund in die gefangene Liebe *(gevangene minne)*, so musst du dich ihr nach ihrem Willen überlassen."[201] Tauler kommt auf die Intensität und Gewalttätigkeit zu sprechen, die Richard so eindrucksvoll beschrieben hat, und sagt, in diesem Zustand müsse man zum Sklaven der Liebe werden. Wenn man seinen eigenen Gedanken noch irgendeinen Raum lasse, habe das zur Folge, dass man auf die Stufe der verwundenden Liebe zurückfalle. „Hierauf kommt die quälende Liebe *(qwelende minne)* und schließlich, an vierter Stelle, die entrückte Liebe *(rasende minne)*." (Taulers Übersetzung gibt Richards Begriffen eine etwas andere Bedeutung.) Richard hatte die vierte Stufe sowohl subjektiv verstanden, als Zustand ständiger Sehnsucht und Epektasis, in der die Seele „dürstet und trinkt, aber ihr Trinken löscht nicht ihren Durst"[202], als auch objektiv als eine Form derart törichter Liebe, dass sie das erotische Einssein mit Gott (Stufe drei) aufgibt, um zum heilsamen Werk der Liebe zum Nächsten zurückzukehren. Für die dritte Stufe interessiert sich Tauler nicht, und die vierte interpretiert er im Sinn seiner eigenen Lehre über die reine Empfänglichkeit. Die *rasende minne* mache den Menschen „ungestüm in all seinen Kräften: er seufzt (voll Angst) nach dieser Liebe und weiß nicht, dass er sie besitzt. Sie verzehrt ihm Mark und Blut." Bei diesem Befall von der Liebe wären äußere Werke nur eine Ablenkung: „Wenn die Liebe der Entrückung (über einen Menschen) kommt, geht alles menschliche Werk unter; da kommt unser Herr und spricht durch diesen Menschen ein Wort: erhabener und nutzbringender als hunderttausend Wörter, die alle Menschen je sprechen könnten."[203]

An dieser Stelle bezieht sich Tauler auf die Lehre von Dionysius über das im Grund der Seele gesprochene ewige Wort: „Wenn der Grund so viel Bereitschaft und Empfänglichkeit zeigt, dass er das Wort aufnehmen kann in seiner Ganzheit und in erzeugender Weise, nicht (nur) teilweise, sondern gänzlich: da wird der Grund eins mit dem Wort in Wesenheit; doch behält der Grund seine Geschaffenheit in seinem Wesen noch in der Vereinigung"

---

[201] H 44: II,339–340/V 61 (333,14–18): *Das ist die wundende minne, die sol dich in disen grunt fueren ... Aber kumest du in die gevangene minne in disem tieffen verborgenen abgründe, so muost du dich lossen der minne nach irem willen ...*
[202] *Les quatre degrés*, Kap. 14 (141,2).
[203] V 44: II,340/V 61 (334,1–12): *... si machet in ungestuoem in allen sinen kreften: er qwilt nach der minne, und das er si hat, des enweis er nút. Si verzert dir das marg und das bluot ... so get das menschlik werk under: so kumet denne unser herre und sprichet ein wort denne durch den menschen: das wort das ist edeler und nützer denne hundert tusent wort die alle menschen múgent gesprechen.*

(334,13–18; H 44: II,341).²⁰⁴ Er zitiert weitere maßgebliche Autoritäten über die vollkommene Verwandlung in Gott: Christi Gebet „Vater, mögen sie so eins sein, wie wir eins sind" (Joh 17,11) und Gottes Wort an Augustinus: „Du musst in mich verwandelt werden" (*Conf.* 7,10,16). Von daher ist klar, dass Tauler glaubt, die vierte Stufe der gewalttätigen Liebe (er betont weiterhin die gewalttätige und hinreißende Natur dieses inneren Befallenwerdens, z. B. in 335,9–17) sei identisch mit dem Einssein mit Gott im Grund. Seine weiteren Verweise auf Richards vier Stufen entfaltet Tauler zwar nicht so reich, aber sie besagen das gleiche.²⁰⁵

In seiner 2. Predigt zum 13. Sonntag nach Dreifaltigkeit (V 54/H 52) nimmt Tauler Bernhard von Clairvaux zu Hilfe. Dieser hatte in seiner *Predigt über das Hohelied* 20,3 unterschieden zwischen der süßen Liebe *(suesse minne)*, weisen Liebe *(wise minne)* und starken Liebe *(starke minne)*. In diesen drei Arten sieht Tauler eine weitere Wegbeschreibung, wie die Liebe zur Vereinigung führt. Gott gieße den Sinnen und der Vorstellungskraft süße Liebe ein, um die Seele an sich zu ziehen. Dieses Geschenk sollten wir in Demut annehmen, und wir sollten anerkennen, dass wir nur mittels Bildern und äußerer Übungen schließlich bis zum Grund vordringen können, in dem wir das Reich Gottes finden (248,13–31). Die weise oder vernünftige Liebe sei noch viel wunderbarer (248,32–249,27). Tauler beschreibt sie als eine Form des Einsseins mit Gott, in der sich die Wesensneigung den ewigen Dingen zuwende, insbesondere der ewigen Geburt, in der der Sohn aus dem Vater hervorgehe und der Heilige Geist vom Vater und von Sohn ausfließe. In diesem Zustand führe die Betrachtung der weiten Kluft zwischen der Ewigkeit und dem Zerfließen und der Unbeständigkeit der eigenen Zeit dazu, dass sich „die Liebe besser zur Abgeschiedenheit" erhebe; „sie wird der weisen Liebe gleich und steigt über alle Bilder, Formen und Gleichnisse und erhebt sich dank der Bilder über alle Bilder."²⁰⁶ Bei dieser Form der Liebe komme es sowohl zur Geburt des Wortes in der Seele als auch zum Hineinsinken und Verschmelzen in die göttliche

---

[204] Diese Stelle war bei Dionysius nicht aufzufinden.
[205] Siehe V 18 (290,16–291,26), worin er nur die ersten beiden Stufen bespricht; und V 31 (316,22–26), worin er wiederum die beiden ersten erwähnt. Auch in V 64 (349,7–16) bezieht er sich auf Richards Liebeslehre.
[206] H 52: II,400/V 54 (249,16–19): *Und alsus zühet sich die minne bas uf in ein abgescheidenheit und wirt der wisen minne gelich und kumet über alle bilde und formen und gelichnisse und kumet alsus durch die bilde über die bilde.* Dieser letzte Satz darüber, dass man Bilder verwende, um über die Bilder hinauszukommen, ist bemerkenswert verwandt mit einem oben (Kap. 5, 366–367) vorgestellten Hauptaspekt von Seuses Mystik. Zu Taulers Lehre über die Verwendung von Bildern *(bild)* und die Notwendigkeit, sie aufzugeben *(Bildlosigkeit)* siehe Zekorn, *Gelassenheit und Einkehr*, 132–136.

Finsternis, indes Gottes Licht im Grund der Seele scheine (249,27–250,6). An diesem Punkt schweift der Prediger zu einem Ausfall gegen die „Freien Geister" *(die frijen geiste)* ab, die sich in ihrem eigenen falschen Licht und ihrer irrigen Passivität sonnten.

Gegen Ende von V 54 (251,1–253,23) wendet sich Tauler der starken Liebe zu. Man hätte schon bei seinen Ausführungen über die weise Liebe meinen können, es gehe dabei um das volle Einswerden mit Gott, aber Tauler betrachtete dieses nur als das Eingangstor zu jenem völligen Zunichtewerden, das er mit der starken Liebe gleichsetzt. Auf dieser höchsten Stufe der Liebe „hat der Geist denn keine andere Stütze: er versinkt und entsinkt in dem göttlichen Abgrund und verliert sich in ihm, so dass er von sich selber nichts weiß."[207] Tauler führt hier das Beispiel des Propheten Elija an (1 Kön 19,12–13), der die Gegenwart Gottes am Eingang der Höhle erfahre und dabei sein Haupt verhülle, um alle seine Kräfte zuzudecken: „Gott muss alle Dinge in ihm wirken; er muss in ihm erkennen, lieben, denn der menschliche Geist ist in dieser starken Liebe sich selbst entsunken, er hat sich in dem Geliebten verloren wie ein Tropfen Wasser im tiefen Meere; er ist weit mehr eins mit ihm geworden als die Luft mit der Klarheit der Sonne, wenn diese am lichten Tag scheint."[208] Tauler beschreibt sodann einige Aspekte dieser tiefsten Einung, insbesondere die Art und Weise, auf die sie der Seele das Leiden Christi lieber denn je werden lasse (251,33–252,2) und wie sie dem Menschen offensichtlich eine völlig neue Lebensart beschere, in der ihm Großes und Kleines gleich werde. Die starke Liebe sei ekstatisch und apophatisch in einem: „So treibt und zieht die starke Liebe den Geist, dass dieser, über sich selbst hinausgetrieben, ganz außer sich selbst in ein Nichtwissen will, das ihn in eine Unkenntnis, dann wieder in eine Erkenntnis seines Nichts führt."[209]

---

[207] H 52: II,402/V 54 (251,12–14): *Und denne enhat der geist enkein enhalt denne das er versinke und ertrinke in das goetlich abgründe und in dem sich verliere ...*

[208] H 52: II,402–403/V 54 (251,19–24): *... und Got muos alle ding do in ime würken, in im bekennen, in im minnen, wan er ist im selbe in diser starken minne entsunken in den geminten in dem er sich verlorn hat als der troppfe wassers in dem tieffen mere, und ist verre me mit ime eins worden denne der luft si vereiniget mit der klarheit der sunnen, als die schint an dem liechten tag.* Diese beiden Metaphern für das mystische Einswerden, die Bernhard von Clairvaux (*De diligendo Deo* 10,28) verwendet hatte, verfügen in der mystischen Literatur über eine lange Geschichte. Deren vollständigste Darstellung ist Jean Pepin, „,Stilla aquae modica multo infusa vino, ferrum ignitum, luce perfusus aer': L'origine de trois comparisons familières à la théologie mystique médiévale", in: *Miscellanea André Combes (Divinitas 11)*, Rom 1967, I,331–375.

[209] H 52: II,403/V 54 (252,16–19): *Alsus recht tribt dise starke minne: si tribet und zühet den geist, das er tuot einen überswank und wil ze male us im selber in ein unwissen, das haltet in denne in ein unbekentnisse, und denn her wider in ein bekentnisse sines nichtes.* Unmittelbar danach kommt Tauler auf den negativen Charakter der „starken freien Liebe" zu sprechen

Überblickt man insgesamt Taulers Vorstellung von der Rolle der Liebe bei der Einung, so wird deutlich, dass der Strassburger Prediger an vielen zeitgenössischen Themen nicht interessiert war, etwa demjenigen des Verhältnisses von Liebe und Erkennen. Und obwohl er die meisten seiner Predigten vor Nonnen und Beginen hielt, bediente er sich auch wenig der Rede von der bräutlichen Liebe und verwendete relativ selten das Hohelied.[210] Dagegen predigte er von der Rolle der gewalttätigen, starken göttlichen Liebe, die die Seele zur völligen Selbstverleugnung treibe, ja noch weiter: bis zum Zunichtewerden im Grund. Er gebrauchte zwar die Kategorien von Richard und Bernhard, aber seine apophatische Vorstellung von der Macht der Liebe unterscheidet sich von deren Vorstellung.

Taulers Originalität, mit der er die zur Vereinigung führenden Stufen vorstellt, zeigt sich am deutlichsten, wenn wir uns seiner Lehre von den drei Formen des Einswerdens zuwenden, die den Höhepunkt des mystischen Weges bezeichnen: Ekstase-Bedrängnis-Identischwerden. Gegen Ende von V 39 (H 40) kündigt Tauler diese drei Stufen mit den folgenden Worten an: „Nun will ich von den drei Graden (des mystischen Lebens) sprechen, die der Mensch als unteren, mittleren und höchsten Grad besitzen kann. Der erste Grad eines inneren Tugendlebens, der (uns) geradewegs in Gottes nächste Nähe führt, besteht darin, dass der Mensch sich gänzlich den wunderbaren Werken und Offenbarungen der unaussprechlichen Gaben und dem Ausfluss der verborgenen Güte Gottes zuwende; daraus entsteht dann ein Zustand (der Seele), den man ‚iubilatio' nennt. Der zweite Grad ist geistige Armut und eine sonderliche Entziehung Gottes, die den Geist quälender Entblößung überlässt. Der dritte Grad ist der Übergang in ein gottförmiges Leben in Einigung des geschaffenen Geistes mit dem aus sich selbst seienden Geist Gottes. Das kann man eine wahre Umkehr nennen."[211]

---

und nennt drei Merkmale (252,20–33): (1) sie unterbinde das Aktivsein aller Fähigkeiten; (2) sie versenke den Geist so tief in den Grund, dass der Mensch seinen eigenen Namen vergesse (ein weiterer Anklang an Eckhart); und (3) sie mache den Geist vollkommen wesentlich *(weselich)* und schenke ihm stille Ruhe, in der er ganz dem Dienst Gottes zur Verfügung stehe.

[210] In einigen Predigten Taulers finden sich erotische Redewendungen. Siehe V 11 (55,34–56,9), eine Stelle über den Weinkeller (Hld 2,4) und das Liebesspiel, das im Grund stattfinde; und V 53 (245,13–18) über den Kuss Christi, des Königs. Tauler spricht gelgentlich auch von der Vermählung der Seele mit Gott (z.B. in V 12 [12–14], V 46 [207,5–7], V 48 [216,19–23], V 74 [398,6–16] und besonders V 81 [431,23–432,10]).

[211] H 40: I,303/V 39 (159,29–160,5): *Nu wellen wir sagen von drin greten, die mag der mensche haben in dem niderston, in dem mittelsten, oder in dem obersten grate. Der erste grat eins inwendigen tugentliche lebens die do die richten leitent in die hochste nacheit Gotz, ist das der mensche kere ze mole sich in die wunderlichen werk und bewisunge der unsprechlicher gaben und der usflüsse der verborgener guotheit Gotz, und dannan us wirt geborn ein uebunge, die heisset jubilacio. Der ander grat das ist ein armuote des geistes und ein sunderlich in ziehen*

In diesem Abschnitt wird ein Dreischritt zusammengefasst, der auch anderswo in Taulers Predigten auftaucht; jedoch behandelt er nicht immer alle drei Stufen ausführlich.

Tauler war sich sowohl aus der Heiligen Schrift (z. B. dem Bericht von der Entrückung des Paulus in 1 Kor 12) als auch aus dem Leben zeitgenössischer Mystiker der Rolle der Entrückung in der mystischen Erfahrung bewusst. In V 67 (H 63) spricht er von einer ihm bekannten verheirateten jungen Frau: „Deren Gemüt schwang sich in die Höhe, und darin wurde ihr eigener Grund aufgedeckt und gezeigt, und sie sah ihn in unaussprechlicher Klarheit und unerreichbarer Höhe, die ohne Ende war und in einer endlosen Länge und Breite und Tiefe, alles ohne Grund."[212]

An einer ganzen Reihe von Stellen verwendet er das technische Vokabular der Ekstase, und zwar nicht nur den Begriff *jubilacio/jubilieren*,[213] sondern auch Verben wie *entzücken, entziehen/erziehen, geziehen* und ähnliche.[214] Wie seine Darlegung der ersten Stufe in V 39 (H 40) zeigt, scheint Tauler das Jubilieren für etwas gehalten zu haben, das vielen offen stehe, die sich auf ein intensiveres geistliches Leben einlassen. Er sagt, es stelle sich ein, wenn man sich Gottes Gaben sowohl in der Natur als auch in der Heilsgeschichte lebhaft vor Augen halte.[215] Dies sei das Mittel, mit dem

---

Gotz in einer qwelender berovbunge des geistes. Das dritte das ist ein übervart in ein gotformig wesen in einikeit des geschaffenen geistes in den istigen geist Gotz, das man einen weselichen ker mag heissen.

[212] H 63: II,490 (H von B. S. modifiziert)/V 67 (369,9–13): *Dis gelich bevant ein mensche, ein junge frovwe die in der e was: der gemuete erswang sich in die hoehi, und in dem wart ir ir eigen grund enteket und erzoeiget und sach den in unwordelicher clorheit und sach den in unervolgenlicher hoehi, die was ane ende und in einer endeloser lengi und breiti und tieffi, alles sunder grunt.*

[213] Der Begriff *iubilus* und die davon abgeleiteten Ausdrücke beruht auf der Sprache der Psalmen (z. B. Pss. 47,2 u. 81,2). In der mittelalterlichen Mystik bezieht er sich im Allgemeinen auf das ekstatische Singen, wie es sich vorwiegend bei mystisch begabten Frauen fand. Tauler scheint ihn in einem breiteren Sinn für alle Formen überwältigender mystischer Freude zu verwenden, wie die lange Beschreibung in V 39 (160,7–161,7) zeigt. Als weitere Stellen siehe V 11 (53,18), V 41 (171,23) u. V 42 (185,10). Dieser allgemeinere Sinn könnte einen Einfluss von Augustinus anzeigen; siehe M. Benedetta Zorzi, „*Melos e Iubilus* nelle *Enarrationes in Psalmos* di Agostino. Una questione di mistica agostiniana", in: *Augustinianum* 42 (2002), 383–413.

[214] Siehe z. B. V 6 (27,10–16), V 9 (45,14), V 11 (54,4), V 39 (159,11), V 40 (169,23–25), V 41 (175,16–18) u. V 81 (432,27). Tauler scheint das Hauptwort *zuk* („Entzückung") nur in V 15 (71,12) verwendet zu haben, wie Ruh, *Geschichte* III, 512 aufzeigt. Tauler weiß auch um manche physischen Merkmale der ekstatischen Zustände. In V 50 (227,17–30) spricht er von zwei Menschen, die innere und äußere Manifestationen der Hitze der göttlichen Liebe wahrgenommen hätten, in der Art von Richard Rolle.

[215] V 39 (160,7–18). Bei Tauler gibt es ein Element kosmischer Frömmigkeit, wenn auch nicht so stark wie bei Seuse. Siehe z. B. V 16 (75,14–15), V 39 (156,30–157,2), V 46 (202,28–29) u. V 49 (221,23–28).

Gott uns an sich ziehe und uns aus uns selbst herausziehe: „Wenn dies der Mensch in liebevollem Erkennen betrachtet, so entsteht in ihm eine große, wirksame Freude. Und der Mensch, der diese Dinge in rechter Liebe betrachtet, wird von innerer Freude so überwältigt, dass der schwache Leib die Freude nicht zu halten vermag und (sie) in eigener, besonderer Weise ausbricht."[216] Tauler spricht von dieser Stufe als einer „Vereinigung mit Gott in innerlichem Umfangen" *(ein innerlich umbevang in bevintlicher vereinunge,* 160,25–26). Diese Erfahrung ist zwar köstlich, aber er spricht hierauf lobend von einem Bruder, der freiwillig ein Angebot Gottes, ihn zu küssen, ausgeschlagen habe, weil es ihm lieber gewesen sei, für die Sünder und die Seelen im Fegfeuer zu beten (160,33–161,7). Das weist darauf hin, dass die zweite Stufe höher ist, nämlich diejenige der mystischen Verlassenheit.

Tauler war keineswegs der Erste, der *getrenge* („Gedränge", also Angst, Not, Verlassenheit, Leiden) als entscheidend dafür an sah, mit Gott eins zu werden.[217] Schon Gregor der Große hatte ein tiefes Verständnis für die Rolle der Angst und des inneren Leidens im mystischen Leben. Das zeigte er in seinem Werk *Moralia in Job,* etwa in seiner Auslegung von Ijob 4,13, wo Elifas berichtete, er habe Gott „im Schrecken eines nächtlichen Gesichts" *(in horrore visionis nocturnae)* geschaut. Gregor schrieb dazu: „Die Seele des Menschen wird kraft der Kontemplation hoch erhoben, und je mehr sie auf viel Höheres als sich selbst schaut, desto stärker wird sie von Schrecken erfüllt."[218] Auch Tauler sieht Ijob als Beispiel des mystischen Verlassenseins und zitiert zur Beschreibung der Rolle des Leidens an mehreren

---

[216] H 40: I,303–304/V 39 (160,18–23): *Und als dis dirre mensche mit einem minneklichen durch sehen wol durch gat, so wirt in im geborn grosse wirkliche froeide, und wirt der mensche der dise ding in rechter minne an sicht, als über gossen mit innerlicher froeide das der kranke licham die froeide nút enthalten enmag und bricht us mit eigener sunderlicher wise.* In V 41 (175–176) Tauler verwendet das Bild von den zerreißenden Netzen aus der Erzählung über den wunderbaren Fischfang in Lk 5,6, um damit zu veranschaulichen, wie im mystischen Einssein der Leib zuweilen physisch angeschlagen werde.
[217] Taulers Lehre über das Leiden wurde schon oft untersucht. Als Überblick über die Formen des Leidens bei Tauler siehe Pleuser, *Die Benennungen und der Begriff des Leides bei J. Tauler,* besonders 191–204 über das mystische Leiden. Ausführlicher besonders über das mystische Leiden schrieb Alois M. Haas, „,Trage Leiden geduldiglich'. Die Einstellung der deutschen Mystik zum Leiden", in: *Zeitwende* 57 (1986), 154–175; und „,Die Arbeit der Nacht'. Mystische Leiderfahrung nach Johannes Tauler", in: *Die dunkle Nacht der Sinne,* hg. v. Gotthard Fuchs (Düsseldorf, 1989), 9–40. Siehe auch Gnädinger, *Johannes Tauler,* 162–169; und Bernard McGinn, „*Vere tu es Deus absconditus*", in: *Silence and the Word,* 110–113.
[218] Gregor, *Moralia in Iob* 5,31,55 (CC 143,258,80–82). Als Darstellung dieser Seite von Gregors Mystik siehe im vorliegenden Werk Band II, 106–107; und „*Vere tu es Deus absconditus*", 101–102.

Stellen ausdrücklich Gregors Ijob-Kommentar.[219] Meister Eckhart hatte die Verborgenheit Gottes betont, jedoch nicht von der notvollen Angst des Glaubenden angesichts des Geheimnisses Gottes gesprochen, der sich zu entziehen und diejenigen, die ihn lieben, zu verlassen scheint. Jedoch hatten im 13. Jahrhundert viele Mystikerinnen auf ihrem mystischen Weg Fremdwerden, Leiden und ein Gefühl der Verlassenheit empfunden, sogar in dem Maß, dass sie sich in den Qualen der Hölle von Gott völlig aufgegeben gefühlt hatten.[220] Tauler konnte etliche dieser Frauen wie etwa Angela von Foligno nicht kennen, aber er hatte *Das fließende Licht der Gottheit* gelesen, die Sammlung der mystischen Visionen und Berichte von Mechthild von Magdeburg. Mechthilds Schilderungen, wie sie Entfremdung von Gott *(gotesvremedung)* und ein Gefühl der *verworfenheit* erfahren habe, gehören zu den stärksten in der ganzen mystischen Literatur.[221] Diese Texte sowie zweifellos die Schilderungen vieler derer, die er geistlich begleitete, halfen Tauler, die Bedeutung der Erfahrung nicht nur des physischen Leidens, sondern auch der inneren Qual der Gottverlassenheit zu erkennen.

Doch kehren wir zu V 39 (H 40) zurück und sehen zu, wie Tauler die zweite der drei mystischen Stufen beschreibt. Der Mensch, mit der Milch der spirituellen Süße gestärkt, vertrage jetzt „gutes, hartes Roggenbrot. Und Tauler fährt fort: „Nun zeigt sich ihm ein gar wilder Weg, ganz finster und einsam; und diesen wird er geführt. Und auf diesem Weg nimmt ihm Gott alles (wieder) ab, was er ihm je gegeben hat. Und da wird der Mensch sich so sehr selbst überlassen, dass er von Gott gar nichts mehr weiß; und er gerät in solche Drangsal, dass er nicht weiß, ob er je auf dem rechten Weg gewesen ist, ob es einen Gott für ihn gebe oder nicht, ob er (selbst) lebe oder nicht, und darum wird ihm so seltsam wehe, so wehe, dass ihm diese ganze weite Welt zu enge wird."[222]

---

[219] Tauler erwähnt Gregors Lehre über das Leiden ausdrücklich in V 44 (192,29–193,3). Auf die Rolle des Ijob als Modell der mystischen Verlassenheit verweist er in einer ganzen Reihe von Texten, zum Beispiel: (1) in V 41 (172,7–8) auf Ijob 17,12 *(noctem verterunt in diem et rursum post tenebras spero lucem)*; (2) in V 46 (205,13–17) auf Ijob 17,16 *(in profundissimum infernum descendent omnia mea)*; (3) in V 49 (222,8–32) auf Ijob 4,15 *(et cum spiritus me praesente transiret inhorruerunt pili carnis meae)*, mit einem ausdrücklichen Zitat aus Gregor, *Moralia* 5,33, und in V 50 (226,10–15) und V 52 (238,12–14); schließlich noch (4) in V 47 (211,25–30) und V 55 (257,2–13) auf Ijob 3,23 *(quia timor quem timebam evenit mihi)*.
[220] McGinn, „Vere tu es Deus absconditus", 104–110.
[221] Eine Stelle, die Tauler nahe an Mechthild rückt, findet sich in V 46 (205,13–31)/H 54: II,421. Der Prediger zitiert zunächst Ijobs Erfahrung, in den Abgrund der Hölle geworfen zu sein und erzählt dann, das gleiche sei dem Dominikaner *bruoder Wigman* widerfahren, der „im tiefsten Grund der Hölle unter Luzifer" gelegen und schließlich eine Stimme gehört habe, die ihn in den Himmel rief. Vom gleichen Fall wird in Mechthilds *Das fließende Licht der Gottheit* 5,4 erzählt, hg. v. Hans Neumann, München 1990 I,158,50–52.
[222] H 40: I,305/V 39 (161,13–19): … *und er wirt gefuort einen gar wilden weg, der gar vinster*

Mit dieser Form der „Dunklen Nacht" – um einen späteren, aber nicht unzutreffenden Begriff zu gebrauchen – rechnet Tauler als dem Los aller, die Gott wirklich bis zum Grund hinab suchen. Und wie bereits Mechthild vor ihm rät er der Seele, die in solche Drangsale gerät, die Entfremdung willkommen zu heißen: „Gott grüße dich, bittere Bitterkeit, voll aller Gnaden!" (H 40: I,305/V 39: 161,25–25). Ähnlich wie einige Mystikerinnen, die eine entsprechende Erfahrung der Verlassenheit durchmachten, versucht auch Tauler mit einem konkreten Vergleich zu veranschaulichen, wie der Mensch das empfindet: „Ihm ist, als hänge er zwischen zwei Wänden und ein Schwert bedrohe ihn von rückwärts und ein scharfer Speer von vorne" (H 40 ebd.; V 39: 161,20–22).

Immer und immer wieder kommt Tauler auf die Erfahrung der mystischen Drangsal zurück. Wir erfahren nicht, wie weit dies sein eigenes Gebetsleben spiegeln könnte, aber klar ist, dass er empfand, dies sei für seine Zuhörerschaft eine ganz wesentliche Botschaft. Sie wurde auch für spätere Leser wichtig, nicht zuletzt für Martin Luther, der in Taulers *getrenge* eine Entsprechung für sein eigenes Gefühl der quälenden Abwesenheit Gottes fand, die dieser den Menschen zumutet, um sie von ihrem Stolz abzubringen und ihnen ihre eigene absolute Bedürftigkeit richtig bewusst zu machen. Die Anmerkungen des Reformators zu einer ganzen Anzahl von Predigten Taulers zeige, welch große Sympathie er für diese Seite der Botschaft des Dominikaners hatte.[223]

Ein Gesamtüberblick über die vielen Äußerungen Taulers über das *getrenge* ist hier nicht möglich; einmal nannte er es vielsagend die „Arbeit der Nächte" (*arbeit der nachte*, V 63: 345,14). Aber kurze Anmerkungen zu einigen Stellen sollen eine Ahnung vom Reichtum seiner diesbezüglichen Lehre vermitteln. In der Predigt zum Fest der Epiphanie V 3 (H 3) unterscheidet Tauler drei Arten der Myrrhe: die Myrrhe der Abwendung von der Welt; die Myrrhe der inneren und äußere Leiden; und „eine gar bittere Myrrhe, die Gott kosten lässt: inwendige Bedrängnis und Finsternis" (*indewendig getrenge und inewendig vinsternisse*, 19,5). Dieses Leiden kenne niemand, der es nicht selbst erfahren habe. Man dürfe ihm weder innerlich

---

und ellent ist. Und in dem wege benimet im Got alles das er im ie gegab. Und al do wirt der mensche als gar ze mole zuo im selber gelossen das er von Gotte al zemole nút enweis, und kumet in alsolich getrenge das er nút enweis ob im ie recht wart und ob einem Got habe oder nút habe und ob er es si oder nút si, und wirt im do so wunderlichen we und we das im alle dise wite welt ze enge wirt.

[223] „Luthers Randbemerkungen zu Taulers Predigten" finden sich in der *Weimarer Ausgabe* IX,95–104. Besonders interessant sind die Bemerkungen zu V 3, 37 u. 41. Siehe Steven Ozment, „An Aid to Luther's Marginal Comments on Johannes Tauler's Sermons", in: *Harvard Theological Review* 63 (1970), 305–311.

noch äußerlich widerstehen, denn eine derartige Prüfung sei mehr wert als alle Tröstungen (19,5–33). In V 9 (H 9) verwendet Tauler die kanaanitische Frau (Mt 15,21–28), die sich von Jesus nicht zurückweisen lässt, als Vorbild für die Seele, die von Gott abgewiesen und gequält wird, aber weiterhin voller Demut nach Gott schreit (43,22–45,10). Zunächst solle der Mensch alle Anfechtungen seitens der Welt „in rechter Gelassenheit und im Schweigen" über sich ergehen lassen (313,14–17). Das sei eine erste Stufe; es gebe aber noch zwei weit höhere. Die eine erreiche man durch Erkenntnis und Empfindung und sie bestehe „in einem reinen Preisgeben und in Entäußerung (*entsetzen und entwerdende*, 314,14–17) alles dessen, was unseren Eigenwillen, unsere Wesenheit betrifft". Die zweite erlange man nur mit der Empfindung und ohne Erkenntnis. Sie bestehe „in der inneren Angst; diese entsteht aus der (vorhergegangenen) Entäußerung (des eigenen Selbst)" (*das inwendige getrenge das geborn wurt von der entsetzunge*, 314,3–4). Später in der Predigt legt Tauler genauer dar, wie diese Verlassenheit unsere konkrete Weise sei, den Tod des Herrn zu verkünden, bis er wiederkomme (314,30–315,25).

Eine der eindrucksvollsten Darstellungen der mystischen Verlassenheit findet sich in V 37 (H 37), einer Homilie über das Gleichnis von der Frau mit den zehn Drachmen (Lk 15,8–10).[224] Die Frau bedeute Gottes Gottheit, die verlorene Drachme die Seele, der Gottes Bild aufgeprägt sei, und die Laterne, mit der sie sie suche, sei Christi Menschennatur. Die göttliche Weisheit leuchte mit der Laterne der Liebe und stelle bei der Suche nach der verlorenen Münze das ganze Haus auf den Kopf; aber die Laterne der Liebe werde nicht als Wonne empfunden, sondern eher als quälende Liebe. Tauler erklärt: „*Das* ist Liebe, wenn man ein Brennen verspürt in der Entbehrung und Beraubung, in der Verlassenheit; wenn ein stetes, unbewegliches Quälen da ist und man das erträgt in rechter Gelassenheit, und in der Qual ein Verschmelzen und Verdorren im Brand dieses Darbens und man (auch dies) in gleicher Gelassenheit (erträgt): das ist Liebe und nicht, was ihr euch darunter vorstellt. Das bedeutet die Entzündung der Laterne."[225] Der Prediger zitiert Christi Gebot: „Wenn jemand mir nachfolgen will, der verleugne sich selbst und komme zu mir" (Mt 16,24) als Muster der

---

[224] Über diese Predigt und ihre Beziehung zu Ruusbroec siehe Léonce Reypens, „Der ‚Goldene Pfennig' bei Tauler und Ruusbroec", in: *Altdeutsche und Altniederländische Mystik*, 353–362.
[225] H 37: I,273/V 37 (143,18–23): *Aber das ist minne, do man hat ein burnen in darbende und in berovbunge, in einem verlossene, das da stande ein stetes unbeweglich quelen und man dabi bestat in rechter gelossenheit, und in der quale ein versmelzen und ein verdorren in dem brande dis darbens und do in glicher gelossenheit: das ist minne und nút als ir wenent. Dis ist die entzúndunge dieser lucernen.*

JOHANNES TAULER: DER *lebmeister*

Selbstentäußerung, die man angesichts der von Gott geschickten starken Prüfungen üben müsse (145,26–146,6).

Ein weiteres Beispiel muss hier genügen.[226] In V 47 (H 61) spricht Tauler über drei Wege zu Gott. Der erste bestehe darin, nicht eitlem Ruhm nachzujagen und sich seinem Nächsten in Liebe zuzuwenden. Auf dem zweiten richte man sich in all seinem Tun nach „dem liebevollen Vorbild unseres Herrn Jesus Christus" und folge in allem dem gekreuzigten Herrn (209,22–211,24). Der dritte Weg gehe über alle Bilder hinaus. Tauler beschreibt ihn folgendermaßen: „Das ist ein rascher, gerader, finsterer Weg, unbekannt und voll der Einsamkeit ... Hier werden Frauen zu Männern; und alle die Männer, die Gott nicht folgen, werden zu nichts. Dieser Weg nun ist gar dunkel, denn all das, wovon wir zuvor gesprochen haben, ist denen (die diesen Weg gehen) entfallen, es zieht sie nicht mehr an; wohin der Weg sie führen wird, ist ihnen unbekannt, sie sind hier in großer Drangsal, und der Weg ist wahrlich für sie ‚mit Finsternis umhüllt'. Sankt Gregorius sagt zu diesem Wort (d. h. Ijob 3,23), dass der Mensch hier aller Erkenntnis beraubt ist."[227]

Die anschließende Beschreibung des dritten Wegs (212,4–214,5) ist eine der längsten Ausführungen Taulers über die mystische Verlassenheit. Sie ist besonders interessant, weil er darin zeigt, wie dieser *smale enge weg* (213,6) kraft des schlichten Glaubens mitten durch Wissen und Unwissen verlaufe, kraft der Hoffnung mitten durch Sicherheit und Unsicherheit, kraft der Gelassenheit mitten durch den Frieden des Geistes und den Unfrieden der Natur und kraft der Demut mitten durch große Zuversicht und unbegründete Furcht (212,13–213,10). Die Bedrängnis und Bangigkeit dieses Zustands treibe viele an, im Äußern nach Hilfe zu suchen. „Sie hat manchen nach Aachen und Rom oder unter die Armen und in Klausen getrieben. Je mehr sie draußen suchten, um so weniger fanden sie" (H 61: II;474). Nur viel Geduld und das Nachfolgen in den Fußspuren Christi helfe dazu, sie auszuhalten (213,21–214,5).

Ohne Christus wäre der Weg der Verlassenheit unerträglich. Zwar ist

---

[226] Als weitere Stellen, die von der mystischen Bedrängnis handeln, siehe V 21 (85,20–86,19), V 23 (93,17–94,6), V 26 (108,1–109,15), V 28 (115,32–116,2), V 38 (151,26–152,36), V 40 (168,24–169,25), V 41 (171,23–173,26), V 47 (217,3–30), V 50 (226,28–227,29), V 63 (345,9–20) u. V 74 (402,1–11).

[227] H 61: II,472/V 47 (211,25–212,2): *Kinder, dis ist gar ein behender, naher, vinster, unbekant, ellent weg ... Nu diser weg der ist gar vinster, wan alles do wir vor abgesprochen han, das ist in enphallen, der ensmakt in nút, und war si súllent, das ist unbekant und stont sú alhie in grossem getrenge, und ist diser weg wol unbevangen mit vinsternisse, sprach S. Gregorius uf dis wort das der mensche stot in eime unbekentnisse ...* Der Verweis auf Gregor bezieht sich auf *Moralia* 5,7,12 (CC 143,226).

Ijob ein Vorbild für dieses Erfahren der dunklen Nacht, aber er hat die Funktion eines Typus für Jesus, der im Garten Blut schwitzte und am Kreuz die Verlassenheit erlitt. Tauler paraphrasiert die Paulusstelle Eph 3,19, man solle die Erkenntnis *(kunst)* Christi erwerben, dazu, auf die Erfahrung der Verlassenheit hinzuweisen: „Und als er vor allen Menschen der verlassenste war, da war er seinem Vater am wohlgefälligsten, als er rief: ,Mein Gott, mein Gott, warum hast du mich verlassen!' Denn er war bitterlicher verlassen, als je ein Heiliger verlassen war."[228] Es lässt sich noch ein letztes, nicht unerwartetes Merkmal dieser Stufe der Verlassenheit vermerken: In diesem höllischen Zustand bedeutet wahre Gelassenheit, dass die Seele bereit ist, für immer in der Hölle selbst zu leiden, sofern das Gottes Wille sein sollte. Das ist das bei vielen spätmittelalterlichen Mystikern anzutreffende Motiv der *resignatio ad infernum* (vgl. Röm 9,3).[229]

Sowohl die ekstatische *jubilacio* als auch (paradoxerweise) das schreckliche *getrenge* sind Stufen in Richtung der Einung mit Gott, der im Grund der Seele gegenwärtig bleibt. Sie führen zur tiefsten Form der Einung, die er in V 39 (H 40) beschreibt als „Übergang in ein gottförmiges Leben in Einigung des geschaffenen Geistes mit dem aus sich selbst seienden Geist Gottes" (H 40: I,303/V 39: 161,34–162,22). Die schrecklichen Prüfungen der zweiten Stufe seien die notwendige Vorbereitung für die dritte, auf der sich der Mensch fühle „wie einer, der vom Tod zum Leben zurückkehrt" (H 40: I,306/V 39: 162,3–4). Und Tauler fährt fort: „Da führt der Herr den Menschen aus seinem Selbst heraus in sich – den Herrn – hinein. Und nun entschädigt ihn Gott für all sein Elend, all seine Wunden heilen, und so zieht Gott den Menschen aus seiner menschlichen in eine göttliche Art, aus allem (irdischen) Jammer in göttliche Sicherheit. Und jetzt wird der Mensch so vergottet, dass alles, was er ist und wirkt, Gott in ihm wirkt und ist; und solch ein Mensch wird weit über seine natürliche Weise hinaufgetragen, dass er so recht von Gottes Gnade *das* wird, was Gottes Sein von Natur ist. In diesem Stand fühlt sich der Mensch wie verloren: weder weiß, noch empfindet, noch fühlt er etwas von sich selbst; er ist sich nur eines einfachen Seins bewusst."[230]

---

[228] H 63: II,493/V 67 (371,15–18): *Und do er für alle menschen der verlossenste was, do was er sime vatter aller gevellichest, do er rief* ,*Got, Got, min Got, wie hast du mich verlossen!' wan er was me verlossen und bitterlicher wan ie heilig verlossen wart.* Als weitere Stellen, an denen Christus als Vorbild der Verlassenheit genannt wird, siehe V 13 (61,35–62,6), V 14 (67,5–10), V 50 (229,19–230,10) u. V 51 (233,20–30).

[229] Siehe z. B. V 7 (32,29–33,5), V 9 (45,29–34), V 26 (108,15–17), V 46 (205,13–21) u. V 67 (368,4–12). Der Zustand des *getrenge* hängt auch mit der *mors mystica*, dem mystischen Sterben in Christus, zusammen. Das zeigen Stellen wie V 20 (84,8–11) u. V 38 (151,26–152,3).

[230] H 40: I,306/V 39 (162,4–13): *In disem so fuert recht der herre den menschen usse im selber*

In dieser Form des Einsseins, sagt Tauler, verliere alles Oben und Unten seinen Sinn, denn je weiter hinab in die Tiefen der Demut man sinke, desto höher steige man: „Höhe und Tiefe ist hier ein und dasselbe" (H 40: I,306/ V 39: 162,17–18).

Diese Stelle ist typisch für Taulers Versuch, die höchste Form des Einsseins zu beschreiben. Dabei sei auf drei Aspekte hingewiesen. Erstens gebraucht der Strassburger Prediger sowohl die traditionelle Rede von der Vergöttlichung als auch Bezeichnungen einer Einung in Identität oder Ununterschiedenheit, wie man sie bei Eckhart findet. Zweitens betont er, diese Einung sei vollkommen das Ergebnis des göttlichen Wirkens und der Gnade und nicht etwas, das man durch menschliches Bemühen und Achtsamkeit erlangen könne.[231] Drittens vertrat Tauler wie Seuse, dass der Mystiker in diesem Zustand seines Selbst *nicht bewusst* sei, aber er leugnete nicht, dass in einem objektiven, ontologischen Sinn eine gewisse Unterschiedenheit zwischen Gott und dem Selbst bestehen bleibe.

Taulers Schilderungen der dritten Stufen des Einswerdens sind derart zahlreich und vielfältig, dass der Versuch ausgeschlossen ist, sie alle hier auszuwerten.[232] Ein Blick auf einige der wichtigsten wird die gerade genannten drei Punkte deutlicher veranschaulichen. So liefert Tauler zum Beispiel in V 7 (H 7) eine ausführliche Beschreibung des Aufhörens der Unterschiedenheit, das der Mystiker erfährt, wenn in der tiefsten und köstlichsten Einung alle Praktiken und vermittelnden Elemente wegfallen. Er sagt: „So wird der Geist untergetaucht in Gott in göttlicher Einheit, dass er alle Un-

---

in sich. Und do ergetzet er in alles sines ellendes, und werdent alle sine wunden heil, und in dem so zühet Got den menschen us menschlicher wise in ein goetliche wise, usse alle jomerkeit in ein goetlich sicherheit, und wirt do der mensche als vergottet das alles das der mensche ist und würket, das würket und ist Got in ime, und wirt als verre uf erhaben über sin natürlich wise das er recht wirt von gnaden das Got weslichen ist von naturen. Hie inne voelt und bevint sich der mensche selber verloren haben und enweis noch enbevint noch engevoellet sich niergen; er enweis nút denne ein einvaltig wesen. Andere wichtige Stellen über das Verlieren alles Empfindens des eigenen Selbst und des Aufhörens der Unterschiedenheit im tiefen Einssein sind u. a.: V 26 (109,20–30), V 28 (117,30–36), V 56 (263,14–18) u. V 62 (340,20–28).

[231] Obwohl die höchste Ebene des Einsseins das Werk der Gnade ist, schließt das nicht eine natürliche Einsicht in den Grund aus, der, so gestand Tauler zu, allen offenstehe, einschließlich Heiden wie Platon und Proklos und sogar den Häretikern vom Freien Geist; siehe oben seine Erörterung in V 64 (347,9–24) und V 55 (257,37–258,6). Tauler verurteilte die falsche oder natürliche Mystik derer vom Freien Geist, aber sein Standpunkt bezüglich der mystischen Einsicht in den Grund der heidnischen Philosophen ist zwiespältiger, zumal er in einer Predigt (V 13: 64,11–16) zu unterstellen scheint, dass zumindest manche Heiden die Gnade empfangen hätten. Über Taulers Ablehnung der natürlichen Mystik siehe Haas, *Nim din selbes war*, 82.

[232] Über Taulers Sicht der endgültigen Einung siehe Gandlau, *Trinität und Kreuz*, 321–353; Zekorn, *Gelassenheit und Einkehr*, 173–183; Gnädinger, *Johannes Tauler*, 256–270; Ruh, *Geschichte* III,507–512; und besonders Wrede, *Unio mystica* Teil III, 203–281.

terscheidung verliert, und alles, was ihn dorthin gebracht hat, verliert dann seinen Namen, wie Demut und Liebe und er selbst. Es herrscht dann nur noch eine lautere, stille, heimliche Einheit ohne jede Unterscheidung."[233] Ein ähnlich eckhartscher Ausdruck der *unitas distinctionis* findet sich in V 11 (54,27–55,16), worin die Rede vom Grund und der Wüste („Einöde") vorherrscht. Taulers oben erwähnte Verwendung des eckhartschen Ausdrucks *das einig ein* spricht vom selben Empfinden, mit Gott so wirklich und tief vereint zu sein, wie der Sohn und der Geist mit dem Vater vereint sind (Tauler zitiert in diesem Zusammenhang wie Eckhart zuweilen Christ Gebet um Einssein in Joh 17,21).[234] Wie die anderen deutschen Mystiker des 14. Jahrhunderts verwendet Tauler für das Verweisen darauf, was in diesem unbeschreiblichen Zustand geschieht, eine große Vielzahl von Verben: *vereinen, sich verlieren, versinken, ertrinken, verschmelzen, verwandeln* und *überformen* (d. h. umwandeln).[235]

Viele der Ausdrücke von Tauler für das Einssein in Ununterschiedenheit, besonders diejenigen bezüglich des Verschmelzens der beiden Abgründe in einen sind so gewagt wie diejenigen Eckharts. In V 56 (H 70) zitiert er Eckhart und sagt dann: „Wer vermöchte denn diese göttliche, übernatürliche Einung scheiden, durch die der Geist hineingenommen und gezogen wird in den Abgrund seines Ursprungs? Wisset, könnte man den (geschaffenen) Geist in dem ungeschaffenen erblicken, man glaubte, ohne Zweifel, Gott selbst zu sehen."[236] Aber auch wenn der Mensch nicht anders könnte, als in der vergöttlichten Seele Gott selbst zu sehen, *sofern er das überhaupt könnte*, und auch wenn das menschliche Bewusstsein auf dieser dritten Stufe nichts anderes wahrnimmt als Ununterschiedenheit, besteht Tauler darauf, dass dennoch auf ontologischer Ebene die Substanzen von Gott und Mensch unterschieden bleiben. In V 15 (H 15b) kommentiert er Joh 17,21

---

[233] H 7: I,51/V 7 (33,25–28): ... *also wurt der geist versunken in Got in goetlicher einikeit, daz er do verlúst alle underscheit, und als daz in dar het braht, daz verlúret do sinnen nammen, also demuetikeit und meinunge und sich selber, und ist ein luter stille heimliche einekeit sunder alle underscheit.*

[234] Siehe z. B. V 10 (47,18–21), V 15 (69,11–14) u. V 61 (334,18–20).

[235] Eine hilfreiche Liste und Stellenangaben finden sich in Gandlau, *Trinität und Kreuz*, 343. Für die Verwendung von *überformen* siehe besonders V 55 (257,13–258,2), V 61 (332,9–15) u. V 66 (363,11–15). Das Verb entspricht dem in 2 Kor 3,18 gebrauchten lateinischen *transformare*, einem der ersten Schrifttexte über das mystische Verwandeltwerden in Christus. Tauler zitiert den Text in V 31 (316,9–14) und V 63 (345,4–6) und übersetzt *transformare* mit *überformen*.

[236] H 70: II,539/V 56 (263,14–17): *Und wer moechte denne gescheiden dise goetliche verre úbernatúrliche einunge, do der geist ist in genomen und in gezogen in das abgrúnde sines begines? Wissent: wer es múgelich das man den geist in dem geiste gesehen moechte, man sehe in any zwivel an fúr Got.*

und sagt, in der Vereinigung erfahre die göttliche Natur keine Bereicherung und der Mensch könne die Vereinigung der Seele mit der göttlichen Natur nicht begreifen (V 15: 69,11–22/H 15a: I.103). In V 32 (H 32) sagt er wiederum, man könne nicht begreifen und dem nachgehen, wie der menschliche Geist in der Vereinigung mit Gott zunichte werde und lehnt energisch die häretische Ansicht ab, man werde rundweg in Gott verwandelt: „Unbesonnene, törichte Leute fassen das in sinnlicher Weise auf und reden davon, sie würden in die göttliche Natur verwandelt; das ist eine ganz böse, trügerische Irrlehre. Selbst in der höchsten, innigsten, tiefsten Vereinigung mit Gott ist die göttliche Natur und göttliches Sein gar hoch über aller Höhe; da geht (der menschliche Geist) in einen göttlichen Abgrund, den ein Geschöpf niemals erlangt."[237] Das ist der Sinn, in dem Tauler eine Standardformulierung aus der mystischen Tradition versteht, die er oft zitiert: In der Vereinigung mit Gott „wird die Seele ganz gottfarben, göttlich, gottförmig. Sie wird durch Gottes Gnade all das, was Gott von Natur ist."[238] Alles, was wir im Einswerden erlangen, stamme von Gott. Dieses überwältigende Geschenk führe in einen Zustand, in dem wir aus unserer Sicht keinen Unterschied mehr zwischen dem Ich und Gott sehen könnten. Aber Gott bleibe dennoch weit jenseits alles dessen, was wir sehen und verstehen könnten, in seinem unauslotbaren Abgrund.[239] Bei aller Identität bleibe immer der Unterschied bestehen – und bleibe größer als diese.[240]

Bei seiner Darstellung des Unterschieds zwischen echten und falschen Verstehensweisen der Mystik stellte Tauler die Gottesfreunde als Säulen der Kirche den falschen Mystikern gegenüber, die vorgäben, Freiheit und

---

[237] H 32: I, 229–230/V 32 (121,26–30): *Dis nemment tumbe affette lúte fleischlichen und sprechent, sú súllent gewandelt werden in goettliche nature, und das ist zuomole boese valsche ketzerige. Von der allerhoehster innigster nehster einunge mit Gotte so ist noch goettliche nuture und sin wesen hoch und hoch über alle hoehi, daz get in ein goettliche abgrunde das nimmer keine creature und ouch kein enwurt.* Später in der gleichen Predigt (122,14–16) betont Tauler noch einmal, der göttliche Abgrund liege jensetis von allem. Als weitere energische Zurückweisung häretischer Ansichten über das Einswerden siehe V 55 (258,4–6).
[238] H 37: I,277/V 37 (146,21–22): *In disem wirt die sele alzemole gotvar, gotlich, gottig. Si wirt alles das von gnaden das Got ist von naturen ...* Die gleiche Formulierung findet sich auch z.B. in V 6 (25,22–24), V 10 (47,18–21), V 26 (109,23–25), V 29 (300,24–25) u. V 39 (162,8–11). Zu den Quellen, in denen Tauler sie gefunden haben könnte, gehört Wilhelm von Saint-Thierrys *Epistola aurea* n. 263: *... fieri meretur homo Dei, non Deus, sed tamen quod est Deus: homo ex gratia quod Deus ex natura.* Siehe J.-M. Déchanet, Hg., *Guillaume de Saint-Thierry. Lettre aux Frères du Mont-Dieu (Lettre d'or)*, SC 301, 182.
[239] Es ist in diesem Sinn, dass Tauler, wenn auch selten, ein Schlüsselthema der christlichen Mystik streift, nämlich die Vorstellung von der *epektasis* oder dem endlos weiteren Hineinsinken oder -schreiten in Gott; siehe V 32 (122,14–16) u. V 13 (61,19–23).
[240] Über die Koexistenz von Identität und Distanz in der mystischen Einung siehe Wrede, *Unio Mystica*, 214 u. 233–234.

Einssein erlangt zu haben, jedoch in Wirklichkeit immer noch Gefangene ihres Eigenwillens seien. Im Gefolge der Verurteilung Eckharts und angesichts der vielen, die sich unerleuchtet auf dessen tiefgründige Spekulationen beriefen, sah sich Tauler genau wie Seuse gezwungen, diejenigen zurückzuweisen, die den Meister falsch verstanden und missbrauchten.[241] Die heutige Forschung hat zwar die Vorstellung widerlegt, es habe eine internationale und weit verbreitete häretische Sekte vom Freien Geist gegeben, aber die Belege, die Tauler und andere Mystiker liefern, deuten darauf hin, dass sie sich schwere Sorgen angesichts derjenigen machten – mochten es viele oder wenige sein –, die ihr Gefallen an ihren eigenen inneren Zuständen mit jener Selbstverleugnung und Gelassenheit verwechselten, die zu der Leere führt, die einzig Gott füllen kann.

Tauler unterschied einerseits zwischen denen, die im Irrtum über mystische Bewusstseinszustände befangen waren oder andere dahin verführten, und andererseits den „freien Geistern" (*frije geiste*, 219,1 und 250,4), die gefährliche Häretiker waren. Eine Anzahl seiner Aussagen beziehen sich auf die ersteren, etwa wenn er manchen Menschen rät, sich vor Augen zu halten, dass nur Gott, aber kein Geschöpf die innere Freiheit bewirken könne (V 2: 14,11-19), oder wenn er davon spricht, dass man den Grund nur verwirre, wenn man sich bloß mit seiner natürlichen Geschicklichkeit, mit vernünftigen Vorstellungen und mit hohen Dingen darum bemühe. Wer auf diese Weise auf das Zunichtewerden aus sei, folge nicht wirklich Christus nach (V 5: 22,21-23,8/H 5: I,36).[242] An vier Stellen kommt er ausdrücklich auf gefährlichen Irrtum und Häresie zu sprechen. Die erste ist seine bereits zitierte scharfe Stellungnahme gegen jene, die behaupteten, in der mystischen Vereinigung würden wir physisch in Gott verwandelt (V 32 [121,26-28]). Eine kurze, aber genauso scharfe Äußerung in V 54: 250,4-8 (H 52: II,401) richtet sich gegen die „freien Geister" mit ihrer „falschen Erleuchtung" und „falschen Untätigkeit", d. h. Passivität.

In den Predigten V 40 (H 43) und V 48 (H 78) erläutert Tauler seinen Standpunkt ausführlicher. Ein Grundanliegen dieser Darlegungen ist die Klärung des Unterschieds zwischen wahrer und falscher Freiheit.[243] In

---

[241] Tauler war sich auch dessen bewusst, was man als „Retourkutsche" bezeichnen könnte: dass man selbst dessen angeklagt werde, wogegen man sich wende. Wenn man etwa lauen Ordensleuten scharfe Vorhaltungen mache, spotteten diese darüber und sagten über ihren Kritiker: *er ist ein beghart* (V 36:138,3/H 36: I,265), das heißt, ein heuchlerischer Häretiker.
[242] Siehe auch V 15 (69,18-30), wo er diejenigen korrigiert, die Eckhart falsch verstanden; V 24 (99,3), eine kurze Ausführung über falsche Freiheit; und V 81 (432,18-30), wo er erörtert, welches das richtige Verständnis der Vorstellung sei, über die Tugenden hinauszukommen.
[243] Über Taulers Vorstellung von diesem Unterschied siehe seine Aussagen über den Unter-

V 40 (H 43) betont er wiederum die Notwendigkeit, über unser eigenes Wohlgefallen am natürlichen Licht der Vernunft, das wir gern festhalten möchten, hinauszukommen, wenn wir Gottes wahres Wirken im Grund der Seele wahrnehmen möchten. Wer nicht über die Vernunft hinauskomme, werde die Tugenden vernachlässigen, und sich einer falschen Passivität hingeben, die nicht mit aktiver Nächstenliebe verbunden sei. Nach Tauler kann der Teufel solche Menschen leicht weiter in die Irre führen, in Unkeuschheit, Habgier oder Stolz, also in jene falsche Freiheit, mit der sie dann ihren natürlichen Neigungen folgten und dabei meinten, sie dienten Gott (167,6–25). Bei der Erörterung der irreführenden Mystik in V 48: 218,11–219,4 (H 78: II,603–604) geht es ausführlich darum. Tauler spricht davon, dass manche „vielleicht vierzig Jahre oder mehr daran festgehalten" hätten, eine falsche Freiheit und Passivität zu pflegen und dabei zu behaupten, über die Praxis der Tugend hinausgewachsen zu sein, und sie seien eine große Bedrohung und Gefahr. Diese Stelle zeigt, dass Tauler von der Verurteilung der Begarden und Beginen durch das Konzil von Vienne im Jahre 1311 wusste; außerdem dürfte sie seine eigene pastorale Erfahrung spiegeln.

Für das richtige Verständnis der tiefsten Form des mystischen Einsseins griff Tauler wieder auf biblische Vorbilder zurück. Hatte er in Ijob ein gutes Beispiel für jemanden auf der zweiten Stufe des mystischen Einswerdens gesehen, so sah er mit Gregor dem Großen im Propheten Elija das passende Vorbild für die tiefere Begegnung in der Ununterschiedenheit. Im 1. Buch der Könige (1 Kön 19,11–13) wird erzählt, wie das Wort des Herrn an den Propheten erging, als er in einer Höhle auf dem Berg Horeb weilte. Es wies ihn an, sich auf ein Vorübergehen Gottes einzustellen. Zunächst kam ein heftiger Sturm, der die Felsen zerbrach; dann ein Erdbeben, dann ein Feuer. Aber in nichts davon war Gott. Schließlich vernahm Elija das Säuseln eines sanften Windhauchs, worauf er sein Gesicht in den Mantel hüllte und wusste, dass der Herr gegenwärtig war. Gregor der Große hatte in seinen *Moralia* anhand dieses Ereignisses erklärt, wie Gott auf geheimnisvolle Weise in die Seele komme.[244] Tauler hält sich in V 50 (H 56) ausführlich an Gregors allegorische Auslegung dieser Stelle und geht in drei weiteren Predigten beiläufig auf sie ein,[245] um auf den passiven Charakter, die Kürze und die Unbegreiflichkeit des mystischen Einswerdens hinzuweisen. Er sagt: „Der Herr kam wie ein Blitz. Aber der Glanz (seines Blickes) überschritt jegli-

---

schied einerseits zwischen *unrechter friheit* (99,3, 167,22–23, 431,21–22) oder *valscher friheit* (218,18, 219,1–2) und anderseits dem, was er *goetteliche friheit* (24,14), *weselichen friden* (258,24) und *friheit des geistes* (239,19–20) nennt.
[244] Gregor der Große, *Moralia* 5,36,66 (CC 143,265–266).
[245] V 50 (226,15–228,34); siehe auch V 55 (257,25–26), V 54 (251,15–19) u. V 74 (401,20–30).

ches Maß; er war so gewaltig, dass Elija, im Eingang der Höhle stehend, den Mantel über die Augen zog. Die Höhle bedeutet die menschliche Unfähigkeit (dergleichen zu ertragen), der Eingang nichts anderes als den Blick in die Gottheit. Und dass er den Mantel über die Augen zog, die Ursache dessen war die (göttliche) Erscheinung. So kurz und rasch verlaufend ein solches Gesicht auch sein mag, es geht über die Kräfte jeder Menschennatur, und diese allein können es weder ertragen noch begreifen."[246]

Diese Beschreibung der letzten und tiefsten Stufe der Vereinigung reflektiert wie ein Prisma die besonderen Themen der Lehre Taulers. Einige wurden bereits ausführlicher vorgestellt; einige weitere lassen sich jetzt noch hinzufügen. Wie wir gesehen haben, wirkt die Einung „vergottend"; der Strassburger Prediger sprach oft davon.[247] Die Einung impliziert auch das Zunichtewerden des Ich, ein Grundthema der gesamten Predigt Taulers. Verben, die „Selbstverleugnung" bedeuten (z.B. *ein gantz verloeucken sin selbes*, 24,31) und sogar noch stärkere Ausdrücke wie *vernúten* (vernichten), *entbilden*, *entformen* und besonders *entwerden* sind in diesen Predigten häufig, besonders bei Beschreibungen des Einswerdens.[248] „Sollst du in Gott werden, so muss du deines Selbst entwerden" (*Solt du in Got gewerden, so uost du din selbes entwerden*, 295,33–34). Bei diesem Zunichtewerden geht es um die Verschmelzung unseres geschaffenen und daher mangelhaften Nichts mit dem transzendenten Nichts, das Gott ist. „Da versinkt das geschaffene Nichts in das ungeschaffene Nichts", heißt es in V 41 (H 41).[249] Das Versinken im ununterschiedenen Einswerden cha-

---

[246] H 56: II,435/V 50 (228,5–11): *Der herre kam als ein blik: der blik was über alle die mosse, die was ze mole so swinde das Elyas stuont in der túrin der húlin und tet den mantel fúr di ovgen… Und das er den mantel fúr die ovgen tet, das was die gesicht. Wie kurtz und wie klein das ist, so ist des ein blik aller naturen ze überswenkig und von blosser nature unlidlich und unbegriffenlich.*

[247] Über die „Vergottung" siehe z.B. V 7 (33,20–28), V 31 (316,7–17), V 39 (162,5–11) u. V 63 (345,4–6).

[248] Wie häufig diese Begriffe verwendet werden, kann man anhand des „Wortverzeichnisses" bei Vetter leicht nachsehen. In V 30 und V 31 wird besonders oft *entwerden* verwendet.

[249] H 41: II,314/V 41 (176.4): *… und al do versinkt das geschaffen nút in das ungeschaffen nút* … Als ähnliche Formulierungen siehe V 45 (201,6–7) u. V 63 (345,27–29). Der Grad des Zunichtewerdens ist direkt proportional zur Tiefe der Einung, wie Tauler in V 31 sagt: *Und so ie das niht so grundeloser ist, so die vereinunge do ie wesenlicher und gewehrlicher wurt … also vil entwerdendes, also vil gewerdendes* (314,16–21). Zu Taulers Lehre über das *nichts* siehe Minoru Nambara, „Die Idee des absoluten Nichts in der deutschen Mystik und ihre Entsprechungen im Buddhismus", in: *Archiv für Begriffsgeschichte* 6 (1960), 209–218. In welchem Maß für Tauler das menschliche Subjekt im Prozess des Zunichtewerdens erhalten bleibt, ist eine Frage, die hier nicht aufgegriffen werden soll. Im Gegensatz zu Wrede (*Unio Mystica*, 253–254, 270–272 u. 280) glaube ich, dass Tauler meint, auf der tiefsten Ebene der Einung werde lediglich das *phänomenale* Subjekt ganz zunichte, jedoch nicht die ontologische Wurzel des Subjekts in unserem geschaffenen Grund.

rakterisiert Tauler als Zustand des Nichtwissens bzw. Nichterkennens *(unwissen/unbekenntnisse)*, dessen Beschreibung er wie viele andere Dionysius entnahm.[250]

Tauler verwendet als Verständnishilfe für das, was man überhaupt ein Stück weit vom Einssein und vom Weg dorthin verstehen kann, auch positive Metaphern. Selten gebraucht er die Rede vom *durchbruch*, auf die Eckhart gern zurückgegriffen hatte. Wenn er dieses Wort gebrauchte, dann gewöhnlich nicht im Zusammenhang mit dem Einswerden mit Gott, sondern eher, wenn er vom Durchbrechen unserer Natur und ähnlichem spricht (48,14–15; 86,16; 258,11; 417,8). Nur in einer Predigt scheint er diesen Begriff in einem mystischeren Sinn zu gebrauchen: In V 54 (H 52) spricht er vom Durchbrechen in den Grund (248,29/H 52: II,399) und vom Durchbrechen mittels des Lebens Jesu Christi (250,19–20).[251] Eine positive Metapher für die mystische Bewusstheit, die Tauler öfter gebrauchte, war der Begriff des *blik* oder „göttlich leuchtende Blitz" von dem oben in V 50 (H 56) die Rede war. Mystische Erleuchtungen, oft als Lichtblitze verstanden, hatten in der Schrift und Tradition einen Hintergrund. Tauler scheint das Bild verwendet zu haben, weil es betonte, dass die Initiative von Gott ausgehe und dieser den Menschen nach einer Zeit der Prüfung und Bedrängnis plötzlich zur endgültigen Vereinigung mit sich emporheben könne.[252] Eine weitere Metapher, die Tauler verwendet, findet sich auch bei Eckhart; es ist die Gleichsetzung des Einsseins im Grund mit dem Reich Gottes, insbesondere unter Verwendung der Schriftstelle Lk 21: „Das Reich Gottes ist in euch."[253] V 66 (H 62) über den Text „Suchet zuerst das Reich

---

[250] Von der Notwendigkeit des Nichtwissens ist in vielen Predigten die Rede; z. B. in V 8 (39, 27 u. 32), V 25 (307,7–10), V 26 (109,20–25), V 46 (204,20–21), V 47 (212,2), V 54 (252,16–19), V 60 (278,13–17), V 69 (378,33–35) u. V 76 (411,15 u. 22–23).

[251] Über den *durchbruch* bei Tauler siehe Bernward Dietsche, „Über den Durchbruch bei Tauler", in: *Johannes Tauler. Ein deutscher Mystiker*, 301–320, der den Begriff in einem breiten Sinn für jede Bewegung in Richtung Grund nimmt, selbst wenn der Begriff *durchbruch* selbst nicht verwendet ist. Mir scheint jedoch, dass Tauler sich mit seinem seltenen Gebrauch dieses Begriffs vorsätzlich von Eckhart und Seuse distanziert.

[252] Siehe z. B. V 43 (183,13–17, 189,23–24). In seiner Predigt über die Engel (V 68/H 67) bezeichnet Tauler die Cherubim als diejenigen, die das „gottfarbene Licht" und den „schnellen Blitz" übermitteln (376,7–10).

[253] Zu Lk 17,21 siehe z. B. V 29 (301,1–5), V 34 (317,16–19), V 37 (144,1–7), V 62 (337,28–31) usw. Über das Reich Gottes in uns bei Tauler siehe Enders, „Selbsterfahrung als Gotteserfahrung", 661–663. Dieser Gebrauch des *regnum Dei* war umstritten, denn in dem Brief, den der Strassburger Bischof Johannes Dubheim 1317 gegen die Häretiker des Freien Geistes schrieb, wird als einer ihrer Irrtümer aufgelistet, sie behaupteten, das Reich Gottes in ihrem Inneren zu tragen. Siehe Éric Mangin, „La *Lettre du 13 Août 1317* écrite par l'évêque de Strasbourg contre les disciples du libre esprit", in: *700e anniversaire de la naissance de Jean Tauler*, 533.

Gottes und seine Gerechtigkeit" (Mt 6,33) ist dem Suchen nach Gott, der *in dem grund der sele* verborgen sei, gewidmet.[254]

Ein durchgängigeres eckhartsches Thema, dem wir auch bei Seuse begegnet sind, ist die Beschreibung der Vereinigung als innere *geburt*. Tauler verwendet das Geburtsmotiv zwar nicht so häufig wie Eckhart, aber es taucht immerhin in rund zwanzig seiner Predigten auf, wenn auch gewöhnlich nicht als das Hauptthema.[255] Gelegentlich spricht Tauler von der Geburt auf trinitarische Weise, was praktisch mit dem identisch ist, was wir bei Eckhart finden, wie etwa in V 29 (H 29), worin er sagt: „Dieses Zeugnis findet man im Grunde, abseits sinnlicher Bilder; gewiss, in diesem Grund erzeugt der Vater des Himmels seinen eingeborenen Sohn, hunderttausendmal schneller als ein Augenblick ... Dann kommt die Kraft des Vaters und ruft den Menschen in sich durch seinen eingeborenen Sohn, und wie der Sohn geboren wird aus dem Vater und zurückfließt in den Vater, so wird der Mensch in dem Sohn von dem Vater geboren und fließt mit dem Sohn zurück in den Vater und wird eins mit ihm."[256]

Öfter jedoch spricht Tauler in allgemeiner Weise von der Geburt, die in der Seele dank des Wirkens des Heiligen Geistes stattfinde. In V 28 (H 28) zum Beispiel legt er Joh 3,5 (vom Wiedergeborenwerden aus dem Wasser und dem Geist) so aus, dass unser eigenes Wasser der Ungleichheit *(ungeliche)* uns nach und nach dank der Gleichheit *(geliche)* des Heiligen Geistes bis zum schließlichen Aufgehen in Gott führe, wo alle Gleichheit und Ungleichheit verschwinde (116,27–117,20).[257]

---

[254] V 66 (358–364) enthält einen kurzen Kommentar zum Vaterunser und seiner Bitte „Dein Reich komme" (361–362).

[255] Christi drei Geburten sind das Thema von V 1 (7–12), einer Predigt, die jetzt allgemein Eckhart zugeschrieben wird (siehe Gnädinger, *Johannes Tauler*, 140, Anm. 44). Andere Predigten, in denen von der göttlichen Geburt die Rede ist, sind V 7, 11, 15, 28, 29, 31, 33, 40, 41, 49, 51, 52, 54, 56, 63, 67, 69, 73 u. 74. Als Untersuchung darüber siehe Jean Reaidy, „Trinité et naissance mystique chez Eckhart et Tauler", in: *700e anniversaire de la naissance de Jean Tauler*, 444–455.

[256] V 29 (301,18–29): *Dis gezúg vindet man in dem grunde unbiltlichen; sicherliche in diseme grunde gebirt der himmelsche vatter sinen eingebornen sun hundert tusent werbe sneller denne ein ougenblik ... Denne kummet die vetterliche kraft und ruoffet den menschen in sich durch sinen eingebornen sun, und also der sun wurt geborn uz dem vatter und widerflússet in den vatter, also wurt dis mensche in dem sune von dem vatter geborn und flúset wider in den vatter mit deme sune und wurt eine mit ime.* Als ähnliche Texte über die Geburt des Sohnes im Grund der Seele siehe z.B. V 15 (68,34–69,1), V 54 (249,3–9) u. V 49 (220,1–30), worin es um die ewige Geburt in Maria geht).

[257] Als allgemeinere Aufrufe, aus Gott geboren oder wiedergeboren zu werden, siehe z.B. V 31 (315,25–28), V 33 (129,10–13), V 41 (172,15–22 u. 173,4–5), V 40 (166–168), V 51 (230–234, darüber, wie das Kreuz und der gekreuzigte Christus in uns geboren werden müssen), V 52 (239,30–35), V 67 (369,23–28), V 73 (398,1–11) u. V 74 (401,20–24). In einem Text über solches Geborenwerden zitiert Tauler Eckhart (V 56 [263,1–13]).

JOHANNES TAULER: DER *lebmeister*

Eine Weise Taulers, die von der tiefsten Form des Einsseins mit Gott im Grund spricht, ist die, dass er sie als reines, inneres Gebet beschreibt. Vom inneren Gebet handelt eine ganze Reihe von Predigten[258] und es ist das Thema einer seiner eindrucksvollsten Predigten, der 1. Predigt zum 5. Sonntag nach Dreifaltigkeit (V 39/H 40) über den Text „Meine Lieben, seid eines Sinnes im Gebet" (1 Petr 3,8). Während er im zweiten Teil dieser Predigt (159–163) die oben vorgestellten drei Stufen des mystischen Zuschreitens auf Gott behandelt, kommt er im ersten Teil (154–159) ausführlich auf die Natur des wahren Gebets zu sprechen und erläutert den engen Zusammenhang zwischen Einssein und Gebet.

Tauler beginnt die Predigt damit, dass er vier Themen ankündigt: Was Gebet sei; worin sein Wesen bestehe; wie man beten solle; und wo man beten solle (154,14–15). Er definiert das Gebet als Erhebung der Grundneigung (des *gemuete*) zu Gott, und man solle im Geist beten und dabei seine ganze Aufmerksamkeit auf Gott konzentrieren. Das bedeute das „eines Sinnes sein" der Formulierung aus dem Petrusbrief (154,19–155,12). Des Predigers Hauptanliegen ist die richtige Art des echten Betens, die nicht aus äußeren Frömmigkeitsübungen bestehe, die oft im Weg stehen könnten. Der Mensch solle sich vielmehr „in sich selbst sammeln und in seinen inneren Grund sich kehren und mit zu Gott erhobenem Gemüt und zu ihm hingestreckten Kräften innerlich auf die Gegenwart Gottes hinschauen" (155,26–28; Übertragung: B. S.). Alle äußerlichen Übungen sollten diesem Zweck dienen, so wie die vielen Arbeiter an einem Dom alle nur auf das eine Ziel ausgerichtet seien, Gottes Haus zu erbauen, das das Haus des Gebets sei (155,31–156,11). Wahres Gebet im Geist sei dem äußeren Beten weit überlegen. Aber Tauler sagt, es gebe derart wohlgeübte *(wol geuebet)* Menschen, dass sie beides ohne Hindernis miteinander verbinden könnten, und fügt hinzu: „Wenn das eine das andere nicht hinderte, dann wäre Genießen und Wirken eins, so wie es in Gott ist. Da ist das allerhöchste Wirken und das allerlauterste Genießen, eine einzige Einheit ohne (wechselseitiges) Hindern, und jedes im allerhöchsten Maße, ohne dem anderen im Weg zu stehen. Das Wirken liegt in den (drei göttlichen) Personen, das Genießen in dem einfachen Seienden."[259]

---

[258] Zu den Predigten über das Gebet gehören V 23, 24, 57 und 78. Über das innere Gebet siehe Mieth, *Die Einheit von Vita activa und Vita contemplativa*, 283–290; und Gnädinger, *Johannes Tauler*, 261–272.

[259] H 40: I,298–299/V 39 (156,16–22): *Das gehoert wol zuo einem rechten wesenden ingenomen verklerten menschen, das würken und gebruchen ein werdent und eines von dem andern ungehindert blibe, also es in Gotte ist. Do ist das aller oberste würken und das aller luterste gebruchen ein einig ein ane hinderen und ein ieklichs in dem aller hoechsten, und das*

Für Tauler ist also das wahre Gebet eine Form des Einsseins mit Gott, das es dem Mystiker gestattet, Aktion und Kontemplation miteinander zu verbinden, inneres und äußeres Beten eins werden zu lassen, Anteil am allerhöchsten Wirken der trinitarischen Hervorgänge und zugleich am Genießen der wesenhaften Einheit des Einen *(ein einig ein)* zu haben.

Diese Möglichkeit wurzle in der Natur des Menschen als *imago Dei*. Alle unsere Kräfte verfügten über einen ihnen entsprechenden Gegenstand in der geschaffenen Welt, aber wer sie vollkommen auf Gott hinwende, dessen Werke würden ebenso göttlich *(des werk wúrden also goetlich,* 157,13). Das Vorbild dieser höchsten Gabe, innere Kontemplation mit äußerem gottgleichem Handeln zu vereinen, sei „unser Herr Jesus Christus", dessen höhere Kräfte im Tun wie im Erleiden aktiv gewesen seien (157,12–23). Die „edlen, vertrauten Freunde Gottes", diejenigen, die Christus am besten nachahmten, seien alle, die in Wahrheit die Gottähnlichkeit des Menschen nachahmten, indem sie einigendes Handeln und inneres Genießen miteinander verbänden. „Es ist das ein gegenwärtiges, inneres, anschauendes Verlangen; mit der Innerlichkeit hat es das Genießen gemein; außerhalb desselben kehrt es sich, der Not und dem Nutzen folgend, dem (äußeren) Wirken zu; doch kehrt es sich von der Innerlichkeit nur weg, um wieder dahin zurückzukehren."[260] Tauler vergleicht dieses Verhalten mit dem eines Werkmeisters, der viele Gesellen und Dienstleute unter sich hat, die alle nach seiner Anweisung arbeiten, während er selbst selten direkt Hand anlege; aber dennoch könne man sagen, alles sei sein Werk (158,8–16). Eine derart vollkommene Harmonie von Innerem und Äußerem sei die Eigenart der heiligen Kirche als des mystischen Leibes Christi (158,24–159,28). Dieser letzte Punkt zeigt noch einmal ganz klar, dass Taulers Verständnis des mystischen Einsseins durch und durch kirchlich ist.

Zum Abschluss

Johannes Tauler ging es mit seiner Mystik nicht um Meister Eckharts philosophisch-theologische Erörterungen der Natur Gottes und der Metaphysik vom Grund. Wenn wir Eckharts Mystik als auf die explosive Metapher vom *grunt* konzentriert charakterisieren können, also auf die verschmolzene

---

ein ieklichs ane des anderen hinderen. Das wúrken ist in den personen, das gebruchen git man dem einvaltigen wesende.
[260] H 40: I,300/V 39 (158,6–8): *Dis ist ein engegenwúrtig inwendig ansehent meinen; mit der inwendikeit hat er ein gebruchen; und usser dem selben so kert er sich ze note oder ze nutze us ze wúrkende us dem selben in das selbe.*

Identität von Gott und Mensch, dann können wir aber dennoch sagen, dass Taulers Mystik in vieler Hinsicht eckhartisch war. Das schmälert keineswegs die Originalität und den nachhaltigen Einfluss des Strassburger Predigers.

Taulers Originalität zeigt sich an mehreren Fronten. Zunächst einmal verwurzelte er seine Mystik viel tiefer, als das Eckhart getan hatte, im Leben der Kirche, besonders in ihrer sakramentalen Praxis. Sodann führte Tauler Eckharts radikale Vorstellung einer weltzugewandten Mystik, in der es keinen wesentlichen Konflikt zwischen Aktion und Kontemplation gebe, auf konkretere Weise aus, als dies der Meister getan hatte. Zudem ist Tauler der am konsequentesten christologische der großen deutschen Mystiker: auf dem ganzen Weg zum Einswerden mit Gott geht es bei ihm immer um die Nachfolge Christi. In seiner Predigt über die Berufung des Petrus durch Jesus sagte er das so: „Der Mensch, der alle Dinge verlässt und sich selbst in allen Dingen, soll Gott (im damaligen Deutsch oft gleichbedeutend mit „Christus") über alle Dinge hinaus folgen mit dem äußeren Menschen, mit jeglicher Tugendübung und der allgemeinen Liebe und mit dem inneren Menschen in rechter Gelassenheit seines Selbst in jeder Weise, wie es gerade kommt und Gott es ihm schickt, von innen und von außen."[261] Tauler verstand die Nachfolge Christi so, dass dazu auch eine Erfahrung der mystischen Verlassenheit gehöre, die Eckhart fremd war, aber anderen spätmittelalterlichen Mystikern, besonders Frauen, wohlvertraut. Jenseits der Stufe der Bedrängnis und Verlassenheit, so haben wir gesehen, gebrauchte Tauler Eckharts Redweise und versuchte zugleich auch, die kühneren Weisen, auf die der Meister das Einssein der Ununterschiedenheit beschrieben hatte, genauer zu qualifizieren.[262]

So sehr Tauler tief von Eckhart beeinflusst war, ist und bleibt er doch Johannes Tauler, der Strassburger *lebmeister*. Sein Platz in der Geschichte der christlichen Mystik ist ihm sicher. Das bezeugen alle diejenigen, die im Lauf der Jahrhunderte aus der Lektüre seiner Predigten fruchtbar angeregt wurden. Taulers Botschaft wiederholt sich in manchem zuweilen, ist aber von einer Geradheit und Menschlichkeit, die ihn zu einem der zugänglichsten aller christlichen Mystiker macht.

---

[261] H 64: II,497/V 55 (255.5-9): *Der mensche, als er alle dinge gelies und sich selber in allen dingen, so sol er Gotte volgen über alle ding mit dem usseren menschen, mit aller uebunge der tugende und mit der gemeinen minne, und mit dem inwendigen menschen in rechter gelossenheit sin selbs in allen wisen, wie die vallent und wie es Got uf in wirffet von innen und von ussen.* An vielen anderen Stellen sagt er das ganz ähnlich; siehe z. B. V 37 (143,25-144,9), V 39 (156,11-22), V 67 (370,19-28) u. V 74 (400,8-20).

[262] Wrede, *Unio Mystica*, 215-218 und 236-240 erörtert auch genauer die Unterschiede zwischen Eckhart und Tauler bezüglich des Einsseins.

DRITTER TEIL

MYSTIK FÜR DIE VIELEN IM SPÄTMITTELALTERLICHEN DEUTSCHLAND

Kapitel 7

Die Weitergabe der Botschaft: Die Verbreitung der Mystik im spätmittelalterlichen Deutschland

Einen vollen Überblick über alle Aspekte der spätmittelalterlichen Mystik in Deutschland zu geben ist unmöglich. Allein schon die Menge des vorhandenen Materials schließt jeden Versuch aus, es in kurzer Form gründlich zu behandeln. Einer Zusammenschau von allem stehen auch noch andere Schwierigkeiten im Weg. Viele Texte findet man nur in alten Ausgaben aus dem 19. und frühen 20. Jahrhundert; andere sind noch gar nicht herausgegeben. Abgesehen von größeren Werken wie der *Theologia deutsch* liegen nur wenige Texte in anderen Sprachen als ihrem originalen mittelhochdeutschen oder neuhochdeutschen Wortlaut vor. Das *Verfasserlexikon* (VL) der deutschen Literatur des Mittelalters ist für die Vorstellung dieses breiten Stroms mystischer Literatur zwar ein wertvolles Hilfsmittel, aber für viele Texte fehlen gründliche Untersuchungen.[1] Zudem sind viele der mystischen Predigten, Traktate und Gedichte anonym und schwierig zu datieren.

Der Reichtum an mystischen Texten aus dem spätmittelalterlichen Deutschland ist sowohl angesichts seiner Quantität als auch oft seiner Qualität eindrucksvoll. Sogar wenn man sie mit Eckhart, Seuse und Tauler vergleicht, können viele dieser Texte als signifikante Zeugnisse der Geschichte der Mystik bestehen, und zwar nicht nur jener Mystik, die ich als „Mystik vom Grund" bezeichnet habe, sondern auch anderer Ausdrucksformen der Mystik: der erotischen, didaktischen, monastischen und anderer.[2] Zudem wurde in zunehmendem Maß klar, dass man sich bei der Untersuchung der mittelalterlichen Mystik nicht auf die Prosawerke und nicht einmal auf die schriftlichen Belege beschränken kann. Seit den frühesten Jahrhunder-

---

[1] Das Werk *Die deutsche Literatur des Mittelalters. Verfasserlexikon*, Berlin u. Leipzig 1933–1955 wurde von Wolfgang Stammler begründet und Karl Langosch fortgeführt. Die zweite, völlig neu bearbeitete Auflage (VL) besorgte zunächst (Bd. 1–8, Berlin 1978–1992) Kurt Ruh mit Hilfe vieler Fachleute. Für Bd. 9 (1995) und 10 (1999) trat Burghart Wachinger gemeinsam mit einigen weiteren Herausgebern in seine Fußstapfen. Es folgten bis 2006 zwei der insgesamt vier vorgesehenen Nachtrags- und Registerbände.
[2] Einigermaßen eine Vorstellung von der Vielfalt der spätmittelalterlichen deutschen Mystik lässt sich aus dem alten Aufsatz von Wolfgang Stammler, „Studien zur Geschichte der Mystik in Norddeutschland" gewinnen, der erstmals 1922 erschien und Aufnahme fand in *Altdeutsche und Altniederländische Mystik*, hg. v. Kurt Ruh, Darmstadt 1964, 386–436.

ten gab es im Christentum eine wichtige Beziehung zwischen Spiritualität und Kunst, besonders aus dem Grund, weil Gott in seiner Fleischwerdung als Mensch sichtbar geworden war. Sogar angesichts einer Mystik, bei der man behauptet, an dem unsichtbaren und unerkennbaren Gott zu rühren, entstanden seit der patristischen und frühmittelalterlichen Zeit Bilder, die sich so deuten lassen, dass sie zumindest implizit mit mystischen Überlieferungen zusammenhängen. Das reiche Entstehen explizit mystischer Bilder und Programme im Spätmittelalter, von denen viele starke Originalität aufweisen, legt es nahe, die Untersuchung der darstellenden Kunst in die Mystikforschung mit einzubeziehen. Die Bilder waren mehr als bloße Illustrationen der Texte, sondern sprachen als eigenständige Formen der Weitergabe mystischer Lehren aus sich selbst, auch wenn Bild und Text oft Hand in Hand gingen. Aus diesem Grund sollen im ersten Abschnitt dieses Kapitels einige Beispiele für das Zusammenspiel von darstellender Kunst und Mystik aus dem 14. und 15. Jahrhundert genauer vorgestellt werden. Zwar wurde dieses Thema bereits im Kapitel über Heinrich Seuse gestreift, aber dessen Rolle als mystischer Ikonograph ist symptomatisch für eine breitere Bewegung, in der sich die Mystiker der Kunst zuwandten, um die Verwandlung in Gott deutlicher darstellen zu können, die das Ziel des mystischen Weges ist.

Im zweiten und längeren Abschnitt dieses Kapitels wird es darum gehen, Beispiele aus einer Vielfalt literarischer Gattungen vorzustellen, die die spätmittelalterlichen deutschen Mystiker verwendeten, wie etwa Gedichte, Predigten, Briefe, Dialoge, Heiligenviten und Visionsberichte. (Ein Überblick über einige besonders wichtige Mystik-Traktate wird in Kapitel 8 folgen.)

Einer der Gründe dafür, dass Deutschland im 14. und 15. Jahrhundert das erlebte, was ich als eine „Fülle der Mystik" bezeichnet habe, ist der, dass man damals ein breites Spektrum literarischer Formen entfaltete, in denen das mystische Bewusstsein einer breiten Zuhörerschaft, und zwar zunehmend von Laien, erschlossen wurde. Die literarischen Gattungen waren im Mittelalter natürlich noch ziemlich fließend. Viele Mystik-Texte sind uns in so genannten *mystischen Sammelhandschriften* überliefert, das heißt Sammlungen mystischer Texte, die mehrere Gattungen enthalten.[3] Dennoch kann die genauere Untersuchung ausgewählter Beispiele für verschiedene, sich jedoch oft überschneidende Formen der Verbreitung mystischer Lehren

---

[3] Siehe Werner Williams-Krapp, „Literary genre and degrees of holiness. The perception of holiness in writings by and about female mystics", in: *The Invention of Saintliness*, hg. v. Anneke B. Mulder-Bakker, London 2002, 210–211 u. 216.

vor Augen führen, wie weit verbreitet tatsächlich der Hunger nach geistlicher Literatur war.

Obwohl es auch noch wichtige Werke auf Latein gab, war im 14. Jahrhundert die Volkssprache ganz klar die bevorzugte Sprache geworden, in der man über die Mystik schrieb. Ein Großteil dieser Literatur wurde weiterhin von Klerikern und Ordensleuten verfasst, aber in zunehmender Zahl wurden ausdrücklich Schriften für das Laienpublikum verfasst. Mit Georg Steer gesprochen: „Das Buchwissen wurde für ein Laienpublikum popularisiert; es wurde laisiert ... nicht säkularisiert."[4] Der Bedarf der Laien nach geistlicher Unterweisung förderte zumindest bei einem Teil der Autoren das zunehmende Gespür dafür, dass Laien, und zwar Männer wie Frauen, genauso zu mystischen Einsichten fähig seien wie der ausgebildete Klerus – ja vielleicht sogar in größerem Maß. Während das 14. Jahrhundert zum Jahrhundert der größten Kreativität wurde, sollte dann das 15. Jahrhundert eine explosionsartige Vermehrung des Kopierens und Verbreitens mystischer Texte erleben. Laut Werner William-Krapps enthalten achtzig Prozent der in diesem Jahrhundert verfassten deutschen und niederländischen Manuskripte religiöse Literatur, und ebenso bestehen achtzig Prozent der Kopien aus Texten Eckharts, Seuses und Taulers und der anderen größeren Mystiker des 14. Jahrhunderts.[5] Diese Zahlen belegen deutlich, dass man zu Recht diese zwei Jahrhunderte als diejenigen der Fülle der Mystik bezeichnen kann.

Kunst und Mystik im spätmittelalterlichen Deutschland[6]

Die spätmittelalterliche Kunst war ausgesprochen visuell. Wie der Kunsthistoriker Michael Camille schrieb, gehörten zur damals vorherrschenden gotischen Kunst die Sättigung des Raumes durch Bilder und eine neue Weise des Sehens.[7] Ab dem 13. Jahrhundert herrschte die Theorie vor, das Se-

---

[4] Georg Steer, „Der Laie als Anreger und Adressat deutscher Prosaliteratur im 14. Jahrhundert", in: *Zur deutschen Literatur und Sprache des 14. Jahrhunderts. Dubliner Colloquium 1981*, hg. v. Walter Haug, Timothy R. Jackson u. Johannes Janota, Heidelberg 1983, 361.
[5] Werner Williams-Krapp, „The Erosion of a Religious Monopoly: German Religious Literature in the Fifteenth Century", in: *The Vernacular Spirit. Essays on Medieval Religious Literature*, hg. v. Renate Blumenfeld-Kosinski, Duncan Robertson u. Nancy Bradley Warren, New York 2002, 241–422 u. 251–255.
[6] Als Einführung siehe Bernard McGinn, „On mysticism & art", *Daedalus*, Frühjahr 2003, 131–134. Vgl. auch Robert Sukale, „Mystik und Kunst", in: *Theologische Realenzyklopädie*, Berlin 1977, Bd. 23, 600–608.
[7] Michael Camille, *Gothic Art. Glorious Visions*, New York 1996, 12.

hen erfolge durch Einstrahlung: Der Gegenstand sende Strahlen aus, die das Auge aufnehme und der Geist verarbeite. Damit wurde dargelegt, dass sowohl der Gegenstand als auch der Sehende „bei der Wahrnehmung eine dynamische Rolle spielten."[8] Im Rahmen dieser neuen kulturellen Situation wurde das Verhältnis zwischen dem Geschauten und dem Schauenden intensiver und gegenseitiger. Man konnte äußere Bilder dazu verwenden, innere Bewusstseinszustände bezüglich Gottes auszulösen.[9] Zur Darstellung kontemplativer Erfahrungen, die ihrer Definition nach jenseits aller Bilder waren, etwa derjenigen der Teilhabe am inneren Leben der Dreifaltigkeit, schuf man Bilder. Das Paradox, das darin steckt, dass man Bilder dessen schafft, was jenseits aller Bilder liegt, ist nicht größer als das, wenn man menschliche Worte gebraucht, um zu versuchen, etwas darüber auszusagen, was jenseits aller Worte ist. Das sind zwei parallele Beispiele der unmöglichen und dennoch unerlässlichen Aufgabe des Mystikers. Wie im 4. Kapitel gezeigt wurde, bleibt sogar im Fall von Meister Eckhart das Bild *(imago/ bild)* ein wichtiger, wenn auch letztlich unzureichender Ausdruck für die mystischen Bewusstseinszustände.

Es war nichts Neues, als man im 14. Jahrhundert Bilder dazu verwendete, den Kontakt mit Gott herstellen zu helfen. Dass Bilder bei Betrachtungsmethoden eine wichtige Rolle spielten, insbesondere als Möglichkeit, affektive Empathie zu wecken, ist mindestens seit dem 12. Jahrhundert eindeutig zu sehen.[10] Jeffrey Hamburger hat Aspekte der Geschichte der „Spekulation" skizziert, das heißt, des Bemühens, auf dem Weg über die sichtbare Schöpfung Gottes einen Blick auf dessen unsichtbares Wesen zu werfen (vgl. Röm 1,20), das, wie er schreibt, „beim Fortschreiten der mystischen Wahrnehmung eine Mittelstellung einnimmt und vom Natürlichen ins Übernatürliche überleitet."[11] Die Mystiker des 12. Jahrhunderts waren sich

---

[8] Camille, *Gothic Art* 23.
[9] Siehe besonders Jeffrey F. Hamburger, „The Visual and the Visionary: The Image in Late Medieval Monastic Devotion", in: *The Visual and the Visionary. Art and Female Spirituality in Late Medieval Germany*, New York 1998, 111–148. Nützlich sind auch Sixten Ringbom, „Devotional Images and Imaginative Devotions. Notes on the Place of Art in Late Medieval Private Piety", in: *Gazette des Beaux-Arts*, 6. Serie 73 (1969), 159–170; und James H. Marrow, „Symbol and meaning in northern European art of the late middle ages and the early Renaissance", in: *Simiolus* 16 (1986), 150–172.
[10] Als kurze Übersicht siehe David Freedburg, *The Power of Images. Studies in the History and Theory of Response*, Chicago 1989, Kap. 8: „*Visibilia per invisibilia*: Meditation and the Uses of Theory" (161–191).
[11] Jeffrey F. Hamburger, „Speculations on Speculation. Vision and Perception in the Theory and Practice of Mystical Devotion", in: *Deutsche Mystik im abendländische Zusammenhang. Neu erschlossene Texte, neue methodische Ansätze, neue theoretische Konzepte*, hg. v. Walter Haug u. Wolfram Schneider-Lastin, Tübingen 2000, 353–408, das Zitat 359.

der Rolle der Bilder und der Imagination bei der Kontemplation bewusst. Richard von St. Victor schreibt in seinem *Benjamin Minor*, Rahel müsse zuerst fünf Kinder von ihrer Magd Bilha, das heißt der Imagination, bekommen, ehe sie eigene Kinder gebären könne. „Es bereitet ihr (Rahel) Wonne, wenigstens mittels der Imagination die Erinnerung an jene Dinge zu behalten, deren Verständnis sie auf dem Weg vernünftigen Nachdenkens noch nicht erfassen kann ... Niemand verkennt, dass dies den ersten Schritt für alle darstellt, die sich auf den Weg der Kontemplation der unsichtbaren Dinge begeben."[12] Sogar Bernhard von Clairvaux, der so oft als Feind der Kunst und Bilder angesehen wird, war sich dessen bewusst, dass das innere „heilige Bild" *(sacra imago)* der Ereignisse des Lebens Jesu eine wichtige Rolle dabei spielt, die Seele in der Liebe zur Tugend und im Abscheu gegen das Laster zu festigen.[13] Doch für Richard wie Bernhard gehörte der Gebrauch äußerer oder innerer Bilder einer niedrigeren Stufe an und war bestenfalls eine Vorbereitung auf die bildlose Kontemplation. Diese sollte überschritten werden, besonders von Klosterleuten als geschulten Experten für die höheren Stufen des Gebets.

Während der bildlose Kontakt mit Gott für viele spätmittelalterliche Mystiker das Ideal blieb, wurde das Verhältnis zwischen Bildern und mystischen Bewusstseinszuständen komplexer, interaktiver und weniger hierarchisch. Ein Beispiel dafür ist Heinrich Seuse, der hier im 5. Kapitel vorgestellt wurde. Diese Verlagerung zeigt sich auch deutlich bei anderen Mystikern des 13. und 14. Jahrhunderts. Ein frühes Beispiel für die signifikante Rolle äußerer Bilder liefert Thomas von Celanos Bericht in der *Ersten Lebensbeschreibung* von Franziskus. Dieser hatte 1223 in Grecchio den frommen Adligen Giovanni gebeten, die Weihnachtsszene nachzustellen. Thomas formuliert den Wunsch von Franziskus folgendermaßen: „Ich möchte die Erinnerung an das Kind, das in Bethlehem geboren wurde, lebendig darstellen, damit ich so weit wie möglich mit meinen leiblichen Augen sehen kann, wie groß die Armseligkeit und Not dieses kleinen Kindes war." Sodann berichtet er, wie Franziskus und die anwesende Menge angesichts dieser Szene „von wunderbarer Freude überwältigt" worden seien und der *poverello* den Menschen bei der Messe mit solcher Inbrunst gepredigt habe, dass „einem tugendhaften Mann (vermutlich Giovanni) eine wunderbare Vision zuteil wurde", in der Franziskus zum in der Krippe

---

[12] Richard von St. Victor, *Benjamin Minor* 14 (PL 196,10): ... *quia dulce est ei saltem imaginando eorum memoriam retinere, quorum intelligentiam nondum valet ratiocinando apprehendere ... Hanc esse primam viam omni ingrediente ad invisibilium contemplationem nemo ignoret.*
[13] Bernhard von Clairvaux, *Sermones super Cantica* 20,6 (*Sancti Bernardi Opera* I,118).

schlafenden Kind hinzutrat und es aufweckte. Das sei eine Veranschaulichung dessen gewesen, wie der Heilige in den Herzen seiner Zuhörer Christus aufgeweckt habe.[14] Hier löst also das äußere Sehen eine (in augustinischen Begriffen gesprochen) innere, geistliche Vision aus, die ihrerseits eine intellektuelle Wahrnehmung des Sinns der Sendung des heiligen Franziskus hervorbringt.

Im III. Band der vorliegenden Darstellung habe ich darauf hingewiesen, in welchem Maß im späten 13. Jahrhundert die Zisterziensernonnen von Helfta, etwa Gertrud die Große, bei der Pflege ihrer Mystik eine Vielzahl von Bildern verwendeten.[15] Die in Helfta geschaffene eigentümlich biblisch-liturgische Mystik äußerte sich in Visualisierungen oder imaginativen Schöpfungen bezüglich des inneren Sinns sowohl der liturgischen Handlungen als auch der heiligen Bilder, etwa der Statuen Marias oder des an der Brust Jesu ruhenden Liebesjüngers oder der Darstellungen der Kreuzigung und des blutenden Herzens Christi. Ein gutes Beispiel dafür, wie Liturgie, Kommunionempfang und visuelle Meditation über ein Bild zusammenwirkten, um einen direkten inneren, visualisierten Kontakt mit Christus herzustellen, findet sich im zweiten Buch von Gertruds *Gesandtem der göttlichen Liebe*. Sie berichtet darin: „Nachdem ich das lebensspendende Sakrament empfangen hatte und zum Beten an meinen Platz zurückgekehrt war, schien es mir, als breche aus der rechten Seite des auf die Buchseite gemalten Gekreuzigten, das heißt aus seiner Seitenwunde, ein Sonnenstrahl hervor, scharf wie ein Pfeil, breite sich für einen Augenblick aus, ziehe sich dann wieder zurück und breite sich dann wieder aus. Dies tat er eine ganze Zeit lang immer wieder und weckte zärtlich meine Liebe."[16]

Wenige Tage nach dieser Vision/Visualisierung erschien Gertrud Christus und fügte ihrem Herzen eine ähnliche Wunde zu.

Gertrud wunderte sich selbst über die konkrete und visuelle Natur so vieler Mitteilungen, die sie von Gott erhielt. An einer Stelle im *Gesandten* äußert sie ihre Verwunderung darüber, dass der Herr sie mittels „einer so

---

[14] Thomas of Celano, *Vita Prima* XXX,84–86 (*Fontes Francescani*, Assisi 1995, 360–362): *Volo enim illius pueri memoriam agere, qui in Bethlehem natus est, et infantilium necessitatum eius incommode ... utcumque corporeis oculis pervidere.* Die Vision, die Giovanni zuteil wurde, wird so bezeichnet: *a quodam viro virtutis mirabilis visio cernitur.*

[15] Im vorliegenden Werk Band II, 484–491.

[16] Aus Gertruds *Legatus divinae pietatis* 2,5,2 in *Gertrude d'Helfta. Oeuvres spirituelles, Tome II, Le Héraut*, Paris 1968 (SC 139): *Igitur cum post suscepta vivifica sacramenta, ad locum orationis reversa fuissem, videbatur mihi quasi de dextro latere crucifixi depicti in folio, scilicet de vulnere lateris, prodiret tamquam radius solis, in modum sagittae acutis, qui per ostentum extensus contrahebatur, deinde extendebatur, et sic per moram durans, affectum meum blande allexit.*

leibhaftigen Vision" unterwiesen habe. Aber die Nonne legt die Rechtfertigung solcher Bilder kühn direkt Christus in den Mund. Der Erlöser erklärt, so wie er die Propheten in alter Zeit über sein Kommen „mittels mystischer (d. h. verborgener) Bilder und Gleichnisse" unterrichtet habe, so ließen sich auch jetzt die geistlichen Wirklichkeiten den Menschen nur „mittels Gleichnissen, die der Geist wahrnimmt", erläutern. Und Christus schließt: „Daher sollte man nicht das verachten, was mittels leibhaftiger Dinge offenbart wird, sondern sollte alles gründlich erforschen, was den Geist würdig macht, die Süße geistlicher Wonnen auf dem Weg über Bilder leibhaftiger Dinge zu verkosten."[17] Gertrud schätzt eindeutig Bilder nicht als niedrigere Form der Kommunikation mit Gott ein, wie das ihre Vorgänger im 12. Jahrhundert taten, so sehr sie diese auch sonst als Autoritäten zitiert.

Die Fülle von Andachtsbildern im Spätmittelalter war ein selbstverständlicher Bestandteil der neuen Mystik.[18] Solche Bilder wurden angefertigt, um das hervorzubringen, was Erwin Panofsky „kontemplative Versenkung" nannte.[19] Sie stellten sowohl die historischen Quellen der Andacht im Leben Christi dar (insbesondere Szenen aus der Passionsgeschichte), als auch die emotionale Erfahrung, die sie mittels der Reaktion des sie Betrachtenden auslösen wollten.[20] Auch wenn man nicht unbedingt alle diese Reaktionen als „mystisch" in dem Sinn ansehen muss, dass sie zu einer direkten und verwandelnden Begegnung mit Gott führten, wurden zweifellos viele Bilder zu diesem Zweck angewandt, wie man aus den Texten bei Gertrud ersehen kann. Insbesondere Passionsbilder wie etwa Darstellungen des ge-

---

[17] *Le Héraut* 4,12,3 (*Oeuvres spirituelles*, Tome IV, SC 255, 134): *Et ideo a nullo debet villipendi quidquid per imaginationes rerum corporalium demonstratur, sed studere debet quilibet ut per corporalium rerum similitudinem spiritualium delectationum suaves intellectus degustare mereatur.* Vgl. die Besprechung bei Hamburger, „The Visual and the Visionary", 147.
[18] Reiner Hausherr, „Über die Christus-Johannes-Gruppen. Zum Problem ‚Andachtsbilder' und deutsche Mystik", in: *Beiträge zur Kunst des Mittelalters. Festschrift für Hans Wentzel zum 60. Geburtstag*, hg. v. Rüdiger Beckemann, Ulf-Dietrich Korn u. Johannes Zahlten, Berlin 1975, 103: *Die Ausformung neuer Bildtypen in der Zeit um 1300 geht sicher auf die gleichen frömmigkeits- und theologiegeschichtlichen Voraussetzungen zurück wie die deutsche Mystik.*
[19] Erwin Panofsky, „‚Imago Pietatis'. Ein Beitrag zur Typengeschichte des ‚Schmerzensmanns' und der ‚Maria Mediatrix'", in: *Festschrift für Max J. Friedländer zum 60. Geburtstag*, Leipzig 1927, 264–266. In den letzten Jahrzehnten gab es bemerkenswerte Diskussionen über die Natur des Andachtsbilds, auf die hier nicht weiter eingegangen werden kann. Eine wichtige Warnung vor dem üblichen Verständnis solcher Bilder äußerte Jeffrey F. Hamburger, *Nuns as Artists. The Visual Culture of a Medieval Convent*, Berkeley 1997, 214: *Die anhaltende Diskussion über die Merkmale des Andachtsbilds, bei der Text gegen Bild gestellt wird, Privat gegen Öffentlich, Original gegen Imitat oder Laie gegen Klosterangehöriger, beruht auf einer Terminologie, die denen keinen Sinn gemacht hätte, für die diese Bilder angefertigt wurden.*
[20] Marrow, „Symbol and Meaning", 157.

kreuzigten Jesus, der *arma Christi* (Passionswerkzeuge), des Schmerzensmannes und der Schmerzhaften Muttergottes (Pietà)[21] lassen sich oft dem zuordnen, was Ewert Cousins als „die Mystik des historischen Ereignisses" bezeichnete.[22]

Andere Formen religiöser Bilder, die man im Spätmittelalter findet, wurden außerdem auch dazu verwendet, zur mystischen Verwandlung des Bewusstseins anzuregen. Zu den signifikantesten davon gehören Abbildungen der erotischen Beziehung zwischen Christus und der Seele, die entweder direkt vom Hohenlied oder von anderen Bildern für die Liebe inspiriert waren, wie etwa solchen aus der Tradition der höfischen Liebe. Auch Marienbildern konnte ein mystischer Sinn verliehen werden, insofern der Betrachter angeregt wurde, sich mit Maria als der höchsten Liebhaberin Christi zu identifizieren und von daher würdig zu werden, zur „Mutter Gottes" zu werden. Nicht alle Marienbilder müssen unbedingt die Möglichkeit der „Gottesgeburt" in der Seele andeuten, aber manche taten das bestimmt. Ferner bot die mystische Ikonographie auch die Möglichkeit zur Identifikation mit bestimmten Heiligen als Vorbildern für die Vergöttlichung, insbesondere mit dem Liebesjünger Johannes.[23] Schließlich gibt es sogar eindrucksvolle Beispiele für Bilder, die den Mystiker zur Teilhabe am inneren Leben der Dreifaltigkeit einladen.[24]

Gegen 1300 wurde in Flandern oder im Rheinland vermutlich für eine Nonne ein Manuskript angefertigt, das heute unter dem Namen „Rothschild Canticles" in der Bibliothek der Universität Yale in New Haven, USA verwahrt wird. Es ist unbekannt, wer dessen theologische Berater oder die Künstler waren, die darin ein bemerkenswertes Genie an den Tag legten. Wie Jeffrey Hamburger gezeigt hat,[25] sind diese „Canticles" ein verblüffendes Beispiel für die Tiefgründigkeit und Vielfalt der spätmittelalterlichen

---

[21] Über spätmittelalterliche Szenen der Passions-Ikonographie siehe James H. Marrow, *Passion Iconography in Northern European Art of the Late Middle Ages and Early Renaissance*, Kortrijk 1979.

[22] Nach Cousins geht es bei der Mystik des historischen Ereignisses darum, dass man *sich ein signifikantes Ereignis aus der Vergangenheit vergegenwärtigt, aus ihm spirituelle Energie bezieht und eventuell über es hinaus zum Einswerden mit Gott gelangt*. Siehe „Francis of Assisi: Christian Mysticism at the Crossroads", in: *Mysticism and Religious Traditions*, hg. v. Steven Katz, Oxford 1983, 166–167.

[23] Siehe Jeffrey F. Hamburger, *St. John the Divine. The Deified Evangelist in Medieval Art and Theology*, Berkeley 2002 und Justin Lang, *Herzensanliegen. Die Mystik mittelalterlicher Christus-Johannes-Gruppen*, Ostfildern 1994.

[24] Als Überblick über einige Beispiele siehe Bernard McGinn, „Theologians as Trinitarian Iconographers", in: *The Mind's Eye. Art and Theological Argument in the Medieval West*, hg. v. Jeffrey F. Hamburger u. Anne-Marie Bouché, Princeton 2005.

[25] Jeffrey F. Hamburger, *The Rothschild Canticles. Art and Mysticism in Flanders and the Rhineland circa 1300*, New Haven 1990.

mystischen Kunst. Stilistisch steht das Buch der französisch-flämischen Kunst vom Anfang des 14. Jahrhunderts nahe, aber die seinen Illustrationen beigegebenen lateinischen Texte versetzen es in den Bereich der Mystik Meister Eckharts und seiner Nachfolger.

Hamburger hat in diesem Manuskript sechs Bilderzyklen identifiziert.[26] Drei davon lassen sich direkt zu Aspekten der spätmittelalterlichen Mystik in Beziehung setzen. Besonders aufschlussreich über die Rolle von Bildern in der spätmittelalterlichen Mystik sind die beiden Szenenreihen zur Illustration des Hohenlieds. Solche Hohelied-Illustrationen waren in der abendländischen Kunst nicht neu, sondern es gibt sie seit dem 11. Jahrhundert. Aber bis ungefähr 1200 pflegten die diesbezüglichen Miniaturen in den Manuskripten statisch und didaktisch zu sein und aus weithin allegorischen Abbildungen Christi und der Kirche zu bestehen (z. B. Christi, wie er eine gekrönte Braut küsst), oder seltener Christus und die Einzelseele als nicht gekrönte weibliche Gestalt vorzustellen.[27] Im späteren Mittelalter jedoch begann man die hieratischen und didaktischen Elemente, die zwar nie ganz aufgegeben wurden, gegenüber narrativeren, detailgetreueren und oft erotischeren Darstellungsweisen zurücktreten zu lassen. Zwar kann man keine direkten Verbindungen aufzeigen, aber man könnte diese neue Ikonographie mystischer Erotik als Analogon zur Verlagerung weg von der Betonung einer scharfen Unterscheidung zwischen inneren und äußeren Empfindungen bei der Auslegung des Hohenlieds hin zu einer leibhaftigeren, sinnlicheren Redeweise zur Beschreibung des Einswerdens Christi und der Seele ansehen, denn im Spätmittelalter wurde diese Aufspaltung aufgegeben.[28]

Die Illustrationen der „Rothschild Canticles" zum Hohenlied entfalten

---

[26] Auf den 105 vorhandenen Folioblätter des Ms. (New Haven, Yale University, Rare Book and Manuscript Library, MS 404) sind 46 ganzseitige Miniaturen (von vielleicht ursprünglich 50) erhalten, sowie 160 kleine Miniaturen, 23 lavierte Federzeichnungen von Heiligen und 41 Initialen aus Gestalten von Menschen und Lebewesen (Hamburger, *The Rothschild Canticles*, 8). Diese Gruppen sind nicht als solche bezeichnet und im gegenwärtigen Zustand des Ms. nicht einmal entsprechend angeordnet. Hamburger beginnt seine Rekonstruktion mit Bildern, die er als einleitend bezeichnet (Kap. 3) und untersucht sodann in Kap. 4–9 die sechs Themen der Miniaturen: Paradies, Hohelied, Maria, mystische Einung, Dreifaltigkeit und Illustrationen zu den *Vitae Patrum*.

[27] Zur Geschichte der Hohelied-Illustrationen siehe Otto Gillen, „Braut-Bräutigam" und „Brautmystik", in: *Reallexikon zur deutschen Kunstgeschichte*, hg. v. O. Schmidt, Stuttgart u. München 1937, II, 1110–1124 u. 1130–1134. Ihre erste Blüte erlebte sie im 12. Jahrhundert; darüber siehe Isabelle Maliase, „L'Iconographie biblique du *Cantique des Cantiques* au XIIe siècle", in: *Scriptorium* 46 (1992), 67–73.

[28] Über diese Verlagerung siehe Bernard McGinn, „The Language of Inner Experience in Christian Mysticism", in: *Spiritus* 1 (2001), 156–171; und besonders Gordon Rudy, *Mystical Language of Sensation in the Later Middle Ages*, New York u. London 2002.

eine narrative Darstellungsweise, mit der das direkte erotische Potenzial des biblischen Textes betont wird.[29] Die zahlreichen beschreibenden Elemente scheinen darauf angelegt zu sein, den Leser oder die Leserin aktiv ins vom Text vorgeführte Liebesspiel zwischen dem Göttlichen Bräutigam und der von der Liebe verwundeten Braut einzubeziehen. Hamburger schreibt: „Das Hohelied wird nicht mehr bloß als Vorlage für allegorisches Sprechen verwendet", sondern jetzt „als dramatische Schilderung der inneren Erfahrung" genommen.[30] Die kühne Buchstäblichkeit der Szenen hilft die Unterscheidung zwischen inneren geistlichen und äußeren physischen Sinnen in Richtung dessen hinter sich zu lassen, was Gordon Rudy als „spiritual sensation", „spirituelle sinnliche Wahrnehmung" bezeichnet hat, das heißt, als ein ganzheitliches Wahrnehmen, dessen Ziel der direkte Kontakt mit Christus ist.[31] Diese neue Art, das Hohelied zu lesen, für die Bernhard von Clairvaux bahnbrechend war, hatte sich stark bei vielen der Mystikerinnen durchgesetzt, die im III. Band dieser Geschichte der Mystik vorgestellt wurden, etwa bei Hadewijch, Mechthild von Magdeburg und Angela von Foligno. Eine derartige direkte Erfahrung blieb nicht ohne Kritiker. Der franziskanische geistliche Schriftsteller David von Augsburg wandte sich im 13. Jahrhundert gegen Schilderungen von Visionen Christi, bei denen es zu geradezu physischen Umarmungen und Küssen gekommen sein sollte, ja, wie er es ausdrückte, auch zu „anderen unziemlichen zärtlichen Gesten und Verhaltensweisen. Dabei soll genauso, wie der innere Geist von Christus oder Maria Trost erfahren habe, auch das äußere Fleisch auf physische Weise getröstet worden und fleischlich auf eine ihm entsprechende Weise Wonnen empfunden haben."[32]

Die erste Szenenreihe von Illustrationen zum Hohenlied in den „Rothschild Canticles" besteht aus fünf von ursprünglich wohl sieben Illustrationen. Auf Folio 17v sind als *catena* mehrere Verse aus dem Hohenlied sowie einige andere Texte (z. B. Offb 3,20) aufgereiht, aber es fehlt auf f. 18r ein ihnen zugeordnetes Bild (das wohl den mystischen Kuss dargestellt hätte). Die folgenden nebeneinanderliegenden Seiten (ff. 18v-19r; siehe Abb. 4) bieten Bilder zu der eröffnenden Text-*catena*. Zunächst wird auf f. 18v in

---

[29] In den „Rothschild Canticles" wird das Hohelied in zwei Abschnitten illustriert (ff. 17v-26v und ff. 65v-73r). Hamburger bespricht diese beiden Zyklen in den Kapiteln 5 und 7 seines *The Rothschild Canticles*. In beiden beruhen die Bilder auf dem biblischen Buch, jedoch handelt es sich bei den Begleittexten um Anthologien verschiedener anderer biblischer, liturgischer und kirchlicher Texte.
[30] Hamburger, *The Rothschild Canticles*, 71.
[31] Rudy, *Mystical Language of Sensation*, Kap. 1.
[32] Über diesen Text aus Davids *De exterioris et interioris hominis compositione* sowie allgemein über Davids Lehre siehe in Band III, 214–220.

der oberen Hälfte links Hld 2,6 dargestellt, die Umarmung der Liebenden, und rechts Offb 3,20, wie Christus die Braut durch die Tür zu sich hereinholt.[33] In der unteren Hälfte von f. 18v sieht man die Seele wie Longinus mit der Lanze sitzen, und „mit einem Blick ihrer Augen" (Hld 4,9) „verwundet" sie Christus. Auf f. 19r, der gegenüberliegenden Vollseite, ist kühn ein völlig nackter Christus dargestellt, der die Leidenswerkzeuge zeigt und auf die Seitenwunde weist, durch die der Liebesblick der Braut in die Tiefen seiner Erlöserliebe eindringen kann. Das passt gut zu einem bekannten pseudo-bernhardschen Text, dem *Mystischen Weinstock*, in dem es heißt: „Lasst uns durch die sichtbare Wunde hindurch die unsichtbare Wunde der Liebe anschauen."[34]

Auf den folgenden vier jeweils gegenüberliegenden Seiten wird dieses Programm weitergeführt; allerdings sind nur bei drei davon Illustrationen erhalten. Auf allen vier bieten jeweils die linken Seiten eine kleine Anthologie von Texten, meistens aus dem Hohenlied, und die rechten Illustrationen der verschiedenen Aspekte der Begegnung von Bräutigam und Braut. Die Verwendung des Buches war offensichtlich so gedacht, dass man sich betrachtend in Bild und Text versenkte und sich auf diese Weise das liebende Einssein mit Christus persönlich tiefer aneignete. Bereits Bernhard von Clairvaux hatte einmal seine Leser zu einer neuen Art von Textvergleich eingeladen: Sie sollten derart im Buch der Bibel und im Buch ihrer eigenen inneren Erfahrung lesen, dass sich beide Bücher gegenseitig erhellten und sie auf diese Weise zu einer tieferen Gottesbeziehung führten.[35] In den „Rothschild Canticles" ist das einen Schritt weiter geführt. Hier werden heilige Texte sowohl aus der Bibel als auch von anderswoher zusammen mit originellen, oft noch nie da gewesenen Illustrationen verwendet, um zu Zuständen mystischer Verzückung zu führen. Auf diese wird dadurch verwiesen, dass in den Miniaturen häufig Gestalten abgebildet sind, die mit Gesten der Verwunderung auf die Illustrationen blicken und verweisen.

---

[33] Diese Illustration zu Offb 3,20 (*Sto ad ostium et pulso; si quis apperuerit michi introibo et cenabo cum illo et ille mecum*) zeigt die künstlerische Freiheit des Illustrators der „Rothschild Canticles". Im Buch der Offenbarung ist der Text Christus in den Mund gelegt, während es hier so aussieht, als habe ihn die Braut gesprochen, die Christus am Arm fasst, als dieser ins Gebäude zurücktritt.

[34] *Vitis mystica*, eine Predigt über Joh 15,1, die vermutlich Bonaventura bei einer Reise nach Deutschland hielt (siehe *S. Bonaventurae Opera Omnia* VIII,158–189). Eine längere, mit Einschüben versehene Version dieses Textes war unter dem Namen des heiligen Bernhard in Umlauf; sie findet sich in PL 184,635–740. Das Zitat steht in 643A: ... *per vulnus visibile vulnus amoris invisibilis videamus*. Diese Vorstellung geht zurück auf Bernhard, *Sermones super Cantica* 61,4 (*Sancti Bernardi Opera* II,150–151).

[35] Über diesen Aspekt der Lehre Bernhards siehe in der vorliegenden Darstellung Band II, 284–286.

Eine zweite Reihe von Illustrationen zum Hohenlied finden sich auf den Folioseiten 65v-73r. Sie bestehen aus fünf einander gegenüberliegenden Seiten und vier erhaltenen Bildergruppen. Auch diese Szenen illustrieren eine persönliche erotische Begegnung mit Jesus. Folio 66r (siehe Abb. 5A) bietet zum Beispiel ein ganzseitiges Bild der Braut, die gerade auf ihrem Bett erwacht, um den vom Himmel herabsteigenden Bräutigam willkommen zu heißen. Das ist eine Illustration zu einer ganzen Reihe von Hoheliedtexten über die Flucht der Braut und ihr Ruhen zur Mittagszeit (Hld 1,6; 8,14) sowie auch zu Hab 3,3 („Gott kommt vom Libanon, der Heilige vom umschatteten und umwölkten Berg"), einem Text, den Bernhard von Clairvaux dazu verwandt hatte, auf die Fleischwerdung des Wortes und sein Kommen in die Welt zu verweisen.[36] Die *catena* auf der gegenüberliegenden Seite betont die Notwendigkeit der persönlichen Erfahrung des Einsseins mit dem inkarnierten Wort. Es wird dazu eine Stelle aus den *Bekenntnissen* von Augustinus zitiert, in der es heißt, die Sehnsucht nach der mystischen Begegnung mit Gott sei ein Geschenk der Gnade, nicht die Frucht eigener Anstrengung: „Ich rufe dich, mein Gott, in meine Seele. Mittels der Sehnsucht, welche du ihr einhauchst, bereitest du sie dafür, dich fassen zu können."[37] Die folgende Gruppe von Texten und Bildern (ff. 67v-86r) illustriert Stellen aus dem Hohenlied ganz buchstäblich. Es wird die Braut gezeigt, die mit Blumen geschmückt im Garten liegt und krank vor Liebe nach dem Bräutigam ist (Hld 2,5). Darunter ist ein Bild, auf dem der Bräutigam die Braut einlädt, mit ihm in den Weinkeller zu gehen und sich der mystischen Trunkenheit hinzugeben (Hld 2,4). Auf ff. 69v-70r illustrieren zwei Szenen in drei Bildkästen Hld 2,7 und damit verwandte Texte, während f. 71v eine Reihe von Stellen aus den Sprichwörtern und dem Hohenlied enthält, ohne Illustrationen gegenübergestellt zu haben. Schließlich bringen ff. 72v-73r eine *catena* von Stellen hauptsächlich aus dem Hohenlied und gegenüber ein ganzseitiges Bild des mystischen Ziels: wie Christus die Seele krönt, was dem beliebten Bild von der Krönung Marias nachempfunden ist. Mit anderen Worten, die Benutzer des Buchs wurden eingeladen, nach der gleichen himmlischen Belohnung zu trachten, wie sie Maria als Jungfrau, Liebende und Mutter Jesu erhalten hatte.

Ein weiterer Bereich, in dem die „Rothschild Canticles" einen originellen

---

[36] Der Text auf f. 65v lautet: *Deus a lybano uenit et sanctus de monte ombroso et condenso* (Hab 3,3 in der Fassung der *Vetus Latina*). Diesen Text bezog Bernhard auf die Inkarnation in *Sermones super Cantica* 6,3 (*Sancti Bernardi Opera* I,27). Über dieses Bild siehe Hamburger, *The Rothschild Canticles*, 108.

[37] Das auf Augustinus, *Confessiones* 13,1 beruhende Zitat lautet: *Inuoco te Deus meus in animam meam, quam preparas ad capiendum te ex desiderio quo ei inspiras*.

Beitrag zur Mystik leisteten, sind ihre ungewöhnlichen trinitarischen Miniaturen.[38] Alle christliche Mystik ist letztlich implizit trinitarisch, weil der Glaube an Gott als Vater, Sohn und Heiliger Geist für Christen die Grundlage ihres Gebets und ihrer Praxis ist. Aber manche Mystiker lassen sich als explizit trinitarisch bezeichnen, weil sie die Rolle der drei Personen bei der mystischen Verwandlung betonen. Die Dreifaltigkeitsmystik erstarkte im Abendland im 12. Jahrhundert dank Wilhelm von St.Thierry und erreichte im Spätmittelalter in Gestalten wie Hadewijch, Bonaventura, Marguerite Porete, Eckhart und Ruusbroec – um nur wenige zu nennen – neue Höhen. Angesichts der Tatsache, dass der Vater unsichtbar ist (Joh 1,18),[39] und des Glaubens, dass weder der Sohn noch der Geist vor ihrer Heilssendung auf Erden sichtbar waren, müsste man meinen, dass die Dreifaltigkeit streng genommen als solche auf keinerlei Weise darstellbar sei. Viele Theologen, darunter Augustinus (siehe seinen Brief 120), vertraten diese Überzeugung ganz energisch. Aber nicht alle Christen stimmten dem zu. Sowohl in der östlichen als auch in der westlichen christlichen Kunst entstand eine reiche Tradition der Dreifaltigkeitsikonographie und auch eine anhaltende Diskussion darüber, welche Arten von Bildern akzeptabel seien. Im christlichen Osten wurde die alttestamentliche Dreifaltigkeitsikone in Form der Darstellung des Besuchs der drei Engel bei Abraham in Mamre (Gen 18) als symbolische Vorstellung des drei-einen Gottes angesehen und erlangte kanonischen Status.[40] Dieses Bild war auch im Westen bekannt, aber dort entstand im Mittelalter eine größere Vielfalt von Dreifaltigkeitsbildern, von denen manche einen deutlich mystischen Zug hatten, insofern sie dazu dienen sollten, auf sozusagen direkte Weise zur Wahrnehmung der Gegenwart der drei Personen in der Seele zu verhelfen.

Der Versuch, Bilder der unsichtbaren Dreifaltigkeit zu schaffen, ließe sich als eine Grenz-Situation in der mystischen Kunst bezeichnen: als etwas ganz klar Unmögliches, das aber zumindest manchen dringend notwendig erscheint. Die neunzehn erhaltenen Dreifaltigkeits-Miniaturen der „Roth-

---

[38] Als Untersuchungen zu den Dreifaltigkeitsbildern siehe Hamburger, *The Rothschild Canticles*, Kap. 8; und „Revelations and Concealment: Apophatic Imagery in the Trinitarian Miniatures of the *Rothschild Canticles*", in: *The Yale University Library Gazette. Volume 66. Supplement (1991). Beinecke Studies in Early Manuscripts*, 134–158.

[39] François Boespflug, „Apophatisme théologique et abstinence figurative. Sur l'irreprésentabilité de Dieu (le Père)", in: *Revue des sciences religieuses* 72 (1998), 446–468.

[40] Über die alttestamentliche Dreifaltigkeitsikone (auch „Besuch der drei Engel bei Abraham" genannt) sowie die frühen theologischen Debatten über die Abbildung der Dreifaltigkeit siehe Bernard McGinn, „Trinity Higher Than Any Being!' Imaging the Invisible Trinity", in: *Ästhetik des Unsichtbaren. Bildtheorie und Bildgebrauch in der Vormoderne*, hg. v. David Ganz u. Thomas Lentes, Berlin 2004, 76–93 und die dort zitierte Literatur.

schild Canticles" finden sich in zwei Abschnitten des Manuskripts und sind einmalig.[41] Für sie sind keinerlei traditionelle Formen der Dreifaltigkeitsikonographie verwendet, wie etwa die Szene von Mamre oder der beliebte „Gnadenstuhl" mit Gott Vater, der das Kreuz hält, an dem Christus der Sohn hängt, während zwischen ihnen die den Heiligen Geist darstellende Taube schwebt.[42] Die Stifter, Planer und Ausführenden des Werks schufen vielmehr eine fast völlig neue Ikonographie, die sich als eine Reihe von Texten und Bildern beschreiben lässt, mit denen im Grunde versucht wird, ein Programm im Sinn von Dionysius durchzuführen, um zum Ausdruck zu bringen, dass das Geheimnis der Dreifaltigkeit verborgen in ihrer Offenbarung stecke. Dionysius hatte gelehrt, symbolische Darstellungen seien als Manifestationen Gottes notwendig, aber als regelrechte Beschreibungen seien sie unmöglich, weil sie im Akt, bei dem man sie als Instrumente der kontemplativen Praxis verwende, aufgehoben würden. Wie Hamburger bemerkte, steckt in diesem Programm ein doppeltes Paradox, nämlich nicht nur dasjenige, das unfassbare Geheimnis im Herzen des christlichen Glaubens in ein Bild fassen zu wollen, sondern auch der paradoxe Versuch, den Prozess der mystischen Schau zur Aufführung zu bringen. Er schreibt: „Das eigentlich Subjekt ist dabei die sich zum Höhepunkt steigernde Begegnung zwischen dem Schauenden und dem Bild als Abbild der Begegnung zwischen Gott und der Seele."[43] In den „Canticles" wird dieses letztere Paradox nicht nur dadurch angezeigt, dass auf den Textseiten auf ähnliche Weise wie im Hohelied-Zyklus Bilder von Propheten, Sehern und Evangelisten angebracht sind, sondern auch direkt um die Dreifaltigkeitsbilder Gestalten von Engeln und Menschen angeordnet sind. Diese Gestalten bringen eine Vielfalt von Reaktionen zum Ausdruck, von Lobpreis und demütigem Glauben bis zu ergriffenem Staunen.[44]

Die Texteinheiten gegenüber den Dreifaltigkeits-Miniaturen in den „Rothschild Canticles" sind Anthologien aus Schriftstellen, liturgischen Antiphonen und theologischen Zitaten, hauptsächlich aus Augustinus'

---

[41] Die ersten drei Dreifaltigkeitsbilder finden sich auf den jeweils einander gegenüberliegenden Seiten von f. 39v bis f. 44r. Die zweite Reihe von sechzehn beginnt auf f. 74v und endet auf f. 106r. Auf f. 86v steht ein Text, dem kein Bild auf 87r gegenübersteht, was darauf hinweist, dass insgesamt zwanzig Szenen vorgesehen sein werden.
[42] Als Einführung in die vielfältigen Formen der Dreifaltigkeitsikonographie siehe Wolfgang Braunfels, *Die heilige Dreifaltigkeit*, Düsseldorf 1954.
[43] Hamburger, „Revelation and Concealment", 134.
[44] Alle zwanzig Textseiten enthalten Quadrate mit Gestalten von Sehern in Gesten des Staunens und Aufmerkens; auf sechzehn der neunzehn Dreifaltigkeitsbilder befinden sich in den Ecken Gestalten, meistens oben zwei Engel und unten zwei Menschen. Hamburger schreibt dazu: „Die Seher stellen szenisch die Reaktion des Betrachters dar, den sie auffordern, auf die Miniaturen so zu reagieren, als böten diese Visionen" („Concealment and Revelation" 141).

Über die Dreifaltigkeit.[45] Hier und da finden sich nicht zu identifizierende Zitate. Diese Texte betonen die Unsichtbarkeit und Unbegreiflichkeit des Geheimnisses der Dreifaltigkeit; mehrere heben auch hervor, es sei unbedingt notwendig, die Schriftstellen, die Beschreibungen Gottes enthalten, allegorisch zu verstehen (ff. 80v, 95v, 101v). Die Bilder halten sich an ein dreifaches Muster: (1) im Wesentlichen anthropomorphe Bilder; (2) Bilder, die anfangen, solche direkte Darstellungen mittels Techniken des Verschleierns und Entschleierns in Frage zu stellen oder zu problematisieren, unter ungewöhnlichem Einsatz von Sonnen, Strahlen und Feuerzungen; und (3) geometrische Mandalas ohne jedes Anzeichen einer menschlichen Gestalt (davon gibt es nur zwei: ff. 44r und 106r). Bei den Bildern des zweiten und dritten Typs werden oft eine außerordentliche Energie und großer Erfindungsreichtum entfaltet. Beim Versuch, die Dreifaltigkeit als dynamische Quelle der gesamten Wirklichkeit darzustellen, scheinen sie regelrecht zu explodieren oder zu implodieren. Da in Gott *exitus* und *reditus* ein und dasselbe ist, geht es dabei darum, beim Zeigen der ausfließenden Quelle die Betrachter gleichzeitig einzuladen, in die innere Dynamik der Dreifaltigkeit zurückzukehren. In den „Rothschild Canticles" wird diese Aufgabe mit bemerkenswertem Feingefühl und Können wahrgenommen. Diese Bilder hatten in der vorausgehenden Kunst kaum Vorgänger; sie scheinen auch keine wirklichen Nachfolger gefunden zu haben.

Jeffrey Hamburger hat die Dreifaltigkeitsbilder der „Rothschild Canticles" ausführlich untersucht. Hier möchte ich nur einige Anmerkungen zu je einem Beispiel für jede Form machen. Ein Beispiel für ein anthropomorphes Bild findet sich zu Anfang der zweiten Serie auf f. 75 s (Abb. 5B). Hier werden der Vater und der Sohn als ganz ähnliche Gestalten dargestellt. Sie sitzen in einer Art von umgekehrtem Fallschirm, der aus ihrem gemeinsamen Gewand geformt ist. Mit der einen Hand greifen sie nach der Taube, die in Richtung des Betrachters über ihnen schwebt, mit der anderen im Bild nach oben, um das Band der Liebe zu greifen, das sie umfasst. Aus der Mitte hinter ihnen lodern nach allen Seiten Feuerflammen über das Band der Liebe hinaus. Auf der gegenüberliegenden Textseite sieht man die auf sie zeigende Gestalt eines Bischofs, höchstwahrscheinlich Augustinus', obwohl das lange Zitat in der *catena* anscheinend nicht von ihm stammt.

---

[45] Augustinus' *De Trinitate* wird zwölfmal zitiert, bei den letzten sieben Miniaturen allerdings gar nicht. Für denjenigen, der die Texte zusammenstellte, war die Stelle *De Trin.* 8,4,7 besonders wichtig, weil es darin um die Notwendigkeit, aber Fehlbarkeit der Vorstellungskraft geht. Mit zwei langen Zitaten (in ff. 39v und 85v) gibt er praktisch diesen ganzen Abschnitt aus Augustinus wieder.

Die Weitergabe der Botschaft

Die letzten beiden Dreifaltigkeitsminiaturen im Manuskript veranschaulichen den Übergang von der verschleierten Darstellung des Geheimnisses zur vollständig symbolischen Präsentation. Auf f. 104r (Abb. 6) scheint eine Art Rundnetz aus ursprünglich radialen goldenen Lichtstrahlen zu implodieren, weil in seiner Mitte ein goldener Stern (der vielleicht die Gottheit bedeuten soll) explodiert. Das Rundnetz wird von drei nur teilweise sichtbaren Gestalten getragen, in denen man oben die Heilig-Geist-Taube erkennt und rechts und links den Vater und den Sohn, die merkwürdigerweise hinter dem Netz die Fußsohlen je eines ihrer Füße aneinanderlegen, wohl um ihr Einssein in der aus drei Personen bestehenden Gottheit anzuzeigen. Der gegenüberstehende Text ist besonders interessant, vor allem wegen seines Zitats, das die Adaptation einer Definition Gottes darstellt, die sich erstmals im *Buch der vierundzwanzig Philosophen* findet: „Meine Mitte ist überall; mein Umfang nirgends." Wie wir gesehen haben, hatte dieses Axiom Eckhart und andere spätmittelalterliche Mystiker fasziniert.[46]

Das letzte Dreifaltigkeitsbild gehört zu den ungewöhnlichsten (Abb. 7).[47] Die Schleier, die gewöhnlich das Geheimnis verhüllen, sind hier auf geradezu surrealistische Weise über die Wolken zurückgeschlagen und hängen von diesen herab. Konzentrische Kreise aus Licht und Wolken blitzen um den gleichen explodierenden Goldstern in der Mitte wie im vorigen Bild hin und zurück. Keinerlei menschliche Gestalt taucht auf, nur das ständige Hin und Her der pulsierenden Energie in den drei breiten Kreisfeldern mit nicht weniger als neun Unterteilungen. Man fühlt sich an die drei Kreise in Dantes Schlussvision der Dreifaltigkeit im *Paradiso* erinnert, aber es gibt genauso viele Unterschiede dazu wie Ähnlichkeiten damit. Das ist ein kühner Versuch, den Zusammenfall der Gegensätze im Herzen des christlichen mystischen Neuplatonismus zum Ausdruck zu bringen. Der dieses eindrucksvolle Mandala begleitende Text betont den apophatischen Charakter der in den „Rothschild Canticles" vertretenen Lehre. Er beginnt mit drei Schriftstellen über die Transzendenz Gottes, die von den Mystikern oft verwendet werden (Ex 3,14; Joh 1,18 und Jes 55,9) und schließt mit zwei Gebeten unbekannter Herkunft, die Themen der Mystik vom Grund aufgrei-

---

[46] F. 103v: *Centrum meum ubique locorum; circumferentia autem nusquam.* Einmalig ist, dass hier dieses hermetische Axiom Gott selbst in den Mund gelegt wird. Über das Axiom und seinen Gebrauch bei Eckhart, Marguerite Porete und anderen siehe oben in Kap. 1,87. Das Bild von der göttlichen Natur als dem Kreis, dessen Mitte überall und Umfang nirgends ist, findet sich auch in dem lateinischen Kommentar zum eckhartschen Gedicht „Granum sinapis."
[47] Als Ausführungen zu diesem Bild siehe Hamburger, *The Rothschild Canticles*, 129–130, der die Kreisformen mit mittelalterlichen kosmographischen Darstellungen in Verbindung bringt; siehe auch „Revelation and Concealment", 147–148.

fen. Das erste handelt von der Wüste der Gottheit: „Herr, führe mich in die Wüste deiner Gottheit und die Finsternis deines Lichts und führe mich dorthin, wo du nicht bist."[48] Als Schluss folgt ein eigenartiger Gebets-Dialog, den der heilige Bernhard geführt haben soll: „Bernhard betete: ‚Herr, führe mich dorthin, wo du bist.' Er sprach zu ihm: ‚Bernhard, das tue ich nicht. Denn wenn ich dich dorthin führen würde, wo ich bin, würdest du für mich und dich zunichte.'"[49] Der Wunsch, zunichte zu werden, der durchaus kein Aspekt von Bernhards Mystik ist, war, wie wir gesehen haben, bei dem Mystikern des 13. und 14. Jahrhunderts sehr verbreitet. Man könnte diesen rätselhaften Text als Kritik an einem derartigen mystischen Zunichtewerden verstehen. Aber ließe er sich nicht auch als Ausdruck der Sehnsucht des Mystikers verstehen, ganz mit Gott eins zu werden, ungeachtet aller möglichen Konsequenzen?

Zwar sind die „Rothschild Canticles" mit ihrem Reichtum an mystischer Ikonographie einmalig, jedoch gibt es aus dem 14. und 15. Jahrhundert noch viele andere Beispiele für mystische Bilder. Angesichts dessen, was wir über die spätmittelalterliche Mystik wissen, ist es kein Zufall, dass ein Teil dieser Kunstwerke nicht nur von Frauen verwendet, sondern auch von ihnen angefertigt wurde.[50] Bei ihrer Darstellung der Geheimnisse der Liebesbegegnung zwischen Christus und der Seele blieben die mystischen Künstlerinnen und Künstler nicht auf das Hohelied beschränkt, sondern fanden eine ganze Vielfalt von Möglichkeiten, die Liebesbeziehung zwischen Gott und Mensch in Wort und zugleich Bild zum Ausdruck zu bringen. Ein Beispiel für ein derartiges Ineinander von Text und Bild ist das im späten 15. Jahrhundert in der Bodenseegegend vermutlich von einer Frau verfasste spätmittelhochdeutsche Gedicht „Christus und die minnende Seele".[51] Hildegard Keller hat aufgezeigt, wie dieses didaktische Gedicht und

---

[48] F. 105v: *Domine, duc me in desertum tue deitatis et tenebrositatem tui luminis et duc me ubi tu non es.* Diesem Gebet ist als Glosse eine Antiphon vom Fest des heiligen Laurentius beigegeben: *Mea nox obscurum non habet, sed lux glorie mee omnia inlucessit* (vgl. Ps. 138,12 Vulg.).
[49] F. 105v: *Bernardus orauit: domine, duc me ubi es. dixit ei: barnarde [sic], non facio, quoniam si ducerem te ubi sum, annichilareris michi et tibi.*
[50] Siehe darüber insbesondere Hamburger, *Nuns as Artists*.
[51] Romuald Banz, *Christus und die Minnende Seele. Zwei spätmittelhochdeutsche mystische Gedichte*, Breslau 1908; Reprint Hildesheim 1977. Das Gedicht besteht aus 2112 Zeilen, die in 21 Abschnitte unterteilt sind. In den beiden wichtigsten Mss. ist es mit 20 Bildern illustriert: Einsiedeln codex 710 [322] und Karlsruhe codex 106. Über diese Illustrationen siehe insbesondere Werner Williams-Krapp, „Bilderbogen-Mystik. Zu ‚Christus und die minnende Seele'. Mit Edition der Mainzer Überlieferung", in: *Überlieferungsgeschichtliche Editionen und Studien zur deutschen Literatur des Mittelalters. Kurt Ruh zum 75. Geburtstag*, hg. v. Konrad Kunze u. a., Tübingen 1989, 350–364.

seine begleitenden Illustrationen ein eindrucksvolles, ja merkwürdiges Beispiel dafür sind, wie man „das Brautthema ins Extrem treiben kann".[52] Befremdlich ist darin etwa die Art, wie die Autorin mittelalterliche Szenen ehelichen Missbrauchs, in denen der Mann seine Frau seelisch und physisch bis aufs Blut tyrannisiert, als Vergleich dafür hernimmt, wie der göttliche Bräutigam seine irdische Braut mittels asketischer Praktiken peinigt, um sie auf die mystische Vereinigung vorzubereiten. Text wie Bild schildern diese problematische Beziehung mit beträchtlicher Realistik.

Das Gedicht beginnt mit einem Prolog, in dem Christus der schlafenden Seele erscheint und sie auf zeitgenössische Art vor den schrecklichen Übeln der irdischen Ehe warnt. Im ersten, aus den Abschnitten 2 bis 10 bestehenden Teil wird Christus als grausamer Ehemann beschrieben, der die Seele kasteit, indem er ihr Nahrung und Schlaf entzieht, sie im Haus gefangen hält und wegen ihrer Fehler sogar auspeitscht.[53] Schließlich ergreift er die drastische Maßnahme, sie an einen Galgen zu hängen, was als Nachahmung der Passion gedeutet wird, als mystisches Sterben *(mors mystica)*. Dazu gibt es starke Parallelen in anderen Berichten über die mystische Verlassenheit, etwa die Schilderung von Angela von Foligno, sie habe sich derart verlassen gefühlt, dass ihr geschienen habe, „sie hätte am Galgen gehangen und dennoch gelebt, ohne Hilfe, ohne Unterstützung, ohne Heilmittel, in der leeren Luft hängend" (Abb. 8A).[54] Im Gedicht findet an diesem Punkt der Übergang zur mystischen Erfahrung statt. Christus lässt die Braut frei und spricht zu ihr: „Jetzt geh herab, denn es ist Zeit, / dies Leiden ich nicht länger an dir leid'" *(Nu gang her ab, won es ist zit, / diss liden ich nit lenger an dir lid,* Zeilen 1024–1025).

Waren im ersten Teil des Gedichts Szenen einer schrecklichen Ehe als Bilder für grausame asketische Übungen gebraucht worden, so findet sich im zweiten Teil, in den Abschnitten 11 bis 21, zur Schilderung der Erotik der Mystik eine Allegorie der höfischen Liebe mit einer starken Dosis von Hohelied-Zitaten. Hier sind die Rollen vertauscht, denn jetzt spricht vorwiegend die Braut statt Christus und sie ergreift beim Liebesleben die Ini-

---

[52] Hildegard Elisabeth Keller, *My Secret is Mine. Studies in Religion and Eros in the German Middle Ages*, Löwen 2000, Kap. 4–5 (das Zitat 191).
[53] Der Text zur entsprechenden Abbildung lautet: *Hie wile er kestgen iren lib,/Das sy dest minder in der welt belib./Cristus sprach: Ich müss dir din flaisch beren,/ Dass ich mich mug dar inn erneren./ Sy spricht: Du schlechsrt mich also ser,/ Ich mage es nit liden mer* (Zeilen 459–464; Banz 281).
[54] Die Beschreibung dieser Erfahrung der Gottverlassenheit findet sich in Kap. 8 ihres *Memoriale* in *Il Libro della Beata Angela da Foligno*, hg. v. Ludger Their u. Abela Calufetti, Grottaferrata 1985, 338. Vgl. dazu die Ausführungen in der vorliegenden Darstellung Band III, 273–274.

tiative (in einem der Manuskripte zieht sie auch ein Ordensgewand an). Jetzt tritt der Aspekt der Gegenseitigkeit zwischen der mystischen Seele und Christus in den Vordergrund, ein Thema, das sich schon im Hohenlied findet und auch von vielen spätmittelalterlichen Mystikerinnen entwickelt wurde. Die Braut gelobt nun Christus ihre vollständige Treue: „O Herr, ich weich dir nimmermehr, dess verpfänd' ich dir mein' Leib und Seel."[55] Wenn sich Christus beim Liebesspiel versteckt, verfolgt ihn die Braut und verwundet ihn mit dem Pfeil ihrer Liebe. Sodann nimmt sie ihn gefangen und führt ihn ab (Abb. 8B). Nachdem sie mit Christus eine wahre geistliche Ehe geschlossen hat, tanzt sie fröhlich vor ihm, indes er wie ein fahrender Musikant *(varend man)* dazu musiziert. Abschnitt 17 handelt davon, wie Christus und die Seele Intimitäten austauschen, und zwar an einem aus den höfischen Romanzen wohlbekannten Ort, nämlich im Liebesgarten *(locus amoenus)*. In Abschnitt 19 geleitet Christus die Seele noch einmal zum Liebestanz und die Sprache wird höchst erotisch:

„So möcht' ich mich an dich schmücken
Und dich an mein Herz freundlich drücken
Und dich fügen in die Seele mein.
Da musst du ewig drinnen sein."[56]

Schließlich wird die Seele gekrönt, wie die Braut in der Hohelied-Illustration der „Rothschild Canticles". An diesem Punkt vollkommenen Einsseins spricht Christus zu ihr: „Liebe, ich und du sind gänzlich ein / also wird eines aus uns zwei'n" *(Lieb, ich und du sind all ain, / alsus wirt ains us uns zwain*, Zeilen 2045–2046). Die Braut antwortet als Echo darauf und bestätigt die volle Gegenseitigkeit der Liebenden: „O Herr, du bist mein, wie ich bin dein. Diese Treu' soll immer stetig sein" *(O herr, du bist min, so bin ich din; / Die trúw sol iemer stat sin*, Zeilen 2049–2050; Abb. 9).[57] So sehr uns auch „Christus und die minnende Seele" damit vor dem Kopf stoßen mag, dass darin ganz selbstverständlich die Gewalttätigkeit ins Eheleben einbezogen wird, bleibt jedenfalls festzuhalten, dass dieses Gedicht und seine Illustrationen mit seiner Version der mystischen Erotik eine beträchtliche Originalität an den Tag legen.

Insofern, als der trinitarische Zyklus der „Rothschild Canticles" zusam-

---

[55] „Christus und die minnende sele" Zeilen 1194–1195 (Banz 319): *O herr, geflúh dich niemer mer,/ Dess setz ich dir lib und sel.*
[56] „Christus und die minnende sele" Zeilen 1840–1844 (Banz 351): *So wölt ich mich an dich smuken/ Und dich an min hertz frúntlich truken/ Und dich fügen in die sele min./ Da müstist ewechlich inne sin.* Übertragung in heutiges Deutsch vom Übersetzer B. Schellenberger.
[57] Über die Formel „Du bist mein, ich bin dein" siehe Friedrich Ohly, „Du Bist Mein, Ich Bin Dein, Du in Mir, Ich in Dir, Ich Du, Du Ich", in: *Kritische Bewahrung. Beiträge zur deutschen Philologie. Festschrift für Werner Schröder*, Berlin 1974, 371–415.

men mit Texten in einem Handbuch erschien, das zum mystischen Leben anregt, ist er als explizite Darstellung der trinitarischen Mystik einmalig. Da ansonsten solche direkten Belege fehlen, ist es oft schwierig zu erkennen, wie weit die vielen Dreifaltigkeitsbilder des Spätmittelalters wirklich bei der kontemplativen Praxis Verwendung fanden, um zur inneren Teilhabe am Leben der Dreifaltigkeit hinzuführen. So enthält zum Beispiel das Stundenbuch der Katharina von Kleve, das gegen 1440 im Auftrag dieser frommen Herzogin von Geldern geschaffen wurde, eine Reihe von neun Illuminationen zu den Horen des Dreifaltigkeitsoffiziums, bei denen es sich um eine der vollständigsten Sammlungen der traditionellen Abbildungsweisen der drei Personen handelt. Die beigegebenen Gebete des Dreifaltigkeitsoffiziums bezeugen zwar, wie wichtig die Dreifaltigkeit für die private Frömmigkeit war, liefern aber keinen direkten Hinweis auf den Gedanken der mystischen Teilhabe an deren innerem Leben.[58]

Von den traditionellen Bildern der drei Personen war keines beliebter als der bereits oben erwähnte „Gnadenstuhl" (vgl. Hebr 4,16: „Lasst uns also voll Zuversicht hinzutreten zum Thron der Gnade ..."). Gegen 1100 geschaffen, tauchte dieses Bild ursprünglich in den Missalien in Verbindung mit dem Kanon der Messe auf, womit die Rolle der Dreifaltigkeit im Opfer Christi für das Heil der Welt hervorgehoben wurde. Im Spätmittelalter und darüber hinaus kam es stärker als Andachtsbild in Gebrauch und nahm viele Formen an.[59] Ein noch beliebteres, aber nicht trinitarisches Bild war dasjenige des „Schmerzensmannes", des leidenden Christus als stehende Halbfigur gewöhnlich des toten Christus mit deutlich sichtbaren Wunden von der Passion.[60] Entstanden aus einer byzantinischen Ikone, auf der das übliche Halbporträt Christi als triumphierender Pantokrator mit dem Bild des leidenden Erlösers kombiniert war (womit das Grundparadox des Evangeliums vor Augen geführt wurde, nämlich die durch Leiden und Sterben erlangte Herrlichkeit), wurde dieses Bild gegen 1300 im Abendland beliebt. Einer der ersten Belege für sein Auftauchen ist ein franziskanisches Gebetbuch aus Genua mit dem Datum 1293, worin ihm ein Pseudo-bernhardsches Gebet beigegeben ist, das mit den Worten beginnt: „Mit welch starker Umarmung hast du mich umarmt, guter Jesus, als das Blut aus dei-

---

[58] John Plummer, *The Hours of Catherine of Cleves. Introduction and Commentaries*, New York 1966. Das Ms. enthält neun Zyklen für die „Kleinen Horen". Die Dreifaltigkeits-Horen wurden sonntags gebetet.
[59] Als kurze Geschichte siehe Braunfels, *Die heilige Dreifaltigkeit* xxxv-xliii.
[60] Über das Bild vom Schmerzensmann siehe Bernhard Ridderbos, „The Man of Sorrows: Pictorial Images and Metaphorical Statements", in: *The Broken Body. Passion Devotion in Late-Medieval Culture*, hg. v. A. A. MacDonald, H. N. B. Ridderbos u. R. M. Schlusemann, Groningen 1998, 145-181.

nem Herzen rann!" Gebet und Bild konnten zusammen verwendet werden, um ein Gefühl nicht nur des Schmerzes, sondern auch der mystischen Identität mit dem leidenden Christus zu wecken. In diesem Gebet heißt es weiter: „O Mensch, Christus zeigt dir seine Hände, damit du tuest, was er tat; seine Seite, damit du fühlst, was er fühlte; seine Füße, damit du auf dem Weg gehest, den er ging."[61]

Gegen 1400 tauchte eine neue Form des Schmerzensmannes auf, jetzt ein trinitiarisches Bild, das zuweilen als „Not Gottes" bezeichnet wird, weil dabei im traditionellen Gnadenstuhl die Gestalt Christi als tot oder sterbend dargestellt ist.[62] Gegen 1430 schuf der schwäbische Meister Hans Multscher (ca. 1400–1467) mit einem kleinen Alabasterrelief eines der aussagestärksten Beispiele dieser Form. Dabei halten sowohl ein Engel als auch der trauernde Vater den sterbenden Christus, indes ihm die Heilig-Geist-Taube ins Ohr atmet, ein bildlicher Hinweis auf die durch den Tod am Kreuz bewirkte Auferstehung und das neue Leben.[63] Die mittelalterliche Passionsfrömmigkeit und die Rolle der Dreifaltigkeit in der Heilsgeschichte sind in diesem Beispiel des spätgotischen Realismus auf eindrucksvolle Weise miteinander vermischt. Dass ein solches privates Bild Gegenstand intensiver Frömmigkeit war, lässt sich auf der Rückseite erkennen, in die ein frommer Bewunderer die Worte ritzte: „Herrgott las mich nit". Diese Art „Gebilde von undeutbar sakraler Macht", wie Wolfgang Braunfels formulierte,[64] bezeugen die starke Rolle der Dreifaltigkeit in der Frömmigkeit und Mystik des Spätmittelalters.

Manche Dreifaltigkeits-Darstellungen gestatten eine direkte mystische Auslegung. Jeffrey Hamburger untersuchte in *Nuns as Artists* eine Reihe von Kunstwerken, die die Nonnen des Konvents von Sankt Walburga bei Regensburg gegen 1500 anfertigten. Deren Manuskriptilluminationen bringen viele der für die spätmittelalterliche mystische Frömmigkeit charakteristischen Bilder, wie etwa die Rose als Symbol sowohl des Liebesleidens als auch der frohen Feier.[65] Ein anderes besonders häufiges Bild ist das Herzenshaus, ein vielseitiges Symbol für das Daheimsein bei Gott, das gegen-

---

[61] Das Gebet und Bild finden sich auf f. 183v eines Ms. aus der Emilia, jetzt in der Biblioteca Medicea, Laurenziana, und ist als „plate 2" abgebildet in Ribberbos, „Man of Sorrows", 147.
[62] Georg Troescher, „Die ‚pitié-de-nostre-seigneur' oder die ‚Not-Gottes'", in: *Wallraf-Richartz Jahrbuch* 9 (1936), 148–168. Siehe auch Michael Camille, „Mimetic Identification and Passion Devotion in the Later Middle Ages: A Double-sided Panel by Meister Francke", in: *The Broken Body*, 192–193.
[63] Siehe Herbert Beck und Maraike Bückling, *Hans Multscher. Das Frankfurter Trinitätsrelief. Ein Zeugnis spekulativer Künstlerindividualität*, Frankfurt 1988.
[64] Braunfels in *Die heilige Dreifaltigkeit* xlii über den Gnadenstuhl.
[65] Hamburger, *Nuns as Artists*, Kap. 2.

seitige ineinander Wohnen Gottes und der Seele.⁶⁶ Unter den vier aus Sankt Walburga erhaltenen Herz-Bildern ist eine Abbildung des Herzens als Haus mit einer Tür und einem großen Fenster, durch das man auf die von Christus, ihrem göttlichen Liebhaber umarmte Seele blicken kann, wobei Christus vom Vater und vom Heiligen Geist in Form einer Taube umfasst ist. Zudem deuten ein Messaltar und eine Reihe von Aufschriften und Gestalten ausdrücklich den Sinn dieses Bilds des mystischen Einsseins mit der Dreifaltigkeit, das dank des Empfangs der Kommunion zustande gekommen ist. Die Inschrift, die im Zentrum der Umarmung von Braut und Bräutigam einsetzt, weist auf die bräutliche Mystik: „Hier ist Jesus, der die Seele mit dem Arm seiner großen unaussprechlichen Liebe umfängt", während die Inschrift, die unter den Flügeln der Taube beginnt und im Schwung nach oben den Vater umgibt, vom Eingehen dieser Liebe in die Quelle aller Liebe spricht, das heißt in den Heiligen Geist als die *caritas*, die die drei Personen zu einer verbindet: „Der Heilige Geist bindet die Liebe mit dem Liebesband *ewiger verainnigung* zusammen."⁶⁷

Das Genie, mit dem die spätgotischen Künstler sich an diese Versuche begaben, den erotischen Charakter des Einswerdens der Seele mit Christus oder sogar der unaussprechlichen Dreifaltigkeit zum Ausdruck zu bringen, zeigt sich auch in der außerordentlichen Fülle von Passionsdarstellungen im Spätmittelalter und der Renaissance.⁶⁸ In einem Großteil dieser Kunst kam es zu narrativen Ausschmückungen der Details der Leiden Christi nicht nur auf Grund der Evangelienberichte und apokryphen Schriften, sondern auch alttestamentlicher Typologien der Passion. Es ist schwer zu bestimmen, wie weit sich die Passions-gesättigte Frömmigkeit des 14. und 15. Jahrhunderts anhand sowohl ihrer literarischen als auch künstlerischen Hinterlassenschaft als mystisch bezeichnen lässt. Gewiss boten jedes Bild und jeder Bericht über Christi Passion die Gelegenheit zur Betrachtung über die Bedeutung der Erlösung und konnten (zumindest implizit) zur persönlichen Identifikation mit dem leidenden Herrn einladen. Manche Bilder offenbaren auf direktere Weise Möglichkeiten zur mystischen Verwendung. Ein Meistersymbol der spätmittelalterlichen Passions-zentrierten Mystik war das Blut: das Blut Christi als das erlösende Nass, das über die Kraft verfüg-

---

⁶⁶ Über den Hintergrund und die Entwicklung der Metapher vom Herzen als Haus siehe Gerhard Bauer, *Claustrum Animae. Untersuchungen zur Geschichte der Metapher vom Herzen als Kloster. Band I. Enstehungsgeschichte*, München 1972.
⁶⁷ Hamburger, *Nuns as Artists*, Kap. 4, besonders die Seiten 144–151, 170–171 u. 219.
⁶⁸ Als Einführung in die spätmittelalterliche Passions-Ikonographie in Nordeuropa siehe James H. Marrow, *Passion Iconography in Northern European Art*. Über den Hintergrund der mittelalterlichen Passionsbilder siehe Hans Belting, *Das Bild und sein Publikum im Mittelalter. Form und Funktion früher Bildtafeln der Passion*, Berlin 1981.

te, zu erlösen, zu reinigen, zu nähren und den andächtig Frommen zu berauschen.[69] Das Blut spielt offensichtlich für viele der wichtigsten Mystiker des 14. und 15. Jahrhunderts beim Erlangen des Einsseins mit Christus eine wichtige Rolle, etwa in Deutschland bei Heinrich Seuse, in Italien bei Caterina da Siena und in England bei Juliana von Norwich. In der Passionskunst ist das Blut allgegenwärtig, und zuweilen wird möglicherweise das mystische Element dadurch hervorgehoben, dass man sich auf das Blut als die erlösende Präsenz Christi selbst konzentriert. Eine Illustration dieser Art findet sich auf einer dramatischen Zeichnung in Deutschland aus dem 14. Jahrhundert, die jetzt im Kölner Schnütgen-Museum verwahrt wird (Abb. 10). Darauf hat sich die Künstlerin, eine Nonne, zusammen mit dem heiligen Bernhard von Clairvaux selbst abgebildet. Bernhard kniet unter dem Kreuz und umfasst es mit beiden Händen, und an diesem hängt der völlig mit Blut überzogene Körper des toten Christus wie eine einzige Wunde. Vom Körper Christi fallen um die beiden Anbetenden ganze Ströme von Blut hernieder, aber nicht direkt auf sie. Damit wird wohl gesagt, dass die äußere Kontemplation der Passion dazu führen solle, im Inneren im Blut Jesu zu baden.[70] Diese Szene ist von keinem Text begleitet, weil das auch nicht notwendig ist.

Das rohe, aber starke Bild von der Kontemplation der Passion im Schnütgen-Museum kann man mit einem raffinierteren, feinsinnigeren Bild des leidenden Christus vergleichen, das in den 1420er Jahren ein als Meister Francke bekannter Dominikaner-Künstler malte. In dieser Version des Schmerzensmannes zeigt Christus, der mit einem infantilisierten und merkwürdig femininen Körper dargestellt ist, seine Seitenwunde, indes Engel die Passionswerkzeuge tragen und ihm in die Hände drücken.[71] Der Blick Christi trifft direkt denjenigen des Betrachters und lädt ihn mit seinem Aus-

---

[69] Als Einführung in die Rolle des Blutes Christi in der Geschichte der christlichen Spiritualität siehe Réginald Grégoire, „Sang", in: DS 14,319–333. Über das Thema „Blut" bei den spätmittelalterlichen Autorinnen siehe Caroline Walker Bynum, *Holy Feast and Holy Fast. The Religious Significance of Food to Medieval Women*, Berkeley 1987, besonders 55–56, 64–65, 161–180 u. 270–276.
[70] Über dieses Bild siehe Hamburger, *Nuns as Artists*, 1–3.
[71] Über die Infantilisierung und Feminisierung des Bildes siehe Michael Camille, „Seductions of the Flesh. Meister Francke's Female ‚Man' of Sorrow", in: *Frömmigkeit im Mittelalter. Politisch-sozialer Kontext, visuelle Praxis, körperliche Ausdrucksformen*, hg. v. Klaus Schreiner u. Marc Müntz, München 2002, 243–269. Camille sagt zusammenfassend: *Die Frömmigkeit des Spätmittelalters war pervers. Ich möchte sagen, nicht indem sie Christus zum Sexualobjekt machte, sondern indem sie ihn schwach, kindlich und hilflos vorstellte. Sie fabrizierte einen empathischeren Gott, einen, der für Projektionen offener war als der verschlossene, in sich ruhende und triumphierende und homo-erotisch maskuline, den die ‚andere' (italienische) Renaissance schuf* (259).

druck und seiner Geste zur mitfühlenden Betrachtung über die bluttriefende Wunde an seiner Seite ein. Michael Camille schreibt: „Franckes Christus ... bittet uns, seinen Blick zu erwidern. Wir sollen auf ihn genauso mitleidsvoll schauen, wie er auf uns schaut" – das heißt, wir sollen die Erfahrung einer Art von tiefer *com-passio* machen.[72] Das Gemälde hält dem Betrachter vor Augen, dass Christus immer noch leidet und fordert den Gläubigen auf, sich mit ihm in seinem noch andauernden Schmerz zu identifizieren, wie das viele Mystiker tatsächlich getan haben. Als „work of spiritual performance" (wie Camille formuliert: als eine „spirituelle Vorführung") lädt uns das Gemälde dazu ein, uns von Christi Liebe ins Bild des leidenden Geliebten verwandeln zu lassen.[73]

Mit dieser Auswahl einiger im spätmittelalterlichen Europa geschaffener Bilder wollte ich versuchen, deutlich auf das aufmerksam zu machen, was in den beiden letzten Jahrzehnten zunehmend klar geworden ist: das es unbedingt notwendig sei, das Bild als genauso starkes Element zu berücksichtigen, wenn man genaueren Einblick in die Vielfalt mystischer Ausdrucksformen gewinnen will.

Gattungen der deutschen Mystik

Bislang hat man bei Versuchen, einen Überblick über die Fülle mystischer Zeugnisse im spätmittelalterlichen Deutschland zu gewinnen, verschiedene Verfahren angewandt. Das begann mit Wilhelm Pregers dreibändiger historischer Schilderung, deren erster Band 1874 erschien.[74] Mit weiteren Werken wurden Überblicke über die Mystiker einzelner religiöser Orden geboten, etwa der Dominikaner,[75] Franziskaner und Augustiner. Alle diese Ansätze haben ihre Vor- und Nachteile. Angesichts des Umstands, dass im 14. und 15. Jahrhundert in den deutschsprachigen Ländern die mystische Literatur sowohl unter Klerikern wie Laien besonders stark verbreitet war, setze ich hier so an, dass ich eine Auswahl von Beispielen für die haupt-

---

[72] Camille, „Mimetic Identification and Passion Devotion", 190. Über die Ursprünge des mittelalterlichen Begriffs des Mitleids *(compassio)* siehe Rachel Fulton, *From Judgment to Passion. Devotion to Christ and the Virgin Mary, 800–1200*, New York 2002.
[73] Camille, „Mimetic Identification and Passion Devotion", 204–206.
[74] Wilhelm Preger, *Geschichte der deutschen Mystik im Mittelalter*, 3 Bde., Leipzig 1874–1893. Als neuere Skizze der Historiographie der mittelalterlichen Mystik siehe Otto Langer, *Christliche Mystik im Mittelalter. Mystik und Rationalisierung – Stationen eines Konflikts*, Darmstadt 2004, 37–40.
[75] Von der Dominikanermystik im spätmittelalterlichen Deutschland handelt der III. Band von Ruhs *Geschichte*.

sächlichen Gattungen, die zu dieser Verbreitung führten, genauer untersuche. Die Gattungen waren allerdings in der spätmittelhochdeutschen Literatur in beträchtlichem Maß fließend, und vermutlich besonders in der mystischen. Manche mystische Traktate fangen als Predigten an, und Predigten werden oft derart didaktisch, dass daraus eher Traktate als lebendige Predigten werden. Oder einige mystische Texte wurden ausdrücklich als Dialoge geschrieben, aber die Dialogform, zumindest diejenige im scholastischen Stil von Frage und Antwort, findet sich auch in vielen Traktaten und Predigten. Ebenso wurden viele Briefe geschrieben und verschickt oder in andere Werke aufgenommen, etwa in Traktate oder sogar Visionserzählungen und hagiographische Texte. In Prosawerke wurden Gedichte eingestreut *(prosimetrum)*. So müssen wir zwar immer diese fließenden Übergänge im Auge behalten, aber eine nach Gattungen vorgehende Darstellung hat den Vorteil, die Vielseitigkeit der Ernte vorzuführen, die die mittelalterliche deutsche Mystik einfuhr.

Mystische Poesie

Das Thema des Verhältnisses zwischen Poesie und Mystik hat beträchtliche Literatur inspiriert, sowohl theoretische als auch historische.[76] Auf welche Weise die poetische Inspiration mit dem mystischen Kontakt mit Gott zusammenhängt, ist nicht leicht zu bestimmen. Klar ist natürlich, dass man sich nicht alle religiöse Poesie als mystisch vorstellen muss; aber was ein Gedicht zu einem mystischen macht, war Gegenstand unterschiedlicher Auslegungen. Ich habe nicht den Versuch vor, dieses Thema wieder aufzugreifen. Stattdessen schlage ich ein einfaches Kriterium für mystische Poesie vor: Als solche sollen hier Gedichte von Autorinnen/Autoren gelten, die allgemein als Mystiker/innen gelten oder anonyme Gedichte mit Themen und einer Sprache, die sich auch in zeitgenössischen mystischen Prosatexten finden. Wendet man dieses Kriterium an, so zeigt sich deutlich, dass es im Zeitalter der „neuen Mystik" ab ca. 1200 zu einem ungewöhnlichen Anschwellen der mystischen Poesie kam.

Etliche Beispiele dieser Literatur wurden bereits im III. Band der vorlie-

---

[76] Ein klassisches Werk ist Henri Bremonds *Prière et Poésie*, Paris 1926; darüber siehe Clément Moison, *Henri Bremond et la poésie pure*, Paris 1967. Vgl. auch E. I. Watkin, *Poets and Mystics*, London u. New York 1953; sowie die von Paule Plouvier zusammengestellten und übersetzten Beiträge *Poesia e mistica*, Vatikanstadt 2002. Besonders wichtig sind etliche Untersuchungen von Alois M. Haas, vor allem „Mechthild von Magdeburg", in: *Sermo mysticus. Studien zur Theologie und Sprache in der deutschen Mystik*, Freiburg (Schweiz) 1979, 67–135; sowie „Dichtung in christlicher Mystik und Zen-Buddhismus", in: *Zen Buddhism Today* 9 (1992), 86–116.

genden Darstellung besprochen, etwa der „Sonnengesang" von Franz von Assisi (entstanden 1225/1226) und die Gedichte von Hadewijch, Mechthild von Magdeburg, Marguerite Porete und Jacopone da Todi. Das 13. Jahrhundert erlebte das Entstehen mittelhochdeutscher Gedichte, die sich als mystisch bezeichnen lassen, nicht nur im Fall von Mechthild; auch das auf dem Hohenlied beruhende lange allegorische Gedicht „Tochter Syon" des Franziskaners Lamprecht von Regensburg (gegen 1250) gehört mit Fug und Recht dazu.[77] Hildegard Keller hat die Aufmerksamkeit darauf gelenkt, wie Lamprechts Gedicht als Verbindungsglied zwischen verschiedenen Abhandlungen über die bräutliche Beziehung dient, etwa Texten wie Mechthilds *Das fließende Licht der Gottheit* und anderen Formen der mittelalterlichen Literatur wie der didaktischen Allegorie und dem narrativen Epos. Lamprechts Gedicht liefert eine ausführliche Untersuchung der wechselseitigen Durchdringung von Passionsfrömmigkeit und Macht der bräutlichen Liebe.[78] Außerdem bietet die das Gedicht abschließende Schilderung der Liebesvereinigung zwischen dem göttlichen Bräutigam und der Braut derart viele der charakteristischen Themen der Brautmystik, dass man dieses Werk nicht aus der Geschichte der deutschen Mystik ausschließen darf.[79]

Hier möchte ich mich auf zwischen ca. 1300 und ca. 1375 entstandene Gedichte beschränken, die sich mit der Mystik vom Grund in Beziehung bringen lassen. Auch wenn nur ein gewisser Prozentsatz der im spätmittelalterlichen Deutschland geschaffenen Hunderte von religiösen Dichtungen als mystisch bezeichnet werden kann (insgesamt vielleicht fünfzig), finden sich darunter doch etliche eindrucksvolle Beispiele mystischer Dichtung. Eindrucksvoll sind sie vor allem als Beleg dafür, wie man damals darum rang, komplexe theologische Vorstellungen in poetischer Form zum Ausdruck zu bringen.[80] Ich möchte besonders zwei Gedichte in Augenschein

---

[77] Das Gedicht mit 4312 Zeilen wurde herausgegeben von Karl Weinhold, *Lamprecht von Regensburg. Sanct Franzisken Leben und Tochter Syon*, Paderborn 1880. Als Einführungen siehe Joachim Heinzle, „Lamprecht von Regensburg", in: VL 5,522–524; und Margot Schmidt, „Lambert de Ratisbonne", in: DS 9,142–143. Lamprecht nimmt sich selbst ausdrücklich vom Genuss mystischer Gnaden aus, was der Grund dafür sein wird, dass Schmidt sein Gedicht als allegorisch statt als mystisch bezeichnet.
[78] Siehe Hildegard Elisabeth Keller, *My Secret is Mine*, 112–115 als Einführung sowie 158 und Kap. 5 zur Rolle der Passion.
[79] Das „Tochter Syon" schließt mit einer langen Beschreibung der Hochzeitsfeier der Liebenden in der Burg des Herzens, liefert eine Erörterung über den Kuss (II, 4004–4104) und eine Beschreibung ihres schließlichen Einswerdens (II, 4188–4195), wobei die Formulierung „sie ist in im und er in ir" verwendet wird (I,4191). Als Besprechung siehe Keller, *My Secret is Mine*, 157–158. Solche Stellen machen es schwierig, in Abrede zu stellen, dass zumindest manche Aspekte des Gedichts zutiefst mystisch sind.
[80] Kurt Ruh, „Mystische Spekulation in Reimversen des 14. Jahrhunderts", in: *Kleine Schriften. Band II. Scholastik und Mystik im Spätmittelalter*, hg. v. Volker Mertens, 183–211, listet

nehmen. Das eine davon gehört sicher zu den Meisterwerken der spätmittelalterlichen Mystik, nämlich die unter dem Namen „Granum Sinapis" („Das Senfkorn", nach Mt 13,31) bekannte mittelhochdeutsche Sequenz. Das zweite, „Von dem Überschall" (mit dem „Über-" ist die ekstatische Dimension angedeutet), ist als Gedicht weniger gelungen, jedoch ein besonders eindrucksvolles Zeugnis für einige der Hauptthemen der Mystik des 14. Jahrhunderts. Die Bedeutung dieser beiden Gedichte zeigt deutlich der Umstand, dass ihnen gelehrte Kommentare gewidmet wurden, dem „Granum Sinapis" ein lateinischer, und dem „Von dem Überschall" eine volkssprachliche Auslegung. Das ist ein Zeichen dafür, für wie signifikant man diese Gedichte für die Weitergabe der mystischen Lehre hielt.

Das „Granum Sinapis" findet sich in neun Manuskripten, während sein lateinischer Kommentar in drei erhalten ist.[81] Es scheint aus den frühen Jahren des 14. Jahrhunderts zu stammen. Eine Anzahl von Fachleuten wie etwa Kurt Ruh und Alois M. Haas haben seine eckhartsche Verfasserschaft verteidigt, während andere, wie Walter Haug, in Frage stellten, dass das Gedicht aus Eckharts Feder stammen könne, und zwar nicht einfach deshalb, weil der Meister nicht als Dichter bekannt sei, sondern auch, weil es einige signifikante Abweichungen von eckhartschen Ansichten enthalte.[82] Sollte das Gedicht nicht von Eckhart stammen, so bezeugt es genau wie eine Reihe von Predigten mit zweifelhafter eckhartscher Herkunft, dass manche Autoren es Eckhart gleichtun wollten oder versuchten, mit seinen Einsichten Eigenes zu schaffen, das genauso tief wie die Äußerungen des Meisters sein sollte.

Die Sequenz hält sich an eine beliebte lateinische Form und enthält acht

---

26 Gedichte als „mystisch-spekulativ" auf. Ruth Meyer, „Meister Eckhart spricht vom wesen bloss'. Beobachtungen zur Lyrik der deutschen Mystik", in: *Zeitschrift für deutsche Philologie. Sonderheft Mystik* 113 (1994), 66–69 listet 51 mystische Gedichte auf und unterteilt sie in zwei Kategorien: „mystisch-aszetisch" und „mystisch-spekulativ".

[81] Die kritische Ausgabe des Gedichts stammt von Kurt Ruh, „Textkritik zum Mystikerlied ‚Granum Sinapis'", in: *Kleine Schriften* II,77–93. Als Einführung siehe Ruh, „Granum sinapis", in: VL 3,220–224, der mit Recht schreibt: *Die deutsche Sequenz ist von ungewöhnlicher theologischer Substanz und sprachlich-poetischer Qualität* (221). Ruh bespricht das Gedicht auch im 4. Kapitel mit dem Titel „Dionysische Mystik: ‚Granum sinapis'", in: *Meister Eckhart. Theologe. Prediger. Mystiker*, München 1985, 47–59. Als weitere Untersuchungen seien genannt: Maria Bindschedler, „Griechische Gedanken in einem mittelalterlichen mystischen Gedicht", in: *Theologische Zeitschrift* 4 (1948), 192–212; und Alois M. Haas, „Granum sinapis – An den Grenzen der Sprache", in: *Sermo mysticus*, 301–329. Der lateinische Kommentar, der bestimmt nicht von Eckhart stammt, wurde herausgegeben von Maria Bindschedler, *Der lateinische Kommentar zum Granum Sinapis*, Basel 1949.

[82] Walter Haug, „Meister Eckhart und das ‚Granum sinapis'", in: *Forschungen zur deutschen Literatur des Spätmittelalters. Festschrift für Johannes Janota*, hg. v. Horst Brunner u. Werner Williams-Krapp, Tübingen 2003, 73–92.

zehnzeilige Strophen. Die Endreime der Zeilen sind nach dem Schema aabbc/ddeec angelegt. Die ersten drei Strophen handeln vom inneren Ausfließen der Dreifaltigkeit der Personen und stellen eine poetische Zusammenfassung von Eckharts Lehre über das innere „Überquellen" *(bullitio)* der göttlichen Natur dar. Die Sequenz beginnt mit dem Begriff *principium/begin* (womit sowohl der Anfang als auch die Urquelle bezeichnet wird):

> In dem Beginn
> hoch überm Sinn
> ist ewig's Wort
> o reicher Hort
> worin ewig Beginn Beginn gebar.[83]

Die Darstellung ist zutiefst apophatisch; das trinitarische Mysterium wird als „Tiefe ohne Grund" bezeichnet *(hîr ist ein tûfe sunder grunt)*.

In den Strophen zwei und drei ist vom Intellekt als der Kraft die Rede, die in die göttlichen Tiefen oder auf die göttlichen Höhen (den Berg) führen könne. Sodann wendet sich der Dichter einem weiteren Lieblingsmotiv Eckharts zu, dem von der jenseits aller positiven und negativen Aussagen liegenden Wüste. In Strophe vier heißt es:

> Dies Punktes Berg
> besteig ohn' Werk.
> Verstandesmühn!
> Der Weg trägt hin
> in eine Wüste wunderlich
> die breit, die weit
> an Unermesslichkeit.
> Sie zieht sich fort
> ohn' Zeit noch Ort
> auf eine Weise sonderlich.[84]

Nach einer ausführlichen Erkundung des Zusammenfalls der Gegensätze in der mystischen Wüste in den Strophen fünf und sechs wird in den beiden letzten Strophen die objektiv beschreibende Sprache verlassen. Jetzt wird auf die Notwendigkeit hingewiesen, persönlich in dieses Mysterium ein-

---

[83] *In dem begin/hō uber si/ist iē daz wort./ō rîcher hort,/da iē begin begin gebâr* (Ruh, „Textkritik", 91). Übertragung in heutiges Deutsch hier und in der Folge vom Übersetzer B. Schellenberger. Man beachte die für Eckhart charakteristische Umsetzung der Vergangenheit von Joh 1,1 (In principio *erat* Verbum) in die Gegenwartsform *ist*.

[84] *Des puntez berk/stîg âne werk,/vorstentlichkeit!/der wek dich treit/in eine wûste wunderlich,/dî breit, dî wît,/unmêzik lît./dî wüstehat/noch zît noch stat,/ir wîse dî ist sunderlich* (Ruh, „Textkritik", 92).

zutreten. Dazu wird zunächst in direkter Anrede zum mystischen Zunichtewerden aufgefordert: „Werd' wie ein Kind, / werd' taub, werd' blind! / Dein eignes Icht / muss werden Nicht, / all' Icht, all' Nicht treib' völlig aus."[85] In der letzten Strophe wird zu einer Mischung aus Selbstanrede und direktem Appell an Gott übergegangen und es werden dabei Ausdrücke von Eckhart mit solchen von Augustinus und Dionysius verbunden – eine Verschmelzung, die zeigt, warum die Autorschaft des Gedichts umstritten bleibt:

O Seele mein,
geh aus, Gott ein!
Senk all mein Icht
in Gottes Nicht,
sink in die grundlos tiefe Flut!
Flieh' ich von dir,
kommst du zu mir. [Augustinus, *Conf.* 5,2 et al., unter Verwendung von Ps 138,7]
Verlass' ich mich,
so find' ich dich,
o überwesentliches Gut. [Dionysius, DN 3,1][86]

Der lateinische Kommentar zu diesem Gedicht ist ungewöhnlich, eine Umkehrung der üblichen Richtung, gelehrtes Latein in der Volkssprache einem breiteren Publikum zu erklären. Die Leser dieses Werks dürften also vorwiegend Kleriker gewesen sein. Der Zweck des Kommentars scheint nicht nur die Auslegung, sondern mindestens genauso sehr apologetischer Natur gewesen zu sein: um die volkssprachliche Theologie des Gedichts zu verteidigen, indem man aufzeigte, dass er mit den geltenden theologischen und philosophischen Autoritäten konform gehe.[87] Dazu wird die Sequenz als Ausgangs-*auctoritas* Zeile für Zeile exegetisiert, indem für jede ein breites Spektrum philosophischer, theologischer und mystischer Quellen ange-

---

[85] *Wirt als ein kint,/wirt toup, wirt blint!/dîn selbes icht,/mûz werden nicht,/al icht, al nicht trîb uber hôr!*(Ruh, „Textkritik", 92).

[86] *Ôsêle mîn,/genk ûz, got în!/sink al mîn icht/in gotis nichts,/sink in dî grundelôsevlût!/vlî ich von dir,/du kumst zu mir./vorlîs ich mich,/sô vind ich dich:/ô uberweselîches gût* (Ruh, „Textkritik", 92–93). Haug, „Meister Eckhart und das ‚Granum sinapis'", 90–92 vertritt, die Rückkehr zur Sprache des positiven Gebets und zur persönlichen Gottesbeziehung am Schluss des Gedichts zeige, dass es nicht von Eckhart stamme, so sehr darin auch seine Redeweise und Themen verwendet würden.

[87] Das vermutet Haug in „Meister Eckhart und das ‚Granum sinapis'", 84–85; ausführlicher geht dem Charlotte Radler nach in *The „Granum Sinapis" Poem and Commentary in the Light of Medieval Neoplatonism*, Dissertation an der University of Chicago 2004. Es gibt zu diesem Gedicht auch einen späteren volkssprachlichen Kommentar, der aber hier nicht behandelt werden soll.

führt wird, vor allem das dionysische Corpus und Thomas von Aquin, aber auch ein gutes Stück weit Proklos (sowohl die *Elemente der Theologie* als auch der adaptierte Proklianismus des *Buchs der Ursachen*),[88] sowie die Glossen des Maximus über Dionysius, sodann Eriugena,[89] Hugo von St. Victor, Alanus von Lille und Thomas Gallus[90] und noch andere.[91] Der Umstand, dass Gallus mit im Spiel ist, verrät einen Aspekt des apologetischen Programms: nicht nur die eckhartsche mystische Theologie zu verteidigen,[92] sondern auch zu versuchen, die Kompatibilität der beiden Hauptformen des spätmittelalterlichen Dionysianismus aufzuzeigen, nämlich der affektiven Interpretation von Gallus und seinen Nachfolgern und des intellektiven Dionysianismus von Albert dem Großen, der von dem bei den deutschen Dominikanern beliebten *Proclus latinus* nachdrücklich vertreten wurde. Wie erfolgreich der anonyme Autor bei diesem Unternehmen war, ist weniger wichtig als das, was uns sein Versuch über das Verhältnis von volkssprachlicher und scholastischer Theologie im frühen 14. Jahrhundert verraten kann, sowie über die Bemühungen zur Verteidigung von Eckharts Mystik.

Bestimmte Aspekte der Lehre dieses faszinierenden Kommentars, insbesondere seine reichhaltige Auslotung des Themas der „mystischen Wüste" (*desertum mysticum, hoc est esse divinum*: 98,18–19),[93] verleihen ihm einen besonderen Platz in der Geschichte der spätmittelalterlichen Mystik. Aber seine Lehre über die mystische Einung ist trotz ihres ausgeprägt neuplatonischen Hintergrunds vorsichtiger formuliert als das, was wir bei Eckhart finden. Beim Kommentar zur Zeile *sink al min icht* erläutert der Verfasser, dieser Zustand sei dem Himmel vorbehalten: „Hier ersehnt der Dichter, sein ganzes Wesen möge in Gott verwandelt werden, was erst im künftigen Leben möglich ist. Ein derart gewaltiges Übermaß der göttlichen

---

[88] Zur Verwendung von Proklos, besonders durch Zitieren des *Liber de Causis* zusammen mit der *Institutio theologica* (ein Verfahren, das auf Thomas von Aquin zurückgehen könnte), siehe die Ausgabe von Bindschedler, 50, 70, 78, 112 u. 118.

[89] Eriugena wird über die Glossen aus dem *Periphyseon* zitiert, die sich im Pariser *corpus Dionysiacum* finden; siehe Bindschedler, 32, 80, 94, 120, 126, 146 u. 148.

[90] Als Zitate aus Gallus (der zweimal namentlich genannt wird) siehe Bindschedler, 68, 94–96, 126, 128, 130–132, 144, 150 u. 158 (mehrere dieser Bezüge werden von Bindschedler nicht vermerkt).

[91] Als Liste der Quellen siehe Bindschedler, 17.

[92] Die Verteidigung Eckharts ist recht vorsichtig. An mehreren Stellen im Kommentar scheint sich der Autor aus den besonders herausfordernden Aspekten von Eckharts Lehre herauszuhalten. So sagt er in der Ausführung zur Zeile *hîr ist ein tûfe sunder grunt* (in der Ausg. 74) nichts über Eckharts Lehre vom verschmolzenen Grund; und bei der Erklärung des Aufstiegs des Intellekts zum Gottesberg (in der Ausg. 86–88) geht er überhaupt nicht auf die Natur der *vorstentlichkeit*/des *intellectus* ein!

[93] Über das *desertum mysticum* siehe Bindschedler, 86–98 u. 136.

Kraft wird sich nämlich im künftigen Leben allen, die seiner Schau würdig sind, so offenbaren, dass ihnen sowohl im Körper wie im Intellekt nichts anderes (mehr) aufleuchtet, als was im Buch über *Die vierfache Unterscheidung der Natur* ausführlicher erklärt wird."[94]

Das zweite Gedicht, das jetzt behandelt werden soll, ist unter dem Titel „Von dem Überschall" bekannt. Im heutigen deutschen Begriff „Überschall" ist der Aspekt des Akustischen fast ganz von dem der Geschwindigkeit verdrängt; in freier Übersetzung bedeutet der Titel „Vom Klang, der alles übersteigt". Dieses Gedicht ist in zehn Manuskripten erhalten und mehrere davon haben dazu noch einen deutschen Kommentar, die „Glosse über ‚Vom Überschall'".[95] Kurt Ruh vermutet, das Gedicht sei von einer Nonne verfasst worden, die Anhängerin von Heinrich Seuse war; folglich könne es nicht früher als auf 1330 datiert werden. Es könnte auch einige Jahrzehnte später entstanden sein. Der Prosakommentar besteht zum größten Teil aus Stellen aus dem 52. Kapitel von Seuses *Leben des Dieners*, also aus dem Text, der Seuses tiefgründigste Reflexionen über die Dreifaltigkeit enthält (das seltene Wort *überschal* kommt auch im *Leben* vor).[96] Früher gab es die Vermutung, Seuse könnte aus der anonymen Glosse abgeschrieben haben, aber Ruh hat gezeigt, dass es sich in Wirklichkeit umgekehrt verhält, so dass die „Glosse" zeitlich nach der Veröffentlichung des Textes des *Lebens* in Seuses *Exemplar*, das heißt nach 1362, angesetzt werden müsste.

Dieses Gedicht erreicht zwar nicht das künstlerische Niveau des „Granum Sinapis", bietet aber dennoch eine tiefgründige Betrachtung über die Mystik vom Grund, wofür weithin das von Eckhart geschaffene und seinen Schülern weitergegebene Vokabular verwendet ist. Die beiden zentralen Themen sind das Geheimnis der Dreifaltigkeit (Strophen 1–8) und die Art

---

[94] Bindschedler, *Der lateinische Kommentar* 146;11–16: „Sink al min icht." *Hic optat totam quidditatem suam in deum transformari, quod solum in futura vita possibile est, tanta enim excellentia divinae virtutis in futura vita omnibus, qui contemplatione ipsius digni sunt, manifestabitur, ut nil aliud praeter eam, sive in corporibus, sive in intellectibus, eis eluceat, ut ex libro De quadrifaria divisione naturae plenius habetur.* Der Verweis auf Eriugenas *Periphyseon* 1,9 leitet zwei lange Zitate aus dem *Ambigua* von Maximus Confessor ein, die Eriugena zitiert (PL 122,449C–450B). Es sei angemerkt, das weder Eriugena noch Maximus diese vergöttlichenden Theophanien auf das künftige Leben beschränken.

[95] Das Gedicht und der Kommentar wurden erstmals herausgegeben von Franz Pfeiffer in seinem Buch von 1857 über Eckhart. Die kritische Edition und Untersuchung findet sich in Kurt Ruh, „Seuses Vita" c. 52 und das Gedicht und die Glosse ‚Vom Überschall'", in: *Kleine Schriften* II,145–168. Siehe auch Alain de Libera, „L'Un ou la Trinité?", in: *Revue des sciences religieuses* 70 (1996), 40–41. Das Gedicht besteht aus sechzehn vierzeiligen Strophen und einer fünfzeiligen Schlussstrophe, aber ungefähr fünf Zeilen fehlen.

[96] Kapitel 52 von Seuses *Leben* findet sich in der Ausgabe von Karl Bihlmeyer, *Seuse. Deutsche Schriften*, 184–190. Das Wort *überschal* kommt in Kap. 36 (112,4) vor.

und Weise, auf die die Seele ins ununterschiedene Einssein mit Gott hineingezogen wird (Strophen 9–17). Der erste Abschnitt handelt von der Beziehung der Dreiheit der Personen zur verborgenen göttlichen Quelle. Dieses Thema wird mit zahlreichen apophatischen Betrachtungen darüber umkreist, wie das nicht offenbarte Geheimnis offenbar werde. So heißt es zum Beispiel in der fünften Strophe:

Der Fluss ist ursprünglich / worin die Einigkeit noch west;
das einig Ein ist ohn' Bedürfnis, / ganz in sich selbst es schwebt
in einem finstren Stillsein: / niemand kann es verstehn,
obgleich in seiner Selbstheit / es offenbar anwest.[97]

Dieser apophatische Ansatz besteht sowohl aus traditionellen mystischen Paradoxa als auch aus Eckharts Rede vom Grund und Abgrund, wie die achte Strophe zeigt:

O grundlos tiefer Abgrund, / in deiner Tiefe hoch,
in deiner Hoheit nieder, / wie kann das also sein?
Das ist uns verborgen / in deiner Tiefe Grund,
doch so sagt uns Sankt Paulus: / Es wird uns werden kund.[98]

Im zweiten Teil des Gedichts wird die Art und Weise erörtert, auf die der Geist des Menschen dazu komme, in den dreieinen Gott hineingezogen zu werden, indem er seinem Ich durch Entwerden sterbe und so in der göttlichen Einigkeit *(einikeit)* die Ununterschiedenheit erlange. Hier wird wird die Rede von den beidseitigen Abgründen Gottes und des Menschen gebraucht, die sich erstmals bei Hadewijch fand, aber auch bei Tauler vorkommt. Es heißt wie im intellektiven Dionysianismus, dass es der Geist oder Intellekt sei, der den Übergang zur Ununterschiedenheit ermögliche. Das wird in den Strophen fünfzehn und sechzehn ausdrücklich gesagt. In Strophe fünfzehn heißt es:

Der *mens*, den ich da meine, / der ist aller Worte los,
Ein und Ein vereinigt, / da leuchtet Bloß hinein in Bloß,
in dem ein Unbegreifen ist / der hohen Einigkeit,
die alle Ding' vernichtet / in ihrer Selberheit.

Damit wird das apophatische Verschmelzen von Gott und Mensch eingeleitet, das in Strophe sechzehn beschrieben wird:

---

[97] Strophe V: *Der rivier ist ursprunclich / da einikeit in weset, // daz einic ein ist durftelos, / in im selben ez swebet // in einre dunstren stilheit: / ez kan nieman verstan, // wanne in sins selbesheit / daz ist ez offenbar* (Ruh, „Seuses Vita", 148). Übertragung in heutiges Deutsch hier und im Folgenden: B. Schellenberger.

[98] Strophe VIII: *O gruntlos tiefe abgrunt, / in diner tiefe ho, // in diner hoheit nider, / wie mac daz sin also? // daz ist uns verborgen / in diner tiefe grunt, // doch seit uns sanctus Paulus, / ez sül uns werden kunt* (Ruh, „Seuses Vita", 148). Die Berufung auf Paulus bezieht sich vermutlich auf Eph 3,18–19.

> Wo die zwei Abgründe / in einer Gleichheit schweben, (Ps 41,8)
> vom Geist erfüllt und Geistes bar: / Das ist ein hohes Leben.
> Wo Gott den Geist ablegt, / da kommt's zu Finsternis
> in einer unbekannten / und doch bekannten Einigkeit.[99]

In der Schlussstrophe siebzehn, eine der rätselhaftesten dieses schwer ergründlichen Gedichts, heißt es, das verborgene Geheimnis der Verschmelzung von Gott und Mensch sei etwas, das wir lieben lernen und dem wir entgegeneilten sollten, denn „*daz ist der überschal*", also der alles übersteigende Klang.

Sowohl mit dem „Granum Sinapis" als auch mit dem „Von dem Überschall" werden die Grenzen dessen ausgelotet, was die Dichtung zur Übermittlung der mystischen Lehre leisten kann. Das für manche Formen der Lyrik charakteristische Reden in Widersprüchen mag durchaus im Konflikt mit dem überschwänglichen Schwall stehen, mit dem viele Mystiker versuchten, vom „immer mehr" des Rührens an Gott in rhetorisch exzessiven Formen zu sprechen, wie sie für ihr Zeitalter typisch waren; aber längere Formen der Lyrik, insbesondere solche, die auf liturgischen Poesieformen wie derjenigen der Sequenz beruhen, eignen sich ebenfalls für den Gebrauch und die Adaptation, wie das „Granum Sinapis" zeigt. Der Umstand, dass jedes dieser beiden anspruchsvollen Gedichte zu Kommentaren anregte, wirft ein interessantes Licht auf die Unterschiede zwischen Prosa und Poesie als sprachliche Vehikel für die Botschaft von der Verwandlung in Gott.

Predigten und Predigtsammlungen[100]

Meister Eckhart war einer der größten Prediger seiner Zeit oder vielleicht sogar schlechthin. Seine über hundert uns erhaltenen Predigten sind die Hauptquelle für die Kenntnis seiner Mystik, wenn nicht seiner gesamten Theologie. Eckharts Nachfolger Johannes Tauler hinterließ uns nur Predigten als Vehikel seiner Botschaft. Die volkssprachliche Predigt war zweifel-

---

[99] Strophe XV: *Daz mens, daz ich meine / daz ist wortelos, // ein und ein vereinet, / da liuhet bloz gein bloz // in deme unbegrifen / der hohen einikeit, // diu alle dinc vernihtet / an ir selbesheit*. Strophe XVI: *Da die zwei abgrunde / in einer gelicheit sweben, // gegeistet und entgeistet: / daz ist ein hohes leben. // da sich got entgeistet / da ist dunsterheit // in einer unbekanter / bekanter einikeit* (Ruh, „Seuses Vita", 149).

[100] Es fehlt zwar bislang eine umfassende moderne Geschichte der mittelalterlichen deutschen Predigt, aber es gibt eine gute neuere Einleitung dazu von Hans-Jochen Schiewer, „German Sermons in the Middle Ages", in: *The Sermon*, Hauptherausgeber Beverly Mayne Kienzle, Typologie des sources du Moyen Age Occidental, fasc. 81–83 (Turnhout 2000), 861–961.

los im spätmittelalterlichen Deutschland die verbreitetste und wirksamste Gattung der sprachlichen Weitergabe mystischer Lehren. Wie bereits oben erwähnt, lässt sich allerdings oft schwer zwischen Traktat und Predigt genau unterscheiden.[101]

Die mystische Predigt auf Latein hörte gegen 1300 nicht auf; allerdings könnten viele der auf Latein überlieferten Predigten ursprünglich in der Volkssprache gehalten worden sein. Auf jeden Fall aber verlagerte sich in den letzten Jahrhunderten des Mittelalters das Gros der mystischen wie auch sonstigen Predigten auf die Muttersprache.[102] Von den Tausenden von heute bekannten mittelhochdeutschen Predigten anonymer und auch bekannter Verfasser sind viele hundert mystisch in dem Sinn, dass ihre Hauptbotschaft die verwandelnde Begegnung mit Gott betrifft und sie weniger von der Glaubenslehre, moralischen Praxis oder jenem allgegenwärtigen Thema der spätmittelalterlichen Predigt, der Angst vor der Hölle, handelt.[103] Während das 14. Jahrhundert die kreativste Zeit des Predigens und des Verfassens religiöser und mystischer Literatur war, kam es im 15. Jahrhundert zu einer explosionsartigen Ausbreitung dieser Literatur.[104]

Trotz aller Bemühungen der Herausgeber und Erforscher der mystischen Literatur in den letzten hundertfünfzig Jahren bleibt bezüglich der deutschen mystischen Predigten aus dem Mittelalter immer noch viel zu tun. So enthielt zum Beispiel Franz Pfeiffers Ausgabe der Predigten Meister

---

[101] Schiewer, „German Sermons", 862–864.
[102] Neben der Bibliographie bei Schiewer siehe die hilfreichen, wenn auch jetzt veralteten Listen in Karin Morvay und Dagmar Grube, *Bibliographie der deutschen Predigt des Mittelalters. Veröffentliche Predigten*, München 1974. Als weitere wichtige Abhandlungen über die deutsche Predigt im Mittelalter siehe Kurt Ruh, „Deutsche Predigtbücher des Mittelalters", in: *Kleine Schriften* II,296–317; und Georg Steer, „VI. Geistliche Prosa. 2. Predigt", in: *Geschichte der deutschen Literatur*. Band III/2. *Die deutschen Literatur im späten Mittelalter 1250–1370*, hg. v. Ingeborg Glier, München 1987, 318–339; sowie die Beiträge in *Die deutsche Predigt im Mittelalter*, hg. v. Volker Mertens u. Hans-Jochen Schiewer, Tübingen 1992. Es war üblich, zwischen der *homilia* zu unterscheiden, der direkten Auslegung eines vorgegebenen Bibeltexts und dessen Anwendung auf das praktische Leben und dem *sermo*, der scholastisch gegliederten Erörterung eines Themas, mit der man an einen Schrifttext anknüpfte, jedoch eher eine nicht vom Text nahegelegte logische Weiterentwicklung verfolgte. Da diese beiden Idealtypen in der Praxis oft in einander verflochten wurden (die meisten mystischen Predigten allerdings dem Ideal der *homilia* näher blieben), soll in der Folge einfach nur von „Predigten" gesprochen werden. Es wird nützlich sein, auf den selbstverständlichen Umstand hinzuweisen, dass alle uns überlieferten Predigten literarische Werke, also „Lesepredigten" sind, von denen schwer zu sagen ist, in welchem Verhältnis sie zu den tatsächlich mündlich gehaltenen „Kanzelpredigten" stehen.
[103] Siehe Schiewers Ausführungen über mystische Predigten in „German Sermons" 874–885, 905–911 u. 919–921.
[104] Schiewer, „German Sermons", 862 u. 933. Siehe auch Werner Williams-Krapp, „The Erosion of a Monopoly", in: *The Vernacular Spirit*, 239–258.

Eckharts von 1857 110 Predigten, aber spätere Forscher fanden noch weitere. Nach einer Zeit, in der die Tendenz vorherrschte, die Zahl der authentischen Eckhart-Texte zu reduzieren (Josef Quint hielt nur 86 für echt), setzte die jüngere Forschung vorsichtig, aber überzeugend die Messlatte für echte Eckhart-Stücke gegenüber „Pseudo-Eckhart"-Texten niedriger an. Zudem sind auch viele der pseudonymen Eckhart-Predigten von beträchtlichem Interesse, obwohl sie erst selten tiefgreifender analysiert wurden. Neuere Ausgaben der Werke anderer wichtiger mystischer Prediger (z.B. von Hartwig von Erfurt und Marquard von Lindau) fügen unserer Kenntnis willkommene neue Elemente hinzu. Die Werke weiterer wichtiger Prediger sind noch nicht herausgegeben und auch kaum bekannt. Eine wirklich *umfassende* Darstellung der mystischen Predigt im spätmittelalterlichen Deutschland liegt also noch in weiter Ferne.

Die Dominikaner als der *ordo praedicatorum* („Predigerorden") stellen die stärkste Gruppe der mystischen Prediger des 14. Jahrhunderts. Kurt Ruh weist jedoch darauf hin, dass im Vergleich mit den „großen Drei" Eckhart, Seuse und Tauler die anderen Dominikaner noch verhältnismäßig stark vernachlässigt blieben.[105] Ruhs Darstellung von neun dieser Gestalten im III. Band seiner *Geschichte der abendländischen Mystik* liefert eine hilfreiche Übersicht über das Spektrum der mystischen Predigt der Dominikaner und zeigt, wie viel noch zu tun bleibt, sogar auf der ganz wesentlichen Ebene der kritischen Ausgaben.[106]

Eine Anzahl dieser Dominikaner trug zu einer bekannten Predigtsammlung bei, nämlich dem *Paradisus anime intelligentis (Paradis der fornunftigen sele)*.[107] Von dieser Sammlung sind zwar heute nur noch zwei Kopien bekannt, aber ihre 64 Predigten (davon die Hälfte von Eckhart) waren bereits Gegenstand umfangreicher Untersuchungen, weil sie eines der wichtigsten Denkmäler der mystischen Predigt im 14. Jahrhundert darstellt.[108]

---

[105] Kurt Ruh, „Dominikanische Prediger der Eckhart-Zeit", in: *Geschichte* III, 389–414.
[106] Ruh stellt in seinem Kapitel die folgenden Dominikanerprediger vor: Giselher von Slatheim, Johannes Franke, Hermann von Loveia, Florentius von Utrecht, Helwic von Germar, Albrecht von Treffurt, Arnold den Roten, Heinrich von Ekkewint und Johannes von Sterngassen.
[107] Der Text wurde herausgegeben von Philipp Strauch, *Paradisus anime intelligentis (Paradis der fornunftigen sele). Aus der Oxforder Handschrift Cod. Laud. Misc. 479 nach E. Sievers'* Abschrift, Berlin 1919. Diese Ausgabe wurde 1998 in Hildesheim neu aufgelegt und mit einem Nachwort von Niklaus Largier und Gilbert Fournier versehen.
[108] Kurt Ruh bringt Informationen über diese Sammlung in „‚Paradisus anime intelligentis' (‚Paradis der fornunftigen sele')", in: VL 7,298–303 sowie in „Deutsche Predigerbücher des Mittelalters", 312–317 sowie in *Meister Eckhart*, 60–71. Hilfreich sind auch Lauri Seppänen, *Studien zur Terminologie des Paradisus anime intelligentis. Beiträge zur Erforschung der Sprache der mittelhochdeutschen Mystik und Scholastik*, Helsinki 1964; Burkhard Hasebrink,

Neben Eckhart finden wir die Dominikaner Eckhart Rube, Giselher von Slatheim, Johannes Franke, Florentius von Utrecht, Hermann von Loveia, Albrecht von Treffurt, Helwic von Germar, Bruder Erbe und Thomas von Apolda. Außerdem steuerte ein karmelitischer Magister namens Hane drei Predigten bei und eine Predigt stammt von einem anonymen Franziskaner.[109] Die Predigten bestehen aus zwei Gruppen: Die erste enthält 31 in der Reihenfolge der Feste des liturgischen Kalenders *(de tempore)*, die zweite 33 zu den Festen der Heiligen *(de sanctis)*.

Über Ursprungsort und Zweck des *Paradisus anime intelligentis* wird noch diskutiert. Kurt Ruh sprach sich für den Dominikanerkonvent in Erfurt aus (Eckharts Heimatkonvent) und setzte als Datum die Zeit um 1340 an; allerdings scheinen etliche der Predigten aus dem ersten Jahrzehnt des 14. Jahrhunderts zu stammen, was auf ein früheres Redaktionsstadium hinweisen könnte. Andererseits meint Georg Steer, die Sammlung sei gegen 1330 in Köln von Anhängern Eckharts zusammengestellt worden, um angesichts seiner Verurteilung durch den Papst seine Rechtgläubigkeit zu verteidigen. Diese Diskussion wirkt sich auf die Art und Weise aus, mit der man den Inhalt und Zweck dieser Sammlung einschätzt.

Wie der Titel besagt,[110] wird im „Paradies der vernünftigen Seele" die traditionelle Lehre der Dominikaner vertreten, die endgültige *beatitudo*, die Schau Gottes im Himmel, werde im inneren Paradies des Intellekts erfahren, nicht im Willen und der Liebe. Thomas von Aquin schrieb: „So besteht das Wesen der Seligkeit aus einem Akt des Intellekts, aber die aus der Seligkeit sich ergebende Wonne gehört dem Willen an" (S.Th. I–II q. 3

„Studies on the Redaction and Use of the *Paradisus anime intelligentis*", in: *De l'homélie au sermon. Histoire de la prédication médiévale*, hg. v. Jacqueline Hamesse u. Xavier Hermand, Louvain-la-Neuve 1993, 143–58; Freimut Löser, „Nachlese. Unbekannte Texte Meister Eckharts in bekannten Handschriften", in: *Die deutsche Predigt im Mittelalter*, 125–149; Ria van den Brandt, „Die Eckhart-Predigten der Sammlung *Paradisus anime intelligentis* näher betrachtet", in: *Albertus Magnus und der Albertismus. Deutsche philosophische Kultur des Mittelalters*, hg. v. Maarten, J. F. M. Hoenen u. Alain de Libera, Leiden 1995, 173–187; Schiewer, „German Sermons", 878–880; Alessandra Saccon, „Predicazione e filosofia: il caso del ,Paradisus anime intelligentis'", in: *Filosofia in Volgare nel Medioevo*, hg. v. Nadia Bray u. Loris Sturlese, Louvain-la-Neuve 2003, 81–105; und Niklaus Largier, „Interpreting Eckhart's Incarnation Theology: The Sermon Collection *Paradisus anime intelligentis*", in: *Eckhart Review* 13 (Frühjahr 2004), 25–36.

[109] Die Predigten von „meister Hane der calmellita" sind die Nummern 3, 30 und 54. Von Nr. 62 (Strauch, 131–133; alle folgenden Verweise beziehen sich auf diese Ausgabe) wird zu Anfang in der *Tabula* angegeben, ihr Verfasser sei *ein barfuzzin lesemeister*.

[110] Über das „Paradies der Seele/des Herzens" (Gen 2,8) als literarisches und mystisches Thema siehe Friedrich Wilhelm Wodtke, „Die Allegorie des ‚Inneren Paradieses' bei Bernhard von Clairvaux, Honorius Augustodunensis, Gottfried von Strassburg und in der deutschen Mystik", in: *Festschrift Josef Quint anlässlich seines 65. Geburtstages überreicht*, hg. v. Hugo Moser, Rudolf Schützeichel u. Karl Stackmann, Bonn 1964, 277–290.

a. 4). Die einsame franziskanische Predigt dient als Gegendarstellung, die in Predigt Nr. 41 Giselher von Slatheim ausdrücklich widerlegt. Die tendenziösen Anmerkungen des Redaktors in der die Sammlung einleitenden *tabula* zeigen offen diesen Zweck. Bezüglich Giselhers von Slatheim schreibt er: „In dieser Predigt (argumentiert) Bruder Giselher von Slatheim, der Lesemeister (Lektor) in Köln und Erfurt war, wider die Barfüßer (Franziskaner) und beweist, dass hinsichtlich des ewigen Lebens das Tätigsein der Vernunft edler ist als das Tätigsein des Willens und er widerlegt meisterlich die Argumente der Barfüßer."[111]

Sollte das „Paradies der vernünftigen Seele" in Erfurt entstanden sein, so könnte es, wie Kurt Ruh meinte, als „Erinnerungsbuch" an die zur Zeit Eckharts mit dem Erfurter Konvent verbundenen berühmten Dominikanerprediger gedacht gewesen sein.[112] Aber Ria van den Brandt hat inzwischen nachgewiesen, dass Ruhs Behauptung falsch sei, die Eckhart-Predigten in diesem Buch stammten weithin aus des Meisters Zeit als Vikar in Erfurt (1303–1311) und reflektierten folglich seine frühe Position bezüglich der Priorität des Intellekts, wie sie sich in den *Pariser Quaestiones* findet. Nur rund elf der eckhartschen Predigten seien auf die Rolle des Intellekts konzentriert,[113] und diese sowie alle weiteren Predigten überspannten anscheinend insgesamt Eckharts ganze Predigtlaufbahn schon ab 1294 bis 1326, seinem letzten Jahr in Köln. Sogar die Predigten über den Intellekt reflektierten eine typisch eckhartsche Vielzahl von Gesichtspunkten, unabhängig davon, ob man diese zeitlich genau einordnen könne oder nicht. Wenn folglich das „Paradies der vernünftigen Seele" aus Köln stamme, was wahrscheinlicher sei, könne dabei tatsächlich der Wunsch, Eckhart im Licht der päpstlichen Verurteilung von 1329 zu verteidigen, als wichtig erachtet werden. Das lege zudem die Art nahe, auf die der Redaktor Eckharts Predigten herausgegeben habe, denn es sei ihm dabei wohl unter anderem auch darum gegangen, dessen komplexe Lehre vom Überschreiten sowohl

---

[111] Tabula (5,2–5): *in disir predigade brudir Gisiler von Slatheim, der lesimeister was zu Kolne und zu Erforte, widir di barfuzin und bewiset daz diz werc der fornunft edilir ist dan daz werc dez willen in deme ewigin lebine, und brichit di bant der barfuzin id est argumenta meisterliche.* Nr. 41 steht bei Strauch, 90–93. Die Übertragung dieses und aller folgenden mittelhochdeutschen Zitate in heutiges Deutsch stammt vom Übersetzer B. Schellenberger.
[112] Ruh, „Paradisus anime", in: VL 7,300.
[113] Van den Brandt unterscheidet in „Die Eckhart-Predigten", 176–179 hilfreicher Weise im *Paradisus anime intelligentis* drei Typen von Eckhart-Predigten über den Intellekt: (1) Nrn. 19, 22, 28, in denen der Intellekt als Seelenkraft vorgestellt wird und folglich als nicht fähig, die Seligkeit zu erlangen; (2) Nrn. 21, 22 (zum Teil), 24, 42, 4, 60 u. 33, in denen der Intellekt zwei Seiten hat: als oberer Intellekt, der mit dem Grund gleichgesetzt wird, und als unterer Intellekt, der mit der geschaffenen Welt in Beziehung steht; und (3) Nrn. 33 (zum größten Teil), 59 u. 60 (zum größten Teil), worin die *forstentnisse* mit Gott gleichgesetzt wird.

des Willens als auch des Intellekts auf dem Weg zur letzten Glückseligkeit mit den üblichen dominikanischen Ansichten verträglicher zu machen.[114] Burkhard Hasebrinks sorgfältige Untersuchung des Redaktionsprozesses, der bei der Sammlung vor sich ging, bringt einen anderen Zweck ans Licht: den Wunsch, anhand von Modellpredigten ein brauchbares Kompendium für Prediger zu schaffen, aus dem die gelehrten Predigerbrüder für ihre volkssprachlichen Predigten schöpfen und sich anregen lassen konnten.[115] Dieser Zweck war in Eckharts Sinn, wie die gesammelten lateinischen Predigten des Meisters zeigen.

Das „Paradies der vernünftigen Seele" bezeugt, wie wichtig bei den deutschen Dominikanern weiterhin der von Albert dem Großen geschaffene intellektive Dionysianismus war. Aber wie Niklaus Largier gezeigt hat, ist es angesichts der Tatsache, dass es bei ihnen einen ganze Anzahl konkurrierender Ansichten über die Rolle des Intellekts beim Aufstieg zu Gott gab, schwierig, von einer einheitlichen Sicht oder einer regelrechten „dominikanischen Schule" zu sprechen.[116] Die stärkste Meinungsverschiedenheit ergab sich angesichts der Frage, ob die Seligkeit im aktiven Intellekt, verstanden als natürliche Kraft und gleichgesetzt mit dem *abditum mentis*, wie Dietrich von Freiberg gelehrt hatte, ihren Sitz habe, oder, wie Eckhart und die von ihm Beeinflussten vertraten, die seligmachende Einung dadurch erlangt werde, dass man passiv das Handeln Gottes im dafür aufnahmefähigen Intellekt empfange: als Geburt des Wortes in der Seele. Für Eckhart unterscheidet sich der aktive Intellekt als Kraft der Seele vom Wesen der Seele, die in ihrem tiefsten Grund, nachdem sie alle geschaffene Wirklichkeit hinter sich gelassen habe, dort ankomme, wo die Freude des ununterschiedenen Einsseins mit Gott in einem einzigen Grund wahr werde. Diese Intellekt-Vorstellung beherrscht das „Paradies der vernünftigen Seele" so-

---

[114] Hasebrink, „The *Paradisus anime intelligentis*", 151 fasst zusammen: *Der Redaktor verkennt die Differenzierungen in Eckharts Predigten und harmonisiert zugunsten eines frühen Eckhart.*

[115] Hasebrink zeigt 152–158, wie der Redaktor vorsätzlich bestimmte sprachliche Aspekte der Gattung „Predigt" ausmerzte (*Subjektivismen, metaphorische Redeweise oder appelative Wendungen fehlen fast ganz*, 155), womit er die Grenze zwischen Predigt und Traktat verwischte. Auch Steer hebt in „Predigt", 331–332 den pädagogischen Zweck der Sammlung hervor. Saccon, „Predicazione e filosofia", 89–99, bringt ebenfalls eine hilfreiche Erörterung des redaktionellen Gesichtspunkts der Sammlung.

[116] Niklaus Largier, „,Intellectus in deum ascensus'. Intellekttheoretische Auseinandersetzungen in Texten der deutschen Mystik", in: *Deutsche Vierteljahresschrift für Literaturwissenschaft und Geistesgeschichte* 69 (1995), 423–471, besonders 427–428 u. 459–462; und „Von Hadewijch, Mechthild und Dietrich zu Eckhart und Seuse? Zur Historiographie der ‚deutschen Mystik' und der ‚deutschen Dominikanerschule'", in: *Deutsche Mystik im abendländische Zusammenhang*, 93–117.

wohl in den Predigten Eckharts als auch in denjenigen seiner Mitbrüder.[117] Largier hat auch den dionysischen Kontext genauer ins Auge gefasst und vertreten, die Predigtsammlung im „Paradies" reflektiere eine besondere Kontextualisierung von Eckharts Begriff der Geburt des Wortes in der Seele, bei der versucht werde, seine atemporale Christologie und immanente Eschatologie mit dem allgemein intellektiven Dionysianismus der deutschen Dominikaner zu verknüpfen.[118] Auf der Hand liegt, dass diese Predigtsammlung eine Fundgrube für das Studium der spekulativen Theologie und Predigt der ersten Hälfte des 14. Jahrhunderts ist.

Statt mich nun den unterschiedlichen Theorien über Gestalt und Zweck dieser Sammlung und ihren Platz in der Geschichte des Eckhartianismus zuzuwenden, möchte ich hier lediglich einige der nicht-eckhartschen Stücke etwas genauer in Augenschein nehmen, um einen Eindruck von der Reichhaltigkeit der dominikanischen Predigt im Gefolge von Eckhart zu vermitteln.

Hermann von Loveia war Thüringer wie Eckhart und Lektor der Theologie in Erfurt. Von ihm finden sich drei Predigten in der Sammlung des *Paradisus anime*. In Nr. 17, einer Predigt über das Evangelium des Sonntags Sexagesima („Euch ist es gegeben, die Geheimnisse des Himmelreichs zu verstehen", Mt 13,11) beginnt er mit einer Unterscheidung von drei Arten von Leben: dem tierischen sinnlichen Leben, dem aktiven Leben und dem kontemplativen Leben mittels dessen uns die Geheimnisse des Himmelreichs zuteil werden. Hermann unterscheidet Verstand *(redelichkeit)*, der mittels diskursiver Aktivität versteht und Verständnis *(forstentnisse)*, das heißt direktes intuitives Erkennen. „In das, was der Verstand gesammelt hat, blickt das Verständnis mit äußerster Einfachheit hinein. Der Meister nennt das ‚die Blume des Verständnisses', so wie auch die Blume der Frucht vorausgeht, und das ist ein Unterpfand der wahren Gotteserkenntnis, die danach folgt. Je mehr sie eins ist, desto besser; je mehr geteilt, desto weniger gut."[119]

---

[117] Über die Rolle des Intellekts in den Predigten des „Paradieses" siehe Largier, „‚Intellectus in deum ascensus'", 448–450; Hasebrink, „Studies on the Redaction and Use", 146–152; und Saccon, „Predicazione e filosofia", 99–105.

[118] Largier, „Interpreting Eckhart's Incarnation Theology" besonders 26–30 u. 34–35. Largier fasst zusammen: *Ein gemeinsames Element in allen Predigten des Paradisus ist ihr Interesse an der Inkarnation nicht als historischem Ereignis, sondern als der Geburt Gottes in der Seele … Mit der vom Autor des Paradisus gewählten Interpretationslinie scheint es in erster Linie darum zu gehen, deutlich zu machen, dass sich Eckharts Schriften im Kontext einer orthodoxeren, nämlich dionysischen Lehre lesen lassen* (34–35).

[119] Nr. 17 (42,16–20): *… und daz die redelichkeit gesamenet hot, da blickit daz forstentnisse in mit einveldikeit, und heisit daz der meister di blumen des forstentnisses, wan alse bloume foregeit der frucht, und ist ein gelobin des warin bekentnisses Godes, daz dar noch volgit. Ie*

Hermann fährt dann fort, indem er zunächst betont, das Wirken der Gnade sei für jede tugendhafte Handlung erforderlich, bevor er wieder zum Thema „Gotteserkenntnis" zurückkehrt. Wenn man so weit komme, die Geheimnisse des Himmelreichs zu verstehen, sei das ein Geschenk der Gnade und des Wirkens des Ewigen Wortes. Man könne etwas entweder an seiner Ursache, an seinem Wirken oder in sich selbst erkennen. Gott jedoch lasse sich auf die ersten beiden Weisen nicht wirklich erkennen. Solle er erkannt werden, so müsse das „an ihm selber, an seiner Natur" geschehen (*daz mûiz geschehin an ume selber an sinir nature*, 43,13). Zur genaueren Untersuchung dieser letzteren Weise erörtert Hermann vier Kräfte, mittels derer die Seele Erkenntnis erlange (43,14–35). Die erste ist die physische Wahrnehmung, die ihrer Natur nach Gott nicht zu erkennen vermag. Die zweite ist die Vorstellungskraft, die Fernes nahe bringen kann, aber immer noch von physischen Bildern abhängig bleibt. Auch die Verstandeskraft kann Gott nicht erkennen, weil es von Gott keinen Begriff gibt. Überraschenderweise sagt nun Hermann, dass sogar die „Einsicht des Verständnisses" (*inblickin des forestentnisses*) Gott nicht zu erkennen vermöge, denn das Verständnis/der Intellekt könne zwar das wesenhafte Sein (*bestende wesen*) der Dinge erkennen, aber Gott sei über allem Sein. Und so kommt Hermann zum Schluss: „Damit ergibt sich für uns, dass Gott auf diese vierfache Weise nicht erkannt werden kann, denn alles, was wir zu begreifen oder zu erkennen vermögen, das ist nicht Gott ... Das Nicht ist die höchste Erkenntnis, die wir hier (auf Erden) von Gott haben können."[120]

Auch wenn sich also mittels der Tätigkeit unserer eigenen Erkenntniskräfte keine Gotteserkenntnis gewinnen lässt, so erörtert Hermann im letz-

---

mê ein, ie mê gûit; ie mê geteilet und ie gebrechlicher, ie minnir gûit. Ruh (*Geschichte* III, 399), bezieht im Anschluss an Seppänen diese Lehre über Frucht und Blume auf Thomas von Aquin, S.Th. I–II q. 70 a. 1, was ein offensichtlicher Zusammenhang zu sein scheint. Aber der *terminus technicus* „Blume des Verständnisses/Intellekts" stammt aus der Proklischen Tradition (*anthos tou nou/flos intellectus*) und zeigt, wie wichtig der *Proclus Latinus* für die deutschen Dominikaner war. Hermann will hier sagen, dass die dank der Blume des Verständnisses erlangte Gotteserkenntnis in der seligmachenden Schau im Himmel ihre Frucht tragen werde. Der Begriff *flos intellectus* als Äquivalent des *unum anime* findet sich an mehreren Stellen der lateinischen Proklos-Übersetzungen (z. B. in *Comm. In Parm.* 6 in 1047 u. 1071; und in *De Prov.* 32). Über die Bedeutung dieses Begriffs und seinen Einfluss in der deutschen Mystik siehe Werner Beierwaltes, „Der Begriff des ‚Unum in Nobis' bei Proklos", in: *Die Metaphysik im Mittelalter. Ihr Ursprung und ihre Bedeutung*, hg. v. Paul Wilpert, Berlin 1963, 255–266; und Loris Sturlese, „,Homo divinus'. Der Prokloskommentar Bertholds von Moosburg und die Probleme der nacheckhartschen Zeit", in: *Abendländische Mystik im Mittelalter*, hg. v. Kurt Ruh, Stuttgart 1986, 149–151 u. 153–154.

[120] Nr. 17 (43,32–35): *nu habe wir, daz Got nicht bekant werdin in dirre vierleige wis, wan alliz daz wir begrifin oder bekennen mugin, daz inist Got nicht ... daz nicht ist daz hohiste bekentnisse daz wir hi fon Gode gehabin mugin.*

ten Teil der Predigt (43,36–44,31) doch, wie uns trotzdem gemäß dem Evangelientext eine gewisse Gotteserkenntnis „gegeben" werden könne. Er betont, dass zwar das wahre Verstehen des Himmelreichs, sofern damit „der vollkommene Genuss alles Guten und dessen, was dazu in diesem Leben und am Ende dazugehört" (44,29–30) gemeint sei, dem Leben nach dem Tod vorbehalten sei, gebraucht dann jedoch die dionysische Unterscheidung zwischen positiver und negativer Theologie zur Beschreibung der mystischen Erkenntnis: „Es gibt eine zweifache Erkenntnis, mit der man Gott erkennt. Die erste ist eine beraubende Erkenntnis, bei der man Gott aller der Dinge beraubt, die wir ihm zulegen mögen. Die andere heißt eine reichende oder zulegende Erkenntnis. Da legen wir Gott alle die Edelkeit zu, die wir in allen Dingen finden mögen, und das ist eine unvollkommene Erkenntnis."[121] Diese im Grundsatz dionysische Lehre wendet Hermann sodann auf eine umfassendere Erwägung über das Verhältnis der Schau Gottes hienieden zu derjenigen im Himmel an. Wenn Gott erkannt werden solle, müsse dies durch ein zweifaches Licht geschehen. „Das eine ist ein natürliches Licht, nicht das natürliche Licht der Seele [das ist gegen Dietrich von Freiberg gesagt], sondern das Licht, das Gott ist. Das andere ist ein übernatürliches Licht, und das ist das Licht der Klarheit, und auch wenn wir sagen, dass es zweifach sei, ist es doch ein einziges."[122] Um das zu erklären, beschreibt Hermann das übernatürliche Licht, sei es von positiver oder negativer Art, als ein „vorausgehendes Licht" *(forgenclich licht)* in dem Sinn, dass es ein Vorausgeschmack des Himmels sei, der alles normale Wahrnehmen und Erkennen wegnehme, und er veranschaulicht das mit dem in 2 Korinther 12 beschriebenen Aufstieg des Paulus in den Himmel. Dabei unterscheidet er ausdrücklich dieses Licht vom natürlichen ewigen Licht Gottes, dessen man sich im Himmel erfreue, von dem im Buch Exodus (33,20) die Rede sei: „Niemand kann mich in diesem Licht sehen und am Leben bleiben." Die Erkenntnis der Ersturursachen stehe auf dem Weg des natürlichen Erkennens allen offen, sogar Gottes Feinden. „Aber etliche Dinge hat Gott bei sich selber behalten: Das sind die drei Personen, das ist die Verborgenheit, die Gott den Seinen versprochen hat: ‚Euch ist gegeben'

---

[121] Nr. 17 (44,3–8): *ez ist zveigirlege bekentnisse da mide man Got irkennit. Ein ist ein roubinde bekentnisse, in deme man beroubit Got allir der dinge di wir hi um zulegin mugin. Daz andere heizet ein richinde oder ein zuleginde bekentnisse. Da lege wir Gode zu alle di edilkeit di wir mugin vindin in allin dingin, und ist dit ein unvollincumen bekentnisse.* Ruh, Geschichte III, 400 vermutet, dass diese Terminologie Hermanns eigene Schöpfung ist.
[122] Nr. 17 (44,14–18): *sal Got bekant werdin, daz muiz geschehin in zveigirlêge lichte. Daz eine heizit ein naturlich licht, nicht daz naturliche licht der sele, sundir daz Got ist. Daz andir ist ein ubernaturlich licht und daz ist daz licht der clarheit, und ob wir sprechin daz ez zweigerlêge si, so ist ez doch einlich.*

etc."[123] Hermann von Loveias Predigt hält mit dieser Erörterung der Weisen, wie sich Gott in diesem Leben und im Leben nach dem Tod erkennen lasse, durchaus den Vergleich mit den besser bekannten Predigten von Eckhart und Tauler aus.

Johannes Franke, der Lektor am Kölner Studienhaus der Dominikaner war, steuerte fünf Predigten zur Sammlung des „Paradisus" bei. Er ist auch der Verfasser eines weit verbreiteten mystischen Traktats, der unter dem Bibeltext bekannt ist, auf dem er beruht: *Ego sum via, veritas et vita* (Joh 14,6).[124] In Predigt 35 zum Fest der Aufnahme Marias in den Himmel wandte er den Text „In allem habe ich Ruhe gesucht" (Sir 24,7 [Vg 24,11]) sowohl auf Maria als auch auf jede heilige Seele an. In seinen Predigten behandelte er Themen wie die Sehnsucht, Ruhe zu erlangen, die Nachahmung Christi und die Lehre von der Seele als Bild und Gleichnis Gottes auf eine für die Dominikanermystik typische Weise, aber einfacher als Eckhart oder Hermann von Loveia.

Die Predigt ist in zwei Teile gegliedert. Im ersten Teil (80,3–30) geht es darum, wie der Heilige Geist in allem Ruhe sucht, wobei unter „allem" die Menschen gemeint sind (insofern der Mensch ein Mikrokosmos ist). Weil der Mensch über eine Doppelnatur aus Fleisch und Geist verfüge, sei es notwendig, dass er das Fleisch unter Kontrolle bringe, indem er mittels der Nachahmung Christi den Weg der Tugenden gehe, um die „Gnaden und Gaben des Heiligen Geistes" zu empfangen, die unsere Gottebenbildlichkeit wiederherstellten. „Wo Gleichheit ist, da ist Ruhe: je gleicher der ewigen Weisheit, desto mehr Ruhe" (*wo glicheit ist, da ist ruwe: ie glicher der ewigin wisheit, ie mer ruwe*, 80,21). Im zweiten Teil der Predigt (80,30–81,11) geht es um eine zweite Art von Ruhe, nämlich darum, wie die ewige Weisheit „Ruhe in der Stadt sucht, nämlich in der Seele, die in Gottes Gegenwart steht" (80,31–32). Für Johannes Franke ist dies der Bereich der Kontemplation und der mystischen Gaben. „Auch wenn die Seele nicht allezeit in stetiger Ruhe zu bleiben vermag, so muss sie doch von Zeit zu Zeit, wenn Gott in sie fließen soll, ruhen, denn sein Einfließen will Ruhe haben, und die Seele, die seinen Einfluss empfangen soll, muss ruhen, denn er ist geneigter, auszufließen, wenn die Seele die Möglichkeit schafft, (ihn) zu empfangen."[125] Diese Empfänglichkeit sei für Maria charakteristisch ge-

---

[123] Nr. 17 (44,27–29): *aber etliche dinc di hat Got behaldin bi ume selbir: daz sint di dri personen, daz ist di forborgenheit di Got den sinen gelobit hat. ‚uch ist gegebin etc.'*

[124] Über Johannes Franke siehe Ruh, *Geschichte* III, 394–398. Der Traktat *Ego sum via, veritas, et vita* wurde herausgegeben von Franz Pfeiffer, „Predigten und Sprüche deutscher Mystiker", in: *Zeitschrift für deutsches Alterthum* 8 (1851), 243–251. Er wurde auch ins Niederländische übersetzt.

[125] Predigt Nr. 35 (80,32–35): *alleine si in der stedikeit alle zit nicht gestein inmac, doch fon zit*

wesen, während Martha sie noch habe lernen müssen (vgl. Lk 10,40–42). Johannes schließt mit der Ermahnung, wir sollten niemals in geschaffenen Dingen unsere Ruhe suchen, sondern in allen Dingen Gott suchen und so zur Ruhe gelangen.

Ein drittes Beispiel für einen Prediger in der Sammlung des „Paradisus" ist Helwic von Germar, der Lektor der Theologie in Erfurt war.[126] Seine zwei Predigten im *Paradies der vernünftigen Seele* gehören zu den theologisch vollendetsten der Sammlung. Nr. 43, eine Predigt über Johannes 14,9–10, handelt in erster Linie von der in diesem Leben möglichen Schau Gottes. Helwic betont, dass „das aktive Verständnis/der aktive Intellekt Gott weder von Natur aus noch dank der Gnade erkennen kann" (95,29–30), widerspricht also ebenfalls Dietrich. Für Helwic wird der Intellekt dadurch befähigt, Gott hienieden auf irgendeine Weise zu erkennen, dass es für ihn die Möglichkeit gibt, einen göttlichen „Einfluss" zu empfangen. Im restlichen Teil dieser relativ langen Predigt werden ausführlich die Formen der Erkenntnis behandelt, die den drei Personen der Dreifaltigkeit zugeschrieben werden.

In Predigt Nr. 52 wendet Helwic seine theologische Fachkenntnis auf ein mystischeres Thema an. In diesem kürzeren Text geht es um das Thema der Geburt des Wortes in der Seele. Obwohl bei den Dominikanern das Geburtsmotiv weit verbreitet war, entwickelt Helwic es doch auf seine ganz eigene Art. Er knüpft dabei an die Aufforderung des Paulus „Verkünde das Wort" (2 Tim 4,2) an, die er auf eckhartsche Weise mit „Bringe vor das Wort" übersetzt.[127] Helwic beginnt mit der akzeptierten Ansicht, dass der Vater im Aussprechen des Wortes sowohl sich selbst als auch alle Dinge ausspreche. „Damit die Seele dies (d. h. das Wort) empfangen könne, hatte er ihr die selbe Fähigkeit gegeben, alle Dinge in der gleichen Edelkeit zu

---

zu zit, alse Got in si flizin sal, so muz si ruwin, wan sin inflizin wil ruwe habin, und di sele muz ruwin di sinem influz sal inphahin, wan he me mildekeit hait uz zuflizine wan di sele mugilicheit habe zu inphahine.

[126] Über Helwic siehe Ruh, *Geschichte* III, 403–405. Seine Predigt Nr. 43 im *Paradisus anime intelligentis* besprechen auch Largier in „,intellectus in deum ascensus'", 448–450 und Steer in „Die Predigt", 333. Helwic wurde als der Autor eines Traktats über die Freundschaft identifiziert, des *De dilectione dei et proximi*, der zuweilen Thomas von Aquin zugeschrieben wird; aber das ist nicht sicher.

[127] Nr. 52 (115,16–18): ‚*Praedica verbum*'. *Sente Paulus sprichit: ‚brenge fore daz wort'. He auch sprichit: ‚ich beswere uch bi deme der orteilin sal di dodin und di lebinden, daz ir gewinnit ein kint'.* Das zweite Zitat, eine Abwandlung von 2 Tim 4,1 unter Hinzufügung des Verweises auf das „ein Kind bekommen", ist typisch für den freien Umgang mit der Schrift, wie man ihn bei Eckhart und seinen Zeitgenossen findet. Über das *praedica* als zunächst „im Innern sagen" und dann „hervorbringen" siehe Eckhart, In Eccli. n. 69 (LW 2,299,2–3) u. Pr. 30 (DW 2,93–94 u. 97–98).

besitzen."¹²⁸ Die Seele habe diese Fähigkeit nicht von Natur aus, sondern als Ergebnis eines besonderen Handelns des Vaters. Damit die Seele in ihrem Inneren ein Bild formen könne, müsse sie frei sein, so wie das Auge von Bildern frei sein muss, um sehen zu können (ein Lieblingsbeispiel von Eckhart). Gott wirke in der Seele auf drei Weisen, um ihr zu helfen, die geschaffenen Bilder zu entfernen (115,25–28). Das Ergebnis dieses Prozesses sei, dass die Seele auf die Geburt des Sohnes vorbereitet werde, die nicht wie bei Eckhart im Grund oder im ungeschaffenen Etwas stattfinde, sondern in der höchsten Kraft *(craft)* der Seele. Helwic schreibt: „Die Seele hat eine Kraft, die ohne Materie und ohne Zeit und Ort wirkt. Wenn die Seele also in der höchsten Kraft (ganz) allein steht, so spricht der Vater ein Wort in die(se) Kraft und gebiert seinen Sohn in die(se) Kraft und empfängt sich selbst in sich selber in dieser Kraft. So also wird das ewige Wort in der Seele empfangen. Das ist das Kind und das Wort, das wir hervorbringen sollen."¹²⁹

Wie bei Eckhart kann diese Geburt nur stattfinden, wenn die Seele rein und leer ist, „herausgezogen aus allen vergänglichen Dingen in Gottes Ewigkeit hinein" (116,2). Im Gegensatz zu den meisten Predigten im *Paradies der vernünftigen Seelen* schließt Helwic seine Predigt nicht mit einer didaktischen, sondern einer appellativen Wendung: „Eia, edle Seele, hast du das Wort in dir, so sprich es herfür! Wann wird dieses Wort hervorgebracht? Als ein Licht der Wahrheit leuchtet es im Geist und in den Kräften der Seele und in den Werken und Verhaltens- und Lebensweisen."¹³⁰

Es gibt wichtige mystische Prediger aus dem Dominikanerorden, die im *Paradisus anime intelligentis* nicht vertreten sind. Überraschenderweise fehlt Johannes von Sterngassen, dessen wenige, aber starke Predigten gelegentlich diejenigen von Eckhart herausfordern. Das verwundert umso mehr, als er und Eckhart einander gekannt haben müssen.¹³¹ Johannes kam aus Köln und war mindestens seit 1310 im Strassburger Dominikanerklos-

---

¹²⁸ Nr. 52 (115,21–22): *mochtis di sele inphangin habin, he hette ur di selbe glicheit gegebin, daz si alle dinc hette in der selbin edelkeit.*
¹²⁹ Nr. 52 (115,29–33): *di sele hait eine craft di sundir materien und sundir zit und stat wirkit. Alse di sele in der hohistin craft steit alleine, so sprichit der vadir ein wort in di craft und gebirit sinen son in di craft und inphehit des selbin in sich selber in dise craft. Also wirt daz ewige wort inphangin in der sele. Dit ist daz kint und daz wort daz wir sullin fore brengin.*
¹³⁰ Nr. 52 (116,3–6): *eia edele sele, haist du daz wort in dir, sprichis herfure! Wanne wirt dit wort forbracht? Alse ein licht der worheit luchtit ez in dem geist und durch den geist in den creftin der sele und in den werkin und sidin und wanelungin.*
¹³¹ Über Johannes von Sterngassen siehe Volker Honemann, in: VL 4,760–762; und Ruh, *Geschichte* III, 410–414. Die vollständigste Darstellung bringt zusammen mit einer Ausgabe von Johannes' Sentenzenkommentar und seinen erhaltenen mittelhochdeutschen Werken Walter Senner, *Johannes von Sterngassen OP und sein Sentenzkommentar*, 2 Bde., Berlin 1994–1995.

ter tätig, so dass er während Eckharts dortigem Aufenthalt (1313–1323) auch dort gewesen sein müsste. Er hatte wie Eckhart in Paris studiert. Sein *Kommentar zu den Sentenzen des Petrus Lombardus* zeigt, dass er ein Vertreter der thomistischen Position war, im Gegensatz zum Anti-Thomismus von Dietrich von Freiberg und seinen Nachfolgern. Die erhaltenen Predigten und Predigtfragmente von Johannes belegen, dass sich viele der von Eckhart mit Vorliebe behandelten Themen auch bei seinen Zeitgenossen finden. Ein Blick auf Johannes' mittelhochdeutsche Predigten genügt, um unsere Wertschätzung des reichhaltigen Stroms der mystischen Predigten der Dominikaner im frühen 14. Jahrhundert zu bestärken.

Johannes betont in seinen Predigten die Notwendigkeit der Loslösung von der geschaffenen Wirklichkeit *(abgescheidenheit)* und des Erlangens eines Zustands der Leerheit und Reinheit *(lûterkeit)*, was ein Echo der Lehre Eckharts ist, jedoch dem pseudo-eckhartschen Traktat *Von der Abgeschiedenheit* noch näher zu stehen scheint.[132] Dieser praktische Apophatismus der Sehnsucht geht mit einer zutiefst negativen Sicht der göttlichen Natur und der verborgenen Dreifaltigkeit einher. So erörtert er zum Beispiel in einer Predigt über die Erzählung von Martha und Maria (Lk 10,40–42) die Rolle des Schweigens auf dem Weg zur *beatitudo*.[133] Um die Glückseligkeit zu erlangen, müssten wir nach Johannes fähig sein, auf Gott zu hören. Die Vorbedingungen dazu seien erstens das Schweigen aller Geschöpfe und sodann das innere Schweigen in uns selbst (Senner II,262,6–263,6). Johannes geht dann noch weiter: „Alle Geschöpfe müssen in der Gottheit schweigen. Die Dreifaltigkeit selber muss in mir schweigen. Im ewigen Wort ist der Vater nicht sprechend. Im ewigen Wort ist nichts sprechend außer dem bloßen Wesen. Würde Gottes Person weggenommen, so bestünde er auch dann noch aus bloßem Wesen. Das ist meine Seligkeit: dass ich Gott mit Gott anschaue. Gott, du sollst sprechen und ich soll hören. Du sollst (die Dinge) bilden im ewigen Wort und ich soll (sie) anschauen."[134]

---

[132] Siehe zum Beispiel die längste erhaltene Predigt „Surge illuminare Ierusalem" (Jes 60,1), herausgegeben in Senner II,350–357, in der mehrere Abschnitte der *luterkeit* gewidmet sind (351,7-15, 355,14–357,12). Im längeren Abschnitt preist Johannes die Leere an, die höher stehe als das Lieben und Erkennen, und zwar auf ganz ähnliche Weise, wie es im Ps.-eckhartschen VdA (DW 5,402–410) heißt, die Loslösung übertreffe Liebe, Demut und Barmherzigkeit. In Dialogform sagt „der maister": *Da ist di luterkeit dez herczen an etlicher weyse edler denne minne oder bekenntnisse* (355,21–22). Nach Johannes ist es die *luterkeit*, nicht die *bekenntnisse* oder *minne*, was uns mit Gott vereine (357,28–37). Siehe auch den Lobpreis der *lûterkeit* und *abescheidenheit* in Senners Predigt 1 (2,347).
[133] Pr. „Maria Magdalena sas zuo den fuessen", in: Senner II,361–363.
[134] „Maria Magdalena sas" (II,363): *Alle creature muossen in der gotheit swîgen. Diu drivaltikeit muos in mir selber swigen. In dem ewigen worte ist nicht der vater sprechende. In dem ewigen worte ist nicht sprechende wac blos wesen. Were gottes persone ab geslagen, noch denne*

Johannes von Sterngassen predigte wie Meister Eckhart und Johannes Franke über den Text der Epistel zum Fest der Aufnahme Marias „In allem habe ich Ruhe gesucht" (Sir 24,7 [Vg 24,11]), und diese seine Predigt bezeichnete Kurt Ruh als seine „bedeutendste, in sich schön geschlossene".[135] Er greift in ihr viele Themen auf, die sich bei Eckhart finden, wie etwa diejenigen vom Nichtssein der nackten Gottheit und der ewigen Geburt der Seele in Gott. Sie enthält auch die Art von verblüffenden Aussagen über die göttliche Natur der Seele, die für Eckhart zur Quelle von so großen Schwierigkeiten wurden. An einer Stelle sagt er zum Beispiel: „Meine Seele ist ihrem Wesen nach gottförmig. Von daher ist sie allvermögend und ihr Werk ist ewig. Alles, was Gott wirken kann, das kann sie aufnehmen ... Alle unsere Meister können nicht herausfinden, ob Gottes Kraft größer sei oder das (Aufnahme-)Vermögen der Seele."[136]

Genauso eindrucksvoll ist die kurze Predigt mit dem Anfang „Der weise Mann sagt im Psalter: ‚Alle Geschöpfe fragen mich: Wer ist Gott?'" (vermutlich ein Verweis auf Ps 148,7–12). Darin gebraucht Johannes zur Übermittlung seiner Botschaft vom Erlangen des Einswerdens die eckhartsche Rede vom Zunichtewerden und vom Grund.[137] Zur Beantwortung der Frage „Wer ist Gott?" geht der Prediger in sich, um zu erwägen, dass alle Geschöpfe in sich selbst nichts sind, aber in Gott ein „fehlerloser Glanz". In dieser inneren, ungestörten Ruhe könne man das Zunichtewerden der geschaffenen Wirklichkeit der Seele erreichen. Johannes drückt das in der Ich-Form mit einer ganzen Reihe von negativen Verben aus: „Und da entstand in mir ein ‚dyapsalma', das ist ein Stillschweigen aller auswendigen Dinge und eine Ruhe aller inwendigen Dinge und in mir brach ein die Himmel rührendes Seufzen auf; mein Verständnis wurde aller Bilder ledig und mein Geist aller Vermittlung beraubt und meine Andacht wurde entmantelt und die Person meines Gemüts wurde zunichte. Ich empfand in mir ein Vergessen aller Dinge, ein Vermissen meines Selbst und ein allein dich, Gott, Wissen."

---

bestuonde er us blossem wesende. Dz ist min selikeit dz ich got mit gotte schouwe. Got, du solt sprechen und ich sol hoeren. Du solt bilden in dem ewigen worte, und ich sol schouwen.
[135] Ruh, *Geschichte* III, 411–413.
[136] Diese Predigt mit dem Anfang „In allen dingen" erscheint in Senners Ausgabe nicht, wird aber von Ruh akzeptiert und ist herausgegeben von Wilhelm Wackernagel, *Altdeutsche Predigten und Gebete aus Handschriften*, Basel 1876, 166–168. Die zitierte Stelle steht darin in 167,16–20: *Min sele ist got formelich an irem wesende. Da von ist si al vermügende vnd ir werk ist ewig. Alles das got würken mag das mag si liden ... Alle ünser meister künnet nit vinden weder gottes kraft grosser si oder der sele vermügen.*
[137] Diese Predigt steht bei Senner in II,358–360. Siehe die Ausführungen zu diesem Text von Léonce Reypens, „Dieu (connaissance mystique)", in: DS 3, 901–902.

Diese Auflösung ermöglicht es, dass die Seele in den Grund geführt und mit der Dreifaltigkeit eins werden kann. Das beschreibt Johannes so:

„Da kam in mich ein mich in dir Vergessen und ein Vermissen meines Selbst, und meine Vernunft wurde in dich gegeistet, und vom Heiligen Geist wurde ich in den Grund geführt, wo hinein der Sohn gebildet ist, und da erkannte ich Gott in Gott und die Natur des Vaters im Sohn und die Person des Vaters im Sohn und die Person des Heiligen Geistes im Vater und im Sohn."[138]

Dieses Absorbiertwerden ins innere Leben der Dreifaltigkeit führt in einen ekstatischen Zustand der Selbstvergessenheit, den Johannes in eine hyperbolische Sprache fasst: „Es kam in mich ein Überbeschauen und Überbegehren und Überverstehen. Ich fand in mir ein aller Dinge Vergessen und ein meines Selbst Vergessen und allein dich, Gott, Wissen. Da kam in mich ein Schauen deiner Ewigkeit und ein Empfinden deiner Seligkeit. Ich fand mich einzig in dich verstarrt. Da kam ich außer mir zu mir in dir und dir in mir. Ich fand mich als ein Wesen mit dir."[139]

Diese Predigt unterscheidet sich von Eckhart nicht in ihrem Aufruf zum Zunichtewerden und ununterschiedenen Einswerden, sondern in der Ausführung dieser Themen in ganz persönlicher Rede. Es bedarf zur genauen Einschätzung des Verhältnisses zwischen Johannes von Sterngassen und Eckhart noch weiterer Untersuchungen, aber dieser kurze Blick dürfte jedenfalls eine Ahnung davon vermittelt haben, dass dieser Mitbruder Eckharts ein ganz eigenständiger starker mystischer Prediger war.

Die Dominikaner der ersten Hälfte des 14. Jahrhunderts waren nicht die einzigen Mystik-Prediger in Deutschland, aber ihre Zeitgenossen und Nachfolger in anderen Orden sind weniger gut bekannt. In Deutschland waren die Franziskaner weit verbreitet, aber sie verfügten nicht über ein intellektuelles Zentrum, das ein Gegenpart zum *studium generale* der Do-

---

[138] „Alle creaturen fragent" (358,16–30 und 359,37–47): *und war in mir ein dyapsalma, dz ist ein stillesswigen aller uswendigen dinge, und ein ruowe aller inwendigen dinge, und kant in mir ein himelruorendes suifzen und min verstentnisse wart entbildet min geist wart entmittelet und min andacht wart entmantelet und persone mines gemuotes wart vernederet. Ich vand in mir ein aller dinge vergessen und ein mines selbes vermissen und ein dich got alleine wissen … Do kam in mich ein mich in dir vergessen unde min vernunft wart in dich gegeistet, unde von dem heiligen geiste wart ich gefueret in den grunt, da der sun inne gebildet ist, unde da erkande ich got in gotte unde des vaters nature in dem sune unde des sunes persone in dem vater unde des heiligen geistes persone in dem vater unde in dem sune.*

[139] „Alle creaturen fragent" (359,48–61): *Es kam in mich ein uiberschouwen und ein uberbegeren und ein uberverstan. Ich vand in mir ein aller dinge vergessen und ein min selbes vergessen und dich got alleine wissen. Do kam in mich ein schowen diner ewikeit und ein bevinden diner selikeit. Ich vand mich allein an dir verstarret. Do kam ich von mir ich mich an dir und dich in mir. Ich vand mich ein wesen mit dir.*

minikaner in Köln hätte sein können. Kurt Ruh hat mit seinen Forschungen viele Aspekte der Übertragung von Klassikern des franziskanischen mystischen Denkens ins Mittelhochdeutsche ans Licht gebracht, besonders der Werke von Bonaventura und von Schriften, die diesem zugeschrieben wurden.[140] Auch wenn die Franziskaner mit ihrer Theologie den Dominikanern ihren Vorrang nicht streitig machten, ist es keine Frage, dass die *barfüsser* bei der Verbreitung des Evangeliums in städtischen Milieus eine große Rolle spielten. Manche Franziskaner erlangten auch einen Ruf als mystische Prediger. Die *Postillen* und andere dem Hartwig von Erfurt († ca. 1340), einem Zeitgenossen Eckharts, zugeschriebene Predigten werden gerade erst herausgegeben und untersucht.[141] Hartmut mag keine originellen Beiträge zur mystischen Predigt geliefert haben, aber angesichts der Zahl der Manuskripte, die von seiner Predigttätigkeit überliefert sind, ist er für die weitgestreute Verbreitung mystischer Themen in der ersten Hälfte des 14. Jahrhunderts repräsentativ.

Gegen 1350 war das große Zeitalter der Philosophie und Theologie der deutschen Dominikaner vorbei, auch wenn Tauler und Seuse noch weitere anderthalb Jahrzehnte lang ihr Predigen und Schreiben über Themen der Mystik fortsetzten. Während der zweiten Hälfte des 14. Jahrhunderts lieferten Vertreter anderer Orden größere Beiträge zur Predigt über mystische Themen als die Dominikaner. Zu den wichtigsten Schriftstellern und Predigern der Zeit nach 1350 gehört der Augustinereremit Jordan von Quedlinburg (zuweilen auch Jordan von Sachsen genannt).[142] Jordan war 1299 geboren, studierte in Bologna und Paris und war Lektor in den Augustinerklöstern Erfurt und Magdeburg. In seinen späteren Jahren widmete er sich dem Schreiben. 1357 verfasste er eine bekannte Darstellung seines Ordens, *Vitasfratrum Liber (Das Leben der Brüder)*; vor seinem Tod ca. 1370

---

[140] Kurt Ruh, *Bonaventura deutsch: Ein Beitrag zur deutschen Franziskaner-Mystik und -Scholastik*, Bern 1956.
[141] Über Hartwig von Erfurt siehe Volker Mertens, „Hartwig (Hartung) von Erfurt", in: VL 3,532–535; und „Theologie der Mönche – Frömmigkeit der Laien? Beobachtungen zur Textgeschichte von Predigten der Hartwig von Erfurt. Mit einem Textanhang", in: *Literatur und Laienbildung im Spätmittelalter und in der Reformationszeit*, hg. v. Ludger Grenzmann u. Karl Stackmann, Stuttgart 1981, 661–685. Siehe auch die Ausgabe und Besprechung einer Adentspredigt über die Geburt des Wortes in der Seele bei Schiewer, „German Sermons in the Middle Ages", 908–911 u. 953–955.
[142] Über Jordan siehe Adolar Zumkeller, „Jordan von Quedlinburg (Jordanus de Saxonia)", in: VL 4,853–861 sowie den Beitrag des gleichen Autors „Jourdain de Saxe ou de Quedlinburg", in: DS 8,1423–1430. Zumkeller liefert ferner einen Überblick über den Beitrag der deutschen Augustiner zur mystischen Literatur in „Die Lehrer des geistlichen Lebens unter den deutschen Augustinern vom dreizehnten Jahrhundert bis zum Konzil von Trient", in: *Sanctus Augustinus Vitae Spiritualis Magister*, Rom 1956, 239–337 (darin 261–267 über Jordan).

Die Weitergabe der Botschaft

vollendete er auch mehrere umfangreiche Predigtsammlungen. Jordan war vom bedeutendsten augustinischen Theologen und geistlichen Schriftsteller der älteren Generation, Heinrich von Friemar (siehe das folgende Kapitel) beeinflusst; auch kannte er Eckharts Schriften. Sein *Opus Postillarum et Sermones* von 1365 enthält wohl über tausend Predigten, die in mehrere Sammlungen unterteilt sind. Eine Anzahl dieser lateinischen Predigten wie etwa diejenigen zur Adventszeit, in denen von der Geburt des Wortes in der Seele die Rede ist, zeigen, wie Jordan eckhartsche Themen aufgriff. Sie bezeugen damit, wie weit im späten 14. Jahrhundert bestimmte Aspekte der Mystik des Meisters verbreitet waren. Obwohl viele der Predigten Jordans schon früh gedruckt wurden, sind nur wenige in modernen kritischen Ausgaben erschienen. Erst wenn Jordans Predigten herausgegeben sind, wird sein Rang in der mittelalterlichen deutschen Mystik genauer bestimmt werden können.[143]

Im Zeitraum nach 1350 war der interessanteste mystische Schriftsteller und Prediger der produktive Franziskaner Marquard von Lindau.[144] Von Marquards ersten Lebensjahrzehnten ist nichts bekannt, doch dürfte er gegen 1330 geboren sein. 1373 versah er das Amt des Lektors am Studienhaus der Franziskaner in Strassburg und war im Orden und in der Welt des späten 14. Jahrhunderts eine wichtige Gestalt. Der Umstand, dass Marquard häufig den Begriff „Freunde Gottes" *(vriunde gottes)* verwendet sowie sein unveröffentlichter Brief „Die Regel für alle Prälaten" zeigen seine Verbindung mit den Strassburger Kreisen der „Gottesfreunde" unter der Führung von Rulman Merswin (siehe Kap. 9).[145] Mit seinen Angriffen gegen die falsche Mystik der Freigeister beteiligte er sich an den Auseinandersetzungen seiner Zeit. Er starb am 13. August 1392.

Marquard schrieb wie Eckhard sowohl auf Latein als auch auf Deutsch. Viele seiner Werke wurden von der einen in die andere Sprache übersetzt,

---

[143] Eine Ausgabe der *Opera omnia* Jordans ist für das CCCM geplant. Über Jordans demokratische und verwandelnde Vorstellung von Heiligkeit siehe E. L. Saak, „Quilibet Christianus: Saints in Society in the Sermons of Jordan of Quedlinburg, OESA", in: *Models of Holiness in Medieval Sermons*, hg. v. Beverly Mayne Kienzle, Louvain-la-Neuve 1996, 317–338.

[144] Als Gesamtübersicht über Marquards Werke siehe Nigel F. Palmer, „Marquard von Lindau OFM", in: VL 6,81–126. Wichtig sind auch die verschiedenen Untersuchungen von Rüdiger Blumrich, besonders die „Einleitung" in Blumrich, *Marquard von Lindau. Deutsche Predigten. Untersuchungen und Edition*, Tübingen 1994, 1*–80*; „Feuer der Liebe. Franziskanische Theologie in den deutschen Predigten Marquards von Lindau", in: *Wissenschaft und Weisheit* 54 (1991),44–55; und „Die deutschen Predigten Marquards von Lindau. Ein franziskanischer Beitrag zur *Theologia mystica*", in: *Albertus Magnus und der Albertismus. Deutsche philosophische Kultur des Mittelalters*, 155–172.

[145] Über diesen Traktat siehe Palmer, „Marquard von Lindau", in: VL 6,104.

was beweist, dass der im Gang befindliche Austausch zwischen lateinischer und volkssprachlicher Mystik mit Eckhart nicht erstorben war.[146] Ein gutes Beispiel für dieses Hin und Her findet sich im größtenteils unveröffentlichten *Kommentar zum Johannesprolog* von Marquard. Ursprünglich auf Latein geschrieben, wurde dieser später von einem Anonymus ins Mittelhochdeutsche übersetzt. In diesem Werk wird häufig der Johanneskommentar von Eckhart verwendet, auch wenn darin ein heftiger Angriff gegen dessen Lehre von der Ewigkeit der Welt vorkommt.[147]

Die Werke des Marquard von Lindau finden sich in rund 450 Manuskripten, was ein starker Beleg für seine Beliebtheit ist. Zum *corpus* seines Werks gehören 27 authentische Traktate, davon 10 ursprünglich deutsch und 17 lateinisch verfasste. Viele dieser Traktate, die in scholastischer Frage-und-Antwort-Form gehalten sind, könnten auf seinen Predigten beruht haben und dann in dieser Form zusammengestellt worden sein, um seinen Mitbrüdern Material für ihre Predigten zu liefern. Damit wird wieder einmal deutlich, wie fließend der Übergang zwischen Predigten und Traktaten war. Marquards Traktate behandeln zwar in erster Linie Themen der Glaubenslehre und des geistlichen Lebens, aber manche von ihnen enthalten auch Themen der Mystik, etwa diejenigen, bei denen es sich um freie Wiedergaben von Werken aus der Tradition der Viktoriner handelt.[148] Unter den lateinischen Werken handelt der Traktat *De reparatione hominis (Über die Wiederherstellung des Menschen)* von 1374 vom Fall und der Erlösung des Menschen und ist eine Art franziskanischer Fassung des *Cur Deus*

---

[146] Über die Vermischung der Sprachen in Marquards Werk siehe Nigel F. Palmer, „Latein, Volkssprache, Mischsprache. Zum Spruchproblem bei Marquard von Lindau, mit einem Handschriftenverzeichnis der ‚Dekalogerklärung' und des ‚Auszugs der Kinder Israels'", in: *Spätmittelalterliche geistliche Literatur in der Nationalsprache, Analecta Carthusiana* 106, Band 1, Universität Salzburg 1983, 71–110.

[147] Marquards Johanneskommentar *(Expositio Evangelii „In principio")* ist in zwei lateinischen Mss. und in fünf deutschen erhalten. Als Beschreibung siehe Palmer, „Marquard von Lindau", in: VL 6,117–118. Loris Sturlese hat den Teil des Textes herausgegeben, in dem er Eckharts Vorstellung von einer ewigen Schöpfung angreift, nämlich in seinem Beitrag „Über Marquard von Lindau und Meister Eckhart", in: *Glauben. Wissen. Handeln. Beiträge aus Theologie, Philosophie und Naturwissenschaften zu Grundfragen christlicher Existenz. Festschrift für Philipp Kaiser,* hg. v. Albert Franz, Würzburg 1994, 277–289 (siehe besonders 283–284). Es gibt auch eine teilweise Übertragung der mittelhochdeutschen Fassung, die Kurt Ruh herausgab in *Franziskanisches Schrifttum im deutschen Mittelalter. Band II: Texte*, München 1985, 199–210, worin sich der Angriff auf Eckhart auf S. 203 findet.

[148] So beruht zum Beispiel der Traktat mit dem Titel *Auszug der Kinder Israels*, eine allegorische Deutung der Patriarchenerzählung, auf Richard von St. Victors *Benjamin minor* (Palmer, „Marquard von Lindau", in: VL 6,91–92), und das lateinische *De arca Noe* ist von den beiden Traktaten Hugos von St. Victor über die Arche abhängig (Palmer, „Marquard von Lindau", in: VL 6,109–110).

Homo.[149] Der erste seiner 30 Artikel handelt von der „Formung oder Erschaffung der Menschheit" und Marquard entwickelt darin seine Theologie der Natur des Menschen, die nach dem Bild der Dreifaltigkeit geschaffen sei, was ein Schlüsselelement seiner Predigt ist.[150] Unter Marquards volkssprachlichen Werken findet sich der beliebte Traktat *Die Zehn Gebote*, die Nigel F. Palmer beschreibt als „ausführliche christliche Darstellung, wie man leben soll, was mit mariologischen und mystischen Lehren ausgeweitet wird."[151] Nur wenige dieser Prosatraktate gibt es in modernen Ausgaben. Obwohl die genauere Untersuchung dieser Traktate zweifellos wegen ihres mystischen Inhalts lohnend wäre, werde ich mich hier auf Marquards Sammlung von 41 Predigten beschränken, die er 1389 veröffentlichte.[152]

Marquards Predigten sind ihrer Form nach scholastisch: Jede besteht aus drei Punkten mit jeweils sechs Teilen, die oft noch von *quaestiones* begleitet sind. Im Vergleich mit Eckhart oder Tauler wirkt diese Form zwar monoton, aber der Inhalt zeigt eine ungewöhnliche Form der mystischen Predigt, in der ein breites Spektrum von traditionellen und auch zeitgenössischen Quellen entfaltet wird. Zusammen mit dem reichlichen Gebrauch von zu erwartenden Gestalten wie Augustinus, Dionysius, Gregor dem Großen, Bernhard von Clairvaux und den Viktorinern finden sich ausgiebige, wenn auch kritische Übernahmen von Eckhart, und das alles im Gesamtrahmen einer Form der franziskanischen Mystik, die auf der persönlichen Christusverehrung und dem von Thomas Gallus vertretenen affektiven Dionysianismus beruht, den Bonaventura und andere Nachfolger von Franziskus

---

[149] Davon gibt es eine moderne Ausgabe von Hermann-Josef May, *Marquard von Lindau OFM – De reparatione hominis. Einführung und Textedition*, Frankfurt 1977.
[150] *De reparatione hominis* art. 1 (May 3–12). Marquard macht zwar bei seiner Auslegung von Gen 2,20–24 ausgiebig von Eckhart Gebrauch, aber wenn er dann behauptet, das Bild der Dreifaltigkeit finde sich in den Seelenkräften des Menschen, nicht in seinem Wesen, so trennt er sich damit von Eckhart und schlägt sich auf die Seite von Augustinus: *Haec autem imago non in essentia animae, ut aliqui autumant, sed in potentiis animae, in portione superiori consistit, ut aperte beatus Augustinus libro De civitate dei inquit* (9,25–28).
[151] Palmer, „Marquard von Lindau", in: VL 6,89. Die *Dekalogerklärung* gibt es in vielen Formen, oft zusammen mit zwei Versionen des *Auszugs der Kinder Israels*. Es gibt davon keine moderne Ausgabe, jedoch eine Untersuchung und ein Reprint der 1516 und 1520 in Strassburg gedruckten Ausgabe von Jacobus Willem Van Maren, *Marquard von Lindau. Die Zehn Gebot (Strassburg 1516 und 1520). Ein katechetischer Traktat*, Amsterdam 1980. In einem Exkurs zu seinem Traktat über das zehnte Gebot erörtert Marquard die mystische Einung, und zwar weithin auf der Grundlage von Jan van Ruusbroecs *Gheestelike Bruloct (Geistlicher Hochzeit);* siehe in der Ausgabe von 1516 LIX-LX (im Reprint 112–114).
[152] Marquards Predigten sind aus 7 Mss. bekannt und wurden herausgegeben von Blumrich, *Marquard von Lindau. Deutsche Predigten*. Georg Steer („Geistliche Prosa", in: *Die deutsche Literatur im späten Mittelalter 1250–1370*, 338) schreibt: *Mit Marquard von Lindau ... ersteigt die deutsche Predigt des 14. Jahrhunderts einen letzten Gipfel.*

aufgegriffen hatten.¹⁵³ Marquard verwendet auch andere zeitgenössische Mystiker, wie etwa Seuse, Tauler, Ruusbroec und insbesondere das anonyme *Buch von geistlicher Armut* (siehe Kapitel 8), aus dem er lange Abschnitte zitiert. Dieses Verschmelzen von Traditionen war nicht neu, wie man an dem lateinischen Kommentar zum „Granum Sinapis" sehen kann, aber Marquard gab der Mischung sein eigenes Gepräge.

Zwar ist bei Marquard das aszetische und moralische Element stärker als bei Eckhart, aber sein Versuch, ein Gleichgewicht zwischen Mystik und christlicher Alltagspraxis zu finden, kommt an Tauler heran. Wie Eckhart und Tauler knüpft auch er seine Predigten an die liturgischen Lesungen an und will den Hörern und Lesern den tieferen Sinn der Perikopen zu den Festen des Kirchenkalenders erschließen. Dieser Punkt muss für heutige Leser betont werden, die sich Mystik meistens als ganz privaten Aspekt des religiösen Lebens vorstellen. Marquard gebrauchte (und missbrauchte, oder zumindest reinterpretierte) Eckhart für seine eigenen Zwecke, wie er das auch mit seinen anderen Quellen tat.¹⁵⁴ Aber man sollte seine mystische Predigt nicht mit ihm fremden Maßstäben messen, sondern ausgehend von seinem eigenen Versuch, die Verwandlung in das göttliche Leben zu beschreiben, die das Ziel des christlichen Glaubens und der christlichen Lebenspraxis ist.

Marquards Predigtsammlung gestattet uns einen Überblick über seine Mystik, der jedoch noch der genaueren Qualifikation bedarf, sobald das gesamte *corpus* seiner Schriften genauer erforscht sein wird. Seine mystische Lehre über den Weg zu Gott lässt sich genau wie diejenige Eckharts am besten verstehen, wenn man bei seiner Lehre über Gott und die Schöpfung ansetzt. Der apophatische Charakter von Marquards Gottesverständnis zeigt sich in allen seinen Predigten ganz deutlich. So sagt er zum Beispiel in Anlehnung an Meister Eckharts Ausführungen über die Bekehrung von Paulus, wo es heißt, dieser habe nichts mehr gesehen (Apg 9,8): „Und in dem Licht sah er nichts, denn er sah Gott."¹⁵⁵ Diese negative Theologie stellt er oft in dionysischen Begriffen vor, wozu er häufig aus den DN und der MT zitiert. So skizziert Marquard zum Beispiel in Predigt 19 sechs Arten der Gotteserkenntnis und bezeichnet deren höchste als *docta igno-*

---

¹⁵³ Zusammen mit den Untersuchungen über Marquards Quellen in der Edition und den Beiträgen von Blumrich über Marquards Verwendung von Eckhart siehe auch Freimut Löser, „Rezeption als Revision. Marquard von Lindau und Meister Eckhart", in: *Beiträge zur Geschichte der deutschen Sprache und Literatur* 119 (1997), 425–458.
¹⁵⁴ Siehe die Zusammenfassung in Löser, „Rezeption als Revision", 455–458.
¹⁵⁵ Marquard, Predigt 41 (312,84): *Vnd in dem liecht sah er nit, wan er sah got.* Marquard schöpft mit seinen Ausführungen (312,77–313,93) aus Eckharts Prr. 70 und 71 (DW 3,189 u. 227–228).

rantia. Diejenigen, die auf deren Stufe seien, „nehmen die Heilige Schrift und ziehen sie zu (Erkenntnis-)Weisen hinauf, die oberhalb der Vernunft und über den Bildern und allem Licht sind, und verweisen den Menschen außer sich selbst in ein völliges Nichtwissen aller Dinge, wie der heilige Dionysius in dem Buch ‚De mystica theologia' ... In diesem Nichtwissen sieht der Mensch mittels Blindheit und erkennt mittels Nichterkennen."[156]

Marquard macht auch von spezifisch eckhartscher negativer Rede Gebrauch, wenn er etwa in Predigt 16 sagt „dass man im wesentlichen Lohn das grundlose Meer der Gottheit in seiner Istheit und Bloßheit schaut, da es bildlos und formlos ist."[157] In Predigt 2 gibt er einen Überblick über die apophatischen Namen Gottes und bezeichnet wie Eckhart das Tetragrammaton als den höchsten und würdigsten, „denn der ist Gottes Name, wie er wahrgenommen wird in seiner nackten, losgelösten Natur, wie er ist."[158] Diese Betonung der „bildlosen namenlosen Gottheit" (*bildlovsen namlovsen gotthait*, 264,48) war natürlich im 14. Jahrhundert bei vielen deutschen Mystikern üblich. Auch wenn Marquards Redeweise bei den Dominikanern ein Gemeinplatz gewesen sein mag, ist der Umstand, dass er eine stark apophatische Theologie vertritt, doch für die Geschichte der franziskanischen Mystik wichtig.

Marquards Fähigkeit, theologische Spekulation mit mystischer Unterweisung zu verbinden, zeigt sich deutlich in der Art, wie er seine Predigt in einer originellen Behandlung des Themas Dreifaltigkeit verwurzelt. Predigt 32 zum Dreifaltigkeitssonntag ist eine seiner eindrucksvollsten Predigten.[159] Er beginnt diese Predigt mit der Behauptung, wenn es in der Gottheit nur eine Person gäbe, könnte die Seele keine echte Glückseligkeit erlangen, denn sie müsste verzichten auf „die Schau der liebevollen Geburt des Ewigen Worts und das unermesslich süße Ausfließen des Heiligen Geis-

---

[156] Predigt 19 (131,57–132,63): *Die sechsten die nemend die hailgen geschrift vnd ziehend si uff wisen, die ueber vernunft vnd ob bilden vnd ob allem liecht sind, vnd wisend den menschen vsser im selber in ain gancz nit wissen aller ding, als sant Dyonisius in dem buoch ‚De mistica theologia'* [in Wirklichkeit stammt das aus DN 1,1 (PG 3,588A)] ... *In dem nit wissen der mensch mit blinthait gesihet vnd mit vnbekantnuest bekennet.* Das gleiche Thema wiederholt er in Predigt 30, die von der Schule des Heiligen Geistes handelt: *Vnd in diser schuol lernet man gesehen mit blinthait vnd bekennen mit vnbekantnuest* (205,106–107).

[157] Predigt 16 (120,31–33): ... *daz man in wesenlichen lon schouwet daz grundlos mer der gothait in siner istikait vnd blovsshait, als es bildlos vnd formlovs ist* (vgl. Predigt 36: 257,158). In Predigt 40 beschreibt er Maria Magdalena in der Wüste so: ... *vnd sich gesenket in daz grundlovs wislovs wesen, daz mavss nit enhavt noch nieman kan begriffen.* In Predigt 25 (169,72) gebraucht er den Ausdruck *abgrund der gothait*.

[158] Predigt 2 (14,75–76): ... *wan der ist gottez nam, als er genomen wirt in siner blovsser abgescheidener istigen natur.*

[159] Predigt 32 (221–230).

tes" (221,6–7). Der Prediger sagt, auch wenn man Gott nie geziemend erkennen und preisen könne, müsse er dem Fest doch mittels der Predigt über drei Punkte die Ehre geben: (1) Warum es notwendig sei, dass in der Gottheit drei Personen seien; (2) Wie die Dreifaltigkeit in allen Dingen aufscheine; und (3) Was das dreifaltige Licht in der Seele angehe.

Im ersten Teil der Predigt (221,17–225,144) stellt er die angeblich „zwingenden Beweise" *(rationes necessariae)* für die Dreifaltigkeit vor. Marquard bietet sechs Argumente von angesehenen Autoritäten wie Augustinus, Richard von St. Victor, Hilarius von Poitiers und Ambrosius auf. Im zweiten Teil der Predigt (225,145–228,262) bringt er eine weitere sechsteilige Darlegung, dieses Mal über das dreifaltige Licht in allen Geschöpfen. Unter den ersten beiden Punkten (225,147–226,177) weist Marquard nach, wie sich die Dreifaltigkeit in der Heiligen Schrift nicht nur des Neuen, sondern auch des Alten Testaments offenbare. Als dritten Punkt (226,178–227,199) bespricht er die heidnischen Zeugen für die Dreifaltigkeit und zitiert Platon, Pythagoras, Aristoteles, Porphyrius und das *Buch der vierundzwanzig Philosophen*. Das zeigt, dass er als Franziskaner genau wie die Dominikanertheologen der ersten Hälfte des 14. Jahrhunderts das Zeugnis der Heiden für die Dreifaltigkeit hoch einschätzte.[160] Unter Punkt vier und fünf des zweiten Teils (227,200–218) werden die Lehren von Anselm und Augustinus über trinitarische Analogien in den geschaffenen Dinge angeführt.

Bei der sechsten Art der Gegenwart der Dreifaltigkeit in der Schöpfung (227,219–228,262) handelt es sich um das zentrale Thema von Marquards Theologie, nämlich dem Bild der Dreifaltigkeit in der Seele des Menschen. Er schreibt: „Sechstens leuchtet die heilige Dreifaltigkeit im Bild der vernünftigen Seele, denn es gibt drei Kräfte, in die Gott sein Bild so edel eingedrückt hat, dass Sankt Augustinus sagt, wer dieses Bild sehe, dem sei, als offenbare sich die heilige Dreifaltigkeit so, wie die Sonne sichtbar über den Himmel läuft."[161] Marquard fügt hinzu, diese Gegenwart sei Gott besonders lieb und daher allen anderen überlegen.

Im letzten Teil der Predigt (228,263–230,320) erörtert Marquard die Natur der Gegenwart der Dreifaltigkeit in der Seele mit Hilfe von Eckharts Bildtheologie. Damit, dass die göttliche Liebe der Seele ihr Bild aufpräge,

---

[160] Marquard teilt der Philosophie eine positive, wenn auch beschränkte Rolle zu, wie man in Predigt 30 (204,57–69) sehen kann, wo er die heidnische Weisheit als die dritte der sechs Schulen einordnet, die zu Gott führten.

[161] Predigt 32 (227,119–223): *Ze dem sechsten so lueht die hailig driuaitikait in dem bild der vernuenftigen selen, wan da sind dry kreft, in die gott sin bild gedrucket havt so gar adellich, daz sant Augustinus sprichet, waer diss bild sehe, im waer als offenbavr die hailig driualtikait, als daz die sunn gesihteklich an dem himel lovffet.* Der Verweis bezieht sich auf Augustinus' *De trinitate* 15,20,39.

verfolge sie das Ziel, dass das Wort in der Seele geboren werde: „Darin hat er unmäßige Liebe erzeigt, dass er sein edles Bild in die Seele gedrückt hat, damit er seinen eingeborenen Sohn in sie hinein gebäre."[162] Zur Erläuterung der Eigenart des *bilds gottes* in der Seele gebraucht Marquard das Beispiel des Gemäldes eines Königs an einer Wand. Dieses Bild könne man auf zwei Weisen sehen: seinem Wesen nach, mit dem es nur Farbe sei; oder seiner Funktion als Bild nach *(navch bildlicher wis)*. Zur genaueren Darlegung des letzteren zitiert er eine Stelle aus Eckharts *Johanneskommentar* über vier Aspekte der Bezogenheit jedes Bildes auf seinen Archetyp: ein Bild beziehe seine ganze Realität von dem, was es abbilde; ein Bild habe keine Realität aus einer anderen Quelle; ein Bild beziehe seine ganze Realität aus seinem Archetyp; und schließlich existierten das Bild und der Archetyp ineinander.[163] Eckhart paraphrasierend, sagt Marquard: „Viertens soll das Bild allezeit in Gott sein und Gott in dem Bild, so wie Christus, der ein Bild des Vaters war, sprach: ‚Der Vater ist in mir und ich bin in dem Vater' (Joh 14,11)."[164] Es könnte fast so scheinen, als sei Marquard hier in voller Übereinstimmung mit Eckharts Bildtheologie, aber das ist nicht der Fall. Marquard zitiert Eckhart, wo er ihn nützlich findet, vermeidet aber die Aspekte von dessen Lehre, die der Tradition widersprachen und angegriffen worden waren. So schneidet er gegen Ende der Predigt ausdrücklich die umstrittene Frage an, ob das Bild im *wesen der sele* angelegt sei oder in den drei Kräften Gedächtnis, Intellekt und Wille. Hier trennt er sich genau wie anderswo von Eckhart und vertritt mit Augustinus (und Bonaventura und Thomas von Aquin), dass das Bild in den Kräften angelegt sei.[165]

Marquards Lehre über die *imago Trinitatis* findet sich quer durch alle

---

[162] Predigt 32 (229,269–270): ... *so hett er doch vnmaessig minn erzoeget, wan er havt doch sin edel bild in die sel gedrucket, davr vmb daz er sinen aingebornen sun in si geber* ... Blumrich vermerkt die Nähe diese Aussage zur Pseudo-eckhartschen Predigt Pfeiffer XXVI (in dessen Ausg. 100,18–19): *Dar umbe hât got dise sêle geschaffen, daz er sînen eingebornen sun in sî gebêre.* Zu weiteren Verwendungen dieser Stelle bei Marquard siehe Löser, „Rezeption als Revision", 432–433 u. 450–451.

[163] Predigt 32 (229,278–230,294). Die Stelle bei Eckhart ist In Ioh. n. 23 (LW 3,19,5–12). Marquard lässt Eckharts drittes Merkmal weg.

[164] Predigt 32 (230,292–294): *Ze dem vierden so sol das bild alle zit in gott sin vnd gott in dem bild, als Cristus, der ain bild was des vatters, sprach: ‚Der vatter ist in mir, vnd ich in dem vatter'.* Hier zitiert Marquard in Wirklichkeit Eckharts fünftes Merkmal des Bilds, das dieser in In Ioh. n. 24 (LW 3,19,13–16) nennt.

[165] Predigt 32 (230,307–310). Über die Bedeutung von Marquards Meinungsverschiedenheit mit Eckhart über diesen Punkt siehe Blumrich, „Einleitung", in: *Marquard von Lindau. Deutsche Predigten* 73*–77*; Löser, „Rezeption als Revision", 437; und Loris Sturlese, „Meister Eckharts Weiterwirken", in: *Eckardus Theutonicus, Homo doctus et Sanctus. Nachweise und Berichte zum Prozess gegen Meister Eckhart*, hg. v. Heinrich Stirnimann u. Ruedi Imbach, Freiburg (Schweiz) 1992, 172–173.

seine Predigten,¹⁶⁶ aber ihre genaue Beziehung zu anderen Aspekten seiner Lehre über die Gegenwart Gottes in den Tiefen der Seele bedarf noch weiterer Untersuchung. So kommt er zum Beispiel in Predigt 31 wieder auf die Natur des Bildes zu sprechen und setzt es dieses Mal wiederum anhand eines Zitats aus einer der Predigten Eckharts mit der *synderesis* gleich, das heißt, es sei „ein Bild göttlicher Natur, es ist mit Gott verwandt. Es ist ein Licht, das ohne Mittel allezeit vom Heiligen Geist entzündet wird."¹⁶⁷ In einer Reihe von Predigten ist die eckhartsche Rede vom *grund der selen* (71,108) oder *grund des gemuetes* (152,32; 305,137) verwendet. Marquard gebraucht den letzteren Begriff in einem trinitarischen Sinn, wie man in Predigt 25 sehen kann, wo er als Autorität Augustinus anführt (vermutlich dessen *De Trinitate* 15,20,39) und sagt, wenn die Menschen „in das goldene Brett ihres Gemütes herniederschauen, so schauen und sehen sie Gott und die gebenedeite Dreifaltigkeit im Grund ihres Gemütes leuchten."¹⁶⁸ Vermutlich wollte er bei diesem Gebrauch des Begriffes *grund* nicht von einem ungeschaffenen Etwas jenseits aller Seelenkräfte sprechen wie Eckhart, sondern er nahm ihn als Bezeichnung für die geschaffene Natur der Seele, deren drei Kräfte das Bild der Dreifaltigkeit darstellen.

Marquard von Lindau betont in seiner Lehre über den Weg zum Einswerden mit Gott viele der gängigen Themen der mittelalterlichen Mystik: die Kultivierung der Tugenden, besonders der Demut, Armut und Nächstenliebe; die Bedeutung des Schweigens und der Innerlichkeit; die Verehrung Jesu, besonders in seinem Leiden; die Notwendigkeit des Loslassens *(gelassenheit)* und der inneren Freiheit *(ledikait)*; die Geburt des Wortes in der Seele; und die Ekstase und das liebende Einswerden mit Gott in einem *apex affectus*, der alles Begreifen übersteige. Keines dieser Themen war neu, aber Marquards Fähigkeit, sie auf Deutsch wirkungsvoll vorzustellen, bezeugt die Kraft seiner mystischen Predigt. Ein kurzer Blick auf diese Ecksteine der mittelalterlichen Mystik soll zeigen, warum Marquard als der letzte große mystische Prediger dieses Zeitalters angesehen werden darf.

In Übereinstimmung mit der langen Tradition spricht Marquard von drei Stufen auf dem Weg zu Gott. Der Mensch müsse anfangen „zuerst mit äußerer Tugendübung. Sodann mit der Kehre nach innen und heiliger Be-

---

¹⁶⁶ Siehe z. B. Predigt 25 (168,30–41) und Predigt 30 (202,14–22).
¹⁶⁷ Predigt 31 (217,180–184): ... *vnd haissend es die lerer synderesim ... Es ist ain bild goettlicher natur, es ist got navch sipp. Es ist ain liht, daz sunder mittel alle zit entzuendet wirt von dem hailgen gaist.* Blumrich vermerkt die Abhängigkeit dieser Stelle von Eckharts Pr. 20a (DW 1,332,3–334,5).
¹⁶⁸ Predigt 25 (168,39–41): ... *wav die sehend niderwert in daz guldin brett ires gemuetes, so schovwend vnd sehend si got vnd die gebenedicten driualtikait luchten in dem grund ires gemuetes.*

trachtung in bildlicher Weise. Und drittens auf bildlose Weise in lauterem (Sich-)Vereinigen und Schauen."[169] In der Praxis allerdings geht es ihm nicht um ausdrückliche Wegbeschreibungen. Marquard betonte wie andere Mystiker, dass die wesentliche Tugend die Liebe sei. Seine Predigt 31 zum Montag in der Pfingstwoche beginnt mit einer Betrachtung über sechs Aspekte „der Liebe des Ewigen Vaters", die die Quelle der Schöpfung und die Kraft sei, die alles wieder in Gott zurückhole. Im Anschluss an Augustinus vertritt er, die Liebe *(caritas/minne)* sei die Formkraft aller Tugenden, so dass der Fortschritt in jeglicher Art des Gutseins nur mittels der Kraft der brennenden Liebe möglich sei.[170] In Predigt 8 deutet er die beiden Tage, die Jesus in einem samaritischen Dorf blieb (Joh 4,40) allegorisch als die beiden für das Heil notwendigen Formen der Liebe: „Der eine Tag ist die reine Liebe zu Gott, der andere die reine göttliche Liebe zu unseren Mitmenschen" (76,292–293). Predigt 39 zum Fest des heiligen Laurentius enthält eine ausführliche Abhandlung darüber, wie das Feuer der göttlichen Liebe den Geist entflamme und uns Christus ähnlich mache.[171] Es verwundert nicht, dass in Marquards Predigt die Liebe das vorherrschende Thema ist; jedoch vernachlässigt er auch andere wesentliche Tugenden nicht, die notwendig seien, um die Höhen der Kontemplation zu erreichen, insbesondere die Demut, die die Grundlage aller Tugenden sei,[172] sowie auch die Armut, über die unter den Franziskanern und auch von Eckhart und seinen Nachfolgern lebhaft diskutiert wurde.[173] Marquard sagt, indem man diese Tugenden übe, werde man nach und nach Christus gleichförmig.

Predigt 2 zum Fest der Beschneidung liefert eine gute Vorstellung davon, wie wichtig für Marquard in seiner Predigt Jesus ist.[174] Im ersten Teil der

---

[169] Predigt 23 (151,13–15): *Ze erst mit usser tugentlicher vebung. Ze dem andern mit inwendigem keren vnd hailger betrahtung in bildlicher wis. Ze dem dritten bildloselich in luterm varainigen vnd schowen.*

[170] Über die Liebe als die Formkraft der Tugenden siehe Predigt 31 (212,14–213,33). Als einige weitere Abhandlungen über die notwendige Rolle der Liebe siehe Predigt 2 (20,249–260); Predigt 16 (121,83–86); Predigt 31 (217,161–174); und Predigt 41 (311,39–53).

[171] Predigt 39 (292–300). Siehe besonders 292,13–293,29 über das Gesetz der Liebe; 294,63–295,103 darüber, wie das Feuer der Liebe uns Christus gleichförmig macht; 295,117–299,242, ein Abschnitt, in dem sechs Weisen aufgezählt werden, auf die die göttliche Liebe den Geist entflamme; und schließlich 299,243–300,291, den abschließenden Teil über die sechs Kohlen oder Motive, die die Liebe zu Gott am Glühen halten.

[172] Als Aussagen zur Demut siehe z. B. Predigt 5 (41,20–42,31); Predigt 30 (209,234–39); und Predigt 41 (313,129–125).

[173] Über Marquards Begriff der *armut* und dessen Beziehung zu Eckhart, besonders des Meisters Pr. 52, siehe Georg Steer, „Der Armutsgedanke der deutschen Mystiker bei Marquard von Lindau", in: *Franziskanische Studien* 60 (1978), 289–300. Von den Predigten siehe darüber besonders die Predigten 6 u. 7 (48–67).

[174] Predigt 2 (12–21).

Predigt zählt er kurz sechs Gründe dafür auf, weshalb der Erlöser bei der Beschneidung freiwillig sein Blut vergossen habe; aber sein Hauptinteresse gilt, wie die Frage am Schluss des ersten Teils (13,37–14,66) zeigt, unserer persönlichen Aneignung dieses Geheimnisses durch die geistlichen Beschneidung, mittels der der Mensch alle überflüssigen Bilder, Gedanken und Wünsche abschneide, „damit sich in ihm die einfältige Form Gottes widerspiegle wie in einem lautern Spiegel".[175] Im zweiten Teil betont er die Verehrung des Namens Jesu, die seit der Zeit Bernhards von Clairvaux, den er frei zitiert, in der mittelalterlichen Mystik stark gewesen war. (Marquard erwähnt in 17,164–167 auch, dass Franziskus den heiligen Namen verehrt habe.) Den zweiten Teil beginnt der Prediger mit einer Aufzählung der im Alten Testament vorkommenden negativen Namen Gottes, um damit hervorzuheben, was für eine besondere positive Offenbarung der Name Jesu gewesen sei, als Gott Mensch wurde (14,67–15,105). Die fünf Buchstaben von „Jesus" offenbaren fünf wesentliche Kennzeichen des erlösenden Namens: Innerlichkeit, Einssein, Stärke, Freude *(vreude)* und Süße (15,105–18,180). Im dritten Teil geht es schließlich um das Neuwerden, auf das sich die Gläubigen zu Beginn jedes neuen Jahres einlassen sollten.

Marquard konzentriert sich in seiner Predigt über die Nachahmung Christi auf den Aspekt, dass man Jesu Beispiel brennender Liebe zu Gott und zum Nächsten folgen solle. In Predigt 30 zählt er in aufsteigender Reihenfolge sechs Schulen auf, die zu Gott führten, und es ist bemerkenswert, dass er die „Schule Jesu Christi" an dritter Stelle bringt, erst nach der Schule der Engel und der Schule des Heiligen Geistes. Der Grund dafür ist, dass es bei der dritten Schule darum gehe, sich in der Nachfolge Jesu *im Äußeren* zu entwickeln („Wie der Mensch alle Wonne im Kreuz und im Leiden unseres Erlösers Jesus Christus findet" [204,88–89]), während es in der Schule der Engel um „das innere geistliche Leben" gehe und in der Schule des Heiligen Geistes um das Nichtwissen und die höchste Affektivität. In Predigt 23 erläutert er auf typisch franziskanische Weise die Rolle der Passion und legt dar, wie die fünf „Zeichen der Liebe unseres Herrn", das heißt Christi fünf Wunden, zum Gegenstand der Betrachtung der Gott liebenden Seele würden, wenn sie dem Erlöser auf dem Pfad der Tugenden folge (155,144–158,234). Aber, so sagt er in Predigt 39 mit einer Beschreibung des „göttlichen Feuers" (298,215–299,242), die Schule Christi und die Schule des Heiligen Geistes seien in Wirklichkeit die äußere und die innere Dimension der gleichen höchsten Liebe. Das Feuer des Heiligen Geistes, das

---

[175] Predigt 2 (14,62–63): ... *daz sich in im die ainvaltig form gottes widerschlueg als in ainem lutern spiegel.* Marquard verwendet Spiegel für seine Bilder häufig.

„die Seele zu einer Liebe mit ihm macht" (298,226), bringe den Christus gleichen Menschen hervor: „Je mehr der Mensch Christus gleicht, desto mehr hat er die rechte göttliche Liebe, denn Christi Leben ist die wahre Regel der göttlichen Liebe."[176]

Das ist alles sehr franziskanisch. Andere Themen als die üblichen franziskanischen bringt er aber ein, wenn er die eckhartsche Rede vom Loslassen, von innerer Lauterkeit, Schweigen und der Geburt des Sohnes in der Seele übernimmt. Zuweilen spricht er vom Losgelöstsein (*abegeschaidenheit*), aber noch lieber vom inneren Freisein (*gelassenhait*), um damit das Abschneiden des Begehrens zu bezeichnen, durch welches der Mensch frei (*ledic*) und leer (*blovss*) von allen geschaffenen Dingen und damit tauglich werde, sich von Gott erfüllen zu lassen.[177] Die Predigten 5 und 41 enthalten Abhandlungen über diesen Aspekt der Mystik Marquards. In Predigt 5 zum Fest Mariä Verkündigung[178] stellt er Maria als Beispiel „reinen Loslassens ihres Herzens für den göttlichen Willen" vor (42,51–52). Im dritten Teil der Predigt (45,157–47,230) erörtert er sechs Weisen, auf die man das Loslassen in Gottes Willen hinein erlangen könne, wie es Maria und der Apostel Paulus vorgelebt hätten. Dank des wirklichen Loslassens erlangten wir „die Ähnlichkeit mit dem süßen Leben Jesu Christi" (45,168–169). Ein solches Loslassen ermögliche es Gott, in uns „ohne Mittel" (*sunder mittel*) zu wirken; es führe einen Zustand des Abhängens von Gottes Willen in allen Dingen herbei, so dass „der Geist des Menschen in allen beiläufigen Dingen so friedvoll, still und in Ruhe ist, dass man in allen Dingen immer unverwirrt im Frieden des Herzens und in allem in gleicher Dankbarkeit bleibt" (846,182–184). Der christologische Aspekt der totalen Abhängigkeit von Gott besteht darin, dass diese Haltung der Selbsthingabe Jesu am Kreuz entspricht (46,204–207). Dabei wird Gott nicht als Quelle beglückender Erfahrung oder der Belohnung vorgestellt, sondern es geht einem einfach um Gott schlechthin: Man hält sich offen hin und lässt „Gott Gott sein" (*vnd got lavssen got sin*, 47,217).[179]

Ein weiteres Thema, das Marquard mit Eckhart teilt, ist das Schweigen. In seiner Predigt 1 zum Weihnachtsfest zitiert er Eckhart zu diesem Thema sogar fast wörtlich. Er kommentiert Weisheit 18,14 („Als tiefes Schweigen

---

[176] Predigt 39 (299,239–241): *Als vil sich der mensch gelichet Cristo, als vil het er rehter goettlicher minn, wan Cristus leben ist die reht regel goettlicher min.*
[177] Über den Gebrauch von *ledig* und *blovss* und den Stellenwert dieser Begriffe im *Buch der geistlichen Armut* siehe Blumrich, „Feuer der Liebe", 46–49.
[178] Predigt 5 (41–47).
[179] Als weitere Abhandlung über das Loslassen siehe Predigt 41, besonders 311,54–312,76 und 313,100–314,156.

das All umfing und die Nacht bis zur Mitte gelangt war, da sprang dein allmächtiges Wort vom königlichen Thron herab") und paraphrasiert dazu Stellen aus Eckharts Predigtzyklus über die Geburt des Sohnes in der Seele (Prr. 101–104): „Wenn Gottes Sohn in des Menschen Herz und Gemüt kommen soll, muss Ruhe sein mit allen sinnlichen Einfällen und in des Menschen Vernunft Stillheit aller bildlicher Geschöpfe. Wenn dann der Mensch in einer vollkommenen Stille stünde, so wäre er in ein Nichtwissen und Vergessen seiner selbst und aller Geschöpfe gelangt und dann würde das ewige Wort in seine Seele gesprochen ... Wenn darum das Geschöpf nicht sich selbst in der Seele gebiert, kommt das ewige Wort von den königlichen Stühlen und Gott Vater spricht in die Seele sein ewiges Wort mit aller Lust und Seligkeit." [180]

Sowohl für Eckhart als auch für Marquard von Lindau ist also das innere Stillwerden die notwendige Bedingung für die Geburt des Wortes in der Seele.[181]

Auch wenn Eckhart und Marquard sich darin einig waren, dass es zur Vorbereitung der Geburt des Sohnes der Innerlichkeit, des Schweigens und des Abstreifens der gesamten geschaffenen Wirklichkeit bedürfe, so waren sie doch bezüglich der Rolle der Seelenkräfte beim Erlangen des Gebärens und Einswerdens verschiedener Meinung. Meister Eckhart entwickelte den intellektiven Dionysianismus Alberts auf seine eigene Weise, während sich Marquard als der wirksamste Prediger des von Thomas Gallus eingeführten affektiven Dionysianismus bezeichnen lässt. Marquards Abhängigkeit von den Viktorinern zeigt sich deutlich in seiner Beschreibung der „Schule des Heiligen Geistes" in Predigt 30 (205,100–206,132). Diese Schule sei nur „für demütige, leere, Gott-empfängliche Menschen" offen (205,102), die den schwierigsten und engsten Pfad gewählt hätten. Marquard zitiert Paulus und Dionysius (DN 7,1), um deutlich zu machen, dass dieser Pfad weit über alles Wissen und mit Namen Bezeichnen, allen

---

[180] Predigt 1 (8,151–161): ... *wa gottes sun sol kumen in dez menschen hertz vnd gemuet, da muoss ovch ruow sin aller sinnlicher invaell vnd stillhait aller bildlichen creature in dez menschen vernunft. Vnd wenn denn der mensch stuond in saemlicher stilli, so waer er kumen in ain nit wissen vnd vergessen sin selbs vnd aller creaturen, vnd wurd denn daz ewig wort gesprochen in die sel ... Hier vmb wenn sich creatur nit gebirt in der sel, so kumet den daz ewig wort von den kuengklichen stuelen, vnd sprichet got vatter in die sel sin ewig wort mit allem lust vnd salikait.* Blumrich, „Einleitung", 69* und Löser, „Rezeption als Revision", 449–450, erörtern die Zusammenhänge mit Eckharts Prr. 101 und 102.

[181] Als weitere Abhandlungen über das Schweigen bei Marquard siehe z.B. Predigt 31 (219,218–226) und Predigt 40 (304,130–305,140). An vielen Stellen spricht er auch von der Geburt des Sohnes in der Seele, z.B. in Predigt 2 (19,233–236); Predigt 8 (77,316–324); und Predigt 16 (119,20–23 u. 120,37–39). In Predigt 25 (174,234–246) spricht er in allgemeiner Form von der Geburt in die ungeschaffene Welt hinein.

Intellekt und alles Denken und Sprechen hinausgehe. Nur über eines gehe er nicht hinaus, über die Liebe: „Wenn da die Vernunft und alle Kräfte ihres Tätigseins beraubt und von völliger Stille des Unwissens ihrer selbst und aller Dinge umhüllt sind, wie Sankt Dionysius sagt [vgl. MT 5], dann sucht nur noch die Spitze der Liebeskraft das Einswerden mit Gott. Und in der Spitze der Liebeskraft wird Gott auf überwesentliche Weise mit der überwallenden Liebe gelobt, die das Tätigsein aller anderen Kräfte versüßt und ganz entblößt auf Gott ausgerichtet ist, wie der Abt von Vercelli sagt."[182]

Diese Betonung *der spicz der minnenden kraft*, des *apex affectus* bei Gallus und Bonaventura, ist ein charakteristischer Zug des affektiven Dionysianismus. An anderen Stellen, wo Marquard diesen *terminus technicus* zwar nicht verwendet, spiegelt er dennoch deutlich die dem affektiven Dionysianismus eigene Betonung, dass das „Feuer der Liebe" *(fúr der minn)* die einzige Kraft sei, die die Seele zur Vereinigung mit Gott bringen könne.[183] In Predigt 36 stellt Marquard eine dionysische Theologie der Engel vor und erklärt im Anschluss an Gallus, die Aufgabe der Seraphim bestehe darin, die Seele mit dem Feuer der Liebe zu läutern, damit sie zur Vereinigung mit Gott gelange: „So kommen denn die brennenden Seraphim und entzünden das innere Gemüt derart inbrünstig, dass darin alle Ungleichheit verbrennt, das Gemüt in diesem süßen Feuer zerschmilzt und mit Gott vereint wird. Dann ist der Mensch ein engelhafter Mensch geworden und in derart großen Adel gesetzt, dass das niemand in Worte fassen kann."[184]

---

[182] Predigt 30 (206,122–128): *Wan vernunft vnd all kreft sind dav berovbet irs werkes vnd aller stilli aines vnwissends vmb sich vnd vmb aellú ding, als sant Dyonisius sprichet [cf. MT 5] mer allain der spicz der minnenden kraft suochet ainikait mit got. Vnd in dem spicz der minnenden kraft wirt got gelobt veber wesenlich mit der veber wallenden minn, die da besoesset wúrken aller ander kreft vnd blovsslich in got gekeret ist, als Vercellensis der abt sprichet.* Der Verweis auf Thomas Gallus (der Abt von Vercelli war) bezieht sich vermutlich auf dessen *Extractio*, den gegen 1238 fertiggestellten paraphrasierenden Kommentar über das corpus des Dionysius; siehe z. B. den Abschnitt über DN 7,1 (*Dionysiaca* 1,696, Abschnitt 385): *Habet praeterea mens unitionem (quam intelligimus summum affectionis apicem quem proprie perfecit dilectio Dei)* ... Zu mehr über diesen Abschnitt und die Verbindung mit Gallus siehe Blumrich, „Einleitung", 62*–68*; und „Feuer der Liebe", 49–53. Die *spicz der minnenden kraft* wird auch in Predigt 70 (279,506) genannt.
[183] Über das Feuer der Liebe siehe z. B. Predigt 2 (20,239–260); Predigt 16 (121,83–86); Predigt 31 (217,161–174); Predigt 39 (294,63–295,103 und 298,215–299,237); und Predigt 40 (302,44–303,67).
[184] Predigt 36 (260,267–272): *So kommend denn die brennenden serafin vnd enzündent daz inre gemuet so inbruenstelich, daz alle vngelichait da verbrinnet vnd daz gemüt in dem sússen fúr zerschmilczet vnd mit gott veraint wirt. Vnd denn so ist der mensch ain engelscher mensch worden vnd in so gar grovssen adel gesectzet, daz daz nieman gewortigen kan.* Über die von den Viktorinern eingeführte und von Gallus auf ihren Höhepunkt gebrachte Vorstellung vom Prozess der „Verengelung" (d. h. der Verinnerlichung der Engelshierarchien als für den Aufstieg zu Gott notwendig) siehe in der vorliegenden Darstellung Band III, 162–164. Bonaven-

Der Begriff *engelscher Mensch* reflektiert sowohl den Dionysianismus von Gallus als auch dessen franziskanische Aneignung durch Bonaventura.

Wenn Marquard derart stark die Liebe betont, passt das zur franziskanischen Ansicht bezüglich der Frage der Natur der seligmachenden Schau. Obwohl Marquard Elemente von Eckhart übernimmt, lehnt er doch dessen Vorstellung vom Vorrang des Intellekts in diesem Leben und danach ab. In den ersten beiden Teilen von Predigt 16 (119,7–120,52) kommt er auf die verschiedenen Merkmale des „wesentlichen Lohns" *(daz wesenlicher lon)* im Himmel zu sprechen. Er gebraucht dabei eine Sprache, die derjenigen Eckharts gleicht, aber als er die *quaestio disputata* aufgreift, ob im Himmel der Intellekt oder der Wille sich der größeren Wonne erfreuten, weicht er entschieden von Eckhart ab und gibt zur Antwort: „Die Liebeskraft oder der Wille hat dort die meiste Seligkeit, denn der Mensch verdient sich seinen Lohn nicht um seiner Vernunft, sondern um seiner Liebe willen, und folglich soll auch diese Kraft am meisten belohnt werden. Auch die Vernunft empfängt ihre Seligkeit, insofern sie in sich Gott schaut. Aber der Wille empfängt dadurch Seligkeit, dass er sich in Gott vorfindet, und das ist viel edler."[185]

Marquard glaubte, das Einswerden mit Gott sei das Ziel des gesamten Prozesses der Schöpfung, da der Mensch ja als Mikrokosmos geschaffen sei.[186] Wie bereits erwähnt, liefert er in Predigt 16 eine nach Eckhart klingende Beschreibung der Merkmale der endgültigen Einung im Himmel. Das lässt vermuten, dass er wie der anonyme Verfasser des lateinischen Kommentars zum „Granum sinapis" dachte, die Einung als Identischwerden könne erst im Himmel stattfinden, aber noch nicht auf der Erde.[187] Aber welcher Art von Einswerden kann man sich bereits in diesem Leben erfreuen? In welchem Verhältnis stehen das Einssein und die Schau Gottes hier und das Einssein und die Schau Gottes im Leben nach dem Tod zueinander?

Marquard spricht zwar oft vom Einswerden und der Schau, aber er bringt keinerlei vollständige Theorie des Einswerdens, wie das einige seiner Zeit-

---

turas Charakterisierung des heiligen Franziskus als *vir hierarchicus* und *vir angelicus* (siehe in Band III, 180–181) dürfte für Marquard die Quelle dafür gewesen sein.

[185] Predigt 16 (120,54–121,59): *Die minnend kraft oder der will der het aller maist saelikait, wan sider der mensch nit mit vernunft, mer mit der minn dez willen lon verdienet, so sol ovch der kraft aller maist gelonet werden. Ovch vernunft die enphavhet dar an saelikait, daz si got in ir schovwet. Aber der will enpfavhet davr an saelikait, daz er sich in got vindet, vnd daz ist vil edler.* Zu mehr über das Verhältnis von Intellekt und Liebe siehe Predigt 30 (202,13–22) und Predigt 37 (279,499–512).

[186] Siehe Predigt 8 (75,240–245).

[187] Siehe den oben in Anm. 94 zitierten Text aus dem Kommentar zum „Granum sinapis".

genossen taten, wie etwa Jan van Ruusbroec. Dennoch kann uns die Durchsicht einiger Stellen, an denen er über die mystische Entrückung und das Einswerden mit Gott in diesem Leben spricht, seine Ansichten darüber etwas besser verstehen helfen.[188] Marquard führt als Beispiele David im Alten und Paulus im Neuen Testament an, um damit zu zeigen, dass bereits in diesem Leben eine Art direkter Schau Gottes möglich sei, die allerdings immer von der vollkommenen künftigen Schau zu unterscheiden sei.[189] Bei einer Beschreibung der verschiedenen Arten von Christen in Predigt 37 sagt er von denen auf der sechsten und höchsten Stufe, diese Menschen stünden „so nackt da, wie sie von Gott ausgeflossen sind und stehen so ledig wie damals, als sie noch nicht waren." Das erinnert stark an Eckharts Predigt über vollkommen losgelöste und arme Menschen.[190] Es ist bezeichnend, dass Marquard an diese Vorstellung der in diesem Leben höchstmöglichen Form des Rührens an Gott keine Beschreibung der ununterschiedenen Einigung anschließt, sondern eine Erörterung darüber, ob man die „göttliche, gnadenerfüllte Gegenwart Gottes" in der Seele jemals derart intensiv empfangen könne, dass sie die ewige Glückseligkeit garantiere. Unter Verwendung des Beispiels von Paulus, der trotz seiner Entrückung in den dritten Himmel weiter seinen Leib gezüchtigt habe, um nicht verworfen zu werden (2 Kor 12 und 1 Kor 9,27), beantwortet Marquard diese Frage negativ. Aus diesem Grund betont er beim Thema der bereits in diesem Leben bestehenden Möglichkeit des Einswerdens mit Gott immer den Unterschied zwischen dem Einswerden hier und dem Einswerden im Himmel. Beim bereits während dieses Lebens erreichbaren Einssein handle es sich um eine innere Verwandlung in der Liebe, die oberhalb des Bereichs des Intellekts stattfinde.[191] Die im Himmel zu erwartende Einung beschreibt er wie im ersten Teil von Predigt 16 mit der eckhartschen Rede von der ununterschiedenen Identität, betont jedoch, man erlange sie in erster Linie durch die Liebe, nicht den Intellekt.

Marquards Faszination für Formen der Verzückung *(gezuken)* und des Entrücktwerdens *(zug)* äußert sich in vielen seiner Predigten. So schließt er zum Beispiel die 8. Predigt mit einer Beschreibung von zwei Formen der

---

[188] Als Erörterung des Themas „Einswerden" bei Marquard siehe Blumrich, „Feuer der Liebe", 53–55.
[189] Predigt 25 (169,63–83).
[190] Predigt 37 (265,79–80): *Saemlich edel erhebt menschen stavnd als blovss, als si vff geflossen sind von gott, vnd stavnd als ledig, als do si niht enwarend.* Als Entsprechungen bei Eckhart siehe z. B. dessen Pr. 2 (DW 1,24,8–25,2) und Pr. 52 (DW 3,491,8–9 u. 499,2–3).
[191] Marquard betont, dass Einssein nur durch die Kehr nach innen möglich sei; siehe Predigt 23 (152,54–59, 153,64–75 u. 154,106–108). Darüber, dass sich Schau und Einswerden nur im Bereich oberhalb alles Intellekts erreichen, siehe z. B. Predigt 37 (279,492–499).

Erfahrung: Es gebe ein inneres Licht, das in den Körper hinein ausbreche, und ein Empfinden absoluter innerer Wahrheit. Beides seien Zeichen der Gegenwart Gottes (78,325–335). In Predigt 41, gehalten zum Fest der Bekehrung des heiligen Paulus, bringt er eine ausführliche Erörterung der Entrückung des Paulus und spricht darüber, was der Apostel im dritten Himmel wohl sah (315,180–316,212); außerdem äußert er sich über die Natur der drei Himmel und die Unterschiede zwischen der Entrückung des Paulus und den Entrückungen des Adam und des Evangelisten Johannes (316,226–317,255).[192] Um eine Vorstellung davon zu bekommen, wie Marquard diese in diesem Leben möglichen höheren Formen des Rührens an Gott vorstellte und sie eher in Begriffen der verwandelnden Liebe und Entrückung als in demjenigen der ununterschiedenen Einung beschrieb, sei eine weitere seiner Predigten etwas genauer betrachtet, Predigt 41, gehalten zum Fest der heiligen Maria Magdalena, des archetypischen Bildes der liebenden Seele.[193]

Zwar wurde oft die Jungfrau Maria als Idealbild der mystischen Frömmigkeit gesehen, aber ihr sündenloser Status machte hinfälligen Menschen, die sie nachahmen wollten, um in tieferen Kontakt mit Gott zu kommen, etwas Probleme. So hielten viele die andere Maria, nämlich Magdalena, als bekehrte Sünderin, hingebungsvoll Liebende, Asketin, Apostelin und kontemplativ Lebende für ein zugänglicheres Vorbild der vollkommenen Liebe zu Gott. Marquard kommentiert den Text aus Lukas 10,42, dass Maria den besseren Teil erwählt habe und beginnt seine Predigt damit, dass er sechs Gründe dafür aufzählt, warum Maria den besseren Teil erwählt habe und lässt sich über die Reinheit ihrer Liebe zu Jesus aus, über ihre Weisheit, mit der sie ihr ganzes Bemühen auf die göttliche Unendlichkeit statt auf die geschöpfliche Endlichkeit ausgerichtet habe, und darüber, dass die Kontemplation höher stehe als die Aktion (301,14–304,127).[194] Marquard ver-

---

[192] Zu noch mehr über die Entrückung von Paulus siehe Predigt 31 (218,210–215).
[193] Predigt 40 (301–309). In dieser Predigt macht Marquard beträchtlichen Gebrauch von einer Pseudo-Origenes-Predigt über Magdalena, die auch Eckhart und andere spätmittelalterliche Mystiker verwendeten. Diese Predigt über den Text „Maria stabat ad monumentum foris plorans" (Joh 20,11) scheint im 12. Jahrhundert verfasst worden zu sein, möglicherweise von einem Zisterzienser, und war in Spätmittelalter sehr beliebt, sowohl in Latein als auch in volkssprachlichen Fassungen. Sie wurde in der Basler Origenes-Ausgabe von 1535 abgedruckt. Als Untersuchung darüber siehe Freimut Löser, „Jan Milič in europäischer Tradition. Die Magdalenen-Predigt des Pseudo-Origenes", in: *Deutsche Literatur des Mittelalters in Böhmen und über Böhmen*, hg. v. Dominique Flieger u. Václav Bok, Wien 2001, 225–245; und vom selben Autor den Artikel „Pseudo-Origenes", in: VL 11,1090–1095.
[194] Wenn Marquard die Standard-Argumente für die Überlegenheit des kontemplativen Lebens *(schovwend leben)* über das aktive Leben (304,106–116) anführt, muss man als Gegengewicht im Auge behalten, dass er zugleich auch die traditionelle Ansicht vertritt, unter

steht Marias Hingabe so, dass sie auf das Einswerden mit Jesus ziele: Es sei ihr darum gegangen, „dass ihr Gemüt allezeit ihrem Geliebten zugekehrt sei und ohne Vermittelndes einzig mit ihm vereint werde".[195] In der *quaestio*, die er an diesen ersten Abschnitt seiner Predigt anhängt (304,117–127), konzentriert er sich auf das Thema des Erlangens der „Freiheit des Gemütes" *(frihait des gemütes)*, das sich als anderer Ausdruck für das Losgelöstsein verstehen ließe.

Im zweiten Teil der Predigt beschäftigt er sich mit der Beschreibung der sechs Weisen, auf die Magdalena Gottes Wort gehört habe, während sie zu Füßen Jesu saß. Auch hier offenbart Marquard wieder sein Interesse für das, was für einen Großteil der Mystik im 14. Jahrhundert typisch war: nämlich physische Auswirkungen des Handelns Gottes auf Seele und Leib. So sagt er zum Beispiel von der vierten Weise, auf die Gott spreche und Maria höre, dabei gieße „Gott seine eigene Süßigkeit der Seele ein und sie empfindet derart die geistliche Freude und wird so überwältigt, dass sie es im Innern nicht aushält; es muss ausbrechen auf wundersame Weisen."[196] Marquard betont, Maria Magdalena sei ein Vorbild dafür, wie man die Höhen der Entrückung, des Einswerdens und der Geburt Gottes in der Seele erlangen könne, was alles Gott seinen wahren Liebhabern schon in diesem Leben gewähre. Gott habe in ihrer Seele gewirkt, um „eine lautere Einung zwischen sich und der Seele ohne Vermittelndes" herbeizuführen, „und nicht in Formen noch in Bildern, sondern sein ewiges Wort spricht in der Seele in lauterer, bloßer Einung."[197] Im dritten Teil der Predigt erwägt Marquard schließlich, was Magdalena während ihrer legendären dreißig Jahre in der Wüste als vorbildliche Kontemplative getan habe. Er spricht dabei nicht nur über ihre „reichliche Entrückung und viele erhabene Visionen der Gottheit und des ewigen Spiegels" (307,208–209), sondern nutzt auch die

---

bestimmten Umständen habe die aktive Nächstenliebe den Vorrang vor der Kontemplation (siehe Predigt 23 [155,132–143] und Predigt 40 [309,291–298]). In der Frage des Verhältnisses von Aktion und Kontemplation brach Marquard genauso wenig mit der Tradition wie Eckhart und Tauler.

[195] Predigt 40 (303,66–67): ... *davr vmb daz ir gemüt alle zit uff gekeret waere gegen iren geminten vnd mit dem allain verainbaert wurde sunder mittel.* Siehe 302,33–36, wo er ganz ähnlich spricht.

[196] Predigt 40 (305,151–353): *Die vierd wise ist, so gott sin selbs suessikait der sel inguesset, daz si der künstigen froeden enpfinden vnd so gar übergossen wirt, daz si es inwendig nit mag geliden, es muoss uss brechen mit wunderlichen wisen.* In der Folge zitiert er hier Hld 1,3 als Beispiel mystischer Trunkenheit.

[197] Predigt 40 (306,166–169): ... *denn ain luter ainung zwüschen im vnd der sele sunder mittel, vnd nit in formen noch in bilden, mer in luter blovsser ainung sin ewig wort sprichet in der sele* ... Weitere Beschreibungen der Entrückung und Einung Maria Magdalenas finden sich in 307,208–215 u. 229–231.

Gelegenheit zu einem Angriff auf die irrige Mystik der Freigeister, die sich einer „falschen Leerheit" schuldig machten und daher nicht anerkennen wollten, dass der Mensch auch weiterhin mit Gott zusammenarbeiten müsse, selbst wenn ihm die erhabenen Gnaden des mystischen Einswerdens zuteil geworden seien.[198] Wenn er von Maria Magdalenas Vereinigung mit Gott spricht, verwendet Marquard ein Stück weit die Rede von der Ununterschiedenheit, aber das Gewicht seines affektiven Dionysianismus bewegt ihn eher dazu, den fortdauernden Unterschied zwischen dem göttlichen Liebhaber und der Geliebten zu betonen.

Marquard von Lindau markiert den letzten Gipfel des großen Zeitalters der deutschen mystischen Predigt. Das 15. Jahrhundert erlebte zwar eine starke Verbreitung der mystischen Literatur, aber bei seinen mystischen Predigern fällt es viel schwerer, etwas Originelles zu finden. Eine Ausnahme von dieser Generalisierung sind allerdings die Predigten von Nikolaus von Kues (siehe Kapitel 10). Sicher, es gab weiterhin viele Prediger, die mystische Themen behandelten. Ein Beispiel ist der Weltpriester Johannes Geiler von Kaysersberg (1445–1510), der vielleicht berühmteste Prediger des ausgehenden 15. Jahrhunderts.[199] Geiler war ein stark vom Pariser Kanzler Johannes Gerson († 1429) beeinflusster nominalistischer Theologe und moralischer Reformer. Er hielt 1488 in Augsburg und auch an mehreren anderen Orten eine Reihe von Predigten, die auf Gersons beliebtem volkssprachlichem Traktat *Berg des Schauens* beruhten. Er arbeitete diese Predigten 1492 in Traktatform um und ließ dieses Werk schließlich 1508 drucken. Eine Durchsicht dieses Textes sowie Geilers anderer zahlreicher Traktate und Predigten führt sein Interesse für die Mystik vor Augen, aber seine Beiträge sind kaum originell.[200]

---

[198] Predigt 40, darin 307,235–309,298 der Angriff auf die Freigeister. Siehe auch Predigt 37 (271,256–272,310) als weitere Attacke, sowie Predigt 23 (154,115–116) mit ihrem Tadel *vngeordnoter frihait*.
[199] Als Einführung in Geilers Leben und Schriften siehe Herbert Kraume, „Geiler, Johannes, von Kaysersberg", in: VL 2,1141–1152. Auf Englisch gibt es eine Untersuchung der Theologie Geilers von E. Jane Dempsey Douglass, *Justification in Late Medieval Preaching. A Study of John Geiler of Keisersberg*, 2. Aufl. Leiden 1989.
[200] Die vollständigste Untersuchung von Geilers Mystik sowohl im *Berg des Schouwens* und in anderen Traktaten und Predigten ist die unveröffentlichte Dissertation von Georges J. Herzog, *Mystical Theology in Late Medieval Preaching: John Geiler of Kaysersberg (1445–1510)*, Boston 1985); allerdings kann ich der Behauptung des Autors nicht zustimmen, Geiler sei als Mystiker originell und wichtig. Siehe auch Gerhard Bauer, „Auch einer'. Leiden, Weisheit, Mystik und Mystiker bei Johannes Geiler von Kaysersberg", in: *Leiden und Weisheit in der Mystik*, hg. v. Bernd Jaspert, Paderborn 1992, 207–233.

Briefe

Obwohl von Bernhard von Clairvaux mehr als fünfhundert Briefe erhalten sind, werden diese allgemein nicht als wesentliche Quellen dafür angesehen, seine mystische Theologie kennen zu lernen. Es gibt jedoch sowohl von Bernhard als auch von anderen Gestalten des 12. Jahrhunderts Briefe, in denen Aspekte der mystischen Lehre berührt werden.[201] Ab dem 13. Jahrhundert entstanden Sammlungen von Briefen zu Themen der Mystik, wie zum Beispiel von Hadewijch von Antwerpen und Christina von Stommeln. Diese Form der Verbreitung mystischer Lehren nahm im 14. Jahrhundert zu. So sind zum Beispiel Heinrich Seuses *Großes Briefbuch* und sein *Briefbüchlein* viel zu wenig beachtete Quellen für das Verständnis seiner Mystik.[202]

Im III. Band (S. 534–537) der vorliegenden Darstellung wurden bereits die *Offenbarungen* der Dominikanernonne Margaretha Ebner (1291–1351) aus dem Konvent von Maria Medingen behandelt. Margaretha verfasste ihr geistliches Tagebuch in der Zeit von 1344 bis 1348 mit Hilfe ihres Beichtvaters und geistlichen Freundes, des Weltpriesters Heinrich von Nördlingen. Da Heinrich viel unterwegs war, standen die beiden vorwiegend brieflich in Verbindung. Das ergab nach Manfred Weitlauff die „frühesten Zeugnisse einer erbaulichen Korrespondenz intim-persönlichen Charakters in deutscher Sprache".[203] Da die Sammlung in Maria Medingen zusammengestellt wurde, enthält sie 56 Briefe Heinrichs an Margaretha, aber leider nur einen von ihr.[204] Heinrich förderte Margarethas mystische

---

[201] Wilhelm Oehls immer noch nützliche Sammlung von Übersetzungen *Deutsche Mystikerbriefe des Mittelalters 1100–1550*, München 1931 enthält solche von fünf Persönlichkeiten des 12. Jahrhunderts.

[202] *Das große Briefbuch* enthält 28 Briefe und scheint von Seuses geistlicher Tochter Elsbeth Stagel zusammengestellt worden zu sein. Als Ausgabe siehe Bihlmeyer, *Heinrich Seuse. Deutsche Schriften*, 405–494. Das *Briefbüchlein* ist der vierte Teil von Seuses eigener Ausgabe seiner Werke, dem *Exemplar*. Es enthält 11 Briefe und ist in Bihlmeyer, 360–393 herausgegeben.

[203] Manfred Weitlauff, „Heinrich von Nördlingen", in: VL 3, 845–852, das Zitat in 848. Siehe auch Weitlauff, „‚dein got redender munt machet mich redenlosz …' Margareta Ebner und Heinrich von Nördlingen", in: *Religiöse Frauenbewegung und mystische Frömmigkeit im Mittelalter*, hg. v. Peter Dinzelbacher u. Dieter R. Bauer, Köln-Wien 1988, 303–352. Auf Englisch siehe Debra L. Stoudt, „The Vernacular Letters of Heinrich von Nördlingen", in: *Mystics Quarterly* 12 (1986), 19–25; und Margot Schmidt, „An Example of Spiritual Friendship. The Correspondence Between Heinrich of Nördlingen and Margaretha Ebner", in: *Maps of Flesh and Light. The Religious Experience of Medieval Women Mystics*, hg. v. Ulrike Wiethaus, Syracuse 1993, 74–92.

[204] Als Ausgabe siehe Philipp Strauch, *Margaretha Ebner und Heinrich von Nördlingen. Ein Beitrag zur Geschichte der deutschen Mystik*, Freiburg/Br.-Tübingen 1882. Über die Rolle von Briefen bei den deutschen Dominikanernonnen und die Schreibpraktiken, die zu ihrer Erhaltung führten, siehe Debra L. Stoudt, „The Production and Preservation of Letters by

Begabung und half sie auf ähnliche Weise öffentlich bekannt zu machen, wie das viele gebildete Kleriker des Spätmittelalters taten, die ekstatische Frauen als ganz besondere Zugangswege zu Gott ansahen. Seine Briefe legen die Kenntnis des für die Mystik vom Grund charakteristischen Vokabulars an den Tag, also die Vertrautheit mit Themen wie der Geburt des Wortes in der Seele, der Verborgenheit Gottes, der Gottesfreunde und des göttlichen *abgrunts*. In einem Brief ist Heinrich zum Beispiel ein deutliches Echo der für Eckhart und Tauler typischen Redeweise, wenn er vom Aufstieg des heiligen Paulus in den dritten Himmel schreibt: „Da ward er in Gott vergottet, in dem einigen Ein vereint, mit Liebe gebunden, mit Licht umfangen, mit Frieden durchgossen, mit Lust durchschossen."[205]

Heinrichs Vertrautheit mit Themen der Mystik trug zweifellos zur Gestalt der Beschreibung von Margarethas Visionsberichten bei, aber er leistete keinen größeren eigenen Beitrag zur Mystik-Literatur. Es gibt aus dem frühen 14. Jahrhundert auch Briefwechsel von anderen Mystikerinnen mit ihren geistlichen Beratern, wie etwa die Briefe von Christine Ebner (1277–1356) an Johannes Tauler und Konrad von Füssen[206] sowie die Briefe zwischen Adelheid Langmann (1312–1375) und ihrem geistlichen Freund, dem Zisterzienser Ulrich von Kaisheim.[207]

Diese Briefe bezeugen die Häufigkeit von Briefwechseln zwischen Klerikern und Mystikerinnen. Weitere meistens anonyme Briefe mystischen Inhalts aus dem 14. und 15. Jahrhundert bieten uns weiteren Einblick in die Rolle der Briefe bei der Verbreitung der Mystik.[208] Ein Blick auf einige wenige Beispiele dieser Literatur kann zeigen, dass diese Briefe nicht immer nur mystische Lehren enthalten, die von anderen übernommen wurden oder aus zweiter Hand stammten.

Ein Beispiel für einen anonymen mystischen Brief mit eindrucksvollem Inhalt ist der kurze, nach seinem Anfangssatz benannte Brief *Vom verborgenen Gott zum bloßen Gott*.[209] Der Brief, nur ein Fragment, scheint derje-

---

Fourteenth-Century Dominican Nuns", in: *Mediaeval Studies* 53 (1991), 309–326. Mehr über diese Briefe im Zusammenhang mit den „Gottesfreunden" siehe in Kap. 9, 684–686.

[205] Brief XVI mit Datum vom 25. März-2. April 1335 (Strauch 196,71–73): *do wart er in got vergotet, in dem ainigem ain verainet, mit minen gebunden, mit liecht umbfangen, mit frid durchgossen, mit lust durchschosszen.*

[206] Über Christine Ebner siehe in der vorliegenden Darstellung Band III, 517f. Ihre Briefe werden besprochen in Stoudt, „The Production and Preservation of Letters", 321–322.

[207] Der Briefwechsel zwischen Adelheid Langmann und dem Zisterzienser Ulrich enthält bedeutsame Aspekte bezüglich der Mystik; darüber siehe in Band III, 545–547 sowie die Darstellung bei Stoudt, „The Production and Preservation of Letters", 322–324.

[208] Viele interessante Briefe sind immer noch nicht herausgegeben, z.B. die von Kurt Ruh im VL 8, 1070–1074 besprochenen.

[209] Dieser Text ist in einem Ms. aus dem 15. Jahrhundert aus Eichstätt erhalten, obwohl er

nige eines geistlichen Begleiters vermutlich an eine Frau zu sein, die das Leben der inneren Loslösung gewählt hat, das sie in die tiefsten Abgründe Gottes führen soll. Inhalt und Vokabular spiegeln den intellektiven Dionysianismus von Eckhart (z. B. dessen Pr. 52) und seinem Schüler Heinrich Seuse, deren Terminologie an mehreren Stellen deutlich zutage tritt. Die ersten Zeilen handeln von der geheimnisvollen Natur der *gelassenheit:* „Lerne Gott lassen durch Gott, den verborgenen Gott durch den bloßen Gott".[210] Das heißt, man solle sogar den Gott der negativen Theologie hinter sich lassen, wenn man den leeren Gott jenseits von Gott finden wolle. Der erste, in stark rhythmischer Prosa verfasste Teil des Briefs liefert eine Reihe von Handlungsanweisungen, bei denen es um vollkommene Loslösung und vollständiges Loslassen geht, etwa: „Sei willens, einen Pfennig zu verlieren, damit du einen Gulden findest; schütt' das Wasser aus, damit du Wein schöpfen kannst! ... Willst du Fische fangen, so lern' im Wasser waten; willst du Jesus am Ufer kennen lernen [vgl. Joh 21,4, eine Anspielung auf Ostern], so lerne erst, im Meer zu versinken [Mt 14,30]."[211] Der Rat nimmt bald die Form direkter Befehle an: „Höre! Sieh! Leide und schweig! Lass dich in das Licht (los)!" und so weiter, um dann zur Aussage überzugehen, man solle sich in die immanente Gegenwart Gottes hinein loslassen: „Mein Kind, sei geduldig und lass dich (los), denn niemand kann dir Gott aus dem Grund deines Herzens graben."[212] Im dritten Teil des Briefs folgt dann eine Reihe ekstatischer Lobpreisungen des göttlichen Geheimnisses: „O tiefer Schatz, wie wirst du ergraben? O hoher Adel, wer kann dich erreichen? O quellender Brunn, wer kann dich ausschöpfen? O lichter Glanz, ausdrängende Kraft, einfältiger Einzug, bloße Verborgenheit, verborgne Sicherheit, sichere Zuversicht, eine einzige Stille in allen Dingen, mannigfaltiges Guttun in einender Stille, du stilles Geschrei, dich kann niemand finden, der dich nicht lassen kann!"[213]

---

wahrscheinlich eher aus dem 14. Jahrhundert stammt. Er wurde herausgegeben von Karl Bihlmeyer, „Kleine Beiträge zur Geschichte der deutschen Mystik", in: *Beiträge zur Geschichte der Renaissance und Reformation. Festgabe für Josef Schlecht,* hg. v. L. Fischer, F. P. Detteren 1917, 57–58. Eine Übertragung in heutiges Deutsch bringt Oehl, *Deutsche Mystikerbriefe,* 634–635. Vgl. Bernard McGinn, „Vom verborgenen Gott zum bloßen Gott", in: VL 11, 1616–1617; und Dorothee Sölle, *Mystik und Widerstand,* Hamburg 1997, 115–117.

[210] Bihlmeyer, 57: *Lern Got laszen durch Got, den verporgen Got durch den ploszen Got.* (Übertragung in heutiges Deutsch, auch der folgenden Zitate: B. Schellenberger.)

[211] Ebd.: *... pisz billig einen pfeinig verlieszen, das du einen gulden findest, verschutt das wasser, das wein mugst schoppfen! ... Wiltu fahen fysch, so lern das wasser watten, wiltu lernen Jhesum sehen an dem gestat, so lern yn dem mer vor versincken.*

[212] Bihlmeyer, 57–58: *Hor sich, leyd und sweig, lasz dich yn dem liecht ... Mein kint, pisz gedultig und lasz dich, [die] die weill man dir Got ausz deinem grunt deines hertzen nit grebt.*

[213] Bihlmeyer, 58: *O tyeffer schatz, wie wirstu ergraben? O hocher adel, wer mag dich errei-*

Dieser kurze Brief gehört zu den stärksten Aussagen über die Mystik vom Grund.

Andere anonyme Briefe veranschaulichen verschiedene Aspekte der spätmittelalterlichen Lehre. So wird zum Beispiel in einem von Wilhelm Preger herausgegebenen Brief das mystische Leben unter besonderer Aufmerksamkeit auf die göttliche Liebe beschrieben.[214] Dieser anonyme Brief, in dem angegeben wird, ein Gottesfreund habe ihn an einen anderen geschickt, beginnt mit einer kunstvollen Anrede, in der die Liebe der drei Personen der Dreifaltigkeit angerufen wird: „Ich wünsche Euch mit dem brennenden Ernst der Gnadenwahrheit, den alle Gottesfreunde je gehabt haben, dass die Botschaft des ewigen Vaters, die er uns in der Liebe seines ewigen Geistes durch seinen ewigen Sohn gesandt hat ... in Euch anfange und Euch in sich ziehe, so dass Euer äußerer Mensch in der Menschheit unseres Herrn Jesus Christus und der innere Mensch im ewigen Wort widerleuchte und dem liebsten Willen des Vaters antworte."[215]

Der Verfasser schreibt, alle Liebeswerke des Erlösers verfolgten keinen anderen Zweck, als dass das Wort in unseren Herzen sprechen möge, auch wenn es nur wenige gebe, die auf es hörten. Das Motiv vom Gebären wird durch eine ungewöhnliche mittelhochdeutsche Wiedergabe des Verses aus Sir 24,19 [Vg: Eccli 24,26] deutlich ins Spiel gebracht: „Geht alle durch zu mir, die ihr mich begehrt, und ihr werdet erfüllt von meinen Geburten."[216]

Im zweiten Teil des Briefs wird kurz skizziert, wie man auf dem Weg der Mystik anfangen solle. Die liebende Seele müsse zunächst die Welt, das Fleisch und sogar sich selbst verlassen: „Dann erst wirst du bereit sein, die Botschaft aller der Werke der Liebe unseres Herrn Jesus Christus zu hören." Der Brief schließt mit dem Verweis auf eine der mindestens seit Gregor dem Großen archetypischen Gestalten des mystischen Bewusstseins,

---

chen? *O quellenter prun, wer mag dich erschoppfen? O leichter glast, ausz tringende kraft, einfeltiger zuger, blosze verborgenheit, verporgne sicherheit, sichere zwversicht, ein einigs still yn allen dingen, mannigveltigs guttyn einer styl, du styles geschrey, dich mag nymant finden, der dich nit kan lon!*
[214] Siehe die Veröffentlichung in Preger, *Geschichte der deutschen Mystik im Mittelalter* III,417–418, und eine Übertragung in heutiges Deutsch in Oehle, *Deutsche Mystikerbriefe*, 636–637 (die Übertragung hier stammt ebenfalls von B. Schellenberger).
[215] Preger, 417: *Ich beger uech mit dem brinnenden ernst in gnaden warheit, den alle gottesfruent ie gehebt hant, dz due botschaft des ewigen vatters, die er in dir minne sines ewigen geistes uns gesant hât bi sinen ewigen sun ... in uech vahe und uech in sich ziehe, also dz uewer usser mentsch in der mentschheit unsers herren jhesu christi und der inner mentsch in dem ewigen wort widerluechtent und antwurtet die liebsten willen des vatters.*
[216] Preger, 418: *... durchgânt ze mir alle, die begerent mich, und von minen geburten werden erfuellet.* Der Wortlaut der Vg ist: *Transite ad me omnes qui concupiscitis me et a generationibus meis implemini.*

nämlich auf den Propheten Elija, der am Eingang der Höhle steht und sein Gesicht mit dem Mantel verhüllt, während Gott vorüberzieht (1 Kön 19,11–13). Die göttliche Botschaft bestehe aus dem Flüstern des Windhauchs, das der mit zu Gott erhobenem Herzen dastehende Prophet vernehme: „Er ist mit ganzer Begierde aufgerichtet, um den Vorübergang Gottes zu hören, doch mit bedecktem Antlitz, das heißt mit dem Bekenntnis seiner eigenen Unwürdigkeit, die ihn zu Recht schamrot und verlegen sein lässt angesichts der klaren, hereinleuchtenden Glorie Gottes."[217]

Im 15. Jahrhundert blieben Briefe zur mystischen Unterweisung beliebt, wie ein Blick in Wilhelm Oehls *Deutsche Mystikerbriefe* zeigt. Auf die Briefe, die sich auf die in der Mitte des Jahrhunderts lebhafte Diskussion über die jeweiligen Rollen der Liebe und der Erkenntnis beziehen, an der Nikolaus von Kues stark beteiligt war, werden wir im 10. Kapitel zurückkommen. Weitere wichtige Briefe aus diesem Zeitraum sind immer noch nicht herausgegeben. So hat zum Beispiel Werner Williams-Krapp einen gegen die Häretiker vom Freien Geist gerichteten Traktat des Dominikaners Eberhard Mardach († 1428), der Prior des Nürnberger Konvents war, untersucht.[218] Dieser *Brief von rechtem warem sicherem andacht* führt nicht nur die Bedeutung der weiterhin im Gang befindlichen Diskussion über die Unterscheidung wahrer und falscher Formen der Mystik vor Augen, die das spätmittelalterliche Deutschland beschäftigte, sondern auch, dass die Dominikaner des 15. Jahrhunderts weiterhin gut mit Eckhart und Seuse vertraut waren. Eberhard war an Reformversuchen im männlichen und auch weiblichen Zweig des Dominikanerordens beteiligt.[219] Sein unveröffentlichter Brief, der sich in mindestens 21 erhaltenen Manuskripten findet, stammt ungefähr aus dem Jahr 1420. Er ist gegen ekstatische Erfahrungen höchst misstrauisch, besonders bei Frauen. Diese Abneigung gründet zum Teil auf eckhartschen Vorstellungen, zeigt aber auch deutlich, wie es im spätmittelalterlichen Europa zunehmend zu Kontroversen um Visionärinnen kam. Mardach reagiert auf diese bedenklichen Erscheinungen in

---

[217] Ebd.: ... *dz ist uffgerichter mit gantzen begirde ze hoerent den fuergang gottes, doch mit verdachtem antluezt, dz ist mit bekantniss sin selbes unwirdikeit, due in billich schamrot und blug machet in der claren inluchtenden glorie gottes.* Über Elija vor der Höhle als Typus des mystischen Bewusstseins siehe Gregor der Große, *Homiliae in Ezechielem* II,1,17 (in der vorliegenden Darstellung Band II, 112).
[218] Werner Williams-Krapp, „Dise ding sint dennoch nit ware zeichen der heiligkeit'. Zur Bewertung mystischer Erfahrung im 15. Jahrhundert", in: *Frömmigkeitsstile im Mittelalter*, hg. v. Wolfgang Haubrichs, Göttingen 1991, 61–71. Siehe auch Werner-Krapp, „Eberhard, Mardach", in: VL 5,1237–1239.
[219] Über die dominikanische Reformbewegung im 15. Jahrhundert in Deutschland und ihre Spiritualität siehe Michael D. Bailey, „Religious Poverty, Mendicancy, and Reform in the Late Middle Ages", in: *Church History* 72 (2003), 457–483.

Form einer Lehre von der *gelassenheit*, die er eher im traditionellen Sinn des schlichten Gehorsams gegenüber dem Willen Gottes entwirft als von einem rundum metaphysischen und ethischen Wurf im Stil von Eckhart her.[220] Mardachs Brief übte auf die Reformdominikaner seinen Einfluss aus, wie sich im Fall seines Mitbruders Johannes Nider († 1438) sehen lässt, sowie auch in anderen Briefen und Traktaten, die die bei manchen Ekstatikerinnen auftretende falsche Mystik angriffen.[221] Dieser Widerstand unterschied sich stark von der Auffassung vieler Dominikaner des 13. und 14. Jahrhunderts.

Dialoge

Die Verwendung des Dialogs war im Mittelalter eine geläufige Unterrichtsmethode, zweifellos gefördert durch die zentrale Bedeutung der *quaestio* in der scholastischen Theologie. In Predigten und Traktaten über Themen der Mystik wird dieser Stil der Frage und Antwort zwischen Schüler und Meister oft verwendet, um die entsprechende Botschaft auf klare und zudem leicht zu merkende Form herüberzubringen. Auch für andere kurze Texte mystischen Inhalts wie etwa die *Eckhart-Legenden* wird oft die Form des Gesprächs zwischen zwei oder mehreren Beteiligten verwendet.[222] Die Verwendung eines echten Dialogs, in dem die einzelnen Stimmen etwas Eigenes zur narrativen Präsentation und zum Charakter der Botschaft des Textes beitragen, ist selten, findet sich jedoch in Teilen von Mechthild von Magdeburgs *Fließendem Licht der Gottheit* aus dem 13. Jahrhundert. Zumindest ein Traktat aus dem 14. Jahrhundert zeigt, wie effizient für die Darlegung der Mystik ein tatsächlicher Dialog anstelle des bloßen didaktischen Hin und Hers von Frage und Antwort sein konnte. Dieser Text ist

---

[220] Diese Kurzbeschreibung des unveröffentlichten Briefs von Mardach beruht auf Williams-Krapp, „Zur Bewertung mystischer Erfahrung", 63–66.
[221] Siehe Williams-Krapp, „Zur Bewertung", 66–71. Über Johannes Nider, den Verfasser des bekannten *Formicarius*, einer Sammlung von *exempla* zu moralischen und geistlichen Fragen, siehe Michael D. Bailey, *Battling Demons. Witchcraft, Heresy, and Reform in the Late Middle Ages*, University Park, Pennsylvania/USA 2003.
[222] Über fünf Geschichten über Eckhart siehe Kurt Ruh, „‚Eckhart-Legenden'", in: VL 2,350–353. Die wichtigste davon ist diejenige über „Meister Eckharts Wirtschaft", ein Gespräch zwischen Eckhart, einem Armen und einer Jungfrau über die Natur der wahren Armut. Sie wurde erstmals herausgegeben von Pfeiffer, *Meister Eckhart*, 625–627. Eine mittelhochdeutsche und eine lateinische Fassung bietet F. Von der Leyen, „Über einige bisher unbekannte lateinische Fassungen von Predigten des Meisters Eckehart", in: *Zeitschrift für deutsche Philologie* 38 (1906), 348–354. Diesen Text verwendete unter anderen Marquard von Lindau.

gewöhnlich unter dem Titel *Schwester Katrei* bekannt, müsste aber richtiger den Titel *Über die Tochter des Beichtvaters* tragen. Diese Diskussion zwischen einem namentlich nicht genannten Ordensbeichtvater und einer Mystikerin, vermutlich einer Begine, ist zudem bekannt, ja berüchtigt, weil er als Beispieltext für die Häresie der Freigeister angesehen wurde.

Schwester Katrei ist in 17 Manuskripten und mehreren verschiedenen Fassungen erhalten, darunter einer lateinischen Übersetzung.[223] Seine Sprache verbindet den Text mit Strassburg und er wurde in der ersten Hälfte des 14. Jahrhunderts (ca. 1330?) verfasst. Weil darin eckhartsche Themen verwendet sind, wurde er auch mit Eckhart in Zusammenhang gebracht, obwohl dessen Name nie erwähnt wird und er nicht der Verfasser sein kann.[224] Seit der ersten Veröffentlichung von Franz Pfeiffer wurde über *Schwester Katrei* in Fachkreisen für Mystik und Häresie viel diskutiert. Die kritische Ausgabe von Franz-Josef Schweitzer hat viele Fragen um diesen faszinierenden Text geklärt,[225] aber es herrscht immer noch Uneinigkeit darüber, wie weit dieser Text als Produkt aus Kreisen der Häresie vom Freien Geist anzusehen sei.[226]

Anders als Marguerite Poretes *Spiegel der zunichte gewordenen Seelen* wurde *Schwester Katrei* nie verurteilt. Viele der darin vertretenen Ansichten, nicht nur solche, die der Text mit Eckhart gemeinsam hat, sondern auch andere, die nicht von Eckhart stammen, sind eigenartig und herausfordernd, vielleicht sogar in Einzelzügen nicht orthodox; aber ich finde es dennoch schwierig, diesen Dialog für einen im Wesentlichen vom Freien Geist geprägten Text zu halten. In der folgenden Untersuchung will ich

---

[223] Als Einführung siehe Franz-Josef Schweitzer, „Schwester Katrei"', in: VL 8,947–950.

[224] Dass man ihn mit Eckhart verband, spiegelt sich in einer der als „Meister Eckharts Tochter" bekannten *Eckhart-Legenden*, einem Dialog zwischen Eckhart und einer jungen Frau, den Pfeiffer in *Meister Eckhart*, 625 herausgab.

[225] Franz-Josef Schweitzer, *Der Freiheitsbegriff der deutschen Mystik. Seine Beziehung zur Ketzerei der „Brüder und Schwestern vom freien Geist", mit besonderer Rücksicht auf den pseudoeckhartischen Traktat „Schwester Katrei"* (Edition), Frankfurt/M. 1981. Die Edition findet sich auf den Seiten 322–370 und wird im Folgenden mit Angabe von Seiten und Zeilen zitiert. Es gibt eine Übersetzung ins Englische von Elvira Borgstädt, „The ‚Sister Catherine' Treatise", in: *Meister Eckhart. Teacher and Preacher*, hg. v. Bernard McGinn, New York 1986, 349–387. Eine französische Übersetzung des Textes von Pfeiffer findet sich in *Maître Eckhart. Les Dialogues de Maître Eckhart avec soeur Catherine de Strasbourg*, Mesnil-sur-l'Estrée 2004.

[226] Viele Erforscher der mittelalterlichen Häresien bezeichneten diesen Text als klassischen Ausdruck des Freien Geistes, z.B. Norman Cohn, *The Pursuit of the Millennium*, New York 1970, Revidierte und erweiterte Ausgabe 175 u. 179; Gordon Leff, *Heresy in the Later Middle Ages*, 2 Bde., New York 1967, I,401–404. Dagegen ist Robert Lerner, *The Heresy of the Free Spirit in the Later Middle Ages*, Berkeley 1972, 215–221, vorsichtiger, obwohl er einräumt, dass das Werk stellenweise die Grenzen der Orthodoxie überschreite. F.-J. Schweitzer vertritt weiterhin, *Schwester Katrei* sei ein Produkt aus Kreisen der Freigeister.

versuchen, diese meine Ansicht zu begründen. Wir sollten *Schwester Katrei* eher als Zeugnis dafür ansehen, wie sich im 14. Jahrhundert in Deutschland eine Vielzahl von Ansichten über die Mystik verbreiteten sowie als gutes Beispiel für die andauernde Diskussion darüber, wer in der Mystik mit Autorität etwas sagen könne. In *Schwester Katrei* werden durchaus nicht die Rollen der Kirche, ihres Klerus und der Sakramente in Frage gestellt (beiläufig wird darin sogar gelegentlich die Häresie angegriffen!), und so erscheint mir dieses Werk als eines der kühnsten Beispiele für einen neuen Typ von Traktaten, der, wenn es darum geht, in direkten Kontakt mit Gott zu kommen, die erleuchteten Laien höher stellt als die gelehrten Kleriker. Das war gewiss gewagt, muss aber nicht häretisch gewesen sein.

Auf der Grundlage der besonderen Ansichten, die im Dialog über die Letzten Dinge vertreten werden (also über Tod, Gericht, Himmel und Hölle) sowie über die Rolle des Leibes im Himmel (Schweitzer, 340–344), hat F.-J. Schweitzer vertreten, der Text sei in jener Gruppe der Freigeister in Strassburg entstanden, die zwischen 1317 und 1319 wegen verschiedener Irrtümer angegriffen wurde.[227] Aber in *Schwester Katrei* wird durchaus nicht die Existenz von Himmel und Hölle geleugnet (was laut den Inquisitionsdokumenten die Strassburger Gruppe offensichtlich tat), sondern darin wird das Leben nach dem Tod auf eine Weise spiritualisiert, die nicht unähnlich dem ist, was sich in Eriugenas *Periphyseon* findet, dessen Text im 14. Jahrhundert in Deutschland in einer ganzen Anzahl von Mystikerkreisen bekannt war.

Ein zweites Argument für die Verbindung zu Kreisen des Freien Geistes beruhte darauf, dass an einer Stelle der Beichtvater der Begine, welche das Ruhen in Gott erlangt hatte, den Rat gibt: „Möchtest du alle Geschöpfe genießen, dann tu das ruhig, denn welches Geschöpf du auch immer genießest, das trägst du (dadurch) in seinen Ursprung zurück."[228] Diese Aufforderung galt als klassischer Ausdruck des Antinomismus der Freigeister. Für sich gesehen, mag er das vielleicht sein; aber im Kontext des Werkes hat diese Stelle den Sinn, dass der Beichtvater die Authentizität der Mystikerin testet. Diesen Test besteht sie einwandfrei, denn sie entgegnet energisch, dass sie keineswegs so handeln werde, weil sie „niemals vom Weg unseres Herrn Jesus Christus abweichen" wolle (346,7–8). Mit anderen Worten, *Schwester Katrei* erteilt damit in Wirklichkeit die Lektion, welche Art von Mystik man meiden müsse. Das wird von einer späteren Stelle bestätigt, an

---

[227] Schweitzer, *Der Freiheitsbegriff*, 114–115 u. 266–280. Über diese Häretiker siehe die Darstellung hier in Kap. 2, 120–122.
[228] Schweitzer, 345,25–28: *Möchtestu alle creaturen niessen, das söltestu billich tuon, wan wele creatur du nüssest, die treistu vff jn ir vrsprung.*

der als „echte Ketzer" (*recht keczer*, 348,31) diejenigen bezeichnet werden, die sich nicht an „das Beispiel unseres Herrn Jesus Christus halten."[229] Und schließlich hat man die Stelle überstrapaziert, an der die Frau kühn verkündet: „Herr, freut euch mit mir, ich bin Gott geworden!" (*Herre, fröwent üch mitt mir, ich bin gott worden*, 334,13–14). Viele Interpreten deuten das als eine typische Aussage im Sinn des Autotheismus der Freigeister. Aber die Rede vom Vergottet- oder Vergöttlichtwerden findet sich bei vielen Mystikern des 14. Jahrhunderts, sogar den orthodoxesten. Zugegeben, es ist ungewöhnlich, eine solche Behauptung in der ersten Person zu formulieren, aber die Gattung des Werks, ein dramatischer Dialog, hilft diese Redeweise erklären. Hinzu kommt, dass die Mystikerin kurz danach diese Rede genauer erklärt, indem sie selbst auf den theologischen *topos* verweist, mit dem die Rede von der Vergottung qualifiziert wird: „Ja, ich bin meiner ewigen Seligkeit versichert. Ich habe in Gnaden bekommen, was Christus von Natur aus ist."[230] So weckt *Schwester Katrei* zwar genau wie Eckhart Fragen bezüglich ihrer besonders kühnen Aussagen, aber das wird kaum ausreichen, um diesen Traktat deshalb als Schrift aus der Bewegung des Freien Geistes zu betrachten.

Das Mini-Drama, das *Schwester Katrei* darstellt, ist bemerkenswert, nicht nur wegen des Wechselspiels zwischen den beiden Hauptpersonen, sondern auch deshalb, weil seine Lehre so reichhaltig und zuweilen dunkel ist. Es ist nicht möglich, hier mehr als eine Einführung in den Text zu geben und auf einige seiner signifikanteren Behauptungen über das mystische Leben hinzuweisen. Das Manuskript verfügt zwar über keine Unterteilungen oder Zwischenüberschriften, aber um der besseren Klarheit willen halte ich mich an die Unterteilung der englischen Übersetzung in sieben Abschnitte, die sich leicht in der deutschen Ausgabe nachvollziehen lässt. Die ersten vier Abschnitte (322–331) enthalten Dialoge, in denen der Ordensbeichtvater die Gottsucherin darin unterweist, wie der beste Weg zum mystischen Einswerden beschaffen sei. Er tut das in einem Stil, der an die Beschreibungen aus anderen Beziehungen zwischen Priester und Beichtkind erinnert,

---

[229] Dieser Vorwurf (348,31–349,7) kommt am Ende eines langen Abschnitts (347,22–349,21), in dem die Irrtümer derjenigen aufgezeigt werden, die sich in Unglauben führen ließen, indem sie „Gleichnissen" gefolgt seien, die sie dazu verführt hätten, zu denken, sie könnten „alle Werke in einer Gleichheit wirken" (*das si wellen alle werck in einer glicheit wircken*, 347,23–24). Diese Formulierung verstehe ich so, dass sie bedeutet, wenn man bei allem, was man tue, unverändert eine bestimmte innere Einstellung („Gleichheit") habe, falle der Unterschied zwischen Tugend und Sünde weg.

[230] Schweitzer, 334,37–335,1: *Ja, ich bin bewert jn miner ewigwen selikeit. Ich han erkrieget jn gnaden, das Christus ist von natur*. Siehe auch 348,6–8, wo noch einmal auf dieses Axiom verweisen wird.

etwa aus derjenigen zwischen Seuse und Elsbeth Stagel.[231] Aber am Ende von Abschnitt 4 erklärt die Frau, die sich der Führung des Heiligen Geistes überlässt, sie sei unabhängig und wünsche, aus freien Stücken für Christus zu leiden. Sie sagt: „Ich will ins Exil gehen und an alle die Orte, wo ich verfolgt werden kann. Ihr müsst verstehen, dass ich in der tiefsten Erniedrigung mehr Gutes gefunden habe als in aller Süße, die mir je von den Geschöpfen zuteil ward" (330,39–331,4). Der Beichtvater kann nicht anders, als dies als apostolischen Wunsch gutzuheißen (er zitiert Mt 10,22–23) und schließt damit, dass er zu ihr sagt: „Kommt zu mir, wo Ihr mich findet", worauf die Tochter weg ins Exil geht (*die tochter enweg jn das ellend*, 331,14). Das Thema „Exil" (der alte Begriff war „Elend", d. h. „außer Landes") hatte auch Eckhart in seiner Predigt „Vom edeln Menschen" zur Beschreibung des Menschen verwendet, der in ein fernes Land ging, um sich ein Königreich zu erwerben (Lk 19,12), das heißt des inneren Menschen, der die Welt der Geschöpfe, alle Bilder und sogar sein Selbst verlässt, um Gott in der inneren Wüste zu finden.[232]

Abschnitt 5 (331,15–335,18) stellt das dramatische Zentrum des Dialogs dar. Hier erreicht die Beschreibung, wie sich die Beziehung der beiden Hauptpersonen zueinander verändert, eine seltene Subtilität. Als die Tochter aus den fernen Ländern ihrer inneren Reise zurückkehrt, kennt sie der Beichtvater zunächst gar nicht wieder. Aber als sie ihm sagt, das komme daher, dass er sich selbst nicht kenne, gibt er zu, dass der Fehler an ihm liege. Nachdem er ihre Beichte gehört hat, erklärt er seinen Brüdern: „Ich habe die Beichte einer Person gehört, von der ich nicht sicher bin, ob sie ein Menschenwesen oder ein Engel ist ... Sie weiß und liebt mehr als alle Menschen, die ich je gekannt habe" (331,34–332,7). Bei ihrer zweiten Begegnung sagt sie ihm, wer sie sei, und er bittet sie, ihm zu erzählen „von dem Leben und den Mühen, die Ihr hattet, seit ich Euch das letzte Mal sah". Damit ist die Szene für die zweite Hälfte des Dialogs eingerichtet, in der die Frau weithin den Kleriker unterrichtet. Aber genau wie bereits im ersten Teil die Frau oft etwas gesagt und ihre Ansichten kundgetan hat, so

---

[231] Der kurze Abschnitt 1 (322,2–19) beginnt damit, dass die Tochter nach dem „kürzesten Weg" zur Vollkommenheit fragt. Der Beichtvater sagt ihr, zunächst müsse sie alle Sünden loswerden. Abschnitt 2 (322,20–323,20) enthält seine Ausführungen über die höheren Stufen der Gottesliebe. Der lange Abschnitt 3 (323,21–328,24) beginnt mit einer Abschweifung über die Natur der Hölle, geht dann aber in einen Dialog über den schnellsten Weg zum ewigen Heil über und behandelt solche Fragen der Mystik wie die Natur der wahren Armut, des Leidens als Nachahmung Christi und der Sehnsucht nach der Geburt Christi in der Seele (328,2–4). Abschnitt 4 (328,25–331,14) enthält eine Erörterung der Tugenden und handelt von der Notwendigkeit, sein Selbst loszulassen.
[232] Die Predigt „Von dem edeln menschen" findet sich in DW 5,106–136.

bleibt jetzt im zweiten Teil der Kleriker ein wichtiger Gesprächspartner, der zumindest hie und da seine eigenen Beiträge zur Vorstellung der Botschaft bringt.

Bevor das jedoch beginnen kann, muss die Tochter „ein stetes Bleiben (*ein stetes bliben*, 333,9–10) finden, das heißt „feststehen in der festen Ewigkeit" (*bestetten jn der steten ewikeit*, 333,12). Eine solche Form permanenten Vereinseins mit Gott geht über das hinaus, was man in der klassischen Mönchsmystik lehrte, etwa bei den Zisterziensern und Viktorinern, die vertraten, in diesem Leben bleibe das Einssein mit Gott nur kurzfristig und teilweise. Nach der mystischen Lehre Eckharts sowie auch derjenigen späterer Mystiker wie Teresa von Avila gab es dagegen auch die Möglichkeit von Zuständen bleibenden Einsseins. Interessant ist hier der Zug, dass die Begine diesen Zustand mit Hilfe des Beichtvaters erlangt, obwohl dieser geistlich weniger fortgeschritten ist als sie (was ein weiterer Beweis dafür ist, dass der Text nicht antiklerikal ist). Der Ordensmann sagt der Tochter in gut eckhartscher Manier, sie müsse den Wunsch, fest in Gott verankert zu sein, loslassen, um ihn erfüllt zu bekommen. Sodann heißt es in der Erzählung: „Und sie versetzt sich in einen Zustand des Leerseins. Da zieht Gott sie in ein göttliches Licht, so dass sie wähnt, eins mit Gott zu sein, so lange es andauert."²³³ Als sie ihm sagt, was sie in diesem Zustand erfahre, äußert er in seiner Antwort eine Bemerkung, die für den weiteren Dialog ganz entscheidend bleibt.

„Er sprach: Wisset, dies ist allen Menschen fremd. Wäre ich nicht ein solcher Priester, der das über diese göttliche Kunst selbst gelesen hätte, so wäre es auch mir fremd.

Sie sprach: Das tut mir leid! Ich wollte, dass Ihr's aus eigenem Erleben kennen gelernt hättet!

Er sprach: ... Wisset, dass ich es nicht aus eigenem Erleben besessen habe, was mir aber leid tut!"²³⁴

Mit anderen Worten, die Mystikerin hatte das erreicht, was Jahrhunderte später Kardinal Newman als „real knowledge", „echtes Wissen" bezeichnen sollte, während der Ordenspriester immer noch nur ein begriffliches Wissen um die Geheimnisse Gottes hat. Zur höheren Unterweisung in dem,

---

[233] Schweitzer, 333,18–20: *... vnd seczet sich jn ein blosheit. Da züchet si got jn ein goetlich liecht, das si wenet ein mitt got sin, als lange als das wert.*
[234] Schweitzer, 333,34–334.8: *Wisset, dis ist allen menschen frömde, vnd wär ich nitt ein sölich pfaffe, das ich es selbe gelesen hett von götlicher kunst, so wer es mir och frömde. Si sprach: Des gan ich üch übel! Ich wolt, das irs mitt leben befunden hetten. Er sprach: ... Wissest das ich es nitt mitt leben besessen han, das ist mir aber leit!*

was schließlich auch ihn zur Vereinigung mit Gott führen soll, muss er sich an sie wenden.

An diesem Punkt entschwindet die Tochter in eine weitere Ekstase in Gott, nach der sie die oben zitierte Aussage macht, sie sei Gott geworden. Schließlich zieht sie sich in einen Winkel der Kirche zurück und tritt in eine dreitägige Ekstase ein, während der die anderen Ordensbrüder glauben, sie müsse tot sein (man denke an die drei Tage Christi im Grab). Als sie wieder aufwacht, ist sie dank der Gnade Christus als Miterbin gleichförmig geworden und bereit, mit der Unterweisung ihres Beichtvaters zu beginnen. Ganz wesentlich ist die christozentrische Natur ihrer mystischen Verwandlung. Das bringt sie mit ihrem Ausruf am Ende dieses Abschnitts zum Ausdruck: „Gelobt und geehrt sei der Name unseres Herrn Jesus Christus, weil er mir geoffenbart hat, dass ich Gott in ihm erkennen und lieben soll, und dass er mein Bildner zu meiner ewigen Seligkeit gewesen ist!"[235]

Der lange Abschnitt 6 (335,19–369,33) macht mehr als die Hälfte des Traktats aus und bringt eine Reihe von Dialogen, die zuweilen zu Monologen werden, in denen die Tochter ihren Beichtvater in einer Vielzahl von mystischen und theologischen Themen unterweist. Der erste dieser Dialoge (335,22–339,28) ist wichtig, weil in ihm der eckhartsche Begriff der Einung eingeführt wird. Die Tochter beginnt damit, dass sie von den zehn äußeren Dingen spricht, die ihr geholfen hätten, die Vollkommenheit zu erlangen. Wichtiger seien jedoch die inneren Hilfen, wobei man zwischen den Übungen vor und nach der Zeit, in der sie ins Einssein versetzt worden sei, unterscheiden müsse. Das Einssein vor diesem Versetztwerden habe darin bestanden, in der Dreifaltigkeit zu wohnen, insofern die drei Personen unterschieden und die Quelle aller unterschiedenen Geschöpfe blieben. Sie sagt: „Als ich in mich selbst blickte, sah ich Gott in mir und alles, was er jemals im Himmel und auf Erden geschaffen hat" (337,8–10), wie im *spiegel der warheit*. Aber nach ihrem Versetztwerden habe sie mit keinerlei Geschöpf mehr etwas zu tun und mit nichts von dem, was jemals gesprochen worden sei. Sie spricht vom „Versetztwerden in die reine Gottheit, in der niemals Form oder Bild war" (337,26–27) und erläutert: „Ich bin da, wo ich war, eh ich geschaffen wurde. Das ist nackt Gott und Gott. Da ist weder Engel noch Heiliger, noch Chor noch Himmel, noch dies, noch das ... Ihr sollt wissen, dass in Gott nichts ist als Gott. Ihr sollt auch wissen, dass keine Seele in Gott kommen kann, es sei denn, sie werde zuvor Gott, wie sie Gott

---

[235] Schweitzer, 335,14–18: *Glopt vnd geert sÿ der nam ünsers herren Ihesu Christi, das er mir geoffenbart hett, daz ich got jn im kennen vnd minnen mag, vnd das er min bilder ist gewesen zuo miner ewigen selikeit.*

war, eh sie geschaffen wurde. In die nackte Gottheit kann niemand kommen, der nicht so nackt ist, wie er war, als er aus Gott floss."[236]

Die Ähnlichkeit dieser Darstellung mit Eckharts Sicht der ununterschiedenen Einung und Rückkehr in den Zustand vor der eigenen Erschaffung, wie er sie zum Beispiel in Pr. 52 vorstellt, ist verblüffend. Einige Zeilen weiter zitiert der Beichtvater sogar „einen Meister" zum Thema, dass man Gott in Gottes Selbst lieben müsse und nicht als „unseren Gott". Das ist ein eckhartscher Punkt, der sich in dessen erhaltenen Texten allerdings nicht wörtlich so findet. Die Tochter lobt diese Aussage: „Selig der Meister, der dies gesagt hat."[237] Dieser Abschnitt schließt mit einer genauso eckhartschen Bemerkung, als die Tochter erklärt, wie die oberste Kraft oder der „Mensch" in der Seele in den Ursprung einkehre: „Es ist die Seele bloß und nackt von allen mit Namen zu nennenden Dingen. So steht sie als eine im Einen, so dass sie voranschreiten kann in die bloße Gottheit hinein, wie das Öl auf dem Tuch: Das fließt auch immer weiter (hinein)."[238]

Bei der zweiten Unterweisung geht es um die vier Letzten Dinge und den Status des Leibes im Himmel (339,29–344,10). Wie bereits oben erwähnt, bringt dieser Teil des Dialogs eine höchst spiritualisierte, ins Immanente versetzte und oft ziemlich dunkle Ansicht über die Letzten Dinge, die in manchen Einzelheiten an Johannes Scottus Eriugena erinnert. Die drei folgenden Dialoge sind Unterweisungen darüber, wie man ein christliches Leben führen soll. In der ersten davon (Unterweisung 3: 344,10–346,8) fragt die Tochter den Priester, wie sie ihr Leben gestalten solle. Hier kommt die schon zitierte Stelle, an der der Beichtvater ihre Authentizität prüft, indem er sie auffordert, sie solle unbedenklich alle Geschöpfe genießen, und sie entgegnet, dass sie das nicht tun werde, weil sie niemals vom Vorbild Christi abweichen wolle. Unterweisung 4 (346,9–347,21) handelt von der Nachahmung Christi, und in Unterweisung 5 (347,22–349,21) folgt die oben genannte Äußerung über die falsche Mystik.

Die letzten Unterweisungen (die ich mit 6 bis 9 nummeriere) enthalten eine etwas verwirrende Mischung von Materialien. Unterweisung 6 (349,22–

---

[236] Schweitzer, 337,35–338,7: *Ich bin da, da ich was, ee ich geschaffen wurde; das ist blos got vnd got. Do ist weder engel noch heilig, noch kor, noch himmel, noch dis noch das … Ir sönd wissen, daz jn gott nütt ist den got. Ir sönd och wissen, daz kein sel jn gott komen mag, si werde e got, als si got was, e si geschaffen würde. Jn die blossen gotheit mag nieman komen, denn wer als blos ist, als er vss got flos.*
[237] Schweitzer, 338,31–36. In einer Anmerkung zu dieser Stelle (674, n. 22) führt Schweitzer einen ähnlichen Gedanken aus Eckharts RdU an (DW 5,205,5 ff.).
[238] Schweitzer, 339,16–20: *Es ist die sele blos vnd nackent aller namhaftiger ding. So staut si ein in ein, also daz si fürwert gan hat jn der blossen gotheit, alse das ölei vff dem tuoch: daz flusset alles fürbas.*

351,31) handelt von der Natur der Seele. Unterweisung 7 (351,32–356,41) beschäftigt sich damit, wer mit „den geringsten Menschen" (Mt 25,45) gemeint sei. Die Tochter deutet es so, dass diese die Heiligen seien, besonders diejenigen von ihnen, denen „Gott etwas schulde", weil sie ein rein apostolisches Leben geführt hätten. Hier kommt die Rede auf Maria Magdalena, den Archetypus der Liebhaberinnen Christi. Sie wird als Vorbild dafür angeführt, wie man von der natürlichen Liebe zu Christi leibhaftiger Gegenwart zur geistlichen Liebe übergehen müsse, durch die Magdalena so weit gekommen sei, im Sohn den Vater zu erkennen. (Der Übergang von der „fleischlichen" zur „geistlichen" Liebe war spätestens seit der Zeit von Bernhard von Clairvaux ein wichtiger Topos der Mystik gewesen.) Die lange Unterweisung 8 (356,42–367,20) ist in Wirklichkeit ein Monolog der Tochter über die Gefahr, Gott nur um der Belohnung willen zu dienen. Darin kommt es zur Äußerung der vielleicht stärksten Kritik des Wunsches nach leibhaftigen und sogar auch geistlichen Visionen Gottes in der spätmittelalterlichen Mystik. Es werden Erzählungen und ungewöhnliche Überlegungen über die Apostel verwendet (darunter 360,23–361,19 eine apokryphe Geschichte über Bartholomäus, deren Herkunft noch unklar ist), um zu betonen, dass Christus erst dem Leibe nach habe verschwinden müssen, bevor die Apostel fähig gewesen seien, den Vater im Sohn zu erkennen und das direkte Einswerden mit den drei Personen der Dreifaltigkeit zu empfangen. „Als ihnen aller äußere Trost abging, da richtete sich die Seele in ihrem Inneren mit allen ihren Kräften in den Schöpfer hinein auf. Da floss der Heilige Geist von dem Vater und von dem Sohn aus durch die Kräfte in die Seele ... Sie sahen und erkannten den Vater im Sohn und den Sohn im Vater und erkannten den Heiligen Geist, der von den zwei Personen aus in ihre Seele floss."[239]

In der 9. und letzten Unterweisung (367,21–369,33) wird die Lehre der Tochter zusammengefasst. Es kommt zu einem zweiten Gipfelpunkt des Textes, als dem Beichtvater selbst eine mystische Entrückung zuteil wird. Die Tochter betont wiederum die Notwendigkeit, alle Vermittlung hinter sich zu lassen und äußert ihr Bedauern über „die Menschen, die behaupten, Gott mit den äußeren Augen zu sehen" (367,29–30). Gott könne man nur in und durch Christus den Mittler sehen. Hier werden sogar diejenigen angegriffen, die behaupten, leibhaftige Visionen Christi in der Messe gehabt zu haben (was bei den Beginen ein weit verbreitetes Phänomen war). Das Er-

---

[239] Schweitzer, 364,29–38: *Do jn aller der vsser trost abgieng, do richte sich die sele vff jnwendig mitt allen jrn kreften jn den schöpffer. Do flos der heilge geist dur die krefte jn die sele von dem vatter vnd vom dem sun ... Sÿ sachen vnd bekanten den vatter jn dem sun vnd den sun jn dem vatter, vnd bekanten den heilgen geist, der von den zwein personen flos jn ir sele.*

kennen des Leibes Christi auf dem Altar als wahren Gott und wahren Menschen „geschieht nur im rechten Glauben und im Verstehen und in der Liebe" (368,43–45). Dieser Abschnitt schließt damit, dass dem Beichtvater die Sinne schwinden: „Die Tochter sagte ihm so vieles über die Größe Gottes und über die Allmacht Gottes und die Vorsehung Gottes, dass ihm alle seine äußeren Sinne schwanden, und dass man ihm in eine bergende Zelle gehen helfen musste. Darin lag er eine lange Weile, ehe er wieder zu sich kam."[240]

Dass dies eine mystische Ekstase war, wird im kurzen Abschnitt 7 der *Schwester Katrei* klar (369,34–370,27). Als der Beichtvater wieder erwacht, ruft er die Tochter und bedankt sich bei ihr, dass sie ihn zur ewigen Erlösung geführt habe: „Ich wurde in eine Anschauung Gottes *(götlich beschöwede)* gezogen und mir wurde alles bewiesen, was ich aus Eurem Mund gehört habe" (369,40–43).

Der Text schließt damit, dass die Tochter ihn zur Vorsicht mahnt, denn er sei erst am Anfang des mystischen Weges. Er solle durch alle Höhen und Tiefen seines Weges hindurch beharrlich bleiben und am Ende den Unterschied „zwischen Gott und der Gottheit" und den rätselhaften *vnderscheid zwischent dem geiste und der geistlichait* (370,13–14) lernen. Außerdem solle er auch das Tätigsein unter den Geschöpfen suchen, damit er erstarken und das Verrücktwerden vermeiden könne (vielleicht ein weiterer Hinweis auf die falsche Mystik). In *Schwester Katrei* wird das mystische Leben so vorgestellt, dass es ständige Hingabe und Ausdauer erfordere.

Hagiographie und Visionen

Lebensbeschreibungen von Heiligen waren spätestens seit dem 4. Jahrhundert eine besonders beliebte Art und Weise, mystische Lehren vorzustellen. Hagiographische Literatur zum Zweck des Beispielgebens, der Katechese, der Inspiration und (ja auch) der Unterhaltung war für die mittelalterliche Kultur so zentral, wie es heutzutage Film und Fernsehen sind. Ab 1200 gingen traditionelle hagiographische Erzählmodelle Hand in Hand mit den oft in Ich-Form formulierten, explosionsartig zunehmenden Visionsberichten, die ein wichtiger Zug der neuen Mystik des Spätmittelalters wa-

---

[240] Schweitzer, 369,29–33: *Die tochter seit jm also vil von der grössen gottes vnd von den vermügenheit gottes vnd von der fürsichtikeit gottes, das er von allen sinen vssern sinnen kam, vnd das man ime in ein heimliche zelle helfen mueste, vnd lag darinne ein lange wile, e er wider in sich selben kam.*

ren. Das war ein internationales Phänomen, aber wir werden sie hier nur im deutschsprachigen Raum betrachten.

Hier begannen sich im 13. Jahrhundert Lebensbeschreibungen von Heiligen, namentlich von Frauen, zu verbreiten, obwohl sie immer noch auf Latein geschrieben waren.[241] In einem bekannten Mystik-Text, Mechthild von Magdeburgs *Das fließende Licht der Gottheit*, sind viele Gattungen vermischt; nicht zuletzt gehören dazu Sammlungen von Visionen, um die Heilige und ihre Botschaft als authentisch vorzustellen. Im 14. Jahrhundert begannen deutschsprachige Versuche mit neuen hagiographischen Formen aufzutauchen, um damit die mystische Lehre zu verbreiten. In einer Strömung ließ man die traditionellen biographischen Erzählelemente und die Betonung, es komme auf den Erwerb der Tugend und das Wirken öffentlicher Wunder an, beiseite und konzentrierte sich stattdessen auf spezielle Gnadengaben wie Visionen, Offenbarungen, Ekstasen und wunderbare somatische Äußerungen wie etwa vollkommenen Nahrungsverzicht, Stigmata und Elevationen.

Deutsche Wissenschaftler prägten den Begriff *Gnadenviten*, um damit diese Form narrativer Theologie zu beschreiben, mit der Vorbilder der Heiligkeit mit Hilfe von Berichten vorgestellt wurden, die vorwiegend von mystischen Visionen und außergewöhnlichen Gnaden handelten.[242] Solche Sammlungen waren meistens, wenn auch nicht ausschließlich, Frauen gewidmet. Die bekanntesten Beispiele dafür sind die weithin zwischen ca. 1300 und 1350 von deutschen Dominikanernonnen verfassten *Schwesternbücher* oder *Nonnenleben*.[243] Diese Sammlung von Lebensbeschreibungen

---

[241] Dazu gehören die Lebensbeschreibungen von zwei Frauen, die im III. Band der vorliegenden Darstellung behandelt wurden: Margareta die Verkrüppelte aus der Mitte des 13. Jahrhunderts in Magdeburg (350–356) und Christina von Hane, eine 1292 verstorbene Prämonstratenserin (493–496).

[242] In den letzten Jahrzehnten wurde diesen Sammlungen eine reichhaltige Literatur gewidmet. Siehe besonders Siegfried Ringler, *Viten- und Offenbarungsliteratur in Frauenklöstern des Mittelalters: Quellen und Studien*, München 1980; und „Gnadenviten aus süddeutschen Frauenklöstern des 14. Jahrhunderts – Vitenschreibung als mystische Lehre", in: „*Minnichlui gotes erkennusse": Studien zur frühen abendländischen Mystiktradition. Heidelberger Mystiksymposium vom 16. Januar 1989*, hg. v. Dietrich Schmidtke, Stuttgart-Bad Canstatt 1990, 89–104. Als kurze Übersicht siehe Alois M. Haas, „Nonnenleben und Offenbarungsliteratur", in: *Geschichte der deutschen Literatur: Die deutsche Literatur im späten Mittelalter 1250–1370*, hg. v. Ingeborg Glier, München 1987, 291–299. Als jüngere Literatur seien genannt Susanne Bürkle, *Literatur im Kloster: Historische Funktion und rhetorische Legitimation frauenmystischer Texte des 14. Jahrhunderts*, Tübingen u. Basel 1999; und Béatrice Aklin Zimmermann, „Die Nonnenviten als Modell einer narrativen Theologie", in: *Deutsche Mystik im abendländischen Zusammenhang*, 563–580.

[243] Siehe in der vorliegenden Darstellung Band III, 515–536 und die dort angegebene Literatur.

heiliger Frauen aus bestimmten Kommunitäten, wie etwa den Konventen von Engelthal, Unterlinden und Töss, beruhten zwar auf älteren Gattungen, angefangen mit den Geschichtensammlungen über die Wüstenväter bis zu den *Vitasfratrum* („Leben der Brüder") der frühen Dominikaner, die gegen 1260 Gerald von Frachet zusammengestellt hatte, aber sie waren trotzdem etwas Neues, nicht nur weil man sie jetzt in der Volkssprache verfasste, sondern auch, weil man damit die Identität und den Ruhm bestimmter Konvente herausstellen wollte. Individuelle *Gnadenviten*, oft weithin Sammlungen von Visionsbeschreibungen, wurden das ganze 14. Jahrhundert hindurch weiterhin produziert, was sich sowohl an den Berichten von Visionärinnen wie der Wiener Begine Agnes Blannbekin (†1315) sehen lässt,[244] als auch an Ausnahmefällen von Visionären wie dem Priester Friedrich Sunder (†1328), der im Dominikanerinnenkonvent von Engelthal Hausgeistlicher war.[245]

Die Heiligenleben in der dritten Person – entweder in Form der traditionellen Hagiographien oder der neueren *Gnadenviten* – wurden ergänzt durch Erzählungen in Ich-Form, in denen die oder der Betreffende schilderte, wie er oder sie mystische Gaben empfangen habe, meistens Visionen und Offenbarungen von Christus, Maria, den Engeln und Heiligen. Solche Berichte tauchen oft in Texten auf, mit denen die Heiligkeit eines bestimmten Menschen bezeugt werden soll. Es wurde üblich, solche Werke als „Autohagiographien" zu bezeichnen.[246] Dieser Begriff wurde zwar ziemlich unscharf verwendet, aber er weist dennoch auf eine neue Dimension im Verhältnis zwischen Hagiographie und Mystik im Spätmittelalter hin: auf die Art und Weise, mit der Beschreibungen des Kontakts mit Gott in Ich-Form dazu verwendet wurden, religiösen Status und Lehrautorität zu beanspruchen. Die „Autohagiographie" lässt sich vielleicht eher als Technik oder neue didaktische Darstellungsweise und weniger als eine neue Gat-

---

[244] Über Agnes Blannbekin, deren *Vita et Revelationes* gegen 1318 von ihrem Franziskaner-Beichtvater zusammengestellt wurden, siehe in Band III, 327–330. Es gibt davon jetzt eine Übersetzung ins Englische von Ulrike Wiethaus, *Agnes Blannbekin, Viennese Beguine. Life and Revelations*, Cambridge 2002.

[245] Friedrich Sunders Lebensbeschreibung, *Das Gnaden-Leben des Friedrich Sunder, Klosterkaplan zu Engelthal*, wurde herausgegeben von S. Ringler, *Viten- und Offenbarungsliteratur*, 391–444 (Text) und 144–331 (Kommentar). Der Text wird kurz in Band III, 545 des vorliegenden Werks besprochen.

[246] Früh wurde dieser Begriff z. B. gebraucht in Richard Kieckhefer, *Unquiet Souls. Fourteenth-Century Saints in Their Religious Milieu*, Chicago 1984, 6–8. Als Überblick siehe Kate Greenspan, „Autohagiography and Medieval Womens' Spiritual Autobiography", in: *Gender and Text in the Later Middle Ages*, hg. v. Jane Chance, Gainesville (Florida) 1996, 216–236, worin die „autohagiography" grob definiert wird als „an account of a holy person's life written or told by the subject" (218).

tung beschreiben. Sie findet sich in Texten, die persönliche Erzählungen bieten, von denen behauptet wird, es handle sich um reale Ereignisse und Erfahrungen, obwohl, wie Kate Greenspan sagt, „die Erfahrung der/des Einzelnen immer eine Dienstfunktion hatte und nur in dem Maß taugte, in dem sie lehren, inspirieren oder ein Vorbild abgeben konnte."[247] Als Darstellungsform wurde sie auch in Erzählungen wie Seuses *Leben des Dieners* angewandt, sowie auch in den Visions- und sonstigen Tagebüchern von Frauen des 14. Jahrhunderts wie Elsbeth von Oye († 1340), Margaretha Ebner († 1351), Christine Ebner († 1356) und Adelheid Langmann († 1375).[248]

Die traditionelle Hagiographie, die Erzählungen über die heiligen Männer und Frauen der christlichen Überlieferung, blieb im spätmittelalterlichen Deutschland eine sehr populäre Gattung und erreichte ihren Höhepunkt im 15. Jahrhundert.[249] Interessanterweise waren die Hagiographen im spätmittelalterlichen Deutschland weniger darum bemüht, die für einen Heiligsprechungsprozess erforderlichen offiziellen lateinischen *vitae* herzustellen, als deutschsprachige Formen der Darstellung lokaler Vorbilder der mystischen Heiligkeit auszuprobieren.[250] Obwohl dies das Zeitalter dessen war, was André Vauchez die „mystische Invasion" genannt hat (ca. 1370–1430), während dessen man sehr darauf aus war, für mystisch und prophetisch begabte Frauen die Heiligsprechung zu erlangen,[251] konzentrierten sich dennoch die deutschsprachigen Hagiographen eher darauf, einen lokalen Kult zu schaffen oder wirksame Vorbilder der Mystik zu verbreiten, als Roms Approbation einzuholen. Die verschiedenen Formen der

---

[247] Greenspan, „Autohagiography", 220 u. 232.

[248] Über diese Frauen, besonders Margaretha Ebner, siehe in der vorliegenden Darstellung Band III, 534–548.

[249] Werner Williams-Krapp, „Literary genre and degrees of saintliness. The Perception of holiness in writings by and about female mystics", in: *The Invention of Saintliness*, hg. v. Anneke B. Mulder Bakker, London u. New York 2002, 206–216; und „The Erosion of a Monopoly", 249–251. Die beliebteste hagiographische Sammlung mit dem Titel *Der Heiligen Leben* die gegen 1400 in Nürnberg entstand, findet sich in 197 Mss., 33 deutschen und 8 niederländischen Drucken; Angabe nach Williams-Krapp, *Die deutschen und niederländischen Legendare des Mittelalters. Studien zu ihrer Überlieferungs-, Text- und Wirkungsgeschichte*, Tübingen 1986,188.

[250] Siehe Williams-Krapp, „The invention of saintliness", 207–212, der auch vermerkt, dass in die beliebten Sammlungen von Heiligenleben nur drei heiliggesprochene Mystikerinnen aufgenommen wurden, nämlich Gertrud von Helfta, Birgitta von Schweden und Caterina da Siena.

[251] André Vauchez, *La sainteté en Occident aux derniers siècles du Moyen Âge (1198–1431), Recherches sur les mentalité religieuses médiévales*, Rom 1988; in der englischen Ausgabe *Sainthood in the Later Middle Ages*, Cambridge 1997, 376–386, 407–412 u. 439–443. Natürlich war die Zahl der Heiligsprechungen von Laien gering. Vauchez vermerkt auch, dass zwar die Zahl der kanonisierten Laien zunahm, ihre Heiligkeit aber von Klerikern kontrolliert wurde und *dieser Frühling der Laienheiligkeit kein Morgen hatte* (386).

mystischen Hagiographie wurden im späten 14. und das ganze 15. Jahrhundert hindurch weiterhin gepflegt.

Mit Abstand der Bestseller der mystischen Hagiographie war die deutsche Fassung von Raimond von Capuas *Legenda major* der Caterina da Siena († 1380), die zwischen 1384 und 1395 verfasst und gegen 1400 in Nürnberg übersetzt worden war.[252] Raimond war als Generalmagister des Dominikanerordens der Initiator der Reformbewegung im Orden gewesen, und Caterina hatte für diese Reform inspirierend und als Vorbild gewirkt. Die Reform breitete sich in den 1390er Jahren nach Deutschland aus und wurde im 15. Jahrhundert zu einer wichtigen Kraft des religiösen Lebens in Deutschland.[253] Ähnliche Reformbewegungen gab es in den männlichen und weiblichen Zweigen der Franziskaner sowie auch bei den Augustinern.[254] Wie Werner Williams-Krapp gezeigt hat, spielten diese Reformbewegungen eine entscheidende Rolle bei der Verbreitung des Ansehens mancher Frauen als Vorbilder mystischer Heiligkeit. Mit seinen Worten: „Mystische Frömmigkeit konnte entweder als Irrweg ausgegrenzt oder in das Reformwerk eingebunden, domestiziert und gegebenenfalls sogar instrumentalisiert werden."[255] Im damaligen Zeitalter, in dem man Visionärinnen und Ekstatikerinnen in zunehmendem Maß verdächtigte und nur allzu bereit war, sie abzutun, weil sie vom Teufel getäuscht oder voller häretischer Verderbnis seien, war es immer noch möglich, Frauen als Vorbilder heiligmäßiger Mystik vorzustellen, sofern ihr Leben und ihre Offenbarungen für religiöse Reformbewegungen hilfreich waren. Die zunehmend formalisierte Anwendung der Unterscheidung der Geister *(discretio spirituum)* schlug zwar weithin gegen die Frauen aus,[256] aber manche der Reformer, die im Allgemeinen eher gegen Behauptungen von Frauen, sie stünden mit Gott in direktem Kontakt, abgeneigt waren, machten doch im

---

[252] Siehe Werner Williams-Krapp, „Raimond von Capua", in: VL 7,982–986.
[253] Über die Reform der Dominikaner siehe Eugen Hillenbrand, „Die Observantenbewegung in der deutschen Ordensprovinz der Dominikaner", in: *Reformbemühungen und Observantenbestrebungen im spätmittelalterlichen Ordenswesen*, hg. v. Kaspar Elm, Berlin 1989, 219–271.
[254] Über die Reformen bei den Franziskanern im 14. und 15. Jahrhundert siehe Duncan B. Nimmo, „The Franciscan Regular Observance", in: *Reformbemühungen und Oberservantenbestrebungen*, 189–205. Über das Verhältnis der Reform zur geistlichen Literatur, besonders derjenigen der Frauenmystik, siehe Werner Williams-Krapp, „Frauenmystik und Ordensreform im 15. Jahrhundert", in: *Literarische Interessenbildung im Mittelalter. DFG-Symposion 1991*, hg. v. Joachim Heinzle, Stuttgart 1993, 301–313; und „Observanzbewegungen, monastische Spiritualität und geistliche Literatur im 15. Jahrhundert", in: *Internationales Archiv für Sozialgeschichte der deutschen Literatur* 20 (1995), 1–15.
[255] Williams-Krapp, „Frauenmystik und Ordensreform", 312.
[256] Über das zunehmende Anliegen der Unterscheidung der Geister siehe hier Kapitel 2, 135–143.

Fall von Nonnen Ausnahmen, sofern deren Leben dazu nützlich war, vor Augen zu führen, dass Gott die rigoroseren Formen der Ordensobservanz mit Wohlgefallen sehe.

In der Hagiographie des 14. Jahrhunderts hatten in Deutschland die Dominikanernonnen dominiert. Im 15. Jahrhundert war ihre Zahl geringer. Margaretha von Kenzingen († 1428), die Frau eines reichen Kaufmanns, trat nach dem Tod ihres Mannes im Jahr 1411 in den reformierten Dominikanerinnenkonvent in Unterlinden ein und schickte ihre fünfjährige Tochter in ein anderes reformiertes Kloster, nämlich dasjenige der Franziskanerklarissen in Freiburg. Margaretha stand mit der Reform der Dominikanernonnen in Basel in Verbindung. Jedenfalls wird es so in ihrer Lebensbeschreibung des Bruders Johannes Meyer dargestellt, der ein Anführer der observanteren Dominikaner war. Johannes schreibt ihr die üblichen extremen Formen der Askese und zahlreiche Entrückungen zu, sowie auch die Tugenden einer vorbildlich reformierten Nonne.[257]

Margarethas Tochter Magdalena von Freiburg († 1458), auch als Magdalena Beutler oder Beutlerin bekannt, stand ihrer Mutter nicht nach. Diese umstrittene Franziskanernonne liefert für die Diskussionen um akzeptable Formen der Frauenmystik im 15. Jahrhundert einen besonderen Testfall.[258] Es fällt schwer, sie sich nicht als eine Art Schwindlerin vorzustellen (gleich, ob eine fromme oder nicht).[259] Viele ihrer Zeitgenossen taten das, wie etwa

---

[257] Über Johannes Meyer (1422–1485) siehe Werner Fechter, „Meyer, Johannes, OP", in: VL 6, 474–489; und Williams-Krapp, „Frauenmystik und Ordensreform", 303–304. Meyers Darstellung von Margaretha von Kenzingen findet sich in seinem *Buch der Reformacio Predigerordens*, Buch 5, Kap. 11–14. Siehe auch die von Heinrich Denifle herausgegebenen Fassung der Lebensbeschreibung „Das Leben der Margaretha von Kentzingen. Ein Beitrag zur Geschichte des Gottesfreundes im Oberland", in: *Zeitschrift für deutsches Alterthum* 19 (1876), 478–491, die sich auch auf Lateinisch findet in Bernard Pez, *Bibliotheca Ascetica Antiquo-Nova*, Regensburg 1724–1725, Reprint 1967, VIII, 400–412. Meyer erwies sein Interesse für die Heiligkeit der Frauen, indem er eine zweite und erweiterte Ausgabe der Leben der Dominikanernonnen anfertigte, die im „St. Katharinentaler Schwesternbuch" vorgestellt werden. Siehe die Ausgabe von Ruth Meyer, *Das ‚St. Katharinentaler Schwesternbuch'. Untersuchung. Edition. Kommentar*, Tübingen 1995, 140–181.

[258] Als Einführungen zu Magdalena siehe Peter Dinzelbacher/Kurt Ruh, „Magdalena von Freiburg", in: VL 5, 1117–1121; und Peter Dinzelbacher, *Christliche Mystik im Abendland. Ihre Geschichte von den Anfängen bis zum Ende des Mittelalters*, Paderborn 1994, 396–398. Zu Magdalenas Leben und als Herausgabe einer ihrer Schriften Karen Greenspan, *Erklaerung des Vaterunsers. A critical edition of a 15th century mystical treatise by Magdalena Beutler of Freiburg*, Dissertation an der University of Massachusetts 1984. Übertragungen in heutiges Deutsch einiger der Briefe von Beutler finden sich bei Oehl, *Mystikerbriefe*, 519–530; ferner gibt es eine englische Übersetzung von Karen Greenspan von Teilen ihrer Lebensbeschreibung, die ihr Konvent von ihr verfasst hatte, in *Medieval Women's Visionary Literature*, hg. v. Elizabeth Alvida Petroff, New York u. Oxford 1986, 350–355.

[259] Als Erörterung von Magdalenas Persönlichkeit im Kontext der spätmittelalterlichen Diskussionen zum Thema der Untersuchungen von Schwindlerinnen siehe Dyan Elliott, *Proving*

auch Johannes Nider († 1438), eine weitere Schlüsselfigur bei der Reform der Dominikaner und im Frühstadium der Hexenverfolgung. Niders bekanntes Werk *Formicarius* wird meistens als Startschuss für den Krieg gegen Hexen angesehen, und zwei der fünf Bücher dieser weitschweifigen Sammlung sind dem Thema der Unterscheidung guter Offenbarungen von schlechten gewidmet. Johannes gebrauchte den Fall von Magdalenas mystischem Tod von 1431 als Beispiel für die Art von „eingebildeten Erleuchtungen" *(phantastica luminaria)*, zu denen insbesondere Frauen neigten.[260]

Magdalena verkündete, sie habe von Gott die Botschaft erhalten, dass sie am Fest der Epiphanie sterben werde. Ihre Mitschwestern und Scharen aus Freiburg und den umliegenden Städten strömten am bezeichneten Tag zusammen. Sie fiel in Ekstase, aber Ärzte fühlten ihren Puls und entschieden, dass sie noch lebe. Dennoch schrie sie, man solle sie in den Sarg legen, den man für sie hergerichtet hatte. Nach einiger Zeit stand sie auf und bat um etwas zu essen. Offensichtlich behauptete sie, einen mystischen Tod *(mors mystica)* gestorben zu sein, nicht den physischen. Es kam fast zu einem Aufstand. Magdalena ging ihrer Aussicht auf die Art von Anhängerschaft aus Volk und Klerus verlustig, die ihr vielleicht die Anerkennung als verehrte Mystikerin gebracht hätte. Aber ihre Kommunität glaubte weiterhin an sie und verwahrte ihre Schriften und die Aufzeichnungen ihrer Aussagen. Ihre vom Konvent angefertigte *vita*, das immer noch nicht herausgegebene *Magdalenenbuch*, enthält auch einiges von ihr geschriebene Material. Darin wird versucht, die fälschliche Voraussage ihres Todestages in ein weiteres Zeichen ihrer vollkommenen Unterwerfung unter den verbor-

---

Woman. Female Spirituality and Inquisitional Culture in the Later Middle Ages, Princeton 2004, 197–200.
[260] Johannes Nider, *Formicarius*, hg. v. G. Colvener, Douai 1602, Liber III, cap. viii enthält seinen Bericht über Margaretha und andere aus seiner Sicht fehlgeleitete Frauen. Über diesen Abschnitt des *Formicarius* siehe Michael D. Bailey, *Battling Demons. Witchcraft, Heresy and Reform in the Late Middle Ages*, University Park (Pennsylvania) 2003, 111–117. Zum zweiten denkwürdigen Ereignis in Magdalenas gescheiterter Laufbahn als Mystikerin und Prophetin kam es 1429, als sie behauptete, sie sei drei Tage lang leibhaftig in den Himmel versetzt und dann mit einem Brief vom Himmel zurückgeschickt worden, der die Reform ihres Hauses unterstützte. Zu Formen solcher *Himmelsbriefe* kam es in der Geschichte des Christentums häufig. Das klassische Beispiel betrifft das Sonntagsgebot. Im Spätmittelalter behaupteten manche Mystikerinnen (z. B. Christina Ebner), vom Himmel ganz persönliche Briefe erhalten zu haben. Siehe Bernhard Schnell, „Himmelsbrief", in: VL 4,28–33; und Nigel F. Palmer, „Himmelsbrief", in: *Theologische Realenzyklopädie*, Berlin 1977 ff., XV,344–346. Eine Übertragung in heutiges Deutsch von Magdalenas Himmelsbrief findet sich bei Oehl, *Deutsche Mystikerbriefe*, 525. In der von ihrem Konvent in Auftrag gegebenen Lebensbeschreibung Magdalenas werden ihr die üblichen schrecklichen asketischen Übungen, mystischen Entrückungen und der Empfang der Stigmata (was für eine Franziskanerin naheliegend war) zugeschrieben.

genen Willen Gottes umzudeuten, jedoch eingeräumt: „Ihr heiliges, gesegnetes Leben wurde von vielen sündigen Menschen geschmäht und geleugnet und es wurde oft als Zeichen dafür genommen, dass sie eine Hexe sei."[261]

Etliche Aufmerksamkeit erregte auch eine weitere reformierte Klarissin des 15. Jahrhunderts, nämlich Ursula Haider (ca. 1413–1498).[262] Das hagiographische Material über sie sowie einige ihrer eigenen Schriften sind leider nur in einer viel späteren Sammlung erhalten, der *Chronik des Bickenklosters in Villingen*, die dessen Priorin Juliana Ernestin 1637/1638 zusammenstellte. Dagegen stammt die Lebensbeschreibung der Franziskanerinnenterziarin Elsbeth Achler von Reute (1386–1420) aus ihrer eigenen Zeit; sie wurde von ihrem Beichtvater und Förderer, dem Augustiner Konrad Kügelin zusammengestellt. Ihr blieb als einziger der Ordensmystikerinnen des 15. Jahrhunderts in Deutschland eine nachhaltige Volksverehrung als „die gute Beth" beschieden („Elisabeth Bona"). Kügelin greift in seiner *vita* Themen auf, die besonders durch die Lebensbeschreibung der Caterina da Siena beliebt geworden waren, vor allem übersteigerte asketische Übungen, Passionsfrömmigkeit, Stigmata und zahlreiche Entrückungen. Außerdem zeichnet Kügelin Elsbeth als Vorbild der Reform.[263]

Interessanter für die hagiographische Darstellung der Mystik im spätmittelalterlichen Deutschland dürften die Materialien über Frauen sein, die versuchten, mitten in der Welt statt hinter Klostermauern in engen Kontakt mit Gott zu kommen.[264] Die Mystiker unter den Laien, Frauen wie Männer, bringen in die traditionelle Hagiographie eine neue Dimension.[265]

---

[261] Zitiert nach der teilweisen Übersetzung des noch nicht veröffentlichten Lebens durch Karen Greenspan ins Englische in *Medieval Women's Visionary Literature*, 354.
[262] Siegfried Ringler, „Haider, Ursula", in: VL 3,399–404; und Williams-Krapp, „Frauenmystik und Ordensreform", 310–312.
[263] Siehe Siegfried Ringler, „Kügelin, Konrad", in: VL 5,426–429; Williams-Krapp, „Frauenmystik und Ordensreform", 308–309; und Clément Schmitt, „Élisabeth (Elsbeth) de Reute", in: DS 4,583–584. Mir stand nicht die Ausgabe von Konrads Lebensbeschreibung der Ursula zur Verfügung, die Karl Bihlmeyer veröffentlichte: „Die schwäbische Mystikerin Elsbeth Achler von Reute (d. 1429) und die Überlieferung ihrer Vita", in: *Festschrift Philipp Strauch*, hg. v. G. Baesecke u. F. J. Schneider, Halle 1932, 88–109. Kügelin schrieb die Vita auf Anweisung des Ortsbischofs zuerst auf Lateinisch, was darauf hinweisen könnte, dass man vorhatte, einen formellen Heiligsprechungsprozess anzustreben.
[264] Über den weiteren Kontext der Heiligkeit in der Ehe siehe Martina Wehrli-Johns, „Frauenfrömmigkeit ausserhalb des Klosters. Vom Jungfrauenideal zur Heiligung in der Ehe", in: *Jahrbuch für deutsche Kirchengeschichte* 24 (2000),17–37.
[265] Ein außergewöhnliches Beispiel für die Heiligkeit und Mystik eines männlichen Laien aus dieser Zeit ist Niklaus von der Flüe (1417–1487), der Schweizer Bauer und Einsiedler. Als Sammlung des ihn betreffenden Materials siehe *Bruder Klaus von Flüe. Rat aus der Tiefe*, hg. v. Anselm Keel, Zürich 1999. Eine Übertragung in heutiges Deutsch von Briefen, die der

Das umfangreiche Material, das zur Beförderung des Heiligsprechungsprozesses der preußischen Ehefrau und späteren Anachoretin Dorothea von Montau (1347–1394) produziert wurde, ist dafür das beste bekannte Beispiel. Dorothea erfuhr in den letzten Jahrzehnten erhebliche Aufmerksamkeit, nicht nur, weil der Vatikan ihre Heiligkeit schließlich 1976 anerkannte (der Heiligsprechungsprozess wurde kurz nach ihrem Tod im Jahre 1394 eingeleitet!), sondern auch, weil sie im Roman von Günther Grass *Der Butt* vorkommt, allerdings recht unvorteilhaft.[266] Weithin dank der Bemühungen ihres letzten Beichtvaters Johannes Marienwerder (1343–1417), Kanoniker des Deutschritterordens, verfügen wir über eine umfangreiche, wenn auch sich in vielem wiederholende und tendenziös angelegte Masse von Informationen über ihr Leben und ihre mystischen Gaben.[267] Ihre

---

Analphabet Niklaus diktierte, findet sich bei Oehl, *Deutsche Mystikerbriefe*, 613–631. Siehe auch Walter Muschg, *Die Mystik in der Schweiz*, Frauenfeld u. Leipzig 1935, 383–399.

[266] Die vollständigste Darstellung Dorotheas und der Quellen über sie ist Petra Hörner, *Dorothea von Montau. Überlieferung – Interpretation. Dorothea und die osteuropäisches Mystik*, Frankfurt 1993. Als Überblick siehe Dinzelbacher, *Christliche Mystik im Abendland*, 349–355.

[267] Siehe Anneliese Triller, „Marienwerder, Johannes", in: VL 6,56–61. Johannes war ein gebildeter Theologe, der an der Universität von Prag bis 1386 lehrte, als der Deutsche Orden vertrieben wurde. Er kehrte in seine Heimatstadt Marienwerder zurück und tat an der dortigen Kathedrale Dienst, wo er Dorothea gegen 1390 erstmals kennen lernte. Nach ihrem Tod betrieb er Jahrzehnte lang eine schriftliche Kampagne, um ihren Heiligsprechungsprozess auf den Weg zu bringen. Er verfasste vier Lebensbeschreibungen von ihr, zwei Sammlungen ihrer Offenbarungen und anderes Material für den Prozess. Hier eine Liste der Texte und Ausgaben:
- Die kurze *Vita prima* von 1395 in AA.SS. Oct.XIII, 493–499.
- Die sogenannte *Vita Lindana* (nach dem Herausgeber benannt) von 1396 in AA.SS. Oct.XIII, 499–560.
- *Liber de festis (Appariciones venerabilis Domine Dorotheae)* mit der Jahresangabe 1397, eine Sammlung von Dorotheas Visionen in 130 Kapiteln in der Reihenfolge der Feste des Kirchenjahrs. Er wurde herausgegeben von Anneliese Triller und Ernst Borchert, *Liber de Festis Magistri Johannis Marienwerder. Offenbarungen der Dorothea von Montau*, Köln u. Wien 1992.
- *Vita Latina* (hier abgekürzt mit VL) von 1398, hg. v. Hans Westphal, *Vita Dorotheae Mantoviensis Magistri Johannis Marienwerder*, Köln u. Graz 1964.
- *Septililium venerabilis dominae Dorotheae* (abgekürzt Sept.), fertiggestellt gegen 1400. Dieses besteht aus sieben Traktaten, die von Dorotheas geistlichen Gaben und Übungen handeln, und zwar unter den Überschriften: I. Nächstenliebe; II. Die Sendung des Heiligen Geistes; III. Die Messe; IV. Beschauung; V. Entrückung; VI. Vervollkommnung des christlichen Lebens; und VII. Beichte. Herausgegeben ist dieses Werk von Franz Hipler in den *Analecta Bollandiana* II (1883), 381–472; III (1884),113–140 u. 408–448; und IV (1885),207–251. Es war weit verbreitet.
- Das mittelhochdeutsche *Leben der zeligen vrouwen Dorothea* (abgekürzt DL), fertiggestellt zwischen 1400 und 1404 unter Verwendung von Material aus den früheren Werken. Gedacht war es zur Erbauung der Laien, indem ausführlich Dorotheas Heiligkeit vorgestellt wurde. Vier Mss. sind davon erhalten. Über diesen Text siehe Hörner, *Dorothea von Montau*, 44–48. Die Ausgabe besorgte Max Toeppen in den *Scriptores rerum prussica-*

Form der Heiligkeit als verheiratete Frau, die versucht, ein Leben kontemplativer Frömmigkeit zu führen, steht symbolisch für einen neuen Stil der heiligen Frau im Spätmittelalter, wie das an Gestalten zu sehen ist, die schließlich heiliggesprochen wurden, wie etwa an Birgitta von Schweden († 1373)[268] und anderen, denen das nicht zuteil wurde, wie der englischen Mystikerin Margery Kempe († ca. 1440). Johannes von Marienwerder verfasste seine lateinischen Lebensbeschreibungen zur Beförderung des Heiligsprechungsprozesses von Dorothea. Mit seiner deutschen Lebensbeschreibung dagegen zielte er auf die Art von Leserschaft ab, die im 15. Jahrhundert begierig nach Literatur über Mystik griff, was für damals charakteristisch war. Zu Anfang des Kapitels „Über ihre preiswürdige Ehe" erklärt Johannes: „Es kommen nicht nur die Jungfrauen und sonstige, die keusch leben, ins Himmelreich, sondern auch Eheleute, die mit rechtem Glauben und guten Werken Gottes Gnade erwerben."[269]

Aus Johannes' Schriften lässt sich über Dorotheas faszinierendes Leben überraschend viel erfahren, auch wenn er als Hagiograph alles interpretierend darstellt und sich vor allem für das „wirklich Wirkliche" interessiert, das heißt eher das Exemplarische als das Faktische, im starken Unterschied zu einer heutigen Biographie. Dorothea wurde in einer mittelständischen Familie geboren. Von frühem Alter an sei sie bemerkenswert fromm gewesen. Mit siebzehn wurde sie mit einem älteren, wohlhabenden Handwerker verheiratet und gebar neun Kinder, von denen nur eines überlebte und später Nonne wurde.[270] Es scheint, dass sie erst nach dem Tod der meisten ihrer Kinder in der Zeit zwischen 1378 und 1384 in zunehmendem Maß asketische und fromme Übungen anfangen und sich in die Mystik vertiefen konn-

---

rum, Frankfurt 1965 (Reprint der Ausgabe von 1863 in Leipzig) II, 179–350. Es gibt davon eine englische Übersetzung von Ute Stargardt, *The Life of Dorothea von Montau, a Fourteenth-Century Recluse*, Lewiston 1997.
Über die anderen mittelhochdeutschen Quellen bezüglich Dorotheas, darunter eine zweite volkssprachliche Lebensbeschreibung von Nikolaus Humilis, siehe Hörner, *Dorothea von Montau*, 41–100. Angesichts des Umstands, dass sich der Inhalt in Johannes' Schriften oft wiederholt, werde ich weithin das DL verwenden.
[268] Birgittas Leichnam war auf seinem Weg zurück nach Schweden durch Danzig gekommen, so dass Dorothea von dieser heiligen Frau und ihren Offenbarungen wusste. Sie taucht an mehreren Stellen als Vorbild auf, z. B. in DL II,22 (in d. Ausg. 257).
[269] DL I,21 (Ausg. 218): *Is komen nicht alleine dy juncvrouwen, und di sust kusch lebin, zcu dem riche der hymle, sundir ouch eliche menschin, di mit rechtim gloubin und gutin werkin gotis holde dirwerbin.* (Die Übertragung der mittelhochdeutschen Zitate in heutiges Deutsch bis zum Ende des Kapitels stammt wieder von B. Schellenberger.)
[270] Dorotheas Leben als Ehefrau, die nach Heiligkeit trachtete, wurde untersucht von Elisabeth Schraut, „Dorothea von Montau: Wahrnehmungsweisen von Kindheit und Eheleben einer spätmittelalterlichen Heiligen", in: *Religiöse Frauenbewegung und mystische Frömmigkeit im Mittelalter*, hg. v. Peter Dinzelbacher u. Dieter R. Bauer, Köln u. Wien 1988, 373–394.

te. Ihr Gatte Adalbert wird zwar als frommer Mann beschrieben, der sie auf ihren frühen Pilgerfahrten nach Aachen und 1384 in die Einsiedelei von Finsterwald begleitet habe, aber dennoch wurde er wütend und begann sie zu misshandeln, weil sie wegen ihrer Entrückungen nicht genügend ihren Pflichten im Haushalt nachkommen konnte. 1385 erfuhr Dorothea einen mystischen Wendepunkt: Jesus nahm ihr menschliches Herz heraus und ersetzte es durch ein neues Herz. Wie zu erwarten, bringt Johannes Marienwerder den Konflikt zwischen Dorotheas sexuellen Verpflichtungen gegenüber ihrem Gatten und ihrer Sehnsucht, sich voll Christus hinzugeben, ins Spiel. Schließlich konnte sie genau wie Margery Kempe ihren inzwischen gealterten Ehemann zu einem Leben in Keuschheit überreden,[271] aber erst nach seinem Tod im Jahre 1390, während dessen sie auf einer Pilgerreise nach Rom abwesend war, konnte sie sich endlich vollkommen einer religiösen Lebensform widmen. Sie tat das, indem sie alle Zelte abbrach, Danzig verließ und nach Marienwerder umzog. Die Akten ihres Heiligsprechungsprozesses enthalten Hinweise, dass sie in ihrer Heimatstadt Danzig umstritten war; manche griffen sie als Häretikerin an und andere betrachteten sie (wiederum wie Margery Kempe) als exzentrisch und anstößig.[272] Erst in den letzten vier Jahren ihres Lebens in Marienwerder fand sie wirklich als heilige Frau Anerkennung.

Diese Anerkennung lag nicht zu geringem Teil an dem Interesse, das Johannes Marienwerder und sein Freund, der Kanonist Johannes Reyman an der erst unlängst verwitweten Frau hatten. In der volkssprachlichen Lebensbeschreibung schildert Dorothea ihre erste Begegnung mit Johannes als Beispiel einer Liebe auf den ersten Blick: „Nachdem er zum ersten Mal meine Beichte gehört hatte, gewann ich größere Liebe zu ihm, als ich je zu irgendeinem Menschen gewonnen hatte. Denn ich gewann ihn so herzlich lieb als meinen Bruder und traute ihm so wohl, dass ich ihm die Heimlichkeit meines Herzens so sehr bloßgelegt hätte, dass ich ihm alles gesagt hätte, was in mir war, wenn mich nur der Herr gelehrt und mir geholfen hätte, es damals ganz richtig sagen zu können."[273]

---

[271] DL I,24 (Ausg. 221).
[272] Über das Material zum Heiligsprechungsprozess siehe *Die Akten des Kanonisationsprozesses Dorotheas von Montau von 1394 bis 1521*, hg. v. Richard Stachnik, Köln u. Wien 1978. Zu den Verdächtigungen, Dorothea sei eine Häretikerin, siehe darin 108–109 die Zeugenaussage von Metza Hugische sowie die Bemerkungen in 84 u. 473–474.
[273] DL II,27 (Ausg. 269): *Czu hant do her nu czu dem irsten meyne beychte hatte gehört, gewan ich gröser lybe czu im, wen czu yrkeynem menschen ich y gewan alzo rysch. Wen ich hatte en czu hant also herczlich lip also meynen bruder, und getrawite im so wol, das ich im dy heymlikeyt meines herczin entplöst hette also vil, als in mir wer gewest, hette mich der herre gelart und mir geholfen enzuhant alczmole aussagin.* Siehe die parallele Stelle in der VL

Derart hoch geladene, in quasi-ehelichen Begriffen ausgedrückte Beziehungen waren in früheren Zeiten nicht unbekannt gewesen, wie das Beispiel der Liebe zwischen dem Dominikaner Peter von Dacia und der Begine Christina von Stommeln zeigt.[274] Aber während Peters Bericht (der Briefe von Christina enthält) den Eindruck macht, hier staune ein junger Ordensbruder ehrfürchtig über die spektakulären und oft bizarren Erfahrungen seiner geistlich Geliebten, betont Johannes von Marienwerder in seinen Schriften die Selbstbeherrschung, das heißt den vollkommenen Gehorsam, den Christus, der unsichtbare Bräutigam, Dorothea gegenüber ihrem Beichtvater und neuen, wenn auch nicht sexuellen Ehemann Johannes befiehlt. So heißt es zum Beispiel in der deutschen Lebensbeschreibung, Christus habe ihr folgendes befohlen: „Du sollst deinen Willen ganz übergeben; was er dir gebietet, das tu, und was er dir verbietet, das lass!"[275] Johannes seinerseits war ein ganz und gar treuer geistlicher Bräutigam, wie seine heroischen Anstrengungen zeigen, ihre Heiligsprechung zu erwirken.[276] Dank der Bemühungen von Johannes und ihrer anderen Förderer in Marienwerder gewann Dorothea noch vor ihrem Lebensende einen anerkannten religiösen Status und wurde im Mai 1393, dreizehn Monate vor ihrem Tod am 25. Juni 1394, offiziell als Anachoretin oder Reklusin anerkannt.

Solche Beziehungen zwischen frommen und theologisch gut ausgebildeten Klerikern und nicht des Lesens und Schreibens kundigen Ekstatikerinnen aus dem Laienstand waren ein wichtiger Zug der spätmittelalterlichen Mystik. Im III. Band des vorliegenden Werks habe ich eine Reihe von Bei-

---

cap. 27e (Ausg. 149). In der DL II,28 (Ausg. 272) sagt Christus zu Dorothea: *Ich habe euch so vereint, wie zwei Menschen miteinander in der Ehe verbunden sind, und aus diesem Grund soll jeder von euch die Lasten des anderen tragen und einer soll dem anderen helfen, damit ihr ins ewige Leben gelangt; du sollst wissen, dass kein anderer Mensch dem B [d.h. Beichtvater] so hoch empfohlen wurde noch je empfohlen werden wird, wie du empfohlen wurdest.*

[274] Über Christina und Peter siehe in der vorliegenden Darstellung Band III, 319–326.

[275] DL II,28 (Ausg. 271–272): ... *du salt öbirgeben gancz deynen willen; was her dir gebewt, das thu, und was her dir vorbewt, das los!* Zu mehr über Dorotheas Gehorsam gegenüber ihrem Beichtvater siehe DL III,3 (Ausg. 287).

[276] Dass es im 15. Jahrhundert nicht gelang, Dorothea von Montaus Heiligsprechung durchzusetzen, hing ein gutes Stück weit mit dem Komplikationen infolge des Großen Schismas zusammen, sowie auch mit lokalen politischen Auseinandersetzungen zwischen den Deutschordensrittern und ihren Rivalen um die politische und kirchliche Macht in der baltischen Region. Siehe Ute Stargardt, „The Political and Social Backgrounds of the Canonization of Dorothea von Montau", in: *Mystics Quarterly* 11 (1985), 107–122. Als der Deutsche Ritterorden sich in der frühen 16. Jahrhundert der Reformation anschloss, geriet ihr Prozess in einen 400-jährigen Winterschlaf, bis er in der zweiten Hälfte des 20. Jahrhunderts von katholischen Flüchtlingen aus dem kommunistischen Ländern Osteuropas wieder zum Leben erweckt wurde.

spielen für diese Form der gegenseitigen Abhängigkeit und des Gesprächs zwischen Männern und Frauen vorgestellt, angefangen mit Jakob von Vitry und Maria von Oignies, der archetypischen Begine. Diese Fälle von „doppelter Autorisierung", wie sie Dyan Elliott nannte, waren für die neue Mystik typisch.[277] Der gelehrte Kleriker konnte viel gewinnen: nicht nur einen direkten Draht zu Gott, sondern auch Prestige für seinen Orden, seine lokale Kirche und sich selbst als Sprecher der Heiligen. Die Mystikerin ihrerseits erhielt vom Kleriker Unterstützung und Wegweisung (speziell im Sakrament der Beichte) sowie die Möglichkeit, ihre Botschaft auf dem Weg der Schriften ihres Beichtvaters und Freundes zu verbreiten. In manchen Fällen können wir eine regelrechte Zusammenarbeit feststellen, etwa bei Angela von Foligno und ihrem franziskanischen Schreiber. In anderen Fällen, so bei Dorothea und Johannes, ist es schwierig, genau zu bestimmen, wie viel von der Stimme der Frau durch den Filter des Schreibers zu uns kommt. Obwohl Johannes die Gegenseitigkeit des Schreibprozesses an etlichen Stellen schildert,[278] kann man sich der Eindrucks nicht erwehren, dass er Dorothea mit seinem extensiven, weitschweifenden und künstlichen Schreiben über sie in hohem Maß bewusst in Szene setzt. Es bedarf noch gründlicher Vergleiche zwischen den erhaltenen Beispielen von deutschen Texten, die Dorothea diktiert hat und den Versionen der Schilderungen von Dorotheas Visionen, die Johannes verfasste, um genauer sagen zu können, wie viel von der eigenen Stimme der Heiligen noch zu uns gelangt.[279] Obwohl wir die grundsätzliche Richtigkeit vieler der von Johannes beschriebenen Ereignisse nicht zu bezweifeln brauchen, verrät der theologische Fil-

---

[277] Dyan Elliott, „Authorizing a Life: The Collaboration of Dorothea of Montau and John Marienwerder", in: *Gendered Voices. Medieval Saints and Their Interpreters*, hg. v. Catherine M. Mooney, Philadelphia 1999, 168–191, darin besonders 168–169, 173 u. 190–191.
[278] Siehe z.B. VL I,7 (Ausg. 49–52), Vita Lindana, cap. 4 (AA.SS. Oct.XIII,538) sowie die Besprechung in Elliott, „Authorizing a Life", 180–185. Siehe auch Dyan Elliott, „*Dominae* or *Dominatae*? Female Mysticism and the Trauma of Textuality", in: *Women, Marriage, and Family in Medieval Christendom. Essays in Memory of Michael M. Sheehan, C.S.B.*, hg. v. Constance M. Rousseau u. Joel T. Rosenthal, Kalamazoo 1998, 57–61.
[279] Wir besitzen tatsächlich einen Brief, den Dorothea 1394 an ihre Tochter schreiben ließ. Er wurde herausgegeben von Richard Stachnik, „Die Geistliche Lehre der Frau Dorothea von Montau an ihre Tochter im Frauenkloster zu Kulm", in: *Zeitschrift für Ostforschung* 3 (1954), 589–596; siehe die Besprechung in Hörner, *Dorothea von Montau*, 41–42 u. 320–321. Zudem vertritt Hörner (*Dorothea von Montau*, 42–43, 322–386 u. 508–509), dass die bislang unbeachteten Schlusskapitel des Traktats VII „De confessione" des Sept., die Dorothea Johannes diktiert habe, den direktesten Zugang zu ihren eigenen mystischen Ansichten liefere. Diese Abschlusskapitel (Nr. 7–28) wurden herausgegeben von Franz Hipler, jedoch leider nicht in seine Ausgabe in den *Analecta Bollandiana* aufgenommen. Ich hatte keinen Zugang zu der Ausgabe, die in der *Zeitschrift für Geschichte und Alterthumskunde des Ermlands* 6 (1877), 81–183 veröffentlicht wurde.

ter, durch den er sie überliefert, sein mit größtem Eifer verfolgtes Programm, Dorotheas Heiligsprechung sicherzustellen. So kennen wir Dorotheas Mystik weithin nur in der Form, wie ein damaliger gelehrter Kleriker glaubte, dass die Mystik einer Frau aus dem Laienstand aussehen müsse – was natürlich auch schon für sich recht viel über die Weitergabe der Mystik im spätmittelalterlichen Deutschland aussagt.

Johannes erklärt gleich zu Beginn seiner deutschen Lebensbeschreibung Dorotheas ganz ausdrücklich sein didaktisches Vorhaben. Er wendet sich an „alle Bewohner Preußens und alle Christgläubigen" und rechtfertigt die Länge des Werkes mit der Fülle von Dorotheas aszetischen Praktiken und wunderbaren Gnaden, die sich nun einmal kurz nicht beschreiben ließen. An ihrem Vorbild taugte vieles eher als Gegenstand der Bewunderung als zur Nachahmung, aber dennoch schreibt Johannes, alle frommen Menschen könnten in Dorotheas Leben eintreten „wie in eine wundersame Wiese, um je nach eigener Empfänglichkeit mit der Hilfe Gottes die Blumen der Tugenden zu pflücken, von denen sie so voll und fruchtbar war, dass sie nicht nur ihr allein, sondern allen Liebhabern der Tugenden zum Heil gereichen können."[280]

Richard Kieckhefer hat gezeigt, dass das Bild, das Johannes von Dorotheas „stark affektiver Frömmigkeit" (wie er sie nennt) zeichnete, auf drei wesentlichen Themen der spätmittelalterlichen Hagiographie beruht: der Praxis der Pilgerschaft; der strengen Askese als Form der *imitatio Christi;* und der Betonung bestimmter Formen der mystischen Erfahrung mit oft exzessivem Charakter.[281] Während die ersten beiden sicher wichtig sind,[282] wird es aus den Hunderten von Seiten mit der oft überladenen, mühsamen Prosa des Johannes (besonders in den lateinischen Schriften) ganz offensichtlich, dass er den größten Nachdruck auf Dorotheas mystische Gaben legt, um sie als Inbegriff aller Modalitäten der göttlichen *caritas* und vollkommenes Beispiel einer Braut Christi vorzustellen. Bei seiner Konstruktion dieses Bildes der Witwe konnte Johannes seine gute Kenntnis der mystischen Tradition ausbreiten[283] sowie auch seiner Neigung als typisch

---

[280] DL I,1 (Ausg. 201): ... *als in eynen wunsamen anger, noch syner enphenlichkeit mit der hulfe gots zcu lesen di blumen der tugunden, der sie so vol und fruchtbar was, das sie nicht alleyne ire personen, sundir allen libhabern der tugunden zcur salde mogen komen.*
[281] Kieckhefer, *Unquiet Souls*, 22–33.
[282] Wie zu erwarten, schildert Johannes oft Dorotheas Leiden, sowohl selbst zugefügte als auch natürliche, als Beispiele für das Nachahmen des Leidens Christi; siehe z.B. DL I,17; II,17 u. 34; und VL II,5 (Ausg. 68–71).
[283] Die lateinischen Werke von Johannes zeigen, dass er die üblichen Autoritäten kannte, etwa Augustinus, Gregor, Bernhard und Richard von St. Victor. Er zitiert auch Cassian und Pseudo-Dionysius, den er zusammen mit dem Kommentar von Robert Grosseteste las.

spätmittelalterlicher Scholastiker frönen, alles bis ins Kleinste einzuteilen und mit ungeheurem Wortschwall darzustellen.

Wie bereits oben erwähnt, ist der Angelpunkt von Johannes' Bericht über die Entwicklung der Mystik Dorotheas das Ereignis vom Jahr 1385, in dem ihr Herz ausgetauscht wurde. Diese mystische Gnade beruht auf Ezechiel 36,26 und wurde auch Caterina da Siena zugeschrieben.[284] Zu Beginn von Buch II der deutschen Lebensbeschreibung schildert Johannes das Ereignis und seine Folgen bis in alle Einzelheiten. Am Lichtmesstag ging Dorothea früh morgens in Danzig in die Marienkirche und betete innig. Während der Messe „kam unser Herr Jesus, ihr großer Liebhaber, zog ihr ihr altes Herz heraus und stieß ihr statt dessen ein neues glühendes Herz hinein. Da spürte die selige Dorothea sehr wohl, dass man ihr Herz herauszog und dass man ihr an dieses Herzens Statt ein glühendes Stück Fleisch einstieß, das zudem sehr heiß war. Beim Empfang dieses Fleisches oder neuen Herzens hatte sie so große Lust und Freude, dass sie diese niemandem ganz äußern konnte."[285]

Diese Form somatischer Erfahrung mit deutlich sexuellen Beiklängen, wie sie für viele spätmittelalterliche Frauen typisch ist, war dazu gedacht, ein zentrales Thema von Johannes' Bild der Mystik Dorotheas hervorzuheben: das Wachsen der göttlichen *caritas* in allen ihren unterschiedlichen Äußerungen sowohl am Körper als auch an der Seele. Johannes betont, bei diesem Austausch habe es sich sowohl um einen physischen als auch geistlichen Austausch gehandelt (*mutacio substancie* in VL III,1). Er zitiert dafür biblische Beispiele wie die Formung Evas aus Adams Rippe und sogar die Transsubstantiation in der Messe. Er hatte Dorothea zwar bereits vor diesem Ereignis als mit Entrückungen und anderen mystischen Gaben privilegiert beschrieben,[286] aber nach der Herausnahme ihres alten und Einpflan-

---

[284] Siehe Raymund von Capua, *Legenda major S. Caterinae Senensis* II,6, nn. 179–180 (A.SS. Apr.III,898DF). Raymund zitiert zur Begründung dieses Wunders einen anderen Schrifttext, nämlich Ps 50 (51),12.

[285] DL II,1 (Ausg. 232): ... *do quam unsir herre Jhesus, ir liephabir gros, und rockte ir alds hercze zu, und stys ir vor daz ein nuwe hitzig hertze yn; das fulte wol di selige Dorothea, das man ir ire hercze usczog, und das man ir in des hertzen stat stis eyn hitzeig stucke fleischis, das was zcumol gar heys. In der enphaunge des fleischis adir des nuwen herczen hatte sy so grose lost und freude, daz sy di nymand mochte gancz ussayn*. Als weitere Berichte über den Austausch des Herzens siehe VL III,1–2 (Ausg. 112–116); und Vita Lindana 3 (AA.SS. Oct.XIII,517–518). IN DL II,29 ist von den drei Briefen, einem schwarzen, einem roten und einem goldenen die Rede, die dem neuen Herzen eingeschrieben waren. In der dritten Liste der *Articuli in negotio Canonizationis beate Dorothee vidue dati* von 1403 erscheint der Austausch der Herzen sogar als art. 21 der Untersuchungsprozedur für Dorotheas Fall (*Die Akten* 23).

[286] Eines der Schlüsselthemen der DL ist die Betonung des stufenweisen Wachstums von Dorotheas Heiligkeit; siehe z.B. III,25 u. 34.

zung eines neuen Herzens nehmen Häufigkeit und Qualität ihrer mystischen Gaben gewaltig zu (DL II,2). Das neue Herz verstärkt ihre Sehnsucht nach der heiligen Kommunion und verschafft ihr intensivere Weisen des Durchbohrtwerdens vom göttlichen Liebhaber, „der da täglich ihre Seele und ihr Herz verwundete, bald mit den Pfeilen der Liebe, bald mit den Strahlen und mit den Speeren der Liebe." Und Johannes fährt fort: „Beim Verwundetwerden von diesen Geschossen fühlte sie bald Schmerzen, bald Süßigkeit, bald Liebe und Sehnsucht."[287] Laut Johannes stattete die physische Hitze des neuen Organs Dorothea mit einer wunderbaren Unempfindlichkeit gegen Kälte aus (siehe DL III,13). Zwei Jahre danach empfing sie eine weitere besondere Gabe, nämlich die Gnade der Selbst-Transparenz, die es ihr gestattete, „sich selbst durch und durch zu sehen, als blicke sie mit gesunden Augen durch einen Kristall."[288]

Bei der Aufzählung der Gaben, die auf diese Herzverpflanzung folgen, beginnt Johannes die Arten der Liebe aufzuzählen, die Gott Dorothea gewährte, nicht nur die bereits genannte „verwundende" Liebe, sondern auch Formen wie die „überflutende Liebe" *(obirvlutige libe)*. Das führt in einen der originelleren Aspekte von Johannes Marienwerders Theologie der Mystik ein, nämlich seine Aufzählung von 36 oder 37 Modalitäten der in Dorothea aktiven Liebe.[289] Diese ziemlich schwerfällige Darlegung scheint Johannes' eigene Schöpfung zu sein, und offensichtlich war sie umstritten, wie der Umstand zeigt, dass er sie im *Septililium* verteidigt. (Der Grund für die beiden leicht unterschiedlichen Zahlenangaben ist unklar.)[290] Zur Erläuterung seines Standpunkts erklärt Johannes, die göttliche Liebe sei natürlich in sich eine einzige, lasse sich jedoch bezüglich der Art, wie sie von ihren Empfängern aufgenommen werde, in unzähligen Formen be-

---

[287] DL II,2 (Ausg. 234): ... *Cristo Jhesu, irme libhabir, der do tegelich vorwunte ere sele und hercze, itzcunt mit den phylin der libe, itzunt mit den stralen und mit den spern der libe; und in der vorwundunge der geschoz fulte sy itzunt smertzen, itzunt suzikeit, itzunt libe und senunge ...*

[288] Die hier erwähnte Selbst-Transparenz (DL II,2) erscheint auch anderswo (z. B. in III,27) und erinnert an die Vision von Heinrich Seuse, der in sich seine Seele sieht, als blicke er durch einen Kristall; siehe *Leben* 5 (Bihlmeyer 20) und die Beschreibung hier in Kapitel 5, 393.

[289] Die 36/37 Formen der Liebe tauchen in Johannes' Schriften oft auf. 37 Formen werden im DL IV,1 (Ausg. 332–337) beschrieben, während 36 ausführlich im ersten Traktat der Sept. dargelegt werden (I,1-35 in *Analecta Bollandiana* II,400–472). Dieser theologischeren Behandlung in den *Sept.* sind zur Erklärung der einzelnen Formen einschlägige Zitate aus der Schrift und von verschiedenen Autoritäten beigegeben. Siehe auch Sept. Pream. und Prol. 2 sowie Vita Lindana 5 (AA.SS. Oct. XIII,547–533). Die beiden Listen finden sich auch als separate Traktate auf Mittelhochdeutsch; siehe Hörner, Dorothea von Montau, 50–54.

[290] Hörner, *Dorothea von Montau*, vergleicht die unterschiedlichen Listen (198–207) und setzt diese verschiedenen Namen der Liebe zudem in Beziehung zu Mechthild von Magdeburgs Liebesvokabular (494–504).

599

schreiben. Dennoch, so behauptet er, gebe seine Unterscheidung der Liebesarten genau die Gnaden wieder, die Dorothea zuteil geworden seien.[291]

Es ist unnötig, hier genauer Johannes' Aufzählung aller Formen der Liebe vorzustellen, zumal er selbst schreibt, manche davon seien für das kontemplative Leben wichtiger als andere.[292] Zu Beginn des Traktats über die Kontemplation im *Septililium* schreibt er, der Herr habe zu Dorothea gesagt, der kontemplative Mensch brauche zwar alle Formen der Liebe, aber „er muss (vor allem) die berauschende und die gewalttätige Liebe haben, durch welche seine Seele über sich erhoben und entrückt wird, damit sie Himmlisches erblicke."[293] Im Verlauf der deutschen Fassung der Lebensbeschreibung wird klar, dass für Dorotheas exzessives Leben drei Arten der Liebe zentral sind: die berauschende, die gewalttätige und die mit ihnen verwandte verwundende Liebe. Außerdem ist die Liebe, die Johannes als „herzbrechend" bezeichnet *(hertczbrechende libe/caritas effractiva)*, die für Dorotheas Hineinsterben in Christus charakteristische Form der Liebe.

Die Wiegendruck-Ausgabe von Johannes' deutscher Lebensbeschreibung Dorotheas aus dem Jahr 1492 enthält eine Abbildung der Heiligen. Sie trägt ein Witwengewand, hält eine Büchertasche und Rosenkranzperlen in Händen und wird von fünf Pfeilen durchbohrt, wovon einer direkt in ihr Herz geht. Das Thema der Liebeswunde, eines der ältesten der christlichen Mystik, kannte nur wenige Gestalten, die es glühender auslebten als Dorothea von Montau. In DL II,36 wird geschildert, wie diese geistlichen Wunden, die intensiver sind als jedes physische Durchbohrtwerden, auf die äußeren Sinne übergreifen, was später auch Teresa von Avila besonders hervorheben sollte.[294] Der lebenslange Verwundungsprozess erreicht seinen Gipfelpunkt in ihren letzten Stunden, als die „verwundende Liebe" *(vorwunte libe/vulnerans caritas)* in die „herzbrechende" Liebe übergeht, die Dorothea sterben lässt. In ihrem letzten Gespräch mit dem Kanonikus Johannes wenige Stunden vor ihrem Tod sagt sie: „Ich fühle große Schmerzen,

---

[291] Sept. Prol. 2 (*Analecta Bollandiana* II,394–398).
[292] Johannes' Anliegen, aufzuzeigen, wie Dorothea ganz der traditionellen Vorstellung entspreche, dass das kontemplative Leben höher stehe als das aktive, äußert sich in seinen lateinischen Werken stärker als im DL. Siehe z. B. Sept. IV,1–7 (*Analecta Bollandiana* IV,207–215).
[293] Sept. IV,3 (*Analecta Bollandiana* IV,210): ... *ipsum habere oportet caritatem inebriantem et caritatem violentem, per quam anima ejus supra se eleuetur et rapiatur, ut coelestia perspiciat.*
[294] DL II,36 (Ausg: 280–281). Als weitere Stellen über die Liebeswunden im DL siehe z.B. II,15, III,4 u. 38, IV,1 und 2,2. Ähnliche Berichte finden sich in VL II,24, IV,13–16 und VI,24–25. Die eigenartigen physischen Wunden, die Dorothea von Jugend an am Körper trug, und die vermutlich medizinische Ursachen hatten, deutet Johannes als Zeichen der inneren Verwundungen der Heiligen (DL I,17). Das ließe sich vergleichen mit Teresa von Avilas Bericht über ihre Durchbohrung (*Leben* Kap. 29).

denn der Herr hat mein Herz und alle meine Glieder gar sehr verwundet mit den Strahlen und Pfeilen seiner Liebe, die er mir unablässig in das Herz, in die Arme, in den Rücken, in die Schultern und anderswo in Richtung Herz in mich geschossen hat. Ich gehe als eine Frau, die jetzt gebären will und habe weder Ruhe noch Frieden ... Die Zeit ist nun gekommen, von der ich dir gesagt habe, dass ich in ihr meine Seele gebären soll zum ewigen Leben."[295]

Ein genauso altes Thema der christlichen Mystik, das sogar älter als das Christentum ist, ist dasjenige von der geistlichen Trunkenheit. Auf der Grundlage von Textstellen in den Psalmen und besonders des Bilds vom Weinkeller in Hohelied 2,4 tauchte die Rede von der Berauschung durch Gott in vielen Formen der mystischen Erotik auf. Die *trunckene libe (inebrians caritas)* spielt in Dorotheas mystischen Zuständen eine große Rolle und wird häufig in der DL und den anderen Texten erwähnt. Zu den meisten dieser Beschreibungen lassen sich Parallelen bei anderen Mystikerinnen finden. Ein neuer Zug ist jedoch, dass Johannes die Unterscheidung zwischen zwei Arten von geistlicher Trunkenheit einführt, nämlich einer anfänglichen „genügenden Trunkenheit" *(genuglichen trunckenheyt/contentativa ebrietas)*, in der die Seele in Entrückung gerate, worauf ihr dann in der Entrückung ein neuer „stärkerer Trank" verabreicht werde, der sie mit unendlichem Durst nach Gott erfülle. Diese „ungenügende Trunkenheit" *(ungenugeliche trunckenheit/non-contentativa ebrietas)* ist Johannes' Version der mystischen *epektasis*, der Mischung aus Wonne und unendlicher Sehnsucht. Johannes behauptet, Dorothea habe zuweilen einen ganzen Monat lang, ja sogar während dreier Monate ununterbrochen die Trunkenheit erfahren.[296]

---

[295] DL III,41 (Ausg. 326–327): *Ich fule grose smerczin, wen der herre hat meyn hertcze und alle meyne glid gantcz sere vorwunt mit den strolen und pfeylen seyner libe, dy her gröslichen in das hertcze, in dy armen, in den rocken, in dy schuldirn und anderswo ken dem hertczen in mich geschossin. Ich geen als ein fraw, dy itczunt geberen wil, unde habe keyne rue noch kein frede ... Dy czeyt ist nu komen, dovon ich dir czuvor gesagit habe, in der ich gebirn sal meyne sele czum ewigin lebin.* Dorotheas Wunden beschreibt er oft so, als führten sie zu einer Art Schwangerschaft; siehe z. B. DL III,38 und IV,3.4 (Ausg. 323 und 345). In Sept. I,9 u. 17 vergleicht er diese Art von geistlichem Schwangersein insbesondere mit demjenigen von Birgitta von Schweden, wobei Christus Dorothea versichert, dass ihre Schwangerschaften diejenigen der schwedischen Seherin überträfen (*Analecta Bollandiana* II,420–421, 437). Über Birgittas geistliche Schwangerschaft siehe *Sancta Birgitta. Revelaciones Book VI*, hg. v. Birger Bergh, Stockholm 1991, cap. LXXXVIII (247–248). In Sept. I,27–31 (*Analecta Bollandiana* II,456–464) findet sich ein Traktat über neun Weisen des geistlichen Gebärens.

[296] Zu den zwei Formen der geistlichen Trunkenheit siehe DL IV,1 (Ausg. 335–336); sowie Sept. I,18 (*Analecta Bollandiana* II,438–439). Die längste Ausführung über die Gnade der Trunkenheit findet sich in Sept. I,17–23 (II,435–450), aber in allen Schriften von Johannes wird sie immer wieder erwähnt; im DL siehe auch II,16, 17 u. 27; III,18, 27 u. 29; und IV,3.4.

Johannes Marienwerders Berichte über Dorotheas Mystik sind zutiefst erotisch und ekstatisch.[297] Obwohl die Schilderungen ihrer Beziehungen zu Jesus nicht die direkte erotische Potenz haben, wie sie sich in Mechthild von Magdeburgs *Fließendem Licht der Gottheit* findet, werden darin die gleichen Braut-Themen an den Tag gelegt. Sogar aus der Zeit ihrer aktiven Ehejahre heißt es: „*got der herre hilt eyn liblich kosin mit irer selen*" (DL I,26; Ausg. 224). Sie wird als „die Braut des Ewigen Bräutigams" dargestellt (III,5), die sich des täglichen vertrauten Umgangs mit Jesus erfreuen sowie die Wonnen der höchsten Formen des Vermähltseins genießen könne. Der Brautcharakter von Dorotheas Leben erreicht einen Höhepunkt in der in DL III,27–32 (i. d. Ausg. 311–318) ausführlich beschriebenen Trauungszeremonie.[298] Johannes beschreibt, wie Dorothea zur Hochzeit in die schmuckvollen Gewänder der Tugenden gehüllt und von Botschaftern vom Himmel geleitet wird. Nachdem sie lange Zeit vor „verwundeter Liebe" geweint hat, sieht sie schließlich ihren allerschönsten Geliebten mit seiner mächtigen Heerschar zur Hochzeitszeremonie herbeikommen (III,27). Der Herr sagt zu ihr, dass die Hochzeit das vollkommene Einswerden bedeute: „Ich will dir fortan freundlicher kommen als bisher ... Wir wollen uns miteinander verschmelzen zu einem Kloß, dass wir miteinander vereinigt werden und all-eins sind. Als dies der Herr sprach, da wurde die Seele Dorotheas von dem hereinfließenden Feuer der göttlichen Liebe gleichsam zur eingeschmolzenen Glockenspeise und floss mit dem Herrn in einen Kloß. Das fühlte die Seele Dorotheas gar wohl, wie sie eins ward mit Gott und tief in ihn gesenkt."[299]

---

[297] Beschreibungen des Entrückt- und sich selbst genommen Werdens finden sich quer durch die ganze DL und in den anderen Texten des Johannes über Dorothea. Siehe z. B. DL II,11, 14, 15 u. 24; und DL III,32. Der ausführlichste Bericht über Dorotheas Entrückungen findet sich in Tractatus V des Sept. (*Analecta Bollandiana* IV,216–222), einem Kleintraktat, in dem Augustinus und Thomas von Aquin verwendet werden, um folgende Fragen zu erörtern: 1. Quid sit raptus; 2. De his quae sponsae raptum praecedebant; 3. Concomitantia rapti; und 4. Sequentia rapti.

[298] Als einige Parallelen dazu in anderen Berichten von Johannes siehe z. B. Sept. III,7 (*Analecta Bollandiana* III,418–420); Vita Lindana 5, nn. 119–25 (AA.SS. Oct. XIII,554–557); VL VI,12–19 (Ausg. 305–316).

[299] DL III,28 (Ausg. 313): *Ich wil dir me vorbas früntlicher komen, wen vor ... Wyr wellin und miteinander smeltczin in eynen klos, das wir werden miteinander voreynigeth unde seyn alleyne. Do dis der herre sprach, do was dy zele Dorothea von dem fewer der götlichen libe henflissende gleychsam eyne geschmeltczte glockspeyse, und flos mit dem hern in eynen klos. Das fulte dy zele Dorothee gar wol, wy sy eyns wart mit gote unde tiff in en gesencket.* Das ist im DL eine der stärksten Ausdrucksweisen für das mystische Einswerden. Als weitere wichtige Stellen über das Einswerden siehe II,6 u. 25; III,4 u. 16; IV,3,3, 3,4 u. 3,8. In DL III,21 heißt es, diese Erfahrungen des Einsseins hätten zuweilen drei Stunden lang gedauert. Hier und in der genaueren Erörterung des Einsseins in Sept. III,7 (*Analecta Bollandiana* III,418–420) finden wir keinerlei Rede vom Einssein in Ununterschiedenheit, sondern vielmehr ein

Später erzählte Dorothea Johannes vom himmlischen Festmahl, bei dem sie in den Weinkeller des Königs geführt worden und mit dem „Trank der göttlichen Süßigkeit trunken gemacht" worden sei (III,29). Sie beschreibt die Gaben, die sie empfangen habe, sowie das „süße Zuraunen" *(susse oerrawmen/blanditia)*, das in der Bettkammer zwischen Braut und Bräutigam hin und her gegangen sei. Das sei eine Form des Sprechens, die man zwar hören, aber nicht verstehen und im Gedächtnis behalten könne (III,31). Diese Vorstellung vom Geheimnischarakter des mystischen Zwiegesprächs findet ihre Zusammenfassung darin, dass Christus zu Dorothea sagt: „Denn wenn ich deiner Seele heimliche Dinge offenbaren will, dann will ich das ganz geheim halten. Daher mache ich deine Seele trunken, ehe ich dir meine heimlichen Dinge offenbare, so dass sie das, was ich mit ihr raune, nicht behalten und nicht aussagen kann. Zu gewissen Stunden hört sie das Raunen, vernimmt es aber nicht mit vollem Erkennen."[300]

Obwohl Dorothea von Montaus Mystik klar christozentrisch und auf die Liebe zentriert ist, spielt darin der Heilige Geist eine wichtige Rolle. Als guter Theologe wusste Johannes, dass die Gnade dem Wirken des Heiligen Geistes zu verdanken ist, und so beschreibt er alle mystischen Gaben, mit denen Dorothea versehen wird, als Manifestationen des einen Geistes. Auf die Art, wie er gern Aufzählungen macht, zählt er auch die Male, wie oft der Geist pro Tag Dorothea mit besonderen Gnaden besuchte und kommt dabei von maximal zehnmal bis zu bloß dreimal![301] An wenigen Stellen sagt Johannes, dass Dorotheas Einswerden mit Gott in Wirklichkeit das Werk der ganzen Dreifaltigkeit in ihrer Seele sei,[302] aber im Unterschied zum Leben vieler anderer Mystikerinnen und Mystiker des 14. Jahrhunderts werden das Leben und die Gnaden Dorotheas nicht als zutiefst trinitarisch beschrieben. In seiner Absicht, Dorothea als aussichtsreiche Kandidatin für die Heiligsprechung aufzubauen, scheut Johannes zudem die Erörterung kontroverser Fragen, etwa diejenige nach dem Verhältnis von Liebe und

---

breites Spektrum des Redens vom liebenden Einssein im Geist *(unitas spiritus)*, das vom Hohenlied und 1 Kor 6,17 ausgeht. Die Stelle, an der Johannes einigen der stärkeren Formen der Rede vom Einssein am nächsten kommt, ist Sept. III,27 (III,446).

[300] DL III,31 (Ausg. 317): *Den wen ich wil ein heymelich dinge offenbaren deyner zelin, das ich wil gar heymelich habin, so mache ich deyne sele trunckin, e denne ich dir offenbare meine heymelikeit, so mag sy denne das, das ich mit ir rawme, nicht behaldin noch aussagin. Czu stunden horeth sy das rawmen, und vornimet is nicht irkentlich.*

[301] DL IV,2,3 (Ausg. 339). Der ganze 2. Traktat von Sept. ist dem Thema „De Spiritus sancti missione" gewidmet; siehe besonders II,5–12 *(Analecta Bollandiana* III,121–134), worin Johannes die Formen der täglichen Geistsendungen genau zählt.

[302] Siehe z. B. DL II,6 (Ausg. 237) und die vollständigere Darstellung in Sept. III,7 *(Analecta Bollandiana* III,419–420).

Erkennen auf dem Weg zu Gott. Allerdings betont er, unter Dorotheas wichtigsten mystischen Gnaden „waren eine lautere Erleuchtung ihres Verstehens und eine hitzige Entzündung ihrer Liebe und Sehnsucht nach Gott."[303]

Zu den Themen, die die preußische Anachoretin als typisch für die spätmittelalterlichen Ekstatikerinnen kennzeichnen, gehört die zutiefst sakramentale Natur ihrer Jesusbeziehung. Dorotheas geradezu zwanghaftes Beichtbedürfnis (ihm ist im *Septililium* ein ganzer Traktat gewidmet) ist nicht mehr oder weniger exzessiv als dasjenige anderer Mystikerinnen wie etwa Caterina da Sienas.[304] Sein Sinn ist, deutlich sowohl ihr hochsensibles Sündenbewusstsein als auch ihr ständiges Bedürfnis nach weiterer Läuterung hervorzuheben, und auch zu zeigen, wie sehr sie sich der Autorität ihres Beichtvaters und dem Gehorsam gegenüber der Kirche unterwarf. Aber wie bei so vielen mittelalterlichen Mystikerinnen dient die Beichte in erster Linie dazu, Zugang zum zentralen religiösen Ritual zu bekommen, nämlich zum Empfang Christi in der Kommunion. Johannes schildert Dorotheas Sehnsucht nach der Kommunion so, dass sie im Lauf ihres Lebens ständig zugenommen habe, bis sie schließlich zu jener letzten Manifestation der „herzbrechenden Liebe" gelangt sei, die zu ihrem Tod und Eingang in den Himmel geführt habe (z. B. DL II,17 u. 27; III,17 u. 40; IV,3,1–2). Das Einswerden mit Christus ist ganz wesentlich ein Einswerden, das in der Kommunion und durch diese stattfindet.[305] Zu den berührendsten Szenen im Bericht des Johannes über Dorotheas letzte Tage gehört die Schilderung ihrer letzten Unterredung. Dorothea hat bereits früh am Morgen die Kommunion empfangen, bittet Johannes aber inständig, ihr das Sakrament noch einmal zu spenden. Er erwidert ihr, das dürfe er erst nach Mitternacht tun, wenn das „Te Deum" der Matutin gesungen sei. Sie gibt zur Antwort: „,Ich weiß nicht, wie ich so lang warten kann', als wollte sie sagen: ,Das Warten ist mir unmöglich, oder allzu bitter oder allzu schwer.'" Als er nach der Matutin wiederkommt, ist sie kraft der „herzbrechenden Liebe" bereits in

---

[303] DL III,23 (Ausg. 308): ... *dy worn eyne lautir irleüchtunge irer vorstendikeyt und eyne hitczige entczundung irer libe unde begerunge czu gote.* Zu mehr über die Gaben der Erleuchtung und Entflammung siehe VL VI,8 (Ausg. 299–300).

[304] Sept. VII,1–6 (*Analecta Bollandiana* IV,243–251). Als einige Texte über Dorotheas Beichtpraxis im Deutschen Leben siehe DL I,7, II,2 u. 22.

[305] André Vauchez vergleicht die Rolle von Messe und Kommunion bei Caterina da Siena und Dorothea in seinem Aufsatz „Dévotion eucharistique et union mystique chez les saints de la fin du Moyen Age", in: *Atti del Simposio Internazionale Cateriniano-Bernardiniano. Siena 1980*, hg. v. Domenico Maffeir u. Paolo Nardi, Siena 1982, 295–300. Siehe auch Bynum, *Holy Feast and Holy Fast*, 136–137.

ihr endgültiges Einswerden hinübergegangen.[306] So wird Dorothea von Montau als Märtyrerin der Liebe idealisiert.[307]

Die Beschreibung von Dorotheas mystischer Frömmigkeit ist in die Gattungen der traditionellen Hagiographie gefasst, wenn auch auf jene übersteigerte Art, die weithin für das Spätmittelalter typisch war. Zwei Texte aus dem frühen 15. Jahrhundert bieten originellere Darstellungen der Mystik von Frauen, die als Laien in der Welt lebten. Sie sind zwar kürzer und weniger bekannt, lohnen aber den Vergleich mit der mystischen Autohagiographie ihrer englischen Zeitgenossin Margery Kempe.

Katharina Tucher (ca. 1375–1448) war mit einem reichen Kaufmann in Neumarkt verheiratet. Nach dessen Tod zog sie nach Nürnberg, vielleicht ihre Heimatstadt. Sie schrieb zwischen 1418 und Anfang 1421 in einem Tagebuch ihre mystischen Offenbarungen nieder, insgesamt vierundneunzig, was in Deutschland für die damalige Zeit ein einzigartiger Text ist.[308] 1433 trat sie als Laienschwester in den Dominikanerinnenkonvent in Nürnberg ein und brachte dabei ihre bemerkenswerte Bibliothek von mindestens 22 Büchern weithin geistlichen und mystischen Inhalts mit, darunter auch ihr Tagebuch. Der weite Umfang von Katharinas geistlicher Lektüre und ihr Wunsch, von ihren Offenbarungen zu berichten, liefern einen eindrucksvollen Hinweis auf die Rolle der Mystik in der Laienkultur des spätmittelalterlichen Deutschlands.[309]

Katharinas *Offenbarungen* sind das einzig erhaltene Autograph der ersten Stufe dessen, woraus eine *Gnadenvita* hätte entstehen können. Das Tagebuch der Witwe über ihre Schauungen ist zwar relativ kunstlos, wurde jedoch seiner Form nach eindeutig von ihrer ausgiebigen Kenntnis mystischer Texte geprägt. Die Dialogform erinnert an Birgitta von Schweden und enthält Typen des heiligen Zwiegesprächs. Im Allgemeinen spricht Christus

---

[306] DL III,41 (Ausg. 327): *Ich weis nicht, wy ich mag gebeytin! Gleich ap sy spreche: Das beitin ist mir unmöglich, adder alczu bittir addir czu swere.*

[307] DL II, 38 (Ausg. 281–282) trägt den Titel: „Das sy eine grosze mertelerinne was und ist."

[308] Der Text wurde herausgegeben von Ulla Williams und Werner Williams-Krapp, *Die ‚Offenbarungen' der Katharina Tucher*, Tübingen 1998. Eine Anzahl der Offenbarungen lässt sich genau datieren, weil Katharina immer sowohl die Festtage angab, als auch die Wochentage, auf die diese fielen. Siehe auch Karin Schneider, „Tucher, Katharina OP", in: VL 9,1132–1134.

[309] Eine Untersuchung dessen, was über den Inhalt von Katharinas Bbliothek bekannt ist, findet sich in der „Einleitung" zu *Die ‚Offenbarungen'*, 13–23. Zu ihrer Büchersammlung gehörten eine Anzahl biblischer Texte in Übersetzung und mit Kommentaren, sie war aber sonst auf Literatur über mystische Themen konzentriert und enthielt unter anderem Wilhelm von St. Thierrys *Epistola aurea*, Seuses *Büchlein der ewigen Weisheit*, Marquard von Lindaus *Dekalogtraktat*, Rulman Merswins *Neunfelsenbuch*, die *Legende* der Caterina von Siena sowie Auszüge aus Bernhard von Clairvaux und Birgittas Offenbarungen. Birgitta wird in Offenbarung Nr. 5 namentlich genannt.

zu Katharina, aber es gibt auch Zwiegespräche mit Maria und Gespräche gemeinsam mit Christus, Maria und dem heiligen Johannes. Zuweilen berichtet Katharina auch von Gesprächen zwischen Personen im Himmel, ohne sich selbst daran zu beteiligen (oder Nr. 60 ist ein Gespräch zwischen Maria und dem Teufel). Es gibt einige Anreden an sich selbst, und eine Offenbarung besteht aus einer Diskussion zwischen Körper, Seele und Intellekt (Nr. 7). Zuweilen kommt auch Katharinas Beichtvater, der nicht mit Namen genannt wird, ins Spiel (Nr. 50, 62, 87). Ebenso ist die Form, in der die Offenbarungen wiedergegeben werden, ungewöhnlich. Sie beginnen immer auf die gleiche Art mit einem kurzen Lobpreis Jesu, meistens mit „Jesus zum Lob seiner lieblichen fünf Wunden" *(Iesv zv lob sein lieplichen fvnf bvnden)*. Oft steht dabei die kurze Einleitung „mir wurde gegenwärtig" *(mir wart gegenbvrtig)*, eine Formel, die es schwer macht, genau zu sagen, ob es sich um von Auditionen begleitete Visionen handelt oder nur um Auditionen. Einige wenige schwer verständliche Offenbarungen (z. B. Nrr. 24 und 44) scheinen auf Träumen zu beruhen.[310]

In ihren Texten begegnet man weithin den gebräuchlichen Themen, insbesondere der bräutlichen Natur von Katharinas Beziehung zu Jesus[311] sowie der starken Betonung der Passion.[312] Man findet jedoch auch ungewöhnliche Aspekte. Überraschend ist zum Beispiel, dass der Empfang der heiligen Kommunion eine so geringe Rolle spielt; in Nr. 19 wird er immerhin erwähnt.[313] Katharina Tucher stellte also anders als Dorothea von Montau nicht die Kommunion ins Zentrum ihrer Beziehung zu Christus. In den Offenbarungen, in welchen Katharina wegen ihrer vielen Verfehlungen Vorwürfe von Christus erhält (was ein Element in vielen mystischen Zwiegesprächen ist), fällt als Besonderheit auf, dass die Sucht der Visionärin nach Wein genannt wird (Nr. 55 und 79). Und während viele Mystikerinnen unter Bezugnahme auf Hld 1,1 um einen Kuss vom Mund Christi baten, verbietet ihr in Nr. 86 Christus ausdrücklich, ihn auf den Mund zu küssen und begründet das damit, dass dies nur seiner Mutter zustehe. Katharina solle genau wie Maria Magdalena nur seine Füße küssen.

Ganz besonders stark ist Katharinas Passionsfrömmigkeit. Für mittelalterliche Mystiker, Frauen wie Männer, war es nicht ungewöhnlich, mit ganz intensiven Emotionen auf Texte oder Bilder zu reagieren, die vom

---

[310] Als Bemerkungen zur Form der Offenbarungen siehe *Die ‚Offenbarungen'*, 5–13.
[311] Die folgenden Offenbarungen enthalten ein bräutliches Element: Nrr. 4, 8, 20, 25, 27, 44, 70, 77, 80 u. 86.
[312] Über die Rolle der Passion siehe die Nrr. 2, 6, 9, 12, 13, 14, 15, 21, 22, 31, 32, 41, 51, 54, 73 u. 82.
[313] In Nr. 1 wird Katharina aufgefordert, zur Beichte zu gehen.

Leiden Christi handelten und von diesen her zu Visionen oder Visualisierungen des Schmerzensmannes weiterzuschreiten oder sich direkt vor ihm stehen zu sehen. Das gilt auch für Katharina. Offenbarung Nr. 14 konzentriert sich auf ein geläufiges Motiv der spätmittelalterlichen Mystik, nämlich das Trinken vom Blut, das aus dem Herzen des Erlösers fließt. Christus spricht sie zunächst folgendermaßen an: „Sieh mich an, speise deine Seele mit dem Leib, wenn du aus meinem Herzen trinken willst. Das ist warm und nicht kalt. Gib mir einen Trunk auf dem Kreuz, an das man mich mit den Händen genagelt hat." Sie antwortet: „Lieber Herr, wie soll ich dich tränken?" Und er erwidert: „Mit einem wahren gelassenen Gemüt und mit einem Untergang (d. h. einer vollkommenen Unterwerfung) im Gehorsam, damit tränkst du mich. Dann will ich dich tränken aus meinem Herzen, das einen Aufsprung nimmt in das ewige Leben."[314]

Diese direkte und gegenseitige Verbindung gestattet es der Visionärin, sich auf eine Weise mitten in die Ereignisse des Lebens Jesu hineinzuversetzen, die an das erinnert, was Ewert Cousins als „die Mystik des historischen Ereignisses" bezeichnet hat, eine Form der unmittelbaren Identifikation mit den wichtigsten Erlösungsmomenten des Lebens Jesu, an denen die Mystikerin oder der Mystiker direkt teilnimmt. So ist zum Beispiel Offenbarung Nr. 15 (Ausg. 36–37) eine Art Szene aus einem Passionsspiel, an der Katharina während der Zeit unmittelbar nach dem Sterben Christi zusammen mit Maria und dem heiligen Johannes beteiligt ist.[315] In Nr. 16 ist sie bei der Geburt Christi in den Tagen seiner Kindheit anwesend, nicht unähnlich dem, was Birgitta erlebte.

Katharina weitet diese direkte Teilnahme an biblischen Ereignissen sogar noch weiter aus. So wird sie zum Beispiel in Offenbarung 28 zur Ehebrecherin, der Christus verzeiht (Joh 8,1–11), und in Nr. 29 ist sie die Samariterin in Johannes 4. In der letzten berichteten Offenbarung (Nr. 94) wird sie Maria Magdalena und ist mit Christus im Gespräch. Katharinas Fähigkeit, weibliche Rollen in der Heiligen Schrift nachzuspielen, statt die liturgischen und sakramentalen Formen der Identifikation zu verwenden, wie sie

---

[314] Nr. 14 (Ausg. 36): ‚*Sich mich an, speiz die sell mit dem leib, wen dv wilt avz meim hertzzen trincken. Daz ist warm vnd niht kalt. Gib mir ein trunck avf dem krevtz, als man mich nagelt mit den henden.*' ‚*Lieber her, wie schol ich dich trencken?*' ‚*Mit eim warn gelaszen gemvt vnd mit eim vnder gang in gehorsam, da mit trenckst dv mich. So wil ich dich trencken avsz meim hertzzen, daz ein avfsprvnck nimt in daz ewig leben.*' Katharina macht wenig Gebrauch vom Vokabular, das mit der Mystik vom Grund zusammenhängt; der Ausdruck „gelaszen gemvt" erscheint allerdings auch noch in Nr. 22 (Ausg. 42,2) und der Begriff „gelassenhait" in Nr. 73 (Ausg. 62,10).
[315] In Nr. 21 (Ausg. 40–41) findet sich auch eine lange Erzählung über die Passion in Form einer Anrede seitens Marias.

bei Klosterfrauen üblich waren, könnte ihren Status als belesene Frau aus dem Laienstand reflektieren, der der häufige Zugang zur Kommunion verwehrt war.

Viele der Details von Katharinas Visionen bedürfen noch der genaueren Untersuchung. Hier möchte ich nur den Umstand hervorheben, dass hier eine verwitwete Frau aus dem Laienstand in der Lage war, für sich ein breites Spektrum jener Motive der Brautmystik in Anspruch zu nehmen, die gewöhnlich Nonnen im Kloster vorbehalten waren. In Offenbarung 25 zum Beispiel wird die Hochzeit zwischen Jesus und Katharina beschrieben, wenn auch weniger detailliert als in Johannes Marienwerders Schilderung der Hochzeit Dorotheas. Offenbarung 8 ist besonders interessant, weil darin ausgiebig von der Sprache des Hohenlieds Gebrauch gemacht wird. Jesus fängt damit an, dass er zu Katharinas Seele sagt: „Meine Taube, meine Gemahlin, meine Unbefleckte, komm, ich will mich mit dir vereinen." Er verspricht ihr einen Trauring, Salomos prächtige Gewänder, feine Schuhe und eine Perlenkrone. Er will für sie musizieren und singen und sie mit Rosen, Lilien und anderen Blumen umgeben. Die Vision schließt mit einer Beschreibung des Liebesspiels zwischen der menschlichen Geliebten und dem göttlichen Liebhaber: „So verbirgt er sich und ich such' ihn. Das sieht er wohl, aber ich seh' ihn nicht. Wenn ich ihn wieder find', so werd' ich froh und sprech': ‚O mein schönes Lieb, bleib bei mir! Scheid' dich nicht von mir!' Dieses Spiel, dieses Kosen, dieses liebevolle Reden in freundschaftlicher Gegenwärtigkeit, das übertrifft alle irdische Liebe und Freude dieser Welt."[316]

Die Erwähnung des liebevollen Einswerdens mit dem Geliebten in diesem Text ist ein Echo anderer Offenbarungen, in denen Katharina ihrer Sehnsucht Ausdruck verleiht, mit Jesus und Gott eins zu werden.[317]

Eine Zeitgenossin von Katharina Tucher war eine anonyme Frau in Basel, die etwas nach spätmittelalterlichen Maßstäben sogar noch Schwierigeres versuchte. Sie trachtete nach dem mystischen Rühren an Gott, während sie immer noch ihren sexuellen Pflichten in der Ehe nachkam.[318] Diese „heilige

---

[316] Nr. 8 (Ausg. 34): *Die red mit der sell: ‚Mein tavb, mein gemahel, mein vnfermailligtew, kvm, ich wil mich mit dir verainen ... So verpirgt er sich vnd ich svch in. Daz siht er wol, vnd ich sih in niht. Wen ich wieder fint, so wirt ich fro vnd sprich: ‚O mein schons liep, peliep pei mir! Schaid dich niht wan mir!' ... Dez spils, dez kossen, dez lieplichen redens in freuntlicher gegenbvrtigkait, daz vber trift alle irdische lieb, frevd diesser werlt!*

[317] In Nr. 9 (Ausg. 34,29–31) wird berichtet, wie die Jungfrau Maria mit Christus auf dem „Thron der Heiligen Dreifaltigkeit" vereint wird. Katharina selbst wird in einer Reihe von Texten das Einswerden mit Christus und Gott versprochen; siehe z. B. Nrr. 20, 31, 34, 42 (Ausg. 39,21–24, 46,24–27, 47,8–9, 49,26).

[318] Zum Text „Von der seligen Schererin" siehe Hans-Jochen Schiewer, „Auditionen und Vi-

Visionärin" wurde als Begine bezeichnet, weil sie sich gegen die Kampagne gegen die Beginen stellte, die im ersten Jahrzehnt des 15. Jahrhunderts die Dominikaner in Basel, insbesondere Johannes Mulberg, unternahmen.[319] Aber die anonyme Seherin war Begine nur in dem weiten Sinn, dass sie eine Frau war, die beschlossen hatte, ihr Leben besonderen religiösen Übungen zu widmen und die Erlaubnis bekam, ein Gewand zu tragen, das einem Ordensgewand glich. Beginen durften nicht mit ihren Ehemännern zusammenleben. Diese heilige Visionärin bezeugt wie Dorothea von Montau und Margery Kempe die Versuche einiger Frauen, die starren Schranken zu durchbrechen, die die Kirche des Mittelalters zwischen Ehe und Mystik aufgerichtet hatte.

Die anonyme Visionärin scheint dem Stand der Kaufleute angehört zu haben. Ihr Beichtvater, im Text eine wichtige Gestalt, war Franziskaner, gehörte also dem Orden an, der die Beginen und Terziarinnen in der Stadt gegen ihre dominikanischen Schmäher in Schutz nahm. Er hatte bestimmt bei der Abfassung dieser *Gnadenvita* seine Hand im Spiel, obwohl schwer zu sagen ist, in welchem Maß. Hans-Jochen Schiewer vertritt, dass der Text „ursprünglich ein pro-franzikanisches Propagandastück des Basler Beginenstreits war".[320] Die Visionen und anderen göttlichen Manifestationen, die sich in der Schilderung finden, bieten sich zu einem interessanten Vergleich mit denjenigen von Dorothea von Montau und Katharina Tucher an. Die anonyme Frau ist mit ihrer Mystik noch stärker auf die Kommunion konzentriert, als es Dorothea war, und sie ist bei weitem unabhängiger von ihrem Beichtvater. Der Mittelteil des Berichts handelt weithin von der Auseinandersetzung zwischen ihr und dem Beichtvater über die Frage, wie häufig sie die Kommunion empfangen dürfe. Wie im Fall von Katharina hat auch die Art, wie die Anonyme ihre Visionen beschreibt, etwas Frisches an sich und vermittelt den Eindruck, dass wir tatsächlich etwas über ihre eigene geistliche Geschichte erfahren.

Der Text hat Erzählform und ist daher ein echtes „Gnadenleben" und

---

sionen einer Begine. Die ‚Selige Schererin', Johannes Mulberg und der Basler Beginenstreit. Mit einem Textabdruck", in: *Die Vermittlung geistlicher Inhalte im deutschen Mittelalter. Internationales Symposium, Roscrea 1994*, hg. v. Timothy R. Jackson, Nigel F. Palmer u. Almut Suerbaum, Tübingen 1996, 289–317.

[319] Über das Vorgehen der Basler Dominikaner gegen die Beginen und Terziarinnen siehe Alexander Patschovsky, „Beginen, Begarden und Terziaren im 14. und 15. Jahrhundert. Das Beispiel des Basler Beginenstreits (1400/04–1411)", in: *Festschrift für Eduard Hlawitschka zum 65. Geburtstag*, hg. v. Karl Rudolf Schnith u. Roland Pauler, München 1993, 403–418; und Michael D. Bailey, „Religious Poverty, Mendicancy, and Reform in the Late Middle Ages", in: *Church History* 72 (2003), 457–483.

[320] Schiewer, „Auditionen und Visionen einer Begine", 305.

nicht nur ein geistliches Tagebuch oder eine Visionensammlung. Ein Großteil der Geschichte ist in Dialogform gehalten, so dass ausführlich die Zwiegespräche der Visionärin mit Christus oder ihre Diskussionen mit ihrem Beichtvater wiedergegeben werden. Sie beginnt mit dem Bericht über eine Bekehrung: *Es lag ein moensch in sterbender not.* Mitten in diese Not hinein „kam eine Stimme in einem großen Licht, die zu ihr sprach: ‚Wenn dir Gott deine Seele mit seinem Leiden bekleidet, kommt sie ehrlich und ritterlich und wohlgekleidet vor ihn.'" Die Seele fleht Christus um die Vergebung ihrer Sünden an und bittet darum, mit dem Leiden des Herrn bekleidet zu werden. „Da kam die Stimme in dem Licht wiederum zu ihr und sprach: ‚Du bist des ewigen Lebens versichert durch das Verdienst unseres Herrn.'"[321] Die Frau übersteht eine Versuchung durch den Teufel und verschreibt ihr Leben dem Herrn. Im Text heißt es, sie sei eine verheiratete Frau gewesen und habe daher ihren Mann um die Erlaubnis bitten müssen, dass sie ihre weltlichen Kleider ablege und eine ärmere Lebensart annehme.

Nicht jedoch erhielt die anonyme Visionärin die Erlaubnis, ein Leben in Keuschheit zu führen. Nach den kirchlichen Regeln konnte sie am Tag, nachdem sie sexuellen Verkehr gehabt hatte, nicht die Kommunion empfangen, und ihr Beichtvater wies sie an, ihrem Mann nicht ihre ehelichen Pflichten zu versagen. Sie gehorchte dieser Auflage, aber ein gutes Stück weit geht es in der Geschichte der heiligen Visionärin (Schiewer, 307–312) um ihr Ringen darum, so oft wie möglich die Kommunion empfangen zu können. Als ihr Beichtvater zum Beispiel versucht, ihr dies auf dreimal pro Woche zu beschränken, wird sie todkrank und erhält von ihrer himmlischen Stimme Unterstützung. Schließlich gibt der Beichtvater nach und erlaubt ihr, die Kommunion im Rahmen der gültigen Einschränkungen so oft zu empfangen, wie sie wolle: *Vnd der bihter verseite ir dar nach nit me daz heilge sacrament* (312,231–232).

Der Grund dafür, dass die Visionärin derart stark das Sakrament ersehnte, war, dass ihr direkter Kontakt mit dem leidenden Christus jeweils beim Empfang der Kommunion zustande kam. Wie bei so vielen spätmittelalterlichen Mystikern stand auch bei ihr im Zentrum ihrer mystischen Frömmigkeit der blutüberströmte Jesus am Kreuz und noch genauer das Trinken des Bluts, das aus seinem durchbohrten Herzen fließt.[322] Diese Erfahrung ließ sich leibhaftig bei der Kommunion verwirklichen; man konnte sie je-

---

[321] „Von der seligen Schererin" (306,5–14): *Do kam ein stimme in einem grossen lieht zuo ir sprechende: „Daz dir got din sel kleide mit sinem liden, so kummet sú erlich vnd ritterlich vnd wol gekleidet fúr in." ... Do kam die stimme in dem lieht wider vmb zuo ir vnd sprach: „Du bist gesichert ewiges lebens durch daz verdienen vnsers herren."*

[322] Über die Rolle des Bluttrinkens bei den spätmittelalterlichen Mystikerinnen siehe Bynum,

doch auch mittels „geistlicher Kommunion" machen.[323] Im Bericht wird erzählt, wie sie eines Tages ihren Beichtvater in der Franziskanerkirche über „das geistliche Empfangen des Fleisches und Blutes unseres Herrn" (307,58–308,85) predigen hörte. In diesem Augenblick kam ihr eine Vision des Kreuzes, das der heilige Franziskus hatte in der Luft schweben sehen, an dem man deutlich Christi fünf Wunden sah. Aus diesen fünf Wunden flossen ihr vier Blutströme in den Mund und „sie wurde vom Trank des Blutes gar sehr gestärkt und froh" (308,72–73). Als sie an Pfingsten nicht zur Kommunion gehen konnte, hielt sie eine Betrachtung über das Sakrament. Im Bericht heißt es weiter: „Sie betrachtete das würdige Leiden unseres lieben Herrn und sie wurde entrückt. Ihre Seele saß an dem Kreuz beim Herrn, unter seinem Herzen. Und unserem Herrn brach sein Herz und das würdige Blut floss aus seinem Herzen in ihrem Mund. Und als sie danach wieder zu sich kam, da dachte sie bei sich: ‚Dir sind große Dinge geschehen. Du hast getrunken aus dem Herzen unseres Herrn. Das war auch dem heiligen Johannes beschieden ... Was hast du getrunken? Ich habe den Willen Gottes getrunken. Ich senke mich zu Grunde in seinen Willen.'"[324]

Solche Erfahrungen werden im Text wiederholt, besonders im langen letzten Teil (312,233–317,423), welcher vierzehn verschiedene Visionen der frommen Frau enthält. Im Unterschied zu Katharina Tucher betrachtet die Anonyme die Evangelienszenen von außen her und wird keine direkte Mitspielerin darin. Viele ihrer Visionen kreisen um die Passion; in anderen geht es um die Geburt und Kindheit Jesu. In manchen dieser Schauungen kommt es zu einer direkten Begegnung mit Christus. Sie vertauscht wie Dorothea von Montau und Caterina da Siena ihr Herz mit demjenigen Jesu (316,366–379), und in einer anderen Vision küsst Christus sie auf den Mund und beglückwünscht sie zu ihrer Verehrung des Altarsakraments, auch wenn sie aus Gehorsam gegenüber ihrem Beichtvater darauf verzichte. „Und von dem Kuss, mit dem sie unser Herr geküsst hatte", heißt es im Text

---

Holy Feast and Holy Fast, besonders 55–56, 64–65, 161–180 u. 270–276 über das Trinken aus Christi Seite.
[323] Über die Rolle der Messe und der geistlichen Kommunion im Text siehe Schiewer, „Auditionen und Visionen", 295–301.
[324] „Von der seligen Schererin" (309,120–28): *Sú betratete daz wúrdig liden vnsers lieben herren vnd sú wart verzogen vnd sas ir sel an dem crútze by dem herren vnder sinem hertzen. Vnd vnserm herren brach sin hertze vnd daz wúrdige bluot flos vs sinem hertzen in iren munt. Vnd do sú do noch wider zuo ir selber kam, do gedohte sú: „Dir sind grosse ding beschehen. Du hest getruncken vs dem hertzen vnsers herren. Dis ist beschehen also sante Johannes ... Waz hestu getruncken? Ich habe getruncken den willen gottes. Ich sencke mich zuo grunde in sinen willen.* Die Stelle schließt damit, dass die Visionärin Marias Worte aus Lk 1,46 zitiert.

weiter, „und aus den Worten, die er zu ihr geredet hatte, merkte sie, dass sie das Sakrament nicht lassen sollte und dass unser Herr einen Einklang und eine Vereinung mit ihrer Seele haben wollte."[325] Die Lebensbeschreibung schließt mit der Angabe an die Leser, dass „diese heilige Frau am 1. Juni 1409 starb" (317,425–426).

Zum Abschluss

Die ganze Geschichte des Christentums hindurch wurde die mystische Lehre auf eine Vielzahl von Weisen weitergegeben. Viele von ihnen hinterließen keine historisch greifbaren Spuren, etwa der privaten Gespräche der Mystiker mit ihren Anhängern oder der lebendigen Beispiele, die die heiligen Männer und Frauen jedes Jahrhunderts boten. Was ich in diesem langen Kapitel zu zeigen versucht habe, ist, dass uns die Mystik des spätmittelalterlichen Deutschlands eine besondere Gelegenheit dafür bietet, eine Zeit und Gegend zu beobachten, in der sich der Hunger nach direktem Kontakt mit Gott in allen Schichten der Gläubigen weit verbreitete, auch unter den Laien. Aus diesem Grund, und auch dank der zunehmenden Lesefreudigkeit der spätmittelalterlichen Gesellschaft, verfügen wir aus dem Deutschland des 14. und 15. Jahrhunderts über mehr schriftliche Unterlagen als vielleicht je zuvor. Die Vielzahl von Formen der Mystik in den deutschsprachigen Ländern zwischen 1300 und 1500 ist genauso bemerkenswert wie die vielen Art und Weisen und unterschiedlichen Gattungen, in denen diese Botschaft verbreitet wurde.

---

[325] „Von der seligen Schererin" (317,410–413): *Vnd by dem kússen, also sú vnser herre kússet het vnd die wort zuo ir geret hette, do by merckte sú, daz sú daz sacrament nit solte lossen vnd daz vnser herre ein suon vnd ein vereinung wolte haben mit ir selen.*

Kapitel 8

DREI TRAKTATE ÜBER DAS MYSTISCHE LEBEN

Im 12. und 13. Jahrhundert entstand eine ganze Reihe von Traktaten über die Natur der Kontemplation und den mystischen Weg zu Gott. Die beiden Kanoniker Hugo und Richard von St. Victor waren im 12. Jahrhundert die ersten gewesen, die solche Gesamtdarstellungen geschaffen hatten; ihnen waren bald die Zisterzienser und Kartäuser nachgefolgt. Solche lateinischen Traktate wurden auch noch im 13. Jahrhundert verfasst. Einer der bestbekannten stammt aus der Feder des deutschen Franziskaners David von Augsburg; er schrieb ihn in den 1240er Jahren. Der Titel ist etwas schwerfällig, sagt aber schon viel über den Zweck derartiger Werke: *Die Beschaffenheit des inneren und äußeren Menschen gemäß dem dreifachen Zustand der Anfänger, Fortgeschrittenen und Vollkommenen.*[1] Ein gutes Jahrzehnt danach schrieb Bonaventura, der franziskanische „Fürst der mystischen Theologie", eine Reihe von Gesamtdarstellungen der mystischen Lehre, wozu insbesondere sein *Wanderweg der Seele in Gott hinein* und sein *Dreifacher Weg* gehören.[2]

An der Wende zum 14. Jahrhundert entstanden formelle Handbücher der Mystik, in denen der Versuch unternommen wurde, eine Vielzahl von mystischen Autoritäten und Traditionen in scholastisch systematischer Manier zusammenzufassen und zu harmonisieren. Gedacht waren sie für den Gebrauch der Beichtväter und geistlichen Begleiter, damit sie die ihnen Anvertrauten sicher führen konnten. Eines der beliebtesten dieser Werke mit dem

---

[1] Über diesen Traktat siehe in der vorliegenden Darstellung Band III, 215–217. Davon sind über 400 Mss. erhalten.
[2] Über Bonaventuras mystische Traktate siehe in Band III, 192–213. In der kritischen Ausgabe der Werke Bonaventuras werden 138 Mss. für das *Itinerarium mentis in Deum* und nicht weniger als 299 für *De triplici via* aufgelistet. Das Gewicht der Autorität Bonaventuras hatte zur Folge, dass eine Anzahl seiner Werke nicht nur in verschiedene Volkssprachen übersetzt wurde, darunter auch ins Mittelhochdeutsche, sondern ihm auch viele andere geistliche und mystische Schriften zugeschrieben wurden. Als Überblick siehe C. Fischer, „Bonaventure (Apocryphes attribuées à saint)", in: DS 1,1843–1856. Das am weitesten verbreitete Werk, das ihm zugeschrieben wurde (über 200 Mss.) waren die *Meditationes vitae Christi* von ca. 1350; darüber siehe in Bd. III, 225–227. Es gibt davon eine neuere kritische Ausgabe: *Iohannis de Caulibus Meditaciones Vite Christi olim S. Bonauenturae attributae*, hg. v. M. Stallings-Taney, Turnhout 1997, CCCM 153.

Titel *Sieben Straßen zu Gott* stammt vom deutschen Franziskaner Rudolph von Biberach (ca. 1270 – ca. 1330), der es gegen 1300 verfasste. Es ist in rund hundert Manuskripten erhalten und wurde gegen 1350 ins Mittelhochdeutsche übersetzt.³ Gegen 1290 schrieb der französische Kartäuser Hugo von Balma einen noch beliebteren Traktat mit dem Titel *Die Wege nach Sion trauern*, der oft unter dem Titel *Der dreifache Weg* zirkulierte und Bonaventura zugeschrieben wurde.⁴ Gegen Ende des 13. Jahrhunderts war die Gattung des Mystik-Traktats sowohl in Form klar strukturierter Werke als auch lockerer Darstellungen weit bekannt.

Eine strenge Definition dessen, was einen Mystik-Traktat ausmacht, lässt sich nicht so einfach formulieren. Jedenfalls war es ein wichtiger Zug der spätmittelalterlichen Mystik, nicht zuletzt in den deutschsprachigen Ländern, dass die Werke zunahmen, die sich durch den oft stark von der scholastischen Theologie herkommenden Wunsch auszeichneten, die Grundelemente der mystischen Praxis zu systematisieren und zu synthetisieren: die Ausführungen über die Vorbereitung auf den Weg zum Einswerden mit Gott, über den Weg selbst und über die Merkmale des Einswerdens. Die im vorigen Kapitel vorgestellten vielen Formen sowohl der Literatur als auch der Kunst öffnen das Fenster für den Blick auf neue Entwicklungen bei der Ausbreitung der Mystik in Deutschland zwischen 1300 und 1500, und die anhaltende Produktion von Mystik-Traktaten ist wichtig für das Aufzeigen der Verbindungen zwischen dieser Ernte und dem, was ihr vorausgegangen war.

Die Zahl der Werke aus dem spätmittelalterlichen Deutschland, die sich als Mystik-Traktate bezeichnen lassen, ist beträchtlich. Es gibt keinen vollen Überblick und auch keine komplette Liste.⁵ Franz Pfeifer veröffentlichte zum Beispiel in seiner bahnbrechenden Eckhart-Ausgabe von 1857 sieb-

---

³ Über Rudolph von Biberach siehe in Bd. III, 220–221.
⁴ Hugo von Balmas *Viae Sion Lugent* sollten in den Diskussionen Mitte des 15. Jahrhunderts über das Verhältnis von Liebe und Erkennen beim mystischen Aufstieg großen Einfluss haben und wird deshalb ausführlicher in Kap. 10, 741–742 behandelt werden.
⁵ Eine relativ komplette Liste ließe sich aus den vielen Einträgen im VL zusammenstellen. Eine Anzahl der Traktate, die mit den Dominikanern zusammenhängen könnten, hat Ruh in seiner *Geschichte* III,355–388 behandelt. Dazu gehören (1) *Von abegescheidenheit*, vormals Eckhart zugeschrieben, jetzt aber allgemein als pseudo-eckhartisch angesehen; (2) *Vorsmak des êwigen lebennes*; (3) *Traktat von der Minne*; (4) *Die Blume der Schauung*; und (5) die dem „Meister des Lehrgesprächs" zugeschriebenen Schriften, zu denen der ‚*Gratia dei*'–Dialog, der ‚*Audi filia*'-Dialog und der ‚*In principio*'-Dialog gehören. Die Traktate (3) und (5) wurden jüngst dem Augustiner Johannes Hiltalingen von Basel (ca. 1332–1392) zugeschrieben; siehe Karl Heinz Witte, ‚*In-principio-Dialog*'. *Ein deutschsprachiger Theologe der Augustinerschule des 14. Jahrhunderts aus dem Kreise deutscher Mystik und Scholastik*, München 1989; und „Der ‚Traktat von der Minne', der Meister des Lehrgesprächs und Johannes Hiltalingen von Basel. Ein Beitrag zur Geschichte der Meister-Eckhart-Rezeption in der Augustinerschule

zehn Traktate, die er Meister Eckhart zuschrieb, von denen heute nur noch zwei als authentisch betrachtet werden.[6] Statt nur eine möglichst vollständige Liste aller dieser Mystik-Traktate zu bieten, sollen in diesem Kapitel ähnlich wie im vorigen drei repräsentative Beispiele dafür ausführlicher vorgestellt werden. Bei der Auswahl dieser Traktate habe ich vier Kriterien angewandt. Das erste ist etwas willkürlich: Welche Werke erschienen zumindest mir als besonders geeignet, einen Eindruck von dem zu vermitteln, was für die deutsche Mystik des Spätmittelalters spezifisch und signifikant ist? Beim zweiten geht es um die Vielfalt der Zuordnung zu den religiösen Orden, die ein ganz wichtiger Bestandteil der geistlichen Landschaft des Mittelalters waren. Zwar spielten in der spätmittelalterlichen Mystik die Dominikaner eine ganz besondere Rolle, aber es gab auch viele andere Orden, die signifikante Beiträge dazu leisteten: Benediktiner, Kartäuser, Augustiner und Franziskaner,[7] um nur einige davon zu nennen. Weil den dominikanischen Mystikern bereits soviel Aufmerksamkeit zugewendet wurde, habe ich Traktate weggelassen, die eindeutig mit den Dominikanern zusammenhängen. Ich werde bei der Vorstellung dieser Werke nicht versuchen, bei den verschiedenen Orden jeweils eine ganz eigene Form der Mystik aufzuzeigen (in dieser Richtung haben andere schon geforscht); vielmehr möchte ich noch einmal die Vielfalt und weite Verbreitung der Mystik im spätmittelalterlichen Deutschland vor Augen führen. Drittens habe ich Traktate ausgewählt, mit denen versucht wird, eine Gesamtschau des mystischen Lebens zu bieten, statt solche, in denen der eine oder andere Aspekt der Mystik behandelt wird, so interessant das auch sein könnte. Und viertens dachte ich, dass es wichtig sei, sowohl lateinische als auch mittelhochdeutsche Werke zu berücksichtigen. Während die im vorigen

---

des 14. Jahrhunderts", in: *Zeitschrift für deutsches Altertum und deutsche Literatur* 131 (2002), 454–487.

[6] Franz Pfeiffer, *Meister Eckhart*, Leipzig 1857; Reprint Göttingen 1924. Diese „Tractate" finden sich in 371–593. Die authentischen sind Nr. V, „Daz buoch der götlîchen troestunge" (419–448) und Nr. XVII, „Die rede der underscheidunge" (543–593). Pfeiffer Nr. IX, „Von abegescheidenheit," den J. Quint als authentisch betrachtete und in DW 5,400–434 herausgab, wird heute allgemein für nicht von Eckhart stammend gehalten. Schon allein diese Masse von pseudo-eckhartschen Werken gibt eine Ahnung davon, wie viele Mystik-Traktate aus diesem Zeitraum erhalten sind.

[7] Die Franziskaner leisteten viele wichtige Beiträge zur spätmittelalterlichen Mystik, wie in der Darstellung des Marquard von Lindau im vorigen Kapitel gezeigt wurde. Bei den geistlichen und mystischen Schriften der Franziskaner handelte es sich meistens um Übersetzungen, hagiographische Texte und Predigten, wie die zweibändige Sammlung zeigt, die Kurt Ruh herausgab: *Franziskanisches Schrifttum im deutschen Mittelalter*, München 1965 u. 1985. Es gibt nur wenige mystische Traktate franziskanischen Ursprungs, wie etwa die anonyme Schrift *Von der göttlichen Liebe*, die Ruh in *Franziskanisches Schrifttum* II,232–247 herausgab.

Kapitel vorgestellten Formen der mystischen Literatur weithin für ein Laienpublikum gedacht und von daher in der Volkssprache formuliert waren, trifft das weniger auf die Traktate zu, die sich oft (aber natürlich nicht immer) an Kleriker richteten, die eine systematische Information brauchten, sowohl für sich selbst als auch für diejenigen, die sich um geistliche Führung an sie wandten.

Die drei im vorliegenden Kapitel behandelten Traktate erstrecken sich über das 14. Jahrhundert: (1) Der lateinische Traktat *De adventu Verbi in mentem* des Augustiners Heinrich von Friemar („Das Kommen des [göttlichen] Wortes in den Geist", frühes 14. Jahrhundert); (2) das *Buch von geistlicher Armut*, ein Werk, dessen Autorschaft umstritten ist und das von ca. 1350–1370 zu stammen scheint; und (3) die *Theologia Deutsch*, die spät in der zweiten Hälfte des 14. Jahrhunderts von einem anonymen Priester des Deutschritterordens geschrieben wurde. Ich möchte dann schließen mit Bemerkungen zu einigen Traktaten aus dem 15. Jahrhundert. Die beiden hier behandelten mittelhochdeutschen Werke wurden in der Folge sehr bekannt; Heinrichs lateinischer Traktat wurde weniger gelesen. Dennoch eröffnet uns jeder dieser Traktate ein ganz eigenes Fenster auf die unterschiedlichen Weisen, auf die die spätmittelalterlichen Autoren ihre geistliche Lehre systematisch darzustellen versuchten.

Heinrich von Friemar der Ältere (ca. 1250–1340)

Der „Orden der Eremiten des heiligen Augustinus" (so sein voller Titel) hatte sich aus italienischen Eremitengemeinschaften des 12. und 13. Jahrhunderts entwickelt. Aber zum Zeitpunkt der offiziellen Anerkennung des Ordens im Jahr 1256 hatte diese Gruppierung, die sich an die flexible *Regel des heiligen Augustinus* hielt, die Eigenschaften der beliebten Mendikantenorden der Dominikaner und Franziskaner angenommen. Die Augustiner erkannten genau wie die anderen Mendikanten die Notwendigkeit einer soliden theologischen Ausbildung, um im städtischen Milieu predigen und Seelen unterweisen zu können. So richteten sie schon früh in einigen ihrer Konvente Studienhäuser ein und begannen ihre besten Leute zur weiteren Ausbildung an die Universitäten zu schicken. Die Grundlage sowohl ihrer Theologie als auch Spiritualität blieben die Schriften von Augustinus, aber für ihren Orden bekamen sie auch eine spezifische theologische Autorität in Gestalt des Bruders Aegidius von Rom (†1316), der eine Zeit lang bei Thomas von Aquin studiert hatte. Die Spiritualität des Ordens lässt sich als im Wesentlichen augustinisch charakterisieren. Es wurde darin betont, dass im Zentrum die Liebe stehe (Aegidius sagte von der Theologie, sie solle nicht in erster Linie spekulativ oder praktisch sein, sondern affektiv), Gottes Gnade für den Menschen notwendig sei und ihm zuvorkomme, und dass der Wille den Vorrang vor dem Intellekt habe.[8]

Die Augustiner erlebten ihre Blütezeit in den deutschen Städten des 13. und 14. Jahrhunderts. 1256 hatten sie mit einer einzigen Provinz begonnen; bis 1300 gab es vier Provinzen mit fast achtzig Konventen. Im 14. Jahrhundert brachten sie wichtige Werke über das geistliche Leben und die Mystik hervor. Die zentrale Gestalt wurde dabei Heinrich von Friemar, der zur Unterscheidung von einem jüngeren gleichen Namens als der Ältere bezeichnet wird.[9] Heinrich wurde gegen 1250 in Friemar bei Gotha in Sachsen geboren. Er trat in den Konvent in Erfurt ein, studierte in Bologna und Paris und war von 1291 bis ungefähr 1300 in Erfurt Provinzial. Danach ging er nach Paris, promovierte 1305 zum *magister* und lehrte einige Jahre. Heinrich war Mitglied der theologischen Kommission, die Marguerite Porete überprüfte; auch war er beim Konzil von Vienne als theologischer Ratgeber dabei. Gegen 1315 war er wieder in Erfurt, wo er bis zu seinem Tod im Jahr 1340 das *studium generale* der Augustiner leitete. Aus diesem kurzen historischen Abriss wird deutlich, dass Heinrich Meister Eckhart persönlich gekannt haben muss. Seine Kenntnis Eckharts zeigen auch seine Schriften, obwohl er diesen natürlich nicht namentlich nennt. Heinrich übte auf die anderen augustinischen Schriftsteller der damaligen Zeit beträchtlichen Einfluss aus. Zu ihnen gehören der jüngere Heinrich von Friemar († 1354), Hermann von Schildesche († 1357) und vor allem Jordan von Quedlinburg († 1370), dessen Predigtsammlungen Material zur Mystik enthalten.[10]

---

[8] Es gibt mehrere Skizzen der augustinischen Spiritualität, zum Beispiel eine von Adolar Zumkeller, „Die Spiritualität der Augustiner", in: *Geschichte der christlichen Spiritualität* Bd. 2, hg. v. Jill Raitt u.a., Würzburg 1995, 80–89. Zu den ausführlicheren gehören David Gutiérrez, „Eremites de Saint-Augustin", in: DS 4,983–1018; und für Deutschland Adolar Zumkeller, „Die Lehrer des geistlichen Lebens unter den deutschen Augustinern vom dreizehnten Jahrhundert bis zum Konzil von Trient", in: *Sanctus Augustinus Vitae Spiritualis Magister*, Rom 1956, Bd. II, 239–338.

[9] Die ausführlichste Arbeit über Heinrich von Friemar ist Clemens Stroick, *Heinrich von Friemar. Leben, Werke, philosophisch-theologische Stellung in der Scholastik*, Freiburg 1954. Weiter auf den neueren Stand gebrachte Einführungen finden sich von Adolar Zumkeller, „Henri de Friemar", in: DS 7,191–197; und Robert G. Warnock, „Heinrich von Friemar der Ältere", in: VL 3,730–737. Nützlich war mir auch das Manuskript von Jeremiah Hackett, „The Reception of Meister Eckhart: Mysticism, Philosophy and Theology in Jordanus of Quedlinburg and Henry of Friemar (The Older)."

[10] Jordan wurde bereits kurz in Kap. 7 (551 f.) erwähnt. Zu mehr über Jordan und seine umfangreichen, aber immer noch nicht herausgegebenen Schriften siehe Adolar Zumkeller, „Jor-

Heinrichs Schriften waren umfangreich (rund dreißig Werke) und ziemlich beliebt. Wie wir im 2. Kapitel gesehen haben, schrieb er den frühesten Traktat, der explizit von der Unterscheidung der Geister handelt, ein Thema, das in der spätmittelalterlichen Mystik immer wichtiger wurde.[11] Aus seiner Feder stammen auch mehrere Moralhandbücher sowie Werke über die Liturgie, lateinische Predigten und einige scholastische Kommentare. Sein Traktat *Über die Zehn Gebote* ist in rund dreihundert Manuskripten erhalten. Heinrich schrieb nur auf Latein, aber mehrere seiner beliebteren Werke wurden ins Mittelhochdeutsche übersetzt. Die drei von Adolar Zumkeller herausgegebenen lateinischen Traktate gehören nicht zu seinen bekanntesten Werken, aber sie zeigen, was er zur Theorie der Mystik beigetragen hat. Es sind der theologische Traktat *Über die Inkarnation des Wortes* und zwei Werke zur Mystik, *Das Kommen des Wortes in den Geist (De adventu Verbi in mentem)* und ein *Traktat über das Kommen des Herrn (Tractatus de adventu Domini).*[12] In den beiden Traktaten über die Mystik wendet er die allegorische Auslegung von Schrifttexten an, um damit eine ausgesprochen scholastische Darstellung der Theologie der Mystik zu schaffen. Hier will ich mich auf *Das Kommen des Wortes in den Geist* konzentrieren und zuweilen zur weiteren Ausführung einiger Themen auch auf den *Traktat über das Kommen des Herrn* Bezug nehmen.[13]

Das Kommen des Wortes ist besonders interessant, weil diese Schrift früh im ersten Jahrzehnt des 14. Jahrhunderts verfasst worden sein muss und

---

dan von Quedlinburg (Jordanus de Saxonia)", in: VL 4,853–861; und vom gleichen Autor „Jourdain de Saxe ou de Quedlinburg", in: DS 8,1423–1430.

[11] Siehe Kap. 2, 140–141.

[12] Alle drei Werke gab Adolar Zumkeller OSA heraus: *Henrici de Frimaria, O.S.A. Tractatus ascetico-mystici.* Tomus I, Rom 1975.

[13] Der *Tractatus de adventu Domini* (in d. Ausg. 66–100) geht von Hld 4,16 (Vg: 5,1) aus („Veniat dilectus meus in hortum suum"). Heinrich deutet diesen Vers als Ausdruck des dreifachen Aktes der *anima contemplativa*, was ihm die Struktur der drei Teile des Traktats liefert. In Teil I geht es um die *ardentissima affectio* der Seele nach der Gegenwart des Bräutigams. Im langen Teil II mit drei Kapiteln behandelt er die *perfectissima dispositio* der Seele, die sie brauche, wenn sie das Kommen des Herrn genießen wolle. Das Schlüsselthema ist hier die angemessene Vorbereitung des *semen spirituale* und dessen sorgfältige Pflege, das heißt des „Einfließens des göttlichen Lichts", das der Seele zuteil werde, die alles Irdische abgestreift habe (76–77). Dessen Empfängnis stelle das Abbild der Dreifaltigkeit in der Seele wieder her und führe sie weiter zu ekstatischen Zuständen und zum Einswerden mit Gott (82–91). Teil III handelt schließlich von der *suavissima refectio*, dem geistlichen Festmahl, das die Seele genießen dürfe. Hier bespricht Heinrich verschiedene traditionelle Aspekte des mystischen Bewusstseins unter drei Überschriften: Worin das geistliche Festmahl bestehe; wo und wann es gefeiert werde; und wie und auf welche Weise es seine Vollendung finde. Die strenge Systematik ist offensichtlich. Dieser Traktat muss zeitlich nach 1311 angesetzt werden, da an einer Stelle Bezug auf den ersten der vom Konzil von Vienne in diesem Jahr verurteilten Irrtümer genommen wird (86,24–28).

Heinrichs Version des mystischen Themas von der Geburt des Wortes in der Seele darstellt, das Meister Eckhart so wichtig war. Eckhart predigte ab den 1290er Jahren in Erfurt darüber, wie das Wort in der Seele geboren werde, und Heinrich wohnte damals buchstäblich nebenan. Wie der Dominikaner Eckhart betrachtet auch er als Augustiner das Geburtsmotiv als für die christliche Mystik wesentlich: „Denn die Empfängnis des ewigen Wortes im Geist erscheint als die größte und höchste Gnade von allen Gaben, die in diesem Leben nach dem allgemeinen Gesetz (Gottes) der frommen Seele aus Gnade gewährt wird."[14] Auch wenn es interessant ist, zu sehen, dass Heinrich und Eckhart sich in ihrem Versuch einig sind, dieses alte Thema der christlichen Mystik neu zu beleben, ist es noch aufschlussreicher, sich genauer anzusehen, wo sich ihre Wege trennen.

Der erste und augenfälligste Unterschied besteht darin, dass Heinrich diesem Thema einen scholastischen lateinischen Traktat widmete, der dazu dienen sollte, diese Lehre so klar wie möglich zu präsentieren. Außerdem belegte er seine Darstellung mit einem breiten Spektrum von biblischen und theologischen Autoritäten und achtete sorgfältig darauf, mögliche Missverständnisse über die Vorstellung von der Geburt des Wortes richtig zu stellen. Auch Eckhart konnte sein Verständnis von der Geburt des Wortes in der Seele systematisch vorstellen, wie etwa in dem bekannten Weihnachtszyklus von vier Predigten (Pr. 101–104), die er vermutlich ca. 1303–1305 in Erfurt hielt und die ich an anderer Stelle als „eine volkssprachliche *summa* seiner Mystik" bezeichnet habe.[15] (Er scheint diese Predigten vor seinen dominikanischen Mitbrüdern gehalten zu haben, nicht vor einem öffentlichen Publikum.) Auch in Eckharts lateinischen Schriften gibt es einige wenige Texte, die von diesem zentralen Aspekt seines mystischen Denkens handeln, aber gewöhnlich war es seine Praxis, über die Geburt des Wortes auf Deutsch und alles andere als auf systematische Weise zu predigen, sowie dieses Thema bei vielen Predigten hie und da in seine Darlegungen einzuflechten, zusammen mit anderen signifikanten Aspekten seiner Botschaft. Diese Praxis hat Burkhard Hasebrink als „paradigmatische Substitution" bezeichnet, mittels derer der Prediger zwischen unterschiedlichen, aber zusammenhängenden Paradigmen seiner Erörterung des Rührens an

---

[14] *De adventu Verbi*, prooem. (3,18–20): ... *quia Verbi aeterni mentalis conceptio videtur esse maxima et suprema gratia omnium donorum, quae in hac vita secundum legem communem animae devotae per gratiam conferuntur.* (Übersetzung aus dem Lateinischen hier und in den folgenden Zitaten: B. Schellenberger.)

[15] Diese Formulierung „a vernacular *summa* of his mysticism" steht in McGinn, *Meister Eckhart's Mystical Thought*, Kap. 4, „The Preacher in Action: Eckhart on the Eternal Birth", 54. Das Kapitel enthält eine ausführliche Untersuchung dieser Predigten, die jetzt in DW 4,279–610 zur Verfügung stehen.

Gott hin und her springt.[16] Der zweite Hauptunterschied zwischen dem Augustiner und dem Dominikaner besteht im Inhalt ihrer Lehren. Heinrich von Friemar setzt die *mentalis conceptio Verbi* mit dem Höhepunkt der „göttlichen Einung" *(divina unio)* gleich, versteht aber diese Einung auf traditionelle Weise als das liebende Einssein des Willens *(unitas spiritus)* des Menschen mit dem Willen Gottes, bei dem beide ihrem Wesen oder Sein nach unterschieden bleiben. Er wendet zudem beträchtliche Mühe auf, um die Geburt mit traditionellen mystischen Themen in Beziehung zu setzen, wie etwa den drei Stufen des Weges zu Gott, der Entrückung und Ekstase und der erotischen Sprache des Hohenlieds. Eckhart dagegen versteht die Geburt des Wortes als Teil des Prozesses, der es der Seele ermöglicht, ihr Ununterschiedensein von Gott in der Dreifaltigkeit der Personen zu erkennen und zu leben. Er hat weniger Interesse daran, die Geburt mit traditionelleren Themen der Mystik in Beziehung zu setzen.

Die Unterschiede zwischen diesen beiden Formen der Geburtsmystik werden sogar noch augenfälliger, wenn man sich die künstliche Art und Weise ansieht, auf die Heinrich seine Lehre in einem Handbuch vorstellt, das die charakteristischen scholastischen Dreifach-Unterteilungen enthält, mit denen man die für die spätmittelalterliche Predigt und Lehre so typischen „Verästelungen" zum Entwerfen ganzer systematischer „Bäume" herstellte.[17] Heutige Leser mögen dieses Vorgehen irritierend finden, aber es war dazu gedacht, die Lehre auf klare und leicht auswendig zu lernende Weise vorzulegen. *Das Kommen des Wortes in den Geist* erinnert mit der Art, wie es mit seiner abstrakten Schematisierung die Bibel verwendet, an andere Mystik-Traktate der damaligen Zeit (es fallen einem diejenigen von Jan van Ruusbroec ein). Die Autoren der Mönchsmystik hielten sich oft an den Verlauf der betreffenden biblischen Erzählung; in den scholastisch beeinflussten Schriften zur Mystik dagegen werden die Bibelzitate nur als Beweisstellen angeführt, auf denen man die eigenen gedanklichen Konstruktionen aufbaut.

Heinrichs *Kommen des Wortes* gehört zu den systematischsten mittelalterlichen Darstellungen der Mystik. Wenn es bei der Mystik darum geht – wie ich vertreten habe –, dass man sich auf den direkten Kontakt mit der göttlichen Gegenwart vorbereitet, sich seiner bewusst wird und seine Auswirkungen wahrnimmt, dann kann man interessanterweise beobachten, dass in der Struktur von Heinrichs Werk diese drei Elemente alle auftau-

---

[16] Burkhard Hasebrink, *Formen inizitativer Rede bei Meister Eckhart: Untersuchungen zur literarische Konzeption der deutschen Predigt*, Tübingen 1992, 260–263.
[17] Die scholastische Natur des Werks sieht man auch an den *dubitationes*, oder umstrittenen Fragen, die Heinrich von Zeit zu Zeit in seinen Text einbaut (siehe 12, 35, 36–37 u. 42–44).

chen und er die göttliche Gegenwart *(divina praesentia)* zur expliziten und zentralen Kategorie macht.[18] Er bringt fast alle traditionellen Themen der abendländischen Mystik und erörtert deren Beziehung zum Hauptmotiv, der Geburt des Wortes.[19] Die Bandbreite von Heinrichs Quellen ist eindrucksvoll und weithin traditionell. Augustinus steht an der Spitze (30mal ausdrücklich zitiert), gefolgt von Bernhard von Clairvaux (14 Zitate, manche aus pseudonymen Werken), Gregor dem Großen und Dionysius (je 7mal). Er zitiert die Predigt über Maria Magdalena von Pseudo-Origenes (die auch Eckhart verwendete) und einmal Proklos.

Heinrich von Friemars Darstellung der Geburt des Wortes im Geist unterscheidet sich von derjenigen Eckharts auf vielfache Weise, nicht zuletzt in der Art, wie sie in der augustinischen Theologie des Wirkens der Gnade wurzelt. Diese besagt, dass einzig sie, die *inspiratio divina*, die Rückkehr des gefallenen Menschen zu Gott ermögliche.[20] Heinrichs Augustinismus erscheint im Traktat schon früh bei einer Auslegung von Hld 5,4 („Mein Geliebter streckt die Hand durch die Luke; da bebte mein Bauch ihm entgegen"). Er deutet diesen Vers allegorisch so: „Unter der Hand des Geliebten ist die Inspiration der Gnade zu verstehen; denn keine Gabe wird uns von Gott her zuteil, bevor sie nicht durch diese Öffnung angekündigt wird. Folglich ist das Hereinstrecken dieser Hand durch die Luke die Leben spendende Inspiration der göttlichen Gnade auf dem Weg über die freie

---

[18] Die Struktur des in fünf Mss. erhaltenen Werks ist folgende:
Pars I. Dispositio ad conceptionem Verbi per gratiam (5–33). Diese Vorbereitungsstufe beruht auf einer Auslegung von Lk 1,26–27, dem Anfang der Verkündigungserzählung.
Es werden vier *conditiones gratiosae* vorgestellt: (1) *inspiratio gratiosa* (5–14); (2) *sublimatio virtuosa* (14–21); (3) *aemulatio vigorosa* (21–27); und (4) *illustratio radiosa* (27–33).
Pars II. Quomodo Verbum in mente per gratiam concipiatur (34–61). In diesem Teil geht es um die Weisen der Empfängnis des Wortes (34–55) und deren Auswirkungen (55–61). Er ist an eine Auslegung des Lobgesangs Simeons („Nunc dimittis", Lk 2,29–32) geknüpft; zudem werden Lk 1,28 und 1,42 verwendet.
Primum Principale (34–48).Drei Prozesse, mittels derer das Wort im Geist empfangen wird, das Kernstück des Traktats. Diese Prozesse sind: (1) *per modum dulcoris*; (2) *per modum luminis*; und (3) *per modum fulgoris beatificantis*.
Secundum Principale (48–55). Die mütterliche Fruchtbarkeit, mit der das Wort empfangen wird.
Tertium Principale (55–61). Die geistlichen Früchte der Empfängnis. Hier geht es um die Auswirkungen des Rührens an Gott.
Heinrich verwendet für seine systematische Darstellung im Wesentlichen den Text des Lukasevangeliums, verwendet aber in diesem Traktat zugleich das Hohelied öfter als jedes andere biblische Buch (er zitiert es 83mal).
[19] Zu diesen Themen gehören: 1) die drei Stufen des geistlichen Lebens; 2) Aktion und Kontemplation; 3) die Formen der Liebe; 4) Loslösung; 5) Gotteskindschaft; 6) Beschauung; 7) die Erfahrung innerer Süße; 8) Entrückung und Ekstase; 9) Einswerden mit Gott; und 10) Verwandlung in die *imago Trinitatis*.
[20] Das Wort *gratia* kommt im Traktat rund 70mal vor.

Zustimmung des Willens."[21] In diesem Zusammenhang sieht Heinrich offensichtlich keine Notwendigkeit, das Zusammenspiel von Gnade und freiem Willen genauer zu erklären. Im 14. Jahrhundert sprachen viele Theologen der Hinkehr des gefallenen Willens zu Gott eine Schlüsselrolle zu, aber mit dieser Betonung, dass dieser Hinkehr die Gnade zuvorkommen müsse, betont Heinrich eine deutlich augustinische Ansicht.

Überraschender ist jedoch, wie Heinrich zur Veranschaulichung des Wirkens der Gnade einen proklischen Begriff verwendet, wird Proklos doch gewöhnlich mit den Dominikanern in Zusammenhang gebracht. Bei der Erörterung der Wesensbeschaffenheit des Gnadenlichts als „einer Art formlose Teilhabe am ungeschaffenen Licht" *(quaedam difformis participatio luminis increati)* zitiert er zur Erläuterung des Wirkens der Gnade die Ansicht von Proklos über die drei wesentlichen Prozesse der neuplatonischen Metaphysik.[22] Da jede Wirkung mit ihrer Ursache verbunden bleibe, aus dieser herauskomme und zu ihr zurückkehre, müsse diese Dynamik auch auf beispielhafte Weise für die Gnade gelten. Folglich, so Heinrich, verfüge die von der Gnade überformte Seele über eine dreifache Beziehung zu ihrer Quelle im ungeschaffenen göttlichen Licht: Erstens solle sie bei der Ursache daheim bleiben, indem sie in allen ihren Handlungen mit Gottes Willen übereinstimme; zweitens solle sie mit dem guten Beispiel, dass sie anderen biete, aus sich herausgehen; und drittens solle sie zur Ursache zurückkehren, indem sie anerkenne, dass sie alle ihre Gnaden und Gaben von Gott erhalten habe. Bemerkenswert ist, wie Heinrich hier ein metaphysisches Paradigma und sogar einen Schrifttext (Koh 1,7) aufgriff, den Eckhart und andere dazu verwendet hatten, das metaphysische Ausfließen aus Gott und Zurückfließen zu ihm zu veranschaulichen, um dies für seine moralischen und mystischen Zwecke zu verwenden.

Das Kommen des Wortes handelt in seinem ersten Teil zwar von der Vorbereitung auf die Empfängnis des Wortes in der Seele, jedoch enthält dieser auch wichtige Ausführungen darüber, wie die Gnade die Seele zur Erfahrung „des Umarmtwerdens von der göttlichen Gegenwart" *(amplexus divinae praesentiae)* mit Hilfe von vier Gaben hingezogen werde. Zunächst führe die Gabe der gnadenhaften Inspiration *(inspiratio gratiosa)* zur tu-

---

[21] *De adventu Verbi* (9,78–82): *Nam per foramen intelligitur consensus liberi arbitrii; quia nullum donum nobis divinitus confertur, nisi per hoc foramen nuntiatur. Unde huius manus per foramen immissio est divinae gratiae per liberum consensum voluntatis vivifica inspiratio.*
[22] Der hier besprochene Abschnitt findet sich in *De adventu Verbi* (13,199–14,222). Die Stelle aus Proklos in dessen *Elementatio theologica*, Propositionen 30–31, ist Ausdruck des grundlegenden neuplatonischen Paradigmas von *monê* (Bleiben im Inneren) – *prohodos* (Hinausgehen) – *epistrophê* (Heimkehren).

gendhaften Erhöhung *(sublimatio virtuosa)*. Auf dieser Stufe bespricht Heinrich ein wichtiges Thema der Mystik, das ihn wieder nahe an Eckhart bringt; er nennt es die *abstractio*. „Die gnadenhafte Inspiration vollendet sich im Abzug *(abstractio)* des Geistes von allen geschaffenen Formen jedweder Art, was treffend mit dem Namen ‚Galiläa' (vgl. Lk 1,26) angedeutet wird, das mit ‚Auswanderung' übersetzt werden kann und bedeutet, dass der Geist abgezogen und von jeder geschaffenen Form leer geworden ist ... Soll der Geist für das ewige jungfräuliche Wort empfänglich sein, so muss er jungfräulich und darf von keiner geschaffenen Form schwanger sein."[23] Diese *abstractio* und sogar die Rede vom jungfräulichen Leersein, mit der sie umschrieben wird, kommt ganz nahe an Eckharts *abgeschiedenheit* heran (z. B. in dessen Pr.2).

Unter dieser gleichen Überschrift der „tugendhaften Erhöhung" erörtert Heinrich auch, wie die Gegenwart des Heiligen Geistes in der Seele das „volle Befruchtetwerden" *(plenaria fecundatio)* mit den Tugenden und göttlichen Salbungen zustande bringe. Er verwendet dafür das Bild vom „Blumenbettlein" im Hohenlied („Komm, mein Geliebter! Sieh doch unser Blumenbettlein!", wozu er Wendungen aus Hld 7,12 [Vg: 7,11] und 1,16 [Vg: 1,15] miteinander verknüpft). Dieses starke erotische Bild war bei den Zisterziensermystikern wie etwa Wilhelm von St. Thierry beliebt.[24] Heinrich zitiert Bernhard und andere für seine Beschreibung, wie dieses Bild verschiedene Aspekte der Gegenwart des Bräutigams im Bett bezeichne. Es handle sich dabei um „das reine Bewusstsein und das Vernunftbild, das zu vollkommener Reinheit und sicherer inneren Stille" gebracht worden sei (19,135–136). Mit dem dritten dieser Aspekte wird ein augustinisches Thema eingeführt, dass später wieder auftauchen wird: „Wie der ewige Bräu-

---

[23] *De adventu Verbi* (17,71–74): *Secundo sublimatio virtuosa perficitur in suae mentis ab omnibus speciebus creatis omnimoda abstractione, quae convenienter innuitur in nomine „Galilaeae", quae interpretatur transmigratio et signat mentem abstractam et ab omni specie creata evacuatam ... Oportet mentem esse virgineam et nulla specie creata ingravidatam, quae debet esse aeterni Verbi virginei conceptiva*. In dieser Darlegung (17,71–18,93) zitiert Heinrich als Autoritäten, die von dieser Notwendigkeit des sich Zurückziehens sprechen, Dionysius (MT 1,1) und Boethius. Er schreibt zudem, dass er von dieser *abstractio* andernorts ausführlicher gehandelt habe. Damit scheint er sich auf ein verlorengegangenes Werk zu beziehen, denn die anderen Ausführungen in diesem Werk zu diesem Thema bringen kaum noch Neues zu dem, was er hier sagt (siehe 29,57–59, 30,94–99, 32,155–157, 38,108–112 u. 56,24–27). Die *abstractio* behandelt er auch noch in *De adventu Domini* (76,165–177), wo er von ihr als einer Form der *denudatio* spricht und dazu eine der Lieblings-Schriftstellen von Eckhart über die Begegnung zwischen der nackten, losgelösten Seele und dem göttlichen Einen zitiert, nämlich Hos 2,16 [Vg: 2,14]. Die gleiche Stelle zitiert Heinrich auch in ähnlichem Zusammenhang in *De adventu Verbi* 32,148–62,4, wo es um das sich Zurückziehen des Geistes vor allen geschaffenen Formen geht.
[24] Siehe in der vorliegenden Darstellung Band II,369–373.

tigam auf drei Weisen in diesem Bettlein des Bewusstseins ruht, insofern er durch seine Gegenwart den drei zum Verstandesbild gehörigen Kräften innewohnt." Das ist eine Bezugnahme auf die Lehre von Augustinus, dass Gott mit seiner Majestät im Gedächtnis wohne, mit seiner Wahrheit im Verstand und mit seiner Liebe im Willen.[25]

Die beiden letzten Weisen der Vorbereitung, „kraftvoller Eifer" *(aemulatio vigorosa)* und „strahlende Erleuchtung" *(illustratio radiosa)*, veranschaulichen weitere Aspekte von Heinrichs Mystik-Theorie. Seiner Auffassung nach werden der kraftvolle Eifer für größere Gnadengaben und das Wachsen in der Tugend von drei Gründen motiviert, die auf dem aktiven, und drei, die auf dem kontemplativen Leben beruhen. Zu den drei kontemplativen Motiven gehört die „Stärke der Liebe", die den Geist antreibe, weiter in seine innersten Tiefen einzudringen und bis zur „inneren göttlichen Vereinigung" vorzustoßen, zum „Aufblühen der Achtsamkeit", das ihn in Tugenden erblühen lasse, und zur „Süße der Sehnsucht", die von der Braut des Hohenlieds vor Augen geführt wird (25,108–27,149). Diese typischen Dreier-Aufteilungen gibt es auch bei der Erörterung des Endstadiums der Vorbereitung, der „strahlenden Erleuchtung". Heinrich beginnt damit, dass er genauer vorstellt, was er als die *vita triphania* bezeichnet, das heißt die traditionelle Unterteilung der Seele in diejenigen der Anfänger, Fortgeschrittenen und Vollkommenen *(incipientes/proficientes/perfecti)*. Zu jeder Stufe gehörten unterschiedliche mentale Zustände: Bei den Anfängern gehe es um die Erkenntnis ihrer Schwäche und ihres Bedürfnisses nach Gott; bei den Fortgeschrittenen um den Kampf gegen die Laster; und bei den Vollkommenen um das Entflammtwerden von der Liebe zu Gott dank ihrer „Wahrnehmung der Süße des göttlichen Trostes" (29,57–59). Für jede Stufe stellt Heinrich die Jungfrau Maria, deren Namen er als „die Erleuchtete" deutet, als beispielhaft vor. Da Maria folglich auch das Vorbild für die Vollkommenen ist, nämlich derer, die „einen hingebungsvollen Geist besitzen, der vom Licht der Kontemplation erleuchtet ist und die schließlich bereit sind, das ewige Wort geistlich zu empfangen" (27,8–10), liefert ihm die Erzählung von ihrer Empfängnis des Wortes bei der Verkündigung den exegetischen Aufhänger, an den er seine Untersuchung der Gnadengaben knüpft, die auf das Einswerden mit Gott vorbereiten. Die Entflammung, Erhebung und Vereinfachung des Geistes nach dem Beispiel

---

[25] *De adventu Verbi* (20,154–156): *Propter tertium est sciendum, quod sponsus aeternus quiescit tribus modis in isto lectulo conscienciae, prout per suam praesentiam inhabitat tres vires ad rationalem imaginem pertinentes.* Heinrich zitiert Stellen aus Augustinus' *Confessiones* 10,25, 7,10 u. 12,16, um damit die drei Weisen der Gegenwart Gottes in der *imago dei* zu veranschaulichen.

624

desjenigen von Maria liefere schließlich eine dreifache Frucht, die Heinrich damit beschreibt, dass er Maria mit einem anderen für die mystische Lehre klassischen Schrifttext verbindet, nämlich der Schilderung der Verklärung Jesu in Matthäus 17. Das Leuchten der Kleider Jesu bedeute „die Reinheit des innerlichen Geistes und das vollkommene Erreichen der Schönheit der Tugend", was Maria ganz offensichtlich besessen habe. Die lichte Wolke, die die Apostel überschattete, deutet er als das Gespräch zwischen Gott und der von allen geschaffenen Dingen abgezogenen Seele: „geheime Worte, die dem hingebungsvollen Geist im Licht der Kontemplation enthüllt werden und so unaussprechlich sind, dass keine Zunge oder irgendein wahrnehmbares Wort sie mitteilen könnte."[26] Laut Bernhard von Clairvaux hätten schon viele bei der Verkündigung derlei unaussprechliche göttliche Worte vernommen. Das leuchtende Antlitz Christi schließlich bezeichne die vergöttlichende Verwandlung des Vernunftbilds der Seele in ihr ungeschaffenes Bild, wovon Paulus in 2 Korinther 3,8 spreche. Auch dies habe sich in Maria erfüllt, deren Geist dank der Gnade mit dem ewigen Bild vollkommen gleichförmig geworden sei, so dass „sie auf einzigartige Weise das Siegel der Gottähnlichkeit und edle Ruhelager der ganzen Dreifaltigkeit genannt" werde (*ipsa singulariter appellatur signaculum divinae similitudinis et nobile reclinatorium totius Trinitatis*, 33,174–175).

Im zweiten Teil von *Das Kommen des Wortes* bespricht Heinrich von Friemar die Art und Weise, auf die das Wort in der entsprechend disponierten Seele geboren wird. Das tut er wieder unter Anwendung von Dreifach-Unterteilungen, die zuweilen etwas mühsam werden. Im ersten Hauptpunkt (34–48), dem längsten des Traktats, behandelt er ausdrücklich die „drei Prozesse, mittels derer das Wort aus Gnade im Geist empfangen wird". Er verwendet dazu den Lobgesang des Simeon in Lukas 2,29–32 und erläutert, diese Empfängnis und Geburt finde zuerst einmal „in Form der Süße unaussprechlicher Wonne" statt, was mit Simeons Erwähnung des Friedens und der Erlösung angedeutet sei. Zweitens äußere sie sich „in der Form, dass Licht auf den Geist fällt", worauf die Worte „ein Licht zur Erleuchtung der Heiden" hinwiesen (vgl. Lk 2,32); und drittens „in der Form eines ewig beseligenden Strahlens", was mit der „Herrlichkeit" bezeichnet werde, von der am Ende des Lobgesangs die Rede sei. Im Abschnitt über die göttliche Süße zitiert er, wie fast zu erwarten, Bernhard (6. Predigt zu Himmelfahrt), um zu schildern, wie Gottes Gabe der Süßig-

---

[26] *De adventu Verbi* (32,159–161): ... *ista verba arcana, quae menti devotae in lumine theorico revelantur, adeo sunt ineffabilia, quod nulla lingua nec aliquo verbo sensibili poterunt declarari.*

keit einen Zustand mystischen Bewusstseins herbeiführe. Die tatsächliche Verknüpfung mit dem Geburtsmotiv wird erst klar, wenn Heinrich dann wieder auf Maria bei der Verkündigung zu sprechen kommt und sie als Beispiel dafür vorstellt, wie die Erfahrung der göttlichen Süße alle anderen Sehnsüchte und Bedürfnisse austreibe. Zusammenfassend sagt er: „Nach dieser Empfängnis des göttlichen Wortes muss der hingebungsvolle Geist mit höchster Sehnsucht trachten, denn von dieser Gegenwart des ewigen Wortes wird der Geist mit einer Art göttlicher Liebe entflammt. Man kann diese zu Recht als verzehrend bezeichnen, denn mit ihrer Glut verzehrt sie in der Seele jedes andere Begehren und Hinneigen", das zur Sünde führen könnte.[27]

Beim zweiten Prozess geht es direkter um die Frage, aus welchem Grund es die zweite Person der Dreifaltigkeit sei, die in der hingebungsvollen Seele geboren wird. Das ewige Wort werde „in der Form des Lichts, das im Geist scheint", geboren, weil dies dem Wort angemessen sei, insofern es in der Dreifaltigkeit aus dem Vater hervorgehe, der „sich selbst auf persönliche Weise kennt und durch den Akt der Zeugung ein persönliches Handeln hervorruft und eine Person hervorbringt, die sich formell von ihm unterscheidet."[28] Es sei auch passend, dass in uns das *Wort* geboren werde, denn dieses sei ein besonderer Ausdruck der Großzügigkeit, mit der der Vater sich mitteile und uns ein Unterpfand unseres ewigen Erbes als Söhne Gottes im ewigen Sohn schenke. Hier greift Heinrich das Motiv von der Sohnschaft *(filiatio)* auf, das Eckhart so wichtig war und später Nikolaus von Kues verwenden sollte. Er unterscheidet zwei Weisen, auf die uns das Unterpfand der Geburt ein Recht auf den ewigen Lohn gebe: „Erstens durch das Recht der Sohnschaft, durch die Gott uns aus Gnade als seine Söhne adoptiert hat; und zweitens durch das Recht der brüderlichen Teilhabe, da ja das ewige Wort unsere Natur annahm und unser Fleisch und unser Bruder werden wollte."[29]

---

[27] *De adventu Verbi* (38,126–129): *Ad istam conceptionem Verbi aeterni mens devota debet summo desiderio aspirare, quia per istam Verbi aeterni praesentiam mens quodam divino amore accenditur. Qui appropriate dici poterit consumptivus eo, quod suo fervore absumat in anima omnem affectum et inclinationem ...*
[28] *De adventu Verbi* (39,155–157): *Nam Pater secundum istam [d. h. cognitionem notionalem] se personaliter cognoscit et per actum generationis actionem personalem elicit et personam ab eo formaliter distinctam producit.* Hier zitiert Heinrich Augustinus, *In Johannis Evangelium*, 14,7,42–47.
[29] *De adventu Verbi* (40,182–185): *Quae quidem nobis debetur duplici iure: primo iure filiationis, qua nos in Dei filios per gratiam adoptavit; secundo iure fraternae participationis, qua Verbum aeternum nostram naturam assumens caro nostra et frater noster esse voluit.* Der dritte Grund für die Angemessenheit der Geburt des Wortes (41,200–208) hat mit dem Sohn als dem Einfließen des göttlichen Lichts zu tun.

An dieser Stelle kommt Heinrich wieder auf das „voll der Gnade" im Gruß an Maria (Lk 1,28) zurück: Damit sei sie das Vorbild für die Fülle der Gnaden und Charismen, die mit der Geburt des Wortes einhergingen. Er fügt daran eine vielsagende Ausführung über das richtige Verständnis dieser Geburt an, die eine Kritik an Meister Eckhart zu sein scheint. Der Text verdient es, zitiert und genauer kommentiert zu werden: „Gewiss muss jedem, dem die Gegenwart der göttlichen Güte auf reale, in ihm existierende Weise *(inexistenter)* zuteil wird, folglicherweise auch der gesamte Gnadenschatz zuteil werden, der daraus als aus der göttlichen Güte quellend erfließt. Das ist genauso, wie jemandem, der in sich auf wesentliche Weise die Gegenwart der Sonne empfinge, diese auch die Wirkung verleihe, Licht und Strahlen und alle die anderen Wirkungen auszusenden, die als aus der Sonne quellend erfließen. Tatsächlich ist es so, dass bei der geistlichen Empfängnis des Wortes dieses Wort dem Geist als in ihm existierend und gegenwärtig seiend zuteil wird."[30]

Wenn Heinrich hier eigens den neuen Begriff *inexistenter* prägt (abgeleitet vom scholastischen Substantiv *inexistentia*), so bedeutet dieser hier nicht – wie zuweilen in anderen Zusammenhängen – „inexistent" im Sinn von „nicht existierend", sondern ein Existieren des einen „im" anderen, also eine reale, gegenwärtige Kommunikation in der Wesensmitte, die bedeutet, dass jemand dank der Sohnschaft, die ihm geschenkt ist, Anteil an allen wesentlichen formalen Charakterzügen des Sohnes und Wortes Gottes erhält, aber keineswegs auf die Art, dass er die gleiche persönliche Hypostase wird, wie sie die zweite Person der Dreifaltigkeit besitzt. Heinrich fährt fort, in dem er erläutert, dass das Einswerden, das man durch die Geburt des Wortes erlange, ein Einswerden in Form der Teilhabe sei, wodurch wir in Gott verwandelt würden, um ein Geist mit ihm zu werden (1 Kor 6,17), nicht eines Wesens mit ihm.[31] Er sagt abschließend: „Diese Einheit ist nicht im Sinn einer Identität der realen Existenz zu verstehen, wie manche irr-

---

[30] *De adventu Verbi* (41,212–42,219): *Nam certum est, quod, cuicumque communicatur realiter et inexistenter praesentia divinae bonitatis, oportet, quod ei ex consequenti communicetur omnis thesaurus gratiae, qui natus est effluere a divina bonitate, sicut etiam, cuicumque communicaretur essentialiter praesentia solis, illi communicaretur effectus lucis et claritatis et omnis alius effectus, qui natus est effluere ab ipso sole. Sed constat, quod per spiritualem conceptionem Verbi ipsum Verbum inexistenter et praesentialiter communicaretur ipsi menti.*
[31] Dass er 1 Korinther 6,17 zitiert, den biblischen Schlüsseltext für das liebende Einswerden im Geist, ist wichtig. Heinrich verwendet dieses Zitat auch in einer seiner Erörterungen des Einsseins im *Tractatus de adventu Domini* (88,92–98). Selbst wenn er in diesen Abschnitt die Rede vom göttlichen Abgrund verwendet *(anima rapitur in abyssum divinae vitae)* und sogar Joh 17,20 zitiert, einen der Beweistexte Eckharts für das ununterschiedene Einssein, ist Heinrichs Verständnis des mystischen Einsseins dennoch im Wesentlichen das gleiche wie dasjenige der Mönchsmystiker des 12. Jahrhunderts.

tümlicherweise behauptet haben, sondern im Sinn einer gewissen Gleichförmigkeit und Verwandlung in Ähnliches, gemäß dem Wort im 1. Johannesbrief 3: ‚Wir wissen, dass, wenn er erscheint, wir ihm ähnlich sein werden, denn wir werden ihn sehen, wie er ist.'[32] Man kann sich leicht vorstellen, dass Heinrich hier Eckharts Begriff des ununterschiedenen Einsseins vor Augen hatte. Er beschließt diesen Abschnitt damit, dass er diese zweite Art des Gebärens als die verwundende Liebe *(amor vulnerativus)* bezeichnet, die in den erotisch gefärbten Traditionen der Mystik so geläufig ist (44,296–45,314).

Den dritten und letzten Prozess der Geburt beschreibt Heinrich so, dass sich darin das seligmachende Strahlen vollende. In diesem Abschnitt geht es weithin darum, aus der Geschichte der christlichen Mystik Material anzuführen, um die Auffassung des Verfassers, worin genau die Geburt des Wortes bestehe, zu belegen. Die Grundaussage ist, dass diese Geburt das Gemüt erfrische und den Geist beglücke und dies im jetzigen Leben auf drei Weisen wahrgenommen werden könne, wie man das an jeweils entsprechenden biblischen Gestalten sehen könne. Die erste sei kognitiver Natur. Paulus sei „von der intuitiven Schau des göttlichen Wesens in einer zeitweiligen Entrückung erleuchtet" worden (46,340–341), während David einen Vorgeschmack des Genusses der göttlichen Süße darstelle. Die Königin von Saba schließlich veranschauliche, wie man infolge einer Vision der göttlichen Herrlichkeit und Großartigkeit in der Ekstase sein Bewusstsein verliere.[33] In seinem *Traktat über das Kommen des Herrn* äußert sich Heinrich noch ausführlicher über die Natur der Entrückung und der ekstatischen Erfahrung. Er zitiert das Hohelied und Dionysius (MT 1) und sagt, das übermäßige Licht des göttlichen Wesens könne den rationalen Geist derart überschatten und entflammen, dass diesem sogar der mystische Tod und das

---

[32] De adventu Verbi (42,224–228): *Quae quidem unitas non intelligitur secundum identitatem realis existentiae, ut quidam erronee posuerunt, sed secundum quandam conformitatis et transformationis similitudinem iuxta illud primae Joannis 3: „Sciamus quod, cum apparuerit, similes ei erimus, quia videbimus eum, sicuti est."* Wenn der Herausgeber hier und an einer anderen Stelle im Traktat *De incarnatione Verbi* (130,127–131,147) auf Eckharts Pr. 6 (DW 1,110,8–111,7) verweist, ist das kaum relevant. Heinrich könnte zwar dabei an Eckhart gedacht haben, aber er fasst eher eine Meinung zusammen, als dass er einen Text zitiert.

[33] Heinrich könnte hier von Richard von St. Victor, *De arca mystica* 5,9–19 beeinflusst sein, der anhand biblischer Gestalten die verschiedenen Formen der ekstatischen Erfahrung erläutert. In seinem *Tractatus de adventu Domini* (91,186–189) verweist er auf Richards *De arca mystica* und zitiert daraus 5,1. Dieser *Tractatus* (93,33–48) enthält eine weitere Darlegung der verschiedenen Formen der Gegenwart des göttlichen Lichts in der Seele und veranschaulicht diese anhand biblischer Vorbilder: Der Pharao und Nebukadnezzar stünden für die rein intellektuelle Erleuchtung; die Königin von Saba für die rein affektive; die Braut des Hohenlieds dagegen erfahre Gott *per intellectum et per affectum*.

Zunichtewerden widerfahren könne. „Daher kann es vorkommen, dass der Geist von Glut erfasst und in der Ekstase über sich hinaus und ins Vergehen gerissen wird, weshalb diese Ekstase als Zunichtewerden bezeichnet wird, denn der Geist, der in die Ekstase gerät, stirbt von Grund auf sich selbst und allen Geschöpfen in dem Sinn, dass er sein Selbstbewusstein ganz verliert und alles andere vergisst."[34] Für diesen mystischen Tod gebraucht Heinrich eine ganze Anzahl der üblichen Begriffe *(annihilatio/defectio mentis/liquefactio)* und er schreibt, ihn habe Paulus erlitten und davon in dem berühmten Text in 2 Korinther 12 geschrieben. Diese dritte Form der Geburt charakterisiert er auch mit der ihr eigenen Art von Liebe, der *amor constrictivus* (der „bindenden Liebe"), die die Seele unauflöslich an Gott binde (48,381–386). Heinrich beschließt diesen Abschnitt mit einer kurzen Erörterung der Verwandlung der Seele als geschaffenes Bild in das ungeschaffene Bild in der Dreifaltigkeit.

Inzwischen sollten die Stärken und Schwächen von Heinrichs Traktat deutlich geworden sein. Voller Gelehrsamkeit und sorgfältig strukturiert, ist sein Werk im gleichen Maß eine Kompilation wie eine eigene Schöpfung. Sein Anliegen, so viel Material wie möglich einzubeziehen, hat zur Folge, dass manchmal etwas Verwirrung entsteht, wie die Themen zusammenhängen, und dass der Traktat stellenweise etwas künstlich konstruiert wirkt. Diese Züge zeigen sich auch deutlich in den beiden Hauptpunkten des zweiten Teils. Im zweiten *principale* behandelt er die mütterliche Fruchtbarkeit, dank derer das Wort im Geist geistlich geboren wird, das heißt die göttliche Liebe, die in allen dreien seiner Geburten als Mutter des Wortes am Werk sei: der ewigen aus dem Geist des Vaters, der leibhaftigen in der Menschennatur aus der Jungfrau Maria und der geistlichen im hingebungsvollen Geist (49,23–26). Heinrichs Darstellung der universalen Rolle der *materna caritas* bezeugt sein Können im theologischen Systematisieren, aber der Rest dieses Abschnitts ist ein etwas erzwungener Überblick über die drei Arten von Menschen, die von der Liebe gekrönt werden, und der drei Formen von Kronen, die ihnen zuteil werden (51,78–55,188). Im dritten Hauptpunkt kommt er schließlich auf die geistlichen Früchte zu sprechen, die sich aus dem Rühren des Geistes an die Gegenwart des Wortes

---

[34] *De adventu Domini* (83,209–213): *Ex qua contingit ipsam ferventer rapi et in sui ipsius exstasim et defectum perduci, quae quidem exstasis annihilatio dicitur, quia mens, quae est in exstasi posita, sibi et omnibus creaturis funditus moritur, in quantum se ipsum nesciens sui et omnium aliorum obliviscitur.* Auf der folgenden Seite (85,227–247) sagt Heinrich, die Ekstase oder das Verflüssigtwerden ergebe sich aus der Kontemplation – soweit diese in diesem Leben möglich sei – der Emanationen der Personen in der Dreifaltigkeit und der Weise, auf die alle Dinge ununterschieden in Gott präexistierten und aus ihm hervorflössen.

ergeben. Hier fasst Heinrich mehrere Themen zusammen, die im Traktat bereits aufgetaucht waren, namentlich seine Lehre über die Wiederherstellung des Bildes der Dreifaltigkeit in den drei Seelenkräften, die von der Geburt des Wortes bewirkt werde.

Getreu seiner scholastischen Vorgehensweise sagt Heinrich, die Gegenwart des Wortes im Geist bringe drei Früchte hervor. Die erste sei der Vorgeschmack der göttlichen Süße, der sich daraus ergebe, dass die Seele in ihrem Inneren ihre drei höchsten Kräfte als wahres Bild der Dreifaltigkeit zu schauen vermöge (56,15–58,85). Die zweite Frucht sei „die vollkommene Verwandlung des rationalen Bildes in sein ungeschaffenes Bild". Hier zitiert Heinrich wiederum 2 Korinther 3,8, wiederholt noch einmal Augustinus' Lehre, wie der Vater im Gedächtnis kraft seiner Majestät ruhe, der Sohn im Intellekt „kraft der leuchtenden Schau der göttlichen Wahrheit" und der Heilige Geist im Willen „kraft eines Umarmtwerdens von der göttlichen Liebe und des Honiggeschmacks der göttlichen Süße" (58,86–59,121). Schließlich endet der Traktat mit einer Erwägung der dritten Wirkung, die Heinrich als „die beständige Erneuerung der inneren Hingabe und den Vorgeschmack der göttlichen Süße" bezeichnet. Wie andere Lehrmeister der Mystik betont er, dass das Leben der Gnade hienieden nie einen Stillstand erfahre, sondern auf seinem Weg in Richtung des vollkommenen Genießens Gottes, das uns im Himmel zuteil werde, zu immer neuen Formen der Wonne voranschreite.

Heinrich von Friemars Traktate bieten eine ganz eigene Form der Mystik und damit eine der vielen im spätmittelalterlichen Deutschland verfügbaren Möglichkeiten. Auch wenn er eine Anzahl von Themen verwendet, die man auch bei Eckhart findet, bleibt er als Augustiner den Traditionen seines Ordens treu und greift stark auf Augustinus und die Mystiker des 12. Jahrhunderts zurück, die diesen weiterführten, um seine ganze eigene systematische Darlegung der mystischen Lehre zu entwickeln. Was bewegte Heinrich von Friemar dazu, seinen Traktat vom Thema der Geburt des Wortes in der Seele her zu gestalten? Man kann nur schwer glauben, dass sich sein Bemühen in der Hauptsache am Gegensatz zu Eckhart entzündete, auch wenn es Unterschiede gibt, die beider Vorstellungen von der Geburt des Wortes voneinander trennen. Wenn Heinrich seine Sicht dieses Hauptthemas der christlichen Mystik ganz eigenständig entfaltete, können wir unterstellen, dass die Geburtsmystik um das Jahr 1300 eine allgemeine und bislang unerklärbare Renaissance erlebte. Heinrichs Mystik ist ein wertvolles Zeugnis für ein weit verbreitetes Phänomen, das wir nur zum Teil aufdecken können.

Das Buch von geistlicher Armut

Heinrich von Friemars *Das Kommen des Wortes in den Geist* lässt sich zumindest von der Zahl der erhaltenen Manuskripte her nicht als Werk bezeichnen, das größere Auswirkung auf die späteren Mystik-Traditionen gehabt hätte. Anders verhält es sich bei dem anonymen Traktat, der heute allgemein als *Das Buch von geistlicher Armut* bekannt ist. Diesen Titel hat ihm sein Herausgeber Heinrich Denifle († 1905), der große Dominikaner-Gelehrte der Mystik gegeben.[35] Der Text ist zwar nur in dreizehn Manuskripten erhalten (darunter eines aus der Gemeinschaft der Gottesfreunde von Grünenwörth), aber er wurde von wichtigen zeitgenössischen Mystik-Schriftstellern wie Marquard von Lindau († 1392) benützt und war später weit verbreitet. Bei mehreren spätmittelalterlichen lateinischen Texten scheint es sich um Übersetzungen dieses Buchs zu handeln. Dieser Traktat wurde wie das *Meisterbuch* (siehe Kap. 9, 694–698) in der Folge oft mit dem Namen Taulers verbunden; unter dem Titel *Die Nachahmung des armen Lebens Jesu Christi* wurde er oft ihm zugeschrieben. Im Jahr 1548 wurde er vom Kartäuser Laurentius Surius, dem unermüdlichen Sammler, Herausgeber und Übersetzer geistlicher Werke, ins Lateinische übersetzt.[36] Daniel Sudermann, ein weiterer Sammler mystischer und geistlicher Literatur, brachte die erste deutsche Ausgabe 1621 unter Taulers Namen heraus.[37] Es folgten viele weitere Ausgaben, sowie 1693 eine Übersetzung ins Französische. Das Buch war bei Protestanten und Katholiken gleichermaßen bekannt und beliebt, darunter auch bei Mystikern wie Franz von Sales und

---

[35] Heinrich Seuse Denifle, *Das Buch von geistlicher Armuth, bisher bekannt als Johann Taulers Nachfolgung des armen Lebens Christi,* München 1877. Als Abhandlungen über den Text siehe A. Chiquot, „Buch von geistlicher Armuth (Das)", in: DS 1,1976–1978; Johannes Auer, „Das Buch von geistlicher Armut", in: VL 1,1082–1085; und insbesondere Ruh, *Geschichte* III, 517–525, das eine ziemlich ausführliche Darstellung enthält. Einen Nachdruck des Textes von Denifle mit einer Übertragung aus dem Mittelhochdeutschen in heutiges Deutsch samt Nachwort und Anmerkungen gibt es von Niklaus Largier, *Das Buch von der geistigen Armut,* Zürich-München 1989. Dieses Werk habe ich nicht eingesehen. Die Übertragungen aus dem Mittelhochdeutschen im vorliegenden Werk stammen von Übersetzer B. Schellenberger. Ins Englische gibt es eine Übersetzung von C. F. Kelley, *The Book of the Poor in Spirit by a Friend of God (Fourteenth Century). A Guide to Rhineland Mysticism,* New York 1954. Kelleys Einführung ist die einzige ausführliche Behandlung auf Englisch und zwar hilfreich, aber etwas antiquiert.

[36] Lorenz Sauer, mit latinisiertem Namen Laurentius Surius (1523–1578) trug mit seinen Übersetzungen echter oder pseudonymer Werke von Tauler, Seuse, Ruusbroec und anderen geistlichen Autoren zwischen 1540 und 1555 maßgeblich zur Weitergabe der deutschen mystischen Literatur an die weitere katholische Welt des frühmodernen Europa bei. Siehe Augustin Devaux, „Surius (Sauer, Laurent)", in: DS 14,1325–1329.

[37] Über Daniel Sudermanns Rolle bei der Weitergabe mystischer Texte siehe Monica Pieper, „Sudermann (Daniel)", in: DS 7,1290–1292.

Augustine Baker. Denifle wies in seiner wenn auch nicht ganz kritischen Ausgabe von 1877 nach, dass das Werk nicht von Tauler stammen könne, jedoch erkennen die meisten Fachleute einen starken Einfluss Taulers darauf.

Die Seligpreisung „Selig sind die Armen im Geist, denn ihrer ist das Himmelreich" (Mt 5,3) spielte in der Mystik Eckharts eine zentrale Rolle (z. B. in Pr. 52). *Das Buch von geistlicher Armut* hat die äußere wie innere Armut zum Hauptgegenstand. Die Art und Weise, auf die darin die geistliche Armut gleichermaßen als ethische, metaphysische und mystische Kategorie vorgestellt wird, zeigt eine tiefe Abhängigkeit von Eckhart und Tauler, jedoch wird deren Denken darin auch auf andere Weisen weiterentwickelt, etwa, indem betont wird, das äußere Armsein an Gütern sei eine notwendige Vorbedingung für die innere Armut des Geistes.[38] Ferner wird darin versucht, ein breites Spektrum von Material zusammenzufassen, was auf eine so besondere Weise ausgeführt ist, dass dieser Traktat einen originellen Beitrag zur spätmittelalterlichen Mystik darstellt.

Im *Buch von geistlicher Armut* werden derart viele Begriffe und Themen verwendet, die Eckhart eingeführt hatte, dass man es fast als Textbuch der Mystik vom Grund bezeichnen könnte.[39] (Das Wort *grunt* kommt darin rund dreißigmal vor, wird jedoch in einem etwas anderen Sinn als bei Eckhart gebraucht, wie wir gleich sehen werden.) Die eng miteinander verbundenen Begriffe der Loslösung und des Leerwerdens, der Hingabe und des Zunichtewerdens, des inneren Schweigens und der Geburt des Wortes in der Seele, der reinen Liebe und der Annahme des Leidens sind alles integrale Bestandteile dieses Traktats. Es tauchen auch viele Charakterzüge der rigorosen Apophatik der Mystik vom Grund auf, so dass von der Notwendigkeit die Rede ist, alle Bilder abzulegen (sich zu *entbilden*), den Namen der eigenen Seele zu vergessen und sich ins göttliche Nichts zu werfen;[40] und es wird auch der Begriff *daz einige ein* verwendet.[41] Einmal wird sogar die eckhartsche „Wüste des inneren Einsseins" genannt, in der Gott zur Seele spreche.[42] Und wie bei Eckhart findet sich auch im *Buch von geist-*

---

[38] Auf diesen Punkt weist Denifle in seiner Einführung zur Ausgabe hin; siehe *Das Buch* XII-XIII u. XVI-XX.

[39] Kelley nennt es in seiner „Introduction" zu *The Book of the Poor in Spirit* 3 „the text book of the Rhineland School".

[40] z. B. *Das Buch* (44,35–36): ... *der geist uz gat sin selbs nach geschaffenheit, und sich wurffet in ein luter niht. Und daz niht, daz ist daz goetlich bilde daz in den geist getrucket ist* ...

[41] z. B. *Das Buch* (4,34–35): ... *der do wonet in ewikeit und sich einiget in daz einige ein.* Siehe auch 158,10 und 164,14.

[42] *Das Buch* (182,16–30). An dieser Stelle wird Hosea 2,16 (Vg: 2,14) zitiert, Eckharts Belegtext für das Wüsten-Motiv. Ein eckhartsches Thema, das in diesem Buch nicht erscheint, ist

licher Armut die Rede von der mystischen Ununterschiedenheit sowie häufig die Aussage, dass den geistlich Armen die Vergottung zuteil werde.

Gewiss gibt es im *Buch von geistlicher Armut* auch Lehren, die bei Eckhart keine große Rolle spielen. So wird etwa betont, die Betrachtung des Leidens Christi sei nicht nur eine Vorbereitung auf die tiefsten Stadien des Einswerdens, sondern sie gehöre notwendig dazu. Es wird auch viel ausgiebiger von der erotischen Sprache des Hohenlieds Gebrauch gemacht als bei Eckhart. Aber die von Eckhart abweichenden Motive vertragen sich weithin mit der Mystik von Eckharts Nachfolgern, besonders mit derjenigen Taulers, dessen Einfluss auf dieses Buch sich auf vielerlei Weise zeigt.[43] Ein Reflex auf Tauler und die Situation nach Eckhart ist ferner der Abschnitt, in dem die häretische Mystik angegriffen wird. Er trägt den Titel: *Underscheit under goetchlicer friheit und ungeordneter friheit* (16–20: „Der Unterschied zwischen göttlicher Freiheit und ungeordneter Freiheit"). Ferner ist auch ein Ausfall gegen die akademische Theologie (136,28–29) ein Reflex auf die Zeit nach Eckhart.

Was sagt uns all dies über den Verfasser und das Datum des Werks? Es herrscht allgemeine Übereinstimmung, dass *das Buch von geistlicher Armut* in der zweiten Hälfte des 14. Jahrhunderts, nämlich zwischen ca. 1350 und 1380 entstand, und vermutlich innerhalb dieser Zeitspanne eher früh. Denifle meinte, es sei von einem gemäßigten Mitglied der Strassburger Gottesfreunde-Bewegung verfasst, aber das erscheint als unwahrscheinlich. Auch die Hypothese von Robert E. Lerner, das Buch sei ein Produkt aus Kreisen der Beginen vom Freien Geist wirkt nicht überzeugend angesichts des Umstands, dass es sich an einen breiten Leserkreis wendet und darin sorgfältig auf die Abgrenzung gegenüber den Irrtümern der Freigeister geachtet wird.[44] Der Verfasser war sicher Kleriker. Er führt, wenn auch sparsam, gelehrte Autoritäten an (Aristoteles, Dionysius, Augustinus, Gregor, Bernhard usw.) und das Werk verfügt über eine erkennbare Struktur und Systematik von etwas scholastischem Charakter, auch wenn es nicht so streng

---

dasjenige vom „Durchbrechen" in Gott hinein; allerdings heißt es von der Seele, sie müsse alles Geschaffene durchbrechen oder überwinden (z.B. in 138,18 und 193,12 u. 15).

[43] Es gibt auch Unterschiede zu Tauler. In seiner Absicht, aufzuzeigen, dass nicht Tauler der Verfasser dieses Werks sei, dürfte Denifle sie übertrieben haben. Als Zusammenfassung dieser Unterschiede siehe Chiquot, „Buch von geistlicher Armuth" 1977–1978.

[44] Robert E. Lerner, *The Heresy of the Free Spirit in the Later Middle Ages*, Berkeley 1972, 223–225. Lerner vermerkt, dass im Buch als Leserschaft „die in sammenungen sint" (11,37) angesprochen würden und weist darauf hin, dass das Wort *sammenungen* in Strassburg zur Bezeichnung der Kommunitäten von Beginen und Begarden gebraucht wurde. Luise Abramowski, „Bemerkungen zur ‚Theologia deutsch' und zum ‚Buch von geistlicher Armut'", in: *Zeitschrift für Kirchengeschichte* 97 (1986), 92–104 vertritt, die Beginen und Begarden seien als ein Teil der Leserschaft angezielt worden, aber wohl kaum als die ganze Leserschaft.

systematisch angelegt ist wie dasjenige von Heinrich von Friemar. Zuweilen nimmt der Traktat zum Vorantreiben seiner Argumentation eine quasi-dialogische Form an.[45] Angesichts des Einflusses von Eckhart und Tauler haben viele vermutet, einer ihrer Nachfolger im Dominikanerorden habe diesen Traktat verfasst. Aber an einer Stelle heißt es: *der wille ist der oberste kraft der sele* (78,32). Zwar geht es in diesem Buch nicht um das Verhältnis von Willen und Intellekt, aber man kann sich schwer vorstellen, dass ein Dominikaner diese franziskanische Auffassung übernommen hätte. Könnte ein Franziskaner der Verfasser sein? In Anbetracht des wenigen verfügbaren Belegmaterials und des Fehlens einer neuen kritischen Ausgabe besteht derzeit nicht die Möglichkeit, die Verfasserschaft entweder eines Franziskaners oder Dominikaners zu beweisen oder zu widerlegen. Auch lässt sich nicht die Möglichkeit ausschließen, dass ein gelehrter und geistlich begabter Priester aus irgendeinem anderen Orden über die Fähigkeit verfügte, sich an den Versuch zu machen, die mystischen Strömungen seiner Zeit zusammenfassend darzustellen.

Das Buch von geistlicher Armut ist ein umfangreicher Traktat (in Denifles Ausgabe umfasst er 194 eng bedruckte Seiten) und zu lang, als dass hier der Versuch unternommen werden könnte, ihn in seiner Gänze zu besprechen. Ein Blick auf die Gesamtanlage des Werks wird jedoch zeigen, wie in diesem Buch das Verhältnis zwischen seinen beiden Hauptthemen, der Armut des Geistes und der Kontemplation, dargestellt wird. Ich werde zudem einige Stellen näher in Augenschein nehmen, an denen etliche weitere Grundaspekte der Mystik erörtert werden, insbesondere die Rolle des Leidens Christi, die Geburt des Wortes in der Seele und das Einswerden mit Gott.

Denifle unterteilte *Das Buch von geistlicher Armut* in zwei große Teile.[46] Die Struktur des Werks ist wie diejenige vieler mittelhochdeutscher Traktate nicht streng durchgehalten, sondern von vielen Abschweifungen durchsetzt, wobei häufig auf bereits behandelte Themen aus anderer Sicht noch einmal zurückgekommen wird. Dennoch entsteht insgesamt der Eindruck, dass die wichtigsten Gedanken einigermaßen kohärent dargestellt werden. Im Titel ist der Inhalt der Lehre des Buchs zusammengefasst: wie der Mensch Jesus Christus auf seinem Leidensweg folgen könne; wie man ein innerliches Leben führen könne; wie man zu wahrer Vollkommenheit ge-

---

[45] Über die klerikale Verfasserschaft siehe Abramowski, „Bemerkungen", 94–98.
[46] Die zwei Teile umfassen in Denifles Ausgabe die Seiten 3–90 und 93–193. Denifle hat keine Kapitelnummern; der hier vorgelegten Darstellung werden jedoch die Manuskriptüberschriften zugrundegelegt, die er wiedergibt. Kelley hat in seinem *Book of the Poor in Spirit* eine andere Einteilung vorgenommen, in vier Teile mit zahlreichen Kapitelüberschriften und Unterteilungen, um sich in dem oft komplexen Text besser zurecht zu finden.

lange; und wie man „viele liebreiche Unterscheidungen der göttlichen Wahrheit" verstehen könne (3,1–8). Teil I umfasst drei Kapitel, die zunehmend länger werden. Das erste Kapitel (3–8) handelt von der Definition der wahren Armut als Loslösung und innerer Freiheit. Im zweiten Kapitel (8–20) geht es um Armut und Freiheit und es folgt eine Erörterung des Unterschieds zwischen wahren und falschen Begriffen von Freiheit. Das lange dritte Kapitel (20–90) hat als Grundthema das Verhältnis zwischen Armut und „reinem Wirken" oder Tätigsein.[47] Wesentlich ist für dieses Kapitel die Unterscheidung von drei Arten des menschlichen Tätigseins: natürlich, gnadenvoll (d. h. übernatürlich) und göttlich (22,29–32). Sie liefern das Gerüst, um das sich die Entwicklung des Kapitels rankt. Die Behandlung des reinen Wirkens selbst dient als einleitender Abschnitt 1 (20–22). Abschnitt 2 (22–27) handelt von den Tätigkeiten der Natur: den körperlichen, sinnlichen und intellektuellen. In Abschnitt 3 (27–34) geht es um das Tätigsein der Gnade, die zur Tugend antreibe und vor den Gefahren der Sünde warne. Das führt zu einer Abschweifung über die Unterscheidung der Geister in Abschnitt 4 (34–44), die auf Heinrich von Friemars Unterscheidung von vier Arten in uns wirkender Geister beruht: dem bösen Geist, dem Naturgeist, dem engelhaften Geist und dem göttlichen Geist.[48] Die Abhandlung über den göttlichen Geist führt in eine lange zweite Abschweifung in Abschnitt 5 (44–54) über die Natur der Freundschaft und was es heiße, ein Freund Gottes zu sein. Letzteres Thema wird auf traditionell biblische Weise behandelt; es geht nicht um die Beschreibung einer besonderen Bewegung oder Gruppierung.

Die dritte Art des Wirkens oder Tätigseins, das göttliche Handeln, wird in Abschnitt 6 (55–64) behandelt. Was unter dem Wirken Gottes zu verstehen sei, wird in erster Linie anhand einer Erörterung über das Betrachten des Leidens Christi erklärt, das hier als zentraler Punkt zur Sprache kommt. Für *Das Buch von geistlicher Armut* sind die Erwägung der Passion und diejenige der eckhartschen Geburt des Wortes in der Seele innerlich zusammenhängende Aspekte des Erlangens des Einsseins mit Gott, wie Abschnitt 7 mit dem Thema „Wie der Geist Gottes zur Seele ohne Bild spricht" zeigt (64–79). Dieser Abschnitt bringt eine eindrucksvolle Darlegung mystischer Themen wie Sprechen und Schweigen, Licht und Finster-

---

[47] *Das Buch* (20,20–23) liefert eine Unterteilung in verschiedene Formen des Wirkens oder Tätigseins: *Wurcken ist nit anders danne usser nicht iht machen, oder usser einem ein anders machen oder eins besser machen danne es vor waz, oder eins, daz do ist, zuo niht machen ...* Das zeigt die scholastische Schulung des Verfassers.
[48] Über Heinrich von Friemars Lehre über die Unterscheidung der Geister siehe hier in Kap. 2, 140–141.

nis und des Unterschieds zwischen dem, was im Wesen der Seele vor sich gehe und was in ihren Kräften. Nicht weniger eindrucksvoll ist Abschnitt 8 von Teil I (79–90), in dem es darum geht, wie der vollkommene Wille, der alles aufgegeben hat, bereit sei, „das wesentliche Werk" zu vollbringen, „bei dem zwei Dinge eins sind und nur ein Handeln haben" (80,1–2), das heißt, bei dem unser Wirken und Gottes Wirken zu einem einzigen Wirken werden. Hier finden sich Untersuchungen zu solch mystischen Themen wie dasjenige der Natur des *gelassenen willens* sowie eine dialektische Sicht des Verhältnisses von Gott und Seele, die an Eckhart erinnert. Bezüglich des Paradoxes, dass die vollkommene Seele weiterhin in Gott hinein voranschreitet oder „läuft" *(louffet)* und zugleich ihre reglose Ruhe im göttlichen Ziel findet, sagt der Verfasser: „Dieses Laufen geschieht nicht in kreatürlicher Weise und daher ist es nicht als Bewegung anzusehen. Vielmehr geschieht es in göttlicher Weise, und daher ist es unbeweglich. Denn der Wille bewegt sich in keiner Weise aus Gott heraus, er bleibt vielmehr allezeit in Gott. Und dieses in ihm Bleiben, das ist sein Laufen, und dieses Laufen ist sein in ihm Bleiben. Und je mehr er ganz in ihm bleibt, desto mehr läuft er in Gott; und je mehr er in Gott läuft, desto stiller ist er und desto unbeweglicher."[49] Das ist eine dichte Darstellung jener dialektischen Mystik, die von Eckhart herstammen könnte.

In Teil II des *Buchs von geistlicher Armut* werden viele der bereits in Teil I erörterten Mystik-Themen wieder aufgegriffen, aber mit neuen Einsichten und Beobachtungen angereichert. Die Eingangsbemerkungen des Verfassers könnten in diesem Teil eine praktischer ausgerichtete Darstellung erwarten lassen, aber es wäre künstlich, wollte man in diesem Traktat Theorie und Praxis voneinander trennen. Zunächst wird angekündigt, dass dieser Teil von vier Wegen handle, auf denen man zur Vollkommenheit eines armen Lebens gelangen könne. Der erste Weg bestehe darin, der Lehre und dem Leben Jesu Christi zu folgen (Kap. 1,93–104). In diesem Kapitel werden allgemeine Bemerkungen zur Nachahmung Christi geboten sowie eine spezifischere Abhandlung über die Rolle des Betrachtens der Passion Christi. Diese christologischen Überlegungen enthalten auch eine Darlegung, wie der Geist *(gemuete)* „sich selbst in der verborgenen Finsternis des unbekannten Gottes" verliere *(und da verluret es sich selber in dem*

---

[49] *Das Buch* (82,32–40): *Und daz louffen ist nit nach creaturlichen wise, und da von ist es nit zuo schetzende fur ein bewegunge, mer: es ist nach einer goetlichen wise, und da von ist es unbewegelich, wan der wille in keine wise sich beweget usser got, mer: alle zit in got blibet. Und daz innebliben daz ist sin louffen, und daz louffen ist sin innebliben; und so er aller meist inne verblibet, so er aller meist in got louffet, und so er aller meist in got louffet, so er aller stillest ist und aller unbewegenlichest.*

verborgen dunsternisse des unbekanten gottes, 99,25–26). Der Verfasser versucht wie Tauler zu zeigen, dass die Nachahmung des leidenden Christus und das Sinken in den unbekannten Gott die zwei Seiten ein und derselben Münze seien.

Der zweite Weg zur Vollkommenheit des armen Lebens bestehe in der Vervollkommnung der Tugenden (Kap. 2, 104–105); der dritte darin, dem Selbst und den Geschöpfen zu sterben (Kap. 3, 106–112).

Bis zu diesem Punkt war mit dem zweiten Teil des Traktats noch wenig Neues zu dem hinzugefügt worden, was nicht bereits im ersten gesagt worden war. Aber wenn der Autor jetzt auf den vierten Weg zu sprechen kommt, auf dem man vollkommene Armut erlangen könne, erfährt die Darstellung einen neuen Impuls, der bis zum Ende des Traktats anhält. Es geht jetzt um „die Vollkommenheit des kontemplativen Lebens" (*vollekomenheit eines schovwenden lebens*, 112,5–6). Beschauung, Kontemplation ist natürlich in der Geschichte der christlichen Mystik eines der zentralen Themen. Der anonyme Verfasser verwendet dieses Thema im letzten und längsten Teil seines Handbuchs (112–193) als eine Art Vergrößerungsglas, um viele der bereits von ihm behandelten Aspekte der Mystik noch einmal gründlicher zu erörtern. Wieder beginnt er mit einem einleitenden Kapitel 4 (112–119), in dem er noch einmal den allgemeinen Sinn des kontemplativen Lebens und seine Beziehung zur Armut und Gottesliebe bespricht. Um seine Untersuchung dann noch weiter voranzutreiben, bringt er eine zweite vierfache Unterscheidung von dieses Mal vier Wegen, auf denen die Seele zu einem armen und vollkommenen Leben der Beschauung gelangen könne (119,19–24). Diese letzte Unterscheidung gibt dem letzten Drittel des Werks seinen Aufbau vor.

Der erste Weg zum Erlangen vollkommener Beschauung bestehe darin, alles aufzugeben, was Gott im Wege steht, mit anderen Worten: in der Loslösung (Kap. 5, 119–121). Auf dem zweiten Weg folge man den Fußstapfen Christi, denn er führe *durch sine menscheit in sine gotheit* (121,26–27). Dieses Kapitel 6 (121–138) enthält Erörterungen über Einssein und Vergottung. Der dritte Weg auf die Höhen der Kontemplation wird mit einer langen Ausführung darüber geschildert, wie man mit dem Leiden umgehen müsse (Kap. 7, 138–169). Das Leiden, sowohl im Sinn aktiv sich zugefügter asketischer Übungen als auch im Sinn der inneren Bereitschaft, alle von Gott geschickten Prüfungen anzunehmen, war ein wichtiger Zug der christlichen Mystik, nicht zuletzt derjenigen im spätmittelalterlichen Deutschland. Im *Buch von geistlicher Armut* wird wie von Eckhart und Tauler betont, nicht so sehr selbst gewählte und sich zugefügte Leiden seien der Schlüssel zum Fortschritt im kontemplativen Leben, sondern vielmehr das geduldige und innerlich losgelöste Annehmen des Leidens.

Hierauf kommt der im ganzen Traktat spürbare Hang des Autors zum Systematisieren kräftig zum Zug, denn es folgt eine ausführliche Darlegung der vier Weisen, auf die die Freunde Gottes mit dem Leiden umgehen (152–169): im Handeln, im Wollen, im Geist und schließlich in Gott selbst. In der Darstellung der letzten drei dieser Weisen sind ausführliche Abhandlungen über das mystische Einswerden enthalten. Nach einer kurzen Abschweifung (mit Kap. 8 über das Vermeiden von Sünden) schließt *Das Buch von geistlicher Armut* mit zwei Kapiteln, in denen es um den vierten Weg zum Erlangen der vollkommenen Beschauung geht: Er bestehe „in einem fleißigen Achten auf all das, was in den Menschen gelangen kann, sei es geistig oder leiblich. Es soll so empfangen werden, dass es den Geist nicht aus (dem Ruhen in) seiner Mitte reißt".[50] Mit anderen Worten: Es geht immer noch um Loslösung, inneres Freisein und inneren Frieden, worin das Wesen der wahren Armut des Lebens bestehe. Kapitel 9 (176–183) ist darauf konzentriert, wie wir die geschaffenen Bilder ablegen müssen, um zu Gott zu gelangen, während Kapitel 10 (183–193) einen passenden Abschluss bildet, denn darin wird versucht, zusammenfassend zu sagen, wie das Stillwerden aller Kräfte und das Hineinziehen der Seele „in den Grund der Seele" (*in dem grunde der selen*, 191,12) zum endgültigen Einswerden führe, in dem der Mensch „Gott lieben soll um Gottes willen, und soll sich aller Lust entziehen und soll einzig Gott anhangen ohne alles Warum."[51] Ein wahrhaft eckhartscher Schluss.

Dieser Überblick über den Text mag helfen zu zeigen, warum man nicht zu Unrecht *Das Buch von geistlicher Armut* als ein Handbuch der Mystik vom Grund bezeichnen kann. Natürlich hat es etwas Paradoxes oder Widersprüchliches an sich, wenn man versucht, die ständig wechselnden Perspektiven von Eckharts Mystik in eine Art von systematischem Lehrbuch einzufangen. Aber durch diese ihre Neudarstellung in einem didaktischen Werk wurde die innere Dynamik der Mystik vom Grund nicht völlig blockiert, wie ein Blick auf einige wenige Abschnitte daraus zeigen kann. Im Folgenden möchte ich zunächst zwei für die Struktur wichtige Abschnitte etwas genauer vorstellen, nämlich die Kapitel 1 und 2 von Teil I, worin der anonyme Autor den Sinn von Armut, Loslösung und Freiheit darlegt, und sodann Kapitel 4 von Teil II, in dem er das alles überwölbende Thema die-

---

[50] *Das Buch* (176,8–11): ... *daz ist ein flissige huote alles des, daz in dem menschen gevallen mag, es sy geistlich oder liplich, daz daz also enpfangen werde, daz es den geist nit enmittele.*
[51] *Das Buch* (194,2–4): ... *er sol got minnen umb got, und sol sich alles lustes verzihen, und sol got alleine an hangen ane alles warumb.*

ses Teils, das kontemplative Leben, vorstellt und seine Beziehung zur Armut und Loslösung bespricht.

Das Buch von geistlicher Armut beginnt mit einer impliziten Schlussfolgerung: „,Was ist Armut?' Armut ist ein Gleichsein mit Gott. ,Was ist Gott?' Gott ist ein von allen Geschöpfen losgelöstes Wesen. ,Was ist losgelöst?' Das an nichts Haften; Armut haftet an nichts, und nichts (haftet an) an Armut."[52] Das Kapitel geht in dieser dialogischen Form durch eine Reihe von rund einem Dutzend Fragen und Antworten weiter, ist also eine Art vereinfachter scholastischer *quaestio*. Im ersten dieser aus Fragen und Antworten bestehenden Themen heißt es, an nichts zu haften bedeute in Wirklichkeit, nur an Gott zu haften. Mit dieser Erklärung tritt der Autor von den extremsten Behauptungen Eckharts in Pr. 52 über die Natur der wahren Armut einen Schritt zurück. „Etliche sagen, darin bestehe die höchste Armut und die stärkste Abgeschiedenheit, dass der Mensch so sei, wie er war als er noch nicht war; als er nichts verstand, als er nichts wollte, als er Gott mit Gott war."[53] Wenn das möglich wäre, so der Verfasser, wäre es wahr, aber weil wir ein geschaffenes Sein besäßen, müssten wir weiterhin die Werke des Erkennens und der Liebe üben, die uns zur Glückseligkeit führten. Es ist hier schwierig zu entscheiden, ob der Autor Eckhart widerspricht oder den unbedachtsamen Leser nur darauf aufmerksam machen will, dass Eckharts extreme Formulierungen über Armut und Einssein nur wahr seien, *insofern* wir in Gottes Existenz unser geschaffenes Sein verlören, nicht aber, insofern wir auch Geschöpfe blieben. Der grundlegende Punkt jedoch ist ein eckhartischer: Will ein Mensch im Erkennen und Lieben arm oder losgelöst sein, dann „muss er Gott mittels Gottes erkennen und Gott mittels Gottes lieben" (3,31–32).

Im Rest dieses Kapitels wird das Verhältnis zwischen geistlicher Armut und Vernunft, Tugend und Gnade untersucht und wie sich dies alles zur äußeren Armut verhalte. Die Vernunft oder „die vernünftige Unterscheidung mittels Bildern und Formen" sei in Form der Vorbereitung wichtig, aber wenn der Mensch die innere Armut erreiche, „soll er alles Unterscheiden lassen und sich mit Einem in Eines hineintragen ohne alles Unterscheiden."[54] Das Verhältnis zwischen dem totalen inneren Nacktsein und dem

---

[52] *Das Buch* (3,9–13): *,Waz ist armuot?' Armuot ist ein glicheit gottes. ,Waz ist got?' Got ist ein abgescheiden wesen von allen creaturen. ,Waz ist abgescheiden?' Daz an niht haftet; armuot haftet an niht, und niht an armuot.*

[53] *Das Buch* (3,21–24): *Etliche sprechent daz daz sy die hoeheste armuot und die nehste abgescheidenheit, daz der mensche also sy, als er waz, do er not enwaz; do verstunt er niht, do enwolt er niht, do waz er got mit got.* Das ist ein fast direktes Zitat aus Eckharts Pr. 52 (DW 2,488,4–6 u. 492,3–4).

[54] *Das Buch* (4,13–15): *... so sol er lassen allen underscheit und sol sich in tragen mit ein in ein*

Tugendleben war seit dem frühen 14. Jahrhundert und Marguerite Poretes Ansicht, man solle „den Tugenden Lebewohl sagen"[55], ein viel diskutiertes Thema. Im *Buch von geistlicher Armut* wird eine Sicht der Rolle der Tugend vertreten, die sich nicht wesentlich von derjenigen Poretes unterscheidet, auch wenn sie sorgfältiger ausgedrückt ist. Tugend und Gnade als geschaffene Wirklichkeiten oder Akzidentien seien in Form der Vorbereitung wichtig, aber die vollkommene Seele werde sowohl an Tugend wie an Gnade „arm", wenn sie jenseits der Zeit und der vielfältigen Natur der Schöpfung gelange und „in der Ewigkeit wohnt und sich mit dem einigen Einen eint" (4,34–35). Eine solche Seele besitze Gnade und Tugend auf göttliche und wesentliche Weise, das heißt, insofern diese nichts anderes seien als Gott. Da die wahre Vollkommenheit davon abhänge, dass man leer und losgelöst sei, nicht nur im inneren Menschen, sondern auch im äußeren (6,9–17), schließt das erste Kapitel mit einer praktischen Erörterung, wie der arme Mensch mit Reichtum umgehen solle, namentlich den Gaben, die ihm eventuell zuteil wurden (6,19–8,5). Das zeigt, dass das Buch für ein Leben hinsichtlich äußerer Güter in tatsächlich konkret praktizierter Armut gedacht war und sein Verfasser unter „Armut" nicht nur etwas Theoretisches verstanden wissen wollte.

Im zweiten Kapitel wird das Verhältnis zwischen Armut und der Freiheit erörtert, die ein Zeichen der Loslösung war und zu den anderen stark umstrittenen Begriffen der spätmittelalterlichen Mystik gehörte. „Gott ist ein freies Vermögen, und also ist auch die Armut ein freies Vermögen, das von niemandem behindert wird, denn ihr Adel ist die Freiheit." Auf die Frage: „Was ist Freiheit?", gibt der Autor die Antwort: „Freiheit ist wahre Leerheit und Losgelöstheit, die nach Ewigkeit sucht, Freiheit ist ein losgelöstes Wesen, das Gott ist oder ganz Gott anhängend ist."[56] Was sich hieraus ergibt, ist, dass die Schlüsselbegriffe der ersten Kapitel *(armuot/friheit/abgescheidenheit)* alle in Wirklichkeit Synonyme für das Losgelöstsein von der geschaffenen Wirklichkeit und ein absolutes Abhängigsein von Gott sind. Im Traktat wird eine eckhartsche Redeweise übernommen und gesagt, die Seele, die diesen Zustand erreichen könne, „erlangt Gott mit Gewalt. Gott

---

sunder allen underscheit. Das Wort *underscheit* kann Unterscheidung und/oder Verschiedensein bedeuten; es scheint hier in beidem Sinn zuzutreffen.
[55] Über Poretes Ansicht, man solle „den Tugenden Lebewohl sagen", siehe im vorliegenden Werk Band III, 435.
[56] *Das Buch* (8,8–10 u. 16–19): *... got ist ein fri vermugen, also ist armuot ein fri vermugen unbetrungen von nieman, wan sin edel ist friheit ... Friheit ist gewahr luterkeit und abgescheidenheit, die da suchet ewikeit. Friheit ist ein abgescheiden wesen, daz da got ist oder zuo male got anhangende ist.*

kann sich nicht zurückhalten. Er muss sich ihr geben", denn das sei seine Natur (8,24–28). Wieder ist der Verfasser willens, sich einiger der kühneren Formulierungen der Mystik vom Grund zu bedienen, aber im Rahmen eines Traktats, in dem er versucht, den Sinn der Begriffe zu erklären oder gelegentlich zu modifizieren. Diese Freiheit sei nicht etwas, das die Seele von sich aus erreichen könne, sondern „wahre Freiheit ist so edel, dass niemand sie gibt außer Gott der Vater" (9,4–5). Diese Gabe des Vaters werde durch das Wirken des Heiligen Geistes vermittelt, der die Seele so erleuchte, dass sie fähig werde, ihren eigenen freien Willen aufzugeben und mit dem göttlichen Willen eins zu werden. An dieser Stelle wird im Traktat 1 Korinther 6,17 zitiert: „Wer dem Herrn anhängt, wird ein Geist." Diese Form des Einsseins des geschaffenen Geistes mit dem göttlichen Geist ermögliche es der Seele, alles in Freiheit zu tun. Hier taucht ein weiterer Text von Paulus auf: „Wo der Geist des Herrn ist, da ist Freiheit" (2 Kor 3,17). Das ist genau das Zitat, das der Schlachtruf der Häretiker vom Freien Geist war.

Im Kontext der heißen Debatten des 14. Jahrhunderts über die Mystik bedurfte keine Formulierung eines sorgfältigeren Verständnisses als die von der „Freiheit des Geistes". Der Aufgabe, dieses genau zu klären, ist der Rest von Kapitel 2 gewidmet (9,36–20,11). Dabei werden drei Themen ausführlich behandelt. Das erste ist die Frage nach dem Verhältnis zwischen Gehorsam und Freiheit: Wenn jemand einem anderen Gehorsam verspricht – gibt er damit nicht seine Freiheit auf oder verliert sie? Es werden in scholastischer Manier vier Arten von Gehorsam unterschieden, um aufzuzeigen, dass bestimmte Formen des Gehorsams für Anfänger notwendig seien. Dabei gehe es um die Notwendigkeit der Unterweisung, um asketische Einübung und um den Erwerb der Demut sowie um den Gehorsam gegenüber den Geboten der Kirche. Bei den wahrhaft Armen seien aber andere Umstände gegeben. Hier begibt sich der Verfasser des *Buchs von geistlicher Armut* auf dünnes Eis und bedient sich einer Sprechweise, die an das grenzt, was man später als „Quietismus" bezeichnet hat (10,12–11,35). Der geistlich arm gewordene Mensch sei derart verinnerlicht worden, dass er zu seiner Unterweisung oder asketischen Übung auf keinen äußeren Gehorsam mehr angewiesen sei. Er müsse sich nicht mehr Geschöpfen überlassen, überlasse sich jedoch allezeit ganz Gott (10,36–37). Für einen solchen Menschen sei die innere Loslösung wichtiger, als anderen seine Tugenden vor Augen zu führen. Der Verfasser wagt sogar die noch gefährlichere Aussage: „Auch ist ein lediger armer Mensch nicht gebunden, alle Gesetze der heiligen Christenheit auf äußerliche Weise ernst zu nehmen wie ein anderer Mensch, der seines Selbst nicht ledig geworden ist, denn was die heilige Christenheit auf äußerliche Weise erfüllt, das erfüllt der arme Mensch innerlich seinem Wesen nach."⁵⁷ Wenn hier ein weiterer oft missverstandener Satz von Paulus zitiert wird, nämlich: „Das Gesetz ist nicht für den Gerechten bestimmt" (1 Tim 1,9), so verstärkt dies nur noch die Missverständlichkeit dieser Redeweise, die sich – zumindest von mittelalterlichen Inquisitoren – leicht so verstehen ließ, als werde hier mit ihr empfohlen, sich den kirchlichen Verpflichtungen gegenüber frei zu fühlen. Aber der Abschnitt schließt mit dem Versuch, eine solche Auslegung zu unterbinden, indem gesagt wird, dass „alles, was die heilige Christenheit vorgeschrieben hat, gut ist" und ein im Geist Armer ihr immer gehorsam und untertänig sei.

Im nächsten Abschnitt (11,36–16,11) werden diese Themen vertieft. Es wird erörtert, wie sich „ein armer Mensch auf drei Weisen" äußeren Werken „überlassen" könne. Hier wird im *Buch von geistlicher Armut* die traditionelle Vorstellung vertreten, dass der Kontemplative oder der Mensch, der die Armut des Geistes erlangt habe, verpflichtet sei, sich um seinen Nächsten, der in Not ist, mit Akten der Nächstenliebe zu kümmern. Wenn jemand wahre Freiheit und Loslösung erlangt habe, seien für ihn äußere Werke wie etwa das Weben und das hilfreiche Tun für seinen Nächsten kein Hemmnis, ja vergrößerten in Wirklichkeit die Freiheit. Jedoch sei es wichtig, die Unterscheidung anzuwenden, um zu klären, ob zum äußeren Werk ein böser Geist, die Natur oder Gott antreibe. Sogar der böse Geist könne Werke der Nächstenliebe fördern, falls sie seinen Zwecken dienten. So könne er zum Beispiel zu übertriebener Anstrengung anstacheln, die den Menschen psychisch aus dem Gleichgewicht bringe oder sogar körperlich krank mache. Im Traktat wird dieses Thema der Unterscheidung der Geister später noch einmal ausführlicher angeschnitten werden.⁵⁸

Der dritte und letzte Punkt zum richtigen Verständnis der Freiheit des Geistes wird ebenfalls in Frageform vorgelegt: „Was ist unter ungeordneter Freiheit *(ungeordenter friheit)* zu verstehen, und wie kann der Mensch unterscheiden, ob seine Freiheit auf Gott hingeordnet ist oder nicht?" (16,14–16). Wie wir gesehen haben, war dieses Thema seit der Verurteilung der Freigeister 1311 auf dem Konzil von Vienne eine brennende Frage. Im Allgemeinen werden diese Themen im Traktat im gleichen Sinn angegangen,

---

⁵⁷ *Das Buch* (11,18–22): *... ist ouch nit ein ledig arm mensche gebunden zuo allen den gesetzden der heiligen cristenheit nach usserliche wise zuo nemende, als ein ander mensche, der sin selbs nit ledig ist worden, wan waz die heilige cristenheit wurket nach usserliche wise, daz wurcket der arme mensche innerlichen in wesen.* Siehe die Besprechung dieser Stelle bei Abramowski, „Bemerkungen", 98–99.
⁵⁸ An dieser Stelle hier werden einige praktische Ratschläge für die Gestaltung des Tageslaufs gegeben (15,26–35). Wann immer möglich, solle man die Morgen- und Abendzeiten für Gott vorbehalten, während die Nachmittage die beste Zeit für äußere Werke und Akte der Nächstenliebe seien.

wie wir das bei Tauler gesehen haben, jedoch mit interessanten Äußerungen über die Gefahren einer rein natürlichen Praxis der Einübung des inneren Leerwerdens, die den Vergleich mit einem anderen zeitgenössischen Mystiker aushalten, nämlich dem Niederländer Jan van Ruusbroec. Genau wie bei Tauler wird hier gesagt, der entscheidende Unterschied zwischen guter und schlechter Freiheit bestehe darin, ob sie auf Demut oder auf Stolz beruhe. Das erkenne man am leichtesten in Zeiten großer Schwierigkeiten. Wenn ein Mensch, der über die Armut des Geistes verfüge, gestört oder angegriffen werde, reagiere er darauf mit Demut, Geduld und Schweigen. Pflege einer dagegen eine ungeordnete Freiheit, so werde er dann wütend und sinne auf Rache. Getreu seiner didaktischen Absicht unterscheidet der Verfasser des *Buchs* dann wieder zwei Arten von ungeordneter Freiheit, eine leibliche und eine geistliche (17,16–17). Die leibliche fehlgeleitete Freiheit stamme von der Anhänglichkeit an zeitliche Güter und Ehren. (Der Verfasser war der Auffassung, Reichtum und Macht seien bestenfalls mit einer niedrigeren Art von Freiheit verträglich.) Am gefährlichsten sei die ungeordnete geistliche Freiheit, die in drei Arten vorkomme. Deren erste finde sich bei denen, die eine nur äußerliche Form der Religion pflegten und dennoch meinten, sie hätten die Vollkommenheit erlangt. Die zweite Art finde sich bei dem Menschen, der sich von äußeren Werken abkehre und auf rein natürliche Art ganz seinem Geist zuwende. „Und wenn er so ganz in sich bleibt, entspringt in ihm ein natürliches Licht, und das zeigt ihm die Unterscheidung der natürlichen Wahrheit, und diese Unterscheidung gebiert ihm große Lust." Diese intellektuelle Erleuchtung sei ein reines Naturphänomen, verführe jedoch den Menschen zur Auffassung, er wisse alle Wahrheit und müsse sich niemandem unterwerfen. Sein Stolz führe ihn dazu, andere zu verurteilen und auf Tugenden und gute Werke nicht zu achten. „Und daraus entspringt eine ungeordnete Freiheit, so dass er die Gesetze der heiligen Christenheit verschmäht."[59] Dieser spirituelle Fall sei wie derjenige Luzifers. Diejenigen, die in diese Falle gingen, „heißen die freien Geister" (*und dis heissent die frien geiste*, 19,32). Schließlich wird noch kurz eine dritte Form erwähnt, nämlich die ungeordnete Freiheit, die sich aus Visionen ergebe und allzu oft irreführend sei oder zum Stolz verleite. Sowohl in seiner Untersuchung der Irrtümer der Freigeister als auch mit seinem Argwohn gegen Visionen hat der Verfasser des *Buchs von geistlicher Armut* vieles mit Tauler gemeinsam.

---

[59] *Das Buch* (19,4–6 u. 19–20): *... und in dem innebliben so entspringet ein naturlich lieht in ime, und daz zoeuget ime underscheit naturlicher warheit, und der underscheit gebirt ime grossen lust ... Und dar uz entspringet ein ungeordente friheit, daz er versmahet die gesetzde der heiligen cristenheit.*

Wie bereits oben erwähnt, liegen dem zweiten Teil des Traktats als Strukturelemente das Thema „Kontemplation" und die Erörterung der Natur des kontemplativen Lebens zugrunde, ähnlich wie im ersten Teil die Begriffe Armut, Loslösung und Freiheit. Ein Blick in das vierte Kapitel dieses zweiten Teils wird zeigen, wie der Autor des *Buchs von geistlicher Armut* dieses wichtige Thema der Mystik in sein Handbuch einbezogen hat. Die Kontemplation wird als der vierte Weg zum Erlangen eines armen Lebens eingeführt. Zwar sei das tätige Leben *(wurckende leben)* notwendig, solange der Mensch an zeitliche Dinge gebunden ist, aber mit dem kontemplativen Leben *(schovwende leben)* übersteige man alles Zeitliche und gelange zur Loslösung von den Geschöpfen. Diejenigen, die diesen Zustand erreichen, werden als *die verborgen(en) gottesfreunde* bezeichnet (112,29–30); sie praktizierten „ein vollkommen beschauliches Leben, das heißt ein leeres, armes Leben, frei von allen zeitlichen Dingen" (113,4–5). Falls solche Menschen immer noch zeitliche Güter besäßen, müssten sie ihre Kontemplation lassen und ihrem bedürftigen Nächsten zu Hilfe eilen; aber der Autor unterstellt, dass sie überhaupt nichts mehr besäßen. Die solchermaßen losgelöste, freie Seele überlasse sich passiv Gottes Handeln, das hier in der Sprache der erotischen Mystik mit dem Hoheliedvers 1,2 beschrieben wird: „Er küsste mich mit dem Kuss seines Mundes." Der Verfasser erklärt: „So bietet ihr Gott sein Antlitz und küsst sie. Und Küssen ist nichts anderes als die Vereinigung des Lieben mit der Liebe, und da blickt das eine das andere an, und das eine ist so an das andere hingegeben, dass das eine ohne das andere nicht sein mag, so sehr sind sie mit Lieben zusammengebunden."[60] Zur Charakterisierung dieses Einsseins in der Liebe werden als Autoritäten Bernhard von Clairvaux und Augustinus zitiert. Weltliche Menschen, die nicht *aus dem grunde goetlicher minne* (114,7) handelten, könnten nie auf diese Weise lieben. An diesem Punkt beginnt im Traktat ein Stufenweg zur Armut vorgestellt zu werden, der damit anfängt, dass man überflüssige Güter abstößt, sodann sein Selbst loslässt und schließlich alle Formen leibhaftiger oder geistlicher Vermittlung zwischen Gott und Mensch aufgibt (115,18–23). Diese Betonung, dass man alles Vermittelnde, das in praktischer und moralischer Hinsicht vorgestellt wird, aufgeben müsse, war eines der Leitmotive der Mystik vom Grund. Daraus folgt der Schluss, dass „Armut und Kontemplation auf einer Ebene stehen", insofern beide Ausdruck

---

[60] *Das Buch* (113,25–29): ... *so butet ir got sin antlitz und kusset sie. Und kussen ist nit anders wan vereinunge liebes mit liebe, und da gasset eins daz ander an, und eins ist also gar verglesset uf daz ander, daz eins ane daz ander nit enmag, also gar sint sie mit minnen zuosamen gebunden.*

der Erkenntnis Gottes und der Liebe zu ihm „ohne die Vermittlung durch Geschöpfe" seien (116,15–19).

Der zweite Abschnitt (116,21–118,23) der Erwägung des Verhältnisses zwischen Kontemplation und Armut des Geistes enthält eine Aufzählung von acht Weisen, auf die das kontemplative Leben nützlich sei. Es ist eine für mittelalterliche Traktate nicht nur über Mystik, sondern auch andere Themen besonders typische Auflistung. Viele der genannten nützlichen Aspekte sind traditionell. Die Kontemplation verrichte ihre Werke mühelos, wesentlich, völlig und auf himmlische Weise. Schließlich wird sogar behauptet, „einem rechten kontemplativen Leben" (*einem rehten schovwenden leben*, 117,19) sei der ewige Besitz der Herrlichkeit sicher. Das ist eine verblüffende Aussage, die sich jedoch bei einigen der orthodoxesten Mystiker findet, darunter auch bei Bernhard von Clairvaux. In der sechsten und siebten Weise der Nützlichkeit kommt des Verfassers *epektasis*-Verständnis zum Ausdruck, also die Vorstellung eines unaufhörlich weiteren Fortschreitens der kontemplativen Seele in immer noch tiefere Bereiche des göttlichen Geheimnisses hinein, „denn das göttliche Wesen ist derart grundlos, dass das Geschöpf nie an seinen Grund gelangen kann." Daher „schwebt der Geist in Gott wie ein Fisch im Meer und ein Vogel in der Luft". Das sind Vergleiche, die in der mystischen Literatur Gemeinplätze geworden waren (117,33–118,5). Bei der Angabe der achten und letzten Weise der Nützlichkeit verwendet der Verfasser schließlich noch direkter die Redeweise der Mystik vom Grund. Wenn die wahrhaft kontemplative Seele alle Unähnlichkeit mit Gott verliere, „da verliert der Geist seinen Namen, so dass er eher Gott heißt als Geist; nicht etwa, dass er Gott sei, sondern vielmehr ist er (dann) göttlich, und da wird er eher nach Gott benannt als nach (seinem) Geist."[61] Hier zitiert der Autor einen der wichtigsten Belegtexte der Heiligen Schrift für die Vergottung (Ps 82,6 [Vg: 81,6]), aber mit der üblichen Modifikation, dass wir dank des Wirkens der Gnade „Götter" seien, während Christus von Natur aus Gottes Sohn sei. Nach einer kurzen Bezugnahme auf die Geburt des Wortes in der Seele, also den Prozess, der es gestatte, dass wir „Götter" und Kinder Gottes genannt würden, schließt das Kapitel damit, dass die Themen des ersten und zweiten Teils des Traktats im Ziel, Gott gegenwärtig zu haben, zusammengeführt werden. „Wenn man also dessen ledig ist und alles Vermittelnde weg ist, so hat man Gott gegenwärtig, und in dieser Gegenwärtigkeit schaut man ihn

---

[61] *Das Buch* (118,10–13): *Und da verluret der geist sinen namen, daz er me got heisset wan geist, nit daz et got sy, mer: er ist goetlich, und da von wirt er me genammet nach got, wan nach geist.*

an, denn Gott ist (dann) in allen Dingen gegenwärtig." Aber nicht jeder, der behaupte, im Geist arm zu sein, sei das wirklich, sondern nur „wer die Werke eines armen Menschen wirkt, der ist ein armer Mensch, und der ist auch ein schauender Mensch."[62] Dieser Abschnitt von Teil II des Buchs zeigt deutlich das Anliegen des Verfassers, den Einklang zwischen einem eckhartschen Verständnis der Armut im Geist und der traditionellen Ansicht, das kontemplative Leben habe den höchsten Stellenwert, aufzuzeigen.

Diese beiden Abschnitte des *Buchs von geistlicher Armut*, die dem Werk seine Struktur vorgeben, vermitteln eine Vorstellung davon, wie das Handbuch aufgebaut ist und wie sein Anliegen vertreten wird. Auch zeigen diese Seiten bereits deutlich viele seiner Hauptthemen und ihre Verflechtung. Jedoch wird es hilfreich sein, dass wir uns einige Stellen, die diese und weitere signifikante Motive vorstellen, noch etwas ausführlicher ansehen.

In der Mitte von Teil I des Buchs (59–64) steht eine Abhandlung über das innere Wirken, das uns zu Gott hinziehe. Deren Gliederung ergibt sich daraus, dass darin drei Betrachtungsgegenstände unterschieden werden, die für die angemessene innere Kontemplation unerlässlich seien. Den ersten brauche man zum Einstieg, nämlich die Selbsterkenntnis, insbesondere „die richtige Erkenntnis unserer Mängel" (59,16). Der zweite Betrachtungsgegenstand sei das Leiden unseres Herrn. Er sei unerlässlich, da dieses Leiden der Kanal sei, durch den Gott seine göttliche Liebe ins Herz gieße, um es zum Ziel hinzuziehen: „Genau wie Gott der Vater seinen Sohn in sich selbst und in allen Dingen gebiert, so führt Gott mit der selben Geburt den Menschen durch sein Leiden und durch alle Tugend in sich (hinein). Und genau wie Gott ewig an seiner Geburt ist, so ist auch das Hineinführen ewig, mit dem der Mensch durch sein Leiden geführt wird."[63] So werde der Mensch, der sich ganz und gar der Erwägung der Passion Christi widme, „ein zweiter Christus" und sei in Liebe mit dem Herrn vereint. Der Verfasser betont, dass das Verharren in der Betrachtung des Leidens Christi der einzige Weg dazu sei, zu Gott zu gelangen. Selbstauferlegte Bußübungen seien getrennt vom Leiden Christi nutzlos, und die natürliche Wahrheitserkenntnis sei ohne erlösenden Wert. „Will der Mensch die göttliche

---

[62] *Das Buch* (118,29–22 u. 118,40–119,2): *Und so man des ledig ist und alle mittel abe sint, so het man got gegenwurtecliche, und in der gegenwertikeit so schovwet man in an, wan got ist in allen dingen gegenwurtecliche ... Wer die werk wurckter eins armen mensch, der ist ein arm mensche, und der ist ouch ein schovwender mensche.*

[63] *Das Buch* (60,19–24): *Und als got der vatter gebirt sunen sun in ime selber und in alle ding, mit der selben geburt fueret got den menschen durch sin liden und durch alle tugent in in. Und als got ewig ist an siner geburt, also ist ouch daz infueren ewig, do mit der mensche durch sin liden wurt gefueret.*

Wahrheit finden, die allein Segen bringt, so muss er sie in den Leiden Jesu Christi suchen" (61,32–33). Hier wird im Traktat ein weiteres beliebtes Bild aus der spätmittelalterlichen Passionsfrömmigkeit verwendet, nämlich dasjenige vom Trinken aus den Wunden des Gekreuzigten, wozu Joh 4,14 zitiert wird. Das sei der Weg, der ins Himmelreich führe, dieses Reich, das *Das Buch von geistlicher Armut* (genau wie Eckhart) nicht mit dem „Himmel droben" gleichsetzt, sondern womit es den inneren Himmel der vergotteten Seele meint (62,22–29).

Das Thema von der Notwendigkeit, sich unablässig Christi Passion vor Augen zu halten, führt zur Erörterung zweier unzulänglicher Formen der Kehre nach innen. Die erste sei diejenige der alten heidnischen Philosophen. „Die Heiden suchten das bloße Wesen der Seele, und sie konnten ohne Christus nicht dahin kommen. Und darum vermochten sie Gott nicht zu erkennen und auch nicht selig zu werden, obwohl sie doch selig zu sein begehrten."[64] Eckhart und Tauler hatten sich vorgestellt, dass Philosophen wie Platon und Proklos im nackten Wesen der Seele ein gewisses Maß der Schau Gottes erlangt hätten. Der Verfasser des *Buchs von geistlicher Armut* ist da kritischer, und zwar nicht nur hier, sondern auch an anderen Stellen, wo er auf die Heiden zu sprechen kommt.[65] Zweitens kritisiert er auch „alle die, welche das bloße Wesen der Seele abseits vom Leiden Christi suchen" (63,23–24), was eine weitere Anspielung auf die Vertreter des Freien Geistes sein könnte.

Der dritte und letzte Betrachtungsgegenstand der Kontemplation ist *got nach siner blossen gotheit* (63,35–36). Der Mensch, der seine Mängel überwunden habe und dank seiner Betrachtung des Leidens Christi zu allen Tugenden angeleitet worden sei, werde bereit, in Gott selbst hinein geführt und mit ihm vereint zu werden. Wie viele andere Mystik-Autoren der damaligen Zeit verwendet auch dieser Verfasser eine Redeweise, in der sowohl die bei Eckhart vorhandene Einheit in Ununterschiedenheit als auch die traditionelle erotische Sprache vom liebenden Einssein zweier Willen vorkommt. „Und so hat er einen ewigen Eingang in Gott, und er wird derart von Gott umgriffen, dass er sich selbst verliert und er weiß von nichts anderem mehr als von Gott. Und so ertrinkt er in dem grundlosen Meer der

---

[64] *Das Buch* (63,20–23): *Und die heiden suochent daz blosse wesen der sele, und die kundent nit dar in komen ane cristum. Und dar umb mohtent sie nit got erkennen noch selig gesin, und begertent doch selig zuo sinde.*

[65] Als weitere Stellen über *die heiden*, die genauso negativ sind, siehe *Das Buch* 72,17–23 und 125,15–20. Die lange Erörterung in 161,16–162,2 ist zweideutig. Da räumt der Autor ein, möglicherweise unterscheide sich äußerlich ein guter Heide nicht von einem (geistlich) armen Menschen; der innere Unterschied, den das Anhangen an Christus ausmache, sei dann womöglich gar nicht so leicht zu erkennen.

Gottheit und schwimmt in Gott wie ein Fisch im Meer."[66] Aber unmittelbar an diese Bilder vom Versinken verfällt der Text in die Sprache von Hohelied 4,9, wo es heißt, die Braut habe den Bräutigam mit einem Blick ihrer Augen verzaubert: „Das Auge, das ist die Liebe, mit der sie in Gott eindringt, und mit der Liebe bezwingt sie Gott, so dass Gott tun muss, was sie will ... Der Bogen, den sie spannt, das ist ihr Herz. Das spannt sie und schießt mit einer hitzigen Begierde in Gott (hinein) und trifft mitten ins Ziel."[67]

Der Verfasser des *Buchs von geistlicher Armut* ist um sorgfältige Unterscheidungen zwischen verschiedenen Formen des mystischen Einswerdens nicht allzu besorgt. Woran ihm mehr liegt, ist die Betonung, dass es ohne innere Identifikation mit dem leidenden Christus kein Einswerden geben könne. Hier sowie auch an anderen Stellen, wo er von der Notwendigkeit der Betrachtung des Leidens Christi auf dem kontemplativen Weg spricht,[68] bringt der Autor keine realistischen, bluttriefenden Betrachtungsübungen oder Nachahmungen Christi in der Manier von Seuses *Leben*, sondern er hält sich an Taulers Einstellung zur Passion als sowohl der ontologischen Mitte des Erlösungswerks Christi als auch des Archetypus des vollen Akzeptierens von Gottes Willen. Es ist der Erwähnung wert, dass er in einer der Darlegungen über die ständige Notwendigkeit, sich die Passion vor Augen zu führen, den Gedanken bringt, dass dies auch den lobenswerten Wunsch nach dem häufigen Empfang der heiligen Kommunion wecke.[69]

Das Thema der Geburt des Wortes in der Seele war in Teil I bei der Besprechung des inneren Wirkens, das die Seele in Gott hineinzieht, kurz angeklungen. Es erfährt im *Buch von geistlicher Armut* an anderen Stellen eine ausführlichere Behandlung. Das ist ein weiterer Beleg dafür, dass es die Absicht des anonymen Verfassers war, viele signifikante Stränge der spätmittelalterlichen deutschen Mystik in Form eines Handbuchs miteinander zu verflechten. Ein Blick in einen Abschnitt in Teil II (101–104), der von der Unterscheidung zwischen inneren und äußeren Werken handelt, lässt deut-

---

[66] *Das Buch* (64,2–6): *Und also hat er ein ewig ingan in got, und er wurt also gar umbegrifen mit got, daz er sich selber verluret, und enweis nit anders danne umb got. Und also ertrincket er in dem grundelosen mer der gotheit, und swimmet in got als ein fisch in dem mere.* Das kommt nahe an Taulers V 41 (176,10–11) heran: *... und do hat sich der geist verlorn in Gotz geiste; in dem grundelosen mere ist er ertrunken.*

[67] *Das Buch* (64,12–18): *Daz auge daz ist die intringende minne die sie hat in got, und mit der minne betwinget sie got, daz got muos tuon waz sie will ... Der boge den sie spannet daz ist ir hertze; daz spannet sie und schusset mit einer hitzigen begirde in got und triffet daz rehte zil.*

[68] Zu den anderen Stellen, an denen betont wird, die Betrachtung des Leidens Christi sei von zentraler Bedeutung, gehören z. B. 93–97, 106 u. 121–130.

[69] *Das Buch* (97,35–98,23). Der Traktat kommt kaum auf die Sakramentsfrömmigkeit zu sprechen, hält diese aber eindeutig für den wahrhaft armen Menschen für wichtig.

lich erkennen, wie wichtig ihm für seinen Traktat das Geburtsmotiv war.[70] Zwar enthält das Buch nicht viel metaphysische Spekulation, aber es beruht auf einem klaren Erfassen der philosophischen und theologischen Implikationen der Mystik vom Grund. Dieser Abschnitt des Textes beginnt damit, dass unterschieden wird zwischen dem inneren Wirken, das Gottes Wesen und Natur sei, und seinem äußeren Wirken, das sich in der Schöpfung äußere. Und, so der Autor, „auf die Weise, wie die Kreatur von Gott ausgeflossen ist, auf diese selbe Weise soll sie wieder in (ihn) fließen."[71] Aber dieses Zurückfließen in Gott könne die Kreatur nicht von sich aus zustandebringen. Wir könnten es nur dadurch vorbereiten, dass wir von allen unseren Formen des Wirkens frei würden und Gott in uns wirken ließen (101,26–27). Auf der Grundlage dieses Leerwerdens wirke Gott in uns auf zwei Weisen. Das erste Wirken sei dasjenige seiner Gnade; das zweite sei „wesentlich und göttlich" (*wesenlich und goetlich*, 102,16). Das Letztere ist ganz und gar eckhartisch. Das Wirken der Gnade, das uns die Sünde überwinden und persönliche Tugenden erlangen helfe, bereite für das wesentliche Wirken vor, das als die Geburt des Wortes in der Seele bezeichnet wird, die alle Tugenden auf wesentliche Weise umfasse. Sie finde dann statt, wenn „der himmlische Vater seinen Sohn in der Seele gebiert. Und diese Geburt erhebt den Geist über alle geschaffenen Dinge zu Gott."[72] Dieses Wirken stehe höher als Gnade und Verstand, aber nicht im Gegensatz dazu. Es wird als Wirken des Glorienlichts *(lieht der glorien)* bezeichnet, das heißt, als identisch mit jedweder Art von Tätigkeit, die im Himmel erfolgt. Ein „vergotteter Mensch" (*vergoetteter mensche*, 102,40) wird beschrieben als einer, der „alle Dinge mit Gott auf wesentliche Weise wirkt", denn „wenn zwei eins sind, ist da ein einziges Werk" (103,1–4). Eine solche Sprache reflektiert Eckharts Lehre über die innere Identität von Gott und Mensch; aber wie weit der Verfasser dieses Traktats eine solche Vorstellung treiben will, ist unklar. Auf jeden Fall betont er, diese Erhebung zu Gott müsse jenseits aller geschaffenen Bilder gehen, spricht also auch vom Prozess des *entbildens*, von dem auch bei Eckhart die Rede ist (103,13–20).[73] Die hier verwendete Sprache ist Ausdruck des gelehrten Nichtwissens der apophatischen Tradi-

---

[70] Andere wichtige Stellen über das Gebären sind *Das Buch* 66,17–28, 68,33–69,21, 118,19–23, 137,25–138,27, 185,17–25 und insbesondere 168,6–169,35.
[71] *Das Buch* (101,9–11): *Und nach der wise alse der creatur uz geflossen ist von got, nach der selben wise sol sie wieder in fliessen.*
[72] *Das Buch* (102,30–32): *... daz ist so der himelsche vatter gebirt sinen sun in der selen. Und die geburt erhebet den geist ueber alle geschaffene ding an got.*
[73] Die Notwendigkeit, alle Bilder abzulegen, um zu Gott zu gelangen, taucht im *Buch* auch andernorts auf; siehe z. B. 25,29–26,17; 38,4–9; 44,1–24 (wo es 44,14 heißt: *der mensche sol entbildet sin von allen bilden*, was ein Eckhart-Zitat sein könnte); 167,24–36 u. 177,22–33.

tion: „Das Bemühen um das göttliche Werk, das die Vernunft unternimmt, besteht darin, dass sie sich von allen geschaffenen Bildern entblößt und mit Hilfe des ungeschaffenen Lichts in die Finsternis der verborgenen Gottheit eindringt. Dort wird sie vor Erkennen erkenntnislos und vor Liebe liebelos, das heißt, es ist so, dass sie nicht mehr auf geschöpfliche Weise erkennt, sondern vielmehr auf göttliche Weise, und dass sie nicht mehr mit *ihrem* Lieben liebt, sondern vielmehr mit Gottes Lieben."[74]

Der Abschnitt schließt mit einer typisch nüchternen Erinnerung daran, dass sogar die Seele, die eine solche Schau der göttlichen Wirklichkeit oberhalb aller Gnade und Verstandesfähigkeit hinaus erlange, diese nur wahrnehmen könne, indem sie Christus nachfolge.

Die Metapher vom *grunt*, dieser Zünder von Eckharts mystischen Explosionen, deren Auswirkungen gewöhnlich in weniger sprengender Weise bei seinen Nachfolgern nachwirken, spielt im *Buch von geistlicher Armut* eine signifikante Rolle. In diesem Traktat wird der Begriff ziemlich oft verwendet, aber in weniger gewagter Form als bei Eckhart. *Grunt* ist hier nicht wie für Eckhart eine Metapher für das mystische Verschmelzen. Im Traktat ist davon die Rede, dass Gott *grundlos* sei und es wird das Bild von der Seele verwendet, die als Stein ins bodenlose göttliche Meer sinke (z. B. 99,23–100,1 und 117,35–39). Es wird auch die Formulierung „der Grund der göttlichen Liebe" gebraucht (114,6–40). Aber der Verfasser zieht für die Rede vom göttlichen Geheimnis die traditionelle Sprache von Dionysius vor, wie etwa den Ausdruck von der „verborgenen Finsternis des nackten göttlichen Wesens" (*die verborgen dunsternise des blossen goetlichen wesens*, 164,15–16). Der Begriff *grunt* wird in erster Linie für die innerste Ebene der Seele verwendet, auf der die Geburt des Wortes stattfinde.[75] Das zeigt sich deutlich in einem Abschnitt am Schluss des Traktats, wo der Begriff *grunt* häufiger als an jeder anderen Stelle des Werks auftaucht.

Das Thema in diesem Schlussabschnitt (191,5–194,5) ist das mystische Paradox des *arm innerlich erstorben leben(s)*: Der Mensch müsse in seinem Inneren ganz leer werden, aller Sündhaftigkeit ersterben und stattdessen alle Tugend erwerben, damit Gott sein Wort im Grund seiner Seele sprechen könne (191,7–12). Das Einssein des reinen Wesens wird mit drei

---

[74] *Das Buch* (103,13–20): *Und daz nachlouffen daz die vernunft tuot nach dem goetlichen werck, daz ist daz sie sich entbloesset von allen geschaffen bilden, und mit einem ungeschaffenen lieht in tringet in daz dunsternisse der verborgenen gotheit, und da wurt sie von bekennen kennelos, und von minnen minnelos, daz ist, daz sie nit me bekennet nach creaturlicher wise, mer: nach goetlicher wise, und nit minnen mit irem minnen, mer: nach gottes minnen.*
[75] Als einige Abhandlungen über den *grunt der sele* siehe 55,36; 67,5–7; 68,12–38; 73,1; 100,35; 111,14–19; 136,8; 138,5–6 u. 191,9–15.

Wechselbeziehungen charakterisiert: „Wahres Sterbens ist Einssein, wahres Einssein ist Innerlichkeit und wahre Armut ist Einssein" (191,14–15). Dieses innere Einswerden oder die Armut im Geist ermögliche es der Seele, den „Eindruck des göttlichen Lichtes *(indruck des goetlichen liehtes,* 191,33–34) zu empfangen. „Denn das Licht ist einfältig. Darum will es auch einen einfältigen Grund haben, der sein Strahlen widerspiegelt."[76] Diese Erwähnung des *grunts* leitet eine Erörterung der Bedeutung des „einfältigen, lautern Grunds" *(einvaltigen lutern grunde)* im mystischen Leben ein (192,5–36). Nur indem man sich ganz auf diesen inneren einfachen Grund fixiere, könne man die Illusionen der Einbildungskraft und die vom Teufel gesandten trügerischen Visionen vermeiden. (Der Verfasser ist wie Eckhart ein entschiedener Gegner visionärer Erfahrungen.) Zusammenfassend wird gesagt: „Nun ist Gott unsichtbar und jenseits aller Bilder. Daher werden diejenigen betrogen, die Visionen annehmen, denn das, was sich in einem einfältigen, lautern Grund gebiert, das ist derart subtil und derart einfältig, dass es niemand mit Bildern erfassen kann, und daher kann auch niemand davon sprechen."[77] Der Wunsch nach Visionen, so sagt der Verfasser, habe mehr mit dem Antichrist gemein als mit Christus. Das Vermeiden aller Bilder geht sogar so weit, dass es sich auf das erstreckt, was hier als „reine Unterscheidungen gottförmiger Wahrheit" *(lutern underscheide gotfoermiger warheit,* 192,38–39) bezeichnet wird, wobei es sich offenbar um die Art von Begriffen handelt, die die Armen im Geist gebrauchten, um andere zu unterweisen. Auch diese seien etwas anderes als Gott und daher eine Form der Ablenkung vom absoluten Ruhen in der göttlichen Einfachheit (192,37–193,12).

Das letzte Wort im *Buch von geistlicher Armut* gilt passenderweise der Liebe (193,13–194,5). In diesem Leben könnten sich sogar schwächere Seelen an Gott mit den Worten von Hohelied 2,5 wenden: „Sprich, mein Geliebter, ich bin krank vor Liebe." Diese Bitte wecke die aktive Liebe *(wurckende minne)* des Heiligen Geistes, der alle Unvollkommenheiten und Formen der Unähnlichkeit mit Gott wegbrenne, bis die süße passive Liebe *(suesse lidende minne)* aufbreche, mit der die Seele ihr eigenes Wirken verliere und einzig Gott in ihr wirke. „Dann ist die Seele in einem ewigen Eingang in Gott. Gott zieht sie mit sich selbst in sich selbst und macht die

---

[76] *Das Buch* (192,1–2): ... *wan daz lieht ist einvaltig: hier umb so wil es ouch einen einvalitigen grunt haben.*
[77] *Das Buch* (192,22–26): ... *nu ist got ungesihtlich und uber alle bilde: und da von so werdent sie betrogen die sich gesihte an nement, wan waz sich in einem einvaltigen lutern grunde gebirt, daz ist also so subtil und also einvaltig, daz ez nieman mit bilden begriffen kan, und da von kan nieman da von gesprechen.*

Seele zu *einer* Liebe mit ihm" (193,27–30). Die beiden hätten nun einen einzigen gemeinsamen Namen: *minne*. Hier wird noch einmal auf die Rede vom Grund zurückgegriffen, der dieses Mal auf Gott angewendet wird: „Und das verursacht der einfältige lautere Grund, aus dem die einfältige göttliche Liebe entspringt, und darin findet sich die allergrößte Wonne, die man in der Zeit zu haben vermag."[78]

Theologia Deutsch

Der meistbekannte aller mittelhochdeutschen Mystik-Traktate aus dem Spätmittelalter wird gewöhnlich als die *Theologia Deutsch* (zuweilen auch *Theologia Germanica*) bezeichnet. Diesen Titel gab ihm Martin Luther, der dieses Werk herausgab und sehr empfahl. Das trug viel dazu bei, dass es eine weite Leserschaft fand, besonders bei den Protestanten, obwohl einige Katholiken es weiterhin für sich beanspruchten.[79] Mit Alois M. Haas gesprochen: „Dass es sich bei der ‚Theologia deutsch' um einen Schlüsseltext nicht nur der sog. Deutschen Mystik handelt, sondern auch um einen zentralen Erbauungstext der Reformation, wird immer deutlicher."[80] Die *Theologia Deutsch* (TD) ist nur aus acht Manuskripten bekannt, die alle aus der zweiten Hälfte des 15. Jahrhunderts stammen, so dass sie also nach ihrer Abfassung fast ein Jahrhundert lang keine weite Verbreitung fand. Luther fertigte zunächst 1516 eine teilweise Ausgabe an. Darin ermahnt er den Leser, dieses anonyme Werk nicht beiseite zu legen, weil es scheinbar der Gelehrtheit ermangle, denn „es ist auß dem grund des Jordans von einem warhafftigen Israeliten erleßen, wilchs namen gott weyß." Zu der Zeit meinte Luther, das Werk könnte von Tauler verfasst sein. 1518 veröffentlichte er auf der Grundlage eines neuen Manuskripts, auf das er aufmerksam geworden war, eine vollständigere Ausgabe, dieses Mal mit einer noch begeisterteren Anpreisung, mit der er vertrat, zusammen mit der Bibel und Augustinus beweise die TD, dass seine eigene „deutsche Theologie" tatsächlich die alte Lehre der Kirche sei. „Leß diß Buchlin wer do will, unnd sag dann, ab die

---

[78] *Das Buch* (193,34–37): *Und daz sachet der einvaltiger luter grunt uz dem die einvaltige goetliche minne entspringet, und da ist aller groeste lust inne den man in der zit haben mag.*
[79] Es gibt eine Reihe von hilfreichen Einführungen in dieses Werk: Wolfgang von Hinten, „Der Franckfurter' (,Theologia Deutsch')", in: VL 2,802–808; Ute Mennecke-Haustein, „,Theologia Deutsch'", in: DS 15,459–463; und Christian Peters, „Theologia deutsch" *Theologische Realenzyklopädie*, Berlin 1977ff. Bd. 23, 258–262.
[80] Alois M. Haas, Rezension zu Wolfgang von Hinten, *‚Der Franckforter' (,Theologia Deutsch'). Kritische Textausgabe*, München 1982 in *Beiträge zur Geschichte der deutschen Sprache und Literatur* 108 (1986), 297.

Theologey bey unß new adder alt sey, dann dißes Buch ist yhe nit new." Obwohl es, wie Steven Ozment aufgezeigt hat, viele Aspekte gibt, mit denen Luthers Theologie sich von derjenigen der TD unterscheidet, fand Luther vieles, was in diesem spätmittelalterlichen Text mit ihm kongenial war.[81] Luthers Anpreisung sowie die dem Werk eigene Qualität verliehen diesem bei den Lutheranern und Spiritualisten ein gewaltiges Gütesiegel (Calvin und die reformierte Tradition lehnten es allerdings ab). 1528 kam eine Ausgabe mit Kommentaren des radikalen Reformers Hans Denck in Umlauf. Ein anderer Radikaler, Sebastian Franck, verfasste 1542 eine lateinische Paraphrase des Werks. Auch Sebastian Castellio schätzte es und übersetzte es ins Lateinische, Valentin Weigel befasste sich ebenfalls intensiv damit.[82] In Kreisen der orthodoxen Lutheraner erfreute sich das Buch anhaltender Beliebtheit. Der Mystiker Johannes Arndt gab 1597 einen früheren, auf Luther beruhenden Druck neu heraus; seine Fassung erlebte später über sechzig Auflagen. Eine besondere Sympathie brachten die deutschen Pietisten diesem Werk entgegen.

Die hohe Wertschätzung der DT bei vielen Protestanten weckte natürlich bei den Katholiken einiges Misstrauen gegen sie. Papst Paul V. setzte 1612 Castellios lateinische Fassung auf den *Index* der verbotenen Bücher, aber die katholischen Mystiker des 16. Jahrhunderts lasen das Buch dennoch weiterhin, das inzwischen in vielen Sprachen verfügbar war (auf Latein, Niederländisch, Französisch, Englisch, Schwedisch usw.). Man hat nachgerechnet, dass zwischen Luthers erster Fassung von 1516 und dem Jahr 1961 rund 190 Ausgaben davon in einer wachsenden Vielzahl von Sprachen erschienen.[83] Die Entdeckung weiterer Manuskripte im 20. Jahrhundert führte zu einigen Diskussionen über die Originalform des Buchs, aber die 1982 von Wolfgang von Hinten veröffentlichte kritische Ausgabe hat die

---

[81] Steven E. Ozment, *Mysticism and Dissent. Religious Ideology and Social Protest in the Sixteenth Century*, New Haven 1973, 17–25, über Luthers Verwendung des Textes. Ozment fasst in seinem Kapitel 2, „A Common Mystical Writing: The *Theologia Deutsch*" gut den Gebrauch des Traktats im frühen Protestantismus zusammen. Ein ausführlicher Überblick über den Gebrauch durch die Protestanten bis ins 20. Jahrhundert findet sich in Bengt Hoffmans „Introduction" zu seinem *The Theologia Germanica of Martin Luther*, New York 1980, 24–34.
[82] Über Castellio und Weigel bezüglich der *Theologia Deutsch* siehe Ozment, *Mysticism and Dissent*, 39–60, sowie spezieller Georg Baring, „Valentin Weigel und die ‚Deutsche Theologie'", in: *Archiv für Reformationsgeschichte* (ARG) Jahrgang 55, 1964; über Weigel und seinen Gebrauch der deutschen Mystik siehe Andrew Weeks, *Valentin Weigel. Selected Spiritual Writings*, New York 2003.
[83] Als Liste der Ausgaben siehe Georg Baring, *Bibliographie der Ausgaben der „Theologia Deutsch" (1516–1961). Ein Beitrag zur Lutherbibliographie. Mit Faksimiledruck der Erstausgabe und 32 Abbildungen*, Baden-Baden 1963.

meisten Dispute geklärt. Neue Übersetzungen beruhen auf dieser Ausgabe,[84] und neuere Untersuchungen[85] haben uns zu einem besseren Verständnis dieses wichtigen Traktats verholfen.

Im von einem späteren Redaktor verfassten Prolog des Werks wird angegeben: „Dies Büchlein hat der allmächtige, ewige Gott ausgesprochen durch einen weisen, einsichtigen, wahrhaftigen, gerechten Menschen, seinen Freund, der da vorzeiten ein Deutschherr gewesen ist, ein Priester und Custos in der Deutschherren Haus zu Frankfurt." Von daher trägt dieses Werk in manchen Manuskripten den Namen „Der Franckforter". Der Prolog öffnet ein Fenster in den historischen Kontext des Buches. Darin wird angekündigt: „Es unterweist in mancher köstlicher Lehre göttlicher Wahrheit und besonders, wie und woran man erkennen möge die wahrhaften, gerechten Gottesfreunde und auch die ungerechten, falschen freien Geister, die der heiligen Kirche gar schädlich sind."[86] Versuche, dieses Mitglied des Deutschen Ritterordens zu identifizieren, waren vergeblich. Manche Fachleute versuchten diesen Traktat zwar ins 15. Jahrhundert zu datieren, aber es herrscht jetzt allgemeine Übereinstimmung, dass es vermutlich aus dem letzten Viertel des 14. Jahrhunderts stammt.

In seiner authentischsten Form umfasst dieses relativ kurze Werk 53 Kapitel von unterschiedlicher Länge. Die längeren Kapitel könnten aus Vorträgen oder Ansprachen vor Mitgliedern des Ordens hervorgegangen sein, aber viele Kapitel sind dafür zu kurz. Luise Abramowski hat überzeugend

---

[84] Die Ausgabe von Wolfgang von Hinten, ‚Der Franckforter' (‚Theologia Deutsch'). Kritische Ausgabe, München 1982 beruht auf allen bekannten Manuskripten und Luthers beiden Ausgaben, die unabhängige Zeugen dafür sind. Die Stellen daraus sind jeweils mit Kapitel, Seite und Zeilennummern angegeben. Als moderne deutsche Übersetzung samt Einleitung liegt vor: Alois M. Haas, „Der Franckforter". Theologia Deutsch, Einsiedeln 1993. Aus ihr wird im Folgenden zitiert. Da die Kapitel des Büchleins sehr kurz und die angegebenen Stellen darin rasch zu finden sind, wird auf die Angabe der Seiten bei Haas verzichtet. Eine neue Übersetzung ins Englische stammt von David Blamires, The Book of the Perfect Life. Theologia Deutsch – Theologia Germanica, Walnut Creek 2003.

[85] Von den neueren Untersuchungen seien genannt: Alois M. Haas, „Die ‚Theologia Deutsch'. Konstitution eines mystologisches Texts", in: Das „Einig Ein". Studien zu Theorie und Sprache der deutschen Mystik, hg. v. Alois M. Haas u. Heinrich Stirnimann, Freiburg (Schweiz) 1980, 369–415; Luise Abramowski, „Bemerkungen zur ‚Theologia Deutsch' und zum ‚Buch der geistlicher Armut'", in: Zeitschrift für Kirchengeschichte 97 (1986), 85–105; und Volker Leppin, „Mystische Frömmigkeit und sakramentale Heilsvermittlung im späten Mittelalter", in: Zeitschrift für Kirchengeschichte 112 (2001), 189–204.

[86] TD, Prolog (67,1–7): Diss buechelein hat der almechtige, ewige got auss gesprochen durch eynen weissen, vorstanden, worhafftigen, gerechten menschen, synen frunt, der do vor czeitenn gewest ist eyn deutschir herre, eyn prister vnd eyn custos yn der deutschen herren hauss zu franckfurt, vnnd leret manchen liplichen vnderscheit gotlicher warheit vnd besundern, wie vnd wo methe man irkennen moge die warhafftigen, gerechten gotis frundt vnnd auch die vngerechten, falschen, freyen geiste, dy der heiligen kirchen gar schedelich synt.

dargelegt, dass nicht nur der Prolog und die Kapitelüberschriften, sondern auch die beiden wichtigen Schlusskapitel aus der Feder des Redaktors stammen. Da die hinzugefügten Kapitel von hoher Qualität sind, sei er offensichtlich sehr fähig gewesen.[87] Das Werk trägt zwar Züge scholastischer Systematik und Argumentationsformen, aber die TD ist ein weniger akademischer Traktat als die beiden zuvor beschriebenen. Es ist gut vorstellbar, dass sich der Verfasser zumindest zum Teil an ein Laienpublikum wandte. Die Hauptquelle des Werks ist die Bibel, die über vierzigmal zitiert wird. (Die tief biblische Natur des Buchs verhalf ihm zweifellos zu seiner Beliebtheit bei den Protestanten.) Es enthält nur fünf andere explizite Zitate (aus Boethius, Dionysius, Tauler und zwei pseudonymen Eckhart-Texten), aber der Verfasser scheint über eine gute theologische Ausbildung verfügt zu haben.[88] Die Systematik der TD ist schwer zu bestimmen. Manche haben vermutet, die Erwähnung des Drei-Stufen-Schemas von Reinigung, Erleuchtung und Einswerden in Kapitel 14 gebe eine Struktur vor, zumindest für die Kernkapitel 14 bis 38. Jedoch ist nicht eindeutig zu ersehen, dass versucht wird, sich mit dem Text wirklich an die Abfolge dieser drei Stufen des mystischen Wegs zu halten. Der Text scheint über keine durchgängige Struktur zu verfügen. Wichtiger ist es, die grundsätzliche Sicht des Autors zu erfassen, die im Traktat auf unterschiedliche Weisen durchgespielt wird.

Der anonyme Autor der TD verfügt über einen eigenen literarischen Stil[89] und auch über einen originellen theologischen Ansatz. Auch wenn er viele von Eckhart geschaffene und in der Mystik vom Grund häufig gebrauchte Begriffe und Themen verwendet,[90] hat er seine ganz eigene Art, auf die er einen christologischen Weg zur vergottenden Vereinigung mit Gott vorstellt.[91] Der Schlüssel für seinen Ansatz lässt sich in der biblischen Grundlage finden, auf die er aufbaut. Die TD ist insofern ungewöhnlich, als

---

[87] Abramowski, „Bemerkungen", 86–88.
[88] Zum Beispiel scheint nicht bemerkt worden zu sein, dass das Argument für die Notwendigkeit der Inkarnation in TD 3 (74,11–14) auf Anselm zurückgeht.
[89] Haas liefert in „Die ‚Theologia Deutsch'", in: *Das „Einig Ein"*, 369–415 eine Analyse des Stils dieses Buches.
[90] Viele eckhartsche Themen sind fester Bestandteil des Traktats und werden in der Folge hier besprochen. Andere tauchen nur hie und da auf, wie z.B. dasjenige der Notwendigkeit, alle geschaffenen Bilder abzulegen (siehe 8[79,7–10] und 13[87,1–88,4], ein Zitat aus Tauler). Der Begriff *grunde* taucht nur einmal auf, in TD 23 (101,9): … *vnd diss alczumal yn eyme swigende ynbliben yn syme grunde seyner sele*. Es wird auch nur einmal von der Geburt des Wortes in der Seele gesprochen, und zwar im Schlusskapitel, das anscheinend vom Redaktor angefügt wurde (TD 53 [150,13–15]).
[91] Haas fasst in „Die ‚Theologia Deutsch'", in: *Das „Einig Ein"*, 370 die Botschaft so zusammen: es gehe um *die gnadenhafte Vergottung des Menschen im Lichte der vermittelnden Vorbildlichkeit des Lebens Christi*.

in ihr das Alten Testament nur zweimal zitiert wird (und beide Male Jesaja). Die über vierzig Zitate aus dem Neuen Testament sind integraler Bestandteil der Darlegung, nicht nur von außen hinzugefügte Belegtexte. Sie lassen sich in zwei Gruppen unterteilen. Die erste besteht aus neun Pauluszitaten, die die Botschaft des Paulus hervorheben, nämlich den Kontrast zwischen dem alten, gefallenen Adam und dem neuen Adam, dem auferstandenen Christus. Der Traktat beginnt zum Beispiel mit dem Zitat aus 1 Korinther 13,10: „Wenn das Vollkommene kommt, dann verwirft man das Unvollkommene und das Stückwerk." Den ganzen Traktat durchziehen starke, nahezu dualistische Gegenüberstellungen von gut/böse, neu/alt, vollkommen/unvollkommen, ganz/teilweise, Eigenwille/Gottes Wille, Gehorsam/Ungehorsam usw.[92] Die zweite und sogar größere Gruppe besteht aus Zitaten aus den Evangelien, besonders demjenigen von Matthäus, worin ebenfalls der Gegensatz zwischen alt und neu hervorgehoben wird, jedoch jetzt die Bewegung weg vom Schlechten und hin zum Guten dazukommt, die man mittels der Nachfolge Christi vollziehe: „Willst du mir nachfolgen, so verleugne dich selbst und folge mir nach. Wer sich nicht selber und alles verleugnet, verlässt und verliert, der ist meiner nicht würdig und kann mein Jünger nicht sein" (Mt 16,24)."[93] Die TD bringt Themen, die Gemeingut der spätmittelalterlichen deutschen Mystik sind, gibt ihnen jedoch eine neue Form, indem sie sie von einer biblischen Sicht des Gehorsams und der Jüngerschaft her vorstellt.

Mit dem Ansatz der TD, den man als zweipolig bezeichnen könnte, ergibt sich für die Leser die Ausgangssituation, dass sie vor die Wahl gestellt werden, grundsätzlich zwischen einer guten und einer schlechten Lebensweise zu wählen, das heißt zwischen der wahren Freiheit der Freunde Gottes und der falschen Freiheit der Freigeister.[94] Genau wie Adams Ungehorsam das Wesen des sündigen Zustands ausmache, seien Christi Demut, Loslösung und armes Leben der Ausdruck seines vollkommenen Gehorsams gegenüber seinem Vater. Indem wir ihn nachahmten, gewännen auch wir unseren wahren Stand als reiner Ausdruck des göttlichen Willens. Die-

---

[92] Die Verwendung von Gegensätzen durchweg im Text vermerkte Blamires in der „Introduction" zu *The Book of the Perfect Life*, 26.
[93] TD 19 (96,8–11). Da es damals noch keine deutsche Standardübersetzung der Bibel gab, schafft sich der Autor genau wie Eckhart seine eigenen Versionen, und zwar oft Paraphrasen für seinen Zweck, nicht genaue Übersetzungen. Das Werk enthält 16 Zitate aus Matthäus, 12 aus Johannes, aber nur 3 aus Lukas und 2 aus Markus. Es ist wiederum ungewöhnlich, dass in einem Text über Mystik das Matthäusevangelium häufiger zitiert wird als das Johannesevangelium.
[94] Haas, bringt in „Die ‚Theologia Deutsch'", in: *Das „Einig Ein"*, 412 eine hilfreiche Untersuchung dessen, was er als „das fundamentale ‚Ich will'" des Traktats bezeichnet.

ser starke Kontrast zwischen den beiden gegensätzlichen Positionen verleiht der TD eine Direktheit, wie sie sich so nicht in vielen anderen Mystik-Traktaten des Spätmittelalters findet. Jedoch sollten wir Direktheit nicht mit zu großer Einfachheit verwechseln. Im Traktat wird mit beträchtlichem Scharfsinn, gelegentlich etwas ungewöhnlicher Theologie und nicht wenigen dunklen und schwierigen Stellen argumentiert.[95] Auch dies ließe sich als Anzeichen dafür sehen, dass hier um den richtigen Ausdruck für eine originelle Sicht gerungen wird.

Die Gotteslehre der TD weist neben einigen besonderen Elementen verwandte Züge mit der Mystik Eckarts und seiner Nachfolger auf. Im Text wird wenig Interesse für das innere Leben der Dreifaltigkeit geäußert, sondern er ist eher auf die wesentlichen göttlichen Eigenschaften konzentriert. Es wird auf dionysische Weise betont, Gott sei „der eine wahre Gott", die Quelle von allem. Es wird auch häufig wiederholt, dass Gott jenseits alles Erkennens und mit Namen Benennens sei. An einer Stelle in Kapitel 9 heißt es von der Wirklichkeit, die der Seele das Glück bringen werde: „Es ist das Gute – oder zum Guten Gewordene – und doch weder dies noch das, das man nennen, erkennen oder vorweisen kann, sondern es ist alles Gute und über allem Guten. Auch braucht das nicht in die Seele zu kommen, denn es ist bereits darin."[96] Von dem unerkennbaren Guten, das Gott ist, wird auch als von dem Einen gesprochen, „denn Gott ist das Eine und muss das Eine sein, und Gott ist alles und muss alles sein" (46[140,4–5]). Diese höchste Wirklichkeit wird auch als *wesen*, also „Sein" bezeichnet. So heißt es zum Beispiel in Kapitel 1: „Das Vollkommene ist ein Wesen, das in sich und seinem Sein alles einbegriffen und beschlossen hält, und ohne das und außerhalb dessen kein wahres Sein ist und in dem alle Dinge ihr Sein haben, denn es ist aller Dinge Wesen."[97] In Kapitel 36 wird die vollkommene Abhängigkeit aller Dinge von Gott so formuliert: „Gott ist das Sein alles Seienden, das Leben aller Lebendigen und die Weisheit aller Weisen; denn alle

---

[95] Als schwierige und dunkle Stellen siehe z. B. 21(98,6–8), 29(111,3–14), 37(122,12–30) u. 46(140,3–11).

[96] TD 9 (81,15–18): *Ess ist gut ader gut geworden, vnd doch wider diss gut noch das, das man genennen, bekennen ader geczeigen kan, sunder alle vnd vbir alle. Auch darff das nicht yn die sele kommen, wann es bereite dar jnne ist. Ess ist aber vnbekant.* Als weitere Stellen, an denen Gott mit dem höchsten Guten gleichgesetzt wird, siehe TD 32, 43, 44 u. 53 (115,1–116,11, 134,1–135,24, 138,12–15, 149,1–4 u. 151,70–152,88). Von der Unerkennbarkeit Gottes ist an vielen Stellen die Rede, z. B. in TD 21 u. 42 (98,1–2 u. 133,37–42).

[97] TD 1 (71,3–5): *Das volkomene ist eyn wesen, das yn ym vnnd yn seynem wessen alles begriffen vnd beslossen, vnnd das vnd usswendig dem keine wares wessen ist, vnnd yn dem alle dingk yr wessen han, wanne es ist aller dinck wessen.* Die Bezeichnung Gottes als *essentia omnium* ist ein Markenzeichen der dionysischen Theologie.

Dinge haben ihr Sein wahrhafter in Gott als in sich selber."[98] Das ist das von Eckhart betonte virtuelle Sein *(esse virtuale)*. Den ganzen Traktat durchzieht auch der eckhartsche Gegensatz zwischen dem geschaffenen Sein, dem „dies und das" des Partikulären und der vollkommenen, absoluten und dennoch unerkannten Wirklichkeit Gottes.

Diese traditionellen Formen der Rede von Gottes Transzendenz und Immanenz gehen jedoch einher mit einer ungewöhnlichen Darstellung, wie Gott im Menschen gegenwärtig sei. Die Kapitel 31–32 (114–117) enthalten eine komplizierte und nicht immer klare Erörterung der göttlichen Natur. In Kapitel 31 (114,15–115,29) wird eine Unterscheidung von drei Ebenen in Gott besprochen: (1) „Gott als Gottheit", der jenseits alles natürlichen und offenbarten Erkennens liege; (2) „Gott als Gott", die Ebene der Unterscheidung von Personen in der Dreifaltigkeit; und (3) „Gott, insofern er Mensch ist oder in einem göttlichen oder vergöttlichten Menschen lebt". In der Folge wird in diesem Abschnitt gesagt, diese letzte Ebene, diejenige der Inkarnation und der Vergöttlichung von Menschen in Christus, komme Gott (und nicht den Geschöpfen) auf besondere Weise zu: „Und es ist ihm selber ohne Kreatur ursprünglich und wesentlich, ist aber nicht Form oder Werk."[99] Das ist nicht leicht zu deuten, aber ich gewinne ihm den Sinn ab, dass es heißen soll, wenn Gott in Christus ins Dasein komme sowie auch in denen, die durch ihn die Vergöttlichung erlangen, sei das ein wesentlicher Aspekt der göttlichen Wirklichkeit, obwohl Gott nicht die Form der Geschöpfe in ihrem aktuellen Dasein in der Welt sei. Hierauf versucht der Verfasser gegen Ende des Kapitels seine Sichtweise in einem dichten Abschnitt zu erläutern und behauptet: „Nun also, Gott will das [d. h. auf der dritten Ebene] geübt und gewirkt haben, und das kann ohne Kreatur nicht geschehen, wenn es also sein soll" *(Nu dar got will das gebvbet vnd gewircket han, vnd das mag an creatur nicht gescheen, das es also seyn solle;* 31[115,30–31]), und so brauche er also die Geschöpfe.

Was es genau bedeutet, dass Gott auf dieser dritten Ebene die Geschöpfe als „wesentlichen" Aspekt seines Seins brauche, wird von einem Text im folgenden Kapitel und an anderen Stellen im Werk erhellt. Dass Gott die Menschen brauche, kommt in Kapitel 32 anhand einer Untersuchung der Eigennamen für Gott zum Ausdruck. Weil Gott das reine Gute sei, jenseits von allem Dies und Das, könne er sowohl alles sein als auch jenseits von allem sein. Er sei Licht und Erkenntnis auf wesentliche Weise, nicht nur als

---

[98] TD 36 (121,6–7): ... *wan got ist aller wesende wessen vnd aller lebendigenn leben vnd aller wissen wissheit, wan alle ding haben yr wessen werlicher yn got den yn en selber.*

[99] TD 31 (115,24–25): ... *vnd ist yn ym selber an creatur orsprunclich vnd wessenlich, ader nicht formelich ader wircklich.*

bloßes Wirken. Alle Attribute Gottes seien mit seinem Wesen identisch. Das ist eine Lehre, die mindestens bis auf Augustinus zurückreicht. Aber was jetzt folgt, ist neu. Der Autor sagt: „Liebe und Gerechtigkeit und Wahrheit und schlechthin alle Vortrefflichkeit ... ist doch alles ein Sein in Gott, und keins von ihnen kann je gewirkt und geübt werden ohne Kreatur, denn es ist in Gott ohne Kreatur nichts anderes als ein Sein und ein Ursprung und nicht ein Wirken. Aber wo dieses Eine, das doch dieses alles ist, eine Kreatur an sich nimmt und dieser mächtig wird, und sie sich ihm fügt, und es ihm scheint, dass es sich da als in seinem Eigenen erkennen kann, schau, soweit es dann nur ein Wille und eine Liebe ist, so wird es darin belehrt von ihm selber."[100] Mit anderen Worten, Gott brauche die Inkarnation und Vergöttlichung, um seine am Wirken seiende Natur zu erkennen. Was diese Erkenntnis impliziert, wird an anderen Stellen deutlich, wo es in der TD zum Beispiel heißt, Gott brauche die Schöpfung, um Ordnung, Regel und Maß zum Ausdruck bringen zu können (39[124,1–8]). Die verblüffendste Stelle über Gottes Angewiesensein auf die Schöpfung und insbesondere den Menschen findet sich in Kapitel 51, wo eine lange Betrachtung über den Willen Gottes mit der Behauptung abgeschlossen wird, Gott habe notwendigerweise die Menschen erschaffen müssen, damit sein ewiger Wille sich in einem geschaffenen Willen verwirklichen könne, der über die Freiheit verfüge, sich vor allen anderen Dingen für die göttliche Güte zu entscheiden. Gottes ewiger Wille existiere abseits aller Taten und aller Realität und bliebe also fruchtlos, wenn er sich nicht konkret ausdrücken könnte. „Und dies kann ohne Kreatur nicht geschehen. Darum muss die Kreatur sein, und Gott will sie haben, damit dieser Wille sein Eigenwerk darin habe und wirke, er, der in Gott ohne Werk ist und sein muss."[101] Diese ungewöhnliche Vorstellung, dass Gott notwendigerweise habe etwas erschaffen müssen, weckt Fragen, die hier nicht weiter verfolgt werden können.

Die *Theologia Deutsch* unterstellt, aber bespricht nicht, dass alle Dinge aus dem überfließenden Guten, das Gott ist, ausfließen. Der Text lässt wenig Interesse an der Kosmologie als solcher erkennen; er ist auf die Natur und die Bestimmung des Menschen konzentriert. Auch hier wird in der TD ein ganz eigener Weg eingeschlagen. Es wird weithin die traditionelle An-

---

[100] TD 32 (116,27–31): *... vnnd ess mag keines nymmer gewircket vnd geubet werden an creatur, wan ess ist yn got an creatur nicht anders dann eyn wessen vnd eyn vrsprung vnd nicht werck. Aber wo diss eyne, das doch disse alle ist, eyn creatur an sich nympt vnd yr geweldig ist vnde ym da czu fuget vnd dunckelt, das ess sich synes eigens da bekennen mag.*
[101] TD 51 (144,36–38): *Vnd diss magk an creatur nicht gescheen. Dar vmmb sal creatur seyn vnd got wil sie haben, das disser wille seyn eygen werck dar ynne habe vnd wircke, der yn got an werck ist vnd seyn muss.*

thropologie beiseite gelassen, die auf der Vorstellung vom Menschen als Bild und Gleichnis Gottes beruhte. Stattdessen wird die Aufmerksamkeit auf die existenzielle Situation des Menschen als gefallen und im Ungehorsam lebend konzentriert. In einer Reihe von stark formulierten Kapiteln wird der Gegensatz zwischen Adams Ungehorsam und Christi Gehorsam vor Augen geführt. Kapitel 15 gibt das Thema vor: „Alles, was in Adam unterging und starb, das stand in Christus wieder auf und wurde lebendig. Alles, was in Adam aufstand und lebendig wurde, das ging in Christus unter und starb. Was war und ist das aber? Ich sage: Es war Gehorsam und Ungehorsam."[102] Wahrhaft gehorsam *(war gehorsam)* sein bedeute, „so völlig frei von sich selber stehen und sein ... wie wenn (man) nicht wäre". „Da wird nichts gesucht noch gemeint oder geliebt als das Eine ..." (15[89,5–14]). Mit anderen Worten, das ist nichts anderes als die *geistlich armut*[103] oder das *gelassen* Sein[104] und die Auslieferung des Eigenwillens im *abgescheiden*.[105] Alle diese Begriffe sowie die damit verwandte Rede davon, dass die Seele leer, nackt und frei werden müsse, tauchen in der ganzen TD häufig auf.

Der Gehorsam, den das Geschöpf seinem Schöpfer schulde, sei beim Sündenfall verloren gegangen. An seine Stelle seien „Ungehorsam und Selbstheit und Ichheit und dergleichen" getreten (16[90,2–3]). Der Hauptblock, der den Zugang zu Gott versperre, sei die Ichbezogenheit, das Versessensein auf das „Ich, Mir, Mein und desgleichen" *(ich, mir, mich vnd des glich,* 24[126,17–18]).[106] Immer und immer wieder wird in der TD die Botschaft wiederholt, das Wesen der Sünde sei der Ungehorsam, und die Wurzel des Ungehorsams sei unser Sorgen um uns selbst: „Ungehorsam und Sünde sind eines" *(Vngehorsam vnd sunde ist eyns,* 16[93,75]). Eine der stärksten Aussagen über die Gleichrangigkeit dieser beiden negativen Kräfte steht in Kapitel 43: „Wenn und wo immer man spricht von Adam und Ungehorsam und von einem alten Menschen, von Ichheit und Eigenwillen

---

[102] TD 15 (89,1–4): *Alles, das yn Adam vnder ging vnd starb, das stunt yn Cristo wider auff vnnd wart ebendig. Alles, das yn Adam auff stunt vnd lebendig wart, das ging yn Cristo vnder vnd starp. Was was vnd ist aber dass? Ich sprech: war gehorsam vnd vngehorsam.*
[103] Über die geistliche Armut siehe z. B. die Kapitel 10, 26 u. 35 (83,22–25, 105,1–8 u. 120,12–27).
[104] Die Rede vom Loslassen oder Gelassensein, fast immer in Verbform, findet sich quer durch die ganze TD. Besonders häufig tritt sie z. B. auf in den Kapiteln 19, 23, 27, 35 u. 51.
[105] In der TD werden die Wörter *lassen* und *gelassenheit* verwendet, allerdings seltener als die damit verwandten Begriffe; siehe z. B. Kap. 8 (79,7–8): *... so muss sie [die sele] luter vnnd bloss seyn von allen bilden vnnd ab gescheiden von allen creaturen.*
[106] Eine starke Formulierung für die Notwendigkeit, alles dem Selbst Gehörige abzulegen, kommt bereits in Kap. 1 (72,24–26): *Wan yn welcher creatur diss volkomen bekant sal werden, da muss creaturlicheit, geschafenheit, ichtheit, selbheit, vorloren werden vnd zu nichte.* Als ähnliche Formulierungen siehe z. B. 132,14–15 u. 135,22–24.

und Eigenwilligkeit, Selbstwilligkeit, Ich, Mein, Natur, Falschheit, Teufel, Sünde, so ist das alles gleich und eines. Dies ist alles wider Gott und bleibt ohne Gott."[107] Die Erwähnung der Natur in dieser Stelle hebt einen weiteren Aspekt der TD ins Licht, der Luther zweifellos besonders ansprach. Der Verfasser des Textes vertritt einen im Wesentlichen eher negativen als neutralen Begriff von Natur; für ihn bedeutet Natur die gefallene Natur: „Darum sind der Teufel und die Natur eins" (*Dar vmmb ist der tufel vnd natur eyns*, 43[137,87–88]). Von daher betont er wie später Luther, dass wir aus uns selbst nichts Gutes tun könnten: „Beachte somit, dass alle Willen ohne Gottes Willen, d. h. aller Eigenwille, Sünde ist, und ebenso das, was aus dem Eigenwillen geschieht."[108]

Gegen Ende des Traktats verstärkt der Verfasser seine pessimistische Sicht der Lage des Menschen auf kühne Weise mit der Aussage, sowohl die Hölle als auch die Erzählung vom Sündenfall verwirklichten sich in unserem gegenwärtigen Dasein. Hölle sei nichts anderes als der gegenwärtige Ungehorsam (Kap. 49). Das Paradies sei Gottes Schöpfung und als Bereich des Himmels gedacht, in dem uns alle Geschöpfe auf Gott verweisen. In diesem Paradies sei alles erlaubt, außer das Essen von der verbotenen Frucht, und das sei „Eigenwille, oder dass man anders wolle als der ewige Wille will" (50[143,12–13]). Diese Betonung der Rolle des Willens führt ins letzte und längste Kapitel der ursprünglichen Textkomposition (51[143–148]), in dem die Antwort auf die Frage zu geben versucht wird, warum Gott den freien Willen geschaffen und ihn ins irdische Paradies gesetzt habe. Die erste Antwort lautet, man solle nicht Gottes Entscheidungen in Frage stellen; aber das eigentliche Argument findet sich im Hinweis darauf, dass Vernunft und Wille als Gottes edelste Schöpfungen zusammengehörten. Ja, wie bereits oben dargelegt, müsse in gewisser Hinsicht Gott notwendigerweise den Willen des Menschen erschaffen, damit sein verborgener Wille seinen Ausdruck nach außen finde. Gott ziele natürlich darauf ab, dass der geschaffene Wille seine vollkommene Abhängigkeit von ihm erkenne und daher mit seinem Willen identisch werde, der durch ihn auf neue Weise aktiv werden könne. Aber weil der Wille des Menschen frei sei, könnten der Teufel und Adam oder *die falsch natur* Gott dessen berauben, was rechtmäßiger Weise ihm gehöre, nämlich die edle Freiheit des Willens. Jetzt seien wir zwischen die Hölle der Ichbezogenheit und den Himmel der

---

[107] TD 43 (137,94–97): ... *wan vnd wo man spricht von Adam vnd vngehorsam vnd von eynem alden menschen, icheit vnnd eigen willen vnd eigenwillikeit, selbwillikeit, ich, meyn, natur, falscheit, tufel, sunde, das ist alles glich vnd eyn. Diss ist alles wider got vnd an got.*
[108] TD 44 (138,17–18): ... *das alle die willen an gotis willen, das ist aller eygen wille, ist sunde, vnd was uss dem eigen wille geschiet.*

Auslieferung von allem, um Christus nachzufolgen, gesetzt. Der Autor fasst zusammen: „Aber wer ihm folgen soll, der muss alles lassen, denn in ihm war so gänzlich alles gelassen, wie es je in einer Kreatur gelassen ward oder jemals geschehen kann. Auch wer ihm nachfolgen will, der muss das Kreuz auf sich nehmen, und das Kreuz ist nichts anderes als das Christusleben."[109]

In der *Theologia Deutsch* wird die Grundentscheidung, das Kreuz auf sich zu nehmen und mit liebevollem Gehorsam Christus nachzufolgen, auf vielfache Weise erörtert, und es werden dabei Ideen und Sprechweisen verwendet, die für die spätmittelalterliche deutsche Mystik charakteristisch sind. Im Traktat werden diese nicht in eine systematische Reihenfolge gebracht, sondern als einander wechselseitig bedingende Aspekte der Neuausrichtung des Willens von Christus her betrachtet. Christus nachzufolgen bedeutet hier nicht so sehr, einen bestimmten Weg einzuschlagen, sondern sich auf die notwendige totale Hingabe an Gott und das Zunichtewerden des Eigenwillens einzulassen. Die vorherrschenden praktischen Übungen – wenn man sie so nennen will – sind innerlicher Art. Es geht darum, sein Selbst leer werden zu lassen durch Loslösung, Hingabe, Armut im Geist, wesentliche Demut *(wesenliche demutikeit)* sowie den radikalen Gehorsam, der das alles zusammenfasst. Wir seien berufen, beim Werk der Vorbereitung mit Gottes Gnade zusammenzuarbeiten,[110] aber das Ziel bestehe darin, einen inneren Zustand zu erreichen, in dem man rein passiv ganz Gott das Handeln überlasse.[111] Äußere Tugendakte und Praktiken werden nicht verurteilt. An einer Stelle heißt es in der TD, wer immer die Kommunion empfange, „der hat Christus in Wahrheit und gut empfangen, und je mehr man von ihm empfängt, um so mehr Christus, und je weniger, um so weniger Christus" (45[139,18–20]).[112] Zudem werden in diesem Buch die

---

[109] TD 51 (147,131–134): *Aber wer ym volgen sal, der muss alle lassen, wan yn ym was alles gelassen also gar, als ess yn creaturen gelassen wart oder gescheen magk. Auch wer ym volgen wil, der sal das creucze an sich nemen, vnd das creucze is anders nicht den Christus leben.* In diesem Zusammenhang werden in der TD zwei zentrale Texte über die Nachfolge Christi zitiert, Mk 1,20 und Mt 10,38.
[110] Siehe TD 22 (100,30–37). Diese Vorbereitung wird beschrieben im Sinn von Sehnsucht, sich führen lassen und sich praktisch ans Werk und die Übung machen. Aber was man „üben" soll, bleibt unklar.
[111] Die Rolle der Passivität oder des „Erleidens" von Gottes Handeln (wobei in diesem Begriff von „Erleiden" der Aspekt des Passiven gegenüber dem des Schmerzhaften überwiegt), wird in vielen Texten betont; siehe z. B. Kap. 2, 5 und 23 (74,23–29, 76,20–29 u. 101,1–14).
[112] V. Leppin verwendet in seinem Aufsatz „Mystische Frömmigkeit und sakramentale Heilsvermittlung" die TD als Beispiel dafür, wie die Verinnerlichung der Sakramentsfrömmigkeit in der spätmittelalterlichen Mystik zu einer Intensivierung und Steigerung des Werts der sakramentalen Praxis statt zu deren Abschwächung geführt habe.

falschen Mystiker verurteilt, die die Menschen anweisen, die Anordnungen, Praktiken und Sakramente der Kirche zu missachten (siehe die Kapitel 25, 39 und 40 sowie die Ausführungen weiter unten). Aber der Traktat ist nicht wirklich auf die äußeren religiösen Praktiken festgelegt.

Das Programm der Nachfolge Christi, das die TD vorlegt, wird in einer ganzen Reihe von Kapiteln genauer vorgestellt. Wie zu erwarten, wird große Betonung auf Christus als das Vorbild vollkommenen Gehorsams gelegt. „Der Gehorsam ist in Adam untergegangen und gestorben und ist in Christus auferstanden und lebendig geworden", heißt es in Kapitel 15. „Ja, die Menschheit Christi war und stand gar so frei von sich selber und allen Kreaturen, wie nie ein Mensch, und war nichts anderes als ein Haus oder eine Wohnung Gottes."[113] Christi Bereitschaft zum Leiden, hier im Sinn des tatsächlichen körperlichen Leidens, sei ebenfalls Bestandteil des Vorbilds, an das wir uns halten sollten, um die Vergöttlichung und das Einswerden mit Gott zu erlangen.[114] In der TD wird wie bei Eckhart Christus als das Muster einer universalen Liebe gesehen, die man allen Menschenwesen erweist. Wenn man irgendjemanden mehr als einen anderen liebe, entferne man sich vom Vorbild Christi (Kap. 33). Vor allem aber wird in der TD betont, dass Christus der eine und einzige Weg sei, auf dem man zum Vater gelange (Kap. 50). Über Christus könne man nie hinausgehen (Kap. 29) und man könne auch nicht versuchen, die Lebensart Christi abzuschütteln, wie das die falschen Mystiker zu tun versuchten (Kap. 31). Das Leben Christi sei das vollkommene Leben (Kap. 43 und 45). Mit einer Redeweise, die Eckhart besonders mochte, wird in der TD gesagt, in Christus gebe es „kein Warum": „Alles, was göttlich ist und Gott zugehört, das will und wirkt und begehrt nichts anderes als das Gute und um des Guten willen, und anders ist da kein Warum."[115]

---

[113] TD 15 (89,19–24): *Czu dem waren gehorsam was vnd ist der mensch geschaffen vnd ist den got schuldig. Vnde der gehorsam ist yn Adam vnder gegangen und gestorben vnnd ist yn Cristo auff gestanden vnd lebendig worden ... Ja die menscheit Cristi was vnd stunt also gar an sich selber vnd an all also ye kein creatur, vnd waz nicht anders dan eyn huss ader eyn wonung gotis.*
[114] TD 37 (121–122). In diesem Kapitel wird gesagt, das Klagen und Elend angesichts der Sünde, das den vergotteten Menschen auszeichne, beruhe auf dem Leiden, das Christus sein ganzes Leben hindurch begleitet habe. Darauf folgt die eigenartige Aussage, ein solcher Mensch müsse dieses „heimliche Leiden" *(hemelich leiden)* bis zum Tod ertragen, und sollte jemand bis zum Tag des Jüngsten Gerichts leben, würde es immer noch andauern (122,21–30). Dieser Text und eine Bezugnahme darauf im folgenden Kapitel (TD 38[123,6–10]) erinnern an eine ähnlich dunkle Stelle über das Leiden bis zum Jüngsten Gericht in Mechthild von Magdeburgs *Das fließende Licht der Gottheit*, 6,26.
[115] TD 26 (109,88–90): *... das wil vnd wircket vnd begert anders nicht den gut als gut vnd vmmb gut, vnd da ist anders keyn war vmmb.* Das Gleiche wird noch einmal im folgenden Kapitel gesagt (111,8–14).

Nach Aussage von Kapitel 11 sollte man das Vorbild Christi in seinem eigenen Leben auf zwei Weisen der Teilhabe an Christi Leben vollkommenen Gehorsams verwirklichen. Das Kapitel beginnt mit der Aussage: „Christi Seele musste in die Hölle, bevor sie in den Himmel kam." Unser Abstieg beginne mit der Selbsterkenntnis: Wenn wir anfingen, uns von innen her zu sehen, würden wir unsere Bosheit, die uns der Verdammnis würdig mache erkennen. Diese Erkenntnis bereite uns auf ein Handeln Gottes vor, mit dem er tatsächlich unsere Seele in die Hölle werfe. Dann wolle und könne der Mensch überhaupt nicht „Trost oder Befreiung begehren, weder von Gott noch von den Kreaturen" (11[84,11–12]), weil er wisse, dass es mit Gottes Willen übereinstimme, wenn er der Verdammnis verfalle. Diese Erfahrung der Hölle und der mystischen Verlassenheit war natürlich nichts Neues. Wir sind ihr bereits bei Johannes Tauler begegnet, dessen Predigten der Verfasser der TD sicherlich kannte.[116] Aber Gott lasse in seiner Barmherzigkeit die Seele nicht in der Hölle, sondern hole den Menschen nach seinem Wohlgefallen wiederum zu sich und schenke ihm eine überwältigende Wahrnehmung des ewig Guten. Im Text heißt es weiter: „Diese Hölle und dieses Himmelreich sind zwei gute sichere Wege für den Menschen in der Zeit; wohl ihm, der sie recht und gut findet. Denn diese Hölle vergeht, das Himmelreich besteht."[117] Beide Formen der Erfahrung seien von Gott gewirkt; man könne sie weder selbst herbeiführen noch sie vermeiden. Es könne sein, dass man oft von der einen in die andere rutsche, bei Tag wie bei Nacht. In Kapitel 40 (127,42–61), worin der Verfasser sich gegen Ansichten der falschen Mystiker wendet, sagt er deutlicher, was darin impliziert ist: dass wir in diesem Leben nie über das leibliche Leben Christi und sein Leiden hinauskämen. Erst im Himmel würden wir die vollkommene Freiheit des auferstandenen Christus erfahren.

Grundlegend für die Lehre der TD ist die Botschaft, dass Christus nachzufolgen bedeute, vergöttlicht zu werden und das Einswerden mit Gott zu erlangen. In wenigen Werken aus dem Mittelalter wurde stärker herausgearbeitet, wie die Seele den Zustand eines „vergotteten oder göttlichen Menschen" (*eyn vorgotter ader eyn gotlich mensch,* 41[130,1]) erreiche. Die Lehre des Traktats über die oben beschriebenen drei Ebenen der gött-

---

[116] Über Taulers Vorstellung von der mystischen Verlassenheit siehe oben Kap. 6, 486–491. Als umfassendere Untersuchung siehe Bernard McGinn, „Vere tu es Deus absconditus: the hidden God in Luther and some mystics", in: *Silence and the Word. Negative Theology and Incarnation,* hg. v. Oliver Davies u. Denys Turner, Cambridge 2002, 94–114.

[117] TD 11 (85,34–36): *Disse helle vnd diss hymmelrich seyn czwen gut, sicher wege dem menschen yn der czite, vnd wol ym, der sie recht vnd wol findet, wanne disse helle vorgehet, das hymmelrich bestet.*

lichen Wirklichkeit hilft zu erklären, warum die Vergottung ein so zentrales Motiv dieses Lehrbuchs der Mystik ist. (Der Umstand, dass hier so ausgiebig von der Vergottung die Rede ist, könnte übrigens dazu beitragen, Verallgemeinerungen zu modifizieren, denen zu Folge die protestantische Christenheit gegen die Vorstellung der Vergottung/Vergöttlichung immer starke Vorbehalte gehabt habe.) Zwar ist bereits in den früheren Kapiteln hie und da von der Vergottung die Rede,[118] aber nach Kapitel 32 tritt der Ausdruck *vergotter mensch* häufiger auf. Bei der Vergottung, von der in diesen späteren Kapiteln die Rede ist, wird die Tatsächlichkeit unserer Teilhabe an der Natur des Gottmenschen derart stark betont, dass sie oft an eine Art von Identischsein grenzt. So schreibt zum Beispiel der Verfasser am Schluss einer Erörterung in Kapitel 32 über die Reinheit der göttlichen Natur diese Reinheit auch dem vergotteten Menschen zu. Gottes Liebe sei vollkommen selbstlos, denn die für Geschöpfe charakteristische „Ichheit" *(icheit)* und die „Selbstheit" *(selbheit)* finde sich bei ihm nicht, es sei denn insofern, als diese in den Personen der Dreifaltigkeit eine transzendente Quelle habe. Das gleiche müsse auch für den vergotteten Menschen gelten: „Sieh, dies soll sein und ist in Wahrheit in einem göttlichen oder in einem wahren, vergöttlichten Menschen, denn er wäre anders nicht göttlich oder vergottet."[119] Mit anderen Worten, die absolute Einheit der drei Personen in der Dreifaltigkeit verwirkliche sich auch im vergotteten Menschen.

In Kapitel 41 findet sich eine ausführliche Erörterung der Merkmale des vergotteten Menschen. Das Kapitel beginnt so: „Wenn man nun fragen wollte, wer oder was ein vegotteter oder göttlicher Mensch ist, (so lautet) die Antwort: der durchleuchtet und durchglänzt ist mit dem ewigen oder göttlichen Licht und entbrannt mit ewiger und göttlicher Liebe, der ist ein göttlicher oder vergotteter Mensch."[120] Der Autor verwendet diese beiden Aspekte des göttlichen Lichts und der göttlichen Liebe, um hervorzuheben, dass es nicht genüge, wenn man behaupte, Gott auf irgendeine höhere Weise zu kennen; der einzige Beweis für das vergottende Einssein mit ihm sei

---

[118] So zum Beispiel in TD 3 (74,20), 16 (93,72–75), 24 (102,10–103,14) u. 31 (115,22). Die wichtigste Ausführung findet sich in Kapitel 16, worin die Frage besprochen wird, ob es möglich sei, aus Gnade das zu werden, was Christus von Natur aus ist. Der Verfasser vermerkt, dass manche das verneinten, weil niemand ohne Sünde sein könne (92,38–44), gibt dann aber zu bedenken, auch wenn niemand so gehorsam wie Christus sein könne, *nu ist doch moglich eynem menschen, also nahe dar czu vnd bey czu kommen, das er gotlich vnd vergotet heisset vnnd ist* (93,71–73).
[119] TD 32 (117,49–51): *Sich, diss sal seyn vnd ist yn der warheit yn eyme gotlichen ader yn eyme waren, vorgotten menschen, dan er wer anders nicht gotlich ader vorgottet.*
[120] TD 41 (130, 1–4): *Man mochte fragen, welchs ader was ist eyn vorgotter ader eyn gotlich mensche. Die antwort: Der durchluchtet vnd durchglantzet ist mit dem ewigen ader gotlichen lichte vnd enbrant mit ewiger vnd gotlicher libe, der ist eyn gotlicher ader vorgotter mensch.*

die Liebe. „Ob einer von Gott und von Gottes Eigenschaft viel erkennt, und er glaubt, er wisse und erkenne gar, was Gott ist, hat er nicht die Liebe, so wird er nicht göttlich und vergottet. Ist aber wahre Liebe dabei, so muss sich der Mensch an Gott halten und alles lassen, was nicht Gott ist oder Gott nicht zugehört." Der Abschnitt schließt mit dem ausdrücklichen Hinweis darauf, dass die Kraft der Liebe das bleibende Einssein mit Gott bewirke: „Und diese Liebe vereint den Menschen mit Gott, so dass er nimmer mehr davon geschieden wird."[121]

Für den Verfasser der TD ist die Rede von der Vergottung eine andere Art, vom Einssein mit Gott zu sprechen. Er spricht in diesem Traktat oft vom Einssein und vom Einswerden mit Gott, bespricht das jedoch selten ausdrücklich genauer. Eine tiefschürfende Untersuchung über das Einssein findet sich in Kapitel 24. Nachdem er in Kapitel 23 vorgestellt hat, wie zur Empfänglichkeit für Gott Loslösung, Gehorsam und „ein schweigendes Innebleiben im Grund seiner Seele" notwendig seien, kommt er hier darauf zu sprechen, was das Einssein ausmache. Er stellt dieses Einssein mit Gott in erster Linie christologisch vor. Das Ziel der vielen Wege, die zu Christus führten, werde dann erreicht, „wo und wann Gott und der Mensch vereinigt worden sind, so dass man in der Wahrheit sagt – und die Wahrheit geht voraus –: Wahrer, vollkommener Gott und wahrer, vollkommener Mensch ist Eines! Der Mensch jedoch tritt vor Gott so völlig zurück, dass da Gott selber der Mensch ist und doch Gott selber ist."[122] Was dies bedeute, wird im weiteren Verlauf erklärt. Wenn man alles „Ich, Mir und Mein" ablege, werde man wie Christus zum reinen Medium des göttlichen Handelns. Wenn das geschehe, handle nur noch Gott. „Und weil denn Gott allda derselbe Mensch ist, so hat er auch Erfahrung und Empfindung von Freude und Leid und dergleichen ... So verhält es sich auch, wo Gott und Mensch eins ist und doch Gott der Mensch ist."[123] An anderen Stellen der TD wird für diese Weise des Tätigseins zweimal die Metapher verwendet,

---

[121] TD 41 (131,40–46): *Das ein mensch vil bekennet von got vnd was gotis eigen ist, vnd er wenet, er wisse vnd bekenne joch, was got ist, hat er nicht libe, sso wirt er nicht gotlich ader vorgott. Ist aber ware libe da mit, so muss sich der mensch an got halden vnd lassen alles, das nicht got ist ader got nicht czu gehoret ... Vnd disse liebe voreyniget den menschen mit got, das er nymmer mere do von gescheiden wirt.* Dass die Liebe die Kraft sei, die uns mit Gott verbinde, wird auch in Kap. 42 (134,65–74) betont.

[122] TD 24 (102,1–5): *Wo vnd wanne got vnd mensch voreyniget wurden synt, also das man yn der warheit spricht vnd sine die warheit vorgehet, das eyns ist ware, volkommen got vnd ware, volkommen mensch vnd doch mensch got als gar entwichet, das got aldo selber ist der mensche.*

[123] TD 24 (102,10–103,14): *Vnd synt den got alda der selbe mensche ist, sso ist er auch besobelich, befintlich libes vnd leides vnd des gleich ... Also ist ess auch, do got vnd mensch eins ist vnd doch got der mensch ist.* Über die Vorstellung vom Einsseins in diesem und den folgenden Kapiteln 27–28 siehe Haas, „Die ‚Theologia Deutsch'", in: „*Das ‚einig ein'*", 395–396.

man werde dann zur Hand, mit der Gott tätig sei.[124] Am Schluss dieses Kapitels wird dieses Aufgehen des Geschöpfes in Gott so umschrieben, dass es *sein eygen vnnd seyne selbheit* (24[103,26]) verliere; das geschaffene Selbstsein werde durch das göttliche Selbstsein ersetzt. Das heißt, dass dabei der Mensch zunichte werde: *do selbs der mensch czu nicht wirt v got alles ist* (24[103,15–16]).

Ausdrücke für das Zunichtewerden sind in der TD häufig. Oft konzentrieren sie sich auf das völlige Auslöschen des geschaffenen Willens, was ein weiterer Aspekt ist, der den Text nahe an die radikale Vorstellung der mystischen Einung heranbringt, wie sie sich bei Mystikern wie Marguerite Porete und Meister Eckhart findet.[125] Zu den stärksten Stellen gehört ein Text in Kapitel 27, in dem sich die folgende Beschreibung des Einsseins findet: „Was ist nun die Vereinung? Nichts anderes, als dass man lauterlich und einfältiglich und gänzlich in Wahrheit einig sei mit dem einigen, ewigen Willen Gottes, oder gar zumal ohne Willen sei und der geschaffene Wille in den ewigen Willen geflossen sei und darin verschmolzen und zunichte geworden, also dass der ewige Wille allein da selbst tun und lassen wolle."[126] Angesichts solcher Darstellungen überrascht es nicht, wenn man in der TD den Ausdruck „wesentliche Einung" (*eynunge wesenlich*, 28[110,1]) findet. Dennoch ist der Autor der TD weniger an theoretischen Untersuchungen über die Einung interessiert als daran, nachdrücklich die Botschaft herüberzubringen, was nach der totalen Auslöschung des gefallenen selbstsüchtigen Willen übrig bleibe: ein existenzieller Zustand reinen Gehorsams.

Der Umstand, dass die TD auf einige wenige Themen konzentriert ist und in erster Linie darauf, den Eigenwillen zu vernichten, hilft den polemischen Zug dieses Werks zu erklären. Nach Auffassung des unbekannten Priesters, der das Buch verfasste, gibt es im geistlichen Leben kein verkehrteres Unternehmen, als aus einem stolzen Eigenwillen heraus das Einswerden mit Gott erreichen zu wollen. Es wäre zwar falsch, die TD in erster Linie als Angriff auf die falsche Mystik der Freigeister zu beschreiben, aber die Tatsache, dass in fünfzehn der dreiundfünfzig Kapitel des Traktats Stellungnahmen zur falschen Mystik vorkommen, sagt einiges über die Situati-

---

[124] Siehe die Hand-Metapher in TD 10 u. 53 (82,9–11 u. 152,89–90).
[125] Als weitere Stellen, an denen von der Notwendigkeit des Zunichtewerdens der geschaffenen Wirklichkeit und besonders des Willens die Rede ist, siehe 72,23–26, 90,5, 110,7–12, 144,29–30 u. 151,42–51.
[126] TD 27 (110,7–12): *Nichts anders, den das man luterlichen vnd einfeldiclichen vnd gentzlichen yn der warheit eynfeldig sey mit einfeldigen, ewigen willen gotis ader joch czumal an willen sy vnd der geschaffen wille geflossen sey yn den ewigen willen vnd dar jnne vorsmelczet sey vnd czu nichte worden, also das der ewige wille allein do selbst welle thun vnd lasse.*

on der Mystik zur damaligen Zeit. In allen hier vorgestellten Traktaten wurden Aussagen über die Gefahren der irrigen Mystik gemacht, aber in keinem mehr als in der TD.

In der TD werden diejenigen, gegen die sie sich wendet, zuweilen nicht genauer beschrieben („Manche Leute sagen ..." heißt es in den Kapiteln 1 und 17), aber öfter werden sie genauer benannt als „die bösen falschen freien Geister" (*bose falsche freyen geiste*, 39[125,18 u. 31–32]; 40[128,74–75]), die ein *ruchlos frey leben* (18[95,3]; 20[97,7–8]) oder eine *falsch ungeordent freyheit* (40[130,126]; 51[149,35]; 53[153,97]) propagierten. Gemäß seiner stark mit Gegensätzen arbeitenden Darstellungsform zeigt der Verfasser auf, wie sich zwei gegensätzliche Lebensformen ergäben, wenn sie ihre Wurzeln entweder im wahren Licht Gottes und der wahren Freiheit und Liebe, die es nähre, hätten, oder im falschen Licht der Vernunft, das ungeordnete Freiheit und fehlgeleitete Eigenliebe hervorbringe (besonders in den Kapiteln 40 und 42–43). Die grundlegenden Irrtümer der Freigeister werden immer wieder genannt: der geistliche Stolz, von dem sie sich vom falschen Licht verführen ließen (Kapitel 25 und 40); ihr Fehler, sich für Gott gleich zu halten (Kapitel 20, 40 und 42); ihre Geringschätzung der Menschheit Christi und ihr Versuch, ohne das Leiden zu leben, das dessen Leben gekennzeichnet habe (Kapitel 17, 18, 29, 40, 42 und 53); ihr falsches Freiheitsverständnis (Kapitel 5 und 25); und ihre Ablehnung von Ordnung, Gesetz und sogar des Gewissens (Kapitel 25, 30–31 und 40).

Genau wie im *Buch von geistlicher Armut* wird in der TD Misstrauen gegen innere Zustände geäußert, bei denen die Vernunft „so hoch in ihrem eigenen Licht und in sich selber (klimmt), dass sie glaubt, sie sei das ewige, wahre Licht selber, und sie gibt sich dafür aus."[127] Mit anderen Worten, die Wurzel des Irrtums der Freigeister sei in dem zu suchen, was man als natürliche mystische Erfahrung bezeichnen könnte. Angesichts der stark negativen Ansicht des Verfassers über die gefallene Natur des Menschen muss jeglicher Versuch zur Innerlichkeit, der von der Demut und dem Gehorsam Christi getrennt bleibt, notwendigerweise eine Täuschung des Teufels sein, der seinerseits der Täuschung verfiel, er könne Gott gleich sein.[128] Der Verfasser beschreibt mit beträchtlicher psychologischer Schärfe, wie der Mensch derart in seine Erkenntnisfähigkeit verliebt werden könne, dass er sich auf das Erkennen als solches fixiere statt auf das zu Erkennende, und so verliebe er sich schließlich in diese seine Fähigkeit derart ungeordnet, dass

---

[127] TD 20 (97,11–12): *Wanne die (vernunft) clymmet also hoch yn yrem eygen lichte vnd yn yr selber, das sie selber wenet, das sie das ewige, ware licht sey.*
[128] Über den Teufel, der seine Saat in die stolze Vernunftseele streut, siehe die Kapitel 25, 40 u. 43 (103,1–104,12, 128,83–129,101 u. 136,69–137,97).

er sich für göttlich und Gott gleich halte. Das wäre dann der Autotheismus, den man so oft der Häresie vom Freien Geist zuschrieb. In Kapitel 40 werden zehn hilfreiche Hinweise zum Erkennen des falschen Lichts und seiner Merkmale gegeben, und es heißt dabei, die „übermäßige Findigkeit" *(vrigren kundickeit)* des rationalen Geisteslichtes sei „in sich selber so gar klug und scharfsinnig und behend, dass es so hoch steigt und klimmt, bis es wähnt, es sei über der Natur, und es sei der Natur und Kreatur unmöglich, ebenso hoch zu kommen. Darum wähnt es, Gott zu sein, und maßt sich all das an, was Gott eigen ist, insbesondere, wie Gott ist in Ewigkeit und nicht, sofern er Mensch ist."[129] Dieser Wurzelirrtum, die leidende Menschheit Christi beiseite zu lassen, wird oft erwähnt. Ein derart aufgeblähtes natürliches Licht sei trügerisch, wird in Kapitel 42 erklärt, „Denn es will nicht Christus sein, sondern es will Gott sein in Ewigkeit" *(wan ess will nicht Cristus seyn, sundern ess will got seyn yn ewikeit,* 42[133,42]).

Aus diesem Wurzeln im falschen Licht ergäben sich alle anderen Irrtümer der Freigeister, deren Listen wir bereits in anderen Mystik-Schriften gefunden haben. Die Freigeister wollten nicht Christus in seinem Leiden nachahmen, sondern wählten immer „das gute, leichte Leben" (Kapitel 17–18). In ihrem Stolz achteten sie nicht die Heilige Schrift, ja verachteten diese, sowie auch alle Praktiken und Sakramente der heiligen Kirche (25[105,31–40]). Sie behaupteten, der Mensch solle so losgelöst werden, dass er Gott nicht länger kenne oder liebe. Dabei übersähen sie, dass das reine und vollkommene Verstehen und Lieben Gottes immer fortdauere, jedoch als das Ewige Wort, das in uns erkenne und liebe (5[75,1–9]). In der TD wird auch mit Abscheu die Geschichte von „falschen, freien Geist" erzählt, der behauptet habe, würde er zehn Menschen töten, so würde er sich daraus so wenig ein Gewissen machen, wie wenn er einen Hund getötet hätte (40[128,74–76]).

In den Kapiteln 30 und 31 gibt der Autor der TD eine behutsame Antwort auf einen der neuralgischen Punkte der Diskussion über den Unterschied zwischen echter und falscher Mystik: In welchem Maß man Tugenden, Regeln, Anordnungen und Gesetze beiseite lassen könne. Denjenigen, die behaupteten, das tun zu können, antwortet der Autor mit einer scholastischen Distinktion: „Hierin ist etwas Wahres und etwas Unwahres" *(Hie ynne ist etwas wares vnd etwas vnwares,* 30[113,3–4]). Sodann zählt er sorgfältig die drei Hinsichten auf, unter denen es stimme, dass man Tugenden

---

[129] TD 40 (127,44–50): … *das ess also hoch stiget vnd klymmet, das ess wenet, ess sey vber natur vnd ess sey natur ader creatur vnmuglich, also hoch czu kommen. Dar vmmb wenet ess, ess sey got, vnd do von nympt ess sich alles des an, das got czu gehoret, vnd besunder als got ist yn ewikeit vnd nicht als er mensch ist.*

und Gesetze bleiben lassen könne. Erstens habe Christus über allen Tugenden und Gesetzen gestanden, weil er sie nicht gebraucht habe. Zweitens seien die Kinder Gottes (dazu zitiert er Röm 8,14) nicht ständig auf äußere Gesetze angewiesen, weil der Geist sie von innen her immer anleite, das Gute zu tun und das Böse zu meiden (30[113,13–22]). Und schließlich brauchten diejenigen, die diesen Zustand dauerhaft erlangt hätten, keine Gesetze, um mittels ihrer Einhaltung etwas für sich zu erwerben oder zu gewinnen, denn sie besäßen ja schon alles, was sie für das ewige Leben brauchten (30[113,23–114,29]). Die unwahre Seite der Distinktion kommt dann im ersten Teil von Kapitel 31 zur Sprache. Hier weist der Autor die Behauptung rundweg als „falsch und gelogen" von sich, „man solle beides, das Christusleben und alle Gebote und Gesetze, Regel und Ordnung und dergleichen ablegen und von sich schieben" (31[114,1–4]). In seiner Begründung beruft er sich wiederum auf den Unterschied zwischen dem wahren und dem falschen Licht: Eine solche Behauptung komme aus dem falschen Licht und sei deshalb nicht wahr. Gegen Ende von Kapitel 40 sagt er es so: „Wo das falsche Licht ist, da wird man unbekümmert um das Christusleben und alle Tugend, sondern was der Natur bequem und lustvoll ist, das wird da gesucht und erstrebt. Daher kommt denn falsche, ungeordnete Freiheit."[130]

Die *Theologia Deutsch* ragt als einer der originellsten Mystik-Traktate des Spätmittelalters heraus. Es wäre ein Fehler, sie in gewisser Hinsicht als Vorläuferin der Reformation zu betrachten, aber man kann leicht verstehen, warum Luther und spätere Generationen von Protestanten sie so sehr schätzten. Betrachtet man diesen Traktat im Licht der damaligen Situation im spätmittelalterlichen Deutschland, so ist das besonders Erstaunliche daran, dass der Verfasser so vieles aus der mystischen Tradition übernehmen konnte, die Eckhart initiiert und Gestalten wie Tauler fortgeführt hatten, und imstande war, diese Mystik-Themen zu der neuen Vorstellung umzuformen, es gehe um das Einswerden mit Gott auf dem Weg des Gehorsams nach dem Vorbild Christi.

Das fünfzehnte Jahrhundert

Das Verfassen von Mystik-Traktaten endete nicht mit dem Ausgang des 14. Jahrhunderts. Im 15. Jahrhundert scheint es eine Art Verlagerung zu-

---

[130] TD 40 (130,123–126): *Aber da das falsch licht ist, do wirt man vnachtsam Cristus leben vnd aller togent, sunder was der natur beqwem vnd lustig ist, das wirt da gesucht vnnd gemeynet. Da von kumpt den falsch, vngeordent freyheit.*

rück zum Latein gegeben zu haben. Es entstanden vor allem etliche Werke in den Mönchsorden der Benediktiner und Kartäuser; aber es ist kaum möglich, bereits allgemein etwas darüber zu sagen, bevor nicht noch etliche weitere Forschungsergebnisse vorliegen. Gewiss ist jedenfalls, dass ganz Europa im 15. Jahrhundert das Erscheinen gelehrter, oft umfangreicher lateinischer Handbücher zum Thema der Theologie der Mystik erlebte. Diese Literatur war für die Weitergabe der Reichtümer der patristischen und mittelalterlichen Mystik an die Welt des 16. und 17. Jahrhunderts wichtig, also an das Zeitalter der großen Spaltung der abendländischen Christenheit. Die meisten dieser Werke hatten eher den Charakter von Zeugnissen der Tradition als den von Neuansätzen. Aber man muss sich vor Augen halten, dass der Wert eines Traktats oder Handbuchs nicht nur auf seiner denkerischen Originalität beruht (die für heutige Menschen vermutlich wichtiger ist als für die Menschen des Mittelalters), sondern auch darauf, dass es die Tradition vorstellt. Wie ich immer wieder in der vorliegenden Darstellung betont habe, ist die mystische Lehre sowohl das Erzeugnis bemerkenswerter Persönlichkeiten und Denker wie Meister Eckhart, als auch der Weisheit der Tradition.

Im ersten Jahrzehnt des 15. Jahrhunderts schrieb Johannes Gerson (1363–1429), der bekannte Kanzler der Universität von Paris, Konzilstheoretiker und vielseitige Theologe, zwei Traktate über die Theologie der Mystik, einen auf Französisch und einen auf Lateinisch, die im nächsten Band der vorliegenden Darstellung besprochen werden sollen.[131] In den Niederlanden verfasste der ungeheuer produktive Dionysius der Kartäuser (Denys Rijkel, ca. 1402–1471) eine Reihe von Werken, die Themen der Mystik berühren, sowie einen größeren lateinischen Traktat in drei Bänden *Über die Kontemplation*.[132] Sein Zeitgenosse, der Franziskaner Hendrik Herp (Harphius, ca. 1400–1477), schrieb ein beliebtes Werk mit dem Titel *Spieghel der volcomenheit*, das ins Lateinische, Deutsche, Italienische, Portugiesische, Spanische und Französische übersetzt wurde. Der *Spieghel* gehörte zu den meistgelesenen und einflussreichsten mittelalterlichen Handbüchern. Auch dieses Werk hoffe ich, im nächsten Band ausführlicher vorstellen zu können.[133]

---

[131] Als Einführung zu Gerson als geistlichem Schriftsteller siehe Palémon Glorieux, „Gerson (Jean)", in: DS 6,314–331; und Brian Patrick McGuire, *Jean Gerson. Early Works*, New York 1998.

[132] Als Einführung in die geistlichen und mystischen Schriften von Dionysius dem Kartäuser (genannt *Dionysius exstaticus*) siehe Anselme Stoelen, „Denys le Chartreux", in: DS 3,430–449.

[133] Als Überblick über Herp siehe Etta Gullick und Optat de Veghel, „Herp (Henri de; Harphius)", in: DS 7,346–366.

Auch in den deutschsprachigen Ländern wurden weiterhin mystische Leitfäden und *summae* verfasst sowie auch polemische Traktate über die Natur der mystischen Theologie und die Rolle von Liebe und Verstand auf dem Weg zum Einswerden. Bei der Darstellung von Nikolaus von Kues in Kapitel 10 werde ich anlässlich der gegen Mitte des Jahrhunderts geführten Debatte über die Mystik, an der Nikolaus teilnahm, auf einige der von Benediktinern und Kartäusern verfassten Traktate zu sprechen kommen. Früher in diesem Jahrhundert lieferte der Benediktiner Johannes von Kastl (ca. 1360 – ca. 1430) einen signifikanten Beitrag zur fortlaufenden Aufgabe, die Traditionen der Mönchsmystik zusammenfassend darzustellen.[134] Die Schriften von Johannes zeigen eine eindrucksvolle Beherrschung der mittelalterlichen Tradition, jedoch nicht viel Interesse für die Themen, die für die Mystik vom Grund charakteristisch sind. Josef Sudbrack hat eine detaillierte Untersuchung der mystischen Schriften des Johannes von Kastl vorgelegt. Die beliebteste davon war der Traktat, der gewöhnlich mit dem Titel *De adhaerendo Deo* („Vom Anhangen an Gott") bezeichnet wird, aber richtiger *De fine religiosae perfectionis* („Über das Ziel der Vollkommenheit im Ordensstand") heißt.[135] Dieser Traktat war unter dem Namen von Albert dem Großen in Umlauf und findet sich in 55 Manuskripten.[136]

Während des Spätmittelalters spielte sowohl in Deutschland als auch in ganz Westeuropa der Kartäuserorden eine besondere Rolle beim Erhalten, Kopieren und zuweilen auch Verfassen von mystischer Literatur. Die Kartausen dienten als eine Art Verlagshäuser zur Verbreitung geistlicher und mystischer Schriften. Wie bereits dargestellt,[137] befassten sich die Kartäuser fast von ihren Anfängen im 12. Jahrhundert an ausgiebig mit dem Schreiben von Darstellungen der kontemplativen und mystischen Theologie. Das Interesse von Dionysius dem Kartäuser für die mystische Literatur fand seinen Widerhall bei einigen der von der Mitte bis gegen Ende des 15. Jahrhunderts tätigen gelehrten deutschen Kartäuser. Jakob von Jüterbog (1381–1465, auch de Paradiso oder von Paradies genannt) aus der Kartause in Erfurt verfasste gegen Mitte des Jahrhunderts vier Traktate über die mystische Theologie.[138] Im 10. Kapitel soll kurz sein Zeitgenosse Vinzenz von

---

[134] Als Überblick siehe Josef Sudbrack, „Johannes von Kastl", in: VL 4,652–658.
[135] P. Josef Sudbrack SJ, *Die geistliche Theologie des Johannes von Kastl. Studien zur Frömmigkeitsgeschichte des Spätmittelalters*, 2 Bde., Münster 1967.
[136] Die Liste der Mss. siehe in Sudbrack, *Die geistliche Theologie* II,196–202. Als Ausgabe siehe *Dell'Unione con Dio di Giovanni di Castel O.S.B.*, hg. v. Giacomo Huijben, Badia Praglia, Scritti Monastici N. 5, 1926.
[137] Siehe in der vorliegenden Darstellung Band II, 538–552.
[138] Über Jakob von Paradies (genannt nach dem Zisterzienserkloster Paradies bei Meseritz, dem er zuvor von 1401–1443 angehört hatte) siehe Dieter Mertens, „Jakob von Paradies

Aggsbach vorgestellt werden, der im Lauf der Debatten über die Natur der mystischen Theologie um die Mitte des Jahrhunderts mehrere Traktate gegen Nikolaus von Kues und seine Sympathisanten unter den Benediktinern schrieb. Die Forschung von Dennis Martin hat viel dazu beigetragen, als weiteren spätmittelalterlichen Kartäuser Nikolaus Kempf (ca. 1417–1497) wiederzuentdecken, der in den 1450er Jahren den *Traktat über die mystische Theologie* sowie einige weitere Werke über die Mystik verfasste.[139]

Diese gelehrten lateinischen Werke vom Ende des Mittelalters waren hauptsächlich für den Klerus gedacht, aber ihre weite Verbreitung zeigt deutlich, dass Beichtväter und geistliche Begleiter sowohl in den Mönchs- als auch in den Bettelorden auf eine solide Kenntnis der mystischen Theologie aus waren, nicht nur für ihre Mitbrüder, sondern auch für die Laien, deren Durst nach Quellen der mystischen Weisheit in ihrer Muttersprache ich hier, wenn auch nur teilweise, in diesem und im vorigen Kapitel zu dokumentieren versucht habe.

(1381–1465) über die mystische Theologie" *Kartäusermystik und -Mystiker. Dritter internationaler Kongress über die Kartäusergeschichte und -Spiritualität*, Band 5, Salzburg 1982, 31–46.

[139] Als Einführung siehe Dennis D. Martin, „Kempf, Nikolaus, von Strassburg", in: VL 4,1117–1124. Eine ausführliche Darstellung des Lebens und der Werke von Nikolaus ist Dennis D. Martin, *Fifteenth-Century Carthusian Reform: The World of Nicholas Kempf*, Leiden 1992, besonders Kap. V über die Mystik. Eine Ausgabe von Kempfs langem Traktat (574 Seiten) findet sich in *Nikolaus Kempf. Tractatus de mystica theologia*, hg. v. Karl Jellouschek OSB, mit einer Einführung von Jeanne Barbet und Francis Ruello, 2 Bde., Salzburg 1973.

Kapitel 9

Die Gottesfreunde

Im 14. Jahrhundert kam es zur Entstehung von zwei geistlichen Reformbewegungen, die mit den herkömmlichen Kategorien der religiösen Observanz brachen, um zu versuchen, das Evangelium auf neue Weisen zu leben. Die erste davon, die „Gottesfreunde" (*gotesvriunde*, in verschiedenen Schreibweisen), bildete sich in den 1330er und 1340er Jahren im Rheinland als eine eigene, wenn auch amorphe Bewegung heraus. Die zweite, die *devotio moderna*, begann in den 1370er Jahren in Utrecht mit der Predigttätigkeit von Meister Geert Groote aus Deventer. Die Gottesfreunde erwuchsen aus der Predigt- und Lehrtätigkeit von Eckhart und insbesondere seiner geistlichen Erben Heinrich Seuse und Johannes Tauler und stellten daher die Mystik ins Zentrum ihrer Spiritualität. Die Bewegung erlangte zwar dank der Aktivitäten des reichen Laien Rulman Merswin und der religiösen Häuser, die er in Strassburg finanzierte, eine zunehmend institutionelle Form, aber sie überlebte nicht lange Merswins Tod im Jahr 1382, dauerte also nur zwei Generationen lang. Die „neuen Frommen" dagegen, allgemein auch als „Brüder und Schwestern vom gemeinsamen Leben" bekannt, waren vorwiegend an einem breit angelegten Programm zur aszetischen und moralischen Reform interessiert und versuchten dabei neue Formen des Gemeinschaftslebens für Laien und auch Kleriker zu finden. Ihnen ging es ursprünglich nicht ausdrücklich um die Mystik, allerdings förderte die Bewegung später einige mystische Schriften. Die neuen Frommen übten bis ins 16. Jahrhundert hinein starken Einfluss auf das spätmittelalterliche religiöse Leben aus, nicht nur in den Niederlanden, sondern auch in Deutschland sowie in geringerem Maß in Frankreich und Italien. Der mystische Aspekt der *devotio moderna* wird im nächsten Band der vorliegenden Reihe behandelt werden. Was die Gottesfreunde angeht, so verdient angesichts ihrer starken Betonung der Mystik diese amorphe und ein Stück weit geheimnisvolle Gruppe ein Kapitel in der Geschichte der Ernte der Mystik im spätmittelalterliche Deutschland.

Die Geschichte der Gottesfreunde ist nicht leicht zu enträtseln, da in manchen Texten über diese Bewegung vorsätzlich genauere Angaben verschleiert werden. Zudem ist auch umstritten, welche Rolle sie in der spätmittelalterlichen Mystik genau gespielt haben. Manche ältere Darstellungen weisen der Bewegung der *gotesvriunde* in der Mystik des 14. Jahrhunderts eine große Bedeutung zu.[1] Diese Behauptungen sind heute nur schwer aufrecht zu erhalten, nicht nur, weil die von ihnen stammende Literatur abgeleitet und oft von zweitrangiger Qualität ist, sondern auch, weil die geographische Reichweite der Bewegung und ihre Auswirkung auf das volle Spektrum der mittelalterlichen Literatur in Deutschland im Verhältnis zu den reichlichen und vielfältigen schriftlichen Zeugnissen zur Mystik aus dem damaligen Deutschland relativ bescheiden war. Dennoch spielen hier, wo die Ernte der Mystik gesichtet werden soll, die Gottesfreunde als eigener Typ der Reformfrömmigkeit mit starker Betonung von mystischen Themen ihre besondere Rolle.[2]

Der Begriff „Gottesfreunde" *(amici dei)* hat Wurzeln in der Bibel.[3] Abraham (Jdt 8,26 [Vg: 8,22]; Jak 2,23) und Mose (Ex 33,11) werden darin als Freunde Gottes bezeichnet; und in Psalm 138,17 [Vg] heißt es: „Mir aber stehen deine Freunde hoch in Ehren, o Gott." Der Begriff taucht auch in Weish 7,27 auf. Im Neuen Testament wird der Titel „Freund" vor allem im Lukas- (z. B. in 12,4 ff.) und Johannesevangelium verwendet. Die bekannteste Stelle findet sich in Joh 15, wo Christus zu den Aposteln sagt: „Ihr seid meine Freunde, wenn ihr tut, was ich euch auftrage. Ich nenne euch nicht mehr Knechte; denn der Knecht weiß nicht, was sein Herr tut. Euch habe

---

[1] Siehe zum Beispiel die Schriften von Auguste Jundt aus dem späten 19. Jahrhundert, etwa seine *Histoire du pantheisme populaire au moyen age et au seizième siècle*, Paris 1875; Reprint Frankfurt/M. 1964; *Les amis de Dieu au 14e siècle*, Paris 1879; und *Rulman Merswin et l'Ami de Dieu de l'Oberland. Un problème de psychologie religieuse*, Paris 1890. Ferner auch Karl Rieder, *Der Gottesfreund vom Oberland. Eine Erfindung des Strassburger Johanniterbruders Nikolaus von Löwen*, Innsbruck 1905.
[2] Die vollständigste neuere Darstellung ist die von Bernard Gorceix, *Amis de Dieu en Allemagne au siècle de Maître Eckhart*, Paris 1984. Es gibt auch einen Überblick von Alois M. Haas, „Gottesfreunde", in: *Geschichte der deutschen Literatur. Die deutsche Literatur im späten Mittelalter 1250–1370. Zweiter Teil*, hg. v. Ingeborg Glier, München, 299–303. Als ältere Darstellung siehe A. Chiquot, „Amis de Dieu", in: DS 1,493–500. Auf Englisch gibt es vier ziemlich ausführliche, aber ältere und in manchen Fällen überholte Darstellungen: Anna Groh Seesholtz, *Friends of God. Practical Mystics of the Fourteenth Century*, New York 1934; Rufus M. Jones, *The Flowering of Mysticism. The Friends of God in the Fourteenth Century*, New York 1939; James M. Clark, *The Great German Mystics*, Oxford 1949, Kap. V; und Thomas S. Kepler, *Mystical Writings of Rulman Merswin*, Philadelphia 1960. Clarks Darstellung ist im Wesentlichen negativ, besonders was Rulman Merswin angeht, den er als Menschen von „mittelmäßiger Fähigkeit" (S. 81) und „geschwätzigen alten Windbeutel" (S. 87) beschreibt.
[3] Als hilfreiche Überblicke mit reichhaltigen bibliographischen Angaben siehe Erik Peterson, „Die Gottesfreundschaft. Beiträge zur Geschichte eines religiösen Terminus", in: *Zeitschrift für Kirchengeschichte* 42 (1923), 161–202; und Alois M. Haas, „Gottesfreundschaft", in: *Mystik im Kontext*, München 2004, 195–202.

ich Freunde genannt, weil ich euch alles mitgeteilt habe, was ich von meinem Vater gehört habe" (15,14–15). Gefärbt vom klassischen Freundschaftsideal (z. B. von Ciceros *De amicitia*), spielte der Begriff der Freundschaft, sogar der Freundschaft mit Gott, im patristischen Denken sowohl des Ostens (z. B. bei Basilius) als auch des Westens (Augustinus) eine beträchtliche Rolle. Die Freundschaft auf menschlicher Ebene war auch in der Mönchsspiritualität ein signifikantes Element.[4] Im 12. Jahrhundert integrierte der Zisterzienser Aelred von Rievaulx in seinem Traktat *De spirituali amicitia* die Freundschaft zwischen Mönchen als eigene mystische Praxis in die klösterliche Spiritualität.[5] Im 13. Jahrhundert lieferte Thomas von Aquin eine klassische Darstellung des Begriffs der *amicitia* als passender Ausdrucksweise zum Sprechen von der innigsten Gemeinschaft zwischen Gott und Mensch.[6] Die Vorstellung, ein „Freund Gottes" zu sein, war bereits tief in der christlichen Tradition verwurzelt, bevor sie im 14. Jahrhundert in Deutschland als eigener mystischer Begriff und schließlich als Beschreibung einer sozialen Gruppe auftauchte.

Das Auftauchen der *gotesvriunde* als eigener Form des mystischen Lebens hängt zumindest zum Teil mit dem sozialen und religiösen Kontext des spätmittelalterlichen Deutschlands zusammen. Das 14. Jahrhundert war eine schreckliche Zeit, in der es in der Natur (man denke an den Schwarzen Tod) und Politik zu gewaltigen Katastrophen kam. Obendrein war die Kirche mit der Gefangenschaft der Päpste in Avignon in einer Krise, zwischen Papst Johannes XXII. und Ludwig dem Bayern war Krieg, viele Kleriker und Ordensleute waren verkommen, Anläufe zur Kirchenreform scheiterten, und dies alles führte zu einer Lage, in der selbst die noch loyal zur kirchlichen Autorität Stehenden dazu neigten, den Sinn ihres religiösen Lebens mehr im persönlichen als im institutionellen Bereich zu suchen. Die Betonung, es komme in erster Linie auf den inneren Kontakt mit Gott an, ermutigte ernsthaft suchende Ordensleute und Laien, sich freien Gruppierungen anzuschließen, die die traditionellen Strukturen nicht direkt angriffen, sondern sie einfach beiseite ließen; auch kümmerten sie sich nicht mehr so stark um die strikte Aufteilung in Klerus und Laien, die seit

---

[4] Brian Patrick McGuire, *Friendship and Community. The Monastic Experience, 350–1250*, Kalamazoo 1988.
[5] Siehe im vorliegenden Werk Band II, 473–495. Die Freundschaft spielt auch in der Mystik von Bernhard von Clairvaux eine Rolle.
[6] Thomas von Aquin, S.Th. I–II q. 23 a. 5 schreibt, dass *caritas ... est quaedam amicitia hominis ad deum*. Als ausführliche Untersuchung siehe Richard Egenter, *Gottesfreundschaft. Die Lehre von der Gottesfreundschaft in der Scholastik und Mystik des 12. und 13. Jahrhunderts*, Augsburg 1928. Als jüngere und breiter angelegte Studie sei genannt Paul J. Wadell, *Friendship and the Moral Life*, Notre Dame 1989.

der Großen Reform des 11. Jahrhunderts für die mittelalterliche Christenheit von so zentraler Bedeutung gewesen war.

Wie im 2. Kapitel dargestellt, bewegten sich Gruppierungen, die den Klerikalismus direkt angriffen, oft in gefährliche und heterodoxe Richtungen. Die Gottesfreunde und später die Anhänger der *devotio moderna* gaben sich große Mühe, und gewöhnlich mit Erfolg, ihre implizite Alternative zu den spätmittelalterlichen Kirchenstrukturen von Häresien freizuhalten, auch wenn sie zuweilen derer verdächtigt wurden. In einer Zeit voller Bedrängnisse und religiöser Ungewissheit ist es recht verständlich, dass die Vorstellung beliebt war, Gott habe der Welt besondere Freunde geschenkt, die nicht nur die wahre Religion lebendig hielten, sondern auch bei ihm für die Welt und die Kirche einträten.

Der Gebrauch des Begriffs „Gottesfreunde" in der mittelalterlichen deutschen Mystik-Literatur begann im 13. Jahrhundert, in dem er bei dem Franziskaner David von Augsburg und besonders in Mechthild von Magdeburgs *Fließendem Licht der Gottheit* auftaucht.[7] Es dauerte jedoch bis ins 14. Jahrhundert, dass bei Mystik-Autoren der Begriff *gotesvriunde* weithin in Gebrauch kam.[8] Meister Eckhart verwendete den Begriff nicht oft, jedoch findet sich die Vorstellung von der Freundschaft mit Gott in seinen Schriften und Predigten in mehreren signifikanten Zusammenhängen. In Kapitel 15 der *Reden der Unterweisung* spricht er von zwei Arten der Gewissheit des ewigen Lebens, wovon die zweite und bessere Form die vollkommene Liebe zu Gott sei, mit der man in nichts mehr einen Unterschied mache: „Es bedarf dessen nicht, dass man dem Liebenden und dem Geliebten irgend etwas (ausdrücklich) sage, denn damit, dass er (= Gott) empfindet, dass er (= der Mensch) sein Freund ist *(daz er sîn vriunt ist)*, weiß er zugleich alles das, was ihm gut ist und zu seiner Seligkeit gehört."[9] Die wichtigste Stelle, an der Eckhart von der Freundschaft spricht, steht in Pr. 27, wo er anhand der Schriftstelle Joh 15,15 sagt: „Nun spricht er: ‚Ich habe euch meine Freunde geheißen.' Fürwahr, in der gleichen Geburt, da der Vater seinen eingeborenen Sohn gebiert und ihm die Wurzel und seine ganze Gottheit und seine ganze Seligkeit gibt und sich selbst nichts zurückbehält, in dieser selben Geburt nennt er uns seine Freunde."[10] So ist die

---

[7] Über David von Augsburg und seine Verwendung des *amicus dei*, siehe in der vorliegenden Darstellung Band III, 215; über die häufigere Verwendung bei Mechthild ebd., 535 und 537.
[8] Als Einführung in den Gebrauch im 14. Jahrhundert siehe Richard Egenter, „Die Idee der Gottesfreundschaft im 14. Jahrhundert", in: *Aus der Geisteswelt des Mittelalters. Festschrift Martin Grabmann*, Münster 1935, 1021–1036.
[9] RdU 15 (DW 5,241,5–8). Die Rede von den Gottesfreunden findet sich auch im BgT (DW 5,54,1–17) und dem VeM (DW 5,109,20).
[10] Pr. 27 (DW 2,52,8–11): *Jâ, in den selben geburt, dâ der vater gebirt sînen eingebornen sun*

Rede von der Freundschaft mit Gott für ihn nur eine andere Art, von der ewigen Geburt zu sprechen. Die einzige Stelle, an der Eckhart (falls es wirklich Eckhart ist) den Begriff *vriunde gotes* (dreimal) gebraucht, findet sich in Pr. 86, der berühmten Homilie über Maria und Martha.[11] Dass er hier auftaucht, ist jedoch wichtig, denn die Art und Weise, auf die in dieser Predigt die Gestalt Marthas als der in der Welt aktiven Mystikerin hervorgehoben wird, lieferte ein Vorbild für spätere Darstellungen der „wahren Gottesfreunde".[12]

Die Bezeichnung *gotesvriunde* beginnt bei Eckharts Nachfolgern öfter aufzutauchen. Im oben (Kap. 7, 576–584) vorgestellten Dialog *Schwester Katrei* lautet sie gewöhnlich *die fründe vnsers herren* und dient neunmal zur Beschreibung vollkommener Seelen, in erster Linie der Apostel und anderer Heiliger wie etwa Maria Magdalenas, aber noch auf Erden Lebende werden nicht ausgeschlossen.[13] Da dieser Text ein Beispiel für die Art mystischer Literatur ist, die einen erleuchteten Menschen aus dem Laienstand als Führerin zum mystischen Einswerden vorstellt (ohne dabei jedoch die Notwendigkeit von Klerus, Sakramenten und institutioneller Kirche in Abrede zu stellen), können wir das eventuell so verstehen, dass die Begine, die darin die Hauptperson ist, als Angehörige dieser „Freunde unseres Herrn" dargestellt wird. Heinrich Seuse und auch Johannes Tauler gebrauchen den Begriff „Gottesfreund" oft. Bei ihnen und ihrem Zeitgenossen, dem Weltpriester und geistlichen Führer Heinrich von Nördlingen, begann dieser theologische Gattungsbegriff konkrete soziale Bedeutung anzunehmen und auf Kreise frommer Ordensleute und Laien im Rheinland hinzuweisen, besonders in den Städten Basel, Strassburg, Köln und den ihnen benachbarten Städten und Ordenshäusern.

Heinrich Seuse gebraucht die Form *gotesfrúnt* am häufigsten in seinem

---

und im gibet die wurzel und alle sîne gotheit und alle sîne saelicheit und im selben niht enbeheltet, in der selben geburt sprichet er uns sîne vriunde (siehe auch in der gleichen Predigt 46,7–47,1).

[11] Pr. 86 (DW 3,482,6–8 u. 488,7). Über Eckharts Verwendung des Freundes-Motivs siehe Gorceix, *Amis de Dieu*, 68–70.

[12] Über Pr. 86 siehe Kap. 4, 334–340. Georg Steer, „Die Stellung des ‚Laien' im Schrifttum des Strassburger Gottesfreundes Rulman Merswin und der deutschen Dominikanermystiker des 14. Jahrhunderts", in: *Literatur und Laienbildung im Spätmittelalter und in der Reformationzeit. Symposion Wolfenbüttel 1981*, hg. v. Ludger Grenzmann u. Karl Stackmann, Stuttgart 1984, 650–653, untersucht Eckharts Bedeutung für diese Bewegung und hebt die Rolle von Pr. 86 hervor.

[13] Über das Vorkommen der *gotesvriunt* im *Schwester Katrei* siehe die Ausgabe in Franz-Josef Schweitzer, *Der Freiheitsbegriff der deutschen Mystik* 323,28, 329,7, 340,23 u. 32–33, 343,2, 357,28, 359,5–6 und besonders 352,26 u. 356,32–33. Die einzige Stelle, wo *die fründe gottes* vorkommt, ist 340,23.

Leben des Dieners.[14] Die Stellen, an denen dieses Wort in seinen Briefen und auch in seinem *Leben* auftauchen, zeigen, dass Seuse es nicht nur als Gattungsbegriff zur Beschreibung dessen gebrauchte, wie fortgeschrittene Seelen beschaffen sein sollten, sondern auch zur konkreten Bezeichnung von namentlich und nicht namentlich genannten Menschen, denen er auf seinen Reisen begegnet war. So erscheint zum Beispiel in Kapitel 18 Christus „einer frommen Gottesfreundin" mit einer Büchse in der Hand, in der frisches Blut ist, und erklärt, damit wolle er den Diener salben (Bihlmeyer 51,17–26), während in Kapitel 22 einige Visionen und Entrückungen „einer auserwählten Gottesfreundin, die Anna hieß und auch des Dieners geistliche Tochter war", geschildert werden.[15] Der Begriff kann auch auf den Diener selbst angewandt werden, zumindest insofern, als dieser ein Vertreter derjenigen ist, die die höheren Stufen des mystischen Lebens erreicht haben. In Kapitel 33 schreibt der Diener seiner geistlichen Tochter Elsbeth Stagel und verweist bei seinen Ratschlägen auf die Fortschritte „dieser und jener der Gottesfreunde" (Bihlmeyer 98,12), wobei er damit offensichtlich in Wirklichkeit das konkrete Vorbild des Dieners selbst meint. Die Überschrift über dem Bild des Dieners als „des leidenden Dieners der ewigen Weisheit" bei Kapitel 38 lautet: „Dieses nagend erbärmliche Bild zeigt den strengen Untergang etlicher auserwählter Gottesfreunde"; es ist ein Bild des Dieners als des Vorbilds für die Nachahmung des Leidens Christi.[16]

Sogar noch mehr Information über die Kreise der Gottesfreunde in den 1330er und 1340er Jahren, besonders in Basel und Strassburg, bietet Johannes Tauler.[17] Wie oben in Kapitel 6 angegeben, war er geistlicher Ratgeber und Förderer Heinrichs von Nördlingen und der frommen Ordensleute und Frauen aus dem Laienstand, die dieser begleitete. Er kannte auch andere Zeitgenossen persönlich, die sich intensiv um die für seine Vorstellung vom mystischen Leben ganz wesentliche Einheit von innerem und äußerem

---

[14] Das Register in K. Bihlmeyer, *Heinrich Seuse. Deutsche Schriften*, 581 zeigt, dass Seuse den Begriff *gotesfründ* einmal im *Büchlein der Weisheit* gebraucht, sechsmal in seinen Briefen und 21mal im *Leben des Dieners* (davon zweimal in Form von *fründ* ohne qualifizierenden Zusatz).

[15] *Leben*, 22 (Bihlmeyer 63,13–14): *Daz zoegte got einest eim userwelten gotesfrúnd, und hiess Anna und was och sin gaischlichú tohter*. Als weitere Stellen, an denen mit dieser Bezeichnung bestimmte Menschen genannt werden, siehe Bihlmeyer 59,4, 64,14, 70,1, 142,5, 144,1 u. 146,21.

[16] Die Texte zu diesem Bild sind herausgegeben in Bihlmeyer 48*: *Diz nagende erbermklich bilde zeoget den strengen vndergang etlicher vserwelter gotes fründen* (Übertragung in heutiges Deutsch: B. Schellenberger).

[17] Siehe Louise Gnädinger, *Johannes Tauler. Lebenswelt und mystische Lehre*, München 1993, 34–43 u. 96–103 über Taulers Exil in Basel (ca. 1338–1343) und seine Kontakte zu den Gottesfreunden sowohl dort als auch in seinem Strassburger Heimatkloster.

Gebet bemühten. Tauler kommt in seinen Predigten ausführlich auf die Eigenart und Bedeutung der Gottesfreunde zu sprechen, und er bezieht sich dabei mehr als einmal auf Zeitgenossen, die er kannte, auch wenn er sie nicht beim Namen nennt.[18] Mit Tauler wird der Begriff „Gottesfreund" zum Inbegriff des Menschen, der ein mystisches Leben führt.

Wie Dietmar Mieth gezeigt hat, brach Tauler im Gefolge von Eckhart mit dem alten Modell, nach dem man sich Aktion und Kontemplation als in einem Spannungsverhältnis stehend vorstellte, so dass man zwischen beiden hin- und herpendeln müsse. Stattdessen empfahl er als Idealform des christlichen Lebens eine Existenz, in der Kontemplation und Aktion in der Welt integriert sind.[19] Er beschreibt genau wie Eckhart in seiner Pr. 86 diese Lebensweise als charakteristisch für die Gottesfreunde. Tauler macht auch klar, dass die tiefste Form der Einung mit Gott, nämlich die Erfahrung des Verschmelzens von göttlichem und menschlichem Abgrund zu „einem einzigen Einen"[20], nicht nur dem Klerus und den Ordensleuten offen stehe, sondern dass alle dazu berufen seien; er selbst habe schon gesehen, dass Junge und Alte, Adlige und Gemeine, Verheiratete und Klosterleute so weit gelangt seien.[21] In V 32 (H 32) tadelt er diejenigen, die meinen, sie müssten irgendein außergewöhnliches Leben der Buße und Frömmigkeit auf sich nehmen, um Gott zu finden, denn „wendest du Fleiß darauf, so kannst du Gott gewinnen und das edle, lautere Gut, in welcher Lage und in welchem Zustand du immer seiest."[22] In einer anderen Predigt erzählt er, beim heiligsten Menschen, dem er je begegnet sei, habe es sich um einen einfachen Mann gehandelt, der in seinem Leben nie auch nur fünf Predigten gehört

---

[18] Tauler erwähnt in seinen Predigten die *gotzfründen* mehr als dreißigmal (Gnädinger, *Johannes Tauler*, 96). Als Zusammenfassung seiner Ansichten siehe Marie-Anne Vannier, „Tauler et les Amis de Dieu", in: *700e Anniversaire de la naissance de Jean Tauler. Revue des sciences religieuses* 75 (2001), 456–464. Siehe auch Gorceix, *Amis de Dieu*, 72–78.

[19] Dietmar Mieth, *Die Einheit von Vita activa und Vita contemplativa in den deutschen Predigten und Traktaten Meister Eckharts und bei Johannes Tauler*, Regensburg 1969. In Teil III dieses Werks legt er dar, dass Tauler das gabelförmige Modell von Aktion und Kontemplation auf drei Weisen überwand: (1) erstens, indem er inneres und äußeres Gebet vereinigte; (2) indem er inneres und äußeres Wirken vereinigte; und (3) indem er auf neue Weise Gottes- und Nächstenliebe vereinigte.

[20] Zu Taulers Lehre über die mystische Einung siehe oben Kap. 5, S. 476–501.

[21] Siehe Taulers Predigt zum 14. Sonntag nach Dreifaltigkeit bei Ferdinand Vetter, *Die Predigten Taulers*, worin dies die Predigt 47 ist. Taulers Predigten werden in der Folge wieder daraus mit V + Nummer, Seiten- und Zeilennummern zitiert, dazu die deutsche Übersetzung von G. Hofmann (Einsiedeln – Freiburg 2007) mit H + Nummer, Band und Seitenzahl. Die genannte Stelle steht in V 47, 213,4–10 (H 61: II,473 f.).

[22] H 32: I,227; V 32, 120,5–7): *... wanne wiltu fliss haben, so mahtu Got erkriegen und das edel luter guot in allen wisen und wesende do du inner bist.* Siehe die ganze Diskussion darüber in V 32, 119,34–120,11 (H 32: I,227–228).

habe. Ein anderes Mal berichtet er: „Ich kenne einen der allerhöchsten Freunde Gottes: der ist all seine Tage ein Ackersmann gewesen, mehr denn vierzig Jahre, und ist es heute noch. Der fragte einst unseren Herrn, ob er seine Arbeit drangeben und zur Kirche gehen solle. Da sprach dieser: Nein, das solle er nicht tun; er solle im Schweiß seines Angesichtes sein Brot gewinnen, zur Ehre des kostbaren Blutes des Herrn" (V 42 [179,20–24]; H 47: II, 364). Solche Menschen zeigten Tauler, dass das mystische Einswerden jedem Menschen gewährt werden konnte, der das Leerwerden von sich selbst übte und bereit war, aus reiner Liebe zu Gott die Prüfung der mystischen Verlassenheit auf sich zu nehmen.

Tauler spricht in rund zwanzig seiner achtzig Predigten von den Gottesfreunden. Für ihn behielt der Begriff *Gottes fründe* seinen biblischen Sinn als Beschreibung all derjenigen Bekannten und Unbekannten, die mit ihrer tiefen Vereinigung mit Gott und ihrem inneren Gebetsleben ganz wesentlich zum Leben der Kirche beitrugen, genau wie das dereinst die Apostel getan hätten. (Tauler war natürlich weder implizit noch explizit ein Rebell gegen die institutionelle Kirche seiner Tage, so offen deren Mängel auch zutage liegen mochten.[23]) Was für einen tiefen Sinn er für die Kirche als Christi Leib hatte, in dem jedes Glied darum bemüht sein müsse, seine Aufgabe zum Wohl des Ganzen zu erfüllen, ist bemerkenswert (siehe besonders V 42/H 47). Aber es ist wichtig, zu sehen, dass er der Überzeugung war, das Überleben der Kirche hänge nicht so sehr vom Papst, den Bischöfen und dem Klerus ab, sondern eher von den mystischen Gottesfreunden.

Ein Gefühl für Taulers Begriff der Gottesfreunde kann man bekommen, wenn man V 10 (H 10) liest, die Predigt, in der dieser Begriff am häufigsten vorkommt. Er spricht in dieser Predigt über Christus als das Licht der Welt (Joh 8,2) und zeigt den Unterschied auf zwischen denen, die dem Herrn scheinbar folgten, in Wirklichkeit aber sich selbst dienten (d. h. den Pharisäern) und den wahren Nachfolgern oder Freunden Gottes, die sich selbst zunichte machen würden und einzig für Gott lebten. Das klarste äußere Zeichen für den Unterschied zwischen den beiden Gruppen sei, dass die Pharisäer immer über andere richteten, während die Gottesfreunde nur sich selbst richteten (V 10, 47,35–48,15). Aber wie erlangt man den Status eines Gotttesfreundes? Tauler betont, man müsse sich große Mühe geben, um seine Eigenliebe und seinen natürlichen Pharisäismus zu überwinden. Vor allem aber müsse man dem Licht Christi folgen, nicht dem Licht der natürlichen Vernunft; ferner müsse man die „wahre Selbstverleugnung" (*war*

---

[23] Siehe zum Beispiel in V 2 (15,3–12) / H 2: I,24f. Taulers Bekenntnis, er würde unter allen Umständen seinen kirchlichen Oberen untertan bleiben.

verloucken der mensche sin selbes, 48,31) üben und seine Liebe und Absicht rein und vollkommen auf Gott ausrichten. „Hier scheiden sich die wahren Gottesfreunde von den falschen. Die falschen beziehen alle Dinge auf sich selber, eignen sich die Gaben an und bringen sie Gott nicht wieder in reiner Absicht dar, mit Liebe und Dankbarkeit und Verleugnen ihres Selbst und völligem lauterem Aufgehen in Gott. Wer dies am meisten besitzt, der ist der vollkommenste Freund Gottes" (*der allergantzeste frúnt Gottes*).[24] Ob man diesen Zustand erreicht habe, könne man daran erkennen, wie man auf das Leiden reagiere. Mitten in ihren Leiden „fliehen die wahren Gottesfreunde hin zu Gott und erleiden sie um seinetwillen" (49,9–10), während die falschen Freunde dann „nicht wissen, wohin laufen … suchen Hilfe, Rat und Trost … zerbrechen und verzweifeln." Die Gottesfreunde dagegen wendeten sich an Jesus und hängten sich an ihn als ihr Vorbild der Tugend, ihren Halt im Leiden und insbesondere als das Licht der Welt. Aus den Sakramenten werde ihnen seine Kraft zuteil und bringe sie in ihren Ursprung zurück (49,29–50,2).

Tauler fasst die Gottesfreunde nicht als isolierte Individuen oder als irgendeine elitäre esoterische Gruppe auf. Wahre Gottesfreunde seien in der Welt tätig, als Musterbilder der Einheit von Gottes- und Nächstenliebe. In V 76 (H 76) spricht er von einem „Gottesfreund, der ein gar heiliger Mensch war" und seinem Nächsten das Himmelreich mehr und mit größerem Verlangen wünschte als sich selber. Und er ruft aus: „Das verstehe ich unter Liebe!" (*dis hies ich minne*, 410,31; H 76: II,587). Die Gottesfreunde sollten zwar alle meiden, die sie zur Sünde verführen wollten, sich jedoch nicht von der Welt trennen. Vielmehr solle die Liebe in ihnen sogar aus den niederen Kräften überfließen und sich darin zeigen, wie sie anderen mit ihrem äußeren Verhalten begegneten (410,39–411,6). Die Gottesfreunde, Kleriker wie Laien, seien zudem die besten geistlichen Ratgeber. Daher sollten alle ernsthaft Suchenden „auf hundert Meilen in der Runde einen erfahrenen Gottesfreund suchen, der den rechten Weg kennte und sie zu leiten vermöchte."[25] Am Schluss von V 41 (H 41) spricht Tauler von der Eigenart derjenigen, die ihren eigenen inneren Abgrund im Abgrund Gottes versenkt hätten. Er gebraucht zwar hier nicht den Begriff *Gottes frúnt*,[26]

---

[24] H 10: I,72; V 10 (48,36–49,4): *Hie scheidet sich die woren frúnt Gottes und die valschen: die valschen kerent alle ding uf sich selber und nement sich der groben an und tragent sú nút Gotte luterliche wider uf mit minne und mit dangbarkeit in eime verloeickende sin selbes und gantz gon in Gotte luterliche. Wer dis allermeist hat, der ist der allergantzeste frúnt Gottes.*
[25] H 55: II;429; V 49 (223,25–27): *Die menschen solten einen gelebten Gotz frúnt über hundert mile suochen die den rechten weg bekanten und si richte.*
[26] Weitere Stellen, wo er den Begriff *frúnt Gottes* verwendet, sind etwa V 8 (36,26), V 9 (41,28 u. 46,12), V 13 (62,37), V 16 (72,3), V 23 (91,12 u. 93,24), V 33 (130,33), V 36 (158,21), V 39

aber was er sagt, ist eine gute Beschreibung des wahren mystischen Gottesfreundes: „Er wird dann so wesentlich, so bereit zur Hingabe, so tugendhaft und gütig und so liebevoll in seinem Verhalten, gegenüber allen Menschen freundlich und umgänglich, (doch so, dass) man keinerlei Gebrechen an ihm sehen noch finden kann. Solche Menschen sind vertrauensvoll gegenüber allen anderen und barmherzig, auch nicht strenge oder hart, sondern milde; man kann gar nicht glauben, dass sie jemals von Gott sollten geschieden werden können."[27] Das sind starke Behauptungen.

Die Bedeutung der mystischen Gottesfreunde wird noch von dem verstärkt, was Tauler an wenigen Stellen über ihren Status als „Säulen der Welt" sagt. In V 5 (H 5) zum Beispiel verwendet er statt „Gottesfreunde" den eckhartschen Ausdruck *edele menschen* (23,8), um diejenigen zu beschreiben, die rückhaltlos in allem auf Gott vertrauen, aber es ist eindeutig, dass die beiden Begriffe ziemlich den gleichen Sinn haben. Solche vollkommen gewordenen Seelen ermöglichten Gott, in ihrem Grund ohne Vermittelndes zu wirken. Sie würden auf eine übernatürliche Ebene erhoben, so dass sie nicht mehr aus sich selbst heraus tätig seien, sondern Gott durch sie tätig sei (24,1–3; ein weiteres eckhartsches Motiv). Tauler sagt zusammenfassend über ihren Status: „Ach, dies sind liebenswerte Menschen, sie tragen die ganze Welt und sind deren edle Säulen; wer darin recht stünde – das wäre ein seliges, köstliches Ding."[28] Die Vorstellung von den vollkommenen Mystikern als den Säulen des Universums fand sich in der islamischen Mystik.[29] In der christlichen Heiligen Schrift werden die Apostel Säulen genannt (Gal 2,9) und in Offb 3,12 verspricht Christus: „Wer siegt, den werde ich zu einer Säule im Tempel meines Gottes machen, und er wird immer darin bleiben." Tauler scheint in der Geschichte des Christentums der erste zu sein, der die vollkommenen Mystiker als die wahren Säulen der

---

(157,32), V 41 (174,4), V 44 (193,21), V 52 (239,14), V 55 (253,30), V 71 (385,9), V 73 (395,6), V 76 (407,27 u. 412,23), V 77 (417,23) sowie sechs Stellen in Predigt C LXXI (Ausg. Helander 351–361).

[27] H 41: II;315; V 41 (176,12–17): *Her nach so wirt der mensche also weselich und als gemein und tugentlich, guetlich und von minsamer wandelunge mit allen menschen gemein und gesellig, doch das man iemer enkeinen gebresten von ime enkan gesehen noch vinden. Und dise menschen sint allen menschen geloebig und barmherzig; si ensint nút strenge noch hertmuotig, denn vil gnedig. Und das enist nút ze glovbende das dise lúte iemer von Gotte múgen gescheiden werden.* Als ähnliche Beschreibungen unter verschiedenen Namen siehe V 68 (376,18–27) und V 56 (264,23–265,32).

[28] H 5: I,38; V 5 (24,3–5): *Ach dis sint minnencliche menschen, sú tragent alle die welt und sint edele súlen der welte; der in disem rehte stunde, daz were ein selig wunnenclich ding.*

[29] Über den Begriff mystischer Heiliger als Säulen oder Pfosten (arabisch *Qutb*) der Welt siehe Annemarie Schimmel, *Mystische Dimensionen des Islam. Die Geschichte des Sufismus*, Köln 1985, 285–288.

Kirche betrachtete.[30] Das passt zu der geradezu extravaganten Ausdrucksweise, die er an anderen Stellen gebraucht, etwa in V 41 (H 41), wo er sagt, die „wahren Freunde Gottes" seien ein Abgrund jenseits allen Verstehens und „ein Himmel Gottes, denn Gott wohnt in ihnen" (174,26–31; H 41: II,313). In V 40 (H 43) sagt er: „Auf diesen beruht die heilige Kirche, und wären sie in der heiligen Christenheit nicht vorhanden, so bestünde diese keine Stunde" (H 43: II,332; V 40: 169,28–31).

Ein weiteres Zeugnis dafür, dass sich die Gottesfreunde als eigene Bewegung herauskristallisierten, sind die Briefe, die Heinrich von Nördlingen in den 1330er und 1340er Jahren an Margaretha Ebner schrieb. Wie bereits in Kapitel 7 gesagt, war Heinrich ein Weltpriester mit starkem Interesse an der mystischen Frömmigkeit, obwohl er selbst kein Mystiker war. Er lernte 1332 die Dominikanernonne Margaretha Ebner (1291–1351) kennen und war in den beiden letzten Jahrzehnten ihres Lebens ihr geistlicher Ratgeber, wenn auch meistens aus der Ferne.[31] Von 1335–1337 war Heinrich am päpstlichen Hof in Avignon. Als Parteigänger der päpstlichen Partei im Konflikt mit Ludwig dem Bayern musste er von 1339 bis 1349 in Basel im Exil leben. Hier lernte dieser bekannte Prediger Tauler kennen, wie eine Reihe seiner Briefe an Margaretha zeigt. 1345 besuchte er Strassburg, wo er dem Kaufmann Rulman Merswin begegnete, der später die zentrale Gestalt der Gottesfreunde in dieser Stadt werden sollte.[32] Er kannte auch Heinrich Seuse.[33] Nach Margarethas Tod verlieren wir die Spur von Heinrich, der vermutlich gegen 1360 starb.

Margaretha preist Heinrich in ihren *Offenbarungen* als *warhaften friund*

---

[30] In ihrem Prolog zu *Das fließende Licht der Gottheit* hatte Mechthild von Magdeburg über die Krise ihrer Zeit geschrieben, dass „die Säulen fallen" könnten (*wand wenne die süle vallent*; Ausg. Neumann Bd. I, 4,4). Das wird sich wohl auf das neutestamentliche Verständnis beziehen, die Apostel und ihre Nachfolger, die Bischöfe, seien die Säulen der Kirche.

[31] Die *Offenbarungen* von Margaretha wurden zusammen mit der Korrespondenz von Heinrich und Margaretha (von ihr ist nur ein Brief erhalten geblieben) herausgegeben von Philipp Strauch, *Margaretha Ebner und Heinrich von Nördlingen. Ein Beitrag zur Geschichte der deutschen Mystik*, Freiburg i.Br. 1882; Reprint 1966. Der mittelhochdeutsche Text der Briefe mit einer Übersetzung ins Italienische und einer Untersuchung wurde neu herausgegeben von Lucia Corsini, *Heinrich von Nördlingen e Margaretha Ebner. Le lettere 1332–1350*, Pisa 2001. Margarethas *Offenbarungen*, die ebenfalls für Erwähnungen der Gottesfreunde wichtig sind, wurden ins Englische übersetzt von Leonard Hinsley OP, *Margaret Ebner. Major Works*, New York 1993; siehe insbesondere die „Introduction", 27–41. Als Übersicht über Heinrichs Leben und Schriften siehe Manfred Weitlauff, „Heinrich von Nördlingen", in: VL 3,845–852.

[32] Heinrich erwähnt Rulman Merswin in Brief LI (Corsini 263,81–82) und Brief LIII (Corsini 268,31–33).

[33] Eine Aussage über Seuse in Brief XXXI von Anfang 1339 (Corsini 216,21–22) ist positiv, aber eine weitere in Brief LI von Anfang 1348 (Corsini 263,86–87) ist zurückhaltender und reflektiert vielleicht die Vorwürfe der Unkeuschheit, die gegen Seuse erhoben wurden.

*gotez.*³⁴ In Heinrichs Briefen an sie ist oft von den Kreisen begeisterter Gläubiger die Rede, mit denen er in Basel und anderswo im Rheinland in Kontakt war. In Brief 45 empfiehlt er zum Beispiel Margaretha sich selbst „und die vielen Freunde, die Gott ihm schenkt", damit sie sie in ihr Herz schließe und sie „ins gnadenreiche Herz Jesu Christi trage."³⁵ Eine Anzahl dieser Gottesfreunde werden in den Briefen genauer beschrieben. So reiste zum Beispiel die fromme Witwe Eufemia Frickin nach Basel, um den Rat Heinrichs einzuholen. In Brief 47 schreibt er: „... dass meine Frau Frickin mit großer Freude im Herzen nach Basel gekommen ist, und ihr gefallen sowohl die Lehre als auch die Freunde Gottes, und dass sie mit christlichem Gehorsam die heiligen Sakramente empfangen kann, und dass sie willens ist, eine Weile bei der so heiligen, ehrbaren geistlichen Gemeinschaft *(gaistlicher geselschaft)* in Basel zu bleiben, zu der viele in Basel gehören."³⁶ Heinrich erwähnt im Zusammenhang mit diesen Basler Kreisen mehrmals Tauler, etwa in Brief 32, worin er Margaretha berichtet: „Es wünschen sich auch unser lieber Vater Tauler und andere Gottesfreunde, dass du uns in der Gemeinschaft etwas darüber schreibest, was dir dein geliebter Jesus mitteilt, und besonders über den Zustand der Christenheit und seiner Freunde, die darunter sehr leiden."³⁷ Das erinnert uns daran, dass die Bewegung der Gottesfreunde im 14. Jahrhundert inmitten einer besonders geplagten Zeit entstand.³⁸

Heinrich berichtet von der mystischen Erfahrung, besonders den Entrückungen, die einigen der Gottesfreunde zuteil wurden, sowohl solchen in Klöstern als auch außerhalb dieser.³⁹ Seine Briefe liefern uns auch Anga-

---

³⁴ Margaretha Ebner, *Offenbarungen* (Strauch 83,27–84,1): *Item ich wart gebeten von dem warhaften friund gotez, den er mir ze grossem trost geben hatt allem minem leben, daz ich ime scribe, waz mir got gebe.*
³⁵ In Brief XLV, geschrieben 1346 oder 1347 (Corsini 249–250), wird eine Reihe von Heinrichs frommen Freunden genannt, darunter Ritter und Adelige.
³⁶ Brief XLVII (Corsini 248,67–72): *... das min frau die Frickin ze Basel kumen ist mit grossem fröuden ires hertzen, und ir gefelt als wol die ler und die fründ gotz, und das sie mit kristenlicher gehorsame gehaben mag die hailligen sacrament, das sie willen hat ein weil ze beleiben bei gar hailliger erber gaistlicher geselschaft, der vil in Basel ist.* (Übertragung in heutiges Deutsch, auch aller weiteren Zitate in diesem Kapitel: B. Schellenberger.) Über Eufemia Frickin siehe Strauch, *Margaretha Ebner und Heinrich von Nördlingen*, 322–323; und Corsini, *Le lettere*, 315–316.
³⁷ Brief XXXII aus der Fastenzeit 1339 (Corsini 176,69–73): *es begert auch unszer lieber vatter der Tauler und ander gotzfründ, das du uns in der gemein etwas schribest, was dir dein lieb Jhesus geb und sunderlichen von dem weszen der cristenhait und seiner fruind, die dar under vil lident.* Siehe auch Brief LI (Corsini 263,82–86).
³⁸ Siehe auch Brief LIII, geschrieben 1349 (Corsini 267–268), worin von den apokalyptischen Ängsten der Gottesfreunde zur Zeit des Schwarzen Todes die Rede ist.
³⁹ Siehe z. B. Brief XIII (Corsini 189,50–54), Brief XXXIII (221,62–66) und Brief XLVIII (257,44–52).

ben darüber, wie die Gottesfreunde ihre Spiritualität dank der Verbreitung der mystischen Literatur nährten. Ein Schlüsseltext war Mechthild von Magdeburgs *Fließendes Licht der Gottheit*, der hervorragendste mittelhochdeutsche Mystik-Traktat des 13. Jahrhunderts.[40] Heinrich berichtet, dass er zwei Jahre (ca. 1343–1345) damit verbracht habe, das Buch aus dem ursprünglich Mittelhochdeutschen (er spricht von dem *fremden tützsch*) zu übersetzen.[41] Er empfiehlt Margaretha dieses Buch nicht nur sehr warm, sondern zitiert auch in mehreren Briefen Stellen daraus und sagt von der Verfasserin an einer Stelle, sie gehöre „hier herein, und genauso beschreiben uns die großen Gottesfreunde die geistliche Himmelfahrt des inneren Menschen. Eia! Mein und dein Gott spricht aus ihnen."[42] Heinrich kannte auch die lateinische Fassung des *Fließenden Lichts* (siehe Brief 44); ferner spricht er von der Kopie von Seuses weit verbreitetem lateinischen *Horologium Sapientiae*, das Tauler ihm gegeben und er dem Prior des Klosters Kaisheim zum Kopieren geschickt habe, damit es auch Margaretha und ihren Mitschwestern zur Verfügung stehe.[43] Zudem wissen wir, dass der flämische Mystiker Jan van Ruusbroec eine Kopie seines eigenen Traktats über die *Geistliche Hochzeit* gegen 1350 den Strassburger Gottesfreunden schickte, die es übersetzten und Teile daraus in einige der Schriften von Rulman Merswin einfügten. Die Gottesfreunde nährten ihr geistliches Leben von solchen mystischen Schriften. Ihre Bewegung sollte schon bald ihre eigenen volkssprachlichen Texte hervorbringen.

Rulman Merswin und die Gemeinschaft von Grünenwörth

Aus diesen lose untereinander verbundenen Gruppen von Klerikern, Ordensfrauen und Männern und Frauen aus dem Laienstand, in denen sich die *gotesvriunde* zusammengetan hatten, ging eine der interessanteren, aber auch problematischeren Gestalten der spätmittelalterlichen Mystik hervor, der reiche Kaufmann Rulman Merswin. Rulman war 1307 als Kind eine Strassburger Patrizierfamilie geboren, machte mit großem Erfolg als Geschäftsmann Karriere und erfuhr dann eine Bekehrung, in deren Folge er

---

[40] Über Mechthild und ihr *Fließendes Licht* siehe in der vorliegenden Darstellung Band III, 395–430 und die dort angegebene Literatur.
[41] Brief XLIII (Corsini 246,117–247,141).
[42] Brief XLVI (Corsini 252,60–61): *hier innen und des glich tunt vor uns usz die groszen gotzfrund des innern menschen geistlich himelfart. Eia! mein und dein got spricht in in.* Dieser Brief (siehe 251,36–252,60) sowie Brief XLII (242,30–33) und Brief XLVIII (256–259) enthalten zum Teil längere Zitate aus dem *Fließenden Licht*.
[43] Brief XXV (Corsini 228,82–229,87).

sich von weltlichen Zielen abwandte. Seine Bekehrung muss zwischen 1347 und 1352 stattgefunden haben und stellte das erste Stadium seiner religiösen Laufbahn dar, bei der er das Leben eines Stadteremiten annahm, eines frommen, von der Welt zurückgezogenen Gottesfreundes.[44] (Das war in der spätmittelalterlichen städtischen Gesellschaft durchaus nichts Ungewöhnliches; allerdings wählten gewöhnlich Frauen diese Lebensform.) In seinem angeblich 1352 verfassten autohagiographischen Text, der unter dem Namen *Büchlein von den vier Jahren seines anfangenden Lebens* bekannt ist, erzählt er dies einigermaßen ausführlich.[45]

Das Büchlein von den vier Jahren mag einiges Seuses beliebtem *Leben des Dieners* verdanken, aber es unterscheidet sich von diesem durch den durchgängigen Gebrauch der Rede in Ich-Form. Merswin erzählt von seinem Beschluss im Jahr 1347, für seine Sünden Buße zu tun, und eine „allererste Bekehrung" *(aller ersten ker)* zu unternehmen. Nach zehn Wochen wurde ihm am Vorabend von Martini (11. November) bei einem Spaziergang eine ekstatische Erfahrung zuteil. Unter tiefen Empfindungen der Reue blickte er zum Himmel auf und gelobte, seinen gesamten Besitz aufzugeben, wenn Gott ihm sein Erbarmen schenke. Die Belohnung für diesen traditionellen Akt der Bekehrung beschreibt er so: „Da geschah es, dass plötzlich ein ganz helles Licht kam und mich umfing und ich wurde aufgehoben und über der Erde schwebend hin und her durch den Garten geführt. Während ich so herumgeführt wurde, war mir, als würden, ich weiß nicht, wie, über Maßen süße Worte zu mir gesprochen. Aber was das Licht und das Herumführen und die süßen Worte, die zu mir gesprochen wurden, bedeuteten, weiß ich nicht; Gott weiß es (vgl. 2 Kor 12,2), denn es überstieg alle meine sinnliche Vernunft. Als diese freudvolle kurze Stunde vorbei war und ich wieder mir selbst überlassen war, fand ich mich allein im Garten stehen."[46] Nach dieser Erfahrung im Garten (die an Augustinus' Bericht im

---

[44] Über die drei Stadien von Merswins religiöser Laufbahn siehe Gorceix, *Amis de Dieu*, 90–98.
[45] Die mittelhochdeutsche Ausgabe besorgte Philipp Strauch, *Merswins Vier anfangenden Jahre. Des Gottesfreundes Fünffmannenbuch (Die sogenannten Autographa)*, Halle 1927. Es gibt eine Übersetzung ins Englische von Thomas S. Kepler, *Mystical Writings of Rulman Merswin*, 39–52, die hilfreich, aber nicht immer genau ist.
[46] *Von den vier anfangenden Jahren* (Strauch 4,31–5,8): ... do beschach es, das ein gar geswindes gehes clores lieht kam vnd vmbe fing mich, vnd wart genvomen vnd wart gefvoret [den garten] obbe der erden swebbende ettewie digke den garten vmbe vnd vmbe; vnd was mir ovch in diesem selben vmbe fürende, wie neiswas gar vsser mosen svose wort zvo mir sprechende were; abber was das lieht vnd das vmbe fvordes was vnd der svosen worte, das weis ich nút, got der weis es wol, wanne es veber alle mine sinneliche vir nvmft was. Abber do diese frelliche kvorze stvonde vs was vnd ich widder zvo mir selber golosen wart, do fant ich mich alleine in dem garten stonde.

9. Buch seiner *Confessiones* erinnert) übte Merswin ein Jahr lang außergewöhnlich strenge Askese, bis er sich Johannes Tauler zum Beichtvater nahm, der ihn anwies, nicht derlei Strengheiten zu praktizieren.

Obwohl ihm häufig Erfahrungen der süßen Gegenwart Gottes in seinem Herzen zuteil wurden (Strauch 7,19–30), ließ Gott es zu, dass der Teufel ihn während dieser frühen Jahre seines Lebens als Bekehrter in quälende Versuchungen führte. Zu diesen Versuchungen gehörten Glaubensthemen (Zweifel bezüglich der Dreifaltigkeit), aber ganz besonders solche gegen die Keuschheit, die Merswin nicht einmal beschreiben wollte. Wie viele andere spätmittelalterliche Mystiker empfand er beim Empfang der Kommunion unaussprechliche Freude und es wurde ihm dabei sogar einmal die Heilung von einem Leiden geschenkt, bei dem es sich um erste Anzeichen der Pest gehandelt haben könnte (er spricht von Wunden und Schwellungen im Unterleib). Rulman hatte auch im zweiten und dritten Jahr seiner Bekehrung noch sehr zu leiden. Aus dieser Zeit erzählt er, das Kranksein habe ihn daran gehindert, zum Jubiläumsjahr 1350 nach Rom zu pilgern (Strauch 14,19–29). Aber im vierten Jahr, so schreibt er, habe Gott unendliches Mitleid mit seinen äußeren und inneren Leiden gezeigt. Er beschreibt aus diesem Jahr eine übernatürliche Beglückung durch Gott, die „ungefähr acht oder vierzehn Tage" angehalten habe (Strauch 19,19–30). Auch erzählt er von seinem Wunsch, nach dem Willen Gottes zu leiden (nicht unähnlich seiner englischen Zeitgenossin Juliana von Norwich), sowie von seinem missionarischen Antrieb, loszuziehen und den Heiden von Gott zu predigen. Aber das entscheidendste Ereignis des letzten seiner „anfangenden" Jahre war die plötzliche Erscheinung eines Boten Gottes, des geheimnisvollen „Gottesfreunds vom Oberland". Merswin erzählt: „Da gab Gott einem Menschen im Oberland die Anweisung, er solle zu mir herabkommen. Als der nun kam, gab Gott mir ein, ich solle mit ihm über alle diese Dinge gründlich sprechen. Dieser Mensch war der Welt ganz und gar unbekannt; er wurde aber mein heimlicher Freund."[47] Dieser geheimnisvolle Mann übernahm unverzüglich die Autorität über Merswin und befahl dem früheren Kaufmann, seine religiöse Entwicklung aufzuschreiben, denn auch er selbst hatte Merswin einen Bericht über die ersten fünf Jahre seines eigenen

---

[47] *Von den vier ... Jahren* (Strauch 22,2–8): do gab got einem menschen in obber landen zvo vir stonde, also das er abbe zvo mir kvomen solte. Nvo do der kam, do gap mir got, das ich mit dem von allen sachns wol redden mvothe; vnd der selbe mensche der war der welte gar alzvomole vnbekant; er wart abbee min heimlicher frúnt. Von der Bezeichnung *Gottesfreund vom Oberland* nimmt man allgemein an, dass „Oberland" eine geographische Bezeichnung sei, etwa eines Gebiets in der Alpengegend; aber Alois Haas, „Gottesfreunde", 301 bemerkt, mit *Oberland* könnte genauso gut der Himmel gemeint sein.

geistlichen Weges gegeben.⁴⁸ Merswin behauptet, ihm sei versprochen worden, wenn er den Auftrag des Gottesfreundes ausführe, werde er nie mehr gezwungen werden, etwas weiteres über seine Erfahrungen aufzuschreiben (Strauch 27,16–25) – ein Versprechen, das sehr paradox wirkt angesichts der vielen Seiten, die Merswin noch unter seinem eigenen Namen und demjenigen seines Pseudonyms, des *liebe(n) gottes frúnt in oeberlant*, füllen sollte.

Der Gottesfreund vom Oberland scheint zumindest von einigen der Zeitgenossen Merswins als reale Gestalt angenommen worden zu sein; bei den Mystik-Forschern des 19. Jahrhunderts gab es Versuche, hinter seine wahre Identität zu kommen. Aber seit der gründlichen Untersuchung des Dominikaners und Mystik-Fachmanns Heinrich Denifle⁴⁹ ist es allgemein akzeptiert, dass der Gottesfreund ein literarisches Geschöpf von Rulman Merswin und seinen Nachfolgern ist, so sehr diese Gestalt auch über bestimmte Züge einiger realer Menschen verfügen mag.⁵⁰ Viel wurde aus dem Laienstatus des fiktiven Gottesfreunds gemacht. Rulman Merswin wird oft so gesehen, dass er dazu einen imaginären Mystiker geschaffen habe, um deutlich auf eine neue Art spezifischer Laienmystik für das spätmittelalterliche Deutschland aufmerksam zu machen. Aber Georg Steer hat darauf hingewiesen, dass Merswin wie Eckhart, Tauler und Heinrich von Nördlingen die Gottesfreunde als Gruppierung ansahen, der sowohl Kleriker als auch Laien angehörten und dass die Schriften des bekehrten Kaufmanns für eine solche gemischte Versammlung gedacht waren.⁵¹ Der Umstand, dass in einer Reihe von spätmittelalterlichen Mystik-Texten die höhere Autorität eines Laien betont wird, sollte in erster Linie als Kritik an den Ansprüchen gelehrter Theologen auf das höchste Wissen verstanden werden. Im Gegensatz dazu wurde hier beschrieben, wie Gott jedem, ob Kleriker oder ungebildeter Laie oder einfache Frau, eine noch höhere Gotteserkenntnis schenken könne.⁵² So tritt auch hier wieder der im spätmittelalterlichen religiösen Leben so deutliche Riss zwischen Theologie und Mystik zutage.

---

⁴⁸ Das könnte sich auf das *Buch von den fünfzehnjährigen Knaben* beziehen, das weiter unten vorgestellt wird.
⁴⁹ Siehe besonders Heinrich Denifle, „Der Gottesfreund im Oberlande und Nicolaus von Basel", in: *Historische und politische Blätter* 75 (1875), 17–38, 93–122, 245–266 u. 340–354; „Taulers Bekehrung", in: *Historische und politische Blätter* 84 (1879), 797–815 u. 877–897; und sein Buch *Taulers Bekehrung. Kritisch untersucht*, Strassburg 1879.
⁵⁰ Als Überblick über die Historiographie siehe Gorceix, *Amis de Dieu*, 104–113.
⁵¹ Georg Steer, „Die Stellung des ‚Laien' im Schrifttum des Strassburger Gottesfreundes Rulman Merswin und der deutschen Dominikanermystiker des 14. Jahrhunderts", 645–646.
⁵² Als Liste solcher Texte siehe Steer, „Die Stellung des ‚Laien'", 644.

1364 kaufte Merswin ein leerstehendes Kloster namens *grünenwörth* auf einem Grundstück, das ursprünglich eine Insel in dem durch Strassburg fließenden Fluss Ill gewesen war. Er ließ die Gebäude wiederherstellen und richtete in ihnen das erste institutionelle Zentrum der Gottesfreunde ein. Während der ersten paar Jahre stand Grünenwörth unter der Aufsicht von vier von Merswin ernannten Weltpriestern, aber dieses Arrangement bewährte sich nicht. 1371 übergab er das Haus dem Ritterorden der Johanniter von Jerusalem (auch Hospitaliter genannt). Er selbst behielt die eigentliche Vollmacht über die Gemeinschaft und versuchte, eine religiöse Stätte zu schaffen, an der Kleriker und Laien gemeinsam leben konnten. Einige derjenigen, die sich der Gemeinschaft von Grünenwörth anschlossen, sind uns bekannt, namentlich der Priester Nikolaus von Löwen († 1402), der Merswins Sekretär und literarische rechte Hand wurde. Nikolaus spielte bei der Abfassung der Gedenkbücher des Hauses, die die hier vorgestellten Schriften enthalten, eine wichtige, nur schwer genau zu bestimmende Rolle. Aber die Gemeinschaft von Grünenwörth blieb weithin ein Gebilde der Vision und Finanzquellen seines Besitzers, was zu erklären hilft, weshalb seine Bedeutung für die Geschichte der Mystik sehr kurzlebig war.[53]

Was hoffte Rulman Merswin mit dieser Neugründung zu erreichen? Seine Absichten erklärt er in der Erzählung, die als *Geschichte des Hauses von Sankt Johannes* bekannt ist: Die Gemeinschaft sei gedacht als „Zuflucht aller ehrbaren und frommen Menschen, Laien oder Kleriker, Ritter, Junker und Bürger, die der Welt entfliehen und sich Gott weihen möchten, ohne in einen Mönchsorden einzutreten."[54] So wollte Merswin also eine Einrichtung schaffen, die ein tiefes religiöses Leben ermöglichte – die Verwirklichung des Ideals der Gottesfreunde –, ohne Rücksicht auf den klerikalen Status, wenn auch deutlich für die Schicht der Patrizier.[55] Seine Entscheidung von 1364 zeigt auch deutlich ein neues Stadium in der geistlichen Laufbahn des früheren Kaufmanns an, nämlich dasjenige des Gründers einer religiösen Gemeinschaft.

Merswin scheint während der nächsten anderthalb Jahrzehnte mit mehreren Formen seines neuen Konzepts für ein religiöses Gemeinschaftsleben gerungen zu haben. Schließlich gab er 1380 seine öffentliche Rolle auf, zog sich in ein Leben als Rekluse im Schoß der Gemeinschaft von Grünenwörth

---

[53] Als Johanniterhaus bestand es noch bis ins 15. Jahrhundert, aber Merswins Experiment mit einer gemischten Gemeinschaft war bald zu Ende. Über die Geschichte von Grünenwörth siehe Gorceix, „De l'Ile Verte au Haut Pays" *Amis de Dieu*, 88–113.
[54] Dieser Text wird zitiert von Gorceix, *Amis de Dieu*, 88–113.
[55] Auf diesen Charakter als Haus für Laien und Aristokraten wies deutlich Gorceix hin in *Amis de Dieu*, 144–149, 152–154 u. 258–259.

zurück und widmete sich der Mehrung und Herausgabe seiner literarischen Werke. Aus dieser großen Textsammlung kann man einige Vorstellungen von den realen und erträumten Leistungen der Gottesfreunde bekommen, zumindest wie Rulman Merswin sie sich vorgestellt hatte.

In der Geschichte der mittelalterlichen Mystik ist die Geschichte der Gemeinschaft von Grünenwörth weniger eindrucksvoll als die Fülle an Literatur, die die Gemeinschaft (das heißt weithin Merswin selbst) im halben Jahrhundert zwischen dem Anfang der Schriftstellerlaufbahn Merswins im Jahr 1352 und dem Tod seines Verlegers Nikolaus 1402 hervorbrachte.[56] Der Legende nach wurde nach Merswins Tod in seinem Zimmer eine Truhe entdeckt, die eine Sammlung von Texten sowohl von ihm als auch vom „lieben Gottesfreund vom Oberland" enthielt.[57] Nikolaus von Löwen kopierte diese Materialien und gab sie in mehreren Kompendien oder „Gedenkbüchern" heraus, so dem *Großen lateinischen Memorial* (jetzt verloren), dem *Großen deutschen Memorial* und dem *Buch der Briefe*. In den uns erhaltenen Sammlungen befinden sich Texte mit Berichten über die Gründung und Geschichte der Gemeinschaft von Grünenwörth, die Bekehrung Rulman Merswins und auch diejenige des geheimnisvollen Gottesfreunds sowie andere mystische und hagiographische Traktate. Es gibt auch eine Sammlung von 21 Briefen, die angeblich der Gottesfreund vom Oberland geschrieben haben soll.[58] Sieben dieser Schriften werden Merswin selbst zugeschrieben, siebzehn sollen von dem Gottesfreund stammen.[59]

---

[56] Die Bewohner des Hauses von Grünenwörth waren wie die unabhängigen Kreise der Gottesfreunde sehr an mystischer Literatur interessiert und stellten eine ganze Bibliothek solcher Texte zusammen. Das früheste erhaltene Ms. von Seuses *Exemplar* (Strassburg, UB, Ms. 2929) wurde für diese Gemeinschaft geschrieben.
[57] Diese Texte wurden rund anderthalb Jahrhunderte hindurch untersucht, herausgegeben und besprochen. Der jüngste Überblick stammt von Georg Steer, „Merswin, Rulman", in: VL 6,420–442. Siehe auch die Listen und die Besprechung in Gorceix, *Amis de Dieu*, 287–291 und Haas, „Gottesfreunde", 300–301. Auf Englisch gibt es nützliche, wenn auch etwas veraltete Erörterungen in Jones, *The Flowering of Mysticism*, Kapitel VI-VII; und Seesholtz, *The Friends of God* Kapitel VI-VII.
[58] Die Briefe wurden herausgegeben von Carl Schmidt, *Nikolaus von Basel. Leben und ausgewählte Schriften*, Wien 1866, 278–343. Diese Briefe sind wichtig für das Leben des fiktiven Gottesfreunds. Eine Übersetzung von sechs der Briefe in heutiges Deutsch findet sich in Wilhelm Oehl, *Deutsche Mystikerbriefe*, 397–424.
[59] Nicht alle diese Schriften werden hier besprochen, aber die folgende Liste kann eine Ahnung von dieser Materialfülle geben. *I. Merswin zugeschriebene Werke*: (1) *Büchlein von den Vier Jahren seines anfangenden Lebens*; (2) *Bannerbüchlein*; (3) *Neunfelsenbuch*; (4) *Buoch von den dreien durchbrüchen*; (5) *Sieben Werke der Barmherzigkeit*; und (7) Auszüge aus den Büchern 1 und 2 von Ruusbroecs *Geistlicher Hochzeit*. *II. Dem Gottesfreund zugeschriebene Werke*: (1) *Zweimannenbuch*; (2) *Fünfmannenbuch*; (3) *Buch von den fünfzehnjährigen Knaben*; (4) *Buoch von dem gevangen ritter*; (5) *Von den beiden Klausnerinnen Ursula und Adelheid*; (6) *Von zwei bayerischen Klosterfrauen, Margarete und Katharina*; (7) *Buch von*

Dieses Material lässt sich am besten, wie Georg Steer schreibt, als „Hausliteratur" für die Gemeinschaft betrachten, „zu dem Zweck geschaffen, das Konzept einer speziellen Auffassung der Gottesfreundschaft zu legitimieren und die geistliche Besonderheit der Merswin'schen Stiftung, die Johanniterbrüder und weltentsagende Laien unter einem Dach zu vereinigen suchte, ideologisch abzusichern."[60] Ein guter Teil dieser Fülle von geistlich pädagogischem Material enthält auch ältere Texte, auf die Merswin aufmerksam geworden war. Mag auch wenig davon wirklich originell sein oder an die besten mystischen Schriften des spätmittelalterlichen Deutschland herankommen, so sind Merswins Schriften nicht ohne erzählerische Kunst und man muss ihm zugute schreiben, dass er die faszinierende Romanfigur des Gottesfreundes vom Oberland geschaffen hat.

Das Pseudonym hat in der mystischen Literatur eine lange Geschichte, die mindestens bis zur Zeit zurückreicht, als gegen 400 n. Chr. bestimmte Schriften dem Wüstenvater Makarios zugeschrieben wurden und um das Jahr 500 Schriften unter dem Namen des ersten Schülers von Paulus, nämlich Dionysius, in Umlauf kamen. Was den Fall von Merswin interessant macht, ist, dass wir hier vielleicht zum ersten Mal einen Autor finden, der sowohl sich selbst als exemplarischen Mystiker schuf als auch einen fiktiven Mentor seiner selbst, um seiner Botschaft damit eine vom Himmel her verstärkte Autorität zu verschaffen. Merswin war wie sein englischer Zeitgenosse Richard Rolle Laie. Nicholas Watson hat aufgezeigt, wie hartnäckig sich Rolle als Laie darum bemühte, seinen mystischen Schriften Autorität zu verschaffen.[61] Merswin musste nicht nur seinen Status als Lehrmeister verteidigen, sondern auch denjenigen als Gründer einer neuen Form religiösen Gemeinschaftslebens. Er fand eine in gewisser Hinsicht geniale Lösung: die Schaffung einer imaginären und höheren Mystik sowie einer verborgenen heiligen Gemeinschaft, die ein Vorbild und eine Verteidigung seiner eigenen Laufbahn und Handlungen bot. So genial seine Lösung war, steckte in ihr doch etwas, das, um die Formulierung von Alois Haas zu verwenden, seine Erfindung in die Gefahr brachte, aus der Mystik eine Mystifizierung zu machen.[62]

---

der geistlichen Stiege; (8) *Buch von der geistlichen Leiter;* (9) *Buch von dem fünkelin in der selen;* (10) *Eine letze* (= Lektion) *an einen jungen Ordensbruder;* (11) *Buoch von eime eigentwilligen weltwisen;* (12) *Buoch von einer offenbarunge;* (13) *Materie von eime jungen weltlichen manne;* (14) *Die tovele* (Tafel); (15) *Dialog eines Klosterbruders mit einem jungen Priester namens Walther;* (16) *Briefe;* und (17) *Meisterbuch.*

[60] Steer, „Merswin, Rulman", 438.
[61] Nicholas Watson, *Richard Rolle and the Invention of Authority*, Cambridge 1991.
[62] Haas, „Gottesfreunde" 300: „… und damit die Mystik zur Mystifikation zu werden drohte."

In der Sammlung von Grünenwörth finden sich drei autohagiographische Berichte, die angeblich der Gottesfreund an Rulman Merswin schickte. Sie liefern die Grundlage für die mystische „Legende" (im etymologischen Sinn), die Merswin schuf. Merswin erzählt im Bericht über seine Bekehrung, der *gottes frünt* habe ihm kurz nach ihrer Begegnung im Jahr 1350/1351 einen Text ausgehändigt. Es scheint sich dabei um den Traktat zu handeln, der als das *Buch von den fünfzehnjährigen Knaben* bekannt ist. Dieses Buch enthält eine phantasievolle, geradezu romanhafte Darstellung des frühen Lebens des Gottesfreundes. Als einziger Sohn eines reichen Kaufmanns geboren, wächst der Freund als enger Freund des Sohnes eines Ritters auf. Als die beiden das Alter von fünfzehn Jahren erreicht haben, verlieben sich beide in junge adelige Damen, beginnen aber auch getrennte Wege zu gehen. Dem jungen Kaufmann gelingt es schließlich, die Erlaubnis zur Heirat einer Frau aus höherem Stand zu bekommen, aber dann verlässt er seine langersehnte Braut dennoch, nachdem ihm eine Vision Christi am Kreuz zuteil geworden ist, der ihn bittet, sich zu einem Leben der Frömmigkeit zu bekehren. Nach vielen Versuchungen und Prüfungen erlangt der junge Mann den Status eines wahren Gottesfreundes, bekehrt seinen alten Ritter-Freund, der auf schlechte Wege geraten war und wird eine Säule der Kirche und ein Führer für andere. Interessanterweise wird er nicht berufen, seinen Reichtum aufzugeben, sondern ihn als Treuhänder für Gott zu verwenden.[63]

Weitere Informationen über Merswins *alter ego* liefert das *Fünfmannenbuch*.[64] In diesem mystischen Roman wird ein späteres Stadium aus der Geschichte des Gottesfreundes beschrieben. Er soll diese Erzählung, in der er sein Leben von 1365 bis 1374 beschreibt, ins Haus nach Grünenwörth geschickt haben. Darin wird der *gottes frünt* als hohe, aber verborgene Autorität in der Kirche beschrieben, der ein weltweites Netzwerk geheimer Gottesfreunde anführe. Um nicht bekannt zu werden, flieht er mit vier Gefährten in die Berge: mit seinem alten Freund, dem Ritter; einem anderen Ritter, der nach dem Tod seiner Familie ein Leben der Armut gewählt hatte; einem bekehrten Juden; und einem Gelehrten im Kirchenrecht. In ihrem Rückzugsort in den Bergen pflegt diese kleine Gruppe von Gottesfreunden ein Leben strenger Buße und inneren Gebets und führt damit das Ideal der mystischen Gemeinschaft vor Augen: den Archetyp dessen, was Merswin

---

[63] Das *Buch von den fünfzehnjährigen Knaben* wurde herausgegeben von Carl Schmidt, *Nikolaus von Basel. Leben und ausgewählten Schriften*, 79–101. Eine Zusammenfassung findet sich bei Jones, *The Flowering of Mysticism*, 124–127.
[64] Das *Fünfmannenbuch* wurde 1927 von Strauch im selben Band herausgegeben, der Merswins oben vorgestelltes Werk *Vier anfangende Jahre* enthält.

in Grünenwörth in die Praxis umzusetzen versuchte. In anderen Texten werden weitere Details zur Legende vom Einfluss dieses Gottesfreunds hinzugefügt. Es heißt, 1377 sei er nach Rom gegangen, um Papst Gregor XI. zu beraten. Während der Treffen oder Reichstage, die die Gruppe und weitere Gottesfreunde veranstalten, die zur Einkehr auf den Berg kommen, ereignen sich übernatürliche Dinge. 1380 kommt vom Himmel ein Brief zu ihnen herab, in dem das Ende der Welt vorausgesagt wird, aber dank des Gebets der Gottesfreunde wird dieses drei Jahre lang aufgeschoben. Damit hat die Mystifizierung die Oberhand gewonnen.

Die einflussreichste aller Geschichten über *den lieben gottes frünt in oeberlant* findet sich im so genannten *Meisterbuch*, oder, wie es in späteren gedruckten Fassungen genannt wird, der *Geschichte des Hochwürdigen Doctor Johannes Tauler*. Das Werk ist eine Bekehrungserzählung mit zehn Kapiteln in Form eines Dialogs ursprünglich zwischen einem mit Namen nicht genannten *meister* (Doktor der Theologie) und einem ebenfalls nicht namentlich genannten *laien*. Er enthält auch die Texte von fünf vom Meister gehaltenen Predigten, eine vor und vier nach dessen Bekehrung. Der Text beruht wie so viele andere Texte aus dem Scriptorium von Grünenwörth auf früherem Material. Da noch eine kritische Ausgabe davon fehlt, ist die Absicht Merswins bei der Komposition und Redaktion dieses Textes noch nicht klar. In der Fassung, die sich im *Großen deutschen Memorialbuch* aus Grünenwörth findet, wird gesagt, bei dem Laien handle es sich um „Rulman Merswins unseres Gründers treuen Gefährten, den lieben Gottesfreund vom Oberland".[65] Im frühesten Druck des Werkes von 1498 in Leipzig wurde angegeben, der Meister sei Johannes Tauler; das war eindeutig ein Irrtum, der aber eine lange Geschichte erleben sollte.[66] Manche Fachleute haben darauf hingewiesen, dass die Gleichsetzung mit Tauler nicht ganz unbegründet sei, denn eine Reihe der Themen des *Meisterbuchs* reflektierten Aspekte von dessen Lehre.[67] Das *Meisterbuch* war angesichts von min-

---

[65] Diese Fassung wurde von Carl Schmidt herausgegeben, der sie irrtümlicherweise Nikolaus von Basel zuschrieb; siehe *Nikolaus von Basel. Bericht von der Bekehrung Taulers*, Strassburg 1875; Reprint Frankfurt 1981. Die zitierte Angabe findet sich auf S. 61.

[66] Die Version des Textes, in der Tauler angegeben wird, wurde später, nämlich 1521 und 1522, als Einleitung zu Ausgaben von Taulers Predigten gedruckt. Diese Fassung, die in der Kapitelnummerierung und anderen Einzelheiten von dem von Schmidt herausgegebenen Text abweicht, wurde ins Englische übersetzt von Susanna Winkworth, *The History and Life of the Reverend Doctor John Tauler of Strasbourg; with Twenty-Five of his Sermons*, London 1905.

[67] Die inneren Zusammenhänge zwischen Taulers Predigten und dem *Meisterbuch* wurden untersucht von Gnädinger, *Johannes Tauler*, 91–96. Es sind unter anderen: (1) der Vorrang des *lebmeisters* vor dem *lesmeister;* (2) die Vorstellung, dass die wahre Bekehrung im Alter zwischen 40 und 50 Jahren stattfinde; (3) die Verehrung der heiligen fünf Wunden Christi; und

destens dreißig erhaltenen Manuskripten und vier frühen Drucken der bestbekannte und einflussreichste Text der Strassburger Gottesfreunde.

Michel de Certeau[68] hat darauf aufmerksam gemacht, dass das *Meisterbuch* ein wichtiges Zeugnis für eine Phänomen ist, das nicht neu war (wie ein Blick auf die Mystikerinnen des 13. Jahrhunderts zeigt), aber im Spätmittelalter und in der frühen Neuzeit an Bedeutung stark gewinnen sollte: dass die Erzählungen zunahmen, in denen ein ungebildeter Mensch aus dem Laienstand vom Himmel erleuchtet wird, damit er Gelehrte aus dem Klerikerstand unterweisen kann, deren Wissen oft rein menschlich und oft voller Stolz ist. Wichtig ist dabei, zu beachten, dass die Geschichte genau wie diejenige im Dialog der *Schwester Katrei* nicht darauf konzentriert ist, einen Gegensatz zwischen Laien und Klerus aufzuzeigen oder zu schüren, sondern auf den Prozess der Bekehrung, in dem der oder die Heilige aus dem Laienstand als Instrument der Gnade des Heiligen Geistes dazu dient, den Kleriker dahin zu bewegen, dass er das wird, wozu er berufen ist: ein *lebmeister* statt bloß ein *lesmeister*.[69] Zu Beginn des 5. Kapitels des *Meisterbuchs* äußert der Gottesfreund sogar, es bleibe ihm nichts mehr zu tun, denn der bekehrte Meister stehe jetzt unter der direkten Führung des Heiligen Geistes: „Herr Meister, so, wie es jetzt um euch steht, ist für mich nichts mehr zu tun. Ich kann euch in lehrender Weise nichts mehr zureden. Ich sollte jetzt eher begehren, von euch belehrt zu werden. Daher will ich jetzt hier bleiben, bis ich euch predigen höre."[70]

Trotz seines Charakters als Kompilation erzählt das *Meisterbuch* eine ansprechende Geschichte mit zwei stark herausgearbeiteten Hauptdarstellern. In den Manuskripten wird einleitend angegeben, die Geschichte beginne entweder 1340 oder 1346 mit dem Kommen des Gottesfreundes aus seinem eigenen Land in die Stadt (wohl Strassburg), weil er bei dem gelehrten Meister beichten und ihn predigen hören wolle. Die Predigt des Meisters zum Thema, wie man den höchsten Lebensstand erreichen könne (Kap. 1; Schmidt 3–7), ist wegen ihrer allgemein eckhartschen Natur interessant; sie endet mit vierundzwanzig der Heiligen Schrift entnommenen

---

(4) die Betonung des heiligen Laien. Hinzugefügt werden kann noch der Gebrauch des Begriffs „Pharisäer" zur Beschreibung unbekehrter Klosterleute.
[68] Michel de Certeau, *The Mystic Fable*, Chicago 1992, 234–237.
[69] Wie Gorceix, *Amis de Dieu*, 170–172 vermerkt, taucht die Rede vom Gegensatz zwischen *lebmeister* und *lesmeister*, von dem Tauler sprach, in dem Dossier der Schriften von Grünenwörth vermehrt auf.
[70] *Meisterbuch*, Kap. 5 (Schmidt 26–27): *Nuo dar herre der meister, alse es nuo umb úch stot so ist nuo nút me zuo tuonde das ich in lerender wise me zuo úch redende bin; ich sol nuo groesliche begeren von úch geleret zuo werdenne, und ich wil ouch nuo hie bliben untze an die zit das ich uwerre bredigen vil gehoere.*

Schlussfolgerungen, auf welche Weise die vom Wunsch, zu Gott zu gelangen, bewegten Seelen sich um Leerwerden und Freiheit bemühen sollten. Der Umstand, dass dieser Predigtstil hier aufs Korn genommen wird, weil er der bloßen Gelehrsamkeit entstammt statt der echten Gotteserfahrung, ist bezeichnend. Er bezeugt das Vorhandensein einer Kritik am exaltierten eckhartschen Predigtstil in Deutschland nach 1350.[71] Kapitel 2 (Schmidt 7–18) bringt eine Reihe von Gesprächen zwischen Meister und Gottesfreund, in denen der Meister zunächst Einspruch dagegen erhebt, dass ein bloßer Laie einen gelehrten Kleriker unterweisen könne, jedoch dann nach und nach die Vorwürfe des Gottesfreundes gelten lässt, er sei ein Pharisäer, der es zugelassen habe, dass in seiner Predigt der Buchstabe der Bibel deren Geist töte. Das Grundthema ist dabei, dass man praktizieren müsse, was man predigt. Schließlich akzeptiert der Meister den Gottesfreund als seinen *geistlichen vatter* (Schmidt 10). Von da an unterweist der Gottesfreund den Meister auf Grund seiner eigenen Erfahrung aus sieben Jahren des Übens. Zunächst einmal muss der Meister mit Predigen aufhören und sich auf die Übungen beschränken, die ihm der Gottesfreund vorschreibt (Kap. 2–4). Diese sind im Wesentlichen nicht anders als diejenigen, die Tauler in seinen Predigten nennt. Die grundlegende religiöse Einstellung, die man pflegen müsse, ist diejenige tiefer Demut,[72] aber wichtig sind auch eine moderate Askese als Form der Nachahmung Christi sowie die Bereitschaft, intensives inneres Leiden auf sich zu nehmen (hier tauchen taulersche Begriffe wie *getrenge* auf). Der Meister muss bereit werden, um Christi willen Missachtung und den Verlust seines öffentlichen Rufes auf sich zu nehmen.

Der Meister, von dem es heißt, er sei ungefähr fünfzig Jahre alt gewesen, als seine Bekehrung begonnen habe, eignet sich nach und nach diese schmerzlichen Lektionen an und beginnt damit, das einfache ABC wahrer Frömmigkeit zu lernen, das ihm der Gottesfreund als Gegensatz zu den vierundzwanzig tiefen Ratschlägen in seiner eigenen früheren Predigt beibringt. Gelegentlich sind die Ratschläge des *gottes frünts* mit eckhartschen Themen gefärbt, wie etwa in der langen Anweisung in Kapitel 3 (Schmidt 20–22), wie man mit der *demuetigen gelossenheit* die Gottesgeburt erlangen könne. Der Meister muss den Verlust seiner Freunde und geistlichen Schützlinge sowie der Wertschätzung seiner Mitbrüder im Kloster erleiden, bis er endlich bereit ist, sich ohne jeglichen selbstsüchtigen Vorbehalt vollkommen Gott auszuliefern. Dann erreicht er schließlich am Fest der Be-

---

[71] Siehe Gorceix, *Amis de Dieu*, 176–181, der weitere Texte aus Grünenwörth bringt, die Ausdruck des Widerstands gegen Spekulationen im Stil Eckharts sind.
[72] Eine beliebte Formulierung ist *zuo grunde gotte in gar grossen demuetikeit* (z. B. in Kap. 2, S. 11 und Kap. 4, S. 25).

kehrung des heiligen Paulus mitten in einer geistlichen Krise in seiner Zelle die vollkommene Selbstaufgabe und empfängt eine Erleuchtung von Gott, die ihm dessen Gnade zusichert und eine innere Kenntnis des Sinns der Bibel verleiht (Kap. 4, Schmidt 25). Am Ende ist er so weit, dass er wieder predigen kann; allerdings hat Gott noch eine weitere Prüfung auf Lager. Nachdem er angekündigt hat, er sei zu predigen bereit, wird seine erste öffentliche Predigt zur Katastrophe, weil er nichts als weinen und seine Zuhörerschaft um Vergebung bitten kann, die sich voller Abscheu abwendet. Aber gerade da, als sein Glück ganz dahin zu sein scheint, ist der Meister mit seiner Schulung in der Demut so weit, dass er Früchte erleben kann.

Der Gottesfreund rät ihm, fünf Tage mit der Betrachtung der fünf Wunden Christi zu verbringen (einer Frömmigkeitsübung, die auch Tauler empfahl). Am Ende dieser Zeit hält der Meister eine Predigt, nicht vor der allgemeinen Öffentlichkeit, sondern vor einem klösterlichen Kreis, über den Text: „Der Bräutigam kommt! Geht ihm entgegen!" (Mt 25,6).[73] Diese Predigt ist ein klassisches Beispiel der spätmittelalterlichen Predigt. Darin wird gezeigt, wie die Braut, die mit der menschlichen Natur gleichgesetzt wird (*menschliche nature ist die brut*, Schmidt 29), drei Leidenskelche trinkt, die ihr der himmlische Bräutigam reicht, sodann zur vollkommenen Auslieferung an Gott fähig wird und dafür mit der Erfahrung der mystischen Hochzeit mit der Dreifaltigkeit belohnt wird. Hier geht die Predigt in Dialogform über. Zunächst preist der Sohn die jetzt makellose Braut; sodann spricht der Vater sie an: „Wohlauf mit Freuden, es ist Zeit, zur Kirche zu gehen." Im Text wird dann weiter erzählt: „Und er nimmt den Bräutigam und die Braut, führt sie zur Kirche und traut sie da zusammen; verbindet sie da in übergroßer Liebe miteinander ... dass sie in Zeit oder Ewigkeit nie mehr getrennt werden können." Der Bräutigam bittet den Vater um ein Hochzeitsgeschenk, worauf dieser ihnen den Heiligen Geist schenkt. „Er schenkt der Braut eine derart überfließende große Liebe, dass die Braut vor Liebe überfließend wird und ganz in den Bräutigam hinein zerfließt. So kommt die Braut ganz außer sich selbst und wird derart von Liebe trunken, dass sie sich selbst vergisst und zusammen mit sich auch alle Geschöpfe in Zeit und in Ewigkeit."[74] Diese Beschreibung der „Freude jenseits von Freu-

---

[73] Diese Predigt findet sich in Kap. 6 (Schmidt 29–33). Das gleiche Schriftzitat lag auch Ruusbroecs *Geistlicher Hochzeit* zugrunde, einem damals in Deutschland bekannten Text.

[74] *Meisterbuch*, Kap. 6 (Schmidt 32): *Wol uf mir froeiden, es ist zit men sol zuo kirchen gon; und nimet den brútegoum und die brut und fueret sú zuo kirchen, vertruwet sú do suo sammene; und verbindet sú do in alse gar grosser mehelicher minne zuo sammene ... schenket die brut alse gar vuol überflüssiger grosser minnen, also das die brut wurt überfliessende von minnen und gar und gantz alzuomole in den brúteguom zerflüsset, also das die brut alse gar*

de" *(froeide über froeide)* der mystischen Hochzeit hat auf die Zuhörerschaft eine gewaltige Wirkung. Einer aus dem Versammelten ruft laut: „Das ist wahr, das ist wahr, das ist wahr!" und fällt dann wie tot zu Boden. Der Prediger schildert sodann noch die Rückkehr der Braut zum gewöhnlichen Bewusstsein, kommt zum Schluss und liest die Messe. Am Ende sind ein Dutzend weiterer Mitglieder der Zuhörerschaft derart von der Predigt entrückt, dass sie von den Nonnen der Gemeinschaft versorgt werden müssen. Dieser Bericht von der Predigt des Meisters ist zwar eine literarische Fiktion, aber damit soll gezeigt werden, was sich im spätmittelalterlichen Deutschland die Gottesfreunde von den mystischen Predigern erhofften.

Der Rest des *Meisterbuchs* ist weniger dramatisch. In den Kapiteln 7–9 folgen drei weitere Beispiele für die Predigt des Meisters, die weniger mystisch angelegt sind. Im Schlusskapitel werden seine letzten Unterredungen mit dem Gottesfreund angesichts des nahenden Todes wiedergegeben. In diesem von der Gemeinschaft in Grünenwörth verwahrten Text heißt es, nach neun Jahren erfolgreichen Predigens habe der Meister gespürt, dass sein Tod nahe. Da habe er den Gottesfreund zu sich gerufen, um ihm seine Aufzeichnungen über seine Bekehrung zu übergeben und ihn zu bitten, dies alles aufzuschreiben, ohne die wahren Namen zu verwenden. Wieder zeigt sich recht deutlich Merswins Geschick, plausible fiktive Erzählungen zu schaffen. Er beschreibt, wie der Meister einen schweren Todeskampf durchmacht, und nach dessen Tod flieht der Gottesfreund, damit ihm in der Stadt ja keine Ehre zuteil werde. Wie der Meister ihm versprochen hatte, meldet er sich drei Tage nach diesem Weggang nachts in einer übernatürlichen Audition, um ihm zu berichten, sein letzter Kampf sei ein Geschenk Gottes gewesen, damit er nicht mehr habe ins Fegfeuer gehen müssen und vor der Zeit ins Himmelsglück eingehen könne. Diese mystische Erzählung schließt damit, dass der Gottesfreund dem Prior und der Gemeinschaft von Grünenwörth einen Brief schickt und ihnen dies mitteilt.

Rulman Merswins andere Schriften fanden nicht die gleiche weite Verbreitung wie das *Meisterbuch*. Aber einige von ihnen führen uns recht anschaulich vor Augen, auf welche Weise dieser energiegeladene fromme Laie mystische Themen gebrauchte, um seine Version der Gottsuche vorzustellen. Der längste und meistbeachtete Text trägt den Titel *Neunfelsenbuch*. Dieser Mystik-Traktat liegt in einer kürzeren und einer längeren mittelhochdeutschen Fassung vor sowie auch in einer lateinischen Übersetzung. Der ursprüngliche kurze Text muss aus der Zeit des Schwarzen Todes (ca.

---

von ir selber kummet und alse gar von minnen trunken wurt, und das sú ir selbes vergisset und aller creaturen beide in zit und in ewikeit mit ir.

1347–1350) stammen. Er wurde 1374 bei der Inquisition der Strassburger Beginen als verdächtiges Werk bezeichnet. Merswin übernahm diesen Text 1352 und baute ihn für die Zwecke der Gemeinschaft von Grünenwörth aus.[75]

Das *Neunfelsenbuch* ist ein visionärer Dialog, dessen Zweck laut Aussage des Vorworts der ist, den Menschen „die rechte Straße" zu weisen, „die zu seinem Ursprung hinaufführt" (*die rechte strose ... die do ufgat zuo sime ursprunge*, 1,13–14). Es ist etwas ungeschickt in vier Abhandlungen unterteilt. In der ersten wird in Form eines Vorworts erzählt, wie die namentlich nicht genannte Hauptperson gezwungen wurde, dieses Buch zu schreiben. In der zweiten werden die eigenartigen Visionen dieses Mannes beschrieben; in der dritten folgt eine Abschweifung über die Sünden der verschiedenen Arten von Christen; und in der vierten die Schilderung der tatsächlichen Vision der neun Felsen und deren Erklärung.[76] Daran ist eine weitere Abhandlung über die Vision des Ursprungs angehängt. Im Vorwort wird erzählt, wie ein Mann im Advent an einen abgelegenen Ort zum Gebet ging, sich innerlich der Ewigen Weisheit zuwandte (was an Seuse erinnert) und mit „großen, wundersamen, fremdartigen Bildern" (*grose wunderliche froemede bilde*, 2,28) beschenkt wurde, die ihn in Angst und Verwirrung versetzten. Die Ewige Weisheit, auch die Geliebte genannt, sagt zum Visionär, er solle sich nicht fürchten, denn „diese Bilder sind nicht mehr als eine Ähnlichkeit anderer Dinge, die Gott dich sehen lassen will und die noch viel wundersamer als diese sind" (3,37–4,3). Die Verwendung imaginativer Visionen als Grundlage allegorischer Auslegungen und einer mystischen Pädagogik ist typisch für Merswins Schriftensammlung.[77] Der Rest des

---

[75] Die hier verwendete Ausgabe ist diejenige von Philipp Strauch, *Merswins Neun-Felsen-Buch (Das sogenannte Autograph)*, Halle 1929. Es gibt eine Übersetzung ins Englische in Kepler, *Mystical Writings of Rulman Merswin*, 55–143. Über das *Neunfelsenbuch* siehe Steer, „Merswin", 427–429; und Gorceix, *Amis de Dieu*, 204–211. Als englische Zusammenfassungen Seesholtz, *Friends of God*, 151–154; und Jones, *Flowering of Mysticism*, 184–189. Es ist durchaus möglich, dass der Text, wie wir ihn haben, einige Überarbeitung durch den Herausgeber Nikolaus von Löwen erfahren hat.

[76] Die vier Abhandlungen werden im Prolog umrissen (Strauch 1,26–2,8). Struktur und Ausführung des Textes haben zu unterschiedlichen Einschätzungen geführt. Jones sagt in *The Flowering of Mysticism*, 188–189, es sei „eines der aufschlussreichsten Dokumente, die uns von den ‚Gottesfreunden' überkommen sind"; aber Clark meint in *Great German Mystics*, 79–80, von diesem Buch: „Als Allegorie ist es schwach; als Literatur infantil."

[77] Als einsichtsreiche Untersuchung des allegorischen Charakters des Werks, in der hervorgehoben wird, wie das *Neunfelsenbuch* als Gleichnis dazu dient, das Erwählungsbewusstsein bei der angezielten Lesergemeinschaft zu bestärken und seinen Sinn vor der allgemeinen Masse der Sünder zu verbergen, siehe S. L. Clark und Julian N. Wasserman, „The Soul as Salmon: Merswin's *Neunfelsenbuch* and the Idea of Parable", in: *Colloquia Germanica* 13 (1980), 47–56. Auch Gorceix bringt in *Amis de Dieu*, 192–211 eine Erörterung von Merswins

Vorworts besteht aus einer ziemlich hochtrabenden Diskussion, in der die Ewige Weisheit den Visionär zwingt, das, was er gesehen hat, niederzuschreiben. Der Zweck ist wieder der gleiche wie bei anderen von Männern oder Frauen aus dem Laienstand geschriebenen Texten: Damit soll dem Visionär und seinem Text Autorität verschafft werden.[78]

Die zweite kurze Abhandlung (11,32–18,8) schildert eine Vision von einem hohen Berg, auf dem sich oben ein See voller Fische befindet. Sein Wasser fließt den Berg herab und trägt die Fische mit sich in einen anderen See im Tal zu Füßen des Berges hinunter. Die Fische sehnen sich danach, wieder auf den Berg zurück in ihren Ursprungssee zu gelangen. Es heißt, diese Vision werde als „Zeichen oder Gleichnis" (*bizeihen odder gelichnisse*, 16,24) dafür offenbart, wie schlecht die Menschen im derzeitigen Zustand der Christenheit lebten. Diese Schau leitet die lange dritte Abhandlung ein (18,9–73,12), die aus Ansprachen an achtzehn Stände von Christen besteht, angefangen mit Päpsten und endend mit den Frauen und den Verheirateten. Allen wird ausführlich ihre jeweilige sündige Lebensart vorgehalten und sie werden aufgefordert, sich zu bessern. Ein Großteil davon ist ödes Moralisieren, bei dem die verderbte Gegenwart mit der guten alten Zeit verglichen wird. Zwei Abschnitte darin sind jedoch interessanter. Der erste ist die Ansprache an die Bürger und Kaufleute (43,30–47,27), in der sich ein starker Sinn für soziale Gerechtigkeit äußert; und die zweite die ziemlich überraschende Einstellung gegenüber guten Juden und Heiden. In einer Zeit und Gegend, die so viele schreckliche Pogrome erlebte, sagt der Geliebte zum Visionär: „Ich will dir sagen, Gott hat in diesen Zeiten einen Teil Heiden und einen Teil Juden viel lieber als viele Menschen, die Christi Namen tragen und dennoch gegen alle christliche Ordnung leben."[79] Die Erklärung dafür lautet, dass der Gott fürchtende Jude oder Heide, der keinen anderen besseren Glauben kenne als den, in den er geboren sei, von Gott „auf viele geheime Weisen, die die Christenheit nicht kennt" gerettet werden könne (63,9). Das treffe insbesondere auf die Todes-

---

Gebrauch allegorischer Bilder. Das *Neunfelsenbuch* enthält mehrere Ausführungen über die Notwendigkeit, bei der Unterweisung *gelichnisse* zu verwenden (siehe 16,5–27, 132,10–16 u. 166,8–27).

[78] Zur Steigerung der Autorität des Werks gibt es etliche traditionelle Argumente und *topoi*: (1) Gott könne auch Ungebildeten Weisheit eingießen (6,17–23); (2) die Wahrheit des Buches werde von Gott garantiert und der Christenheit aufs Herz geschrieben (7,23–33; vergleichbar mit Mechthild von Magdeburg); und (3) Gott könne heute von *sinnen fründen* genauso etwas aufschreiben lassen wie vor tausend Jahren (7,1–10).

[79] *Neunfelsenbuch* (62,3–8): *ich wil dir sagen, got der het ein deil heiden und ein deil gudden in diesen citen fil lieber denne fil menschen die cristonnammen hant und doch widder alle cristenliche ordenunge lebbent.*

stunde zu, in der Gott den guten Heiden oder Juden von innen her erleuchten könne, damit er die Taufe begehre (was später als „Begierdetaufe" bezeichnet wurde: eine ohne die äußere Zeichenhandlung gültige Taufe, wenn der Betreffende sie von Herzen ersehne).

Die vierte Abhandlung (73,13–139,21) handelt dann schließlich von der Vision der neun Felsen oder Felsplateaus, die auf den Gipfel des Berges führen. Diese neun Felsen stellen einen geistlichen Weg dar, über den die Fische oder Seelen, von denen eingangs gesagt wurde, sie seien vom Berg herabgeflossen, versuchen, jetzt wieder zum göttlichen Ursprung zurückzuspringen, so wie Lachse flussaufwärts wandern. Die ersten vier Stufen sind weithin aszetischer Natur; die letzten fünf sind zunehmend mystischer Art und es wird die Auslieferung des Eigenwillens und das zunehmende Gleichförmigwerden mit Gott betont. Der Aufstiegsprozess wird damit gekennzeichnet, dass in Richtung nach oben die Zahl derjenigen, die die einzelnen Stufen erreichen, rasch abnimmt, bis auf der neunten Stufe nur noch drei Menschen übrig sind. Von da her gesehen wurde das *Neunfelsenbuch* schon als „apokalyptisches Gleichnis" beschrieben, „insofern es die Trennung der wenigen Geretteten von den vielen Verdammten beschreibt."[80] Auf dem ersten Felsen befinden sich diejenigen, die ihre Sünden gebeichtet haben, aber weiterhin in Gefahr bleiben, zurückzufallen. Auf dem zweiten sind diejenigen, die sich von der Welt abkehren und bereit sind, „dass sie ihren Eigenwillen aufgeben und einem Gottesfreund gehorsam sind, dem der Weg genau bekannt ist."[81] Auf dem dritten Felsen finden wir diejenigen, die sich von Gott freiwillig *strenge uebunge* (98,20) zumuten lassen; auf dem vierten diejenigen, die versuchen, ihre eigene schwache Menschennatur abzulegen und darauf aus sind, Gottes Willen gegenüber so gehorsam zu sein, wie sie nur können.

Der fünfte Felsen bezeichnet den Beginn mystischerer Formen des geistlichen Lebens, denn in ihrer Antwort an den Visionär erklärt die göttliche Stimme an diesem Punkt: „Wer auf diesen fünften Felsen kommt und stetig darauf bleibt, der ist auf den rechten Anfang der rechten Straße gelangt, die zum Ursprung hinaufgeht."[82] Auf dem sechsten Felsen „sind die Menschen,

---

[80] Clark and Wasserman, „The Soul as Salmon", 53. Siehe auch Susan L. Clark und Julian S. Wasserman, „*Purity* and *Das Neunfelsenbuch*. The Presentation of God's Judgment in Two Fourteenth-Century Works", in: *Arcadia* 18 (1983), 179–184.
[81] *Neunfelsenbuch* (93,16–17): ... *das si iren eigin willen wellent ufgebben und wellent eime gottesfrúnde, demme der weg wol bekant ist, gehorsam sin.* Wie erwartet werden kann, kommt die hohe Bedeutung der *gottesfrúnde* im ganzen Text zum Ausdruck. Siehe z. B. 8,1–10, 48,32, 69,2, 94,31–95,12, 112,10–11, 136,6–7, 140,18, 143,18, 166,26 und besonders 160,26–162,34, worin der Begriff elfmal verwendet wird.
[82] *Neunfelsenbuch* (107,20–23): ... *wer uffe diesen fünften fels kuomet und ovch stette duffe*

die sich Gott überlassen und ihren eigenen Willen an Gottes statt den Gottesfreunden übergeben haben und den ganz festen Willen haben, bis zu ihrem Tod gehorsam und beständig zu bleiben."[83] Auf dem siebten Felsen befindet sich die noch geringere Zahl derer, die sich vollkommen Gott ausgeliefert haben und ihm in allem ganz gehorsam sind. (Ab jetzt beginnt die Unterscheidung zwischen den einzelnen Stufen künstlich zu werden, da immer wieder inhaltlich fast das gleiche formuliert wird.) Diejenigen auf dem achten Felsen werden zwar als hoch über dem siebten Felsen beschrieben, aber wiederum als solche dargestellt, die vollkommen gehorsam sind, allerdings noch ein winziges verborgenes Stück Eigenwillen haben. Ein neuer Zug kommt jedoch in diese Wiederholungen damit, dass der Visionär sagt: „Diesen Menschen wird hie und da ein winziger Blick in den Ursprung geschenkt, aber (was sie da sehen,) das können sie in kein Bild fassen und mit keinerlei Worten aussprechen."[84]

Die Beschreibung des neunten Felsens (123,14–139,21) führt vor Augen, wie sich die Schriften von Rulman Merswin als eine Form der Mystik ansehen lassen, aus der eine elitäre Mystifizierung wird, mit der er seine Vision für die Gemeinschaft von Grünenwörth bekräftigen möchte. Dieser Abschnitt des Traktats ist reich an sprachlichen Wendungen der von Eckhart initiierten Mystik vom Grund, beschränkt diese jedoch auf drei Menschen (124,6–7). Merswin hat diese Motive dergestalt adaptiert, dass das Einswerden mit Gott nicht mehr als Option erscheint, die vielen guten Christen als erstrebenswert offen stehe, sondern nur als ferne Vision für diejenigen, die willens seien, sich den Gottesfreunden als den einzig wahren (und wenigen) Mystikern zu unterwerfen. Damit wurde aus der demokratischen Vision vom mystischen Einswerden, die Eckhart und Tauler entwickelt hatten, bei Merswin eine neue Form des Ideals für eine kleine Elite.

Der neunte Fels wird als „das Eingangstor zum Ursprung, aus dem alles Geschaffene im Himmel und auf Erden kommt" beschrieben (126,6–8). Die einigen wenigen, die sich dort befinden (darunter jetzt auch der Visionär) sind infolge ihrer harten Askese dem äußeren Aussehen nach krank und abgemagert, aber in ihrem Inneren von der göttlichen Liebe erleuchtet. Sie sind die wahren Gottesfreunde, die Säulen der Christenheit, als die sie

---

blibet, der ist erst kuomen uffe den rehten annefanc der rehten strosen die do ufget zuo demme ursprunge.
[83] *Neunfelsenbuch* (112,9–13): *... daz sint die menschen die sich gotte hant gelosen und hant den gottes fründen iren eigen willen ufgeben an gottes stat und hant einen ganzen festen willen daz si gehorsam und stette wellent bliben unze in iren tot.*
[84] *Neunfelsenbuch* (120,36–121,3): *... diesen menschen wrt zuo etthelichen cithen ein fil wnder kleinnes blickelin usser demme ursprunge und das selbe kuonent si zuo keinnen bilden bringen noch mit keinnen worthen usgesprochen.*

schon Tauler und andere bezeichnet hatten. Die Wahrheit erklärt dem Visionär: „So wenig diese Menschen auch sind, so lässt doch Gott die Christenheit um dieser Menschen willen bestehen. Du sollst auch wissen: Wären diese wenigen Menschen außerhalb der Zeit (d. h. nicht mehr in der Welt), so ließe Gott die Christenheit auf der Stelle untergehen."[85] Die Menschen auf diesem Felsen sind vollkommen demütig und haben in der Nachahmung Christi ihren Willen vollkommen Gott ausgeliefert. Da sie immer noch „in dieser Zeit" sind, wird ihnen nur hie und da „ein winziger Blick in den Ursprung" geschenkt (128,4–24; vgl. 137,26–138,8). Auch zur Beschreibung dieser vollkommen gewordenen Seelen werden eckhartsche Themen verwendet. Sie „lieben alle Menschen gleichermaßen in Gott" (130,13–13); „sie leben in Unwissenheit *(unwissende)* und begehren nicht einmal zu wissen" (130,26–27). Aber dass man auf dem neunten Felsen fest stehe, sei nicht garantiert. Man könne von ihm wieder herabfallen; und solche Renegaten würden wegen ihrer Fähigkeit, andere Menschen in die Irre zu führen, im Christentum zu den gefährlichsten Menschen werden (134,22–31). Merswin könnte hier an die Häretiker vom Freien Geist gedacht haben (siehe auch 148,37–150,17).

Am Ende der vierten Abhandlung bittet der Visionär um die Erlaubnis, auf dem neunten Felsen bleiben zu dürfen, aber der Geliebte verspricht ihm noch mehr als dieses. Weil „sein Herz und seine Seele voller Demut und liebevoller Loslösung" *(minnender gelosenheithe,* 139,18) sei, werde ihm in seinem inneren Auge eine Vision des Ursprungs zuteil. Aus der Beschreibung dieser Vision besteht die fünfte Abhandlung (139,22–166,34). Der Visionär scheut sich, den Ursprung anzuschauen, sagt jedoch, er wolle dem göttlichen Befehl gehorchen. „Als mit diesen Worten der Mensch seinen Willen in den Grund Gottes hinein *(zuo gruonde gotte)* aufgab, da wurde im selben Augenblick diesem Menschen die Pforte des Ursprungs aufgetan und man ließ ihn in den Ursprung sehen."[86] Die kurze Vision gewährt ihm unermessliche Freude, und obwohl ihm aufgetragen wird, dieses Erlebnis niederzuschreiben, bleibt der Ursprung völlig unsagbar. „Je mehr er über ihn nachdachte, desto weniger wusste er, denn er war größer als alles, was er je gesehen oder wovon er gehört hatte" (140,33.34). Die Vision wird unter Verwendung vieler Themen aus der mystischen Tradition weiter umschrie-

---

[85] *Neunfelsenbuch* (127,31–35): ... *wie lúccel dirre menschen sint, so lot doch got die cristenheit uffe diesen menschen geston; du solt ovch wissen, werent diese lúcceln menschen usser der cit, das got die cristenheit an stette liese undergon.*
[86] *Neunfelsenbuch* (141,8–12): *In diesem selben worthen do dirre mensche sinnen willen also gar zuo gruonde gotte ufgap, in demme selben ovgenblicke wart diesen menschen die phorthe des ursprunges ufgethon, und wart dirre mensche gelosen in den ursprunc sehhen.*

ben: es sei eine mystische Hochzeit (144,23–26); ein Besuch in der hohen Schule des Heiligen Geistes (144,26–31); sie ermöglicht dem Visionär, seine *resignatio in infernum* zu erklären, das heißt seine Bereitschaft, falls dies Gottes Wille wäre, sogar gern für immer in der Hölle zu sein (146,15–20). An mehreren späteren Stellen wird auch die Rede vom Einssein mit Gott gebraucht, gelegentlich mit eckhartschen Begriffen: „Die Antwort kam: ‚Du sollst wissen, dass diese Menschen ihren Namen verloren haben; sie sind namenlos geworden und sind Gott geworden.'" Als der Visionär sich über diese Rede vom r„Gott werden" wundert, folgt jedoch eine traditionelle Erklärung: „Der Mensch, der in der Zeit so weit kommt, dass er von Gott erlangt, in den Ursprung sehen zu dürfen, der wird das aus Gnade, was Gott von Natur aus ist."[87] Die fünfte Abhandlung schließt mit einem langen Dialog zwischen dem Geliebten und dem Visionär, der jetzt in die Gemeinschaft der „wahren Gottesfreunde" (*geworen gottes fründe*, 160,29) erhoben ist. Sie sprechen über den sündigen Zustand der Christenheit sowie von der Notwendigkeit, sich statt den Pharisäern den wahren Gottesfreunden anzuschließen, wenn man dem bevorstehenden Gericht entkommen wolle. Die beunruhigen Aussagen über die Rache Gottes, die das *Neunfelsenbuch* durchziehen, sind weit von Eckhart und Tauler entfernt; auch machen die vielen Wiederholungen das Buch streckenweise zur ermüdenden Lektüre. Das ist Ausdruck sowohl der Vision als auch der Grenzen der Gemeinschaft von Grünenwörth.

Mehrere der kürzeren Werke in der Schriftensammlung Merswins sind ebenfalls aufschlussreich darüber, welchen Stellenwert die Mystik bei den Gottesfreunden und besonders bei denjenigen in Grünenwörth hatte. Wiederum muss beachtet werden, dass es anachronistisch wäre, wollte man diese Texte lesen entweder als erste Anzeichen der Reformation (was oft vor einem Jahrhundert und mehr geschah) oder als Zeugnisse der Geburt einer neuen Form von Laienfrömmigkeit (wie das heute noch geschieht). Diese Texte sind für einen Großteil der mystischen Literatur des 14. Jahrhunderts typisch. Das lässt sich zum Beispiel daran sehen, wie darin immer wieder auf die Gefahren der falschen Mystik hingewiesen wird. Die diesbezügliche Befürchtung zeigt sich im *Neunfelsenbuch* und noch stärker in dem Text, der als *Bannerbüchlein* bezeichnet wird.[88] In diesem programma-

---

[87] *Neunfelsenbuch* (156,32–157,7): *Die entwrte sprach: das wil ich dir sagen, du solt wissen das diese menschen iren namen fúrloren hant und sint nammelos worden und sint got worden ... [W]elre mensche hie in der cit derzuo kuomet das er umb got urwrbet das er wrt gelosen in den ursprunc sehhen, der mensche wrt got von gnoden das got ist von nattuoren*. Als weitere Erwähnung der Einung siehe 153,4–5.
[88] Das *Bannerbüchlein* wurde herausgegeben von A. Jundt, *Les Amis de Dieu*, 393–402; ein

tischen Werk geht es um den Gegensatz zwischen denjenigen, die unter dem Banner Christi marschieren und den Befürwortern der falschen Freiheit, die dem Banner Satans folgen. Diese „freien falschen Menschen" *(frigen valschen menschen)* behaupteten, sie hätten einen Zustand erlangt, in dem sie nicht mehr leiden oder sterben müssten. Sie verschmähten die von Christus gelehrte Demut und verharmlosten sein Leiden; auch missbrauchten sie die Heilige Schrift. Mit diesem Traktat werden alle aufgerufen, derlei Menschen zu fliehen und ihre Zuflucht bei Christus zu suchen: „Ich weiß in diesen Zeiten nichts Sichereres, als einzig zu dem gekreuzigten Christus zu fliehen. Wer jetzt mit ganzem Vertrauen zu Christus flieht, der soll auch ganz darauf vertrauen, dass er ihn nicht verlässt."[89] Es sei die Pflicht aller Christen, unter dem blutroten Banner Christi gemeinsam mit den wahren Gottesfreunden gegen solche Irrtümer zu kämpfen.

Zwei der interessanteren Mystik-Texte in der Schriftensammlung von Grünenwörth sind das *Buoch von den dreien durchbrüchen* und das *Buch von dem fúnkelin in der selen*, die Bernard Gorceix als „eine der beiden geistlichen Perlen des Dossiers" bezeichnet (die andere ist das *Neunfelsenbuch*).[90] Das *Buoch von den dreien durchbrüchen* ist wie ein Großteil der Literatur von Grünenwörth von einem früheren anonymen Traktat abhängig, in dem Fall von demjenigen „Über die drei Fragen" *(Von den drîn fragen)*, einem Werk im Stil Eckharts (der darin sogar viermal namentlich genannt wird). Dieser Text aus der Mitte des 14. Jahrhunderts ist in nicht weniger als 42 Kopien erhalten (also öfter als jedes authentische Werk Eckharts) und übte in Deutschland und den Niederlanden bis ins 16. Jahrhundert beträchtlichen Einfluss aus.[91]

Der Traktat beginnt auf eckhartsche Weise, indem drei Fragen gestellt werden, die sich auf die drei Stufen des Wegs zu Gott beziehen: diejenige

---

Auszug daraus erschien in Jundts *Panthéisme populaire*, 211–214. Als Literatur darüber siehe Jones, *The Flowering of Mysticism*, 122–124; Gorceix, *Amis de Dieu*, 126–128; und Steer, „Merswin", 426–427.

[89] *Panthéisme populaire*, 213: *Ich weis in disen ziten nút sichers, wenne alleine zuo fliehende zuo dem gekrútzigeten Cristo: wer nuo mit gantzen trúwen flúhet zuo Cristo, der sol ouch ein gantz getrúwen zuo ime han, das er in nút lasse.*

[90] Das *Buch von dem fúnkelin in der selen* wurde herausgegeben von Philipp Strauch in *Sieben bisher unveröffentlichte Traktate und Lektionen*, Halle 1927, 21–35. Als Literatur darüber siehe Gorceix, *Amis de Dieu*, 200–204; Seesholtz, *Friends of God*, 143–145; und Jones, *The Flowering of Mysticism*, 131–132.

[91] Das *Buoch von den drien durchbrüchen* wurde herausgegeben von Auguste Jundt, *Panthéisme populaire*, 215–230. Der Teil des Werks, für den die Schrift *Von den drîn fragen* verwendet wurde, findet sich in 215–220 und 227–230. Über dieses pseudo-eckhartsche Werk siehe Kurt Ruh, „Von den drîn fragen", in: VL 2,234–235. Als Literatur über das *Buoch von den drien durchbrüchen* siehe Gorceix, *Amis de Dieu*, 176–178; und Seesholtz, *Friends of God*, 163–165.

der Anfänger, der Fortgeschrittenen und der Vollkommenen: „Die erste Frage ist: Welcher Durchbruch ist der schnellste, den der Mensch tun kann, der zum höchsten, vollkommensten Leben gelangen möchte? Die zweite Frage ist: Welcher ist der sicherste Grat, auf den sich der Mensch nach diesem ersten Durchbruch in der Zeit stellen kann? Die dritte Frage ist: Welche ist die engste Vereinigung, mit der sich der Mensch in dieser Zeit mit Gott vereinigen kann?"[92]

Die Antworten sind so, dass Eckhart sie gegeben haben könnte. Der schnellste Weg zum Durchbruch sei ein freier, demütiger „Weggang *(abegang)* im Geist und in der Natur". Man müsse alle geschaffenen äußeren Dinge hinter sich lassen, sogar die „überfließende Süßigkeit des Geistes", um zu *grosser demuetiger goettlicher gelossenheit* (216) zu gelangen. An diesem Punkt kommt Meister Eckhart zu Wort und verurteilt diejenigen, die schon den bloßen Schein der geistlichen Süßigkeit mit der Wirklichkeit von Gottes Wesen verwechselten: „Denn Gott ist das Wesen; die geistliche Süßigkeit ist der Schein" (*Wanne got der ist das wesen; aber geistliche sússikeit ist der schin*, 216).

Zur weiteren Erörterung dieser Fragen nimmt der Text Dialogform an. Ein namentlich nicht genannter Mensch fragt einen großen Lehrer (Eckhart?) nach der echtesten Form der Loslösung. Der Lehrer empfiehlt „eine wahrhaft *gelossene gelossenheit* in Geist und Natur ... so dass der Mensch mit allen seinen natürlichen Kräften zu allen Zeiten Gott vollkommen lassen kann." Hierauf wird ein anderer Lehrer zitiert, der ebenfalls in dieser Eckhart so teuren paradoxen Sprache vom Verhältnis von Loslassen und Einswerden spricht: „Eine wahre *gelossene gelossenheit in dem geiste und in der naturen* (würde darin bestehen,) dass sich der Mensch in allen seinen natürlichen Kräften ganz Gott zu Grunde lassen könnte ... Eine Gelassenheit über aller Gelassenheit ist das Gelassensein in Gelassenheit. Der Mensch sollte in solcher Gelassenheit und Einigkeit mit Gott stehen, dass er außerhalb von sich selbst nichts fände, das ihn verdrießen könnte."[93] Der Mensch müsse in vollkommener Loslösung sowohl die Natur als auch den

---

[92] *Von den drien durchbrúchen* (Jundt, 215): *Die erste froge ist: weles der behendeste durchbruch si, den der mensche getun mag, der do gerne zuo dem hoehesten vollekommenesteme lebende keme. Die ander froge ist: weles der sicherste grot si, do der mensche in der zit uffe geston moege noch diseme ersten durchbruche. Die drite froge ist: weles die neheste vereinigunge si, alse sich der mensche in zit mit gotte vereinigen moege.*

[93] *Von den drien durchbrúchen* (Jundt, 217): *Eine gewore gelossene gelossenheit in dem geiste und in der naturen ... also das sich der mensche in allen sinen natúlichen kreften kunde gotte alzuomole zu grunde gelossen ... Eine gelossenheit obe aller gelossenheit ist gelossen sin in gelossenheit; der mensche solte in solicher gelossenheit und einikeit mit gotte ston also das er ussewendig sin selbes nút befúnde das in verdrússe ...*

Intellekt durchbrechen, um das Einssein zu erreichen, das im Traktat mit dem Pauluszitat beschrieben wird: „Hiervon sprach der liebe Sankt Paulus: ‚Wer an Gott haftet, der wird ein Geist mit Gott' (1 Kor 6,17), und in diesem selben Entwerden ist auch der Geist entworden und ist in dem Einen ein einziges Ein geworden."[94] Der erste Teil des Traktats schließt mit einer Aufzählung von sechs Stufen der Loslösung und mit einer weiteren Rede Meister Eckharts, worin dieser sagt, um die Geburt des Sohnes in der Seele wahr werden zu lassen, müsse man eine Stufe erreichen, auf der man so stehen könne, wie man stand, ehe man war, frei von allen Bildern (Jundt, 219–220).

Im zweiten Teil des Buchs *Von den drei Durchbrüchen* (Jundt, 220–227) wird eine ziemlich andere Sichtweise als diejenige Eckharts eingenommen. Hier folgt ein Dialog zwischen Eckhart und einem jungen Priester, der als großer Meister der Heiligen Schrift vorgestellt wird. Auf eine dem *Meisterbuch* nicht unähnliche Weise tadelt der junge Priester Meister Eckhart: Seine Predigt sei für Anfänger und Fortgeschrittene zu hoch und die Vollkommenen bräuchten sie nicht wirklich. Der Priester sagt: „Nun also, lieber Meister Eckhart, Ihr sprecht in Euren Predigten von hohen, vernünftigen überschwänglichen Dingen, die kaum jemand versteht oder jemandem nützlich sind und auch wenig Früchte bringen."[95] Eckhart gibt zu, dass dieser Vorwurf stimme und sagt, seit Jahren habe ihm niemand etwas gesagt, das ihm so gefalle, und er anerkennt, dass der junge Priester „aus einem lebendigen Grund" (*usse eime lebenden grunde*, 222) heraus spreche. Hierauf bittet er den Priester, ihm seine Lebensgeschichte zu erzählen. Der junge Mann tut das und bringt eine weitere typische Bekehrungserzählung im Stil der Gottesfreunde (Jundt, 222–227), deren Grundbotschaft lautet, man solle die gelehrte Theologie der Schulen bleiben lassen und sich dem Leben der Verehrung und Nachahmung Christi widmen. Gegen Schluss wird im *Buch Von den drei Durchbrüchen* wieder zu einer stärker eckhartschen Redeweise zurückgekehrt und (anders als im *Neunfelsenbuch*) betont, Gottes Aufruf zur Bekehrung und Erlösung richte sich an alle (Jundt, 227–228). Die letzten Abschnitte zeigen den Einfluss Taulers, besonders seines charakteristischen Themas vom doppelten Abgrund Gottes und der Seele (siehe Kapitel 6, 448–452). An dieser Stelle erreicht der Traktat eine

---

[94] *Von den drien durchbrüchen* (Jundt, 218): *Hie von sprach der liebe sancte Paulus: Wer an gotte haftet, der wurt ein geist mit gotte, und in diesem selben entwerdende ist ouch der geist entworden, und ist ein einigestem eine in dem einen worden.*
[95] *Von den drien durchbrüchen* (Jundt, 221): *Nuo dar, lieber meister Eckhart, ir sagent offentliche an úwerer bredigen von gar grossen vernünftigen überschwenckigen dingen, das gar wenig iemand verstot oder nutze ist, und gar ouch wenig frühte bringet.*

Tiefe der Aussage über den Grund, die sich mit Eckhart und Tauler messen lassen kann: „Nun gibt es in der Seele einen verborgenen Abgrund, der ohne Unterlass mit wilder, abgründig unbegreiflicher Stimme nach dem göttlichen Abgrund ruft ... Aber das höchste, edelste und nützlichste, was ihr hier in dieser Zeit zuteil werden kann, ist, dass sie alle Worte, alles Begehren, alles Erinnern und auch alle göttliche Liebe in die Seele ziehe und ganz in dem hohen abgrundlosen Grund der Gottheit versenke."[96]

So sehr Merswin auch mit der Abwandlung dieser von Eckhart bezogenen Quelle sein eigenes Programm vorstellen wollte, man müsse die Spekulation zugunsten der schlichten Frömmigkeit aufgeben, enthält dieser Traktat doch vorzügliche Formulierungen einer eckhartschen Mystik, die deutlich die Zwiespältigkeit der Beziehung der Strassburger Gottesfreunde zur Mystik vom Grund aufzeigen.

Das *Buch von dem fünkelin in der selen* bezeugt das Interesse Merswins und seiner Anhänger für Stufenwege des Aufstiegs zu Gott[97] sowie für ein weiteres Schlüsselthema der Mystik vom Grund, desjenigen vom inneren göttlichen Fünklein, dessen Pflege zum Einswerden mit Gott führe. Auch für diesen Text ist eine frühere Quelle verwendet, nämlich ein Traktat, dessen Ideen tief von Taulers Denken durchtränkt waren. Die Unterweisung nimmt wiederum die Form einer Erzählung und eines Dialogs an. Ein junger Bruder kommt zu einem „heiligen alten Vater" und beklagt, trotz aller seiner frommen Übungen empfinde er vom Himmel her wenig Liebe. Der Alte erwidert ihm: „Ich will dir sagen, lieber Sohn, als ich ein Knabe war und noch mitten in der Welt lebte, da gab es ein Sprichwort, das die Leute zu sagen pflegten: Die Katze frisst gern Fische, aber sie will nicht nach ihnen in das Wasser waten."[98] Der Lehrer erklärt ihm, der einzige Weg

---

[96] *Von den dreien durchbrüchen* (Jundt, 230): *Nuo ist eine verborgene aptgrunde in der selen; die aptgrunde die ruffet one underlas und einre wilden aptgrünt unbegreiffenlicher stimme dem goettlichen aptgrunde alles noch ... Aber das hoeheste und das edelste und das nutzeste das ir hie in der zit werden mag, das ist das sú alle wort alle begirde alle gedencke und ouch alle goettliche minne in die sele ziehe, das sú sich alzuomole versencke und ertrencke in den hohen aptgrundelosen grunde der gotheit.*

[97] Als weitere Traktate, die von Stufen des Aufstiegs handeln, siehe z. B. das *Buch von der geistlichen Stiege* und das *Buch von der geistlichen Leiter*. Im *Buch von den zwei Mannen*, Merswins fiktivem Bericht über die Unterredung zwischen einem älteren, nicht mit Namen genannten Gottesfreund und dem jungen Gottesfreund vom Oberland findet sich die Beschreibung von sieben Stufen, über die man bis zum Status eines wahren Gottesfreundes aufsteige. Siehe Friedrich Lauchert, *Des Gottesfreundes im Oberland [= Rulman Merswin's] Buch von den zwei Mannen*, Bonn 1896, 55,14–60,6.

[98] *Buch von den fúnkelin* (Strauch 21,20–22,4): *... ich wil dir sagen, liber sun, vor fünfzig joren, do ich noch ein knabe was und under der welte wonende was, in den selben ziten do was ein sprichwort also das die lúte sprechende worent: die katze die esse gerne die vische, aber sú wil nút dar noch in das wasser watten.*

dahin, die Liebe Gottes zu verspüren, sehe so aus, dass man sie nicht mehr ersehne, sondern sich echte geistliche Mühe gebe. Der junge Mann bittet ihn hierfür um seinen Rat, und der Alte erzählt ihm, er habe vom Heiligen Geist eine Erleuchtung empfangen, die er ihm anvertrauen wolle, wenn er verspreche, sie geheim zu halten. Sodann weist er ihn an, drei Tage lang fortzugehen. Als der junge Mann danach wiederkommt, sagt er zu ihm, er solle noch einmal drei Tage fortgehen, während derer er die Botschaft niederschreiben werde. Schließlich liest ihm der alte Mann seine Lehre darüber, wie man die *goetteliche übernatürliche minne* (23,33) finde, vor.

Da der Heilige Geist selbst „die wahre süß brennende Liebe" sei, könne nur durch das Wirken des Heiligen Geistes „das in der Seele verborgene Fünklein" entfacht werden (24,5–33). Der Verfasser des Texts ist nicht an der spekulativen Erörterung der Natur des Fünkleins und dessen Verhältnis zu Gott interessiert, sondern nur an den erforderlichen praktischen Schritten, um das kalte *fúnkelin* zum Leben zu erwecken. Dies erfordere das Absterben für das natürliche Leben, die Nachfolge des leidenden Christus und die Praxis der Tugenden „in großer Demut und in göttlicher Gelassenheit und Liebe" (25,33–38). Der alte weise Lehrer entwirft sorgfältig ein asketisches und kontemplatives Programm. Im Text werden die Stufen zwar nicht mit Nummern versehen, aber insgesamt sind es offensichtlich sieben.[99] Der erste Schritt, die Abkehr von der Welt und Hinwendung zum Heiligen Geist, bringe ein Gefühl der Freude, aber das sei erst ein Anfang. Wesentlich für den geistlichen Fortschritt sei die Ausdauer. Auf der zweiten und dritten Stufe vertieften sich diese Erfahrungen der Liebe. Aber das Ende der dritten Stufe ist geprägt von Taulers Aussage über die wichtige Rolle des Leidens und Verlassenwerdens. Hier „werden einem vom Heiligen Geist die größten, schrecklichsten und unaussprechlichsten Leiden geschickt und gegeben" (26,31–27,1). Der Heilige Geist ziehe sich zurück und lasse die Seele in tödlichem Ringen allein, damit sie die Tugend der Ausdauer und des ausschließlichen Vertrauens auf Gott lerne. Aber nach einer gewissen Zeit beschließe der Heilige Geist, dass die Prüfungen reichten; dann schreite die Seele zu den Endstufen der zunehmenden flammenden Liebe und Verehrung Jesu voran.

Auf der vierten Stufe kehre man zu dem Zustand zurück, dass man mit Freude die Tugenden übe. Auf der fünften und sechsten Stufe erwarte einen das Erleuchtet- und Entflammtwerden. Zunächst gehe der Heilige Geist so vor, dass er auf die Seele einwirke, indem er ihren inneren Funken anblase,

---

[99] Diese Stufen sind zusammenfassend beschrieben in Jones, *The Flowering of Mysticism*, 131–132; und Gorceix, *Amis de Dieu*, 201–202.

und sodann „strömen aus dem Licht und dem leuchtenden Funken sehr helle Lichtstrahlen hervor" (29,1–6). Damit werde die Seele zur Quelle der Erleuchtung für andere und bereit für das endgültige Auflodern der Liebe auf der siebten Stufe. Auf dieser liebe die Seele allein Gott und gebe sich ihm vollkommen hin. Der Heilige Geist „kommt zu einem solchen Menschen mit voller Macht in einer feurigen, flammenden, hitzigen Fülle der Liebe und umleuchtet und umfängt einen solchen Menschen und zieht ihn an sich und in sich und verbirgt ihn in dem verwundeten Herzen unseres Herrn Jesus Christus."[100] Auf den letzten Seiten des Traktats folgt eine Fülle von Hauptmotiven der spätmittelalterlichen Mystik: das Liebesspiel zwischen Gott und Mensch, das jenseits aller Formen und Bilder liegt; das unvermittelte Einssein mit Gott; eine ekstatische Erfahrung nach dem Vorbild des heiligen Paulus. Zum Schluss sagt der Altvater seinem Schüler, das sei die Art, auf die der Heilige Geist „in und mit seinen Freunden wirkt" (34,37–39).

Die Geschichte der Gemeinschaft von Grünenwörth veranschaulicht etwas, das hätte wahr werden können, nämlich eine mit Erfolg institutionalisierte Form des intensiven religiösen Lebens mit dem Ziel der mystischen Begegnung mit Gott, eine für Kleriker wie Laien gleichermaßen offene Lebensweise. Aber diesem Strassburger Experiment sollte kein Erfolg beschieden sein. Die Gründe dafür liegen vielleicht genauso sehr im Charakter ihres Gründers als auch in den Zeitumständen und dem ganzen Kontext. In dieser Gemeinschaft konzentrierte man die Aufmerksamkeit ganz auf ein bestimmtes Konzept von „Gottesfreunden"; die Vorstellung wäre jedoch falsch, dass Rulman Merswin und seine Anhänger diesen Begriff *gottes vriunde* ausschließlich für sich hätten in Beschlag nehmen können. Er wurde auch andernorts als Bezeichnung für solche verwendet, die im mystischen Leben fortgeschritten waren. So findet er sich bei anderen Schriftstellern ebenfalls, namentlich bei Franziskanern. Marquard von Lindau gebrauchte diesen Begriff in seinen Predigten (siehe Kap. 7, 552). Otto von Passau, Lektor im Baseler Franziskanerkonvent, veröffentlichte nur vier Jahre nach Merswins Tod, 1386, ein umfangreiches Werk mit dem Titel „Die vierundzwanzig Ältesten, oder Der goldene Thron der liebenden Seele".[101] (Eine moderne Ausgabe dieses beliebten Werks gibt es nicht.) Er ver-

---

[100] *Buch von dem fünkelin* (Strauch 30,31–37): ... *er kumme zuo eime solichen menschen mit voller maht in einer fúrigen flammenden hitzigen foul der minnen und umbeschinet und umbevohet einen alsolichen menschen und zúhet in an sich und in sich und verbirget in in das verwundete hertze unsers herren Jhesu Christi.*
[101] Über Otto von Passau siehe André Schnyder, „Otto von Passau OFM", in: VL 7,229–234; und Gorceix, *Amis de Dieu*, 108–109.

wendete in diesem Traktat die vierundzwanzig Ältesten in der Apokalypse zur Bezeichnung der Stufen des Aufstiegsweges zu Gott; auf der achtzehnten Stufe behandelt er die Freundschaft mit Gott. Der Begriff „Gottesfreunde" blieb im späten 14. Jahrhundert zwar inner- wie außerhalb der Gemeinschaft von Grünenwörth beliebt, und zwar zur Bezeichnung eines sozialen Phänomens und sogar zur Beschreibung von Mystik-Aspiranten, aber nach 1400 verschwand er rasch.

Trugen die Gottesfreunde zur Geschichte der mittelalterlichen Mystik wirklich etwas Wichtiges bei? Dieser Beitrag war vermutlich geringer, als die Gemeinschaft mit ihrer Propaganda behauptete. Ob Rulman Merswin selbst ein Mystiker war oder nicht, lässt sich nicht beantworten – und das ist auch nicht wirklich wichtig. Eindeutig ist, dass dieser Patron aus dem Laienstand sein Leben und Vermögen für die Einrichtung und den Unterhalt einer Gemeinschaft einsetzte, die geistlich ernsthaft Suchende, und zwar sowohl Kleriker als auch Laien, bei ihrem Bemühen um eine tiefere Beziehung zu Gott fördern wollte. Das war in einem Zeitalter voller Naturkatastrophen, korrupter Verhältnisse im Klerus und tiefgreifender Missstände in allen Institutionen eine wichtige Möglichkeit.

Merswins eigentliche Leistung war die Schaffung einer dauerhaften mystischen Fiktion, der Legende des Gottesfreunds vom Oberland. Seine anderen Schriften sind weithin kaum originell und von mittelmäßiger Qualität; sie beruhen auf früheren Mystik-Texten und weisen ihm den Status einer bestenfalls zweitrangigen Gestalt zu.[102] Dennoch gebühren Rulman Merswin und der von seiner Gemeinschaft produzierten Literatur ihr Platz in der Geschichte der Mystik in der zweiten Hälfte des 14. Jahrhunderts, und das namentlich deshalb, weil sie für die Überzeugung stehen, dass nur wahre Heilige, wahre Gottesfreunde fähig seien, eine derart in Korruption und Konflikten versumpfte Kirche, wie es diejenige ihrer Zeit war, zu retten.

---

[102] Steer sagt in „Die Stellung", 649, Merswin sei „nur ein unorigineller Rezipient der deutschen Mystik."

Kapitel 10

NIKOLAUS VON KUES
ÜBER DIE MYSTISCHE THEOLOGIE

Wer die die Mystik in erster Linie für eine Angelegenheit persönlicher Berichte über ekstatische Gotteserfahrungen hält, wird Nikolaus von Kues kaum mehr als eine Fußnote in deren Geschichte zubilligen. Wenn man dagegen unter Mystik mehr als eine Sammlung derart angeblich autobiographischer Berichte versteht, sondern als Fachgebiet, zu dem auch das ernsthafte intellektuelle Nachdenken darüber gehört, wie die Begegnung von Gott und Mensch das Bewusstsein des menschlichen Subjekts verwandelt – in Folge der Daten der äußeren und inneren Wahrnehmung sowie auf Grund des Versuchs des Subjekts, zu verstehen und einzuschätzen, was diese für die Wahrheitsaussage und den Einsatz zum Handeln bedeuten –, dann ist die Mystik etwas ziemlich anderes und Nikolaus wird die ausführlichere Vorstellung verdienen, die hier versucht werden soll. Er war der Überzeugung, dass der Wunsch, den Sinn der mystischen Theologie auszuloten und ihn anderen verfügbar zu machen, das wesentliche Ziel allen Bemühens um Erkenntnis sei. *Theologia mystica* beschränkte er nicht auf die in heutigen Abhandlungen so beliebten Erfahrungskategorien und auch nicht auf die imaginären Visionen vieler seiner Zeitgenossen, sondern er verstand darunter die vollkommene Hingabe an die Kontemplation und Liebe jenes höchsten und unerkennbaren Geheimnisses, das Gott ist. In diesem Kapitel soll es darum gehen, genauer zuzusehen, wie Nikolaus von Kues den Sinn dieses höchsten Aspekts des menschlichen belehrten Nichtwissens, der *docta ignorantia*, vorstellte. Nur wenige Denker haben hartnäckiger als er den Sinn der mystischen Theologie erforscht und waren innovativer darin, die daraus sich ergebenden Konsequenzen darzulegen.[1]

---

[1] Zur Literatur über Nikolaus von Kues gehört eine Anzahl hilfreicher Abhandlungen über die Rolle der Mystik in seinem Denken. Besonders zu beachten sind Jasper Hopkins, *Nicholas of Cusa's Dialectical Mysticism. Text, Translation, and Interpretive Study of „De Visione Dei"*, Minneapolis 1985; Hans Gerhard Senger, „Mystik als Theorie bei Nikolaus von Kues", in: *Gnosis und Mystik in der Geschichte der Philosophie*, hg. v. Peter Koslowski, München 1988, 111–134; Alois Maria Haas, *Deum mistice videre ... in caligine coincidencie. Zum Verhältnis Nikolaus' von Kues zur Mystik*, Basel u. Frankfurt 1989 (*Vorträge der Aeneas-Sylvius-Stiftung an der Universität Basel XXIV*); Donald F. Duclow, „Mystical Theology and Intellect in Nicholas of Cusa" *American Catholic Philosophical Quarterly* 64 (1990), 111–129; Werner

Leben und Werk

Nikolaus Chrifftz („Krebs") wurde 1401 in Kues (heute Bernkastel-Kues) an der Mosel als Sohn eines wohlhabenden Schiffers geboren.[2] Nach seinem Geburtsort wird er gern mit dem lateinischen Namen „Cusanus" genannt. Er immatrikulierte sich als Kleriker der Diözese Trier 1416 an der Universität Heidelberg. Von 1417 bis 1423 studierte er in Padua Kirchenrecht und lernte dort mehrere italienische Humanisten kennen. Ferner studierte er kurze Zeit in Köln unter Magister Heimerich de Campo Philosophie und Theologie. Gegen 1427 verließ er die Welt der Universitäten und begann eine Laufbahn in der kirchlichen Verwaltung in Trier. Der junge Priester und Kirchenrechtler wurde 1432 auf das Konzil nach Basel geschickt, wo er Ulrich von Manderscheid vertreten sollte, einen der Anwärter bei einer umstrittenen Bischofswahl für die Diözese Trier. Dort trat er in die größere Welt der Kirchenpolitik ein und wurde bald Anhänger der „Konziliaristen". Sein erstes Werk von 1433, *De concordantia catholica* („Von der allgemeinen Eintracht") war eine Verteidigung des Konziliarismus. Sie beruhte auf der Vorstellung des Dionysius, wie der Einklang in jeder Hierarchie als geschaffener Manifestation des dreieinen Gottes beschaffen sein müsse.[3] Im gleichen Werk umriss Cusanus das Programm einer Reform von Kirche und Gesellschaft, das in den folgenden drei Jahrzehnten einen Großteil seiner Energie beanspruchen sollte.[4]

Die wachsenden Spannungen zwischen den Konzilsvätern von Basel und Papst Eugen IV., der sich den Dekreten und Reformaufrufen des Konzils

---

Beierwaltes, „Mystische Elemente im Denken des Cusanus", in: *Deutsche Mystik im abendländische Zusammenhang. Neu erschlossene Texte, neue methodische Ansätze, neue theoretische Konzepte* hg. v. Walter Haug u. Wolfram Schneider-Lastin, Tübingen 2000, 425–448; und William J. Hoye, *Die mystische Theologie des Nicolaus Cusanus*, Freiburg/Br. 2004.

[2] Als kurze Lebensbeschreibung des Nikolaus von Kues siehe Donald F. Duclow, „Life and Works", in: *Introducing Nicholas of Cusa. A Guide to a Renaissance Man*, hg. v. Christopher M. Bellitto, Thomas M. Izbicki u. Gerald Christianson, New York 2004, 25–56. Eine klassische ältere Darstellung ist Edmond Vansteenberghe, *Le Cardinal Nicolaus de Cues (1401–1464): L'action – la pensée*, Paris 1920; Reprint 1974.

[3] Die umfangreichen Schriften von Nikolaus von Kues werden zitiert nach der kritischen Ausgabe der Heidelberger Akademie, *Nicolai de Cusa Opera omnia iussu et auctoritate Academiae Litterarum Heidelbergensis*, Hamburg 1932 ff. Die Standardabkürzung für diese Sammlung ist h. Bei den Zitaten werden angegeben: Titel des Werks mit (wo nötig) Buch, Kapitel und Abschnittsnummer, dazu in Klammern Band, Seite und evtl. Zeilen. Das Werk *De concordantia catholica* findet sich in h. XIV. Auf Englisch gibt es als besonders nützliche Sammlung zur Mystik bei Cusanus *Nicholas of Cusa. Selected Spiritual Writings*, translated and introduced by H. Lawrence Bond, New York 1997. Die Übersetzungen ins Deutsche für das vorliegende Werk stammen von Bernardin Schellenberger.

[4] Über Cusanus als Reformer siehe Brian A. Pavlec, „Chap. 3. Reform", in: *Nicholas of Cusa. A Guide to a Renaissance Man*, 59–112.

widersetzte, führten zu einer Spaltung zwischen den Konzilsteilnehmern. Nikolaus schloss sich der Minderheitspartei derjenigen Konziliaristen an, die einen Kompromiss mit dem Papst aushandeln wollten. Zwischen Sommer 1437 und Anfang 1438 war er Mitglied einer mit Zustimmung des Papstes nach Konstantinopel entsandten Delegation, die den Kaiser von Byzanz und dessen Vertreter dazu bewegen sollte, an einem vom Papst für 1439 nach Ferrara und Florenz einberufenen Konzil teilzunehmen, das dann tatsächlich die lang ersehnte Wiedervereinigung von Ost- und Westkirche zustande brachte – die leider nur sehr kurz hielt. Inzwischen hatte Cusanus das Lager gewechselt und war ein energischer Verfechter der Papstpartei geworden. Während des folgenden Jahrzehnts bemühte er sich nach Kräften, sich in Deutschland gegen den Rest der Basler Konzilsväter, die den Papst abgesetzt und einen Gegenpapst ernannt hatten, für Papst Eugen einzusetzen. Der Seitenwechsel von Nikolaus blieb umstritten. Hatte er ihn aus Karrieregründen vollzogen? (Für seinen Einsatz bekam er 1449 den roten Kardinalshut.) Oder war er zur Überzeugung gekommen, dass sich die Hoffnungen auf Reformen nur unter Führung des Papstes erfüllen ließen? Wie im Leben der meisten Menschen dürften auch im seinigen die Motive gemischt gewesen sein.

Während des selben Jahrzehnts begann Nikolaus die spekulativen Werke zu verfassen, die ihm seinen Ruhm als Philosoph, Theologe, Naturwissenschaftler und Humanist einbringen sollten, darunter sein am meisten beachtetes Werk *De docta ignorantia* („Über die belehrte Unwissenheit"), ein Traktat in drei Büchern (hier im Folgenden zitiert als DDI). Nach einer langen, mühsamen zweimonatigen Reise von Kontantinopel her war Cusanus am 4. Februar 1438 wieder daheim. Zwei Jahre später, am 12. Februar 1440, berichtete er, dass er während eines kurzen Aufenthalts in seiner Heimatstadt Kues *De docta ignorantia* fertiggestellt habe. Angesichts seiner häufigen Reisen und politischen Tätigkeiten ist es bemerkenswert, dass er es fertig brachte, in so kurzer und mühsamer Zeit diese originelle Synthese des dialektischen Neuplatonismus zu erstellen. Genauso bemerkenswert ist seine Behauptung, dieses Werk beruhe auf einer göttlichen Eingebung, die ihm während der Rückreise aus Konstantinopel auf dem Meer zuteil geworden sei. Im Widmungsbrief an seinen Patron Kardinal Giulio Cesarini im Vorwort des Werks schrieb er: „Hochwürdiger Vater, nehmen Sie nun entgegen, was ich schon lange auf dem Weg unterschiedlicher Darstellungen zustande bringen wollte, mir aber immer noch nicht gelungen war. Erst als ich bei meiner Rückkehr aus Griechenland auf dem Meer weilte, bin ich dazu angeleitet worden. Ich glaube, es war ein Geschenk von oben, vom Vater der Lichter, von dem jede gute Gabe stammt (Jak 1,7), dass ich jetzt auf unbegreifliche Weise Unbegreifliches erfassen konnte, in belehrtem Nichtwissen, indem ich über die vom Menschen erkennbaren unvergänglichen Wahrheiten hinausschritt."[5]

Dieser Text ist genauso suggestiv und verwirrend wie das belehrte Nichtwissen selbst. Marjorie O'Rourke Boyle hat aufgezeigt, wie Cusanus mit dieser Aussage, auf dem Meer sei ihm die Erleuchtung gekommen, an ein neuplatonisches Thema vom Erleuchtetwerden mitten im Meer des Materiellen und Verworrenen anknüpft.[6] Aber auch wenn unverkennbar sein mag, dass die Schilderung des Cusanus, er sei auf dem Meer erleuchtet worden, eine Form der epideiktischen Rhetorik der Renaissance ist, genau wie auch später seine Aussagen über Christus als den Berg der Wahrheit (DDI 3,11,236), so schließt das dennoch nicht die Möglichkeit aus, dass ihm ein solcher Augenblick mystischer Einsicht tatsächlich zuteil geworden war. Allerdings ist offensichtlich, dass Cusanus diese Erleuchtung als etwas ziemlich anderes wahrnahm, als es der Großteil der für die Mystik des Spätmittelalters so typischen Visionen gewesen war. Zunächst einmal war es kein bildhaftes Erscheinen Gottes oder Christi; und es scheint auch etwas ziemlich anderes gewesen zu sein als Augustinus' Verständnis einer intellektuellen Vision, das heißt eines inneren Überzeugtwerdens von irgendeiner Wahrheit über Gott. Die Erleuchtung des Nikolaus überschreitet alle menschlichen Formen der Wahrnehmung unvergänglicher Wahrheiten. Sie taucht ihn ein in die Paradoxa des „nicht sehenden Sehens", die Dionysius eingeführt und später christliche Neuplatoniker wie Eriugena und Eckhart erörtert hatten. Der Bericht des Nikolaus von Kues über seine Erleuchtung auf dem Meer lässt uns nach fast sechshundert Jahren immer noch über die Unendlichkeit des Meeres hinausschauen.

Mit *De docta ignorantia* begann ein Vierteljahrhundert fieberhafter literarischer Tätigkeit. 1441–1442 verfasste Cusanus ein zu seiner Darlegung der *docta ignoratia* begleitendes Werk, *De conjecturis* („Über Mutmaßungen"), eine Untersuchung darüber, wie der Geist des Menschen sich auf dem Weg erkennbarer Ähnlichkeit sein eigenes mentales Universum erschaffe, und zwar analog der Weise, auf die sich das Universum aus dem Geist Gottes heraus entfalte. Die Schlussfolgerung, die er daraus zieht, ist

---

[5] DDI, Epistola auctoris n. 263 (h. I,163,6–11): *Accipe nunc, pater metuende, quae iam dudum attingere variis doctrinarum viis concupivi, sed prius non potui, quousque in mari me ex Graecia redeunte, credo superno dono a patre luminum a quo omne datum optimum, ad hoc ductus sum, ut incomprehensibilia incomprehensibiliter amplecterer in docta ignorantia per transcensum veritatum incorruptibilium humaniter scibilium.*
[6] Marjorie O'Rourke Boyle, „Cusanus at Sea: The Topicality of Illuminative Discourse", in: *Journal of Religion* 71 (1991), 180–201.

zwar traditionell im mittelalterlichen Sinn des Begriffs vom Menschen als Abbild Gottes, aber in der Ausdrucksweise verblüffend: „Der Mensch ist nämlich Gott, aber nicht absolut, denn er ist Mensch; er ist also ein menschlicher Gott. Der Mensch ist auch die Welt, aber nicht kontrahiert alles, denn er ist Mensch. So ist der Mensch also ein Mikrokosmos oder eine menschliche Welt ... Denn innerhalb der Potenz des Menschseins existiert alles auf seine ihm eigene Weise."[7] Zwischen 1444 und 1447 erschien in rascher Abfolge eine Flut kleinerer Schriften: *De deo abscondito* („Über den verborgenen Gott"), *De quaerendo Deo* („Über die Suche nach Gott"), *De filiatione Dei* („Über Gotteskindschaft"); *De dato patris luminum* („Über die Gabe des Vaters der Lichter"); *De Genesi* („Über die Genesis"). 1449 schrieb Cusanus eine Entgegnung auf eine Streitschrift des Theologen Johannes Wenck von Heidelberg mit dem Titel *De ignota litteratura* („Über die ungewusste Literatur"), mit der dieser sein Werk über die belehrte Unwissenheit angegriffen hatte. Er gab dieser Erwiderung den Titel *Apologia doctae ignorantiae* („Verteidigung der belehrten Unwissenheit").

Im Jahr 1450 weilte Nikolaus von Kues in Rom, wo er von Papst Nikolaus V., einem berühmten Humanisten, zum Kardinal erhoben wurde. Er schrieb dort einen Dialog mit dem Titel *Idiota de mente* („Der Laie über den Geist"), worin sich ein Laie als besserer Schüler der belehrten Unwissenheit erweist als ein Redner und ein Philosoph – ein Thema, das sich in vielen spätmittelalterlichen Mystik-Werken findet. Im selben Jahr wurde Cusanus zum Bischof von Brixen in Tirol ernannt und erhielt den Auftrag, als päpstlicher Legat durch die deutschsprachigen Länder zu reisen und sich für die Reform einzusetzen. Im Lauf dieser „Großen Legation" von 1450–1452 legte er als Prediger, Lehrer und Reformator fast fünftausend Kilometer zurück und stieß dabei auf beträchtlichen Widerstand. Noch stärker wurde der Widerstand, als er sein Amt als Bischof von Brixen antrat. Während seiner Zeit in Brixen (1452–1458) kam es zu großen Konflikten mit seinem obersten Feudalherrn Erzherzog Sigismund sowie den lokalen Adligen und Klöstern, die sich der Reform versperrten. Die Maßnahmen des Bischofs waren nicht immer klug und konsequent. Während dieser Jahre widmete er sich weiterhin ausgiebig der Predigttätigkeit und verfasste Werke über Mathematik, Theologie und Mystik. Sein 1453 entstandenes Werk *De pace fidei* („Über den Glaubensfrieden") lässt sich geradezu als ein Stück ökumenischer Theologie bezeichnen; er schrieb es in Reaktion auf

---

[7] *De coniecturis* 2,14,143 (h. III,143,7–144,15): *Homo enim deus est, sed non absolute, quoniam homo; humanus est igitur deus. Homo etiam mundus est, sed non contracte omnia, quoniam homo. Est igitur homo microcosmos aut humanus quidem mundus ... Intra enim humanitatis potentiam omnia suo existunt modo.*

die Nachricht von der Eroberung Konstantinopels durch die Türken. Sein wichtigster mystischer Text wurde sein im selben Jahr verfasstes *De visione Dei* („Über die Schau Gottes", im Folgenden zitiert mit DVD), während *De beryllo* („Über den Beryll") von 1458 ein weiteres spekulatives Werk war.[8]

Ein Freund von Nikolaus, der Humanist Aenea Silvio Piccolomini, wurde 1458 Papst und berief den angefeindeten Bischof von Brixen nach Rom, wo er ihn einer Reformkommission zuteilte. 1459 schrieb er einen Traktat über die allgemeine Reform der Kirche *(Reformatio generalis)*. Aber Papst Pius II. und die anderen Kardinäle waren an einer Reform nicht ernsthaft interessiert. Der Papst selbst erzählte die Geschichte, wie Nikolaus 1461 reagiert hatte, als er ihn dafür hatte gewinnen wollen, für die Ernennung einer neuen Gruppe von Kardinälen zu stimmen (die nicht zu ernennen der Papst geschworen hatte). In seinen autobiographischen Memoiren *(Commentarii)* gibt er den Vorwurf von Cusanus mit dem folgenden Wortlaut wieder: „Ihr bereitet ohne dringenden Grund aus reiner Laune die Kreation neuer Kardinäle vor und übergeht damit einfach den Eid, den Ihr dem Heiligen Kollegium geschworen habt. Wenn Ihr es nicht ertragen könnt, die Wahrheit zu hören, dann muss ich sagen, dass ich ganz und gar nicht ertrage, was in dieser Kurie vor sich geht. Alles ist korrupt; niemand erfüllt seine Pflicht. Alle lassen sich von Ehrgeiz und Habgier treiben. Immer wenn ich in einem Konsistorium über die Reform spreche, lacht man mich bloß aus. Gestattet mir, dass ich zurücktrete. Ich ertrage diese Art nicht mehr. Ich bin ein alter Mann und brauche Ruhe." Laut Pius „brach er mit diesen Worten in Tränen aus."[9]

Kardinal Nikolaus von Kues musste nicht mehr lange darauf warten, von seinen irdischen Sorgen erlöst zu werden. Er verstarb am 11. August 1464 in Todi. Während seiner letzten schweren Jahre in Rom verfasste er noch einige wichtige, aber gewöhnlich kurze Traktate. Zwei kurze Werke von 1459, *De principio* („Über den Ursprung") und *De aequalitate* („Über die Gleichheit") waren als Einführungen in seine Predigten gedacht.[10] Viele

---

[8] Zwischen dem Spätjahr 1453 und 1458 schrieb Cusanus keine Traktate, aber aus diesen fünf Jahren sind 167 seiner Predigten erhalten, vorwiegend christologische Homilien. Siehe Walter Euler, „Proclamation of Christ in Selected Sermons from Cusanus's Brixen Period", in: *Nicholas of Cusa and His Age: Intellect and Spirituality*, hg. v. Thomas M. Izbicki u. Christopher M. Bellitto, Leiden 2002, 89–103.
[9] Zitiert (und aus dem Englischen ins Deutsche übersetzt) aus *Memoirs of a Renaissance Pope. The Commentaries of Pius II. An Abridgment*, translated by Florence A. Gragg and edited by Leona C. Gabel, New York 1959, 228.
[10] Über diese beiden Werke siehe F. Edward Cranz, „The *De aequalitate* and *De principio* of Nicholas of Cusa", gesammelt in seinem Aufsatzband *Nicholas of Cusa and the Renaissance*,

seiner nach 1460 verfassten Werke haben Dialogform. Es geht darin immer wieder um die gleichen Hauptthemen seiner Theologie, insbesondere um die Frage, wie man am zutreffendsten von Gott sprechen könne.[11] Es sind der *Trialogus de possest* („Dreiergespräch über die aktualisierte Möglichkeit") von 1460; die *Directio speculantis seu de non-aliud* („Über das Nicht-Andere") von 1462[12]; die beiden 1463 entstandenen Werke *De ludo globi* („Vom Globusspiel") und *De venatione sapientiae* („Über die Jagd nach der Weisheit"); und schließlich *De apice theoriae* („Über den Gipfel der Schau") von 1464.[13] Das kurze *Compendium* könnte ebenfalls aus diesem letzten Jahr seines Lebens stammen. Diese Traktate zeigen, dass Nikolaus von Kues trotz seines Alters und seiner Enttäuschungen am Ende genauso hingebungsvoll um die Erkundung des Geheimnisses Gottes bemüht war wie schon sein ganzes Leben lang.

Cusanus wurde genau wie vor ihm Eckhart[14] etliche Jahrhunderte lang weithin vergessen, jedoch in den 1880er Jahren wiederentdeckt. In den letz-

---

hg. v. Thomas M. Izbicki u. Gerald Christianson, Aldershot (England) 2000, 61–70. Ungefähr 293 von Cusanus' Predigten sind erhalten und eine wichtige Quelle für seine mystische Theologie. Bis Anfang 2008 sind in h. XVI-XIX Fasz. 4 257 Predigten erschienen, der Rest soll bald folgen. Cusanus predigte größtenteils auf Deutsch; bei seinen erhaltenen Predigten handelt es sich um die lateinischen Notizen und Ausführungen, die er verwendete. Eine Ausnahme bildet die deutsche Predigt XXIV über das Vaterunser. Als Einführungen siehe Lawrence F. Hundersmarck, „Preaching", in: *Nicholas of Cusa. A Guide to a Renaissance Man*, 232–269; und Walter Euler, „Die Predigten des Nikolaus von Kues", in: *Trierer theologische Zeitschrift* 110 (2001), 280–293.

[11] Als Einführung in diese Traktate siehe F. Edward Cranz, „The Late Works on Nicholas of Cusa", in: *Nicholas of Cusa and the Renaissance*, 43–60. Über diese Werke gibt es beträchtliche Literatur, die hier nicht besprochen werden kann. In diesen Traktaten entwickelt Cusanus zweifelsohne auf wichtige Weise bestimmte Aspekte seiner Mystik, aber ich glaube nicht, längs der Hauptlinien, die er in DVD ausgeführt hatte.

[12] Über die Rolle des *De li non aliud* im mystischen Denken von Cusanus siehe Hoye, „Kapitel III. Das Nichtandere", in: *Die mystische Theologie Nicolaus' von Kues*, 77–90.

[13] Über die Mystik von *De apice theoriae* siehe Hoye, „Kapitel IV. Der Gipfel der Betrachtung", in: *Die mystische Theologie des Nicolaus Cusanus*, 91–123; und H. Lawrence Bond, „Introduction", in: *Nicholas of Cusa. Selected Spiritual Writings*, 56–70. Bond vertritt, das Werk stelle eine Verlagerung des Denkens von Cusanus in Richtung einer positiveren Bezeichnung Gottes und einer direkteren Form der Gottesschau dar, die auf die Bezeichnung *posse ipsum* („das Können selbst" oder „die Möglichkeit selbst") konzentriert sei. Hoye, *Die mystische Theologie*, 148–152 behauptet meiner Überzeugung nach ganz richtig, dass für Cusanus keine Bezeichnung für Gott jemals endgültig sei.

[14] Cusanus besaß Eckharts lateinische Schriften und studierte sie. Über den Einfluss Eckharts auf ihn gibt es ziemlich viel Literatur. Zwei klassische Arbeiten sind Herbert Wackerzapp, *Der Einfluss Meister Eckharts auf die ersten philosophischen Schriften des Nikolaus von Kues (1440–1450)*, Münster 1962; und Rudolf Haubst, „Nikolaus von Kues als Interpret und Verteidiger Meister Eckharts", in: *Freiheit und Gelassenheit. Meister Eckhart heute*, hg. v. Udo Kern, Grünwald 1980, 75–96. Als entsprechende Arbeiten auf Englisch siehe Donald F. Duclow, „Nicholas of Cusa in the Margins of Meister Eckhart: Codex Cusanus 21", in: *Nicholas of Cusa in Search of God and Wisdom*, hg. v. Gerald Christianson u. Thomas M. Izbicki,

ten hundert Jahren wurde er Gegenstand vieler Untersuchungen. Die Bandbreite von Cusanus' Bildung und Interessen sowie auch die Schwierigkeiten seines Denkens führten zu ziemlich unterschiedlichen Einschätzungen, wie bedeutend er sei. War er Konziliarist oder Papalist? Ging es ihm um Karriere oder aufrichtig um Reform? War er Philosoph oder Theologe? Sollte man ihn grundsätzlich als in Kontinuität mit dem mittelalterlichen Denken stehend sehen oder markiert sein Beitrag einen wichtigen Schritt in Richtung Geburt der Moderne (wie immer man diese definieren mag)?[15] Ich sehe nicht die Möglichkeit, diese Diskussionen hier ausdrücklich aufzugreifen, aber natürlich impliziert jede Interpretation einen Standpunkt. Auch kann ich nicht auf das ganze Spektrum der Schriften von Nikolaus von Kues genauer eingehen. Zudem werde ich nicht in die Erörterung der umstrittenen Frage eintreten, wie konsistent sein Denken bei dessen Entwicklung durch drei Jahrzehnte hindurch war. Ich beschränke mich auf seine Rolle in der Geschichte der Mystik. Welche mystische Theologie vertrat Cusanus? Welchen Beitrag leistete er zur spätmittelalterlichen Mystik?

Glaube, Vernunft und Formen der Theologie

Das zentrale Anliegen aller intellektuellen Ansätze des Nikolaus von Cues war Theologie im etymologischen Sinn des Begriffs als *logos* oder Wort über Gott. Jedoch waren es häufiger als Theologen Philosophen, die sich gründlich mit ihm beschäftigten, und in jüngster Zeit entstand sogar eine Diskussion darüber, ob man ihn in erster Linie als Philosophen *oder* als Theologen einordnen sollte.[16] Eine solche Aufspaltung wäre Cusanus na-

---

Leiden 1991, 57–69; und Elizabeth Brient, „Meister Eckhart and Nicholas of Cusa on the ‚Where' of God", in: *Nicholas of Cusa and His Age*, 127–150.

[15] Die Rolle, die Nikolaus von Kues für das moderne Denkens spielt, war Gegenstand wichtiger Arbeiten. 1927 pries Ernst Cassirer in seinem *Individuum und Kosmos in der Philosophie der Renaissance* (Leipzig) Cusanus als „den ersten modernen Denker". Alexandre Koyré vertrat 1953 in seinem Buch *From the Closed World to the Infinite Universe*, Cusanus spiele bei der Entwicklung der modernen Sicht des Universums und der Rolle des Menschen darin eine wichtige Rolle. Auch Hans Blumenberg hebt in seinem Buch *Die Legitimität der Neuzeit* (Frankfurt 1966) die Bedeutung von Cusanus für die Anfänge der Neuzeit hervor, behauptet allerdings, Cusanus habe das Mittelalter zu retten versucht. Als ausführliche Kritik an dieser letzteren Ansicht Blumenbergs siehe Jasper Hopkins, *Nicholas of Cusa's Dialectical Mysticism*, 50–93. Louis Dupré, *Passage to Modernity. An Essay in the Hermeneutics of Nature and Culture*, New Haven 1993 hat vertreten, Cusanus sei eine entscheidende Gestalt beim Übergang auf die erste Stufe der Neuzeit: „… vermutlich der letzte Denker, der die Kräfte von Theozentrik und Anthropozentrik miteinander vereinte, die die mittelalterliche Synthese auseinanderzureißen begannen" (186).

[16] Ein prominenter Verfechter der Ansicht, Cusanus sei im Wesentlichen Philosoph, ist Kurt

türlich überhaupt nicht in den Sinn gekommen. Genau wie Eckhart war er sowohl Philosoph als auch Theologe, und in diesem Fall sogar mystischer Theologe. Er hätte energisch vertreten, dass es zwischen der Liebe zur Weisheit, also der Philosophie, und dem wahren Wort über Gott, nämlich der Theologie, keinen Wesensunterschied gebe. In seinem Traktat *Über die Gotteskindschaft* sagte er das so: „Es ist ein und dasselbe, was alle, die theologisieren oder philosophieren, auf eine Vielzahl von Weisen auszudrücken versuchen", auch wenn sie ganz unterschiedliche Ausdrucksweisen verwenden; „und folglich geht es bei all den verschiedenen Aussageweisen in der Theologie um Versuche, das an sich Unaussprechliche auf jede nur erdenkliche Weise zum Ausdruck zu bringen."[17]

Auch wenn klar ist, dass Theologie und Philosophie darauf abzielen, ein und dasselbe Geheimnis zur Sprache zu bringen, kann man immer noch genauer untersuchen, welche Rolle jeweils Vernunft und Glaube beim Erstellen einer angemessenen philosophisch-theologischen Lehre einnehmen. Nikolaus von Kues erörterte also an einer ganzen Reihe von Stellen das Verhältnis von Vernunft und Glaube und die sich daraus ergebenden Unterschiede zwischen Philosophen und Theologen, am ausführlichsten in seinem Traktat „Über die Jagd nach der Weisheit".[18] Er sagt darin, was die großen Denker miteinander verbinde, sowohl die heidnischen Philosophen wie Platon, Aristoteles und Proklos, als auch die christlichen Theologen wie Augustinus, Dionysius und Thomas von Aquin, sei der Umstand, dass sie alle stark darum bemüht gewesen seien, die Weisheit zu finden. In diesem späten Traktat unternimmt er es, aufzuzeigen, wie groß die Überein-

---

Flasch, *Nikolaus von Kues – Geschichte einer Entwicklung: Vorlesungen zur Einführung in seine Philosophie*, Frankfurt/M. 1998. Siehe die Kritik an Flasch in Hoye, *Die mystische Theologie des Nicolaus Cusanus*, 58–65, 74–78, 82–84, 93–95, 152 u. 162–165.

[17] De filiatione 5,83 (h. IV,59–60): ... *unum est, quod omnes theologizantes aut philosophantes in varietate modorum exprimere conantur ... Ita quidem omnes possibiles dicendi modi sub ipsa sunt theologia id ipsum ineffabile qualitercumque exprimere conantes.*

[18] Das Verhältnis zwischen Vernunft und Glaube und das damit zusammenhängende Thema der jeweiligen Rollen von Philosophie und Theologie bei Cusanus waren der Gegenstand einer beträchtlichen Literatur. Zur ersteren Frage siehe Jasper Hopkins, *Glaube und Vernunft im Denken des Nikolaus von Kues. Prolegomena zu einem Umriss seiner Auffassung*, Trier 1996. Über die letztere Werner Beierwaltes, „Das Verhältnis von Philosophie und Theologie bei Nicolaus Cusanus", in: *Nikolaus von Kues 1401–2001*, Trier 2003, in *Mitteilungen und Forschungsbeiträge der Cusanus-Gesellschaft* [in der Folge MFCG] 28, 65–102. Als weitere Behandlungen dieser Fragen seien genannt: Rudolf Haubst, „Die leitende Gedanken und Motive der cusanischen Theologie", in: *Das Cusanus-Jubiläum*, hg. v. Rudolf Haubst, Mainz 1964 (MFCG 4), 257–277; Louis Dupré, „Nature and Grace in Cusa's Mystical Philosophy", in: *American Catholic Philosophical Quarterly* 64 (1990),153–170; und Klaus Kremer, *Nikolaus von Kues (1401–1464)*, Trier 2002, 45–51. Ein neuerer größerer Beitrag zur Untersuchung des Verhältnisses von Philosophie und Theologie bei Cusanus ist Martin Thurner, *Gott als das offenbare Geheimnis nach Nikolaus von Kues*, Berlin 2001.

stimmung zwischen den Philosophen und Theologen gewesen sei, insbesondere wenn man sie aus der Sicht der höheren, von der Offenbarung geschenkten Wahrheit betrachte. So beschließt er zum Beispiel ein Kapitel zum Thema, wie Platon und Aristoteles die Jagd nach der Weisheit betrieben hätten, mit den folgenden Sätzen: „Aber unsere göttlichen Theologen lernten dank der Offenbarung von oben, dass die Erstursache, die nach allgemeiner Zustimmung als dreifach kausal gilt (nämlich als Wirk-, Kausal- und Formalursache) und von Platon als das Eine und Gute bezeichnet wird und von Aristoteles als Intellekt und Sein, auf solche Weise eins sei, dass sie drei sei, und auf solche Weise drei, dass sie eins sei."[19] So hätten also die Philosophen die Dreifaltigkeit angedeutet, wenn auch noch nicht klar erkannt. Die Offenbarung jedoch ermögliche es dem Theologen, die trinitarische Dimension ihres Denkens zu sehen. Später sagt er bei der Erörterung seines neuen Namens für Gott als aktualisierte Möglichkeit *(possest)*: „Offensichtlich verkosteten die Philosophen, die dieses Feld nicht betraten, dieses allerköstlichste Wildbret nicht."[20] Auf solche Kontraste zwischen Philosophie und Theologie weist er im ganzen Traktat immer wieder hin.[21] Cusanus betont in allen seinen Werken und auch in seinen Predigten, dass die auf der Offenbarung beruhende Theologie einen höheren Stellenwert habe.[22] Das zeigt besonders deutlich eine Stelle in Predigt CCXXVI, die er 1456 zum Fest Mariä Verkündigung hielt, in welcher er über die Vermählung der Seele mit dem Wort spricht und dazu die Stelle Hld 6,8-10 (Vg: 6,7-9) allegorisch auslegt. Salomo, die wahre Weisheit, die Christus sei, habe sechzig Königinnen, achtzig Nebenfrauen und unzählige junge Mädchen, aber nur eine vollkommene, auserwählte Taube. Die jungen Mädchen seien die Grammatiker, die erst am Anfang ihres Studiums stünden; die Nebenfrauen, bereits eine begrenztere Zahl, seien diejenigen, die bis zur Dialektik kämen. Die noch geringere Zahl von „hochgeehrten Königinnen … sind sozusagen die im Studium der Philosophie zur Vollkommenheit gelangten. Aber nur eine ist die Taube, und sie ist so wie die wahre Theo-

---

[19] *De venatione sapientiae* 8,22 (h. XII,23,12-16): *Sed divini nostri theologi revelatione superna didicerunt primam causam, cum omnium assertione sit tricausalis, scilicet efficiens, formali et finalis, quae per Platonem unum et bonum, per Aristotelem intellectus et ens entium nominatur, esse sic unam quod trina et ita trinam quod una.* Mehr über die teilweise Erkenntnis der Dreifaltigkeit bei heidnischen Denkern siehe z.B. in *De beryllo* 33-42 (h.XI,36-49).
[20] *De venatione sapientiae* 13,38 (h. XII,37.1-2): *Patet quomodo philosophi, qui hunc campum non intraverunt, de delectabilissimis venationibus non degustarunt.*
[21] Siehe z.B. *De venatione sapientiae* 13,38, 14,41, 21,62-63, 22,67 u. 26,73.
[22] Siehe Hoye, *Die mystische Theologie des Nicolaus Cusanus*, „Der Vorrang der Theologie vor der Philosophie", 152-165.

logie."²³ Dieser Text führt uns vor Augen, dass Cusanus zwar keine langen exegetischen Werke im Stil von Eckhart schrieb, aber der christologische und geistliche Ansatz beim Lesen der Bibel eine maßgebliche Grundlage seines Denkens war.²⁴

Die Vorstellung von Cusanus über das Verhältnis von Glaube und Vernunft scheint wie so vieles andere in seinem Denken die Interpreten zu Extremen zu verleiten. Zwischen der Skylla, ihn als Philosophen einzuordnen, der zur Erörterung der Metaphysik vom Christentum nur die theologische Sprache übernahm, und der Charybdis, ihn als spätmittelalterlichen nominalistischen Fideisten zu betrachten, der in Abrede stellte, dass er ohne die Hilfe der Offenbarung irgendeine echte Gotteserkenntnis gebe,²⁵ passt Cusanus in das breite Mittelfeld unterschiedlicher Versuche im Mittelalter, bei der Suche nach Gott sowohl dem Glauben als auch der Vernunft gerecht zu werden. Er erarbeitete sich seine ganz eigene Sicht des augustinischen Konzepts der Theologie als *fides quaerens intellectum* („Glaube, der nach Verstehen sucht"). Und wie Augustinus zitierte er zur Beschreibung des Verhältnisses zwischen Glaube und Verstehen oft den Belegtext aus Jesaja 7,9: *Nisi credideritis, non intellegetis* [in der Fassung der altlateinischen Bibel, nicht der Vg], „Wenn ihr nicht glaubt, erkennt ihr nicht." Eine dafür bekannte Stelle steht im 11. Kapitel des 3. Buchs von *De docta ignorantia*: „Unsere Vorfahren waren einhellig der Überzeugung, der Glaube sei der Anfang der Einsicht ... Denn jeder, der zur wissenschaftlichen Erkenntnis aufsteigen will, muss an das glauben, ohne welches er nicht aufsteigen kann. Sagt doch Jesaja: ‚Wenn ihr nicht glaubt, erkennt ihr nicht.' Der Glaube enthält also in sich alles Erkennbare. Der Intellekt ist dann die Entfaltung des Glaubens. Denn der Intellekt wird vom Glauben geführt und der Glaube wird vom Intellekt entfaltet *(extenditur)*."²⁶

---

²³ Sermo CCXXVI, n. 19 (h. XIX,149): *Sunt deinde ut reginae honoratae adhuc in contractiori numero tamquam perfectae in studio philosophiae. Sed una est columba, quae est ut vera theologia.*

²⁴ Es gibt eine gute Untersuchung über die Exegese von Cusanus in Klaus Reinhardt, „Nikolaus von Kues in der Geschichte der mittelalterlichen Bibelexegese" MFCG 27, Trier 2001, 31–63.

²⁵ William J. Hoye sprach sich dafür aus, Cusanus im nominalistischen Sinn zu verstehen und ging sogar so weit, dessen Position als „fideistischen Positivismus" zu bezeichnen. Siehe „The Meaning of Neoplatonism in the Thought of Nicholas of Cusa", in: *Downside Review* 104 (1986), 10–18; und verhaltener in *Die mystische Theologie des Nicolaus Cusanus*, 141–143, 165–169 u. 182–183.

²⁶ DDI 3,11,245 (h. I,151,26–27 u. 152,1–5): *Maiores nostri omnes concordantur asserunt fidem initium esse intellectus... Omnem enim ascendere volentem ad doctrinam credere necesse est his, sine quibus ascendere nequit. Ait enim Ysaias: "Nisi credideritis, non intelligitis." Fides igitur est in se complicans omne intelligibile. Intellectus autem est fidei explicatio. Dirigitur*

Die Version des Cusanus von dem, was Werner Beierwaltes als „dialektische Sicht" des Verhältnisses von Glaube und Vernunft bezeichnet hat, lässt sich mit fünf Thesen zusammenfassen: (1) Es kann keinen echten Konflikt zwischen Vernunft und Glaube geben, da beide Erkenntnisweisen von Gott stammen. (2) Mit der Vernunft lassen sich explizit und implizit wichtige Wahrheiten über Gott erkennen, wie das Beispiel der nach Weisheit suchenden Philosophen zeigt. (3) Da der Mensch im Zustand des Gefallenseins ist, bedarf es zum Erlangen einer wirklich erlösenden Erkenntnis der von Christus geschenkten Offenbarung. (4) Für den Theologen stehen Glaube und Vernunft in einer dialektischen Beziehung zueinander, da der Glaube zu seiner Selbstvergewisserung des menschlichen Denkens bedarf.[27] Und (5) Diese intellektuelle Selbstvergewisserung wird am vollsten in der mystischen Theologie erreicht, die zugleich *docta ignorantia* ist.[28] Ich will kurz zu jedem dieser Punkte einiges ausführen.

Angesichts der schon zitierten Texte hoffe ich, dass die beiden ersten Punkte bereits klar sind. Erstens war Cusanus also wie die meisten mittelalterlichen Theologen der Überzeugung, dass es keinen echten (im Unterschied zu einem *scheinbaren*) Widerspruch zwischen *fides* und *ratio/intellectus* geben könne,[29] weil ja die Quelle beider die höchste göttliche *veritas* sei.[30] Zweitens habe die menschliche Erkenntnis bei ihrem Suchen nach Weisheit zum Teil die Wahrheit gefunden, wie man das zum Beispiel bei

---

igitur intellectus per fidem, et fides per intellectum extenditur. Cusanus erläutert noch an vielen anderen Stellen, wie der Glaube das Verstehen suche, z. B. in De genesi 175 (h. IV,124).
[27] Den Begriff „Selbstvergewisserung" übernehme ich von Beierwaltes, „Das Verhältnis von Philosophie und Theologie", 70, der für den Standpunkt von Cusanus beschreibt als „... eine Einsicht suchende *Selbstvergewisserung des Glaubens*, in der dieser sich seiner reflexiven Voraussetzungen und Entfaltungsmomente bewusst wird."
[28] Der Begriff *docta ignorantia* stammt natürlich ursprünglich nicht von Cusanus, obwohl er in erster Linie mit ihm verbunden wird. Als erster scheint ihn Augustinus gebraucht zu haben (siehe z. B. Ep. 130,15,28 [PL 33,595]); aber er wurde auch von anderen Autoren, die Cusanus kannte, verwendet (z. B. von Bonaventura, *Breviloquium* V. 6 [S. Bonaventurae Opera Omnia V,260a]).
[29] Cusanus unterschied wie viele mittelalterliche Denker zwischen *ratio* oder diskursivem Denken und der höheren Erkenntnisform, die er *intellectus* nannte, einer direkten und intuitiven „Einsicht" in die Wahrheit. So sind zum Beispiel in DVD ein wesentliches Thema die drei Formen der Schau *(visio sensibilis/visio rationalis/visio intellectualis)*, etwa in Praef. 1,23,97–100 u. 24,109–112. Jedoch stimme ich Jasper Hopkins zu, dass „die Unterscheidung zwischen Verstand und Vernunft ... bei dem Problem des Glaubens keine Rolle (spielt)" („Glaube und Vernunft", 26).
[30] In DC 1,4,15 (h. III,20) unterscheidet Cusanus vier Daseinsebenen: Alle Dinge seien in Gott als *veritas*; im Intellekt seien sie wirklich *(vere)*; in der Seele seien sie als Ähnlichkeit der Wahrheit *(verisimiliter)*; und im Körper in der Form, dass sie ihre Ähnlichkeit mit dem Göttlichen verloren hätten. Ich kann in diesem Zusammenhang nicht auf die vielen Untersuchungen über die Epistemologie von Cusanus eingehen. Als wichtigste Arbeiten darüber siehe z. B. *Nikolaus von Kues in der Geschichte des Erkenntnisproblems*, hg. v. Rudolf Haubst,

den alten Philosophen sehe. Dank der natürlichen Erkenntnis der Welt und insbesondere dadurch, dass der Geist seine eigene Erkenntnisform reflexiv erfassen könne, erschließe sich ein Zugang zu der Wahrheit, dass Gott sei *(quia est)*.[31] Cusanus studierte sein Leben lang die Philosophen der Antike, und das zeigte ihm, dass die Jagd nach Weisheit wesentlich zum Menschen gehöre, jedoch bloßer Verstand und natürlicher Intellekt allein nicht zur erlösenden Erkenntnis des inkarnierten Wortes ausreichten.

Drittens glaubte Cusanus wie andere mittelalterliche Denker, dass die Natur des Menschen samt ihren Erkenntnis- und Willenskräften durch den Sündenfall schweren Schaden erlitten habe und daher, um zum Heil zu gelangen, des göttlichen Beistands bedürfe.[32] Auch wenn für Nikolaus von Kues die Inkarnation natürlich auch dazu diente, die Sünde zu beheben, so war er doch der Auffassung, die Hauptabsicht Gottes sei es gewesen, mit der Fleischwerdung des Wortes das Universum zur Vollkommenheit zu führen. Er entwickelte seinen Wahrheitsbegriff zwar auf Weisen, die die übliche mittelalterliche Weltsicht in Frage stellten, aber es ist keine Frage, dass für ihn – genau wie vor ihm für Johannes Scottus Eriugena und Meister Eckhart – die Quelle der Wahrheit die Ewige Weisheit war, also der in Jesus Fleisch gewordene und sowohl bei der Schöpfung als auch bei der Erlösung aktiv wirkende Logos. Wie der Traktat *De aequalitate* („Über die Gleichheit"; im Denken von Augustinus und Chartres ein anderer Name für den Logos) deutlich zeigt,[33] versteht er das göttliche „Wort" als zuständig für alles Erkennen auf der Erde wie im Himmel: „Das Wort ist also das, ohne welches weder der Vater noch der Sohn noch der Heilige Geist noch die Engel noch die Seelen noch die geistbegabten Naturen irgendetwas zu erkennen vermögen."[34] Sein ganzes Leben lang vertrat Cusanus nachdrücklich, wahre Gotteserkenntnis, theologische wie philosophische,

---

Mainz 1975 (MFCG 11); und Theo Van Velthoven, *Gottesschau und menschliche Kreativität. Studien zur Erkenntnislehre des Nikolaus von Kues*, Leiden 1977.

[31] Das sagt er zum Beispiel klar in *De venatione sapientiae* 12,31 (h. XII,31,11–13): *Hinc, sicut ‚quia est' dei est causa scientiae omnium, quia sunt, ita, quia deus quid sit, uti scibilis est, ignoratur, quiditas etiam omnium, uti scibilis est, ignoratur.*

[32] Dieses Thema findet sich quer durch seine ganzen Schriften. Eine prägnante Zusammenfassung findet sich in Sermo XXI, nn. 1–2 (h. XVI,318–319).

[33] Die Bedeutung dieses Traktats für die Christologie von Cusanus wurde hervorgehoben von Harald Schwaetzer, *Aequalitas. Erkenntnistheoretische und soziale Implikationen eines christologischen Begriffs Nikolaus von Kues. Eine Studie zu seiner Schrift* De aequalitate, Hildesheim-Zürich-New York 2000.

[34] *De aequalitate* 22 (h. X,29,13–30,15): *Verbum igitur illud est, sine quo nec pater nec filius nec spiritus sanctus nec angeli nec animae nec omnes intellectuales naturae quicquam intelligere possunt.* Dieses kommt auch in vielen anderen Texten vor; siehe z.B. *De possest* 75 (h. XI,2,87).

sei grundsätzlich immer christologischer Natur.³⁵ Sein letztes Werk, über „den Gipfel der Schau", das er an Ostern vor seinem Tod schrieb, schließt er mit den Worten: „Der dreifaltige und eine Gott ... dessen vollkommenste Erscheinung Christus ist – denn nichts kann vollkommener sein –, führt uns durch (dessen) Wort und Beispiel zur klaren Schau des Möglichen an sich. Und das ist die Glückseligkeit, die einzig die höchste Sehnsucht des Geistes stillt."³⁶

Bereits die Struktur des berühmtesten Werks von Nikolaus von Kues, *De docta ignorantia*, führt den christologischen Kern seiner Theologie vor Augen. Darin handelt das erste Buch von Gott als dem absoluten Maximum und das zweite von dem geschaffenen Universum als dem kontrahierten Maximum. Nun gebe es aber zwischen dem Unendlichen und dem Endlichen kein Verhältnis, keine Art von Analogie.³⁷ Wie kommt Cusanus von da her zu seiner neuen Theologie vom Zusammenfall der Gegensätze, welche das in diesen beiden Büchern vorgestellte „belehrte Nichtwissen" ermöglicht? Die Antwort wird im dritten Buch klar; es handelt von „Jesus Christus ... dem Maximum, das sowohl absolut als auch kontrahiert ist." Hier verweist Cusanus auf den archetypischen Mystiker Paulus, der in ein wissendes Nichtwissen entrückt worden sei (vgl. 2 Kor 12,2). Er sei das Vorbild für alle, die von Christus erleuchtet worden seien: „Und das ist jenes belehrte Nichtwissen, mit dem dieser allerseligste Paulus beim Aufsteigen sah, dass er Christus, von dem er bislang nur (auf menschliche Weise) gewusst hatte, immer weniger erkannte, je höher er zu ihm hinaufgetragen wurde."³⁸ Sodann kommt er auf die Erfahrung des Mose zu sprechen, des anderen biblischen Beispiels für den Hinaufstieg in die mystische Finsternis: „Wir Christgläubigen werden also in belehrter Unwissenheit auf den Berg geführt, der Christus ist. Mit unserer tierischen Natur dürfen wir ihn

---

³⁵ Als deutliche Darstellung der zentralen Rolle der Christologie im Denken von Cusanus siehe H. Lawrence Bond, „Nicholas of Cusa and the reconstruction of theology: the centrality of Christology and the coincidence of opposites", in: *Contemporary reflections on the medieval Christian tradition. Essays in honor of Ray C. Petry*, hg. v. George H. Shriver, Durham 1974, 81–94.
³⁶ De apice theoriae 28 (h. XII,136,1–7): *[D]eus trinus et unus ... Cuius perfectissima apparitio, qua nulla potest esse perfectior, Christus est nos ad claram contemplationem ipsius posse verbo et exemplo perducens. Et haec est felicitas, quae solum satiat supremum mentis desiderium.*
³⁷ Das sagt er z. B. in DDI 1,1,3 u. 3,9 (h I,6 u. 8).
³⁸ DDI 3,11,245 (h. I,153,4–7): *Et haec est illa docta ignorantia, per quam ipse beatissimus Paulus ascendens vidit se Christum, quem aliquando solum scivit, tunc ignorare, quando ad ipsum altius elevabatur.* Als einige weitere Stellen über den Aufstieg des Paulus in 2 Kor 12,2 siehe DDI 3,4,203; Sermo XXXII, nn. 1–3 (h. XVII,52–54); und De apice theoriae 2 (h. XII,118).

nicht berühren; und wenn wir uns bemühen, auf ihn mit dem Auge unseres Intellekts zu blicken, so fallen wir in Dunkelheit und wissen, dass in dieser Dunkelheit der Berg ist, auf dem nur alle die wohnen dürfen, die über Intellekt verfügen. Wenn wir uns ihm mit großer Glaubensbeharrlichkeit nähern, werden wir den Augen derer, die nur im Bereich der Sinne leben, entrückt werden ... Dann sehen wir ihn klarer, sozusagen durch eine ganz eigene Art von Wolke."[39]

Für Cusanus gibt es ohne Christus keine angemessene Theologie, aber seine Position ist keineswegs fideistisch. So vertritt er viertens, dass die Offenbarung die Suche nach Weisheit auf keinen Fall aufhebe oder überrolle, sondern vervollständige. Von seiner dialektischen Sicht des Verhältnisses zwischen Glaube und Vernunft her vertritt er, beide seien gemeinsam Determinanten der Suche nach der Weisheit. An einer Stelle in Predigt IV bringt er den schönen Vergleich, der Glaube sei unser rechtes Auge, das „wie ein Spiegel etwas Großes wahrnimmt, weil man an die göttliche Majestät mit dem Glauben reicht", und die Vernunft unser linkes, „das nur das Natürliche einschätzt."[40] In diesem Vergleich führt er dann weiter aus, wenn jemand sein rechtes Auge verliere, könne er im Kampf nicht bestehen, denn die Sicht des linken Auges hindere immer der Schild, woran man sehe, dass man mit zwei Augen sowohl in der Schlacht als auch im Leben besser gestellt sei. Genau wie für Augustinus, Anselm und andere war der Einsatz der Vernunft zum tieferen Verständnis der im Glauben offenbarten Wahrheiten, den Cusanus als *speculatio* bezeichnet,[41] für ihn nicht nur ein sekundäres Phänomen, also bloß eine Art Eiskunstlauf. Dass der Geist die offenbarte Wahrheit durchdenke, sei notwendig, und zwar nicht nur, um den Glauben gegen seine Feinde zu verteidigen, sondern auch und noch wichtiger deshalb, um dem Gläubigen zu helfen, sich von der Dynamik der von

---

[39] DDI 3,11,246 (h.I,153,8–14 u. 20): *Ducimur igitur nos Christifideles in docta ignorantia ad montem, qui Christus est, quem tangere cum natura animalitatis nostrae prohibiti sumus; et oculo intellectuali dum inspicere ipsum conamur, in caliginem incidimus, scientes intra ipsam caliginem montem esse, in quo solum beneplacitum est habitare omnibus intellectu vigentibus. Quem si cum maiori fidei constantia accesserimus, rapiemur ab oculis sensualiter ambulantium ... [C]larius ipsum quasi per nubem rariorem intueamur.* Über die Rolle des Bergs als Motiv für das mystische Erkennen siehe Boyle, „Cusanus at Sea", 194–196.

[40] Sermo IV, n. 23 (h. XVI,65): *Comparatur speculo comprehendens quaecumque magna, quia divina maiestas per fidem attingitur ... et oculo dextro; sinister oculus est ratio, quae solum de naturalibus iudicat.* Diese ganze Predigt über die „Fides autem catholica," gehalten am Dreifaltigkeitssonntag 1431, ist eine frühe, aber volle Abhandlung von Cusanus über seinen Glaubensbegriff.

[41] Beierwaltes, „Das Verhältnis von Philosophie und Theologie", 74–75, vertritt, dass dieser cusanische Begriff treffend das dialektische Verhältnis von Glaube und Vernunft beschreibe. Siehe auch Jasper Hopkins, „Glaube und Vernunft", 23–29; und Hoye, *Die mystische Theologie des Nicolaus Cusanus*, 180–182.

Christus geoffenbarten unerschöpflichen Wahrheit tiefer erfassen zu lassen. Die *fides quarens intellectum* sei kein Zeitvertreib, sondern eine Notwendigkeit.

Den fünften Punkt, nämlich dass man zur Selbstvergewisserung des Glaubens mittels der *theologia mystica* gelange, führt uns in die Vorstellung des Cusanus von den Arten der Theologie und der Rolle der mystischen Theologie ein, die als erster explizit Dionysius entwickelt hatte, von dem er einmal als „jenem schärfsten aller Denker" spricht, „der bei seiner Suche nach Gott darauf kam, dass über diesen gegensätzliche Aussagen, wenn man sie vereint, etwas Wahres sagen, und die Verneinung, dass er etwas nicht sei, auf seine Unermesslichkeit verweist."[42] So wichtig die expliziten Erörterungen der *theologia mystica* des Cusanus auch sind, lohnt es, mit Hans Gerhard Senger anzumerken, dass die mystische Theologie als fundamentale Kategorie in seinen ganzen Schriften auch sonst in weiter Streuung zu finden ist, namentlich wenn er so zentrale Begriffe wie *visio/theoria*, *docta ignorantia* und *coincidentia oppositorum* behandelt.[43]

In einer an Weihnachten 1456 gehaltenen Predigt definierte Nikolaus von Kues die mystische Theologie kurz so: „Dass Gott geoffenbart sei, heißt Folgendes: nämlich, dass Gott existiere und nicht sichtbar sei, und das ist mystische Theologie."[44] Mit dem Thema der Verborgenheit Gottes hatte er sich in seinem Denken und Predigen schon vom Anfang seiner Laufbahn an beschäftigt. In seiner frühesten, von 1430 stammenden Predigt sagt er: „Daher ist dieser Gott so unermesslich, dass er für alle Geschöpfe unbenennbar,

---

[42] *De venatione sapientiae* 30,89 (h. XII,85,3–5): ... *Dionysius, ille cunctis acutior, deum quaerens repperit in ipso contraria coniuncte verificari privationemque excellentiam esse*. Über das Verhältnis die Beziehung von Cusanus zu Dionysius siehe insbesondere Werner Beierwaltes, „Der verborgene Gott. Cusanus und Dionysius", in: *Platonismus im Christentum*, Frankfurt/M. 1998, 130–171; und Kapitel I, „Die Frage nach der mystischen Theologie bei Nikolaus von Kues", in: Hoye, *Die mystische Theologie des Nicolaus Cusanus*, 23–48. Als Abhandlungen über die Verwendung des Dionysius durch Cusanus im Rahmen des Denkens der Renaissance seien genannt: zwei Vortragsmanuskripte von F. Edward Cranz in seinem Buch *Nicholas of Cusa and the Renaissance*, 109–148; David Luscombe, „Denis the Areopagite in the Writings of Nicholas of Cusa. Marsilio Ficino and Pico della Mirandola", in: *Néoplatonisme et philosophie médiévale*, hg. v. Lino G. Benakis, Turnhout 1997, 93–107; und Hans Gerhard Senger, *Ludus Sapientiae. Studien zum Werk und zur Wirkungsgeschichte des Nikolaus von Kues*, Leiden 2002, 228–254. Eine Liste der ausgiebigen Dionysius-Zitate bei Cusanus liefert Ludwig Baur, *Nicolaus Cusanus und Pseudo-Dionysius im Lichte der Zitate und Randbemerkungen des Cusanus*, Heidelberg 1943. Sitzungsberichte der Heidelberger Akademie der Wissenschafter/ Phil.-hist. Klasse, 32. Jahrgang 1940/41. 4 Abh. Cusanus-Texte 3. Marginalien I, Kap. 2, 20–32.
[43] Senger, „Mystik als Theorie bei Nikolaus von Kues", 114.
[44] Sermo CCLVIII ist in h. XIX noch nicht ediert. Über diesen Text siehe Hoye, *Die mystische Theologie des Nicolaus Cusanus*, 146.

unaussprechlich und völlig unerkennbar bleibt."[45] In der Abhandlung über die Namen Gottes, die er hier liefert, verwendet er nicht Dionysius, sondern hängt stark von jüdischen Quellen ab, besonders von Maimonides. Wir wissen nicht, wann genau Cusanus anfing, sich mit dem dionysischen Corpus zu beschäftigen. Seine *Concordantia catholica* zeigt eine gründliche Kenntnis der Schriften des Areopagiten über die Kirche. Nimmt man die Offenbarung auf dem Meer im Winter 1437–1438 als Wendepunkt in seiner Laufbahn, so dürfte er vermutlich in den anschließenden achtzehn Monaten nach Autoritäten Ausschau gehalten haben, die ihm halfen, diese Offenbarung zu einer regelrechten neuen Theologie auszubauen, deren erste Stufe er dann mit *De docta ignorantia* zustande brachte. Es gibt Hinweise darauf, dass Cusanus sich damals nicht nur intensiv ins Studium des Dionysius vertiefte, sondern während dieser Zeit auch Eckhart zu lesen begonnen hatte, wie mehrere im Winter 1438–1439 gehaltene Predigten zeigen.

In diesen Predigten (Sermones XIX-XXI) kann man sehen, wie er anfängt, sich der dionysischen positiven und negativen Theologie zu bedienen, um damit den Weg zur belehrten Unwissenheit zu beschreiben.[46] Keine menschliche Rede könne Gottes Wesen zutreffend beschreiben (Sermo XIX), und sogar die Offenbarung des Namens Jesu und seine Beschneidung (Lk 2,21) lieferten kein wirkliches Wissen über die Natur Gottes (Sermo XX). In Sermo XX zitiert Cusanus explizit Dionysius mit seiner Darstellung des dreifachen Aufstiegsweges zu Gott mittels Kausalität, Eminenz und Wegnehmen, „so dass wir den Defekt, den wir im Verursachten finden, von der Eminenz der Ursache wegnehmen."[47] Er gibt eindeutig jenen Namen für Gott den Vorzug, die die Form der Verneinung haben, wie etwa „unsichtbar" und „unsterblich", sowie den Namen, die eine in den Geschöpfen nicht vorkommende Vollkommenheit bezeichnen, wie „allmächtig" und „ewig" (S. XX, nn. 8–9). Wir können hier sehen, dass Cusanus sich in Richtung des systematischeren und originelleren Gebrauchs von Diony-

---

[45] Sermo I, n. 3 (h. XVI,4): *Hinc hic Deus tam immensus ab omnibus creaturis innominabilis, inexpressibilis et ad plenum incognoscibilis manet.*

[46] Über die Sermones XIX-XXI (h. XVI, 291–331) siehe H. Lawrence Bond, „Nicholas of Cusa from Constantinople to ‚Learned Ignorance': The Historical Matrix for the Formation of *De Docta Ignorantia*", in: *Nicholas of Cusa on Christ and the Church*, hg. v. Gerald Christianson u. Thomas M. Izbicki, Leiden 1996, 135–163, besonders 159–163; und Peter J. Casarella, „*His Name is Jesus*: Negative Theology and Christology in Two Writings of Nicholas of Cusa from 1440", in: *Nicholas of Cusa on Christ and the Church*, 281–307, mit einer Übersetzung von Sermo XX in 298–307.

[47] Sermo XX, n. 5 (h. XVI:,303): … *tertio per remotionem, ut defectum, quem reperimus in causato, ab eminentia causae removeamus.* Diese drei berühmten Prädikationsweisen finden sich bei Dionysius in DN 7.3.

sius vorantastet, wie er sich dann in *De docta ignorantia* zeigt. Kurz gesagt: Während dieser Jahre erarbeitete er eine neue Form jenes intellektiven Dionysianismus, der anderthalb Jahrhunderte zuvor in Deutschland so stark vertreten worden war.

In Buch I von Cusanus' DDI tritt ganz deutlich seine neue Theologie vom Zusammenfall der Gegensätze als Schlüssel für die Suche nach Weisheit zutage. Hier erörtert er das Verständnis des Maximums als desjenigen, „über das hinaus nichts anderes größer sein kann ... wovon der unbezweifelbare Glaube aller Völker annimmt, dass dies Gott sei" (1,2,5). Ein so geartetes Maximum liege jenseits aller Gegensätze von Bejahung und Verneinung, sagt er in Kapitel 4: „Weil das absolute Maximum in actu absolut alles ist, was sein kann, und dieses ohne jeden Gegensatz ist, so dass das Maximum mit dem Minimum zusammenfällt, steht es folglich gleichermaßen über jeder positiven als auch jeder negativen Aussage über sich. Und es ist alles das, was man als seiend bezeichnet, nicht mehr als das, was nicht ist. Aber es ist auf die gleiche Art alles das, was ist und alles das, was nicht ist ... Es wäre nämlich nicht in actu das absolute Maximum alles nur erdenklich Möglichen, wenn es nicht unbegrenzt und die Grenze von allem und zugleich von nichts von allem zu begrenzen wäre."[48] Meine Absicht ist es hier nicht, die *coincidentia oppositorum* im Detail zu besprechen (das wurde bereits in vielen Arbeiten unternommen),[49] sondern ich möchte lieber genauer zeigen, wie Nikolaus von Kues seinen neuen Ansatz in die von Dionysius geerbten theologischen Kategorien integriert.

Im späteren Teil von Buch I verknüpft Cusanus seine Lehre über den Zusammenfall der Gegensätze mit den dionysischen Weisen des theologischen Aufstiegs. Nachdem er zur Veranschaulichung des Zusammenfalls ein geometrisches Beispiel gebracht hat, zieht er in Kapitel 16 die Schlussfolgerung, weil „jeder Gegensatz vom Unendlichen völlig überstiegen" werde, könnten „daher über dieses derart viele negative Aussagen gemacht

---

[48] DDI 1,4,12 (h. I,10.27–11,6 u. 11,9–11): *Quia igitur maximum absolute est omnia absolute actu quae possunt taliter absque quacumque oppositione, ut in maximo minimum coincidat, tunc super omnem affirmationem est pariter et negationem. Et omne id quod concipitur esse non magis est quam non est. Sed ita est hoc quod est omnia et ita omnia quod est nullum ... Aliter enim non esset maximitas absoluta omnia possibilia actu, si non foret infinita et terminus omnium et nullum omnium terminabilis.* Über das Verhältnis von *maximum* und *infinitas* siehe Hoye, *Die mystische Theologie des Nicolaus von Kues*, 170–178.

[49] Eine gute Darstellung findet sich bei Josef Stallmach, *Ineinsfall der Gegensätze und Weisheit des Nichtwissens. Grundzüge der Philosophie des Nikolaus von Kues*, Münster 1989. Auf Englisch siehe Jasper Hopkins, *Nicholas of Cusa On Learned Ignorance. A Translation and an Appraisal of De Docta Ignorantia*, Minneapolis 1981; und Clyde Lee Miller, *Reading Cusanus. Metaphor and Dialectic in a Conjectural Universe*, Washington, DC 2003, Kap. 1.

werden, wie man nur immer schreiben oder lesen kann."⁵⁰ Er behauptet, dieses Prinzip sei die Quelle aller Theologie und zitiert dazu eine Reihe von Texten aus den Schriften des Dionysius darüber, wie die Theologie als Rede von Gott sowohl „das Größte als auch das Geringste" sei und folglich jenseits sowohl jeder Affirmation als auch Negation gehe.⁵¹ In Kapitel 24 kommt er noch einmal ausdrücklich auf die Rolle der affirmativen Theologie zu sprechen und zeigt wiederum auf, wie dem Maximum kein Name zugesprochen werden könne, da es keinen Gegensatz habe (24,74). Die Vernunft könne nicht über die Mauer der Widersprüche springen (24,76) und nicht das unendliche Einssein des Maximums erfassen, und daher könnten positive Namen nichts über Gott im Gottsein aussagen; alle hätten nur Geltung „hinsichtlich der unendlichen Macht Gottes bezüglich der Geschöpfe" (24,79). Das gelte sogar von den Namen der Dreifaltigkeit. Die Lehre von Cusanus, der hier Maimonides zitiert, scheint auf jenen Zitaten dieses jüdischen Weisen zu beruhen, die sich im *Exoduskommentar* von Meister Eckhart finden.

Den Zweck der affirmativen Theologie beschreibt er zu Anfang des 26. Kapitels, das vom Sinn der negativen Theologie handelt: „Alle Religion muss in ihrem Gottesdienst mittels einer affirmativen Theologie zu Gott aufsteigen." Aber wenn die affirmative Theologie nicht vom belehrten Nichtwissen der negativen Theologie gezügelt werde, könne der Gottesdienst in Götzendienst ausarten, weil man dabei dann den unendlichen Gott als nicht mehr als ein *Wesen* unter allen anderen behandle (d.h. so wie ein Geschöpf). Der Schlüsselbegriff ist hier, wie auch später in *De visione Dei*, die „Unendlichkeit". „Unendlichkeit" sei ein allen drei göttlichen Personen gemeinsamer Name und liege in diesem Sinn jenseits der Dreifaltigkeit. So schreibt Cusanus: „Gemäß der Theologie der Negationen findet sich in Gott nichts anderes als Unendlichkeit. Folglich vertritt die negative Theologie, dass Gott sowohl in dieser Welt als auch in der kommenden Welt unerkennbar ist ... aber Gott ist allein Gott bekannt" (26,88).

---

⁵⁰ DDI 1,16,43 (h. I,30.21–23): ... *ita quod penitus omnem oppositionem per infinitum supergreditur. Ex quo principio possent de ipso tot negativae veritates elici, quot scribi aut legi possent.*
⁵¹ Ebd. Als Texte aus dem dionysischen Corpus werden u. a. zitiert: MT 1.3, DN 5.8, MT 1.1 u. Ep 1. Cusanus war natürlich nicht der erste, der sah, dass Gott alle Gegensätze überschreite und folglich sowohl die Negation als auch die Affirmation als Schlüssel zur angemessenen Annäherung an Gott nur ein Stück weit taugten. Eriugena, auch er eine Quelle von Cusanus, vertritt das gleiche in *Periphyseon* 1 (PL 122,458D-460B). Über das Verhältnis des Cusanus zu Eriugena siehe Werner Beierwaltes, „Cusanus and Eriugena", in: *Dionysius* 13 (1989), 115–152; und Donald F. Duclow, „Pseudo-Dionysius, John Scotus Eriugena, Nicholas of Cusa: An Approach to the Hermeneutic of the Divine Names", in: *International Philosophical Quarterly* 12 (1972), 260–278.

Daher leuchte das, was er als die „Präzision der Wahrheit" *(praecisio veritatis)* bezeichnet, in der Finsternis des Eingeständnisses unseres Nichtwissens auf.[52] Dieses hart gewonnene Eingeständnis ist die Grundlage für die *docta ignorantia*, nach der Cusanus gesucht hatte (26,89). Er bezeichnet dies hier als negative Theologie, aber in Wirklichkeit handelt es sich dabei um eine Negation, die über das bloße Unternehmen, Gott das eine oder andere Attribut abzusprechen, hinausgeht; es ist (so paradox das klingen mag) die Affirmation, dass man Gott als den Ineinanderfall des unendlich Großen und des unendlich Kleinen zwar preisen, aber nicht kennen kann.

In *De docta ignorantia* beschrieb Cusanus nicht explizit den Zusammenfall der Gegensätze und jene *docta ignorantia*, die sich als „mystische Theologie" entpuppte. Aber in seiner Entgegnung auf Johannes Wencks Angriff *De ignota litteratura* gegen dieses Buch führte er dieses Thema genauer aus. An einer Stelle schreibt der Heidelberger Theologe entrüstet: „Ich stelle die Frage: Wie kann die Unwissenheit lehren, wo doch das Lehren ein positiver Lehrakt ist?"[53] Cusanus verteidigt in seiner *Apologia doctae ignorantiae* mit Nachdruck die belehrte Unwissenheit und erklärt: „Heutzutage beherrscht die Sekte der Aristoteliker das Feld, die den Zusammenfall der Gegensätze für eine Häresie hält. Aber dass man dieses annimmt, ist der Ansatz zum Aufstieg in die mystische Theologie. Den in dieser Sekte Aufgezogenen kommt dieser Weg natürlich völlig unsinnig vor."[54] Hierauf untermauert er seine Verteidigung des negativen Zugangs zu Gott, indem er Dionysius als Autorität zitiert und darauf hinweist, es bestehe ein großer Unterschied zwischen jener Art von Wissen *(scientia)*, das sein Gefallen an verbalen Streitereien finde, mit denen man sich aufblähe, und der mystischen Theologie, denn diese „führt ins Leerwerden und Schweigen, worin uns die Schau des unsichtbaren Gottes zuteil wird."[55] In diesem Text bezeichnet

---

[52] Der Begriff der *praecisio veritatis* ist eines der Schlüsselthemen von Cusanus, die hier nicht weiter verfolgt werden können. Im Wesentlichen geht es darum, dass Gottes Wahrheit in ihrer *praecisio* jenseits dessen liege, was wir sowohl von Gott (dem *maximum absolutum*) als auch von der Welt (dem *maximum contractum*) wissen könnten. Siehe DDI 1,3.

[53] Das *De Ignota Litteratura* (in der Folge zitiert als DIL) wurde erstmals herausgegeben von Edmond Vansteenberghe, *Le „De ignota litteratura" de Jean Wenck de Herrenberg contre Nicolas de Cuse*, Münster 1910. Eine bessere Edition mit Übersetzung ins Englische lieferte Jasper Hopkins, *Nicholas of Cusa's Debate with John Wenck. A Translation and Appraisal of De Ignota Litteratura and Apologia Doctae Ignorantiae*, Minneapolis 1981. Hopkins behielt die Seiten- und Zeilennummerierung der Edition von Vansteenberghe bei. Das Zitat ist aus DIL 31,1–2: *Rogo quomodo ignorantia docet, cum docere sit actus doctrinae positivus?*

[54] *Apologia doctae ignorantiae* (in der Folge zitiert als *Apologia*; h. II,6,7–10): *Unde, cum nunc Aristotelica secta praevalet, quae heresim putat esse oppositorum coincidentiam, in cuius admissione est initium ascensus in mysticam theologiam, in ea secta nutritis haec via penitus insipida.*

[55] *Apologia* (h. II,7,26–28): *Nam mystica theologia ducit ad vacationem et silentium, ubi est*

Cusanus also die Vorstellung vom Zusammenfall der Gegensätze als notwendigen Einstieg in die mystische Theologie, wenn auch wahrscheinlich nicht als deren Ziel.

In anderen Texten aus dem Jahrzehnt von 1440 bis 1450 ist vom gleichen inneren Zusammenhang zwischen der mystischen Theologie und dem Zusammenfall der Gegensätze die Rede. In seinem *De filiatione Dei* von 1445 schrieb Cusanus, alle Arten der Theologie seien in Wirklichkeit eins, was wir bereits oben vermerkt hatten. Er zählt folgende Arten auf: die affirmative, negative, dubitative, disjunktive und unitive Theologie (5,88). Sodann sagt er, es gehöre notwendig zum Trachten nach dem Vergöttlichtwerden, dass man von der *einen* Wahrheit als der Grundlage aller Arten des Sprechens von Gott ausgehe. Der Gelehrte, der echte Theologie treibe *(vere theologizans scholaris)*, finde nichts Bedenkliches daran, dass es eine Vielzahl von theologischen Mutmaßungen gebe, denn er wisse, „dass Gott unaussprechlich über jeder Affirmation und Negation steht, ganz gleich, was jemand auch sagen mag."[56] Zu Beginn des zweiten Buchs seines Traktats *Idiota de mente* von 1450 bringt Cusanus eine Erörterung der „darlegenden Theologie" *(theologia sermocinalis)*, in welcher der weise Laie den Redner zur Anerkenntnis bringt, dass, wenn jemand eine Frage über Gott stelle, dies eine Frage sei, die anders sei als alle anderen Fragen. Alle anderen Fragen unterstellten nämlich etwas über die Antwort, aber da Gott der Ineinanderfall der Gegensätze sei (an dieser Stelle ausgedrückt als Ineinander von absoluter Leichtigkeit des Verstehens und absoluter Unbegreiflichkeit), gehe die präziseste Art der Rede über Gott sowohl über die affirmative als auch die negative Theologie hinaus. Denn „es gibt ein Nachdenken über Gott, zu dem weder eine Zuschreibung noch ein Wegnehmen passt, denn dabei wird er als oberhalb von jeder Zuschreibung oder Wegnahme gesehen. Die Aussage besteht dann darin, dass man gleichermaßen die Affirmation, die Negation und die Verknüpfung (beider) ablehnt."[57] An dieser Stelle gibt Cusanus der Art von theologischer Rede, die jenseits von allen anderen ist, keinen Namen, aber aus seinen Schriften aus den frühen 1450er Jahren wird klar, dass er von der mystischen Theologie spricht.

In den 1450er Jahren kam er auf das Thema zurück, in welchem Verhält-

---

visio, quae nobis conceditur, invisibilis Dei. Als weitere Verteidigung der mystischen Theologie des Dionysius und seiner Kommentatoren, darunter Maximus und Eriugena, siehe II,19–21.

[56] *De filiatione* 6,84 (h. IV, 60): ... *cum sciat deum super omnem affirmationem et negationem ineffabilem, quidquid quisque dicat.*

[57] *Idiota de sapientia* 2,32 (h V,65,14–17): *Est deinde consideratio de deo uti sibi nec positio nec ablatio convenit, sed prout est supra omnem positionem et ablationem. Et tunc responsio est negans affirmationem et negationem et copulationem.*

nis seine „Koinzidenz-Theologie" und die mystische Theologie der Dionysius-Tradition zueinander stünden.[58] Im Kontext der beginnenden Debatte über die Natur der mystischen Theologie (die weiter unten ausführlicher dargestellt werden soll) ließ er sich in einem Brief vom 14. September 1453 an den Benediktinerkonvent von Tegernsee über das Verhältnis von Koinzidenz und mystischer Theologie weiter aus. Er vermerkt dort, dass Dionysius in der MT lehre, die Wolke, in der man Gott begegne, liege jenseits sowohl der affirmativen als auch der negativen Theologie. Das erklärt er folgendermaßen: „In diesem Büchlein, in dem er die mystische und geheime Theologie auf mögliche Weise darstellen will, springt er über die Disjunktion (von Positiv und Negativ) hinaus bis zur Kopulation und Koinzidenz, das heißt zur völlig einfachen Einung, die nicht einseitig ist, sondern direkt oberhalb aller Wegnahme und Zuweisung. Da fällt also die Wegnahme mit der Zuweisung zusammen und die Negation mit der Affirmation. Das ist die allergeheimste Theologie, zu der keiner der Philosophen Zugang hatte und auch gar nicht haben kann, denn es gilt ja allgemein als festes Prinzip jeder Philosophie, dass zwei Gegensätze nicht zusammenfallen können. Daher ist es notwendig, auf mystische Weise oberhalb alles Verstandesdenkens und Erkennens Theologie zu treiben, ja sogar sich selbst aufzugeben, sich in die Finsternis zu stürzen."[59]

Cusanus sagt weiter, dieses sich selbst Aufgeben des Intellekts, bei dem man „Notwendigkeit in der Unmöglichkeit und Affirmation in der Negation" verkoste, sei in diesem Leben in vollkommener Form gar nicht möglich, aber dennoch das Ziel, nach dem man trachten müsse.

Diese Lehre behielt Nikolaus von Kues während seines letzten Lebensjahrzehnts konstant bei. Sie liegt seinem Traktat *De visione Dei (DVD)*

---

[58] Der Begriff *theologia coincidentialis* kommt bei Cusanus nicht vor, wohl aber der Begriff *theologia coniunctiva*. Der *theologia coincidentiae* oder *coincidentialis* am nächsten zu kommen scheint er in Sermo LVII von 1446, der eine Abhandlung über die im Neuen Testament zu findenden Koinzidenzen enthält, namentlich derjenigen von Lieben und Geliebtwerden und Erkennen und Erkanntwerden. Er schreibt dort: *Hinc haec est theologia Christiana, quod „fides formata caritate" est cognitio, cui coincidit cognosci. Et haec theologia aliam nobis subinfert, scilicet coincidentiam appropriatorum in Deo* (nn. 17–18; h. XVII,283).
[59] Edmond Vansteenberghe, *Autour de la docte ignorance. Une controverse sur la théologie mystique au XVe siècle*, Münster 1915, „Correspondence de Nicolas de Cuse avec Aindorffer et de Waging" No. 5 (114–115): ... *sed in hoc libello ubi theologiam misticam et secretam vult manifestare possibili modo, saltat supra disiunctionem usque in copulacionem et coicidenciam, seu unionem simplicissimam que non est lateralis sed directe supra omnem ablacionem et posicionem, ubi ablacio coincidit cum posicione, et negacio cum affirmacione; et illa est secretissima theologia, ad quam nullus phylosophorum accessit, neque accedere potest stante principio communi tocius phylosophie, scilicet quod duo contradictoria non coincidunt. Unde necesse est mistice theologizantem supra omnem racionem et intelligenciam, eciam se ipsum linquendo, se in caliginem iniciare.*

zugrunde, seinem wichtigen Beitrag zur mystischen Theologie, an dem er in den letzten Monaten des Jahres 1453 arbeitete und den er den gleichen Mönchen schickte, denen er den Brief geschrieben hatte. Weiter unten werden wir ausführlicher darauf eingehen. Die gleiche Kombination von *speculatio* und Mystik (oder besser: die gleiche *speculatio*, die Mystik ist) zeigt sich noch einmal im 1460 verfassten *Trialogus de possest*. In diesem Gespräch geht es um die Aussage von Paulus in Römer 1,20, dass sich die unsichtbare Wirklichkeit Gottes an den Werken seiner Schöpfung mit dem Verstand wahrnehmen lasse. Dieser Paulustext war schon lange ein Grundpfeiler der philosophischen Beweise für Gottes Dasein gewesen, aber Cusanus setzt sein Thema anders an. Er bringt keinen denkerischen Beweis, sondern kommt auf die Koinzidenz von absoluter Tatsächlichkeit und absoluter Möglichkeit in Gott zu sprechen, den er als *possest* oder aktualisierte Möglichkeit bezeichnet. Wiederum ist es nicht meine Absicht, mich auf die genauere Analyse dieser neuen, auf dem Zusammenfall der Gegensätze beruhenden Version eines Namens für Gott einzulassen,[60] sondern ich will nur auf den Umstand aufmerksam machen, dass Cusanus die Zuschreibung dieses Namens nicht in erster Linie als akademische Übung auffasst, sondern als notwendigen Schritt bei der Vorbereitung des Geistes auf die Offenbarung, die ihm eine mystische Sicht des unsichtbaren Gottes erschließt. So sagt er im 15. Kapitel: „Dieser Name *(possest)* führt also den Spekulierenden über jeden Sinn, Verstand und Intellekt hinaus zur mystischen Schau. Dort kommt jeder Aufstieg der Erkenntniskraft an sein Ende und es beginnt die Offenbarung des unbekannten Gottes. Wenn der Wahrheitssucher nämlich alles hinter sich gelassen hat und über sich selbst hinaufgestiegen ist ... entdeckt (er), dass ihm der weitere Zugang zum unsichtbaren Gott verschlossen ist, der für ihn unsichtbar bleibt." Hier muss der Sucher „voller hingebungsvoller Sehnsucht" darauf warten, bis Gott sich ihm zeigt. Paulus habe also sagen wollen, schließt Cusanus, dass, „wenn wir diese Welt als etwas Geschaffenes erkennen und sie übersteigen, um ihren Schöpfer zu suchen, sich dieser denjenigen zeigt, die ihn als ihren Schöpfer mit einem in Höchstform gebildeten Glauben suchen."[61]

---

[60] Es seien hier zwei Arbeiten über das *De possest* genannt: Jasper Hopkins, *A Concise Introduction to the Philosophy of Nicholas of Cusa*, Minneapolis 1978; und Peter Casarella, „Nicholas of Cusa on the Power of the Possible", in: *The American Catholic Philosophical Quarterly* 64 (1990), 7–34.

[61] *De possest* 15 (h. XI,19,1–20,14): *Ducit ergo hoc nomen speculantem super omnem sensum, rationem et intellectum in mysticam visionem, ubi est finis ascensus omnis cognitivae virtutis et revelationis incogniti dei initium. Quando enim supra se ipsum omnibus relictis ascenderit veritatis inquisitor et reperit se amplius non habere accessum ad invisibilem deum, qui sibi manet invisibilis ... [P]uta quando ipsum mundum creaturam intelligimus et mundum trans-*

Die Diskussion über die mystische Theologie

Der Umstand, dass Nikolaus von Kues mit Dionysius die mystische Theologie als Ziel des christlichen Lebens so sehr betonte, verstrickte ihn in Kontroversen, und das nicht zuletzt deshalb, weil, wie wir gesehen haben, es im Spätmittelalter lebhafte Diskussionen darüber gab, wie man Dionysius lesen müsse. Diese Diskussion hatte ihre tieferen Wurzeln im Streit über die Legitimität von Formen der Mystik, die auf der Grundlage des neuplatonischen dialektischen Denkens entwickelt worden waren. Zwei der Vorgänger und Hauptquellen von Nikolaus, Eriugena und Eckhart, waren über diese Themen mit der kirchlichen Autorität in Konflikt gekommen. Cusanus blieb jegliche Verurteilung durch die Kirche erspart, aber auch er wurde mit dem Vorwurf angegriffen, er verbreite mystische Häresien.

Die Kontroverse über die Ausführungen des Nikolaus von Kues über die Mystik entwickelte sich in zwei Phasen. Im Mittelpunkt der ersten stand der Angriff des Heidelberger Theologen Johannes Wenck (ca. 1395–1460) auf sein Werk *de docta ignorantia*. Wenck war Konziliarist, der Cusanus als Abtrünnigen ablehnte, aber beide trennte auch bezüglich der Frage, wie man Theologie treiben müsse, eine tiefe Kluft.[62] Neben den persönlichen und akademischen Aspekten ihrer Animosität ging es auch um die Natur des mystischen Rührens an Gott. James Hopkins formulierte es so: „Die Reflexionen des Nikolaus über die mystische Theologie waren eine Ausweitung seiner Lehre von der belehrten Unwissenheit."[63] Wencks Angriff auf die Lehre des Nikolaus von der *coincidentia oppositorum* war die Grundlage dafür, dass er auch das ablehnte, was er als dessen Lehre von der formalen Identität von Gott und Mensch ansah, sowie, dass er ihm vorwarf, die Irrtümer der verurteilten Begarden und Meister Eckharts zu vertreten.[64]

---

cendentes creatorem ipsius inquirimus, se manifestare ipsum ut creatorem suum summa formata fide quaerentibus.
[62] Über Johannes Wenck siehe Rudolf Haubst, *Studien zu Niklaus von Kues und Johannes Wenck. Aus Handschriften der Vatikanischen Bibliothek*, Münster 1955. Wenck war nicht nur Konziliarist, sondern auch ein entschiedener Gegner der häretischen Begarden. Sein eigenes Interesse für die katechetische Unterweisung der Laien zeigt sein deutscher Traktat über die Seele, den Georg Steer herausgab: *Johannes Wenck von Herrenberg. Das Büchlein der Seele*, München 1967.
[63] Hopkins, *Nicholas of Cusa's Dialectical Mysticism*, 16.
[64] Die Auseinandersetzung zwischen Wenck und Cusanus wurde zuweilen als solche über den Pantheismus eingeordnet, aber dieser Begriff nahm in unterschiedlichen historischen Kontexten so viele verschiedene Bedeutungen an, dass ich ihn hier vermeide. Worin Cusanus und Wenck tatsächlich uneins waren, war der genaue Sinn der Aussage, Gott sei die *forma omnis formae* (z.B. in ADI 8,12–9,10 u. 26,6–7). Außerdem ging es darum, ob Cusanus tat-

Auch wenn Wenck kein origineller Theologe ist, stellt sein Angriff auf Cusanus doch die stärkste spätmittelalterliche Polemik gegen die Gefahren bestimmter Formen der Mystik wie derjenigen von Eckhart und Cusanus dar, bei denen das Ziel darin bestand, zur Ununterschiedenheit von Gott zu gelangen. Wenck strukturiert seine Argumentation in scholastischer Manier in zehn falsche Thesen und die daraus sich jeweils ergebenden Aussagen und widerlegt diese unter Berufung auf die Heilige Schrift sowie auf die Regeln der Logik. Er hat natürlich keine Schwierigkeiten damit, aufzuzeigen, dass Cusanus mit seiner Vorstellung vom Zusammenfall der Gegensätze die in der spätmittelalterlichen scholastischen Theologie gebräuchlichen Gesetze der aristotelischen Logik in den Wind schlage.[65] In seiner bereits oben zitierten Entgegnung bestätigt Cusanus freimütig diesen Vorwurf. Während seiner ganzen Laufbahn stellte er niemals die Gültigkeit der aristotelischen Logik in Frage, wenn es um den Bereich der unterschiedenen Wesenheiten gehe; aber er betonte, dass das Widerspruchsprinzip versage, wenn man die Grenzen seines Gültigkeitsbereichs überschreite und das jenseits der Unterschiedenheit Liegende untersuchen wolle, nämlich den Gott, der nicht *etwas* von anderen Dingen Unterschiedenes sei, sondern der Grund aller Dinge, die auf tranzendentale Weise in ihn eingefaltet und zugleich in die Vielfalt des real Existierenden ausgefaltet seien.[66]

Wenck weist auch auf einen Zusammenhang zwischen Cusanus' Ausführungen über den Zusammenfall der Gegensätze und die Verurteilung Eckharts sowie der Beginen und Begarden hin und knüpft folglich seinen Angriff an die spätmittelalterlichen Debatten über die Gefahren der Mystik an.

---

sächlich behauptet habe, alle Dinge fielen mit Gott zusammen. Über diese Debatte siehe Rudolf Haubst, *Studien zu Nikolaus von Kues und Johannes Wenck*, Münster 1955; Jasper Hopkins, *Nicholas of Cusa's Debate with John Wenck*, Introduction, 3–18; und Donald F. Duclow, „Mystical Theology and Intellect in Nicholas of Cusa", in: *The American Catholic Philosophical Quarterly* 64 (1990), 115–118. Über die Rolle, die Eckhart in der Debatte spielte, siehe Ingeborg Dengelhardt, *Studien zum Wandel des Eckhartsbildes*, Leiden 1967, 50–63.

[65] Um nur ein Beispiel für Wencks Polemik zu zitieren: O *quantum spargitur hic venenum erroris et perfidiae, correlario isto destuente omnem processum scientificum ac omnem consequentiam, pariter et tollente omnem oppositionem, pariter et legem contradictionis, et per consequens totam doctrinam Aristotelis, destructo semine omnis doctrinae* (DIL 29,15–19).

[66] Über Cusanus' Kritik am Aristotelismus siehe Hans Gerhard Senger, „Aristotelismus vs. Platonismus. Zur Konkurrenz von zwei Archetypen der Philosophie im Spätmittelalter", in: *Aristotelisches Erbe im Arabisch-Lateinischen Mittelalter*, hg. v. Albert Zimmermann, Berlin 1986, 53–80. Die Dialektik von *complicatio-explicatio* (Einfaltung-Ausfaltung), die Cusanus in seinem gesamten Denken verwendete, ist ein weiteres Thema, das in der Literatur schon oft behandelt wurde. Über ihren Hintergrund in der neuplatonischen Tradition, die bis zu Plotin und Boethius zurückreicht, siehe Thomas P. McTighe, „A Neglected Feature of Neoplatonic Metaphysics" *Christian Spirituality and the Culture of Modernity: The Thought of Louis Dupré*, hg. v. Peter Casarella, Grand Rapids 1998, 27–49.

Nach Wenck sind die in Cusanus' Traktat vertretenen Ansichten „nicht im Einklang mit unserem Glauben, für fromme Gemüter anstößig sowie eine eitle Verführung, Gott nicht gehorsam zu sein."[67] Er fängt damit an, dass er den Bericht des Nikolaus über seine Erleuchtung auf dem Schiff, den er zu Anfang von *De docta ignorantia* bringt, in Frage stellt und darin ein Beispiel für jene falschen Visionen sieht, von denen der Apostel Johannes geschrieben habe, man müsse sie prüfen, ob sie tatsächlich aus Gott seien (vgl. 1 Joh 4,1). Wie viele andere Theologen des 14. und 15. Jahrhunderts appellierte er also an die Unterscheidung der Geister, um damit die Behauptungen seines Gegners in Frage zu stellen. Er schreibt: „Denn aus welchem Geist diese belehrte Unwissenheit stammt, haben uns ja schon die eigenartigen Lehren der Waldenser, der Nachfolger Eckharts und der Anhänger des Wycliff vor Augen geführt."[68] Dass Wenck Cusanus mit Eckhart in Zusammenhang bringt, ein Hauptthema seiner Polemik. Man sieht, dass er die lateinischen und deutschen Schriften Eckharts kennt, was er offensichtlich den Prozessdokumenten verdankt. Sein Angriff gegen die Vorstellung vom Zusammenfall der Gegensätze in der ersten These bietet dafür das ausführlichste Beispiel. Wencks Behauptung, wenn man sage, nichts stehe im Gegensatz zu Gott und folglich sei kein Name für ihn angemessen (er zitiert dazu Stellen aus DDI 1,2 u. 24), bezieht er das auch auf Eckharts Lehre, Gott und die Seele seien identisch (dazu zitiert er Stellen aus dem *Buch der göttlichen Tröstung* und Pr. 2). Diese Art von belehrter Unwissenheit und „extrem abstraktem Verständnis" *(abstractissima intelligentia)*, so schreibt er, habe zu den Irrtümern der Begarden und der Schwestern (d. h. Beginen) geführt, die 1317 von Johannes von Strassburg verurteilt worden seien, weil sie vertreten hätten, „Gott sei formal alles Seiende und sie seien von Natur aus ohne Unterschiedenheit Gott."[69] Eine Ableitung von dieser Ansicht ist Eckharts Vorstellung von der Ewigkeit der Schöpfung, die Wenck zurückweist und dabei Stellen aus Eckharts Kommentaren zur Genesis und zum Exodus angreift (DIL 26,1–14).

Wenck setzt diese Angriffsweise durch seinen gesamten Traktat hindurch fort. Zuweilen zitiert er ausdrücklich Texte Eckharts und nennt dessen Namen (z. B. DIL 30,17–20); oder er fasst Lehren Eckharts ohne Namensnen-

---

[67] DIL 19,20–21: ... *veluti fidei nostrae dissona, piarum mentium offensiva, necnon ab obsequio divino vaniter abductiva.*
[68] DIL 21,1–3: *Nam ex quo spiritu haec docta procedat ignorantia, dudum iam Waldensica, Eckhardica, atque Wiclefica praemonstraverunt doctrinationes.* Über die Rolle der Unterscheidung der Geister in der spätmittelalterlichen Mystik siehe oben Kapitel 2, 135–143.
[69] DIL 25,19–21: ... *dicentes Deum esse formaliter omne quod est et se esse Deum per naturam sine distinctione.* Siehe die ganze Abhandlung in DIL 24,26–25,14. Die Verurteilung der Begarden wird auch in 29,31–35 erwähnt.

nung zusammen (z. B. 35,19–22). Das vielleicht interessanteste Beispiel für seine Antipathie gegen das eckhart-cusanische Verständnis der Mystik liefert seine Widerlegung der vierten These. Darin verknüpft er die belehrte Unwissenheit von Cusanus mit der eckhartschen Loslösung *(abgeschiedenheit)*. Er schreibt: „Daran sieht man deutlich, zu welcher Vergiftung von Wissenschaft und Sitten jene extrem abstrakte Einsicht namens *docta ignorantia*, ,abgeschieden leben' genannt, führt."[70] Wenck kommt zum Schluss, dass Cusanus' Begriff der göttlichen Einheit genau wie derjenige Eckharts die christliche Lehre von der Dreifaltigkeit zerstöre und dessen Sicht des universalen Christus genau wie diejenige Eckharts mit dem angemessenen Verständnis der Inkarnation unvereinbar sei. In seinen Augen liegt die Wurzel der Irrtümer von Cusanus (und Eckhart) darin, dass sie „keine Ahnung von den Formen des Einswerdens unterschiedener Dinge haben."[71] Mit anderen Worten, ihre Vorstellung von mystischem Einswerden sei völlig abstrus. Von da her schließt er mit einer schallenden Ablehnung: „Ich weiß nicht, ob ich in meinen Tagen schon jemals einen einzelnen Schriftsteller gesehen habe, der derart gefährliches Zeug von sich gibt, was die Gottheit und Dreifaltigkeit der Personen angeht sowie alle Dinge insgesamt, die Inkarnation Christi, die theologischen Tugenden, die Kirche."[72]

Auf Wencks Angriff wurde Cusanus offenbar erst 1448 oder 1449 aufmerksam. Seine ebenfalls ziemlich polemische Erwiderung schenkt uns Einsicht darin, wie sich sein Denken darüber, wie wir in diesem Leben nach Gott streben sollten, weiterentwickelt hatte. Wenck hatte die Vision/Erleuchtung in Frage gestellt, von der Cusanus in seinem Brief an Kardinal Cesarini geschrieben hatte, sie sei die Quelle seiner neuen Theologie. In seiner Entgegnung liefert Cusanus zur Verteidigung seiner Erleuchtung keine ausführlichen Argumente anhand der „Unterscheidung der Geister", sondern besteht darauf, dass er sie „von oben empfangen" habe, ehe er sich nach den Autoritäten, besonders Dionysius und Augustinus, umgesehen habe, die ihm diese Einsicht bestätigt und genauer erklärt hätten (ADI 12,19–13,3). Ein Hauptmotiv im Traktat wird sein sich Berufen auf die Autorität von Dionysius: Den *divinissimus Dionysius* zitiert er öfter als jede andere Gestalt. Cusanus zieht sich auch nicht von der Verwendung von

---

[70] DIL 31,22–24: *Ex quibus liquet quantum venenositatem scientiae et morum induxerit abstractissima illa intelligentia, nuncupata docta ignorantia, vulgariter „abgeschieden leben".*
[71] DIL 41,2–3: *... ipseque se fatetur penitus ignorans uniones rerum distinctas.* Wenck legt in 39,16–23 u. 40,25–31 dar, wie Cusanus diese Formen des Einswerdens falsch verstehe.
[72] DIL 41,7–10: *Nescio an diebus meis unicum scribam sicut hunc umquam viderim tam perniciosum, in materia divinitatis et trinitatis personarum, in materia universitatis rerum, in materia Incarnationis Christi, in materia virtutum theologicalium, in materia ecclesiae.*

Eckhart zurück, sondern schreibt offen, er habe einen beträchtlichen Teil der Schriften des verdächtigen Autors gelesen, darunter ein Dokument (vermutlich die heute als *Rechtfertigungsschrift* bekannte Schrift), in der Eckhart aufgezeigt habe, wie ihn seine Angreifer missverstanden hätten (ADI 25,1–7). In seinem in der dritten Person verfassten Bericht heißt es weiter: „Der Lehrer (d. h. er, Nikolaus) sagte, er habe niemals gelesen, dass er (Eckhart) gemeint habe, das Geschöpf sei der Schöpfer. Er pries dessen Genie und Fleiß, wünschte sich jedoch, seine Bücher möchten der Öffentlichkeit entzogen werden, weil die einfachen Leute das nicht verstehen könnten, was er entgegen dem Brauch anderer Lehrmeister darin einflicht. Gebildete allerdings könnten in ihnen viele subtile und nützliche Dinge finden."[73]

Cusanus kommt im Lauf seiner Entgegnung ständig auf mehrere wesentliche Punkte zurück: (1) Beim Erörtern göttlicher Dinge sei es notwendig, über den aristotelischen Grundsatz vom Widerspruch hinauszugehen; (2) man müsse die *coincidentia oppositorum* richtig verstehen;[74] (3) Wenck habe *De docta ignorantia* in vieler Hinsicht völlig falsch verstanden, etwa wenn er behaupte, im Text heiße es, dass die Geschöpfe wirklich mit Gott zusammenfielen (siehe z. B. ADI 16,8–11; 22,17–23,14). Eine Reihe weiterer Aspekte seiner Verteidigung sind für die reife mystische Theologie wichtig, die Cusanus in den folgenden Jahren entwickeln sollte. Zunächst einmal versteht er seinen neuen Ansatz so, dass es dabei grundsätzlich um das Thema gehe, was es heiße, Gott zu schauen: „Dieser Ansatz unterscheidet sich von anderen Wegen so sehr, wie sich das Sehen vom Hören unterscheidet."[75] Seine Konzentration auf die *visio dei* sollte ihren Reifepunkt

---

[73] Apologia 25,7–12: *Aiebat tamen praeceptor se numquam legisse ipsum sensisse creaturam esse creatorem, laudans ingenium et studium ipsius; sed optavit, quod libri sui amoverentur de locis publicis, quia vulgus non est aptus ad ea, quae praeter consuetudinem aliorum doctorum ipse saepe intermiscet, licet per intelligentes multa subtilia et utilia in ipsis reperiantur.* (Dieser letzte Satz ist ein Echo von Eckharts eigener Verteidigung.) In *Apologia* 31,13–15, widerspricht Cusanus Wencks Versuch, seine *docta ignorantia* mit dem eckhartschen *abgeschaiden leben* gleichzusetzen, das er mit *abstracta vita* ins Lateinische übersetzt. Das dürfte nicht so sehr eine Kritik an Eckhart sein, sondern sich eher gegen Wencks falsche Übersetzung und dessen falsches Verständnis richten. Über das Verhältnis zwischen Eckharts Vorstellung von ‚Abgeschiedenheit' und derjenigen von Cusanus siehe Reiner Manstetten, „Abgeschiedenheit. Von der negativen Theologie zur negativen Anthropologie: Nikolaus von Kues und Meister Eckhart", in: *Theologische Quartalschrift* 181 (2001), 112–131.

[74] Cusanus betont zum Beispiel, dass man das Zusammenfallen der Gegensätze nicht mit der Vernunft erfassen könne, sondern nur mit der höheren Kraft des *intellectus*; z. B. in Apologia 14,12–15,16 u. 28,15–17.

[75] Apologia 1,13–15: *... quod experiantur hanc rem tantum ab aliis viis differre quantum visus ab auditu.* Über die Bedeutung des Sehens siehe 10,11–20, 12,19–24, 13,23, 15,16, 17,14–18, 18,17–20, 19,27–20,15, 24,20, 28,23, 29,17, 31,25, 32,3, 34,18, 35,4–8 u. 35,13.

mit dem Traktat *De visione Dei* erreichen. Zweitens sagt Cusanus in diesem Traktat anders als in *De docta ignorantia* selbst, Gott liege *jenseits* des Zusammenfalls der Gegensätze als solchem.[76] Das ist eine weitere Lehraussage, die zeigt, wie in *De visione Dei* seine Sichtweise fortgeschritten war. Die *Apologia* ist eine Kontrovers- und keine mystische Lehrschrift, stellt als solche aber eine signifikante Verteidigung der Grundlagen des mystischen Neuplatonismus von Cusanus und seinen Vorgängern dar.

Das zweite Kapitel in der Mystik-Debatte um die Mitte des 15. Jahrhunderts, in das sich Nikolaus von Kues stürzte, betraf ebenfalls Dionysius. Hier ging es vor allem um den Konflikt zwischen zwei unterschiedlichen Lesarten des Dionysius, die sich zweihundert Jahre zuvor herausgebildet hatten: der affektiven und der intellektiven. Um die betreffenden Themen genauer erfassen zu können, müssen wir einen Blick zurückwerfen.

Das Verhältnis zwischen Erkennen und Lieben, den beiden Wesenskräften des menschlichen Subjekts, auf dem Weg zu Gott ist in der Geschichte der christlichen Mystik eines der zentralen Themen.[77] Angesichts der Aussage der Heiligen Schrift, Gott sei die Liebe (z. B. in 1 Joh 4,16) sowie der Betonung, dass Gott alles Erkennen übersteige, gaben die meisten christlichen Mystiker der Liebe die Vorzugsrolle, ohne jedoch dem Erkennen seinen signifikanten Platz abzusprechen, den es sowohl auf dem Weg zu Gott als auch beim in diesem Leben unvollkommenen, in der künftigen Welt vollen Genießen der Gegenwart Gottes habe. Die Weisen, auf die man im Lauf der Geschichte der Mystik Lieben und Erkennen miteinander verknüpft hatte, waren so vielfältig und subtil, dass es irreführend ist, wenn man affektive und spekulative bzw. intellektive Formen der Mystik auf allzu einfache Weise in Gegensatz zueinander bringt. Dennoch wurden bestimmte Stränge der Mystik nicht zu Unrecht mehr mit dem Erkennen verbunden, andere mehr mit dem Lieben.

Wie wir gesehen haben (in Kap. 1, 32–35), war es in den Jahrzehnten zwischen 1230 und 1250 zu zwei gegensätzlichen Interpretationen der dionysischen Schriften gekommen, die sich als der affektive Dionysianismus und der intellektive Dionysianismus beschreiben lassen. Thomas Gallus, auch Thomas von Vercelli genannt, der die erstere begründete, hatte nie in Abrede gestellt, dass das Erkennen, und besonders das von den Cherubim symbolisierte Erkennen, ein wichtiger Bestandteil des von Dionysius beschriebenen Aufstiegs sei, aber die *superintellectualis cognitio* der dionysi-

---

[76] *Apologia* 9,6 u. 15,14–15.
[77] Als Überblick siehe Bernard McGinn, „Love, Knowledge and Unio Mystica in the Western Christian Tradition", in: *Mystical Union in Judaism, Christianity, and Islam. An Ecumenical Dialogue*, hg. v. Moshe Idel u. Bernard McGinn, New York 1996, 59–86.

schen Schriften hatte er als die brennende Liebe der Seraphim gedeutet: „Die höhere Weisheit erwirbt der Mensch mit seinem Herzen."[78] Diesen *apex affectus* oder höchsten Punkt der Affektivität verstand Gallus so, dass er alle Formen des Erkennens überwölbe. Auch sprach er in Redewendungen, mit denen er betonte, die Aktivitäten des Intellekts müssten auf der Höhe des Einswerdens abgeschnitten werden, womit er auf dem Gipfel des mystischen Aufstiegs die Verbindung von Erkennen und Lieben aufbrach. In den 1240er Jahren kommentierte auch Albert Große das dionysische Corpus. Er las es aber so, dass er den Intellekt stärker als den Willen und den Affekt betonte: „Es ist notwendig, mit Gott über den Intellekt vereint zu werden und ihn mit dem Wort zu preisen." Dabei gab Albert durchaus auch der Liebe sowohl bei der Vorbereitung des Einswerdens als auch als Begleiterin des über-intellektuellen Einswerdens ihre Rolle. Über den in DN 2 beschriebenen mystischen Lehrer Hierotheus schreibt Albert: „Er war vervollkommnet für die Einigung mit den göttlichen Dingen durch Affekt und Intellekt und Glauben."[79] Nikolaus von Kues studierte Alberts Dionysius-Kommentare sorgfältig und kannte auch Gallus, den er den *abbas vercellensis* nannte.[80]

Die Kommentare des Gallus über Dionysius wurden viel gelesen und beeinflussten zahlreiche spätmittelalterliche mystische Autoren wie etwa Bonaventura und den Verfasser des mittelenglischen Meisterwerks *The Cloud of Unknowing*.[81] Ein Schlüsselwerk in der Tradition des affektiven Dionysianismus, das in der Diskussion wichtig werden sollte, in welche Cusanus einstieg, war das Mystik-Handbuch mit dem Titel *Viae Sion Lugent* („Die Wege Sions trauern"), das im Spätmittelalter oft Bonaventura zugeschrieben wurde, von dem man jedoch heute weiß, dass es von dem im 13. Jahrhundert aktiven Kartäuser Hugo von Balma stammt.[82] Hugos beliebtes Werk ist wie Bonaventuras *De triplici via* in die klassischen Stufen des geistlichen Fortschritts eingeteilt, also in die Wege der Läuterung, Er-

---

[78] Als kurze Darstellung des Denkens von Gallus siehe in der vorliegenden Darstellung Bd. III, 152–168. Das Zitat stammt aus Gallus' zweiten Kommentar zum Hohenlied und ist dort auf S. 155 in voller Form wiedergegeben.
[79] Zu diesen Texten und als Abhandlung über Alberts Sicht des Dionysius siehe oben Kap. 1, 41–58.
[80] Cusanus hatte Alberts Kommentare zum dionysischen Corpus studiert. Thomas of Vercelli nennt er in ADI 21,2.
[81] Über den Hntergrund der *Cloud* siehe J. P. H. Clark, „Sources and Theology in ‚The Cloud of Unknowing'", in: *Downside Review* 98 (1980), 83–109.
[82] Die kritische Ausgabe dieses Werks findet sich in *Hugues de Balma. Théologie Mystique*, vols. I–II, hg. v. Francis Ruello u. Jeanne Barbet, Paris 1995–1996, SC 408–409. Eine englische Übersetzung und Untersuchung gibt es in Dennis D. Martin, *Carthusian Spirituality. The Writings of Hugh of Balma and Guigo de Ponte*, New York 1997.

leuchtung und Vereinigung. Er gab der langen Untersuchung des Weges der Vereinigung sehr viel Raum und schloss sein Werk mit der angehängten scholastischen *quaestio difficilis* („schwierigen Frage"): „Ob die Seele in ihrem *affectus* mittels Verlangen und Sehnsucht in Gott hinein gelangen könne, ohne dass irgendein Denken des Intellekts sie auf dem Weg führe oder sie begleite."[83] Im Lauf seiner Abwägung der Argumente für oder gegen seine These machte Hugo reichlichen Gebrauch von Gallus' Neuinterpretation des Dionysius, indem er von einem überkognitiven Rühren an Gott im *apex affectus* sprach. Er schrieb: „Denn einzig das von Gott, was der Affekt verspürt, erfasst auch wirklich der Intellekt."[84] Von daher wundert es nicht, dass die Frage mit der Aussage schließt: „So ist also offensichtlich, dass die wahrhaft liebende Seele mittels des von der Liebessehnsucht entflammten Affekts sich bis zu Gott erheben kann, ohne irgendwelches vorausgehendes Denken."[85] Da diese Aussage am Schluss einer langatmigen Darstellung des Wegs zum mystischen Einswerden kommt, lässt sich Hugos Stellungnahme leicht als noch stärkere Trennung von Erkennen und Lieben verstehen, als Gallus dies behauptet hatte. Aber Dennis D. Martin hat vertreten, in Wirklichkeit lese man ihn damit falsch, denn wenn man sich Hugos Traktat als Ganzen genauer ansehe, entdecke man, dass er eine weit nuanciertere Vorstellung von der gegenseitigen Wirkung des Liebens und Erkennens aufeinander habe. Martin vertritt, in der „Schwierigen Frage" gehe es genau genommen gar nicht um eine Stufe im mystischen Leben, sondern um einen Akt des Stoßgebets, bei dem ein plötzliches Aufbrechen der Liebe zu Gott nicht unbedingt auf die Betrachtung oder andere Formen des Denkens angewiesen sei.[86] Cusanus und seine Verbündeten dagegen lasen Hugo so, dass er behaupte, der Zustand des Einsseins mit Gott in flammender Liebe könne ein Erkennen Gottes gewähren, das keinerlei vorheriger intellektueller Tätigkeit bedürfe.

Als weiterer wichtiger mystischer Schriftsteller, der den Streit verstehen hilft, welcher gegen 1450 ausbrach, muss Johannes Gerson (1363–1429) genannt werden, der Kanzler der Universität Paris. Er schrieb zahlreiche umfangreiche Werke über viele Themen, nicht zuletzt auch über die Mystik.

---

[83] Die *quaestio difficilis* findet sich in *Hugues de Balma* II,182–233.
[84] *Quaestio difficilis* n. 37 (II,218): ... *nam illud solum de divinis quod sentit adfectus, verissime apprehendit intellectus*. Es ist bezeichnend, dass Hugo diese Ansicht damit verteidigt, dass er in der Folge Dionysius' MT 1 zitiert, jedoch in der Paraphrase von Thomas Gallus aus dessen *Extractio: Per unitionem dilectionis, quae est effectiva verae cognitionis, unitur Deo intellectualiter ignoto cognitione multo nobiliori quam sit aliqua intellectualis cognitio.*
[85] *Quaestio difficilis* n. 49 (II,232): *Patet ergo evidenter quod anima vere amans potest consurgere in Deum per adfectum accensum amoris desiderio, sine aliqua cogitatione praevia.*
[86] Martin in der „Introduction", in: *Carthusian Spirituality*, 19–47, besonders 27–34.

Gerson hatte gründlich Dionysius studiert und kannte sowohl die Kommentare von Gallus als auch Hugo von Balmas Traktat. (Eine genauere Beschreibung des Platzes, den Gerson in der abendländischen Mystik einnimmt, wird im nächsten Band dieser Mystik-Geschichte folgen.) Sein beliebtes zweibändiges Handbuch zur mystischen Theologie spielte in den Debatten um die Mitte des Jahrhunderts eine beträchtliche Rolle. Gegen 1402 vollendete Gerson ein Werk mit dem Titel *De theologia mystica speculativa*, eine akademische Zusammenfassung der westlichen Mystiktradition, und 1407 ergänzend dazu *De mystica theologia practica*, eine mehr praktisch angelegte Anleitung, wie man sich richtig in die Mystik einübe und welche Gefahren man vermeiden müsse.[87] Das waren nicht die einzigen Schriften Gersons über die Mystik, aber dieser Doppeltraktat erfreute sich in Gelehrtenkreisen besonderer Beliebtheit. So überrascht es nicht, dass Cusanus und seine Korrespondenten und Gegner ihn kannten.

Traktat 8, nn. 40–42 der *Theologia mystica speculativa* enthält eine Untersuchung über die wahren und falschen Verständnisweisen des Einsseins (Wenck hatte Cusanus vorgeworfen, dieses Thema vernachlässigt zu haben). Darin kommt Gerson schließlich zu seiner berühmten Definition der mystischen Theologie: „Mystische Theologie ist ein aus der Erfahrung bezogenes Erkennen Gottes, wobei der geistliche *affectus* sich mit diesem vereint, so dass sich der Spruch des Apostels erfüllt: ‚Wer Gott anhängt, wird ein Geist mit ihm' (1 Kor 6,17). Dieses Anhängen ergibt sich, wie der selige Dionysius bezeugt, aus einer ekstatischen Liebe. Diese mystische Theologie wiederum wird auch Weisheit genannt, da sie zu den Gaben (des Heiligen Geistes) zählt ... Sie wird vom göttlichen Dionysius außerdem auch als unvernünftige und geistesabwesende *(irrationalis et amens)* bezeichnet, weil sie über Vernunft und Geist hinausgeht *(superat rationem et mentem)* und in den Affekt überspringt, und zwar nicht in irgendeinen, sondern in jenen reinen, der der mentalen Einsicht entspricht und mittels dessen die Herzensreinen Gott sehen."[88]

---

[87] Die kritische Ausgabe dieses zweiteiligen Traktats von Gerson lieferte André Combes, *Ioannis Carlerii de Gerson De Mystica Theologia*, Lugano 1958. Eine Untersuchung und teilweise Übersetzung ins Englische findet sich in Brian Patrick McGuire, *Jean Gerson. Early Works*, New York 1998, 262–333. Siehe auch Steven E. Ozment, *Jean Gerson. Selections from A Deo exivit, Contra curiositatem studentium, and De mystica theologia speculativa*, Leiden 1966.

[88] De mystica theologia I,8,n. 43 (117): ... *mistica theologia est cognitio experimentalis habita de Deo per coniunctionem affectus spiritualis cum eodem, dum scilicet impletur illud apostoli: „Qui adheret Deo, unus spiritus est"; que nimirum adhesio fit per extaticum amorem, teste beato Dyonisio* [in Wirklichkeit ist das ein Zitat aus Hugo von Balma]. *Rursus hec eadem mistica theologia dicitur sapientia, prout inter dona reponitur ... vocatur preterea a divino Dyonisio irrationalis et amens sapientia, eo quod superat rationem et mentem, transiliens in*

So gibt Gerson wie so viele andere Kommentatoren der Liebe den Vorzug, aber er ist auch darauf bedacht, dem mentalen Verstehen seinen Platz einzuräumen. In seiner *Theologia mystica practica* kommt er auf diesen Punkt zurück: „Die mystische Theologie hat die Eigenart, dass sie im Affekt angesiedelt ist, während alle anderen Wissenschaften im Intellekt ihren Platz haben."[89]

Die Schriften von Gallus, Hugo von Balma und Gerson (sowie auch Bonaventura), alle als Interpreten von Dionysius genommen, waren in der zweiten Phase der Diskussionen über die mystische Theologie wichtig, auf die Cusanus sich einließ. Diese Kontroverse ging von ungefähr 1450 bis in die frühen 1460er Jahre.[90] Die damaligen Diskussionen sind uns heute nur in Form der Aufzeichnungen gelehrter Disputanten zugänglich; aber die Fülle erregter Briefe und Traktate, die damals geschrieben wurden, weist darauf hin, dass in den Mönchskommunitäten in Süddeutschland, und zwar sowohl bei den Benediktinern als auch den Kartäusern, ein weit verbreitetes Interesse an die Mystik betreffenden Fragen bestand. Die Briefe, die Cusanus mit dem Abt und dem Prior des Benediktinerklosters Tegernsee in Bayern wechselte, zeigen, dass die ganze Kommunität daran Anteil nahm. Sein Traktat *De visione Dei* ist ein weiterer Beweis dafür, dass dies mehr als bloß ein Bücherstreit war. Die Diskussion konzentrierte sich auf die jeweiligen Rollen von Liebe und Erkennen in der mystischen Theologie, aber es waren auch viele andere Themen impliziert: die Natur der Kontemplation und ihr Verhältnis zur mystischen Theologie; die richtige Interpretation des dionysischen Corpus; und was genau mit „Gottesschau" gemeint sei, insbesondere mit der Schau von Angesicht zu Angesicht, von der in manchen biblischen Texten die Rede ist. Cusanus gab auf diese Fragen seine eigenen Antworten, aber es kamen dabei auch andere Autoren ins Spiel, sowohl solche, die seinen Ansichten zustimmten, als auch solche, die mit ihnen nicht einverstanden waren.

---

affectum, non qualemcumque sed purum ipsique mentali intelligentie correspondentem, quo affectu videtur Deus a mundis corde.
[89] *De mystica theologia* II,8 (172–173): *Habet hanc proprietatem mistica theologia quod in affectu reponitur, aliis omnibus scientiis repositis in intellectu.*
[90] Das grundlegende Werk über diese Kontroverse bleibt die Untersuchung und Herausgabe vieler damals veröffentlichter Texte von Edmond Vansteenberghe, *Autour de la docte ignorance*. Als weitere Arbeiten seien genannt Margot Schmidt, „Nikolaus von Kues im Gespräch mit den Tegernseer Mönchen über Wesen und Sinn der Mystik", in: *Das Sehen Gottes nach Nikolaus von Kues. Akten des Symposions in Trier vom 25. bis 27. September 1986*, hg. v. Rudolf Haubst, Trier 1989 (MFCG 18), 25–49; Haas, *Deum mistice videre*, 11–31; und Hoye, *Die mystische Theologie des Nicolaus Cusanus*, Kap. 1.

Das im 8. Jahrhundert gegründete Benediktinerkloster Tegernsee hatte ab dem 13. Jahrhundert schwere Zeiten durchmachen müssen. Ab 1426 erfuhr es unter dem Einfluss der berühmten Abtei Melk eine energische Reform, die damals mit der Ernennung von Kaspar Ayndorffer zum Abt begann.[91] Prior Johannes Keck (1400–1450), der am Konzil von Basel teilgenommen hatte, interessierte sich für mystische Literatur und könnte derjenige gewesen sein, der dem Konvent verschiedene Texte über die Mystik beschaffte.[92] So fand Nikolaus von Kues auf seiner großen Legationsreise (vom 22. bis 27. Juni 1452) in Tegernsee eine für seine Ideen offene Mönchskommunität vor. Bernhard von Waging (ca. 1400–1472) hatte sein *De docta ignorantia* gelesen und 1451 sogar selbst ein kurzes Werk mit dem Titel *Laudatorium doctae ignorantiae* („Lobschrift der belehrten Unwissenheit") verfasst.[93] Von 1452 bis 1458 blieb Cusanus in engem Kontakt mit der Kommunität von Tegernsee, tauschte viele Briefe mit ihr aus und äußerte einmal sogar seine Hoffung, er könne sich später dorthin zurückziehen, um seine letzten Jahre dem kontemplativen Leben zu widmen.[94] Die Mönche von Tegernsee baten ihn auch, ihre Fragen zum Thema zu beantworten, wie man die mystische Theologie genau verstehen und praktizieren solle. Im Sommer 1452 legte ihm Abt Ayndorffer in einem Brief die Frage vor, „ob die fromme Seele ohne intellektuelle Erkenntnis, ja sogar ohne vorheriges oder begleitendes Nachdenken einzig mit dem Affekt oder

---

[91] Als Skizze der Geschichte des Klosters Tegernsee und Angabe einiger Literatur siehe Morimichi Watanabe, „Monks of Tegernsee", in: *American Cusanus Society Newsletter* XV (1998), 20–22.

[92] Über Johannes Keck siehe Heribert Rossmann, „Der Tegernseer Benediktiner Johannes Keck über die mystische Theologie", in: *Das Menschenbild des Nikolaus von Kues und der christliche Humanismus*, hg. v. Martin Bodeweg, Josef Schmitz u. Reinhold Weier, Mainz 1978, MFCG 13, 330–352. Keck empfahl die Schriften von Bonaventura, Gallus und Hugo von Balma als wichtigste Autoritäten über die mystische Theologie. Dennoch glaubte er, dass zur ekstatischen Liebe der mystischen Theologie sowohl ein vorbereitendes Erkennen als auch eine ihr eigene Form der Erkenntnis gehöre: *Numquam amor exstaticus est sine cognitione affectiva, quae est ipsemet* (Rossmann 352 n. 105).

[93] Über Bernhard von Waging siehe Martin Grabmann, „Bayerische Benediktinermystik am Ausgang des Mittelalters", in: *Benediktinische Monatsschrift zur Pflege religiösen und geistigen Lebens* 2 (1920), 196–202; und Werner Höver, „Bernhard von Waging", in: VL 1,779–789. Das *Laudatorium doctae ignorantiae* ist herausgegeben in *Autour de la docte ignorance*, 163–168. Bernhard hatte nicht nur DDI gelesen, sondern auch ADI, so dass er gut mit Cusanus' sich entwickelnden Ideen vertraut war. Drei Punkte lohnen bezüglich dieses Traktats vermerkt zu werden: (1) Bernhard setzt wie Cusanus die *docta ignorantia* mit der *mystica theologia*/*theosophia* gleich; (2) wie Cusanus lehrt auch er, dass die Schau Gottes jenseits des Zusammenfallens der Gegensätze sei (siehe 164,168); und (3) Bernhard betonte, dass sowohl *cognicio* als auch *affecio* für den Aufstieg zur mystischen Theologie notwendig seien (164–165).

[94] Cusanus, Brief vom 12. Februar 1454 (Korrespondenz Nr. 9; Vansteenberghe, 122).

der Geistesspitze, die man *synderesis* nennt, an Gott rühren und unmittelbar in ihn hinein bewegt oder getragen werden könne."[95]

Dieser Brief zeigt die Art von Fragen, mit denen sich die Kommunität von Tegernsee beschäftigte. Er belegt auch, dass in mehreren Klöstern die Mönche Cusanus' *De docta ignorantia* gelesen und sich die Frage gestellt hatten, wie seine Ansichten sich mit ihrem Verständnis der mystischen Theologie vertrügen. Der schärfste Gegner von Cusanus war ein Kartäuser, ebenfalls ein entschiedener Konziliarist, Vinzenz von Aggsbach (ca. 1389–1464), der eine Zeit lang Prior seines Konvents gewesen war.[96] Vinzenz hatte sich gründlich mit Hugo von Balma beschäftigt und reagierte von dieser Grundlage her nicht nur energisch gegen die Ansichten von Cusanus, sondern auch diejenigen Gersons. Er war mit Johannes Schlitpacher befreundet (1403–1482; auch als Johannes von Weilheim bekannt), einem benediktinischen Reformer von Melk.[97] Viele der Angriffe von Vinzenz auf Gerson und Cusanus finden sich in Briefen an Schlitpacher, der zumindest etliche seiner Ansichten teilte, obwohl er als eine Art von Vermittler fungiert zu haben scheint. Andererseits fanden der produktive Bernhard von Waging und die Tegernseer Mönche einen Verbündeten in Marquard Sprenger (ca. 1395–1474), einem in München wohnhaften Weltpriester und Magister der Theologie.[98] Dieser Konflikt löste eine Menge polemischer Schriften aus, von denen noch nicht alle angemessen untersucht oder auch nur herausgegeben sind. Aber hier geht es ja insbesondere um die Rolle des Nikolaus von Kues.

Dessen direktester Beitrag kam in Form von zwei Briefen an Abt Ayndorffer und die Mönche in Tegernsee. Im ersten davon, geschrieben am

---

[95] Brief von Kaspar Ayndorffer an Cusanus (Korrespondenz Nr. 3; Vansteenberghe, 110): *Est autem hec questio, utrum anima devota sine intellectus cognicione, vel etiam sine cogitacione previa vel concomitante, solo affectu seu per mentis apicem quam vocant synderesim Deum attingere possit, et in ipsum immediate moveri aut ferri.* Ayndorffer schreibt noch weiter, die Schriften von Hugo von Balma und Gerson seien zwar nützlich, genügten aber nicht zur Beantwortung der anstehenden Fragen.

[96] Siehe Dennis D. Martin, „Vinzenz von Aggsbach OCart", in: VL 10,359–365; Augustin Devaux, „Vincent d'Aggsbach", in: DS 16,804–806; und besonders Heribert Rossmann, „Die Stellungnahme der Karthäusers Vinzenz von Aggsbach zur mystischen Theologie des Johannes Gerson", in: *Karthäusermystik und -Mystiker. Dritter Internationaler Kongress über die Kartäusergeschichte und -Spiritualität*, Salzburg 1982 (Analecta Carthusiana 55), 5–30.

[97] F. J. Worstbrock, „Schlitpacher, Johannes", in: VL 8,727–748.

[98] Heribert Rossmann, „Sprenger, Marquard" liefert im VL 9,157–162 ein Einführung in ihn; als ausführlichere Darstellung siehe Rossmann, „Der Magister Marquard Sprenger in München und seine Kontroversschriften zum Konzil von Basel und zur mystischen Theologie", in: *Mysterium der Gnade. Festschrift für J. Auer*, hg. v. Heribert Rossmann u. Joseph Ratzinger, Regensburg 1975, 350–411. Sprengers wichtigster Beitrag, sein Traktat *Elucidatorium mysticae theologiae* von 1453, ist noch nicht herausgegeben.

22. September 1452, gibt er eine kurze Antwort auf eine von Ayndorffer gestellte Frage und sagt, die Liebeskraft *(affectus)* lasse sich nur durch die Liebe zum Guten aktivieren, und dies erfordere eine gewisse Kenntnis des Guten. „In jeder Art von Liebe steckt etwas, wovon man zu Gott hin getragen wird, nämlich ein Erkennen *(cognicio)*, selbst wenn man vielleicht gar nicht weiß, was das ist, das man liebt. Da fallen also Wissen und Nichtwissen ineinander, und das ist die belehrte Unwissenheit." Zur Liebe zu jenem unendlich Guten hingetragen zu werden, das Gott ist, sei nur möglich durch den von Christus geschenkten Glauben, der sich darin zeige, dass man die Gebote halte. Dieses heilsame Erkennen erkläre, wie sogar ganz einfache, aber glühende Gläubige genau wie Paulus zu Gott entrückt werden könnten. Jedoch sei hier Vorsicht geboten: „Aber in der Entrückung lassen sich viele täuschen, die an Bildern hängen und eine Phantasievision für echt halten. Die Wahrheit ist aber Gegenstand des Intellekts und lässt sich nur auf unsichtbare Weise sehen. Darüber müsste jetzt noch sehr viel gesagt werden, aber vermutlich lässt sich das nie ganz befriedigend erklären."[99]

Am 12. Juni 1453 schickte Vinzenz von Aggsbach einen Brief-Traktat an seinen Freund Johannes Schlitpacher, in dem er Gersons Verständnis von Dionysius angriff, insbesondere dessen Interpretation der Aufforderung des Dionysius an Timotheus *ignote consurge*, das heißt „steige auf dir unbekannte Weise auf" (MT 1,997B).[100] Den Tegernseern Mönchen kam diese Schrift offensichtlich bald in die Hände und sie baten wiederum Cusanus, ihnen seine Meinung dazu zu schreiben. Vinzenz war auf dem Gebiet der mystischen Theologie einer, der alles buchstäblich und geradezu fundamentalistisch nahm. In seinen Augen war Paulus der erste Mystiker, der seine Lehre an seinen Schüler Dionysius weitergegeben habe, und folglich sei die mystische Theologie das, was Dionysius über sie gesagt habe. Der Text der MT war natürlich schwierig, weswegen Vinzenz mehrere Übersetzungen und die besten Kommentatoren konsultiert hatte. Zu letzteren hatte er vormals auch Gerson gezählt, aber jetzt, auf der Grundlage der Interpretatio-

---

[99] Brief an Kaspar Ayndorffer (Korrespondenz Nr. 4; Vansteenberghe, 112–113): *Inest igitur in omni dilecione qua quis vehitur in Deum, cognicio, licet quid sit id quod diligit ignoret. Est igitur coincidencia sciencie et ignorancie, seu docta ignorancia ... [S]ed in raptu multi decipiuntur, qui imaginibus inherent, et visionem fantasticam putant veram. Veritas autem obiectum est intellectus et non nisi invisibiliter videtur, de quo grandis sermo restat pro nunc, neque forte unquam satis explicabilis.* Der Brief endet mit dem Eingeständnis von Cusanus, er selbst habe noch nicht verkostet, wie süß der Herr sei (vgl. Ps. 33,9 [Vg: 34,9]).
[100] Dieser Text findet sich in *Autour de la docte ignorance*, „Écrits de Vincent d'Aggsbach" No. 1 (Vansteenberghe, 189–201) mit dem betreffenden Brief an Schlitpacher als Nr. 2 auf S. 201–203.

nen von Gallus, Grosseteste und Hugo von Balma (als Praktiker wie auch Theoretiker), war ihm klar geworden, wie falsch, ja in sich widersprüchlich Gerson sei, denn im wesentlichen Punkt habe er geschwindelt: „Der Hauptautor dieser Kunst [nämlich Dionysius] sagt klar und deutlich, dass der, der aufsteigen wolle usw., nichtwissend oder unwissend aufsteigen müsse, also ohne begleitendes Wissen *(sine cogitacione concomitante).*"[101] Interpreten, die versuchten, in der mystischen Theologie sowohl intellektive als auch affektive Aspekte zu finden, hätten den Anschluss an das vorausgehende Denken verpasst. Wenn man nicht fest in Dionysius (d. h. in der Version des Gallus von Dionysius) verankert sei und danach suche, entwickle schließlich jeder, und so auch Gerson und Cusanus, seine eigene mystische Theologie, und das Ergebnis seien Spaltung und Chaos.

So eng die Vorstellung des Vinzenz von Aggsbach von der mystischen Theologie ist, offenbart sie doch wichtige Punkte über die Situation der Mystik im Spätmittelalter. Zunächst einmal betont er, dass die mystische Theologie nichts mit der scholastischen Theologie zu tun habe, da es sich bei dieser um eine rein akademische Praxis handle; die mystische Theologie dagegen sei „eine gewisse Art oder ein Akt der Hingabe (an Gott), oder eine besondere Form der Ausweitung des Geistes in Gott hinein."[102] So ist für ihn also die Kluft zwischen Schultheologie und mystischer Theologie, die sich nach der Verurteilung Eckharts immer deutlicher aufgetan hatte, trotz der Bemühungen von Männern wie Gerson und Cusanus, sie zu schließen, zur Selbstverständlichkeit geworden. Zweitens möchte er auch zwischen dem traditionellen monastischen Begriff *contemplatio* und der *theologia mystica* im eigentlichen Sinn unterschieden wissen, womit er sich Hugo von Balma anschließt.[103] Vinzenz räumt ein, dass ältere Autoren wie etwa Richard von St. Victor beide Begriffe in austauschbarem Sinn gebraucht hätten, so dass Kontemplation in einem weiteren Sinn mystische Theologie sei, aber er betont, die Unterschiede seien größer als die Ähnlichkeiten. Der erste Unterschied, auf den er hinweist, bezeichnet eine signifikante Kluft

---

[101] Nr. 1 (Vansteenberghe, 190): *Ecce quomodo principalis conscriptor huius artis nude et plane asserit volentem consurgere etc... ignote vel inscium consurgere oportet, id est sine cogitacione concomitante.* Vinzenz räumte ein, dass das nichtwissende Aufsteigen in Gott hinein ein sich aus dieser Erfahrung ergebendes Wissen hervorbringe, das er eine *supermentalis cognicio* nannte; siehe Nr. 3 (Vansteenberghe, 209–210).
[102] Nr. 1 (Vansteenberghe, 195): *Theologia mystica est quaedam species vel actus devocionis, vel modus singularis cuiusdam extensionis mentalis in Deum.*
[103] Für Vinzenz ist Hugo von Balmas Lehre wie guter Wein, Gersons Lehre dagegen *acqua tepida et turbida* (Vansteenberghe, 196).

zwischen ihm und Cusanus und hilft uns zu verstehen, warum für Cusanus die Schau Gottes ein so zentrales Thema war. Für Vinzenz kann zur mystischen Theologie ihrer Definition nach keinerlei Sehen gehören: „Die Kontemplation hat nämlich ihren Namen vom Kontemplieren oder Schauen, während der Begriff der mystischen Theologie das Verborgensein ausdrückt. Zwischen Schauen und Verborgensein ist doch ganz gewiss ein großer Unterschied."[104] Cusanus dachte nicht so. Für Vinzenz umfasst Kontemplation sowohl Liebe als auch Intellekt, ja alle Seelenkräfte; die mystische Theologie dagegen „besteht nur aus *affectus*" (d. h. aus Gezogenwerden oder Beschenktsein von Gott).[105] Daher könne sie auch Ungebildeten, einfachen Menschen, ja sogar Frauen (!) zuteil werden, während die Kontemplation Sache der Gebildeten sei. Beides könne es nicht gleichzeitig in ein und demselben Menschen geben, schließt Vinzenz, und sollte man die mystische Theologie erfassen, verteidigen oder in Begriffen menschlichen Verstandes ausdrücken können, dann verlöre sie ihren Namen.

Vinzenz von Aggsbach schrieb sechs polemische Traktate an die Adresse seiner Gegner; für die schlimmsten hielt er Gerson, Cusanus und Marquard Sprenger, die er zusammen als das Monster, den dreiköpfigen Zerberus des mystischen Irrtums ansah, das „Untier Gerchumar!"[106] Sein Brief vom 19. Dezember 1454 an Johannes Schlitpacher zeigt, dass er über die Beiträge von Cusanus auf dem Laufende war, denn er hatte dessen *De visione dei*, in dem er geschrieben hatte, die Verwendung eines Bildes *(eycona)* könne helfen, zur mystischen Theologie zu gelangen, scharf kritisiert: Ein Bild sei ein

---

[104] Nr. 1 (Vansteenberghe, 199): *Contemplacio enim a contemplando seu videndo dicitur, mistica vero theologia ab occultacione denominatur; et certe magna differencia est inter visionem et occultacionem.*

[105] Nr. 1 (Vansteenberghe, 200): *... mistice vero theologiae exercitium consistit sollummodo in affectu.* Von da her betont Vinzenz, die mystische Theologie könne ganz und gar keinen Inhalt haben, nicht einmal einen christologischen oder trinitarischen, sondern nur totales Nichtwissen sein. Diese Auffassung scheint der Grund dafür zu sein, dass er in einem späteren Traktat, dem *Alterum scriptum de mistica theologia contra Gersonem*, die mystische Theologie mit dem Zuteilwerden der Entrückung durch Gott gleichzusetzen scheint. Dieser Text wurde herausgegeben von Palemon Glorieux, *Jean Gerson. Oeuvres Complètes*, 10 vols., Paris 1960–1973, X,567–576. Siehe 576: *Potest enim misticus discipulus quociescumque voluerit, id est cencies vel amplius, die ac nocte, talem excessum facere, si fuerit rite dispositus.* In diesem Traktat wiederholt Vinzenz die Hauptpunkte seines früheren Werks, allerdings in größerer Abhängigkeit von Bonaventura.

[106] Über den Angriff auf „Gerchumar" siehe den Brief an Johannes Schlitpacher vom 19. Dezember 1454, Brief Nr. 3 in Vansteenberghes Ausgabe (205–207). In einem kurzen Angriff auf Sprenger unbekannten Datums wird es so gesagt: *Magnum chaos positum est inter Vercellinco* [d. h. Gallus und Grosseteste] *et Gerchumar, et inter contemplacionem et misticam theologiam* (217). Rossmann, „Die Stellungnahme", 21, bietet eine Liste der Beiträge von Vinzenz zu dieser Debatte.

Idol, das vielleicht auf dem Weg zur Erleuchtung helfen könne, aber nicht auf dem Weg zur Vereinigung.[107]

Nikolaus von Kues erwähnte den Angriff von Vinzenz auf Gerson zu Anfang seiner Antwort an die Tegernseer Mönche, in der es um den Sinn der Formulierung „steige auf dir unbekannte Weise auf" bei Dionysius ging. Dieser Brief vom 14. September 1453 ist eine dichte Darstellung seiner Sicht der mystischen Theologie sowie eine klassische Vorstellung der Alternative zu Vinzenz von Aggsbachs affektiver dionysischer mystischer Theologie. Cusanus widerlegt scharfsinnig die Behauptung von Vinzenz, indem er sich auf den griechischen Text des dionysischen Corpus und dessen Übersetzung durch seinen Freund Ambrosius Traversari stützt, und nicht auf die Kommentartradition. Besonders signifikant ist, dass er das Hauptaugenmerk von der zweitrangigen Frage nach Liebe und Erkennen auf das Hauptthema verlegt, nämlich was es bedeute, Gott zu schauen und mit ihm vereint zu werden: „Dionysius beabsichtigte nichts anderes, als Timotheus deutlich zu zeigen, wie jene Spekulation, bei der es um den Aufstieg unseres rationalen Geistes bis zum Einswerden mit Gott und zu jener unverhüllten Schau geht, so lange nicht vollendet sein wird, solange sie noch das, was sie beurteilt, für Gott ansieht."[108] Mit anderen Worten, der Geist müsse, wenn es um Gott gehe, seine eigenen Grenzen erkennen; er müsse in die Finsternis und Wolke des Intellekts eintreten, nicht irgendeiner anderen Kraft, um Gott zu finden.

Cusanus geht nun einen Schritt weiter, aber auf der Linie des Textes von Dionysius, und sagt, bei dieser Wolke, von der Dionysius spreche, handle es sich nicht nur darum, einfach Verneinungen bezüglich Gottes zu formulieren. In der MT, worin „er die mystische und geheime Theologie auf mögliche Weise darstellen will", gehe Dionysius über die gegensätzlichen Kategorien von positiven und negativen Zugängen hinaus bis zu einer Theologie der Koinzidenz, die das philosophische Prinzip vom Nicht-Widerspruch überschreite (siehe die oben S. 733 zitierte Stelle). Cusanus kritisiert noch einmal die Weise, auf die Vinzenz die Formulierung *ignote consurge* auffasste, und beschließt diesen wichtigen Brief mit zwei Themen, die seinen kommenden Traktat *De visione Dei* ankündigen. Das erste war bereits in

---

[107] Nr. 3 (Vansteenberghe, 205–206): *Intitulavit [Cusa] libellum quem fecit occasione illius ymaginis De visione Dei, iustius autem intitulasset ipsum „de docta ignorancia" vel „de ignota doctrina."* Das weist darauf hin, dass Vinzenz Wencks Werk gekannt haben könnte. Auf andere Werke von Cusanus bezieht sich Vinzenz in 207–208.
[108] Korrespondenz Nr. 5 (Vansteenberghe, 114): *... Dyonisius non aliud intendebat quam aperire Thymoteo quomodo speculatio illa que versatur circa ascensum rationalis nostri spiritus usque ad unionem Dei et visionem illam que est sine velamine non complebitur quamdiu id quod Deus iudicatur intelligitur.*

DDI skizziert worden, nämlich die Rolle der Unendlichkeit. Er schreibt: „Mir ist aufgegangen, dass es bei dieser mystischen Theologie insgesamt darum geht, in die absolute Unendlichkeit einzutreten, denn Unendlichkeit besagt das Ineinanderfallen der Gegensätze, nämlich ein Ende ohne Ende. Niemand kann Gott auf mystische Weise sehen, außer in der Finsternis des Ineinanderfallens, und das ist die Unendlichkeit."[109] Schließlich vermerkt er noch, er habe sinnbildlich vom all-sehenden Christus als „experimenteller Praxis" *(praxis experimentalis)* für die Hinführung zur mystischen Theologie gesprochen. Damit sind die Voraussetzungen für den Hauptbeitrag des Nikolaus von Kues zur mystischen Theologie geschaffen.

Die Kontroverse über Gottesschau, mystische Theologie, Liebe und Erkennen und weitere damit zusammenhängende Themen hörte mit dem Traktat von Cusanus nicht auf. Hier ist nicht der Ort, um den Krieg mit Pamphleten voller Ansichten und Missverständnisse, zu dem diese Debatte über die Mystik ausartete, weiter zu verfolgen. Für unsere Zwecke hier lohnt es sich aber, festzuhalten, wie mehrere der anschließenden Briefe zwischen Cusanus, Ayndorffer und Bernhard von Waging Licht darauf werfen, wie *De visione Dei* gelesen wurde. Ayndorffer schrieb Anfang 1454 an Cusanus, um sich für dieses Buch zu bedanken, das dazu dienen werde, „von Liebe erfüllte Gemüter mit lodernden Affekten ständig nach oben zu tragen" *(mentes amorosas affectibus flammigeris iugiter evehere sursum)*, und er erging sich eloquent über die Paradoxa der Vorstellung von Cusanus, wie die Gottesschau beschaffen sei: „Aber was für ein Ziel ist das, nämlich Gott zu sehen und ihm selig mit genussvoller Liebe anzuhangen! Aber o Schau, o Genießen, umso größer, desto kleiner, umso näher, desto ferner, umso gegenwärtiger, desto abwesender, umso klarer, desto dunkler!"[110] Cusanus antwortete am 12. Februar und führte in seinem Brief den Begriff der „Jagd nach Gott" ein, den er später in seinem Traktat „Über die Jagd nach der Weisheit" ausführlich entfalten sollte. Darin hob er hervor, dass die Liebe, die zum Suchen antreibe, darauf aus sei, über das Zusammenfallen der Gegensätze hinauszukommen. „Vollkommene Liebe nämlich geht über das Zusammenfallen der Gegensätze von Enthalten und Enthaltensein hinaus. Daher spielt sich die göttliche Jagd auf der Höhe oberhalb dieses Zusam-

---

[109] Nr. 5 (Vansteenberghe, 115–116): *Et michi visum fuit quod tota ista mistica theologia sit intrare ipsam infinitatem absolutam, dicit enim infinitas contradictoriorum coincidenciam, scilicet finem sine fine; et nemo potest Deum mistice videre nisi in caligine coincidencie, que est infinitas.*
[110] Korrespondenz Nr. 8 (Vansteenberghe, 120): *Sed qualis est finis, scilicet Deum videre, eique fruitivo amore inherere feliciter! Sed o visio, o fruitio quanto plus tanto minus, quo propinquius eo longius, quo presentius eo absentius, quanto clarius tanto obscurius!*

menfallens ab, auf die der Mensch auf anderem Weg nicht kommen kann. Darüber habe ich einiges geschrieben, um mich selbst über mich hinauszuheben."[111] Bernhard von Waging schrieb kurz danach an Cusanus und sprach von dieser treibenden Kraft als einem *amor misticus*, der immer noch „eine Art Kenntnis Gottes *(Dei qualicumque cognicione)*" enthalten müsse.[112] Schließlich erklärte Cusanus noch in seinem Brief an Bernhard vom 18. März, viele stellten den „Geschmack der göttlichen Süße" in Frage, weil sie nicht der Ansicht seien, auf dem Weg zur Gottesschau sei sowohl Erkennen als auch Lieben notwendig. Wieder konzentrierte er sich darauf, dass die Gottesschau eine Offenbarung Christi sei: „Alles, was auf dem Weg über irgendein Sinnesorgan zu uns kommt, wollen wir sehen. Von daher scheint für die mit Sinnen ausgestatteten Lebewesen das Sehen die höchste Vollendung aller ihrer Sinne zu sein. Wenn nun Christus uns sagte, die Glückseligkeit bestehe im Sehen Gottes (Mt 5,8), dann muss auch das Sehen Gottes als die höchste Vollkommenheit jede andere Weise des Rührens an Gott enthalten. Das ist, als sei das Sehen die Form und Vollendung aller dieser Weisen."[113]

---

[111] Korrespondenz Nr. 9 (Vansteenberghe, 122): ... *perfecta igitur caritas est super coincidenciam contradictoriorum continentis et contenti. Quapropter divina venacio est in altitudine, super hanc oppositorum coincidenciam, ad quam divina homo pertingere nequit, de qua pauca quedam scripsi ut meipsum supra meipsum elevarem.*
[112] Korrespondenz Nr. 15 (Vansteenberghe, 132). Bernhard von Waging untersuchte diese Themen weiterhin bis in die 1460er Jahre hinein. Zu seinen wichtigsten späteren Beiträgen gehört der Traktat *De cognoscendo Deum* von 1459, dessen Buch 9 eine Interpretation von Buch 7 von Bonaventuras *Itinerarium mentis in Deum* ist, mit dem er zeigen will, dass Bonaventura auf den Höhen des mystischen Wegs sowohl Liebe als auch Erkennen vorsehe. Dieser Traktat wurde herausgegeben von Martin Grabmann, „Die Erklärung des Bernhard von Waging O.S.B. zum Schlusskapitel von Bonaventuras Itinerarium mentis in Deum", in: *Franziskanische Studien* 8 (1925), 125–135. Bernhards letzter Beitrag war ein langer Traktat *De spiritualibus sentimentis et perfectione spirituali*, den er 1463–1464 schrieb. Er ist in einer nicht-kritischen Ausgabe zugänglich in Bernard Pez, *Bibliotheca Ascetica Antiquo-Nova*, 8 Bde., Regensburg 1724–1725, fotomechanischer Nachdruck 1967 V,13–408. Das Werk besteht in der Version von Pez aus zwei Teilen: zehn Kapiteln über die Wonne der inneren Süße, die mit einem Kapitel über vier Arten der *visio mystica* beginnen; und dreißig Kapiteln über die vierfache geistliche Armut, weithin einer Übersetzung des *Buchs von geistlicher Armut* (siehe oben Kapitel 8, 631–652). Dieses Werk bedarf noch gründlicherer Auswertung.
[113] Korrepondenz Nr. 16 (Vansteenberghe, 135): *Christus igitur, qui aperuit felicitatem esse in visione dei, aperuit nobis quod sicut omnia que ad nos aliquo sensu perveniunt videre cupimus, quasi videre sit ultima perfectio sensuum senciencium, sic eciam videre Deum complicat in se, quia ultima perfectio, omnem modum attingendi Deum; ac si videre foret forma et perfectio talium.*

Die Mystik vom Sehen Gottes

Um besser erfassen zu können, warum Nikolaus von Kues ins Zentrum seines Denkens über die mystische Theologie das Sehen Gottes rückte, wie er das besonders in seinem Traktat *De visione Dei* ausführte, wird es wiederum hilfreich sein, kurz einen Blick zurück in die christliche Tradition zu werfen – und zwar weit zurück, denn das Thema, was es bedeute, Gott zu sehen, wird bereits in der Bibel angeschnitten.[114]

In Exodus 33,20 sagt Gott zu Mose: „Mein Gesicht kannst du nicht sehen, denn niemand kann mein Gesicht sehen und am Leben bleiben." Aber in Genesis 32,31 gibt Jakob der Stätte, an der er mit einem göttlichen Widersacher rang, den Namen „Penuel" („Gottesgesicht") und sagt: „Ich habe Gott von Angesicht zu Angesicht gesehen und bin doch mit dem Leben davongekommen" (vgl. Ex 24,10; Num 12,8). Ähnlich verkündet Jesaja nach seiner Vision des Herrn im Tempel „auf einem hohen und erhabenen Thron": „Meine Augen haben den König, den Herrn der Heere, gesehen" (Jes 6,5), während in Deutero-Jesaja 45,15 gesagt wird: „Wahrhaftig, du bist ein verborgener Gott, Israels Gott ist der Retter."[115] Genauso widersprüchliche Texte darüber, ob man Gott in diesem Leben sehen könne oder nicht, finden sich im Neuen Testament. An manchen Stellen wird angekündigt, die Gerechten würden Gott sehen, wie etwa in der Seligpreisung „Selig, die reinen Herzens sind, denn sie werden Gott sehen" (Mt 5,8; siehe auch Hebr 12,14). Aber in 1 Tim 6,16 heißt es, Gott, „den kein Mensch gesehen hat", wohne „in unzugänglichem Licht". Und im Prolog des Johannesevangelium wird gesagt: „Niemand hat Gott je gesehen. Der Einzige, der Gott ist und an der Brust des Vaters ruht, hat Kunde von ihm gebracht" (Joh 1,18; vgl. Joh 6,46, 1 Joh 4,12 und Mt 11,27). Die Betonung des Johannesevangeliums, einzig der Sohn sehe den Vater und könne ihn offenbaren, kommt auch deutlich an der Stelle zum Ausdruck, wo Philippus Jesus bittet: „Zeige uns den Vater" und Jesus zur Antwort gibt: „Wer mich gesehen hat, hat den Vater gesehen. Wie kannst du sagen: Zeig uns den Vater?" (Joh 14,8–11). Und schließlich wird in Texten sowohl der Paulus- als auch der Johannesbriefe der eschatologische Charakter der Gottesschau betont. In

---

[114] Für diesen Abschnitt verwende ich Material aus meinem Essay „Seeing and Not Seeing: Nicholas of Cusa's Place in the Mystical Tradition", in: *Nicholas of Cusa: Sixth Centenary Studies*, hg. v. Peter J. Casarella, Washington, D.C. 2005.
[115] Über das Sehen Gottes in der hebräischen Bibel und in frühen jüdischen Texten siehe Friedrich Nötscher, *„Das Angesicht Gottes schauen" nach biblischer und babylonischer Auffassung*, Darmstadt 1969; und Elliot R. Wolfson, *Through a Speculum that Shines: Vision and Imagination in Medieval Jewish Mysticism*, Princeton 1994, Kap. 1.

1 Kor 13,12 heißt es in Form eines Gegensatzes: „Jetzt schauen wir in einen Spiegel und sehen nur rätselhafte Umrisse, dann aber schauen wir von Angesicht zu Angesicht. Jetzt erkenne ich unvollkommen, dann aber werde ich durch und durch erkennen, so wie auch ich durch und durch erkannt worden bin." Auch in 1 Joh 3,2 wird der eschatologische Charakter der Schau Gottes betont und es wird eine wichtige Aussage über die Gotteskindschaft hinzugefügt: „Liebe Brüder, jetzt sind wir Kinder Gottes. Aber was wir sein werden, ist noch nicht offenbar geworden. Wir wissen, dass wir ihm ähnlich sein werden, wenn er offenbar wird; denn wir werden ihn sehen, wie er ist."

Angesichts dieser einander widersprechenden Texte müsste man erwarten, dass in der Geschichte des christlichen Denkens über das Sehen Gottes ein Zaudern wie bei Hamlet geherrscht haben müsste: „Sehen oder nicht sehen, das ist hier die Frage." Aber das Gegenteil war der Fall: Es herrschte die fast allgemeine Übereinstimmung, dass die Schau Gottes im Himmel, was immer man genauer darunter verstand, das Ziel des menschlichen Lebens sei. Außerdem wurde in einer breiten Strömung des christlichen Denkens und der entsprechenden Praxis, vor allem bei den Mystikern, vertreten, eine bestimmte Form der Gottesschau sei bereits in diesem Leben möglich, als Vorbereitung und Vorgeschmack dessen, was kommen werde. Der Umstand, dass für die frühen Christen die Vorstellung, man könne Gott sehen, kein Problem darstellte, könnte ihre kulturelle Beheimatung in einer Gesellschaft reflektieren, für die das Sehen in vielerlei Hinsicht an erster Stelle stand. Das trifft auf jeden Fall auf die philosophische Spiritualität des Platonismus zu, die die Gottesschau *(theôria theou)* als höchste Vollendung des Menschen betrachtete.[116]

Das kurze autobiographische Fragment, das der zum Christentum bekehrte Philosoph Justin zu Beginn seines *Dialogs mit dem Juden Tryphon* (ca. 160) erzählt, gibt uns einen Einblick in diesen Zusammenhang. Justin beschreibt seine rastlose intellektuelle Reise durch die Schulen der Stoiker, Peripatetiker und Pythagoräer, bis er schließlich unter Anleitung der Platoniker angefangen habe, in „der Schau der Ideen" Fortschritte zu machen. Er erzählt: „Ich erwartete, schon bald einen Blick auf Gott werfen zu können, denn dies ist das Ziel von Platons Philosophie."[117] Aber ein alter weiser

---

[116] Als Einführung sowohl in die platonische als auch christliche Vorstellung von *theôria/contemplatio* siehe den umfangreichen, von vielen Autoren verfassten Artikel „Contemplation", in: DS 2,1643–2193 (die Spalten 1716–1762 von René Arnou handeln von der Kontemplation in der antiken Philosophie).

[117] *Iustini Martyris. Dialogus cum Tryphone*, hg. v. Miroslav Marcovich, Berlin 1997, Kap. 2, 6 (S. 73).

Die Mystik vom Sehen Gottes

Mann überzeugte ihn davon, dass die Platoniker zwar bezüglich des Ziels Recht hätten, ihm jedoch nicht wirklich den Weg dorthin zeigen könnten. Der von Gott gezeugte Geist *(nous)* könne tatsächlich dahin gelangen, seinen ungezeugten Schöpfer zu sehen, aber das sei nur in Form eines Geschenkes vom Heiligen Geist als Belohnung für ein tugendhaftes Leben möglich, nicht jedoch infolge einer ihm von Natur aus angeborenen Fähigkeit.[118]

Eine kurze Darstellung der Rolle der *visio Dei* in der christlichen Mystik zu geben ist unmöglich. Sowohl klassische Werke darüber wie diejenigen von K. E. Kirk und Vladimir Lossky[119] oder das neuere Werk von Christian Trottmann über scholastische Dispute über die *visio beatifica*[120] können immer nur einen Teil der Geschichte liefern. Aber das Problem, ob man Gott sehen könne, ist für die christliche Mystik zentral und es liefert uns einen günstigen Ansatz für die genauere Betrachtung von Cusanus' Beitrag zur mystischen Tradition. Seine Verwicklung in die Diskussion über das Verhältnis von Liebe und Erkenntnis auf dem Weg zum Einswerden mit Gott half ihm zu erkennen, dass es einer breiteren Perspektive bedürfe, um auf diese Frage eine angemessene Antwort zu finden, und diese müsse auf einer genaueren Untersuchung darüber beruhen, was es heiße, Gott zu sehen. Das Ergebnis war sein zentraler mystischer Text *De visione Dei* oder *De Icona*, den er im Spätjahr 1453 verfasste.[121] Viele christliche Denker, namentlich die scholastischen Theologen, hatten bereits über die *visio Dei* diskutiert, aber Cusanus hatte wenige Vorgänger, die bereits einen eigenen Traktat über das Problem verfasst hatten, ob man Gott schon in diesem Leben sehen könne.[122] So gesehen war sein *De visione Dei* ein neuartiges Werk, so sehr es von dem für sein vielseitiges Lesen typischen breiten Spektrum von Quellen beeinflusst war.[123] Natürlich war Cusanus nicht erst in

---

[118] *Dialogus* 4,1 (S. 76–77). Edward Baert, „Le thème de la vision de Dieu chez S. Justin, Clément d'Alexandrie et S. Grégoire de Nysse", in: *Freiburger Zeitschrift für Philosophie und Theologie* 12 (1965), 439–497 bietet eine Einführung in die Rolle der Schau bei Justin und Klemens, und bespricht in 440–455 diese Stelle. Über den Platz Justins in der Geschichte der christlichen Mystik siehe im vorliegenden Werk Band I, 153–155.
[119] K. E. Kirk, *The Vision of God: The Christian Doctrine of the „Summum Bonum"*, London 1932; und Vladimir Lossky, *The Vision of God*, London 1963.
[120] Christian Trottmann, *La vision béatifique. Des disputes scolastiques à sa définition par Benoît XII*, Rom 1995.
[121] In seinem Brief vom 14. September 1453 (Vansteenberghe, 116) schreibt Cusanus, das DVD habe er ursprünglich als Kapitel in seinem *Complementum theologicum* vorgesehen gehabt.
[122] Zu den interessanteren Traktaten, die ausdrücklich vom Sehen Gottes in diesem Leben handeln, gehört *De theoria sancta* des syrischen Mönchs Gregor von Zypern (ca. 600).
[123] Die kritische Ausgabe des DVD findet sich in h. VI. Hilfreich ist auch die Ausgabe und Erörterung von Jasper Hopkins, *Nicholas of Cusa's Dialectical Mysticism*.

den 1450er Jahren darauf gekommen, wie wichtig diese Frage nach dem Sehen Gottes sei.[124] Längere Abhandlungen darüber finden sich in zwei Traktaten von 1445, dem *De quaerendo Deo* und dem *De filiatione* sowie auch in späteren Texten, etwa dem *De beryllo* und dem *De apice theoriae*. Auch wenn sein Beschluss, einen eigenen Traktat über das Sehen Gottes zu verfassen, ungewöhnlich war, war das Thema der *visio Dei* in seinen Schriften und ganz allgemein in der mystischen Tradition nichts Neues.

Für die Erörterung der Probleme, die mit dem Thema, ob man Gott sehen könne oder nicht, zusammenhingen, ist ein guter Ausgangspunkt Klemens von Alexandrien, denn dieser alexandrinische Katechist aus dem späten 2. Jahrhundert führt uns die erste echte Begegnung zwischen der platonisch philosophischen Mystik und der christlich geistlichen Lehre vor. Klemens führte drei der wesentlichen Themen der christlichen Mystik ein, die fast 1300 Jahre danach die Grundlage für die Erörterungen von Cusanus lieferten: (1) den Versuch, die in der Bibel geschilderten Episoden, wo ein Mensch Gott gesehen habe, in Begriffen der platonischen Kontemplation zu verstehen; (2) die genauere Untersuchung des Verhältnisses zwischen der Gnade, Gott zu sehen und der Vergöttlichung; (3) den Rückgriff auf Kategorien aus der hellenistischen Philosophie, um damit die biblische Lehre zum Ausdruck zu bringen, dass Gott unsichtbar und unerkennbar sei.[125] Klemens riss mit seinem Denken zum ersten Mal in der Geschichte des christlichen Denkens die grundsätzliche *aporia* auf, mit der Cusanus rang: Wie kann der ganz und gar unsichtbare Gott in einer vergöttlichenden Schau, die das Ziel des christlichen Glaubens ist, sichtbar werden?

Klemens und seine Zeitgenossen Theophilus und Irenäus liefern Belege für das konzertierte Bemühen seitens der Führer der entstehenden orthodoxen Christenheit, das Ziel, Gott zu schauen, im Sinn ihres eigenen Verständnisses des Glaubens an Jesus gegen die vielen Spielarten des gnostischen Christentums zu verteidigen.[126] Klemens gebrauchte den Begriff *theôria* im Lauf seiner Schriften ungefähr 85mal und verknüpfte ihn mit der wahren *gnôsis* (dem erlösenden Wissen), das er gegen das Verständnis

---

[124] Cusanus' Interesse für das Thema des Sehens Gottes sowohl hier als auch im Jenseits könnte zum Teil von den Diskussionen zwischen den Lateinern und Griechen über ihre unterschiedlichen Ansichten bezüglich der *visio dei* auf dem Konzil von Ferrara-Florenz angespornt worden sein. Der spanische Dominikaner Juan Lei verfasste 1439 einen Traktat, der diese Diskussionen spiegelte; siehe *Tractatus Ioannis Lei O.P. „De visione beata"*, hg. v. Emmanuel Candal SJ, Vatikanstadt 1963.
[125] Als Einführung in die Mystik von Klemens siehe im vorliegenden Werk Band I, 155–165.
[126] Als Erörterung der *theôria* bei Klemens siehe Baert, „Le thème de la vision", 460–480; und P. T. Camelot, *FOI ET GNOSE. Introduction a l'étude de la connaissance mystique chez Clément d'Alexandrie*, Paris 1945, Chap. IV.

dieses Wortes bei den Valentinianern abzusichern versuchte. In seinen Augen zeigen biblische Texte über das Sehen Gottes (z.B. Mt 5,8 und 1 Kor 13,12), dass *theôria* die Frucht und das Ziel der wahren *gnôsis* sei. In Buch 7 seiner *Stromateis* sagt er zum Beispiel, dass gnostische Seelen „sich unaufhörlich in höhere und höhere Regionen bewegen, bis sie die göttliche Schau nicht mehr in Spiegeln oder mittels solcher begrüßen [1 Kor 13,12], sondern mit liebenden Herzen für immer den niemals sättigenden, niemals endenden Anblick feiern ... Das ist die ergreifende Schau der Herzensreinen [Mt 5,8]."[127] Diese *theôria* komme zwar erst im Himmel an ihr Ziel, sie beginne jedoch bereits in diesem Leben und schreite über „mystische Stufen" voran (*Strom.* VII 10,57), zu denen sowohl Kontemplation als auch Aktion gehörten.[128] Ihr Ziel sei die Vergöttlichung (Klemens führte das Verbum *theopoiein*, „zu Gott gemacht werden", ins Christentum ein). In seinem *Protrepticus* gebraucht er die berühmte Formel, die zum ersten Mal bei seinem Zeitgenossen Irenäus auftaucht: „Der Logos Gottes wurde Mensch, damit ihr vom Menschen lerntet, wie der Mensch Gott werden kann."[129] Klemens kam jedoch nie ausdrücklich auf die Problematik zu sprechen, wie es möglich sei, dass der unsichtbare Gott sichtbar werde. Eine nähere Analogie dazu, wie Cusanus sich der Aporie des Sehens des Unsichtbaren stellte, findet sich bei den neuplatonischen Mystikern, sowohl bei denjenigen, die Cusanus direkt benützte, als auch bei anderen, die daran beteiligt waren, Einsichten zu erschließen, die ihm sowohl die heidnische als auch die christliche Tradition zutrugen.

Cusanus hatte keinen direkten Kontakt mit den Texten von Plotin; aber, so hat Werner Beierwaltes gezeigt, es gibt zwischen diesen beiden Denkern faszinierende Analogien, besonders wenn sie die intellektuelle Schau des Ersten Prinzips erörtern.[130] Ein transzendentes Erstes sei nicht sichtbar, aber wenn dieses Erste auch allen Dingen immanent sei, müsse es im Akt des Sehens selbst irgendwie präsent sein. Plotin erörterte dieses Thema in einer Reihe von Texten, in denen er untersuchte, inwiefern man vom *nous* oder Reinen Intellekt sagen könne, dass er das unsichtbare Eine oder Gute

---

[127] Klemens von Alexandrien, *Stromateis* VII 3,13. Klemens zitiert Mt. 5,8 18mal – weit öfter als jeder andere christliche Autor des 2. Jahrhunderts vor ihm (Justin z.B. verwendet diesen Text überhaupt nicht und Irenäus zitiert ihn nur dreimal). Siehe *Biblia Patristica. Index des citations et allusions bibliques dans la littérature patristique.* Vol. 1. *Des origines à Clément d'Alexandrie et Tertullien*, Paris 1975, 232–233. Klemens zitiert auch 14mal 1 Kor 13,12.
[128] Siehe z.B. *Strom.* II 10,46 u. VII 16,102.
[129] Klemens, *Protrepticus* 1,8.
[130] Werner Beierwaltes, *Visio facialis – Sehen ins Angesicht. Zur Coinzidenz des endlichen und unendlichen Blicks bei Cusanus*, München 1988 (Bayerische Akademie der Wissenschaften. Phil.-hist. Klasse. Sitzungsberichte Jahrgang 1988, Heft 1), 34–38 u. 40–43.

sehen könne. So beginnt er zum Beispiel in *Enneade* V, 5,7–10 mit einer Analyse des physischen Sehens und geht dann höher, indem er erörtert, wie der *nous* Gegenstände sehe, um schließlich das geheimnisvolle innere Licht zu erkunden, das der Schau sowohl in uns als auch im *nous* zugrunde liege, insofern dieser auf das Erste Prinzip ausgerichtet sei.[131] Eine zweite Stelle, in *Enneaden* VI,7,35–36, handelt davon, wie die Seele, wenn sie mit dem *nous* eins wird und „den Gott sieht, unverzüglich alles loslässt." Bei diesem Akt „der Kontemplation des Seienden" *(tês ontôs theas)* würden der Sehende und das Gesehene miteinander verschmolzen. „Mittels des Verharrens in dieser Kontemplation", so sagt Plotin weiter, „sieht er nichts mehr, das er sieht, sondern er vermengt sein Sehen mit dem, was er ansieht, so dass dies, was zuvor gesehen wurde, jetzt in ihm zum Sehen wird, und er vergisst alle anderen Gegenstände der Kontemplation."[132]

Auch spätantike christliche Autoren griffen die Frage auf, wie man sagen könne, dass wir Gott sähen, sowohl in diesem Leben als auch im nächsten. Augustinus wandte den Schriftstellen, die vom Sehen und der Unsichtbarkeit Gottes sprachen, große Aufmerksamkeit zu,[133] sowie auch den damit verbundenen theoretischen Fragen.[134] Seine Behauptung, die intellektuelle Schau Gottes mache das Wesen der Glückseligkeit aus, wirkte sich stark auf die spätere lateinisch theologische Tradition aus. Cusanus kannte und zitierte viele der Abhandlungen von Augustinus.[135] Dennoch beruhte seine Lösung des Problems, wie wir den unsichtbaren Gott in diesem Leben sehen könnten, auf einer Version des neuplatonischen dialektischen Denkens, wie es sich so bei Augustinus nicht findet.

Die wichtigsten Vorgänger von Cusanus bezüglich dieser Form des dialektischen Neuplatonismus waren Dionysius, Johannes Scottus Eriugena und Meister Eckhart. Die MT von Dionysius ist für Cusanus ein Schlüsseltext, insbesondere wegen der Art, auf die in ihr die absolute Unsichtbarkeit

---

[131] *Enneaden* V,5,7–10.
[132] *Enneaden* VI,7,35.
[133] Die Erörterungen von Augustinus darüber, wie man die verschiedenen in der Schrift beschriebenen Erscheinungen der Dreifaltigkeit verstehen könne, finden sich in den *Enarrationes in Psalmos* 138,8 (PL 37,1788–1790), in *In Iohannis evangelium* III,17 (PL 35,1403) und besonders in *De Trinitate* II–IV (PL 42,845–912).
[134] Von den vielen Ausführungen des Augustinus über das Sehen Gottes wären nachzusehen *Confessiones* VII, IX u. XIII; *De Trinitate* IX-XIV; *De genesi ad litteram* XII; und Epp. 147–148. Zusätzlich handeln auch noch eine Reihe von Stellen in den *Enarrationes in Psalmos* von der *visio Dei* (z. B. *Enarr.* 97,3, 121,8, 125,9 u. 149,4).
[135] Über das Verhältnis von Augustinus und Cusanus siehe Edward F. Cranz, „St. Augustine and Nicholas of Cusa in the Tradition of Western Christian Thought", in: *Nicholas of Cusa and the Renaissance*, 73–94.

Gottes betont wird.[136] Mose, der archetypische Mystiker, könne Gott, den man nicht sehen könne, nicht schauen, sondern nur den Ort, wo er wohne (MT 1,1000D). Er müsse sich von allem freimachen, was man mit den Augen des Körpers und des Geistes sehen könne, „sich abwenden von allem, was sieht und gesehen wird, und in die wahrhaft geheimnisvolle Finsternis des Nichtwissens eintauchen" um „mittels einer Inaktivität allen Wissens auf erhabene Weise mit dem ganz Unbekannten vereint zu werden" (1001A). Dieses Wegfallen allen Wissens und Sehens führe jedoch zu einer auf paradoxe Weise höheren Form der Schau, die Dionysius beschreibt als Sehen „oberhalb des Seins, das allem Licht, das es unter den Seienden gibt, verborgen ist" (MT 2, 1025B).[137] Dionysius geht jedoch nicht auf irgendeine weitere ausführliche Untersuchung dieses „nichtsehenden Sehens" ein, noch setzt er es explizit in Bezug zu den anderen Mysterien des christlichen Glaubens, wie das Cusanus tun wird.

Der Einfluss von Eriugena auf das Denken von Cusanus wurde in der neuesten Forschung offensichtlich.[138] Die Art, wie sich Cusanus die *visio Dei* so vorstellt, dass dabei Gottes Sehen mit seinem kreativen Handeln zusammenfalle, steht grundsätzlich dem Denken Eriugenas sehr nahe, der geschrieben hatte: „Dass Gott sieht, ist die Bedingung für alles, was ist. Denn für ihn ist nicht das Sehen etwas anderes als das Machen, sondern sein Sehen ist sein Wollen und sein Wollen ist sein Handeln."[139] Bei der Auslegung von Joh 1,18 brachte Eriugena wie Dionysius ein starkes Argument für Gottes absolute Unsichtbarkeit.[140] Er zitierte Dionysius und Augustinus und kam zu dem Schluss: „Folglich sagt Dionysius: ‚Wenn jemand be-

---

[136] Über diesen Aspekt des Verhältnisses von Dionysius und Cusanus siehe Beierwaltes, „Der Verborgene Gott. Cusanus und Dionysius"; und William J. Hoye, „Die Vereinigung mit dem gänzlich Unerkannten nach Bonaventura, Nikolaus von Kues und Thomas von Aquin", in: *Die Dionysius-Rezeption im Mittelalter*, hg. v. Tzotcho Boiadjiev, Georgi Kapriev u. Andreas Speer, Turnhout 2000, 477–504.
[137] Als weitere Texte über dieses höhere Sehen, das Dionysius oft mit dem Zitieren von 1 Tim 6,16 untermauert, siehe Ep. 5 (1073A); CH 4,3 (180C); und DN 4,11 (708D).
[138] Siehe Werner Beierwaltes, „Cusanus and Eriugena", 115–152, besonders 126–130 über die *visio absoluta*.
[139] Iohannes Scottus Eriugena, *Periphyseon* 3 (PL 122,704B): *Visio dei totius uniuersitatis est conditio. Non enim aliud est ei uidere et aliud facere, sed uisio illius uoluntas eius est et uoluntas operatio*. Als weiteren Text über die *visio dei*, siehe z. B. *Periphyseon* 3 (676C–677A).
[140] *Commentarius in Evangelium Iohannis* I,25, in: *Jean Scot. Commentaire sur l'Évangile de Jean*, hg. v. Éduoard Jeauneau, Paris 1972 (SC 180), 114–126. Siehe auch Eriugenas Besprechung von CH 4,3 in seinen *Expositiones in Ierarchiam Coelestem* IV,3, hg. v. Jeanne Barbet, Turnhout 1975 (CCCM 31), 74–82. In *Periphyseon* V schreibt Eriugena, dass die Erlösten beim endgültigen *reditus* nie über das Sehen der *theophaniae theophaniarum* hinauskämen (z. B. in 998B–1001A). Über den Gegensatz zwischen Eriugena, der eine Schau des göttlichen Wesens sogar für den Himmel in Abrede stellt, und der gängigen mittelalterlichen Theologie zu diesem Thema siehe Dominic J. O'Meara, „Eriugena and Aquinas on the Beatific Vision",

hauptet, Gott zu sehen, sieht er nicht Gott, sondern etwas von Gott Gemachtes.' Gott selbst ist nämlich ganz und gar unsichtbar. Er ‚wird besser durch Nichtwissen gewusst' und ‚ihn nicht zu kennen ist die wahre Weisheit.'"[141] Was wir bei Eriugena jedoch nicht finden, ist eine Abhandlung über die Art, auf die das Sehen des Menschen die göttliche *visio absoluta* sowohl offenbart als auch verhüllt. Aber diesen Aspekt der neuplatonischen Dialektik des Schauens konnte Cusanus von Meister Eckhart beziehen.

Wenn Eckhart die Geburt des Wortes in der Seele aus dem *grunt*, die verschmolzene Identität von Gott und Mensch betonte,[142] so hatte er damit das altchristliche Verständnis der durch Filiation erlangten Vergöttlichung neu gefasst: dass wir uns unseres wesentlichen Einswerdens im Fleisch gewordenen Sohn Gottes bewusst werden.[143] Eckhart sagte, „dass der Vater es in allem dem, was er seinem Sohn Jesus Christus je in der menschlichen Natur verlieh, eher auf mich abgesehen und mich mehr geliebt hat als ihn und es mir eher verlieh als ihm … Darum, was immer er mir gab, damit zielte er auf mich und gab's mir recht so wie ihm; ich nehme das nichts aus, weder Einigung noch Heiligkeit der Gottheit noch irgend etwas. Alles, was er ihm je in der menschlichen Natur gab, das ist mir nicht fremder noch ferner als ihm."[144] Seine Schriften enthalten eine ganze Anzahl Ausführungen über den Sinn der *visio dei* sowohl hier als auch in der kommenden Welt.[145] Eckhart vertrat wie Dionysius und Eriugena, dass man Gott in

---

in: *Eriugena Redivivus. Zur Wirkungsgeschichte seines Denkens im Mittelalter und im Übergang zur Neuzeit*, hg. v. Werner Beierwaltes, Heidelberg 1987, 214–236.

[141] *Jean Scot. Commentaire sur l'Évangile de Jean* I,25,95–99 (124–126): *Hinc est quod Dionysius ait: „Et si quis eum – deum uidelicet – uidisse dixerit, non eum uidit, sed aliquid ab eo factum." Ipse enim est omnino inuisibilis est, „qui melius nesciendo scitur," et „cuius ignorantia uera est sapientia."* Das erste und dritte Zitat stammt aus Dionysius, Ep 1 (1065A); das mittlere aus Augustinus, *De ordine* II,16,44 (PL 32,1015).

[142] Über Eckharts Mystik der Geburt aus dem Grund siehe oben Kap. 4, 302–313.

[143] Dietmar Mieth, „Gottesschau und Gottesgeburt. Zwei Typen christlicher Gotteserfahrung in der Tradition", in: *Freiburger Zeitschrift für Philosophie und Theologie* 27 (1980), 204–223, unterscheidet zwei Idealtypen von Mystik, Gottesschau und Gottesgeburt. Unabhängig davon, wie weit diese grobe Unterscheidung gültig sein mag, scheint jedenfalls Cusanus beide Typen miteinander kombiniert zu haben. Siehe Niklaus Largier, „The Space of the Word: Birth and Vision in Eckhart and Cusanus" (unveröffentlicht).

[144] Eckhart, Pr. 5A (DW 1,77,10–17). Diese Stelle wurde in Art. 11 der Bulle „In agro dominico" als häretisch verurteilt.

[145] In den lateinischen Werken siehe z.B. die Ausführungen über Gen 32,28 in In Gen.I nn. 296–297 sowie die Besprechung von Ex. 20,21 und 33,13–23 in In Ex. nn. 235–238 und nn. 271–281. Jes 45,15 war ein Lieblings-Schrifttext Eckharts, den er achtmal zitierte. Wichtig sind auch die Abhandlung über Joh 1,18 (In Ioh. nn. 187–198, in LW 3,156–167) und Eckharts Auslegung von Joh 14,8 (In Ioh. nn. 546–576, in LW 3,477–506). Eckhart spricht in seinen deutschen Predigten oft von der Gottesschau, z.B. in Prr. 3, 9, 15, 23, 32, 36, 45, 57, 59, 73 u.

Wirklichkeit nicht sehen könne, oder wenn man sage, dass man ihn sehen könne, dann müsse man darunter das Absolute Nichtsein verstehen. Ein gutes Beispiel für diese visionäre Apophasis ist seine Predigt 71, ein Kommentar zu Apg 9,8: „Saulus erhob sich vom Boden. Als er aber die Augen öffnete, sah er nichts."[146] Aber bei dem wichtigsten Verbindungsglied zwischen Eckhart und Cusanus über die *visio dei* geht es um die Gegenseitigkeit, ja Identität des Blickes zwischen Gott und Mensch. Eckharts dialektisches Verständnis der verschmolzenen Identität („Gottes Grund ist der Seele Grund, und der Seele Grund ist Gottes Grund") ließ ihn predigen, dass, sofern man sagen könne, man sehe Gott, dies nichts anderes sein könne, als dass Gott sich selber sehe. Von dieser Blick-Identität spricht er in Predigt 12: „Das Auge, in dem ich Gott sehe, das ist dasselbe Auge, darin mich Gott sieht; mein Auge und Gottes Auge, das ist *ein* Auge und *ein* Sehen und *ein* Erkennen und *ein* Lieben."[147] Die Gegenseitigkeit der *visio* von Angesicht zu Angesicht, von der Paulus im 1. Korintherbrief spricht, war in der christlichen Mystik damals kein eigentlich neues Thema; im 12. Jahrhundert hatte bereits Wilhelm von St. Thierry davon gesprochen.[148] Was bei Eckhart neu ist, dass er dies als eine Form der verschmolzenen Identität verstand, das heißt, es gebe nur *ein* Auge und *einen* Akt des Sehens. Das war die Sichtweise, die auch Cusanus vertreten sollte.

Das *De visione Dei* von Cusanus wurde schon oft untersucht.[149] Dieser

---

83. Die vielleicht wichtigsten Predigten über die Gottesschau stellt die Gruppe der Prr. 69–72 dar (DW 3,159–254), worin er Schrifttexte über die Gottesschau kommentiert (Jn. 16,16, Apg 9,8 u. Mt 5,1).

[146] Pr. 71 (DW 3,211–231).

[147] Pr. 12 (DW 1,201,5–8). Siehe auch Pr. 76 (DW 3,310–312) sowie Pr. 86 über die Schau von Angesicht zu Angesicht (DW 3,487–488). Die gleiche Lehre findet sich auch in den lateinischen Werken; siehe z.B. In Gen.II n. 219 (LW 1,697–698), eine Ausführung über Israels Schau Gottes von Angesicht zu Angesicht; und In Ioh. n. 107 (LW 3,91–93). Eckhart verwendet bei seiner Lehre oft das Beispiel vom Einswerden des Auges mit seinem Gegenstand beim physischen Sehen (z.B. in Pr. 48 [DW 2,416–417]).

[148] Über Wilhelm von St. Thierrys Sicht der Schau von Angesicht zu Angesicht, wie sie besonders in seinen *Meditativae Orationes* 3, 8 und 10 zur Sprache kommt, siehe in der vorliegenden Darstellung Band II, 354 u. 398–403. Über Wilhelm als möglicher Quelle für Cusanus siehe Donald F. Duclow, „Mystical Theology and Intellect in Nicholas of Cusa", in: *American Catholic Philosophical Quarterly* 64 (1990), 121.

[149] Als Arbeiten über das DVD siehe *Das Sehen Gottes nach Nikolaus von Kues*, besonders die Beiträge von Werner Beierwaltes „‚Visio facialis‘ – Sehen ins Angesicht. Zur Coinzidenz des endlichen und unendlichen Blicks bei Cusanus"; und Wilhelm Dupré, „Das Bild und die Wahrheit" (*Das Sehen* 91–124 u. 125–166). Weitere nützliche Arbeiten sind Beierwaltes, „Mystische Elemente im Denken des Cusanus"; Haas, *Deum mistice videre*; Hoye, *Die mystische Theologie des Nicolaus von Kues*, Kap. 2; Louis Dupré, „The Mystical Theology of Nicholas of Cusa's *De visione dei*" und Clyde Lee Miller, „God's Presence: Some Cusan Proposals" beide in *Nicholas of Cusa on Christ and the Church*, hg. v. Gerald Christianson u. Thomas M. Izbicki, Leiden 1996, 205–220 u. 241–249. Genannt muss auch werden die

Traktat ist ein echter Klassiker, so dass *De visione Dei* genau wie die *Bekenntnisse* von Augustinus jedem Abschluss der Diskussion und jeder endgültigen Interpretation widersteht. Den Reichtum dieses Werks macht zum Teil sein mystagogischer Charakter aus. Cusanus gebrauchte in allen seinen Schriften zur Veranschaulichung seiner Lehre immer wieder gern „similitudines": Beispiele aus der Mathematik, Geometrie und Mechanik. Allerdings ist das *De visione* insofern anders, als dass darin nicht nur Vergleiche gebraucht werden, sondern auch Einübungen ins Sehen, Hören und Sprechen in eine Praxis, die dazu dienen sollte, seine klösterliche Zuhörerschaft auf dem Weg der Erfahrung *(experimentaliter)* in das einzuführen, was er einen „leichten Zugang zur mystischen Theologie" *(facilitas mysticae theologiae)* nennt. In Kapitel 17 betont er mit seinen Bemerkungen über seine eigene Praxis, es stehe keinem von außen her Urteilenden zu, die Frage zu beurteilen, wie weit jeder, der seine Methode praktiziere, dank dieser *facilitas* vorankomme: „Im Vertrauen auf deine unendliche Güte versuchte ich, mich einer Entrückung auszuliefern, damit ich dich Unsichtbaren und die enthüllte unenthüllbare Schau sähe. Wie weit ich aber gekommen bin, weißt du, ich aber weiß es nicht. Es genügt mir deine Gnade, mit der du mir die Gewissheit schenkst, dass du unbegreiflich bist, und in mir die feste Hoffnung aufrichtest, dass ich unter deiner Führung zum Genuss deiner gelange."[150]

Dieses sein Handbuch der Mystik beginnt Cusanus im Vorwort damit, dass er eine Para-Liturgie um die *eicona* gestaltet, das Bild vom alles sehenden Antlitz Christi, das wahrscheinlich ein Bild mit dem Schweißtuch der Veronika war, das er den Tegernseer Mönchen geschickt hatte.[151] Michel de Certeau hat eine anregende Analyse des Bewusstseins um die Dynamik des Blicks geliefert, die Cusanus mit der im Vorwort beschriebenen *praxis devotionis* auslöste.[152] Dieses Ritual beginnt wie in der normalen klösterlichen Liturgie mit einer Prozession der Kommunität.[153] Jeder Mönch stellt sich

---

tiefgründige Analyse von Michel de Certeau, „The Gaze of Nicholas of Cusa", in: *Diacritics: A Review of Contemporary Criticism* 3 (1987), 2–38; und aus jüngster Zeit H. Lawrence Bond, „The ‚Icon' and the ‚Iconic Text' in Nicholas of Cusa's *De Visione Dei*", in: *Nicholas of Cusa and His Age*, 177–197; und Clyde Lee Miller, „The Dialectic of Seeing Being Seen Seeing: De visione Dei (1453)" Kap. 4 in *Reading Cusanus*.

[150] DVD 17,79 (h. VI,63,9–14): *Conatus sum me subicere raptui, confisus de infinita bonitate tua, ut viderem te invisibilem et visionem revelatam irrevelabilem. Quo autem perveni, tu scis, ego autem nescio, et sufficit mihi gratia tua, qua me certum reddis te incomprehensibilem esse, et erigis in spem firmam, quod ad fruitionem tui te duce perveniam.*

[151] Als Vermutungen über die Identität dieser *icona* siehe in Bond, „The ‚Icon' and the ‚Iconic Text'", 180–183. Vgl. auch Alex Stock, „Die Rolle der ‚Icona Dei' in der Spekulation ‚De visione dei'", in: *Das Sehen Gottes nach Nicolaus von Kues*, 50–68.

[152] De Certeau, „The Gaze of Nicholas of Cusa", besonders 11–21.

[153] De Certeau, „The Gaze", 14 spricht von Cusanus' Übung als von einer „mathematischen

zunächst hin und lässt den zeitlosen Blick der Ikone, der sich scheinbar ausschließlich auf ihn richtet, auf sich wirken. Sodann begibt er sich von seinem bisherigen Standort auf die gegenüberliegende Seite und bestaunt die „Veränderung des unveränderlichen Blicks", die in diese Erfahrung Zeitlichkeit und Veränderlichkeit hineinträgt. Der entscheidende Teil des Experiments ist jedoch der Übergang vom Bereich des Schauens auf den des Hörens, also auf das Sprechen und Hören, das die gläubige Kommunität formt: Das heißt, der Glaube ist es, was den Aspiranten befähigt, sich von einer partikulären Sicht in Richtung eines universaleren Standpunkts zu bewegen. Das simultane Sehen oder die Unendlichkeit des Blickes Christi beginnt erst offenbar zu werden, wenn alle Brüder von ihrem Standpunkt her zusammenkommen und jeder den anderen fragt, ob sich der Blick der Ikone auch mit ihm simultan bewegt habe. Certeau bemerkt, der springende Punkt dieser mystagogischen Übung von Cusanus bestehe darin, dass man das Staunen teile und seinem Bruder die Antwort auf die Frage: „Auch bei dir?" *glaube*.[154] Im Anklang an das *fides quaerens intellectum* von Augustinus sagt Cusanus es so: „Er wird ihm glauben. Würde er ihm nicht glauben, dann würde er nicht begreifen, dass das möglich sei."[155] Diese Übung impliziert zugleich einen weiteren Wesenszug der cusanischen Mystagogie: Man soll den Unterschied zwischen Sehen und Illusion erkennen. Jeder Bruder sieht die Ikone auf sich blicken, aber die Ikone hat keine echten Augen. Sie sieht nicht; wir sehen auf sie und stellen uns vor, dass sie auf uns sehe. Aber was Gottes Sehen angeht, ist das Umgekehrte wahr. Wir meinen, dass tatsächlich wir sehen, aber Cusanus wird uns zeigen, dass in Wirklichkeit unser Sehen das Sehen Gottes in uns ist.[156]

Liturgie", aber der Aspekt der Prozession weist darauf hin, dass sie genauso klösterlich ist. Die Frage nach dem Verhältnis von Cusanus' neuer Liturgie zur sie begleitenden *lectio divina* und *meditatio/oratio* und der Alltagspraxis des Benediktinerlebens ist kompliziert und bedarf zu ihrer Lösung weiterer Arbeit. Als eine Analyse siehe Mark Führer, „The Consolation of Contemplation in Nicholas of Cusa's *De visione dei*", in: *Nicholas of Cusa on Christ and the Church*, 221–240, der sich für eine enge Beziehung des Texts zur traditionellen klösterlichen Praxis ausspricht und behauptet, Cusanus sei es um „eine Wiederbelebung des mentalen Gebets" gegangen (224). Die Frage nach dem Verhältnis zwischen dem DVD und meditativen und kontemplativen Praktiken wird auch aufgegriffen von Bond, „The ‚Icon' and the ‚Iconic Text'".
[154] De Certeau, „The Gaze", 14–23 über die Stufen der Übung, besonders 20 über den Dialog „Auch bei dir?" – „Ja."
[155] DVD, Vorw. 3 (h. VI,6,22–23): ... *credet ei; et nisi crederet, non caperet hoc possibile*. Diese Anspielung an Jes 7,9 enthält eine für Cusanus typische Wendung.
[156] Zu diesem Punkt siehe Miller, „The Dialectic of Seeing Being Seen Seeing", 153–154. Cusanus hatte diesen Punkt bereits bezüglich unseres Erkennens in seinem Traktat *De quaerendo deum* 2,36 durchgespielt, wo er sagt: ... *et in luminis ipsius* [Gott] *est omnis cognitio nostra, ut nos non simus illi, qui cognoscimus, sed potius ipse in nobis* (h. IV,26,7–9).

Nur auf der Grundlage solchen Fragens, Hörens und Glaubens kann sich uns, das heißt jedem Mitglied der Glaubensgemeinschaft, im Staunen (nicht mit rationalem Verstehen) langsam die Erfahrung erschließen, von einem unendlichen und allgegenwärtigen Blick gesehen zu werden. Da es in Gott keinen Unterschied zwischen Sehen und Sprechen gibt („Ich merke, Herr, dass dein Blick zu mir spricht; denn dein Sprechen ist nichts anderes als dein Sehen", heißt es ist Kapitel 10),[157] können wir auch verstehen, dass das, was wir über das Sehen Gottes gelernt haben, auch für Gottes Sprechen zu uns gilt. Diese Wahrnehmung wird durch ein zweites Experiment ausgelöst, und zwar in Form des meditativen Gebets über den Sinn der im Vorwort vorgestellten liturgischen Praxis. Im Verlauf dieser ausführlichen *oratio/meditatio*, die den weiteren Traktat ausmacht, bringt Cusanus zur Bekräftigung seiner Darlegung weitere *similitudines* (z.B. Uhr und Spiegel) und regt auch zu anderen verbalen Übungen an (z.B. in Kapitel 8 zum Beten des Vaterunsers), aber er kommt immer wieder auf sein Meistersymbol *eicona* zurück.[158]

Die ersten drei Kapitel des DVD bilden eine Einführung in die Mystagogie; es werden die Grundlagen für das gelegt, was dann folgt. Sie sind zum Lesen und Studieren gedacht, während der weitere Teil des Werks auch eine praktische Einübung sein soll, bei der man mitmachen sollte. Das zeigt sich an der Weise, auf die Cusanus in diesen ersten drei Kapiteln in seinem eigenen Namen als Lehrer spricht, aber ab Kapitel 4 dann den *frater contemplator* auffordert, wieder auf die *eicona dei* zu blicken, damit „in dir ein Schauen *(speculatio)* hervorgerufen wird, das dich aufruft, damit du dann sprichst."[159] Der ganze weitere Traktat hat dann mit wenigen Ausnahmen die Form eines Gebets, das nicht Cusanus selbst spricht, sondern ein für Cusanus sprechender Bruder (obwohl in Wirklichkeit Cusanus für den Bruder spricht). So werden hier das *ego* des Verfassers und das *tu* des Angesprochenen in ihrer Erhebung zum Gebet in Form einer gemeinsamen Anrufung des göttlichen *Tu* ineinander verschmolzen. Die Perspektivenverlagerung des *De visione* geschieht auf vielen Ebenen, denn wie H. Lawrence Bond bemerkt hat, ist der Text sowohl eine Ikonographie im Sinn

---

[157] DVD 10,38 (h.VI,35,6–7): *Et occurrit mihi, domine, quod visus tuus loquatur; nam non est aliud loqui tuum quam videre tuum.*

[158] Als weitere Bezugnahmen auf die Sehübung mit der *eicona* siehe DVD 1,5, 4,9, 5,13, 6,17 u. 19, 9,32 u. 35, 10,38, 15,61 u. 64 und 22,94.

[159] DVD 4,9 (h. VI,13,5–8): *... et quia visus eiconae te aeque undique respicit et non deserit, quocumque pergas, in te excitabitur speculatio provocaberisque et dices ...* Es sei eigens darauf hingewiesen, dass der Begriff *speculatio* hier *wahres Sehen* bedeutet, also den gegenteiligen Sinn von dem hat, was man gewöhnlich „Spekulieren" nennt (siehe Hoye, *Die mystische Theologie des Nicolaus Cusanus*, 105–106).

einer Erklärung, was das Bild bedeute, und „eine Ikone, die mit Worten oder anderen Symbolen mittels ihrer eigenen Form etwas darstellt, womit sie dem Leser anzeigen und nahe bringen will, dass es um den Übergang von einem Bewusstseins- oder Erfahrungszustand zu einem anderen geht, und ihn dorthin mitnimmt."[160]

Wie originell die verbal-hörenden Umsetzungen von Cusanus sind, wird deutlich, wenn man sein Werk mit dem Werk vergleicht, das er gut kannte, nämlich den *Bekenntnissen* von Augustinus. Dieser hatte mit ihnen eine neue Art von mystischem Text geschaffen, in dem er sein Bekenntnis Gottes, das heißt sein Zeugnis, in Ich-Form ablegte und Gott mit den Worten der Heiligen Schrift antworten ließ, die er das ganze Buch hindurch großzügig zitierte (sie machen rund ein Drittel des gesamten Textes aus). Obwohl auch Cusanus ziemlich oft Schriftzitate gebrauchte, verwendete er doch die Bibel nicht als die „Stimme des Gegenübers", wie das Augustinus tat. Schweigt also Gott in seinem *De visione*? Ja, in dem Sinn, dass zur Botschaft von Cusanus ganz wesentlich der Verweis auf das Schweigen gehört;[161] aber in anderer Hinsicht ist Gottes Sprechen genauso allgegenwärtig wie sein Blick – und genauso immanent. Wenn Gott zu sehen das gleiche ist wie von Gott gesehen zu werden (und umgekehrt), und Gottes Sehen sein Sprechen ist, dann ist das Gebet, das der *contemplator* für und mit Cusanus hervorsprudeln lässt, seinerseits Gottes verborgenes Wort, das sich ständig im Wort des Menschen äußert. So steckt also der Inhalt von Cusanus' Botschaft, was es bedeute, Gott zu sehen – nämlich, dass dieses Sehen ein Gesehenwerden sei und das Sprechen ein Gesprochenwerden –, bereits in der Dynamik der Stimmen des Textes.[162]

Das übrige DVD umfasst drei Teile. In Teil I (Kapitel 1–16) folgt eine ausführliche Erörterung der *visio Dei*, verstanden sowohl als Gottes eigenes Sehen als auch als unser Sehen Gottes. Zentral sind in diesem Teil die Themen *visio facialis*, *murus paradisi* (oder *murus coincidentiae*) und Gott als *infinitas absoluta*. Die wesentliche Schlussfolgerung daraus lautet, wie H. Lawrence es formuliert, dass „unser Sehen ein Gesehenwerden ist. Gott ist niemals der Gegenstand unseres Sehens; Gott ist das ewige Subjekt des Sehens."[163] Im kurzen Teil II (Kapitel 17–18) wird erklärt, warum ein rich-

---

[160] Bond, „The ,Icon' and the ,Iconic Text'", 184.
[161] Siehe z.B. DVD 6,21 und 7,25 (h. VI,23 u. 26–27). Über das Schweigen in DVD siehe Günter Stachel, „Schweigen vor Gott. Bemerkungen zur mystischen Theologie der Schrift *De visione Dei*", in: MFCG 14 (1980), 167–181.
[162] Über diese Form der „Umkehrdialektik" der göttlichen Anwesenheit-in-Abwesenheit siehe Miller, „God's Presence: Some Cusan Proposals", 244–245; und Beierwaltes, „*Visio Facialis*", 18–19.
[163] Bond, „The ,Icon' and the ,Iconic Text'", 192.

tiges Verständnis des Sehens Gottes Gott als eine liebende Dreiheit offenbart. Und schließlich wird in Teil III (Kapitel 19–25) gezeigt, dass unser einziger Zugang zur Schau des *unitrinus deus* über die Filiation oder Gottessohn-/Gotteskindschaft gehe, die uns kraft der Vereinigung von göttlicher und menschlicher Natur in Jesus verliehen werde.[164] Die genauere Betrachtung der Schlüsselelemente im Licht des oben skizzierten Gedankenverlaufs kann helfen zu zeigen, wie Cusanus in der Lage war, vielleicht zum ersten Mal in der Geschichte der christlichen Mystik eine Darstellung vorzulegen, in der die Unsichtbarkeit Gottes, die in der Heiligen Schrift versprochene Schau von Angesicht zu Angesicht und die Vergöttlichung im Sinn der Filiation zu einem Ganzen zusammengefügt sind.

Wenn man als Leser im ersten Teil das Feuerwerk von gedanklichen und sprachlichen Experimenten auf sich wirken lässt, ist es oft schwierig, nicht den Weg zu verlieren: Man kann sich fragen, was ein Kapitel mit dem anderen zu tun hat.[165] Das Argumentieren verläuft nicht linear, sondern es ist prismatisch angelegt, das heißt, unserem mentalen Blick werden die verschiedenen Facetten der Problematik, den Unsichtbaren zu sehen, vorgehalten, und das auf so vielfältige Weisen, dass schon ihre Vielzahl dazu beiträgt, das für diese mystagogische Übung ganz wesentliche Staunen zu vertiefen. Damit jedoch aus der Verblüffung nicht eine bloße Verwirrung wird, dürfte es nützlich sein, wenn wir uns diesen ersten Teil gleich im Licht seiner Schlussfolgerung in Kapitel 16 ansehen, bevor wir ihn der Reihenfolge nach durchgehen. In dieser Zusammenfassung von Teil I bringt Cusanus seine Dialektik des Sehens auf die Formel: Wir nähern uns dem Ziel unserer unendlichen Sehnsucht desto mehr, je besser wir begreifen, dass Gott unbegreiflich ist (16,69). So kann der *contemplator*, der dies schließlich erfasst, sprechen: „Ich sehe dich, Herr mein Gott, in einer Art von mentaler Entrückung, denn wenn dem Sehen nicht das Sehen genügt und dem Ohr nicht das Hören, dann erst recht nicht dem Einsehen die Einsicht."[166] Bei der mentalen Entrückung, von der Cusanus hier spricht, handelt es sich nicht um einen Verlust des Bewusstseins nach Art ekstatischer Mystiker oder auch nur um eine neue Einsicht in *eine* Wahrheit, sondern, um mit Bernard Lonergan zu sprechen,[167] um eine Art von transzendentaler Um-

---

[164] Viele dieser wesentlichen Themen des DVD kehren in *De filiatione* 1,52–54 und 3,62–71 noch einmal wieder, wie wir weiter unten sehen werden.
[165] Bond schreibt in „The ‚Icon' and the ‚Iconic Text'", 190, jedes Kapitel lasse sich als Meditation für sich betrachten.
[166] DVD 16,70 (h. VI,57,1–3): *Video te, domine deus meus, in raptu quodam mentali, quoniam si visus non satiatur visu nec auris auditu, tunc minus intellectus intellectu.*
[167] Bernard Lonergan, *Insight. A Study in Human Understanding*, New York 1957: *a kind of transcendental reverse insight.*

kehr-Einsicht, das heißt um ein plötzliches Wahrhaben, mittels dessen man versteht, dass sich der eigene Drang, restlos alles begreifen zu wollen, nur als Bestätigung der Existenz einer *unbegreiflichen* Wahrheit verstehen lässt, die sowohl in Form einer unendlichen Sehnsucht in uns ist, als auch außerhalb unserer selbst auf der anderen Seite dessen, was Cusanus „die Mauer des Paradieses" nennt.

Die in diesem Abschnitt beschriebene wirksame Identität, die unsere unendliche Sehnsucht mit Gottes absoluter Unendlichkeit verschmilzt, hatte Cusanus bei seiner Analyse des Sehens schon von Anfang an in diesem Traktat erörtert. So heißt es zum Beispiel in Kapitel 5: „Indem du mich siehst, gibst du dich mir zu sehen, der du der verborgene Gott bist (Jes 45,15) ... Und dich zu sehen ist nichts anderes, als dass du den dich Sehenden siehst."[168] Zu erkennen, dass Gott zu sehen heißt, wirklich daran teilzuhaben, dass Gott sich selbst und alle Dinge in einem einzigen Akt des Sehens sieht (was im *De li non aliud* die *visionum visio* genannt werden sollte, das „Sehen der Sehungen"), ist das zentrale Anliegen von Cusanus.[169] Aber, wie es in Kapitel 7 heißt, unsere Sehnsucht, Gott zu sehen und zu lieben, ist nicht mehr als die Verwirklichung der Freiheit, die Gottes kreativer Blick als *contemplator* jedem von uns verleiht: „Und wenn ich so im Schweigen der Kontemplation ruhe, dann gibst du, o Herr, im Innersten die Antwort und sagst: Sei du du, und ich werde ich sein ... Das steht also in meiner Macht, nicht in deiner, Herr."[170] Für den Fall, dass ein unbedarfter augustinischer Buchstabenklauber hier Pelagianismus wittern sollte, fügt Cusanus hinzu: „Wie aber könnte ich ich selbst sein, wenn du, Herr, mich darin nicht unterwiesest?"[171] Aus der Sicht von Cusanus' dialektischem Neuplatonismus ist Gottes transzendentes Anderssein identisch mit seiner absoluten Immanenz, und je transzendenter er ist, desto immanenter ist er.

---

[168] DVD 5,13 (h. VI,17,12–14): *Videndo me das te a me videri, qui es deus absconditus ... Nec est aliud te videre quam quod tu videas videntem te.* Es gibt in diesem Traktat viele andere solche Formulierungen über das verschmolzene Sehen; z. B. 10,40 (h. VI,36,12): *Esse creaturae est videre tuum pariter et videri.*

[169] Das *De li non aliud* enthält einige starke Stellen, an denen Cusanus seinen Begriff des verschmolzenen Sehens auf dem Namen des „Nicht-Anderen" anwendet (z. B. 7,25, 22,103 u. 23,104). Die Stelle, auf die hier verwiesen wird, steht in 23,104 (h. XIII,54,15–17): *Se igitur et omnia unico et inerrabili contuitu sapientes Deum videre aiunt, quia est visionum visio.* Über diese Texte siehe Hoye, *Die mystische Theologie des Nicolaus Cusanus*, 121–122.

[170] DVD 7,25–26 (h. VI,26,12–27,2): *Et cum sic in silentio contemplationis quiesco, tu, domine, intra praecordia mea respondes dicens: Sis tu tuus et ego ero tuus ... Per me igitur stat, non per te, domine.* Über diesen berühmten Text siehe Klaus Kremer, „Gottes Vorsehung und die menschlicher Freiheit (,Sis tu tuus, et Ego ero tuus')", in: *Das Sehen Gottes nach Nicolaus von Kues*, 227–263.

[171] DVD 7,26 (h. VI,27,3–4): *Quomodo autem ero mei ipsius, nisi tu, domine, docueris me?*

Der Intellekt, so schließt Cusanus in Kapitel 16, ist nicht damit zufrieden, irgendein „Etwas" zu verstehen, denn jeder Akt des Verstehens eines Dings sei seiner Natur nach endlich und nicht unendlich. Er betont ferner, dass der Intellekt nicht durch etwas Verstehbares, das er überhaupt nicht kenne, befriedigt werden könne, sondern „nur von einem Verstehbaren, von dem er weiß, dass es derart verstehbar ist, dass es nie ganz verstanden werden kann."[172] Der Intellekt heiße jenes Nichtverstehen willkommen, das nicht von einem Mangel, sondern von einem Übermaß herrühre. Cusanus schließt seine Zusammenfassung damit, dass er von einem dialektischen Verständnis von Hunger und Sättigung spricht, das auf Eckhart beruht. Unsere nie an ein Ende kommende Sehnsucht für Gott sei wie ein Hunger, der sich nur von einer Speise stillen lasse, „die er zwar ständig schluckt, aber dennoch nie bis zum Sattwerden schlucken kann, denn sie ist so beschaffen, dass sie beim Schlucken nicht weniger wird, da sie unendlich ist."[173]

In den vielen Facetten dessen, was Nikolaus von Kues in den Kapiteln 4 bis 16 ausführt, macht er reichlich Gebrauch von der Koinzidenz-Theologie, die er vorher in seinem *De docta ignorantia* entwickelt hatte.[174] Aber in *De visione Dei* weitet er diese in jene weitere Dimension hinein aus, die er im Anschluss an Dionysius als „mystische Theologie" bezeichnet.[175] Wenn die Koinzidenz-Theologie den Raum bezeichnet, in dem der kataphatische und apophatische Ansatz zur Annäherung an Gott miteinander zur paradoxen Einheit des Zusammenfalls der Gegensätze verschmelzen, dann stellt die mystische Theologie, wie sie sich auf der anderen Seite der Mauer des Paradieses findet, eine Art von Hyper-Raum dar, eine Dimension jenseits jedes Bereichs der Sprache. Die mystische Theologie ist wie ein schwarzes Loch, in dem sogar das Zusammenfallen der Gegensätze verschwindet, um auf Weisen verwandelt zu werden, die nicht vorstellbar sind.

---

[172] DVD 16,70 (h. VI,57,6–57.8): *Intelligibile enim, quod cognoscit, non satiat nec intelligibile satiat, quod penitus non cognoscit, sed intelligibile, quod cognoscit adeo intelligibile, quod numquam possit intelligi.*

[173] DVD 16,70 (h. VI,58,11–14): ... *sed solum ille cibus, qui ad eum pervenit et, licet continue deglutiatur, tamen numquam ad plenum potest deglutiari, quoniam talis est, quod deglutiendo non imminuitur, quia infinitus.* Diese Stelle aus Eckhart stammt aus dessen In Eccli. nn. 42–43 (LW 2,271–272). Siehe Donald F. Duclow, „The Hungers of Hadewijch and Eckhart", in: *Journal of Religion* 80 (2000), 421–441.

[174] Siehe Bond, „Introduction" zu *Nicholas of Cusa. Selected Spiritual Writings*, 26–36. Bond charakterisiert die Koinzidenz-Theologie folgendermaßen: *Weil wir bei Gott als absolutem Maximum anfangen, in dem Maximum und Minimum koinzidieren, und weil wir Gott durch Gottes koinzidierendes Wirken in Christus kennen, so Cusanus, können wir folglich Gott als den Einfalter und Entfalter der gesamten Wirklichkeit sehen, und die Welt als in ihrer Einheit und Partikularität auf ‚koinzidente' Weise wirkend* (36).

[175] Über den Unterschied zwischen beiden siehe Haas, „Deum mistice videre", 13–15; und Dupré, „The Mystical Theology of Nicholas of Cusa's *De visione dei*", 205.

Jedoch kann man von ihnen sagen, dass man sie in einem nicht-sehenden Sehen „sehen" kann.

Das Verhältnis zwischen der in DDI entwickelten Koinzidenz-Theologie und der in DVD vorgestellten mystischen Theologie zeigt sich deutlicher, wenn man sich die drei Teile des cusanischen Mystik-Traktats näher im Detail ansieht. Ausgehend von den in den einleitenden Kapiteln vorgestellten drei Prämissen[176] beginnt Cusanus den langen ersten Teil (Kap. 4–16) über die Kontemplation der *visio facialis dei* mit zwei Kapiteln, in denen mit dem Gebet des *frater contemplator* das Verhältnis zwischen dem göttlichen Blick und den anderen in der positiven Theologie über Gott gemachten Aussagen erörtert wird. Cusanus argumentiert, dass Gottes Sehen das gleiche sei wie seine Liebe, seine Existenz, sein Maximum an Gutsein, ja seine Maximalität an sich (*absoluta maximitas*, 4,10–12). Die Betrachtungsübung über die Gegenseitigkeit des Blicks weitet sich in Kapitel 5 aus zur Aussage, dass Sehender und Gesehener identisch seien, und der Kontemplative erfahre zudem den Blick als das biblische „Verkosten und Suchen Gottes" sowie als Gottes Erbarmen mit allen Dingen und sein Wirken in allen Dingen von innen her.

Diese Überlegungen leiten die Untersuchung über die *facies Dei* ein, die in den Kapiteln 6 und 7 beginnt.[177] Hier taucht Cusanus' Koinzidenz-Theologie explizit auf, jedoch im Dienst einer negativen Theologie, die auf der Heiligen Schrift beruht und von Dionysius thematisiert wurde. „Dein Blick, Herr, ist dein Gesicht", sagt Cusanus und überträgt das in 1 Korinther 13,12 verheißene eschatologische Sehen des Angesichts Gottes auf das Angesicht, das hier und jetzt auf uns blickt. Gott sei die *facies facierum*, das Exemplar aller Gesichter, oder wir könnten auch sagen, aller Weisen der Aufmerksamkeit. Daher sehe jedes Gesicht, das auf das Angesicht Gottes blicke, sich selbst, das heißt es sehe im göttlichen Exemplar seine eigene transzendente Wahrheit (6,18–20). Diese Form des Sehens sei dergestalt, dass es sich der denkende Geist nicht vorstellen könne (d.h. ein menschlicher *conceptus* davon sei nicht möglich); es lasse sich nur in Finsternis und Nichtwissen erfahren, da es sich „unter einem Schleier und in einem Geheimnis", in „einem geheimen und verborgenen Schweigen" vollziehe

---

[176] Diese drei Prämissen sind: (1) Was immer vom alles sehenden Blick der *icona dei* ausgesagt werden kann, ist auch auf eminente Weise wahr vom absolut nicht kontrahierten Blick Gottes (Kap. 2); (2) Gottes *visus absolutus* umfasst als *contractio contractionum* alle Sehensweisen (Kap. 3); und (3) als die *absoluta ratio* beschließt Gott in sich die *rationes* aller Dinge und daher gibt es in Gott keine wahre Unterscheidung seiner Attribute.

[177] Miller, „God's Presence: Some Cusan Proposals", 243–247 vermerkt zu Recht die Verlagerung von der Untersuchung der Gegenseitigkeit des Blicks auf die Untersuchung der Gegenseitigkeit des Angesichts, die in Kapitel 6 beginnt.

(6,21). Die Frucht dieser *visio facialis*, so erklärt Cusanus in Kapitel 7, zeige sich darin, dass man seiner Freiheit gewahr werde, Gott in belehrter Unwissenheit und in der Wolke des Nichtwissens zu lieben (7,23–26).

Nach dieser Darlegung kehrt Cusanus zur positiven Rolle seiner Theologie zurück und stellt zur Vertiefung seiner Erörterung eine neue Übung vor (das Beten des Vaterunsers) sowie eine neue Reihe von visuellen Vergleichen: das Buch, das Auge, den Spiegel und die unendliche Augenkugel (8,29–30). Jedoch stellt er positive Theologie und Koinzidenz-Theologie wiederum von den in der negativen Theologie zum Ausdruck kommenden Grenzsituationen her in Frage. Das zeigt sich daran, wie das 9. Kapitel damit beginnt, zum ersten Mal zwei neue Weisen zu erkunden, wie man Grenzen verwenden kann, um jenseits der Grenzen zu gelangen: Er führt hier die Rede von der *infinitas* und das Bild vom *murus paradisi* ein.[178] Alle kontrahierten Daseinsformen fänden sich auf einfache und unendliche Weise in Gott, der Absoluten Form und dem „Wesen der Wesen" (9,33–34). So fänden sich Bewegung und Ruhe und alle Gegensätze in „einem von diesen Umständen losgelösten Angesicht, weil dieses über allem Stehen und sich Bewegen existiert, in einfachster und absolutester Unendlichkeit" (9,35). Das sei der Zusammenfall der Gegensätze, die Wolke oberhalb des Verstandes, wo die „Unmöglichkeit mit der Notwendigkeit zusammenfällt". Cusanus nennt dies die Mauer des Paradieses, dessen Tor von der Vernunft bewacht werde, genau wie die sündigen Adam und Eva vom Engel mit dem Flammenschwert aus dem Paradies ausgeschlossen worden seien (vgl. Gen 3,24). „Jenseits des Zusammenfalls der Gegensätze wirst du gesehen werden können, aber keinesfalls diesseits", sagt er.[179] Gott umfasse den Zusammenfall der Gegensätze, überschreite ihn jedoch auch.[180]

In Kapitel 10 führt Cusanus seine Erörterung des *murus paradisi* mit einer Reihe von Aussagen über das Zusammenfallen von Sehen und Gesehenwerden, Hören und Gehörtwerden, früher und später, jetzt und dann und ähnlichem fort, was sich alles am Eingang des Paradieses finde. „Du jedoch,

---

[178] Über Cusanus' Bild vom *murus paradisi*, oder *murus coincidentiae* siehe Rudolf Haubst, „Die erkenntnis-theoretische und mystische Bedeutung der ‚Mauer der Koinzidenz'", in: *Das Sehen Gottes nach Nikolaus von Kues*, 167–195; Walter Haug, „Die Mauer des Paradieses. Zur mystica theologia des Nicholas Cusanus in ‚De visione Dei'", in: *Theologische Zeitschrift* 45 (1989), 216–230; Peter Casarella, „Neues zu den Quellen der cusanischen Mauer-Symbolik", in: MFCG 19 (1990), 273–286; und Miller, „The Dialectic of Seeing Being Seen Seeing", 161–166.
[179] DVD 9,37 (h. VI,35,8–11): *Et iste est murus paradisi, in quo habitas, cuius portam custodit spiritus altissimus rationis, qui nisi vincatur, non patebit ingressus. Ultra coincidentiam contradictoriorum videri poteris et nequaquam citra.*
[180] Werner Beierwaltes, „Deus Oppositio Oppositorum [Nicolaus Cusanus, De visione dei XIII]", in: *Salzburger Zeitschrift für Philosophie* 8 (1964), 179–181.

mein Gott, existierst und sprichst jenseits von Jetzt und Dann, denn du bist die absolute Ewigkeit."[181] In Kapitel 11 kommt er auf viele verschiedene Aspekte der Dialektik von Einfalten *(complicatio)* und Ausfalten *(explicatio)* zu sprechen, und sodann in Kapitel 12 auf das Paradox des Eriugena, dass Gott sowohl erschaffe als auch erschaffen werde. Das führt ihn wiederum vor die scheinbar unüberwindliche Schranke, die er jetzt den *murus absurditatis* nennt (12,49) und zur ersten Erörterung, wie es möglich sein könnte, „diese Mauer des unsichtbare Sehens, hinter der Du zu finden bist, zu überspringen *(transilire)*" (12,47). Hier tritt er einen dreistufigen mystischen Weg an. Solange wir uns den Schöpfer als erschaffend vorstellten, seien wir auf der ersten Stufe, das heißt, auf unserer Seite der Mauer des Paradieses, der Welt von Vernunft und Unterscheidung. Wenn wir dahin kämen, im Paradox des „erschaffbaren Erschaffers" *(creatoris creabilis)* das Zusammenfallen der Gegensätze zu sehen, die Identität von Einfalten und Ausfalten, seien wir direkt an der Mauer angelangt. „Aber wenn ich bei dir die absolute Unendlichkeit sehe, für die weder die Bezeichnung ,erschaffender Erschaffer' passt noch diejenige des ,erschaffbaren Erschaffers', dann fange ich an, ohne Hülle auf dich zu blicken und in den Garten der Wonnen einzutreten."[182] Das sei der Blick der mystischen Theologie, der in diesem Leben beginne, aber seine Erfüllung erst dann finde, wenn man für immer im Paradies sei.[183] Wie wir bereits gesehen haben, sagt Cusanus in seinem späten Traktat *De possest*, solche Formen der Spekulation führten in die „mystische Schau oberhalb jeder Sinneswahrnehmung, jedes Vernunftdenkens und jeder Einsicht dorthin, wo jede Erkenntniskraft mit ihrem Aufsteigen an ein Ende kommt und der Anfang der Offenbarung des unbekannten Gottes ist."[184]

Der hier eingeführte Begriff der „absoluten Unendlichkeit", auf den Cu-

---

[181] DVD 10,42 (h. VI,38,18–19): *Tu vero, deus meus, ultra nunc et tunc exsistis et loqueris, qui es aeternitas absoluta.*

[182] DVD 12,50 (h. VI,43,4–6): *Sed absolutam cum te video infinitatem, cui nec nomen creatoris creantis nec creatoris creabilis competit, tunc revelate te inspicere incipio et intrare hortum deliciarum.* Cusanus hatte bereits in mehreren früheren Texten die mit einem „erschaffbaren Erschaffer" und einer sowohl ewigen als auch zeitlichen Welt verbundenen Paradoxa besprochen; siehe z. B. DDI 2,2,101 und *De dato patris luminum* 2,97 und 3,104–106.

[183] Cusanus überträgt zwar biblische Texte über das Schauen in der Eschatologie auf dieses jetzige Leben, sagt jedoch klar, dass die Vollendung der *visio facialis* erst im Himmel komme. Siehe z. B. *De apice theoriae* 11 (h. XII,125,17–19): *... quia posse ipsum est solum potens, cum apparuerit in gloria maiestatis, satiare mentis desiderium. Est enim illud quid, quod quaeritur.* Über den eschatologischen Charakter der *visio dei* siehe Hoye, *Die mystische Theologie des Nicolaus Cusanus* 57, 102–104, 157, u. 162.

[184] *De possest* 15 (h. XI,191–4): *Ducit ergo hoc nomen speculantem super omnem sensum, rationem et intellectum in mysticam visionem, ubi est finis ascensus omnis cognitivae virtutis et revelationis incogniti dei initium.*

sanus ausführlich in Kapitel 13 zu sprechen kommt, wurde zu Recht als zentral für diesen ganzen Traktat betrachtet.[185] Der erste Teil dieses Kapitels ist ein dialektischer Beweis, der dem gleicht, was Meister Eckhart in seiner Erörterung des Einsseins Gottes als unterschiedene Ununterschiedenheit vorgestellt hatte.[186] Die „Mauer" ist für Cusanus die Grenze aller begrifflichen Benennung, aber *infinitas* ist überhaupt kein Name – das ist die Anerkenntnis eines „Notwendigen Unmöglichen". Uns sei verstandesmäßig nicht begreiflich, *wie* „ein Ende ohne Ende ein Ende ist" (13,53), aber wir müssten aussagen, *dass* Gott als unendliches Wesen das Ende ohne Ende sei, nämlich das notwendige Ende aller Dinge. Eine solche Aussage geht über die bloße Aussage hinaus, dass es ein Zusammenfallen der Widersprüche gebe, denn wenn wir von Gottes absoluter Unendlichkeit sprechen, räumen wir ein, dass es ein Zusammenfallen von Widersprüchen *ohne Widerspruch* gebe, das heißt „den Gegensatz von Gegensätzen ohne Gegensatz" (13,54).[187] Das ist die wahre *docta ignorantia*, ein Sehen, das nicht sieht.

In den restlichen drei Kapiteln des ersten Teils von *De visione Dei* zeigt Cusanus, wie die Unendlichkeit der Schlüssel ist, der frühere Aspekte seiner Darlegung aufschließt. Das liefert auch die Ausgangsbasis für weitere dialektische Begriffe, die er dann in seinen nachfolgenden Schriften besprechen wird. Gott falte alle Dinge ohne jene Andersheit ein, die im Bereich des Entfalteten ein Ding vom andern unterschieden sein lasse (Kapitel 14). Die Unendlichkeit Gottes sei „die absolute und unendliche Potenz, zu sein", jene *potentia absoluta*, die Cusanus später in seinem *Trialogus de possest* erörtern wird (15,61–62). In Kapitel 15 greift er noch einmal das Bild Gottes als Spiegel auf, wovon er bereits in den Kapiteln 4, 8 und 12 gesprochen hatte, und er kommt zum Schluss, dass sich Gott als der „lebendige Spiegel der Ewigkeit" im Gegensatz zu unseren Spiegeln, die das Bild einer Form reflektierten, umgekehrt verhalte: „Denn das, was er in jenem Spiegel der Ewigkeit sieht, ist keine Form, sondern die Wahrheit, von der der Schauende die Form ist."[188] Er greift auch noch einmal den Begriff der

---

[185] Siehe Beierwaltes, „*Visio Facialis*", 23–28; und „Mystische Elemente", 429–433 u. 438; und Miller, „The Dialectic of Seeing Being Seen Seeing", 166–172. Über die Bedeutung von Kapitel 13 als Schlüssel zum ganzen Buch siehe auch Bond, „The ‚Icon' and the ‚Iconic Text'", 190–192.

[185] Bei Cusanus hat der Begriff *infinitas* weithin die gleiche Funktion wie bei Eckhart der Begriff *indistinctum*. Siehe besonders Eckharts In Sap. nn. 144–157 (LW 2,481–494), wie oben in Kap. 4, 245–248 besprochen.

[187] Siehe Beierwaltes, „Deus Oppositio Oppositorum", 179–182 über die beiden miteinander zusammenhängenden Sinnbedeutungen von *oppositio oppositorum*: (1) „Nichts von Allem", wie man es in DVD 13 und *De non-aliud* findet; und (2) „Alles in Allem", wie es im *Compendium* 13 et al. gelehrt wird.

[188] DVD 15,63 (h. VI,53,10–11): ... *quia id, quod videt in illo aeternitatis speculo, non est*

Schau von Angesicht zu Angesicht auf und verlegt diese wiederum statt in den Himmel in unser gegenwärtiges Dasein. Die dialektische Gegenseitigkeit der Schau von Angesicht zu Angesicht bedeute, dass „je nachdem, wie sich mein Gesicht verändert, auch dein Gesicht sich gleichermaßen verändert oder unverändert bleibt" (15,65). Das heißt, Gottes Angesicht verändere sich in dem Sinn, dass seine unendliche Güte unaufhörlich treu unser veränderliches Angesicht spiegle; aber Gottes Angesicht als Absolute Güte könne sich nie verändern.

Wenn an dieser Stelle die Güte und Liebe Gottes eingeführt werden, um die es dann in Kapitel 16 ausführlicher geht, bildet das die Brücke zur Abhandlung über die Dreifaltigkeit und die Inkarnation in den beiden anderen Teilen von *De visione Dei*. Ferner liefert das die Grundlage für die zusammenfassende Darstellung des Verhältnisses von Liebe und Erkennen, also zu dieser Frage, über die in den frühen 1450er Jahren bei den deutschen Mönchen lebhaft diskutiert wurde. Ein Großteil der Erörterungen im ersten Teil des DVD hatten sich explizit um kognitive Aspekte der mystagogischen Praxis gedreht, also um die Frage: Was bedeutet es, Gott zu sehen? Aber weil gelte: „Dein Lieben ist dein Sehen" (*Amare tuum est videre tuum*, 8,27), lasse sich das bessere Verstehen dessen, was es heißt, Gott zu sehen, nicht von der Liebe trennen, die Gott dem Menschen eingepflanzt habe, dieser Liebe, die die Seele antreibe, nach Gott zu jagen. Folglich sei die Identität von Sehen und Gesehenwerden nichts anderes als das Zusammenfallen von Lieben und Geliebtwerden, sowohl absolut, das heißt suprakoinzident in Gott, in dem die Liebe (das heißt der Heilige Geist) sowohl die Sohnes- als auch die Vaterliebe entfalte, als auch vermittelt in unsere Beziehung von Angesicht zu Angesicht zu Gott. Cusanus spricht Gott so an: „O unerklärliche Zuneigung, du bietest dich dem an, der auf dich blickt, als empfingest du von ihm das Sein und machtest dich ihm gleich, damit er dich desto mehr liebe, je mehr du ihm als ihm gleich vorkommst."[189] Wenn daher unsere Selbst-Liebe ein *wahre* Liebe unseres Selbst sei (das heißt eine Liebe zur Wahrheit, von der wir ein Bild sind), dann liebten wir wahrhaft Gott. Wie bereits oben erwähnt, beschloss Cusanus diese ganze Erörterung damit, dass er aufzeigte, wie die unendliche Natur unserer Liebe zu Gott und Sehnsucht nach ihm die Wurzel der *docta ignorantia* sei, die uns zum epektatischen Einswerden mit Gott hier und in der Ewigkeit führe.

---

figura, sed veritas, cuius ipse videns est figura. Als frühere Ausführungen zum *speculum*-Motiv siehe 4,12, 8,30–31 u. 12,48. Der Spiegel spielt auch in *De filiatione* eine Rolle, wie weiter unten besprochen werden wird.
[189] DVD 15,65 (h. VI,54,12–14): *O inexplicabilis pietas, offers te intuenti te, quasi recipias ab eo esse, et conformes te ei, ut eo plus te diligat, quo appares magis similes ei.*

Der Umstand, dass Cusanus in den Kapiteln 15 und 16 wieder auf das Thema der Liebe und Sehnsucht zurückkommt, zeigt, warum es für ihn unbefriedigend war, in den Kapiteln 4 bis 16 nur ausführlich seine Ansicht darüber darzulegen, wie es richtig zu verstehen sei, dass man soweit kommen könne, den unsichtbaren Gott zu sehen. Ein Traktat nur über dieses Thema wäre für ihn unvollständig gewesen. Die Art der Schau von Angesicht zu Angesicht, die er vorstellte, lasse sich nur verwirklichen, wenn man soweit komme, den Gott, der trinitarische Liebe ist und sich uns in Jesus Christus offenbarte, zu sehen. Mit anderen Worten, die mystische Theologie sei ihrem Wesen nach trinitarisch und christologisch. Die abschließenden Kapitel von *De visione Dei* konnten hier zwar nicht so gründlich behandelt werden wie die vorausgehenden, aber sie sind für die Mystik von Cusanus nicht weniger bedeutsam.[190]

Dreifaltigkeit und Christologie in der Mystik des Cusaners

Aus der Sicht des Menschen ist die Kenntnis der Dreifaltigkeit nur durch Jesus Christus, der Gott und Mensch ist, zugänglich. Man kann sie nicht philosophisch erschließen, auch wenn man vom christlichen Glauben her Hinweise auf die Dreifaltigkeit entdecken kann, die die antiken Denker bei ihrer Jagd nach der Weisheit aufgespürt hatten. Christi Offenbarung ist zwar für unsere Kenntnis dieses Glaubensartikels notwendig, aber der Ursprung des Wortes aus dem Vater und der Ursprung des Heiligen Geistes aus dem Vater und dem Sohn hat in der Welt des Seins die wesentliche Priorität. Von daher überrascht es nicht, dass Cusanus in DVD zunächst erörtert, wie das Sehen Gottes das Sehen als liebende Dreifaltigkeit ist, bevor er sich abschließend der Überlegung zuwendet, wie uns eine solche Sicht durch den Vermittler Christus zugänglich wird.

Die beiden in *De visione Dei* der Dreifaltigkeit gewidmeten Kapitel sind der Einstieg in die ganz eigene trinitarische Theologie von Cusanus. Das trinitarische Denken von Cusanus hat genau wie ein großer Teil seines Denkens sehr unterschiedliche Einschätzungen erfahren, nicht zuletzt, weil er ständig mit Analogien für den dreieinen Gott experimentierte.[191] Wie wir

---

[190] Über die Bedeutung der beiden letzten Kapitel des DVD siehe Dupré, „The Mystical Theology of Cusanus' *De visione dei*", 217–220; Duclow, „Mystical Theology and Intellect in Nicholas of Cusa", 118–129; und Miller, „The Dialectic of Seeing Being Seen Seeing", 172–179.
[191] Von den Darstellungen der Dreifaltigkeitslehre von Cusanus seien genannt: Rudolf Haubst, *Das Bild des Einen und Dreieinen Gottes in der Welt nach Nikolaus von Kues*, Trier

gesehen haben, setzte Johannes Wenck Cusanus' Lehre über „die Göttlichkeit und die Dreifaltigkeit der Person" an die Spitze seiner Liste der Irrtümer. Cusanus entgegnete in seiner *Apologia*, nur wer die *docta ignorantia* erlangt habe, sei imstande, das „Zusammenfallen der höchsten Einfachheit und Unteilbarkeit und der Einheit mit der Dreifaltigkeit" zu erkennen und könne von daher sagen: „Wenn es heißt, der Vater sei Person, der Sohn eine weitere und der Heilige Geist eine dritte, dann kann das Anderssein nicht seinen bisherigen Sinn behalten, denn dieser Ausdruck bezeichnet eine von der Einheit getrennte und unterschiedene Andersheit."[192] In Gott gebe es keine Zahl; er sei als „ununterschieden unterschieden" *(discretum indiscrete)* jenseits aller Seinsweisen. Diese Sicht hatte Cusanus bereits in *De docta ignorantia* vertreten, wo er geschrieben hatte: „Verbinde also, wie ich schon gesagt habe, was gegensätzlich scheint, und du hast nicht mehr eins und drei oder umgekehrt, sondern einsdrei oder dreieins *(unitrinum seu triunum)*. Und das ist die absolute Wahrheit."[193]

Cusanus' Verständnis, was es bedeute, Gott als *unitrinum seu triunum* zu beschreiben, nahm je nach den verschiedenen Quellen viele Variationen an. Aber seine grundlegende Sicht geht, genau wie ein Großteil seiner Theologie, auf Augustinus zurück; allerdings entwickelt er die augustinischen Themen auf seine ganz eigene Art. Wie zu erwarten, verwendet er die in Augustinus' *De Trinitate* vorkommenden zwei Formen der Analogie. In diesem Werk hatte Augustinus introspektive Analogien für die Dreifaltigkeit vorgestellt, die auf der Natur der Seele als geschaffenem Abbild Gottes beruhten. In Buch 8 argumentiert er, wenn wir Gott sehen wollten, müssten wir uns nach ihm sehnen, und um uns nach ihm sehnen zu können, müssten wir ihn kennen, zumindest auf irgendeine Weise. Diese anfanghafte Kenntnis schenke uns der Glaube, und dass wir Gott liebten und ersehnten, wüssten wir infolge der Liebe, die wir zu unserem Nächsten hätten (8,7,10). In

---

1952; Alexander Ganoczy, *Der dreieinige Schöpfer: Trinitätstheologie und Synergie*, Darmstadt 2001; and Jasper Hopkins, „Verständnis und Bedeutung des dreieinen Gottes bei Nikolaus von Kues", in: *Nikolaus von Kues, 1401–2001. Akten des Symposions in Bernkastel-Kues vom 23. bis 26. Mai 2001*, hg. v. Klaus Kremer u. Klaus Reinhardt, Trier 2003 (MFCG 28), 135–164. Im Folgenden verwende ich einiges Material aus meinem Beitrag „Unitrinum seu Triunum: Nicholas of Cusa's Trinitarian Mysticism", in: *Mystics. Presence and Aporia*, hg. v. Michael Kessler u. Christian Sheppard, Chicago 2003, 90–117.

[192] *Apologia* (h. II,23,25–24,4): *Scilicet in coincidentia summae simplicitatis et indivisibilitatis atque unitatis et trinitatis ... Cum dicitur Patrem esse personam et Filium alteram et Spiritum sanctum tertiam, non potest alteritas significatum suum tenere, cum sit haec dictio imposita, ut significet alteritatem ab unitate divisam et distinctam.*

[193] DDI 1,19,58 (h. I,39,19–21): *Coniunge igitur ista, quae videntur opposita, antecedenter, ut praedixi, et non habebis unum et tria vel e converso, sed unitrinum seu triunum. Et ista est veritas absoluta.*

welchem Sinn ist die Liebe zu Gott, die wir in unserer Liebe zum Nächsten an den Tag legen, trinitarisch? Augustinus nennt mehrere Analogien für die drei Personen, die auf unserer Erfahrung der Liebe beruhen, so etwa die Trias der Liebe zur Liebe, der Liebe zu etwas, das liebt, und der Liebe, die wir für es empfinden, weil es liebt.[194] Aber offensichtlich genügten Augustinus einzig auf der Liebe beruhende Analogien nicht. In den Büchern 9–14 begab er sich daran, eine Reihe von Denkmodellen zu entwerfen, bei denen er die Liebe in den größeren Zusammenhang der Gesamttätigkeit des Geistes als *imago Trinitatis* stellte. Da wir nicht lieben könnten, solange wir nicht wissen, und nicht wissen könnten, solange wir nicht geistige, des Wissens und Liebens fähige Subjekte seien, stelle unsere gesamte innere Aktivität ein Abbild der Dreifaltigkeit dar, insofern unser Geist oder Gedächtnis *(mens/memoria)*, das heißt unsere intellektuelle Selbst-Präsenz, mittels der Hervorbringung des inneren Wortes Kenntnis *(notitia/intelligentia)* entstehen lasse und solche Selbst-Kenntnis die Liebe zur Wahrheit hervorbringe. Augustinus hatte eine Anzahl von Formen dieser inneren Analogie dargelegt. So sagte er zum Beispiel gegen Ende von Buch 9: „Es gibt ein Bild der Dreifaltigkeit: den Geist selbst; und sein Wissen, das ihm entspringt; und das Wort, das sich daraus ergibt. Die Liebe ist das dritte; und diese drei sind eins und eine Substanz" (9,12,18).

Augustinus erkundete in seiner Theologie jedoch auch noch andere Analogien für den dreieinen Gott. Im Buch 1 seiner *Doctrina Christiana* (396 n. Chr.) stellte er eine Art von mathematischer Analogie vor. Als er auf die Dreifaltigkeit als die eine Wirklichkeit zu sprechen kam, die man wahrhaft lieben und um ihrer selbst willen genießen sollte, bedachte er den Unterschied zwischen den allen drei Personen gemeinsamen Attributen und den Attributen, die jeder eigen sind. Er schrieb: „Allen drei sind die gleiche Ewigkeit, Unwandelbarkeit, Majestät und Macht eigen. Im Vater ist Einheit, im Sohn Gleichheit, im Heiligen Geist die Übereinstimmung von Einheit und Gleichheit. Und diese drei sind wegen des Vaters eins, wegen des Sohnes gleich und wegen des Heiligen Geistes verbunden."[195] In seinen späteren Schriften gab Augustinus diese Analogie von *unitas-aequalitas-conexio* auf, aber in der lateinischen Tradition, besonders bei den für die Henologie offenen Denkern oder den neuplatonischen Metaphysikern des

---

[194] Augustinus, *De Trinitate* 8,8,12. Von 8,10,14 bis 9,2,2 nennt er mehrere weitere Analogien.
[195] Augustinus, *De doctrina christiana* 1,5,12 (CSEL 80,10–11): *Eadem est tribus aeternitas, eadem incommutabilitas, eadem maiestas, eadem potestas. In patre unitas, in filio aequalitas, in spiritu sancto unitatis aequalitatisque concordia. Et tria haec unum propter patrem, aequalia omnia propter filium, conexa omnia propter spiritum sanctum.*

Einen blieb man dabei.[196] Im 12. Jahrhundert wurden zahlreiche auf Augustinus beruhende Analogien für die Transzendenz und Trinität aus der Mathematik entwickelt, vor allem von Thierry von Chartres, der als Magister von ca. 1130 bis 1150 in Paris und Chartres lehrte. Nikolaus von Kues wurde nicht nur von Augustinus dazu inspiriert, sondern auch von Thierry. Er hatte mindestens einen der Kommentare des Meisters aus Chartres zu Boethius gelesen, worin dieser diese Form der Dreifaltigkeitstheologie vorgelegt hatte, und pries ihn (ohne seinen Namen zu kennen) als „Mann, der alle, die ich gelesen habe, mit Leichtigkeit an Geistesschärfe übertrifft."[197] Zu Thierry hatte sich Cusanus besonders deshalb hingezogen gefühlt, weil dieser die augustinische Formulierung im Kontext einer negativen Theologie dionysischer Art verwendet und das Verhältnis Gott-Welt in Begriffen des Denkmodells von *complicatio* und *explicatio* dargestellt hatte, also des dialektischen Verständnisses, wie Gott alle Dinge in absoluter Einfachheit in sich einfaltet und zugleich alle Dinge mit ihren partikulären Eigenschaften aus sich ausfaltet. Thierry war allerdings nicht auf die mystischen Implikationen der augustinischen Formulierung zu sprechen gekommen. Hinweise darauf lassen sich bei Eckhart finden, aber Cusanus war der erste, der deren Potenzial erkannte, insbesondere, wenn man sie zusammen mit den vertrauteren introspektiven Analogien für die Trinität gebrauchte, deren mystische Dimensionen bereits von Gestalten wie Wilhelm von St. Thierry ausgelotet worden waren.

Nikolaus von Kues gebrauchte zur Vorstellung des Geheimnisses der Dreifaltigkeit ein breites Spektrum von triadischen Formeln oder auf dem Glauben beruhenden *rationes*.[198] In Predigt XXI sagte er über die letzteren: „Da wir heute im Glauben daran festhalten, dass es die Dreifaltigkeit gibt, fällt es nach der Annahme des Glaubens nicht schwer, für die Dreifaltigkeit Vernunftargumente *(rationes)* zu finden, wie Richard von St. Victor zu Anfang seines *De Trinitate* sagt, und wie er selbst solche Argumente gesucht hat, genau wie das auch Anselm, Augustinus, Damascenus und andere taten."[199] Diese *rationes* sind nicht als Darstellungen oder a-priori-Beweise

---

[196] Als Skizze der Geschichte dieser Analogie und für weitere Literatur siehe Bernard McGinn, „Does the Trinity Add Up? Transcendental Mathematics and Trinitarian Speculation", in: *Praise No Less Than Charity: Studies in Honor of M. Chrysogonus Waddell, Monk of Gethsemani Abbey*, hg. v. E. Rozanne Elder, Kalamazoo 2002, 235–264.
[197] *Apologia* (h. II,24,6–7): *Vir facile omnium, quos legerim, ingenio clarissimus*. Cusanus wusste nicht, dass Thierry der Verfasser der *Lectiones in Boethii Librum de Trinitate* war.
[198] In McGinn, „Nicholas of Cusa's Trinitarian Mysticism", 105–109 liefere ich eine Liste der trinitarischen Stellen in Cusanus' Traktaten. Eine ähnliche Liste findet sich in Hopkins, „Verständnis und Bedeutung", 140–143.
[199] Sermo XIX, n. 6 (h. XVI,296,13–19): *Hodie tamen habentes per fidem Trinitatem esse, non*

gedacht, die den unbekannten Gott regelrecht erklären würden, sondern vielmehr als a-posteriori-Ableitungen oder transzendentale Rückschlüsse, die auf dem Glauben beruhen und dazu dienen, uns zu Gott zurückzuführen. Als hilfreiche Vergleiche gehören sie dem Bereich diesseits der Mauer des Paradieses an. Unter diesen triadischen Argumenten spielten die augustinischen mathematischen Formeln eine große Rolle. Bei einem Überblick über die mehr als fünfzig trinitarischen Stellen in den Traktaten von Cusanus zeigt sich, dass er an zwanzig davon explizit die *unitas-aequalitas-conexio* verwendet und sich viele weitere Darstellungen auf diese Formel oder etwas ihr Äquivalentes zurückführen lassen. Cusanus hatte die mathematische *ratio* bereits in Predigten verwendet, bevor er ihr in *De docta ignoratia* einen wichtigen Platz gab. Wenn er in diesem Traktat die „absolute Einheit" (*unitas absoluta*, 1,5,14) so betont, zeigt das, weshalb ihm diese Analogie so gefiel.

Im 7. Kapitel des ersten Buchs beginnt Cusanus zu untersuchen, warum die absolute und ewige Einheit auch dreieins sein müsse. Falls Anderssein, Ungleichheit und Aufgespaltetsein für unsere Welt charakteristisch seien, und falls Anderssein, Ungleichheit und Aufgespaltetsein einen Grund erforderten, in dem Nicht-Anderssein, Nicht-Ungleichheit und Nicht-Aufgespaltetsein herrsche, müsse ein solcher Grund ewig sein (weil Anderssein, Ungleichheit und Aufgespaltetsein zeitlich seien) und es müsse auch eine Ewigkeit geben, die sowohl eins als auch drei sei. Und er kommt zur Schlussfolgerung: „Aber weil Einheit ewig ist, Gleichheit ewig ist und genauso auch das Verbundensein, sind von daher Einheit, Gleichheit und Verbundenheit Eines. Und das ist jene Dreier-Einheit, von der Pythagoras, der größte aller Philosophen, die Zierde Italiens und Griechenlands, lehrte, sie sei anbetungswürdig."[200] Wenn Cusanus in den folgenden drei Kapiteln das Verhältnis zwischen der dreieinen Ewigkeit und der christlichen Lehre von der Dreifaltigkeit untersucht, ist das ein Echo von Thierry von Chartres. In Kapitel 9 äußert er, „unsere heiligsten Lehrer" hätten die *unitas* dem Vater zugeschrieben, die *aequalitas* dem Sohn und die *conexio* dem Heiligen Geist, jedoch seien diese Begriffe nur ein von den Geschöpfen entlehnter,

---

esset post fidem rationes Trinitatis difficile invenire, ut dicit Richardus de Sancto Victore in principio De Trinitate, sicut et ipse ibi inquirit, et sicut etiam Anselmus, Augustinus, Damascenus et alii inquisiverunt rationes.

[200] DDI 1,7,21 (h. I,16,19–23): *Sed quia unitas aeterna est, aequalitas aeterna est, similiter et conexio: hinc unitas, aequalitas et conexio sunt unum. Et haec est illa trina unitas, quam Pythagoras, omnium philosophorum primus, Italiae et Graeciae decus, docuit adorandum.* Die Bezugnahme auf Pythagoras scheint von dem Text *De septem septennis* zu stammen, in dem die augustinische Formulierung im Kontext einer Erörterung des Pythagoras verwendet wird (siehe PL 199,961C).

„sehr weit hergeholter Vergleich" (*distantissima similitudo*, 1,9,26). In Kapitel 10 reflektiert er schließlich darüber, wie der Intellekt zum Bereich des Zusammenfallens der Gegensätze vorstoße, um sagen zu können, dass „man die maximale Einheit erst verstehen könne, wenn man sie als drei versteht" (1,10,27). Im zweiten Buch macht sich Cusanus an die Erörterung, wie sich die dreieine Wirklichkeit Gottes in kontrahierter Form in der „Dreifaltigkeit des Universums" (DDI 2,7,130) zum Ausdruck bringe. In diesem frühen Werk beschäftigt er sich allerdings noch nicht mit den mystischen Aspekten seiner Trinitätstheologie.

Das *De coniecturis* von 1441–1443 liefert ein Beispiel für eine mystischere Verwendung der triadischen Formel, die uns die Kapitel 17–18 von *De visione Dei* verstehen hilft.[201] Das Hauptthema dieser Einübung in die Epistemologie ist die Analogie zwischen dem göttlichen Geist, der alles erschafft und dem Geist des Menschen, der die begriffliche Welt von ihr, die „Konjekturen" oder „Mutmaßungen" im Sinn von „positiven Aussagen, die in Andersheit an der Wahrheit teilhaben" (1,11,57) erschafft. Mit seiner Analyse des Erkennens geht es Cusanus genau wie Augustinus nicht um eine rein abstrakte akademische Übung. Er sagt: „Je mehr wir die Tiefe unseres Geistes ergründen, dessen einziges lebendiges Zentrum er (der Geist Gottes) ist, desto näher werden wir in die Angleichung an ihn erhoben."[202] Das Verständnis des Geistes als „Prinzip der Konjekturen" offenbare ihn als „Eindreier-Prinzip", dessen „Einheit in sich die Vielzahl und dessen Gleichheit alle Größe einfaltet, wie auch die Verbindung das Zusammengesetzte einfaltet."[203] Was Cusanus hier unternahm, ist, dass er aus der mathematischen und bei Augustinus ursprünglich extramentalen Analogie für die Trinität eine innerliche und introspektive Analogie gemacht hat. Das wird es ermöglichen, diese mit den intramentalen Analogien in Augustinus' *De Trinitate* zu verknüpfen. Damit aber wird eine persönliche, ja mystische Aneignung der *unitas-aequalitas-conexio* des Geistes als Bild der Dreifaltigkeit möglich, wie das deutlich die Aufforderung zeigt, mit der sich Cusanus an seinen Patron, Kardinal Giulio Cesarini, wendet.

Nikolaus schreibt an Cesarini, die Selbsterkenntnis werde ihm die Wahr-

---

[201] Als neuere Arbeiten über dieses Werk siehe Wilhelm Dupré, „Absolute Truth and Conjectual Insight", in: *Nicholas of Cusa on Christ and the Church*, 323–338; und Clyde Lee Miller, *Reading Cusanus*, Chap. 2.
[202] *De coniecturis* 1,1,5 (h. III,8,17–18): *Ad cuius assimilationem tanto propinquius erigimur, quanto magis mentem nostram profundaverimus, cuius ipsa unicum vitale centrum existit.*
[203] *De coniecturis* 1,1,6 (h. III,10,11–13): *Quapropter unitas mentis in se omnem complicat multitudinem eiusque aequalitas omnem magnitudinem, sicut et conexio compositionem. Mens igitur unitrinum principium.* Als weitere Ausführungen über diese Triade in diesem Traktat siehe 1,2,9 und besonders 2,14,145.

nehmung ermögliche, dass „das Menschsein, das individuell in [seinem] Anderssein kontrahierbar sei, ein Anderssein einer absoluteren Einheit [nämlich Gottes] sei."[204] Cusanus zeigt Cesarini mittels des als Konjektur verwendeten Beispiels vom Licht, wie sein eigenes Einssein als erkennendes Subjekt am Licht Gottes teilhabe, in dem Einheit, Gleichheit und Verbundenheit ganz eins seien, und dass es diese Teilhabe auf jeder seiner drei Wahrnehmungsebenen Intellekt, Vernunft und Sinneserkenntnis auf entsprechende Weise ausübe (2,17,172–176). Diese Teilhabe aktualisiere sich nicht nur darin, dass man erfasse, wie das Ich auf kontrahierte Weise an der Eindreiheit des Lichtes Gottes teilhabe, sondern auch darin, dass man den Drang des Menschen verstehe, die spekulativen Wissenschaften auszubilden, ja alle Formen des menschlichen Erkennens (2,17,177–178). Das Ziel sei es, nicht nur immer mehr zu wissen, sondern so weit zu kommen, dass man den Sinn des Wissens wahrnehme, das heißt, dass man erfasse, wie einen das Wissen „Gott ähnlich" mache, nämlich zur eindreien Kontraktion der Absoluten Einheit, Gleichheit und Verbindung werden lasse. Das sei nicht mehr und nicht weniger, als zu lernen, wie man Gott wahrhaft lieben und die Gleichheit seiner Gerechtigkeit leben solle (2,17,179–184). Und Cusanus fasst zusammen: „Du kannst also an dir selbst die gottförmigen Erwählungen erkennen. Denn du siehst Gott, der die unendliche Verbindung [d.h. der Heilige Geist] ist, nicht als ein kontrahiertes liebenswertes Etwas, das du lieben solltest, sondern als allerabsoluteste unendliche Liebe. In dieser Liebe, mit der man Gott liebt, muss also die allereinfachste Einheit [d.h. der Vater] und die unendliche Gerechtigkeit [d.h. Gleichheit, nämlich der Sohn] sein ... Du erkennst auch, dass Gott zu lieben bedeutet, von Gott geliebt zu werden, da Gott die Liebe ist. Je mehr also jemand Gott liebt, desto mehr hat er an der Göttlichkeit Anteil."[205]

In dieser Textstelle mit ihren Anklängen an Eckhart, besonders der Aussage, der Sohn sei die Gerechtigkeit und der Heilige Geist die Liebesverbindung in Gott und in uns, ist der Kern der trinitarischen Mystik von Cusanus zusammengefasst.

Die Kapitel, die in *De visione Dei* von der Dreifaltigkeit handeln, dienen dazu, den ersten, zweiten und dritten Teil des Traktats sorgfältig miteinan-

---

[204] *De coniecturis* 2,17,171 (h. III,173,9–10): *Humanitatem vero individualiter in alteritate contrahibilem alteritatem absolutioris esse unitatis.*
[205] *De coniecturis* 2,17,182 (h. III,181,1–182,8): *Ex te ipso igitur electiones deiformes intueri valebis. Nam conspicis deum, qui est infinita conexio, non ut contractum amabile aliquod diligendum, sed ut absolutissimum infinitum amorem. In eo igitur amore, quo deus diligitur, esse debet simplicissima unitas infinitaque iustitia ... Cognoscis etiam hoc esse deum amare quod est amari a deo, cum deus sit caritas. Quanto igitur quid deum plus amaverit, tanto plus divinitatem participat.*

der zu verknüpfen. In Kapitel 17 stellt Cusanus Gott als unendlich liebenswerte Dreifaltigkeit vor und in Kapitel 18 zeigt er auf, dass nur ein dreieiner Gott den Menschen glücklich machen könne. In diesem Kapitel führt er auch die Begriffe des Einsseins und der Sohnschaft ein, die dann in den weiteren christologischen Kapiteln die vorherrschenden Themen werden. Im trinitarischen Abschnitt des DVD verwendet er die Trias *unitas-aequalitas-conexio* nicht explizit, jedoch taucht eine äquivalente Formulierung auf, wenn er von der Dreifaltigkeit als *unitas uniens-unitas unibilis-utriusque unio* spricht (17,71). Der zentrale Punkt ist eine Form der Liebesanalogie, die auf Augustinus' *De Trinitate* beruht, obwohl Cusanus auch eine äquivalente intellektualistische Triade erwähnt.[206] Aber es ist jetzt offensichtlich, dass Cusanus' Beschreibung Gottes als unendlich liebenswert, das heißt als absolutes Einssein von „liebender Liebe, liebenswerter Liebe und Liebe, die das Band zwischen liebender Liebe und liebenswerter Liebe ist",[207] sich voll und ganz mit dem verinnerlichten Verständnis der Trinitätsmathematik verträgt.

Cusanus wendet seine Aufmerksamkeit zunächst dem paradoxen Ineinanderfallen der Gegensätze im liebenden Gott zu. Er schreibt: „Jene (Seiten Gottes), die mir als drei vorkommen, nämlich dass er liebt, liebenswert ist und das Band (von beidem) ist, sind sein allereinfachstes absolutes Wesen selbst."[208] Diese Koinzidenz finde sich an der Mauer des Paradieses (17,74), wo wir dreimal „eins" zählten, aber nicht „drei" sagten. Aber wenn wir wahrzuhaben begännen, das die Vielzahl, die wir in Gott sehen, „ein Anderssein ohne Anderssein ist, weil es die Andersheit ist, die Identischsein ist" (17,75), fingen wir an, uns von der zweiten auf die dritte Stufe des mystischen Wegs zu bewegen, das heißt, jenseits der Mauer zu kommen. Cusanus beschreibt diesen Schritt folgendermaßen: „Aber ich sehe, dass innerhalb der Mauer des Zusammenfallens von Einssein und Anderssein die Unterscheidung zwischen Liebendem und Liebenswertem besteht. Folglich kommt jene Unterscheidung, die innerhalb der Mauer des Zusam-

---

[206] Cusanus verwendet die folgenden trinitarischen Triaden: (1) amor amans – amor amabilis – utriusque nexus (17,71–78, 18,80 u. 19,83–84); (2) unitas uniens – unitas unibilis – utriusque unio (17,71); (3) intellectus intelligens – intellectus intelligibilis – utriusque nexus (18,81); und (4) die biblische pater – filius – spiritus sanctus (18,81 u. 20,87).

[207] Auch wenn sich die ausführlichsten Abhandlungen über die Liebesanalogie in den Büchern 8 und 9 von Augustinus's *De Trinitate* finden (z.B. 8,10,14 und 9,2,2), scheint Cusanus' Analogie von *amor amans – amor amabilis – utriusque nexus* einer Stelle in *De Trin.* 15,6,10 (PL 42,1064) näherzustehen: *Sed ubi ventum est ad charitatem, quae in sancta Scriptura Deus dicta est, eluxit paululum Trinitas, id est, amans, et quod amatur, et amor.*

[208] DVD 17,73 (h. VI,59,1–2): *Illa igitur, quae occurrunt mihi tria esse, scilicet amans, amabilis et nexus, sunt ipsa simplicissima essentia absoluta.*

menfallens besteht, wo Unterschiedenes und Ununterschiedenes zusammenfallen, vor jedem Anderssein und Vielfältigsein, das sich begreifen *(intelligi)* lässt. Denn die Mauer schließt die Kraft alles Begreifens *(intellectus)* aus, auch wenn das Auge ins Paradies hinüber blickt, jedoch das, was es sieht, weder aussprechen noch begreifen kann."[209]

So kann die denkerische Einübung also zu offenbaren beginnen, dass alles Lieben an der jenseits der Mauer des Zusammenfallens der Gegensätze wohnenden, unendlichen göttlichen Liebe Anteil hat, aber diese nie voll erreichen kann. Das transzendierende Auge, das jenseits der Mauer blickt, ist nichts anderes als das Auge der liebenden Sehnsucht, die sich nach der Absoluten Unendlichkeit ausstreckt, die sich ihr immer wieder entziehen wird.

Hierauf zeigt Cusanus, wie uns unsere eigene Erfahrung der kontrahierten Liebe eine Ahnung von diesem Geheimnis geben kann. Wenn unser Sehen Gottes tatsächlich ein Gesehenwerden von ihm sei, dann sei unser Lieben Gottes nichts anderes als unser Geliebtwerden von Gott. Cusanus betont, dass das Wesentliche dabei der innere Akt der Liebe des Ich als solchem sei, nicht die Liebe, die man aus sich heraus auf ein anderes Subjekt richte (Richard von St. Victor dachte da anders). Er formuliert diese Auffassung so: „Herr, du fügst es so, dass ich in mir die Liebe sehe, weil ich mich als Liebenden sehe. Und weil ich sehe, dass ich mich selbst liebe, sehe ich, dass ich liebenswert bin, und sehe auch, dass ich auf höchst natürliche Weise auch die Verbindung von beidem bin. Ich bin der Liebende, ich bin der Liebenswerte, ich bin das Band (zwischen beiden)."[210] Diese drei Aspekte der Liebe als Eigenschaften seines Wesens sind in Cusanus' Liebe des Ichs zu sich selbst vorhanden und dennoch ist er *ein* Mensch. Wäre seine Liebe sein Wesen, statt nur ein Wirken seines Wesens zu sein, dann wäre auch er ein vollkommenes Zusammenfallen von eins und drei, statt lediglich ein kontrahiertes Abbild des dreieinen Gottes. Das gleiche gelte jedoch nicht für die Liebe, die das Ich nach außerhalb seiner selbst richte,

---

[209] DVD 17,75 (h. VI,60,5–61,11): ... *sed video distinctionem amantis et amabilis intra murum coincidentiae unitatis et alteritatis esse. Unde distinctio illa, quae est intra murum coincidentiae, ubi distinctum et indistinctum coincidunt, praevenit omnem alteritatem et diversitatem, quae intelligi potest. Claudit enim murus potentiam omnis intellectus, licet oculus ultra in paradisum respiciat, id autem, quod videt, nec dicere nec intelligere potest.*
[210] DVD 17,76 (h. VI,61,3–9): *Tu enim sic das, domine, quod in me video amorem, quia video me amantem. Et quia video me amare me ipsum, video me amabilem, et naturalissimum nexum me esse video utriusque. Ego sum amans, ego sum amabilis, ego sum nexus.* R. Haubst, *Das Bild des Einen und Dreieinen Gottes*, 79–81 vermerkt hier den Einfluss von Raimundus Lullus.

denn das Subjekt werde nicht für sich selbst liebenswert, wenn es ein Objekt liebe, das seine Liebe erwidere oder auch nicht (17,77).

Aus diesem Abschnitt des DVD wird ersichtlich, dass sich Cusanus jener vorherrschenden Tradition der christlichen Mystik anschloss, die vertrat, der Intellekt habe auf dem Weg zu Gott zwar eine unerlässliche Rolle zu spielen, aber die Kraft, die zum Einswerden führe, sei die Liebe.[211] Sowohl der Intellekt als auch die Liebe seien für die Suche nach Gott notwendig, so hatte er in seinen früheren Briefen an die Kommunität in Tegernsee betont; aber in DVD ging er auf die Diskussionen, die die Mönche in Deutschland lebhaft beschäftigten, im Rahmen einer viel weiter und kühner gefassten Abhandlung über die Natur der mystischen Theologie ein. Von da her verfügt seine explizite Behandlung der Frage des Verhältnisses von Liebe und Erkennen in Kapitel 18 über eine zusätzliche systematische Stärke. Cusanus behauptet, insofern sowohl der Intellekt als auch die Liebe das Bild der Dreifaltigkeit trügen, seien auch beide notwendig, um uns zu Gott zu führen, auch wenn sie das auf unterschiedliche Weisen täten. Wir seien nicht mit Gott vereint, insofern er der *intelligens* und *amans* an sich sei, da die göttliche Weise des Erkennens und Liebens uns unendlich übersteige. Aber insofern Gott uns eine unendliche Sehnsucht, ihn zu erkennen und zu lieben eingepflanzt habe, sei er für uns zum *deus intelligibilis* (erkennbaren Gott) und zum *deus amabilis* (wörtlich: „liebbaren") Gott geworden. Von daher schließt er: „Und so sehe ich, dass unsere rationale menschliche Natur deiner erkennbaren und liebbaren *(intelligibili et amabili)* göttlichen Natur einbar *(unibile)* ist und dass der Mensch, der dich aufnehmbaren *(receptibilem)* Gott erfasst, in eine enge Verbindung übergeht, die sich angesichts ihrer Intensität *(strictitudine)* als Sohnwerdung *(filiatio)* bezeichnen lässt."[212]

---

[211] Obwohl er diese Formulierung nicht verwendet, denke ich, dass Cusanus mit der Formulierung einverstanden gewesen wäre, die die Mystiker bei den Zisterziensern und Victorinern gebrauchten: *amor ipse intellectus est*. Das legt DVD 24,113 (h. VI,86,5–13) nahe, wo er sagt, Christus als Erlöser lehre uns zwei Dinge: den Glauben, mittels dessen sich der Intellekt sich Gott *nähere* und die Liebe, die uns tatsächlich mit Gott *vereine*. Cusanus ist darin originell, dass er dieses liebende Erkennen in Begriffen seiner dialektischen Auffassung von der *docta ignorantia* als dem Sehen, das kein Sehen sei, vorstellt.

[212] DVD 18,82 (h. VI,65,1–3): *Et sic video humanam rationalem naturam tuae divinae naturae intelligibili et amabili tantum unibilem et quod homo te deum receptibilem capiens transit in nexum, qui ob sui strictitudinem filiationis nomen sortiri potest.* Die Verschmelzung von Erkennen und Lieben in der Schau von Angesicht zu Angesicht bedeutet natürlich, dass wir im Akt des Verstehens unserer selbst als ständig zur Sehnsucht nach noch größerem Verstehen Gottes Fähige Gott als Absoluten Intellekt sehen, und in der Erfahrung unserer selbst als Liebender, die immer noch mehr zu lieben begehren, je mehr wir sehen, Gott als die Reine Liebe ansehen. Dieses *posse videre* behandelte Cusanus dann in *De apice theoriae* 11–12 (h. XII,124–126) noch ausführlicher.

Eine ähnliche dialektische Weiterentwicklung von Augustinus' introspektiven Analogien in dessen *De Trinitate* und transzendentalen mathematischen Vergleichen in *De doctrina christiana* findet sich auch in späteren Traktaten von Cusanus, etwa in *De aequalitate*, worin er sich statt auf die Liebes-Analogien auf die intellektualistische Triade *Memoria-intelligentia-voluntas* konzentriert.[213] Während seiner letzten fünf Lebensjahre experimentierte Cusanus weiterhin mit Analogien für die Dreifaltigkeit, die allerdings meistens auf älteren Modellen beruhten oder sich auf diese zurückführen ließen. Für Nikolaus von Kues hieß Gott zu sehen immer, Gott als den dreieinen Gott zu sehen, der sich in Christus offenbart.

Die christologische Dimension von Cusanus' Denken und insbesondere seiner Mystik tritt deutlich in den letzten Kapiteln von DVD zutage. Dass er in Kapitel 18 auf die „Sohnwerdung" zu sprechen kommt, ist von zentraler Bedeutung, denn *filiatio* ist die Überschrift, unter der er die mystische Einung erörtert. Im letzten Abschnitt von *De visione Dei* (Kap. 19–25) beschreibt Cusanus, wie uns Menschen diese Art der Sohnschaft, das allerengste Band des Einseins, in der Person Jesu Christi verfügbar wurde.[214] Cusanus' Christologie erscheint in allen seinen Schriften und besonders deutlich seinen Predigten, und sie hat sogar das Interesse der Gelehrten mehr auf sich gezogen als seine Ausführungen über die Dreifaltigkeit.[215] Hier möchte ich mich auf einige Bemerkungen über den allgemeinen Charakter seiner Lehre vom Gottmenschen und eine kurze Darstellung der

---

[213] In *De aequalitate* gibt es drei wichtige Ausführungen über die Dreifaltigkeit, deren dritte eine Umformulierung der augustinischen Analogie von *memoria – intelligentia – voluntas* ist. Siehe McGinn, „Nicholas of Cusa's Trinitarian Mysticism", 101–102.

[214] Wenn Cusanus die Liebe als *filiatio* in den Vordergrund stellt, heißt das nicht, dass er die Rede vom bräutlichen Einswerden der Seele mit Gott (und nicht spezifisch Christus) ganz ausgeschlossen hätte; er gebraucht sie in DVD 18,80 (h. VI,64), aber das ist für ihn kein signifikantes Thema.

[215] Eine klassische Arbeit über seine Christologie ist Rudolf Haubst, *Die Christologie Nikolaus' von Kues*, Freiburg/Br. 1956. Außerdem fand ich noch die folgenden Beiträge hilfreich: H. Lawrence Bond, „Nicholas of Cusa and the reconstruction of theology: the centrality of Christology in the coincidence of opposites"; Christoph Schönborn, „,De docta ignorantia' als christozentrischer Entwurf", in: *Nikolaus von Kues. Einführung in sein philosophisches Denken*, hg. v. Klaus Jacobi, Freiburg-München 1979, 138–156; Peter J. Casarella, „*His Name is Jesus*: Negative Theology and Christology in Two Writings of Nicholas of Cusa from 1440", in: *Nicholas of Cusa on Christ and the Church*; Klaus Reinhardt, „Christus, die ,Absolute Mitte' als der Mittler zur Gotteskindschaft", in: *Das Sehen Gottes nach Nikolaus von Kues*, 196–226; und „Christus ,Wort und Weisheit' Gottes", in: *Weisheit und Wissenschaft. Cusanus im Blick die Gegenwart*, hg. v. Rudolf Haubst u. Klaus Kremer, Trier 1992 (MFCG 20), 68–97. Als kritischen Überblick über neuere Werke zur Christologie von Cusanus siehe Hans Gerhard Senger, „Cusanus-Literatur der Jahre 1986–2001. Ein Forschungsbericht", in: *Recherches de théologie ancienne et médiévale* 69 (2002), 386–394.

zentralen Themen in den Schlusskapiteln dieses mystagogischen Handbuchs von Cusanus beschränken.²¹⁶

Eine Möglichkeit dazu, das breite Spektrum der Lehre des Nikolaus von Kues über Christus in den Blick zu bekommen, bietet sich, wenn man sie im Licht der mittelalterlichen Diskussionen über das Motiv der Inkarnation – *cur deus homo?* – in den Blick nimmt. Wie zum Thema vom Sehen Gottes sind auch hier die Zeugnisse der Heiligen Schrift unterschiedlich. In einer Reihe von Schrifttexten wird die Inkarnation ganz deutlich mit der Absicht verbunden, die Auswirkungen des Sündenfalls zu beheben, wie etwa in Lk 19,10: „Der Menschensohn ist gekommen, um zu suchen und zu retten, was verloren war" (vgl. 1 Tim 1,15; Tit 2,13–14). Von diesem soteriologischen Ansatz her hatte Augustinus vertreten: „Wenn der Mensch nicht gesündigt hätte, wäre der Menschensohn nicht gekommen."²¹⁷ Dagegen wurden an anderen Stellen die umfassenderen anthropologischen und kosmologischen Dimensionen der Inkarnation hervorgehoben, etwa im christologischen Hymnus im Kolosserbrief, in dem es heißt: „Er ist das Bild des unsichtbaren Gottes, der Erstgeborene der ganzen Schöpfung. Denn in ihm wurde alles erschaffen im Himmel und auf der Erde ... Er ist vor allem und alles hat in ihm Bestand" (Kol 1,15–17). Die Aufgabe der Christologie besteht nicht so sehr darin, zwischen den eher soteriologischen und den stärker universalistischen Texten zu wählen, sondern zu versuchen, sie auf stimmige Weise miteinander zu verbinden. Zur Zeit der Hochscholastik wurde das Thema, welches Motiv der Inkarnation zugrunde liege, viel diskutiert.²¹⁸ Die reife Ansicht des Thomas von Aquin, die er in S.Th. III q. 1 a. 3 formulierte, war: „Es ist angemessener *(convenientius)*, zu sagen, das Werk der Inkarnation sei von Gott als Heilmittel für die Sünde angeordnet worden, denn hätte es die Sünde nicht gegeben, so wäre die Inkarnation nicht erfolgt." Duns Scotus dagegen formulierte ein logisches Argument, das (unter Verwendung von Röm 1,4) auf einer Erörterung der Prädestination beruhte, das lautete: Weil jeder, der etwas auf geordnete Weise will, zunächst das wollen muss, was dem beabsichtigten Ziel näher liegt, richtet sich die erste Absicht des Willens Gottes außerhalb seiner selbst auf die für das inkarnierte Wort bestimmte Verherrlichung.²¹⁹ Nach dieser Ansicht, oft als diejenige

---

²¹⁶ Ein Teil dessen, das hier folgt, ist ausführlicher zu finden in Bernard McGinn, *„Maximum Contractum et Absolutum:* The Motive for the Incarnation in Nicholas of Cusa and his Predecessors", in: *Nicholas of Cusa and his Age: Intellect and Spirituality,* 151–175.
²¹⁷ Augustinus, Ep. 174,2 (PL 38,940).
²¹⁸ Eine gute Einführung in diese mittelalterlichen Diskussionen bietet Rudolf Haubst, *Von Sinn der Menschwerdung: „Cur Deus homo",* München 1969.
²¹⁹ Diese Ansicht von Scottus findet sich in seinen beiden Kommentaren zu Buch 3 dist. 7 der

von der absoluten Prädestination Christi bezeichnet, wäre Christus auch dann Mensch geworden, wenn Adam nicht gesündigt hätte, ja „sogar falls niemand anderer geschaffen worden wäre als einzig Christus" (*Reportata Parisiensia* 3,7,4).

Nikolaus von Kues kannte diese divergierenden Ansichten und versuchte, beiden Aspekten dessen, was die Schrift sagte, gerecht zu werden. Dadurch schuf er eine neue Form dessen, was ich als die dritte Option für das Motiv der Inkarnation bezeichnen möchte, nämlich eine christologische Ontologie, mit der er die christusförmige Realität der gesamten Schöpfung hervorhob, von der im Kolosserbrief und anderen Texten die Rede ist. Cusanus war der Überzeugung, dies sei der passende Kontext, in dem sich verstehen lasse, warum und wie das ewige Wort Fleisch geworden sei, um durch seinen Tod und seine Auferstehung die Menschheit zu erlösen. Er hatte sich bereits in einigen seiner frühen Predigten in Richtung dieser Form der Christologie vorangetastet, aber klar und deutlich tauchte sie zum ersten Mal in seinem *De docta ignorantia* auf.

Die gesamte Struktur der DDI führt die Notwendigkeit einer christologischen Ontologie vor Augen. Die Erörterung des absoluten Maximums in Buch 1, also des dreieinen Gottes, führt in Buch 2 zur Betrachtung über das Universum als das kontrahierte Maximum. Die Frage, was es dem Gläubigen ermögliche, den Sinn des Universums als der Entfaltung der göttlichen Wirklichkeit zu erfassen, wird in Buch 3 behandelt; sein Thema ist das „Maximum, das sowohl kontrahiert als auch absolut ist, Jesus, der ewig Gesegnete" (DDI 3, praef. 181). Mit anderen Worten, ohne die Christologie von Buch 3 liefe das gesamte Bemühen von Cusanus, das Verhältnis von Gott und Universum neu zu überdenken, Gefahr, zusammenzubrechen.[220] In den ersten vier Kapiteln dieses Buchs, in dem Cusanus die auf dem Glauben beruhenden Hypothesen für seine Darlegung aufstellt, zitiert er den Text aus dem Kolosserhymnus fünfmal. Er beginnt seine Argumentation mit dem Argument, dass im geschaffenen Universum als dem kontrahierten Maximum nichts Gott als dem absoluten Maximum gleich sein könne, ja nicht einmal irgendeinem anderen Ding, da alle Dinge gradmäßig voneinander verschieden seien. Auch könne keine Gattung oder Art oder ein Einzelwesen als maximal vollkommen oder unvollkommen angesehen werden,

---

Sentenzen von Petrus Lombardus, der *Ordinatio (Opus Oxoniense)* und den *Reportata Parisiensia*.

[220] Zur Logik der christologischen Darstellung von Buch 3,1–3 siehe insbesondere Schönborn, „,De docta ignorantia' als christozentrischer Entwurf", 143–156. Zur hier vorliegenden Reintegration von Glaube und Vernunft siehe Louis Dupré, „Nature and Grace in Cusa's Mystical Philosophy", in: *American Catholic Philosophical Quarterly* 64 (1990), 166–170.

wenn diese Gattung, Art oder Einzelwesen die ihnen jeweils vorgesehenen Grenzen erreichten, da diese Grenzen immer noch grundsätzlich ein Mehr oder Weniger zuließen. Wenn es dagegen möglich wäre, dass sich das absolute Maximum auf eine Gattung oder Art kontrahieren ließe, so müsste diese Vereinigung von „Schöpfer und Geschöpf ohne Vermischung und ohne Zusammensetzung" verwirklicht sein in „demjenigen Wesen, das der gesamten Gesellschaft der Wesen am gemeinsamsten ist", das heißt im Menschen, denn das Menschsein als „die mittlere Natur, die das Verbindungsglied zwischen den niedrigeren [d.h. materiellen] und den höheren [d.h. geistigen] Naturen ist, ist die einzig dazu geeignete, von der Kraft des unendlichen Maximums Gott ins Maximum erhoben zu werden."[221] Dieses Argument ist hypothetisch. Im Folgenden wendet sich Cusanus der Heiligen Schrift zu, um aufzuzeigen, wie diese Hypothese auf das biblische Zeugnis bezüglich der Inkarnation passt.

Cusanus argumentiert, weil das Menschsein (der Mensch als Mikrokosmos) alles Geschaffene umfasse, könne ein einzelner Mensch (da Menschen nur als Individuen existierten) derart an Gott angenähert werden, dass er „Mensch auf solche Weise sei, dass er Gott sei und Gott auf solche Weise, dass er Mensch sei". Dieses Menschenwesen wäre dann „die Vervollkommnung des Universums und würde in allem der Erste sein" (vgl. Kol 1,18). Cusanus stellt sein Argument für die Notwendigkeit des Gottmenschen weder auf eine rein soteriologische Grundlage, noch geht er dafür von einer abstrakten Überlegung über die Prädestination aus, sondern er geht von dem ontologischen (oder besser: hyper-ontologischen) System aus, das er in *De docta ignorantia* vorgestellt hatte. Wenn man Gott als das *maximum absolutum* und das Universum als das *maximum contractum* verstehe, zeige das dem Gläubigen, dass notwendigerweise Jesus Christus genau als dieses Menschenwesen (und nicht einfach in seinem ewigen Status als das Wort) der Grund und das Medium sowohl des *exitus* aller Dinge aus Gott, als auch ihres *reditus* zu ihm zurück sei. Zusammenfassend sagt Cusanus: „Durch ihn (als Menschenwesen) sollten alle Dinge den Anfang und das Ende der Kontraktion beziehen, so dass durch ihn, der das kontrahierte Maximum ist, alle aus dem absoluten Maximum heraus ins kontrahierte Sein hervorträten und durch ihn als Mittler ins Absolute zurückkehrten, also sozusagen durch ihn als den Ursprung ihrer Ausfließens und als Ziel ihres Zurückgeholtwerdens."[222]

---

[221] DDI 3,3,197 (h. I,126,21–24): *Quapropter natura media, quae est medium conexionis inferioris et superioris, est solum illa, quae ad maximum convenienter elevabilis est potentia maximi infiniti dei.*
[222] DDI 3,3,199 (h. I,127,17–21): *... per quem cuncta initium contractionis atque finem reci-*

So ist also für Cusanus die Schöpfung zuinnerst christologisch, und zwar sowohl ihrem Entstehen als auch ihrer Vollendung nach: Kosmogenese ist Christogenese. Damit schließt er an eine lange Tradition in der Geschichte des christlichen Denkens an, das sich sowohl bei östlichen Theologen wie Maximus dem Bekenner als auch bei westlichen Denkern, darunter Hildegard von Bingen und Meister Eckhart, findet. Es ist wichtig, auf den Status des von Cusanus vorgebrachten Arguments zu achten. Die Notwendigkeit des Gottmenschen ist nicht der Gegenstand einer rein rationalen Darlegung, sondern erst dank der auf dem Glauben beruhenden *docta ignorantia* könne man die Hypothese aufstellen, dass sich im Maximum des Menschseins Jesu die Fülle des Sinns der endlichen Wirklichkeit zeige.[223]

Ab dem Anfang des vierten Kapitels von Buch 3 begibt sich Cusanus von der Ebene der theologischen Hypothese auf diejenige der konkreten Aussage und Analyse und zeigt, wie sich dieses Modell in Jesus erfülle, in dem „wir jede Vollkommenheit und die Erlösung und die Vergebung der Sünde haben" (3,4,203). Der soteriologische Aspekt der Inkarnation wird nicht vergessen (obwohl er seltener als in den Predigten von Cusanus vorkommt), jedoch in eine weiträumigere Sicht vom anthropologischen und kosmologischen Primat des Gottmenschen einbezogen.[224] In den anschließenden Kapiteln (3,5–10) zeigt Cusanus, wie die grundlegenden Geheimnisse des Lebens Christi, also dessen Empfängnis, Geburt, Tod, Auferstehung, Himmelfahrt und Kommen zum Gericht, die Verwirklichung des in den ersten vier Kapiteln dargelegten Primats der Inkarnation darstellen. Sein Interesse richtet sich dabei genau wie dasjenige Eckharts nicht so sehr auf die historischen Aspekte des Lebens Jesu, sondern stärker darauf, dass der Intellekt erfasse, welche innere Bedeutung die heilbringenden Akte Christi haben. In Kapitel 11 behandelt er sodann, wie wir bereits oben gesehen haben, das Verhältnis zwischen den Glaubensgeheimnissen und der belehrten Unwissenheit. In Kapitel 12 wird das Buch mit einer Abhandlung über die Kirche als Leib Christi in dieser und in der kommenden Welt abge-

---

perent, ut per ipsum, qui est maximum contractum, a maximo absoluto omnia in esse contractionis prodirent et in absolutum per medium eiusdem redirent, tamquam per principium emanationis et per finem reductionis. Siehe auch 3,3,202.

[223] Schönborn („‚De docta ignorantia' als christozentrischer Entwurf", 148) fasst das so zusammen: *Indem Christus als die ‚ipsa contractio' bezeichnet wird, ist gesagt, dass an ihm aufscheint, was ‚contractio' als Seinsweise des Endlichen ist: in Christus gelangt erst Endlichkeit zu ihrer vollen Bestimmung.*

[224] In Predigt XLV, die er 1444 in Mainz hielt, kommt Cusanus ausdrücklich auf die divergierenden theologischen Ansichten über das Motiv der Inkarnation zu sprechen und sagt, mit seiner Sicht wolle er versuchen, die beiden Positionen miteinander zu versöhnen (siehe h. XVII,188).

schlossen: Die Kirche sei die notwendige Vermittlerin des universalen Primats Christi an unser konkretes historisches Dasein.[225]

Wenn wir uns nun dem christologischen Abschnitt von DVD zuwenden, sehen wir, dass Cusanus hier keine explizite Erörterung des *cur deus homo?* bringt, wie er das in DDI und einigen seiner Predigten getan hatte; aber was er tut, ist, dass er die Notwendigkeit der Inkarnation aus der liebevollen Güte Gottes ableitet, die das Hauptthema des Schlussteils dieses Buches ist.[226] „Du, Gott, der du die Güte selbst bist, konntest deiner unendlichen Milde und Großzügigkeit nicht anders Genüge tun als dadurch, dich uns zu schenken. Das konnte uns auf keine passendere und zugänglichere Weise zuteil werden, als dass du unsere Natur annahmst, da uns die deinige doch unzugänglich war. So bist du zu uns gekommen und trägst den Namen Jesus, allzeit gesegneter Erlöser."[227]

Der Vater als liebender Gott *(deus amans)* bringe den *deus amabilis* zur Welt, das heißt den Sohn, mit dem er untrennbar vereint sei durch den Akt *(actus)* oder das Band, das der Heilige Geist sei (19,83). Der *deus amabilis* sei sowohl der göttliche Beweggrund oder das Konzept Gottes, gemäß dem alles entfaltet werde, und zugleich auch der Gegenstand der Sehnsucht, der unser eigenes Einswerden mit Gott ermögliche. Um dieses Einswerden zu erlangen, müssten wir zuerst einmal annehmen, dass die Zweite Person der Dreifaltigkeit „das Vermittelnde *(medium)* des Einsseins von allem ist, so dass alles dank der Vermittlung deines Sohnes in dir seine Ruhe findet." Dieser Glaubensakt diene dazu, uns zur entrückenden Schau hinzureißen, „dass Jesus, der gesegnete Menschensohn, aufs Höchste mit deinem Sohn vereint ist und dass der Menschensohn mit dir, Gott dem Vater, nur durch deinen Sohn als den absoluten Vermittler vereint werden konnte."[228] Jesus ist also als *filius hominis* auf maximale Weise mit dem absoluten Vermittler vereint, nämlich der zweiten göttlichen Person, dem *filius Dei*, und das nicht in der Weise, dass die menschliche Natur von der göttlichen Natur aufgesogen würde, sondern als das Muster der Sohn-/Kindschaft. Cusanus

---

[225] Siehe Reinhold Weier, „Christus als ‚Haupt' und ‚Fundament' der Kirche", in: *Nikolaus von Kues, Kirche und Respublica Christiana: Konkordanz, Repräsentanz und Konsens*, hg. v. Klaus Kremer u. Klaus Reinhardt, Trier 1994 (MFCG 21), 163–182.

[226] Über die Christologie des letzten Teils von DVD siehe insbesondere Reinhardt, „Christus, die ‚Absolute Mitte' als der Mittler zur Gotteskindschaft".

[227] DVD 23,106 (h. VI,82,8–13): *Tu, deus, qui es ipsa bonitas, non potuistis satisfacere infinitae clementiae tuae et largitati tuae, nisi te nobis donares. Nec hoc convenientius et nobis recipientibus possibilius fieri potuit, quam quod nostram assumeres naturam, qui tuam accedere non potuimus. Ita venisti ad nos et nominaris Ihesus salvator semper benedictus.*

[228] DVD 19,85 (h. VI,67,2–5): *Et video Ihesum benedictum hominis filium filio tuo unitum altissime et quod filius hominis non potuit tibi deo patri uniri, nisi mediante filio tuo mediatore absoluto.*

sagt: „Weil du der Menschensohn bist, ist die menschliche Sohnschaft aufs Höchste mit der göttlichen Sohnschaft in dir, Jesus, vereinigt, so dass du zu Recht Menschensohn und Sohn Gottes genannt wirst." Und er fährt mit dieser Gebets-Anrede so fort: „Deine Menschensohnschaft, Jesus, ist aufs Höchste mit der absoluten Sohnschaft vereint, die der Gottessohn ist und die alle Sohnschaft enthält."[229]

Die Einsicht, dass sich mit dem Begriff der Sohn-/Kindschaft das Geheimnis des Gottmenschen ausdrücken und auch unser uns vergöttlichendes Einswerden mit Christus erläutern lasse, war eine Neuentwicklung in Cusanus' Christologie, die auf zwei Traktate von 1445 zurückgeht, nämlich *De filiatione Dei* und *De dato patris luminum*.[230] Wie David Albertson gezeigt hat,[231] vertiefte Cusanus seine christologische Ontologie damit, dass er aufzeigte, wie das Fleisch gewordene Wort als höchste Theophanie, die die gesamte Schöpfung in sich enthält, in die geschaffene Welt der Manifestationen herabsteige,[232] und dann die Hauptlinien einer Aufstiegschristologie skizziert, in der das Studium der Welt den Intellekt anspornt, sein Potenzial als „lebendes Bild" *(viva imago)* des Wortes als Sohnes Gottes wahrzunehmen und auf diese Weise zu jener Sohn-/Kindschaft zu gelangen, die die *theosis* ist. Weil, mit Albertsons Worten gesprochen, „die Schöpfung die Inkarnation entfaltet und die Inkarnation die Schöpfung einfaltet",[233] führe unser Einswerden mit dem Fleisch gewordenen Sohn Gottes vor Augen, dass das mystische Einswerden – oder das, was Cusanus *filiatio*, „Sohn-/Kindwerdung" (wegen dieser Doppelbedeutung im Folgenden „Filiation" genannt) nennt –, die Erfüllung der Bestimmung sowohl des Menschen als auch des Kosmos ist. Die Details dieser neuen Stufe in der Christologie des Nikolaus von Kues können hier natürlich nicht weiter verfolgt werden, und auch nicht sein Verhältnis zum Denken Eckharts,[234]

---

[229] DVD 19,86 (h. VI,68,3–7): *Filiatio igitur humana, quia tu filius hominis, filiationi divinae in te, Ihesu, altissime unita est, ut merito dicaris filius dei et hominis, quoniam in te nihil mediat inter filium hominis et filium dei. In filiatione absoluta, quae est filius dei, omnis complicat filiatio, cui filiatio humana tua, Ihesu, est supreme unita.*
[230] Cusanus hatte das Thema der Sohnschaft bereits in Predigten vor der Abfassung dieser beiden Traktate ausgelotet; siehe Rudolf Haubst, *Streifzüge in die Cusanische Theologie*, Münster 1991, 89–196. In einer späteren, Predigt, die er 1456 in Brixen zum Fest der Verkündigung des Herrn hielt, spricht er von der Sohnschaft in Begriffen des eckhartschen Themas von der Geburt des Wortes in der Seele: siehe Predigt CCXXVI nn. 27–28 (h. XIX,152).
[231] David C. Albertson in seinem unveröffentlichten Aufsatz „Nicholas of Cusa's Ascension Christology in Two Treatises from 1445". Ich bedanke mich beim Autor für die Erlaubnis, diese Arbeit verwenden und zitieren zu dürfen.
[232] Über den christologischen Abstieg ins Universum siehe besonders *De dato patris luminum* 4,111 und 5,122 (h. IV,81–82 u. 87).
[233] Albertson, „Ascension Christology", 38.
[234] Über den eckhartschen Hintergrund von Cusanus' Sicht der *filiatio* siehe Harald Schwaet-

aber ein kurzer Blick darauf, wie er in *De filiatione* (DF) das Verhältnis von Filiation und Vergöttlichung versteht, zeigt Wichtiges über den Hintergrund der mystischen Christologie in DVD.

Cusanus beginnt diesen Traktat mit dem Verweis auf einen johanneischen Schlüsseltext über die Filiation („Allen aber, die ihn aufnahmen, gab er Macht, Kinder Gottes zu werden", Joh 1,12), um damit sein Hauptthema vorzutragen, dass Filiation das gleiche wie Gottwerdung sei, „was auf Griechisch auch *theosis* genannt wird" (DF 1,52). Der Weg zur Filiation beruhe auf dem Glauben, aber als Vergöttlichtwerden gehe er weit über jede „Art der Vorstellung" hinaus. Im Rest des Traktats trägt er mehrere gedankliche Konjekturen vor, die ein Stück weit den Zugang zu diesem Geheimnis erschließen sollen. Die gedanklichen Experimente bringen viele Anklänge an Cusanus' grundlegende Paradoxa über die Unmöglichkeit, jedoch Notwendigkeit des Bemühens, sich dem unaussprechlichen Gott dadurch anzunähern, dass man die „unaussprechlichen" kontrahierten Weisen seiner Einfaltung genauer in Augenschein nimmt. Für unsere Zwecke ragen daraus zwei Themen hervor: die Natur der *filiatio/theosis* und ihr Verhältnis zum Sehen. Nach ausgiebigen mutmaßenden Darlegungen darüber, wie sich der Intellekt durch das Studium der Welt ins Erschaffen von Begriffen einübe, wagt sich Cusanus an mehrere vorläufige Definitionen der Filiation. So gebraucht er zum Beispiel im dritten Abschnitt die Analogie vom Spiegel, um aufzuzeigen, dass zwar alle Dinge auf verzerrte Weise Gott reflektierten, diese Verzerrung jedoch im Spiegel des Intellekts in dem Maß geringer werde, in dem dieser sich dem exemplarischen und vollkommenen Spiegel des Wortes Gottes annähere, das heißt, insofern er an der Filiation teilhabe (DF 3,65–68). Auf dieser Grundlage definiert er dann Filiation als „nichts anderes als das Hinüberversetztwerden von den schattenhaften Spuren der Bilder ins Einswerden mit der unendlichen Einsicht selbst."[235] Aber im Folgenden geht Cusanus noch tiefer. Weil alles Anderssein und Unterscheiden noch unterhalb der Filiation sei, stößt er zu einer quasi-eckhartschen Sicht vor, von der aus jedes vom Intellekt erkennbare Ding mit dem Intellekt identisch wird, so dass im idealen Sinn Intellekt, Wahrheit und Leben vollkommen eins sind. Aus dieser Sicht wäre der angemessenste Sinn der Filiation, dass sie „das Weglassen aller Andersheit und Verschiedenheit und die Auflösung von allem in Eines ist, und das ist das Überfließen des Einen

---

zer, „La place d'Eckhart dans la genèse du concept cuséain de ‚filiatio dei'", in: *La naissance de Dieu dans l'âme chez Eckhart et Nicolas de Cues*, hg. v. M.-A. Vannier, Paris 2005.
[235] DF 3,68 (h. IV,50,9–11): ... *nihil aliud filiationem esse quam translationem illam de umbrosis vestigiis simulacrorum ad unionem cum ipsa infinita ratione.*

in alles. Und genau das ist die *theosis*."²³⁶ Das ist die lapidare Formulierung des Nikolaus von Kues, wie man sich das dynamische Identischsein-in-Unterschiedenheit des christlichen dialektischen Neuplatonismus vorstellen solle.

Diese Filiations-Identität lässt sich auch in Begriffen des mentalen Sehens als Verschmelzen von Gott und Intellekt vorstellen, wie eine Stelle gegen Ende von DF zeigt. Hier erörtert Cusanus das Verhältnis zwischen Gott als dem aktuellen Wesen aller Dinge und dem Intellekt als dem „lebendigen Abbild Gottes", wenn er sich von allen Dingen trenne und zu sich selbst zurückkehre, nachdem er sich auf seiner Jagd nach dem Verstehen der Dinge der Welt nach außen hin ausgestreckt habe. Bei dieser Rückkehr oder Einkehr in sich selbst erkenne der Intellekt sich selbst als Abbild Gottes und zugleich auch als Abbild aller Dinge. Und mehr noch: In dem Maß, in dem Gott selbst sein Sehen werde, beginne er sich selbst in Gott zu sehen. Cusanus bringt dies in einem dichten, eindrucksvollen Text zum Ausdruck, der bereits eine Vorahnung der Untersuchung der *visio dei* in DVD gibt: „Da aber der Intellekt ein lebendiges Abbild Gottes ist, erkennt er, wenn er sich selbst erkennt, in sich alles als eins. Er erkennt sich aber dann selbst, wenn er sich in Gott so sieht, wie er ist. Das ist aber dann der Fall, wenn Gott selbst in ihm ist. Alles zu erkennen, ist also nichts anderes, als sich als Bild Gottes zu sehen, und das ist Filiation. Man sieht (dann) also alles mit einem einzigen einfachen Erkenntnisblick."²³⁷

In *De filiatione* hatte Cusanus ein originelles Verständnis der Filiation vorgestellt, jedoch mit Einschränkungen, erstens, weil er sich mehr auf unsere Sohnschaft mit dem Wort als auf unser Einssein mit dem inkarnierten Christus konzentriert hatte, und zweitens, weil er seine Untersuchung nur in Begriffen der intellektuellen Aneignung der Sohnschaft entwickelt hatte. Diese Abhandlung findet in DVD ihre Ergänzung, denn darin wendet sich Cusanus dem inkarnierten Sohn und der Art zu, auf die sowohl das Erkennen als auch das Lieben in der Filiation an ihr Ziel kommen. In Kapitel 20

---

²³⁶ DF 3,70 (h. IV,51,1–3): *Filiatio igitur est ablatio omnis alteritatis et diversitatis et resolutio omnium in unum, quae est transfusio unius in omnia. Et haec theosis ipsa.* Die *ablatio*, von der Cusanus hier spricht, ist nicht als einfaches Entfernen oder Negieren zu verstehen, sondern eher als dialektische Anerkenntnis der Notwendigkeit, vom Unterscheiden im Bereich des Geschaffenen wegzukommen oder zu abstrahieren, ohne dabei zu vergessen, dass es für jeden denkerischen Zugang zu Gott weiterhin wichtig bleibt.

²³⁷ DF 6,86 (h. IV,62,5–10): *Intellectus autem cum sit intellectualis viva dei similitudo, omnia in se uno cognoscit, dum se cognoscit. Tunc autem se cognoscit, quando se in ipso deo uti est intuetur. Hoc autem tunc est, quando deus in ipso ipse. Nihil igitur aliud est omnia cognoscere quam se similitudinem dei videre, quae est filiatio. Una igitur simplici intuitione cognitiva omnia intuetur.*

findet sich Cusanus' ziemlich eigenständiges Verständnis der Lehre von Chalcedon über das Einssein von Gott und Mensch in Jesus. Zunächst einmal unterscheidet er dieses Einssein vom Einssein der Personen in der Dreifaltigkeit. Das Einssein von menschlicher und göttlicher Natur in Jesus sei zwar ein Maximum (d. h. kein größeres Einssein von Gott und Mensch sei denkbar), aber es sei nicht unendlich. Im Blick auf den liebenden Jesus (etwa auf der Ikone des leidenden Christus) sähen wir den Sohn Gottes und durch ihn auch den Vater, weil Jesus auf derartige Weise ein menschlicher Sohn sei, dass er zugleich der Sohn Gottes sei (20,88). In diesem Kapitel geht es Cusanus derart um die Vermittlung und das Einssein von menschlicher und göttlicher Natur und Arten der Filiation, dass er den hypostatischen Charakter des Einsseins von Gott und Mensch in der Person des Wortes zu betonen unterlässt – obwohl er das nie in Abrede stellt –, womit er seiner Darstellung jene quasi-nestorianische Färbung verleiht, auf die manche Kritiker hingewiesen haben.[238]

Wenn es der Sohn als „liebenswerte Liebe" sei, der uns zu Jesus als sowohl Gott als auch Mensch hinziehe, beziehe sich diese Anziehungskraft auch auf die Wahrheit, die Jesus uns übermittelt hat und dessen menschlicher Intellekt aufs Höchste eins mit dem göttlichen Intellekt sei, „genau wie das vollkommenste Bild mit seiner exemplarischen Wahrheit" (20,89). Da Jesus sowohl Gott als auch Mensch sei, Wahrheit und Bild, unendlich und endlich, könne man ihn innerhalb der Mauer des Paradieses sehen, nicht außerhalb von ihr (20,89). Mit dieser Erkenntnis beginnt Kapitel 21, in dem wieder das Thema der Glückseligkeit aufgegriffen wird. Genau wie wir nur im dreieinen Gott vollkommen glücklich sein könnten (Kap. 18), so sei das Glück auch unmöglich außerhalb „Jesu, des Endes des Universums, in dem jedes Geschöpf als in der Endgültigkeit der Vollkommenheit ruht" (21,91). Cusanus setzt wie Johannes Scottus Eriugena[239] Jesus mit dem im Paradies gepflanzten Baum des Lebens (Gen 2,8) gleich, der die Nahrung vom Himmel liefere, die aus nichts anderem bestehe als aus der niemals sättigenden Sättigung, von der in Kapitel 16 die Rede war. Hier zitiert Cu-

---

[238] Zum Beispiel spricht er in DVD 20,87 (h. VI,69,14–15) davon, das Einsein finde statt durch *attractio naturae humanae ad divinam in altissimo gradu;* und in 20,88 (h. VI,70,11–12) sagt er: *sic video naturam tuam humanam in divina natura subsistentem.* Nur an einer Stelle (23,102) gebraucht er eine stärker von Chalcedon geprägte Rede vom Einssein in der *hypostasis* oder im *suppositum: Sed video te, domine Ihesu, super omnem intellectum unum suppositum, quia unus Christus es ...* (h. VI, 79,5–7). Zur „nestorianischen" Färbung dieser Kapitel siehe Dupré, „The Mystical Theology", 218–219; und Jasper Hopkins, „Interpretive Study", in: *Nicholas of Cusa's Dialectical Mysticism,* 31–35.
[239] Johannes Scottus Eriugena, *Periphyseon* 5 (PL 122,978C–983A).

sanus Joh 1,18 und andere klassische Schriftstellen über das Sehen Gottes (1 Tim 6,16 und 1 Kor 13,12), um damit seine Aussage zu untermauern, dass einzig Jesus den Vater sichtbar mache, den Menschen das wahre Glück gewähre und sie zur vergöttlichenden Einung führe. Die endgültige Glückseligkeit sei nur innerhalb des Paradieses mit Jesus möglich. „Jeder glückliche Geist sieht den unsichtbaren Gott und wird in dir, Jesus, mit dem unnahbaren und unsterblichen Gott (vgl. 1 Tim 6,16) eins. So wird in dir das Endliche mit dem Unendlichen und Unvereinbaren eins, wird der Unbegreifliche in ewigem Genießen begriffen, und das ist die allerfroheste, unerschöpfliche Glückseligkeit."[240]

Bevor er zum Schluss kommt, erörtert Cusanus noch mehrere damit zusammenhängende Themen. Das wichtigste davon findet sich in den Kapiteln 22–23. Angesichts des Themas des Traktats möchte er den Mönchen von Tegernsee offensichtlich deutlich machen, wie Jesus sieht und in welchem Bezug dieses Sehen zu unserer eigenen *visio dei* stehe. So fordert er die Mönche noch einmal auf, ihren Blick auf die alles sehende Ikone zu werfen und daraus Schlüsse auf den wunderbaren und erstaunlichen Blick Jesu zu ziehen (22,94). Jesus habe leibliche Augen wie wir benutzt, aber wegen der „edlen Unterscheidungskraft in seinem Geist" sei er in der Lage gewesen, wirksamer als jeder andere die inneren Motive der Menschen zu sehen (22,95–96). Da dieses sein menschliches Sehen mit seinem absoluten und unendlichen göttlichen Sehen eins gewesen sei, habe Jesus sogar die Substanz der Dinge sehen können (22,97). Diese einzigartige Weise des Sehens bedenkt er nun, indem er ein Argument anführt, das er bereits im dritten Buch von DDI vorgetragen hatte.[241] Genau wie in uns das physische Sehen ins höhere Sehen des Intellekts eingefaltet sei, so seien auch in Jesus alle Formen des Sehens, vom physischen bis zum intellektuellen, ins absolute Sehen Gottes eingefaltet. Aus diesem Grund sei Jesus wahrhaftig die Quelle des Lebens, die jeden Intellekt erleuchte (vgl. Joh 1,9). In Kapitel 23 beschreibt er die verschiedenen Weisen, auf die wir Christus innerhalb der Mauer des Paradieses sähen: Er sei „das vermenschlichte Wort Gottes und der vergöttlichte Mensch" (*verbum dei humanatum et homo deificatus*, 23,101). Man sehe dabei nicht ein Zusammenfallen oder Vermengen von Schöpfer und Geschöpf, und auch nicht irgendeine Art von vermittelndem Drittem zwischen Gott und Mensch; vielmehr sei es eine „sinnenhafte und

---

[240] DVD 21,93 (h. VI, 74,17–20): *Videt omnis spiritus felix invisibilem deum, et unitur in te, Ihesu, inaccessibili et immortali deo. Et sic finitum in te unitur infinito et inunibili et capitur incomprehensibilis fruitione aeterna, quae est felicitas gaudiossima numquam consumptibilis.*
[241] Siehe DDI 3,4,204–207 (h. I,130–132).

verderbliche Natur, die in einer intellektuellen und unverderblichen Natur subsistiert", und zwar als „eine Person" *(suppositum)*.[242]

In den Kapiteln 24 und 25 folgt in Gebetsform eine Zusammenfassung der langen mystagogischen Übung, die Nikolaus von Kues für seine Adressaten in Tegernsee entworfen hatte. Er weist sie an, die Apostel darin nachzuahmen, wie sie erkannt hätten, dass Jesus die Worte des Lebens besitze und dank seines erlösenden Todes die Saat des neuen Lebens in uns gestreut habe (24,107–109). Genau wie man alle Kräfte des Körpers und der Seele in Harmonie mit dem höheren Handeln des Intellekts in Harmonie bringen solle, so könne man folglich auch seinen Intellekt vervollkommnen, indem man ihn im Glauben dem Wort Gottes unterwerfe (24,109–112). Christus lehre nur zwei Dinge: den Glauben, mittels dessen der Intellekt sich Gott nähere, und die Liebe, mittels derer er mit ihm vereint werde (24,113). Die Liebe und Erkenntnis, die man im Glauben gewinne, seien zwei wesentliche Komponenten der Lehre Christi: „Du überredest zu nichts als zum Glauben, schreibst nichts anderes vor, als zu lieben."[243] Im Schlusskapitel über Jesus als die Vollendung dankt Cusanus Gott dafür, dass er den Heiligen Geist in unseren Intellekt gesendet habe, um darin mit der Wärme seiner Liebe den zur Vollkommenheit führenden Prozess anzufachen. Sodann kommt er wieder auf das Motiv vom Sehen zurück und vergleicht Gott mit einem Maler, der in die intellektuellen Geister, die er erschafft, Myriaden von Bildern malt, weil seine unendliche Kraft sich in vielen Gestalten vollkommener entfalten könne. Das ermöglicht es ihm, den gemeinsamen und gegenseitigen Charakter der mystagogischen Einübung, von der er eingangs sprach, noch einmal hervorzuheben und zu betonen, jeder Geist sehe in Gott „etwas, das er anderen offenbaren muss, wenn er dich auf die bestmögliche Weise erreichen möchte." Denn „die vom Geist Erfüllten offenbaren einander gegenseitig die Geheimnisse ihrer Liebe. Dadurch werden die Erkenntnis des Geliebten und die Sehnsucht nach ihm gesteigert und die Süße der Freude nimmt gewaltig zu."[244] Zur wahren *visio dei* gehörten immer sowohl Erkenntnis als auch Liebe.[245]

---

[242] DVD 23,102. In diesem Kapitel kommt Cusanus dann auch noch auf ein weiteres Thema zu sprechen, das für die scholastische Theologie interessant war: Wie bei Jesu Tod sowohl sein Leib als auch seine Seele weiterhin mit seinem Gottsein vereint blieben.
[243] DVD 24,114 (h. VI,86,4–5): *Non persuades nisi credere, et non praecipis nisi amare.*
[244] DVD 25,117 (h. VI,88,7–9): *Revelant sibi mutuo secreta sua amoris pleni spiritus et augetur ex hoc cognitio amati et desiderium ad ipsum et gaudii dulcedo inardescit.*
[245] Cusanus betonte weiterhin, dass zum Einswerden mit Jesus unbedingt sowohl die Liebe als auch die Erkenntnis gehörten. Hierfür besonders interessant ist der Brieftraktat, den er 1463 an Nikolaus Albergati schickte, eine Art von Letztem Willen und Testament. Siehe darin in nn. 12–13 die Erörterung über Liebe und Erkenntnis sowie in nn. 34–35 die Ausführungen

Nikolaus von Kues hat wahrscheinlich nicht die entsprechende Aufmerksamkeit erfahren, die ihm den Platz in der Geschichte der christlichen Mystik verschafft hätte, den er eigentlich verdient. Er lebte gegen Ende eines Zeitraums (ca. 1300 bis 1500), in dem sowohl neue Formen der volkssprachlichen Mystik entstanden, die oft höchst persönlichen und tief emotionalen Charakters waren, als auch Versuche, eine Form der scholastischen Mystik zu schaffen, das heißt, systematische Traktate und Handbücher über die Natur der Mystik zum Gebrauch von Beichtvätern und geistlichen Führern auszuarbeiten. Das *De visione Dei* passt in keine dieser Kategorien, obwohl darin konkrete geistliche Praktiken vorgelegt werden, die zum Einswerden mit Gott führen sollen, und es eine strukturierte Gesamtdarstellung der *theologia mystica* liefert, in der zu den damals diskutierten zentralen Themen Stellung genommen wird. Was ich zu zeigen versucht habe, ist, dass Nikolaus von Kues mit diesem seinem Traktat und seiner mystischen Theologie seiner Zeit voraus war. In seinem *De visione Dei* durchdachte er nicht nur noch einmal die Grundzüge der von Dionysius, Eriugena und Eckhart entwickelten dialektischen neuplatonischen Mystik und formulierte diese neu, sondern er versuchte gleichzeitig, Themen über Gottes unsichtbare Sichtbarkeit, die in der Heiligen Schrift wurzelten und in der christlichen Mystik seit ihren frühesten Begegnungen mit der hellenistischen Philosophie präsent waren, in einer kohärenten Schau zusammenzuführen. Cusanus ließ die gegensätzlichen Aussagen der Heiligen Schrift über das Sehen Gottes zu einer neuen Synthese „ineinander fallen" und gründete diese auf die notwendige gegenseitige Abhängigkeit von Liebe und Erkennen auf dem Weg zum Einswerden oder – wie er es bezeichnete – zur Filiation. Wie immer man sein Bemühen einschätzen mag: Er schuf auf jeden Fall mehr als eine bloße Zusammenfassung alles Bisherigen. Ihm gelang eine Neuschöpfung.

über das Einssein mit Christus. Der Text ist zu finden in Gerda von Bredow, *Das Vermächtnis des Nikolaus von Kues: Der Brief an Nikolaus Albergati nebst der Predigt in Monteoliveto (1463), Cusanus-Texte IV: Briefwechsel des Nikolaus von Kues*, Heidelberg 1953, 30 u. 40. In diesem Werk vergleicht Cusanus kühn unsere Umgestaltung in Christus mit der Verwandlung der eucharistischen Elemente Brot und Wein in den Leib Christi (nn. 56–57 auf S. 50). Das ist die gleiche Art von Vergleich, der im Fall von Meister Eckhart als häretisch verurteilt worden war („In agro dominico", art. 10).

Abbildungen

Kapitel 5 Abb. 1: Seuse und Elsbeth verteilen das Monogramm IHC. *Exemplar* aus Ms. 2929. Foto und Sammlung der Bibliothèque Nationale et Universitaire de Strasbourg, f. 68v.

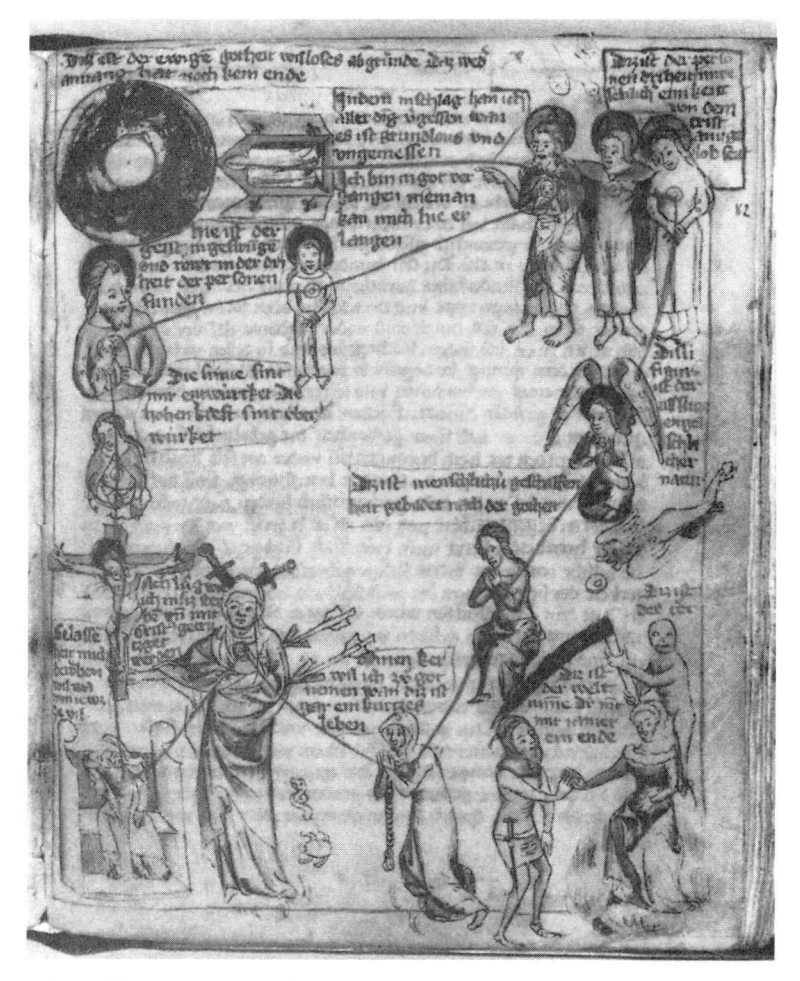

ABBILDUNGEN

Kapitel 5 Abb. 2: Der mystische Weg. *Exemplar* aus Ms. 2929. Foto und Sammlung der Bibliothèque Nationale et Universitaire de Strasbourg, f. 82r.

Kapitel 5 Abb. 3: Vision von der Weisheit und der Seele des Dieners. *Exemplar* aus Ms. 2929. Foto und Sammlung der Bibliothèque Nationale et Universitaire de Strasbourg, f. 8v.

ABBILDUNGEN

Kapitel 7 Abb. 4: Illustrationen zum Hohenlied: (a) Umarmung und Abschied der Liebenden; (b) Die Braut verwundet Christus. *Rothschild Canticles*, New Haven, Yale University, Beinecke Rare Book and Manuscript Library, MS 404, ff. 18v–19r.

800

ABBILDUNGEN

Kapitel 7 Abb. 5A: Illustration zum Hohenlied: Der Bräutigam kommt zur Braut herab. *Rothschild Canticles*, New Haven, Yale University, Beinecke Rare Book and Manuscript Library, ff. 65v–66r.

Kapitel 7 Abb. 5B: Darstellung der Dreifaltigkeit. *Rothschild Canticles*, New Haven, Yale University, Beinecke Rare Book and Manuscript Library, MS 404, ff. 74v–75r.

Kapitel 7 Abb. 6: Darstellung der Dreifaltigkeit. *Rothschild Canticles*, New Haven, Yale University, Beinecke Rare Book and Manuscript Library, MS 404, ff. 103v–104r.

Kapitel 7 Abb. 7: Darstellung der Dreifaltigkeit. *Rothschild Canticles*, New Haven, Yale University, Beinecke Rare Book and Manuscript Library, MS 404, ff. 105v–106r.

Kapitel 7 Abb. 8A: Christus erhängt die Braut. *Christus und die minnende Seele*, Badische Landesbibliothek Karlsruhe, Cod. Donaueschingen 106, f. 19v.

Kapitel 7 Abb. 8B: Die Braut nimmt Christus gefangen. *Christus und die minnende Seele*, Badische Landesbibliothek Karlsruhe, Cod. Donaueschingen 106, f. 29v.

> Der des selben hett muott
> Dem wirt ewigs leben etwz kunt
> Vnd wie menig jemerlich stund
> Er durch vns erlitten hat
> Das vnser möcht werden ratt
> Dem wirt die recht kron im himel geben
> Die doch wirt schweben
> Wie sind ir konlen ober ain
> Vnd werd jn alle ding han gemain

> Lieb ich vnd du sind allain
> Als sig wirt vß ains vß vns zwain
> Ich han begriffen alles das

Kapitel 7 Abb. 9: Christus und die Braut umarmen einander. *Christus und die minnende Seele*, Badische Landesbibliothek Karlsruhe, Cod. Donaueschingen, f. 34v.

ABBILDUNGEN

Kapitel 7 Abb. 10: Der heilige Bernhard und eine Nonne zu Füßen des Gekreuzigten. Köln, Schnütgen-Museum, Inv. Nr. M340. Foto mit freundlicher Erlaubnis des Rheinischen Bildarchivs.

Literatur

Die folgende Literaturliste ist auf sekundäre Untersuchungen beschränkt. Sie enthält nicht die in den Anmerkungen zu den einzelnen Kapiteln genannten Primärquellen.

Abramowski, Louise, „Bemerkungen zur ‚Theologia Deutsch' und zum ‚Buch von geistlicher Armut'" in *Zeitschrift für Kirchengeschichte* 97 (1986), 92–104.

Aertsen, Jan A., „Ontology and Henology in Medieval Philosophy (Thomas Aquinas, Meister Eckhart and Berthold of Moosburg)" in *On Proclus and His Influence in Medieval Philosophy*, hg. v. E. P. Bos u. P. A. Meijer, Leiden 1992, 120–140.

– „Der Systematiker Eckhart" in *Meister Eckhart in Erfurt*, hg. v. Andreas Speer u. Lydia Wegener (*Miscellanea Mediaevalia* Bd. 32), Berlin – New York 2005, 189–230.

Albert, Karl, „Meister Eckhart über das Schweigen" in *Festschrift für Lauri Seppänen zum 60. Geburtstag*, Tampere (Finnland) 1984, 301–309.

– *Meister Eckharts These vom Sein*, Saarbrücken 1976.

– „Der philosophische Grundgedanke Meister Eckharts" in *Tijdschrift voor Philosophie* 27 (1965), 320–339.

Alexis, Raymond, „Die Bibelzitate in Werken des Strassburger Predigers Johannes Tauler: Ein Beitrag zum Problem der vorlutherischen Bibelverdeutschung" in *Revue des langues vivantes* 20 (1954), 397–411.

Almond, Ian, „How *Not* to Deconstruct a Dominican: Derrida on God und ‚Hypertruth'" in *Journal of the American Academy of Religion* 68 (2000), 329–345.

Altrock, Stephanie u. Hans-Joachim Ziegeler, „Vom *diener der ewigen weisheit* zum Autor Heinrich Seuse: Autorschaft und Medienwandel in den illustrierten Handschriften und Drucken von Heinrich Seuses ‚Exemplar'" in *Text und Kultur: Mittelalterliche Literatur 1150–1450*, hg. v. Ursula Peters, Stuttgart 2001, 150–188.

Ancelet-Hustache, Jeanne, *Master Eckhart and the Rhineland Mystics*, New York 1957.

Anderson, Wendy Love, „Free Spirits, Presumptuous Women, and False Prophets. Discernment of Spirits in the Late Middle Ages", Dissertation an der University of Chicago 2000.

Anzulewicz, Henryk, „Neuere Forschungen zu Albertus Magnus: Bestandsaufnahme und Problemstellungen" in *Recherches de théologie ancienne et médiévale* 66 (1999), 163–206.

– „Die platonische Tradition bei Albertus Magnus. Eine Hinführung" in *The Platonic Tradition in the Middle Ages: A Doxographical Approach*, hg. v. Stephen Gersh u. Maarten J. F. M. Hoenen, Berlin 2002, 207–277.

– „Pseudo-Dionysius und das Strukturprinzip des Denkens von Albert dem Großen" in *Die Dionysius-Rezeption im Mittelalter: Internationales Kolloquium in Sofia vom 8. bis 11. April 1999*, hg. v. T. Boiadjiev, G. Kapriev u. A. Steer, Turnhout 2000, 252–295.

Appel, Heinrich, „Die Syntheresis in der mittelalterlichen Mystik" in *Zeitschrift für Kirchengeschichte* 13 (1892), 535–544.

Arbman, Ernst, *Ecstasy or Religious Trance*, 2 Bde., Uppsala 1963.

Aston, Margaret, „Huizinga's Harvest: England and the Waning of the Middle Ages" in *Mediaevalia et Humanistica* n.s. 9 (1979), 1–24.

Auer, Johannes, „Das Buch von geistlicher Armut" im VL 1, 1082–1085.

Literatur

Auerbach, Erich, *Literary Language & Its Public in Late Latin Antiquity and the Middle Ages*, Princeton 1965.
Bach, Josef, *Meister Eckhart: Der Vater der deutschen Speculation*, Wien 1864.
Baert, Edward, „Le thème de la vision de Dieu chez S. Justin, Clément d'Alexandrie et S. Grégoire de Nysse" in *Freiburger Zeitschrift für Philosophie und Theologie* 12 (1965), 439–497.
Baeumker, Clemens, „Das pseudo-hermetische ‚Buch der vierundzwanzig Meister' (Liber XXIV philosophorum)" in *Studien und Charakteristiken zur Geschichte der Philosophie insbesondere des Mittelalters*, Münster 1927, 94–214.
Bailey, Michael D., *Battling Demons: Witchcraft, Heresy, and Reform in the Late Middle Ages*, University Park (Pennsylvania) 2003.
– „Religious Poverty, Mendicancy, and Reform in the Late Middle Ages" in *Church History* 72 (2003), 457–483.
Baring, Georg, *Bibliographie der Ausgaben der „Theologia Deutsch" (1516–1961): Ein Beitrag zur Lutherbibliographie. Mit Faksimiledruck der Erstausgabe und 32 Abbildungen*, Baden-Baden 1963.
Bauer, Gerhard, „‚Auch einer': Leiden, Weisheit, Mystik und Mystiker bei Johannes Geiler von Kaysersberg" in *Leiden und Weisheit in der Mystik*, hg. v. Bernd Jaspert, Paderborn 1992, 207–233.
– *Claustrum Animae: Untersuchungen zur Geschichte der Metapher vom Herzen als Kloster*, Band I: Entstehungsgeschichte, München 1972.
Baur, Ludwig, *Nicolaus Cusanus und Pseudo-Dionysius im Lichte der Zitate und Randbemerkungen des Cusanus*, Sitzungsberichte der Heidelberger Akademie der Wissenschaften/ Phil.-hist. Klasse, 32. Jahrgang 1940/41, Heidelberg 1943, 4 Abh. Cusanus-Texte 3. Marginalien 1.
Beccarisi, Alessandra, „Philosophische Neologismen zwischen Latein und Volkssprache: ‚isticʻ und ‚isticheitʻ bei Meister Eckhart, in *Recherches de théologie et philosophie médiévale* 70 (2003), 329–358.
Beck, Herbert u. Maraike Bückling, Hans Multscher: *Das Frankfurter Trinitätsrelief. Ein Zeugnis spekulativer Künstlerindividualität*, Frankfurt 1988.
Beierwaltes, Werner, „Der Begriff des ‚Unum in Nobis' bei Proklos" in *Die Metaphysik im Mittelalter: Ihr Ursprung und ihre Bedeutung*, hg. v. Paul Wilpert, Berlin 1963, 255–266.
– „Cusanus und Eriugena" in *Dionysius* 13 (1989), 115–152.
– „Deus Oppositio Oppositorum [Nicolaus Cusanus, De visione Dei XIII]" in *Salzburger Zeitschrift für Philosophie* 8 (1964), 175–185.
– „Mystische Elemente im Denken des Cusanus" in *Deutsche Mystik im abendländischen Zusammenhang: Neu erschlossene Texte, neue methodische Ansätze, neue theoretische Konzepte*, hg. v. Walter Haug u. Wolfram Schneider-Lastin, Tübingen 2000, 425–448.
– *Platonismus und Idealismus*, Frankfurt 1972.
– „Primum est dives per se: Meister Eckhart und der ‚Liber de causis'" in *On Proclus and His Influence in Medieval Philosophy*, hg. v. E. P. Bos u. P. A. Meijer, Leiden 1992, 141–169.
– *Proklus: Grundzüge seiner Metaphysik*, Frankfurt 1965.
– „Unity and Trinity East and West" in *Eriugena East and West*, hg. v. Bernard McGinn u. Willemien Otten, Notre Dame (Indiana) 1995, 209–231.
– „Der verborgene Gott: Cusanus und Dionysius" in Werner Beierwaltes, *Platonismus im Christentum*, Frankfurt 1998, 130–171.
– „Das Verhältnis von Philosophie und Theologie bei Nicolaus Cusanus" in *Nikolaus von Kues 1401–2001. Mitteilungen und Forschungsbeiträge der Cusanus-Gesellschaft* 28, Trier 2003, 65–102.
– *Visio facialis – Sehen ins Angesicht: Zur Coincidenz des endlichen und unendlichen Blicks bei Cusanus*. Bayerische Akademie der Wissenschaften, Phil.-hist. Klasse, Sitzungsberichte Jahrgang 1988, Heft 1, München 1988.

Belting, Hans, *Das Bild und sein Publikum im Mittelalter: Form und Funktion früher Bildtafeln der Passion*, Berlin 1981.
Benko, Stephen, *Pagan Rome and the Early Christians*, Bloomington (Indiana) 1986.
Berger, Kurt, *Die Ausdrücke der Unio mystica im Mittelhochdeutschen*, Berlin 1935.
Bernhart, Joseph, *Die philosophische Mystik des Mittelalters von ihren antiken Ursprüngen bis zur Renaissance*, München 1922.
Biffi, Inos, *Teologia, Storia e Contemplazione in Tommaso d'Aquino*, Mailand 1995.
Bihlmeyer, Karl, „Einleitung" in *Seuse: Deutsche Schriften*, Stuttgart 1907, 3*–163*.
- „Griechische Gedanken in einem mittelalterlichen mystischen Gedicht" in *Theologische Zeitschrift* 4 (1948), 192–212.
- „Die schwäbische Mystikerin Elsbeth Achler von Reute (+ 1429) und die Überlieferung ihrer Vita" in *Festschrift Philipp Strauch*, hg. v. G. Baesecke u. F. J. Schneider, Halle 1932, 88–109.
Bizet, J.-A., „Henri Suso" im DS 7, 234–257.
- „Le Mysticisme de Henri Suso: Texte inédit de Jean Baruzi" in *Revue d'Histoire de la Spiritualité* 51 (1975), 209–266.
Blamires, David, „Introduction" in *The Book of Perfect Life*, Walnut Creek (California) 2003, 1–28.
Blank, Walter, „Heinrich Seuses ‚Vita': Literarische Gestaltung und pastorale Funktion seines Schrifttums" in *Zeitschrift für deutsches Altertum und deutsche Literatur* 122 (1993), 285–311.
Blumenberg, Hans, „Ausblick auf eine Theorie der Unbegrifflichkeit" in *Theorie der Metapher*, hg. v. Anselm Haverkamp, Darmstadt 1983, 438–454.
- „Beobachtungen an Metaphern" in *Archiv für Begriffsgeschichte* 15 (1971), 161–214.
- „Paradigmen zu einer Metaphorologie" in *Archiv für Begriffsgeschichte* 6 (1960), 7–142.
Blumrich, Rüdiger, „Die deutschen Predigten Marquards von Lindau: Ein franziskanischer Beitrag zur *Theologia mystica*" in *Albertus Magnus und der Albertismus: Deutsche philosophische Kultur des Mittelalters*, hg. v. Maarten J. F. M. Hoenen u. Alain de Libera, Leiden 1995, 155–172.
- „Feuer der Liebe: Franziskanische Theologie in den deutschen Predigten Marquards von Lindau" in *Wissenschaft und Weisheit* 54 (1991), 44–55.
- u. Philipp Kaiser Hg., *Heinrich Seuses Philosophia spiritualis: Quellen, Konzept, Formen und Rezeption*, Wiesbaden 1994.
Boespflug, François, „Apophatisme théologique et abstinence figurative: Sur l'irreprésentabilité de Dieu (le Père)" in *Revue des sciences religieuses* 72 (1998), 446–468.
Bond, H. Lawrence, „The ‚Icon' and the ‚Iconic Text' in Nicholas of Cusa's *De Visione Dei*" in *Nicholas of Cusa and His Age: Intellect and Spirituality*, hg. v. Thomas M. Izbicki u. Christopher M. Bellitto, Leiden 2002, 177–197.
- „Introduction" in *Nicholas of Cusa: Selected Spiritual Writings*, New York 1997, 3–84.
- „Nicholas of Cusa and the Reconstruction of Theology: The Centrality of Christology and the Coincidence of Opposites" in *Contemporary Reflections on the Medieval Christian Tradition: Essays in Honor of Ray C. Petry*, hg. v. George H. Shriver, Durham 1974, 81–94.
- „Nicholas of Cusa from Constantinople to ‚Learned Ignorance': The Historical Matrix for the Formation of *De Docta Ignorantia*" in *Nicholas of Cusa on Christ and the Church*, hg. v. Gerald Christianson u. Thomas M. Izbicki, Leiden 1996, 135–163.
Booth, Edward, *Aristotelian Aporetic Ontology in Islamic and Christian Thinkers*, Cambridge 1983.
Boss, G. u. G. Seel (Hg.), *Proclus et son influence: Actes du Colloque de Neuchâtel*, Zürich 1987.
Boyle, Marjorie O'Rourke, „Cusanus at Sea: The Topicality of Illuminative Discourse" in *Journal of Religion* 71 (1991), 180–201.
Brady, Thomas A. Jr., Heiko A. Oberman u. James D. Tracy (Hg.), *Handbook of European*

History, 1400–1600: Late Middle Ages, Renaissance, and Reformation, 2 Bde., Grand Rapids 1996.
Braunfels, Wolfgang, *Die heilige Dreifaltigkeit*, Düsseldorf 1954.
Bremond, Henri, *Prière et Poésie*, Paris 1926.
Brient, Elizabeth, „Meister Eckhart and Nicholas of Cusa on the ‚Where' of God" in *Nicholas of Cusa and His Age*, hg. v. Thomas M. Izbicki u. Christopher M. Bellitto, Leiden 2002, 127–150.
Bruhl, Adrien, *Liber Pater, origine et expansion du culte dionysiaque à Rome et dans le monde romain*, Paris 1953.
Brunner, Fernand, „L'analogie chez Maître Eckhart" in *Freiburger Zeitschrift für Philosophie und Theologie* 16 (1969), 333–349.
Buning, Marius, „Negativity Then and Now: An Exploration of Meister Eckhart, Angelus Silesius and Jacques Derrida" in *The Eckhart Review* (Spring 1995), 19–35.
Bürkle, Susanne, *Literatur im Kloster: Historische Funktion und rhetorische Legitimation frauenmystischer Texte des 14. Jahrhunderts*, Tübingen u. Basel 1999.
Burr, David, *The Spiritual Franciscans: From Protest to Persecution in the Century after Saint Francis*, Philadelphia 2001.
Burrell, David B., *Aquinas. God and Action*, Notre Dame (Indiana) 1979.
– „Aquinas on Naming God" in *Theological Studies* 24 (1963), 183–212.
Bynum, Caroline Walker, *Holy Feast and Holy Fast: The Religious Significance of Food to Medieval Women*, Berkeley 1987.
Caciola, Nancy, *Discerning Spirits: Divine and Demonic Possession in the Middle Ages*, Ithaca (New York) 2003.
Camelot, P. T., *Foi et Gnose: Introduction à l'étude de la connaissance mystique chez Clément d'Alexandrie*, Paris 1945.
Camille, Michael, *Gothic Art: Glorious Visions*, New York 1996.
– „Mimetic Identification and Passion Devotion in the Later Middle Ages: A Double-sided Panel by Meister Francke", in *The Broken Body: Passion Devotion in Late-Medieval Culture*, hg. v. A. A. MacDonald, H. N. B. Ridderbos u. R. M. Schlusemann, Groningen 1998, 183–210.
– „Seductions of the Flesh: Meister Francke's Female ‚Man' of Sorrow" in *Frömmigkeit im Mittelalter: Politisch-sozialer Kontext, visuelle Praxis, körperliche Ausdrucksformen*, hg. v. Klaus Schreiner u. Marc Müntz, München 2002, 243–269.
Caner, Daniel, *Wandering, Begging Monks: Spiritual Authority and the Promotion of Monasticism in Late Antiquity*, Berkeley u. Los Angeles 2002.
Caputo, John D., „Fundamental Themes of Eckhart's Mysticism" in *The Thomist* 42 (1978), 197–225.
– *The Mystical Element in Heidegger's Thought*, Athens (Ohio) 1978.
– „Mysticism and Transgression: Derrida and Meister Eckhart" in *Derrida and Deconstruction*, hg. v. Hugh J. Silverman, London 1989, 24–39.
– „The Nothingness of the Intellect in Meister Eckharts ‚Parisian Questions'" in *The Thomist* 39 (1975), 85–115.
Casarella, Peter, „*His Name is Jesus:* Negative Theology and Christology in Two Writings of Nicholas of Cusa from 1440" in *Nicholas of Cusa on Christ and the Church*, hg. v. Gerald Christanson u. Thomas M. Izbicki, Leiden 1996, 281–307.
– „Neues zu den Quellen der cusanischen Mauer-Symbolik" in *Mitteilungen und Forschungsbeiträge der Cusanus-Gesellschaft* 19 (1990), 273–286.
– „Nicholas of Cusa on the Power of the Possible" in *American Catholic Philosophical Quarterly* 64 (1990), 7–34.
Cassirer, Ernst, *Individuum und Kosmos in der Philosophie der Renaissance*, Leipzig 1927, Nachdruck Darmstadt 1963.
Cavicchioli, Curzio, „Meister Eckhart e la morte dello spirito: Un sermone apocrifo" in *Rivista di Ascetica e Mistica* 21 (1996), 181–206.

Champollion, Claire, „La place des termes ‚gemuete' et ‚grunt' dans le vocabulaire de Tauler" in *La mystique rhénane*, Paris 1963, 179–192.
Charles-Saget, Annick, „Non-être et Néant chez Maître Eckhart" in *Voici Maître Eckhart*, hg. v. Emilie Zum Brunn, Grenoble 1994, 301–318.
Chiquot, A., „Amis de Dieu" im DS 1, 493–500.
– „Buch von geistlicher Armut (Das)" im DS 1, 1976–1978.
Clark, James M., *The Great German Mystics: Eckhart, Tauler and Suso*, Oxford 1949.
Clark, J. P. H., „Sources and Theology in ‚The Cloud of Unknowing'" in *Downside Review* 98 (1980), 83–109.
Clark, Susan L. u. Julian S. Wasserman, „*Purity* and *Das Neunfelsenbuch*: The Presentation of God's Judgment in Two Fourteenth-Century Works" in *Arcadia* 18 (1983), 179–184.
– „The Soul as Salmon: Merwin's *Neunfelsenbuch* and the Idea of Parable" in *Colloquia Germanica* 13 (1980), 47–56.
Cognet, Louis, Introduction aux mystiques rhéno-flamands, Paris 1968.
Cohn, Norman, *The Pursuit of the Millennium*, New York 1970.
Colledge, Edmund, „Introductory Interpretative Essay" in *The Mirror of Simple Souls*, Notre Dame (Indiana) 1999, xxv-lxxxvii.
– u. J. C. Marler, „‚Mystical' Pictures in the Suso ‚Exemplar' Ms Strasbourg 2929" in *Archivum Fratrum Praedicatorum* 54 (1984), 293–354.
– u. J. C. Marler, „‚Poverty of Will': Ruusbroec, Eckhart and the Mirror of Simple Souls" in *Jan van Ruusbroec: The sources, content, and sequels of his mysticism*, hg. v. Paul Mommaers u. N. de Paepe, Löwen 1984, 14–47.
Constable, Giles, *Three Studies in Medieval Religious and Social Thought*, Cambridge 1995.
„Contemplation" im DS 2, 1643–2193 (viele Autoren).
Cousins, Ewert, „Francis of Assisi: Christian Mysticism at the Crossroads" in *Mysticism and Religious Traditions*, hg. v. Steven Katz, Oxford 1983, 163–190.
– „Die menschliche Natur Christi und seine Passion" in *Geschichte der christlichen Spiritualität* Bd. 2: *Hochmittelalter und Reformation*, hg. v. Jill Raitt u. a., Würzburg 1995, 383–399.
Cranz, F. Edward, „The *De aequalitate* and *De principio* of Nicholas of Cusa" in *F. Edward Cranz: Nicholas of Cusa and the Renaissance*, hg. v. Thomas M. Izbicki u. Gerald Christianson, Aldershot (England) 2000, 61–70.
– „The Late Works of Nicholas of Cusa" in *Nicholas of Cusa and the Renaissance* 43–60.
– „St. Augustine and Nicholas of Cusa in the Tradition of the Western Christian Thought" in *Nicholas of Cusa and the Renaissance* 73–94.
Cunningham, Francis L. B., *The Indwelling of the Trinity: A Historico-Doctrinal Study of the Theory of St. Thomas Aquinas*, Dubuque 1955.
Cupitt, Don, *Mysticism and Modernity*, Oxford 1998.
d'Alverny, Marie-Thérèse, „Un témoin muet des luttes doctrinales du XIIIe siècle" in *Archives d'histoire doctrinale et littéraire du moyen âge* 24 (1949), 223–248.
D'Ancona Costa, Cristina, „Sources et Structure du *Liber de Causis*" in C. D'Ancona Costa, *Recherches sur le Liber de Causis*, Paris 1995, 23–52.
– „La doctrine de la création ‚mediante intelligentia' dans le *Liber de causis* et dans ses sources" in *Recherches sur le Liber de causis* 73–95.
Dannenfeldt, K. H. u. a., „Hermetica Philosophica" in *Catalogus Translationum et Commentariorum: Medieval and Renaissance Latin Translations and Commentaries*, hg. v. P. O. Kristeller u. a., Washington, D.C. 1960, I, 137–156.
Davies, Oliver, *God Within: The Mystical Tradition of Northern Europe*, London 1988.
– *Meister Eckhart: Mystical Theologian*, London 1991.
– *Meister Eckhart: Selected Writings*, London 1994.
– „Why Were Eckhart's Propositions Condemned?" in *New Blackfriars* 71 (1990), 433–445.
de Andia, Ysabel, „*pathôn ta theia*" in *Platonism in Late Antiquity*, hg. v. Stephen Gersh u. Charles Kannengiesser, Notre Dame (Indiana) 1992.

de Certeau, Michel, „The Gaze of Nicholas of Cusa" in *Diacritics: A Review of Contemporary Criticism* 3 (1987), 2–38.
- *The Mystic Fable*, Chicago 1992.
de Gandillac, Maurice, *Valeur du temps dans la pédagogie spirituelle de Jean Tauler*, Paris/Montréal 1956.
- „La ‚dialectique' du Maître Eckhart" in *La mystique rhénane*, Paris 1963.
de Guibert, Joseph, *Documenta ecclesiastica christianae perfectionis studium spectantia*, Rom 1931.
Delacroix, Henry, *Essai sur le mysticisme spéculatif en Allemagne au XIVe siècle*, Paris 1900.
de Libera, Alain, *Albert le Grand et la philosophie*, Paris 1990.
- „À propos de quelques théories logiques de Maître Eckhart: Existe-t-il une tradition médiévale de la logique néo-platonicienne?" in *Revue de théologie et de philosophie* 113 (1981), 1–24.
- *La mystique rhénane d'Albert le Grand à Maître Eckhart*, Paris 1994.
- „On Some Philosophical Aspects of Meister Eckhart's Teaching" in *Freiburger Zeitschrift für Philosophie und Theologie* 45 (1998), 151–168.
- *Le problème de l'être chez Maître Eckhart: Logique et métaphysique de l'analogie*. Cahiers de la Revue de théologie et de philosophie, Genf 1980.
- „L'Un ou la Trinité" in *Revue des sciences religieuses* 70 (1996), 31–47.
Dengelhardt, Ingeborg, *Studien zum Wandel des Eckhartsbildes*, Leiden 1967.
Denifle, Heinrich Seuse, „Einleitung" in *Das Buch von geistlicher Armuth, bisher bekannt als Johann Taulers Nachfolgung des armen Lebens Christi*, München 1877.
- „Der Gottesfreund im Oberland und Nikolaus von Basel" in *Historische und politische Blätter* 75 (1875), 17–38; 93–122; 245–266 u. 340–354.
- „Das Leben der Margaretha von Kentzingen: Ein Beitrag zur Geschichte des Gottesfreundes im Oberland" in *Zeitschrift für deutsches Alterthum* 19 (1876), 478–491.
- „Meister Eckeharts lateinische Schriften und die Grundanschauungen seiner Lehre" in *Archiv für Literatur- und Kirchengeschichte des Mittelalters* 2 (1886), 417–615.
- „Taulers Bekehrung" in *Historische und politische Blätter* 84 (1879), 797–815 u. 877–897.
- *Taulers Bekehrung: Kritisch untersucht*, Strassburg 1879.
Devaux, Augustin, „Surius (Sauer, Laurent)" im DS 14, 1325–1329.
- „Vincent d'Aggsbach" im DS 16, 804–806.
Dietsche, Bernward, „Der Seelengrund nach den deutschen und lateinischen Predigten" in *Meister Eckhart der Prediger: Festschrift zum Eckhart-Gedenkjahr*, hg. v. Udo M. Nix u. Raphael Öchslin, Freiburg 1960, 200–258.
Dimier, M.-A., „Pour la fiche *spiritus libertatis*" in *Revue du moyen âge latin* 3 (1947), 56–60.
Dinzelbacher, Peter, *Christliche Mystik im Abendland. Ihre Geschichte von den Anfängen bis zum Ende des Mittelalters*, Paderborn 1994.
- *Vision und Visionsliteratur im Mittelalter*, Stuttgart 1981.
- u. Kurt Ruh, „Magdalena von Freiburg" im VL 5,1117–1121.
Dobie, Robert, „Meister Eckhart's Metaphysics of Detachment" in *The Modern Schoolman* 80 (2002), 35–54.
- „Reason and Revelation in the Thought of Meister Eckhart" in *The Thomist* 67 (2003), 409–438.
Dondaine, H. F., *Le Corpus Dionysien de l'université de Paris au XIIIe siècle*, Rom 1953.
D'Onofrio, Giulio, *Storia della teologia nel Medioevo* Bd. 2: *La grande fioritura*, Casale Monferrato 1996.
Douglass, E. Jane Dempsey, *Justification in Late Medieval Preaching: A Study of John Geiler of Keisersberg*, 2. Aufl. Leiden 1989.
Duclow, Donald F., „Hermeneutics and Meister Eckhart" in *Philosophy Today* 28 (1984), 36–43.
- „The Hungers of Hadewijch and Eckhart" in *Journal of Religion* 80 (2000), 421–441.
- „Life and Works" in *Introducing Nicholas of Cusa: A Guide to a Renaissance Man*, hg. v.

Christopher M. Bellitto, Thomas M. Izbicki u. Gerald Christianson, New York 2004, 25–56.
- „Meister Eckhart on the Book of Wisdom: Commentary and Sermons" in *Traditio* 43 (1987), 215–235.
- „Mystical Theology and Intellect in Nicholas of Cusa" in *American Catholic Philosophical Quarterly* 64 (1990), 111–129.
- „,My Suffering Is God': Meister Eckhart's *Book of Divine Consolation*" in *Theological Studies* 44 (1983), 570–586.
- „Nicholas of Cusa in the Margins of Meister Eckhart: Codex Cusanus 21" in *Nicholas of Cusa in Search of God and Wisdom*, hg. v. Gerald Christianson u. Thomas M. Izbicki, Leiden 1991, 57–69.
- „Pseudo-Dionysius, John Scotus Eriugena, Nicholas of Cusa: An Approach to the Hermeneutics of the Divine Names" in *International Philosophical Quarterly* 12 (1972), 260–278.
- „,Whose Image Is This?' in Eckhart's *Sermones*" in *Mystics Quarterly* 15 (1989), 29–40.

Dupré, Louis, „The Mystical Theology of Nicholas of Cusa's *De visione dei*" in *Nicholas of Cusa on Christ and the Church*, hg. v. Gerald Christianson u. Thomas M. Izbicki, Leiden 1996, 205–220.
- „Nature and Grace in Cusa's Mystical Philosophy" in *American Catholic Philosophical Quarterly* 64 (1990), 153–170.
- *Passage to Modernity: An Essay in the Hermeneutics of Nature and Culture*, New Haven 1993.

Dupré, Wilhelm, „Absolute Truth and Conjectural Insight" in *Nicholas of Cusa on Christ and the Church*, hg. v. Gerald Christianson u. Thomas Izbicki, Leiden 1996, 323–338.
- „Das Bild und die Wahrheit" in *Das Sehen Gottes nach Nikolaus von Kues*, hg. v. Rudolf Haubst. Mitteilungen und Forschungsbeiträge der Cusanus-Gesellschaft 18, Trier 1989, 125–166.

Egenter, Richard, *Gottesfreundschaft: Die Lehre von der Gottesfreundschaft in der Scholastik und Mystik des 12. und 13. Jahrhunderts*, Augsburg 1928.

Egerding, Michael, „Johannes Taulers Auffassung vom Menschen" in *Freiburger Zeitschrift für Philosophie und Theologie* 39 (1992), 105–129.
- *Die Metaphorik der spätmittelalterlichen Mystik*, 2 Bde., Paderborn 1997.

Elliott, Dyan, „Authorizing a Life: The Collaboration of Dorothea of Montau and John Marienwerder" in *Gendered Voices: Medieval Saints and Their Interpreters*, hg. v. Catherine M. Mooney, Philadelphia 1999, 168–191.
- „*Dominae* or *Dominatae*? Female Mysticism and the Trauma of Textuality", in *Women, Marriage, and Family in Medieval Christendom: Essays in Memory of Michael M. Sheehan C.S.B.*, hg. v. Constance M. Rousseau u. Joel T. Rosenthal, Kalamazoo 1998, 57–61.
- *Proving Women: Female Spirituality and Inquisitorial Culture in the Later Middle Ages*, Princeton 2004.

Enders, Markus, *Das mystische Wissen bei Heinrich Seuse*, Paderborn 1993.
- „Selbsterfahrung als Gotteserfahrung: Zum Individualitätsbewusstsein bei Johannes Tauler" in *Individuum und Individualität im Mittelalter*, hg. v. Jan A. Aertsen u. Andreas Speer, Berlin 1996, 642–664.

Euler, Walter, „Die Predigten des Nikolaus von Kues" in *Trierer theologische Zeitschrift* 110 (2001), 280–293.
- „Proclamation of Christ in Selected Sermons from Cusanus' Brixen Period" in *Nicholas of Cusa and His Age: Intellect and Spirituality*, hg. v. Thomas M. Izbicki u. Christopher M. Bellitto, Leiden 2002, 89–103.

Fechter, Werner, „Meyer, Johannes, OP" im VL 6,474–489.

Festugière, A.-J., *La révélation d'Hermes Trismégiste*, 4 Bde, Paris 1950–1954.

Fidora, Alexander u. Andreas Niederberger, *Von Bagdad nach Toledo: Das „Buch der Ursachen" und seine Rezeption im Mittelalter*, Mainz 2001.

LITERATUR

- *Vom Einen zum Vielen: Der neue Aufbruch der Metaphysik im 12. Jahrhundert*, Frankfurt 2002.
Filthaut, Ephrem M., Hg., *Heinrich Seuse: Studien zum 600. Todestag, 1366–1966*, Köln 1966.
- Hg., *Johannes Tauler, ein deutscher Mystiker. Gedenkschrift zum 600. Todestag*, Essen 1961.
Fischer, C., „Bonaventure (Apocryphes attribuées à saint)" im DS 1,1843–1856.
Fischer, Heribert, „Fond de l'Âme: I, Chez Maître Eckhart" im DS 5,650–661.
- „Grundgedanken der deutschen Predigten" in *Meister Eckhart der Prediger*, hg. v. Udo M. Nix u. Raphael Öchslin, Freiburg 1960, 55–59.
- „Zur Frage nach der Mystik in den Werken Meister Eckharts" in *La mystique rhénane*, Paris 1963, 109–132.
Flasch, Kurt, „Die Intention Meister Eckharts" in *Sprache und Begriff: Festschrift für Bruno Liebrucks*, hg. v. Heinz Röttges, Meisenheim am Glan 1974, 292–318.
- „Meister Eckhart: Versuch, ihn aus dem mystischen Strom zu retten" in *Gnosis und Mystik in der Geschichte der Philosophie*, hg. v. Peter Koslowski, Darmstadt 1988, 94–110.
- *Nikolaus von Kues – Geschichte einer Entwicklung: Vorlesungen zur Einführung in seine Philosophie*, Frankfurt 1998.
- „Procedere ut imago: Das Hervorgehen des Intellekts aus seinem göttlichen Grund bei Meister Dietrich, Meister Eckhart und Berthold von Moosburg" in *Abendländische Mystik im Mittelalter*, hg. v. Kurt Ruh, Stuttgart 1986, 125–134.
Forman, Robert, *Meister Eckhart: Mystic as Theologian*, Rockport (Massachusetts) 1991.
Fowden, Garth, *The Egyptian Hermes: A Historical Approach to the Late Pagan Mind*, Cambridge 1986.
Fraioli, Deborah A., *Joan of Arc: The Early Debate*, Woodbridge (England) 2000.
Freedburg, David, *The Power of Images: Studies in the History and Theory of Response*, Chicago 1989.
Führer, Mark L., „Albertus Magnus' Theory of Divine Illumination" in *Albertus Magnus: Zum Gedenken nach 800 Jahren: Neue Zugänge, Aspekte und Perspektiven*, hg. v. Walter Senner u. a., Berlin 2001, 141–155.
- „The Consolation of Contemplation in Nicholas of Cusa's *De visione dei*" in *Nicholas of Cusa on Christ and the Church*, hg. v. Gerald Christianson u. Thomas M. Izbicki, Leiden 1996, 221–240.
Fulton, Rachel, *From Judgment to Passion: Devotion to Christ and the Virgin Mary, 800–1200*, New York 2002.
Gadamer, Hans-Georg, „Hegel und die Dialektik der antiken Philosophen" in *Hegels Dialektik: Fünf hermeneutische Studien*, Tübingen 1971.
Gandlau, Thomas, *Trinität und Kreuz: Die Nachfolge Christi in der Mystagogie Johannes Taulers*, Freiburg 1993.
Ganoczy, Alexandre, *Der dreieinige Schöpfer: Trinitätstheologie und Synergie*, Darmstadt 2001.
Gersh, Stephen E., „Berthold of Moosburg and the Content and Method of Platonic Theology" in *Nach der Verurteilung von 1277: Philosophie und Theologie an der Universität von Paris im letzten Viertel des 13. Jahrhunderts. Studien und Texte*, hg. v. Jan A. Aertsen, Kent Emery Jr. u. Andreas Speer, Berlin 2001, 493–503.
- *From Iamblichus to Eriugena: An Investigation of the Prehistory and Evolution of the Pseudo-Dionysian Tradition*, Leiden 1978.
Geyer, Bernhard, „Albertus Magnus und Meister Eckhart" in *Festschrift Josef Quint anlässlich seines 65. Geburtstages überreicht*, hg. v. Hugo Moser u. a., Bonn 1964, 121–126.
Gnädinger, Louise, „‚Der Abgrund ruft dem Abgrund': Taulers Predigt Beati oculi (V 45)" in *Das „einig Ein": Studien zur Theorie und Sprache der deutschen Mystik*, hg. v. Alois M. Haas u. Heinrich Stirnimann, Freiburg/Schweiz 1980, 167–207.
- „Die Altväterzitate im Predigtwerk Johannes Taulers" in *Unterwegs zur Einheit: Festschrift*

für Heinrich Stirnimann, hg. v. Johannes Brantschen u. Pietro Selvatico, Freiburg/Schweiz 1980, 253–267.
- *Johannes Tauler: Lebenswelt und mystische Lehre*, München 1993.

Gillen, Otto, „Braut-Bräutigam" und „Brautmystik" im *Reallexikon zur deutschen Kunstgeschichte*, hg. v. O. Schmidt, Stuttgart u. München 1937, II,1110–1124 u. 1130–1134.

Glorieux, Palémon, „Gerson (Jean)" im DS 6, 314–331.

Gorceix, Bernard, *Amis de Dieu en Allemagne au siècle de Maître Eckhart*, Paris 1984.

Goris, Wouter, *Einheit als Prinzip und Ziel: Versuch über die Einheitsmetaphysik des „Opus tripartitum" Meister Eckharts*, Leiden 1997.

Grabmann, Martin, „Bayerische Benediktinermystik am Ausgang des Mittelalters" in *Benediktinische Monatsschrift zur Pflege religiösen und geistigen Lebens* 2 (1920), 196–202.
- „Der Einfluss Alberts des Großen auf das mittelalterliche Geistesleben: Das deutsche Element in der mittelalterlichen Scholastik und Mystik" in Martin Grabmann, *Mittelalterliches Geistesleben* II, München 1936, 325–412.
- „Die Erklärung des Bernhard von Waging O.S.B. zum Schlusskapitel von Bonaventuras Itinerarium mentis in Deum" in *Franziskanische Studien* 8 (1925), 125–135.
- „Die Lehre des hl. Thomas von Aquin von der *scintilla animae* in ihrer Bedeutung für die deutsche Mystik des Predigerordens" in *Jahrbuch für Philosophie und spekulative Theologie* 14 (1900), 413–427.

Grant, Robert M. „Gnostische Spiritualität" in *Geschichte der christlichen Spiritualität* Bd. I, hg. v. Bernard McGinn u. a., Würzburg 1993, 71–87.

Greenspan, Karen (Kate), „Autohagiography and Medieval Women's Spiritual Autobiography" in *Gender and Text in the Later Middle Ages*, hg. v. Jane Chance, Gainesville (Florida) 1996, 216–236.
- „Erklaerung des Vaterunsers: A critical edition of a 15th century mystical treatise by Magdalena Beutler of Freiburg", Dissertation an der University of Massachusetts 1984.

Grégoire, Réginald, „Sang" im DS 14, 319–333.

Greith, Carl, *Die deutsche Mystik im Prediger-Orden (von 1250–1350)*, Freiburg i. Br. 1861.

Grundmann, Herbert, „Ketzerverhöre des Spätmittelalters als quellenkritisches Problem" in *Deutsches Archiv für Erforschung des Mittelalters* 21 (1965), 519–575.
- *Religiöse Bewegungen im Mittelalter*, Berlin 1935; Nachdruck Darmstadt 1970.

Guagliardo, Vincent A., „Introduction" in *Thomas Aquinas: Commentary on the Book of Causes*, übers. v. Vicent A. Guagliardo, Charles R. Hess u. Richard C. Taylor, Washington, D.C. 1996, ix-xxxvii.

Guarnieri, Romana, „Frères du Libre Esprit" im DS 5, 1241–1268.
- „Gesuati" in *Dizionario degli Istituti di Perfezione*, hg. Guerrino Pelliccia u. Giancarlo Rocca, 11 Bde., Rom 1973–2003, IV,1116–1130.
- „Il Movimento dello Libero Spiritu dalle Origini al Secolo XVI" in *Archivio Italiano per la Storia della Pietà* 4 (1965), 353–708.

Guillaumont, Antoine, „Messaliens" im DS 10, 1074–1083.

Gullick, Etta u. Optat de Veghel, „Herp (Henri de; Harphius)" im DS 7, 346–366.

Gutiérrez, David, „Ermites de Saint-Augustin" im DS 4, 983–1018.

Haas, Alois Maria, „Aktualität und Normativität Meister Eckharts" in *Eckhardus Theutonicus, homo doctus et sanctus: Nachweise und Berichte zum Prozess gegen Meister Eckhart*, hg. v. Heinrich Stirnimann u. Ruedi Imbach, Freiburg/Schweiz 1992, 203–268.
- „Die Aktualität Meister Eckharts: Ein Klassiker der Mystik (ca. 1260- 1328)" in *Gottes Nähe: Religiöse Erfahrung in Mystik und Offenbarung. Festschrift zum 65. Geburtstag von Josef Sudbrack*, hg. v. Paul Imhoff, Würzburg 1990, 79–94.
- „„Die Arbeit der Nacht': Mystische Leiderfahrung nach Johannes Tauler" in *Die dunkle Nacht der Sinne: Leiderfahrung und christliche Mystik*, hg. v. Gotthard Fuchs u. a., Düsseldorf 1989, 9–40.
- „Die Beurteilung der vita contemplativa und vita activa in der Dominikanermystik des

14. Jahrhunderts" in Alois M. Haas, *Gottleiden – Gottlieben: Zur volkssprachlichen Mystik im Mittelalter*, Frankfurt 1989, 97–108.
- *DEUM MISTICE VIDERE ... IN CALIGINE COINCIDENCIE: Zum Verhältnis Nikolaus' von Kues zur Mystik*, Basel u. Frankfurt 1989.
- „Deutsche Mystik" in *Geschichte der deutschen Literatur III/2: Die deutsche Literatur im späten Mittelalter 1250–1370*, hg. v. Ingeborg Glier, München 1987, 234–305.
- „Dichtung in christlicher Mystik und Zen-Buddhismus" in *Zen Buddhism Today* 9 (1992), 86–116.
- „Gottesfreundschaft" in Alois M. Haas, *Mystik im Kontext*, München 2004, 195–202.
- „Granum sinapis – An den Grenzen der Sprache" in Alois M. Haas, *Sermo mysticus. Studien zur Theologie und Sprache der deutschen Mystik*, Freiburg/Schweiz 1979, 301–329.
- „Jesus Christus – Inbegriff des Heils und verwirklichte Transzendenz im Geist der deutschen Mystik" in Alois M. Haas, *Geistliches Mittelalter*, Freiburg/Schweiz 1984, 291–314.
- „Johannes Tauler" in *Sermo mysticus* 255–295.
- *Kunst rechter Gelassenheit: Themen und Schwerpunkte von Heinrich Seuses Mystik*, Bern 1995.
- „Mechthild von Magdeburg" in *Sermo mysticus* 67–135.
- *Meister Eckhart als normative Gestalt geistlichen Lebens*, 2. Aufl. Freiburg 1995.
- „Meister Eckharts geistliches Predigtprogramm" in *Geistliches Mittelalter* 317–338.
- „Meister Eckhart. Mystische Bildlehre" in *Sermo mysticus* 209–237.
- „Meister Eckharts Auffassung von Zeit und Ewigkeit" in *Geistliches Mittelalter* 339–355.
- „Meister Eckhart und die deutsche Sprache" in *Geistliches Mittelalter* 215–238.
- „MORS MYSTICA: Ein mystologisches Motiv" in *Sermo mysticus* 392–480.
- „Mystische Erfahrung und Sprache" in *Sermo mysticus* 19–36.
- „Das mystische Paradox" in *Das Paradox: Eine Herausforderung des abendländischen Denkens*, hg. v. Paul Geyer u. Roland Hagenbüchle, Tübingen 1992, 273–289.
- *NIM DIN SELBES WAR: Studien zur Lehre von der Selbsterkenntnis bei Meister Eckhart, Johannes Tauler und Heinrich Seuse*, Freiburg/Schweiz 1971.
- „The Nothingness of God and its Explosive Metaphors" in *The Eckhart Review* 8 (1999), 6–17.
- „... ‚Das Persönliche und Eigene verleugnen': Mystische vernichtigkeit und verworffenheit sein selbs im Geiste Meister Eckharts" in *Individualität: Poetik und Hermeneutik XIII*, hg. v. Manfred Frank u. Anselm Haverkamp, München 1988, 106–122.
- „Seinsspekulation und Geschöpflichkeit in der Mystik Meister Eckharts" in *Sein und Nichts in der abendländischen Mystik*, hg. v. Walter Strolz, Freiburg 1984, 33–58.
- „Schulen der spätmittelalterlichen Mystik" in *Geschichte der christlichen Spiritualität* Bd. 2: *Hochmittelalter und Reformation*, hg. v. Jill Raitt u.a., Würzburg 1995, 154–187.
- „Sprache und mystische Erfahrung nach Tauler und Seuse" in *Geistliches Mittelalter* 239–247.
- „Die ‚Theologia Deutsch': Konstitution eines mystologischen Texts" in *Das „einig Ein": Studien zu Theorie und Sprache der deutschen Mystik*, hg. v. Alois M. Haas u. Heinrich Stirnimann, Freiburg/Schweiz 1980, 369–415.
- „‚Trage Leiden gedultiglich': Die Einstellung der deutschen Mystik zum Leiden" in *Zeitwende* 57 no. 3 (1986), 154–175.
- u. Kurt Ruh, „Seuse, Heinrich OP" im VL 8, 1109–1129.

Hackett, Jeremiah, „The Reception of Meister Eckhart: Mysticism, Philosophy and Theology in Jordanus of Quedlinburg and Henry of Friemar (The Older)" in Andreas Speer u. Lydia Wegener (Hg.), *Meister Eckhart in Erfurt*, Bd. 32 der *Miscellanea Mediaevalia*, Berlin – New York 2005.

Hadot, Pierre, *Philosophie als Lebensform: Antike und moderne Exerzitien der Weisheit*, Frankfurt 2003.

Hamburger, Jeffrey F., „Medieval Self-Fashioning: Authorship, Authority and Autobiogra-

phy in Seuse's *Exemplar*" in *Christ among the Medieval Dominicans*, hg. v. Kent Emery Jr. u. Joseph P. Wawrykow, Notre Dame (Indiana), 1998, 430–461.
- *Nuns as Artists: The Visual Culture of a Medieval Convent*, Berkeley 1997.
- „Revelation and Concealment: Apophatic Imagery in the Trinitarian Miniatures of the Rothschild Canticles". Beinecke Studies in Early Manuscripts, in *The Yale University Library Gazette* 66, Supplement (1991), 134–158.
- *The Rothschild Canticles: Art and Mysticism in Flanders and the Rhineland circa 1300*, New Haven 1990.
- *St. John the Divine: The Deified Evangelist in Medieval Art and Theology*, Berkeley 2002.
- „Speculations on Speculation: Vision and Perception in the Theory and Practice of Mystical Devotion" in *Deutsche Mystik im abendländischen Zusammenhang*, hg. v. Walter Haug u. Wolfram Schneider-Lastin, Tübingen 2000, 353–408.
- „The Use of Images in the Pastoral Care of Nuns: The Case of Heinrich Suso and the Dominicans" in *The Art Bulletin* 71 (1988), 20–46.
- „The Visual and the Visionary: The Image in Late Medieval Monastic Devotion" in Jeffrey F. Hamburger, *The Visual und the Visionary: Art and Female Spirituality in Late Medieval Germany*, New York 1998, 111–148.

Hasebrink, Burkhard, „*EIN EINIC EIN*: Zur Darstellung der Liebeseinheit in mittelhochdeutscher Literatur" in *Beiträge zur Geschichte der deutschen Literatur und Sprache* 124 (2002), 442–465.
- *Formen inzitativer Rede bei Meister Eckhart: Untersuchungen zur literarischen Konzeption der deutschen Predigt*, Tübingen 1992.
- „GRENZVERSCHIEBUNG: Zur Kongruenz und Differenz von Latein und Deutsch bei Meister Eckhart" in *Zeitschrift für deutsches Altertum und deutsche Literatur* 121 (1992), 369–398.
- „Studies on the Redaction and Use of the *Paradisus anime intelligentis*" in *De l'homélie au sermon: Histoire de la prédication médiévale*, hg. v. Jacqueline Hamesse u. Xavier Hermand, Louvain-la-Neuve 1993, 143–158.

Haubst, Rudolf, *Das Bild des Einen und Dreieinen Gottes in der Welt nach Nikolaus von Kues*, Trier 1952.
- *Die Christologie Nikolaus' von Kues*, Freiburg 1956.
- „Die erkenntnis-theoretische und mystische Bedeutung der ‚Mauer der Koincidenz'" in *Das Sehen Gottes nach Nikolaus von Kues*, hg. v. Rudolf Haubst, *Mitteilungen und Forschungsbeiträge der Cusanus-Gesellschaft* 18, Trier 1989, 167–195.
- „Die leitenden Gedanken und Motive der cusanischen Theologie" in *Das Cusanus-Jubiläum*, hg. v. Rudolf Haubst, *Mitteilungen und Forschungsbeiträge der Cusanus-Gesellschaft* 4, Mainz 1964.
- „Nikolaus von Kues als Interpret und Verteidiger Meister Eckharts" in *Freiheit und Gelassenheit: Meister Eckhart heute*, hg. v. Udo Kern, Grünwald 1980, 75–96.
- *Streifzüge in die Cusanische Theologie*, Münster 1991.
- *Studien zu Nikolaus von Kues und Johannes Wenck: Aus Handschriften der Vatikanischen Bibliothek*, Münster 1955.
- *Vom Sinn der Menschwerdung: „Cur Deus Homo"*, München 1969.
- (Hg.), *Nikolaus von Kues in der Geschichte des Erkenntnisproblems. Mitteilungen und Forschungsbeiträge der Cusanus-Gesellschaft* 11, Mainz 1975.

Haucke, Rainer, *Trinität und Denken: Die Unterscheidung der Einheit von Gott und Mensch bei Eckhart*, Frankfurt 1986.

Haug, Walter, „Johannes Taulers Via negations" in *Die Passion Christi in Literatur und Kunst des Spätmittelalters*, hg. v. Walter Haug u. Burghart Wachinger, Tübingen 1993, 76–93.
- „Die Mauer des Paradieses: Zur mystica theologia des Nicholas Cusanus in ‚De visione Dei'" in *Theologische Zeitschrift* 45 (1989), 216–230.
- „Meister Eckhart und das ‚granum sinapis'" in *Forschungen zur deutschen Literatur des*

Spätmittelalters: Festschrift für Johannes Janota, hg. v. Horst Brunner u. Werner Williams-Krapp, Tübingen 2003, 73–92.
- „Das Wort und die Sprache bei Meister Eckhart" in *Zur deutschen Literatur und Sprache des 14. Jahrhunderts: Dubliner Colloquium 1981*, hg. v. Walter Haug, Timothy R. Jackson u. Johannes Janota, Heidelberg 1983, 25–44.

Hausherr, Irenée, „L'erreur fondamentale et la logique du messalianisme" in *Orientalia Christiana Periodica* 1 (1935), 328–360.

Hausherr, Reiner, „Über die Christus-Johannes-Gruppen: Zum Problem ‚Andachtsbilder' und deutsche Mystik" in *Beiträge zur Kunst des Mittelalters: Festschrift für Hans Wentzel zum 60. Geburtstag*, hg. v. Rüdiger Beckemann, Ulf-Dietrich Korn u. Johannes Zahlten, Berlin 1975, 79–103.

Heffner, Blake R., „Meister Eckhart and a Millennium with Mary and Martha" in *Biblical Hermeneutics in Historical Perspective*, hg. v. Mark S. Burrows u. Paul Rorem, Grand Rapids 1991, 117–130.

Heinzle, Joachim, „Lamprecht von Regensburg" im VL 5, 522–524.

Henle, R. J., *Saint Thomas and Platonism*, Den Haag 1956.

Herlihy, David, *The Black Death and the Transformation of the West*, hg. m. einer Einleitung v. Samuel K. Cohn, Cambridge (Massachusetts) 1997.

Herzog, George J. „Mystical Theology in Late Medieval Preaching: John Geiler of Kaysersberg (1445–1510)", Dissertation an der Boston University 1985.

Hillenbrand, Eugen, „Die Observantenbewegung in der deutschen Ordensprovinz der Dominikaner" in *Reformbemühungen und Observantenbestrebungen im spätmittelalterlichen Ordenswesen*, hg. v. Kaspar Elm, Berlin 1989, 219–271.

Hlaváček, Ivan, „The Luxemburgs and Rupert of the Palatinate, 1347–1410" in *The New Cambridge Medieval History* Vol.6, *c. 1300–1415;* hg. v. Michael Jones, Cambridge 2000, 551–569.

Hoenen, Maarten, J. F. M., „Johannes Tauler († 1361) in den Niederlanden: Grundzüge eines philosophie- und religionsgeschichtlichen Forschungsprogramms" in *Freiburger Zeitschrift für Philosophie und Theologie* 41 (1994), 389–444.

Hof, Hans, Scintilla Animae: *Eine Studie zu einem Grundbegriff in Meister Eckharts Philosophie*, Lund 1952.

Hoffman, Bengt, „Introduction" in *The Theologia Germanica of Martin Luther;* New York 1980, 1–50.

Hollywood, Amy, *The Soul as Virgin Wife: Mechthild of Magdeburg, Marguerite Porete, and Meister Eckhart*, Notre Dame (Indiana) 1995.

Honemann, Volker, „Johannes von Sterngassen" im VL 4, 760–762.
- „Der Laie als Leser" in *Laienfrömmigkeit im späten Mittelalter: Formen, Funktionen, politisch-soziale Zusammenhänge*, hg. v. Klaus Schreiner, München 1992, 241–251.
- „Sprüche der zwölf Meister zu Paris" im VL 9, 201–205.

Hopkins, Jasper, *A Concise Introduction to the Philosophy of Nicholas of Cusa*, Minneapolis 1978.
- *Glaube und Vernunft im Denken des Nikolaus von Kues: Prolegomena zu einem Umriss seiner Auffassung. Trierer Cusanus Vorlesung* 3, Trier 1996.
- *Nicholas of Cusa On Learned Ignorance: A Translation and an Appraisal of De Ignota Litteratura*, Minneapolis 1981.
- *Nicholas of Cusa's Debate with John Wenck: A Translation and an Appraisal of De Ignota Litteratura and Apologia Doctae Ignorantiae*, Minneapolis 1981.
- *Nicholas of Cusa's Dialectical Mysticism: Text, Translation and Interpretative Study of De visione dei*, Minneapolis 1985.
- „Verständnis und Bedeutung des dreieinen Gottes bei Nikolaus von Kues" in *Nikolaus von Kues 1401–2001*, hg. v. Klaus Kremer u. Klaus Reinhardt in *Mitteilungen und Forschungsbeiträge der Cusanus-Gesellschaft* 28, Trier 2003, 135–164.

Hörner, Petra, *Dorothea von Montau: Überlieferung – Interpretation. Dorothea und die osteuropäische Mystik*, Frankfurt 1993.
Höver, Werner, „Bernhard von Waging" im VL 1, 779–789.
Howells, Edward, *John of the Cross and Teresa of Avila: Mystical Knowing and Selfhood*, New York 2002.
Hoye, William J., „Gotteserkenntnis per essentiam im 13. Jahrhundert" in *Die Auseinandersetzungen an der Pariser Universität im XIII. Jahrhundert*, hg. v. Albert Zimmermann, Berlin 1976, 269–284.
– „The Meaning of Neoplatonism in the Thought of Nicholas of Cusa" in *Downside Review* 104 (1986), 10–18.
– *Die mystische Theologie des Nicolaus Cusanus*, Freiburg 2004.
– „Mystische Theologie nach Albert dem Großen" in *Albertus Magnus: Zum Gedenken nach 800 Jahren*, hg. v. Walter Senner u. a., Berlin 2001, 587–603.
– „Die Vereinigung mit dem gänzlich Unerkannten nach Bonaventura, Nikolaus von Kues und Thomas von Aquin" in *Die Dionysius-Rezeption im Mittelalter*, hg. v. Tzotcho Boiadjiev, Georgi Kapriev u. Andreas Speer, Turnhout 2000, 477–504.
Huizinga, Johan, *Herbst des Mittelalters*, deutsch von T. Jolles Mönckeberg, München 1924.
Hundersmarck, Lawrence F., „Preaching" in *Introducing Nicholas of Cusa: A Guide to a Renaissance Man*, hg. v. Christopher M. Bellitto, Thomas M. Izbicki u. Gerald Christianson, New York 2004, 232–269.
Imbach, Ruedi, *DEUS EST INTELLIGERE: Das Verhältnis von Sein und Denken in seiner Bedeutung für das Gottesverständnis bei Thomas von Aquin und in den Pariser Quaestionen Meister Eckharts*, Freiburg/Schweiz 1976.
– „Le (Néo-)Platonisme médiévale, Proclus latin et l'école dominicaine allemande" in *Revue de théologie et philosophie* 110 (1978), 427–448.
Iohn, Friedrich, *Die Predigt Meister Eckharts*, Heidelberg 1993.
Jones, Rufus M., *The Flowering of Mysticism: The Friends of God in the Fourteenth Century*, New York 1939.
Jordan, Mark D., „The Names of God and the Being of Names" in *The Existence and Nature of God*, hg. v. Alfred J. Freddoso, Notre Dame (Indiana) 1983, 161–190.
Jundt, Auguste, *Les amis de Dieu au 14e siècle*, Paris 1875, Reprint Frankfurt 1964.
– *Histoire du panthéisme populaire au moyen âge et au seizième siècle*, Paris 1879, Reprint Frankfurt 1964.
– *Rulman Merswin et l'Ami de Dieu de l'Oberland: Un problème de psychologie religieuse*, Paris 1890.
Kampmann, Irmgard, „*Ihr sollt der Sohn selber sein*": *Eine fundamentaltheologische Studie zur Soteriologie Meister Eckharts*, Frankfurt 1996.
Keel, Anselm (Hg.), *Bruder Klaus von Flüe: Rat aus der Tiefe*, Zürich 1999.
Keller, Hildegard Elisabeth, „Kolophon im Herzen: Von beschrifteten Mönchen an den Rändern der Paläographie" in *Das Mittelalter* 7 (2002), 157–182.
– *My Secret Is Mine: Studies in Religion and Eros in the German Middle Ages*, Löwen 2000.
Kelley, C. F., *The Book of the Poor in Spirit by a Friend of God (Fourteenth Century): A Guide to Rhineland Mysticism*, New York 1954.
– *Meister Eckhart on Divine Knowledge*, New Haven 1977.
Kelly, H. Ansgar, „Inquisition and the Persecution of Heresy: Misconceptions and Abuses" in *Church History* 58 (1989), 439–451.
Kepler, Thomas S., *Mystical Writings of Rulman Merswin*, Philadelphia 1960.
Kieckhefer, Richard, „Meister Eckhart's Conception of Union with God" in *Harvard Theological Review* 71 (1978), 203–225.
– „The Notion of Passivity in the Sermons of Tauler" in *Recherches de théologie ancienne et médiévale* 48 (1981), 198–211.
– *Repression of Heresy in Medieval Germany*, Philadelphia 1979.
– „The Role of Christ in Tauler's Spirituality" in *The Downside Review* 96 (1978), 176–191.

LITERATUR

– *Unquiet Souls: Fourteenth-Century Saints in Their Religious Milieu*, Chicago 1984.
Kirk, K. E., *The Vision of God: The Christian Doctrine of the „Summum Bonum"*, London 1932.
Kirmsee, Kurt, *Die Terminologie des Mystikers Johannes Tauler*, Leipzig 1930.
Klibansky, Raymond, *The Continuity of the Platonic Tradition during the Middle Ages*, London 1939.
Köbele, Susanne, *Bilder der unbegriffenen Wahrheit: Zur Struktur mystischer Rede im Spannungsfeld von Latein und Volkssprache*, Tübingen u. Basel 1993.
– „*BÎWORT SÎN:* ,Absolute' Grammatik bei Meister Eckhart" in *Zeitschrift für deutsche Philologie* 113 (1994), 190–206.
– „Meister Eckhart und die ‚Hunde des Herrn': Vom Umgang der Kirche mit ihren Ketzern" in *Beiträge zur Geschichte der deutschen Sprache und Literatur* 124 (2002), 48–73.
– „PRIMO ASPECTU MONSTRUOSA: Schriftauslegung bei Meister Eckhart" in *Zeitschrift für deutsches Altertum und deutsche Literatur* 122 (1993), 62–81.
Koch, Josef, „Kritische Studien zum Leben Meister Eckharts" in *Archivum Fratrum Praedicatorum* 29 (1959), 1–51 u. 30 (1960), 1–52.
– „Philosophische und theologische Irrtumslisten von 1270–1329" in Josef Koch, *Kleine Schriften*, 2 Bde., Rom 1973, II, 423–450.
– „Zur Analogielehre Meister Eckharts" in *Mélanges offerts à Étienne Gilson*, Paris 1959, 327–350.
Koyré, Alexandre, *From the Closed World to the Infinite Universe*, Baltimore 1957.
Kraume, Herbert, „Geiler" Johannes, von Kaysersberg" im VL 2, 1141–1152.
Kremer, Klaus, „Gottes Vorsehung und die menschliche Freiheit (‚Sis tu tuus, et Ego ero tuus')" in *Das Sehen Gottes nach Nikolaus von Kues*, hg. v. Rudolf Haubst, *Mitteilungen und Forschungsbeiträge der Cusanus-Gesellschaft* 18, Trier 1989, 227–263.
– *Nicholas of Cusa* (1401–1464), Trier 2002.
– „Das Seelenfünklein bei Meister Eckhart" in *Trierer theologische Zeitschrift* 97 (1988), 8–38.
Kristeller, Paul Oskar, „Proclus as a Reader of Plato and Plotinus, and His Influence in the Middle Ages and Renaissance" in *Proclus: Lecteur et interprète des anciens*, Paris 1987, 191–211.
Kunisch, Herman, *Das Wort „Grund" in der Sprache der deutschen Mystik des 14. und 15. Jahrhunderts*, Osnabrück 1929.
Lane, Belden C., *The Solace of Fierce Landscapes: Exploring Desert and Mountain Spirituality*, New York u. Oxford 1998.
Lang, Justinus, *Die Mystik mittelalterlicher Christus-Johannes-Gruppen*, Ostfildern 1994.
Langer, Otto, *Christliche Mystik im Mittelalter: Mystik und Rationalisierung – Stationen eines Konflikts*, Darmstadt 2004.
– „Meister Eckharts Lehre vom Seelengrund" in *Grundfragen christlicher Mystik*, hg. v. Margot Schmidt u. Dieter R. Bauer, Stuttgart-Bad Cannstatt 1987.
– *Mystische Erfahrung und spirituelle Theologie: Zu Meister Eckharts Auseinandersetzung mit der Frauenfrömmigkeit seiner Zeit*, München u. Zürich 1987.
Lanzetta, Beverly, „Three Categories of Nothingness in Meister Eckhart" in *Journal of Religion* 72 (1992), 248–268.
Largier, Niklaus, *Bibliographie zu Meister Eckhart*, Freiburg/Schweiz 1989.
– „*Figurata locutio:* Philosophie und Hermeneutik bei Eckhart von Hochheim und Heinrich Seuse" in *Meister Eckhart: Lebensstationen – Redesituationen*, hg. v. Klaus Jacobi, Berlin 1997, 328–332.
– „‚Intellectus in Deum ascensus': Intellekttheoretische Auseinandersetzungen in Texten der deutschen Mystik" in *Deutsche Vierteljahresschrift für Literaturwissenschaft und Geistesgeschichte* 69 (1995), 423–471.
– „Intellekttheorie, Hermeneutik und Allegorie: Subjekt und Subjektivität bei Meister Eck-

hart" in *Geschichte und Vorgeschichte der modernen Subjektivität*, hg. v. Reto Luzius Fetz, Roland Hagenbüchle u. Peter Schulz, Berlin u. New York 1998, 460–486.
- „Interpreting Eckhart's Incarnation Theology: The Sermon Collection *Paradisus anime intelligentis*" in *Eckhart Review* 13 (Spring 2004), 25–36.
- „Der Körper der Schrift: Bild und Text am Beispiel einer Seuse-Handschrift des 15. Jahrhunderts" in *Mittelalter: Neue Wege durch einen alten Kontinent*, hg. v. Jan-Dirk Müller u. Horst Wenzel, Stuttgart u. Leipzig 1999.
- „Meister Eckhart: Perspektiven der Forschung, 1980–1993" in *Zeitschrift für deutsche Philologie* 114 (1995), 29–98.
- „Penser la finitude: Création, détachement et les limites de la philosophie dans la pensée de maître Eckhart" in *Revue des sciences religieuses* 71 (1997), 458–473.
- „Recent Work on Meister Eckhart: Positions, Problems, New Perspectives, 1990–1997" in *Recherches de théologie et philosophie médiévales* 65 (1998), 147–167.
- „Repräsentation und Negativität: Meister Eckharts Kritik als Dekonstruktion" in *Contemplata aliis tradere: Studien zum Verhältnis von Literatur und Spiritualität*, hg. v. Claudia Brinker u. a., Frankfurt 1995, 371–390.
- „Sermo XXV: ‚Gratia dei sum id quod sum'" in *Lectura Eckhardi II*, hg. v. Georg Steer u. Loris Sturlese, Stuttgart 2003, 177–203.
- „Von Hadewijch, Mechthild und Dietrich zu Eckhart und Seuse? Zur Historiographie der ‚deutschen Mystik' und der ‚deutschen Dominikanerschule'" in *Deutsche Mystik im abendländischen Zusammenhang*, hg. v. Walter Haug u. Wolfram Schneider-Lastin, Tübingen 2000, 93–117.
- *ZEIT, ZEITLICHKEIT, EWIGKEIT: Ein Aufriss des Zeitproblems bei Dietrich von Freiberg und Meister Eckhart*, Frankfurt 1989.

Laurent, M.-H., „Autour du procès de Maître Eckhart" in *Divus Thomas* ser. III, 13 (1936), 331–348 u. 430–447.

Leclercq, Jean, *Études sur le vocabulaire monastique du moyen âge*, Rom 1961.

Leff, Gordon, *The Dissolution of the Medieval Outlook: An Essay on Intellectual und Spiritual Change in the Fourteenth Century*, New York 1976.
- *Heresy in the Later Middle Ages*, 2 Bde., New York 1967.

Leppin, Volker, „Mystische Frömmigkeit und sakramentale Heilsvermittlung im späten Mittelalter" in *Zeitschrift für Kirchengeschichte* 112 (2001), 189–204.

Lerner, Robert E., *The Heresy of the Free Spirit in the Later Middle Ages*, Berkeley u. Los Angeles 1972.
- „New Evidence for the Condemnation of Meister Eckhart" in *Speculum* 72 (1997), 347–366.

Lienhard, Joseph T., „On ‚Discernment of Spirits' in the Early Church" in *Theological Studies* 41 (1980), 505–529.

Lonergan, Bernard J. F., *Grace and Freedom: Operative Grace in the Thought of St. Thomas Aquinas*, New York 1971.
- *Insight. A Study in Human Understanding*, New York 1957.

Löser, Freimut, „Jan Milič in europäischer Tradition: Die Magdalenen-Predigt des Pseudo-Origenes" in *Deutsche Literatur des Mittelalters in Böhmen und über Böhmen*, hg. v. Dominique Flieger u. Václav Bok, Wien 2001, 225–245.
- „Nachlese: Unbekannte Texte Meister Eckharts in bekannten Handschriften" in *Die deutsche Predigt im Mittelalter*, hg. v. Volker Mertens u. Hans-Jochen Schiewer, Tübingen 1992, 125–149.
- „*Oratio est cum deo confabulatio*: Meister Eckharts Auffassung vom Beten und seine Gebetspraxis" in *Deutsche Mystik im abendländischen Zusammenhang*, hg. v. Walter Haug u. Wolfram Schneider-Lastin, Tübingen 2000, 283–316.
- „Pseudo-Origenes" im VL 11, 1090–1095.
- „Rezeption als Revision: Marquard von Lindau und Meister Eckhart" in *Beiträge zur Geschichte der deutschen Sprache und Literatur* 119 (1997), 425–458.

Lossky, Vladimir, *Théologie négative et connaissance de Dieu chez Maître Eckhart*, Paris 1960.
- *The Vision of God*, London 1963.
Louth, Andrew, *The Wilderness of God*, Nashville 1991.
Lüers, Grete, *Die Sprache der deutschen Mystik des Mittelalters im Werke der Mechthild von Magdeburg*, München 1926.
Luscombe, David, „Denis the Areopagite in the Writings of Nicholas of Cusa, Marsilio Ficino and Pico della Mirandola" in *Néoplatonisme et philosophie médiévale*, hg. v. Lino G. Benakis, Turnhout 1997, 93–107.
Mahnke, Dietrich, *Unendliche Sphäre und Allmittelpunkt: Beiträge zur Genealogie der mathematischen Mystik*, Halle 1937.
Maître Eckhart à Paris: Une critique médiévale de l'ontothéologie. Les questions parisiennes no. 1 et no. 2, hg. v. Zum Brunn, Paris 1984.
Maliase, Isabelle, „L'Iconographie biblique du *Cantique des Cantiques* au XIIe siècle" in *Scriptorium* 46 (1992), 67–73.
Mangin, Éric, „Lá *Lettre du 13 Août 1317* écrite par l'Évêque de Strasbourg contre les disciples du Libre Esprit" in *Revue des sciences religieuses* 75 (2001), 522–538.
Manstetten, Reiner, „Abgeschiedenheit: Von der negativen Theologie zur negativen Anthropologie: Nikolaus von Kues und Meister Eckhart" in *Theologische Quartalschrift* 181 (2001), 112–131.
- *Esse est Deus: Meister Eckharts christologische Versöhnung von Philosophie und Religion und ihre Ursprünge in der Tradition des Abendlandes*, München 1993.
Maréchal, Joseph, *Études sur la psychologie des mystiques;* 2 Bde., Paris 1924–1937.
- „Note d'enseignement théologique: La notion de l'extase, d'après l'enseignement traditionnel des mystiques et des théologiens" in *Nouvelle revue théologique* 63 (1937), 986–998.
Marrow, James H., *Passion Iconography in Northern European Art of the Late Middle Ages and Early Renaissance*, Kortrijk 1979.
- „Symbol and Meaning in Northern European Art of the Late Middle Ages and the Early Renaissance" in *Simiolus* 16 (1986), 150–172.
Martin, Dennis D., *Carthusian Spirituality: The Writings of Hugh of Balma and Guigo de Ponte;* New York 1997.
- *Fifteenth-Century Carthusian Reform: The World of Nicholas Kempf*, Leiden 1992.
- „Kempf, Nikolaus, von Strassburg" im VL 4, 1117–1124.
- „Vinzenz von Aggsbach OCart." im VL 10, 359–365.
Maurer, Armand, *Master Eckhart: Parisian Questions and Prologues*, Toronto 1974.
McDonnell, Ernest W., *The Beguines and Beghards in Medieval Culture with Special Emphasis on the Belgian Scene*, New Brunswick 1954.
McEvoy, James, *The Philosophy of Robert Grosseteste*, Oxford 1982.
McGinn, Bernard, „The Abyss of Love" in *The Joy of Learning and the Love of God: Studies in Honor of Jean Leclercq*, hg. v. Rozanne Elder, Kalamazoo 1995, 95–120.
- „Asceticism and Mysticism in Late Antiquity and the Middle Ages" in *Asceticism*, hg. v. Vincent L. Wimbush u, Richard Valantasis, New York 1995, 58–74.
- „Der Mensch als Abbild Gottes II. Die westliche Christenheit" in *Geschichte der christlichen Spiritualität* Bd. I, hg. v. Bernard McGinn u. a., Würzburg 1993, 317–334.
- *Die Mystik im Abendland* Bd. I: *Ursprünge*, Freiburg-Basel-Wien 1994.
- *Die Mystik im Abendland* Bd. II: *Entfaltung*, Freiburg-Basel-Wien 1996.
- *Die Mystik im Abendland* Bd. III: *Blüte*, Freiburg-Basel-Wien 1999.
- „Do Christian Platonists Really Believe in Creation?" in *God and Creation: An Ecumenical Symposium*, hg. v. David B. Burrell u. Bernard McGinn, Notre Dame (Indiana) 1990, 197–223.
- „Does the Trinity Add Up? Transcendental Mathematics and Trinitarian Speculation in the Twelfth and Thirteenth Centuries" in *Praise No Less Than Charity: Studies in Honor of M. Chrysogonus Waddell*, Kalamazoo 2002, 235–264.

- „Eckhart's Condemnation Reconsidered" in *The Thomist* 44 (1980), 390–414.
- „'Evil-sounding, Rash, and Suspect of Heresy': Tensions between Mysticism and Magisterium in the History of the Church" in *Catholic Historical Review* 90 (2004), 193–212.
- „Foreword" in Gershom Scholem, *On the Kabbalah and Its Symbolism*, Reprint New York 1996, vii-xviii.
- „God as Eros: Metaphysical Foundations of Christian Mysticism" in *New Perspectives on Historical Theology: Essays in Memory of John Meyendorff*, hg. v. Bradley Nassif, Grand Rapids 1996, 289–209.
- „The God beyond God: Theology and Mysticism in the Thought of Meister Eckhart" in *Journal of Religion* 61 (1981), 1–19.
- „The Language of Inner Experience in Christian Mysticism" in *Spiritus* 1 (2001), 156–171.
- „The Language of Love in Jewish and Christian Mysticism" in *Mysticism and Language*, hg. v. Steven T. Katz, New York 1992, 202–235.
- „Love, Knowledge and *Unio mystica* in the Western Christian Tradition" in *Mystical Union in Judaism, Christianity, and Islam: An Ecumenical Dialogue*, hg. v. Moshe Idel u. Bernard McGinn, New York 1996, 59–86.
- „*Maximum contractum et Absolutum:* The Motive for the Incarnation in Nicholas of Cusa and Some of His Predecessors" in *Nicholas of Cusa and His Age: Intellect and Spirituality*, hg. v. Thomas Izbicki u. Christopher M. Bellitto, Leiden 2002, 149–175.
- „Meister Eckhart on God as Absolute Unity" in *Neoplatonism and Christian Thought*, hg. v. Dominic O'Meara, Albany 1982, 128–139.
- *The Mystical Thought of Meister Eckhart: The Man from Whom God Hid Nothing*, New York 2001.
- „Mystical Union in Judaism, Christianity, and Islam" in *The Encyclopedia of Religion*, 2. Aufl. (in Vorbereitung).
- „On Mysticism & Art" in *Daedalus* (Spring 2003), 131–134.
- „Ocean and Desert as Symbols of Mystical Absorption in the Christian Tradition" in *Journal of Religion* 74 (1994), 155–181.
- „The Originality of Eriugena's Spiritual Exegesis" in *Johannes Scottus Eriugena: The Bible and Hermeneutics*, hg. v. Gerd Van Riel, Carlos Steel u. James McEvoy, Löwen 1996, 55–80.
- „A Prolegomenon to the Role of the Trinity in Meister Eckhart's Mysticism" in *Eckhart Review* (Spring 1997), 51–61.
- „*Quo vadis?* Reflections on the Current Study of Mysticism" in *Christian Spirituality Bulletin* (Spring 1998), 13–21.
- „St. Bernard and Meister Eckhart" in *Cîteaux* 31 (1980), 373–386.
- „*SAPIENTIA JUDAEORUM:* The Role of Jewish Philosophers in Some Scholastic Thinkers" in *Continuity and Change: The Harvest of Late Medieval and Reformation History. Essays Presented to Heiko A. Oberman on his 70th Birthday*, hg. v. Robert J. Bast u. Andrew C. Gow, Leiden 2000, 206–228.
- „Seeing and Not Seeing: Nicholas of Cusa's Place in the Mystical Tradition" in *Nicholas of Cusa: Sixth Centenary Studies*, hg. v. Peter J. Casarella, Washington, D.C. (In Vorbereitung).
- „Sermo IV. ‚Ex ipso, per ipsum et in ipso sunt omnia.'" in *Lectura Eckhardi I: Predigten Meister Eckharts von Fachgelehrten gelesen und gedeutet*, hg. v. Georg Steer u. Loris Sturlese, Stuttgart 1998, 289–316.
- „Sermo XXIX. ‚Deus unus est.' in *Lectura Eckhardi II: Predigten Meister Eckharts von Fachgelehrten gelesen und gedeutet*, hg. v. Georg Steer u. Loris Sturlese, Stuttgart 2003, 205–232.
- „Sermo XLIX. ‚Cuius est imago haec et superscriptio?'" in *Lectura Eckhardi III: Predigten Meister Eckharts von Fachgelehrten gelesen und gedeutet*, hg. v. Georg Steer u. Loris Sturlese, Stuttgart 2005.
- „Theologians as Trinitarian Iconographers" in *The Mind's Eye: Art and Theological Argu-*

ment in the Medieval West, hg. v. Jeffrey F. Hamburger u. Anne-Marie Bouché, Princeton 2005, 186–207.
- „Trinity Higher Than Any Being!" Imaging the Invisible Trinity" in *Ästhetik des Unsichtbaren: Bildtheorie und Bildgebrauch in der Vormoderne*, hg. v. David Ganz u. Thomas Lentes, Berlin 2004, 76–93.
- „*Unitrinum seu Triunum:* Nicholas of Cusa's Trinitarian Mysticism" in *Mystics: Presence and Aporia*, hg. v. Michael Kessler u. Christian Sheppard, Chicago 2003, 90–117.
- „*Vere tu es Deus absconditus:* The Hidden God in Luther and Some Mystics" in *Silence and the Word: Negative Theology and Incarnation*, hg. v. Oliver Davis u. Denys Turner, Cambridge 2002, 94–114.
- „Visions and Critics of Visions in Late Medieval Mysticism" in *Rending the Veil: Concealment and Secrecy in the History of Religions*, hg. v. Elliot R. Wolfson, New York 1999, 87–112.
- „Vom verborgenen Gott zum bloßen Gott" im VL 11, 1616–1617.
- Hg., *Meister Eckhart and the Beguine Mystics: Hadewijch of Brabant, Mechthild of Magdeburg, and Marguerite Porete*, New York 1994.
McGuire, Brian Patrick, *Friendship and Community: The Monastic Experience 350–1250*, Kalamazoo 1988.
- Jean Gerson: *Early Works*, New York 1998.
McIntosh, Mark A., *Discernment and Truth: The Spirituality and Theology of Knowledge*, New York 2004.
McLaughlin, Eleanor, „The Heresy of the Free Spirit and Late Medieval Mysticism" in *Mediaevalia et Humanistica* n.s. 4 (1973), 37–54.
McTighe, Thomas P., „A Neglected Feature of Neoplatonic Metaphysics" in *Christian Spirituality and the Culture of Modernity: The Thought of Louis Dupré*, hg. v. Peter Casarella, Grand Rapids 1998, 27–49.
Meersseman, Giles, „La contemplation mystique d'après le Bx. Albert est-elle immédiate?" in *Revue Thomiste* 36 (1931), 408–421.
Mennecke-Haustein, Ute, „Theologia Deutsch" im DS 15, 459–463.
Merle, Hélène, „*DEITAS*: quelque aspects de la signification de ce mot d'Augustin à Maître Eckhart" in *Von Meister Dietrich zu Meister Eckhart*, hg. v. Kurt Flasch, Hamburg 1984, 12–21.
Mertens, Dieter, „Jakob von Paradies (1381–1465) über die mystische Theologie" in *Kartäusermystik und -Mystiker: Dritter internationaler Kongress über die Kartäusergeschichte und -Spiritualität*, Band 5, Salzburg 1982, 31–46.
Mertens, Volker u. Hans-Jochen Schiewer, Hg., *Die deutsche Predigt im Mittelalter*, Tübingen 1992.
- „Hartwig (Hartung) von Erfurt" im VL 3, 532–535.
- „Theologie der Mönche – Frömmigkeit der Laien? Beobachtungen zur Textgeschichte von Predigten des Hartwig von Erfurt, mit einem Textanhang" in *Litertatur und Laienbildung im Spätmittelalter und in der Reformationszeit*, hg. v. Ludger Grenzmann u. Karl Stackmann, Stuttgart 1981, 661–685.
Meyendorff, John, „Messalianism or Anti-Messalianism? A Fresh Look at the ‚Macarian' Problem" in *KYRIAKON: Festschrift Johannes Quasten*, hg. v. Patrick Granfield u. Joseph Jungmann, 2 Bde., Münster 1970, II, 585–590.
Meyer, Ruth, „‚Maister Eghart sprichet von wesen bloss': Beobachtungen zur Lyrik der deutschen Mystik" in *Zeitschrift für deutsche Philologie, Sonderheft Mystik* 113 (1994), 63–82.
- *Das ‚St. Katharinentaler Schwesternbuch': Untersuchung. Edition. Kommentar*, Tübingen 1995.
Michel, Paul, *‚Formosa deformitas': Bewältigungsformen des Hässlichen in der mittelalterlichen Literatur*, Bonn 1976.
- „Heinrich Seuse als Diener des göttlichen Wortes: Persuasive Strategien bei der Verwen-

dung von Bibelzitaten im Dienste seiner pastoralen Aufgaben" in *Das „einig Ein"*, hg. v. Alois M. Haas u. Heinrich Stirnimann, Freiburg/Schweiz 1980, 281–367.

Mieth, Dietmar, *Christus – Das Soziale im Menschen*, Düsseldorf 1972.

– *Die Einheit von Vita Activa und Vita Passiva in den deutschen Predigten und Traktaten Meister Eckharts und bei Johannes Tauler*, Regensburg 1969.

– „Gottesschau und Gottesgeburt: Zwei Typen christlicher Gotteserfahrung in der Tradition" in *Freiburger Zeitschrift für Philosophie und Theologie* 27 (1980), 204–223.

– „Die theologische Transposition der Tugendethik bei Meister Eckhart" in *Abendländische Mystik im Mittelalter*, hg. v. Kurt Ruh, Stuttgart 1986, 63–79.

Miethke, Jürgen, „Der Prozess gegen Meister Eckhart im Rahmen der spätmittelalterlichen Lehrzuchtverfahren gegen Dominikanertheologen" in *Meister Eckhart: Lebensstationen – Redesituationen*, hg. v. Klaus Jakobi, Berlin 1997, 353–375.

Milem, Bruce, *The Unspoken Word: Negative Theology in Meister Eckhart's German Sermons*, Washington, D.C. 2002.

Miller, Clyde Lee, „God's Presence: Some Cusan Proposals" in *Nicholas of Cusa on Christ and the Church*, hg. v. Gerald Christianson u. Thomas M. Izbicki, Leiden 1996, 241–249.

– *Reading Cusanus: Metaphor and Dialectic in a Conjectural Universe*, Washington, D.C., 2003.

Minio-Paluello, Lorenzo, „Moerbeke, William of" in *Dictionary of Scientific Biography*, New York 1974, IX, 334–340.

Miquel, Pierre, „La place et le rôle de l'expérience dans la théologie de saint Thomas" in *Recherches de théologie ancienne et médiévale* 39 (1972), 63–70.

Misch, Georg, *Geschichte der Autobiographie* Bd. IV. 1, Frankfurt 1967.

Moison, Clément, *Henri Bremond et la poésie pure*, Paris 1967.

Mojsisch, Burkhard, „‚Causa essentialis' bei Dietrich von Freiberg und Meister Eckhart" in *Von Meister Eckhart zu Meister Dietrich*, hg. v. Kurt Flasch, Hamburg 1984, 106–114.

– „‚Ce moi': La conception du moi de Maître Eckhart" in *Revue des sciences religieuses* 70 (1996), 18–30.

– „‚Dynamik der Vernunft' bei Dietrich von Freiberg und Meister Eckhart" in *Abendländische Mystik im Mittelalter*, hg. v. Kurt Ruh, Stuttgart 1986, 135–144.

– *Meister Eckhart: Analogie, Univozität und Einheit*, Hamburg 1983.

– „*Nichts* und *Negation*: Meister Eckhart und Nikolaus von Kues" in *Historia philosophiae medii aevi: Studien zur Geschichte der Philosophie des Mittelalters*, hg. v. Burkhard Mojsisch, Amsterdam 1991, II, 675–693.

– „Predigt 48: ‚alliu glîchu dinc minnent sich'" in *Lectura Eckhardi I*, hg. v. Georg Steer u. Loris Sturlese, Stuttgart 1998, 151–162.

Molloy, Noel, „The Trinitarian Mysticism of St. Thomas" in *Angelicum* 57 (1980), 373–388.

Moran, Dermot, „Pantheism from John Scottus Eriugena to Nicholas of Cusa" in *American Catholic Philosophical Quarterly* 64 (1990), 131–152.

Morard, Meinrad, „Ist, istic, istikeit bei Meister Eckhart" in *Freiburger Zeitschrift für Philosophie und Theologie* 3 (1956), 169–186.

Morvay, Karin u. Dagmar Grube, *Bibliographie der deutschen Predigt des Mittelalters: Veröffentlichte Predigten*, München 1974.

Müller, Gunther, „Scholastikerzitate bei Tauler" in Deutsche Vierteljahrsschrift für Literaturwissenschaft und Geistesgeschichte 1 (1923), 400–418.

Murk-Jansen, Saskia, *Brides in the Desert: The Spirituality of the Beguines*, London 1998.

Murnion, William E., „St. Thomas Aquinas's Theory of the Act of Understanding" in *The Thomist* 37 (1973), 88–118.

Muschg, Walter, *Die Mystik in der Schweiz*, Frauenfeld u. Leipzig 1935.

Nambara, Minoru, „Die Idee des absoluten Nichts in der deutschen Mystik und seine Entsprechungen im Buddhismus" in *Archiv für Begriffsgeschichte* 6 (1960), 143–277.

Newman, Barbara, „Henry Suso and Medieval Devotion to Christ the Goddess" in *Spiritus* 2 (2002), 1–14.

- „Possessed by the Spirit: Devout Women, Demoniacs, and the Apostolic Life in the Thirteenth Century" in *Speculum* 73 (1998), 733–770.
- „What Did It Mean to Say ‚I Saw'? The Clash between Theory and Practice in Medieval Visionary Culture" in Speculum 80 (2005), 1–43.

Nimmo, Duncan B., „The Franciscan Regular Observance" *in Reformbemühungen und Observantenbestrebungen im spätmittelalterlichen* Ordenswesen, hg. v. Kaspar Elm, Berlin 1989, 189–205.

Nötscher, Friedrich, *„Das Angesicht Gottes schauen" nach biblischer und babylonischer Auffassung*, Darmstadt 1969.

Nuchelmans, Gabriel, *Secundum/tertium adiacens: Vicissitudes of a Logical Distinction*, Amsterdam 1992.

Oakley, Francis, *The Western Church in the Later Middle Ages*, Ithaca (New York) 1979.

Oberman, Heiko A., *The Dawn of the Reformation: Essays in Late Medieval and Early Reformation Thought*, Edinburgh 1986.

- *The Harvest of Medieval Theology: Gabriel Biel and Late Medieval Nominalism*, Cambridge (Massachusetts) 1963.

Oechslin, R.-L., „Eckhart et la mystique trinitaire" in *Lumière et vie* 30 (1956), 99–120.

Oehl, Wilhelm, *Deutsche Mystikerbriefe des Mittelalters 1100–1550*, München 1931.

Ohly, Friedrich, „Du bist Mein, Ich Bin Dein, Du in Mir, Ich in Dir, Ich Du, Du Ich" in *Kritische Bewahrung: Beiträge zur deutschen Philologie, Festschrift für Werner Schröder*, Berlin 1974, 371–415.

Oliger, Livarius, *De secta Spiritus Libertatis in Umbria saec. XIV: Disquisitio et Documenta*, Rom 1943.

O'Meara, Dominic J., „Eriugena and Aquinas on the Beatific Vision" in *ERIUGENA REDIVIVUS. Zur Wirkungsgeschichte seines Denkens im Mittelalter und im Übergang zur Neuzeit*, hg. v. Werner Beierwaltes, Heidelberg 1987, 224–236.

Ozment, Steven, *The Age of Reform 1250–1550: An Intellectual and Religious History of Late Medieval and Reformation Europe*, New Haven 1980.

- „An Aid to Luther's Marginal Comments on Johannes Tauler's Sermons" in *Harvard Theological Review* 63 (1970), 305–311.
- *Homo spiritualis: A Comparative Study of the Anthropology of Johannes Tauler, Jean Gerson and Martin Luther (1509–1516) in the Context of their Theological Thought*, Leiden 1969.
- *Mysticism and Dissent: Religious Ideology and Social Protest in the Sixteenth Century*, New Haven 1973.

Pagnoni-Sturlese, Maria-Rita, „A propos du néoplatonisme d'Albert le Grand" in *Archives de philosophie* 43 (1980), 635–654.

Palmer, Nigel F., „Himmelsbrief" in *Theologische Realenzyklopädie*, Berlin 1977 ff., XV, 344–346.

- „Latein, Volkssprache, Mischsprache: Zum Sprachproblem bei Marquard von Lindau, mit einem Handschriftenverzeichnis der ‚Dekalogerklärung' und des ‚Auszugs der Kinder Israels'" in *Spätmittelalterliche geistliche Literatur in der Nationalsprache,* Analecta Carthusiana 106, Salzburg 1983, Bd. I, 70–110.
- „Marquard von Lindau OFM" im VL 6, 81–126.

Panofsky, Erwin, „‚Imago Pietatis': Ein Beitrag zur Typengeschichte des ‚Schmerzensmannes' und der ‚Maria Mediatrix' in *Festschrift für Max J. Friedländer zum 60. Geburtstag*, Leipzig 1927, 261–308.

Patschovsky, Alexander, „Beginen, Begarden und Terziaren im 14. und 15. Jahrhundert: Das Beispiel des Basler Beginenstreits (1400/1404–1411)" in *Festschrift für Eduard Hlawitschka zum 65. Geburtstag*, hg. v. Karl Rudolf Schnith u. Roland Pauler, München 1993, 403–418.

- „Strassburger Beginenverfolgungen im 14. Jahrhundert" in *Deutsches Archiv für Erforschung des Mittelalters* 30 (1974), 56–198.
- „Was sind Ketzer? Über den geschichtlichen Ort der Häresien im Mittelalter" in *Eine fins-*

tere und fast unglaubliche Geschichte? Mediävistische Notizen zu Umberto Ecos Mönchsroman ‚Der Name der Rose', hg. v. Max Kerner, Darmstadt 1988, 169–190.

Pavlec, Brian A., „Reform" in *Introducing Nicholas of Cusa*, hg. v. Christopher M. Bellitto, Thomas M. Izbicki u. Gerald Christianson, New York 2004, 59–112.

Pelster, Franz, „Ein Gutachten aus dem Eckehart-Prozess in Avignon" in *Aus der Geisteswelt des Mittelalters: Festgabe Martin Grabmann*, Münster 1935, 1099–1124.

Pepin, Jean, „‚Stilla aquae modica multo infusa vino, ferrum ignitum, luce perfusus aer': L'origine des trois comparaisons familières à la théologie mystique médiévale" in *Divinitas* 11 *(Miscellanea André Combes)*, 331–375.

Peters, Christian, „Theologia Deutsch" in *Theologische Realenzyklopädie*, Berlin 1977 ff., XXIII, 258–262.

Peters, Edward, *Inquisition*, New York 1988.

– u. Walter P. Simons, „The New Huizinga and the Old Middle Ages" in *Speculum* 74 (1999), 587–620.

Peterson, Erik, „Die Gottesfreundschaft: Beiträge zur Geschichte eines religiösen Terminus" in *Zeitschrift für Kirchengeschichte* 42 (1923), 161–202.

Phillips, Dayton, *Beguines in Medieval Strassburg: A Study of the Social Aspect of Beguine Life*, Stanford 1941.

Pieper, Monica, „Sudermann (Daniel)" im DS 7, 1290–1292.

Pleuser, Christine, *Die Benennungen und der Begriff des Leides bei J. Tauler*, Berlin 1967.

Plouvier, Paule, *Poesia e mistica*, Vatikanstadt 2002.

Plummer, John, The *Hours of Catherine of Cleves: Introduction and Commentaries*, New York 1966.

Preger, Wilhelm, *Geschichte der deutschen Mystik im Mittelalter*, 3 Bde., Leipzig 1874–1893.

Quint, Josef, „Mystik und Sprache, ihr Verhältnis zueinander, insbesondere in der spekulativen Mystik Meister Eckharts" in *Altdeutsche und altniederländische Mystik*, hg. v. Kurt Ruh, Wege der Forschung 23, Darmstadt 1964, 113–151.

Radler, Charlotte, „The ‚Granum Sinapis' Poem and Commentary in the Light of Medieval Neoplatonism", Dissertation an der University of Chicago 2004.

Rahner, Hugo, „Die Gottesgeburt: Die Lehre der Kirchenväter von der Geburt Christi aus den Herzen der Kirche und der Gläubigen" in Hugo Rahner, *Symbole der Kirche: Die Ekklesiologie der Väter*, Salzburg 1964.

Rapp, Francis, „Le couvent des dominicains de Strasbourg à l'époque de Tauler" in *Cheminer avec Jean Tauler: Pour le 7ᵉ centenaire de sa naissance (La Vie spirituelle)* 155 (2001), 59–74.

Reinhardt, Klaus, „Christus, die ‚Absolute Mitte' als der Mittler zur Gotteskindschaft" in *Das Sehen Gottes nach Nikolaus von Kues*, hg. v. Rudolf Haubst, *Mitteilungen und Forschungsbeiträge der Cusanusgesellschaft* 18, Trier 1989, 196–226.

– „Christus ‚Wort und Weisheit' Gottes" in *Weisheit und Wissenschaft: Cusanus im Blick auf die Gegenwart*, hg. v. Rudolf Haubst u. Klaus Kremer, *Mitteilungen und Forschungsbeiträge der Cusanusgesellschaft* 20, Trier 1992, 68–97.

– „Nikolaus von Kues in der Geschichte der mittelalterlichen Bibelexegese" in *Mitteilungen und Forschungsbeiträge der Cusanusgesellschaft* 27, Trier 2001, 31–63.

Renna, Thomas, „Angels and Spirituality: The Augustinian Tradition to Eckhart" in *Augustinian Studies* 16 (1985), 29–37.

Reynolds, Lyndon P., „*Bullitio* and the God beyond God: Meister Eckhart's Trinitarian Theology" in *New Blackfriars* 70 (1989), 169–181 u. 235–244.

Reypens, Léonce, „Âme (son fond, ses puissances et sa structure d'après les mystiques)" im DS 1, 433–469.

– „Dieu (connaissance mystique)" im DS 3, 883–929.

– „Der ‚Goldene Pfennig' bei Tauler und Ruusbroec" in *Altdeutsche und altniederländische Mystik*, hg. v. Kurt Ruh, Darmstadt 1964.

Ricoeur, Paul, *Symbolik des Bösen. Phänomenologie der Schuld* (1960), Freiburg/München 2002.

Ridderbos, Bernhard, „The Man of Sorrows: Pictorial Images and Metaphorical Statements" in *The Broken Body: Passion Devotion in Late-Medieval Culture*, hg. v. A. A. MacDonald, H. N. B. Ridderbos u. R. M. Schlusemann, Groningen 1998, 145–181.

Rieder, Karl, *Der Gottesfreund vom Oberland: Eine Erfindung des Strassburger Johanniterbruders Nikolaus von Löwen*, Innsbruck 1905.

Ringbom, Sixten, „Devotional Images and Imaginative Devotions: Notes on the Place of Art in Late Medieval Private Piety" in *Gazette des Beaux-Arts*, 6. Sér. 73 (1963), 159–170.

Ringler, Siegfried, „Gnadenviten aus süddeutschen Frauenklöstern des 14. Jahrhunderts: Vitenschreibung als mystische Lehre" in *Minnichlichiu gotes erkennusse": Studien zur frühen abendländischen Mystiktradition*, hg. v. Dietrich Schmidtke, Stuttgart-Bad Cannstatt 1990, 89–104.

- „Haider, Ursula" im VL 3, 399–404.
- „Kügelin, Konrad" im VL 5, 426–429.
- *Viten- und Offenbarungsliteratur in Frauenklöstern des Mittelalters: Quellen und Studien*, München 1980.

Rorem, Paul, *Pseudo-Dionysius: A Commentary on the Texts and an Introduction to Their Influence*, New York 1993.

Rossmann, Heribert, „Der Magister Marquard Sprenger in München und seine Kontroversschriften zum Konzil von Basel und zur mystischen Theologie" in *Mysterium der Gnade: Festschrift für J. Auer*, hg. v. Heribert Rossmann u. Joseph Ratzinger, Regensburg 1975, 350–411.

- „Sprenger, Marquard" im VL 9, 157–162.
- „Die Stellungnahme des Karthäusers Vinzenz von Aggsbach zur mystischen Theologie des Johannes Gerson" in *Karthäusermystik und –Mystiker: Dritter Internationaler Kongress über die Kartäusergeschichte und –Spiritualität*, Analecta Carthusiana 55, Salzburg 1982, 5–30.
- „Der Tegernseer Benediktiner Johannes Keck über die mystische Theologie" in *Das Menschenbild des Nikolaus von Kues und der christliche Humanismus*, hg. v. Martin Bodeweg, Josef Schmitz u. Reinhold Weier in *Mitteilungen und Forschungsbeiträge der Cusanus-Gesellschaft* 13, Mainz 1978, 330–352.

Roy, Lucien, *Lumière et Sagesse: La grâce mystique dans la théologie de saint Thomas d'Aquin, Studia Collegii Maximi Immaculatae Conceptionis*, Montreal 1948.

Rudy, Gordon, *Mystical Language of Sensation in the Later Middle Ages*, New York u. London 2002.

Ruello, Francis, *Les „Noms divins" et leur „Raisons" selon Albert le Grand commentateur du „De Divinis Nominibus"*, Paris 1963.

Ruh, Kurt, *Bonaventura deutsch: Ein Beitrag zur deutschen Franziskaner-Mystik und –Scholastik*, Bern 1956.

- „Dionysius Areopagita im deutschen Predigtwerk Meister Eckharts, Perspektiven der Philosophie" in *Neues Jahrbuch* 13 (1987), 207–223.
- „Eckhart-Legenden" im VL 2, 350–353.
- *Franziskanisches Schrifttum im deutschen Mittelalter*, 2 Bde. München 1965 u. 1985.
- *Geschichte der abendländischen Mystik, Band III, Die Mystik des deutschen Predigerordens und ihre Grundlegung durch die Hochscholastik*, München 1996.
- „Granum sinapis" im VL 3,220–224.
- *Kleine Schriften* Band II, *Scholastik und Mystik im Spätmittelalter*, hg. v. Volker Mertens, Berlin 1984.
- *Meister Eckhart: Theologe, Prediger, Mystiker*, München 1985.
- „Das mystische Schweigen und die mystische Rede" in *Festschrift für Ingo Reiffenstein zum 60. Geburtstag*, Göppingen 1988, 463–472.
- „Neuplatonische Quellen Meister Eckharts" in *Contemplata aliis tradere: Studien zum Verhältnis von Literatur und Spiritualität*, hg. v. Claudia Brinker u.a., Frankfurt 1995, 317–352.

- „Paradisus anime intelligentis" (‚Paradis der fornunftigen sele')" im VL 7, 298–303.
- „Sendbrief" im VL 8, 1070–1073.

Saak, E. L., „*Quilibet Christianus*: Saints in Society in the Sermons of Jordan of Quedlinburg, OESA" in *Models of Holiness in Medieval Sermons*, hg. v. Beverly Mayne Kienzle, Louvain-la-Neuve 1996, 317–338.

Saccon, Alessandra, „Predicazione e filosofia: Il caso del ‚Paradisus anime intelligentis'" in *Filosofia in Volgare nel Medioevo*, hg. v. Nadia Bray u. Loris Sturlese, Louvain-la-Neuve 2003, 81–105.

Scheeben, Heribert Christian, „Der Konvent der Predigerbrüder in Strassburg – Die religiöse Heimat Taulers" in *Johannes Tauler: Ein deutscher Mystiker. Gedenkschrift zum 600. Todestag*, hg. v. Ephrem Filthaut, Essen 1961, 37–74.

Schiewer, Hans-Jochen, „Auditionen und Visionen einer Begine: Die ‚Selige Schererin', Johannes Mulberg und der Basler Beginenstreit. Mit einem Textabdruck" in *Die Vermittlung geistlicher Inhalte im deutschen Mittelalter: Internationales Symposium, Roscrea 1994*, hg. v. Timothy R. Jackson, Nigel F. Palmer u. Almut Suerbaum, Tübingen 1996, 289–317.

- „German Sermons in the Middle Ages" in *The Sermon*, hg. v. Beverly Mayne Kienzle, Typologie des sources du Moyen Âge Occidental, fasc. 81–83, Turnhout 2000.

Schimmel, Annemarie, *Mystische Dimensionen des Islam*, Köln 1985.

Schleusener-Eichholz, Gudrun, *Das Auge im Mittelalter*, 2 Bde., München 1985.

Schmidt, Carl, *Nicolaus von Basel: Bericht von der Bekehrung Taulers*, Strassburg 1875, fotomechan. Nachdruck Frankfurt 1981.

Schmidt, Carl, Hg., *Nikolaus von Basel: Leben und ausgewählte Schriften*, Wien 1866.

Schmidt, Margot, „An Example of Spiritual Friendship: The Correspondence Between Heinrich of Nördlingen and Margaretha Ebner" in *Maps of Flesh and Light: The Religious Experience of Medival Women Mystics*, hg. v. Ulrike Wiethaus, Syracuse (New York) 1993, 74–92.

- „Lambert de Ratisbonne" im DS 9, 142–143.
- „Miroir" im DS 10, 1290–1303.
- „Nikolaus von Kues im Gespräch mit den Tegernseer Mönchen über Wesen und Sinn der Mystik" in *Das Sehen Gottes nach Nikolaus von Kues*, hg. v. Rudolf Haubst, *Mitteilungen und Forschungsbeiträge der Cusanus-Gesellschaft* 18, Trier 1989, 25–49.

Schmitt, Clément, „Élisabeth (Elsbeth) de Reute" im DS 4, 583–584.

Schmoldt, Benno, *Die deutsche Begriffssprache Meister Eckharts: Studien zur philosophischen Terminologie des Mittelhochdeutschen*, Heidelberg 1954.

Schneider, Karin, „Tucher, Katharina OP" im VL 9, 1132–1134.

Schneider, Richard, „The Functional Christology of Meister Eckhart" in *Recherches de théologie ancienne et médiévale* 35 (1968), 291–332.

Schnell, Bernhard, „Himmelsbrief" im VL 4, 28–33.

Schnyder, André, „Otto von Passau OFM" im VL 7, 229–234.

Scholem, Gershom, „Mysticism and Society" in *Diogenes* 58 (1967), 1–24.

- „Religious Authority and Mysticism" in Gershom Scholem, *On the Kabbalah and Its Symbolism*, New York 1965, 5–31.

Schönborn, Christoph, „‚De docta ignorantia' als christozentrischer Entwurf" in *Nikolaus von Kues: Einführung in sein philosophisches Denken*, hg. v. Klaus Jacobi, Freiburg-München 1979, 138–156.

Schönfeld, Andreas, *Meister Eckhart: Geistliche Übungen. Meditationspraxis nach den „Reden der Unterweisung"*, Mainz 2002.

Schraut, Elisabeth, „Dorothea von Montau: Wahrnehmungsweisen von Kindheit und Eheleben einer spätmittelalterlichen Heiligen" in *Religiöse Frauenbewegung und mystische Frömmigkeit im Mittelalter*, hg. v. Peter Dinzelbacher u. Dieter R. Bauer, Köln u. Wien 2988, 373–394.

Schreiner, Klaus, „Laienfrömmigkeit – Frömmigkeit von Eliten oder Frömmigkeit des Volkes? Zur sozialen Verfasstheit laikaler Frömmigkeitspraxis im späten Mittelalter" in *Laien-*

frömmigkeit im späten Mittelalter: Formen, Funktionen, politisch-soziale Zusammenhänge, hg. v. Klaus Schreiner, München 1992, 1–78.
Schultheiss, Peter u. Ruedi Imbach, *Die Philosophie im Mittelalter: Ein Handbuch mit einem bio-bibliographischen Repertorium*, Düsseldorf 2000.
Schürmann, Reiner, *Meister Eckhart: Mystic and Philosopher*, Bloomington (Indiana), 1978.
Schwaetzer, Harald, *Aequalitas: Erkenntnistheoretische und soziale Implikationen eines christologischen Begriffs bei Nikolaus von Kues. Eine Studie zu seiner Schrift* De aequalitate Hildesheim, Zürich u. New York 2000.
– „La place d'Eckhart dans la genèse du concept cuséain de ‚filiatio dei'" in *La naissance de Dieu dans l'âme chez Eckhart et Nicolaus de Cues*, hg. v. M.-A. Vannier, Paris 2005.
Schwartz, Yossef, *„Ecce est locus apud me':* Maimonides und Eckharts Raumvorstellung als Begriff des Göttlichen" in *Raum und Raumvorstellung im Mittelalter*, hg. v. Jan A. Aertsen u. Andreas Speer, Berlin 1998, 348–364.
– „Metaphysische oder theologische Hermeneutik? Meister Eckhart in Spuren des Maimonides und Thomas von Aquin" (in Vorbereitung).
Schweitzer, Franz-Josef, *Der Freiheitsbegriff der deutschen Mystik: Seine Beziehung zur Ketzerei der „Brüder und Schwestern vom freien Geist", mit besonderer Rücksicht auf den pseudoeckhartischen Traktat „Schwester Katrei" (Edition)*, Frankfurt 1981.
– „Schwester Katrei" im VL 8, 947–950.
Schwietering, Julius, „Zur Autorschaft von Seuses Vita" in Julius Schwietering, *Mystik und höfische Dichtung im Hochmittelalter*, Tübingen 1960, 107–122.
Seesholtz, Anna Groh, *Friends of God: Practical Mystics of the Fourteenth Century*, New York 1934.
Sells, Michael A., *Mystical Languages of Unsaying*, Chicago u. London 1994.
Senger, Hans Gerhard, „Aristotelismus vs. Platonismus: Zur Konkurrenz von zwei Archetypen der Philosophie im Spätmittelalter" in *Aristotelisches Erbe im Arabisch-Lateinischen Mittelalter*, hg. v. Albert Zimmermann, Berlin 1986, 53–80.
– „Cusanus-Literatur der Jahre 1986–2001: Ein Forschungsbericht" in *Recherches de théologie ancienne et médiévale* 69 (2002), 386–394.
– *Ludus Sapientiae: Studien zum Werk und zur Wirkungsgeschichte des Nikolaus von Kues*, Leiden 2002.
– „Mystik als Theorie bei Nikolaus von Kues" in *Gnosis und Mystik in der Geschichte der Philosophie*, hg. v. Peter Koslowski, München 1988, 11–34.
Senner, Walter (Hg.), „Heinrich Seuse und der Dominikanerorden" in *Heinrich Seuses Philosophia spiritualis: Quellen, Konzepte, Formen und Rezeption*, hg. v. Rüdiger Blumrich u. Philipp Kaiser, Wiesbaden 1994, 3–31.
– *Johannes von Sterngassen OP und sein Sentenzenkommentar*, 2 Bde., Berlin 1994–1995.
– „Meister Eckhart in Köln" in *Meister Eckhart: Lebensstationen – Redesituationen*, hg. v. Klaus Jacobi, Berlin 1997, 207–237.
– „Rhineland Dominicans, Meister Eckhart, and the Sect of the Free Spirit" in *The Vocation of Service to God and Neighbour*, hg. v. Joan Greatrex, Turnhout 1998, 121–133.
Senner, Walter (Hg.), *Albertus Magnus: Zum Gedenken nach 800 Jahren. Neue Zugänge, Aspekte und Perspektiven*, Berlin 2001.
Seppänen, Lauri, *Studien zur Terminologie des Paradisus anime intelligentis: Beiträge zur Erforschung der Sprache der mittelhochdeutschen Mystik und Scholastik*. Mémoires de la Société Néophilologique de Helsinki 27, Helsinki 1964.
Simons, Walter, *Cities of Ladies: Beguine Communities in the Medieval Low Countries, 1200–1565*, Philadelphia 2001.
Sölle, Dorothee, „Du stilles Geschrei": Mystik und Widerstand, Hamburg 1997.
Solignac, Aimé, „NOUS et MENS" im DS 11, 459–469.
– „Synderesis" im DS 14, 407–412.
Speer, Andreas u. Wouter Goris, „Das Meister-Eckhart-Archiv am Thomas-Institut der Uni-

versität zu Köln: Die Kontinuität der Forschungsaufgaben" in *Bulletin de philosophie médiévale* 37 (1995), 149–174.

Spoerri, Bettina, „Schrift des Herzens: Zum vierten Kapitel der ‚Vita' Heinrich Seuses" in *Homo Medietas: Aufsätze zu Religiosität, Literatur und Denkformen des Menschen vom Mittelalter bis in die Neuzeit. Festschrift für Alois Maria Haas zum 65. Geburtstag*, hg. v. Claudia Brinker-von der Heyde u. Niklaus Largier, Bern 1999, 299–315.

Stachel, Günter, „Schweigen vor Gott: Bemerkungen zur mystischen Theologie der Schrift *De visione Dei*" in *Mitteilungen und Forschungsbeiträge der Cusanus-Gesellschaft* 14, Trier 1980, 167–181.

Stallmach, Josef, *Ineinsfall der Gegensätze und Weisheit des Nichtwissens: Grundzüge der Philosophie des Nikolaus von Kues*, Münster 1989.

Stammler, Wolfgang, „Studien zur Geschichte der Mystik in Norddeutschland" in *Altdeutsche und Altniederländische Mystik*, hg. v. Kurt Ruh, Darmstadt 1964, 386–436.

Stargardt, Ute, *The Life of Dorothea von Montau, a Fourteenth-Century Recluse*, Lewiston (New York) 1997.

– „The Political and Social Backgrounds of the Canonization of Dorothea von Montau" in *Mystics Quarterly* 11 (1985), 107–122.

Steer, Georg, „Der Armutsgedanke der deutschen Mystiker bei Marquard von Lindau" in *Franziskanische Studien* 60 (1978), 289–300.

– „Bernhard von Clairvaux als theologische Autorität für Meister Eckhart, Johannes Tauler und Heinrich Seuse" in *Bernhard von Clairvaux: Rezeption und Wirkung im Mittelalter und in der Neuzeit*, hg. v. Kaspar Elm, Wiesbaden 1994, 249–259.

– „Geistliche Prosa: 2, Predigt" in *Geschichte der deutschen Literatur Band III/2, Die deutsche Literatur im späten Mittelalter 1250–1370*, hg. v. Ingeborg Glier, München 1987, 318–339.

– *Johannes Wenck von Herrenberg: Das Büchlein der Seele*, München 1967.

– „Der Laie als Anreger und Adressat deutscher Prosaliteratur im 14. Jahrhundert" in *Zur deutschen Literatur und Sprache des 14. Jahrhunderts,* hg. v. Walter Haug, Timothy R. Jackson u. Johannes Janota, Heidelberg 1983, 354–367.

– „Meister Eckharts Predigtzyklus *von der êwigen geburt:* Mutmaßungen über die Zeit seiner Entstehung" in *Deutsche Mystik im abendländischen Zusammenhang*, hg. v. Walter Haug u. Wolfram Schneider-Lastin, Tübingen 2000, 253–281.

– „Merswin, Rulman" im VL 6, 420–442.

– „Predigt 101: ‚Dum medium silentium tenerent omnia'" in *Lectura Eckhardi I*, hg. v. Georg Steer u. Loris Sturlese, Stuttgart 1998, 247–288.

– „Die Stellung des ‚Laien' im Schrifttum des Strassburger Gottesfreundes Rulman Merswin und der deutschen Dominikanermystiker des 14. Jahrhunderts" in *Literatur und Laienbildung im Spätmittelalter und in der Reformationszeit*, hg. v. Ludger Grenzmann u. Karl Stackmann, Stuttgart 1984, 643–660.

Steward, Columba, *‚Working the Earth of the Heart': The Messalian Controversy in History, Texts, and Language to AD 431*, Oxford 1991.

Stirnimann, Heinrich u. Ruedi Imbach (Hg.), *Eckardus Theutonicus, homo doctus et sanctus: Nachweise und Berichte zum Prozess gegen Meister Eckhard*, Freiburg/Schweiz 1992.

– „Mystik und Metaphorik: Zu Seuses Dialog" in *Das „einig Ein"*, hg. v. Alois M. Haas u. Heinrich Stirnimann, Freiburg/Schweiz 1980, 230–243.

– „Seuses Morgengruß" in *Homo Medietas*, hg. v. Claudia Brinker-von der Heyde u. Niklaus Largier, Bern 1999, 317–321.

Stock, Alex, „Die Rolle der ‚Icona Dei' in der Spekulation ‚De visione dei'" in *Das Sehen Gottes nach Nikolaus von Kues*, hg. v. Rudolf Haubst, *Mitteilungen und Forschungsbeiträge der Cusanus-Gesellschaft* 18, Trier 1989, 50–68.

Stoelen, Anselme, „Denys le Chartreux" im DS 3, 430–449.

Stoudt, Debra L., „The Production and Preservation of Letters by Fourteenth-Century Dominican Nuns" in *Mediaeval Studies* 53 (1991), 309–326.

Literatur

- „The Vernacular Letters of Heinrich von Nördlingen" in *Mystics Quarterly* 12 (1986), 19–25.
- Strauss, Gerhard, „Ideas of *Reformatio* and *Renovatio* from the Middle Ages to the Reformation" in *Handbook of European History 1400–1600*, Vol. 2, *Visions, Programs, Outcomes*, hg. v. Thomas A. Brady, Heiko A. Oberman u. James D. Tracy, Grand Rapids 1996, 1–30.
- Stroick, Clemens, *Heinrich von Friemar: Leben, Werke, philosophisch-theologische Stellung in der Scholastik*, Freiburg 1954.
- Sturlese, Loris, „Albert der Große und die deutsche philosophische Kultur des Mittelalters" in *Freiburger Zeitschrift für Philosophie und Theologie* 28 (1981), 133–147.
- „Alle origini della mistica tedesca: Antichi testi su Teodorico di Freiberg" in *Medioevo* 3 (1977), 36–44.
- *Die deutsche Philosophie im Mittelalter: Von Bonifatius bis zu Albert dem Großen 748–1280*, München 1993.
- „Il dibattito sul Proclo latino nel medioevo fra l'università di Parigi e lo Studium di Colonia" in *Proclus et son influence*, hg. v. G. Boss u. G. Seel, Zürich 1985, 261–285.
- „Dietrich von Freiberg" im VL 2, 127–138.
- „'Homo divinus': Der Prokloskommentar Bertholds von Moosburg und die Probleme der nacheckhartschen Zeit" in *Abendländische Mystik im Mittelalter*, hg. v. Kurt Ruh, Stuttgart 1986, 145–161.
- „Die Kölner Eckhartisten: Das Studium generale der deutschen Dominikaner und die Verurteilung der Thesen Meister Eckharts" in *Die Kölner Universität im Mittelalter*, hg. v. Albert Zimmermann, Berlin 1989, 192–211.
- *Meister Eckhart: Ein Porträt* (Eichstätter Hochschulreden 90), Regensburg 1993.
- „Meister Eckhart in der Bibliotheca Amploniana: Neues zur Datierung des ,Opus tripartitum'" in *Die Bibliotheca Amploniana: Ihre Bedeutung im Spannungsfeld von Aristotelismus, Nominalismus und Humanismus*, hg. v. Andreas Speer, Berlin u. New York 1995, 434–446.
- „Mysticism and Theology in Meister Eckhart's Theory of the Image" in *Eckhart Review* (März 1993), 18–31.
- „Un nuovo manoscritto delle opere latine di Eckhart e il suo significato per la ricostruzione del testo e della storia del Opus tripartitum" in *Freiburger Zeitschrift für Philosophie und Theologie* 32 (1985), 145–154.
- „A Portrait of Meister Eckhart" in *Eckhart Review* (Frühjahr 1996), 7–12.
- „Proclo ed Ermete in Germania da Alberto Magno a Bertoldo di Moosburg: Per una prospettiva di ricerca sulla cultura filosofica tedesca nel secolo delle sui origini (1250–1350)" in *Von Meister Dietrich zu Meister Eckhart*, hg. v. Kurt Flasch, Hamburg 1984, 22–33.
- „Saints et magiciens: Albert le Grand en face d'Hermès Trismégiste" in *Archives de Philosophie* 43 (1980), 615–634.
- „Tauler im Kontext: Die philosophischen Voraussetzungen des ,Seelengrundes' in der Lehre des deutschen Neoplatonikers Berthold von Moosburg" in *Beiträge zur Geschichte der deutschen Sprache und Literatur* 109 (1987), 390–426.
- Sudbrack, Josef, *Die geistliche Theologie des Johannes von Kastl: Studien zur Frömmigkeitsgeschichte des Spätmittelalters*, 2 Bde., Münster 1967.
- „Johannes von Kastl" im VL 4, 652–658.
- Sukale, Robert, „Mystik und Kunst" in *Theologische Realenzyklopädie*, Berlin 1977 ff., XXIII, 600–608.
- Sweeney, Leo, „Doctrine of Creation in the *Liber de causis*" in *An Étienne Gilson Tribute*, hg. v. Charles J. O'Neil, Milwaukee 1959, 274–289.
- Tarrant, Jacqueline, „The Clementine Decrees on the Beguines: Conciliar and Papal Versions" in *Archivum Historiae Pontificiae* 12 (1974), 300–307.
- Taylor, Richard C., „A Critical Analysis of the Structur of the *Kalm f mahd al-khair (Liber de causis)*" in *Neoplatonism and Islamic Thought*, hg. v. Parvis Morewedge, Albany 1992, 11–40.

- „The *Kalm f mahd al-khair (Liber de causis)* in the Islamic Philosophic Milieu" in *Pseudo-Aristotle in the Middle Ages: The „Theology" and Other Texts*, hg. v. Jill Kraye, W. F. Ryan u. C. B. Schmitt, London 1986, 37–52.
Theisen, Joachim, *Predigt und Gottesdienst: Liturgische Strukturen in den Predigten Meister Eckharts*, Frankfurt 1990.
- „Tauler und die Liturgie" in *Deutsche Mystik im abendländischen Zusammenhang*, hg. v. Walter Haug u. Wolfram Schneider-Lastin, Tübingen 2000, 409–423.
Thijssen, J. M. M. H., *Censure and Heresy at the University of Paris 1200–1400*, Philadelphia 1998.
Thurner, Martin, *Gott als das offenbare Geheimnis nach Nikolaus von Kues*, Berlin 2001.
Tierney, Brian, *Foundations of the Conciliar Theory: The Contributions of the Medieval Canonists from Gratian to the Great Schism*, Cambridge 1955.
Tobin, Frank, „Creativity and Interpreting Scripture: Meister Eckhart in Practice" in *Monatshefte* 74 (1982), 410–418.
- „Eckhart's Mystical Use of Language: The Contexts of *eigenschaft*" in *Seminar* 8 (1972), 160–168.
- „Henry Suso and Elsbeth Stagel: Was the *Vita* a Cooperative Effort?" in *Gendered Voices: Medieval Saints and Their Interpreters*, hg. v. Catherine M. Mooney, Philadelphia 1999, 118–135.
- „Introduction" in *Henry Suso: The Exemplar, with Two German Sermons*, New York 1989, 19–26.
- „Mechthild of Magdeburg and Meister Eckhart: Points of Comparison" in *Meister Eckhart and the Beguine Mystics*, hg. v. Bernard McGinn, New Xork 1994, 44–61.
- *Meister Eckhart: Thought and Language*, Philadelphia 1986.
- „Meister Eckhart and the Angels" in *In hôhem prîse: A Festschrift in Honor of Ernst S. Dick*, hg. v. Winder McConnell, Göppingen 1989, 379–393.
Torrell, Jean-Pierre, *Saint Thomas Aquinas*, Vol. 1, *The Person and the Work;* Vol. 2, *Spiritual Master*, Washington, D.C. 1996 u. 2003.
Triller, Anneliese, „Marienwerder, Johannes" im VL 6,56–61.
Troescher, Georg, „Die ‚pitié-de-nostre-seigneur' oder die ‚Not-Gottes'" in *Wallraff-Richartz Jahrbuch* 9 (1936), 148–168.
Trottmann, Christian, *La vision béatifique: Des disputes scolastiques à sa définition par Benoît XII.*, Rom 1995.
Trusen, Winfried, *Der Prozess gegen Meister Eckhart: Vorgeschichte, Verlauf und Folgen*, Paderborn 1988.
- „Meister Eckhart vor seinen Richtern und Zensoren" in *Meister Eckhart: Lebensstationen – Redesituationen*, hg. v. Klaus Jacobi, Berlin 1997, 335–352.
Tugwell, Simon, „Albert: Introduction" in *Albert and Thomas: Selected Writings*, New York 1988, 3–129.
- „Die Spiritualität der Dominikaner" in *Geschichte der christlichen Spiritualität Bd. 2: Hochmittelalter und Reformation*, Würzburg 1995, 35–50.
Turner, Denys, *The Darkness of God: Negativity in Christian Mysticism*, Cambridge 1995.
Ueda, Shizuteru, *Die Gottesgeburt in der Seele und der Durchbruch zu Gott: Die mystische Anthropologie Meister Eckharts und ihre Konfrontation mit der Mystik des Zen-Buddhismus*, Gütersloh 1965.
Ulrich, Peter, *Imitatio et configuratio: Die philosophia spiritualis Heinrich Seuses als Theologie der Nachfolge des Christus passus*, Regensburg 1995.
van den Brandt, Ria, „Die Eckhart-Predigten der Sammlung *Paradisus anime intelligentis* näher betrachtet" in *Albertus Magnus und der Albertismus: Deutsche philosophische Kultur des Mittelalters*, hg. v. Maarten J. F. M. Hoenen u. Alain de Libera, Leiden 1995, 173–187.
van den Broek, Roelof u. Cis van Heertum (Hg.), *From Poimandres to Jacob Böhme: Gnosis, Hermetism and the Christian Tradition*, Amsterdam 2000.
Van Engen, John, „The Church in the Fifteenth Century" in *Handbook of European History*

1400–1600, Vol. 1, *Structures and Assertions*, hg. v. Thomas A. Brady Jr., Heiko A. Oberman u. James D. Tracy, Grand Rapids 1995, 305–330.
Vannier, Marie-Anne (Hg.), *Cheminer avec Jean Tauler: Pour le 7ᵉ centenaire de sa naissance. La vie spirituelle* 155 (März 2001).
- „Déconstruction de l'inividualité ou assomption de la personne chez Eckhart?" in *Individuum und Individualität im Mittelalter*, hg. v. Jan A. Aertsen u. Andreas Speer, Berlin 1996, 622–641.
- „Eckhart à Strasbourg (1313–1323/24)" in *Dominicains et Dominicaines en Alsace XIIIe-XXe S.*, hg. v. Jean-Luc Eichenlaub, Colmar 1996, 197–208.
- „L'homme noble, figure de l'oeuvre d'Eckhart à Strasbourg" in *Revue des sciences religieuses* 70 (1996), 73–89.
- „Tauler et les Amis de Dieu" in *700ᵉ Anniversaire de la naissance de Jean Tauler, Revue des sciences religieuses* 75 (2001), 456–464.
Vannini, Marco, „Praedica Verbum: La *generazione* dela parola dal silenzio in Meister Eckhart" in *Il Silenzio e La Parola da Eckhart a Jabès*, hg. v. Massimo Baldini u. Silvano Zucal, Trient 1987, 17–31.
Vansteenberghe, Edmond, *Autour de la docte ignorance: Une controverse sur la théologie mystique au XVe siècle*, Münster 1915.
- *Le Cardinal Nicolaus de Cues (1401–1464): L'action – la pensée*, Paris 1920, Reprint 1974.
- *Le „De ignota litteratura" de Jean Wenck de Herrenberg contre Nicolas de Cuse*, Münster 1910.
Van Steenberghen, Fernand, *Aristotle in the West: The Origins of Latin Aristotelianism*, Löwen 1955.
Van Velthoven, Theo, *Gottesschau und menschliche Kreativität: Studien zur Erkenntnislehre des Nikolaus von Kues*, Leiden 1977.
Vauchez, André, „Dévotion eucharistique et union mystique chez les saints de la fin du Moyen Âge" in *Atti del Simposio Internazionale Cateriniano-Bernardiniano: Siena 1980*, hg. v. Domenico Maffeir u. Paolo Nardi, Siena 1982, 295–300.
- *Sainthood in the Later Middle Ages*, Cambridge 1997.
Verdeyen, Paul, „Le Procès d'Inquisition contre Marguerite Porete et Guiard de Cressonessart (1309–1310)" in *Revue d'histoire ecclésiastique* 81 (1986), 48–94.
Villegas, Diana L., „Discernment in Catherine of Siena" in *Theological Studies* 58 (1997), 19–38.
Völker, Ludwig, „‚Gelassenheit': Zur Entstehung des Wortes in der Sprache Meister Eckharts und seiner Überlieferung in der nacheckhartschen Mystik bis Jacob Böhme" in *„ Getempert und Gemischet" für Wolfgang Mohr zum 65. Geburtstag*, hg. v. Franz Hundsnurscher u. Ulrich Müller, Göppingen 1972, 281–312.
Völker, Walther, „Abschluss: Die Auslegung von Cap. 1 der ‚Mystischen Theologie' in den Kommentaren des Mittelalters und der neueren Zeit als Beispiel für das Fortwirken und die Unformung der Areopagitischen Gedanken" in Walther Völker, *Kontemplation und Ekstase bei Pseudo-Dionysius Areopagita*, Wiesbaden 1958, 218–263.
Vollmann, Benedikt K., „Stil und Anspruch des ‚Horologium Sapientiae'" in *Heinrich Seuses Philosophia spiritualis*, hg. v. Rüdiger Blumrich u. Philipp Kaiser, Wiesbaden 1994, 83–93.
von Balthasar, Hans Urs, *Herrlichkeit: Eine theologische Ästhetik*, Bd. III/1: *Im Raum der Metaphysik*, II. Teil: *Neuzeit*, Einsiedeln 1965.
- „Das Evangelium als Norm und Kritik aller Spiritualitäten in der Kirche" in *Concilium* 1 (1965), 715–722.
- *Thomas und die Charismatik: Kommentar zu Thomas von Aquins Summa Theologica Quaestiones II II 171–182. Besondere Gnadengaben und die zwei Wege menschlichen Lebens*, Freiburg 1996.
von der Leyen, F., „Über einige bisher unbekannte lateinische Fassungen von Predigten des Meisters Eckehart" in *Zeitschrift für deutsche Philologie* 38 (1906), 348–354.
von Hinten, Wolfgang, „‚Der Franckfurter' (‚Theologia Deutsch')" im VL 2, 802–808.

von Hügel, Friedrich, *The Mystical Element of Religion as Studied in Catherine of Genoa and Her Friends*, 2 Bde., Reprint London 1961.

von Ivanka, Endré, „Apex mentis: Wanderung und Wandlung eines stoischen Terminus" in *Zeitschrift für katholische Theologie* 72 (1950), 129-176.

von Siegroth-Nellessen, Gabriele, *Versuch einer exakten Stiluntersuchung für Meister Eckhart, Johannes Tauler und Heinrich Seuse*, München 1979.

Wackernagel, Wolfgang, „Maître Eckhart e le discernement mystique: A propos de la rencontre de Suso avec ‚la (chose) sauvage sans nom'" in *Revue de Théologie et de Philosophie* 129 (1997), 113-126.

- „Some Legendary Aspects of Meister Eckhart: The Aphorisms of the Twelve Masters" in *Eckhart Review* (Frühjahr 1998), 30-41.

- *YMAGINE DENUDARI: Éthique de l'image et métaphysique de l'abstraction chez Maître Eckhart*, Paris 1991.

Wackerzapp, Herbert, *Der Einfluss Meister Eckharts auf die ersten philosophischen Schriften des Nikolaus von Kues (1440-1450)*, Münster 1962.

Wadell, Paul J., *Friendship and the Moral Life*, Notre Dame (Indiana) 1989.

Waldschütz, Erwin, *Denken und Erfahren des Grundes: Zur philosophischen Deutung Meister Eckharts*, Wien-Freiburg-Basel 1989.

- „Probleme philosophischer Mystik am Beispiel Meister Eckharts" in *Probleme philosophischer Mystik: Festschrift für Karl Albert zum siebzigsten Geburtstag*, hg. v. Elenor Jain u. Reinhard Margreiter, Sankt Augustin 1991, 71-92.

Walz, A., „‚Grund' und ‚Gemüt' bei Tauler" in *Angelicum* 40 (1963), 328-398.

Warnock, Robert G., „Heinrich Friemar der Ältere" im VL 3, 730-737.

Watanabe, Morimichi, „Monks of Tegernsee" in *American Cusanus Society Newsletter* XV (1998), 20-22.

Watkin, E. I., *Poets and Mystics*, London u. New York 1953.

Watson, Nicholas, *Richard Rolle and the Invention of Authority*, Cambridge 1991.

Wéber, Edouard-Henri, „Eckhart et l'ontothéologisme: Histoire et conditions d'une rupture" in *Maître Eckhart à Paris*, Paris 1984, 13-83.

- „L'interpretation par Albert le Grand de la Théologie Mystique de Denys le Ps.-Aréopagite" in *Albertus Magnus: Doctor Universalis 1280/1980*, hg. v. Gerbert Meyer, Martina Wehrli-Johns u. Albert Zimmermann, Mainz 1980, 409-439.

- „La théologie de la grâce chez Maître Eckhart" in *Revue des sciences religieuses* 70 (1996), 48-72.

Wehrli-Johns, Martina, „Frauenfrömmigkeit außerhalb des Klosters: Vom Jungfrauenideal zur Heiligung in der Ehe" in *Jahrbuch für deutsche Kirchengeschichte* 24 (2000), 17-37.

- „Mystik und Inquisition: Die Dominikaner und die sogenannte Häresie des Freien Geistes" in *Deutsche Mystik im abendländischen Zusammenhang*, hg. v. Walter Haug u. Wolfram Schneider-Lastin, Tübingen 2000, 223-252.

Weier, Reinhold, „Christus als ‚Haupt' und ‚Fundament' der Kirche" in *Nikolaus von Kues, Kirche und Respublica Christiana: Konkordanz, Repräsentanz und Konsens*, hg. v. Klaus Kremer u. Klaus Reinhardt in *Mitteilungen und Forschungsbeiträge der Cusanus-Gesellschaft* 21, Trier 1994, 163-182.

Weilner, Ignaz, *Johannes Taulers Bekehrungsweg: Die Erfahrungsgrundlagen seiner Mystik*, Regensburg 1961.

Weintraub, Karl Joachim, *The Value of the Individual: Self and Circumstance in Autobiography*, Chicago 1978.

Weisheipl, James A. „Mystic on Campus: Friar Thomas" in *An Introduction to the Medieval Mystics of Europe*, hg. v. Paul Szarmach, Albany 1984, 135-159.

Weiss, Bardo, *Die Heilsgeschichte bei Meister Eckhart*, Mainz 1965.

Weitlauff, Manfred, „‚dein got redender munt machet mich redenlosz ...': Margareta Ebner und Heinrich von Nördlingen" in *Religiöse Frauenbewegung und mystische Frömmigkeit im Mittelalter*, hg. v. Peter Dinzelbacher u. Dieter R. Bauer, Köln-Wien 1988, 303-352.

Literatur

Welte, Bernhard, *Meister Eckhart: Gedanken zu seinen Gedanken*, Freiburg 1979.
Wilde, Mauritius, *Das neue Bild vom Gottesbild: Bild und Theologie bei Meister Eckhart*, Freiburg/Schweiz 2000.
Williams-Krapp, Werner, „Bilderbogen-Mystik: Zu ‚Christus und die minnende Seele'. Mit Edition der Mainzer Überlieferung" in *Überlieferungsgeschichtliche Editionen und Studien zur deutschen Literatur des Mittelalters: Kurt Ruh zum 75. Geburtstag*, hg. v. Konrad Kunze u. a., Tübingen 1989, 350–364.
- „‚diese ding sint dennoch nit ware zeichen der heiligkeit': Zur Bewertung mystischer Erfahrung im 15. Jahrhundert" in *Frömmigkeitsstile im Mittelalter*, hg. v. Wolfgang Haubrichs, Göttingen 1991, 61–71.
- „Eberhard, Mardach" im VL 5, 1237–1239.
- „The Erosion of a Religious Monopoly: German Religious Literature in the Fifteenth Century" in *The Vernacular Spirit: Essays on Medieval Religious Literature*, hg. v. Renate Blumenfeld-Kosinski, Duncan Robertson u. Nancy Bradley Warren, New York 2002, 239–259.
- „Frauenmystik und Ordensreform im 15. Jahrhundert" in *Literarische Interessenbildung im Mittelalter. DFG-Symposion 1991*, hg. v. Joachim Heinzle, Stuttgart 1993, 301–313.
- „Henry Suso's *Vita* between Mystagogy and Hagiography" in *Seeing and Knowing: Women and Learning in Medieval Europe 1200–1500*, hg. v. Anneke B. Mulder-Bakker, Turnhout 2004, 35–47.
- „Literary Genre and Degrees of Holiness: The Perception of Holiness in Writings by and about Female Mystics" in *The Invention of Saintliness*, hg. v. Anneke B. Mulder-Bakker, London 2002, 206–218.
- „‚*Nucleus totius perfectionis*': Die Altväterspiritualität in der *Vita* Heinrich Seuses" in *Festschrift für Walter Haug und Burghart Wachinger* (2 Bde.), Tübingen 1992, I, 405–421.
- „Observanzbewegungen, monastische Spiritualität und geistliche Literatur im 15. Jahrhundert" in *Internationales Archiv für Sozialgeschichte der deutschen Literatur* 20 (1995), 1–15.
- „Raimond von Capua" im VL 7, 982–986.
Wilms, Hieronymus, „Das Seelenfünklein in der deutschen Mystik" in *Zeitschrift für Aszese und Mystik* 12 (1937), 157–166.
Wippel, John F., „The Condemnations of 1270 and 1277 at Paris" in *Journal of Medieval and Renaissance Studies* 7 (1977), 169–201.
Witte, Karl Heinz, „Der ‚Traktat von der Minne', der Meister des Lehrgesprächs und Johannes Hiltalingen von Basel: Ein Beitrag zur Geschichte der Meister-Eckhart-Rezeption in der Augustinerschule des 14. Jahrhunderts" in *Zeitschrift für deutsches Altertum und deutsche Literatur* 131 (2002), 454–487.
- ‚*In-principio-Dialog*': Ein deutschsprachiger Theologe der Augustinerschule des 14. Jahrhunderts aus dem Kreise deutscher Mystik und Scholastik, München 1989.
Wodtke, Friedrich Wilhelm, „Die Allegorie des ‚Inneren Paradieses' bei Bernhard von Clairvaux, Honorius Augustodunensis, Gottfried von Strassburg und in der deutschen Mystik" in *Festschrift Josef Quint anlässlich seines 65. Geburtstages überreicht*, hg. v. Hugo Moser, Rudolf Schützeichel u. Karl Stackmann, Bonn 1964, 277–290.
Wolfson, Elliot R., *Through a Speculum that Shines: Vision and Imagination in Medieval Jewish Mysticism*, Princeton 1994.
Woods, Richard, *Mysticism and Prophecy: The Dominican Tradition*, London 1998.
Worstbrock, F. J., „Schlitpacher, Johannes" im VL 8, 727–748.
Wrede, Gösta, *Unio Mystica: Probleme der Erfahrung bei Johannes Tauler*, Uppsala 1974.
Wyser, Paul, „Taulers Terminologie vom Seelengrund" in *Altdeutsche und Altniederländische Mystik*, hg. v. Kurt Ruh, Darmstadt 1964, 324–352.
Yates, Frances A., *Giordano Bruno and the Hermetic Tradition*, Chicago 1964.
Zekorn, Stefan, *Gelassenheit und Einkehr: Zu Grundlage und Gestalt geistlichen Lebens bei Johannes Tauler*, Würzburg 1993.
Zimmermann, Béatrice Acklin, „Die Nonnenviten als Modell einer narrativen Theologie" in

Deutsche Mystik im abendländischen Zusammenhang, hg. v. Walter Haug u. Wolfram Schneider-Lastin, Tübingen 2000, 563–580.

Zorzi, M. Benedetta, „Melos e Iubilus nelle *Enarrationes in Psalmos* di Agostino: Una questione di mistica agostiniana" in *Augustinianum* 42 (2002), 383–413.

Zum Brunn, Émilie, „Dieu n'est pas être" in *Maître Eckhart à Paris: une critique médiévale de l'ontothéologie: Les Questions parisiennes no. 1 et no. 2*, Paris 1984, 84–108.

- u. Alain de Libera, *Métaphysique du Verbe et théologie négative*, Paris 1984.

Zumkeller, Adolar, „Henri de Friemar" im DS 7, 191–197.

- „Jourdain de Saxe ou de Quedlinburg" im DS 8, 1423–1430.
- „Jordan von Quedlinburg (Jordanus de Saxonia)" im VL 4, 853–861.
- „Die Lehrer des geistlichen Lebens unter den deutschen Augustinern vom dreizehnten Jahrhundert bis zum Konzil von Trient" in *Sanctus Augustinus Vitae Spiritualis Magister*, Analecta Augustiniana, Rom 1956, 239–338.
- „Die Spiritualität der Augustiner" in *Geschichte der christlichen Spiritualität* Bd. 2: *Hochmittelalter und Reformation*, Würzburg 1995, 80–89.
- *Theology and History of the Augustinian School in the Middle Ages*, unveröffentlicht 1996 (im Augustinian Heritage Institute, Villanova (Pennsylvania).

Namenregister

Abraham 516, 675
Abramowski, L. 634, 654f.
Adalbert von Montau 594
Adam 63f., 124, 130, 431, 567, 598, 656, 660f., 663, 770, 786
Adelheid die Klausnerin 124, 691
Aegidius von Rom 80, 616f.
Aelred von Rievaulx 676
Aertsen, J. A. 92, 196, 220, 251, 293, 300, 437, 568, 755f.
Agnes von Ungarn 182
Alanus von Lille 80, 85, 88, 533
Albergati, N. 795
Alberigo, J. 26, 109
Albert der Große 11, 13, 21, 30–59, 62, 65, 71, 74, 77f., 80–84, 88, 90f., 93, 110–112, 117f., 121f., 149, 159, 164, 169–171, 194, 224, 255, 421, 423, 425, 438, 533, 539, 541, 552, 563, 741
Albert, K. 197, 237, 248
Albertson, D. C. 13, 790
Albrecht von Treffurt 538f.
Alexis, R. 419
Alfarabi 37, 43, 45
al-Ghazali 37, 407
al-Hallaj 407
Alighieri, D. s. Dante Alighieri
Allmand, C. 21
Almond, I. 289, 294
Altrock, S. 344

Ambrosius von Mailand 89, 96, 557, 750
Ancelet-Hustache, J. 149
Angela von Foligno 114, 352, 449, 487, 513, 521, 596
Angelus Silesius s. Scheffler, J.
Anzulewicz, H. 32, 35f.
Appel, H. 439
Arbman, E. 385
Aristoteles 32, 35, 38, 42–45, 52, 54, 60, 66, 74, 80, 192, 261, 286, 423f., 438, 557, 633, 720f.
Aston, M. 17
Athenagoras 101f.
Auer, J. 631, 746
Auerbach, E. 205
Augustinus von Ancona 141
Augustinus von Hippo 36, 47, 66, 70, 75f., 78, 87, 89, 96, 100, 157, 182, 196f., 200, 225f., 232f., 236, 238, 256f., 260, 262, 271, 273, 285, 307, 319, 335, 346, 354, 360f., 368f., 385f., 401, 420, 422–424, 437f., 446f., 474, 478, 485, 515–518, 532, 551, 554, 557–559, 597, 616f., 621, 624, 626, 630, 633, 644, 652, 659, 676, 687, 715, 720, 722–724, 726, 738, 758, 760, 762f., 765, 775–779, 781, 784f.
Averroes 32, 43
Avicenna 32, 36f., 45, 83, 194, 253, 305

Ayndorffer, K. 745–747, 751

Bach, J. 150
Bacon, R. 80
Baert, E. 755f.
Baeumker, C. 85
Bailey, M. D. 574f., 590, 609
Baldini, M. 237
Barbet, J. 315, 673, 741, 759
Baring, G. 653
Bartholomäus von Bolsenheim 349, 386
Baruzi, J. 341, 363
Basilius von Caesarea 676
Bast, R. J. 170
Bauer, G. 525, 569
Baur, L. 727
Beatrijs van Nazareth 331, 449
Beccarisi, A. 163, 252
Beck, H. 524
Beckemann, R. 510
Becker, J. 134f., 144
Beierwaltes, W. 12, 53, 91f., 227, 244, 248, 543, 713, 720, 723, 726f., 730, 757, 759–761, 765, 770, 772
Bellitto, C. M. 274, 713, 717
Belting, H. 525
Benedikt von Nursia 76, 325
Benko, S. 102
Bentivenga da Gubbio 113
Bernardin von Siena 131
Bernhard von Clairvaux 66, 71, 96, 137, 150, 202,

837

Namenregister

212f., 269, 331–333, 343, 357f., 369, 374, 381f., 420, 432, 449, 453, 466, 472, 474, 478, 482–484, 508, 513, 514f., 520, 526, 554, 561, 570, 583, 590, 597, 605, 621, 623, 625, 644f., 676
Bernhard von Waging 733, 745f., 751f.
Bernhart, J. 149
Berthold von Moosburg 45, 88, 90, 92, 154, 163f., 224, 251, 260, 421f., 424f., 543
Beutler, M. 589f.
Biel, G. 19, 21
Biffi, I. 65f., 71f.
Bihlmeyer, K. 341, 345, 349, 356, 385, 401, 408, 418, 462, 534, 570, 572, 591, 599, 679
Binderlin von Freiburg 162
Bindschedler, M. 359, 530, 533f.
Bizet, J.-A. 341
Blamires, D. 413, 654, 656
Blank, W. 353
Blannbekin, A. 586
Blumenberg, H. 151, 719
Blumenfeld-Kosinski, R. 18
Blumrich, R. 349, 358, 552, 554f., 558f., 562–564, 566
Bodeweg, M. 745
Boese, H. 90f., 416, 422
Boespflug, F. 516
Boëthius 61, 343, 349, 362, 623, 655, 736, 777
Boiadjiev, T. 35, 759
Bonaventura 85, 96, 109, 170, 194, 228, 369, 401f., 514, 516, 551, 554, 558, 564f., 613, 723, 741, 745, 749, 752, 759
Bond, H. L. 713, 718, 725, 728, 762–766, 768, 772, 784
Bonifatius 32

Bonifaz VIII. (Papst) 24
Booth, E. 37, 89
Borges, J. 87
Borgnet, A. 33, 111
Bos, E. P. 80, 244
Boss, G. 90
Bouché, A.-M. 344, 511
Boyle, M. O'Rourke 715, 726
Bradley Warren, N. 18, 506
Brady Jr., T. A. 19
Brand, D. J. 79f.
Brantschen, J. 420
Braunfels, W. 517, 523f.
Bremond, H. 528
Brient, E. 719
Brigitta von Schweden 593
Brinker, C. 160, 244, 292, 356
Bruhl, A. 101
Brunner, H. 530
Bruno, G. s. Giordano Bruno
Bückling, M. 524
Buning, M. 294
Bürkle, S. 585
Burr, D. 113
Burrell, D. B. 60, 62, 253
Bynum, C. W. 526, 604, 610

Caciola, N. 138–143
Camelot, P. T. 756
Camille, M. 506f., 524, 526f.
Caner, D. 102f.
Canfield, B. 106
Caputo, J. D. 249, 294, 313, 332
Casarella, P. J. 734, 736, 753, 770, 784
Cassianus, J. 66, 170, 357f., 369, 597
Cassirer, E. 719
Cavicchioli, C. 316
Cesarini, G. 714, 738, 779f.
Champollion, C. 352, 436f., 440
Chance, J. 586

Charles-Saget, A. 258
Chevalier, P. 34
Chiquot, A. 631, 633, 675
Chrifftz, N. s. Nikolaus von Kues
Christianson, G. 713, 718, 761
Christina von Hane 585
Cicero 676
Clark, J. M. 419, 675
Clark, J. P. H. 699, 701, 741
Clemens V. (Papst) 112–116, 119, 141
Clemens VII. (Papst) 25
Clemens von Alexandrien 102, 755–757
Cognet, L. 149
Cohn, N. 576
Cohn, S. K. 23
Colledge, E. 134, 168, 213, 297, 344, 351f., 419
Colombini, G. 132
Condulmer, G. s. Eugen IV. (Papst)
Connolly, J. M. 332
Correr, A. 133
Corsini, L. 684–686
Cousins, E. 269, 511, 607
Cranz, F. E. 717f., 727, 758
Cunningham, F. L. B. 73
Cupitt, D. 96
Cusanus, N. s. Nikolaus von Kues

d'Alverny, M.-T. 86
D'Ancona Costa, C. 81–83, 141
D'Onofrio, G. 86
Dannenfeldt, K. H. 84
Dante Alighieri 80, 519
David von Augsburg 139, 513, 677
Davies, O. 13, 168, 183f., 316, 319, 414, 419, 427, 664
de Alverny, M.-T. 86
de Andia, Y. 71
de Certeau, M. 695, 762f.
de Gandillac, M. 243, 426

de Guibert, J. 110–112, 117
de Libera, A. 33, 36f., 39, 44, 46, 90, 92, 149, 162, 193, 224, 228, 236, 238, 241–243, 251, 260, 267, 316, 328f., 534, 539
de Paepe, N. 213
Delacroix, H. 150
Dengelhardt, I. 736
Denifle, H. S. 52, 190, 589, 631–634, 689
Denzinger, H. 117
Derrida, J. 289, 294
Detteren, F. P. 572
Devaux, A. 631, 746
Dietrich von Freiberg 88, 91, 159, 162f., 171, 224, 247, 255, 260, 338, 421–423, 425, 438f., 541, 544, 548
Dietsche, B. 154, 498
Dillon, J. M. 90
Dilthey, W. 19
Dimier, M.-A. 108
Dinzelbacher, P. 385, 570, 589, 592f.
Dionysius 14, 33–36, 41, 43, 45–47, 50–52, 59, 61, 66, 70f., 76–78, 83, 88, 91, 157, 213, 224, 244f., 251, 255, 306, 314f., 328, 427, 443, 451, 457, 462, 481f., 517, 532–533, 554, 556, 563, 564, 621, 728, 633, 650, 655, 672, 692, 713, 715, 720, 727f., 730–732, 735, 738, 740–744, 747f., 750, 758–760, 768f., 796
Dionysius der Kartäuser s. Rijkel, D.
Dobie, R. 192, 227, 293
Dodds, E. R. 79
Dondaine, H. F. 33
Dorothea von Montau 592–606, 608f., 611
Douglass, E. J. D. 569
Duclow, D. F. 13, 174, 195f., 200f., 203, 221, 277, 279, 712f., 730, 736, 761, 768, 774

Dupré, L. 719f., 736, 761, 768, 774, 779, 786, 793
Dupré, W. 761

Eberhard, A. 102
Ebner, C. 587
Ebner, M. 415, 570, 587, 684f.
Eckhart von Hochheim s. Meister Eckhart
Eco, U. 105
Edwards, M. U. 24
Egenter, R. 676f.
Egerding, M. 152–155, 158, 223, 292, 342f., 368, 378, 381, 392, 396, 404, 430, 437, 441f., 449, 454, 463
Egidius Cantor 130
Elija (Prophet) 465, 483, 497, 574
Elliot, D. 138f., 143, 589, 596, 753
Elsbeth Achler von Reute 591
Elsbeth von Oye 587
Emery Jr., K. 92, 143, 342
Enders, M. 358f., 373, 436, 442f., 447, 479, 498
Epiphanios 102
Erbe (Bruder Erbe) 539
Erbstösser, M. 125
Eriugena s. Johannes Scottus Eriugena
Ernestin, J. 591
Eugen IV. (Papst) 26, 132f., 713f.
Euklid von Alexandria 37, 81
Euler, W. 717f.
Eva 770
Evagrius Ponticus 106, 213

Fechter, W. 589
Festugière, A.-J. 84
Ficino, M. 93, 727
Fidora, A. 78, 82f., 86
Filthaut, E. M. 341, 347, 413, 418, 421
Fischer, C. 613
Fischer, H. 154, 190f.

Fischer, L. 572
Flasch, K. 45, 92, 157, 163, 191, 255, 260, 297, 326, 720
Florentius von Utrecht 538f.
Forman, R. 238, 305f., 325
Fowden, G. 84
Fraioli, D. 138
Frank, M. 160, 292
Franke, J. 538f., 545f., 549
Franziskus 30, 269, 390, 403, 508f., 511, 529, 554, 561, 565, 611
Freddoso, A. J. 60
Fredericq, P. 130
Freedburg, D. 507
Frickin, E. 685
Friemar, H. d. Ä. 140, 312, 552, 616f., 620f., 625, 630f., 634f.
Führer, M. 46, 763
Führer, M. L. 196
Fulton, R. 373, 527

Gadamer, H.-G. 244
Gallus von Novo Castro 122
Gallus, T. 33f., 71, 315, 533, 554, 564f., 740–744, 748f.
Gandlau, T. 413, 463, 492f.
Ganoczy, A. 775
Ganz, D. 516
Gerhard von Cremona 80
Gersh, S. E. 36, 71, 89, 92
Gerson, J. 21, 24f., 129, 142f., 430, 569, 671, 742–744, 746–750
Gertrud von Civitate 124f.,
Gertrud von Helfta, die Große 509f., 587
Geyer, B. 169
Geyer, P. 205
Gillen, O. 512
Giordano Bruno 84, 87
Giovanni di Fidanza s. Bonaventura
Giovannuccio da Bevagna 113

839

Giselher von Slatheim 538–540
Giustiniani, L. 133
Glier, I. 149, 341, 537, 585, 675
Glorieux, P. 671, 749
Gnädinger, L. 154, 256, 413–420, 430, 436, 442, 449, 454, 456–458, 463, 470, 473, 478, 486, 492, 499, 680, 694
Gorceix, B. 675, 678, 680, 687, 689–691, 695 f., 699, 705, 709 f.
Goris, W. 92, 169, 175 f., 181, 195, 199, 245, 247 f., 251, 261, 283
Gow, A. C. 170
Grabmann, M. 35, 156, 188, 677, 745, 752
Granfield, P. 104
Grant, R. M. 98
Grass, G. 592
Greatrex, J. 105, 178
Greenspan, K. 586 f., 589, 591
Grégoire, R. 526, 755
Gregor I., der Große (Papst) 66, 76, 96, 335, 420, 465, 486, 496, 554, 574, 621
Gregor XI. (Papst) 24, 694
Gregor von Nyssa 96, 755
Gregor von Zypern 755
Greith, C. 149
Grenzmann, L. 551, 678
Groote, G. 129, 674
Grosseteste, R. 34, 71, 597, 748 f.
Grube, D. 537
Grundmann, H. 105, 110, 134 f.
Guagliardo, V. 80, 84
Guarnieri, R. 88, 105, 113 f., 125, 129, 131–133, 224
Guiard de Cressonessart 114
Guillaumont, A. 102
Gullick, E. 671
Gutiérrez, D. 593, 617

Haas, A. M. 12, 148–151, 154, 160, 177, 191, 204 f., 207, 253, 260, 268, 270, 274, 277, 292, 295, 300, 316, 334, 337 f., 341–343, 347 f., 350 f., 354, 356, 364, 369, 370, 374 f., 377 f., 383, 385–387, 413, 430, 434, 436, 438, 441, 449, 454–456, 460, 463, 486, 492, 528, 530, 585, 652, 654–656, 666, 675, 688, 691 f., 712, 744, 761, 768
Hackett, J. 671
Hadewijch 155 f., 174, 177, 213, 322, 449, 477, 513, 516, 529, 535, 541, 570, 768
Hadot, P. 358
Hagenbüchle, R. 195, 205
Haider, U. 591
Hamburger, J. F. 323, 342, 344, 347, 360, 363 f., 366, 376, 394, 403, 507, 510–513, 515–520, 524–526
Hamesse, J. 539
Hartwig von Erfurt 538, 551
Hasebrink, B. 154, 202 f., 205–207, 214 f., 276, 538, 541 f., 619 f.
Haubst, R. 718, 720, 723, 735 f., 744, 770, 774, 782, 784 f., 790
Haucke, R. 228
Haug, W. 105, 173, 205–207, 264, 353, 394, 419, 436, 444, 457, 506 f., 530, 532, 713, 770
Hausherr, I. 102
Hausherr, R. 510
Haverkamp, A. 151, 160, 292
Heffner, B. R. 334
Heil, G. 14
Heinrich II. von Virneburg 121, 184
Heinrich Selle 129
Heinrich von Ettlingen 162 f.

Heinrich von Gent 80, 92
Heinrich von Köln 117
Heinrich von Langenstein 129, 142
Heinrich von Nördlingen 415, 570, 678 f., 684 f., 689
Heinzle, J. 529, 588
Helwic von Germar 538 f., 546
Henle, R. J. 60
Herder, G. 13
Herlihy, D. 23
Hermand, X. 539
Hermann von Loveia 538 f., 542, 545
Hermann von Schildesche 617
Herp, H. 671
Hess, C. R. 80
Hierotheus 43, 46 f., 70–72, 462, 741
Hildegard von Bingen 788
Hilduin 71
Hillenbrand, E. 588
Hiltalingen, J. 614
Hippolyt 100
Hlaváček, I. 22
Hlawitschka, E. 609
Hoenen, M. J. F. M. 36, 367, 374, 413, 539
Hof, H. 156, 193, 210, 267
Hollywood, A. 213, 297, 309
Honemann, V. 22, 165, 547
Hopkins, J. 712, 719 f., 723, 726, 729, 731, 734–736, 755, 775, 777, 793
Hörner, P. 592, 599
Höver, W. 745
Howells, E. 153
Hoye, W. J. 12, 35, 48, 53, 55, 57, 713, 718, 720–722, 726 f., 729, 744, 759, 761, 764, 767, 771
Hudry, F. 84–88
Hügel, F. v. 94
Hugo von Balma 614, 741–746, 748
Hugo von St. Victor 58, 194, 553

Namenregister

Huizinga, J. 17, 19, 21, 25
Humilis, N. 593
Hundersmarck, L. F. 718
Hundsnurscher, F. 160, 378

Iamblichos 89
Idel, M. 150, 740
Ijob (Prophet) 236, 303, 360, 465, 486f., 490
Imbach, R. 32, 90f., 171, 184, 249
Imhoff, P. 150
Innozenz III. (Papst) 138f.
Iohn, F. 184, 202, 205
Irenaeus 100, 102, 271
Izbicki, T. M. 274, 713, 717f., 728, 761

Jackson, T. R. 205, 506, 609
Jacobi, K. 181, 183, 350, 784
Jacopone da Todi 529
Jain, E. 197
Jakob (Patriarch) 55f., 753
Jakob von Jüterbog 672
Jakob von Paradies 672
Jakob von Vitry 596
Jakobus (Eremit) 129, 133
Janota, J. 205, 506, 530
Jellouschek, K. 673
Jesaja (Prophet) 66, 461, 656, 722, 753
Jesus von Nazareth 25, 30, 59, 63, 99, 109, 111, 120f., 124f., 130, 135, 170, 188, 192, 197f., 202f., 217–219, 268–285, 305, 308–310, 313, 321, 337, 339, 355, 357f., 360, 362f., 366–380, 390f., 395, 405f., 417, 426, 429, 434, 447, 449f., 462f., 465–471, 475, 478, 490f., 493, 495, 499, 501f., 509–517, 520–527, 554, 558, 560–562, 568, 572f., 577f., 581, 583, 586, 594f., 600f., 603–608, 610f., 634, 634, 637, 645–648, 650f., 655f., 658, 660, 662–666, 669f., 675, 681, 683, 705, 709f., 715, 721, 723, 725–727, 738, 747, 751f., 760, 768, 774, 783–790, 792–796
Johann Hoffmann 125
Johannes (Apostel) 335, 567, 737
Johannes d. J. (Bruder Johannes) 162
Johannes Duns Scotus 124, 785
Johannes Geiler von Kaysersberg 569
Johannes Hartmann 125–129, 144
Johannes I., Bischof von Straßburg 117, 119–122, 178, 498, 737
Johannes XXII. (Papst) 23, 108, 115f., 142, 167, 187, 189, 348, 415, 676
Johannes Scottus Eriugena 33, 52–55, 57f., 71, 89, 105, 202, 215, 227, 244, 251, 271, 312, 315, 462, 533f., 577, 582, 715, 724, 730, 732, 758–760, 771, 793, 796
Johannes van Ruusbroec 9, 21, 129, 149, 153, 213, 297, 417f., 489, 516, 554f., 566, 620, 631, 643, 686, 691, 697
Johannes vom Kreuz 106, 153
Johannes von Brünn 122f.
Johannes von Capestrano 133
Johannes von Damaskus 102f.
Johannes von Kastl 672
Johannes von Müntz 162, 164
Johannes von Segovia 133
Johannes von Sterngassen 547, 549f.
Johannes von Weilheim s. Schlitpacher, J.
Jolles Möckeberg, T. 17

Jones, J. 13
Jones, M. 21
Jones, R. M. 691, 693, 699, 705, 709
Jordan von Quedlinburg 125, 551f., 617f.
Jordan, M. D. 60f.
Juliana von Norwich 526, 688
Jundt, A. 675, 704–708
Jungmann, J. 104
Justinian 755, 757

Kaiser, P. 341, 358, 369f., 553
Kalteisen, H. 134
Kampmann, I. 269
Kannengiesser, C. 71
Kapriev, G. 35, 759
Karl IV. (Kaiser) 125, 128
Kassian s. Cassianus, J.
Katharina von Genua 106
Katharina von Kleve 523
Katharina von Siena 9, 24, 31, 137, 526, 587f., 591, 598, 604f., 611
Katz, S. T. 309, 511, 708
Keats, J. 17
Keck, J. 745
Keel, A. 591
Keller, H. E. 12, 363, 376, 435, 520f., 529
Kelley, C. F. 191, 224, 631f., 634
Kelly, A. 107
Kempe, M. 593f., 605, 609
Kempf, N. 673
Kepler, T. S. 675, 687, 699
Kerlinger, W. 125
Kerner, M. 105
Kieckhefer, R. 107, 119, 320, 324, 353, 461, 463, 466, 468, 586, 597
Kienzle, B. M. 536, 552
Kirk, K. E. 755
Kirmsee, K. 158, 436, 453
Klara von Montefalco 113f.
Klaus von Flüe 591
Klemens von Alexandrien 102, 755–757

Klibansky, R. 89
Koch, J. 107, 168, 195, 242
Korn, U.-D. 510
Kosloswski, P. 191, 712
Koyré, A. 719
Kraume, H. 569
Kraye, J. 80
Kremer, K. 267, 720, 767, 775, 784, 789
Kristeller, P. O. 84, 90
Kügelin, K. 591
Kunisch, H. 154
Künzle, P. 341, 345, 347, 351, 391

Lambert von Burn 128
Lane, B. C. 315
Lang, J. 511
Langer, O. 154, 177, 210, 423, 527, 693, 752
Langmann, A. 571, 587
Lanzetta, B. 258
Largier, N. 13, 160, 167f., 172, 181, 190f., 195–197, 201, 214, 216, 223, 228, 235, 244, 260, 265, 275, 283, 292, 294, 297, 300, 309, 328, 337f., 344, 350, 356, 364f., 538f., 541f., 546, 631, 760
Laurent, M.-H. 187, 189
Layton, B. 98
Lea 335
Leclercq, J. 66, 98, 159, 260, 358, 399, 449
Leff, G. 19, 105, 110, 122–125, 129, 134, 576
Lentes, T. 516
Leonardi, C. 113
Leppin, V. 654, 662
Lerner, R. E. 104, 106, 110, 115, 117, 120, 122f., 125, 128–130, 134, 184, 189, 408, 576, 633
Lienhard, J. T. 137
Livius 101
Lohr, C. 81
Lombardus, P. 83, 169, 548, 786
Lonergan, B. J. F. 66, 69, 285, 766

Löser, F. 12, 289f., 539, 555, 558, 563, 567
Lossky, V. 222, 242f., 245, 248, 252, 283, 755
Louth, A. 315
Lucentini, P. 84, 86–88, 224
Ludwig von Bayern 23, 184, 348, 415f., 676, 684
Lüers, G. 158
Lullus, R. 782
Luscombe, D. 727
Luther, M. 10, 20f., 167, 413, 419, 427, 430, 468, 488, 652–654, 661, 664, 670

MacDonald, A. A. 523
Macrobius 87, 89
Magdalena von Freiburg 589
Mahnke, D. 87
Maimonides 60f., 175, 196f., 199, 229, 254, 327, 728, 730
Makarios der Große 103f., 692
Maliase, I. 512
Mangin, É. 120, 499
Manstetten, R. 242, 245, 248, 739
Mardach, E. 574f.
Maréchal, J. 65, 75
Margareta die Verkrüppelte 585
Margaretha von Kenzingen 589
Margreiter, R. 197
Maria (Mutter Jesu) 276, 303, 309, 375f., 387, 390, 450, 499, 509, 510–513, 515, 545, 549, 562, 567, 586, 606–608, 611, 624–629
Maria von Bethanien 27, 74, 309, 319, 334–337, 339, 467, 548, 556, 567–569, 583, 606f., 621, 678
Marienwerder, J. 592–596, 599, 602, 608
Marler, J. C. 213, 297, 344

Marquard von Lindau 538, 552–555, 558f., 569, 605, 615, 631, 710
Marrow, J. H. 507, 510f., 525
Martha von Bethanien 27, 74, 217, 309, 319, 334–340, 546, 548, 678
Martin V. (Papst) 25f., 133
Martin von Mainz 129
Martin, D. D. 673, 741f., 746
Maurer, A. 171, 175
Maximus der Bekenner 33, 271, 533f., 732, 788
May, H.-J. 554
Mayer, G. 418
McDonnell, E. W. 104, 116, 129
McEvoy, J. 34, 202
McGinn, B. 106, 150, 159, 167f., 170f., 183, 191, 202, 212f., 222, 227f., 232, 244f., 253, 260, 274, 314, 333, 399, 427, 443, 449, 486, 506, 511f., 516, 572, 576, 664, 740, 785
McGuire, B. P. 671, 676, 743
McIntosh, M. A. 136f., 143
McLaughlin, E. 105
McTighe, T. P. 736
Mechthild von Magdeburg 148, 155, 158, 177f., 213, 415, 487, 488, 513, 528f., 541, 575, 585, 599, 602, 663, 677, 684, 686, 700
Medingen, M. 415, 570
Meersseman, G. 56
Meijer, P. A. 80, 244
Meister Amalrich von Bena 110
Meister Dietrich s. Dietrich von Freiberg
Meister Eckhart 9–11, 14, 18, 20f., 27, 31, 36f., 40, 45, 51, 74, 78, 80, 83–85, 87f., 90–92, 105–108, 120–122, 124–127, 134f.,

140, 142, 144f., 147–429, 435–439, 441–444, 446–449, 452f., 457, 463f., 470, 476, 479f., 484, 487, 492–495, 498–502, 506f., 512, 516, 519, 530–536, 538–543, 546–560, 562f., 565–567, 571f., 574–582, 614f., 617, 619–623, 626–628, 630, 632–640, 646f., 649–651, 655f., 658, 663, 667, 670f., 674–683, 689, 695f., 702–708, 715, 718–720, 722, 724, 728, 730, 735–739, 748, 758, 760f., 768, 772, 777, 780, 790f., 796
Meister Francke 524, 526f.
Meister Hane 539
Meister von Regensburg 162
Meister von Walthusen 162
Menestò, E. 113
Mennecke-Haustein, U. 652
Merle, H. 157
Merswin, R. 128, 416, 552, 605, 674f., 678, 684, 686–694, 698f., 702–705, 708, 710f.
Mertens, D. 672
Mertens, V. 223, 529, 537, 551
Meyendorff, J. 77, 98, 103, 260
Meyer, G. 35
Meyer, J. 33, 589
Meyer, R. 161, 530, 589
Michel, P. 369f.
Mieth, D. 74, 210, 217, 243, 268, 289, 293, 298, 324, 334–336, 413, 430, 436, 469, 500, 680, 760
Miethke, J. 183
Milem, B. 202f., 205, 263, 301, 309f., 312, 326
Miller, C. L. 729, 761–763, 765, 769f., 772, 774, 779
Minio-Paluello, L. 90
Miquel, P. 70

Misch, G. 353
Mohr, W. 160, 378
Moison, C. 528
Mojsisch, B. 92, 154, 210–214, 224, 242, 245, 255, 259f., 267, 300
Molloy, N. 73
Mommaers, P. 213
Mooney, C. M. 352, 596
Moran, D. 105
Morard, M. 163, 252
Morewedge, P. 79
Morrow, G. R. 90
Morvay, K. 537
Mose 55f., 75f., 169f., 192, 274, 305, 314f., 327, 539, 675, 687, 713, 725, 753, 759
Moser, H. 169, 539
Mulberg, J. 609
Mulder-Bakker, A. B. 342, 505, 587
Müller, G. 421
Müller, J.-D. 344
Müller, U. 160, 378
Multscher, H. 524
Murk-Jansen, S. 115
Murnion, W. E. 66
Muschg, W. 592

Nambara, M. 402, 497
Nassif, B. 77
Newman, B. 139, 360–362, 385, 580
Nider, J. 575, 590
Niederberger, A. 78, 82f., 86
Nikolaus V. (Papst) 26
Nikolaus Cusanus s. Nikolaus von Kues
Nikolaus von Basel 129, 144, 416, 690f., 693f.
Nikolaus von Kues 11f., 18, 20, 26, 50, 87, 90, 105, 259, 274, 569, 574, 626, 672f., 712–796
Nikolaus von Löwen 675, 690f., 699
Nimmo, D. B. 588
Nix, U. M. 154, 190
Northcott, K. 13

Nötscher, F. 753
Nuchelmans, G. 242

O'Meara, D. J. 53, 759
O'Neil, C. J. 82
Oakley, F. 23f.
Oberman, H. A. 19–21, 170
Öchslin, R.-L. 190, 228
Oehl, W. 570, 572–574, 589f., 592, 691
Ohly, F. 522
Oliger, L. 113
Olivi, P. J. 139
Origenes 100, 309, 312, 335, 477
Orsini, N. 114
Otten, W. 227
Otto von Passau 710
Ozment, S. E. 20, 24, 95f., 430, 436, 462, 488, 653, 743

Palmer, N. F. 552–554, 590, 609
Panofsky, E. 510
Parmenides 91–92, 193, 244
Pascal, B. 87
Patschovsky, A. 105, 119f., 128, 609
Paul IV. (Papst) 27
Paul V. (Papst) 653
Pauler, R. 609
Paulus (Apostel) 47, 75f., 95, 108f., 136, 176, 204, 235, 262, 271, 282, 286, 305, 325, 336f., 357, 368, 380f., 388, 430, 432, 467f., 472, 485, 491, 535, 544, 546, 555, 562f., 566, 571, 625, 628f., 641f., 656, 692, 697, 707, 710, 725, 734, 747, 753, 761
Pavlec, B. A. 713
Pelster, F. 188, 271
Pepin, J. 483
Pera, C. 80
Peters, C. 652
Peters, E. 17, 107

Namenregister

Peters, U. 344
Peterson, E. 675
Petrus (Apostel) 94, 335, 500, 502
Petrus, W. 188
Petry, R. C. 725
Pfeiffer, F. 153, 168, 210f., 234, 238, 260, 274, 280, 302, 534, 537, 545, 558, 575f., 615
Philipp IV., der Schöne 24, 114
Philippus (Apostel) 753
Phillips, D. 120
Piccolomini, A. S. 717
Pieper, M. 631
Pierre d'Ailly 129, 142
Pierre de Bérulle 107
Pius II. (Papst) 26f., 45, 717
Platon 36, 44f., 60, 92, 193, 423f., 433, 492, 557, 647, 720f.
Pleuser, C. 413, 486
Plotin 79, 89f., 209, 213, 244, 736, 757f.
Plouvier, P. 528
Plummer, J. 523
Porete, M. 20, 88, 106, 108, 110f., 114, 116–118, 131f., 135, 140, 144f., 177f., 213, 224, 297, 305, 316, 331, 380, 382, 397, 433, 480, 516, 519, 529, 576, 640
Preger, W. 110, 149, 527, 573
Proclus Latinus s. Proklos
Proklos 37, 78–83, 88–93, 193, 213, 222, 224, 244, 247, 251, 255, 267, 418, 422–425, 439f., 447, 452, 533, 543, 621f., 647, 720
Pseudo-Dionysius 34f., 89, 106, 364, 597, 727, 730
Pseudo-Maximus 33
Pseudo-Origenes 567, 621
Ptolemaios 45
Pythagoras 557, 754, 778

Quasten, J. 104
Quint, J. 150f., 169, 183, 193, 211, 229, 237, 538f., 615

Rabelais, F. 87
Rachel 335
Radler, C. 532
Rahner, H. 160, 210, 308
Raitt, J. 30, 204, 269, 617
Rapp, F. 415
Reinhardt, K. 722, 775, 784, 789
Renna, T. 259
Reyman, J. 594
Reynolds, L. P. 222, 227f.
Reypens, L. 153, 156f., 437, 489, 549
Richard von St. Victor 66, 137, 438, 478, 480, 508, 557, 597, 613, 628, 748, 777, 782
Ricoeur, P. 87
Ridderbos, H. N. B. 523
Rieder, K. 675
Rijkel, D. 21, 671
Ringbom, S. 507
Ringler, S. 584f., 591
Ritter, A. M. 14
Robertson, D. 18, 506
Rolle, R. 389, 485, 692
Rorem, P. 35, 334
Ros von den Bayern 162, 164
Rosengarten, R. 12
Rosenkranz, K. 149
Rosenthal, J. T. 596
Rossmann, H. 745f., 749
Rousseau, C. 596
Roy, L. 64f., 68, 71, 73
Rube, E. 539
Rudolph von Biberach 614
Rudy, G. 512f.
Ruello, F. 35, 673, 741
Ruh, K. 15, 35, 65, 79, 84, 86, 88, 92, 149, 150, 155f., 158, 161–163, 168, 171, 176, 178, 180–184, 187, 190f., 202, 204, 207f., 217, 223, 237, 244, 297, 308, 341, 343f., 413, 416, 418, 436, 485, 492, 504, 520, 529–540, 543–547, 549, 551, 553, 571, 575, 589, 614f., 631, 705
Ryan, W. F. 80

Saak, E. L. 552
Saccon, A. 539, 541f.
Sarrazin, J. 33, 71
Scheeben, H. C. 414
Scheffler, J. 294
Schellenberger, B. 41, 173, 185f., 250, 258, 261, 267, 272, 331, 357, 522, 535, 540, 572f., 593, 619, 631, 679, 685, 713
Schiewer, H.-J. 536f., 539, 551, 608–611
Schimmel, M. A. 407, 683
Schlecht, J. 572
Schleusener-Eichholz, G. 323
Schlitpacher, J. 746f., 749
Schlusemann, R. M. 523
Schmidt, C. 416, 691, 693–697
Schmidt, J. 419, 454f.,
Schmidt, M. 154, 258, 529, 570, 744
Schmidt, O. 512
Schmidtke, D. 585
Schmitt, C. B. 80, 591
Schmitz, J. 745
Schmoldt, B. 154, 158
Schneider, K. 605
Schneider, R. 268, 270
Schneider-Lastin, W. 105, 173, 394, 419, 507, 713
Schnell, B. 590
Schnith, K. R. 609
Schnyder, A. 710
Scholem, G. 96–98
Schönborn, C. 784, 786, 788
Schönfeld, A. 170, 237, 288f.
Schraut, E. 593
Schreiner, K. 22, 227, 526
Schultheiss, P. 32
Schürmann, R. 203, 205, 243, 308, 335
Schützeichel, R. 539

Schwaetzer, H. 724, 790
Schwartz, Y. 196, 229
Schweitzer, F.-J. 576–578, 580–584, 678
Schwenkenfeld, J. 123
Schwietering, J. 352, 359
Seeholtz, A. G. 675, 691, 699, 705
Seel, G. 90
Sells, M. A. 206, 209, 213, 216, 297, 308
Senger, H. G. 712, 727, 736, 786
Senner, W. 33, 105, 177 f., 183, 189, 345, 348, 547–549
Seppänen, L. 237, 538, 543
Seuse, H. 10, 125, 148, 181, 195, 295, 333, 341–354, 358–360, 362 f., 369, 373, 376, 407 f., 411, 413, 419, 505, 508, 526, 534, 570, 599, 674, 678 f., 684
Sheehan, M. M. 596
Sheppard, C. 775
Shriver, G. H. 725
Siger von Brabant 80, 91
Sigismund (Erzherzog) 716
Sigismund (Kaiser) 25
Silverman, H. J. 294
Simons, W. P. 17
Solignac, A. 157, 437, 439
Sölle, D. 572
Speer, A. 92, 169, 174, 196, 220, 293, 300, 437, 759
Spoerri, B. 363
Sprenger, M. 746, 749
Stachel, G. 765
Stackmann, K. 539, 551, 678
Stadler, H. 39
Stagel, E. 347, 352, 354–356, 363, 365, 387, 400, 570, 579, 679
Stallmach, J. 729
Stammler, W. 504
Stargardt, U. 593, 595
Steel, C. 90–92, 193, 202
Steer, A. 35
Steer, G. 12, 171, 173, 202, 302, 305, 333, 506, 537,

539, 541, 546, 554, 560, 678, 689, 691 f., 699, 705, 711, 735
Stewart, C. 102–104
Stirnimann, H. 154, 184, 356, 364, 367 f., 420, 558, 654
Stock, A. 762
Stoelen, A. 671
Stoudt, D. L. 570 f.
Strauch, P. 415, 538, 570, 591, 684, 687, 705
Strauss, G. 24
Stroick, C. 617
Strolz, W. 253
Sturlese, L. 12, 32, 33, 40 f., 44 f., 88, 90–92, 154, 161 f., 168 f., 171, 174, 181, 185, 202, 215, 224, 260, 349 f., 408, 421 f., 433, 436, 438, 440, 539, 543, 553, 558
Sturlese-Pagnoni, M.-R. 36, 40
Suchla, B. R. 14
Sudbrack, J. 150, 672
Sukale, R. 506
Sunder, F. 586
Surius, L. 419, 631
Sweeney, L. 82
Szarmach, P. 31

Tarrant, J. 115 f., 178
Tauler, J. 10, 18, 21, 27, 74, 92 f., 109, 123, 125, 148, 152–158, 161 f., 164 f., 167, 243, 295, 313, 333, 348, 354, 370, 412–502, 504, 506, 535 f., 538, 545, 551, 554 f., 568, 571, 631–634, 637, 643, 647 f., 652, 655, 664, 670, 674, 678–686, 688 f., 694–697, 702–704, 707–709
Tavelli, G. 133
Taylor, R. C. 78–81
Tempier, É. 169
Teresa von Avila 153, 580, 600
Tertullian 100, 757
Theisen, J. 183, 202 f., 303

Theodoret 102
Thijssen, J. M. M. H. 107
Thomas von Apolda 539
Thomas von Aquin 11, 15, 21, 31, 32 f., 37, 41, 47, 49, 51, 53 f., 55, 59–81, 83–85, 87, 88 f., 91, 93, 156, 169–171, 177, 179, 192–194, 196, 200, 224, 226, 231, 235, 241–243, 247–251, 254, 257 f., 269, 284 f., 289, 295, 305, 325, 334, 381, 401, 420 f., 423, 427, 439, 457, 533, 539, 543, 543, 546, 558, 602, 616, 676, 720, 759, 785
Thomas von Celano 508 f.
Thurner, M. 720
Tierney, B. 25
Timotheos von Konstantinopel 102
Timotheus (Apostel) 204, 747, 750
Tobin, F. 13, 156, 168, 178, 190, 195, 198, 205 f., 237, 243, 257–259, 267, 283 f., 291, 322, 324, 341, 345, 352, 354, 359
Torrell, J.-P. 31, 59, 69, 73
Tracy, J. D. 19
Triller, A. 592
Trismegistos, H. 45, 84 f.
Trivet, N. 85
Troeltsch, E. 19 f.
Troescher, G. 524
Trottmann, C. 42, 47, 53 f., 58, 63, 755
Trusen, W. 183
Tucher, K. 605 f., 608 f., 611
Tugwell, S. 30, 32, 41, 47, 55, 59, 65, 191
Turner, D. 160, 292, 298, 324, 379, 427, 664

Ubertino von Casale 113
Ueda, S. 160, 302
Ugo Panziera da Prato 114
Ulanowski, B. 123
Ulrich von Kaisheim 571
Ulrich, P. 358, 369, 376
Urban VI. (Papst) 25

845

Ursula die Klausnerin 691

Valantasis, R. 335
van den Brandt, R. 539f.
van den Broek, R. 84
Van Engen, J. 26
Van Heertum, C. 84
Van Riel, G. 202
Van Ruusbroec, J. s. Johannes van Ruusbroec
Van Steenberghen, F. 32
Van Velthoven, T. 724
Vannier, M.-A. 12, 179f., 293, 300, 413, 680, 791
Vannini, M. 237, 413
Vansteenberghe, E. 713, 731, 733, 744–752, 755
Vauchez, A. 587, 604
Venturino von Bergamo 141
Verdeyen, P. 88, 114, 117f., 224
Victorinus, M. 89
Villegas, D. L. 137
Vinzenz von Aggsbach 673, 746–750
Völker, L. 160, 378
Völker, W. 34
Vollmann, B. K. 343f., 360
von Baader, F. 150
von Balthasar, H. U. 30, 65f., 68, 75, 77, 312
von der Leyen, F. 575
von Hinten, W. 652–654
von Ivanka, E. 156
von Sieroth-Nellessen, G. 419

Wackernagel, W. 160f., 163, 166, 218, 260, 267, 293, 301f., 409, 549

Wackerzapp, H. 718
Wadell, P. J. 676
Waldes, P. 122
Waldschütz, E. 152, 154, 197, 209, 212, 214, 216, 224
Walz, A. 436
Warnock, R. G. 140, 617
Watanabe, M. 745
Watkin, E. I. 528
Watson, N. 692
Wawrykow, J. P. 342
Wéber, E.-H. 35, 49, 283
Wegener, L. 220
Wehrli-Johns, M. 105, 591
Weier, R. 745, 789
Weil, S. 300
Weilner, I. 413, 456
Weintraub, K. J. 353
Weisheipl, J. A. 31
Weiss, B. 268
Weiss, K. 195
Weitlauff, M. 570, 684
Welte, B. 214
Wenck, J. 731, 735
Wendy Love, A. 138
Wentzel, H. 510
Wenzel, H. 344
Werner, E. 125
Wesley, J. 103
Wilde, M. 159, 216, 221, 258, 260, 263
Wilhelm von Auvergne 52
Wilhelm von Hildernissen 129f.
Wilhelm von Moerbekes 81, 90f., 93
Wilhelm von Paris 177
Wilhelm von St. Thierry 109, 228, 432, 449, 477, 494, 516, 605, 623, 761, 777f.
Wilhelm von Tocco 59
Williams-Krapp, W. 12, 18, 342, 353, 355, 360, 505f., 520, 530, 537, 574f., 587–589, 591, 605
Wilms, H. 156
Wilpert, P. 92, 543
Wimbush, V. L. 335
Wippel, J. F. 169
Witte, K. H. 614
Wodtke, F. W. 539
Wolfson, E. R. 139, 753
Woods, R. 30
Worstbrock, F. J. 746
Wrede, G. 413, 430, 436, 441, 444, 449, 472, 492, 494, 497, 502
Wynfreth s. Bonifatius
Wyser, P. 154, 436, 438, 440f.

Yates, F. A. 84

Zahlten, J. 510
Zekorn, S. 413, 415, 421, 430, 436, 440, 452, 454, 455, 458, 460, 469, 473, 482, 492
Zeno, A. 132
Ziegeler, H.-J. 344
Zimmermann, A. 35, 53, 736
Zimmermann, B. A. 585
Zorzi, M. B. 485
Zucal, S. 237
Zum Brunn, E. 236, 238, 250, 258
Zumkeller, A. 140, 551, 617f.